행정사 1차

민법총칙 | 행정법 | 행정학개론

시대에듀

2025 시대에듀 행정사 1차 기출문제해설 한권으로 끝내기

Always **with you**

사람의 인연은 길에서 우연하게 만나거나 함께 살아가는 것만을 의미하지는 않습니다.
책을 펴내는 출판사와 그 책을 읽는 독자의 만남도 소중한 인연입니다.
시대에듀는 항상 독자의 마음을 헤아리기 위해 노력하고 있습니다. 늘 독자와 함께하겠습니다.

PREFACE

머리말

행정사란 다른 사람의 위임을 받아 행정기관에 제출하는 서류의 작성, 번역, 제출 대행, 신청 · 청구 및 신고 등의 대리 등의 업무를 수행할 수 있는 법적 자격을 갖춘 자를 말합니다. 2013년 제1회 행정사 시험이 실시된 이후 매년 300여 명의 행정사를 선발하고 있습니다.

2024년 6월 1일 제12회 행정사 1차 시험이 실시되었는데, 매년 시험이 더 어려워지고 있다는 것을 체감할 수 있었습니다. 그래도 너무 겁먹을 필요는 없습니다. 행정사 1차 시험은 절대평가로 합격자를 선발하기 때문에 100점을 만점으로 하여 모든 과목의 점수가 40점 이상이고, 전 과목의 평균 점수가 60점 이상이면 합격할 수 있기 때문입니다.

1차 시험 공부의 핵심은 효율성이라 할 수 있습니다. 논술형 시험인 2차 시험 준비를 충분히 준비하기 위해서는 1차 시험에 투입되는 시간과 비용을 획기적으로 줄일 필요가 있기 때문입니다. 이러한 행정사 1차 시험의 특징을 반영하여 시대에듀에서는 2022년부터 최고의 행정사 1차 시험 기출문제 해설서를 출간하고 있습니다.

「2025 시대에듀 행정사 1차 기출문제해설 한권으로 끝내기」의 특징

첫째 2013년 제1회 시험부터 2024년 제12회 시험까지 12년간 출제된 기출문제를 모두 수록하였으며, 이를 과목별 · 진도별로 배치함으로써 효율적인 학습이 가능하도록 하였습니다.

둘째 행정사 기출문제에 대한 공부는 본 교재 한권으로 완벽히 끝낼 수 있도록 모든 지문에 정확하고 상세한 해설을 수록하였으며, 핵심정리를 통하여 암기 및 마무리 정리에 활용할 수 있도록 하였습니다.

셋째 교재 원고 집필 완료일(2024.7.31.) 현재 시행 중인 법령 및 판례에 맞게 기존의 해설을 전면적으로 검토 · 보완하였으며, 문제의 정확한 이해를 위해 판례 · 법령 · 용어 해설을 수록하여 2025년 제13회 행정사 1차 시험에 대비할 수 있도록 하였습니다.

본 교재가 행정사 시험에 도전하는 수험생 여러분에게 합격을 위한 좋은 안내서가 되기를 바라며, 여러분의 합격을 진심으로 기원합니다.

편저자 대표 **박종화**

이 책의 구성 및 특징

STEP 1

기출문제 진도별 배치

2013년부터 2024년까지 12년간의 기출문제를 과목별 각 단원에 맞춰 배치함으로써 출제 경향을 파악할 수 있도록 하였습니다.

PART 3 | 행정학개론

CHAPTER 03 조직론

24 행정사 제12회

제1절 조직과 조직이론

100 현대조직이론의 특징으로 옳지 않은 것?

① 인간행태의 발전과 쇄신적 가치관을 중시하며 인간을 자아
② 가치의 다원화 및 행정현상의 다양성을 인정한다.
③ 효과성 · 생산성 · 민주성 · 대응성 · 사회적 적실성과 종합적인 행
④ 조직을 환경과 상호작용하는 동태적 · 유기체적 개방체제로 파악한다.
⑤ 조직발전을 위해 조직의 변동과 갈등을 전적으로 억제한다.

해설

[❶ ▸ ○] 현대적 조직이론은 인간행태의 발전과 쇄신적 가치관을 중시하며 인간을 자아실현인 · 복잡인으로 파악한다.
[❷ ▸ ○] 현대적 조직이론은 가치의 다원화 및 행정현상의 다양성을 인정한다.

STEP 2

핵심해설

문제의 모든 지문에 대해 정확하고 상세한 해설을 하여 혼자서도 학습이 가능하도록 하였습니다.

해설

[❶ ▸ ×] 2인 이상이 동일한 위난으로 사망한 경우에는 동시에 사망한 것으로 추정한다(민법 제30조).

추정(推定)과 간주(看做)
- 추정 : 어떠한 사실관계나 법률관계가 불분명한 경우에 일단 어느 한 쪽으로 정함으로써 그것이 실제와 다른 경우 다르다고 주장하는 측에서 그 다름을 증명하게 하는 것이다. 추정규정은 증명책임을 전환하는 효과가 있고 증명이 있으면 그에 따라 추정이 번복될 수 있다는 점에서 간주(看做)와 구별된다.
- 간주 : 추정과 구별되는 것으로 간주(「의제」, 「본다」 등도 같은 의미이다)가 있다. 간주는 그것이 실제에 부합하는지 여부를 불문하고, 또 당사자가 그 반대의 사실을 증명하더라도 그것만으로는 번복되지 않고 그대로 효과를 발생하는 점에서 추정과 다르다.

[❷ ▸ ×] 민법상 사람(자연인)은 생존하는 동안에만 권리 · 의무의 주체가 된다(민법 제3조). 따라서 아직 출생하지 않은 태아는 원칙적으로 권리 · 의무의 주체가 될 수 없다. 다만, 민법은 개별적 보호주의의 입장에서 예외적으로 태아(胎兒)의 권리능력이 인정되는 개별규정을 두고 있다. 즉, 불법행위로 인한 손해배상청구권(제762조), 부(父)의 포태 중인 자(子)에 대한 인지(제858조), 상속의 순위(제1000조 제3항), 유증(제1064조), 대습상속(해석상 인정), 유류분(해석상 인정)의 경우에는 태아도 "이미 출생한 것으로 보아", 태아의 권리능력을 인정한다. 태아의 권리능력이 인정되는 경우 "이미 출생한 것으로 본다"의 의미에 관하여 정지조건설과 해제조건설의 견해대립이 있으나, 판례는 정지조건설의 입장이다(대판 1982.2.9. 81다534 참조).
[❸ ▸ ×] 권리능력이란 권리 · 의무의 주체가 될 수 있는 지위 또는 자격을 말한다. 민법은 모든 살아있는 사람(자연인)과 법인(사단법인과 재단법인)에 대하여 권리능력을 인정한다(민법 제3조, 제34조). 태아도 개별규정이 있는 경우에는 예외적으로 권리능력이 인정된다. 권리능력은 단순히 권리 · 의무의 주체가 될 수 있다는 일반적 · 추상적인 자격에 지나지 않는다. 의사능력이란 자기의 행위의 의미나 결과를 합리적으로 예견할 수 있는 정신적인 능력 내지 지능을 말한다(대판 2009.1.15. 2008다58367). 권리능력자가 모두 의사능력 또는 행위능력을 갖는 것은 아니다. 권리능력자 중에서 자기의 행위의 의미나 결과를 정상적으로 판단할 수 있는 정신적 능력(의사능력)이 있는 경우에만 의사능력자가 된다. 반면 의사능력이 없는 자도 권리능력은 인정된다. 의사능력이 있는지 여부는 구체적인 행위에서 개별적으로 판단한다. 의사무능력자(예 7세 미만의 자, 정신질환자, 만취자 등)의 법률행위는 무효라는 점에 견해가 일치하고 있다.
[❹ ▸ ×] 대한민국 국민이 아닌 사람은 대한민국의 도선사가 될 수 없다(도선법 제6조 제1호).

STEP 3

핵심정리

문제의 핵심 내용 및 관련 내용을 요약하여 암기 및 마무리 정리에 활용할 수 있도록 하였습니다.

[❸ ▸ ×] 법률우위의 원칙에 위반한 행정행위는 그 위법성의 정도에 따라 무효사유인 행정행위와 취소사유인 행정행위로 구분된다. 즉 법률우위의 원칙에 위반한 행정행의 경우 그 위법이 중대하고 명백하면 무효인 행정행위가 되고, 그 위법이 중대하지 않거나 중대하지만 명백하지 않은 경우에는 취소할 수 있는 행정행위가 된다(중대명백설).
[❹ ▸ ○] 법률유보의 원칙에서 말하는 '법률'은 국회가 제정한 '형식적 의미의 법률'을 의미한다. 따라서 불문법인 관습법은 포함되지 않는다. 다만, 법률유보의 원칙은 '법률에 의한' 규율만을 뜻하는 것이 아니라 '법률에 근거한' 규율을 요청하는 것이므로, 기본권 제한의 형식이 반드시 '법률'일 필요는 없고, 법률에 근거를 두면서 헌법 제75조가 요구하는 위임의 구체성과 명확성을 구비하기만 하면 '위임입법(법률의 위임에 의해 제정된 법규명령 · 규칙 · 조례)'에 의해서도 기본권을 제한할 수 있다(헌재 2005.2.24. 2003헌마289; 2013.7.25. 2012헌마167).
[❺ ▸ ×] 본질성설에 의할 때 본질적인 것은 국회의 법률에 의하여 규율되어야 하나, 비본질적인 것은 행정입법에 ... 도 인정된다. 이와 달리 의회유보의 원칙에서 '의회유보 사항'은 반드시 법률로 규율해야 하고, 행정입법에 ... 금지된다.

법치행정의 원리(법률우위의 원칙과 법률유보의 원칙)
①, ②, ③ 법률우위의 원칙
→ 법률의 의미 : 헌법, 법률, 법규명령, 자치법규, 행정법의 일반원칙과 관습법 등의 불문법 포함
→ 적용범위 : 사법형식의 행정작용에도 적용 ○
→ 위반의 효과 : 위법성의 정도에 따라 무효사유와 취소사유로 구분
④, ⑤ 법률유보의 원칙
→ 법률의 의미 : 법률 + 법률의 위임에 의해 제정된 법규명령 · 규칙 · 조례도 포함
→ 법률유보의 범위 : 본질성설에 따르는 경우에도 비본질적인 것은 행정입법에의 위임 가능 (cf. 의회유보의 원칙 : '의회유보사항'은 행정입법에 위임 금지)

답 ❹

PART 2 | 행정법

CHAPTER 04 행정상의 의무이행확보수단

제1절 총 설

제2절 행정상 강제집행

129 □□□

행정기본법상 의무자가 행정상 의무를 이행하지 아니하는 경우 행정청이 의무자의 신체나 재산에 실력을 행사하여 그 행정상 의무의 이행이 있었던 것과 같은 상태를 실현하는 것은?

24 행정사 제12회

① 행정대집행
② 이행강제금의 부과
③ 직접강제
④ 강제징수
⑤ 즉시강제

STEP 4

회독수 체크박스

기출문제의 각 문항별로 3회독을 할 수 있도록 회독수 체크박스를 삽입하였습니다.

공급 또는 이용할 수 있는 사적 재화, 예를 들면 빵, 구두 등이 이에 해당한다.

[⑤ ▸ ○] 공공재의 '비경합성' 및 '비배제성'의 특징으로 인하여 '무임승차'의 문제가 발생하므로 적정 수준의 시장이 형성되기 어려워 공공재의 존재는 시장실패의 원인이 된다. 결국 정부는 일반재원(조세)을 통해 직접 공급하게 된다.

➲ 재화와 서비스의 유형

구 분	비경합성	경합성(경쟁성)
비배제성	공공재 예 국방, 외교, 치안, 등대 등	공유재 예 천연자원, 국립공원, 하천 등
배제성	유료재(요금재) 예 고속도로, 전기, 가스, 상하수도 등	민간재(시장재) 예 택시, 음식점, 호텔 등

※ 경합성이란 한 사람의 소비가 다른 사람의 소비량을 줄이는 효과가 있는 재화나 서비스의 특성을 말하고, 배제성이란 정당한 대가(요금)를 지불하지 않는 소비자를 소비에서 배제할 수 있는 재화나 서비스의 특성을 말한다.

핵심정리

재화의 유형(경합성과 배제성을 기준으로 분류)
① 공유재 → 경합성 + 비배제성
② 유료재(toll goods) → 배제원칙의 적용이 가능한 공공재 포함(비경합성 + 배제성)
③ 순수공공재
→ 공급은 정부가 담당 ○
→ 비용은 일반재원(조세)으로 충당 ○ (비용을 수익자가 자신의 편익에 정비례하여 직접 부담 ×)
④ 순수민간재 → 경합성 + 배제성
⑤ 공공재의 존재 → 시장실패의 원인 ○

답 ③

STEP 5

다양한 도표와 도해식 핵심정리

개념이해를 위한 다양한 도표와 도해식 핵심정리를 수록하여 보다 입체적으로 학습할 수 있도록 하였습니다.

해설

[ㄱ ▸ ○] 상대방 있는 의사표시에 관하여 제3자 甲이 기망을 행한 경우 상대방 丙이 그 사실을 알 수 있었다면 표의자인 乙은 그 의사표시를 취소할 수 있다(민법 제110조 제2항).

> 민법 제110조(사기, 강박에 의한 의사표시) ① 사기나 강박에 의한 의사표시는 취소할 수 있다.
> ② 상대방 있는 의사표시에 관하여 제3자가 사기나 강박을 행한 경우에는 상대방이 그 사실을 알았거나 알 수 있었을 경우에 한하여 그 의사표시를 취소할 수 있다.
> ③ 전2항의 의사표시의 취소는 선의의 제3자에게 대항하지 못한다.

[ㄴ ▸ ×] 乙은 당해 의사표시를 취소하지 아니하고도 제3자 甲에게 불법행위로 인한 손해배상을 청구할 수 있다(대판 1998.3.10. 97다55829).

> 제3자의 사기행위로 인하여 피해자가 주택건설사와 사이에 주택에 관한 분양계약을 체결하였다고 하더라도 제3자의 사기행위 자체가 불법행위를 구성하는 이상, 제3자로서는 그 불법행위로 인하여 피해자가 입은 손해를 배상할 책임을 부담하는 것이므로, 피해자가 제3자를 상대로 손해배상청구를 하기 위하여 반드시 그 분양계약을 취소할 필요는 없다(대판 1998.3.10. 97다55829).

[ㄷ ▸ ○] 제3자의 사기로 인한 의사표시의 취소 역시 선의의 제3자에게 대항하지 못하므로(민법 제110조 제3항), 乙이 丙 사이의 매매계약을 취소하여도 선의의 丁명의의 소유권이전등기의 말소를 청구할 수 없다.

핵심정리

제3자의 사기에 의한 의사표시
ㄱ., ㄴ. 제3자(甲)의 사기로 인하여 乙과 丙이 토지매매 계약을 체결한 경우
→ 상대방 丙(매수인)이 제3자의 기망행위를 알았거나 알 수 있었던 경우 : 乙(매도인)은 계약 취소 ○
→ 乙은 계약을 취소하지 않고도 甲을 상대로 불법행위로 인한 손해배상청구 가능 ○
ㄷ. 乙이 丙과의 매매계약을 취소한 경우

STEP 6

법령 · 판례 박스

주요 법령은 법령박스에 해당 조문을 수록하였고, 판례의 정확한 이해를 위해 필요한 경우 판례박스에 판례의 취지를 추가로 소개하였습니다.

시험 안내

행정사 개요

행정사는 다른 사람의 위임을 받아 행정기관에 제출하는 서류의 작성, 번역, 제출 대행, 신청 · 청구 및 신고 등의 대리 등의 업무를 수행하며, 다른 법률에 의하여 제한된 업무는 할 수 없습니다.

수행직무(일반행정사의 경우)

❶ 행정기관에 제출하는 서류 또는 권리 · 의무나 사실증명에 관한 서류의 작성 및 제출 대행
❷ 인가 · 허가 및 면허 등을 받기 위하여 행정기관에 하는 신청 · 청구 및 신고 등의 대리
❸ 행정 관계 법령 및 행정에 대한 상담 또는 자문에 대한 응답
❹ 법령에 따라 위탁받은 사무의 사실 조사 및 확인

※ 해운 또는 해양안전심판에 관한 업무는 제외합니다.

응시자격 및 결격사유

❶ 응시자격 : 제한 없음
- 다만, 행정사법 시행령 제19조에 따라 부정행위자로 처리되어, 그 처분이 있은 날부터 5년이 지나지 않은 자는 시험에 응시할 수 없음

❷ 결격사유(행정사법 제6조)
- 피성년후견인 또는 피한정후견인
- 파산선고를 받고 복권되지 아니한 사람
- 금고 이상의 실형을 선고받고 그 집행이 끝나거나(집행이 끝난 것으로 보는 경우 포함) 집행이 면제된 날부터 3년이 지나지 아니한 사람
- 금고 이상의 형의 집행유예를 선고받고 그 유예기간이 끝난 날부터 2년이 지나지 아니한 사람
- 금고 이상의 형의 선고유예를 받고 그 유예기간에 있는 사람
- 공무원으로서 징계처분에 따라 파면되거나 해임된 후 3년이 지나지 아니한 사람
- 행정사법 제30조(자격의 취소)에 따라 행정사 자격이 취소된 후 3년이 지나지 아니한 사람

※ 결격사유 심사기준일 : 최종 시험 시행일
※ 행정사법 제5조, 제6조에 따라 결격사유 심사기준일 기준 행정사가 될 수 없는 사유에 해당하는 것으로 확인된 경우에는 합격을 취소합니다.

시험일정(2024년 제12회 시행공고 기준)

구 분	접수기간	시험일자	합격자발표	비 고
1차 시험	04. 22.(월) 09:00～04. 26.(금) 18:00	06. 01.(토)	07. 03.(수)	• 큐넷 행정사 홈페이지 접수 (모바일 큐넷 원서접수 불가) • 빈자리 접수 없음
2차 시험	07. 29.(월) 09:00～08. 02.(금) 18:00	10. 05.(토)	12. 04.(수)	

시험과목 및 검정방법

구 분	교 시	시험 과목	문항 수	시험시간
1차 시험	1	❶ 민법(총칙 관련 내용으로 한정) ❷ 행정법 ❸ 행정학개론(지방자치행정 포함)	과목당 25문항 (총 75문항)	75분 (09:30～10:45)
2차 시험	1 (공통)	❶ 민법(계약 관련 내용으로 한정) ❷ 행정절차론(행정절차법 포함)	과목당 4문항 (논술 1문제, 약술 3문제)	100분 (09:30～11:10)
	2	❶ 사무관리론(민원 처리에 관한 법률, 행정업무의 운영 및 혁신에 관한 규정 포함) ❷ 행정사실무법 • 행정심판사례 • 비송사건절차법		100분 (11:40～13:20)

※ 관련 법률 등을 적용하여 정답을 구해야 하는 문제는 '시험시행일' 현재 시행 중인 법률을 적용합니다.
※ 기활용된 문제, 기출문제 등도 변형 · 활용되어 출제될 수 있습니다.

합격자 결정방법(행정사법 시행령 제17조)

1차 시험 및 2차 시험 합격자는 과목당 100점을 만점으로 하여 모든 과목의 점수가 40점 이상이고, 전 과목의 평균점수가 60점 이상인 사람으로 합니다.

※ 단, 제2차 시험 합격자가 최소선발인원보다 적은 경우에는 최소선발인원이 될 때까지 모든 과목의 점수가 40점 이상인 사람 중에서 전 과목 평균점수가 높은 순으로 합격자를 추가로 결정하고, 이 경우 동점자가 있어 최소선발인원을 초과하는 경우에는 그 동점자 모두를 합격자로 합니다.

이 책의 차례

PART 1

민법총칙

제1장 민법서론

제2장 권리 일반

제3장 권리의 주체

제4장 권리의 객체(물건)

제5장 권리의 변동

제6장 기간

제7장 소멸시효

민법서론

제1절 서 설

제2절 민법의 법원

001 민법의 법원(法源)에 관한 설명으로 옳지 않은 것은?(다툼이 있으면 판례에 따름)

□□□

22 행정사 제10회

① 헌법에 의하여 체결·공포된 민사에 관한 조약은 민법의 법원(法源)이 될 수 있다.
② 관습법은 헌법재판소의 위헌법률심판의 대상이 아니다.
③ 관습법의 존재는 특별한 사정이 없으면 당사자의 주장·증명을 기다릴 필요 없이 법원이 직권으로 확정하여야 한다.
④ 사실인 관습은 법원(法源)으로서 법령에 저촉되지 않는 한 법칙으로서의 효력이 있다.
⑤ 공동선조와 성과 본을 같이 하는 후손은 성별의 구별 없이 성년이 되면 당연히 종중의 구성원이 된다고 보는 것이 조리에 합당하다.

해설

[❶ ▸ O] 헌법에 의하여 체결·공포된 조약과 일반적으로 승인된 국제법규는 국내법과 같은 효력을 가지므로(헌법 제6조 제1항), 비준·공포된 조약이 민사에 관한 것이면 민법의 법원(法源)이 된다.

[❷ ▸ X] (호주가 사망한 경우 딸에게 분재청구권을 인정하지 아니한) 이 사건 관습법은 민법 시행 이전에 상속을 규율하는 법률이 없는 상황에서 재산상속에 관하여 적용된 규범으로서 비록 형식적 의미의 법률은 아니지만 실질적으로는 법률과 같은 효력을 갖는 것이므로 위헌법률심판의 대상이 된다(헌재 2013.2.28. 2009헌바129).

[❸ ▸ O] 법령과 같은 효력을 갖는 관습법은 당사자의 주장 입증을 기다림이 없이 법원이 직권으로 이를 확정하여야 한다(대판 1983.6.14. 80다3231). ☞ 관습법의 존재는 법원의 직권조사사항이다.

[❹ ▸ X] 관습법은 법령에 저촉되지 아니하는 한 법칙으로서의 효력이 있으나, 사실인 관습은 단순한 관행으로서 법률행위의 당사자의 의사를 보충함에 그치는 것이다(대판 1983.6.14. 80다3231).

[❺ ▸ O] 공동선조와 성과 본을 같이 하는 후손은 성별의 구별 없이 성년이 되면 당연히 그 구성원이 된다고 보는 것이 조리에 합당하다(대판 2005.7.21. 2002다1178[전합]).

핵심정리

민법의 법원(法源)
① 헌법에 의하여 체결·공포된 민사에 관한 조약 ⟶ 민법의 법원 O
② 관습법 ⟶ 위헌법률심판의 대상 O
③ 관습법의 존재 ⟶ 법원의 직권조사사항 O (당사자의 주장·증명이 없더라도 법원이 직권으로 확정)
④ 사실인 관습 ⟶ 민법의 법원 × (단순한 관행으로서 당사자의 의사를 보충함에 그치는 것)
⑤ 공동선조와 성과 본을 같이 하는 후손은 성별 불문 성년이 되면 종중의 구성원 ⟶ 조리 O (관습법 ×)

답 ❷, ❹

002 민법의 법원(法源)인 관습법에 관한 설명으로 옳지 않은 것은?(다툼이 있으면 판례에 따름)

□□□

18 행정사 제6회

① 관습법이란 사회의 거듭된 관행으로 생성된 사회생활규범이 사회의 법적 확신과 인식에 의하여 법적 규범으로 승인·강행되기에 이른 것을 말한다.

② 어떤 관행이 관습법으로 승인된 이상, 사회구성원들이 그러한 관행의 법적 구속력에 대하여 확신을 갖지 않게 되었더라도, 그 관습법은 법규범으로서의 효력에 영향을 받지 않는다.

③ 관습법의 존재는 당사자의 주장·증명이 없어도 법원이 직권으로 이를 확정할 수 있다.

④ 수목의 집단에 대한 공시방법인 명인방법은 판례에 의하여 확인된 관습법이다.

⑤ 관습법은 법령에 저촉되지 아니하는 한 법칙으로서의 효력이 있다.

해설

[❶ ▸ O] 관습법이란 사회의 거듭된 관행으로 생성한 사회생활규범이 사회의 법적 확신과 인식에 의하여 법적 규범으로 승인·강행되기에 이른 것을 말한다(대판 2005.7.21. 2002다1178[전합]).

[❷ ▸ ×] 사회의 거듭된 관행으로 생성된 사회생활규범이 관습법으로 승인되었다고 하더라도 사회 구성원들이 그러한 관행의 법적 구속력에 대하여 확신을 갖지 않게 되었다거나, 사회를 지배하는 기본적 이념이나 사회질서의 변화로 인하여 그러한 관습법을 적용하여야 할 시점에 있어서의 전체 법질서에 부합하지 않게 되었다면 그러한 관습법은 법적 규범으로서의 효력이 부정될 수밖에 없다(대판 2005.7.21. 2002다1178[전합]).

[❸ ▸ O] 법령과 같은 효력을 갖는 관습법은 당사자의 주장 입증을 기다림이 없이 법원이 직권으로 이를 확정하여야 한다(대판 1983.6.14. 80다3231). ☞ 관습법의 존재는 법원의 직권조사사항이다.

[❹ ▸ O] 수목의 집단에 대한 공시방법인 명인방법은 판례에 의하여 확인된 관습법이다(대판 1967.2.28. 66다2442). 수목은 본래 그것이 자라고 있는 토지의 정착물로서 토지의 일부임이 원칙이나, 수목의 집단을 특히 '명인방법'이라는 관습법상의 공시방법을 갖춘 때에는 독립한 '부동산'으로서 거래의 목적이 된다는 것이다. 그러나 그것은 오로지 소유권의 객체가 될 뿐이고, 다른 권리의 목적으로 하지는 못한다.

> 명인방법은 '수목의 집단' 또는 '미분리의 과실'의 소유권이 누구에게 귀속하고 있다는 것을 제3자가 명인(明認, 명백하게 인식)할 수 있도록 공시하는 방법을 말한다. 수목의 집단의 경우에는 나무의 껍질을 깎아서 거기에 소유자의 성명을 쓰는 것, 미분리의 과실의 경우에는 논·밭의 주위에 새끼줄을 둘러치고 소유자의 성명을 표시한 목찰(木札)을 세우는 것이 명인방법의 예이다.

[❺ ▸ O] 관습법은 법령에 저촉되지 아니하는 한 법칙으로서의 효력이 있으나, 사실인 관습은 단순한 관행으로서 법률행위의 당사자의 의사를 보충함에 그치는 것이다(대판 1983.6.14. 80다3231).

핵심정리 **민법의 법원(法源)으로서의 관습법**

①, ⑤ 관습법
- → 개념 : 거듭된 관행으로 생성된 사회생활규범이 법적 확신과 인식으로 법적 규범으로 승인·강행된 것
- → 요건 : 반복된 관행의 존재 + 사회 구성원들의 법적 확신과 인식
- → 효력 : 법령에 저촉되지 아니하는 한 법칙으로서의 효력 O (보충적 효력설, 판례)

② 관습법의 효력 상실 사유
- → 사회구성원들이 관행의 법적 구속력에 대한 확신을 갖지 않게 된 경우 : 법규범으로서의 효력 ×
- → 관습법을 적용하여야 할 시점에 전체 법질서에 부합하지 않게 된 경우 : 법규범으로서의 효력 ×

③ 관습법의 존재 → 당사자의 주장·증명이 없더라도 법원이 직권으로 확정

④ 수목의 집단에 대한 공시방법인 명인방법 → 판례에 의하여 확인된 관습법 O

답 ❷

003 민법의 법원(法源)에 관한 설명으로 옳지 않은 것은?(다툼이 있으면 판례에 따름)

□□□

19 행정사 제7회

① 관습법은 법률에 대하여 열후적 · 보충적 성격을 가진다.

② 헌법에 의하여 체결 · 공포된 조약으로서 민사에 관한 것은 민법의 법원이 된다.

③ 관습법은 원칙적으로 당사자의 주장 · 입증을 기다림이 없이 법원이 직권으로 이를 확정할 수 있다.

④ 민법 제1조 소정의 '법률'은 헌법이 정하는 절차에 따라서 제정 · 공포되는 형식적 의미의 법률만을 뜻한다.

⑤ 사회의 거듭된 관행으로 생성된 사회생활규범은 전체 법질서에 반하지 않아야 관습법으로서의 효력이 인정될 수 있다.

해설

[❶ ▸ O] 제정법(성문법)에 대한 관습법의 효력에 관하여, 관습법은 제정법(성문법)과 대등하거나 제정법을 개폐하는 변경적 효력이 인정된다는 견해(대등적 · 변경적 효력설)와 민법 제1조의 규정상 관습법은 제정법(성문법)에 대하여 열후적 · 보충적 효력만 인정된다는 견해(보충적 효력설)가 대립한다. 판례는, 관습법은 법률에 대하여 열후적 · 보충적 성격을 가진다는 보충적 효력설의 입장이다.

> 가족의례준칙 제13조의 규정과 배치되는 관습법의 효력을 인정하는 것은 관습법의 제정법에 대한 열후적, 보충적 성격에 비추어 민법 제1조의 취지에 어긋나는 것이다(대판 1983.6.14. 80다3231).

[❷ ▸ O] 헌법에 의하여 체결 · 공포된 조약과 일반적으로 승인된 국제법규는 국내법과 같은 효력을 가지므로(헌법 제6조 제1항), 비준 · 공포된 조약이 민사에 관한 것이면 민법의 법원(法源)이 된다.

[❸ ▸ O] 법령과 같은 효력을 갖는 관습법은 당사자의 주장 입증을 기다림이 없이 법원이 직권으로 이를 확정하여야 한다(대판 1983.6.14. 80다3231). ☞ 관습법의 존재는 법원의 직권조사사항이다.

> 민사소송에서 항변사항은 그 존재를 피고가 주장하지 않는 한 법원이 문제로 삼지 않지만, 직권조사사항은 피고의 항변 유무에 관계없이 의문이 있을 경우에 법원이 이를 직권으로 조사하여야 한다.

[❹ ▸ ×] 민법 제1조의 "법률"(法律)이란 국회에서 제정한 형식적 의미의 법률뿐만 아니라 명령 · 규칙 · 조약 · 자치법규 등 성문법 내지 제정법 일반을 의미한다. 판례도 같은 취지이다(대판 1983.6.14. 80다3231 참조).

[❺ ▸ O] 관습법이란 사회의 거듭된 관행으로 생성한 사회생활규범이 사회의 법적 확신과 인식에 의하여 법적 규범으로 승인 · 강행되기에 이른 것을 말하고, 그러한 관습법은 법원(法源)으로서 법령에 저촉되지 아니하는 한 법칙으로서의 효력이 있는 것이고, 또 사회의 거듭된 관행으로 생성한 어떤 사회생활규범이 법적 규범으로 승인되기에 이르렀다고 하기 위하여는 헌법을 최상위 규범으로 하는 전체 법질서에 반하지 아니하는 것으로서 정당성과 합리성이 있다고 인정될 수 있는 것이어야 하고, 그렇지 아니한 사회생활규범은 비록 그것이 사회의 거듭된 관행으로 생성된 것이라고 할지라도 이를 법적 규범으로 삼아 관습법으로서의 효력을 인정할 수 없다(대판 2005.7.21. 2002다1178[전합]).

핵심정리

민법의 법원(法源)

① 관습법의 효력 → 법률에 대한 열후적 · 보충적 효력 O (보충적 효력설)

② 헌법에 의하여 체결 · 공포된 민사에 관한 조약 → 민법의 법원 O

③ 관습법의 존재 → 당사자의 주장 · 증명이 없더라도 법원이 직권으로 확정

④ 민법 제1조의 법률 → 형식적 의미의 법률뿐만 아니라 명령 · 규칙 · 조약 · 자치법규 등 성문법 일반을 의미

⑤ 관습법의 성립요건 : 반복된 관행의 존재 + 사회 구성원들의 법적 확신과 인식 + 헌법을 최상위 규범으로 하는 전체 법질서에 반하지 아니하는 것으로서 정당성과 합리성이 있을 것

답 ❹

004 관습법과 사실인 관습에 관한 설명으로 옳지 않은 것은?(다툼이 있으면 판례에 따름)

□□□

17 행정사 제5회

① 관습법은 성문법에 대하여 보충적 효력을 가진다.
② 관습법이 성립하기 위해서는 사회구성원의 법적 확신과 인식이 있어야 한다.
③ 사실인 관습은 법원(法源)으로서의 효력이 인정된다.
④ 사실인 관습은 그 존재를 당사자가 주장・증명하여야 한다.
⑤ 사실인 관습은 당사자의 의사가 명확하지 아니한 때에 그 의사를 보충함에 그친다.

해설

[❶ ▸ O] 관습법은 성문법(제정법)에 대하여 열후적・보충적 성격을 가진다(보충적 효력설, 판례).

> 가족의례준칙 제13조의 규정과 배치되는 관습법의 효력을 인정하는 것은 관습법의 제정법에 대한 열후적, 보충적 성격에 비추어 민법 제1조의 취지에 어긋나는 것이다(대판 1983.6.14. 80다3231).

[❷ ▸ O] 관습법이란 사회의 거듭된 관행으로 생성한 사회생활규범이 사회의 법적 확신과 인식에 의하여 법적 규범으로 승인・강행되기에 이른 것을 말한다(대판 2005.7.21. 2002다1178[전합]).

[❸ ▸ ×] [❺ ▸ O] 사실인 관습은 법령으로서의 효력이 없는 단순한 관행으로서❸ 법률행위의 당사자의 의사를 보충함에 그치는 것이다(대판 1983.6.14. 80다3231).❺ 이러한 사실인 관습은 민법의 법원(法源)이 아니다.

> 민법 제106조는 법령 중의 선량한 풍속 기타 사회질서에 관계없는 규정과 다른 관습(= 사실인 관습)이 있는 경우에 당사자의 의사가 명확하지 아니한 때에는 그 관습에 의한다고 하여 사실인 관습은 법률행위의 당사자의 의사를 보충함에 그치는 것으로 규정하고 있다(대판 1983.6.14. 80다3231).

[❹ ▸ O] 법령과 같은 효력을 갖는 관습법은 당사자의 주장 입증을 기다림이 없이 법원이 직권으로 이를 확정하여야 하고, 사실인 관습은 그 존재를 당사자가 주장 입증하여야 한다(대판 1983.6.14. 80다3231).

핵심정리

관습법과 사실인 관습

① 관습법의 효력 → 보충적 효력 O
② 관습법의 성립 → 반복된 관행의 존재 + 사회 구성원들의 법적 확신과 인식
③, ④, ⑤ 사실인 관습
→ 민법의 법원 × : 법규범으로서의 효력 × (당사자의 의사를 보충함에 그치는 것)
→ 그 존재를 당사자가 주장・증명하여야 함 (항변사항 O)
(cf. 관습법은 법원의 직권조사사항 O)

답 ❸

005 관습법과 사실인 관습에 관한 설명으로 옳지 않은 것은?(다툼이 있는 경우에는 판례에 의함)

□□□

14 행정사 제2회

① 관습법은 헌법을 최상위 규범으로 하는 전체 법질서에 반하지 않고 정당성과 합리성이 있어야 한다.

② 관습법은 바로 법원(法源)으로서 법령과 같은 효력을 갖는 관습이므로 법령에 저촉하는 관습법도 법칙으로서 효력이 있다.

③ 사실인 관습은 사회의 관행에 의하여 발생한 사회생활규범인 점에서 관습법과 같다.

④ 사실인 관습은 단순한 관행으로서 법률행위의 당사자의 의사를 보충한다.

⑤ 관습법도 사회구성원이 그러한 관행의 법적 구속력에 대하여 확신을 갖지 않게 된 경우 그 법적 규범으로서 효력을 잃는다.

해설

[❶ ▸ O] [❷ ▸ ×] 관습법은 법원(法源)으로서 법령에 저촉되지 아니하는 한 법칙으로서의 효력이 있는 것이고,❷ 또 사회의 거듭된 관행으로 생성한 어떤 사회생활규범이 법적 규범으로 승인되기에 이르렀다고 하기 위하여는 헌법을 최상위 규범으로 하는 전체 법질서에 반하지 아니하는 것으로서 정당성과 합리성이 있다고 인정될 수 있는 것이어야 한다❶(대판 2005.7.21. 2002다1178[전합]).

[❸ ▸ O] 사실인 관습은 사회의 관행에 의하여 발생한 사회생활규범인 점에서 관습법과 같으나 사회의 법적 확신이나 인식에 의하여 법적 규범으로서 승인된 정도에 이르지 않은 것을 말한다(대판 1983.6.14. 80다3231).

[❹ ▸ O] 사실인 관습은 법령으로서의 효력이 없는 단순한 관행으로서 법률행위의 당사자의 의사를 보충함에 그치는 것이다(대판 1983.6.14. 80다3231).

[❺ ▸ O] 사회의 거듭된 관행으로 생성된 사회생활규범이 관습법으로 승인되었다고 하더라도 사회 구성원들이 그러한 관행의 법적 구속력에 대하여 확신을 갖지 않게 된 경우, 그러한 관습법은 법적 규범으로서의 효력이 부정될 수밖에 없다(대판 2005.7.21. 2002다1178[전합]).

핵심정리

관습법과 사실인 관습

① 관습법의 성립요건 : 반복된 관행의 존재 + 사회 구성원들의 법적 확신과 인식 + 헌법을 최상위 규범으로 하는 전체 법질서에 반하지 아니하는 것으로서 정당성과 합리성이 있을 것

②, ⑤ 관습법의 효력
- ⟶ 법령에 저촉되는 경우 : 법칙으로서 효력 ×
- ⟶ 사회 구성원이 관행의 법적 구속력에 대한 확신을 갖지 않게 된 경우 : 법규범으로서의 효력 ×

③ 사실인 관습
- ⟶ 사회의 관행으로 발생한 사회생활규범 (이 부분은 관습법과 동일)
- ⟶ 사회 구성원들의 법적 확신과 인식 ×

④ 사실인 관습의 효력 ⟶ 당사자의 의사를 보충하는 것에 그침 (법령으로서 효력 ×)

답 ❷

006 **민법의 법원(法源)에 관한 설명으로 옳지 않은 것은?(다툼이 있으면 판례에 따름)**

□□□

15 행정사 제3회

① 민사에 관하여 법률에 규정이 없으면 관습법에 의하고 관습법이 없으면 조리에 의한다.
② 헌법에 의하여 체결・공포된 조약이나 일반적으로 승인된 국제법규가 민사에 관한 것이라도 민법의 법원이 될 수 없다.
③ 공동선조와 성과 본을 같이 하는 후손은 성별의 구별 없이 성년이 되면 당연히 종중의 구성원이 된다고 보는 것이 조리에 합당하다.
④ 법령과 같은 효력을 갖는 관습법은 특별한 사정이 없으면 당사자의 주장・증명을 기다릴 필요 없이 법원이 직권으로 이를 확정하여야 한다.
⑤ 헌법을 최상위 규범으로 하는 전체 법질서에 반하는 사회생활규범은 사회의 거듭된 관행으로 생성된 것일지라도 관습법으로서의 효력이 인정될 수 없다.

해설

[❶ ▸ O] 민사에 관하여 법률에 규정이 없으면 관습법에 의하고 관습법이 없으면 조리에 의한다(민법 제1조).
[❷ ▸ X] 헌법에 의하여 체결・공포된 조약과 일반적으로 승인된 국제법규에 민사에 관한 사항이 포함되어 있으면 민법의 법원이 될 수 있다(헌법 제6조 제1항).
[❸ ▸ O] 공동선조와 성과 본을 같이 하는 후손은 성별의 구별 없이 성년이 되면 당연히 그 구성원이 된다고 보는 것이 조리에 합당하다(대판 2005.7.21. 2002다1178[전합]).
[❹ ▸ O] 법령과 같은 효력을 갖는 관습법은 당사자의 주장 입증을 기다림이 없이 법원이 직권으로 이를 확정하여야 한다(대판 1983.6.14. 80다3231). ☞ 관습법의 존재는 법원의 직권조사사항이다.
[❺ ▸ O] 사회의 거듭된 관행으로 생성된 사회생활규범이 관습법으로 승인되었다고 하더라도 사회 구성원들이 그러한 관행의 법적 구속력에 대하여 확신을 갖지 않게 되었다거나, 사회를 지배하는 기본적 이념이나 사회질서의 변화로 인하여 그러한 관습법을 적용하여야 할 시점에 있어서의 전체 법질서에 부합하지 않게 되었다면 그러한 관습법은 법적 규범으로서의 효력이 부정될 수밖에 없다(대판 2005.7.21. 2002다1178[전합]).

핵심정리

민법의 법원(法源)
① 민법의 법원과 적용 순서(민법 제1조) : 법률(성문법) → 관습법 → 조리
② 헌법에 의하여 체결・공포된 민사조약이나 민사에 관한 국제법규 ⇢ 민법의 법원 O
③ 공동선조와 성과 본을 같이 하는 후손은 성별 불문 성년이 되면 종중의 구성원 ⇢ 조리 O (관습법 ×)
④ 관습법의 존재 ⇢ 법원의 직권조사사항 O (당사자의 주장・증명이 없더라도 법원이 직권으로 확정)
⑤ 헌법을 최상위 규범으로 하는 전체 법질서에 반하는 사회생활규범 ⇢ 관습법으로서의 효력 ×

답 ❷

007 관습법과 사실인 관습에 관한 설명으로 옳은 것을 모두 고른 것은?(다툼이 있으면 판례에 따름)

□□□

20 행정사 제8회

> ㄱ. 관습법은 사회의 거듭된 관행으로 생성된 사회생활규범이 법적 확신과 인식에 의하여 법적 규범으로 승인된 것이다.
> ㄴ. 종래 관습법으로 승인되었더라도 그 관습법을 적용하여야 할 시점에서 전체 법질서에 부합하지 않게 되었다면 법적 규범으로서의 효력이 부정된다.
> ㄷ. 사실인 관습은 법령으로서의 효력이 없는 단순한 관행으로서 당사자의 의사를 보충하는 데 그친다.

① ㄱ
② ㄱ, ㄴ
③ ㄱ, ㄷ
④ ㄴ, ㄷ
⑤ ㄱ, ㄴ, ㄷ

해설

[ㄱ ▸ O] 관습법이란 사회의 거듭된 관행으로 생성한 사회생활규범이 사회의 법적 확신과 인식에 의하여 법적 규범으로 승인·강행되기에 이른 것을 말한다(대판 2005.7.21. 2002다1178[전합]).

[ㄴ ▸ O] 사회의 거듭된 관행으로 생성된 사회생활규범이 관습법으로 승인되었다고 하더라도 사회 구성원들이 그러한 관행의 법적 구속력에 대하여 확신을 갖지 않게 되었다거나, 사회를 지배하는 기본적 이념이나 사회질서의 변화로 인하여 그러한 관습법을 적용하여야 할 시점에 있어서의 전체 법질서에 부합하지 않게 되었다면 그러한 관습법은 법적 규범으로서의 효력이 부정될 수밖에 없다(대판 2005.7.21. 2002다1178[전합]).

[ㄷ ▸ O] 사실인 관습은 법령으로서의 효력이 없는 단순한 관행으로서 법률행위의 당사자의 의사를 보충함에 그치는 것이다(대판 1983.6.14. 80다3231).

핵심정리 관습법과 사실인 관습

ㄱ. 관습법 → 반복된 관행으로 생성된 사회생활규범이 법적 확신과 인식으로 법적 규범으로 승인·강행된 것
ㄴ. 관습법이 적용 시점에 이르러 전체 법질서에 부합하지 않게 된 경우 → 법적 규범으로서의 효력 ×
ㄷ. 사실인 관습의 효력 → 당사자의 의사를 보충하는 것에 그침 (법령으로서 효력 ×)

답 ❺

CHAPTER 02

권리 일반

제1절 법률관계와 권리 · 의무

008 다음 중 형성권이 아닌 것은? 21 행정사 제9회

□□□

① 물권적 청구권
② 취소권
③ 추인권
④ 동의권
⑤ 계약해지권

해설

[❶ ▸ ×] ② 취소권, ③ 추인권, ④ 동의권, ⑤ 계약해지권 등은 형성권에 해당하나, ① 물권적 청구권은 특정인이 다른 특정인에게 일정한 행위를 청구할 수 있는 청구권에 해당한다. 소유물 반환청구권, 소유물방해제거청구권, 소유물방해예방청구권 등이 그 예이다.

답 ❶

009 형성권의 행사에 해당하는 것을 모두 고른 것은? 18 행정사 제6회

□□□

ㄱ. 무권대리행위에 대한 본인의 추인
ㄴ. 미성년자의 법률행위에 대한 법정대리인의 취소
ㄷ. 상계적상에 있는 채무의 대등액에 관한 채무자 일방의 상계
ㄹ. 채무불이행을 원인으로 한 계약의 해제

① ㄱ, ㄷ
② ㄴ, ㄹ
③ ㄱ, ㄴ, ㄷ
④ ㄴ, ㄷ, ㄹ
⑤ ㄱ, ㄴ, ㄷ, ㄹ

해설

[ㄱ▸O] [ㄴ▸O] [ㄷ▸O] [ㄹ▸O] ㄱ. 무권대리행위에 대한 본인의 추인, ㄴ. 미성년자의 법률행위에 대한 법정대리인의 취소, ㄷ. 상계적상에 있는 채무의 대등액에 관한 채무자 일방의 상계, ㄹ. 채무불이행을 원인으로 한 계약의 해제는 모두 권리자의 일방적인 의사표시에 의하여 법률관계의 변동(발생·변경·소멸)이 일어나게 하는 형성권에 해당한다.

권리의 작용(효력)에 의한 분류

권리를 그 작용인 법률상의 힘, 즉 효력의 차이를 기준으로 분류하면 지배권·청구권·형성권·항변권으로 나눌 수 있다(작용에 의한 분류).

- 지배권 : 일정한 객체에 대하여 직접 지배력을 발휘할 수 있는 권리를 말한다. 물권(예 소유권, 저당권, 전세권 등)은 가장 전형적인 지배권이다. 인격권처럼 사람을 객체로 하는 권리도 있다.
- 청구권 : 특정인이 다른 특정인에 대하여 일정한 행위(작위 또는 부작위)를 요구할 수 있는 권리이다. 채권은 청구권을 주된 내용으로 하지만, 청구권 이외의 다른 효력도 있고 청구권이 채권에서만 문제되는 것은 아니다. 청구권 발생의 기초가 되는 권리가 채권이면 채권적 청구권, 물권이면 물권적 청구권(예 소유물 반환청구권, 소유물방해제거청구권, 소유물방해예방청구권 등)이라 한다.
- 형성권 : 권리자의 일방적인 의사표시에 의하여 법률관계의 변동(발생·변경·소멸)을 일어나게 하는 권리이다. 형성권에는 권리자의 의사표시만으로써 효과를 발생하는 것(예 취소권, 동의권, 추인권, 상계권, 해제·해지권, 일방예약완결권 등)과 법원의 판결에 의하여 비로소 효과를 발생하는 것(예 채권자취소권 등)이 있다. 성질상 형성권임에도 불구하고 청구권으로 불리는 것도 있는데, 공유물분할청구권, 지상권자·토지임차인의 지상물매수청구권, 전세권자·임차인·전차인의 부속물매수청구권, 차임증감청구권 등이 그 예이다.
- 항변권 : 청구권의 행사에 대하여 그 작용을 막아서 그치게 할 수 있는 효력을 가지는 권리를 말한다. 동시이행의 항변권, 최고·검색의 항변권 등이 이에 해당한다.

답 ⑤

제2절 신의성실의 원칙

010 신의칙에 관한 설명으로 옳지 않은 것은?(다툼이 있으면 판례에 따름) 22 행정사 제10회

□□□

① 신의칙에 반하는 것은 강행규정에 위반하는 것이므로 당사자의 주장이 없더라도 법원이 직권으로 판단할 수 있다.

② 법정대리인의 동의 없이 신용구매계약을 체결한 미성년자가 나중에 법정대리인의 동의 없음을 이유로 그 계약을 취소하는 것은 신의칙에 반한다.

③ 무권대리인이 본인을 단독 상속한 경우, 본인의 지위에서 자신이 한 무권대리행위의 추인을 거절하는 것은 신의칙에 반한다.

④ 병원은 입원환자의 휴대품 등의 도난을 방지하기 위하여 필요한 적절한 조치를 강구하여 줄 신의칙상 보호의무가 있다.

⑤ 채권자가 유효하게 성립한 계약에 따른 급부의 이행을 청구하는 경우, 법원이 신의칙에 의하여 그 급부의 일부를 감축하는 것은 원칙적으로 허용되지 않는다.

해설

[❶ ▸ O] 신의성실의 원칙에 반하는 것 또는 권리남용은 강행규정에 위배되는 것이므로 당사자의 주장이 없더라도 법원은 직권으로 판단할 수 있다(대판 1995.12.22. 94다42129).

[❷ ▸ ×] 법정대리인의 동의 없이 신용구매계약을 체결한 미성년자가 사후에 법정대리인의 동의 없음을 사유로 들어 이를 취소하는 것이 신의칙에 위배된 것이라고 할 수 없다(대판 2007.11.16. 2005다71659).

[❸ ▸ O] 무권대리인이 본인을 단독 상속한 경우, 본인의 지위에서 자신이 한 무권대리행위의 추인을 거절하는 것은 금반언의 원칙이나 신의칙에 반한다(대판 1994.9.27. 94다20617 참조).

> 대리권한 없이 타인의 부동산을 매도한 자가 그 부동산을 상속한 후 소유자의 지위에서 자신의 대리행위가 무권대리로 무효임을 주장하여 등기말소 등을 구하는 것은 금반언의 원칙이나 신의칙상 허용될 수 없다(대판 1994.9.27. 94다20617).

[❹ ▸ O] 병원은 병실에의 출입자를 통제·감독하든가 그것이 불가능하다면 최소한 입원환자에게 휴대품을 안전하게 보관할 수 있는 시정장치가 있는 사물함을 제공하는 등으로 입원환자의 휴대품 등의 도난을 방지함에 필요한 적절한 조치를 강구하여 줄 신의칙상의 보호의무가 있다고 할 것이다(대판 2003.4.11. 2002다63275).

[❺ ▸ O] 유효하게 성립한 계약상의 책임을 공평의 이념 또는 신의칙과 같은 일반원칙에 의하여 제한하는 것은 사적 자치의 원칙이나 법적 안정성에 대한 중대한 위협이 될 수 있으므로, 채권자가 유효하게 성립한 계약에 따른 급부의 이행을 청구하는 때에 법원이 급부의 일부를 감축하는 것은 원칙적으로 허용되지 않는다(대판 2016.12.1. 2016다240543).

핵심정리

신의성실의 원칙(신의칙)

① 신의칙의 위반(강행규정 위반) ⇢ 당사자의 주장이 없더라도 법원이 직권 판단

②, ③ 신의칙의 위반 여부

⇢ 미성년자가 법정대리인의 동의 없음을 이유로 계약을 취소하는 경우 : 신의칙 위반 ×

⇢ 본인을 단독 상속한 무권대리인이 본인의 지위에서 추인거절하는 경우 : 신의칙 위반 O

④ 병원은 입원환자 휴대품의 도난방지에 필요한 조치를 할 신의칙상의 보호의무 O

⑤ 법원이 신의칙에 의하여 유효하게 성립한 계약에 따른 급부의 일부를 감축하는 것 ⇢ 원칙적으로 허용 ×

답 ❷

011 신의성실의 원칙에 관한 설명으로 옳지 않은 것은?(다툼이 있으면 판례에 따름)

□□□

24 행정사 제12회

① 신의칙 위반 여부는 당사자의 주장이 없더라도 법원이 직권으로 판단할 수 있다.
② 사정변경의 원칙에서의 사정이란 계약을 체결하게 된 일방 당사자의 주관적・개인적 사정을 의미한다.
③ 실효의 원칙은 공법관계인 권력관계에도 적용될 수 있다.
④ 여행계약상 기획여행업자는 여행자의 안전을 확보하기 위한 합리적 조치를 할 신의칙상 안전배려의무가 있다.
⑤ 주로 자기의 채무 이행만을 회피하기 위한 수단으로 동시이행항변권을 행사하는 경우, 그 항변권의 행사는 권리남용이 될 수 있다.

해설

[❶ ▸ ○] 신의성실의 원칙에 반하는 것 또는 권리남용은 강행규정에 위배되는 것이므로 당사자의 주장이 없더라도 법원은 직권으로 판단할 수 있다(대판 1995.12.22. 94다42129).

[❷ ▸ ×] 이른바 '사정변경으로 인한 계약해제'는 계약 성립 당시 당사자가 예견할 수 없었던 현저한 사정의 변경이 발생하였고 그러한 사정의 변경이 해제권을 취득하는 당사자에게 책임 없는 사유로 생긴 것으로서, 계약 내용대로의 구속력을 인정한다면 신의칙에 현저히 반하는 결과가 생기는 경우에 계약준수 원칙의 예외로서 인정되는 것이고, 여기에서 말하는 '**사정**'이란 **계약의 기초가 되었던 객관적인 사정**으로서, 일방 당사자의 주관적 또는 개인적인 사정을 의미하는 것은 아니다(대판 2007.3.29. 2004다31302).

[❸ ▸ ○] 실권 또는 실효의 법리는 법의 일반원리인 신의성실의 원칙에 바탕을 둔 파생원칙인 것이므로 **공법관계 가운데 관리관계는 물론이고 권력관계에도 적용**된다(대판 1988.4.27. 87누915).

[❹ ▸ ○] 기획여행업자는 여행자의 생명・신체・재산 등의 안전을 확보하기 위하여 여행목적지・여행일정・여행행정・여행서비스기관의 선택 등에 관하여 미리 충분히 조사・검토하여 여행계약 내용의 실시 도중에 여행자가 부딪칠지 모르는 위험을 미리 제거할 수단을 강구하거나, 여행자에게 그 뜻을 고지함으로써 여행자 스스로 위험을 수용할지에 관하여 선택할 기회를 주는 등 합리적 조치를 취할 신의칙상 안전배려의무를 부담하며, 기획여행업자가 사용한 여행약관에서 여행업자의 여행자에 대한 책임의 내용 및 범위 등에 관하여 규정하고 있다면 이는 위와 같은 안전배려의무를 구체적으로 명시한 것으로 보아야 한다(대판 2011.5.26. 2011다1330).

[❺ ▸ ○] 일반적으로 동시이행의 관계가 인정되는 경우에 그러한 항변권을 행사하는 자의 상대방이 그 동시이행의 의무를 이행하기 위하여 과다한 비용이 소요되거나 또는 그 의무의 이행이 실제적으로 어려운 반면 그 의무의 이행으로 인하여 항변권자가 얻는 이득은 별달리 크지 아니하여 동시이행의 항변권의 행사가 주로 자기 채무의 이행만을 회피하기 위한 수단이라고 보여지는 경우에는 그 항변권의 행사는 권리남용으로서 배척되어야 할 것이다(대판 2001.9.18. 2001다9304).

> **핵심정리**
>
> **신의성실의 원칙과 그 파생 원칙(사정변경의 원칙, 실효의 원칙, 권리남용금지의 원칙 등)**
>
> ① 신의칙 위반 여부 ⇢ 당사자의 주장이 없더라도 법원이 직권으로 판단 (직권조사사항 ○)
> ② 사정변경의 원칙에서의 '사정'의 의미 ⇢ 계약의 기초가 되었던 객관적인 사정을 의미 ○ (당사자의 주관적・개인적 사정 ×)
> ③ 실효의 원칙 ⇢ 공법관계인 권력관계에도 적용 ○
> ④ 여행계약상 기획여행업자의 의무 ⇢ 여행자의 안전을 확보하기 위한 합리적 조치를 할 신의칙상 안전배려의무 ○
> ⑤ 주로 자기의 채무 이행만을 회피하기 위한 수단으로 동시이행항변권을 행사하는 경우 ⇢ 동시이행항변권의 행사는 권리남용에 해당 ○

답 ❷

012 □□□ **신의성실의 원칙(이하 "신의칙"이라 한다)에 관한 설명으로 옳지 않은 것은?(다툼이 있으면 판례에 따름)**

20 행정사 제8회

① 신의칙은 당사자의 주장이 없어도 법원이 직권으로 판단할 수 있다.

② 일반 행정법률관계에 관한 관청의 행위에 대하여 신의칙은 특별한 사정이 있는 경우 예외적으로 적용될 수 있다.

③ 사용자는 특별한 사정이 없는 한 근로계약에 수반되는 신의칙상 부수적 의무로서 피용자의 안전에 대한 보호의무를 부담한다.

④ 숙박업자는 신의칙상 부수적 의무로서 투숙객의 안전을 배려할 보호의무를 부담한다.

⑤ 항소권과 같은 소송상의 권리에는 신의칙 내지 실효의 원칙이 적용될 수 없다.

해설

[❶ ▸ O] 신의성실의 원칙에 반하는 것 또는 권리남용은 강행규정에 위배되는 것이므로 당사자의 주장이 없더라도 법원은 직권으로 판단할 수 있다(대판 1989.9.29. 88다카17181).

[❷ ▸ O] 일반 행정법률관계에서 관청의 행위에 대하여 신의칙이 적용되기 위해서는 합법성의 원칙을 희생하여서라도 처분의 상대방의 신뢰를 보호함이 정의의 관념에 부합하는 것으로 인정되는 특별한 사정이 있을 경우에 한하여 예외적으로 적용된다(대판 2004.7.22. 2002두11233).

[❸ ▸ O] 사용자는 근로계약에 수반되는 신의칙상의 부수적 의무로서 피용자가 노무를 제공하는 과정에서 생명, 신체, 건강을 해치는 일이 없도록 인적·물적 환경을 정비하는 등 필요한 조치를 강구하여야 할 보호의무를 부담하고, 이러한 보호의무를 위반함으로써 피용자가 손해를 입은 경우 이를 배상할 책임이 있다(대판 2001.7.27. 99다56734).

[❹ ▸ O] 숙박업자는 고객에게 위험이 없는 안전하고 편안한 객실 및 관련시설을 제공함으로써 고객의 안전을 배려하여야 할 보호의무를 부담하며 이러한 의무는 숙박계약의 특수성을 고려하여 신의칙상 인정되는 부수적인 의무에 해당한다(대판 1994.1.28. 93다43590).

[❺ ▸ ×] 항소권과 같은 소송법상의 권리에 대하여도 신의성실의 원칙의 파생원칙인 실효의 원칙이 적용될 수 있다(대판 1996.7.30. 94다51840).

핵심정리

신의성실의 원칙(신의칙)

① 신의칙의 위반(강행규정 위반) → 당사자의 주장이 없더라도 법원이 직권 판단

② 일반 행정법률관계에 관한 관청의 행위 → 합법성의 원칙을 희생하여서라도 처분의 상대방의 신뢰를 보호함이 정의의 관념에 부합하는 것으로 인정되는 특별한 사정이 있을 경우에 한하여 예외적으로 신의칙 적용 O

③, ④ 신의칙상 부수적 의무 인정 여부

→ 사용자 : 신의칙상 부수적 의무로서 피용자의 안전에 대한 보호의무 O

→ 숙박업자 : 신의칙상 부수적 의무로서 투숙객의 안전을 배려할 보호의무 O

⑤ 항소권과 같은 소송상의 권리 → 신의성실의 원칙의 파생원칙인 실효의 원칙이 적용 O

답 ❺

013 신의성실의 원칙 등에 관한 설명으로 옳은 것을 모두 고른 것은?(다툼이 있으면 판례에 따름)

□□□

16 행정사 제4회

ㄱ. 병원은 병실에의 출입자를 통제·감독하든가 그것이 불가능하다면 입원환자의 휴대품 등의 도난을 방지함에 필요한 적절한 조치를 강구하여 줄 신의칙상의 보호의무가 있다.
ㄴ. 인지청구권에는 실효의 법리가 적용된다.
ㄷ. 매매계약체결 후 9년이 지났고 시가가 올랐다는 사정만으로 계약을 해제할 만한 사정변경이 있다고 볼 수 없다.
ㄹ. 실효의 원칙은 항소권과 같은 소송법상의 권리에도 적용될 수 있다.

① ㄱ, ㄷ
② ㄴ, ㄹ
③ ㄱ, ㄴ, ㄹ
④ ㄱ, ㄷ, ㄹ
⑤ ㄱ, ㄴ, ㄷ, ㄹ

해설

[ㄱ ▸ O] 병원은 병실에의 출입자를 통제·감독하든가 그것이 불가능하다면 최소한 입원환자에게 휴대품을 안전하게 보관할 수 있는 시정장치가 있는 사물함을 제공하는 등으로 입원환자의 휴대품 등의 도난을 방지함에 필요한 적절한 조치를 강구하여 줄 신의칙상의 보호의무가 있다고 할 것이다(대판 2003.4.11. 2002다63275).

[ㄴ ▸ X] 인지청구권은 본인의 일신전속적인 신분관계상의 권리로서 포기할 수도 없으며 포기하였더라도 그 효력이 발생할 수 없는 것이고, 이와 같이 인지청구권의 포기가 허용되지 않는 이상 거기에 실효의 법리가 적용될 여지도 없다(대판 2001.11.27. 2001므1353).

[ㄷ ▸ O] 매매계약체결 후 9년이 지났고 시가가 올랐다는 사정만으로 계약을 해제할 만한 사정변경이 있다고 볼 수 없고, 매수인의 소유권 이전등기 절차이행 청구가 신의칙에 위배된다고도 할 수 없다(대판 1991.2.26. 90다19664).

[ㄹ ▸ O] 항소권과 같은 소송법상의 권리에 대하여도 신의성실의 원칙의 파생원칙인 실효의 원칙이 적용될 수 있다(대판 1996.7.30. 94다51840).

핵심정리

신의성실의 원칙 및 실효의 원칙

ㄱ. 병원은 입원환자 휴대품의 도난방지에 필요한 조치를 할 신의칙상의 보호의무 O
ㄴ., ㄹ. 실효의 원칙의 적용 여부
→ 인지청구권에는 적용 ×
→ 항소권과 같은 소송법상의 권리에도 적용 O
ㄷ. 매매계약체결 후 9년이 지났고 시가가 올랐다는 사정 → 계약을 해제할 만한 사정변경 ×

답 ④

014 신의성실의 원칙에 관한 설명으로 옳은 것은?(다툼이 있으면 판례에 따름) 15 행정사 제3회

□□□

① 병원은 입원환자의 휴대품 등의 도난을 방지하는 데 필요한 적절한 조치를 강구할 신의성실의 원칙상의 보호의무가 없다.

② 채무자의 소멸시효에 기한 항변권의 행사에는 신의성실의 원칙이 적용되지 않는다.

③ 강행법규를 위반한 자가 스스로 그 약정의 무효를 주장하는 것은 특별한 사정이 없는 한 신의성실의 원칙에 반한다.

④ 송전선이 토지 위를 통과하고 있다는 점을 알면서 그 토지를 시가대로 취득한 자의 송전선 철거 청구는 신의성실의 원칙에 반하거나 권리남용으로서 허용될 수 없다.

⑤ 미성년자가 법정대리인의 동의 없이 신용구매계약을 체결한 후에 법정대리인의 동의 없음을 사유로 이를 취소하는 것은 신의성실의 원칙에 반하지 않는다.

해설

[❶ ▸ ×] 병원은 병실에의 출입자를 통제·감독하든가 그것이 불가능하다면 최소한 입원환자에게 휴대품을 안전하게 보관할 수 있는 시정장치가 있는 사물함을 제공하는 등으로 입원환자의 휴대품 등의 도난을 방지함에 필요한 적절한 조치를 강구하여 줄 신의칙상의 보호의무가 있다고 할 것이다(대판 2003.4.11. 2002다63275).

[❷ ▸ ×] 채무자의 소멸시효에 기한 항변권의 행사도 우리 민법의 대원칙인 신의성실의 원칙과 권리남용금지의 원칙의 지배를 받는 것으로 보아야 한다(대판 2014.5.29. 2011다95847).

[❸ ▸ ×] 강행법규에 위반한 자가 스스로 그 약정의 무효를 주장하는 것이 신의칙에 위반되는 권리의 행사라는 이유로 그 주장을 배척한다면, 이는 오히려 강행법규에 의하여 배제하려는 결과를 실현시키는 셈이 되어 입법 취지를 완전히 몰각하게 되므로 달리 특별한 사정이 없는 한 위와 같은 주장은 신의칙에 반하는 것이라고 할 수 없다(대판 2004.6.11. 2003다1601).

[❹ ▸ ×] 송전선이 토지 위를 통과하고 있다는 점을 알고서 토지를 취득하였다고 하여 그 취득자가 그 소유 토지에 대한 소유권의 행사가 제한된 상태를 용인하였다고 할 수 없으므로, 그 취득자의 송전선 철거 청구 등 권리행사가 신의성실의 원칙에 반하지 않는다(대판 1995.8.25. 94다27069).

[❺ ▸ ○] 법정대리인의 동의 없이 신용구매계약을 체결한 미성년자가 사후에 법정대리인의 동의 없음을 사유로 들어 이를 취소하는 것이 신의칙에 위배된 것이라고 할 수 없다(대판 2007.11.16. 2005다71659).

> 미성년자의 법률행위에 법정대리인의 동의를 요하도록 하는 것은 강행규정인데, 위 규정에 반하여 이루어진 신용구매계약을 미성년자 스스로 취소하는 것을 신의칙 위반을 이유로 배척한다면, 이는 오히려 위 규정에 의해 배제하려는 결과를 실현시키는 셈이 되어 미성년자 제도의 입법 취지를 몰각시킬 우려가 있으므로, 법정대리인의 동의 없이 신용구매계약을 체결한 미성년자가 사후에 법정대리인의 동의 없음을 사유로 들어 이를 취소하는 것이 신의칙에 위배된 것이라고 할 수 없다(대판 2007.11.16. 2005다71659).

핵심정리

신의성실의 원칙

① 병원은 입원환자 휴대품의 도난방지에 필요한 조치를 할 신의칙상의 보호의무 ○

② 채무자의 소멸시효에 기한 항변권의 행사 → 신의성실의 원칙 적용 ○

③, ④, ⑤ 신의성실의 원칙 위반 여부

→ 강행법규에 위반하여 약정을 체결한 자가 약정의 무효를 주장하는 경우 : 신의칙 위반 ×

→ 송전선이 통과한다는 점을 알면서 토지를 취득한 자의 송전선 철거청구 : 신의칙 위반 ×

→ 미성년자가 법정대리인의 동의 없음을 사유로 계약을 취소하는 경우 : 신의칙 위반 ×

답 ❺

015 신의성실의 원칙에 관한 설명으로 옳지 않은 것은?(다툼이 있으면 판례에 따름)

□□□

17 행정사 제5회

① 제한능력자의 행위라는 이유로 법률행위를 취소하는 것은 신의성실의 원칙에 위배되지 않는다.
② 강행법규에 위반하여 약정을 체결한 당사자가 그 약정의 무효를 주장하는 것은 신의성실의 원칙에 반하지 아니한다.
③ 무권대리인이 본인을 단독 상속한 경우 본인의 지위에서 추인을 거절하는 것은 신의성실의 원칙에 위배된다.
④ 이사가 회사재직 중 회사의 확정채무를 보증한 후 사임한 경우에 사정변경을 이유로 보증계약을 해지할 수 있다.
⑤ 법원은 당사자의 주장이 없더라도 직권으로 신의성실의 원칙에 위반되는지 여부를 판단할 수 있다.

해설

[❶ ▸ O] 제한능력자(미성년자)의 행위라는 이유(법정대리인의 동의 없이 한 법률행위라는 이유)로 사후에 법률행위를 취소하는 것이 신의칙에 위배된 것이라고 할 수 없다(대판 2007.11.16. 2005다71659 참조).

> 제한능력자 제도는 거래의 안전을 희생시키더라도 제한능력자를 보호하고자 함에 근본적인 입법 취지가 있는바, 제한능력자 제도의 이러한 성격과 입법 취지 등에 비추어 볼 때, … 미성년자의 법률행위에 법정대리인의 동의를 요하도록 하는 것은 강행규정인데, 위 규정에 반하여 이루어진 신용구매계약을 미성년자 스스로 취소하는 것을 신의칙 위반을 이유로 배척한다면, 이는 오히려 위 규정에 의해 배제하려는 결과를 실현시키는 셈이 되어 미성년자 제도의 입법 취지를 몰각시킬 우려가 있으므로, 법정대리인의 동의 없이 신용구매계약을 체결한 미성년자가 사후에 법정대리인의 동의 없음을 사유로 들어 이를 취소하는 것이 신의칙에 위배된 것이라고 할 수 없다(대판 2007.11.16. 2005다71659).

[❷ ▸ O] 강행법규에 위반한 자가 스스로 그 약정의 무효를 주장하는 것이 신의칙에 위반되는 권리의 행사라는 이유로 그 주장을 배척한다면, 이는 오히려 강행법규에 의하여 배제하려는 결과를 실현시키는 셈이 되어 입법 취지를 완전히 몰각하게 되므로 달리 특별한 사정이 없는 한 위와 같은 주장은 신의칙에 반하는 것이라고 할 수 없다(대판 2004.6.11. 2003다1601).

[❸ ▸ O] 무권대리인이 본인을 단독 상속한 경우 본인의 지위에서 추인을 거절하는 것은 금반언의 원칙이나 신의성실의 원칙에 위배된다(대판 1994.9.27. 94다20617 참조).

> 대리권한 없이 타인의 부동산을 매도한 자가 그 부동산을 상속한 후 소유자의 지위에서 자신의 대리행위가 무권대리로 무효임을 주장하여 등기말소 등을 구하는 것은 금반언의 원칙이나 신의칙상 허용될 수 없다(대판 1994.9.27. 94다20617).

[❹ ▸ X] 회사의 이사로 재직하면서 보증 당시 그 채무액과 변제기가 특정되어 있는 회사의 확정채무에 대하여 보증을 한 후 이사직을 사임하였다 하더라도, 사정변경을 이유로 보증계약을 해지할 수 없다(대판 1996.2.9. 95다27431).

[❺ ▸ O] 신의성실의 원칙에 반하는 것 또는 권리남용은 강행규정에 위배되는 것이므로 당사자의 주장이 없더라도 법원은 직권으로 판단할 수 있다(대판 1995.12.22. 94다42129).

답 ❹

016 신의성실의 원칙(이하 '신의칙')에 관한 설명으로 옳지 않은 것은?(다툼이 있으면 판례에 따름)

□□□

23 행정사 제11회

① 사적 자치의 영역을 넘어 공공질서를 위하여 공익적 요구를 선행시켜야 할 경우에도 특별한 사정이 없는 한 신의칙이 합법성의 원칙보다 우월하다.

② 신의칙이란 "법률관계의 당사자는 상대방의 이익을 고려하여 형평에 어긋나거나 신의를 저버리는 내용 또는 방법으로 권리를 행사하거나 의무를 이행하여서는 안 된다."는 추상적 규범을 말한다.

③ 숙박업자는 신의칙상 부수적 의무로서 고객의 안전을 배려할 보호의무를 부담한다.

④ 인지청구권에는 실효의 법리가 적용되지 않는다.

⑤ 이사가 회사 재직 중에 채무액과 변제기가 특정되어 있는 회사채무를 보증한 후 사임한 경우, 그 이사는 사정변경을 이유로 그 보증계약을 일방적으로 해지할 수 없다.

해설

[❶ ▸ ×] 사적자치의 영역을 넘어 공공질서를 위하여 공익적 요구를 선행시켜야 할 사안에서는 원칙적으로 합법성의 원칙은 신의성실의 원칙보다 우월한 것이므로 신의성실의 원칙은 합법성의 원칙을 희생하여서라도 구체적 신뢰보호의 필요성이 인정되는 경우에 비로소 적용된다고 봄이 상당하다(대판 2021.6.10. 2021다207489).

[❷ ▸ O] 신의성실의 원칙은 법률관계의 당사자가 상대방의 이익을 배려하여 형평에 어긋나거나, 신의를 저버리는 내용 또는 방법으로 권리를 행사하거나 의무를 이행하여서는 아니 된다는 추상적 규범을 말한다(대판 2011.2.10. 2009다68941).

[❸ ▸ O] 숙박업자는 고객에게 위험이 없는 안전하고 편안한 객실 및 관련시설을 제공함으로써 고객의 안전을 배려하여야 할 보호의무를 부담하며 이러한 의무는 숙박계약의 특수성을 고려하여 신의칙상 인정되는 부수적인 의무에 해당한다(대판 1994.1.28. 93다43590).

[❹ ▸ O] 인지청구권은 본인의 일신전속적인 신분관계상의 권리로서 포기할 수도 없으며 포기하였더라도 그 효력이 발생할 수 없는 것이고, 이와 같이 인지청구권의 포기가 허용되지 않는 이상 거기에 실효의 법리가 적용될 여지도 없다(대판 2001.11.27. 2001므1353).

[❺ ▸ O] 회사의 이사로 재직하면서 보증 당시 그 채무액과 변제기가 특정되어 있는 회사의 확정채무에 대하여 보증을 한 후 이사직을 사임하였다 하더라도, 사정변경을 이유로 보증계약을 해지할 수 없다(대판 1996.2.9. 95다27431).

핵심정리

신의성실의 원칙

① 사적자치의 영역을 넘어 공공질서를 위하여 공익적 요구를 선행시켜야 할 경우 → 원칙적으로 합법성의 원칙은 신의성실의 원칙보다 우월한 것

② 신의칙 → 법률관계의 당사자는 권리의 행사와 의무의 이행을 신의에 좇아 성실히 하여야 한다는 추상적 규범

③ 숙박업자 의무 → 신의칙상 부수적 의무로서 투숙객의 안전을 배려할 보호의무 O

④ 인지청구권 → 실효의 법리 적용 ×

⑤ 이사가 재직 중 채무액과 변제기가 특정된 회사채무를 보증한 후 사임한 경우 → 이사는 사정변경을 이유로 보증계약 해지 ×

답 ❶

PART 1 PART 2 PART 3

017 신의성실의 원칙에 관한 설명으로 옳은 것은?(다툼이 있으면 판례에 따름)

□□□

① 신의성실의 원칙에 반하는지 여부는 당사자의 주장이 없더라도 법원이 직권으로 판단할 수 있다.

② 특정채무를 보증하는 일반보증의 경우에는 채권자의 권리행사가 신의성실의 원칙에 비추어 용납할 수 없는 성질의 것인 때에도 보증인의 책임은 제한될 수 없다.

③ 강행규정에 위반하여 계약을 체결한 자가 스스로 그 계약의 성립을 부정하는 것은 특별한 사정이 없는 한 신의성실의 원칙에 반한다.

④ 종전 토지 소유자가 자신의 권리를 행사하지 않았다는 사정은 그 토지의 소유권을 적법하게 취득한 새로운 권리자에게 실효의 원칙을 적용함에 있어서 고려되어야 한다.

⑤ 계약의 성립에 기초가 되지 아니한 사정이 현저히 변경되어 일방당사자가 계약목적을 달성할 수 없게 된 경우에는 특별한 사정이 없는 한 신의성실의 원칙상 계약을 해제할 수 있다.

해설

[❶ ▸ O] 신의성실의 원칙에 반하는 것 또는 권리남용은 강행규정에 위배되는 것이므로 당사자의 주장이 없더라도 법원은 직권으로 판단할 수 있다(대판 1995.12.22. 94다42129).

[❷ ▸ ×] 채권자와 채무자 사이에 계속적인 거래관계에서 발생하는 불확정한 채무를 보증하는 이른바 계속적 보증의 경우뿐만 아니라 특정채무를 보증하는 일반보증의 경우에 있어서도, 채권자의 권리행사가 신의칙에 비추어 용납할 수 없는 성질의 것인 때에는 보증인의 책임을 제한하는 것이 예외적으로 허용될 수 있을 것이다(대판 2004.1.27. 2003다45410).

[❸ ▸ ×] 강행법규에 위반한 자가 스스로 그 약정의 무효를 주장하는 것이 신의칙에 위반되는 권리의 행사라는 이유로 그 주장을 배척한다면, 이는 오히려 강행법규에 의하여 배제하려는 결과를 실현시키는 셈이 되어 입법 취지를 완전히 몰각하게 되므로 달리 특별한 사정이 없는 한 위와 같은 주장은 신의칙에 반하는 것이라고 할 수 없다(대판 2004.6.11. 2003다1601).

[❹ ▸ ×] 종전 토지 소유자가 자신의 권리를 행사하지 않았다는 사정은 그 토지의 소유권을 적법하게 취득한 새로운 권리자에게 실효의 원칙을 적용함에 있어서 고려하여야 할 것은 아니다(대판 1995.8.25. 94다27069).

[❺ ▸ ×] 사정변경으로 인한 계약해제는, 계약성립 당시 당사자가 예견할 수 없었던 현저한 사정의 변경이 발생하였고 그러한 사정의 변경이 해제권을 취득하는 당사자에게 책임 없는 사유로 생긴 것으로서, 계약내용대로의 구속력을 인정한다면 신의칙에 현저히 반하는 결과가 생기는 경우에 계약준수 원칙의 예외로서 인정되는 것이고, 여기에서 말하는 사정이라 함은 계약의 기초가 되었던 객관적인 사정으로서, 일방당사자의 주관적 또는 개인적인 사정을 의미하는 것은 아니다. 또한, 계약의 성립에 기초가 되지 아니한 사정이 그 후 변경되어 일방당사자가 계약 당시 의도한 계약목적을 달성할 수 없게 됨으로써 손해를 입게 되었다 하더라도 특별한 사정이 없는 한 그 계약내용의 효력을 그대로 유지하는 것이 신의칙에 반한다고 볼 수도 없다(대판 2007.3.29. 2004다31302).

핵심정리

신의성실의 원칙

① 신의칙의 위반(강행규정 위반) → 당사자의 주장이 없더라도 법원이 직권 판단
② 특정채무를 보증하는 일반보증의 경우 → 신의칙에 비추어 보증인의 책임 제한은 예외적으로 가능
③ 강행규정에 위반하여 계약을 체결한 후 무효를 주장하는 경우 → 신의칙 위반 ×
④ 종전 토지 소유자가 권리를 행사하지 않은 사정이 있는 경우 → 실효의 원칙 적용 시 고려사항 ×
⑤ 계약의 성립에 기초가 되지 않은 사정이 현저하게 변경된 경우 → 신의칙에 의하여 계약 해제 ×

답 ❶

018 □□□ 신의성실의 원칙(이하 "신의칙"이라 한다)에 관한 설명으로 옳지 않은 것은?(다툼이 있는 경우에는 판례에 의함)

14 행정사 제2회

① 신의칙이란 법률관계의 당사자로서 형평에 어긋나거나 신뢰를 버리는 내용 또는 방법으로 권리를 행사하거나 의무를 이행하여서는 아니 된다는 추상적 규범을 말한다.

② 신의칙에 관한 제2조는 강행규정이므로 법원은 그 위반 여부를 직권으로 판단할 수 있다.

③ 강행규정을 위반한 행위를 한 사람이 그 무효를 주장하는 것은 특별한 사정이 없으면, 신의칙에 반하지 아니한다.

④ 권리의 행사로 권리자가 얻는 이익보다 상대방이 잃은 이익이 현저하게 크다는 사정만으로 권리남용이 인정된다.

⑤ 본인을 상속한 무권대리인이 무권대리행위의 무효를 주장하는 것은 신의칙에 반한다.

해설

[❶ ▸ O] 신의성실의 원칙은 법률관계의 당사자가 상대방의 이익을 배려하여 형평에 어긋나거나, 신의를 저버리는 내용 또는 방법으로 권리를 행사하거나 의무를 이행하여서는 아니 된다는 추상적 규범을 말한다(대판 2011.2.10. 2009다68941).

[❷ ▸ O] 신의성실의 원칙에 반하는 것 또는 권리남용은 강행규정에 위배되는 것이므로 당사자의 주장이 없더라도 법원은 직권으로 판단할 수 있다(대판 1995.12.22. 94다42129).

[❸ ▸ O] 강행법규에 위반한 자가 스스로 그 약정의 무효를 주장하는 것이 신의칙에 위반되는 권리의 행사라는 이유로 그 주장을 배척한다면, 이는 오히려 강행법규에 의하여 배제하려는 결과를 실현시키는 셈이 되어 입법 취지를 완전히 몰각하게 되므로 달리 특별한 사정이 없는 한 위와 같은 주장은 신의칙에 반하는 것이라고 할 수 없다(대판 2004.6.11. 2003다1601).

[❹ ▸ ×] 권리행사가 권리의 남용에 해당한다고 할 수 있으려면, 주관적으로 그 권리행사의 목적이 오직 상대방에게 고통을 주고 손해를 입히려는 데 있을 뿐 행사하는 사람에게 아무런 이익이 없는 경우이어야 하고, 객관적으로는 그 권리행사가 사회질서에 위반된다고 볼 수 있어야 하는 것이며, 이와 같은 경우에 해당하지 않는 한 비록 그 권리의 행사에 의하여 권리행사자가 얻는 이익보다 상대방이 잃을 손해가 현저히 크다 하여도 그러한 사정만으로는 이를 권리남용이라 할 수 없다(대판 1998.6.26. 97다42823).

[❺ ▸ O] 대리권한 없이 타인의 부동산을 매도한 자가 그 부동산을 상속한 후 소유자의 지위에서 자신의 대리행위가 무권대리로 무효임을 주장하여 등기말소 등을 구하는 것은 금반언원칙이나 신의칙상 허용될 수 없다(대판 1994.9.27. 94다20617).

핵심정리

신의성실의 원칙(신의칙)

① 신의칙 → 법률관계의 당사자는 권리의 행사와 의무의 이행을 신의에 좇아 성실히 하여야 한다는 추상적 규범

② 신의칙에 관한 민법 제2조(강행규정) → 법원이 신의칙 위반 여부를 직권으로 판단

③, ⑤ 신의성실의 원칙 위반 여부
- → 강행규정에 위반한 행위를 한 사람이 그 무효를 주장하는 경우 : 신의칙 위반 ×
- → 본인을 상속한 무권대리인이 무권대리행위의 무효를 주장하는 경우 : 신의칙 위반 ○

④ 권리남용금지의 원칙(주류적 판례)
- → 주관적 요건(권리행사의 목적이 오직 상대방에게 고통을 주고 손해를 입히려는 데 있을 뿐 행사하는 사람에게 아무런 이익이 없는 경우일 것) + 객관적 요건[권리행사가 신의칙에 위반될 것(예 사회질서 위반, 정당한 이익의 흠결, 권리자의 이익과 상대방의 불이익 사이에 현저한 불균형 등)]
- → 권리자가 얻는 이익보다 상대방이 잃은 이익이 현저하게 크다는 사정만으로는 권리남용 인정 ×

답 ❹

019 □□□ **신의성실의 원칙(이하 "신의칙"이라 한다)에 관한 설명으로 옳은 것은?(다툼이 있는 경우에는 판례에 의함)**

13 행정사 제1회

① 신의칙 위반에 대해서도 변론주의 원칙이 적용되므로 당사자의 주장이 없으면 법원이 직권으로 이를 판단할 수 없다.

② 회사의 이사로 재직하면서 보증 당시 그 채무액과 변제기가 특정되어 있는 회사의 확정채무에 대하여 보증을 한 후 이사직을 사임하였다면, 사정변경을 이유로 그 보증계약을 해지할 수 있다.

③ 법정대리인의 동의 없이 신용구매계약을 체결한 미성년자가 사후에 법정대리인의 동의 없음을 사유로 들어 이를 취소하는 것은 신의칙에 반하지 않는다.

④ 국가는 국민을 보호할 의무가 있기 때문에 소멸시효가 완성되었더라도 국가가 이를 주장하는 것은 신의칙에 반한다.

⑤ 사정변경이 해제권을 취득하는 당사자의 책임 있는 사유로 생긴 경우에도 그 당사자는 사정변경을 이유로 계약을 해제할 수 있다.

해설

[❶ ▸ ×] 신의성실의 원칙에 반하는 것 또는 권리남용은 강행규정에 위배되는 것이므로 당사자의 주장이 없더라도 법원은 직권으로 판단할 수 있다(대판 1995.12.22. 94다42129).

[❷ ▸ ×] 회사의 이사로 재직하면서 보증 당시 그 채무액과 변제기가 특정되어 있는 회사의 확정채무에 대하여 보증을 한 후 이사직을 사임하였다 하더라도, 사정변경을 이유로 보증계약을 해지할 수 없다(대판 1996.2.9. 95다27431).

[❸ ▸ O] 법정대리인의 동의 없이 신용구매계약을 체결한 미성년자가 사후에 법정대리인의 동의 없음을 사유로 들어 이를 취소하는 것이 신의칙에 위배된 것이라고 할 수 없다(대판 2007.11.16. 2005다71659).

[❹ ▸ ×] 국가에게 국민을 보호할 의무가 있다는 사유만으로 국가가 소멸시효의 완성을 주장하는 것 자체가 신의성실의 원칙에 반하여 권리남용에 해당한다고 할 수는 없으므로, 국가의 소멸시효 완성 주장이 신의칙에 반하고 권리남용에 해당한다고 하려면 일반 채무자의 소멸시효 완성 주장에서와 같은 특별사정이 인정되어야 한다(대판 2010.9.9. 2008다15865).

[❺ ▸ ×] 사정변경으로 인한 계약해제는, 계약성립 당시 당사자가 예견할 수 없었던 현저한 사정의 변경이 발생하였고 그러한 사정의 변경이 해제권을 취득하는 당사자에게 책임 없는 사유로 생긴 것으로서, 계약내용대로의 구속력을 인정한다면 신의칙에 현저히 반하는 결과가 생기는 경우에 계약준수 원칙의 예외로서 인정되는 것이다(대판 2007.3.29. 2004다31302). 따라서 사정변경이 해제권을 취득하는 당사자의 책임 있는 사유로 생긴 경우에는 그 당사자가 사정변경을 이유로 계약을 해제할 수 없다.

핵심정리

신의성실의 원칙(신의칙)

① 신의칙의 위반(강행규정 위반) ⟶ 당사자의 주장이 없더라도 법원이 직권 판단 ○ (변론주의 원칙 적용 ×)

② 재직 중 채무액과 변제기가 특정된 회사의 확정채무에 대하여 보증을 한 후 이사직을 사임한 경우 ⟶ 사정변경을 이유로 보증계약 해지 ×

③, ④ 신의칙 위반 여부

⟶ 미성년자가 법정대리인의 동의 없음을 사유로 계약을 취소하는 경우 : 신의칙 위반 ×

⟶ 국가가 소멸시효의 완성을 주장하는 경우 : 신의칙 위반 ×

⑤ 해제권을 취득하는 당사자의 책임 있는 사유로 사정변경이 생긴 경우 ⟶ 사정변경을 이유로 계약 해제 ×

답 ❸

020 권리남용에 관한 설명으로 옳지 않은 것은?(다툼이 있으면 판례에 따름) 21 행정사 제9회

□□□

① 확정판결에 따른 강제집행도 특별한 사정이 있으면 권리남용이 될 수 있다.

② 주로 자기의 채무 이행만을 회피할 목적으로 동시이행항변권을 행사하는 경우에 그 항변권의 행사는 권리남용이 될 수 있다.

③ 권리남용이 인정되기 위해서는 권리행사로 인한 권리자의 이익과 상대방의 불이익 사이에 현저한 불균형이 있어야 한다.

④ 권리남용이 불법행위가 되어 발생한 손해배상청구권은 1년의 단기소멸시효가 적용된다.

⑤ 토지소유자의 건물 철거 청구가 권리남용으로 인정된 경우라도 토지소유자는 그 건물의 소유자에 대해 그 토지의 사용대가를 부당이득으로 반환청구할 수 있다.

해설

[❶ ▸ O] 확정판결의 내용이 실체적 권리관계에 배치되어 판결에 의한 집행이 권리남용에 해당된다고 하기 위해서는 확정판결에 기한 집행이 현저히 부당하고 상대방으로 하여금 집행을 수인하도록 하는 것이 정의에 반함이 명백하여 사회생활상 용인할 수 없다고 인정되는 경우이어야 한다(대판 2014.2.21. 2013다75717).

[❷ ▸ O] 동시이행의 관계가 인정되는 경우에는 그러한 항변권을 행사하는 자의 상대방이 그 동시이행의 의무를 이행하기 위하여 과다한 비용이 소요되거나 또는 그 의무의 이행이 실제적으로 어려운 반면 그 의무의 이행으로 인하여 항변권자가 얻는 이득은 별달리 크지 아니하여 동시이행의 항변권의 행사가 주로 자기 채무의 이행만을 회피하기 위한 수단이라고 보여지는 경우에는 그 항변권의 행사는 권리남용으로서 배척되어야 한다(대판 1992.4.28. 91다29972).

[❸ ▸ O] 권리의 행사가 주관적으로 오직 상대방에게 고통을 주고 손해를 입히려는 데 있을 뿐 이를 행사하는 사람에게는 아무런 이익이 없고, 객관적으로 사회질서에 위반된다고 볼 수 있으면, 그 권리의 행사는 권리남용으로서 허용되지 아니하고, 그 권리의 행사가 상대방에게 고통이나 손해를 주기 위한 것이라는 주관적 요건은 권리자의 정당한 이익을 결여한 권리행사로 보여지는 객관적인 사정에 의하여 추인할 수 있다(대판 2003.11.27. 2003다40422). 권리행사로 인한 권리자의 이익과 상대방의 불이익 사이에 현저한 불균형이 있는 경우라면 권리남용금지의 원칙의 객관적 요건인 '신의칙에 위반된 권리행사'로 볼 수 있을 것이다.

[❹ ▸ ×] 불법행위로 인한 손해배상의 청구권은 피해자나 그 법정대리인이 그 손해 및 가해자를 안 날로부터 3년간, 불법행위를 한 날로부터 10년간 이를 행사하지 아니하면 시효로 인하여 소멸한다(민법 제766조).

[❺ ▸ O] 토지소유자의 건물 철거 청구가 권리남용으로 인정된 경우라도 토지소유자의 소유권 자체가 부정되는 것은 아니고 건물소유자의 불법점유가 적법한 권원에 기한 것으로 전환되지도 않으므로 토지소유자는 건물소유자에 대하여 부당이득반환청구를 할 수 있다.

핵심정리

권리남용금지의 원칙

①, ② 권리남용금지의 원칙 위반 여부

→ 확정판결에 따른 강제집행이 현저히 부당하고 사회생활상 용인할 수 없다고 인정되는 경우 : 위반 O

→ 주로 자기의 채무 이행을 회피할 목적으로 동시이행항변권을 행사하는 경우 : 위반 O

③ 권리남용금지의 원칙

→ 주관적 요건(주류적 판례) : 권리행사의 목적이 오직 상대방에게 고통을 주고 손해를 입히려는 데 있을 뿐 행사하는 사람에게 아무런 이익이 없는 경우일 것

→ 객관적 요건 : 권리행사가 신의칙에 위반(예 사회질서 위반, 정당한 이익의 흠결, 권리자의 이익과 상대방의 불이익 사이에 현저한 불균형 등)

④ 권리남용에 의한 불법행위로 발생한 손해배상청구권의 소멸시효 → 민법 제766조 적용(3년, 10년)

⑤ 건물 철거 청구가 권리남용으로 인정된 경우 → 건물의 소유자에 대해 사용대가의 부당이득 반환청구는 가능 O

답 ❹

PART 1 PART 2 PART 3

CHAPTER 03 권리의 주체

제1절 서 설

제2절 자연인

021 □□□ 만 18세의 甲이 법정대리인의 동의 없이 단독으로 할 수 있는 행위가 아닌 것은?(다툼이 있는 경우에는 판례에 의함) 13 행정사 제1회

① 甲이 타인의 대리인으로 체결하는 부동산 매매계약
② 모(母)와 공동으로 받는 상속에 대한 甲의 승인
③ 甲이 법정대리인의 동의 없이 체결한 오토바이 매매계약에 대한 취소
④ 부양의무를 이행하지 않는 친권자 乙에 대한 甲의 부양료 청구
⑤ 甲이 자신의 재산에 대하여 행하는 유언

해설

[❶ ▸ O] 나이는 출생일을 산입하여 만(滿) 나이로 계산하고(민법 제158조 본문) 사람은 19세로 성년에 이르게 되므로(민법 제5조), 만 18세의 甲은 미성년자에 해당한다. 다만, 대리인은 행위능력자임을 요하지 아니하므로(민법 제117조), 미성년자인 甲은 법정대리인의 동의 없이 단독으로 타인의 대리인으로 부동산 매매계약을 체결할 수 있다.

[❷ ▸ X] 권리만을 얻거나 의무만을 면하는 행위(민법 제5조 제1항 단서)는 법정대리인의 동의 없이 미성년자도 단독으로 할 수 있다. 그러나 상속을 승인하는 행위로 인하여 상속인은 피상속인의 권리(소유권, 채권 등)를 승계할 뿐만 아니라 의무(상속채무)도 승계하기 때문에 상속에 대한 승인은 권리만을 얻거나 의무만을 면하는 행위로 볼 수 없다. 따라서 모(母)와 공동으로 받는 상속에 대하여 甲은 단독으로 상속의 승인을 할 수 없다.

[❸ ▸ O] 취소할 수 있는 법률행위는 제한능력자, 착오로 인하거나 사기·강박에 의하여 의사표시를 한 자, 그의 대리인 또는 승계인만이 취소할 수 있다(민법 제140조). 따라서 미성년자인 甲이 제한능력을 이유로 법정대리인의 동의 없이 체결한 오토바이 매매계약에 대한 취소를 하는 경우 단독으로 취소권을 행사할 수 있다.

[❹ ▸ O] 甲은 부양의무를 이행하지 않는 친권자 乙에게 단독으로 부양료를 청구할 수 있다.

> 미성년자라 하더라도 권리만을 얻는 행위는 법정대리인의 동의가 필요 없으며 친권자와 자 사이에 이해상반되는 행위를 함에는 그 자의 특별대리인을 선임하도록 하는 규정이 있는 점에 비추어 볼 때, 청구인(미성년자인 혼인외의 자)은 피청구인(생부)이 인지를 함으로써 청구인의 친권자가 되어 법정대리인이 된다 하더라도 피청구인이 청구인을 부양하고 있지 않은 이상 그 부양료를 피청구인에게 직접 청구할 수 있다 할 것이다(대판 1972.7.11. 72므5).

[❺ ▸ O] 17세에 달한 자는 유언능력이 있으므로(민법 제1061조), 만 18세인 甲은 단독으로 자신의 재산에 대하여 유언을 할 수 있다.

답 ❷

022 □□□ **부부 사이인 甲과 그의 아이 丙을 임신한 乙은 A의 과실로 교통사고를 당했다. 이에 관한 설명으로 옳은 것을 모두 고른 것은?(다툼이 있으면 판례에 따름)** 20 행정사 제8회

ㄱ. 이 사고로 丙이 출생 전 乙과 함께 사망하였더라도 丙은 A에 대하여 불법행위로 인한 손해배상청구권을 가진다.
ㄴ. 사고 후 살아서 출생한 丙은 A에 대하여 甲의 부상으로 입게 될 자신의 정신적 고통에 대한 위자료를 청구할 수 있다.
ㄷ. 甲이 사고로 사망한 후 살아서 출생한 丙은 甲의 A에 대한 불법행위로 인한 손해배상청구권을 상속받지 못한다.

① ㄱ
② ㄴ
③ ㄷ
④ ㄱ, ㄴ
⑤ ㄴ, ㄷ

해설

[ㄱ ▸ ×] 태아도 손해배상청구권에 관하여는 이미 출생한 것으로 보지만(민법 제762조), 이는 **태아가 살아서 출생한** 때에 출생시기가 문제의 사건(예 교통사고)의 시기까지 소급하여 그때에 태아가 출생한 것과 같이 법률상 보아 준다고 해석하여야 하므로, **태아가 모체와 같이 사망하여 출생의 기회를 가지지 못한 이상,** 불법행위로 인한 손해배상청구권을 논할 여지가 없다(대판 1976.9.14. 76다1365). 따라서 丙이 출생 전 乙과 함께 사망한 이상, 丙의 A에 대한 불법행위로 인한 손해배상청구권은 인정될 여지가 없다.

[ㄴ ▸ O] 태아는 손해배상청구권에 관하여는 이미 출생한 것으로 본다(민법 제762조). 태아 丙이 살아서 출생한 이상, 丙은 甲의 부상으로 입게 될 '자신의 정신적 고통'에 대한 손해배상(위자료)을 A에게 청구할 수 있다.

> 태아도 손해배상청구권에 관하여는 이미 출생한 것으로 보는바, 부(父)가 교통사고로 상해를 입을 당시 태아가 출생하지 아니하였다고 하더라도 그 뒤에 출생한 이상 부(父)의 부상으로 인하여 입게 될 정신적 고통에 대한 위자료를 청구할 수 있다(대판 1993.4.27. 93다4663). ☞ '생명 침해'가 아닌 '신체 상해'의 경우에도 피해자 자녀의 위자료 청구권이 인정된다.

[ㄷ ▸ ×] 甲이 교통사고로 인하여 사망하는 경우, 피해자 甲이 즉사한 경우라 하여도 甲이 치명상을 받은 때와 사망 사이에는 이론상 시간적 간격이 인정될 수 있는 것이므로 甲의 A에 대한 위자료청구권은 당연히 상속이 된다(대판 1969.4.15. 69다268). 사망으로 인한 적극적 손해와 일실수입(소극적 손해)에 대하여도 甲은 A에 대하여 손해배상청구권을 일단 취득하고, 그 손해배상청구권은 甲의 사망으로 상속인(배우자 乙과 자녀 丙)에게 상속된다. 교통사고 당시 丙은 태아였지만 태아는 상속순위에 관하여는 이미 출생한 것으로 보게 되므로(민법 제1000조 제3항), 태아 丙이 살아서 출생한 이상, 丙은 甲의 A에 대한 불법행위로 인한 손해배상청구권을 상속받는다.

핵심정리

태아의 권리능력
ㄱ. 교통사고로 태아 丙이 출생 전 乙과 함께 사망한 경우 → 丙의 A에 대한 손해배상청구권 인정 ×
ㄴ., ㄷ. 교통사고 후 태아 丙이 살아서 출생한 경우
→ 甲의 부상으로 입게 될 丙 자신의 정신적 고통에 대한 위자료를 A에게 청구 O
→ 甲의 A에 대한 불법행위로 인한 손해배상청구권을 甲의 사망으로 丙이 상속 O

답 ❷

023 권리능력에 관한 설명으로 옳은 것은?

□□□

16 행정사 제4회

① 2인 이상이 동일한 위난으로 사망한 경우 동시에 사망한 것으로 본다.
② 태아는 모든 법률관계에서 권리의 주체가 될 수 있다.
③ 의사능력이 없는 자는 권리능력도 인정되지 않는다.
④ 외국인은 대한민국의 도선사(導船士)가 될 수 있다.
⑤ 우리 민법은 외국인의 권리능력에 관하여 명문규정을 두고 있지 않다.

해설

[❶ ▸ ×] 2인 이상이 동일한 위난으로 사망한 경우에는 동시에 사망한 것으로 **추정**한다(민법 제30조).

추정(推定)과 간주(看做)

- 추정 : 어떠한 사실관계나 법률관계가 불분명한 경우에 일단 어느 한 쪽으로 정함으로써 그것이 실제와 다른 경우 다르다고 주장하는 측에서 그 다름을 증명하게 하는 것이다. 추정규정은 증명책임을 전환하는 효과가 있고 증명이 있으면 그에 따라 추정이 번복될 수 있다는 점에서 간주(看做)와 구별된다.
- 간주 : 추정과 구별되는 것으로 간주(「의제」, 「본다」 등도 같은 의미이다)가 있다. 간주는 그것이 실제에 부합하는지 여부를 불문하고, 또 당사자가 그 반대의 사실을 증명하더라도 그것만으로는 번복되지 않고 그대로 효과를 발생하는 점에서 추정과 다르다.

[❷ ▸ ×] 민법상 사람(자연인)은 생존하는 동안에만 권리・의무의 주체가 된다(민법 제3조). 따라서 아직 출생하지 않은 태아는 원칙적으로 권리・의무의 주체가 될 수 없다. 다만, 민법은 개별적 보호주의의 입장에서 예외적으로 태아(胎兒)의 권리능력이 인정되는 개별규정을 두고 있다. 즉, 불법행위로 인한 손해배상청구권(제762조), 부(父)의 포태 중인 자(子)에 대한 인지(제858조), 상속의 순위(제1000조 제3항), 유증(제1064조), 대습상속(해석상 인정), 유류분(해석상 인정)의 경우에는 태아도 "이미 출생한 것으로 보아", 태아의 권리능력을 인정한다. 태아의 권리능력이 인정되는 경우 "이미 출생한 것으로 본다"의 의미에 관하여 정지조건설과 해제조건설의 견해대립이 있으나, 판례는 정지조건설의 입장이다(대판 1982.2.9. 81다534 참조).

[❸ ▸ ×] 권리능력이란 권리・의무의 주체가 될 수 있는 지위 또는 자격을 말한다. 민법은 모든 살아있는 사람(자연인)과 법인(사단법인과 재단법인)에 대하여 권리능력을 인정한다(민법 제3조, 제34조). 태아도 개별규정이 있는 경우에는 예외적으로 권리능력이 인정된다. 권리능력은 단순히 권리・의무의 주체가 될 수 있다는 일반적・추상적인 자격에 지나지 않는다. 의사능력이란 자기의 행위의 의미나 결과를 합리적으로 예견할 수 있는 정신적인 능력 내지 지능을 말한다(대판 2009.1.15. 2008다58367). 권리능력자가 모두 의사능력 또는 행위능력을 갖는 것은 아니다. 권리능력자 중에서 자기의 행위의 의미나 결과를 정상적으로 판단할 수 있는 정신적 능력(의사능력)이 있는 경우에만 의사능력자가 된다. 반면 의사능력이 없는 자도 권리능력은 인정된다. 의사능력이 있는지 여부는 구체적인 행위에서 개별적으로 판단한다. 의사무능력자(예 7세 미만의 자, 정신질환자, 만취자 등)의 법률행위는 무효라는 점에 견해가 일치하고 있다.

[❹ ▸ ×] 대한민국 국민이 아닌 사람은 대한민국의 도선사가 될 수 없다(도선법 제6조 제1호).

[❺ ▸ ○] 우리 민법은 외국인의 권리능력에 관한 명문규정을 두고 있지 않다. 그러나 헌법 제6조 제2항(외국인은 국제법과 조약이 정하는 바에 의하여 그 지위가 보장된다), 민법 제3조에 의하여 외국인도 내국인과 같은 권리능력을 가지는 것으로 보아야 한다(내외국인 평등주의). 다만, 외국인은 상호주의에 의해 외국인의 권리가 제한되는 경우가 있고, 각종 특별법에 의하여 권리능력이 제한받는 경우가 적지 않다.

핵심정리

권리능력(동시사망, 태아의 권리능력, 외국인의 권리능력 등)

① 2인 이상이 동일한 위난으로 사망한 경우 ⟶ 동시사망 추정 ○ (동시사망 간주 ×)
② 태아의 권리능력 인정 여부 ⟶ 개별적 보호주의 채택 ○ (개별 규정이 있는 경우에만 권리능력 인정)
③ 의사능력이 없는 자도 권리능력은 인정 ○
④ 외국인은 대한민국의 도선사(導船士)가 될 수 없음
⑤ 민법은 외국인의 권리능력에 관한 명문 규정 ×

답 ❺

024 자연인의 권리능력에 관한 설명으로 옳은 것은?(다툼이 있으면 판례에 따름) 18 행정사 제6회

□□□

① 권리능력은 가족관계등록부의 기재로 그 취득이 추정되므로, 그 기재가 진실에 반하는 사정이 있더라도 번복하지 못한다.

② 동시사망이 추정되는 경우에도 대습상속은 인정될 수 있다.

③ 태아인 동안에 부(父)가 교통사고로 사망한 경우, 태아는 살아서 출생하더라도 그 정신적 고통에 대한 위자료를 청구할 수 없다.

④ 태아가 사산된 경우에도 태아인 동안의 권리능력은 인정된다.

⑤ 실종선고를 받은 자는 실종기간이 만료한 때에 사망한 것으로 추정한다.

해설

[❶ ▸ ×] 가족관계등록부에 기재된 사항은 진실에 부합하는 것으로 추정된다 할 것이나, 그 기재에 반하는 증거가 있거나 그 기재가 진실이 아니라고 볼 만한 특별한 사정이 있는 때에는 그 추정은 번복될 수 있다(대판 2013.7.25. 2011두13309).

[❷ ▸ ○] 대습상속을 규정하는 민법 제1001조의 '상속인이 될 직계비속이 상속개시 전에 사망한 경우'에는 '상속인이 될 직계비속이 상속개시와 동시에 사망한 것으로 추정되는 경우'도 포함하는 것으로 합목적적으로 해석함이 상당하다(대판 2001.3.9. 99다13157). 따라서 동시사망이 추정되는 경우에도 대습상속은 인정될 수 있다.

> **민법 제1001조(대습상속)** 전조 제1항 제1호와 제3호의 규정에 의하여 상속인이 될 직계비속 또는 형제자매가 상속개시 전에 사망하거나 결격자가 된 경우에 그 직계비속이 있는 때에는 그 직계비속이 사망하거나 결격된 자의 순위에 갈음하여 상속인이 된다.

[❸ ▸ ×] 태아는 손해배상의 청구권에 관하여는 이미 출생한 것으로 본다(민법 제762조). 따라서 태아가 살아서 출생한 이상, 부(父)의 사망으로 입은 (자신의) 정신적 고통에 대한 위자료를 청구할 수 있다(민법 제752조).

[❹ ▸ ×] 개별적 보호주의에 의하여 태아에게 권리능력을 인정하는 경우에도, 태아가 살아서 출생할 것을 전제로 하는 것이어서 사산(死産)의 경우에는 태아의 권리능력이 인정될 여지가 없다.

> 태아가 특정한 권리에 있어서 이미 태어난 것으로 본다는 것은 살아서 출생한 때에 출생시기가 문제의 사건의 시기까지 소급하여 그때에 태아가 출생한 것과 같이 법률상 보아 준다고 해석하여야 상당하므로 태아가 모체와 같이 사망하여 출생의 기회를 못가진 이상 배상청구권을 논할 여지 없다(대판 1976.9.14. 76다1365).

[❺ ▸ ×] 실종선고를 받은 자는 실종기간이 만료한 때에 사망한 것으로 본다(민법 제28조). 즉, 사망한 것으로 '추정'하는 것이 아니라 사망한 것으로 '간주(= 의제)'한다.

핵심정리 **자연인의 권리능력(태아의 권리능력, 동시사망, 실종선고)**

① 가족관계등록부에 기재된 사항
→ 진실에 부합하는 것으로 추정 ○
→ 기재에 반하는 증거(반증)가 있거나 진실이 아니라고 볼 만한 특별한 사정이 있는 때는 추정 번복 ○

② 동시사망이 추정되는 경우에도 대습상속 인정 ○

③ 태아인 동안에 부(父)가 교통사고로 사망한 경우 → 태아가 살아서 출생하였다면 가해자에 대하여 자신의 정신적 고통에 대한 위자료 청구 ○

④ 태아가 사산된 경우 → 태아인 기간 동안의 권리능력도 인정 ×

⑤ 실종선고를 받은 자 → 실종기간이 만료한 때 사망 간주 ○ (사망 추정 ×)

답 ❷

PART 1 PART 2 PART 3

025 의사무능력자 甲은 乙로부터 금전을 차용하는 소비대차계약을 乙과 체결하고 차용금을 전부 수령하였다. 이에 관한 설명으로 옳지 않은 것을 모두 고른 것은?(다툼이 있으면 판례에 따름)

□□□

24 행정사 제12회

ㄱ. 甲의 특별대리인 丙이 甲의 의사무능력을 이유로 계약의 무효를 주장하는 것은 특별한 사정이 없는 한 신의칙에 반한다.
ㄴ. 甲의 의사무능력을 이유로 계약이 무효가 된 경우, 甲은 그 선의·악의를 불문하고 乙에게 그 현존이익을 반환할 책임이 있다.
ㄷ. 甲이 수령한 차용금을 모두 소비한 경우, 乙은 甲에게 그 이익이 현존한다는 사실에 관한 증명책임을 부담한다.

① ㄴ
② ㄷ
③ ㄱ, ㄴ
④ ㄱ, ㄷ
⑤ ㄱ, ㄴ, ㄷ

해설

[ㄱ ▸ ×] 의사무능력자 甲이 乙로부터 금전을 차용하는 소비대차계약을 乙과 체결하였더라도, 甲의 특별대리인 丙이 甲의 의사무능력을 이유로 계약의 무효를 주장하는 것은 특별한 사정이 없는 한 신의칙에 반하는 것이라고 할 수 없다(대판 2006.9.22. 2004다51627 참조).

> 의사무능력자가 사실상의 후견인이었던 아버지의 보조를 받아 자신의 명의로 대출계약을 체결하고 자신 소유의 부동산에 관하여 근저당권을 설정한 후, 의사무능력자의 여동생이 특별대리인으로 선임되어 위 대출계약 및 근저당권설정계약의 효력을 부인하는 경우에, 이러한 무효 주장이 거래관계에 있는 당사자의 신뢰를 배신하고 정의의 관념에 반하는 예외적인 경우에 해당하지 않는 한, 의사무능력자에 의하여 행하여진 법률행위의 무효를 주장하는 것이 신의칙에 반하여 허용되지 않는다고 할 수 없다(대판 2006.9.22. 2004다51627).

[ㄴ ▸ ○] 무능력자의 책임을 제한하는 민법 제141조 단서는 부당이득에 있어 수익자의 반환범위를 정한 민법 제748조의 특칙으로서 무능력자의 보호를 위해 그 **선의·악의를 묻지 아니하고 반환범위를 현존이익에 한정**시키려는 데 그 취지가 있으므로, 의사능력의 흠결을 이유로 법률행위가 무효가 되는 경우에도 유추적용되어야 할 것이다(대판 2009.1.15. 2008다58367). 따라서 甲의 의사무능력을 이유로 계약이 무효가 된 경우, 甲은 그 선의·악의를 불문하고 乙에게 그 현존이익만 반환할 책임이 있다.
[ㄷ ▸ ×] 법률상 원인 없이 타인의 재산 또는 노무로 인하여 이익을 얻고 그로 인하여 타인에게 손해를 가한 경우에 그 취득한 것이 금전상의 이득인 때에는 그 **금전**은 이를 취득한 자가 소비하였는가의 여부를 불문하고 **현존하는 것으로 추정**되므로, 위 이익이 현존하지 아니함은 이를 주장하는 자, 즉 **의사무능력자 측에 입증책임**이 있다(대판 2009.1.15. 2008다58367). 따라서 甲이 수령한 차용금을 모두 소비한 경우, 이익이 현존하지 아니함을 주장하는 의사무능력자 甲 측이 그 증명책임을 부담한다.

핵심정리

의사무능력자
ㄱ. 의사무능력자의 특별대리인이 의사무능력을 이유로 계약의 무효를 주장하는 것
→ 신의칙 위반 ×
ㄴ. 의사무능력을 이유로 계약이 무효가 된 경우
→ 의사무능력자는 선의·악의를 불문하고 상대방에게 현존이익을 반환할 책임 ○
ㄷ. 부당이득이 금전상 이득인 경우
→ 금전은 이를 취득한 자가 소비하였는가의 여부를 불문하고 현존하는 것으로 추정
→ 의사무능력자 측이 이익이 현존하지 아니함을 증명할 책임 ○

답 ④

026 민법상 미성년자의 법률행위에 관한 설명으로 옳지 않은 것은?(다툼이 있으면 판례에 따름)

□□□

24 행정사 제12회

① 미성년자의 법률행위에 법정대리인의 동의를 요하도록 하는 규정은 강행규정이다.

② 법정대리인의 동의를 요하는 미성년자의 법률행위에 있어서 법정대리인의 동의는 묵시적으로는 할 수 없다.

③ 미성년자가 법정대리인으로부터 허락을 얻은 특정한 영업에 관해서는 성년자와 동일한 행위능력이 있다.

④ 법정대리인이 미성년자에게 한 특정한 영업의 허락을 취소하는 경우, 그 취소는 선의의 제3자에게 대항할 수 없다.

⑤ 미성년자와 계약을 체결한 상대방은 계약 당시 미성년자임을 알았을 경우에는 그 의사표시를 철회할 수 없다.

해설

[❶ ▸ O] 미성년자의 법률행위에 법정대리인의 동의를 요하도록 하는 것은 **강행규정**인데, 위 규정에 반하여 이루어진 신용구매계약을 미성년자 스스로 취소하는 것을 신의칙 위반을 이유로 배척한다면, 이는 오히려 위 규정에 의해 배제하려는 결과를 실현시키는 셈이 되어 미성년자 제도의 입법 취지를 몰각시킬 우려가 있으므로, 법정대리인의 동의 없이 신용구매계약을 체결한 미성년자가 사후에 법정대리인의 동의 없음을 사유로 들어 이를 취소하는 것이 신의칙에 위배된 것이라고 할 수 없다(대판 2007.11.16. 2005다71659).

[❷ ▸ X] 미성년자가 법률행위를 함에 있어서 요구되는 **법정대리인의 동의**는 언제나 명시적이어야 하는 것은 아니고 **묵시적으로도 가능**한 것이며, 미성년자의 행위가 위와 같이 법정대리인의 묵시적 동의가 인정되거나 처분허락이 있는 재산의 처분 등에 해당하는 경우라면, 미성년자로서는 더 이상 행위무능력을 이유로 그 법률행위를 취소할 수 없다(대판 2007.11.16. 2005다71659).

[❸ ▸ O] [❹ ▸ O]

> **민법 제8조(영업의 허락)** ① 미성년자가 법정대리인으로부터 허락을 얻은 특정한 영업에 관하여는 성년자와 동일한 행위능력이 있다.❸
> ② 법정대리인은 전항의 허락을 취소 또는 제한할 수 있다. 그러나 선의의 제3자에게 대항하지 못한다.❹

[❺ ▸ O] 미성년자와 계약을 체결한 상대방은 계약 당시 미성년자임을 알았을 경우에는 그 의사표시를 철회할 수 없다(민법 제16조 제1항 단서).

> **민법 제16조(제한능력자의 상대방의 철회권과 거절권)** ① 제한능력자가 맺은 계약은 추인이 있을 때까지 상대방이 그 의사표시를 철회할 수 있다. 다만, 상대방이 계약 당시에 제한능력자임을 알았을 경우에는 그러하지 아니하다.

핵심정리

미성년자의 법률행위

① 미성년자의 법률행위에 법정대리인의 동의를 요하도록 하는 규정 → 강행규정 O
② 미성년자의 법률행위에 법정대리인의 동의 → 묵시적 동의도 가능 O
③ 미성년자가 법정대리인으로부터 허락을 얻은 특정한 영업의 경우
→ 미성년자는 성년자와 동일한 행위능력 O
④ 법정대리인이 미성년자에게 한 특정한 영업의 허락을 취소하는 경우
→ 그 취소로 선의의 제3자에게 대항 ×
⑤ 미성년자와 계약을 체결한 상대방이 계약 당시 미성년자임을 알았을 경우
→ 상대방은 의사표시 철회 ×

답 ❷

027 □□□ **미성년자 甲이 법정대리인 乙의 동의 없이 자신의 노트북 컴퓨터를 丙에게 매각하였다. 다음 설명 중 옳은 것은?** 14 행정사 제2회

① 丙은 乙이 추인하기 전에 거절권을 행사할 수 있다.
② 丙이 그 물건을 다시 丁에게 증여한 경우, 甲은 丁을 상대로 매매계약을 취소할 수 있다.
③ 계약체결시에 甲이 미성년자임을 안 丙은 그의 의사표시를 철회할 수 있다.
④ 甲이 속임수로써 乙의 동의가 있는 것으로 믿게 한 경우, 甲은 계약을 원인으로 얻은 모든 이득을 반환하고 계약을 취소할 수 있다.
⑤ 丙은 19세가 된 甲에게 1개월 이상의 기간을 정하여 매매계약을 추인할 것인지 여부의 확답을 촉구할 수 있다.

해설

[❶ ▸ ×] 제한능력자(미성년자)의 상대방의 거절권은 단독행위의 경우에 인정된다(민법 제16조 제2항). 따라서 미성년자와 계약(노트북 컴퓨터 매매계약)을 맺은 丙은 거절권을 행사할 수 없다.
[❷ ▸ ×] 취소할 수 있는 법률행위의 상대방이 확정한 경우에는 그 취소는 그 상대방에 대한 의사표시로 하여야 한다(민법 제142조). 따라서 미성년자 甲이 丙과 노트북 컴퓨터 매매계약을 체결한 후, 丙이 그 물건을 다시 丁에게 증여하였더라도 甲은 원래의 상대방인 丙에 대하여 매매계약을 취소하여야 한다.
[❸ ▸ ×] 매도인 甲이 제한능력자임을 매매계약 당시 丙이 알았을 경우(악의인 경우)에는 매수인 丙은 그의 의사표시를 철회할 수 없다(민법 제16조 제1항 단서).

> **민법 제16조(제한능력자의 상대방의 철회권과 거절권)** ① 제한능력자가 맺은 계약은 추인이 있을 때까지 상대방이 그 의사표시를 철회할 수 있다. 다만, 상대방이 계약 당시에 제한능력자임을 알았을 경우에는 그러하지 아니하다.

[❹ ▸ ×] 미성년자 甲이 **속임수**로써 법정대리인 乙의 동의가 있는 것으로 믿게 한 경우에는 甲은 매매계약을 취소할 수 없다(민법 제17조 제2항).
[❺ ▸ O] 매수인 丙은 **성년(19세, 민법 제4조)이 된 甲에게** 1개월 이상의 기간을 정하여 매매계약을 추인할 것인지 여부의 확답을 촉구할 수 있다(민법 제15조 제1항). 반면, 제한능력자가 아직 능력자가 되지 못한 경우에는 그의 법정대리인에게 추인 여부의 확답을 촉구를 할 수 있다(민법 제15조 제2항).

핵심정리

미성년자의 법률행위

①, ③, ⑤ 미성년자(甲)와 매매계약을 맺은 상대방(丙)의 권리
→ 거절권 : 계약에서는 인정 × (단독행위에서 인정 O)
→ 철회권 : 선의의 상대방(丙)의 경우, 법정대리인(乙)의 추인이 있기 전까지 철회권 행사 가능 O [악의의 상대방(丙)은 철회권 인정 ×]
→ 확답촉구권 : 법정대리인(乙) or 성년자가 된 甲에게 1개월 이상의 기간을 정하여 추인 여부 확답 촉구 O

② 취소할 수 있는 법률행위의 상대방이 확정한 경우
→ 취소는 상대방에 대한 의사표시로 하여야 함
→ 법률행위의 상대방 丙이 다시 丁에게 증여한 경우에도 丙에 대하여 매매계약 취소 O

④ 미성년자(甲)가 속임수로써 법정대리인(乙)의 동의가 있는 것으로 믿게 한 경우
→ 미성년자 측의 취소권 배제 : 법정대리인(乙) or 미성년자(甲)는 매매계약 취소 ×

답 ❺

028 미성년자의 법률행위에 관한 설명으로 옳은 것은?(다툼이 있으면 판례에 따름)

□□□

23 행정사 제11회

① 법정대리인이 취소한 미성년자의 법률행위는 취소한 때로부터 그 효력을 상실한다.

② 법정대리인이 재산의 범위를 정하여 미성년자에게 처분을 허락한 경우, 법정대리인은 그 재산에 관하여 유효한 대리행위를 할 수 없다.

③ 법정대리인이 미성년자에게 특정한 영업을 허락한 경우, 법정대리인은 그 영업에 관하여 유효한 대리행위를 할 수 있다.

④ 미성년자가 자신의 주민등록증을 변조하여 자기를 능력자로 믿게 하여 법률행위를 한 경우, 미성년자는 그 법률행위를 취소할 수 없다.

⑤ 미성년자가 오직 권리만을 얻는 법률행위를 할 경우에도 특별한 사정이 없는 한 법정대리인의 동의가 필요하다.

해설

[❶ ▸ ×] 취소된 법률행위는 처음부터 무효인 것으로 본다. 다만, 제한능력자는 그 행위로 인하여 받은 이익이 현존하는 한도에서 상환(償還)할 책임이 있다(민법 제141조). 법률행위가 취소되면 취소된 법률행위는 처음부터(법률행위 당시부터) 소급적으로 무효였던 것으로 된다. 그리고 취소된 법률행위에 인하여 받는 이익은 부당이득으로서 반환되어야 한다. 다만, 민법은 제한능력자의 반환범위에 관하여는 특별한 규정(민법 제141조)을 두고 있다.

[❷ ▸ ×] 법정대리인이 범위를 정하여 처분을 허락한 재산은 미성년자가 임의로 처분할 수 있다(민법 제6조). 법정대리인이 재산의 범위를 정하여 미성년자에게 처분을 허락한 경우, 그 재산에 관한 법정대리인의 동의권은 소멸하지만, 대리권은 소멸되지 않는다. 따라서 법정대리인은 여전히 법정대리인은 그 재산에 관하여 유효한 대리행위를 할 수 있다.

[❸ ▸ ×] 법정대리인이 미성년자에게 특정한 영업을 허락한 경우, 미성년자는 그 영업에 관한 행위에 대하여는 성년자와 동일한 행위능력을 갖는다(민법 제8조 제1항). 따라서 그 영업에 관하여는 법정대리인의 동의권과 대리권이 모두 소멸하고, 법정대리인은 그 영업에 관하여 유효한 대리행위를 할 수 없다.

[❹ ▸ ○] 제한능력자가 속임수로써 자기를 능력자로 믿게 한 경우에는 그 행위를 취소할 수 없다(민법 제17조 제1항). 따라서 미성년자가 자신의 주민등록증을 변조하여 자기를 능력자로 믿게 하여 법률행위를 한 경우, 미성년자는 그 법률행위를 취소할 수 없다. 주민등록증을 변조하는 것은 적극적 사기수단으로써 민법 제17조 제1항의 "속임수"에 해당한다.

[❺ ▸ ×] 미성년자가 법률행위를 함에는 법정대리인의 동의를 얻어야 한다. 그러나 권리만을 얻거나 의무만을 면하는 행위는 그러하지 아니하다(민법 제5조 제1항). 따라서 미성년자가 오직 권리만을 얻는 법률행위를 할 경우에는 법정대리인의 동의가 필요 없다.

핵심정리

미성년자의 법률행위

① 미성년자의 법률행위 취소의 효력 → 소급효 ○ (법률행위를 한 당시로 소급하여 무효)

② 법정대리인이 처분을 허락한 재산 → 법정대리인의 동의권 × / 대리권 ○

③ 법정대리인의 특정한 영업을 허락한 경우 → 법정대리인의 동의권 × / 대리권 ×

④ 미성년자가 주민등록증을 변조하여 자기를 능력자로 믿게 한 경우 → 법률행위의 취소권 ×

⑤ 미성년자가 오직 권리만을 얻는 법률행위 → 법정대리인의 동의 필요 ×

답 ❹

029 □□□ **미성년자 甲은 법정대리인 乙의 동의 없이 자신의 디지털 카메라를 丙에게 매도하는 내용의 계약(이하 '계약')을 丙과 체결하였다. 이에 관한 설명으로 옳은 것은?(다툼이 있으면 판례에 따름)**

19 행정사 제7회

① 甲이 위 계약을 취소하려는 경우, 乙의 동의의 유무에 대한 증명책임은 甲에게 있다.
② 계약 당시 甲이 미성년자임을 알고 있었던 丙은 乙에 대하여 자신의 의사표시를 철회할 수 있다.
③ 丙이 성년자가 된 甲에게 1개월의 기간을 정하여 계약의 추인 여부의 확답을 촉구한 경우, 甲이 그 기간 내에 확답을 발송하지 않으면 계약을 취소한 것으로 본다.
④ 丙이 미성년자인 甲에게 1개월의 기간을 정하여 계약의 추인 여부의 확답을 촉구한 경우, 甲이 그 기간 내에 확답을 발송하지 않으면 계약을 추인한 것으로 본다.
⑤ 甲이 위조하여 제시한 乙의 동의서를 丙이 신뢰하여 계약을 체결하였다면 乙은 미성년자의 법률행위임을 이유로 계약을 취소할 수 없다.

해설

[❶ ▸ ×] 판례의 취지를 고려할 때 법정대리인 乙의 동의유무에 대한 증명책임은 디지털 카메라 매매계약의 유효를 주장하는 상대방 丙에게 있다.

> 법정대리인의 동의에 대한 증명책임은 동의가 있었음을 이유로 법률행위의 유효를 주장하는 자인 상대방에게 있다(대판 1970.2.24. 69다1568).

[❷ ▸ ×] 계약 당시 매수인 丙이 매도인 甲이 미성년자임을 알고 있었던 경우(악의의 경우), 丙은 자신의 의사표시를 철회할 수 없다(민법 제16조 제1항).
[❸ ▸ ×] 매수인 丙은 매도인 甲이 성년이 된 후에 그에게 1개월 이상의 기간을 정하여 디지털 카메라 매매계약을 추인할 것인지 여부의 확답을 촉구할 수 있다. 이 경우 성년이 된 甲이 그 기간 내에 확답을 발송하지 아니하면 매매계약을 추인한 것으로 본다(민법 제15조 제1항).
[❹ ▸ ×] 매도인 甲이 미성년자인 경우에는 매수인 丙은 甲에게 디지털 카메라 매매계약에 대한 추인 여부의 확답을 촉구할 수 없다(따라서 추인 간주의 효과도 없다). 제한능력자가 아직 능력자가 되지 못한 경우에는 그의 법정대리인에게 추인 여부의 확답을 촉구를 할 수 있고, 법정대리인이 그 정하여진 기간 내에 확답을 발송하지 아니한 경우에는 그 행위를 추인한 것으로 본다(민법 제15조 제2항).
[❺ ▸ O] 미성년자가 속임수로써 법정대리인의 동의가 있는 것으로 믿게 한 경우에는 그 행위를 취소할 수 없으므로(민법 제17조 제2항), 甲이 위조하여 제시한 법정대리인 乙의 동의서를 매수인 丙이 신뢰하여 계약을 체결하였다면 乙은 매매계약을 취소할 수 없다.

핵심정리 **미성년자의 법률행위**

① 법정대리인의 동의 유무에 대한 증명책임 → 미성년자와 법률행위를 한 상대방에게 있음
② 미성년자와 법률행위를 한 것을 알고 있었던 악의의 상대방은 의사표시 철회 ×
③ 성년자가 된 후 추인 여부의 확답을 촉구한 경우 → 확답을 발송하지 않으면 추인 간주 ○
④ 상대방은 미성년자에게 추인 여부의 확답 촉구할 수 없음 → 추인 간주 효과 ×
⑤ 미성년자가 위조한 법정대리인의 동의서를 상대방이 신뢰하여 계약을 체결한 경우 → 법정대리인은 취소권 행사 ×

답 ❺

030 제한능력자에 관한 설명으로 옳지 않은 것은?(다툼이 있으면 판례에 따름) 20 행정사 제8회

□□□

① 미성년자가 법정대리인의 동의를 얻은 법률행위를 하기 전에는 법정대리인은 그가 한 동의를 취소할 수 있다.

② 미성년자는 자신의 노무제공에 따른 임금청구를 단독으로 할 수 있다.

③ 미성년자는 타인의 대리인으로서 단독으로 유효한 대리행위를 할 수 있다.

④ 피한정후견인은 적극적인 속임수로써 법정대리인의 동의가 있는 것으로 믿게 한 경우, 그 법률행위를 취소할 수 없다.

⑤ 가정법원은 성년후견개시의 심판을 할 때 본인의 의사를 고려할 필요는 없다.

해설

[❶ ▸ O] 법정대리인은 미성년자가 아직 법률행위를 하기 전에는 그 동의나 일정 범위의 재산처분에 대한 허락을 취소할 수 있다(민법 제7조).

[❷ ▸ O] 미성년자는 독자적으로 임금을 청구할 수 있다(근로기준법 제68조).

[❸ ▸ O] 대리인은 행위능력자임을 요하지 아니하므로(민법 제117조), 미성년자는 타인의 대리인으로서 단독으로 유효한 대리행위를 할 수 있다.

[❹ ▸ O] **미성년자**나 **피한정후견인**이 속임수로써 법정대리인의 동의가 있는 것으로 믿게 한 경우에 그 행위를 취소할 수 없다(민법 제17조 제2항). 한편, **피성년후견인**은 법정대리인의 동의가 있더라도 원칙적으로 유효한 법률행위를 할 수 없다. 따라서 민법 제17조 제2항은 피성년후견인에게 적용되지 않는다.

[❺ ▸ ×] 가정법원은 성년후견개시의 심판을 할 때 본인의 의사를 고려하여야 한다(민법 제9조 제2항).

핵심정리

제한능력자

① 법정대리인의 동의 취소 ⇢ 미성년자가 법률행위를 하기 전에는 동의 취소 가능 O

②, ③ 미성년자의 행위능력

⇢ 미성년자는 자신의 임금 단독청구 가능 O

⇢ 미성년자는 단독으로 타인의 대리인으로서 대리행위 가능 O

④ 피한정후견인이 적극적 속임수로써 법정대리인의 동의가 있는 것으로 믿게 한 경우

⇢ 취소권 행사 ×

⑤ 성년후견개시의 심판을 할 때 ⇢ 가정법원은 본인의 의사를 고려하여야 함

답 ❺

031 □□□ **제한능력자에 관한 설명으로 옳지 않은 것은?** 21 행정사 제9회

① 권리만을 얻는 법률행위는 미성년자가 단독으로 할 수 있다.

② 미성년자가 법정대리인으로부터 허락을 얻은 특정한 영업에 관하여는 성년자와 동일한 행위능력이 있다.

③ 법정대리인이 미성년자에게 한 특정한 영업의 허락을 취소하는 경우 그 취소로 선의의 제3자에게 대항할 수 있다.

④ 제한능력자의 상대방은 계약 당시 제한능력자임을 알았을 경우에는 그 의사표시를 철회할 수 없다.

⑤ 상대방이 거절의 의사표시를 할 수 있는 경우 제한능력자를 상대로 그 의사표시를 할 수 있다.

해설

[❶ ▸ O] 미성년자가 법률행위를 함에는 법정대리인의 동의를 얻어야 한다. 그러나 권리만을 얻거나 의무만을 면하는 행위는 그러하지 아니하다(민법 제5조 제1항). 따라서 권리만을 얻는 법률행위는 법정대리인의 동의 없이도 미성년자가 단독으로 할 수 있다.

[❷ ▸ O] [❸ ▸ ×] 민법 제8조 참조

> **민법 제8조(영업의 허락)** ① 미성년자가 법정대리인으로부터 허락을 얻은 특정한 영업에 관하여는 성년자와 동일한 행위능력이 있다.❷
> ② 법정대리인은 전항의 허락을 취소 또는 제한할 수 있다. 그러나 선의의 제3자에게 대항하지 못한다.❸

[❹ ▸ O] [❺ ▸ O] 민법 제16조 참조

> **민법 제16조(제한능력자의 상대방의 철회권과 거절권)** ① 제한능력자가 맺은 계약은 추인이 있을 때까지 상대방이 그 의사표시를 철회할 수 있다. 다만, 상대방이 계약 당시에 제한능력자임을 알았을 경우에는 그러하지 아니하다.❹
> ② 제한능력자의 단독행위는 추인이 있을 때까지 상대방이 거절할 수 있다.
> ③ 제1항의 철회나 제2항의 거절의 의사표시는 제한능력자에게도 할 수 있다.❺

핵심정리

제한능력자

①, ②, ③ 미성년자의 행위능력
- → 권리만을 얻는 법률행위는 미성년자가 단독으로 가능 O
- → 허락을 얻은 특정한 영업에 관하여 성년자와 동일한 행위능력 O
- → 법정대리인이 특정한 영업의 허락을 취소하는 경우 선의의 제3자에게 대항 ×

④ 제한능력자와 계약을 맺은 상대방의 철회권 → 악의의 상대방은 철회권 행사 ×

⑤ 제한능력자의 단독행위
- → 추인이 있을 때까지 상대방은 거절권 행사 가능 O
- → 상대방의 거절의 의사표시는 법정대리인 or 제한능력자에게 할 수 있음

답 ❸

032 성년후견에 관한 설명으로 옳지 않은 것은? 24 행정사 제12회

□□□

① 피성년후견인도 의사능력이 있으면 유효하게 임의대리행위를 할 수 있다.
② 가정법원은 본인의 의사에 반하더라도 특정후견의 심판을 할 수 있다.
③ 검사나 지방자치단체의 장도 특정후견의 심판을 청구할 수 있는 자에 포함된다.
④ 특정후견은 특정후견의 심판에서 정한 기간이 경과하면 가정법원의 종료심판 없이도 종료한다.
⑤ 특정후견의 심판을 하는 경우에는 특정후견의 기간 또는 사무의 범위를 정하여야 한다.

해설

[❶ ▸ O] 대리인은 행위능력자임을 요하지 아니한다(민법 제117조). 대리에서는 법률효과가 대리인이 아닌 본인에게 귀속하기 때문에 제한능력자제도의 취지에 어긋나지 않고, 또 본인이 적당하다고 인정하여 제한능력자(미성년자, 피성년후견인, 피한정후견인)를 대리인으로 선정한 이상 그에 따른 불이익은 본인이 감수하는 것이 타당하기 때문이다. 그러나 대리인은 적어도 의사능력은 있어야 한다. 따라서 피성년후견인도 의사능력이 있으면 유효하게 임의대리행위를 할 수 있다.

[❷ ▸ X] 특정후견은 본인의 의사에 반하여 할 수 없다(민법 제14조의2 제2항).

[❸ ▸ O] 검사나 지방자치단체의 장도 특정후견의 심판을 청구할 수 있는 자에 포함된다(민법 제14조의2 제1항).

> **민법 제14조의2(특정후견의 심판)** ① 가정법원은 질병, 장애, 노령, 그 밖의 사유로 인한 정신적 제약으로 일시적 후원 또는 특정한 사무에 관한 후원이 필요한 사람에 대하여 본인, 배우자, 4촌 이내의 친족, 미성년후견인, 미성년후견감독인, 검사 또는 지방자치단체의 장의 청구에 의하여 특정후견의 심판을 한다.❸
> ② 특정후견은 본인의 의사에 반하여 할 수 없다.❷
> ③ 특정후견의 심판을 하는 경우에는 특정후견의 기간 또는 사무의 범위를 정하여야 한다.❺

[❹ ▸ O] 특정후견은 일시적인 것이거나 특정한 사무에 관한 것이므로, 별도의 특정후견종료 심판 없이 특정후견인이 선임된 원인이 되는 사무처리의 종결, 기간의 경과로 종료된다.

[❺ ▸ O] 특정후견의 심판을 하는 경우에는 특정후견의 기간 또는 사무의 범위를 정하여야 한다(민법 제14조의2 제3항).

핵심정리

성년후견 및 특정후견

① 제한능력자(미성년자, 피성년후견인, 피한정후견인)
→ 타인의 대리인이 될 수 있음 (단, 의사능력은 있어야 함)
② 특정후견 → 본인의 의사에 반하여 할 수 없음
③ 특정후견심판의 청구인
→ 본인, 배우자, 4촌 이내의 친족, 미성년후견인, 미성년후견감독인, 검사 또는 지방자치단체의 장
④ 특정후견의 심판에서 정한 기간이 경과한 경우
→ 특정후견은 가정법원의 종료심판 없이도 종료 O
⑤ 특정후견의 심판을 하는 경우 → 특정후견의 기간 또는 사무의 범위를 정해야 함

답 ❷

033 □□□ **후견에 관한 설명으로 옳지 않은 것은?** 22 행정사 제10회

① 가정법원은 성년후견개시의 심판을 할 때 본인의 의사를 고려하여야 한다.

② 가정법원이 피성년후견인에 대하여 한정후견개시의 심판을 할 때에는 종전의 성년후견의 종료 심판을 하여야 한다.

③ 피성년후견인의 법률행위는 원칙적으로 취소할 수 있지만, 가정법원은 취소할 수 없는 법률행위의 범위를 정할 수 있다.

④ 가정법원은 피한정후견인이 한정후견인의 동의를 받아야 하는 행위의 범위를 정할 수 있다.

⑤ 가정법원은 정신적 제약으로 특정한 사무에 관하여 후원이 필요한 자에 대하여는 본인의 의사에 반하더라도 특정후견의 심판을 할 수 있다.

해설

[❶ ▸ O] 가정법원은 성년후견개시의 심판을 할 때 본인의 의사를 고려하여야 한다(민법 제9조 제2항).

[❷ ▸ O] 가정법원이 피성년후견인에 대하여 한정후견개시의 심판을 할 때에는 종전의 성년후견의 종료 심판을 한다(민법 제14조의3 제2항).

[❸ ▸ O] 피성년후견인의 법률행위는 취소할 수 있으나, 가정법원은 취소할 수 없는 피성년후견인의 법률행위의 범위를 정할 수 있다(민법 제10조 제1항, 제2항). 그리고 일용품의 구입 등 일상생활에 필요하고 그 대가가 과도하지 아니한 법률행위는 성년후견인이 취소할 수 없다(민법 제10조 제4항).

[❹ ▸ O] 피한정후견은 원칙적으로 행위능력을 가진다. 다만, 가정법원은 피한정후견인이 한정후견인의 동의를 받아야 하는 행위의 범위를 정할 수 있다(민법 제13조 제1항). 한정후견인의 동의가 필요한 법률행위를 피한정후견인이 동의 없이 한 경우, 그 법률행위는 취소할 수 있다. 다만, 일용품의 구입 등 일상생활에 필요하고 그 대가가 과도하지 않은 법률행위는 취소할 수 없다(민법 제13조 제4항).

[❺ ▸ ×] 민법 제14조의2 제1항, 제2항 참조

> **민법 제14조의2(특정후견의 심판)** ① 가정법원은 질병, 장애, 노령, 그 밖의 사유로 인한 정신적 제약으로 일시적 후원 또는 특정한 사무에 관한 후원이 필요한 사람에 대하여 본인, 배우자, 4촌 이내의 친족, 미성년후견인, 미성년후견감독인, 검사 또는 지방자치단체의 장의 청구에 의하여 특정후견의 심판을 한다.
> ② 특정후견은 본인의 의사에 반하여 할 수 없다.

핵심정리

후견제도(성년후견, 한정후견, 특정후견)

① 성년후견개시의 심판을 할 때 → 가정법원은 본인의 의사를 고려하여야 함

② 피성년후견인에 대하여 한정후견개시의 심판을 할 경우 → 종전의 성년후견의 종료 심판 O

③ 피성년후견인의 법률행위
- → 원칙 : 취소 O
- → 예외 : 취소 ×
  - 가정법원이 취소할 수 없는 피성년후견인의 법률행위의 범위를 정한 경우
  - 일용품의 구입 등 일상생활에 필요하고 그 대가가 과도하지 아니한 법률행위의 경우

④ 피한정후견인의 법률행위
- → 원칙 : 취소 ×
- → 예외 : 가정법원은 한정후견인의 동의를 요하는 행위의 범위를 정할 수 있음 → 동의 없으면 취소 O

⑤ 특정후견의 심판 → 가정법원은 본인의 의사에 반하여 특정후견 심판 ×

답 ❺

034 민법상 성년후견종료의 심판을 청구할 수 있는 자로 명시되지 않은 자는? 19 행정사 제7회

□□□

① 성년후견인
② 성년후견감독인
③ 지방의회 의장
④ 4촌 이내의 친족
⑤ 검 사

해설

[❸ ▸ ×] 성년후견개시의 원인이 소멸된 경우에는 가정법원은 본인, 배우자, 4촌 이내의 친족, 성년후견인, 성년후견감독인, 검사 또는 **지방자치단체의 장**의 청구에 의하여 성년후견종료의 심판을 한다(민법 제11조).

답 ❸

035 성년후견, 한정후견, 특정후견에 관한 설명으로 옳지 않은 것은? 14 행정사 제2회

□□□

① 피성년후견인의 법률행위는 취소할 수 있다.
② 가정법원은 한정후견개시의 심판을 할 때 본인의 의사를 고려하여야 한다.
③ 가정법원이 피한정후견인에 대하여 성년후견개시의 심판을 할 때에는 종전의 한정후견의 종료 심판을 한다.
④ 특정후견은 본인의 의사에 반하여 할 수 있다.
⑤ 특정후견의 심판을 하는 경우에는 특정후견의 기간 또는 사무의 범위를 정하여야 한다.

해설

[❶ ▸ ○] 피성년후견인의 법률행위는 취소할 수 있다(민법 제10조 제1항). 다만, 가정법원은 취소할 수 없는 피성년후견인의 법률행위의 범위를 정할 수 있고(민법 제10조 제1항, 제2항), 일용품의 구입 등 일상생활에 필요하고 그 대가가 과도하지 아니한 법률행위는 성년후견인이 취소할 수 없다(민법 제10조 제4항).
[❷ ▸ ○] 가정법원은 한정후견개시의 심판을 할 때 본인의 의사를 고려하여야 한다(민법 제12조 제2항).
[❸ ▸ ○] 가정법원이 피한정후견인 또는 피특정후견인에 대하여 성년후견개시의 심판을 할 때에는 종전의 한정후견 또는 특정후견의 종료 심판을 한다(민법 제14조의3 제1항).
[❹ ▸ ×] 특정후견은 본인의 의사에 반하여 할 수 없다(민법 제14조의2 제2항).
[❺ ▸ ○] 특정후견의 심판을 하는 경우에는 특정후견의 기간 또는 사무의 범위를 정하여야 한다(민법 제14조의2 제3항).

핵심정리

후견제도(성년후견, 한정후견, 특정후견)
① 피성년후견인의 법률행위 ⟶ 원칙적으로 취소 가능 ○
② 한정후견개시의 심판을 할 때 ⟶ 가정법원은 본인의 의사를 고려하여야 함
③ 피한정후견인에 대하여 성년후견개시의 심판을 할 경우 ⟶ 종전의 한정후견의 종료 심판 ○
④ 특정후견의 심판 ⟶ 가정법원은 본인의 의사에 반하여 특정후견 심판 ×
⑤ 특정후견의 심판을 하는 경우 ⟶ 특정후견의 기간 또는 사무의 범위를 결정하여야 함

답 ❹

036 피성년후견인에 관한 설명으로 옳은 것은? 18 행정사 제6회

□□□

① 가정법원은 청구권자의 청구가 없더라도 직권으로 성년후견개시의 심판을 한다.

② 정신적 제약으로 사무처리능력이 일시적으로 결여된 경우, 성년후견개시의 심판을 해야 한다.

③ 법인은 성년후견인이 될 수 없다.

④ 일상생활에 필요하고 그 대가가 과도하지 아니한 피성년후견인의 법률행위는 성년후견인이 취소할 수 없다.

⑤ 가정법원은 청구권자의 청구가 없더라도 피성년후견인의 취소할 수 없는 법률행위의 범위를 임의로 변경할 수 있다.

해설

[❶ ▸ ×] 가정법원은 일정한 청구권자의 청구에 의하여 성년후견개시의 심판을 할 수 있을 뿐, **직권으로** 성년후견개시의 심판을 할 수는 없다(민법 제9조 제1항).

[❷ ▸ ×] 성년후견개시의 심판 대상은 정신적 제약으로 사무를 처리할 능력이 **지속적으로** 결여된 사람이다(민법 제9조 제1항).

> **민법 제9조(성년후견개시의 심판)** ① 가정법원은 질병, 장애, 노령, 그 밖의 사유로 인한 정신적 제약으로 사무를 처리할 능력이 지속적으로 결여된 사람에❷ 대하여 본인, 배우자, 4촌 이내의 친족, 미성년후견인, 미성년후견감독인, 한정후견인, 한정후견감독인, 특정후견인, 특정후견감독인, 검사 또는 지방자치단체의 장의 청구에 의하여❶ 성년후견개시의 심판을 한다.

[❸ ▸ ×] 법인도 성년후견인이 될 수 있다(민법 제930조 제3항).

[❹ ▸ O] 일용품의 구입 등 일상생활에 필요하고 그 대가가 과도하지 아니한 법률행위는 성년후견인이 취소할 수 없다(민법 제10조 제4항).

[❺ ▸ ×] 가정법원은 본인, 배우자, 4촌 이내의 친족, 성년후견인, 성년후견감독인, 검사 또는 지방자치단체의 장의 **청구에 의하여** 취소할 수 없는 피성년후견인의 법률행위의 범위를 변경할 수 있다(민법 제10조 제2항, 제3항).

핵심정리

피성년후견인

①, ② 성년후견개시 심판의 요건
- ⋯→ 대상 : 정신적 제약으로 사무를 처리할 능력이 지속적으로 결여된 사람
- ⋯→ 청구권자의 청구 : 직권으로 성년후견개시의 심판 ×

③ 법인(法人)도 성년후견인이 될 수 있음

④, ⑤ 피성년후견인의 법률행위
- ⋯→ 원칙 : 취소 O
- ⋯→ 예외 : 취소 ×
  - 가정법원이 취소할 수 없는 피성년후견인의 법률행위의 범위를 정한 경우 : 청구권자의 청구가 있으면 취소할 수 없는 피성년후견인의 법률행위의 범위 변경 가능
  - 일용품의 구입 등 일상생활에 필요하고 그 대가가 과도하지 아니한 법률행위의 경우

답 ❹

037 성년후견, 한정후견, 특정후견에 관한 설명으로 옳지 않은 것은? 16 행정사 제4회

□□□

① 가정법원은 한정후견개시의 심판을 직권으로 하지 못한다.
② 한정후견종료의 심판은 장래에 향하여 효력을 가진다.
③ 특정후견은 본인의 의사에 반하여 할 수 있다.
④ 가정법원은 취소할 수 없는 피성년후견인의 법률행위의 범위를 정할 수 있다.
⑤ 정신적 제약으로 사무를 처리할 능력이 지속적으로 결여된 사람에 대하여 지방자치단체의 장도 성년후견개시의 심판을 청구할 수 있다.

해설

[❶ ▸ O] 가정법원은 일정한 청구권자의 청구에 의하여 한정후견개시의 심판을 할 수 있을 뿐, **직권으로** 한정후견개시의 심판을 할 수는 없다(민법 제12조 제1항).

> **민법 제12조(한정후견개시의 심판)** ① 가정법원은 질병, 장애, 노령, 그 밖의 사유로 인한 정신적 제약으로 사무를 처리할 능력이 부족한 사람에 대하여 본인, 배우자, 4촌 이내의 친족, 미성년후견인, 미성년후견감독인, 성년후견인, 성년후견감독인, 특정후견인, 특정후견감독인, 검사 또는 지방자치단체의 장의 청구에 의하여 한정후견개시의 심판을 한다.

[❷ ▸ O] 한정후견종료의 심판은 장래에 향하여 효력을 가진다. 따라서 그 심판에 있기 전에 행하여진 동의를 요하는 법률행위는 동의가 없었음을 이유로 취소될 수 있다.
[❸ ▸ X] 특정후견은 본인의 의사에 반하여 할 수 없다(민법 제14조의2 제2항).
[❹ ▸ O] 가정법원은 취소할 수 없는 피성년후견인의 법률행위의 범위를 정할 수 있다(민법 제10조 제2항).
[❺ ▸ O] 가정법원은 질병, 장애, 노령, 그 밖의 사유로 인한 정신적 제약으로 사무를 처리할 능력이 **지속적으로 결여된 사람**에 대하여 본인, 배우자, 4촌 이내의 친족, 미성년후견인, 미성년후견감독인, 한정후견인, 한정후견감독인, 특정후견인, 특정후견감독인, 검사 또는 **지방자치단체의 장**의 청구에 의하여 성년후견개시의 심판을 한다(민법 제9조 제1항).

핵심정리

후견제도(성년후견, 한정후견, 특정후견)
① 한정후견개시의 심판 ⟶ 청구권자의 청구에 의하여 O (가정법원이 직권으로 ×)
② 한정후견종료의 심판 ⟶ 장래효 O
③ 특정후견의 심판 ⟶ 가정법원은 본인의 의사에 반하여 특정후견 심판 ×
④ 가정법원은 취소할 수 없는 피성년후견인의 법률행위의 범위를 정할 수 있음
⑤ 성년후견개시의 심판
⟶ 대상 : 정신적 제약으로 사무를 처리할 능력이 지속적으로 결여된 사람
⟶ 청구권자 : 지방자치단체의 장도 포함

답 ❸

PART 1 PART 2 PART 3

038 성년후견, 한정후견, 특정후견에 관한 설명으로 옳은 것은?

15 행정사 제3회

□□□

① 지방자치단체의 장은 성년후견개시의 원인이 소멸된 경우에는 성년후견종료의 심판을 청구할 수 없다.

② 성년후견인은 피성년후견인의 법률행위가 일용품의 구입 등 일상생활에 필요하고 그 대가가 과도하지 않더라도 그 행위를 취소할 수 있다.

③ 가정법원은 피한정후견인이 한정후견인의 동의를 받아야 하는 행위의 범위를 정할 수 없다.

④ 가정법원은 취소할 수 없는 피성년후견인의 법률행위의 범위를 정할 수 있다.

⑤ 가정법원은 성년후견개시의 심판을 할 때 본인의 의사를 고려할 필요가 없다.

해설

[❶ ▸ ×] 성년후견개시의 원인이 소멸된 경우에는 가정법원은 본인, 배우자, 4촌 이내의 친족, 성년후견인, 성년후견감독인, 검사 또는 **지방자치단체의 장의 청구**에 의하여 성년후견종료의 심판을 한다(민법 제11조).

[❷ ▸ ×] 일용품의 구입 등 일상생활에 필요하고 그 대가가 과도하지 아니한 법률행위는 성년후견인이 취소할 수 없다(민법 제10조 제4항).

[❸ ▸ ×] 피한정후견은 원칙적으로 행위능력을 가진다. 다만, 가정법원은 피한정후견인이 한정후견인의 동의를 받아야 하는 행위의 범위를 정할 수 있다(민법 제13조 제1항). 한정후견인의 동의가 필요한 법률행위를 피한정후견인이 동의 없이 한 경우, 그 법률행위는 취소할 수 있다. 다만, 일용품의 구입 등 일상생활에 필요하고 그 대가가 과도하지 않은 법률행위는 취소할 수 없다(민법 제13조 제4항).

[❹ ▸ ○] 가정법원은 취소할 수 없는 피성년후견인의 법률행위의 범위를 정할 수 있다(민법 제10조 제2항).

[❺ ▸ ×] 가정법원은 성년후견개시의 심판을 할 때 본인의 의사를 고려하여야 한다(민법 제9조 제2항).

핵심정리

후견제도(성년후견, 한정후견)

① 성년후견종료의 심판
- → 사유 : 성년후견개시의 원인이 소멸된 경우
- → 청구권자 : 지방자치단체의 장도 포함

②, ④ 피성년후견인의 법률행위
- → 원칙 : 취소 ○
- → 예외 : 취소 ×
  - 가정법원이 취소할 수 없는 피성년후견인의 법률행위의 범위를 정한 경우
  - 일용품의 구입 등 일상생활에 필요하고 그 대가가 과도하지 아니한 법률행위의 경우

③ 피한정후견인의 법률행위
- → 원칙 : 취소 ×
- → 예외 : 가정법원은 한정후견인의 동의를 요하는 행위의 범위를 정할 수 있음 → 동의 없으면 취소 ○

⑤ 성년후견개시의 심판을 할 때 → 가정법원은 본인의 의사를 고려하여야 함

답 ❹

039 피성년후견인과 피한정후견인에 관한 설명으로 옳지 않은 것은? 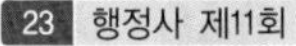

□□□

① 가정법원은 성년후견개시의 심판을 할 때 본인의 의사를 고려하여야 한다.

② 성년후견개시의 심판은 일정한 사유로 인한 정신적 제약으로 사무처리능력이 일시적으로 부족한 사람에게 허용된다.

③ 가정법원은 피한정후견인이 한정후견인의 동의를 받아야 하는 행위의 범위를 정할 수 있다.

④ 일상생활에 필요하고 그 대가가 과도하지 아니한 피성년후견인의 법률행위는 성년후견인이 취소할 수 없다.

⑤ 가정법원이 피성년후견인에 대하여 한정후견개시의 심판을 할 때에는 종전의 성년후견의 종료 심판을 한다.

해설

[❶ ▸ O] 가정법원은 성년후견개시의 심판을 할 때 본인의 의사를 고려하여야 한다(민법 제9조 제2항).

[❷ ▸ ×] 성년후견개시의 심판은 질병, 장애, 노령, 그 밖의 사유로 인한 정신적 제약으로 사무를 처리할 능력이 지속적으로 결여된 사람에게 허용된다(민법 제9조 제1항).

[❸ ▸ O] 가정법원은 피한정후견인이 한정후견인의 동의를 받아야 하는 행위의 범위를 정할 수 있다(민법 제13조 제1항).

[❹ ▸ O] 피성년후견인의 법률행위는 취소할 수 있으나(민법 제10조 제1항), 일용품의 구입 등 일상생활에 필요하고 그 대가가 과도하지 아니한 법률행위는 성년후견인이 취소할 수 없다(민법 제10조 제4항).

[❺ ▸ O] 가정법원이 피성년후견인에 대하여 한정후견개시의 심판을 할 때에는 종전의 성년후견의 종료 심판을 한다(민법 제14조의3 제2항).

핵심정리

피성년후견인과 피한정후견인

① 성년후견개시의 심판 → 가정법원은 본인의 의사를 고려하여야 함

② 성년후견개시의 심판 요건 → 정신적 제약으로 사무를 처리할 능력이 지속적으로 결여된 사람에게 허용 O

③ 가정법원은 피한정후견인이 한정후견인의 동의를 받아야 하는 행위의 범위를 정할 수 있음

④ 피성년후견인의 법률행위
- → 원칙 : 취소 O
- → 예외 : 취소 ×
  - 가정법원은 취소할 수 없는 피성년후견인의 법률행위의 범위를 정한 경우
  - 일용품의 구입 등 일상생활에 필요하고 그 대가가 과도하지 아니한 법률행위

⑤ 피성년후견인에 대하여 한정후견개시의 심판을 할 때 → 종전의 성년후견의 종료 심판 O

답 ❷

040 제한능력자에 관한 설명으로 옳은 것을 모두 고른 것은?(다툼이 있으면 판례에 따름)

□□□

17 행정사 제5회

ㄱ. 미성년자의 법률행위에 법정대리인의 묵시적 동의가 인정되는 경우에는 미성년자는 제한능력을 이유로 그 법률행위를 취소할 수 없다.
ㄴ. 법정대리인이 취소한 미성년자의 법률행위는 취소 시부터 효력을 상실한다.
ㄷ. 피성년후견인의 법률행위 중 일상생활에 필요하고, 대가가 과도하지 아니한 법률행위는 성년후견인이 취소할 수 없다.
ㄹ. 제한능력자가 맺은 계약은 제한능력자 측에서 추인하기 전까지 상대방이 이를 거절할 수 있다.
ㅁ. 제한능력자와 계약을 맺은 선의의 상대방은 제한능력자 측에서 추인하기 전까지 제한능력자를 상대로 그 의사표시를 철회할 수 있다.

① ㄱ, ㄴ, ㄷ
② ㄱ, ㄷ, ㅁ
③ ㄱ, ㄹ, ㅁ
④ ㄴ, ㄷ, ㄹ
⑤ ㄴ, ㄹ, ㅁ

해설

[ㄱ ▸ O] 미성년자가 법률행위를 함에 있어서 요구되는 법정대리인의 동의는 언제나 명시적이어야 하는 것은 아니고 묵시적으로도 가능한 것이며, 미성년자의 행위가 위와 같이 법정대리인의 묵시적 동의가 인정되거나 처분허락이 있는 재산의 처분 등에 해당하는 경우라면, 미성년자로서는 더 이상 제한능력을 이유로 그 법률행위를 취소할 수 없다(대판 2007.11.16. 2005다71659 참조).

[ㄴ ▸ X] 법정대리인에 의하여 취소된 미성년자의 법률행위는 처음부터 무효인 것으로 본다(민법 제141조 본문). 즉, 법정대리인의 취소권 행사에는 소급효가 있다.

[ㄷ ▸ O] 일용품의 구입 등 일상생활에 필요하고 그 대가가 과도하지 아니한 법률행위는 성년후견인이 취소할 수 없다(민법 제10조 제4항).

[ㄹ ▸ X] 제한능력자 상대방의 **거절권**은 상대방 있는 **단독행위에서 인정**된다(민법 제16조 제2항).

[ㅁ ▸ O] 제한능력자와 **계약**을 맺은 상대방은 계약 당시에 **제한능력자임을 몰랐을 경우(선의)에 한하여**, 제한능력자 측에서 추인하기 전까지 법정대리인에게 그 의사표시를 철회할 수 있다(민법 제16조 제1항). 철회의 의사표시는 **제한능력자를 상대로** 할 수도 있다(민법 제16조 제3항).

핵심정리

제한능력자(미성년자, 피성년후견인)

ㄱ. 미성년자의 법률행위에 대한 법정대리인의 동의 → 묵시적 동의도 가능 ○
ㄴ. 미성년자의 법률행위에 대한 법정대리인의 취소권 행사 → 소급효 ○
ㄷ. 피성년후견인의 행위능력 → 일상생활에 필요하고 대가가 과도하지 않은 법률행위는 성년후견인이 취소 ×
ㄹ. 제한능력자 상대방의 거절권
→ 단독행위에서 인정 ○ (계약에서 인정 ×)
→ 상대방의 선의·악의 불문하고 인정 ○
→ 제한능력자 측의 추인이 있기 전까지만 인정
→ 거절의 의사표시는 법정대리인뿐만 아니라 제한능력자에게도 가능 ○
ㅁ. 제한능력자 상대방의 철회권
→ 계약에서 인정 ○ (단독행위에서 인정 ×)
→ 선의의 상대방에게만 인정 ○
→ 제한능력자 측의 추인이 있기 전까지만 인정
→ 철회의 의사표시는 법정대리인뿐만 아니라 제한능력자에게도 가능 ○

답 ❷

041 제한능력자의 상대방 보호에 관한 설명으로 옳은 것을 모두 고른 것은?

15 행정사 제3회

ㄱ. 상대방은 제한능력자가 능력자로 된 후에 그에게 유예기간을 정하여 취소할 수 있는 행위에 대한 추인 여부의 확답을 원칙적으로 촉구할 수 없다.
ㄴ. 상대방은 제한능력자가 능력자로 된 후에 그 법정대리인이었던 자에게 취소할 수 있는 행위에 대한 추인 여부의 확답을 촉구한 경우 그 촉구는 유효하다.
ㄷ. 계약 당시에 제한능력자임을 상대방이 알지 못한 경우, 제한능력자가 맺은 계약은 추인이 있을 때까지 상대방이 그 의사표시를 철회할 수 있다.
ㄹ. 제한능력자가 속임수로써 자기를 능력자로 믿게 한 경우에는 그 행위를 취소할 수 없다.

① ㄱ, ㄴ
② ㄴ, ㄹ
③ ㄷ, ㄹ
④ ㄱ, ㄴ, ㄷ
⑤ ㄱ, ㄷ, ㄹ

해설

[ㄱ ▸ ×] 민법 제15조 제1항 참조

민법 제15조(제한능력자의 상대방의 확답을 촉구할 권리) ① 제한능력자의 상대방은 제한능력자가 능력자가 된 후에 그에게 1개월 이상의 기간을 정하여 그 취소할 수 있는 행위를 추인할 것인지 여부의 확답을 촉구할 수 있다. 능력자로 된 사람이 그 기간 내에 확답을 발송하지 아니하면 그 행위를 추인한 것으로 본다.
② 제한능력자가 아직 능력자가 되지 못한 경우에는 그의 법정대리인에게 제1항의 촉구를 할 수 있고, 법정대리인이 그 정하여진 기간 내에 확답을 발송하지 아니한 경우에는 그 행위를 추인한 것으로 본다.

[ㄴ ▸ ×] 제한능력자가 능력자로 된 후에는 법정대리권이 소멸하므로, 그 법정대리인이었던 자에게 취소할 수 있는 행위에 대한 추인 여부의 확답을 촉구한 것은 무효라고 보아야 한다. 제한능력자가 능력자로 된 후에는 그에게 추인 여부의 확답을 촉구할 수 있다(민법 제15조 제1항).
[ㄷ ▸ O] 제한능력자가 맺은 계약은 추인이 있을 때까지 상대방이 그 의사표시를 철회할 수 있다. 다만, 상대방이 계약 당시에 제한능력자임을 알았을 경우에는 그러하지 아니하다(민법 제16조 제1항). 즉, 계약 당시에 제한능력자임을 알지 못한 선의의 상대방의 경우에만 추인이 있을 때까지 그 의사표시를 철회할 수 있다.
[ㄹ ▸ O] 제한능력자가 속임수로써 자기를 능력자로 믿게 한 경우에는 그 행위를 취소할 수 없다(민법 제17조 제1항).

핵심정리

제한능력자의 상대방의 보호

ㄱ., ㄴ. 상대방의 최고권
→ 유예기간(1개월 이상의 기간)을 정하여 추인 여부의 확답 촉구 O
→ 제한능력자가 능력자로 된 후 : (제한능력자였던) 그에게 확답 촉구 O (법정대리인의 법정대리권 소멸 : 법정대리인이었던 자에 대한 확답 촉구는 무효)
→ 제한능력자가 아직 능력자가 되지 못한 경우 : 법정대리인에게 확답 촉구 O

ㄷ. 상대방의 철회권
→ 계약 당시에 상대방이 제한능력자임을 알지 못한 선의의 상대방에게 인정 O
→ 제한능력자 측에서 추인하기 전까지 철회권 행사 O

ㄹ. 취소권의 배제
→ 제한능력자가 속임수로써 자기를 능력자로 믿게 한 경우 취소권 행사 ×

답 ❸

042 □□□ **미성년자 乙은 친권자 甲의 처분동의가 필요한 자기 소유의 물건을 甲의 동의 없이 丙에게 매도하는 계약을 체결하였다. 이에 관한 설명으로 옳지 않은 것은?(다툼이 있으면 판례에 따름)**

23 행정사 제11회

① 丙은 乙이 성년이 된 후에 그에게 1개월 이상의 기간을 정하여 계약의 추인 여부의 확답을 촉구할 수 있다.

② 성년이 된 乙이 ①에서 丙이 정한 기간 내에 확답을 발송하지 아니하면 계약을 추인한 것으로 본다.

③ 丙이 계약 당시에 乙이 미성년자임을 알았더라도 丙은 자신의 의사표시를 철회할 수 있다.

④ 丙이 계약 당시에 乙이 미성년자임을 알지 못한 경우, 丙은 乙에게도 철회의 의사표시를 할 수 있다.

⑤ 乙이 계약 당시에 甲의 동의서를 위조하여 甲의 동의가 있는 것으로 丙을 믿게 한 경우, 甲은 그 계약을 취소할 수 없다.

해설

[❶ ▸ ○] [❷ ▸ ○] 민법 제15조 제1항 참조

> **민법 제15조(제한능력자의 상대방의 확답을 촉구할 권리)** ① 제한능력자의 상대방은 제한능력자가 능력자가 된 후에 그에게 1개월 이상의 기간을 정하여 그 취소할 수 있는 행위를 추인할 것인지 여부의 확답을 촉구할 수 있다.❶ 능력자로 된 사람이 그 기간 내에 확답을 발송하지 아니하면 그 행위를 추인한 것으로 본다.❷

[❸ ▸ ×] 제한능력자가 맺은 계약은 추인이 있을 때까지 상대방이 그 의사표시를 철회할 수 있다. 다만, 상대방이 계약 당시에 제한능력자임을 알았을 경우에는 그 의사표시를 철회할 수 없다(민법 제16조 제1항). 따라서 丙이 계약 당시에 乙이 미성년자임을 알았을 경우에는 丙은 자신의 의사표시를 철회할 수 없다.

[❹ ▸ ○] 철회의 의사표시는 제한능력자에게도 할 수 있다(민법 제16조 제3항). 따라서 丙이 계약 당시에 乙이 미성년자임을 알지 못한 경우, 丙은 계약의 추인이 있을 때까지 그 의사표시를 철회할 수 있고, 丙은 법정대리인(친권자) 甲은 물론 미성년자 乙에게도 철회의 의사표시를 할 수 있다(민법 제16조 제1항, 제3항).

[❺ ▸ ○] 미성년자 乙이 계약 당시에 친권자 甲의 동의서를 위조하여 甲의 동의가 있는 것으로 丙을 믿게 한 경우, 甲은 그 계약을 취소할 수 없다(민법 제17조 제2항). 동의서를 위조・변조하는 것은 적극적 사기수단으로써 민법 제17조 제2항의 "속임수"에 해당한다.

핵심정리 **제한능력자(미성년자)와 계약한 상대방 보호 제도**

①, ② 상대방의 확답을 촉구할 권리
- → 제한능력자가 능력자가 된 경우 : 능력자가 된 후 그에게 1개월 이상의 기간을 정하여 추인 여부 확답 촉구
- → 제한능력자가 아직 능력자가 되지 못한 경우 : 법정대리인을 상대로 추인 여부 확답 촉구
- → 기간 내에 확답을 발송하지 않은 경우 : 추인 간주 ○

③, ④ 상대방의 철회권
- → 상대방이 악의인 경우 : 상대방은 철회권 행사 ×
- → 상대방이 선의인 경우 : 상대방은 철회권 행사 ○ / 철회의 의사표시는 제한능력자에게도 할 수 있음

⑤ 제한능력자(예 미성년자)가 속임수로써 법정대리인의 동의가 있는 것으로 믿게 한 경우(예 법정대리인의 동의서 위조) → 취소권 배제 ○

답 ❸

043 □□□ **부재와 실종에 관한 설명으로 옳지 않은 것은?(다툼이 있으면 판례에 따름)** 22 행정사 제10회

① 부재자로부터 재산처분권을 위임받은 재산관리인은 그 재산을 처분함에 있어 법원의 허가를 받지 않아도 된다.

② 법원이 선임한 부재자 재산관리인의 권한초과행위에 대한 법원의 허가 결정은 기왕의 법률행위를 추인하는 방법으로는 할 수 없다.

③ 법원은 법원이 선임한 부재자 재산관리인으로 하여금 부재자의 재산관리 및 반환에 관하여 상당한 담보를 제공하게 할 수 있다.

④ 실종선고를 받은 자는 실종기간이 만료된 때에 사망한 것으로 본다.

⑤ 부재자의 제1순위 상속인이 있는 경우, 제2순위 상속인은 특별한 사정이 없는 한 부재자에 관한 실종선고를 청구할 수 있는 이해관계인이 아니다.

해설

[❶ ▸ ○] 부재자로부터 '재산처분권'까지 위임받은 재산관리인은 그 재산을 처분함에 있어 법원의 허가를 요하는 것은 아니다(대판 1973.7.24. 72다2136).

[❷ ▸ ×] 부재자 재산관리인에 의한 권한초과행위인 부재자 소유의 부동산 매매행위에 대한 법원의 허가결정은 그 허가를 받은 재산에 대한 장래의 처분행위뿐만 아니라 기왕의 매매를 추인하는 방법으로도 할 수 있다(대판 2000.12.26. 99다19278).

[❸ ▸ ○] 법원은 그 선임한 재산관리인으로 하여금 재산의 관리 및 반환에 관하여 상당한 담보를 제공하게 할 수 있다(민법 제26조 제1항).

[❹ ▸ ○] 실종선고를 받은 자는 실종기간이 만료한 때에 사망한 것으로 본다(민법 제28조). 즉 실종기간이 만료한 때에 사망의 효과가 발생하여 상속이 개시되고 혼인이 해소된다.

[❺ ▸ ○] 부재자의 생사가 5년간 분명하지 아니한 때에는 이해관계인이나 검사는 법원에 실종선고를 청구할 수 있다(민법 제27조 제1항). 그러나 부재자의 종손자로서, 부재자가 사망할 경우 제1순위의 상속인이 따로 있어 제2순위의 상속인에 불과한 청구인은 특별한 사정이 없는 한 위 부재자에 대하여 실종선고를 청구할 수 있는 신분상 또는 경제상의 이해관계를 가진 자라고 할 수 없다(대결 1992.4.14. 92스4).

핵심정리

부재와 실종

① 부재자로부터 재산처분권을 위임받은 재산관리인 → 재산을 처분함에 법원의 허가 필요 ×

②, ③ 법원이 선임한 재산관리인

→ 권한초과행위에 대한 법원의 허가 결정 : 기왕의 법률행위 추인하는 방법으로도 가능 ○

→ 담보제공의무 : 법원은 재산관리인에게 상당한 담보를 제공하게 할 수 있음

④ 실종선고를 받은 자 → 실종기간이 만료된 때에 사망 간주

⑤ 부재자의 제1순위 상속인이 있는 경우 → 부재자의 제2순위 상속인은 실종선고 청구 가능한 이해관계인 ×

답 ❷

044 □□□ **부재와 실종에 관한 설명으로 옳지 않은 것은?(다툼이 있으면 판례에 따름)** 16 행정사 제4회

① 법원이 선임한 재산관리인은 관리할 재산목록을 작성하여야 한다.
② 특별실종의 경우 실종선고를 받은 자는 실종선고일부터 1년의 기간이 만료한 때에 사망한 것으로 본다.
③ 실종자의 범죄 또는 실종자에 대한 범죄의 성부 등은 실종선고와 관계없이 결정된다.
④ 실종선고가 확정되면 선고 자체가 취소되지 않는 한 실종자의 생존 기타 반증을 들어 선고의 효과를 다툴 수 없다.
⑤ 부재자가 스스로 재산관리인을 둔 경우 그 재산관리인은 부재자의 임의대리인이다.

해설

[❶ ▸ O] 법원이 선임한 재산관리인은 관리할 재산목록을 작성하여야 한다(민법 제24조 제1항).
[❷ ▸ X] 특별실종의 경우 실종선고를 받은 자는 전쟁 종지 후 또는 선박의 침몰, 항공기의 추락 기타 위난이 종료한 후 1년의 기간이 만료한 때에 사망한 것으로 본다(민법 제28조, 제27조 제2항).
[❸ ▸ O] 실종선고는 실종자의 종래 주소를 중심으로 하여 실종기간 만료시의 사법(私法)상 법률관계만 종료시키고 그 범위에서만 사망 간주의 효과를 발생시키는 것이므로, 실종자의 범죄 또는 실종자에 대한 범죄의 성부 등의 공법(公法)상 법률관계는 실종선고와 관계없이 결정된다.
[❹ ▸ O] 민법 제28조는 "실종선고를 받은 자는 민법 제27조 제1항 소정의 생사불명기간이 만료된 때에 사망한 것으로 본다"고 규정하고 있으므로 실종선고가 취소되지 않는 한 반증을 들어 실종선고의 효과를 다툴 수는 없다(대판 1995.2.17. 94다52751).
[❺ ▸ O] 부재자가 스스로 재산관리인을 둔 경우 그 재산관리인은 부재자의 임의대리인이다. 따라서 관리인의 권한과 관리방법 등은 부재자와 관리인 사이의 계약 및 민법 제118조에 의하여 결정된다. 부재자가 권한을 정하지 않은 재산관리인(임의대리인)은 보존행위와 물건이나 권리의 성질이 변하지 아니하는 범위에서 그 이용 또는 개량행위만 할 수 있다(민법 제118조).

핵심정리

부재와 실종
① 법원이 선임한 재산관리인 ⋯→ 재산목록 작성 의무 ○
② 특별실종의 경우 실종선고를 받은 자 ⋯→ 위난 종료일(예 전쟁 종료일, 선박의 침몰일, 항공기의 추락일 등)로부터 1년의 기간이 만료한 때에 사망 간주
③ 실종자의 범죄 또는 실종자에 대한 범죄의 성부 등 ⋯→ 실종선고와 관계없이 결정
④ 실종선고의 확정 ⋯→ 선고 자체가 취소되지 않는 한 반증으로 번복 ×
⑤ 부재자가 둔 재산관리인 ⋯→ 재산관리인은 부재자의 임의대리인

답 ❷

045 □□□ X부동산을 소유한 甲은 재산관리인을 선임하지 않고 장기간 해외출장을 떠났다. 다음 설명 중 옳은 것은?(다툼이 있는 경우에는 판례에 의함) 13 행정사 제1회

① 법원은 직권으로 X부동산의 관리에 필요한 처분을 명하여야 한다.
② 甲의 채권자의 청구에 의하여 법원이 선임한 재산관리인은 甲의 임의대리인이다.
③ 법원이 선임한 재산관리인은 원칙적으로 법원의 허가 없이 X부동산을 처분할 수 있다.
④ 甲의 재산관리인이 甲을 위해 법원의 허가 없이 X부동산을 처분하였다면, 그 후 법원의 허가를 얻더라도 그 처분은 효력이 없다.
⑤ 甲이 사망한 경우, 재산관리인이 그 사실을 확인하였더라도 법원에 의하여 재산관리인 선임 결정이 취소되지 않는 한, 재산관리인은 계속하여 X부동산을 관리할 수 있다.

해설

[❶ ▸ ×] X부동산을 소유한 부재자 甲이 재산관리인을 선임하지 않고 장기간 해외출장을 떠난 경우, 법원은 이해관계인이나 검사의 청구에 의하여 재산관리에 관하여 필요한 처분을 명하여야 하고(민법 제22조 제1항), 법원이 직권으로 재산관리에 관하여 필요한 처분을 명할 수는 없다.
[❷ ▸ ×] 甲의 채권자의 청구에 의하여 법원이 선임한 재산관리인은 일종의 법정대리인의 지위를 갖는다. 그렇지만 재산관리인은 언제든지 사임할 수 있고(가사소송규칙 제42조 제2항), 법원도 언제든지 개임할 수 있다(가소소송규칙 제42조 제1항).
[❸ ▸ ×] 법원이 선임한 재산관리인이 민법 제118조의 범위(보존행위, 물건이나 권리의 성질을 변하지 아니하는 범위에서 그 이용 또는 개량하는 행위)를 넘는 행위를 함에는 법원의 허가를 받아야 한다(민법 제25조). 따라서 법원이 선임한 재산관리은 법원의 허가 없이 X부동산을 처분할 수 없고, 허가를 얻지 아니한 처분행위는 무효이다.
[❹ ▸ ×] 재산관리인이 X부동산을 처분하였다고 하더라도 사후에 법원의 허가를 얻었다면 기왕의 처분행위는 유효하다고 보아야 한다.

부재자 재산관리인에 의한 권한초과행위인 부재자 소유의 부동산 매매행위에 대한 법원의 허가결정은 그 허가를 받은 재산에 대한 장래의 처분행위뿐만 아니라 기왕의 매매를 추인하는 방법으로도 할 수 있다(대판 2000.12.26. 99다19278).

[❺ ▸ ○] 재산관리인 선임결정이 취소되지 아니하는 한 재산관리인의 권한은 여전히 존재하게 되므로 재산관리인은 계속하여 X부동산을 관리할 수 있다.

사망한 것으로 간주된 자가 그 이전에 생사불명의 부재자로서 그 재산관리에 관하여 법원으로부터 재산관리인이 선임되어 있었다면 재산관리인은 그 부재자의 사망을 확인했다고 하더라도 선임결정이 취소되지 아니하는 한 계속하여 권한을 행사할 수 있다 할 것이다(대판 1991.11.26. 91다11810).

핵심정리 **부재자의 재산관리인**

① 법원의 부재자의 재산관리에 필요한 처분명령(예 재산관리인의 선임 등)
→ 이해관계인이나 검사의 청구가 있어야 함
→ 법원이 직권으로 처분명령 ×
② 법원이 선임한 재산관리인 → 법정대리인 ○ (임의대리인 ×)
③, ④ 법원이 선임한 재산관리인의 처분행위(예 부동산의 매도)
→ 법원의 허가 없이 처분 ×
→ 다만, 사후에 법원의 허가(추인)를 얻었다면 유효 ○
⑤ 부재자가 사망한 경우 → 재산관리인 선임 결정이 취소되지 않는 한, 계속 부재자의 재산 관리 가능 ○

답 ❺

046 부재자의 재산관리에 관한 설명으로 옳지 않은 것은?(다툼이 있으면 판례에 따름)

□□□

23 행정사 제11회

① 법원이 선임한 재산관리인은 법원의 허가 없이 재산의 보존행위를 할 수 없다.
② 법원은 그 선임한 재산관리인으로 하여금 재산의 관리 및 반환에 관하여 상당한 담보를 제공하게 할 수 있다.
③ 법원이 선임한 재산관리인은 관리할 재산목록을 작성하여야 한다.
④ 법원은 그 선임한 재산관리인에 대하여 부재자의 재산으로 상당한 보수를 지급할 수 있다.
⑤ 법원이 선임한 부재자의 재산관리인은 그 부재자의 사망이 확인된 후라도 그에 대한 선임결정이 취소되지 않는 한 그 관리인으로서의 권한이 소멸되지 않는다.

해설

[❶ ▸ ×] 법원이 선임한 재산관리인이 민법 제118조의 범위(보존행위, 물건이나 권리의 성질을 변하지 아니하는 범위에서 그 이용 또는 개량하는 행위)를 넘는 행위를 하는 경우에 법원의 허가를 받아야 한다(민법 제25조). 따라서 보존행위의 경우, 법원이 선임한 재산관리인은 법원의 허가 없이도 할 수 있다.

[❷ ▸ ○] 법원은 그 선임한 재산관리인으로 하여금 재산의 관리 및 반환에 관하여 상당한 담보를 제공하게 할 수 있다(민법 제26조 제1항).

[❸ ▸ ○] 법원이 선임한 재산관리인은 관리할 재산목록을 작성하여야 한다(민법 제24조 제1항).

[❹ ▸ ○] 법원은 그 선임한 재산관리인에 대하여 부재자의 재산으로 상당한 보수를 지급할 수 있다(민법 제26조 제2항).

[❺ ▸ ○] 사망한 것으로 간주된 자가 그 이전에 생사불명의 부재자로서 그 재산관리에 관하여 법원으로부터 재산관리인이 선임되어 있었다면 재산관리인은 그 부재자의 사망을 확인했다고 하더라도 선임결정이 취소되지 아니하는 한 계속하여 권한을 행사할 수 있다 할 것이다(대판 1991.11.26. 91다11810).

핵심정리 **부재자의 재산관리인**

① 법원이 선임한 재산관리인의 권한
- ⟶ 보존행위 : 법원의 허가 필요 ×
- ⟶ 물건이나 권리의 성질을 변하지 아니하는 범위에서 그 이용 또는 개량행위 : 법원의 허가 필요 ×
- ⟶ 처분행위 : 법원의 허가 필요 ○

②, ③ 법원이 선임한 재산관리인의 의무
- ⟶ 담보제공의무 ○ : 법원은 재산의 관리 및 반환에 관하여 상당한 담보를 제공하게 할 수 있음
- ⟶ 관리할 재산목록 작성의무 ○

④ 법원이 선임한 재산관리인의 보수 ⟶ 법원은 부재자의 재산으로 상당한 보수를 지급할 수 있음

⑤ 부재자가 사망한 경우 ⟶ 재산관리인 선임 결정이 취소되지 않는 한, 관리인으로서의 권한 소멸 ×

답 ❶

047 □□□ **부재와 실종에 관한 설명으로 옳은 것은?(다툼이 있으면 판례에 따름)** 17 행정사 제5회

① 실종선고를 받은 사람은 사망한 것으로 추정되므로 반증을 들어 실종선고의 효과를 다툴 수 있다.
② 부재자 재산관리인의 권한초과행위에 대한 법원의 허가 결정은 기왕의 법률행위를 추인하는 방법으로는 할 수 없다.
③ 법원이 선임한 재산관리인은 재산의 보존행위를 하는 경우에 법원의 허가를 얻어야 한다.
④ 부재자 재산관리인으로서 권한초과행위의 허가를 받고 그 선임결정이 취소되기 전에 그 권한에 의하여 이루어진 행위는 부재자에 대한 실종기간이 만료된 뒤에 이루어졌다고 하더라도 유효하다.
⑤ 실종선고 확정 전 실종자를 당사자로 하여 선고된 판결은 효력이 없다.

해설

[❶ ▸ ×] 민법 제28조는 "실종선고를 받은 자는 민법 제27조 제1항 소정의 생사불명기간이 만료된 때에 사망한 것으로 본다"고 규정하고 있으므로 실종선고가 취소되지 않는 한 반증을 들어 실종선고의 효과를 다툴 수는 없다(대판 1995.2.17. 94다52751). "사망한 것으로 본다"는 것은 사망한 것으로 추정하는 것이 아니라 간주(의제)한다는 뜻이다.

추정(推定)과 간주(看做)

- 추정 : 어떠한 사실관계나 법률관계가 불분명한 경우에 일단 어느 한 쪽으로 정함으로써 그것이 실제와 다른 경우 다르다고 주장하는 측에서 그 다름을 증명하게 하는 것이다. 추정규정은 증명책임을 전환하는 효과가 있고 증명이 있으면 그에 따라 추정이 번복될 수 있다는 점에서 간주(看做)와 구별된다.
- 간주 : 추정과 구별되는 것으로 간주(「의제」, 「본다」 등도 같은 의미이다)가 있다. 간주는 그것이 실제에 부합하는지 여부를 불문하고, 또 당사자가 그 반대의 사실을 증명하더라도 그것만으로는 번복되지 않고 그대로 효과를 발생하는 점에서 추정과 다르다.

[❷ ▸ ×] 부재자 재산관리인에 의한 권한초과행위인 부재자 소유의 부동산 매매행위에 대한 법원의 허가결정은 그 허가를 받은 재산에 대한 장래의 처분행위뿐만 아니라 기왕의 매매를 추인하는 방법으로도 할 수 있다(대판 2000.12.26. 99다19278).

[❸ ▸ ×] 법원이 선임한 재산관리인은 부재자의 재산에 관하여 민법 제118조 범위(보존행위, 물건이나 권리의 성질을 변하지 아니하는 범위 내에서 그 이용 또는 개량행위) 내에서는 법원의 허가 없이 자유롭게 할 수 있다(민법 제25조).

[❹ ▸ ○] 부재자 재산관리인으로서 권한초과행위의 허가를 받고 그 선임결정이 취소되기 전에 그 권한에 의하여 이루어진 행위는 부재자에 대한 실종선고기간이 만료된 뒤에 이루어졌다고 하더라도 유효하다(대판 1981.7.28. 80다2668).

[❺ ▸ ×] 실종선고의 효력이 발생하기 전에는 실종기간이 만료된 실종자라 하여도 소송상 당사자능력을 상실하는 것은 아니므로 실종선고 확정 전에는 실종기간이 만료된 실종자(= 사망간주된 실종자)를 상대로 하여 제기된 소도 적법하고 실종자를 당사자로 하여 선고된 판결도 유효하다(대판 1992.7.14. 92다2455).

핵심정리

부재와 실종

① 실종선고를 받은 사람 → 사망한 것으로 간주 ○ / 반증을 들어 실종선고의 효과를 다툴 수 없음
②, ③ 법원이 선임한 재산관리인
→ 권한초과행위(예 처분행위) : 법원의 허가 필요 ○ / 기왕의 법률행위를 추인하는 방법으로도 허가 가능
→ 보존행위 : 법원의 허가 필요 ×
④ 부재자 재산관리인 선임결정이 취소되기 전 권한에 의하여 이루어진 행위 → 부재자에 대한 실종기간이 만료(= 사망 간주)된 뒤의 행위라도 유효 ○
⑤ 실종선고 확정 전에 실종자를 당사자로 하여 선고된 판결 → 유효 ○

답 ❹

048 부재에 관한 설명으로 옳지 않은 것은? 21 행정사 제9회

□□□

① 부재자가 정한 재산관리인의 권한이 부재자의 부재 중에 소멸한 때에는 법원은 이해관계인이나 검사의 청구에 의하여 재산관리에 관하여 필요한 처분을 명하여야 한다.

② 부재자가 재산관리인을 정한 경우 부재자의 생사가 분명하지 아니하게 되어 이해관계인이 청구를 하더라도 법원은 그 재산관리인을 개임할 수 없다.

③ 부재자의 생사가 분명하지 아니한 경우 부재자가 정한 재산관리인이 권한을 넘는 행위를 할 때에는 법원의 허가를 얻어야 한다.

④ 법원이 선임한 재산관리인은 관리할 재산목록을 작성하여야 한다.

⑤ 법원이 선임한 재산관리인에 대하여 법원은 부재자의 재산으로 상당한 보수를 지급할 수 있다.

해설

[❶ ▸ O] 민법 제22조 제1항 참조

> **민법 제22조(부재자의 재산의 관리)** ① 종래의 주소나 거소를 떠난 자가 재산관리인을 정하지 아니한 때에는 법원은 이해관계인이나 검사의 청구에 의하여 재산관리에 관하여 필요한 처분을 명하여야 한다. 본인의 부재 중 재산관리인의 권한이 소멸한 때에도 같다.

[❷ ▸ ×] 부재자가 재산관리인을 정한 경우에 부재자의 생사가 분명하지 아니한 때에는 법원은 재산관리인, 이해관계인 또는 검사의 청구에 의하여 재산관리인을 개임할 수 있다(민법 제23조).

[❸ ▸ O] 법원이 선임한 재산관리인이 제118조에 규정한 권한을 넘는 행위를 함에는 법원의 허가를 얻어야 한다. 부재자의 생사가 분명하지 아니한 경우에 부재자가 정한 재산관리인이 권한을 넘는 행위를 할 때에도 같다(민법 제25조).

[❹ ▸ O] 법원이 선임한 재산관리인은 관리할 재산목록을 작성하여야 한다(민법 제24조 제1항).

[❺ ▸ O] 법원은 그 선임한 재산관리인에 대하여 부재자의 재산으로 상당한 보수를 지급할 수 있다(민법 제26조 제2항).

핵심정리

부재자의 재산관리인

①, ②, ③ 부재자가 정한 재산관리인

→ 재산관리인의 권한이 부재자의 부재 중에 소멸한 경우 : 법원은 이해관계인이나 검사의 청구에 의하여 재산관리에 필요한 처분명령(예 재산관리인의 선임)을 하여야 함

→ 부재자의 생사가 분명하지 아니하게 된 경우

- 재산관리인 개임 : 법원은 재산관리인, 이해관계인 또는 검사의 청구에 의하여 개임 가능 O
- 권한을 넘는 행위 : 법원의 허가 필요 O

④, ⑤ 법원이 선임한 재산관리인

→ 재산목록 작성 의무 O

→ 법원은 상당한 보수 지급 가능

답 ❷

049 □□□ **甲이 탄 비행기가 2006년 6월 7일 추락하여, 2010년 4월 12일 법원에 甲의 실종선고가 청구되었고, 2011년 2월 13일 실종선고가 내려졌다. 다음 설명 중 옳은 것은?(다툼이 있는 경우에는 판례에 의함)** 13 행정사 제1회

① 甲은 2011년 2월 13일에 사망한 것으로 본다.

② 甲에게 선순위의 상속인이 있는 경우 특별한 사정이 없는 한 후순위의 상속인은 甲의 실종선고를 청구할 수 없다.

③ 실종선고는 甲의 사법상의 법률관계뿐만 아니라 공법상의 법률관계에도 효과를 미친다.

④ 甲이 살아 돌아온 사실만으로 甲에 대한 실종선고는 그 효력을 상실한다.

⑤ 甲의 실종선고가 취소되면 실종선고를 직접원인으로 하여 재산을 취득한 자가 악의인 경우에는 그 받은 이익이 현존하는 한도에서 반환할 의무가 있다.

해설

[❶ ▸ ×] 추락한 항공기 중에 있던 자의 생사가 항공기의 추락 후 1년간 분명하지 아니한 때에는 법원은 이해관계인이나 검사의 청구에 의하여 실종선고를 하여야 한다(민법 제27조 제2항). 이때 실종선고를 받은 자는 항공기가 추락한 때로부터 1년(특별실종기간)이 만료한 때에 사망한 것으로 본다(민법 제28조). 따라서 甲에 대한 실종선고가 내려진 경우, 甲은 비행기가 추락한 2006년 6월 7일부터 1년이 되는 2007년 6월 7일 24시(실종기간 만료시)에 사망한 것으로 간주된다.

[❷ ▸ ○] 추락한 항공기 중에 있던 자의 생사가 항공기의 추락 후 1년간 분명하지 아니한 때에는 '이해관계인'이나 '검사'는 법원에 실종선고를 청구할 수 있다(민법 제27조 제1항 및 제2항). 그러나 甲에게 선순위의 상속인이 있는 경우 특별한 사정이 없는 한 후순위의 상속인은 甲의 실종선고를 청구할 수 있는 '이해관계인'에 해당하지 않는다(대결 1992.4.14. 92스4).

[❸ ▸ ×] 실종선고는 실종자의 종래 주소를 중심으로 하여 실종기간 만료시의 사법(私法)상 법률관계만 종료시키고 그 범위에서만 사망 간주의 효과를 발생시키는 것이므로, 선거권의 행사나 범죄의 성부와 같은 공법(公法)상 법률관계에는 영향을 미치지 아니한다.

[❹ ▸ ×] 실종선고를 받은 자는 사망한 것으로 간주되므로 실종선고가 취소되지 아니하는 한, 甲이 살아 돌아온 것만으로는 실종선고의 효력이 상실되는 것은 아니다.

[❺ ▸ ×] 실종선고의 취소가 있을 때에 실종의 선고를 직접원인으로 하여 재산을 취득한 자가 선의인 경우에는 그 받은 이익이 현존하는 한도에서 반환할 의무가 있고 악의인 경우에는 그 받은 이익에 이자를 붙여서 반환하고 손해가 있으면 이를 배상하여야 한다(민법 제29조 제2항).

핵심정리

실종선고

① 특별실종(예 항공기 추락 중에 있던 자)으로 실종선고 → 위난 종료 후 1년이 만료한 때 사망 간주 ○

② 선순위의 상속인이 있는 경우 → 후순위의 상속인은 실종선고를 청구할 수 있는 이해관계인에 해당 ×

③ 실종선고의 효과 → 공법상의 법률관계에 효과 × (실종자의 사법상 법률관계만 종료 ○)

④ 실종선고를 받은 자가 살아 돌아온 사실만으로 실종선고의 효력 상실 × → 법원의 실종선고 취소 필요 ○

⑤ 실종의 선고를 직접원인으로 하여 재산을 취득한 자(예 상속인 등)의 반환의무
→ 선의인 경우 : 받은 이익이 현존하는 한도에서 반환할 의무 ○
→ 악의인 경우 : 받은 이익에 이자를 붙여서 반환하고 손해가 있으면 배상의무 ○

답 ❷

050 □□□ **실종선고에 관한 설명으로 옳지 않은 것은?(다툼이 있으면 판례에 따름)** 23 행정사 제11회

① 부재자의 제1순위 상속인이 따로 있는 경우, 제2순위 상속인은 특별한 사정이 없는 한 부재자에 대하여 실종선고를 청구할 수 있는 이해관계인이 아니다.

② 실종선고가 취소되지 않았더라도 반증을 들어 실종선고의 효과를 다툴 수 있다.

③ 실종선고의 요건이 충족되면 법원은 이해관계인이나 검사의 청구에 의하여 실종선고를 하여야 한다.

④ 실종선고를 받은 자는 특별한 사정이 없는 한 실종기간이 만료한 때에 사망한 것으로 본다.

⑤ 실종선고가 취소된 때 실종선고를 직접원인으로 재산을 취득한 자가 선의인 경우에는 그 받은 이익이 현존하는 한도에서 반환할 의무가 있다.

해설

[❶ ▸ O] 부재자의 생사가 5년간 분명하지 아니한 때에는 이해관계인이나 검사는 법원에 실종선고를 청구할 수 있다(민법 제27조 제1항). 그러나 부재자의 종손자로서, 부재자가 사망할 경우 제1순위의 상속인이 따로 있어 제2순위의 상속인에 불과한 청구인은 특별한 사정이 없는 한 위 부재자에 대하여 실종선고를 청구할 수 있는 신분상 또는 경제상의 이해관계를 가진 자라고 할 수 없다(대결 1992.4.14. 92스4).

[❷ ▸ ×] 민법 제28조는 "실종선고를 받은 자는 민법 제27조 제1항 소정의 생사불명기간이 만료된 때에 사망한 것으로 본다"고 규정하고 있으므로 실종선고가 취소되지 않는 한 반증(反證)을 들어 실종선고의 효과를 다툴 수는 없다(대판 1995.2.17. 94다52751).

[❸ ▸ O] 민법 제27조 참조

> **민법 제27조(실종의 선고)** ① 부재자의 생사가 5년간 분명하지 아니한 때에는 법원은 이해관계인이나 검사의 청구에 의하여 실종선고를 하여야 한다.
> ② 전지에 임한 자, 침몰한 선박 중에 있던 자, 추락한 항공기 중에 있던 자 기타 사망의 원인이 될 위난을 당한 자의 생사가 전쟁 종지 후 또는 선박의 침몰, 항공기의 추락 기타 위난이 종료한 후 1년간 분명하지 아니한 때에도 제1항과 같다.

[❹ ▸ O] 실종선고를 받은 자는 실종기간이 만료한 때에 사망한 것으로 본다(민법 제28조).

[❺ ▸ O] 실종선고의 취소가 있을 때에 실종의 선고를 직접원인으로 하여 재산을 취득한 자가 선의인 경우에는 그 받은 이익이 현존하는 한도에서 반환할 의무가 있고 악의인 경우에는 그 받은 이익에 이자를 붙여서 반환하고 손해가 있으면 이를 배상하여야 한다(민법 제29조 제2항).

핵심정리

실종선고

① 실종선고를 청구할 수 있는 이해관계인 → 부재자의 1순위 상속인이 있으면, 2순위 상속인은 이해관계인 ×

② 실종선고가 확정된 경우 → 실종선고 자체가 취소되지 않는 한, 반증을 들어 실종선고의 효과를 다툴 수 ×

③ 실종선고 → 이해관계인이나 검사의 청구에 의하여 O / 법원이 직권으로 실종선고 ×

④ 실종선고를 받은 자 → 실종기간이 만료된 때에 사망 간주

⑤ 실종의 선고를 직접원인으로 하여 재산을 취득한 자의 반환의무
→ 선의인 경우 : 받은 이익이 현존하는 한도에서 반환할 의무 O
→ 악의인 경우 : 받은 이익에 이자를 붙여서 반환하고 손해가 있으면 배상의무 O

답 ❷

051 □□□ 민법상 법인에 관한 설명으로 옳은 것은?(다툼이 있으면 판례에 따름) 22 행정사 제10회

① 재단법인의 기본재산을 새롭게 편입하는 행위는 주무관청의 허가를 받지 않아도 유효하다.
② 재단법인의 감사는 민법상 필수기관이다.
③ 사단법인의 사원권은 정관에 정함이 있는 경우 상속될 수 있다.
④ 사단법인이 정관에 이사의 대표권에 관한 제한을 규정한 경우에는 이를 등기하지 않더라도 악의의 제3자에게 대항할 수 있다.
⑤ 이사 전원의 의결에 의하여 잔여재산을 처분하도록 한 사단법인의 정관 규정은 성질상 등기하여야만 제3자에게 대항할 수 있는 청산인의 대표권에 관한 제한으로 보아야 한다.

해설

[❶ ▸ ×] 재단법인의 기본재산에 관한 사항은 정관의 기재사항으로서 기본재산의 변경은 정관의 변경을 초래하기 때문에 주무장관의 허가를 받아야 하고, 따라서 기존의 기본재산을 처분하는 행위는 물론 새로이 기본재산으로 편입하는 행위도 주무장관의 허가가 있어야 유효하다(대판 1991.5.28. 90다8558).

[❷ ▸ ×] 법인은 정관 또는 총회의 결의로 감사를 둘 수 있다(민법 제66조). 재단법인에서 이사는 필수기관(민법 제57조, 법인은 이사를 두어야 한다)에 해당하나, 감사는 임의기관에 불과하다.

[❸ ▸ ○] "사단법인의 사원의 지위는 양도 또는 상속할 수 없다"고 한 민법 제56조의 규정은 강행규정은 아니라고 할 것이므로, 정관에 의하여 이를 인정하고 있을 때에는 양도·상속이 허용된다(대판 1992.4.14. 91다26850).

[❹ ▸ ×] 법인의 정관에 법인 대표권의 제한에 관한 규정이 있으나 그와 같은 취지가 등기되어 있지 않다면 법인은 그와 같은 정관의 규정에 대하여 선의냐 악의냐에 관계없이 제3자에 대하여 대항할 수 없다(대판 1992.2.14. 91다24564).

[❺ ▸ ×] 민법 제80조 제1항과 제2항의 각 규정 내용을 대비하여 보면, 법인 해산시 잔여재산의 귀속권리자를 직접 지정하지 아니하고 사원총회나 이사회의 결의에 따라 이를 정하도록 하는 등 간접적으로 그 귀속권리자의 지정방법을 정해 놓은 정관 규정도 유효하다. 그리고 이사 전원의 의결에 의하여 잔여재산을 처분하도록 한 정관 규정은 성질상 등기하여야만 제3자에게 대항할 수 있는 청산인의 대표권에 관한 제한이라고 볼 수 없다(대판 1995.2.10. 94다13473).

핵심정리

민법상 법인(사단법인, 재단법인)
① 재단법인의 기본재산을 새롭게 편입하는 행위 → 주무관청의 허가가 없으면 무효
② 재단법인의 감사 → 민법상 임의기관
③ 사단법인의 사원권(사원의 지위)
→ 원칙 : 사원의 지위는 양도 또는 상속 × (임의규정 ○)
→ 예외 : 정관에 별도로 정함이 있는 경우 양도·상속 가능 ○
④ 이사의 대표권의 제한 → 등기하지 않으면 악의의 제3자에게도 대항 ×
⑤ 이사 전원의 의결에 의한 잔여재산 처분에 관한 정관규정 → 청산인의 대표권 제한 ×

답 ❸

052 민법상 사단법인 설립시 정관의 필요적 기재사항이 아닌 것은? 17 행정사 제5회

□□□

① 목 적
② 명 칭
③ 사무소의 소재지
④ 자산에 관한 규정
⑤ 이사자격의 득실에 관한 규정

해설

[❺ ▸ ×] 이사의 임면에 관한 규정(제5호), 사원자격의 득실에 관한 규정(제6호)은 사단법인 설립시 정관의 필요적 기재사항에 해당하나(민법 제40조), 이사자격의 득실에 관한 규정은 정관의 필요적 기재사항에 해당하지 않는다.

민법 제40조(사단법인의 정관) 사단법인의 설립자는 다음 각 호의 사항을 기재한 정관을 작성하여 기명날인하여야 한다. (두 목·명·사·자/이·사·존)
1. 목 적
2. 명 칭
3. 사무소의 소재지
4. 자산에 관한 규정
5. 이사의 임면에 관한 규정
6. 사원자격의 득실에 관한 규정
7. 존립시기나 해산사유를 정하는 때에는 그 시기 또는 사유

답 ❺

053 민법상 법인에 관한 설명으로 옳지 않은 것은?(다툼이 있으면 판례에 따름) 24 행정사 제12회

① 재단법인은 법률의 규정에 의함이 아니면 성립하지 못한다.
② 재단법인의 설립자가 정관에 필요적 기재사항 중 이사임면의 방법만 정하지 않고 사망한 경우, 이해관계인 또는 검사의 청구에 의하여 법원이 이를 정한다.
③ 재단법인의 목적을 달성할 수 없는 경우, 설립자나 이사는 주무관청의 허가를 얻어 설립의 취지를 참작하여 그 목적에 관한 정관규정을 변경할 수 있다.
④ 사단법인의 감사는 법인의 재산상황에 관하여 부정한 것이 있음을 발견한 경우, 이를 총회에 보고하기 위해 필요하더라도 임시총회를 소집할 권한은 없다.
⑤ 법인에 대한 청산종결등기가 경료되었더라도 청산사무가 종결되지 않는 한, 법인은 그 범위 내에서는 청산법인으로 존속한다.

해설

[❶ ▸ O] 민법상 법인(재단법인, 사단법인)은 법률의 규정에 의함이 아니면 성립하지 못한다(민법 제31조).

[❷ ▸ O] 민법 제44조

> **민법 제44조(재단법인의 정관의 보충)** 재단법인의 설립자가 그 명칭, 사무소소재지 또는 이사임면의 방법을 정하지 아니하고 사망한 때에는 이해관계인 또는 검사의 청구에 의하여 법원이 이를 정한다.

[❸ ▸ O] 민법 제46조

> **민법 제46조(재단법인의 목적 기타의 변경)** 재단법인의 목적을 달성할 수 없는 때에는 설립자나 이사는 주무관청의 허가를 얻어 설립의 취지를 참작하여 그 목적 기타 정관의 규정을 변경할 수 있다.

[❹ ▸ ×] 재산상황 또는 업무집행에 관하여 부정, 불비한 것이 있음을 발견한 때에는 이를 총회 보고하기 위하여 필요 있는 때에 총회를 소집하는 일도 감사의 직무에 속한다(민법 제67조 제3호 · 제4호).

> **민법 제67조(감사의 직무)** 감사의 직무는 다음과 같다.
> 1. 법인의 재산상황을 감사하는 일
> 2. 이사의 업무집행의 상황을 감사하는 일
> 3. 재산상황 또는 업무집행에 관하여 부정, 불비한 것이 있음을 발견한 때에는 이를 총회 또는 주무관청에 보고하는 일
> 4. 전호의 보고를 하기 위하여 필요 있는 때에는 총회를 소집하는 일

[❺ ▸ O] 법인에 대한 청산종결등기가 경료되었다고 하더라도 청산사무가 종결되지 않는 한 그 범위 내에서는 청산법인으로서 존속한다(대판 2003.2.11. 99다66427).

핵심정리

민법상 법인

① 법인 성립의 준칙
→ 법인(재단법인, 사단법인)은 법률의 규정에 의함이 아니면 성립 ×

② 재단법인의 정관보충
→ 설립자가 그 명칭, 사무소소재지 또는 이사임면의 방법을 정하지 아니하고 사망한 때
→ 이해관계인 또는 검사의 청구에 의하여 법원이 정관 보충 O

③ 재단법인의 목적을 달성할 수 없는 때
→ 주무관청의 허가를 얻어 그 목적 기타 정관의 규정 변경 O

④ 사단법인의 감사 → 임시총회를 소집할 권한 O

⑤ 청산법인의 권리능력
→ 청산사무가 종결되지 않는 한 그 범위 내에서 청산법인으로 존속 O

답 ❹

054 법인에 관한 설명으로 옳지 않은 것은? 21 행정사 제9회

□□□

① 영리 아닌 사업을 목적으로 하는 재단은 주무관청의 허가를 얻어 이를 법인으로 할 수 있다.
② 법인은 그 주된 사무소의 소재지에서 설립등기를 함으로써 성립한다.
③ 법인은 법률의 규정에 좇아 정관으로 정한 목적의 범위 내에서 권리와 의무의 주체가 된다.
④ 재단법인의 존립시기는 정관의 필요적 기재사항이다.
⑤ 재단법인의 설립자가 그 명칭만 정하지 아니하고 사망한 때에는 이해관계인 또는 검사의 청구에 의하여 법원이 이를 정한다.

해설

[❶ ▸ ○] 학술, 종교, 자선, 기예, 사교 기타 영리 아닌 사업을 목적으로 하는 사단 또는 재단은 주무관청의 허가를 얻어 이를 법인으로 할 수 있다(민법 제32조).

[❷ ▸ ○] 법인은 그 주된 사무소의 소재지에서 설립등기를 함으로써 성립한다(민법 제33조).

[❸ ▸ ○] 법인은 법률의 규정에 좇아 정관으로 정한 목적의 범위 내에서 권리와 의무의 주체가 된다(민법 제34조).

[❹ ▸ ×] 재단법인의 존립시기나 해산사유를 정하는 때에는 그 시기 또는 사유는 재단법인 정관의 필요적 기재사항이 아니다(민법 제43조). 반면 사단법인의 존립시기나 해산사유를 정한 때 그 시기나 사유는 필요적 기재사항이다(민법 제42조 제7호).

[❺ ▸ ○] 재단법인의 설립자가 그 명칭, 사무소소재지 또는 이사임면의 방법을 정하지 아니하고 사망한 때에는 이해관계인 또는 검사의 청구에 의하여 법원이 이를 정한다(민법 제44조).

핵심정리

민법상 법인(사단법인, 재단법인)

① 민법상 재단법인(비영리법인) → 주무관청의 허가를 얻어 법인 설립
② 법인의 성립요건 → 주된 사무소의 소재지에서 법인 설립등기
③ 법인의 권리능력 → 법률의 규정에 좇아 정관으로 정한 목적의 범위 내에서 권리와 의무의 주체
④ 재단법인의 존립시기 → 정관의 임의적 기재사항 ○ (필요적 기재사항 ×)
⑤ 재단법인의 설립자가 명칭을 정하지 않고 사망한 경우 → 이해관계인 또는 검사의 청구에 의하여 법원이 결정

답 ❹

055 □□□ **甲법인의 대표이사 乙은 대표자로서의 모든 권한을 丙에게 포괄적으로 위임하여 丙이 실질적으로 甲법인의 사실상 대표자로서 그 사무를 집행하고 있다. 이에 관한 설명으로 옳은 것을 모두 고른 것은?(다툼이 있으면 판례에 따름)** 22 행정사 제10회

> ㄱ. 甲의 사무에 관한 丙의 대행행위는 원칙적으로 甲에게 효력이 미치지 않는다.
> ㄴ. 丙이 외관상 직무행위로 인하여 丁에게 손해를 입힌 경우, 甲은 특별한 사정이 없는 한 丁에 대하여 법인의 불법행위책임에 관한 민법 제35조의 손해배상책임을 진다.
> ㄷ. 만약 甲이 비법인사단이라면 乙은 甲의 사무 중 정관에서 대리를 금지한 사항의 처리에 대해서도 丙에게 포괄적으로 위임할 수 있다.

① ㄱ
② ㄴ
③ ㄱ, ㄴ
④ ㄱ, ㄷ
⑤ ㄴ, ㄷ

해설

[ㄱ ▸ O] 이사는 정관 또는 총회의 결의로 금지하지 아니한 사항에 한하여 타인으로 하여금 '특정한 행위'를 대리하게 할 수 있으므로(민법 제62조), 대표이사 乙이 대표자로서의 권한을 丙에게 포괄적으로 위임하여 丙이 그 사무를 집행하고 있다면 丙의 대행행위는 민법 제62조를 위반한 것이어서 원칙적으로 甲에게 효력이 미치지 않는다(대판 2011.4.28. 2008다15438 참조).

[ㄴ ▸ O] 丙은 甲법인을 실질적으로 운영하면서 법인을 사실상 대표하여 법인의 사무를 집행하는 사람으로서 민법 제35조에서 정한 '대표자'에 해당한다. 따라서 丙이 외관상 직무행위로 인하여 丁에게 손해를 입혔다면, 甲은 특별한 사정이 없는 한 丁에 대하여 민법 제35조의 손해배상책임을 진다(대판 2011.4.28. 2008다15438 참조).

> 민법 제35조 제1항은 "법인은 이사 기타 대표자가 그 직무에 관하여 타인에게 가한 손해를 배상할 책임이 있다"라고 정한다. 여기서 '법인의 대표자'에는 그 명칭이나 직위 여하, 또는 대표자로 등기되었는지 여부를 불문하고 당해 법인을 실질적으로 운영하면서 법인을 사실상 대표하여 법인의 사무를 집행하는 사람을 포함한다고 해석함이 상당하다. 그리고 이러한 법리는 주택조합과 같은 비법인사단에도 마찬가지로 적용된다(대판 2011.4.28. 2008다15438).

[ㄷ ▸ X] 비법인사단의 경우에도 민법 제62조가 유추적용되므로 乙은 비법인사단 甲의 사무 중 정관에서 대리를 금지한 사항의 처리를 丙에게 포괄적으로 위임할 수 없다고 보는 것이 타당하다.

> 비법인사단에 대하여는 사단법인에 관한 민법 규정 가운데 법인격을 전제로 하는 것을 제외하고는 이를 유추적용하여야 하는데, 민법 제62조에 비추어 보면 비법인사단의 대표자는 정관 또는 총회의 결의로 금지하지 아니한 사항에 한하여 타인으로 하여금 특정한 행위를 대리하게 할 수 있을 뿐 비법인사단의 제반 업무처리를 포괄적으로 위임할 수는 없으므로 비법인사단 대표자가 행한 타인에 대한 업무의 포괄적 위임과 그에 따른 포괄적 수임인의 대행행위는 민법 제62조를 위반한 것이어서 비법인사단에 대하여 그 효력이 미치지 않는다(대판 2011.4.28. 2008다15438).

핵심정리

법인의 불법행위책임

ㄱ. 대표자의 권한을 포괄적으로 위임받은 자의 대행행위 → 원칙적으로 법인에 효력 ×
ㄴ. 실질적으로 법인의 사실상 대표자로 직무집행을 하고 있는 자의 외관상 직무행위로 타인이 손해를 입은 경우 → 민법 제35조의 손해배상책임(법인의 불법행위 책임) O
ㄷ. 비법인사단의 사무 중 정관에서 대리를 금지한 사항 → 포괄적 위임 ×

답 ❸

056 □□□ 민법상 법인의 권리능력과 불법행위능력에 관한 설명으로 옳지 않은 것은?(다툼이 있으면 판례에 따름)

16 행정사 제4회

① 법인은 법률의 규정에 좇아 정관으로 정한 목적의 범위 내에서 권리와 의무의 주체가 된다.
② 법인의 피용자가 사무집행에 관하여 불법행위를 한 경우, 법인은 민법 제756조의 책임을 부담한다.
③ 법인의 목적범위 외의 행위로 인하여 타인에게 손해를 가한 때에는 그 사항의 의결에 찬성하거나 그 의결을 집행한 사원, 이사 및 기타 대표자가 연대하여 배상하여야 한다.
④ 법인의 대표자의 행위가 직무에 관한 행위에 해당하지 아니함을 피해자가 중대한 과실로 인하여 알지 못한 경우에도 법인에게 불법행위책임을 물을 수 있다.
⑤ 민법 제35조 제1항의 법인의 대표자에는 그 명칭이나 직위 여하 또는 대표자로 등기되었는지 여부를 불문하고 당해 법인을 실질적으로 운영하면서 법인을 사실상 대표하여 법인의 사무를 집행하는 사람을 포함한다고 해석함이 상당하다.

해설

[❶ ▸ O] 법인은 법률의 규정에 좇아 정관으로 정한 목적의 범위 내에서 권리와 의무의 주체가 된다(민법 제34조).
[❷ ▸ O] 민법 제35조 제1항은 "법인은 이사 기타 대표자가 그 직무에 관하여 개인에게 가한 손해를 배상할 책임이 있다"고 규정하고 있고, 민법 제756조 제1항은 "타인을 사용하여 어느 사무에 종사하게 한 자는 피용자가 그 사무집행에 관하여 제3자에게 가한 손해를 배상할 책임이 있다"고 규정하고 있다. 따라서 법인에 있어서 그 대표자가 직무에 관하여 불법행위를 한 경우에는 민법 제35조 제1항에 의하여, 법인의 피용자가 사무집행에 관하여 불법행위를 한 경우에는 민법 제756조 제1항에 의하여 각기 손해배상책임을 부담한다(대판 2009.11.26. 2009다57033).
[❸ ▸ O] 법인의 목적범위 외의 행위로 인하여 타인에게 손해를 가한 때에는 그 사항의 의결에 찬성하거나 그 의결을 집행한 사원, 이사 및 기타 대표자가 연대하여 배상하여야 한다(민법 제35조 제2항).
[❹ ▸ ×] 법인의 대표자의 행위가 직무에 관한 행위에 해당하지 아니함을 피해자 자신이 알았거나 또는 중대한 과실로 인하여 알지 못한 경우에는 법인에게 손해배상책임을 물을 수 없다고 할 것이다(대판 2009.11.26. 2009다57033).
[❺ ▸ O] 민법 제35조 제1항의 '법인의 대표자'에는 그 명칭이나 직위 여하, 또는 대표자로 등기되었는지 여부를 불문하고 당해 법인을 실질적으로 운영하면서 법인을 사실상 대표하여 법인의 사무를 집행하는 사람을 포함한다고 해석함이 상당하다(대판 2011.4.28. 2008다15438).

핵심정리

법인의 권리능력과 불법행위능력

① 법인의 권리능력 → 법률의 규정에 좇아 정관으로 정한 목적의 범위 내에서 권리와 의무의 주체
② 법인의 피용자가 사무집행에 관하여 불법행위를 한 경우 → 법인은 민법 제756조의 사용자책임 O
③ 법인의 목적범위 외의 행위로 인하여 타인에게 손해를 가한 경우
→ 법인은 불법행위책임 ×
→ 의결에 찬성하거나 집행한 사원, 이사 및 기타 대표자가 연대하여 배상책임 O
④, ⑤ 법인의 불법행위책임의 성립요건
→ 법인의 대표기관의 행위일 것 : 법인을 실질적으로 운영하면서 법인을 사실상 대표하여 법인의 사무를 집행하는 사람을 포함 (대표자로 등기되었는지 여부는 불문)
→ 피해자의 선의·무중과실 : 피해자는 대표자의 행위가 직무에 관한 행위에 해당하지 아니함을 모르고 모른 데 중대한 과실이 없어야 함

답 ❹

057 법인의 불법행위능력(민법 제35조)에 관한 설명으로 옳지 않은 것은?(다툼이 있으면 판례에 따름)

□□□

15 행정사 제3회

① 법인을 실질적으로 운영하면서 법인을 사실상 대표하여 법인의 사무를 집행하는 자가 대표자로 등기되어 있지 않은 경우, 그가 그 직무에 관하여 타인에게 손해를 가하더라도 법인의 불법행위가 성립하지 않는다.

② 대표권이 없는 이사는 법인의 기관이기는 하지만 대표기관은 아니기 때문에 그 이사의 행위로 인하여 법인의 불법행위가 성립하지 않는다.

③ 대표자의 행위가 대표자 개인의 사리를 도모하기 위한 것이었다 하더라도 외관상, 객관적으로 직무에 관한 행위라고 인정할 수 있는 것이라면, 특별한 사정이 없는 한 그 직무에 관한 행위에 해당한다.

④ 대표자의 행위가 직무에 관한 행위에 해당하지 아니함을 피해자 자신이 알았거나 또는 중대한 과실로 인하여 알지 못한 경우에는 법인에게 손해배상책임을 물을 수 없다.

⑤ 법인의 목적범위 외의 행위로 타인에게 손해를 가한 경우, 그 사항의 의결에 찬성하거나 그 의결을 집행한 사원, 이사 및 기타 대표자가 연대하여 배상책임을 진다.

해설

[❶ ▸ ×] 민법 제35조 제1항의 '법인의 대표자'에는 그 명칭이나 직위 여하, 또는 대표자로 등기되었는지 여부를 불문하고 당해 법인을 실질적으로 운영하면서 법인을 사실상 대표하여 법인의 사무를 집행하는 사람을 포함한다고 해석함이 상당하다(대판 2011.4.28. 2008다15438).

[❷ ▸ O] 민법 제35조에서 말하는 '이사 기타 대표자'는 법인의 대표기관을 의미하는 것이고 대표권이 없는 이사는 법인의 기관이기는 하지만 대표기관은 아니기 때문에 그들의 행위로 인하여 법인의 불법행위가 성립하지 않는다(대판 2005.12.23. 2003다30159).

[❸ ▸ O] 행위의 외형상 법인의 대표자의 직무행위라고 인정할 수 있는 것이라면 설사 그것이 대표자 개인의 사리를 도모하기 위한 것이었거나 혹은 법령의 규정에 위배된 것이었다 하더라도 위의 직무에 관한 행위에 해당한다고 보아야 한다(대판 2004.2.27. 2003다15280).

[❹ ▸ O] 법인의 대표자의 행위가 직무에 관한 행위에 해당하지 아니함을 피해자 자신이 알았거나 또는 중대한 과실로 인하여 알지 못한 경우에는 법인에게 손해배상책임을 물을 수 없다고 할 것이다(대판 2009.11.26. 2009다57033).

[❺ ▸ O] 법인의 목적범위 외의 행위로 인하여 타인에게 손해를 가한 때에는 그 사항의 의결에 찬성하거나 그 의결을 집행한 사원, 이사 및 기타 대표자가 연대하여 배상하여야 한다(민법 제35조 제2항).

핵심정리

법인의 불법행위능력

①, ②, ③, ④ 법인의 불법행위(책임)의 성립요건

→ 대표기관의 행위일 것

- 법인을 실질적으로 운영하면서 법인을 사실상 대표하여 법인의 사무를 집행하는 사람을 포함 ○ (대표자로 등기되었는지 여부는 불문)
- 대표권이 없는 이사의 행위로는 법인의 불법행위 성립 ×

→ 직무에 관한 행위일 것 : 대표자 개인의 사리를 도모하기 위한 것이었다 하더라도 외관상, 객관적으로 직무에 관한 행위라면 직무에 관한 행위에 해당 ○

→ 피해자는 선의·무중과실일 것

⑤ 법인의 목적범위 외의 행위로 인하여 타인에게 손해를 가한 경우

→ 법인은 불법행위책임 ×

→ 의결에 찬성하거나 집행한 사원, 이사 및 기타 대표자가 연대하여 배상책임 ○

답 ❶

058 민법 제35조(법인의 불법행위능력)에 관한 설명으로 옳지 않은 것은?(다툼이 있는 경우에는 판례에 의함)

□□□ 14 행정사 제2회

① "법인의 대표자"에는 법인을 실질적으로 운영하면서 법인을 사실상 대표하여 법인의 사무를 집행하는 사람을 포함한다.

② "직무에 관하여"는 행위의 외형상 대표자의 직무행위로 인정할 수 있는 행위이면 된다.

③ 법인의 불법행위가 성립하게 되면 가해행위를 한 대표자는 손해배상책임을 면한다.

④ 비법인사단의 대표자의 행위가 직무에 관한 행위에 해당하지 아니함을 피해자가 알았거나 중대한 과실로 인하여 알지 못한 때에는 비법인사단에 손해배상책임을 물을 수 없다.

⑤ 법인의 목적범위 외의 행위로 인하여 타인에게 손해를 가한 때에는 그 사항의 의결에 찬성하거나 그 의결을 집행한 사원, 이사 및 기타 대표자가 연대하여 배상하여야 한다.

해설

[❶ ▸ O] 민법 제35조 제1항의 '법인의 대표자'에는 그 명칭이나 직위 여하, 또는 대표자로 등기되었는지 여부를 불문하고 당해 법인을 실질적으로 운영하면서 법인을 사실상 대표하여 법인의 사무를 집행하는 사람을 포함한다고 해석함이 상당하다(대판 2011.4.28. 2008다15438).

[❷ ▸ O] 직무에 관한 것이라는 의미는 행위의 외형상 법인의 대표자의 직무행위라고 인정할 수 있는 것이라면 설사 그것이 대표자 개인의 사리를 도모하기 위한 것이었거나 혹은 법령의 규정에 위배된 것이었다 하더라도 위의 직무에 관한 행위에 해당한다고 보아야 한다(대판 2004.2.27. 2003다15280).

[❸ ▸ ×] 법인은 이사 기타 대표자가 그 직무에 관하여 타인에게 가한 손해를 배상할 책임이 있다. 이사 기타 대표자는 이로 인하여 자기의 손해배상책임을 면하지 못한다(민법 제35조 제1항).

[❹ ▸ O] 비법인사단의 경우 대표자의 행위가 직무에 관한 행위에 해당하지 아니함을 피해자 자신이 알았거나 또는 중대한 과실로 인하여 알지 못한 경우에는 비법인사단에게 손해배상책임을 물을 수 없다고 할 것이다(대판 2003.7.25. 2002다27088).

[❺ ▸ O] 법인의 목적범위 외의 행위로 인하여 타인에게 손해를 가한 때에는 그 사항의 의결에 찬성하거나 그 의결을 집행한 사원, 이사 및 기타 대표자가 연대하여 배상하여야 한다(민법 제35조 제2항).

핵심정리

법인의 불법행위능력

①, ② 법인의 불법행위(책임)의 성립요건
- → 대표기관의 행위일 것 : 법인의 대표자에는 법인을 사실상 대표하는 사람 포함
- → 직무에 관하여 : 행위의 외형상 직무행위로 인정할 수 있는 행위이면 충분

③ 법인의 불법행위가 성립하는 경우 → 법인의 손해배상책임(민법 제35조의 불법행위책임)과 대표자의 손해배상책임(민법 제750조의 불법행위책임)은 부진정연대책임 O

④ 비법인사단의 불법행위책임의 성립요건
- → 피해자는 선의·무중과실일 것 : 대표자의 행위가 직무에 관한 행위에 해당하지 아니함을 피해자 자신이 알았거나(악의) 또는 중대한 과실로 인하여 알지 못한 경우 비법인사단의 손해배상책임 ×

⑤ 법인의 목적범위 외의 행위로 인하여 타인에게 손해를 가한 경우
- → 법인은 불법행위책임 ×
- → 의결에 찬성하거나 집행한 사원, 이사 및 기타 대표자가 연대하여 배상책임 O

답 ❸

059 민법상 법인의 불법행위능력에 관한 설명으로 옳은 것은?(다툼이 있으면 판례에 따름)

□□□

23 행정사 제11회

① 법인의 대표자는 법인을 사실상 대표하는지 여부와 관계없이 대표자로 등기되었는지 여부만을 기준으로 판단하여야 한다.

② 법인의 대표자가 부정한 대표행위를 한 경우에 그 행위가 직무범위 내에 있더라도 법인의 불법행위가 성립될 여지가 없다.

③ 행위의 외형상 법인의 대표자의 직무행위라고 인정되더라도 법령의 규정에 위배된 것이라면 직무에 관한 행위에 해당하지 않는다.

④ 법인의 대표자의 행위로 법인의 불법행위책임이 성립하는 경우, 특별한 사정이 없는 한 법인만이 피해자에게 불법행위책임을 진다.

⑤ 법인의 대표자의 행위가 직무행위에 해당하지 아니함을 피해자 자신이 경과실로 알지 못한 경우에는 법인에게 손해배상책임을 물을 수 있다.

해설

[❶ ▸ ×] 민법 제35조 제1항은 "법인은 이사 기타 대표자가 그 직무에 관하여 타인에게 가한 손해를 배상할 책임이 있다"라고 정한다. 여기서 '법인의 대표자'에는 그 명칭이나 직위 여하, 또는 대표자로 등기되었는지 여부를 불문하고 당해 법인을 실질적으로 운영하면서 법인을 사실상 대표하여 법인의 사무를 집행하는 사람을 포함한다고 해석함이 상당하다(대판 2011.4.28. 2008다15438).

[❷ ▸ ×] 법인은 이사 기타 대표자가 그 직무에 관하여 타인에게 가한 손해를 배상할 책임이 있다(민법 제35조 제1항). 그리고 행위의 외형상 법인의 대표자의 직무행위라고 인정할 수 있는 것이라면 설사 그것이 대표자 개인의 사리를 도모하기 위한 것이었다 하더라도 위의 직무에 관한 행위에 해당한다고 보아야 한다(대판 2004.2.27. 2003다15280).

[❸ ▸ ×] 행위의 외형상 법인의 대표자의 직무행위라고 인정할 수 있는 것이라면 설사 그것이 법령의 규정에 위배된 것이었다 하더라도 위의 직무에 관한 행위에 해당한다고 보아야 한다(대판 2004.2.27. 2003다15280).

[❹ ▸ ×] 법인은 이사 기타 대표자가 그 직무에 관하여 타인에게 가한 손해를 배상할 책임이 있다. 이사 기타 대표자는 이로 인하여 자기의 손해배상책임을 면하지 못한다(민법 제35조 제1항).

[❺ ▸ O] 법인의 대표자의 행위가 직무에 관한 행위에 해당하지 아니함을 피해자 자신이 알았거나 또는 중대한 과실로 인하여 알지 못한 경우에는 법인에게 손해배상책임을 물을 수 없다(대판 2009.11.26. 2009다57033). 따라서 법인의 대표자의 행위가 직무행위에 해당하지 아니함을 피해자 자신이 경과실로 알지 못한 경우에는 법인에게 손해배상책임을 물을 수 있다.

핵심정리

민법상 법인의 불법행위능력

① 민법 제35조 제1항의 법인의 대표자 ⇢ 대표자로 등기되었는지 여부를 불문하고 당해 법인을 실질적으로 운영하면서 법인을 사실상 대표하여 법인의 사무를 집행하는 사람을 포함 O

② 대표자가 부정한 대표행위를 한 경우 ⇢ 대표행위가 직무범위 내에 있다면 법인의 불법행위 성립 가능

③ 행위의 외형상 법인의 대표자의 직무행위라고 인정되는 경우 ⇢ 법령의 규정에 위배된 것이라도 직무에 관한 행위에 해당 O

④ 법인의 불법행위책임이 성립하는 경우 ⇢ 법인과 별도로 대표자 개인도 손해배상책임 O

⑤ 대표자의 행위가 직무행위에 해당하지 아니함을 피해자가 경과실로 알지 못한 경우 ⇢ 법인에게 손해배상 청구 O

답 ❺

060 법인의 불법행위책임에 관한 설명으로 옳지 않은 것은?(다툼이 있으면 판례에 따름)

□□□

17 행정사 제5회

① 대표권이 없는 이사의 행위로 인하여는 법인의 불법행위가 성립하지 않는다.

② 외형상 법인의 대표자의 직무행위라고 인정할 수 있는 것이라면 그것이 법령규정에 위반한 행위라도 직무에 관한 행위에 해당한다.

③ 법인의 대표자의 행위가 직무에 관한 행위에 해당하지 아니함을 피해자가 중대한 과실로 인하여 알지 못한 경우에 법인은 손해배상책임을 부담하지 않는다.

④ 이사의 대표권에 대한 제한은 정관에 기재하여야 효력이 발생하고, 등기하면 제3자에게 대항할 수 있다.

⑤ 법인의 권리능력을 벗어나는 행위의 효과는 법인에게 귀속되지 않기 때문에 이로 인하여 상대방이 손해를 입었더라도 그 행위를 집행한 대표기관은 책임을 부담하지 않는다.

해설

[❶ ▸ O] 민법 제35조에서 말하는 '이사 기타 대표자'는 법인의 대표기관을 의미하는 것이고 대표권이 없는 이사는 법인의 기관이기는 하지만 대표기관은 아니기 때문에 그들의 행위로 인하여 법인의 불법행위가 성립하지 않는다(대판 2005.12.23. 2003다30159).

[❷ ▸ O] 행위의 외형상 법인의 대표자의 직무행위라고 인정할 수 있는 것이라면 설사 그것이 대표자 개인의 사리를 도모하기 위한 것이었거나 혹은 법령의 규정에 위배된 것이었다 하더라도 위의 직무에 관한 행위에 해당한다고 보아야 한다(대판 2004.2.27. 2003다15280).

[❸ ▸ O] 법인의 대표자의 행위가 직무에 관한 행위에 해당하지 아니함을 피해자 자신이 알았거나 또는 중대한 과실로 인하여 알지 못한 경우에는 법인에게 손해배상책임을 물을 수 없다고 할 것이다(대판 2009.11.26. 2009다57033).

[❹ ▸ O] 이사의 대표권에 대한 제한은 이를 정관에 기재하지 아니하면 그 효력이 없고, 등기하지 아니하면 제3자에게 대항하지 못한다(민법 제41조, 제60조). 즉, 이사의 대표권에 대한 제한은 이를 정관에 기재해야 효력이 있고, 등기하면 제3자에게 대항할 수 있다. 대표권 제한을 등기하지 아니하면 제3자의 선의·악의를 불문하고 제3자에게 대표권 제한으로 대항할 수 없다(대판 1992.2.14. 91다24564).

[❺ ▸ ×] 법인의 목적범위 외의 행위로 인하여 타인에게 손해를 가한 때에는 그 사항의 의결에 찬성하거나 그 의결을 집행한 사원, 이사 및 기타 대표자가 연대하여 배상하여야 한다(민법 제35조 제2항).

핵심정리

법인의 불법행위책임

①, ②, ③ 법인의 불법행위책임의 성립요건
- → 대표기관의 행위일 것 : 대표권이 없는 이사의 행위로는 법인의 불법행위 성립 ×
- → 직무에 관한 행위일 것 : 법령의 규정에 위배된 것이었다 하더라도 외관상·객관적으로 직무에 관한 행위라면 직무에 관한 행위에 해당 O
- → 피해자는 선의·무중과실일 것 : 대표자의 행위가 직무에 관한 행위에 해당하지 아니함을 피해자 자신이 알았거나(악의) 또는 중대한 과실로 인하여 알지 못한 경우 법인의 손해배상책임 ×

④ 이사의 대표권 제한
- → 효력요건 : 정관에 기재해야 효력 발생 O
- → 대항요건 : 등기하면 제3자에게 대항 가능 O

⑤ 법인의 목적범위 외의 행위로 인하여 타인에게 손해를 가한 경우
- → 법인은 불법행위책임 ×
- → 대표기관은 민법 제750조의 불법행위책임 O (의결에 찬성하거나 집행한 사원, 이사 및 기타 대표자가 연대하여 배상책임)

답 ❺

061 □□□ 민법 제35조(법인의 불법행위능력)에 관한 설명으로 옳지 않은 것은?(다툼이 있는 경우에는 판례에 의함)

13 행정사 제1회

① 법인을 실질적으로 운영하면서 법인을 사실상 대표하여 법인 사무를 집행하는 사람도 법인의 대표자에 포함된다.

② 대표권 없는 이사의 행위에 대해서는 법인의 불법행위가 성립하지 않는다.

③ 대표기관의 행위가 외형상 법인의 직무에 관한 행위로 인정될 수 있더라도, 그것이 개인의 사리를 도모하기 위한 것이라면 직무에 관한 행위에 해당하지 않는다.

④ 대표기관이 강행규정을 위반한 계약을 체결하여 그 상대방이 손해를 입은 경우에도 직무관련성이 인정되면 법인의 불법행위책임이 인정된다.

⑤ 법인이 대표자의 선임·감독에 주의를 다하였음을 증명하더라도 법인의 불법행위책임으로부터 면책되지 않는다.

해설

[❶ ▸ O] 민법 제35조 제1항의 '법인의 대표자'에는 그 명칭이나 직위 여하, 또는 대표자로 등기되었는지 여부를 불문하고 당해 법인을 실질적으로 운영하면서 법인을 사실상 대표하여 법인의 사무를 집행하는 사람을 포함한다고 해석함이 상당하다(대판 2011.4.28. 2008다15438).

[❷ ▸ O] 민법 제35조에서 말하는 '이사 기타 대표자'는 법인의 대표기관을 의미하는 것이고 대표권이 없는 이사는 법인의 기관이기는 하지만 대표기관은 아니기 때문에 그들의 행위로 인하여 법인의 불법행위가 성립하지 않는다(대판 2005.12.23. 2003다30159).

[❸ ▸ ×] 행위의 외형상 법인의 대표자의 직무행위라고 인정할 수 있는 것이라면 설사 그것이 대표자 개인의 사리를 도모하기 위한 것이었거나 혹은 법령의 규정에 위배된 것이었다 하더라도 위의 직무에 관한 행위에 해당한다고 보아야 한다(대판 2004.2.27. 2003다15280).

[❹ ▸ O] 법인의 대표자가 강행규정을 위반한 계약을 체결하여 그 상대방이 그로 인하여 손해를 입은 경우에는 민법 제35조에 의하여 법인의 불법행위책임이 인정된다(대판 1987.11.10. 87다카473).

[❺ ▸ O] 민법 제35조의 법인의 불법행위책임에는 민법 제756조 제1항 단서와 같은 면책규정이 없기 때문에 법인이 대표자의 선임·감독에 주의를 다하였음을 증명하더라도 면책되지 않는다.

핵심정리

법인의 불법행위능력

①, ②, ③, ④, ⑤ 법인의 불법행위(책임)의 성립요건

→ 대표기관의 행위일 것
- 법인의 대표기관 : 법인을 실질적으로 운영하면서 법인을 사실상 대표하여 법인의 사무를 집행하는 사람도 포함 O
- 대표권이 없는 이사의 행위로는 법인의 불법행위 성립 ×

→ 직무에 관한 행위일 것 : 대표자 개인의 사리를 도모하기 위한 것이거나 강행규정에 위배된 것이었다 하더라도 외관상·객관적으로 직무에 관한 행위라면 직무에 관한 행위에 해당 O

→ 피해자는 선의·무중과실일 것 : 대표자의 행위가 직무에 관한 행위에 해당하지 아니함을 피해자 자신이 알았거나(악의) 또는 중대한 과실로 인하여 알지 못한 경우 법인의 손해배상책임 ×

→ 법인이 대표자의 선임·감독에 주의를 다하였음을 증명하더라도 법인의 불법행위책임은 면책 ×

답 ❸

062 민법 제35조(법인의 불법행위능력)에 관한 설명으로 옳은 것은?(다툼이 있으면 판례에 따름)

□□□

19 행정사 제7회

① 민법 제35조 소정의 '이사 기타 대표자'에는 대표권 없는 이사가 포함된다.

② 법인의 불법행위가 성립하는 경우, 대표자의 행위가 피해자에 대한 불법행위를 구성한다면 그 대표자도 피해자에 대하여 손해배상책임을 면하지 못한다.

③ 법인의 불법행위가 성립하여 법인이 피해자에게 배상한 경우, 법인은 대표자 개인에 대하여 구상권을 행사할 수 없다.

④ 법인의 대표자의 행위가 직무에 관한 행위에 해당하지 아니함을 피해자가 경과실로 알지 못한 경우 법인의 불법행위책임은 성립하지 않는다.

⑤ 법인의 대표자의 행위가 법령의 규정에 위배된 것이라면 외관상, 객관적으로 직무에 관한 행위라고 인정되더라도 민법 제35조 제1항의 직무에 관한 행위에 해당하지 않는다.

해설

[❶ ▸ ×] 민법 제35조에서 말하는 '이사 기타 대표자'는 법인의 대표기관을 의미하는 것이고 대표권이 없는 이사는 법인의 기관이기는 하지만 대표기관은 아니기 때문에 그들의 행위로 인하여 법인의 불법행위가 성립하지 않는다(대판 2005.12.23. 2003다30159).

[❷ ▸ ○] 법인은 이사 기타 대표자가 그 직무에 관하여 타인에게 가한 손해를 배상할 책임이 있다. 이사 기타 대표자는 이로 인하여 자기의 손해배상책임을 면하지 못한다(민법 제35조 제1항).

[❸ ▸ ×] 법인의 불법행위가 성립하는 경우, 대표자는 이로 인하여 자기의 손해배상책임을 면하지 못한다(민법 제35조 제1항). 법인의 불법행위책임(민법 제35조 제1항)과 대표자 개인의 불법행위책임(민법 제750조)은 부진정연책임의 관계에 있다. 법인이 피해자에게 배상한 경우, 법인은 대표자 개인에 대하여 구상권을 행사할 수 있다. 대표자가 선량한 관리자의 주의의무를 다하지 못하여 임무를 게을리 하였기 때문이다(민법 제61조, 제65조).

[❹ ▸ ×] 법인의 대표자의 행위가 직무에 관한 행위에 해당하지 아니함을 알지 못한 데 피해자에게 경과실만 있을 뿐이라면, 법인의 불법행위책임이 인정된다.

> 법인의 대표자의 행위가 직무에 관한 행위에 해당하지 아니함을 피해자 자신이 알았거나 또는 중대한 과실로 인하여 알지 못한 경우에는 법인에게 손해배상책임을 물을 수 없다고 할 것이다(대판 2009.11.26. 2009다57033).

[❺ ▸ ×] 행위의 외형상 법인의 대표자의 직무행위라고 인정할 수 있는 것이라면 설사 그것이 대표자 개인의 사리를 도모하기 위한 것이었거나 혹은 법령의 규정에 위배된 것이었다 하더라도 위의 직무에 관한 행위에 해당한다고 보아야 한다(대판 2004.2.27. 2003다15280).

핵심정리 **법인의 불법행위능력**

①, ④, ⑤ 법인의 불법행위의 성립요건
- → 대표기관의 행위일 것 : 대표권 없는 이사 포함 ×
- → 직무에 관하여 : 법령의 규정에 위배된 것이었다 하더라도 외관상 · 객관적으로 직무에 관한 행위라면 직무에 관한 행위에 해당 ○
- → 피해자의 선의 · 무중과실 : 대표자의 행위가 직무에 관한 행위에 해당하지 아니함을 피해자가 경과실로 알지 못한 경우라면 법인의 불법행위책임 성립 ○

②, ③ 법인의 불법행위가 성립한 경우
- → 대표자는 자기의 피해자에 대한 손해배상책임 면책 ×
- → 법인이 피해자에게 배상한 경우 : 법인은 대표자 개인에게 구상권 행사 가능 ○

답 ❷

063 민법 제35조(법인의 불법행위능력)에 관한 설명으로 옳은 것은?(다툼이 있으면 판례에 따름)

□□□

20 행정사 제8회

① 대표권이 없는 이사가 직무행위로 타인에게 손해를 가한 경우 법인은 불법행위책임을 진다.
② 법인의 불법행위책임이 성립하는 경우 가해행위를 한 대표기관은 손해배상책임을 면한다.
③ 외형상 대표자의 직무행위로 인정되더라도 법령에 위반한 행위는 직무에 관한 행위가 아니다.
④ 대표자의 행위가 직무행위에 해당하지 않음을 피해자가 중대한 과실로 알지 못한 경우에는 법인에게 손해배상책임을 물을 수 없다.
⑤ 법인의 불법행위책임에는 과실상계의 법리가 적용되지 않는다.

해설

[❶ ▸ ×] 민법 제35조에서 말하는 '이사 기타 대표자'는 법인의 대표기관을 의미하는 것이고 대표권이 없는 이사는 법인의 기관이기는 하지만 대표기관은 아니기 때문에 그들의 행위로 인하여 법인의 불법행위가 성립하지 않는다(대판 2005.12.23. 2003다30159).

[❷ ▸ ×] 법인은 이사 기타 대표자가 그 직무에 관하여 타인에게 가한 손해를 배상할 책임이 있다. 이사 기타 대표자는 이로 인하여 자기의 손해배상책임을 면하지 못한다(민법 제35조 제1항).

[❸ ▸ ×] 행위의 외형상 법인의 대표자의 직무행위라고 인정할 수 있는 것이라면 설사 그것이 대표자 개인의 사리를 도모하기 위한 것이었거나 혹은 법령의 규정에 위배된 것이었다 하더라도 위의 직무에 관한 행위에 해당한다고 보아야 한다(대판 2004.2.27. 2003다15280).

[❹ ▸ ○] 법인의 대표자의 행위가 직무에 관한 행위에 해당하지 아니함을 피해자 자신이 알았거나 또는 중대한 과실로 인하여 알지 못한 경우에는 법인에게 손해배상책임을 물을 수 없다고 할 것이다(대판 2009.11.26. 2009다57033).

[❺ ▸ ×] 법인에 대한 손해배상책임 원인이 대표기관의 고의적인 불법행위라고 하더라도, 피해자에게 그 불법행위 내지 손해발생에 과실이 있다면 법원은 과실상계의 법리에 좇아 손해배상의 책임 및 그 금액을 정함에 있어 이를 참작하여야 한다(대판 1987.12.8. 86다카1170). ☞ 법인의 불법행위책임에도 과실상계의 법리가 적용된다.

핵심정리

법인의 불법행위능력

①, ③, ④ 법인의 불법행위의 성립요건
- → 대표기관의 행위일 것 : 대표권이 없는 이사의 행위로는 법인의 불법행위 성립 ×
- → 직무에 관하여 : 법령의 규정에 위배된 것이었다 하더라도 외관상·객관적으로 직무에 관한 행위라면 직무에 관한 행위에 해당 ○
- → 피해자의 선의·무중과실 : 대표자의 행위가 직무에 관한 행위에 해당하지 아니함을 피해자가 중대한 과실로 인하여 알지 못한 경우 법인의 손해배상책임 ×

② 법인의 불법행위가 성립한 경우 → 대표자는 자기의 피해자에 대한 손해배상책임 면책 ×
⑤ 법인의 불법행위책임 → 과실상계의 법리 적용 ○

답 ❹

064 □□□ **사단법인 甲의 대표자 乙이 직무에 관한 불법행위로 丙에게 손해를 가하였다. 甲의 불법행위능력(민법 제35조)에 관한 설명으로 옳지 않은 것은?(다툼이 있으면 판례에 따름)** 21 행정사 제9회

① 甲의 불법행위가 성립하여 甲이 丙에게 손해를 배상하면 甲은 乙에게 구상할 수 있다.
② 乙이 법인을 실질적으로 운영하면서 사실상 대표하여 사무를 집행하였더라도 대표자로 등기되지 않았다면 민법 제35조에서 정한 '대표자'에 해당하지 않는다.
③ 甲의 불법행위책임은 그가 乙의 선임·감독에 주의를 다하였음을 이유로 면책되지 않는다.
④ 乙의 행위가 외형상 대표자의 직무행위로 인정되는 경우라면 그것이 乙 개인의 이익만을 도모하기 위한 것이라도 직무에 관한 행위에 해당한다.
⑤ 乙이 청산인인 경우에도 甲의 불법행위책임이 성립할 수 있다.

해설

[❶ ▸ O] 사단법인 甲의 불법행위가 성립하는 경우, 대표자 乙은 이로 인하여 자기의 손해배상책임을 면하지 못한다(민법 제35조 제1항). 사단법인 甲의 불법행위책임과 대표자 乙의 불법행위책임이 인정되면 양자는 부진정연대책임의 관계에 있으므로 사단법인 甲이 피해자 丙에게 배상한 경우, 사단법인 甲은 대표자 乙에 대하여 구상권을 행사할 수 있다(민법 제61조, 제65조).

[❷ ▸ ×] 대표자 乙이 사단법인 甲을 실질적으로 운영하면서 사실상 대표하여 사무를 집행하였다면, 대표자로 등기되지 않았더라도, 그는 민법 제35조 제1항의 대표자에 해당한다고 보아야 한다.

> 민법 제35조 제1항의 '법인의 대표자'에는 그 명칭이나 직위 여하, 또는 대표자로 등기되었는지 여부를 불문하고 당해 법인을 실질적으로 운영하면서 법인을 사실상 대표하여 법인의 사무를 집행하는 사람을 포함한다고 해석함이 상당하다(대판 2011.4.28. 2008다15438).

[❸ ▸ O] 민법 제35조의 법인의 불법행위책임에는 민법 제756조 제1항 단서와 같은 면책규정이 없기 때문에 사단법인 甲이 대표자 乙의 선임·감독에 주의를 다하였음을 증명하더라도 면책되지 않는다.

[❹ ▸ O] 대표자 乙의 행위의 외형상 법인의 대표자의 직무행위라고 인정할 수 있는 것이라면 설사 그것이 대표자 개인의 사리를 도모하기 위한 것이었다 하더라도 직무에 관한 행위에 해당한다고 보아야 한다(대판 2004.2.27. 2003다15280).

[❺ ▸ O] 민법 제35조 제1항의 '이사 기타 대표자'는 대표기관을 의미하며, 여기에는 청산인도 포함된다(민법 제87조 제2항 참조). 따라서 대표자 乙이 청산인인 경우에도 사단법인 甲의 불법행위책임이 인정된다.

핵심정리

법인의 불법행위책임

① 사단법인의 불법행위가 성립한 경우
→ 대표자는 자기의 피해자에 대한 손해배상책임 면책 ×
→ 사단법인이 피해자에게 배상한 경우 : 사단법인은 대표자에게 구상권 행사 가능 O

②, ⑤, ③, ④ 법인의 불법행위의 성립요건
→ 대표기관의 행위일 것
- 대표자(乙)가 사단법인(甲)을 실질적으로 운영하면서 법인을 사실상 대표하여 사무를 집행하였다면, 민법 제35조에서 정한 '대표자'에 해당 O (대표자로 등기되었는지 여부는 불문)
- 대표자(乙)가 청산인인 경우에도 사단법인(甲)의 불법행위책임 성립 가능 O

→ 직무에 관하여 : 대표자(乙)의 행위가 외형상 대표자의 직무행위로 인정되는 경우라면 그것이 대표자 개인의 이익만을 도모하기 위한 것이라도 직무에 관한 행위에 해당 O
→ 사단법인(甲)이 대표자(乙)의 선임·감독에 주의를 다하였음을 증명하더라도 불법행위책임은 면책 ×

답 ❷

065 민법상 법인의 기관에 관한 설명으로 옳은 것은?(다툼이 있으면 판례에 따름) 15 행정사 제3회

□□□

① 사단법인의 이사와 감사는 필수기관이다.

② 이사가 없거나 결원이 있는 경우에 이로 인하여 손해가 생길 염려가 있는 때에는 법원은 이해관계인이나 검사의 청구에 의하여 직무대행자를 선임하여야 한다.

③ 사단법인의 사원의 지위는 양도 또는 상속할 수 없다는 민법의 규정은 강행규정이므로, 정관으로 이에 반하는 규정을 둘 수 없다.

④ 법인과 이사의 이익이 상반하는 사항에 관하여는 임시이사를 선임하여야 한다.

⑤ 사원총회에서 결의할 수 있는 것은 정관에 다른 규정이 없는 한 총회를 소집할 때 미리 통지한 사항에 한정된다.

해설

[❶ ▸ ×] 민법상 법인(사단법인, 재단법인)에서 이사는 필수기관(민법 제57조)에 해당하나, 감사는 임의기관에 불과하다(민법 제66조).

[❷ ▸ ×] 이사가 없거나 결원이 있는 경우에 이로 인하여 손해가 생길 염려 있는 때에는 법원은 이해관계인이나 검사의 청구에 의하여 임시이사를 선임하여야 한다(민법 제63조).

[❸ ▸ ×] "사단법인의 사원의 지위는 양도 또는 상속할 수 없다"고 한 민법 제56조의 규정은 강행규정은 아니라고 할 것이므로, 정관에 의하여 이를 인정하고 있을 때에는 양도・상속이 허용된다(대판 1992.4.14. 91다26850).

[❹ ▸ ×] 법인과 이사의 이익이 상반하는 사항에 관하여는 이사는 대표권이 없다. 이 경우에는 특별대리인을 선임하여야 한다(민법 제64조).

[❺ ▸ O] 사원총회는 전조의 규정[총회의 소집에 관한 민법 제71조(註)]에 의하여 통지한 사항에 관하여서만 결의할 수 있다. 그러나 정관에 다른 규정이 있는 때에는 그 규정에 의한다(민법 제72조).

핵심정리

민법상 법인의 기관(이사, 감사, 사원총회 등)

① 사단법인의 기관
 ⇢ 이사 : 필수기관
 ⇢ 감사 : 임의기관

② 이사가 없거나 결원이 있는 경우에 손해가 생길 염려가 있는 때 ⇢ 임시이사 선임 O

③ 사원권의 양도・상속금지 규정 ⇢ 임의규정 O / 정관으로 이에 반하는 규정 가능 O

④ 법인과 이사의 이익이 상반하는 사항
 ⇢ 이사의 대표권 ×
 ⇢ 특별대리인을 선임하여야 함 (임시이사 선임 ×)

⑤ 사원총회의 결의사항 ⇢ 정관에 다른 규정이 없는 한, 총회를 소집할 때 미리 통지한 사항에 한정

답 ❺

066 법인에 관한 설명으로 옳은 것을 모두 고른 것은? 21 행정사 제9회

□□□

ㄱ. 임시이사는 법인과 이사의 이익이 상반하는 사항에 관하여 선임되는 법인의 기관이다.
ㄴ. 법인의 이사가 여러 명인 경우에는 정관에 다른 규정이 없으면 법인의 사무집행은 이사의 과반수로써 결정한다.
ㄷ. 법인의 대표에 관하여는 대리에 관한 규정을 준용한다.
ㄹ. 이사는 정관 또는 총회의 결의로 금지하지 아니한 사항에 한하여 타인으로 하여금 특정한 행위를 대리하게 할 수 있다.

① ㄱ, ㄴ
② ㄷ, ㄹ
③ ㄱ, ㄴ, ㄷ
④ ㄴ, ㄷ, ㄹ
⑤ ㄱ, ㄴ, ㄷ, ㄹ

해설

[ㄱ ▸ X] 임시이사는 이사가 없거나 결원이 있는 경우에 손해가 생길 염려 있는 때에 선임되는 법인의 기관이고(민법 제63조), 법인과 이사의 이익이 상반되는 경우에 선임하는 법인의 기관은 특별대리인이다(민법 제64조).

[ㄴ ▸ O] 이사가 수인인 경우에는 정관에 다른 규정이 없으면 법인의 사무집행은 이사의 과반수로써 결정한다(민법 제58조 제2항).

[ㄷ ▸ O] 법인의 대표에 관하여는 대리에 관한 규정을 준용한다(민법 제59조 제2항).

[ㄹ ▸ O] 이사는 정관 또는 총회의 결의로 금지하지 아니한 사항에 한하여 타인으로 하여금 특정한 행위를 대리하게 할 수 있다(민법 제62조).

핵심정리

민법상 법인의 기관

ㄱ. 임시이사의 선임요건 → 이사가 없거나 결원이 있는 경우에 손해가 생길 염려가 있는 때
ㄴ. 이사가 여러 명인 경우의 사무집행 방법 → 이사의 과반수로써 결정
ㄷ. 법인의 대표에 관하여는 대리에 관한 규정 준용 O
ㄹ. 이사의 대리인 선임
→ 정관 또는 총회의 결의로 금지하지 아니한 사항에 한하여 특정한 행위를 대리하게 할 수 있음

답 ④

067 법인의 이사에 관한 설명으로 옳지 않은 것은?(다툼이 있는 경우에는 판례에 의함)

□□□

14 행정사 제2회

① 이사의 임면에 관한 사항은 정관의 필요적 기재사항이다.
② 이사의 대표권의 제한은 이를 등기하지 않으면 악의의 제3자에게도 대항할 수 없다.
③ 이사가 그의 권한으로 선임한 대리인은 법인의 기관이다.
④ 특별한 사정이 없으면, 법인과 이사의 이익이 상반하는 사항에 관하여는 그 이사는 대표권이 없다.
⑤ 이사의 직무대행자는 원칙적으로 법인의 통상사무에 속하는 행위만을 할 수 있다.

해설

[❶ ▸ O] 민법상 사단법인과 재단법인에서 이사의 임면에 관한 규정(민법 제40조 제5호, 제43조)은 정관의 필요적 기재사항이다.

[❷ ▸ O] 법인의 정관에 법인 대표권의 제한에 관한 규정이 있으나 그와 같은 취지가 등기되어 있지 않다면 법인은 그와 같은 정관의 규정에 대하여 선의냐 악의냐에 관계없이 제3자에 대하여 대항할 수 없다(대판 1992.2.14. 91다24564).

[❸ ▸ X] 이사가 그의 권한으로 선임한 대리인은 법인의 기관이 아니라 법인의 대리인에 불과하며 이사는 이러한 대리인의 선임·감독에 책임을 진다(민법 제121조 제1항).

[❹ ▸ O] 법인과 이사의 이익이 상반하는 사항에 관하여는 이사는 대표권이 없다. 이 경우에는 특별대리인을 선임하여야 한다(민법 제64조).

[❺ ▸ O] 직무대행자는 가처분명령에 다른 정함이 있는 경우 외에는 법인의 통상사무에 속하지 아니한 행위를 하지 못한다. 다만, 법원의 허가를 얻은 경우에는 그러하지 아니하다(민법 제60조의2 제1항).

핵심정리

법인의 이사

① 이사의 임면에 관한 사항 ⟶ 정관의 필요적 기재사항
② 이사의 대표권 제한
⟶ 효력요건 : 정관에 기재해야 효력 발생 O
⟶ 대항요건 : 등기하면 제3자에게 대항 가능 O / 등기하지 아니하면 악의의 제3자에게도 대항 ×
③ 이사가 선임한 대리인 ⟶ 법인의 대리인
④ 법인과 이사의 이익이 상반하는 사항
⟶ 이사의 대표권 ×
⟶ 특별대리인을 선임하여야 함
⑤ 직무대행자의 직무권한
⟶ 원칙 : 법인의 통상사무에 속하는 행위만 가능
⟶ 예외 : 가처분명령에 다른 정함이 있는 경우 or 법원의 허가를 얻은 경우

답 ❸

068 □□□ 사단법인 A의 대표이사 甲이 A를 대표하여 乙과 매매계약을 체결하였다. 이에 관한 설명으로 옳은 것을 모두 고른 것은?(다툼이 있으면 판례에 따름) 24 행정사 제12회

ㄱ. 매매계약을 체결하는 것이 甲과 A의 이익이 상반하는 사항인 경우, 甲은 A를 대표할 권한이 없다.
ㄴ. 甲이 A를 위하여 매수인 乙로부터 매매대금을 수령한 경우에 A의 채무불이행을 이유로 乙이 매매계약을 유효하게 해제하면, 특별한 사정이 없는 한 해제로 인한 원상회복의무는 甲이 부담한다.
ㄷ. 만약 A가 정관에 甲의 매매계약체결에 관한 대표권을 제한하는 규정을 두었지만 이를 등기하지 않은 경우, A는 이러한 사실을 알았던 乙에게 그 대표권 제한사실로써 대항할 수 있다.

① ㄱ
② ㄷ
③ ㄱ, ㄴ
④ ㄴ, ㄷ
⑤ ㄱ, ㄴ, ㄷ

해설

[ㄱ ▸ O] 법인과 이사의 이익이 상반하는 사항에 관하여는 이사는 대표권이 없다. 이 경우에는 **특별대리인을 선임하여야** 한다(민법 제64조). 따라서 매매계약을 체결하는 것이 대표이사 甲과 사단법인 A의 이익이 상반하는 사항인 경우, 甲은 A를 대표할 권한이 없다.

[ㄴ ▸ X] 대표이사 甲이 사단법인 A를 위하여 매수인 乙로부터 매매대금을 수령한 경우에 A의 채무불이행을 이유로 상대방 乙이 매매계약을 유효하게 해제하면, 특별한 사정이 없는 한 **해제로 인한 원상회복의무**는 대표이사 甲이 아니라 **계약의 당사자인 사단법인 A가 부담**한다(민법 제548조 제1항).

> 계약이 적법한 대리인에 의하여 체결된 경우에 대리인은 다른 특별한 사정이 없는 한 본인을 위하여 계약상 급부를 변제로서 수령할 권한도 가진다. 그리고 대리인이 그 권한에 기하여 계약상 급부를 수령한 경우에, 그 법률효과는 계약 자체에서와 마찬가지로 직접 본인에게 귀속되고 대리인에게 돌아가지 아니한다. 따라서 계약상 채무의 불이행을 이유로 계약이 상대방 당사자에 의하여 유효하게 해제되었다면, 해제로 인한 원상회복의무는 대리인이 아니라 계약의 당사자인 본인이 부담한다. 이는 본인이 대리인으로부터 그 수령한 급부를 현실적으로 인도받지 못하였다거나 해제의 원인이 된 계약상 채무의 불이행에 관하여 대리인에게 책임 있는 사유가 있다고 하여도 다른 특별한 사정이 없는 한 마찬가지라고 할 것이다(대판 2011.8.18. 2011다30871).

[ㄷ ▸ X] 법인의 정관에 법인 대표권의 제한에 관한 규정이 있으나 그와 같은 취지가 **등기되어 있지 않다면** 법인은 그와 같은 정관의 규정에 대하여 **선의냐 악의냐에 관계없이 제3자에 대하여 대항할 수 없다**(대판 1992.2.14. 91다24564). 따라서 사단법인 A가 정관에 대표이사 甲의 매매계약체결에 관한 대표권을 제한하는 규정을 두었지만 이를 등기하지 않은 경우, A는 이러한 사실을 알았던 악의의 제3자 乙에게 그 대표권 제한사실로써 대항할 수 없다.

핵심정리

법인의 대표기관(이사)

ㄱ. 법인과 이사의 이익이 상반하는 사항
→ 이사의 대표권 ×
→ 특별대리인을 선임하여야 함

ㄴ. 사단법인의 대표이사가 사단법인을 위하여 체결한 계약의 해제로 인한 원상회복의무
→ 계약 당사자인 사단법인이 부담 ○

ㄷ. 이사의 대표권 제한
→ 효력요건 : 정관에 기재해야 효력 발생 ○
→ 대항요건 : 등기하면 제3자에게 대항 가능 ○ / 등기하지 아니하면 악의의 제3자에게도 대항 ×

답 ❶

069 법인의 이사에 관한 설명으로 옳은 것은? 13 행정사 제1회

□□□

① 법인이 설립허가의 취소로 해산하는 경우 원칙적으로 이사는 청산인이 될 수 없다.
② 이사가 여러 명인 경우, 법인의 사무에 관하여 공동으로 법인을 대표하는 것이 원칙이다.
③ 이사는 정관 또는 총회의 결의로 금지하지 아니한 사항에 한하여 타인으로 하여금 특정한 행위를 대리하게 할 수 있다.
④ 이사의 대표권에 대한 제한은 정관의 기재만으로도 선의의 제3자에게 대항할 수 있다.
⑤ 법인과 이사의 이익이 상반하는 사항에 대해서는 법원이 이해관계인이나 검사의 청구에 의하여 임시이사를 선임하여야 한다.

해설

[❶ ▸ ×] 법인이 해산한 때에는 파산의 경우를 제하고는 이사가 청산인이 된다. 그러나 정관 또는 총회의 결의로 달리 정한 바가 있으면 그에 의한다(민법 제82조).

[❷ ▸ ×] 이사는 법인의 사무에 관하여 각자 법인을 대표한다. 그러나 정관에 규정한 취지에 위반할 수 없고 특히 사단법인은 총회의 의결에 의하여야 한다(민법 제59조 제1항).

[❸ ▸ ○] 이사는 정관 또는 총회의 결의로 금지하지 아니한 사항에 한하여 타인으로 하여금 특정한 행위를 대리하게 할 수 있다(민법 제62조).

[❹ ▸ ×] 법인의 정관에 법인 대표권의 제한에 관한 규정이 있으나 그와 같은 취지가 등기되어 있지 않다면 법인은 그와 같은 정관의 규정에 대하여 선의냐 악의냐에 관계없이 제3자에 대하여 대항할 수 없다(대판 1992.2.14. 91다24564).

[❺ ▸ ×] 법인과 이사의 이익이 상반하는 사항에 관하여는 이사는 대표권이 없다. 이 경우에는 법원은 이해관계인이나 검사의 청구에 의하여 특별대리인을 선임하여야 한다(민법 제64조).

핵심정리

법인의 이사

① 설립허가의 취소로 법인이 해산하는 경우 ⋯→ 원칙적으로 이사가 청산인 ○
② 이사가 여러 명인 경우 ⋯→ 법인의 사무에 관하여 각자 법인을 대표하는 것이 원칙
③ 이사의 대리인 선임
⋯→ 정관 또는 총회의 결의로 금지하지 아니한 사항에 한하여 특정한 행위를 대리하게 할 수 있음
④ 이사의 대표권 제한
⋯→ 효력요건 : 정관에 기재해야 효력 발생 ○
⋯→ 대항요건 : 등기하면 제3자에게 대항 가능 ○ / 등기하지 아니하면 악의의 제3자에게도 대항 ×
⑤ 법인과 이사의 이익이 상반하는 사항
⋯→ 이사의 대표권 ×
⋯→ 특별대리인을 선임하여야 함 (임시이사 선임 ×)

 ❸

070 민법상 법인의 대표권에 관한 설명으로 옳지 않은 것은?(다툼이 있으면 판례에 따름)

□□□

18 행정사 제6회

① 이사의 대표권 제한에 관한 정관의 규정이 등기되어 있지 않으면, 법인은 그 규정으로 악의의 제3자에게도 대항할 수 없다.

② 법인과 이사의 이익상반행위로 특별대리인을 선임하는 경우, 법원은 이해관계인이나 검사의 청구에 의하여 선임하여야 한다.

③ 민법 규정에 의하여 선임된 직무대행자가 그 권한을 정한 규정에 위반하여 법인의 통상사무 범위를 벗어난 행위를 한 경우, 법인은 선의의 제3자에 대하여 책임을 진다.

④ 대표자의 행위가 직무에 관한 행위에 해당하지 아니함을 피해자가 중과실로 알지 못한 경우에도, 피해자는 법인에게 손해배상책임을 물을 수 있다.

⑤ 법인의 대표에 관하여는 대리에 관한 규정을 준용한다.

해설

[❶ ▸ O] 법인의 정관에 법인 대표권의 제한에 관한 규정이 있으나 그와 같은 취지가 등기되어 있지 않다면 법인은 그와 같은 정관의 규정에 대하여 선의냐 악의냐에 관계없이 제3자에 대하여 대항할 수 없다(대판 1992.2.14. 91다24564).

[❷ ▸ O] 법인과 이사의 이익이 상반하는 사항에 관하여는 이사는 대표권이 없다. 이 경우에는 법원은 이해관계인이나 검사의 청구에 의하여 특별대리인을 선임하여야 한다(민법 제64조, 제63조).

[❸ ▸ O] 민법 제60조의2 참조

> **민법 제60조의2(직무대행자의 권한)** ① 제52조의2의 직무대행자는 가처분명령에 다른 정함이 있는 경우 외에는 법인의 통상사무에 속하지 아니한 행위를 하지 못한다. 다만, 법원의 허가를 얻은 경우에는 그러하지 아니하다.
> ② 직무대행자가 제1항의 규정에 위반한 행위를 한 경우에도 법인은 선의의 제3자에 대하여 책임을 진다.

[❹ ▸ ×] 법인의 대표자의 행위가 직무에 관한 행위에 해당하지 아니함을 피해자 자신이 알았거나 또는 중대한 과실로 인하여 알지 못한 경우에는 법인에게 손해배상책임을 물을 수 없다고 할 것이다(대판 2009.11.26. 2009다57033).

[❺ ▸ O] 법인의 대표에 관하여는 대리에 관한 규정을 준용한다(민법 제59조 제2항).

핵심정리

민법상 법인의 대표권

① 이사의 대표권의 제한 → 등기하지 않으면 악의의 제3자에게도 대항 ×

② 법인과 이사의 이익이 상반하는 사항
- → 이사의 대표권 ×
- → 법원은 이해관계인이나 검사의 청구에 의하여 특별대리인을 선임

③ 직무대행자가 통상사무 범위를 벗어난 행위를 한 경우 → 법인은 선의의 제3자에 대하여 책임 O

④ 법인의 불법행위의 성립요건
- → 피해자의 선의·무중과실 : 대표자의 행위가 직무에 관한 행위에 해당하지 아니함을 피해자가 중대한 과실로 인하여 알지 못한 경우 법인의 손해배상책임 ×

⑤ 법인의 대표에 관하여는 대리에 관한 규정 준용 O

답 ❹

071 민법상 법인의 기관에 관한 설명으로 옳지 않은 것은?(다툼이 있으면 판례에 따름)

□□□

19 행정사 제7회

① 민법상 이사의 임기를 제한하는 규정은 없다.
② 사원총회의 결의는 민법 또는 정관에 다른 규정이 없으면 사원 과반수의 출석과 출석사원의 결의권의 과반수로써 한다.
③ 이사는 정관 또는 총회의 결의로 금지하지 아니한 사항에 한하여 타인으로 하여금 특정한 행위를 대리하게 할 수 있다.
④ 임시이사 선임의 요건인 '이사가 없거나 결원이 있는 경우'란 이사가 전혀 없거나 정관에서 정한 인원수에 부족이 있는 경우를 말한다.
⑤ 정관에 이사의 해임사유에 관한 규정이 있는 경우에는 이사의 중대한 의무위반이 있어도 법인은 정관에서 정하지 아니한 사유로 이사를 해임할 수 없다.

해설

[❶ ▸ O] 상법상 주식회사의 필수기관인 이사의 임기가 3년으로 제한(상법 제383조 제2항)되는 것과 달리 민법상의 법인 이사의 임기를 제한하는 규정을 두고 있지 아니하다.

[❷ ▸ O] 총회의 결의는 본법 또는 정관에 다른 규정이 없으면 사원 과반수의 출석과 출석사원의 결의권의 과반수로써 한다(민법 제75조 제1항).

[❸ ▸ O] 이사는 정관 또는 총회의 결의로 금지하지 아니한 사항에 한하여 타인으로 하여금 특정한 행위를 대리하게 할 수 있다(민법 제62조).

[❹ ▸ O] 민법 제63조에서 임시이사 선임의 요건으로 정하고 있는 '이사가 없거나 결원이 있는 경우'라 함은 이사가 전혀 없거나 정관에서 정한 인원수에 부족이 있는 경우를 말하고, '이로 인하여 손해가 생길 염려가 있는 때'라 함은 통상의 이사선임절차에 따라 이사가 선임되기를 기다릴 때에 법인이나 제3자에게 손해가 생길 우려가 있는 것을 의미한다(대결 2009.11.19. 2008마699[전합]).

[❺ ▸ X] 법인의 정관에 이사의 해임사유에 관한 규정이 있는 경우 법인으로서는 이사의 중대한 의무위반 또는 정상적인 사무집행 불능 등의 특별한 사정이 없는 이상, 정관에서 정하지 아니한 사유로 이사를 해임할 수 없다(대판 2013.11.28. 2011다41741).

핵심정리

민법상 법인의 기관(이사, 임시이사, 사원총회)

① 민법상 이사의 임기를 제한하는 규정 ×
② 사원총회의 결의방법
  ⟶ 원칙 : 사원 과반수의 출석과 출석사원의 결의권의 과반수로 의결
  ⟶ 예외 : 민법 또는 정관에 다른 규정이 있는 경우
③ 이사의 대리인 선임
  ⟶ 정관 또는 총회의 결의로 금지하지 아니한 사항에 한하여 특정한 행위를 대리하게 할 수 있음
④ 임시이사 선임의 요건인 '이사가 없거나 결원이 있는 경우'의 의미
  ⟶ 이사가 전혀 없거나 정관에서 정한 인원수에 부족이 있는 경우를 말함
⑤ 정관에 이사의 해임사유 규정이 있는 경우
  ⟶ 원칙 : 정관에 정하지 아니한 사유로 이사 해임 ×
  ⟶ 예외 : 이사의 중대한 의무위반 or 정상적인 사무집행 불능 등의 특별한 사정이 있는 경우 정관에 정하지 아니한 사유로 해임 가능 ○

답 ❺

072 민법상 법인의 이사에 관한 설명으로 옳지 않은 것은?(다툼이 있으면 판례에 따름)
□□□

24 행정사 제12회

① 이사가 여러 명인 경우 정관에 다른 정함이 없으면 법인의 사무집행은 이사의 과반수로써 결정한다.
② 이사의 결원으로 법인에게 손해가 생길 염려가 있는 경우, 법원은 이해관계인이나 검사의 청구에 의하여 임시이사를 선임하여야 한다.
③ 이사는 정관 또는 총회의 결의로 금지하지 아니한 사항에 한하여 타인으로 하여금 특정한 행위를 대리하게 할 수 있다.
④ 법인의 정관에 이사의 해임사유에 관한 규정이 있는 경우, 법인은 특별한 사정이 없는 한 정관에서 정하지 아니한 사유로 이사를 해임할 수 없다.
⑤ 이사의 사임은 특별한 사정이 없는 한 주무관청의 승인이 있어야 그 효력이 발생한다.

해설

[❶ ▸ O] 이사가 수인(數人, 여러 명)인 경우에는 정관에 다른 규정이 없으면 법인의 사무집행은 이사의 과반수로써 결정한다(민법 제58조 제2항).

[❷ ▸ O] 이사가 없거나 결원이 있는 경우에 이로 인하여 손해가 생길 염려 있는 때에는 법원은 이해관계인이나 검사의 청구에 의하여 **임시이사를 선임**하여야 한다(민법 제63조).

[❸ ▸ O] 이사는 정관 또는 총회의 결의로 금지하지 아니한 사항에 한하여 타인으로 하여금 특정한 행위를 대리하게 할 수 있다(민법 제62조).

[❹ ▸ O] 법인의 정관에 이사의 해임사유에 관한 규정이 있는 경우 법인으로서는 이사의 중대한 의무위반 또는 정상적인 사무집행 불능 등의 특별한 사정이 없는 이상, 정관에서 정하지 아니한 사유로 이사를 해임할 수 없다(대판 2013.11.28. 2011다41741).

[❺ ▸ X] 법인과 이사의 법률관계는 신뢰를 기초로 한 위임 유사의 관계이므로, 이사는 민법 제689조 제1항이 규정한 바에 따라 언제든지 사임할 수 있고, 법인의 이사를 사임하는 행위는 상대방 있는 단독행위이므로 그 의사표시가 상대방에게 도달함과 동시에 그 효력을 발생하고, 그 의사표시가 효력을 발생한 후에는 마음대로 이를 철회할 수 없음이 원칙이다(대판 2008.9.25. 2007다17109). 법인이 정관에서 이사의 사임절차나 사임의 의사표시의 효력발생시기 등에 관하여 특별한 규정을 둔 경우에는 그에 따라야 하는 제한이 있지만(대판 2008.9.25. 2007다17109), 특별한 규정이 없는 한 **이사의 사임**은 **주무관청의 승인**이 있어야 그 효력이 발생하는 것은 아니다.

> 학교법인의 이사는 법인에 대한 일방적인 사임의 의사표시에 의하여 법률관계를 종료시킬 수 있고, 그 의사표시는 수령권한 있는 기관에 도달됨으로써 바로 효력을 발생하는 것이며, 그 효력발생을 위하여 이사회의 결의나 관할관청의 승인이 있어야 하는 것은 아니다(대판 2003.1.10. 2001다1171).

핵심정리

민법상 법인의 이사

① 이사가 여러 명인 경우의 사무집행 방법 ⋯→ 이사의 과반수로써 결정
② 임시이사의 선임요건 ⋯→ 이사가 없거나 결원이 있는 경우에 손해가 생길 염려가 있는 때
③ 이사의 대리인 선임
⋯→ 정관 또는 총회의 결의로 금지하지 아니한 사항에 한하여 특정한 행위를 대리하게 할 수 있음
④ 정관에 이사의 해임사유 규정이 있는 경우
⋯→ 원칙 : 정관에 정하지 아니한 사유로 이사 해임 ×
⋯→ 예외 : 이사의 중대한 의무위반 or 정상적인 사무집행 불능 등의 특별한 사정이 있는 경우 정관에 정하지 아니한 사유로 해임 가능 ○
⑤ 이사의 사임 : 상대방 있는 단독행위
⋯→ 사임의 의사표시가 상대방에게 도달함과 동시에 효력 발생 ○ (주무관청의 승인 필요 ×)

답 ❺

073 법인의 정관에 관한 설명으로 옳지 않은 것은?(다툼이 있으면 판례에 따름) 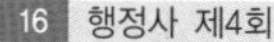

□□□

① 법인의 존립시기나 해산사유는 재단법인 정관의 필요적 기재사항이다.

② 사단법인의 정관의 변경은 주무관청의 허가를 얻지 아니하면 그 효력이 없다.

③ 재단법인의 설립자가 그 명칭, 사무소소재지 또는 이사임면의 방법을 정하지 아니하고 사망한 때에는 이해관계인 또는 검사의 청구에 의하여 법원이 이를 정한다.

④ 사단법인의 정관은 정수에 관하여 정관에 다른 규정이 없는 한 총사원 3분의 2 이상의 동의가 있는 때에 한하여 이를 변경할 수 있다.

⑤ 재단법인의 목적을 달성할 수 없는 때에는 설립자나 이사는 주무관청의 허가를 얻어 설립의 취지를 참작하여 그 목적 기타 정관의 규정을 변경할 수 있다.

해설

[❶ ▸ ×] 사단법인 정관의 필요적 기재사항 중 목적(제1호), 명칭(제2호), 사무소의 소재지(제3호), 자산에 관한 규정(제4호), 이사의 임면에 관한 규정(제5호)은 재단법인의 경우에도 필요적 기재사항에 해당한다(민법 제43조, 제40조). 그러나 사원자격의 득실에 관한 규정(민법 제40조 제6호), 존립시기나 해산사유를 정하는 때에는 그 시기 또는 사유(민법 제40조 제7호)는 재단법인 정관의 필요적 기재사항은 아니고 임의적 기재사항에 불과하다.

[❷ ▸ O] 사단법인의 정관의 변경은 주무관청의 허가를 얻지 아니하면 그 효력이 없다(민법 제42조 제2항).

[❸ ▸ O] 재단법인의 설립자가 그 명칭, 사무소소재지 또는 이사임면의 방법을 정하지 아니하고 사망한 때에는 이해관계인 또는 검사의 청구에 의하여 법원이 이를 정한다(민법 제44조).

[❹ ▸ O] 사단법인의 정관은 총사원 3분의 2 이상의 동의가 있는 때에 한하여 이를 변경할 수 있다. 그러나 정수에 관하여 정관에 다른 규정이 있는 때에는 그 규정에 의한다(민법 제42조 제1항).

[❺ ▸ O] 재단법인의 목적을 달성할 수 없는 때에는 설립자나 이사는 주무관청의 허가를 얻어 설립의 취지를 참작하여 그 목적 기타 정관의 규정을 변경할 수 있다(민법 제46조).

핵심정리

법인의 정관

① 법인의 존립시기나 해산사유를 정하는 때에 그 시기 또는 사유
- ⟶ 사단법인의 경우 : 정관의 필요적 기재사항 O
- ⟶ 재단법인의 경우 : 정관의 필요적 기재사항 ×

②, ④ 사단법인의 정관의 변경
- ⟶ 주무관청의 허가를 얻지 아니하면 효력 ×
- ⟶ (정관에 다른 규정이 없는 한) 총사원 3분의 2 이상의 동의가 있는 때에 한하여 변경 O

③ 재단법인의 설립자가 그 명칭, 사무소 소재지 또는 이사임면의 방법을 정하지 아니하고 사망시
- ⟶ 이해관계인 또는 검사의 청구에 의하여 법원이 결정

⑤ 재단법인의 정관의 변경
- ⟶ 원칙 : 재단법인은 정관을 변경할 수 없는 것이 원칙
- ⟶ 예외 : 다음 3가지 중 하나에 해당하는 경우 + 주무관청의 허가를 얻어 변경 O
  - 설립자가 정관에 그 변경방법을 규정한 때
  - 재단법인의 목적달성 또는 재산보전을 위해 명칭, 사무소 소재지를 변경하는 때
  - 재단법인의 목적을 달성할 수 없을 때

답 ❶

PART 1 PART 2 PART 3

074 민법상 법인의 정관에 관한 설명으로 옳은 것을 모두 고른 것은?(다툼이 있으면 판례에 따름)

□□□

19 행정사 제7회

ㄱ. 정관의 변경사항이 등기사항인 경우에는 등기하여야 정관변경의 효력이 생긴다.
ㄴ. 재단법인의 기본재산에 관한 저당권 설정행위는 특별한 사정이 없는 한 정관의 기재사항을 변경하여야 하는 경우에 해당하지 않는다.
ㄷ. 사단법인의 정관을 변경하기 위해서는 정관에 다른 규정이 없는 한 사원총회에서 총사원 3분의 2 이상의 동의가 있어야 한다.

① ㄷ
② ㄱ, ㄴ
③ ㄱ, ㄷ
④ ㄴ, ㄷ
⑤ ㄱ, ㄴ, ㄷ

해설

[ㄱ ▸ ×] 정관의 변경은 주무관청의 허가를 얻지 아니하면 그 효력이 없다(민법 제42조 제2항). 정관의 변경사항이 등기사항인 경우(민법 제49조 제2항 참조)에는 등기한 후가 아니면 제3자에게 대항하지 못한다(민법 제54조 제1항). 즉, 정관변경은 주무관청의 허가가 효력요건이고, 정관의 변경사항이 등기사항인 경우에도 등기는 제3자에 대한 대항요건에 불과하다.

[ㄴ ▸ ○] 민법상 재단법인의 기본재산에 관한 저당권 설정행위는 특별한 사정이 없는 한 정관의 기재사항을 변경하여야 하는 경우에 해당하지 않으므로, 그에 관하여는 주무관청의 허가를 얻을 필요가 없다(대결 2018.7.20. 2017마1565).

[ㄷ ▸ ○] 사단법인의 정관은 총사원 3분의 2 이상의 동의가 있는 때에 한하여 이를 변경할 수 있다. 그러나 정수에 관하여 정관에 다른 규정이 있는 때에는 그 규정에 의한다(민법 제42조 제1항).

핵심정리

민법상 법인의 정관

ㄱ. 정관의 변경사항이 등기사항인 경우
- → 효력요건 : 주무관청의 허가 ○ (주무관청의 허가를 얻지 않으면 정관변경의 효력 ×)
- → 대항요건 : 등기는 제3자에 대한 대항요건 ○

ㄴ. 재단법인의 기본재산에 관한 저당권 설정행위
- → 정관의 기재사항을 변경하여야 하는 경우에 해당 ×
- → 주무관청의 허가 필요 ×

ㄷ. 사단법인의 정관의 변경
- → (정관에 다른 규정이 없는 한) 총사원 3분의 2 이상의 동의가 있는 때에 한하여 변경 ○

답 ❹

075 □□□ **민법상 사단법인의 기관에 관한 설명으로 옳지 않은 것은?(다툼이 있으면 판례에 따름)**

18 행정사 제6회

① 이사의 임면에 관한 사항은 정관의 임의적 기재사항이다.

② 사단법인의 이사는 매년 1회 이상 통상총회를 소집하여야 한다.

③ 이사가 수인인 경우, 정관에 다른 규정이 없으면 법인의 사무집행은 이사의 과반수로써 결정한다.

④ 감사는 필요기관이 아니다.

⑤ 사원총회의 의결사항은 정관에 다른 규정이 없으면, 총회를 소집할 때 미리 통지된 사항에 한한다.

해설

[❶ ▸ ×] 사단법인에서 이사의 임면에 관한 규정은 정관의 필요적 기재사항이다(민법 제40조 제5호).

[❷ ▸ ○] 사단법인의 이사는 매년 1회 이상 통상총회를 소집하여야 한다(민법 제69조).

[❸ ▸ ○] 이사가 수인인 경우에는 정관에 다른 규정이 없으면 법인의 사무집행은 이사의 과반수로써 결정한다(민법 제58조 제2항).

[❹ ▸ ○] 민법상 법인은 정관 또는 총회의 결의로 감사를 둘 수 있다(민법 제66조). 따라서 민법상 법인(사단법인 및 재단법인)에서 감사는 필요기관(필수기관)이 아니고 임의기관에 불과하다.

[❺ ▸ ○] 사원총회는 전조의 규정[총회의 소집에 관한 민법 제71조(註)]에 의하여 통지한 사항에 관하여서만 결의할 수 있다. 그러나 정관에 다른 규정이 있는 때에는 그 규정에 의한다(민법 제72조).

민법상 사단법인의 기관

① 사단법인의 이사의 임면에 관한 사항 → 정관의 필요적 기재사항 ○

② 사단법인의 이사는 매년 1회 이상 통상총회를 소집하여야 함

③ 이사가 수인인 경우 법인의 사무집행 → 이사의 과반수로써 결정

④ 민법상 법인(사단법인 or 재단법인)의 감사 → 필요기관(필수기관) ×

⑤ 사원총회의 결의사항 → (정관에 다른 규정이 없는 한) 총회를 소집할 때 미리 통지한 사항에 한정

답 ❶

076 민법상 사단법인에 관한 설명으로 옳지 않은 것은?(다툼이 있으면 판례에 따름)

□□□

20 행정사 제8회

① 이사는 원칙적으로 법인의 제반 업무처리를 대리인에게 포괄적으로 위임할 수 없다.

② 정관의 규범적 의미와 다른 해석이 사원총회의 결의에 의해 표명되었더라도 이는 법원을 구속하는 효력이 없다.

③ 이사의 임면에 관한 사항은 정관의 임의적 기재사항이다.

④ 이사회의 결의사항에 이해관계가 있는 이사는 의결권이 없다.

⑤ 민법상 청산절차에 관한 규정에 반하는 잔여재산 처분행위는 특단의 사정이 없는 한 무효이다.

해설

[❶ ▸ O] 이사는 정관 또는 총회의 결의로 금지하지 아니한 사항에 한하여 타인으로 하여금 특정한 행위를 대리하게 할 수 있으므로(민법 제62조), 이사가 법인의 제반 업무처리를 대리인에게 포괄적으로 위임하는 경우 대리인의 대행행위는 민법 제62조를 위반한 것이어서 원칙적으로 법인에게 효력이 미치지 않는다(대판 2011.4.28. 2008다15438 참조).

[❷ ▸ O] 어느 시점의 사단법인의 사원들이 정관의 규범적인 의미 내용과 다른 해석을 사원총회의 결의라는 방법으로 표명하였다 하더라도 그 결의에 의한 해석은 그 사단법인의 구성원인 사원들이나 법원을 구속하는 효력이 없다(대판 2000.11.24. 99다12437).

[❸ ▸ ×] 사단법인에서 이사의 임면에 관한 규정은 정관의 필요적 기재사항이다(민법 제40조 제5호).

[❹ ▸ O] 민법 제74조는 사단법인과 어느 사원과의 관계사항을 의결하는 경우 그 사원은 의결권이 없다고 규정하고 있으므로, 민법 제74조의 유추해석상 민법상 법인의 이사회에서 법인과 어느 이사와의 관계사항을 의결하는 경우에는 그 이사는 의결권이 없다(대판 2009.4.9. 2008다1521).

[❺ ▸ O] 청산절차에 관한 규정은 모두 제3자의 이해관계에 중대한 영향을 미치는 것으로서 강행규정으로 보아야 한다(대판 2000.12.8. 98두5279). 따라서 강행규정에 반하는 잔여재산의 처분행위는 특별한 사정이 없는 한 무효이다.

핵심정리 **민법상 사단법인**

① 이사의 대리인 선임
- ⇢ 정관 또는 총회의 결의로 금지하지 아니한 사항에 한하여 특정한 행위를 대리하게 할 수 있음
- ⇢ 법인의 제반 업무처리를 대리인에게 포괄적으로 위임 ×

② 정관의 규범적 의미와 다른 해석이 사원총회의 결의로 표명된 경우 ⇢ 법원에 대한 구속력 ×

③ 이사의 임면에 관한 사항 ⇢ 정관의 필요적 기재사항 O

④ 이사회의 결의사항에 이해관계가 있는 이사 ⇢ 의결권 ×

⑤ 민법상 청산절차 규정에 반하는 잔여재산 처분행위 ⇢ 특별한 사정이 없는 한 무효 O

답 ❸

077 민법상 법인의 해산과 청산에 관한 설명으로 옳지 않은 것은?(다툼이 있으면 판례에 따름)

□□□

22 행정사 제10회

① 해산한 법인은 청산의 목적범위 내에서만 권리가 있고 의무를 부담한다.

② 사단법인 총회의 해산결의는 정관에 다른 규정이 없는 한 총사원의 4분의 3 이상의 동의가 필요하다.

③ 민법상 청산절차에 관한 규정에 반하는 잔여재산의 처분행위는 특별한 사정이 없는 한 무효이다.

④ 청산 중의 법인은 변제기에 이르지 아니한 채권에 대해서도 변제할 수 있다.

⑤ 법인의 청산인은 채권신고기간 내에는 채권자에 대하여 변제하지 못하므로 법인은 그 기간 동안의 지연손해배상의무를 면한다.

해설

[❶ ▸ O] 해산한 법인은 청산의 목적범위 내에서만 권리가 있고 의무를 부담한다(민법 제81조).

[❷ ▸ O] 사단법인은 총사원 4분의 3 이상의 동의가 없으면 해산을 결의하지 못한다. 그러나 정관에 다른 규정이 있는 때에는 그 규정에 의한다(민법 제78조).

[❸ ▸ O] 청산절차에 관한 규정은 모두 제3자의 이해관계에 중대한 영향을 미치는 것으로서 강행규정으로 보아야 한다(대판 2000.12.8. 98두5279). 따라서 강행규정에 반하는 잔여재산의 처분행위는 특별한 사정이 없는 한 무효이다.

[❹ ▸ O] 청산 중의 법인은 변제기에 이르지 아니한 채권에 대하여도 변제할 수 있다(민법 제91조 제1항).

[❺ ▸ ×] 청산인은 채권신고기간 내에는 채권자에 대하여 변제하지 못한다. 그러나 법인은 채권자에 대한 지연손해배상의 의무를 면하지 못한다(민법 제90조).

핵심정리

민법상 법인의 해산과 청산

① 해산한 법인의 권리능력 → 청산의 목적범위 내에서 권리와 의무 부담

② 사단법인의 해산결의
→ 정관에 다른 규정이 없는 한, 총사원 4분의 3 이상의 동의로 해산결의 O

③ 민법상 청산절차에 관한 규정(강행규정)에 반하는 잔여재산 처분행위
→ 특별한 사정이 없는 한 무효 O

④ 청산 중의 법인 → 변제기에 이르지 않은 채권에 대하여 변제 가능 O

⑤ 법인의 청산
→ 청산인은 채권신고기간 내에는 채권자에 대하여 변제 ×
→ 법인은 채권자에 대한 지연손해배상 의무는 부담 O

답 ❺

078 민법상 법인의 소멸에 관한 설명으로 옳지 않은 것은?(다툼이 있으면 판례에 따름)

□□□

19 행정사 제7회

① 사단법인은 사원총회의 결의로도 해산할 수 있다.
② 법원은 법인의 해산 및 청산을 검사, 감독한다.
③ 법인에 대한 청산종결등기가 경료되었다면 청산사무가 종결되지 않았더라도 그 법인은 소멸한다.
④ 법인이 채무를 완제하지 못하게 된 때에는 이사는 지체없이 파산신청을 하여야 한다.
⑤ 청산인은 청산법인의 능력 범위 내에서 대내적으로 청산사무를 집행하고 대외적으로 청산법인을 대표한다.

해설

[❶ ▸ O] 법인은 존립기간의 만료, 법인의 목적의 달성 또는 달성의 불능 기타 정관에 정한 해산사유의 발생, 파산 또는 설립허가의 취소로 해산한다. 사단법인은 사원이 없게 되거나 총회의 결의로도 해산한다(민법 제77조). 사단법인은 총사원 4분의 3 이상의 동의가 없으면 해산을 결의하지 못한다. 그러나 정관에 다른 규정이 있는 때에는 그 규정에 의한다(민법 제78조).

[❷ ▸ O] 법인의 해산 및 청산은 법원이 검사, 감독한다(민법 제95조).

[❸ ▸ ×] 법인에 대한 청산종결등기가 경료되었다고 하더라도 청산사무가 종결되지 않는 한 그 범위 내에서는 청산법인으로서 존속한다고 볼 것이다(대판 2003.2.11. 99다66427).

[❹ ▸ O] 법인이 채무를 완제하지 못하게 된 때에는 이사는 지체없이 파산신청을 하여야 한다(민법 제79조).

[❺ ▸ O] 청산인이 청산법인의 업무집행권과 대표권을 가지므로 대내적으로 청산사무를 집행하고 대외적으로 청산법인을 대표한다(민법 제87조 참조).

핵심정리

민법상 법인의 소멸(해산, 청산)

① 법인의 해산사유
→ 사단법인과 재단법인 공통의 해산사유 : 존립기간의 만료, 법인의 목적의 달성 또는 달성의 불능, 기타 정관에 정한 해산사유의 발생, 파산 또는 설립허가의 취소
→ 사단법인 특유의 해산사유 : 사원이 없게 된 경우, 사원총회의 해산결의(총사원 4분의 3 이상의 동의)

② 법인의 해산 및 청산 → 법원의 검사·감독 O

③ 청산종결등기가 마쳐졌으나 청산사무가 종결되지 않은 경우 → 그 범위(종결되지 않은 청산사무 범위) 내에서 청산법인 존속 O

④ 법인이 채무를 완제하지 못하게 된 경우 → 이사는 지체없이 파산신청을 하여야 함

⑤ 청산인 → 청산법인의 능력 범위 내에서 대내적으로 청산사무 집행 + 대외적으로 청산법인 대표

 ❸

079 법인에 관한 설명으로 옳지 않은 것은?(다툼이 있는 경우에는 판례에 의함) 14 행정사 제2회

□□□

① 영리법인은 모두 사단법인이다.

② 감사는 법인의 임의기관이다.

③ 특별한 사정이 없으면, 사단법인의 사원의 지위는 양도 또는 상속할 수 없다.

④ 특별한 사정이 없으면, 사단법인의 해산결의는 총사원 4분의 3 이상의 동의로 한다.

⑤ 법인의 해산과 청산은 청산인이 감독한다.

해설

[❶ ▸ O] 영리법인은 구성원(사원)에게 이익을 분배할 것을 목적으로 하는 법인이기 때문에 본질적으로 사단법인일 수밖에 없다. 사단법인만이 영리법인이 될 수 있으며, 재단법인은 이익을 분배해 줄 사원이 없기 때문에 이론상 영리법인이 될 수 없다. 민법도 영리 재단법인을 인정하지 않는다(민법 제32조, 제39조 참조).

[❷ ▸ O] 민법상 법인은 정관 또는 총회의 결의로 감사를 둘 수 있다(민법 제66조). 따라서 민법상 법인(사단법인 및 재단법인)에서 감사는 필요기관(필수기관)이 아니고 임의기관에 불과하다.

[❸ ▸ O] "사단법인의 사원의 지위는 양도 또는 상속할 수 없다"고 한 민법 제56조의 규정은 강행규정은 아니라고 할 것이므로, 정관에 의하여 이를 인정하고 있을 때에는 양도·상속이 허용된다(대판 1992.4.14. 91다26850).

[❹ ▸ O] 사단법인은 총사원 4분의 3 이상의 동의가 없으면 해산을 결의하지 못한다. 그러나 정관에 다른 규정이 있는 때에는 그 규정에 의한다(민법 제78조).

[❺ ▸ X] 법인의 해산 및 청산은 법원이 검사, 감독한다(민법 제95조).

핵심정리

민법상 법인

① 영리법인 → 모두 사단법인 O

② 감사 → 민법상 법인의 임의기관 O

③ 특별한 사정이 없으면, 사단법인의 사원의 지위는 양도·상속 × (임의규정)

④ 사단법인의 해산결의

→ 특별한 사정이 없으면, 해산결의는 총사원 4분의 3 이상의 동의 O

⑤ 법인의 해산 및 청산 → 법원의 검사·감독 O

 ❺

080 민법상 법인의 소멸에 관한 설명으로 옳지 않은 것은?(다툼이 있으면 판례에 따름)

□□□

15 행정사 제3회

① 법인이 목적 이외의 사업을 하거나 설립허가의 조건에 위반하거나 기타 공익을 해하는 행위를 한 경우, 주무관청은 법인의 설립허가를 취소할 수 있다.

② 청산이 종결한 때에는 청산인은 3주간 내에 이를 등기하고 주무관청에 신고하여야 한다.

③ 청산 중의 법인은 채권신고기간이 경과하더라도 변제기에 이르지 않은 채권에 대해서는 변제할 수 없다.

④ 청산절차에 관한 규정은 모두 제3자의 이해관계에 중대한 영향을 미치는 것으로서 강행규정이다.

⑤ 법인에 대한 청산종결등기가 마쳐졌더라도 청산사무가 종결되지 않는 한 그 범위 내에서 정산법인으로 존속한다.

해설

[❶ ▸ O] 법인이 목적 이외의 사업을 하거나 설립허가의 조건에 위반하거나 기타 공익을 해하는 행위를 한 때에는 주무관청은 그 허가를 취소할 수 있다(민법 제38조).

[❷ ▸ O] 청산이 종결한 때에는 청산인은 3주간 내에 이를 등기하고 주무관청에 신고하여야 한다(민법 제94조).

[❸ ▸ ×] 청산 중의 법인은 변제기에 이르지 아니한 채권에 대하여도 변제할 수 있다(민법 제91조 제1항).

[❹ ▸ O] 청산절차에 관한 규정은 모두 제3자의 이해관계에 중대한 영향을 미치는 것으로서 강행규정으로 보아야 한다(대판 2000.12.8. 98두5279).

[❺ ▸ O] 법인에 대한 청산종결등기가 경료되었다고 하더라도 청산사무가 종결되지 않는 한 그 범위 내에서는 청산법인으로서 존속한다고 볼 것이다(대판 2003.2.11. 99다66427).

핵심정리

민법상 법인의 소멸(설립허가 취소, 청산)

① 주무관청의 설립허가 취소사유
  → 법인이 목적 이외의 사업을 한 경우
  → 설립허가의 조건에 위반한 경우
  → 기타 공익을 해하는 행위를 한 때

② 청산이 종결된 경우 → 청산인은 3주간 내에 이를 등기하고 주무관청에 신고하여야 함

③ 청산 중의 법인 → 변제기에 이르지 않은 채권에 대하여도 변제 가능 O

④ 민법상 청산절차에 관한 규정 → 강행규정 O

⑤ 청산종결등기가 마쳐졌으나 청산사무가 종결되지 않은 경우 → 그 범위 내에서 청산법인으로 존속 O

답 ❸

081 민법상 법인에 관한 설명으로 옳은 것은? 16 행정사 제4회

□□□

① 사교 등 비영리를 목적으로 하는 사단은 주무관청의 허가 없이 신고만으로 법인을 설립할 수 있다.

② 이사가 없는 경우에 이로 인하여 손해가 생길 염려 있는 경우, 법원은 이해관계인의 청구에 의하여 특별대리인을 선임하여야 한다.

③ 법인이 주사무소소재지를 관할하는 등기소의 관할구역외로 주사무소를 이전하는 경우, 구소재지에서는 3주간 내에 이전등기를 하고 신소재지에서는 3주간 내에 설립등기사항에 게기한 사항을 등기하여야 한다.

④ 이사의 대표권에 대한 제한은 이를 정관에 기재하지 아니하여도 그 효력이 있다.

⑤ 법인은 정관 또는 총회의 결의로 감사를 두어야 한다.

해설

[❶ ▸ ×] 학술, 종교, 자선, 기예, 사교 기타 영리 아닌 사업을 목적으로 하는 사단 또는 재단은 주무관청의 허가를 얻어 이를 법인으로 할 수 있다(민법 제32조).

[❷ ▸ ×] 이사가 없거나 결원이 있는 경우에 이로 인하여 손해가 생길 염려 있는 때에는 법원은 이해관계인이나 검사의 청구에 의하여 임시이사를 선임하여야 한다(민법 제63조).

[❸ ▸ O] 법인이 그 사무소를 이전하는 때에는 구소재지에서는 3주간 내에 이전등기를 하고 신소재지에서는 동기간[3주간(註)] 내에 제49조 제2항에 게기한 사항[설립등기사항에 게기한 사항(註)]을 등기하여야 한다(민법 제51조 제1항).

[❹ ▸ ×] 이사의 대표권에 대한 제한은 이를 정관에 기재하지 아니하면 그 효력이 없다(민법 제41조).

[❺ ▸ ×] 법인은 정관 또는 총회의 결의로 감사를 둘 수 있다(민법 제66조).

핵심정리

민법상 법인

① 비영리사단법인의 설립요건(허가주의) ⇢ 주무관청의 허가 ○ + 설립등기 ○

② 이사가 없거나 결원이 있는 경우에 손해가 생길 염려가 있는 때 ⇢ 임시이사 선임 ○

③ 주사무소를 이전하는 경우 ⇢ 구소재지에서는 3주간 내에 이전등기를 하고 신소재지에서는 3주간 내에 설립등기사항에 게기한 사항을 등기하여야 함

④ 이사의 대표권 제한
   ⇢ 효력요건 : 정관에 기재해야 효력 발생 ○
   ⇢ 대항요건 : 등기하면 제3자에게 대항 가능 ○ / 등기하지 아니하면 악의의 제3자에게도 대항 ×

⑤ 민법상 법인의 감사는 임의기관 ⇢ 법인은 정관 또는 총회의 결의로 감사를 둘 수 있음

답 ❸

082 비법인사단에 관한 설명으로 옳지 않은 것을 모두 고른 것은?(다툼이 있으면 판례에 따름)

□□□

17 행정사 제5회

ㄱ. 비법인사단의 대표자가 직무에 관하여 타인에게 손해를 가한 경우에 비법인사단은 불법행위책임을 부담한다.
ㄴ. 비법인사단에 이사의 결원이 생긴 경우에는 임시이사 선임에 관한 민법규정이 유추적용되지 않는다.
ㄷ. 비법인사단에는 대표권 제한 등기에 관한 규정이 적용되지 않는다.
ㄹ. 비법인사단이 타인 간의 금전채무를 보증하는 행위는 총유물의 관리·처분행위라고 볼 수 있다.
ㅁ. 비법인사단이 성립되기 이전에 설립 주체인 개인이 취득한 권리의무는 설립 후의 비법인사단에 귀속될 수 있다.

① ㄱ, ㄴ, ㄹ
② ㄱ, ㄷ, ㅁ
③ ㄴ, ㄷ, ㄹ
④ ㄴ, ㄷ, ㅁ
⑤ ㄴ, ㄹ, ㅁ

해설

[ㄱ ▸ O] 주택조합과 같은 비법인사단의 대표자가 직무에 관하여 타인에게 손해를 가한 경우 그 사단은 민법 제35조 제1항의 유추적용에 의하여 그 손해를 배상할 책임이 있다(대판 2003.7.25. 2002다27088).

[ㄴ ▸ X] 민법 제63조는 법인의 조직과 활동에 관한 것으로서 법인격을 전제로 하는 조항이 아니고, 법인 아닌 사단이나 재단의 경우에도 이사가 없거나 결원이 생길 수 있으며, 통상의 절차에 따른 새로운 이사의 선임이 극히 곤란하고 종전 이사의 긴급처리권도 인정되지 아니하는 경우에는 사단이나 재단 또는 타인에게 손해가 생길 염려가 있을 수 있으므로, 민법 제63조는 법인 아닌 사단이나 재단에도 유추적용할 수 있다(대결 2009.11.19. 2008마699[전합]).

[ㄷ ▸ O] 비법인 사단의 경우 대표자의 대표권 제한에 관하여 등기할 방법이 없어 이사의 대표권에 대한 제한은 등기하지 아니하면 제3자에게 대항하지 못한다는 민법 제60조를 적용할 수 없다(민법 제2003.7.22. 2002다64780). 민법 이사의 대표권에 대한 제한은 등기하지 아니하면 제3자에게 대항하지 못한다.

[ㄹ ▸ X] 비법인사단의 사원이 집합체로서 물건을 소유하는 것을 총유라 한다(민법 제275조 제1항). 원칙적으로 비법인사단의 총유물의 관리·처분행위는 사원총회의 결의를 거쳐야 한다(민법 제276조 제1항). 그런데 비법인사단이 타인 간의 금전채무를 보증하는 행위는 총유물 그 자체의 관리·처분이 따르지 아니하는 단순한 채무부담행위에 불과하여 이를 총유물의 관리·처분행위라고 볼 수는 없다(대판 2007.4.19. 2004다60072[전합]).

[ㅁ ▸ X] 교회가 아직 실체를 갖추지 못하여 법인 아닌 사단으로 성립하기 전에 설립의 주체인 개인이 취득한 권리의무는 그것이 앞으로 성립할 교회를 위한 것이라 하더라도 바로 법인 아닌 사단인 교회에 귀속될 수는 없고, 또한 설립중의 회사의 개념과 법적 성격에 비추어, 법인 아닌 사단인 교회가 성립하기 전의 단계에서 설립중의 회사의 법리를 유추적용할 수는 없다(대판 2008.2.28. 2007다37394).

핵심정리

민법상 비법인사단

ㄱ. 비법인사단의 불법행위책임
→ 법인의 불법행위책임에 관한 민법 제35조 제1항 유추적용 O
→ 비법인사단의 대표자가 직무에 관하여 타인에게 손해를 가한 경우 : 비법인사단의 불법행위책임 O

ㄴ. 비법인사단에 이사의 결원이 생긴 경우 → 임시이사 선임에 관한 민법 제63조 유추적용 O

ㄷ. 대표권 제한 등기에 관한 규정 → 비법인사단에 유추적용 ×

ㄹ. 비법인사단의 총유물의 관리·처분행위는 사원총회의 결의를 거쳐야 함
→ 비법인사단이 타인 간의 금전채무를 보증하는 행위 : 총유물의 관리·처분행위 ×

ㅁ. 비법인사단이 성립되기 이전 개인이 취득한 권리의무 → 설립 후의 비사단법인에 귀속 ×

답 ⑤

083 민법상 비법인사단에 관한 설명으로 옳지 않은 것은?(다툼이 있으면 판례에 따름)

□□□

18 행정사 제6회

① 비법인사단의 사원이 집합체로서 물건을 소유할 때에는 총유로 한다.

② 대표자는 비법인사단의 제반 업무처리를 대리인에게 포괄적으로 위임할 수 없다.

③ 대표자 또는 관리인이 있는 비법인사단은 그 사단에 속하는 부동산에 관하여 등기능력을 가진다.

④ 비법인사단 소유의 재산에 대한 대표자의 처분행위가 사원총회의 결의를 거치지 않아 무효가 되더라도, 상대방이 선의인 경우에는 그 처분행위에 대하여 민법 제126조의 표현대리 법리가 준용된다.

⑤ 비법인사단의 대표자가 직무에 관하여 타인에게 손해를 가한 경우, 그 사단은 민법 제35조 제1항의 유추적용에 의하여 그 손해를 배상할 책임이 있다.

해설

[❶ ▸ O] 법인이 아닌 사단의 사원이 집합체로서 물건을 소유할 때에는 총유로 한다(민법 제275조 제1항).

[❷ ▸ O] 비법인사단에 대하여는 사단법인에 관한 민법 규정 가운데 법인격을 전제로 하는 것을 제외하고는 이를 유추적용하여야 하므로 비법인사단 대표자가 행한 타인에 대한 업무의 포괄적 위임과 그에 따른 포괄적 수임인의 대행행위는 민법 제62조를 위반한 것이어서 비법인사단에 대하여 그 효력이 미치지 않는다(대판 2011.4.28. 2008다15438).

[❸ ▸ O] 부동산등기법 제26조는 종중, 문중, 그 밖에 대표자나 관리인이 있는 법인 아닌 사단에 속하는 부동산의 등기에 관하여 그 명의로 등기할 수 있도록 하여 법인 아닌 사단에 등기능력을 부여하고 있다.

[❹ ▸ ×] 비법인사단인 교회의 대표자는 총유물인 교회 재산의 처분에 관하여 교인총회의 결의를 거치지 아니하고는 이를 대표하여 행할 권한이 없다. 그리고 교회의 대표자가 권한 없이 행한 교회 재산의 처분행위에 대하여는 민법 제126조의 표현대리에 관한 규정이 준용되지 아니한다(대판 2009.2.12. 2006다23312).

[❺ ▸ O] 주택조합과 같은 비법인사단의 대표자가 직무에 관하여 타인에게 손해를 가한 경우 그 사단은 민법 제35조 제1항의 유추적용에 의하여 그 손해를 배상할 책임이 있다(대판 2003.7.25. 2002다27088).

핵심정리

민법상 비법인사단

① 비법인사단의 사원이 집합체로서 물건의 소유 → 총유

② 비법인사단의 대표자의 대리인 선임

→ 정관 또는 총회의 결의로 금지하지 아니한 사항에 한하여 특정한 행위를 대리하게 할 수 있음

→ 비법인사단의 제반 업무처리를 대리인에게 포괄적으로 위임 ×

③ 대표자 또는 관리인이 있는 비법인사단 → 부동산에 관한 등기능력 O

④ 비법인사단의 대표자가 사원총회의 결의없이 총유물의 처분행위를 한 경우

→ 강행규정 위반으로 무효

→ 민법 제126조 표현대리의 법리 준용 ×

⑤ 비법인사단의 불법행위책임 → 법인의 불법행위책임에 관한 민법 제35조 제1항 유추적용 O

답 ❹

PART 1 PART 2 PART 3

084 권리능력 없는 사단에 관한 설명으로 옳지 않은 것은?(다툼이 있는 경우에는 판례에 의함)

□□□

13 행정사 제1회

① 권리능력 없는 사단도 그 명의로 등기할 수 있다.

② 권리능력 없는 사단의 사원은 총유물에 대한 지분권을 갖지 못한다.

③ 권리능력 없는 사단의 사원의 지위는 달리 정함이 없는 한 양도할 수 없다.

④ 달리 정함이 없는 한 권리능력 없는 사단의 대표자가 총회의 결의없이 행한 총유물의 처분에 대해서는 권한을 넘은 표현대리에 관한 제126조의 규정이 준용된다.

⑤ 권리능력 없는 사단에 대하여는 사단법인에 관한 민법규정 가운데서 법인격을 전제로 하는 것을 제외하고는 이를 유추적용한다.

해설

[❶ ▸ O] 부동산등기법 제26조는 종중, 문중, 그 밖에 대표자나 관리인이 있는 법인 아닌 사단에 속하는 부동산의 등기에 관하여 그 명의로 등기할 수 있도록 하여 법인 아닌 사단(= 권리능력 없는 사단)에 등기능력을 부여하고 있다.

[❷ ▸ O] 법인 아닌 사단(= 권리능력 없는 사단)의 단체성으로 인하여 구성원은 사용 · 수익권을 가질 뿐 이를 넘어서 사단 재산에 대한 지분권은 인정되지 아니하므로, 총유재산의 처분 · 관리는 물론 보존행위까지도 법인 아닌 사단의 명의로 하여야 한다(대판 2006.4.20. 2004다37775[전합]).

[❸ ▸ O] 권리능력 없는 사단(= 법인 아닌 사단)의 사원 지위는 원칙적으로 양도 또는 상속할 수 없다(민법 제56조 유추적용). 그러나 민법 제56조는 임의규정이므로 권리능력 없는 사단의 사원 지위도 규약이나 관행에 의하여 양도 또는 상속될 수 있다(대판 1997.9.26. 95다6205).

> 사단법인의 사원의 지위는 양도 또는 상속할 수 없다고 규정한 민법 제56조의 규정은 강행규정이라고 할 수 없으므로, 비법인사단에서도 사원의 지위는 규약이나 관행에 의하여 양도 또는 상속될 수 있다(대판 1997.9.26. 95다6205).

[❹ ▸ ×] 비법인사단인(= 권리능력 없는 사단) 교회의 대표자는 총유물인 교회 재산의 처분에 관하여 교인총회의 결의를 거치지 아니하고는 이를 대표하여 행할 권한이 없다. 그리고 교회의 대표자가 권한 없이 행한 교회 재산의 처분행위에 대하여는 민법 제126조의 표현대리에 관한 규정이 준용되지 아니한다(대판 2009.2.12. 2006다23312).

[❺ ▸ O] 권리능력 없는 사단에 대하여는 사단법인에 관한 민법규정 가운데서 법인격(법인설립등기)을 전제로 하는 것(예 이사의 대표권 제한의 등기에 관한 민법 제60조 등)을 제외하고는 이를 유추적용한다. 예를 들면, 법인의 불법행위능력에 관한 민법 제35조 제1항, 이사의 대리인 선임에 관한 민법 제62조, 청산인에 관한 민법 제82조, 총회의 결의에 관한 민법 제72조 및 제75조 제1항 등이 권리능력 없는 사단에도 유추적용된다.

핵심정리

권리능력 없는 사단(= 비법인사단, 법인 아닌 사단)

① 대표자 또는 관리인이 있는 권리능력 없는 사단 ⇢ 부동산에 관한 등기능력 O

② 권리능력 없는 사단의 사원
⇢ 총유물에 대한 지분권 ×

③ 권리능력 없는 사단의 사원의 지위
⇢ 원칙적으로 양도 · 상속 × (민법 제56조 유추적용)
⇢ 규약이나 관행에 의하여 양도 · 상속 O (민법 제56조는 임의규정)

④ 권리능력 없는 사단의 대표자가 사원총회의 결의없이 총유물의 처분행위를 한 경우
⇢ 강행규정 위반으로 무효 (민법 제126조 표현대리의 법리 준용 ×)

⑤ 사단법인에 관한 민법규정 중 법인격을 전제로 하는 것을 제외하고 권리능력 없는 사단에 유추적용 O

답 ④

085 민법상 비법인사단에 관한 설명으로 옳지 않은 것은?(다툼이 있으면 판례에 따름)

□□□

20 행정사 제8회

① 이사가 없거나 결원이 있는 경우 임시이사의 선임에 관한 민법 제63조 규정은 비법인사단에도 유추적용될 수 있다.

② 비법인사단의 사원이 집합체로서 물건을 소유할 때에는 총유로 한다.

③ 비법인사단이 타인 간의 금전채무를 보증하는 행위는 총유물의 관리·처분행위로 볼 수 없다.

④ 비법인사단에서 사원의 지위는 규약이나 관행에 의하여 양도 또는 상속될 수 없다.

⑤ 비법인사단에서 대표자가 직무에 관하여 타인에게 손해를 가한 경우 민법 제35조 제1항의 유추적용에 의해 비법인사단은 그 손해를 배상할 책임이 있다.

해설

[❶ ▸ O] 민법 제63조는 법인의 조직과 활동에 관한 것으로서 법인격을 전제로 하는 조항이 아니고, 법인 아닌 사단이나 재단의 경우에도 이사가 없거나 결원이 생길 수 있으며, 통상의 절차에 따른 새로운 이사의 선임이 극히 곤란하고 종전 이사의 긴급처리권도 인정되지 아니하는 경우에는 사단이나 재단 또는 타인에게 손해가 생길 염려가 있을 수 있으므로, 민법 제63조는 법인 아닌 사단이나 재단에도 유추적용할 수 있다(대결 2009.11.19. 2008마699[전합]).

[❷ ▸ O] 법인이 아닌 사단의 사원이 집합체로서 물건을 소유할 때에는 총유로 한다(민법 제275조 제1항).

[❸ ▸ O] 비법인사단이 타인 간의 금전채무를 보증하는 행위는 총유물 그 자체의 관리·처분이 따르지 아니하는 단순한 채무부담행위에 불과하여 이를 총유물의 관리·처분행위라고 볼 수는 없다(대판 2007.4.19. 2004다60072[전합]).

[❹ ▸ ×] 사단법인의 사원의 지위는 양도 또는 상속할 수 없다고 규정한 민법 제56조의 규정은 강행규정이라고 할 수 없으므로, 비법인사단에서도 사원의 지위는 규약이나 관행에 의하여 양도 또는 상속될 수 있다(대판 1997.9.26. 95다6205).

[❺ ▸ O] 주택조합과 같은 비법인사단의 대표자가 직무에 관하여 타인에게 손해를 가한 경우 그 사단은 민법 제35조 제1항의 유추적용에 의하여 그 손해를 배상할 책임이 있다(대판 2003.7.25. 2002다27088).

핵심정리

민법상 비법인사단(= 법인 아닌 사단, 권리능력 없는 사단)

① 비법인사단에 이사가 없거나 결원이 있는 경우 → 임시이사 선임에 관한 민법 제63조 유추적용 O

② 비법인사단의 사원이 집합체로서 물건의 소유 → 총유

③ 비법인사단이 타인 간의 금전채무를 보증하는 행위 → 총유물의 관리·처분행위 ×

④ 비법인사단의 사원의 지위
→ 원칙적으로 양도·상속 × (민법 제56조 유추적용)
→ 규약이나 관행에 의하여 양도·상속 O (민법 제56조는 임의규정)

⑤ 비법인사단의 불법행위책임 → 법인의 불법행위책임에 관한 민법 제35조 제1항 유추적용 O

답 ❹

PART 1 PART 2 PART 3

086 민법상 비법인사단에 관한 설명으로 옳은 것은?(다툼이 있으면 판례에 따름)

□□□

23 행정사 제11회

① 비법인사단에는 대표권제한의 등기에 관한 규정이 적용되지 않는다.
② 비법인사단이 총유물에 관한 매매계약을 체결하는 행위는 총유물의 처분행위가 아니다.
③ 교회가 의결권을 가진 교인 2/3 이상의 찬성으로 소속 교단을 탈퇴한 경우, 종전 교회의 재산은 탈퇴한 교회 소속 교인들의 총유로 귀속되지 않는다.
④ 비법인사단의 구성원은 지분권에 기하여 총유물의 보존행위를 할 수 있다.
⑤ 비법인사단이 타인 간의 금전채무를 보증하는 행위는 총유물의 관리·처분행위로 볼 수 있다.

해설

[❶ ▸ ○] 비법인사단의 경우에는 대표자의 대표권 제한에 관하여 등기할 방법이 없어 민법 제60조의 규정을 준용할 수 없다(대판 2003.7.22. 2002다64780).

[❷ ▸ ×] 비법인사단이 총유물에 관한 매매계약을 체결하는 행위는 총유물 그 자체의 처분이 따르는 채무부담행위로서 총유물의 처분행위에 해당하나, 그 매매계약에 의하여 부담하고 있는 채무의 존재를 인식하고 있다는 뜻을 표시하는 데 불과한 소멸시효 중단사유로서의 승인은 총유물 그 자체의 관리·처분이 따르는 행위가 아니어서 총유물의 관리·처분행위라고 볼 수 없다(대판 2009.11.26. 2009다64383).

[❸ ▸ ×] 의결권을 가진 종전 교회의 교인 중 2/3 이상이 소속 교단을 탈퇴하거나 소속 교단을 다른 교단으로 변경하는데 동의한 경우에는 종전 교회의 실체는 이와 같이 교단을 탈퇴한 교회로서 존속하고 종전 교회 재산은 위 탈퇴한 교회 소속 교인들의 총유로 귀속된다. 이때 종전 교회의 교인 중 2/3 이상의 동의가 있었는지 여부는 이를 주장하는 측에서 입증하여야 한다(대판 2007.12.27. 2007다17062).

[❹ ▸ ×] 법인 아닌 사단의 단체성으로 인하여 구성원은 사용·수익권을 가질 뿐 이를 넘어서서 사단 재산에 대한 지분권은 인정되지 아니하므로, 총유재산의 처분·관리는 물론 보존행위까지도 법인 아닌 사단의 명의로 하여야 하고, 그 절차에 관하여 사단 규약에 특별한 정함이 없으면 의사결정기구인 총회 결의를 거쳐야 한다(민법 제276조 제1항)(대판 2006.4.20. 2004다37775[전합]). 따라서 비법인사단의 구성원은 지분권에 기하여 총유물의 보존행위를 할 수 없다.

[❺ ▸ ×] 비법인사단이 타인 간의 금전채무를 보증하는 행위는 총유물 그 자체의 관리·처분이 따르지 아니하는 단순한 채무부담행위에 불과하여 이를 총유물의 관리·처분행위라고 볼 수는 없다(대판 2007.4.19. 2004다60072[전합]).

핵심정리

민법상 비법인사단(= 법인 아닌 사단, 권리능력 없는 사단)

① 비법인사단의 경우 ⟶ 대표권제한의 등기에 관한 규정(민법 제60조) 적용 ×
② 비법인사단이 총유물에 관한 매매계약을 체결하는 행위 ⟶ 총유물의 처분행위 ○
③ 교회가 의결권을 가진 교인 2/3 이상의 찬성으로 소속 교단을 탈퇴한 경우 ⟶ 종전 교회의 재산은 탈퇴한 교회 소속 교인들의 총유로 귀속 ○
④ 비법인사단의 총유물의 보존행위
⟶ 구성원이 지분권에 기하여 보존행위 ×
⟶ 비법인사단 명의로 보존행위 ○
⑤ 비법인사단이 타인 간의 금전채무를 보증하는 행위 ⟶ 총유물의 관리·처분행위 ×

답 ❶

CHAPTER 04 권리의 객체(물건)

087 물건에 관한 설명으로 옳지 않은 것은?(다툼이 있으면 판례에 따름) 16 행정사 제4회

□□□

① 민법상 전기(電氣)는 물건이다.

② 주물이 압류된 경우 압류의 효력은 종물에도 미친다.

③ 종물은 주물의 처분에 따른다는 민법 제100조 제2항의 규정은 권리 상호 간에 적용될 수 없다.

④ 주물을 처분할 때 특약으로 종물을 제외할 수 있고 종물만을 별도로 처분할 수도 있다.

⑤ 법정과실은 수취할 권리의 존속기간일수의 비율로 취득하고, 천연과실은 그 원물로부터 분리하는 때에 이를 수취할 권리자에 속한다.

해설

[❶ ▸ ○] 본법에서 물건이라 함은 유체물 및 전기 기타 관리할 수 있는 자연력을 말한다(민법 제98조).

[❷ ▸ ○] 민법 제100조 제2항에서의 처분은 처분행위에 의한 권리변동뿐 아니라 주물의 권리관계가 압류와 같은 공법상의 처분 등에 의하여 생긴 경우에도 적용되어야 한다(대판 2006.10.26. 2006다29020). 즉, 종물은 주물의 처분에 따르므로 주물에 대한 압류효력은 종물에도 미친다.

[❸ ▸ ×] 주물과 종물에 관해 정한 민법 제100조는 물건 상호 간의 관계에 관한 것이지만 권리 상호 간의 관계에도 유추적용된다(대판 2006.10.26. 2006다29020).

[❹ ▸ ○] 종물은 주물의 처분에 수반된다는 민법 제100조 제2항은 임의규정이므로, 당사자는 주물을 처분할 때에 특약으로 종물을 제외할 수 있고 종물만을 별도로 처분할 수도 있다(대판 2012.1.26. 2009다76546).

[❺ ▸ ○] 법정과실은 수취할 권리의 존속기간일수의 비율로 취득하고(민법 제102조 제2항), 천연과실은 그 원물로부터 분리하는 때에 이를 수취할 권리자에 속한다(민법 제102조 제1항).

핵심정리

권리의 객체(물건)

① 전기(電氣), 기타 관리할 수 있는 자연력 ⟶ 민법상 물건 ○

② 주물이 압류된 경우 ⟶ 압류의 효력은 종물에도 미침

③ 민법 제100조 제2항의 규정 ⟶ 권리 상호 간에도 유추적용 ○

④ 주물과 종물을 별도로 처분하는 특약 ⟶ 유효 ○

⑤ 과실수취권의 귀속

⟶ 법정과실 : 수취할 권리의 존속기간일수의 비율로 취득

⟶ 천연과실 : 원물로부터 분리하는 때에 수취할 권리자에게 귀속

답 ❸

088 물건에 관한 설명으로 옳은 것은?(다툼이 있으면 판례에 따름) 22 행정사 제10회

□□□

① 주물의 소유자의 상용에 공여되고 있더라도 주물 자체의 효용과 관계가 없는 물건은 종물이 아니다.

② 원본채권이 양도되면 특별한 사정이 없는 한 이미 변제기에 도달한 이자채권도 당연히 함께 양도된다.

③ 주물을 처분할 때 종물을 제외하거나 종물만을 별도로 처분하는 특약은 무효이다.

④ 피상속인이 유언으로 자신의 유골의 매장장소를 지정한 경우, 제사주재자는 피상속인의 의사에 따를 법률적 의무를 부담한다.

⑤ '종물은 주물의 처분에 따른다'고 규정한 민법 제100조 제2항의 '처분'에는 공법상 처분은 포함되지 않는다.

해설

[❶ ▸ O] 주물의 상용에 이바지한다 함은 주물 그 자체의 경제적 효용을 다하게 하는 것을 말하는 것으로서, 주물의 소유자나 이용자의 사용에 공여되고 있더라도 주물 그 자체의 효용과 직접 관계가 없는 물건은 종물이 아니다(대결 2000.11.2. 2000마3530).

[❷ ▸ ×] 이자채권은 원본채권에 대하여 종속성을 갖고 있으나 이미 변제기에 도달한 이자채권은 원본채권과 분리하여 양도할 수 있고 원본채권과 별도로 변제할 수 있으며 시효로 인하여 소멸되기도 하는 등 어느 정도 독립성을 갖게 되는 것이므로, 원본채권이 양도된 경우 이미 변제기에 도달한 이자채권은 원본채권의 양도 당시 그 이자채권도 양도한다는 의사표시가 없는 한 당연히 양도되지는 않는다(대판 1989.3.28. 88다카12803).

[❸ ▸ ×] 종물은 주물의 처분에 수반된다는 민법 제100조 제2항은 임의규정이므로, 당사자는 주물을 처분할 때에 특약으로 종물을 제외할 수 있고, 종물만을 별도로 처분할 수도 있다(대판 2012.1.26. 2009다76546).

[❹ ▸ ×] 피상속인이 생전행위 또는 유언으로 자신의 유체·유골을 처분하거나 매장장소를 지정한 경우에, 선량한 풍속 기타 사회질서에 반하지 않는 이상 그 의사는 존중되어야 하고 이는 제사주재자로서도 마찬가지이지만, 피상속인의 의사를 존중해야 하는 의무는 도의적인 것에 그치고, 제사주재자가 무조건 이에 구속되어야 하는 법률적 의무까지 부담한다고 볼 수는 없다(대판 2008.11.20. 2007다27670[전합]).

[❺ ▸ ×] 민법 제100조 제2항의 종물과 주물의 관계에 관한 법리는 물건 상호 간의 관계뿐 아니라 권리 상호 간에도 적용되고, 위 규정에서의 처분은 처분행위에 의한 권리변동뿐 아니라 주물의 권리관계가 압류와 같은 공법상의 처분 등에 의하여 생긴 경우에도 적용된다(대판 2006.10.26. 2006다29020).

핵심정리

권리의 객체(물건)

① 주물 자체의 효용과 직접 관계가 없는 물건 → 종물 ×

② 원본채권이 양도된 경우, 이자채권의 수반성

→ 변제기에 도달하지 않은 이자채권(기본적 이자채권) : 원본채권 양도시 함께 이전 O

→ 변제기에 도달한 이자채권(지분적 이자채권) : 원본채권 양도 시 함께 이전(양도) ×

③ 주물과 종물을 별도로 처분하는 특약 → 유효 O

④ 유언으로 자신의 유골의 매장장소를 지정한 경우

→ 제사주재자는 피상속인의 의사를 존중할 도의적 의무 O (법률적 의무 부담 ×)

⑤ '종물은 주물의 처분에 따른다'고 한 민법 제100조 제2항의 '처분' → 공법상 처분 포함 O

답 ❶

089 물건에 관한 설명으로 옳지 않은 것은?(다툼이 있으면 판례에 따름) 23 행정사 제11회

□□□

① 물건이라 함은 유체물 및 전기 기타 관리할 수 있는 자연력을 말한다.
② 주유소의 주유기는 특별한 사정이 없는 한 주유소 건물의 종물이다.
③ 타인의 토지 위에 권원 없이 식재한 수목의 소유권은 특별한 사정이 없는 한 식재한 자에게 속한다.
④ 물건의 용법에 의하여 수취하는 산출물은 천연과실이다.
⑤ 최소한의 기둥과 지붕 및 주벽이 있는 건물은 토지와는 별개의 독립한 물건으로 인정될 수 있다.

해설

[❶ ▸ O] 본법에서 물건이라 함은 유체물 및 전기 기타 관리할 수 있는 자연력을 말한다(민법 제98조).

[❷ ▸ O] 주유소의 주유기는 계속해서 주유소 건물 자체의 경제적 효용을 다하게 하는 작용을 하고 있으므로 주유소 건물의 상용에 공하기 위하여 부속시킨 종물이라고 본 사례(대판 1995.6.29. 94다6345).

[❸ ▸ X] 민법 제256조는 부동산의 소유자는 그 부동산에 부합한 물건의 소유권을 취득한다. 그러나 타인의 권원에 의하여 부속된 것은 그러하지 아니 한다라고 규정하고 있는데, 민법 제256조 단서 소정의 "권원"이라 함은 지상권, 전세권, 임차권 등과 같이 타인의 부동산에 자기의 동산을 부속시켜서 그 부동산을 이용할 수 있는 권리를 뜻하므로 그와 같은 권원이 없는 자가 토지소유자의 승낙을 받음이 없이 그 임차인의 승낙만을 받아 그 부동산 위에 나무를 심었다면 특별한 사정이 없는 한 토지소유자에 대하여 그 나무의 소유권을 주장할 수 없다(대판 1989.7.11. 88다카9067).

[❹ ▸ O] 물건의 용법에 의하여 수취하는 산출물은 천연과실이다. 물건의 사용대가로 받는 금전 기타의 물건은 법정과실로 한다(민법 제101조).

[❺ ▸ O] 토지와는 별개의 독립된 부동산으로서의 건물이라고 하기 위하여는 최소한의 기둥과 지붕 그리고 주벽이 이루어지면 된다(대판 2001.1.16. 2000다51872).

핵심정리

민법상 물건

① 민법상 물건의 개념 → 유체물 및 전기 기타 관리할 수 있는 자연력
② 주유소의 주유기 → 주유소 건물의 종물 O
③ 타인의 토지 위에 식재한 수목의 소유권
  → 지상권, 전세권, 임차권 등 권원에 의하여 식재한 경우 : 식재한 자에게 소유권 귀속 O
  → 권원 없이 식재한 경우 : 토지소유자에게 소유권 귀속 O (토지에 부합 O)
④ 과실의 종류
  → 천연과실 : 물건의 용법에 의하여 수취하는 산출물
  → 법정과실 : 물건의 사용대가로 받는 금전 기타의 물건
⑤ 토지와 별개의 독립된 부동산으로서의 건물 → 최소한의 기둥과 지붕, 주벽이 필요

답 ❸

090 민법상 물건에 관한 설명으로 옳은 것은?(다툼이 있으면 판례에 따름) 15 행정사 제3회

□□□

① 전기 기타 관리할 수 있는 자연력은 물건이 아니다.

② 주물의 소유자나 이용자의 사용에 공여되고 있으면 주물 그 자체의 효용과 직접 관계가 없는 물건이라도 종물에 해당한다.

③ 입목에 관한 법률에 따른 입목등기를 하지 않은 수목이더라도 명인방법을 갖추면 토지와 독립된 부동산으로서 거래의 객체가 된다.

④ 천연과실은 수취할 권리의 존속기간일수의 비율로 취득한다.

⑤ 당사자는 주물을 처분할 때에 특약으로 종물만을 별도로 처분할 수 없다.

해설

[❶ ▸ ×] 본법에서 물건이라 함은 유체물 및 전기 기타 관리할 수 있는 자연력을 말한다(민법 제98조).

[❷ ▸ ×] 주물의 상용에 이바지한다 함은 주물 그 자체의 경제적 효용을 다하게 하는 것을 말하는 것으로서, 주물의 소유자나 이용자의 사용에 공여되고 있더라도 주물 그 자체의 효용과 직접 관계가 없는 물건은 종물이 아니다(대결 2000.11.2. 2000마3530).

[❸ ▸ ○] 입목에 관한 법률에 따라 등기된 입목이나 명인방법을 갖춘 수목의 경우에는 독립하여 거래의 객체가 된다(대결 1998.10.28. 98마1817).

[❹ ▸ ×] 천연과실은 그 원물로부터 분리하는 때에 이를 수취할 권리자에게 속한다(민법 제102조 제1항).

[❺ ▸ ×] 종물은 주물의 처분에 수반된다는 민법 제100조 제2항은 임의규정이므로, 당사자는 주물을 처분할 때에 특약으로 종물을 제외할 수 있고 종물만을 별도로 처분할 수도 있다(대판 2012.1.26. 2009다76546).

핵심정리

권리의 객체(물건)

① 전기 기타 관리할 수 있는 자연력 → 민법상 물건 ○

② 주물 그 자체의 효용과 직접 관계가 없는 물건 → 종물 ×

③ 명인방법을 갖춘 수목의 집단 → 독립된 부동산으로서 거래의 객체 ○

④ 과실수취권의 귀속

→ 법정과실 : 수취할 권리의 존속기간일수의 비율로 취득

→ 천연과실 : 원물로부터 분리하는 때에 수취할 권리자에게 귀속

⑤ 주물과 종물을 별도로 처분하는 특약 → 유효 ○

답 ❸

091 다음 설명 중 옳지 않은 것은?(다툼이 있는 경우에는 판례에 의함) 14 행정사 제2회

□□□

① 주물과 종물은 모두 동일한 소유자에 속하여야 하므로 법률상 하나의 물건으로 취급된다.
② 권원 없이 타인의 토지에 한 그루의 수목을 식재한 사람은 그 소유권을 잃는다.
③ 물건의 소유자만이 아니라 그 물건의 수익권자도 과실을 수취할 수 있는 권리자이다.
④ 주물 소유자의 상용에 공여되는 물건이라도 주물 그 자체의 효용과 직접 관계없는 물건은 종물이 아니다.
⑤ 물건의 사용대가로 받는 금전 기타의 물건은 수취할 권리의 존속기간일수의 비율로 취득한다.

해설

[❶ ▸ ×] 종물이 되면 주물의 처분에 따르게 되어 종물은 주물과 그 법률적 운명을 같이 한다고 할 수 있으나 본래 종물은 주물과 독립된 물건이기 때문에 법률상 하나의 물건으로 취급된다고 볼 수는 없을 것이다.
[❷ ▸ O] 타인의 토지상에 권원 없이 식재한 수목의 소유권은 토지에 부합되어 토지소유자에게 귀속하게 된다(대판 1998.4.24. 97도3425).

부합(附合)이란 소유자를 달리하는 두 개 이상의 물건이 결합하여 1개의 물건으로 되는 것을 말한다. 부동산에 다른 물건(동산)이 부합하였을 경우 부동산의 소유자가 그 물건의 소유권을 취득하지만(민법 제256조 본문), 타인의 권원에 의하여 부속시킨 물건은 그 부속시킨 자에게 속한다(민법 제256조 단서).

[❸ ▸ O] 과실수취권자는 원칙적으로 물건의 소유자이나 지상권자, 전세권자 등 수익자도 과실수취권자에 해당한다.
[❹ ▸ O] 주물의 상용에 이바지한다 함은 주물 그 자체의 경제적 효용을 다하게 하는 것을 말하는 것으로서, 주물의 소유자나 이용자의 사용에 공여되고 있더라도 주물 그 자체의 효용과 직접 관계가 없는 물건은 종물이 아니다(대결 2000.11.2. 2000마3530).
[❺ ▸ O] 물건의 사용대가로 받는 금전 기타의 물건은 법정과실이다(민법 제101조 제2항). 법정과실은 수취할 권리의 존속기간일수의 비율로 취득한다(민법 제102조 제2항).

핵심정리

물건(주물과 종물, 과실 등)

① 주물과 종물 ⇢ 독립한 물건 O (법률상 하나의 물건으로 취급 ×)
② 권원 없이 타인의 토지에 식재한 수목 ⇢ 수목의 소유권은 토지에 부합되어 토지소유자에게 귀속 O
③ 과실수취권자 ⇢ 물건의 소유자만이 아니라 물건의 수익권자도 과실수취권자에 해당 O
④ 주물 그 자체의 효용과 직접 관계없는 물건 ⇢ 종물 ×
⑤ 과실수취권의 귀속
⇢ 법정과실(물건의 사용대가로 받는 금전 기타의 물건) : 수취할 권리의 존속기간일수의 비율로 취득
⇢ 천연과실(물건의 용법에 의하여 수취하는 산출물) : 원물로부터 분리하는 때에 수취할 권리자에게 귀속

답 ❶

092 물건에 관한 설명으로 옳지 않은 것은?(다툼이 있으면 판례에 따름) 17 행정사 제5회

□□□

① 독립된 부동산으로서의 건물이라고 하기 위하여는 최소한의 기둥과 지붕 그리고 주벽이 이루어지면 된다.

② 주물과 종물을 별도로 처분하는 약정은 효력이 없다.

③ 주물과 다른 사람의 소유에 속하는 물건은 종물이 될 수 없다.

④ 법정과실은 수취할 권리의 존속기간일수의 비율로 취득한다.

⑤ 주물과 종물의 관계에 관한 법리는 주된 권리와 종된 권리 상호 간에도 적용된다.

해설

[❶ ▸ O] 독립된 부동산으로서의 건물이라고 하기 위하여는 최소한의 기둥과 지붕 그리고 주벽이 이루어지면 된다(대판 2001.1.16. 2000다51872).

[❷ ▸ ×] 종물은 주물의 처분에 수반된다는 민법 제100조 제2항은 임의규정이므로, 당사자는 주물을 처분할 때에 특약으로 종물을 제외할 수 있고 종물만을 별도로 처분할 수도 있다(대판 2012.1.26. 2009다76546).

[❸ ▸ O] 종물은 물건의 소유자가 그 물건의 상용에 공하기 위하여 자기 소유인 다른 물건을 이에 부속하게 한 것을 말하므로(민법 제100조 제1항) 주물과 다른 사람의 소유에 속하는 물건은 종물이 될 수 없다(대판 2008.5.8. 2007다36933).

[❹ ▸ O] 법정과실은 수취할 권리의 존속기간일수의 비율로 취득한다(민법 제102조 제2항).

[❺ ▸ O] 주물과 종물에 관해 정한 민법 제100조는 물건 상호 간의 관계에 관한 것이지만 권리 상호 간의 관계에도 유추적용된다(대판 2006.10.26. 2006다29020).

핵심정리

물건(부동산, 주물과 종물, 과실)

① 독립된 부동산으로서의 건물 → 최소한의 기둥과 지붕, 주벽 필요

② 주물과 종물을 별도로 처분하는 특약 → 유효 O

③ 주물과 다른 사람의 소유에 속하는 물건 → 종물 ×

④ 법정과실 → 수취할 권리의 존속기간일수의 비율로 취득

⑤ 주물과 종물의 관계에 관한 법리 → 주된 권리와 종된 권리 상호 간에도 유추적용 O

답 ❷

093 물건에 관한 설명으로 옳은 것은?(다툼이 있으면 판례에 따름) 19 행정사 제7회

□□□

① 주물의 구성부분도 종물이 될 수 있다.

② 천연과실은 수취할 권리의 존속기간일수의 비율로 취득한다.

③ 종물은 주물의 처분에 따른다는 민법 제100조 제2항은 강행규정이다.

④ 주물 그 자체의 효용과 직접 관계가 없는 물건은 주물 소유자의 사용에 공여되고 있더라도 종물이 아니다.

⑤ 건물의 개수는 공부상의 등록에 의하여만 결정된다.

해설

[❶ ▸ ×] 종물은 독립된 물건이어야 하기 때문에 주물의 구성부분은 종물이 될 수 없다.

[❷ ▸ ×] 천연과실은 그 원물로부터 분리하는 때에 이를 수취할 권리자에게 속한다(민법 제102조 제1항).

[❸ ▸ ×] 종물은 주물의 처분에 수반된다는 민법 제100조 제2항은 임의규정이므로, 당사자는 주물을 처분할 때에 특약으로 종물을 제외할 수 있고 종물만을 별도로 처분할 수도 있다(대판 2012.1.26. 2009다76546).

[❹ ▸ ○] 주물의 상용에 이바지한다 함은 주물 그 자체의 경제적 효용을 다하게 하는 것을 말하는 것으로서, 주물의 소유자나 이용자의 사용에 공여되고 있더라도 주물 그 자체의 효용과 직접 관계가 없는 물건은 종물이 아니다(대결 2000.11.2. 2000마3530).

[❺ ▸ ×] 건물은 일정한 면적, 공간의 이용을 위하여 지상, 지하에 건설된 구조물을 말하는 것으로서, 건물의 개수는 토지와 달리 공부상의 등록에 의하여 결정되는 것이 아니라 사회통념 또는 거래관념에 따라 물리적 구조, 거래 또는 이용의 목적물로서 관찰한 건물의 상태 등 객관적 사정과 건축한 자 또는 소유자의 의사 등 주관적 사정을 참작하여 결정되는 것이다(대판 1997.7.8. 96다36517).

핵심정리

물건(주물과 종물, 천연과실 등)

① 주물의 구성부분 ⇢ 종물 ×

② 과실수취권의 귀속

⇢ 법정과실 : 수취할 권리의 존속기간일수의 비율로 취득

⇢ 천연과실 : 원물로부터 분리하는 때에 수취할 권리자에게 귀속

③ 종물은 주물의 처분에 따른다는 민법 제100조 제2항 ⇢ 임의규정 ○ (강행규정 ×)

④ 주물 그 자체의 효용과 직접 관계없는 물건 ⇢ 종물 ×

⑤ 건물의 개수

⇢ 사회통념 또는 거래관념에 따라 물리적 구조 등 객관적 사정과 건축한 자 또는 소유자의 의사 등 주관적 사정을 참작하여 결정 ○

⇢ 공부상의 등록에 의하여만 결정 ×

답 ❹

094 물건에 관한 설명으로 옳지 않은 것은?(다툼이 있는 경우에는 판례에 의함) 13 행정사 제1회

□□□

① 최소한의 기둥과 지붕 및 주벽이 있는 건물은 토지와는 별개의 독립한 물건으로 인정될 수 있다.
② 입목에 관한 법률에 따라 등기된 입목에는 저당권이 설정될 수 있다.
③ '종물은 주물의 처분에 따른다'는 민법의 규정은 임의규정이다.
④ 전기 기타 관리할 수 있는 자연력은 물건이다.
⑤ 물건의 사용대가로 받는 금전 기타 물건은 천연과실이다.

해설

[❶ ▸ O] 독립된 부동산으로서의 건물이라고 하기 위하여는 최소한의 기둥과 지붕 그리고 주벽이 이루어지면 된다(대판 2001.1.16. 2000다51872).

[❷ ▸ O] 입목이란 토지에 부착된 수목의 집단으로서 그 소유자가 입목에 관한 법률에 따라 소유권보존의 등기를 받은 것을 말하며, 입목의 소유자는 입목을 토지와 분리하여 저당권의 목적으로 할 수 있다(입목에 관한 법률 제2조 제1항 제1호, 제3조 제2항).

[❸ ▸ O] 종물은 주물의 처분에 수반된다는 민법 제100조 제2항은 임의규정이므로, 당사자는 주물을 처분할 때에 특약으로 종물을 제외할 수 있고 종물만을 별도로 처분할 수도 있다(대판 2012.1.26. 2009다76546).

[❹ ▸ O] 본법에서 물건이라 함은 유체물 및 전기 기타 관리할 수 있는 자연력을 말한다(민법 제98조).

[❺ ▸ ×] 물건의 사용대가로 받는 금전 기타의 물건은 법정과실로 한다(민법 제101조 제2항). 천연과실은 물건의 용법에 의하여 수취하는 산출물이다(민법 제101조 제1항).

핵심정리

물건(부동산, 등기된 입목, 법정과실 등)

① 최소한의 기둥과 지붕 및 주벽이 있는 건물 → 별개의 독립한 물건(부동산) O
② 입목에 관한 법률에 따라 등기된 입목 → 저당권 설정 O
③ '종물은 주물의 처분에 따른다'는 민법 제100조 제2항 → 임의규정
④ 전기 기타 관리할 수 있는 자연력 → 물건
⑤ 물건의 사용대가로 받는 금전 기타 물건 → 법정과실

답 ❺

095 민법상 물건에 관한 설명으로 옳지 않은 것은?(다툼이 있으면 판례에 따름) 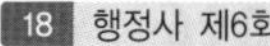

□□□

① 국립공원의 입장료는 법정과실이 아니다.
② 입목에 관한 법률에 따라 등기된 입목은 그 토지와 독립하여 거래의 객체가 될 수 없다.
③ 장소, 종류, 수량 등이 특정되어 있는 집합물은 양도담보의 대상이 될 수 있다.
④ 주물의 소유자의 사용에 공여되고 있더라도 주물 그 자체의 효용과 직접 관계가 없는 물건은 종물이 아니다.
⑤ 지하에서 용출되는 온천수는 토지의 구성부분일 뿐 그 토지와 독립된 권리의 객체가 아니다.

해설

[❶ ▸ O] 국립공원의 입장료는 수익자부담의 원칙에 따라 국립공원의 유지·관리비용의 일부를 입장객에게 부담시키는 것에 지나지 않고, 토지의 사용대가가 아닌 점에서 민법상의 과실은 아니다(대판 2001.12.28. 2000다27749).

[❷ ▸ ×] 입목의 소유자는 토지와 분리하여 입목을 양도하거나 저당권의 목적으로 할 수 있다(입목에 관한 법률 제3조 제2항).

[❸ ▸ O] 일반적으로 일단의 증감 변동하는 동산을 하나의 물건으로 보아 이를 채권담보의 목적으로 삼으려는 이른바 집합물에 대한 양도담보설정계약체결도 가능하며 이 경우 그 목적 동산이 담보설정자의 다른 물건과 구별될 수 있도록 그 종류, 장소 또는 수량지정 등의 방법에 의하여 특정되어 있으면 그 전부를 하나의 재산권으로 보아 이에 유효한 담보권의 설정이 된 것으로 볼 수 있다(대판 1990.12.26. 88다카20224).

[❹ ▸ O] 주물의 상용에 이바지한다 함은 주물 그 자체의 경제적 효용을 다하게 하는 것을 말하는 것으로서, 주물의 소유자나 이용자의 사용에 공여되고 있더라도 주물 그 자체의 효용과 직접 관계가 없는 물건은 종물이 아니다(대결 2000.11.2. 2000마3530).

[❺ ▸ O] 온천수는 토지의 구성부분에 불과하고 토지와 독립한 물권의 객체가 되지 않으므로 온천에 관한 권리는 관습상의 물권이나 준물권이라고 할 수 없다(대판 1972.8.29. 72다1243 참조).

온천에 관한 권리는 관습상의 물권이나 준물권이라 할 수 없고 온천수는 공용수 또는 생활상 필요한 용수에 해당되지 않는다(대판 1972.8.29. 72다1243).

핵심정리

물건(법정과실, 등기된 입목, 종물, 온천수)
① 국립공원의 입장료 ⋯→ 법정과실 ×
② 등기된 입목 ⋯→ 토지와 독립하여 거래의 객체 O
③ 장소, 종류, 수량 등이 특정된 집합물 ⋯→ 양도담보의 대상 O
④ 주물 그 자체의 효용과 직접 관계없는 물건 ⋯→ 종물 ×
⑤ 온천수 ⋯→ 토지와 독립된 권리의 객체 × (토지의 구성부분에 불과)

답 ❷

PART 1 PART 2 PART 3

096 민법상 물건에 관한 설명으로 옳지 않은 것은?(다툼이 있으면 판례에 따름) 20 행정사 제8회

□□□

① 건물의 개수(個數)를 결정함에 있어서 건축자나 소유자의 의사 등 주관적 사정은 고려되지 않는다.
② 주물 소유자의 상용에 공여되고 있더라도 주물 그 자체의 효용과 직접 관계없는 물건은 종물이 아니다.
③ 당사자는 특약으로 주물과 종물을 별도로 처분할 수 있다.
④ 국립공원의 입장료는 민법상 과실(果實)이 아니다.
⑤ 주물의 소유자가 아닌 다른 사람의 소유에 속하는 물건은 종물이 될 수 없다.

해설

[❶ ▸ ×] 건물은 일정한 면적, 공간의 이용을 위하여 지상, 지하에 건설된 구조물을 말하는 것으로서, 건물의 개수는 토지와 달리 공부상의 등록에 의하여 결정되는 것이 아니라 사회통념 또는 거래관념에 따라 물리적 구조, 거래 또는 이용의 목적물로서 관찰한 건물의 상태 등 객관적 사정과 건축한 자 또는 소유자의 의사 등 주관적 사정을 참작하여 결정되는 것이다(대판 1997.7.8. 96다36517).

[❷ ▸ O] 주물의 상용에 이바지한다 함은 주물 그 자체의 경제적 효용을 다하게 하는 것을 말하는 것으로서, 주물의 소유자나 이용자의 사용에 공여되고 있더라도 주물 그 자체의 효용과 직접 관계가 없는 물건은 종물이 아니다(대결 2000.11.2. 2000마3530).

[❸ ▸ O] 종물은 주물의 처분에 수반된다는 민법 제100조 제2항은 임의규정이므로, 당사자는 주물을 처분할 때에 특약으로 종물을 제외할 수 있고 종물만을 별도로 처분할 수도 있다(대판 2012.1.26. 2009다76546).

[❹ ▸ O] 국립공원의 입장료는 수익자부담의 원칙에 따라 국립공원의 유지·관리비용의 일부를 입장객에게 부담시키는 것에 지나지 않고, 토지의 사용대가가 아닌 점에서 민법상의 과실은 아니다(대판 2001.12.28. 2000다27749).

[❺ ▸ O] 종물은 물건의 소유자가 그 물건의 상용에 공하기 위하여 자기 소유인 다른 물건을 이에 부속하게 한 것을 말하므로(민법 제100조 제1항) 주물과 다른 사람의 소유에 속하는 물건은 종물이 될 수 없다(대판 2008.5.8. 2007다36933).

핵심정리	**물건(건물, 주물과 종물, 법정과실 등)** ① 건물의 개수 → 물리적 구조, 객관적 사정과 주관적 사정을 참작하여 결정 ② 주물 그 자체의 효용과 직접 관계없는 물건 → 종물 × ③ 주물과 종물을 별도로 처분하는 특약 → 유효 O ④ 국립공원의 입장료 → 법정과실 × ⑤ 주물과 다른 사람의 소유에 속하는 물건 → 종물 ×

답 ❶

097 물건에 관한 설명으로 옳지 않은 것은?(다툼이 있으면 판례에 따름) 21 행정사 제9회

□□□

① 관리할 수 있는 자연력은 동산이다.
② 분묘에 안치되어 있는 선조의 유골은 그 제사주재자에게 승계된다.
③ 금전은 동산이다.
④ 주물을 점유에 의하여 시효취득하여도 종물을 점유하지 않았다면 그 효력은 종물에 미치지 않는다.
⑤ 권리의 과실(果實)은 민법상 과실(果實)이다.

해설

[❶ ▸ O] [❸ ▸ O] 민법에서 물건이라 함은 유체물 및 전기 기타 관리할 수 있는 자연력을 말하고(민법 제98조), 토지 및 그 정착물 이외의 물건은 동산에 해당되므로 금전이나 관리할 수 있는 자연력은 동산에 해당한다(민법 제99조).

[❷ ▸ O] 사람의 유체·유골은 매장·관리·제사·공양의 대상이 될 수 있는 유체물로서, 분묘에 안치되어 있는 선조의 유체·유골은 민법 제1008조의3 소정의 제사용 재산인 분묘와 함께 그 제사주재자에게 승계되고, 피상속인 자신의 유체·유골 역시 위 제사용 재산에 준하여 그 제사주재자에게 승계된다(대판 2008.11.20. 2007다27670[전합]).

[❹ ▸ O] 점유를 요건으로 하는 권리, 즉 취득시효에 의한 소유권취득, 유치권, 질권의 경우에는 그 권리의 성질상 주물 이외에 종물에 대하여도 점유가 필요하며 주물만 점유한 경우 종물은 주물의 처분에 따르지 아니한다. 따라서 주물을 점유에 의하여 시효취득하여도 종물을 점유하지 않았다면 시효취득의 효력은 종물에 미치지 않는다.

[❺ ▸ X] 물건의 사용대가로 받은 금전 기타 물건이 법정과실이기 때문에(민법 제101조 제2항) 권리의 과실은 민법상의 과실에는 해당하지 아니한다.

핵심정리

물건(동산, 유골, 주물과 종물, 과실 등)

① 관리할 수 있는 자연력 → 동산
② 분묘에 안치되어 있는 선조의 유골 → 제사주재자에게 승계
③ 금전 → 동산
④ 주물을 점유에 의하여 시효취득한 경우 → 점유하지 않은 종물은 시효취득의 효력 ×
⑤ 권리의 과실 → 민법상 과실 ×

답 ❺

098 민법상 물건에 관한 설명으로 옳은 것은?(다툼이 있으면 판례에 따름) 24 행정사 제12회

□□□

① 주물의 구성부분도 종물이 될 수 있다.
② 독립한 물건이라도 부동산은 종물이 될 수 없다.
③ 주물에 대한 점유시효취득의 효력은 점유하지 않는 종물에도 미친다.
④ 천연과실은 물건의 사용대가로 받는 금전 기타의 물건을 말한다.
⑤ 당사자는 주물을 처분할 때에 특약으로 종물을 제외할 수 있다.

해설

[❶ ▸ ×] 종물은 독립된 물건이어야 하기 때문에 **주물의 구성부분**은 종물이 될 수 없다.

[❷ ▸ ×] **종물**은 주물과 독립한 물건이면 되고, **동산이든 부동산이든 관계없다.** 독일민법(제97조 제1항)과 스위스민법(제644조 제2항)은 종물을 동산에 한정하고 있으나, 현행 민법은 이러한 제한을 두고 있지 않으므로 부동산도 종물이 될 수 있다. 판례도 낡은 가재도구 등의 보관장소로 사용되고 있는 **방과 연탄창고 및 공동변소**가 본채에서 떨어져 축조되어 있기는 하나 **본채의 종물**이라고 보았다(대판 1991.5.14. 91다2779).

[❸ ▸ ×] 종물은 주물의 처분에 따른다(민법 제100조 제2항). 그러나 점유를 요건으로 하는 권리, 예를 들면 취득시효에 의한 소유권 취득(민법 제245조 이하), 유치권(민법 제320조), 질권(민법 제329조)의 경우에는, 그 권리의 성질상 주물 외에 종물에 대해서도 점유가 필요하며, 주물만 점유한 경우에는 종물에 대하여는 취득시효에 의한 소유권 취득, 유치권, 질권이 인정되지 않는 것으로 해석된다(김준호, 민법총칙 제17판, p.162).

[❹ ▸ ×] 물건의 사용대가로 받는 금전 기타의 물건은 **법정과실**이다(민법 제101조 제2항). 천연과실은 물건의 용법에 의하여 수취하는 산출물을 말한다(민법 제101조 제1항).

[❺ ▸ ○] 종물은 주물의 처분에 수반된다는 민법 제100조 제2항은 임의규정이므로, 당사자는 주물을 처분할 때에 특약으로 종물을 제외할 수 있고 종물만을 별도로 처분할 수도 있다(대판 2012.1.26. 2009다76546).

핵심정리

민법상 물건

① 주물의 구성부분 → 종물이 될 수 없음 (∵ 종물은 독립된 물건이어야 하기 때문)
② 독립한 부동산 → 종물이 될 수 있음
③ 주물에 대한 점유시효취득의 효력 → 점유하지 않는 종물에는 미치지 않음
④ 천연과실과 법정과실
→ 천연과실 : 물건의 용법에 의하여 수취하는 산출물
→ 법정과실 : 물건의 사용대가로 받는 금전 기타의 물건
⑤ 종물은 주물의 처분에 수반된다는 민법 제100조 제2항
→ 임의규정 : 주물을 처분할 때에 특약으로 종물 제외 가능

답 ❺

CHAPTER 05 권리의 변동

제1절 서 설

099 다음 중 행위 그 자체로 법률행위가 아닌 것을 모두 고른 것은? 15 행정사 제3회

□□□

ㄱ. 점유의 취득
ㄴ. 유실물의 습득
ㄷ. 매장물의 발견
ㄹ. 소유권의 포기
ㅁ. 무주물의 선점

① ㄱ, ㄴ
② ㄱ, ㄹ, ㅁ
③ ㄴ, ㄷ, ㄹ
④ ㄷ, ㄹ, ㅁ
⑤ ㄱ, ㄴ, ㄷ, ㅁ

해설

[ㄱ ▸ X] [ㄴ ▸ X] [ㄷ ▸ X] [ㅁ ▸ X] 점유의 취득, 유실물의 습득, 매장물의 발견, 무주물의 선점은 법률행위가 아니라 사실행위에 해당한다.

[ㄹ ▸ O] 소유권의 포기는 상대방 없는 단독행위로서 법률행위에 해당한다.

답 ❺

100 □□□ 권리의 승계취득에 해당하는 것을 모두 고른 것은?(다툼이 있으면 판례에 따름)

23 행정사 제11회

> ㄱ. 타인 소유의 부동산에 저당권을 취득한 경우
> ㄴ. 신축건물의 소유권 보존등기를 마친 자로부터 그 건물에 대하여 전세권을 취득한 경우
> ㄷ. 유실물에 대하여 적법하게 소유권을 취득한 경우
> ㄹ. 점유취득시효의 완성에 의해 완전한 부동산 소유권을 취득한 경우

① ㄱ, ㄴ
② ㄴ, ㄷ
③ ㄴ, ㄹ
④ ㄷ, ㄹ
⑤ ㄱ, ㄴ, ㄹ

해설

[ㄱ ▸ O] [ㄴ ▸ O] '승계취득'이란 타인(전주)의 권리에 기초한 취득을 말한다. 승계취득의 경우 그 타인(전주)의 권리 이상을 취득할 수 없다. 승계취득에는 개별적 취득원인에 의하여 개개의 권리를 취득하는 특정승계(예 매매에 의한 소유권 취득)와 전주가 가지고 있던 다수의 권리를 포괄적으로 취득하는 포괄승계(예 상속, 포괄유증, 합병 등에 의한 취득), 소유권자로부터 지상권·저당권·전세권을 설정받는 경우와 같이 전주의 권리내용의 일부만을 승계하는 설정적 승계가 있다. 타인 소유의 부동산에 저당권을 취득한 경우,❶ 신축건물의 소유권 보존등기를 마친 자로부터 그 건물에 대하여 전세권을 취득한 경우❷는 **승계취득(설정적 승계)에 해당**한다.

[ㄷ ▸ X] [ㄹ ▸ X] 유실물에 대하여 적법하게 소유권을 취득한 경우, 점유취득시효의 완성에 의해 완전한 부동산 소유권을 취득한 경우는 **원시취득에 해당**한다.

> '원시취득'이란 타인(전주)의 권리에 기초하지 않고 원시적으로 취득하는 것을 말한다. 원시취득에는 건물 신축, 선점, 습득, 발견, 시효취득(판례), 선의취득(다수설) 등이 있다. 원시취득의 경우에는 종전의 권리에 대한 제한이 소멸된다(원칙)는 점을 유의해야 한다.

원시취득과 승계취득

원시취득	건물 신축, 무주물 선점, 유실물 습득, 매장물 발견, 시효취득(판례), 선의취득(다수설)		
승계취득	이전적 승계	특정승계	매매·증여 등에 의한 소유권 취득
		포괄승계	상속·포괄유증·합병에 의한 취득
	설정적 승계	지상권 설정, 전세권 설정, 저당권 설정	

답 ❶

101 준법률행위에 해당하는 것을 모두 고른 것은? 23 행정사 제11회

□□□

ㄱ. 채무의 승인
ㄴ. 채권양도의 통지
ㄷ. 매매계약의 해제
ㄹ. 무권대리인의 상대방이 본인에게 하는 무권대리행위의 추인 여부에 대한 확답의 최고

① ㄱ, ㄴ
② ㄴ, ㄷ
③ ㄷ, ㄹ
④ ㄱ, ㄴ, ㄹ
⑤ ㄴ, ㄷ, ㄹ

해설

[ㄱ ▸ O] [ㄴ ▸ O] [ㄹ ▸ O] 준법률행위란 당사자의 의사가 아닌 '법률의 규정에 의해 법적 효과가 발생'하는 법률요건을 말한다. 채무의 승인(민법 제168조 제3호), 채권양도의 통지(민법 제450조)는 관념의 통지로서 준법률행위에 해당하고, 무권대리인의 상대방이 본인에게 하는 무권대리행위의 추인 여부에 대한 확답의 최고(민법 제131조)는 의사의 통지로서 준법률행위에 해당한다.

[ㄷ ▸ X] 매매계약의 해제는 상대방 있는 단독행위로서 법률행위에 해당한다.

➲ 법률행위와 준법률행위

법률행위	단독행위	상대방 있는 단독행위	동의, 취소, 추인, 철회, 해제, 해지, 상계, 채무면제, 시효이익의 포기, 공유지분의 포기, 대리권수여(= 수권행위)(다수설)
		상대방 없는 단독행위	재단법인 설립행위, 유언, 소유권 포기
	계 약		청약의 의사표시 + 승낙의 의사표시(예 매매, 증여, 임대차 등)
	합동행위		사단법인 설립행위(다수설)
준법률행위	표현행위	의사의 통지	각종 최고(제15조 제1항 등), 거절(제16조 제2항 등), 채무이행의 청구(제387조 제2항)
		관념의 통지	채권양도의 통지나 승낙(제450조), (시효중단사유인) 채무의 승인(제168조 제3호), 시원총회 소집통지(제71조), 공탁의 통지(제488조), 승낙 연착의 통지(제528조)
		감정의 표시	수증자의 망은행위에 대한 용서(제556조 제2항)
	비표현행위	순수사실행위	매장물 발견(제254조), 가공(제259조), 주소 설정(제18조 제1항)
		혼합사실행위	점유취득(제192조 제1항, 점유설정의사), 무주물 선점(제252조 제1항, 사실상의 소유의 의사), 유실물 습득(제253조), 사무관리(제734조, 사무관리의사)

답 ❹

제2절 법률행위

102 강행규정이 아닌 것은?(다툼이 있으면 판례에 따름) 19 행정사 제7회

□□□

① 신의성실의 원칙에 관한 민법 제2조
② 권리능력의 존속기간에 관한 민법 제3조
③ 미성년자의 행위능력에 관한 민법 제5조
④ 사단법인의 사원권의 양도, 상속금지에 관한 민법 제56조
⑤ 법인해산 시 잔여재산의 귀속에 관한 민법 제80조

해설

[❶ ▸ O] [❷ ▸ O] [❸ ▸ O] [❺ ▸ O] 신의성실의 원칙을 규정한 민법 제2조(대판 1995.12.22. 94다42129), 권리능력의 존속기간에 관한 민법 제3조, 미성년자의 행위능력에 관한 민법 제5조, ⑤ 법인해산 시 잔여재산의 귀속에 관한 민법 제80조(대판 2000.12.8. 98두5279)는 강행규정에 해당한다.
[❹ ▸ ×] 사단법인의 사원권의 양도・상속금지에 관한 민법 제56조는 임의규정에 해당한다(대판 1992.4.14. 91다26850).

답 ❹

103 강행법규에 위반한 법률행위에 관한 설명으로 옳은 것은?(다툼이 있으면 판례에 따름)

□□□

20 행정사 제8회

① 강행법규에 위반한 자가 스스로 그 약정의 무효를 주장하는 것은 특별한 사정이 없는 한 신의칙에 반한다.

② 형사사건에 대한 의뢰인과 변호사의 성공보수약정은 강행법규위반으로서 무효일 뿐 반사회적 법률행위는 아니다.

③ 부동산을 등기하지 않고 순차적으로 매도하는 중간생략등기합의는 강행법규에 위반하여 무효이다.

④ 개업공인중개사가 중개의뢰인과 직접 거래하는 행위를 금지하는 공인중개사법 규정은 강행규정이 아니라 단속규정이다.

⑤ 강행법규를 위반하여 무효인 계약에 대해서는 그 상대방의 선의, 무과실에 따라 표현대리 법리가 적용된다.

해설

[❶ ▸ ×] 강행법규에 위반한 자가 스스로 그 약정의 무효를 주장하는 것이 신의칙에 위반되는 권리의 행사라는 이유로 그 주장을 배척한다면, 이는 오히려 강행법규에 의하여 배제하려는 결과를 실현시키는 셈이 되어 입법 취지를 완전히 몰각하게 되므로 달리 특별한 사정이 없는 한 위와 같은 주장은 신의칙에 반하는 것이라고 할 수 없다(대판 2004.6.11. 2003다1601).

[❷ ▸ ×] 형사사건에서의 성공보수약정은 수사·재판의 결과를 금전적인 대가와 결부시킴으로써, 기본적 인권의 옹호와 사회정의의 실현을 사명으로 하는 변호사 직무의 공공성을 저해하고, 의뢰인과 일반 국민의 사법제도에 대한 신뢰를 현저히 떨어뜨릴 위험이 있으므로, 선량한 풍속 기타 사회질서에 위배되는 것으로 평가할 수 있다(대판 2015.7.23. 2015다200111[전합]).

[❸ ▸ ×] 부동산등기특별조치법상 조세포탈과 부동산투기 등을 방지하기 위하여 위 법률 제2조 제2항 및 제8조 제1호에서 등기하지 아니하고 제3자에게 전매하는 행위를 일정 목적범위 내에서 형사처벌하도록 되어 있으나 이로써 순차매도한 당사자 사이의 중간생략등기합의에 관한 사법상 효력까지 무효로 한다는 취지는 아니다(대판 1993.1.26. 92다39112).

[❹ ▸ ○] 개업공인중개사 등이 중개의뢰인과 직접 거래를 하는 행위를 금지하는 공인중개사법 제33조 제6호를 효력규정으로 보아 이에 위반한 거래행위를 일률적으로 무효라고 할 경우 중개의뢰인이 직접 거래임을 알면서도 자신의 이익을 위해 한 거래도 단지 직접 거래라는 이유로 효력이 부인되어 거래의 안전을 해칠 우려가 있으므로, 위 규정은 강행규정이 아니라 단속규정이다(대판 2017.2.3. 2016다259677).

[❺ ▸ ×] 증권회사 또는 그 임·직원의 부당권유행위를 금지하는 증권거래법 제52조 제1호는 공정한 증권거래질서의 확보를 위하여 제정된 강행법규로서 이에 위배되는 주식거래에 관한 투자수익보장약정은 무효이고, 투자수익보장이 강행법규에 위반되어 무효인 이상 증권회사의 지점장에게 그와 같은 약정을 체결할 권한이 수여되었는지 여부에 불구하고 그 약정은 여전히 무효이므로 표현대리의 법리가 준용될 여지가 없다(대판 1996.8.23. 94다38199).

핵심정리

강행법규에 위반한 법률행위

① 강행법규에 위반한 자가 스스로 그 약정의 무효를 주장하는 경우 → 신의칙 위반 ×

② 형사사건 의뢰인과의 성공보수약정 → 반사회질서의 법률행위 ○

③ 중간생략등기합의 → 사법상 효력은 유효 ○

④ 개업공인중개사의 직접 거래행위를 금지하는 공인중개사법 규정 → 단속규정 ○

⑤ 강행법규를 위반하여 무효인 계약 → 표현대리 법리 적용 ×

답 ❹

104 □□□ **민법상 강행규정을 위반한 법률행위의 효과에 관한 설명으로 옳지 않은 것은?(다툼이 있으면 판례에 따름)**

23 행정사 제11회

① 강행규정을 위반한 법률행위는 당사자의 주장이 없더라도 법원이 직권으로 판단할 수 있다.
② 강행규정을 위반하여 확정적 무효가 된 법률행위는 특별한 사정이 없는 한 당사자의 추인에 의해 유효로 할 수 없다.
③ 강행규정에 위반하여 무효인 계약의 상대방이 그 위반사실에 대하여 선의·무과실이더라도 표현대리의 법리가 적용될 여지는 없다.
④ 강행규정에 위반한 약정을 한 자가 스스로 그 약정의 무효를 주장하는 것은 특별한 사정이 없는 한 신의성실 원칙에 반하여 허용될 수 없다.
⑤ 법률의 금지에 위반되는 행위라도 그것이 선량한 풍속 기타 사회질서에 위반하지 않는 경우에는 민법 제746조가 규정하는 불법원인에 해당하지 않는다.

해설

[❶ ▸ O] 신의성실의 원칙에 반하는 것 또는 권리남용은 강행규정에 위배되는 것이므로 당사자의 주장이 없더라도 법원은 직권으로 판단할 수 있다(대판 1995.12.22. 94다42129).
[❷ ▸ O] 법률행위의 내용이 강행규정 위반, 선량한 풍속 기타 사회질서위반 또는 불공정한 행위로 무효인 경우, 특별한 사정(예 무효원인이 제거되는 등)이 없는 한, 추인하더라도 유효로 될 수 없다.

상법 제731조 제1항에 의하면 타인의 생명보험에서 피보험자가 서면으로 동의의 의사표시를 하여야 하는 시점은 '보험계약 체결 시까지'이고, 이는 강행규정으로서 이를 위반한 보험계약은 무효이므로, 타인의 생명보험계약 성립 당시 피보험자의 서면동의가 없다면 그 보험계약은 확정적으로 무효가 되고, 피보험자가 이미 무효가 된 보험계약을 추인하였다고 하더라도 그 보험계약이 유효로 될 수 없다(대판 2010.2.11. 2009다74007).

[❸ ▸ O] 증권회사 또는 그 임·직원의 부당권유행위를 금지하는 증권거래법 제52조 제1호는 공정한 증권거래질서의 확보를 위하여 제정된 강행법규로서 이에 위배되는 주식거래에 관한 투자수익보장약정은 무효이고, 투자수익보장이 강행법규에 위반되어 무효인 이상 증권회사의 지점장에게 그와 같은 약정을 체결할 권한이 수여되었는지 여부에 불구하고 그 약정은 여전히 무효이므로 표현대리의 법리가 준용될 여지가 없다(대판 1996.8.23. 94다38199).
[❹ ▸ X] 강행법규에 위반한 자가 스스로 그 약정의 무효를 주장하는 것이 신의칙에 위반되는 권리의 행사라는 이유로 그 주장을 배척한다면, 이는 오히려 강행법규에 의하여 배제하려는 결과를 실현시키는 셈이 되어 입법 취지를 완전히 몰각하게 되므로 달리 특별한 사정이 없는 한 위와 같은 주장은 신의칙에 반하는 것이라고 할 수 없다(대판 2004.6.11. 2003다1601).
[❺ ▸ O] 부당이득의 반환청구가 금지되는 사유로 민법 제746조가 규정하는 불법원인이라 함은 그 원인되는 행위가 선량한 풍속 기타 사회질서에 위반하는 경우를 말하는 것으로서, 법률의 금지에 위반하는 경우라 할지라도 그것이 선량한 풍속 기타 사회질서에 위반하지 않는 경우에는 이에 해당하지 않는다(대판 2003.11.27. 2003다41722).

핵심정리 **강행규정을 위반한 법률행위의 효과**

① 강행규정을 위반한 법률행위 → 당사자의 주장이 없더라도 법원이 직권으로 판단 O
② 강행규정을 위반하여 확정적 무효가 된 법률행위 → 당사자의 추인에 의해 유효 ×
③ 강행규정에 위반하여 무효인 계약 → 표현대리 법리 적용 ×
④ 강행규정에 위반한 약정을 체결한 자가 약정의 무효를 주장하는 경우 → 신의성실의 원칙 위반 ×
⑤ 민법 제746조의 불법원인급여의 요건으로서의 불법 → 법률의 금지에 위반하는 경우라 할지라도 그것이 선량한 풍속 기타 사회질서에 위반하지 않는 경우에는 해당 ×

답 ❹

105 반사회적 법률행위에 관한 설명으로 옳지 않은 것은?(다툼이 있는 경우에는 판례에 의함)

□□□

13 행정사 제1회

① 부동산의 제2매수인이 다른 사람에게 매매목적물이 이미 매도된 것을 알고 매수하였다면, 그것만으로 그 이중매매는 반사회적 법률행위로서 무효가 된다.

② 소송에서 증언을 하여 줄 것을 주된 조건으로 통상적으로 용인될 수 있는 범위를 넘어선 급부를 제공할 것을 약정한 것은 반사회적 법률행위에 해당한다.

③ 표시되거나 상대방에게 알려진 법률행위의 동기가 반사회적인 경우 그 법률행위는 무효이다.

④ 부첩관계인 부부생활의 종료를 해제조건으로 하는 증여계약은 사회질서에 반하므로 무효이다.

⑤ 당사자의 일방이 상대방에게 공무원의 직무에 관한 사항에 관하여 특별한 청탁을 하게 하고 그에 대한 보수로 돈을 지급할 것을 내용으로 한 약정은 사회질서에 반하여 무효이다.

해설

[❶ ▸ ×] 부동산의 이중매매가 반사회적 법률행위로서 무효가 되기 위하여는 매도인의 배임행위와 매수인이 매도인의 배임행위에 적극 가담한 행위로 이루어진 매매로서, 그 적극 가담하는 행위는 매수인이 다른 사람에게 매매목적물이 매도된 것을 안다는 것만으로는 부족하고, 적어도 그 매도사실을 알고도 매도를 요청하여 매매계약에 이르는 정도가 되어야 한다(대판 1994.3.11. 93다55289).

[❷ ▸ O] 어느 당사자가 그 증언이 필요함을 기화로 증언하여 주는 대가로 용인될 수 있는 정도를 초과하는 급부를 제공받기로 한 약정은 반사회질서적인 금전적 대가가 결부된 경우로 그러한 약정은 민법 제103조 소정의 반사회질서행위에 해당하여 무효로 된다(대판 1994.3.11. 93다40522).

[❸ ▸ O] 민법 제103조에서 정하는 '반사회질서의 법률행위'는 법률행위의 목적인 권리의무의 내용이 선량한 풍속 기타 사회질서에 위반되는 경우뿐만 아니라, 그 내용 자체는 반사회질서적인 것이 아니라고 하여도 법적으로 이를 강제하거나 법률행위에 사회질서의 근간에 반하는 조건 또는 금전적인 대가가 결부됨으로써 그 법률행위가 반사회질서적 성질을 띠게 되는 경우 및 표시되거나 상대방에게 알려진 법률행위의 동기가 반사회질서적인 경우를 포함한다(대판 2009.9.10. 2009다37251).

[❹ ▸ O] 부첩관계인 부부생활의 종료를 해제조건으로 하는 증여계약은 그 조건만이 무효인 것이 아니라 증여계약 자체가 무효이다(대판 1966.6.21. 66다530).

[❺ ▸ O] 당사자의 일방이 상대방에게 공무원의 직무에 관한 사항에 관하여 특별한 청탁을 하게 하고 그에 대한 보수로 돈을 지급할 것을 내용으로 한 약정은 사회질서에 반하는 무효의 계약이고, 따라서 민법 제746조에 의하여 그 대가의 반환을 청구할 수 없다(대판 1995.7.14. 94다51994).

핵심정리

반사회적 법률행위

① 부동산의 제2매수인이 매매목적물이 이미 매도된 것을 알고 매수한 경우 → 그것만으로는 반사회적 법률행위 ×

② 증언을 조건으로 통상 용인될 수 있는 수준을 넘는 대가제공을 약정한 경우 → 반사회적 법률행위 O

③ 표시되거나 상대방에게 알려진 법률행위의 동기가 반사회적인 경우 → 반사회적 법률행위 O

④ 부첩관계의 종료를 해제조건으로 증여계약을 체결한 경우 → 반사회적 법률행위 O

⑤ 공무원의 직무에 관하여 청탁을 하게 하고 보수를 지급할 것을 약정한 경우 → 반사회적 법률행위 O

답 ❶

PART 1 PART 2 PART 3

106 반사회질서의 법률행위에 해당하는 것을 모두 고른 것은?(다툼이 있으면 판례에 따름)

□□□

22 행정사 제10회

ㄱ. 수사기관에서 참고인으로 자신이 잘 알지 못하는 내용에 대한 허위 진술의 대가로 작성된 각서에 기한 급부의 약정
ㄴ. 강제집행을 면하기 위해 부동산에 허위의 근저당권설정등기를 경료하는 행위
ㄷ. 전통사찰의 주지직을 거액의 금품을 대가로 양도·양수하기로 하는 약정이 있음을 알고도 이를 묵인한 상태에서 한 종교법인의 주지 임명행위

① ㄱ
② ㄷ
③ ㄱ, ㄴ
④ ㄴ, ㄷ
⑤ ㄱ, ㄴ, ㄷ

해설

[ㄱ ▸ O] 수사기관에서 참고인으로 진술하면서 자신이 잘 알지 못하는 내용에 대하여 허위의 진술을 하는 경우에 그 허위 진술행위가 범죄행위를 구성하지 않는다고 하여도 그 급부의 상당성 여부를 판단할 필요 없이 허위 진술의 대가로 작성된 각서에 기한 급부의 약정은 민법 제103조 소정의 반사회적 질서행위로 무효이다(대판 2001.4.24. 2000다71999).

[ㄴ ▸ X] 강제집행을 면할 목적으로 부동산에 허위의 근저당권설정등기를 경료하는 행위는 민법 제103조의 선량한 풍속 기타 사회질서에 위반한 사항을 내용으로 하는 법률행위로 볼 수 없다(대판 2004.5.28. 2003다70041).

[ㄷ ▸ X] 전통사찰의 주지직을 거액의 금품을 대가로 양도·양수하기로 하는 약정이 있음을 알고도 이를 묵인 혹은 방조한 상태에서 한 종교법인의 주지임명행위는 민법 제103조 소정의 반사회질서의 법률행위에 해당하지 않는다(대판 2001.2.9. 99다38613).

핵심정리

반사회질서의 법률행위

ㄱ. 수사기관에서 참고인으로 자신이 잘 알지 못하는 내용에 대한 허위 진술의 대가로 작성된 각서에 기한 급부의 약정 → 반사회적 법률행위 ○
ㄴ. 강제집행을 면하기 위해 부동산에 허위의 근저당권설정등기를 경료하는 행위 → 반사회적 법률 ×
ㄷ. 전통사찰의 주지직을 거액의 금품을 대가로 양도·양수하기로 하는 약정이 있음을 알고도 이를 묵인한 상태에서 한 종교법인의 주지 임명행위 → 반사회적 법률행위 ×

답 ❶

107 반사회질서의 법률행위에 해당하지 않는 것은?(다툼이 있으면 판례에 따름)

24 행정사 제12회

□□□

① 행정기관에 진정서를 제출하여 상대방을 궁지에 빠뜨린 다음 이를 취하하는 조건으로 거액의 급부를 제공받기로 한 약정

② 보험계약자가 다수의 보험계약을 통하여 보험금을 부정취득할 목적으로 체결한 보험계약

③ 성매매행위를 전제로 한 선불금의 대여행위

④ 반사회질서의 법률행위에 의하여 조성된 재산인 이른바 비자금을 소극적으로 은닉하기 위하여 임치한 행위

⑤ 도박자금에 제공할 목적으로 한 금전대차계약

해설

[❶ ▸ O] 행정기관에 진정서를 제출하여 상대방을 궁지에 빠뜨린 다음 이를 취하하는 조건으로 거액의 급부를 제공받기로 약정한 경우, 민법 제103조 소정의 반사회질서의 법률행위에 해당한다고 본 사례(대판 2000.2.11. 99다56833).

[❷ ▸ O] 보험계약자가 다수의 보험계약을 통하여 보험금을 부정취득할 목적으로 보험계약을 체결한 경우, 이와 같은 보험계약은 민법 제103조 소정의 선량한 풍속 기타 사회질서에 반하여 무효이다(대판 2005.7.28. 2005다23858).

[❸ ▸ O] 이른바 '티켓다방'을 운영하는 甲이 乙 등을 종업원으로 고용하면서 대여한 선불금이 불법원인급여에 해당하는지가 문제된 사안에서, 제반 사정에 비추어 乙 등으로서는 선불금반환채무와 여러 명목의 경제적 부담이 더해지는 불리한 고용조건 탓에 윤락행위를 선택하지 않을 수 없었고, 甲은 이를 알았을 뿐 아니라 유인, 조장하는 위치에 있었다고 보이므로, 위 선불금은 乙 등의 윤락행위를 전제로 한 것이거나 그와 관련성이 있는 경제적 이익으로서 그 대여행위는 민법 제103조에서 정하는 반사회질서의 법률행위에 해당함에도, 이와 달리 본 원심판결에 법리오해의 위법이 있다고 한 사례(대판 2013.6.14. 2011다65174). ☞ "윤락행위"라 함은 불특정인을 상대로 하여 금품 기타 재산상의 이익을 받거나 받을 것을 약속하고 성행위를 하는 것을 말한다.

[❹ ▸ ×] 반사회적 행위에 의하여 조성된 재산인 이른바 **비자금을 소극적으로 은닉하기 위하여 임치한** 것이 사회질서에 반하는 법률행위로 볼 수 없다고 하여 불법원인급여가 아니라고 한 원심 판단을 수긍한 사례(대판 2001.4.10. 2000다49343).

[❺ ▸ O] 도박자금에 제공할 목적으로 금전의 대차를 한 때에는 그 대차계약은 민법 제103조의 반사회질서의 법률행위로 무효이다(대판 1973.5.22. 72다2249).

핵심정리

반사회질서의 법률행위

① 행정기관에 진정서를 제출하여 상대방을 궁지에 빠뜨린 다음 이를 취하하는 조건으로 거액의 급부를 제공받기로 한 약정 반사회적 법률행위 O
② 보험금을 부정취득할 목적으로 다수의 보험계약을 체결한 경우 → 반사회적 법률행위 O
③ 성매매행위를 전제로 한 선불금의 대여행위 → 반사회적 법률행위 O
④ 비자금을 소극적으로 은닉하기 위하여 임치한 행위 → 반사회적 법률행위 ×
⑤ 도박자금에 제공할 목적으로 금전대차계약을 체결한 경우 → 반사회적 법률행위 O

답 ❹

108 반사회질서의 법률행위에 관한 설명으로 옳은 것은?(다툼이 있으면 판례에 따름)

□□□

18 행정사 제6회

① 강제집행을 면할 목적으로 부동산에 허위의 근저당권설정등기를 경료하는 행위는 반사회질서의 법률행위에 해당한다.

② 증인이 증언을 조건으로 소송당사자로부터 통상 용인될 수 있는 수준을 넘는 대가를 받기로 약정하더라도, 증인에게 증언거부권이 있다면 그 약정은 유효하다.

③ 상대방에게 표시되거나 알려진 법률행위의 동기가 사회질서에 반하더라도 반사회질서의 법률행위에 해당될 수 없다.

④ 어떠한 일이 있어도 이혼하지 아니하겠다는 각서를 써 준 경우, 그와 같은 의사표시는 반사회질서의 법률행위가 아니다.

⑤ 법률행위가 사회질서에 반하여 무효인 경우, 그 법률행위를 기초로 하여 권리를 취득한 선의의 제3자에게도 그 무효를 주장할 수 있다.

해설

[❶ ▸ ×] 강제집행을 면할 목적으로 부동산에 허위의 근저당권설정등기를 경료하는 행위는 민법 제103조의 선량한 풍속 기타 사회질서에 위반한 사항을 내용으로 하는 법률행위로 볼 수 없다(대판 2004.5.28. 2003다70041).

[❷ ▸ ×] 어느 당사자가 그 증언이 필요함을 기화로 증언하여 주는 대가로 용인될 수 있는 정도를 초과하는 급부를 제공받기로 한 약정은 반사회질서적인 금전적 대가가 결부된 경우로 그러한 약정은 민법 제103조 소정의 반사회질서행위에 해당하여 무효로 된다(대판 1994.3.11. 93다40522).

[❸ ▸ ×] 민법 제103조에서 정하는 '반사회질서의 법률행위'는 법률행위의 목적인 권리의무의 내용이 선량한 풍속 기타 사회질서에 위반되는 경우뿐만 아니라, 그 내용 자체는 반사회질서적인 것이 아니라고 하여도 법적으로 이를 강제하거나 법률행위에 사회질서의 근간에 반하는 조건 또는 금전적인 대가가 결부됨으로써 그 법률행위가 반사회질서적 성질을 띠게 되는 경우 및 표시되거나 상대방에게 알려진 법률행위의 동기가 반사회질서적인 경우를 포함한다(대판 2009.9.10. 2009다37251).

[❹ ▸ ×] 어떠한 일이 있어도 이혼하지 아니하겠다는 각서를 써 주었다 하더라도 그와 같은 의사표시는 신분행위의 의사결정을 구속하는 것으로서 공서양속에 위배하여 무효이다(대판 1969.8.19. 69므18).

[❺ ▸ O] 선량한 풍속 기타 사회질서에 반하는 법률행위는 절대적 무효이므로 선의의 제3자에게도 그 무효를 주장할 수 있다.

- 절대적 무효 : 법률행위를 행한 당사자 사이에서 뿐만 아니라 제3자(모든 사람)에 대한 관계에서도 무효인 경우를 말한다. 의사무능력, 강행법규 위반, 반사회질서의 법률행위, 불공정한 법률행위는 절대적 무효이다.
- 상대적 무효 : 법률행위가 법률행위를 행한 당사자 사이나 일정한 사람에 대한 관계에서만 무효인 경우를 말한다. 상대적 무효는 일정한 사람(특히 선의의 제3자)에게 대항할 수 없는 형태로 나타난다. 비진의 의사표시, 통정허위표시는 상대적 무효이다.

핵심정리

반사회질서의 법률행위

① 강제집행을 면할 목적으로 허위의 근저당권설정등기를 경료하는 경우 → 반사회적 법률행위 ×

② 증언을 조건으로 통상 용인될 수 있는 수준을 넘는 대가제공을 약정한 경우 → 반사회적 법률행위 O

③ 표시되거나 상대방에게 알려진 법률행위의 동기가 반사회적인 경우 → 반사회적 법률행위 O

④ 어떠한 일이 있어도 이혼하지 않겠다는 각서를 써 준 경우 → 반사회적 법률행위 O

⑤ 법률행위가 사회질서에 반하여 무효인 경우 → 선의의 제3자에게 무효 주장 O

답 ❺

109 반사회질서의 법률행위에 관한 설명으로 옳은 것은?(다툼이 있으면 판례에 따름)

□□□

17 행정사 제5회

① 대물변제계약이 불공정한 법률행위로서 무효인 경우에도 목적부동산의 소유권을 이전받은 선의의 제3자에 대하여는 무효를 주장할 수 없다.

② 반사회질서의 법률행위라도 당사자가 그 무효임을 알고 추인하면 새로운 법률행위로서 유효하다.

③ 형사사건에 관하여 체결된 성공보수약정은 약정액이 통상적으로 용인될 수 있는 수준을 초과하여도 선량한 풍속 기타 사회질서에 위배되지 않는다.

④ 관련 법령에서 정한 한도를 초과하는 부동산 중개수수료 약정은 전부 무효이다.

⑤ 소송에서 증인이 증언을 조건으로 소송의 일방 당사자로부터 통상적으로 용인될 수 있는 수준을 넘어서는 대가를 제공받기로 하는 약정은 무효이다.

해설

[❶ ▸ ×] 대물변제계약이 불공정한 법률행위로서 무효인 경우에는 절대적 무효이므로 목적부동산의 소유권을 이전받은 선의의 제3자에 대하여도 무효를 주장할 수 있다.

[❷ ▸ ×] 민법 제103조 소정의 반사회질서의 법률행위여서 무효인 경우, 당사자가 그 무효임을 알고 추인하여도 새로운 법률행위를 한 효과마저 생길 수 없는 것이라고 보아야 한다(대판 1973.5.22. 72다2249). 즉 반사회질서의 법률행위의 경우 민법 제139조의 무효행위의 추인의 법리가 적용되지 아니한다. 다만, 과도한 위약벌을 위약이 있은 후에 자의로 이행하겠다고 약속하는 경우와 같이 민법 제103조가 오로지 법률행위 당사자의 이익을 보호하기 위한 목적으로만 작동하는 경우에는 그 당사자가 임의로 추인하는 것을 부정할 이유는 없다(대판 2013.11.28. 2010다91831).

[❸ ▸ ×] 형사사건에서의 성공보수약정은 수사·재판의 결과를 금전적인 대가와 결부시킴으로써, 기본적 인권의 옹호와 사회정의의 실현을 사명으로 하는 변호사 직무의 공공성을 저해하고, 의뢰인과 일반 국민의 사법제도에 대한 신뢰를 현저히 떨어뜨릴 위험이 있으므로, 선량한 풍속 기타 사회질서에 위배되는 것으로 평가할 수 있다(대판 2015.7.23. 2015다200111[전합]).

[❹ ▸ ×] 부동산 중개수수료에 관한 규정들은 중개수수료 약정 중 소정의 한도를 초과하는 부분에 대한 사법상의 효력을 제한하는 이른바 강행법규에 해당하고, 따라서 구 부동산중개업법 등 관련 법령에서 정한 한도를 초과하는 부동산 중개수수료 약정은 그 한도를 초과하는 범위 내에서 무효이다(대판 2007.12.20. 2005다32159[전합]).

[❺ ▸ O] 어느 당사자가 그 증언이 필요함을 기화로 증언하여 주는 대가로 용인될 수 있는 정도를 초과하는 급부를 제공받기로 한 약정은 반사회질서적인 금전적 대가가 결부된 경우로 그러한 약정은 민법 제103조 소정의 반사회질서행위에 해당하여 무효로 된다(대판 1994.3.11. 93다40522).

핵심정리

반사회질서의 법률행위

① 대물변제계약이 불공정한 법률행위인 경우 → 선의의 제3자에게 무효 주장 O

② 반사회질서의 법률행위 → 무효행위의 추인 ×

③ 형사사건 의뢰인과의 성공보수약정 → 반사회질서의 법률행위 O

④ 한도를 초과하는 부동산 중개수수료 약정 → 초과하는 범위 내에서 무효 O

⑤ 증언을 조건으로 용인될 수 있는 수준을 넘는 대가제공의 약정 → 무효 O

답 ❺

110 반사회질서의 법률행위에 관한 설명으로 옳지 않은 것은?(다툼이 있으면 판례에 따름)

□□□

16 행정사 제4회

① 어느 법률행위가 선량한 풍속 기타 사회질서에 위반되어 무효인지의 여부는 법률행위시를 기준으로 판단해야 한다.

② 금전소비대차시 당사자 사이의 경제력 차이로 인하여 사회통념상 허용되는 한도를 초과하여 현저하게 고율의 이자약정이 체결되었다면, 그 허용할 수 있는 한도를 초과하는 부분의 이자약정은 반사회질서의 법률행위로서 무효이다.

③ 부첩관계를 해소하면서 첩이 희생을 위자하고 첩의 장래 생활대책을 마련해 준다는 뜻에서 금원을 지급하기로 한 약정은 공서양속에 반하지 않는다.

④ 의무의 강제에 의하여 얻어지는 채권자의 이익에 비하여 약정된 위약벌이 과도하게 무거운 경우, 그 일부 또는 전부가 공서양속에 반하여 무효로 된다.

⑤ 강제집행을 면할 목적으로 부동산에 허위의 근저당권설정등기를 경료하는 행위는 반사회질서의 법률행위로서 무효이다.

해설

[❶ ▸ ○] 어느 법률행위가 사회질서에 반하는지 여부는 원칙적으로 법률행위 당시를 기준으로 판단해야 한다는 것이 학설, 판례(대판 2001.11.9. 2001다44987)의 일반적인 태도로 보인다.

[❷ ▸ ○] 금전 소비대차계약과 함께 이자의 약정을 하는 경우, 양쪽 당사자 사이의 경제력의 차이로 인하여 그 이율이 당시의 경제적·사회적 여건에 비추어 사회통념상 허용되는 한도를 초과하여 현저하게 고율로 정하여졌다면, 그와 같이 허용할 수 있는 한도를 초과하는 부분의 이자 약정은 선량한 풍속 기타 사회질서에 위반한 사항을 내용으로 하는 법률행위로서 무효이다(대판 2007.2.15. 2004다50426[전합]).

[❸ ▸ ○] 피고가 원고와의 부첩관계를 해소하기로 하는 마당에 그동안 원고가 피고를 위하여 바친 노력과 비용 등의 희생을 배상 내지 위자하고 또 원고의 장래 생활대책을 마련해 준다는 뜻에서 금원을 지급하기로 약정한 것이라면 부첩관계를 해소하는 마당에 위와 같은 의미의 금전지급약정은 공서양속에 반하지 않는다고 보는 것이 상당하다(대판 1980.6.24. 80다458).

[❹ ▸ ○] 위약벌의 약정은 채무의 이행을 확보하기 위하여 정해지는 것으로서 손해배상의 예정과는 내용이 다르므로 손해배상의 예정에 관한 민법 제398조 제2항을 유추적용하여 감액할 수 없으나, 의무의 강제로 얻어지는 채권자의 이익에 비하여 약정된 벌이 과도하게 무거울 때에는 일부 또는 전부가 공서양속에 반하여 무효로 된다(대판 2015.12.10. 2014다14511).

[❺ ▸ ×] 강제집행을 면할 목적으로 부동산에 허위의 근저당권설정등기를 경료하는 행위는 민법 제103조의 선량한 풍속 기타 사회질서에 위반한 사항을 내용으로 하는 법률행위로 볼 수 없다(대판 2004.5.28. 2003다70041).

핵심정리 반사회질서의 법률행위

① 법률행위가 선량한 풍속 기타 사회질서에 위반되는지 여부 → 법률행위시를 기준으로 판단
② 금전소비대차시 사회통념상 허용되는 한도를 초과하여 현저하게 고율의 이자약정이 체결된 경우 → '허용 한도 초과하는 부분'의 이자약정은 반사회적 법률행위로 무효(일부 무효) ○
③ 부첩관계를 해소하면서 금원을 지급하기로 약정한 경우 → 반사회적 법률행위 ×
(cf. 부첩관계의 종료를 해제조건으로 하는 증여계약 → 반사회적 법률행위 ○)
④ 위약벌이 과도하게 무거운 경우 → 그 일부 또는 전부가 반사회적 법률행위 ○
⑤ 강제집행을 면할 목적으로 허위의 근저당권설정등기를 경료 → 반사회적 법률행위 ×

답 ❺

111 □□□ **반사회질서의 법률행위에 관한 설명으로 옳지 않은 것은?(다툼이 있으면 판례에 따름)**

19 행정사 제7회

① 선량한 풍속 기타 사회질서에 위반한 사항을 내용으로 하는 법률행위는 무효이다.

② 법률행위가 선량한 풍속 기타 사회질서에 위반되는지 여부는 법률행위가 이루어진 때를 기준으로 판단해야 한다.

③ 법률행위의 성립과정에 강박이라는 불법적인 방법이 사용된 경우, 그것만으로는 반사회질서의 법률행위라고 할 수 없다.

④ 다수의 보험계약을 통하여 보험금을 부정취득할 목적으로 체결된 보험계약은 그것만으로는 선량한 풍속 기타 사회질서에 반하지 않는다.

⑤ 양도소득세의 일부를 회피할 목적으로 매매계약서에 실제로 거래한 것보다 낮은 금액을 매매대금으로 기재한 경우, 그것만으로는 그 매매계약이 사회질서에 반하지 않는다.

해설

[❶ ▸ O] 선량한 풍속 기타 사회질서에 위반한 사항을 내용으로 하는 법률행위는 무효로 한다(민법 제103조).
[❷ ▸ O] 어느 법률행위가 사회질서에 반하는지 여부는 원칙적으로 법률행위 당시를 기준으로 판단해야 한다는 것이 학설, 판례(대판 2001.11.9. 2001다44987)의 일반적인 태도로 보인다.
[❸ ▸ O] 단지 법률행위의 성립과정에 강박이라는 불법적 방법이 사용된 데에 불과한 때에는 강박에 의한 의사표시의 하자나 의사의 흠결을 이유로 효력을 논의할 수는 있을지언정 반사회질서의 법률행위로서 무효라고 할 수는 없다(대판 2002.12.27. 2000다47361).
[❹ ▸ X] 보험계약자가 다수의 보험계약을 통하여 보험금을 부정취득할 목적으로 보험계약을 체결한 경우, 이와 같은 보험계약은 민법 제103조 소정의 선량한 풍속 기타 사회질서에 반하여 무효이다(대판 2005.7.28. 2005다23858).
[❺ ▸ O] 양도소득세의 일부를 회피할 목적으로 매매계약서에 실제로 거래한 가액을 매매대금으로 기재하지 아니하고 그보다 낮은 금액을 매매대금으로 기재하였다 하여, 그것만으로 그 매매계약이 사회질서에 반하는 법률행위로서 무효로 된다고 할 수는 없다(대판 2007.6.14. 2007다3285).

핵심정리 **반사회질서의 법률행위**

① 선량한 풍속 기타 사회질서에 위반한 사항을 내용으로 하는 법률행위 → 무효 O
② 법률행위가 선량한 풍속 기타 사회질서에 위반되는지 여부 → 법률행위시를 기준으로 판단
③ 법률행위의 성립과정에 강박이라는 불법적인 방법이 사용된 경우 → 그것만으로는 반사회적 법률행위 ×
④ 보험금을 부정취득할 목적으로 다수의 보험계약을 체결한 경우 → 반사회적 법률행위 O
⑤ 양도소득세를 회피할 목적으로 매매계약서에 실제보다 낮은 금액을 매매대금으로 기재한 경우 → 반사회적 법률행위 ×

답 ❹

PART 1 PART 2 PART 3

112 반사회적 법률행위에 관한 설명으로 옳지 않은 것은?(다툼이 있으면 판례에 따름)

□□□

20 행정사 제8회

① 해외파견 근로자의 귀국 후 일정 기간 소속회사에 근무토록 한 약정은 특별한 사정이 없는 한 반사회적 법률행위라고 할 수 없다.

② 반사회적 법률행위로서 무효인 계약은 당사자가 무효임을 알고 추인하여도 원칙적으로는 새로운 법률행위로 볼 수 없다.

③ 매매계약의 동기가 반사회적이고 그 동기가 외부에 표시된 경우 그 매매계약은 무효이다.

④ 어느 법률행위가 선량한 풍속 기타 사회질서에 위반하는지는 특별한 사정이 없는 한 그 법률행위 당시를 기준으로 판단한다.

⑤ 수사기관에서 허위진술의 대가를 지급하기로 한 약정은 그 대가가 적정하다면 반사회적 법률행위에 해당하지 않는다.

해설

[❶ ▸ O] 해외파견된 근로자가 귀국일로부터 일정 기간 소속회사에 근무하여야 한다는 사규나 약정은 민법 제103조 또는 제104조에 위반된다고 할 수 없고, 일정 기간 근무하지 않으면 해외 파견 소요경비를 배상한다는 사규나 약정은 근로계약기간이 아니라 경비반환채무의 면제기간을 정한 것이므로 근로기준법 제21조에 위배하는 것도 아니다(대판 1982.6.22. 82다카90).

[❷ ▸ O] 민법 제103조 소정의 반사회질서의 법률행위여서 무효인 경우, 당사자가 그 무효임을 알고 추인하여도 새로운 법률행위를 한 효과마저 생길 수 없는 것이라고 보아야 한다(대판 1973.5.22. 72다2249). 즉 반사회질서의 법률행위의 경우 민법 제139조의 무효행위의 추인의 법리가 적용되지 아니한다. 다만, 과도한 위약벌을 위약이 있은 후에 자의로 이행하겠다고 약속하는 경우와 같이 민법 제103조가 오로지 법률행위 당사자의 이익을 보호하기 위한 목적으로만 작동하는 경우에는 그 당사자가 임의로 추인하는 것을 부정할 이유는 없다(대판 2013.11.28. 2010다91831).

[❸ ▸ O] 민법 제103조에서 정하는 '반사회질서의 법률행위'는 법률행위의 목적인 권리의무의 내용이 선량한 풍속 기타 사회질서에 위반되는 경우뿐만 아니라, 그 내용 자체는 반사회질서적인 것이 아니라고 하여도 법적으로 이를 강제하거나 법률행위에 사회질서의 근간에 반하는 조건 또는 금전적인 대가가 결부됨으로써 그 법률행위가 반사회질서적 성질을 띠게 되는 경우 및 표시되거나 상대방에게 알려진 법률행위의 동기가 반사회질서적인 경우를 포함한다(대판 2009.9.10. 2009다37251).

[❹ ▸ O] 어느 법률행위가 사회질서에 반하는지 여부는 원칙적으로 법률행위 당시를 기준으로 판단해야 한다는 것이 학설, 판례(대판 2001.11.9. 2001다44987)의 일반적인 태도로 보인다.

[❺ ▸ X] 수사기관에서 참고인으로 진술하면서 자신이 잘 알지 못하는 내용에 대하여 허위의 진술을 하는 경우에 그 허위 진술행위가 범죄행위를 구성하지 않는다고 하여도 그 급부의 상당성 여부를 판단할 필요 없이 허위진술의 대가로 작성된 각서에 기한 급부의 약정은 민법 제103조 소정의 반사회적 질서행위로 무효이다(대판 2001.4.24. 2000다71999). ☞ 그 대가(급부)가 적정하더라도 반사회적 법률행위에 해당하여 무효이다.

핵심정리

반사회적 법률행위

① 해외파견 근로자가 귀국 후 일정 기간 소속회사에 근무하도록 약정한 경우 → 반사회적 법률행위 ×

② 반사회질서의 법률행위 → 원칙적으로 무효행위의 추인 ×

③ 표시되거나 상대방에게 알려진 법률행위의 동기가 반사회적인 경우 → 반사회적 법률행위 ○

④ 법률행위가 선량한 풍속 기타 사회질서에 위반되는지 여부 → 법률행위시를 기준으로 판단

⑤ 수사기관에서 참고인으로 허위진술을 하는 대가로 돈을 받기로 한 약정 → 그 대가가 적정하더라도 반사회적 법률행위 ○

답 ❺

113 반사회적 법률행위에 관한 설명으로 옳지 않은 것은?(다툼이 있으면 판례에 따름)

□□□

21 행정사 제9회

① 형사사건의 변호사 성공보수약정은 반사회적 법률행위이다.

② 아버지 소유의 부동산이 이미 제3자에게 매도되어 제3자로부터 등기독촉을 받고 있는 사정을 잘 알고 있는 아들이 그 아버지로부터 그 부동산을 증여받은 경우, 그 증여는 반사회적 법률행위이다.

③ 살인을 포기할 것을 조건으로 한 증여는 반사회적 법률행위가 아니다.

④ 부부간에 어떠한 일이 있어도 이혼하지 않겠다는 합의는 반사회적 법률행위이다.

⑤ 수사기관에서 참고인으로 허위진술하는 대가로 돈을 받기로 한 약정은 반사회적 법률행위이다.

해설

[❶ ▸ O] 형사사건에서의 성공보수약정은 수사・재판의 결과를 금전적인 대가와 결부시킴으로써, 기본적 인권의 옹호와 사회정의의 실현을 사명으로 하는 변호사 직무의 공공성을 저해하고, 의뢰인과 일반 국민의 사법제도에 대한 신뢰를 현저히 떨어뜨릴 위험이 있으므로, 선량한 풍속 기타 사회질서에 위배되는 것으로 평가할 수 있다(대판 2015.7.23. 2015다200111[전합]).

[❷ ▸ O] 매도인이 매수인에게 목적부동산을 매도한 사실을 알고서 수증자가 매도인으로부터 증여를 원인으로 하여 소유권이전등기를 함으로써 매도인의 매수인에 대한 배임행위에 가담한 결과에 이르렀다면, 이는 실체관계에 부합하는 유효한 등기가 될 리가 없고 반사회질서의 행위로서 무효이다(대판 1983.4.26. 83다카57).

[❸ ▸ ×] 살인할 생각을 포기할 것을 조건으로 한 증여는 당연한 해서는 안 되는 행위를 하지 않을 것을 조건으로 하기 때문에 사회질서에 반하는 무효의 계약이다.

[❹ ▸ O] 어떠한 일이 있어도 이혼하지 아니하겠다는 각서를 써 주었다 하더라도 그와 같은 의사표시는 신분행위의 의사결정을 구속하는 것으로서 공서양속에 위배하여 무효이다(대판 1969.8.19. 69므18).

[❺ ▸ O] 수사기관에서 참고인으로 진술하면서 자신이 잘 알지 못하는 내용에 대하여 허위의 진술을 하는 경우에 그 허위 진술행위가 범죄행위를 구성하지 않는다고 하여도 그 급부의 상당성 여부를 판단할 필요 없이 허위진술의 대가로 작성된 각서에 기한 급부의 약정은 민법 제103조 소정의 반사회적 질서행위로 무효이다(대판 2001.4.24. 2000다71999). ☞ 수사기관에서 참고인에게 허위진술의 대가를 지급하기로 약정한 경우, 그 대가(급부)가 적정하더라도 반사회적 법률행위에 해당하여 무효이다.

핵심정리

반사회적 법률행위

① 형사사건 변호사의 성공보수약정 → 반사회적 법률행위 O

② 제3자의 등기독촉을 받고 있는 사정을 알고 있는 아들이 아버지 소유의 부동산을 증여받은 경우 → 반사회적 법률행위 O

③ 살인을 포기할 것을 조건으로 증여를 한 경우 → 반사회적 법률행위 O

④ 어떠한 일이 있어도 이혼하지 않겠다고 합의한 경우 → 반사회적 법률행위 O

⑤ 수사기관에서 참고인으로 허위진술을 하는 대가로 돈을 받기로 한 약정 → 그 대가가 적정하더라도 반사회적 법률행위 O

답 ❸

PART 1 PART 2 PART 3

114 ☐☐☐ 선량한 풍속 기타 사회질서에 반하는 법률행위에 해당하지 않는 것은?(다툼이 있으면 판례에 따름)

23 행정사 제11회

① 살인할 것을 조건으로 증여한 경우
② 형사사건에 관하여 보수약정과 별개로 성공보수를 약정한 경우
③ 강제집행을 면할 목적으로 부동산에 허위의 근저당권등기를 마친 경우
④ 수증자가 매도인의 매수인에 대한 배임행위에 적극 가담하여 매매목적 부동산을 증여받은 경우
⑤ 당초부터 오로지 보험사고를 가장하여 보험금을 취득할 목적으로 생명보험계약을 체결한 경우

해설

[❶ ▸ O] 살인할 것을 조건으로 한 증여계약은 법률행위(증여계약)에 반사회질서적인 조건(살인)이 결부됨으로써 반사회질서적 성질을 갖게 되므로 선량한 풍속 기타 사회질서에 반하는 법률행위가 된다.

> 민법 제103조에 의하여 무효로 되는 반사회질서 행위는 법률행위의 목적인 권리·의무의 내용이 선량한 풍속 기타 사회질서에 위반되는 경우뿐 아니라 그 내용 자체는 반사회질서적인 것이 아니라고 하여도 법률적으로 이를 강제하거나 법률행위에 반사회질서적인 조건 또는 금전적 대가가 결부됨으로써 반사회질서적 성질을 띠게 되는 경우 및 표시되거나 상대방에게 알려진 법률행위의 동기가 반사회질서적인 경우를 포함한다(대판 2002.12.27. 2000다47361).

[❷ ▸ O] 형사사건에서의 성공보수약정은 수사·재판의 결과를 금전적인 대가와 결부시킴으로써, 기본적 인권의 옹호와 사회정의의 실현을 사명으로 하는 변호사 직무의 공공성을 저해하고, 의뢰인과 일반 국민의 사법제도에 대한 신뢰를 현저히 떨어뜨릴 위험이 있으므로, 선량한 풍속 기타 사회질서에 위배되는 것으로 평가할 수 있다(대판 2015.7.23. 2015다200111[전합]).

[❸ ▸ ×] 강제집행을 면할 목적으로 부동산에 허위의 근저당권설정등기를 경료하는 행위는 민법 제103조의 선량한 풍속 기타 사회질서에 위반한 사항을 내용으로 하는 법률행위로 볼 수 없다(대판 2004.5.28. 2003다70041).

[❹ ▸ O] 매도인이 매수인에게 목적부동산을 매도한 사실을 알고서 수증자가 매도인으로부터 증여를 원인으로 하여 소유권이전등기를 함으로써 매도인의 매수인에 대한 배임행위에 가담한 결과에 이르렀다면, 이는 실체관계에 부합하는 유효한 등기가 될 리가 없고 반사회질서의 행위로서 무효이다(대판 1983.4.26. 83다카57).

[❺ ▸ O] 당초부터 오로지 보험사고를 가장하여 보험금을 취득할 목적으로 생명보험계약을 체결한 경우에는 사람의 생명을 수단으로 이득을 취하고자 하는 불법적인 행위를 유발할 위험성이 크고, 이러한 목적으로 체결된 생명보험계약에 의하여 보험금을 지급하게 하는 것은 보험계약을 악용하여 부정한 이득을 얻고자 하는 사행심을 조장함으로써 사회적 상당성을 일탈하게 되므로, 이와 같은 생명보험계약은 사회질서에 위배되는 법률행위로서 무효이다(대판 2000.2.11. 99다49064).

핵심정리

선량한 풍속 기타 사회질서에 반하는 법률행위(반사회적 법률행위)
① 살인할 것을 조건으로 증여계약 → 반사회적 법률행위 O
② 형사사건에서 보수약정과 별개로 성공보수약정 → 반사회적 법률행위 O
③ 강제집행을 면탈할 목적의 허위의 근저당권설정등기 → 반사회적 법률행위 ×
④ 수증자가 매도인의 배임행위에 적극 가담하여 매매목적 부동산을 증여받은 경우
→ 반사회적 법률행위 O
⑤ 오로지 보험사고를 가장하여 보험금을 취득할 목적으로 생명보험계약을 체결한 경우
→ 반사회적 법률행위 O

답 ❸

115 □□□ **법률행위의 목적에 관한 설명으로 옳지 않은 것은?(다툼이 있으면 판례에 따름)**

17 행정사 제5회

① 불공정한 법률행위가 성립하기 위하여는 궁박·경솔·무경험의 요건이 모두 충족되어야 한다.
② 무상증여는 불공정한 법률행위가 될 수 없다.
③ 해외파견된 근로자가 귀국일로부터 3년간 회사에 근무하여야 하고, 이를 위반한 경우에는 해외파견에 소요된 경비를 배상하여야 한다는 회사의 사규는 반사회질서의 법률행위에 해당하지 않는다.
④ 공익법인이 주무관청의 허가 없이 기본재산을 처분하는 것은 무효이다.
⑤ 도박자금에 제공할 목적으로 금전의 대차를 한 때에는 그 대차계약은 반사회질서의 법률행위로 무효이다.

해설

[❶ ▸ ×] 민법 제104조의 불공정한 법률행위가 성립하기 위하여 당사자 일방의 궁박, 경솔, 무경험은 모두 구비하여야 하는 요건이 아니고 그중 어느 하나만 갖추어져도 충분하다(대판 1993.10.12. 93다19924).

[❷ ▸ ○] 불공정한 법률행위란 자기의 급부에 비하여 현저하게 균형을 잃은 반대급부를 하게 함으로써 부당한 재산적 이익을 얻는 행위를 말하므로 증여와 같이 대가적 의미의 출연이 없는 무상행위에는 민법 제104조의 적용이 없다(대판 2000.2.11. 99다56833).

[❸ ▸ ○] 해외파견된 근로자가 귀국일로부터 일정 기간 소속회사에 근무하여야 한다는 사규나 약정은 민법 제103조 또는 제104조에 위반된다고 할 수 없고, 일정 기간 근무하지 않으면 해외 파견 소요경비를 배상한다는 사규나 약정은 근로계약기간이 아니라 경비반환채무의 면제기간을 정한 것이므로 근로기준법 제21조에 위배하는 것도 아니다(대판 1982.6.22. 82다카90).

[❹ ▸ ○] 공익법인의 기본재산의 처분에 관한 공익법인의 설립·운영에 관한 법률 제11조 제3항의 규정은 강행규정으로서 이에 위반하여 주무관청의 허가를 받지 않고 기본재산을 처분하는 것은 무효라 할 것이다(대판 2005.9.28. 2004다50044).

[❺ ▸ ○] 도박자금에 제공할 목적으로 금전의 대차를 한 때에는 그 대차계약은 민법 제103조의 반사회질서의 법률행위로 무효이다(대판 1973.5.22. 72다2249).

핵심정리

법률행위의 목적(불공정한 법률행위, 반사회질서의 법률행위 등)

① 불공정한 법률행위의 성립요건
→ 궁박, 경솔, 무경험 중 어느 하나만 갖추어도 충분

② 무상증여 → 불공정한 법률행위에 관한 민법 제104조 적용 ×

③, ⑤ 반사회질서의 법률행위 여부
→ 해외파견된 근로자가 귀국 후 일정 기간 근무하도록 하고 위반한 경우 배상하도록 사규가 규정하고 있는 경우 → 반사회적 법률행위 ×
→ 도박자금에 제공할 목적으로 금전대차계약을 체결한 경우 → 반사회적 법률행위 ○

④ 공익법인이 주무관청의 허가 없이 기본재산을 처분하는 경우 → 강행규정 위반으로 무효 ○

답 ❶

PART 1 PART 2 PART 3

116 □□□ **불공정한 법률행위에 관한 설명으로 옳은 것은?(다툼이 있으면 판례에 따름)** 22 행정사 제10회

① 불공정한 법률행위는 원칙적으로 추인에 의해서 유효로 될 수 없다.
② 궁박은 경제적 원인에 기인하는 것을 말하며, 심리적 원인에 기인할 수 없다.
③ 특별한 사정이 없는 한 경솔·궁박은 본인을 기준으로 판단하고, 무경험은 대리인을 기준으로 판단한다.
④ 법률행위가 현저하게 공정성을 잃은 경우, 그 법률행위 당사자의 궁박·경솔·무경험은 추정된다.
⑤ 불공정한 법률행위에는 무효행위의 전환에 관한 민법 제138조는 적용되지 않는다.

해설

[❶ ▸ O] 불공정한 법률행위로서 무효인 경우에는 **추인**에 의하여 무효인 법률행위가 유효로 될 수 없다(대판 1994.6.24. 94다10900). ☞ 불공정한 법률행위에는 민법 제139조의 무효행위의 추인의 법리가 적용되지 아니한다.

[❷ ▸ ×] 궁박이라 함은 '급박한 곤궁'을 의미하는 것으로서 경제적 원인에 기인할 수도 있고, 정신적 또는 심리적 원인에 기인할 수도 있다(대판 2005.2.17. 2004다60577).

[❸ ▸ ×] 대리인에 의하여 법률행위가 이루어진 경우 그 법률행위가 민법 제104조의 불공정한 법률행위에 해당하는지 여부를 판단함에 있어서 경솔과 무경험은 **대리인**을 기준으로 하여 판단하고, 궁박은 **본인**의 입장에서 판단하여야 한다(대판 2002.10.22. 2002다38927).

[❹ ▸ ×] 법률행위가 현저하게 공정을 잃었다고 하여 곧 그것이 궁박, 경솔하게 이루어진 것으로 추정되지 아니하므로 본조의 불공정한 법률행위의 법리가 적용되려면 그 주장하는 측에서 궁박, 경솔 또는 무경험으로 인하였음을 증명하여야 한다(대판 1969.12.30. 69다1873).

[❺ ▸ ×] 매매계약이 약정된 매매대금의 과다로 말미암아 민법 제104조에서 정하는 '불공정한 법률행위'에 해당하여 무효인 경우에도 무효행위의 전환에 관한 민법 제138조가 적용된다(대판 2011.4.28. 2010다106702).

핵심정리

불공정한 법률행위

①, ⑤ 불공정한 법률행위로서 무효인 경우
→ 무효행위의 추인에 관한 민법 제139조 : 적용 ×
→ 무효행위의 전환에 관한 민법 제138조 : 적용 O

②, ③, ④ 불공정한 법률행위의 성립요건
→ 상대방의 궁박·경솔·무경험의 이용
- 궁박·경솔·무경험 중 어느 하나만 갖추어도 충분
- 궁박은 경제적 원인에 기인할 수도 있고, 정신적·심리적 원인에 기인할 수도 있음
- 피해 당사자 측의 사정을 알면서 이를 이용하려는 의사(폭리행위의 악의) 필요

→ 급부와 반대급부 사이의 현저한 불균형
- 법률행위가 현저하게 공정을 잃었다고 궁박, 경솔, 무경험으로 인한 것으로 추정 ×
- 불공정한 법률행위를 주장하는 측에서 궁박, 경솔 또는 무경험으로 인하였음을 증명하여야 함

→ • 대리인에 의한 법률행위의 경우, 불공정한 법률행위 성립 여부 판단
- 궁박 상태 : 본인을 기준으로 판단 O
- 경솔·무경험 : 대리인을 기준으로 판단 O

답 ❶

117 불공정한 법률행위에 관한 설명으로 옳은 것은?(다툼이 있으면 판례에 따름) 19 행정사 제7회

□□□

① 증여계약도 불공정한 법률행위가 될 수 있다.

② 급부와 반대급부 사이의 현저한 불균형을 판단함에 있어서 피해 당사자의 궁박, 경솔 또는 무경험의 정도는 고려대상이 아니다.

③ 대리행위의 경우, 경솔과 무경험은 대리인을 기준으로 하여 판단하고 궁박은 본인의 입장에서 판단해야 한다.

④ 피해 당사자가 궁박, 경솔 또는 무경험의 상태에 있었다면 상대방 당사자에게 그와 같은 사정을 알면서 이를 이용하려는 의사가 없어도 불공정한 법률행위가 성립한다.

⑤ 법률행위가 현저하게 공정을 잃은 경우 그것은 당사자의 궁박, 경솔 또는 무경험으로 인한 것으로 추정된다.

해설

[❶ ▸ ×] 불공정한 법률행위란 자기의 급부에 비하여 현저하게 균형을 잃은 반대급부를 하게 함으로써 부당한 재산적 이익을 얻는 행위를 말하므로 증여와 같이 대가적 의미의 출연이 없는 무상행위에는 민법 제104조의 적용이 없다(대판 2000.2.11. 99다56833).

[❷ ▸ ×] 급부와 반대급부 사이의 '현저한 불균형'은 단순히 시가와의 차액 또는 시가와의 배율로 판단할 수 있는 것은 아니고 구체적 · 개별적 사안에 있어서 일반인의 사회통념에 따라 결정하여야 한다. 그 판단에 있어서는 피해 당사자의 궁박 · 경솔 · 무경험의 정도가 아울러 고려되어야 하고, 당사자의 주관적 가치가 아닌 거래상의 객관적 가치에 의하여야 한다(대판 2010.7.15. 2009다50308).

[❸ ▸ O] 대리인에 의하여 법률행위가 이루어진 경우 그 법률행위가 민법 제104조의 불공정한 법률행위에 해당하는지 여부를 판단함에 있어서 경솔과 무경험은 **대리인**을 기준으로 하여 판단하고, 궁박은 **본인**의 입장에서 판단하여야 한다(대판 2002.10.22. 2002다38927).

[❹ ▸ ×] 피해 당사자가 궁박, 경솔 또는 무경험의 상태에 있었다고 하더라도 그 상대방 당사자에게 그와 같은 피해 당사자 측의 사정을 알면서 이를 이용하려는 의사, 즉 폭리행위의 악의가 없었다거나 또는 객관적으로 급부와 반대급부 사이에 현저한 불균형이 존재하지 아니한다면 불공정 법률행위는 성립하지 않는다(대판 2002.10.22. 2002다38927).

[❺ ▸ ×] 법률행위가 현저하게 공정을 잃었다고 하여 곧 그것이 궁박, 경솔하게 이루어진 것으로 추정되지 아니하므로 본조의 불공정한 법률행위의 법리가 적용되려면 그 주장하는 측에서 궁박, 경솔 또는 무경험으로 인하였음을 증명하여야 한다(대판 1969.12.30. 69다1873).

핵심정리

불공정한 법률행위

① 증여계약 ⇢ 불공정한 법률행위 ×

③, ④, ②, ⑤ 불공정한 법률행위의 성립요건

⇢ 상대방의 궁박 · 경솔 · 무경험의 이용

- 경솔 · 무경험은 대리인을 기준으로 판단 / 궁박 상태 여부는 본인을 기준으로 판단
- 피해 당사자 측의 사정을 알면서 이를 이용하려는 의사(폭리행위의 악의) 필요

⇢ 급부와 반대급부 사이의 현저한 불균형

- 현저한 불균형의 판단에서 피해자의 궁박, 경솔 또는 무경험의 정도는 고려대상 O
- 법률행위가 현저하게 공정을 잃었다고 궁박, 경솔, 무경험으로 인한 것으로 추정 ×

답 ❸

118 불공정한 법률행위에 관한 설명으로 옳지 않은 것은?(다툼이 있으면 판례에 따름)

□□□

24 행정사 제12회

① 특별한 사정이 없는 한 경매에도 불공정한 법률행위에 관한 민법 제104조가 적용된다.
② 불공정한 법률행위에 해당하는지는 법률행위가 이루어진 시점을 기준으로 약속된 급부와 반대급부 사이의 객관적 가치를 비교 평가하여 판단하여야 한다.
③ 불공정한 법률행위가 성립하기 위한 요건인 궁박, 경솔, 무경험은 그중 일부만 갖추어져도 충분하다.
④ 궁박은 급박한 곤궁을 의미하는 것으로서 심리적 원인에 기인할 수도 있다.
⑤ 무경험은 어느 특정영역에 있어서의 경험부족이 아니라 거래일반에 대한 경험부족을 뜻한다.

해설

[❶ ▸ ×] **경매**에 있어서는 **불공정한 법률행위** 또는 채무자에게 불리한 약정에 관한 것으로서 효력이 없다는 민법 제104조, 제608조는 **적용될 여지가 없다**(대결 1980.3.21. 80마77).

> **민법 제104조(불공정한 법률행위)** 당사자의 궁박, 경솔 또는 무경험으로 인하여 현저하게 공정을 잃은 법률행위는 무효로 한다.
>
> **민법 제608조(차주에 불이익한 약정의 금지)** 전2조의 규정[제606조(대물대차), 제607조(대물반환의 예약)]에 위반한 당사자의 약정으로서 차주에 불리한 것은 환매 기타 여하한 명목이라도 그 효력이 없다.

[❷ ▸ ○] 불공정 법률행위에 해당하는지는 **법률행위가 이루어진 시점을 기준**으로 약속된 급부와 반대급부 사이의 객관적 가치를 비교 평가하여 판단하여야 할 문제이고, 당초의 약정대로 계약이 이행되지 아니할 경우에 발생할 수 있는 문제는 달리 특별한 사정이 없는 한 채무의 불이행에 따른 효과로서 다루어지는 것이 원칙이다(대판 2013.9.26. 2010다42075).
[❸ ▸ ○] 민법 제104조의 불공정한 법률행위가 성립하기 위하여 당사자 일방의 궁박, 경솔, 무경험은 모두 구비하여야 하는 요건이 아니고 그중 어느 하나만 갖추어져도 충분하다(대판 1993.10.12. 93다19924).
[❹ ▸ ○] '**궁박**'이라 함은 '급박한 곤궁'을 의미하는 것으로서 경제적 원인에 기인할 수도 있고 **정신적 또는 심리적 원인에 기인할 수도 있으며**, 당사자가 궁박한 상태에 있었는지 여부는 그의 나이와 직업, 교육 및 사회경험의 정도, 재산 상태 및 그가 처한 상황의 절박성의 정도 등 여러 사정을 종합하여 구체적으로 판단하여야 한다(대판 2024.3.12. 2023다301712).
[❺ ▸ ○] '**무경험**'은 일반적인 생활체험의 부족으로서 어느 특정영역에서의 경험부족이 아니라 **거래일반에 대한 경험부족을 의미**한다(대판 2002.10.22. 2002다38927).

핵심정리

불공정한 법률행위
① 경매 → 불공정한 법률행위에 관한 민법 제104조 적용 ×
② 불공정한 법률행위에 해당하는지 여부의 판단
→ 법률행위가 이루어진 시점을 기준으로 약속된 급부와 반대급부 사이의 객관적 가치를 비교, 평가하여 판단
③, ④, ⑤ 불공정한 법률행위의 성립요건
→ 상대방의 궁박・경솔・무경험의 이용
- 궁박, 경솔, 무경험은 그중 일부만 갖추어도 충분
- 궁박 : 급박한 곤궁을 의미하는 것으로서 정신적・심리적 원인에 기인한 것도 포함
- 무경험 : 거래일반에 대한 경험부족을 의미 ○ (어느 특정영역에서의 경험부족 의미 ×)

→ 급부와 반대급부 사이의 현저한 불균형

답 ❶

119 불공정한 법률행위에 관한 설명으로 옳지 않은 것은?(다툼이 있으면 판례에 따름)

□□□

18 행정사 제6회

① 당사자의 궁박, 경솔 또는 무경험으로 인하여 현저하게 공정을 잃은 법률행위는 무효이다.
② 불공정한 법률행위에 해당하는지 여부는 법률행위 당시를 기준으로 판단하여야 한다.
③ 불공정한 법률행위가 성립하기 위한 요건인 궁박, 경솔, 무경험은 그중 일부만 갖추어져도 충분하다.
④ 법률행위가 현저하게 공정을 잃었다고 하여 곧바로 그것이 궁박한 사정으로 인정되는 것은 아니다.
⑤ 급부와 반대급부 사이의 현저한 불균형은 시가와의 차액 또는 시가와의 배율에 따라 일률적으로 판단해야 한다.

해설

[❶ ▸ O] 당사자의 궁박, 경솔 또는 무경험으로 인하여 현저하게 공정을 잃은 법률행위는 무효로 한다(민법 제104조).

[❷ ▸ O] 불공정한 법률행위에 해당하는지 여부는 법률행위시를 기준으로 판단하는 것이 학설, 판례(대판 1984.4.10. 81다239)의 일반적인 태도이나, 일부 판례(대판 1965.6.15. 65다610)는 대물변제예약에 기한 양도담보의 경우에 대물변제의 효력이 발생할 변제기를 기준으로 판단하고 있다.

[❸ ▸ O] 민법 제104조의 불공정한 법률행위가 성립하기 위하여 당사자 일방의 궁박, 경솔, 무경험은 모두 구비하여야 하는 요건이 아니고 그중 어느 하나만 갖추어져도 충분하다(대판 1993.10.12. 93다19924).

[❹ ▸ O] 법률행위가 현저하게 공정을 잃었다고 하여 곧 그것이 궁박, 경솔하게 이루어진 것으로 추정되지 아니하므로 본조의 불공정한 법률행위의 법리가 적용되려면 그 주장하는 측에서 궁박, 경솔 또는 무경험으로 인하였음을 증명하여야 한다(대판 1969.12.30. 69다1873).

[❺ ▸ X] 급부와 반대급부 사이의 '현저한 불균형'은 단순히 시가와의 차액 또는 시가와의 배율로 판단할 수 있는 것은 아니고 구체적·개별적 사안에 있어서 일반인의 사회통념에 따라 결정하여야 한다(대판 2010.7.15. 2009다50308).

핵심정리

불공정한 법률행위

① 불공정한 법률행위 ⟶ 무효 O
② 불공정한 법률행위 여부 ⟶ 법률행위시를 기준으로 판단
③, ④, ⑤ 불공정한 법률행위의 성립요건
⟶ 상대방의 궁박·경솔·무경험의 이용
- 궁박, 경솔, 무경험 중 어느 하나만 갖추어도 충분
- 피해 당사자 측의 사정을 알면서 이를 이용하려는 의사(폭리행위의 악의) 필요

⟶ 급부와 반대급부 사이의 현저한 불균형
- 법률행위가 현저하게 공정을 잃었다고 궁박, 경솔, 무경험으로 인한 것으로 추정 ×
- 현저한 불균형은 구체적·개별적 사안에 있어서 일반인의 사회통념에 따라 결정 O (시가와의 차액 또는 시가와의 배율에 따라 일률적으로 판단 ×)

답 ❺

120 불공정한 법률행위(민법 제104조)에 관한 설명으로 옳지 않은 것은?(다툼이 있으면 판례에 따름)

□□□

15 행정사 제3회

① 법률행위가 현저하게 공정을 잃은 경우, 그것은 경솔하게 이루어졌거나 궁박한 사정이 있었던 것으로 추정된다.

② 강제경매에서 시가보다 현저하게 낮게 매각된 경우에 불공정한 법률행위가 성립될 수 없다.

③ 불공정한 법률행위가 성립하기 위한 요건인 궁박, 경솔, 무경험은 그중 일부만 갖추어도 된다.

④ 불공정한 법률행위에서 궁박이란 급박한 곤궁을 의미하는 것으로서 정신적 원인에 기인할 수도 있다.

⑤ 대리행위의 경우에 경솔·무경험은 대리인을 기준으로 판단하고, 궁박 상태에 있었는지 여부는 본인을 기준으로 판단하여야 한다.

해설

[❶ ▸ ×] 법률행위가 현저하게 공정을 잃었다고 하여 곧 그것이 궁박, 경솔하게 이루어진 것으로 추정되지 아니하므로 본조의 불공정한 법률행위의 법리가 적용되려면 그 주장하는 측에서 궁박, 경솔 또는 무경험으로 인하였음을 증명하여야 한다(대판 1969.12.30. 69다1873).

[❷ ▸ ○] 경매에 있어서는 불공정한 법률행위 또는 채무자에게 불리한 약정에 관한 것으로서 효력이 없다는 민법 제104조, 제608조는 적용될 여지가 없다(대결 1980.3.21. 80마77).

[❸ ▸ ○] 민법 제104조의 불공정한 법률행위가 성립하기 위하여 당사자 일방의 궁박, 경솔, 무경험은 모두 구비하여야 하는 요건이 아니고 그중 어느 하나만 갖추어져도 충분하다(대판 1993.10.12. 93다19924).

[❹ ▸ ○] 궁박이라 함은 '급박한 곤궁'을 의미하는 것으로서 경제적 원인에 기인할 수도 있고, 정신적 또는 심리적 원인에 기인할 수도 있다(대판 2005.2.17. 2004다60577).

[❺ ▸ ○] 대리인에 의하여 법률행위가 이루어진 경우 그 법률행위가 민법 제104조의 불공정한 법률행위에 해당하는지 여부를 판단함에 있어서 경솔과 무경험은 **대리인**을 기준으로 하여 판단하고, 궁박은 **본인**의 입장에서 판단하여야 한다(대판 2002.10.22. 2002다38927).

핵심정리

불공정한 법률행위

①, ③, ④, ⑤ 불공정한 법률행위의 성립요건
- → 상대방의 궁박·경솔·무경험의 이용
  - 궁박, 경솔, 무경험 중 어느 하나만 갖추어도 충분
  - 궁박이란 급박한 곤궁을 의미하는 것으로서 정신적·심리적 원인에 기인한 것도 포함
  - 경솔·무경험은 대리인을 기준으로 판단 / 궁박 상태 여부는 본인을 기준으로 판단
- → 급부와 반대급부 사이의 현저한 불균형
  - 법률행위가 현저하게 공정을 잃었다고 궁박, 경솔, 무경험으로 인한 것으로 추정 ×

② 강제경매에서 시가보다 현저하게 낮게 매각된 경우 → 불공정한 법률행위 ×

답 ❶

121 불공정한 법률행위에 관한 설명으로 옳지 않은 것은?(다툼이 있는 경우에는 판례에 의함)

□□□

14 행정사 제2회

① "궁박"은 "급박한 곤궁"을 의미하지만 이는 반드시 경제적 궁박으로 제한되지 않는다.
② 급부와 반대급부 간에 현저한 불균형이 있으면 궁박·경솔 또는 무경험으로 인한 법률행위로 추정된다.
③ 불공정한 법률행위에 해당하는지 여부는 법률행위시를 기준으로 판단하여야 한다.
④ 증여와 같이 아무런 대가 없이 의무자가 일방적으로 급부하는 법률행위는 그 공정성 여부를 논의할 수 있는 성질의 법률행위가 되지 아니한다.
⑤ 불공정한 법률행위에 해당하여 무효가 된 때에도 무효행위의 전환이 인정될 수 있다.

해설

[❶ ▸ O] 궁박이라 함은 '급박한 곤궁'을 의미하는 것으로서 경제적 원인에 기인할 수도 있고, 정신적 또는 심리적 원인에 기인할 수도 있다(대판 2005.2.17. 2004다60577).

[❷ ▸ ×] 법률행위가 현저하게 공정을 잃었다고 하여 곧 그것이 궁박, 경솔하게 이루어진 것으로 추정되지 아니하므로 본조의 불공정한 법률행위의 법리가 적용되려면 그 주장하는 측에서 궁박, 경솔 또는 무경험으로 인하였음을 증명하여야 한다(대판 1969.12.30. 69다1873).

[❸ ▸ O] 불공정한 법률행위에 해당하는지 여부는 법률행위시를 기준으로 판단하는 것이 학설, 판례(대판 1984.4.10. 81다239)의 일반적인 태도이나, 일부 판례(대판 1965.6.15. 65다610)는 대물변제예약에 기한 양도담보의 경우에 대물변제의 효력이 발생할 변제기를 기준으로 판단하고 있다.

[❹ ▸ O] 불공정한 법률행위란 자기의 급부에 비하여 현저하게 균형을 잃은 반대급부를 하게 함으로써 부당한 재산적 이익을 얻는 행위를 말하므로 증여와 같이 대가적 의미의 출연이 없는 무상행위에는 민법 제104조의 적용이 없다(대판 2000.2.11. 99다56833).

[❺ ▸ O] 매매계약이 약정된 매매대금의 과다로 말미암아 민법 제104조에서 정하는 '불공정한 법률행위'에 해당하여 무효인 경우에도 무효행위의 전환에 관한 민법 제138조가 적용될 수 있다(대판 2010.7.15. 2009다50308).

핵심정리

불공정한 법률행위

①, ② 불공정한 법률행위의 성립요건
- → 상대방의 궁박·경솔·무경험의 이용
  - 궁박, 경솔, 무경험 중 어느 하나만 갖추어도 충분
  - 궁박(급박한 곤궁) : 경제적 원인에 기인할 수도 있고, 정신적 또는 심리적 원인에 기인할 수도 있음
- → 급부와 반대급부 사이의 현저한 불균형
  - 급부와 반대급부의 현저한 불균형만으로 궁박·경솔 또는 무경험으로 인한 법률행위로 추정 ×

③ 불공정한 법률행위 여부 → 법률행위시를 기준으로 판단
④ 증여 → 불공정한 법률행위에 관한 민법 제104조 적용 ×
⑤ 불공정한 법률행위 → 무효행위의 전환 인정 O (cf. 무효행위의 추인 인정 ×)

답 ❷

PART 1 PART 2 PART 3

122 법률행위의 해석에 관한 설명으로 옳은 것은?(다툼이 있는 경우에는 판례에 의함)

□□□

14 행정사 제2회

① 매매계약서에 "계약사항에 대한 이의가 생겼을 때에는 매도인의 해석에 따른다"는 조항을 둔 경우, 법원은 매도인의 해석에 따라 판결하여야 한다.

② 분양약정에서 당사자들이 분양가격의 결정기준으로 합의하였던 기준들에 따른 분양가격의 결정이 불가능하게 된 경우, 새로운 분양가격에 관한 합의가 없으면 매수인은 위 분양약정에 기하여 바로 소유권이전등기절차의 이행을 청구할 수 없다.

③ 당사자가 합의로 지명한 감정인의 감정의견에 따라 보상금을 지급하기로 약정한 경우에는 당사자의 약정 취지에 반하는 감정이 이루어진 때에도 법원은 감정결과에 따라 판결하여야 한다.

④ 어떠한 의무를 부담하는 내용의 기재가 있는 서면에 "최대한 노력하겠습니다"라고 기입한 경우 특별한 사정이 없으면 이는 그러한 의무를 법적으로 부담하는 채무자의 의사표시이다.

⑤ 부동산 매매계약에서 당사자가 모두 甲 토지를 계약의 목적물로 삼았으나 그 지번 등에 관하여 착오를 일으켜 계약서에 그 목적물을 乙 토지로 표시하였다면 乙 토지에 관한 매매계약이 성립한 것으로 보아야 한다.

해설

[❶ ▸ ×] 매매계약서에 계약사항에 대한 이의가 생겼을 때에는 매도인의 해석에 따른다는 조항은 법원의 법률행위해석권을 구속하는 조항이라고 볼 수 없다(대판 1974.9.24. 74다1057). 따라서 법원이 매도인의 해석에 따라 판결해야 하는 것은 아니다.

[❷ ▸ O] 아파트 분양약정의 해석상 당사자 사이에 분양가격의 결정기준으로 합의하였던 기준들에 의하여 분양가격 결정이 불가능하게 되었다면, 당사자 사이에 새로운 분양가격에 관한 합의가 이루어지지 않는 한 그 분양약정에 기하여 당사자 일방이 바로 소유권이전등기절차의 이행을 청구할 수는 없고, 여기에 법원이 개입하여 당사자 사이에 체결된 계약의 해석의 범위를 넘어 판결로써 분양가격을 결정할 수 없다(대판 1995.9.26. 95다18222).

[❸ ▸ ×] 당사자의 합의에 의하여 지명된 감정인의 감정의견에 따라 동업관계의 종료에 따른 정산 분배금을 지급하기로 약정하였다고 하더라도 당사자의 약정취지에 반하는 감정이 이루어졌다거나 그 감정의견이 명백히 신빙성이 없거나 불공정하다고 판단되는 등의 특별한 사정이 있다면 당사자가 그 감정 결과에 따라야 하는 것은 아니다. 이러한 경우 수소법원은 다른 합리성이 있는 전문적 의견을 보충자료로 삼거나 증거들을 종합하여 분쟁사안을 판단하여야 한다(대판 2013.12.12. 2011다77894).

[❹ ▸ ×] 어떠한 의무를 부담하는 내용의 기재가 있는 문면에 "최대 노력하겠습니다"라고 기재되어 있는 경우, 특별한 사정이 없는 한 당사자가 위와 같은 문구를 기재한 객관적인 의미는 문면 그 자체로 볼 때 그러한 의무를 **법적으로는 부담할 수 없지만** 사정이 허락하는 한 그 이행을 사실상 하겠다는 취지로 해석함이 상당하다(대판 1994.3.25. 93다32668).

[❺ ▸ ×] 부동산의 매매계약에 있어 **쌍방당사자가 모두 특정의 甲 토지를 계약의 목적물로 삼았으나** 그 목적물의 지번 등에 관하여 착오를 일으켜 계약을 체결함에 있어서는 계약서상 그 목적물을 甲 토지와는 별개인 乙 토지로 표시하였다 하여도 甲 토지에 관하여 이를 매매의 목적물로 한다는 쌍방당사자의 의사합치가 있은 이상 위 **매매계약은 甲 토지에 관하여 성립한 것**으로 보아야 할 것이다(대판 1993.10.26. 93다2629). ☞ 자연적 해석이란 어떤 일정한 의사표시에 관하여 당사자가 사실상 일치하여 같은 의미로 이해한 경우에는, 표시와 관계없이 그 일치한 의미대로 효력을 인정하여야 한다는 해석 방법을 말하는데, 판례는 자연적 해석이 적용된 경우이다.

핵심정리

법률행위의 해석

① 매매계약서에 "이의가 생겼을 때에는 매도인의 해석에 따른다"는 조항을 둔 경우 → 법원의 법률행위해석권 구속 ×

② 합의기준에 따른 분양가격의 결정이 불가능하게 되었으나 새로운 합의가 없는 경우 → 종전 합의에 따른 소유권이전등기절차의 이행청구 ×

③ 감정인의 감정의견에 따라 보상금을 지급하기로 하였으나 약정 취지에 반하는 감정이 이루어진 경우 ⟶ 법원은 감정결과에 구속 ×
④ "최대한 노력하겠습니다"라고 기입한 경우
⟶ 그러한 의무를 법적으로 부담하는 채무자의 의사표시 ×
⟶ 사정이 허락하는 한 이행을 사실상 하겠다는 취지 ○
⑤ 매매계약의 당사자 모두가 甲 토지를 계약의 목적물로 삼았으나, 착오를 일으켜 乙 토지로 표시한 경우
⟶ 당사자 쌍방 공통의 목적물에 관한 착오 ○
⟶ 甲 토지에 관한 매매계약의 성립 ○ (자연적 해석의 결과)

답 ❷

123 □□□ **"부동산 매매계약에서 당사자 쌍방이 모두 X토지를 그 목적물로 삼았으나 X토지의 지번에 착오를 일으켜 계약체결 시에 계약서상으로는 그 목적물을 Y토지로 표시한 경우라도, X토지를 매매 목적물로 한다는 당사자 쌍방의 의사합치가 있은 이상 그 매매계약은 X토지에 관하여 성립한 것으로 보아야 한다."고 하는 법률행위의 해석방법은?** 23 행정사 제11회

① 문언해석 ② 통일적 해석
③ 자연적 해석 ④ 규범적 해석
⑤ 보충적 해석

해설

[❶ ▸ ×] 문언해석(문리해석)이란 법규정의 문언이나 자구(字句)를 언어학적인 의미에 충실하게 해석하는 방법이다. 문언해석은 법해석의 가장 기초적인 단계에서 이루어지는 해석방법이다.
[❷ ▸ ×] 통일적 해석이란 어떤 법규정의 문언 등을 법규범 전체의 관점에서 통일적으로 해석하는 방법이다.
[❸ ▸ ○] 자연적 해석이란 어떤 일정한 의사표시에 관하여 당사자가 사실상 일치하여 같은 의미로 이해한 경우에는, 표시와 관계없이 그 일치한 의미대로 효력을 인정하여야 한다는 해석 방법이다. 사례는 **당사자 쌍방 공통하는 지번에 관한 착오**로 "계약서상으로는 그 목적물을 Y토지로 표시한 경우라도, X토지를 매매 목적물로 한다는 당사자 쌍방의 의사합치가 있은 이상 그 매매계약은 X토지에 관하여 성립한 것으로 보아야 한다."고 하고 있으므로 **자연적 해석방법이 적용된 경우에 해당**한다.

> 부동산의 매매계약에 있어 쌍방 당사자가 모두 특정의 甲 토지를 계약의 목적물로 삼았으나 그 목적물의 지번 등에 관하여 착오를 일으켜 계약을 체결함에 있어서는 계약서상 그 목적물을 甲 토지와는 별개인 乙 토지로 표시하였다 하여도, 甲 토지에 관하여 이를 매매의 목적물로 한다는 쌍방 당사자의 의사합치가 있은 이상 그 매매계약은 甲 토지에 관하여 성립한 것으로 보아야 하고 乙 토지에 관하여 매매계약이 체결된 것으로 보아서는 안 될 것이며, 만일 乙 토지에 관하여 그 매매계약을 원인으로 하여 매수인 명의로 소유권이전등기가 경료되었다면 이는 원인 없이 경료된 것으로서 무효이다(대판 1996.8.20. 96다19581).

[❹ ▸ ×] 규범적 해석이란 상대방의 입장에서 표시행위의 객관적·규범적 의미를 밝히는 해석방법이다. 사적 자치의 원칙 중 자기책임의 원칙, 상대방의 신뢰보호를 근거로 한다. 규범적 해석에 의하는 경우 내심의 의사와 표시가 불일치하는 경우가 발생할 수 있고, 착오에 의한 취소가 문제될 수 있다.
[❺ ▸ ×] 보충적 해석이란 자연적 해석·규범적 해석에 의해 법률행위가 성립된 것으로 확정된 후, 당사자가 미처 생각지 못했던 사정이 발생한 경우에 가상적 의사를 통해 흠결을 메우는 해석방법이다. 보충적 해석은 법률행위의 성립 전이나 불성립 시에는 문제되지 않는다.

답 ❸

124 법률행위의 해석에 관한 설명으로 옳지 않은 것은?(다툼이 있으면 판례에 따름)

□□□

20 행정사 제8회

① 일반적으로 계약의 당사자가 누구인지는 그 계약에 관여한 당사자의 의사해석의 문제에 해당한다.

② 의사표시의 해석은 당사자가 그 표시행위에 부여한 객관적인 의미를 명백하게 확정하는 것이다.

③ 표의자와 그 상대방이 생각한 의미가 서로 다른 경우 합리적인 상대방의 시각에서 표의자가 표시한 내용을 어떻게 이해하였는지 고려하여 객관적·규범적으로 해석하여야 한다.

④ 법률행위의 내용이 처분문서로 작성된 경우 문서에 부여된 객관적 의미와 관계없이 원칙적으로 당사자의 내심적 의사에 구속되어 그 내용을 해석하여야 한다.

⑤ 법률행위의 내용이 처분문서로 작성된 경우 문언의 객관적인 의미가 명확하다면 특별한 사정이 없는 한 문언대로 의사표시의 존재와 내용을 인정하여야 한다.

해설

[❶ ▸ O] 일반적으로 계약의 당사자가 누구인지는 그 계약에 관여한 당사자의 의사해석의 문제에 해당한다(대판 2010.5.13. 2009다92487).

[❷ ▸ O] 법률행위의 해석은 당사자가 그 표시행위에 부여한 객관적인 의미를 명백하게 확정하는 것으로서, 서면에 사용된 문구에 구애받는 것은 아니지만 어디까지나 당사자의 내심적 의사의 여하에 관계없이 그 서면의 기재 내용에 의하여 당사자가 그 표시행위에 부여한 객관적 의미를 합리적으로 해석하여야 하는 것이다(대판 1996.10.25. 96다16049).

[❸ ▸ O] 의사표시를 한 사람이 생각한 의미가 상대방이 생각한 의미와 다른 경우에는 **의사표시를 수령한 상대방이** 합리적인 사람이라면 표시된 내용을 **어떻게 이해하였다고 볼 수 있는지**를 고려하여 의사표시를 객관적·규범적으로 해석하여야 한다(대판 2017.2.15. 2014다19776).

[❹ ▸ ×] 법원이 진정성립이 인정되는 처분문서를 해석함에 있어서는 특별한 사정이 없는 한 그 처분문서에 기재되어 있는 **문언에 따라** 당사자의 의사표시가 있었던 것으로 해석하여야 하는 것이다(대판 2003.4.8. 2001다38593).

> 처분문서란 그에 의하여 증명하려고 하는 법률상의 행위가 그 문서에 의하여 이루어진 것을 의미한다(대판 1988.9.27. 87다카422). 매매계약서, 임대차계약서, 차용증 등이 처분문서에 해당한다.

[❺ ▸ O] 법률행위에 따라 작성된 처분문서에 담긴 문언의 객관적인 의미가 명확하다면, 특별한 사정이 없는 한 그 문언대로 의사표시의 존재 및 내용을 인정하여야 한다(대판 2016.10.27. 2014다82026).

핵심정리

법률행위의 해석

① 계약의 당사자가 누구인지 여부 → 당사자의 의사해석의 문제

② 의사표시의 해석 → 표시행위에 부여한 객관적인 의미를 명백하게 확정하는 것

③ 표의자와 상대방이 생각한 의미가 서로 다른 경우 → 상대방의 시각에서 객관적·규범적으로 해석

④ 법률행위의 내용이 처분문서로 작성된 경우 → 기재되어 있는 문언에 따라 해석

⑤ 처분문서로 작성된 문언의 객관적인 의미가 명확한 경우 → 문언대로 의사표시의 존재와 내용 인정

답 ❹

제3절 의사표시

125 □□□ **비진의표시에 관한 설명으로 옳은 것은?(다툼이 있으면 판례에 따름)** 20 행정사 제8회

① 비진의표시에서 진의는 표의자가 진정으로 마음 속에서 바라는 사항을 뜻한다.

② 비진의표시에서 진의는 특정한 내용의 의사표시를 하고자 하는 표의자의 생각을 의미하는 것은 아니다.

③ 표의자가 진정 마음에서 바라지는 아니하였더라도 당시의 상황에서는 최선이라고 판단하여 의사표시를 하였다면 비진의표시는 아니다.

④ 표의자가 강박에 의하여 증여를 하기로 하고 그에 따른 증여의 의사표시를 하였더라도, 재산을 강제로 뺏긴다는 본심이 잠재되어 있다면 그 증여는 비진의표시에 해당한다.

⑤ 공무원의 사직의 의사표시와 같은 공법행위에도 비진의표시에 관한 민법의 규정이 적용된다.

해설

[❶ ▸ ×] [❷ ▸ ×] [❸ ▸ O] 진의 아닌 의사표시에 있어서의 **진의**란 특정한 내용의 의사표시를 하고자 하는 표의자의 생각을 말하는 것이지❷ 표의자가 진정으로 마음속에서 바라는 사항을 뜻하는 것은 아니므로,❶ 표의자가 의사표시의 내용을 진정으로 마음속에서 바라지는 아니하였다고 하더라도 당시의 상황에서는 그것을 최선이라고 판단하여 그 의사표시를 하였을 경우에는 이를 내심의 효과의사가 결여된 진의 아닌 의사표시라고 할 수 없다❸(대판 2000.4.25. 99다34475).

[❹ ▸ ×] 재산을 강제로 뺏긴다는 것이 표의자의 본심으로 잠재되어 있었다 하여도 표의자가 강박에 의하여서나마 증여를 하기로 하고 그에 따른 증여의 의사표시를 한 이상 증여의 내심의 효과의사가 결여된 것이라고 할 수는 없다(대판 1993.7.16. 92다41528).

[❺ ▸ ×] 공무원인 사직원제출자의 내심의 의사가 사직할 뜻이 아니었다고 하더라도 진의 아닌 의사표시에 관한 민법 제107조는 그 성질상 사직의 의사표시와 같은 사인의 공법행위에는 준용되지 아니하므로 그 의사가 외부에 표시된 이상 그 의사는 표시된 대로 효력을 발한다(대판 1997.12.12. 97누13962).

핵심정리 **비진의표시**

①, ② 비진의표시(진의 아닌 의사표시)에서 '진의'의 의미
→ 표의자가 진정으로 마음 속에서 바라는 사항 ×
→ 특정한 내용의 의사표시를 하고자 하는 표의자의 생각 O

③ 진정으로 마음에서 바라지는 아니하였더라도 당시의 상황에서는 최선이라고 판단하여 의사표시를 한 경우 → 비진의표시 ×

④ 재산을 강제로 뺏긴다는 본심이 잠재되어 있었으나 강박에 의하여서나마 증여의 의사표시를 한 경우 → 비진의표시 ×

⑤ 사인의 공법행위(예 공무원의 사직의 의사표시) → 비진의표시에 관한 민법 규정 유추적용 ×

답 ❸

PART 1 PART 2 PART 3

126 민법상 비진의 의사표시로서 무효가 아닌 것을 모두 고른 것은?(다툼이 있으면 판례에 따름)

□□□

24 행정사 제12회

> ㄱ. 공무원이 한 사직의 의사표시
> ㄴ. 학교법인이 사립학교법상의 제한규정 때문에 그 학교의 교직원들의 명의를 빌려서 금융기관으로부터 금원을 차용한 경우에 교직원들의 채무부담의사표시
> ㄷ. 재산을 강제로 뺏긴다는 것이 표의자의 본심으로 잠재되어 있었으나, 표의자가 강박에 의하여서나마 증여를 하기로 하고 그에 따라 한 증여의 의사표시

① ㄱ　② ㄷ

③ ㄱ, ㄴ　④ ㄴ, ㄷ

⑤ ㄱ, ㄴ, ㄷ

해설

[ㄱ ▸ ×] 공무원인 사직원제출자의 내심의 의사가 사직할 뜻이 아니었다고 하더라도 **진의 아닌 의사표시에 관한 민법 제107조는 그 성질상 (공무원의) 사직의 의사표시와 같은 사인의 공법행위에는 준용되지 아니하므로** 그 의사가 외부에 표시된 이상 그 의사는 표시된 대로 효력을 발한다(대판 1997.12.12. 97누13962).

> **민법 제107조(진의 아닌 의사표시)** ① 의사표시는 표의자가 진의 아님을 알고 한 것이라도 그 효력이 있다. 그러나 상대방이 표의자의 진의 아님을 알았거나 이를 알 수 있었을 경우에는 무효로 한다.
> ② 전항의 의사표시의 무효는 선의의 제3자에게 대항하지 못한다.

[ㄴ ▸ ×] 학교법인이 사립학교법상의 제한규정 때문에 그 학교의 교직원들인 소외인들의 명의를 빌려서 피고로부터 금원을 차용한 경우에 피고 역시 그러한 사정을 알고 있었다고 하더라도 위 소외인들의 의사는 위 금전의 대차에 관하여 그들이 주채무자로서 채무를 부담하겠다는 뜻이라고 해석함이 상당하므로 이를 진의 아닌 의사표시라고 볼 수 없다(대판 1980.7.8. 80다639).

[ㄷ ▸ ×] 재산을 강제로 뺏긴다는 것이 표의자의 본심으로 잠재되어 있었다 하여도 표의자가 강박에 의하여서나마 증여를 하기로 하고 그에 따른 증여의 의사표시를 한 이상 증여의 내심의 효과의사가 결여된 것이라고 할 수는 없다(대판 1993.7.16. 92다41528). 따라서 진의 아닌 의사 표시에 해당하지 아니한다.

> **핵심정리** **민법상 비진의 의사표시**
> ㄱ. 공무원이 한 사직의 의사표시(사인의 공법행위)
> → 진의 아닌 의사표시의 무효 관한 민법 제107조는 사인의 공법행위에 적용 ×
> ㄴ. 학교법인이 사립학교법상의 제한규정 때문에 학교의 교직원들의 명의를 빌려서 금융기관으로부터 금원을 차용한 경우
> → 교직원들의 채무부담의사표시는 진의 아닌 의사표시에 해당 ×
> ㄷ. 재산을 강제로 뺏긴다는 것이 표의자의 본심으로 잠재되어 있었으나, 표의자가 강박에 의하여서나마 증여를 하기로 하고 그에 따라 한 증여의 의사표시
> → 진의 아닌 의사표시에 해당 ×

답 ⑤

127 □□□ **민법 제107조(진의 아닌 의사표시)에 관한 설명으로 옳지 않은 것은?(다툼이 있는 경우에는 판례에 의함)** 13 행정사 제1회

① 대리권 남용의 경우에도 유추적용될 수 있다.
② 근로자가 사직서가 수리되지 않으리라고 믿고 제출한 사실을 상대방이 알고 있으면 그 사직서제출 행위는 무효로 된다.
③ 진의 아닌 의사표시는 원칙적으로 표시된 대로 법적 효과가 발생한다.
④ 표시가 진의와 다름을 표의자가 알고 있다는 점에서 착오와 구별된다.
⑤ 진의란 표의자가 진정으로 마음 속에서 바라는 사항을 말하는 것이지 특정한 내용의 의사표시를 하고자 하는 표의자의 생각을 뜻하는 것은 아니다.

해설

[❶ ▸ O] 진의 아닌 의사표시가 대리인에 의하여 이루어지고 그 대리인의 진의가 본인의 이익이나 의사에 반하여 자기 또는 제3자의 이익을 위한 배임적인 것임을 그 상대방이 알았거나 알 수 있었을 경우에는 민법 제107조 제1항 단서의 유추해석상 그 대리인의 행위에 대하여 본인은 아무런 책임을 지지 않는다고 보아야 한다(대판 2001.1.19. 2000다20694).

> 대리권 남용이란 대리인이 대리권의 범위 안에서 대리행위를 하였으나 본인의 이익이나 의사에 반하여 자기 또는 제3자의 이익을 위하여 대리행위를 한 경우를 말한다. 판례는 대리권 남용에 관하여 민법 제107조 제1항 단서의 유추적용설의 입장이다(대판 2001.1.19. 2000다20694).

[❷ ▸ O] 근로자가 회사의 경영방침에 따라 사직원을 제출하고 회사가 이를 받아들여 퇴직처리를 하였다가 즉시 재입사하는 형식을 취한 경우 사직원제출은 근로자의 비진의표시에 해당하지만, 회사는 사직원제출이 근로자의 진의 아님을 알고 있었다고 보아야 하므로 퇴직의 효과는 발생하지 않는다(대판 1988.5.10. 87다카2578).
[❸ ▸ O] 의사표시는 표의자가 진의 아님을 알고 한 것이라도 그 효력이 있다. 그러나 상대방이 표의자의 진의 아님을 알았거나 이를 알 수 있었을 경우에는 무효로 한다(민법 제107조 제1항).
[❹ ▸ O] 진의 아닌 의사표시는 상대방과 통정이 없다는 점에서 민법 제108조의 통정허위표시와 구별되고, 표시가 진의와 다름을 표의자가 알고 있다는 점에서 착오와 구별된다.
[❺ ▸ X] 진의 아닌 의사표시에 있어서의 진의란 특정한 내용의 의사표시를 하고자 하는 표의자의 생각을 말하는 것이지 표의자가 진정으로 마음속에서 바라는 사항을 뜻하는 것은 아니다(대판 2000.4.25. 99다34475).

핵심정리

비진의표시(진의 아닌 의사표시)
① 적용 범위 → 대리권 남용의 경우도 유추적용 O
② 사직서가 수리되지 않으리라고 믿고 제출한 사실을 상대방이 안 경우 → 진의 아닌 의사표시 O (무효)
③ 진의 아닌 의사표시
 → 원칙 : 표시된 대로 법적 효과 발생 O (유효)
 → 예외 : 상대방이 표의자의 진의 아님을 알았거나 이를 알 수 있었을 경우에는 무효
④ 진의 아닌 의사표시와 착오의 차이점 → 표시가 진의와 다름을 표의자가 알고 있다는 점에서 착오와 구별
⑤ 진의 아닌 의사표시에서 '진의' → 표의자가 진정으로 마음 속에서 바라는 사항이 아니라 특정한 내용의 의사표시를 하고자 하는 표의자의 생각을 의미

답 ❺

PART 1 PART 2 PART 3

128 □□□ **통정허위표시를 기초로 새로운 법률상의 이해관계를 맺은 제3자를 모두 고른 것은?(다툼이 있으면 판례에 따름)** 22 행정사 제10회

ㄱ. 가장매매의 매수인으로부터 그와의 매매계약에 의한 소유권이전청구권 보전을 위한 가등기를 마친 자
ㄴ. 허위의 선급금 반환채무 부담행위에 기하여 그 채무를 보증하고 이행까지 하여 구상권을 취득한 자
ㄷ. 가장소비대차에 있어 대주의 계약상의 지위를 이전받은 자

① ㄱ
② ㄷ
③ ㄱ, ㄴ
④ ㄱ, ㄷ
⑤ ㄴ, ㄷ

해설

[ㄱ ▸ O] 일반적으로 제3자라고 하면 당사자와 그 포괄상속인(예 상속인, 합병회사) 이외의 자를 모두 가리킨다. 그러나 민법 제108조 제2항에서 말하는 제3자는 허위표시의 당사자와 포괄승계인 이외의 자로서 허위표시에 의하여 외형상 형성된 법률관계를 토대로 실질적으로 새로운 법률상 이해관계를 맺은 자를 의미한다. 판례에 의하면, 가장매매의 매수인으로부터 그와의 매매계약에 의한 소유권이전청구권 보전을 위한 가등기를 마친 자는 허위표시인 가장매매를 기초로 하여 새로운 법률상 이해관계를 맺은 자로서 민법 제108조 제2항의 제3자에 해당한다(대판 1970.9.29. 70다466).

> 허위표시 매매에 의한 매수인으로부터 부동산상의 권리를 취득한 제3자[소유권이전청구권보전을 위한 가등기를 마친 자(註)]는 특별한 사정이 없는 한 선의로 추정할 것이므로 허위표시를 한 부동산양도인이 제3자에 대하여 소유권을 주장하려면 그 제3자의 악의임을 입증하여야 한다(대판 1970.9.29. 70다466).

[ㄴ ▸ O] 보증인이 주채무자의 기망행위에 의하여 주채무(선급금 반환채무)가 있는 것으로 믿고 주채무자와 보증계약을 체결한 다음 그에 따라 보증채무자로서 그 채무까지 이행한 경우, 그 보증인이 주채무자의 채권자에 대한 채무부담행위라는 허위표시에 기초하여 구상권 취득에 관한 법률상 이해관계를 가지게 되었으므로 민법 제108조 제2항 소정의 '제3자'에 해당한다(대판 2000.7.6. 99다51258).

[ㄷ ▸ X] 가장소비대차에 있어 대주의 계약상의 지위를 그대로 이전받은 자는 허위표시행위(가장소비대차)를 기초로 하여 새로운 법률상 이해관계를 가지게 되었다고 볼 수 없어 민법 제108조 제2항의 제3자에 해당하지 않는다(대판 2004.1.15. 2002다31537).

> 구 상호신용금고법 소정의 계약이전은 금융거래에서 발생한 계약상의 지위가 이전되는 사법상의 법률효과를 가져오는 것이므로, 소외 금고(= 대주)로부터 이 사건 금전소비대차계약의 대출금 채권에 대하여 계약이전을 받은 피고는 소외 금고의 계약상 지위를 이전받은 자이어서 원고(= 차주)와 소외 금고 사이의 위 통정허위표시에 따라 형성된 법률관계를 기초로 하여 새로운 법률상 이해관계를 가지게 된 민법 제108조 제2항의 제3자에 해당하지 않는다(대판 2004.1.15. 2002다31537).

답 ③

129 □□□ **허위표시에 기초하여 새로운 법률상의 이해관계를 맺은 자(통정허위표시에서의 제3자)에 해당하지 않는 것은?(다툼이 있으면 판례에 따름)** 15 행정사 제3회

① 가장매매의 매수인으로부터 목적부동산을 다시 매수하여 소유권이전등기를 마친 자
② 가장매매의 매수인으로부터 매매계약에 의한 소유권이전청구권보전을 위한 가등기를 마친 자
③ 허위표시인 전세권설정계약에 기하여 등기까지 마친 전세권에 대하여 저당권을 취득한 자
④ 허위표시인 근저당권설정계약이 유효하다고 믿고 그 피담보채권에 대하여 가압류한 자
⑤ 채권의 가장양도에서 가장양수인에게 채무를 변제하지 않고 있었던 채무자

해설

[❶ ▸ O] 가장매매의 매수인으로부터 목적부동산을 다시 매수하여 소유권이전등기를 마친 자는 선의의 제3자에 해당한다(대판 1960.2.4. 4291민상636).

[❷ ▸ O] 가장매매의 매수인으로부터 그와의 매매계약에 의한 소유권이전청구권 보전을 위한 가등기를 마친 자는 허위표시인 가장매매를 기초로 하여 새로운 법률상 이해관계를 맺은 자로서 민법 제108조 제2항의 제3자에 해당한다(대판 1970.9.29. 70다466 참조).

[❸ ▸ O] 허위표시인 전세권설정계약에 기하여 등기까지 마친 전세권에 대하여 저당권을 취득한 자는 민법 제108조 제2항의 제3자에 해당한다(대판 2008.3.13. 2006다58912).

> 실제로는 전세권설정계약이 없으면서도 임대차계약에 기한 임차보증금반환채권을 담보할 목적 또는 금융기관으로부터 자금을 융통할 목적으로 임차인과 임대인 사이의 합의에 따라 임차인 명의로 전세권설정등기를 경료한 후 그 전세권에 대하여 근저당권이 설정된 경우, 가사 위 전세권설정계약만 놓고 보아 그것이 통정허위표시에 해당하여 무효라 하더라도 이로써 위 전세권설정계약에 의하여 형성된 법률관계를 토대로 별개의 법률원인에 의하여 새로운 법률상 이해관계를 갖게 된 근저당권자에 대하여는 그와 같은 사정을 알고 있었던 경우에만 그 무효를 주장할 수 있다(대판 2008.3.13. 2006다58912).

[❹ ▸ O] 통정한 허위표시에 의하여 외형상 형성된 법률관계로 생긴 채권[가장행위에 기한 근저당권부 채권(註)]을 가압류한 경우, 그 가압류권자는 허위표시에 기초하여 새로운 법률상 이해관계를 가지게 되므로 민법 제108조 제2항의 제3자에 해당한다고 봄이 상당하고, 또한 민법 제108조 제2항의 제3자는 선의이면 족하고 무과실은 요건이 아니다(대판 2004.5.28. 2003다70041).

[❺ ▸ ×] 퇴직금 채무자인 피고(회사 丙)는 원채권자인 소외 甲(양도인)이 소외 乙에게 퇴직금채권을 양도했다고 하더라도 그 퇴직금을 양수인(乙)에게 지급하지 않고 있는 동안에 위 양도계약이 허위표시란 것이 밝혀진 이상, 위 허위표시의 선의의 제3자임을 내세워 진정한 퇴직금전부채권자인 원고(丁)에게 그 지급을 거절할 수 없다(대판 1983.1.18. 82다594).

핵심정리

통정허위표시

①, ②, ③, ④, ⑤ 민법 제108조 제2항의 제3자에 해당 여부
- → 가장매매의 매수인으로부터 다시 매수하여 소유권이전등기를 마친 자 : O
- → 가장매매의 매수인으로부터 소유권이전청구권보전을 위한 가등기를 마친 자 : O
- → 가장전세권에 대하여 저당권을 취득한 자 : O
- → 가장근저당권의 피담보채권을 가압류한 자 : O
- → 채권의 가장양수인에게 채무를 변제하지 않고 있었던 채무자 : ×

답 ❺

PART 1 PART 2 PART 3

130 통정허위표시에 관한 설명으로 옳지 않은 것은?(다툼이 있으면 판례에 따름) 23 행정사 제11회

□□□

① 채무자의 법률행위가 통정허위표시인 경우에도 채권자취소권의 대상이 될 수 있다.

② 가장 근저당권설정계약이 유효하다고 믿고 그 피담보채권을 가압류한 자는 허위표시의 무효로부터 보호되는 선의의 제3자에 해당한다.

③ 의사표시의 진의와 표시의 불일치에 관하여 상대방과 사이에 합의가 있으면 통정허위표시가 성립한다.

④ 통정허위표시에 따른 법률효과를 침해하는 것처럼 보이는 위법행위가 있는 경우에도 그에 따른 손해배상을 청구할 수 없다.

⑤ 자신의 채권을 보전하기 위해 가장양도인의 가장양수인에 대한 권리를 대위행사하는 채권자는 허위표시를 기초로 새로운 법률상의 이해관계를 맺은 제3자에 해당한다.

해설

[❶ ▸ O] 채무자의 법률행위가 통정허위표시인 경우에도 채권자취소권의 대상으로 된다고 할 것이고, 한편 채권자취소권의 대상으로 된 채무자의 법률행위라도 통정허위표시의 요건을 갖춘 경우에는 무효라고 할 것이다(대판 1998.2.27. 97다50985).

[❷ ▸ O] 통정한 허위표시에 의하여 외형상 형성된 법률관계로 생긴 채권을 가압류한 경우, 그 가압류권자는 허위표시에 기초하여 새로운 법률상 이해관계를 가지게 되므로 민법 제108조 제2항의 제3자에 해당한다고 봄이 상당하고, 또한 민법 제108조 제2항의 제3자는 선의이면 족하고 무과실은 요건이 아니다 . 따라서 원심이, 피고가 원고와 이향순 사이의 근저당권설정계약이 유효하다고 믿고 그 피담보채권에 대하여 가압류하였음을 전제로 민법 제108조 제2항의 선의의 제3자에 해당한다고 본 것은 정당하고, 거기에 주장과 같은 통정허위표시의 제3자에 대한 법리오해의 위법이 없다(대판 2004.5.28. 2003다70041).

[❸ ▸ O] 통정허위표시가 성립하기 위하여는 의사표시의 진의와 표시가 일치하지 아니하고, 그 불일치에 관하여 상대방과 사이에 합의가 있어야 한다(대판 1998.9.4. 98다17909).

[❹ ▸ O] 통정한 허위의 의사표시는 허위표시의 당사자와 포괄승계인 이외의 자로서 그 허위표시에 의하여 외형상 형성된 법률관계를 토대로 실질적으로 새로운 법률상 이해관계를 맺은 선의의 제3자를 제외한 누구에 대하여서나 무효이고, 또한 누구든지 그 무효를 주장할 수 있다. 그리고 무효인 법률행위는 그 법률행위가 성립한 당초부터 당연히 효력이 발생하지 않는 것이므로, 무효인 법률행위에 따른 법률효과를 침해하는 것처럼 보이는 위법행위나 채무불이행이 있다고 하여도 법률효과의 침해에 따른 손해는 없는 것이므로 그 손해배상을 청구할 수는 없다(대판 2003.3.28. 2002다72125).

[❺ ▸ ×] 채권자대위권이란 채권자가 자기의 채권을 보호하기 위하여 채무자의 제3자에 대한 권리를 채무자를 대신하여 행사하는 권리이므로, 자신의 채권을 보전하기 위해 가장양도인의 가장양수인에 대한 권리를 대위행사하는 채권자는 허위표시에 의하여 외형상 형성된 법률관계를 토대로 실질적으로 새로운 법률상의 이해관계를 맺은 민법 제108조 제2항의 제3자에 해당하지 않는다.

핵심정리

통정허위표시

① 채무자의 법률행위가 통정허위표시인 경우에도 → 채권자취소권의 대상 O

② 가장 근저당권설정계약이 유효하다고 믿고 그 피담보채권을 가압류한 자 → 민법 제108조 제2항에 의해 보호되는 선의의 제3자에 해당 O

③ 의사표시의 진의와 표시의 불일치에 관하여 상대방과 사이에 합의가 있는 경우 → 통정허위표시 성립 O

④ 통정허위표시
→ 무효 : 민법 제108조 제2항의 선의의 제3자를 제외하고는 누구에게나 무효 O
→ 통정허위표시에 따른 법률효과를 침해하는 것처럼 보이는 위법행위가 있더라도 손해배상청구 ×

⑤ 자신의 채권을 보전하기 위해 가장양도인의 가장양수인에 대한 권리를 대위행사하는 채권자
→ 허위표시를 기초로 새로운 법률상 이해관계를 맺은 민법 제108조 제2항의 제3자에 해당 ×

답 ❺

131 □□□ **甲은 채권자 丙으로부터의 강제집행을 면하기 위하여 乙과 짜고 자신의 유일한 재산인 X토지를 乙 명의로 매매를 원인으로 하는 소유권이전등기를 해 주었다. 다음 설명 중 옳지 않은 것은?(다툼이 있는 경우에는 판례에 의함)** 13 행정사 제1회

① 甲·乙 간의 매매계약은 허위표시로서 당사자 간에는 언제나 무효이다.
② 丙은 乙을 상대로 매매계약의 취소와 함께 이전등기의 말소를 구하는 소송을 제기할 수 있다.
③ 乙로부터 X토지를 상속받은 자는 매매계약이 허위표시임을 몰랐던 경우에도 그 소유권을 취득할 수 없다.
④ 乙로부터 X토지에 대한 저당권을 설정받은 자가 저당권설정 당시에 매매계약이 허위표시임을 과실로 알지 못했다면 그 저당권자는 선의의 제3자로서 보호받을 수 없다.
⑤ 乙로부터 X토지를 매수하여 소유권이전청구권 보전을 위한 가등기를 마친 자에 대하여 甲이 甲·乙 간의 매매계약이 허위표시임을 이유로 X토지의 소유권을 주장하려면, 甲은 가등기권리자의 악의를 증명하여야 한다.

해설

[❶ ▸ O] 강제집행을 면할 목적으로 서로 통모하여 甲 소유의 X토지를 乙에게 매도하고 소유권이전등기를 경료한 경우 甲·乙 간의 X토지에 대한 매매계약은 통정허위표시로서 당사자 간에는 언제나 무효이다(민법 제108조 제1항).

[❷ ▸ O] 채무자 甲의 법률행위가 통정허위표시인 경우에도 채권자취소권의 대상이 되므로(대판 1998.2.27. 97다50985), 채권자 丙은 수익자 乙을 상대로(피고로 하여) X토지에 대한 매매계약의 취소와 함께 소유권이전등기의 말소를 구하는 소송을 제기할 수 있다.

[❸ ▸ O] 민법 제108조 제2항의 제3자는 허위표시의 당사자와 포괄승계인 이외의 자로서 허위표시에 의하여 외형상 형성된 법률관계를 토대로 실질적으로 새로운 법률상 이해관계를 맺은 자를 의미한다. 그런데 乙로부터 **X토지를 상속받은 자**는 허위표시에 의하여 외형상 형성된 법률관계를 토대로 **실질적으로 새로운 법률상 이해관계를 맺은 자가 아니어서** 매매계약이 허위표시임을 몰랐던 경우에도 그 소유권을 취득할 수 없다.

[❹ ▸ ×] 민법 제108조 제2항에 규정된 통정허위표시에 있어서의 제3자는 그 선의 여부가 문제이지 이에 관한 **과실 유무를 따질 것이 아니다**(대판 2006.3.10. 2002다1321). 따라서 乙로부터 X토지에 대한 저당권을 설정받은 자가 저당권설정 당시에 매매계약이 허위표시임을 과실로 알지 못했더라도 그 저당권자는 민법 제108조 제2항의 선의의 제3자로서 보호받을 수 있다.

[❺ ▸ O] 허위표시 매매에 의한 매수인(乙)으로부터 소유권이전청구권 보전을 위한 가등기를 마친 자(민법 제108조 제2항의 제3자)는 선의로 추정되므로 甲이 그에게 X토지의 소유권을 주장하려면, 그 자3자(가등기권리자)의 악의를 증명하여야 한다(대판 1970.9.29. 70다466 참조).

핵심정리 **통정허위표시**

① 채권자 丙로부터의 강제집행을 면하기 위하여 甲과 乙이 짜고 체결한 X토지 매매계약
→ 통정허위표시로서 당사자(甲과 乙) 사이에서는 언제나 무효 O
② 채권자 丙의 채권자취소권의 행사
→ 수익자 乙을 피고로 하여 매매계약의 취소와 함께 이전등기말소청구소송 제기 가능 O
③, ④ 통정허위표시(민법 제108조 제2항)의 제3자에 해당 여부
→ 乙로부터 X토지를 상속받은 자 : ×
→ 乙로부터 허위표시임을 과실로 알지 못하고 X토지에 대한 저당권을 설정받은 자 : O
⑤ 허위표시 매매에 의한 매수인(乙)으로부터 소유권이전청구권 보전을 위한 가등기를 마친 자
→ 민법 제108조 제2항의 제3자에 해당 O
→ 특별한 사정이 없는 한 선의의 추정 : 무효를 주장하는 자(甲)가 제3자의 악의 주장·증명 책임 O

답 ❹

132 ☐☐☐ **甲과 乙은 강제집행을 면할 목적으로 서로 통모하여 甲 소유의 X토지를 乙에게 매도하는 내용의 허위 매매계약서를 작성하고, 이에 근거하여 乙 앞으로 소유권이전등기를 마쳤다. 이에 관한 설명으로 옳지 않은 것은?(다툼이 있으면 판례에 따름)** 17 행정사 제5회

① 甲은 X토지에 대하여 乙 명의의 소유권이전등기의 말소를 청구할 수 있다.

② 乙의 채권자 丙이 乙 명의의 X토지를 가압류하면서 丙이 甲과 乙 사이의 매매계약이 허위표시임을 알았다면 丙의 가압류는 무효이다.

③ 乙이 사망한 경우 甲은 乙의 단독상속인 丁에게 X토지에 대한 매매계약의 무효를 주장할 수 있다.

④ 乙의 채권자 丙이 乙 명의의 X토지를 가압류한 경우 丙이 보호받기 위해서는 선의이고 무과실이어야 한다.

⑤ 乙 명의의 X토지를 가압류한 丙은 특별한 사정이 없는 한 선의로 추정된다.

해설

[❶ ▸ O] 강제집행을 면할 목적으로 甲과 乙이 통모하여 체결한 X토지 매매계약은 통정허위표시에 해당하여 당사자 사이에서는 언제나 무효이다(민법 제108조 제1항). 따라서 甲은 乙 명의의 (원인 무효의) 소유권이전등기의 말소를 청구할 수 있다.

[❷ ▸ O] 가장매수인 乙의 채권자 丙이 乙 명의의 X토지를 가압류하였으나 매매계약이 허위표시임을 알았다면(악의), 丙은 민법 제108조 제2항의 '선의의 제3자'에 해당하지 않으므로 통정허위표시의 무효로부터 보호받지 못한다. 따라서 丙의 가압류 또한 무효이다.

[❸ ▸ O] 민법 제108조 제2항의 제3자는 허위표시의 당사자와 포괄승계인 이외의 자로서 허위표시에 의하여 외형상 형성된 법률관계를 토대로 실질적으로 새로운 법률상 이해관계를 맺은 자를 의미한다. 그런데 乙로부터 **X토지를 상속받은 자**는 허위표시에 의하여 외형상 형성된 법률관계를 토대로 **실질적으로 새로운 법률상 이해관계를 맺은 자가 아니어서** 민법 제108조 제2항의 제3자에 해당하지 않는다. 따라서 甲은 乙의 단독상속인 丁에게 X토지에 대한 매매계약의 무효를 주장할 수 있다.

[❹ ▸ X] 민법 제108조 제2항에 규정된 통정허위표시에 있어서의 제3자는 그 선의 여부가 문제이지 이에 관한 **과실 유무를 따질 것이 아니다**(대판 2006.3.10. 2002다1321). 따라서 丙이 보호받기 위해서는 선의로 족하다.

[❺ ▸ O] 민법 제108조 제2항의 제3자에 해당하는 丙은 특별한 사정이 없는 한 선의로 추정된다(대판 1970.9.29. 70다466 참조).

핵심정리 **통정허위표시**

① 강제집행을 면할 목적으로 甲과 乙이 통모하여 체결한 X토지 매매계약
  → 통정허위표시로서 당사자(甲과 乙) 사이에서는 언제나 무효 O
  → 甲은 乙 명의의 소유권이전등기의 말소청구 가능 O

② 통정허위표시인 매매계약을 기초로 乙이 취득한 X토지를 가압류한 丙이 악의인 경우 → 가압류는 무효 O

③ 통정허위표시인 매매계약의 매수인 乙로부터 X토지를 상속한 상속인 丁
  → 민법 제108조 제2항의 제3자에 해당 × : 甲은 丁에게 매매계약의 무효 주장 O

④, ⑤ 통정허위표시인 매매계약의 매수인(乙)의 채권자 丙이 X토지를 가압류한 경우
  → 丙은 민법 제108조 제2항의 제3자에 해당 O
  → 제3자 丙은 선의로 추정 O : 무효를 주장하는 자가 丙의 악의 증명책임 O
  → 제3자 丙은 선의이면 충분하고 과실 유무는 불문

답 ❹

133 □□□ **통정허위표시에 관한 설명으로 옳은 것은?(다툼이 있는 경우에는 판례에 의함)** 14 행정사 제2회

① 통정은 상대방과 짜고 함을 의미하지만, 이때 표의자의 상대방이 단순히 진의와 다른 표시가 있다는 사실을 인식하면 충분하다.

② 대리인이 그 권한 안에서 본인의 이름으로 의사표시를 함에 있어서 상대방과 통정하여 진의와 다른 의사를 표시한 경우, 그 의사표시는 본인에게 효력이 생긴다.

③ 허위표시의 당사자가 아닌 사람은 허위표시의 무효로써 허위표시에 기초하여 새로운 법률상 이해관계를 가진 선의의 제3자에게 대항할 수 있다.

④ 상대방과 허위표시로써 성립한 가장채권을 보유한 채권자에 대하여 파산이 선고된 경우 파산관재인은 허위표시의 무효로부터 보호되는 선의의 제3자가 될 수 없다.

⑤ 통정한 허위표시에 의하여 외형상 형성된 법률관계로 생긴 채권을 가압류한 경우, 그 가압류권자는 허위표시에 기초하여 새로운 법률상 이해관계를 가지게 된 제3자에 해당한다.

해설

[❶ ▸ ×] 통정허위표시가 성립하기 위하여는 의사표시의 진의와 표시가 일치하지 아니하고, 그 불일치에 관하여 상대방과 사이에 **합의**가 있어야 한다(대판 1998.9.4. 98다17909). 즉, 통정이 있다고 하기 위해서는 상대방이 단순히 진의와 다른 표시가 있다는 사실을 인식하는 것으로는 부족하고, 상대방과의 합의가 있어야 한다.

[❷ ▸ ×] 의사표시의 효력이 의사의 흠결, 사기, 강박 또는 어느 사정을 알았거나 과실로 알지 못한 것으로 인하여 영향을 받을 경우에 그 사실의 유무는 대리인을 표준하여 결정한다(민법 제116조 제1항). 여기서 '의사의 흠결'이란 '의사와 표시의 불일치'를 의미하고, 비진의표시(민법 제107조), 통정허위표시(민법 제108조), 착오에 의한 의사표시(민법 제109조)가 이에 해당한다. 따라서 대리인이 대리권의 범위 내에서 본인의 이름으로 의사표시를 하면서 상대방과 통정하여 진의와 다른 표시를 한 경우, 그 의사표시는 허위표시로서 무효가 된다(민법 제116조 제1항, 제108조 제1항).

[❸ ▸ ×] 상대방과 통정한 허위의 의사표시는 무효이고 누구든지 그 무효를 주장할 수 있는 것이 원칙이나, 허위표시의 당사자와 포괄승계인 이외의 자로서 허위표시에 의하여 외형상 형성된 법률관계를 토대로 실질적으로 새로운 법률상 이해관계를 맺은 선의의 제3자에 대하여는 허위표시의 당사자뿐만 아니라 그 누구도 허위표시의 무효를 대항하지 못하는 것이다(대판 2000.7.6. 99다51258).

[❹ ▸ ×] 파산자가 상대방과 통정한 허위의 의사표시를 통하여 가장채권을 보유하고 있다가 파산이 선고된 경우 그 가장채권도 일단 파산재단에 속하게 되고, 파산선고에 따라 파산자와는 독립한 지위에서 파산채권자 전체의 공동의 이익을 위하여 직무를 행하게 된 **파산관재인**은 그 허위표시에 따라 외형상 형성된 법률관계를 토대로 실질적으로 새로운 법률상 이해관계를 가지게 된 **민법 제108조 제2항의 제3자에 해당**하고, 그 선의·악의도 파산관재인 개인의 선의·악의를 기준으로 할 수는 없고, 총파산채권자를 기준으로 하여 "파산채권자 모두가 악의로 되지 않는 한" **파산관재인은 선의의 제3자**라고 할 수밖에 없다(대판 2003.6.24. 2002다48214; 대판 2006.11.10. 2004다10299).

[❺ ▸ ○] 통정한 허위표시에 의하여 외형상 형성된 법률관계로 생긴 채권을 가압류한 경우, 그 가압류권자는 허위표시에 기초하여 새로운 법률상 이해관계를 가지게 되므로 민법 제108조 제2항의 제3자에 해당한다고 봄이 상당하다(대판 2004.5.28. 2003다70041).

핵심정리

통정허위표시

① 통정 → 진의와 표시의 불일치에 관하여 상대방과 "합의" 필요 ○ (상대방의 인식만으로는 부족)

② 대리인이 상대방과 통정하여 진의와 다른 의사를 표시한 경우 → 허위표시로서 무효 ○

③ 민법 제108조 제2항 선의의 제3자에 대하여 당사자뿐만 아니라 그 누구도 허위표시의 무효로 대항 ×

PART 1 PART 2 PART 3

④ 가장채권자에 대하여 파산이 선고되어 파산재단의 직무를 행하는 파산관재인
⋯→ 민법 제108조 제2항의 제3자에 해당 O
⋯→ 총파산채권자를 기준으로 하여 "파산채권자 모두가 악의로 되지 않는 한" 파산관재인은 선의의 제3자 O
⑤ 가장채권을 가압류한 가압류권자 ⋯→ 민법 제108조 제2항의 제3자에 해당 O

답 ❺

134 허위표시에 관한 설명으로 옳은 것을 모두 고른 것은?(다툼이 있으면 판례에 따름)

□□□

18 행정사 제6회

ㄱ. 허위표시의 무효로서 대항할 수 없는 제3자의 범위는 허위표시를 기초로 새로운 법률상 이해관계를 맺었는지에 따라 실질적으로 파악해야 한다.
ㄴ. 가장매도인이 가장매수인으로부터 부동산을 취득한 제3자에게 자신의 소유권을 주장하려면 특별한 사정이 없는 한, 가장매도인은 그 제3자의 악의를 증명하여야 한다.
ㄷ. 허위표시를 한 자는 그 의사표시가 무효라는 사실을 주장할 수 없다.

① ㄱ
② ㄴ
③ ㄱ, ㄴ
④ ㄱ, ㄷ
⑤ ㄴ, ㄷ

해설

[ㄱ ▸ O] [ㄷ ▸ X] 상대방과 통정한 허위의 의사표시는 무효이고 **누구든지** 그 무효를 주장할 수 있는 것이 원칙이나,ⓒ 허위표시의 당사자와 포괄승계인 이외의 자로서 허위표시에 의하여 외형상 형성된 법률관계를 토대로 실질적으로 새로운 법률상 이해관계를 맺은 선의의 제3자에 대하여는 허위표시의 당사자뿐만 아니라 그 누구도 허위표시의 무효를 대항하지 못하는 것인데, 제3자의 범위는 권리관계에 기초하여 형식적으로만 파악할 것이 아니라 허위표시행위를 기초로 하여 새로운 법률상 이해관계를 맺었는지 여부에 따라 실질적으로 파악하여야 한다ⓖ(대판 2020.1.30. 2019다280375).

[ㄴ ▸ O] 가장매매의 매수인으로부터 목적부동산의 소유권을 취득한 자는 제3자에 해당하고(대판 1996.4.26. 94다12074), 제3자는 특별한 사정이 없는 한 선의로 추정된다(대판 1970.9.29. 70다466 등). 따라서 가장매도인은 그 제3자의 악의를 증명하여야 한다.

통정허위표시
ㄱ. 제3자의 범위 ⋯→ 허위표시를 기초로 새로운 법률상 이해관계를 맺었는지에 따라 실질적으로 파악
ㄴ. 가장매수인으로부터 부동산을 취득한 제3자의 악의의 주장·입증책임 ⋯→ 무효를 주장하는 가장매도인
ㄷ. 허위표시를 한 자 ⋯→ 그 의사표시가 무효라는 사실 주장 가능

답 ❸

135 통정허위표시에 관한 설명으로 옳지 않은 것은?(다툼이 있으면 판례에 따름) 16 행정사 제4회

□□□

① 통정허위표시는 무효이나, 그 무효로써 선의의 제3자에게 대항하지 못한다.

② 선의의 제3자가 되기 위해서는 선의임에 과실이 없어야 한다.

③ 제3자는 특별한 사정이 없는 한 선의로 추정할 것이므로, 제3자가 악의라는 사실에 관한 주장・입증책임은 그 허위표시의 무효를 주장하는 자에게 있다.

④ 통정허위표시에 의한 매매의 매수인으로부터 매수목적물에 대하여 선의로 저당권을 설정받은 자는 선의의 제3자에 해당된다.

⑤ 통정허위표시로 설정된 전세권에 대하여 선의로 저당권을 취득한 자는 선의의 제3자에 해당된다.

해설

[❶ ▸ O] 상대방과 통정한 허위의 의사표시는 무효로 한다. 의사표시의 무효는 선의의 제3자에게 대항하지 못한다(민법 제108조).

[❷ ▸ ×] 민법 제108조 제2항에 규정된 통정허위표시에 있어서의 제3자는 그 선의 여부가 문제이지 이에 관한 과실 유무를 따질 것이 아니다(대판 2006.3.10. 2002다1321). ☞ 제3자는 선의이면 족하고, 과실이 있어도 무방하다.

[❸ ▸ O] 민법 제108조 제1항에서 상대방과 통정한 허위의 의사표시를 무효로 규정하고, 제2항에서 그 의사표시의 무효는 선의의 제3자에게 대항하지 못한다고 규정하고 있는데, 여기에서 제3자는 특별한 사정이 없는 한 선의로 추정할 것이므로, 제3자가 악의라는 사실에 관한 주장・입증책임은 그 허위표시의 무효를 주장하는 자에게 있다(대판 2006.3.10. 2002다1321).

[❹ ▸ O] 가장매매의 매수인으로부터 선의로 저당권을 설정받은 자는 민법 제108조 제2항의 선의의 제3자에 해당한다는 것이 학설의 일반적인 태도이다.

[❺ ▸ O] 허위표시인 전세권설정계약에 기하여 등기까지 마친 전세권에 대하여 저당권을 취득한 자는 민법 제108조 제2항의 (선의의) 제3자에 해당한다(대판 2008.3.13. 2006다58912).

실제로는 전세권설정계약이 없으면서도 임대차계약에 기한 임차보증금반환채권을 담보할 목적 또는 금융기관으로부터 자금을 융통할 목적으로 임차인과 임대인 사이의 합의에 따라 임차인 명의로 전세권설정등기를 경료한 후 그 전세권에 대하여 근저당권이 설정된 경우, 가사 위 전세권설정계약만 놓고 보아 그것이 통정허위표시에 해당하여 무효라 하더라도 이로써 위 전세권설정계약에 의하여 형성된 법률관계를 토대로 별개의 법률원인에 의하여 새로운 법률상 이해관계를 갖게 된 근저당권자에 대하여는 그와 같은 사정을 알고 있었던 경우에만 그 무효를 주장할 수 있다(대판 2008.3.13. 2006다58912).

핵심정리

통정허위표시

①, ② 통정허위표시는 무효 O

→ 무효로 선의의 제3자에게 대항 ×

→ 선의의 제3자이면 족하고, 과실유무는 불문

③ 제3자의 악의에 관한 주장・입증책임 → 허위표시의 무효를 주장하는 자

④, ⑤ 민법 제108조 제2항의 선의의 제3자에 해당 여부

→ 가장매매의 매수인으로부터 선의로 저당권을 설정받은 자 : 선의의 제3자 O

→ 가장전세권에 대하여 선의로 저당권을 취득한 자 : 선의의 제3자 O

답 ❷

PART 1 PART 2 PART 3

136 □□□ **통정허위표시에 기하여 새롭게 이해관계를 맺은 제3자에 해당하지 않는 사람은?(다툼이 있으면 판례에 따름)** 20 행정사 제8회

① 통정허위표시인 매매계약에 기하여 부동산 소유권을 취득한 양수인으로부터 그 부동산을 양수한 사람
② 통정허위표시인 채권양도계약의 양도인에 대하여 채무를 부담하고 있던 사람
③ 통정허위표시인 저당권 설정행위로 취득된 저당권의 실행으로 그 목적인 부동산을 경매에서 매수한 사람
④ 통정허위표시인 금전소비대차계약에서 대주가 파산한 경우 파산관재인으로 선임된 사람
⑤ 통정허위표시에 의하여 부동산 소유권을 취득한 양수인과 매매계약을 체결하고 소유권이전등기청구권 보전을 위한 가등기를 마친 사람

해설

[❶ ▸ ○] 가장매매의 매수인으로부터 목적부동산을 다시 매수하여 소유권이전등기를 마친 자는 선의의 제3자에 해당한다(대판 1960.2.4. 4291민상636).

[❷ ▸ ×] 통정허위표시인 채권양도계약의 양도인에 대하여 채무를 부담하고 있던 채무자는 허위표시에 의하여 외형상 형성된 법률관계를 토대로 실질적으로 새로운 법률상 이해관계를 맺은 자가 아니므로 민법 제108조 제2항의 제3자에 해당하지 않는다(대판 1983.1.18. 82다594 참조).

> 퇴직금 채무자인 피고(회사 丙)는 원채권자인 소외 甲(양도인)이 소외 乙에게 퇴직금채권을 양도했다고 하더라도 그 퇴직금을 양수인(乙)에게 지급하지 않고 있는 동안에 위 양도계약이 허위표시란 것이 밝혀진 이상, 위 허위표시의 선의의 제3자임을 내세워 진정한 퇴직금전부채권자인 원고(丁)에게 그 지급을 거절할 수 없다(대판 1983.1.18. 82다594).

[❸ ▸ ○] 채권자와 채무자가 통모하여 허위의 의사표시로써 저당권설정 행위를 하고 채권자가 그 저당권을 실행하여 경매절차가 적법히 진행된 결과 제3자가 경락으로 소유권을 취득하고 그 이전등기를 종료한 경우에 선의의 제3자에게는 그 허위표시를 주장하여 대항할 수 없다(대판 1957.3.23. 4289민상580).

[❹ ▸ ○] 파산자가 상대방과 통정한 허위의 의사표시를 통하여 가장채권을 보유하고 있다가 파산이 선고된 경우 그 가장채권도 일단 파산재단에 속하게 되고, 파산선고에 따라 파산자와는 독립한 지위에서 파산채권자 전체의 공동의 이익을 위하여 직무를 행하게 된 파산관재인은 그 허위표시에 따라 외형상 형성된 법률관계를 토대로 실질적으로 새로운 법률상 이해관계를 가지게 된 민법 제108조 제2항의 제3자에 해당한다(대판 2003.6.24. 2002다48214).

[❺ ▸ ○] 가장매매의 매수인으로부터 그와의 매매계약에 의한 소유권이전청구권 보전을 위한 가등기를 마친 자는 허위표시인 가장매매를 기초로 하여 새로운 법률상 이해관계를 맺은 자로서 민법 제108조 제2항의 제3자에 해당한다(대판 1970.9.29. 70다466 참조).

핵심정리 **통정허위표시**

①, ②, ③, ④, ⑤ 민법 제108조 제2항의 제3자에 해당 여부
→ 가장매매계약의 양수인으로부터 그 부동산을 양수한 사람 : ○
→ 가장채권양도계약의 양도인에 대하여 채무를 부담하고 있던 사람 : ×
→ 가장저당권의 실행으로 그 목적인 부동산을 경매에서 매수한 사람 : ○
→ 가장금전소비대차계약에서 대주가 파산한 경우 파산관재인으로 선임된 사람 : ○
→ 가장양수인으로부터 소유권이전등기청구권 보전을 위한 가등기를 마친 사람 : ○

답 ❷

137 甲은 乙과 통정허위표시로 대출약정을 하고, 이를 통해 乙에 대하여 가장채권을 보유하고 있다. 이에 관한 설명으로 옳은 것을 모두 고른 것은?(다툼이 있으면 판례에 따름) 24 행정사 제12회

ㄱ. 丙이 대출약정과 관련한 甲의 계약상 지위를 이전받은 경우, 乙은 丙에게 대출약정이 무효라고 대항할 수 있다.
ㄴ. 甲의 일반채권자 丁이 대출약정이 유효하다고 믿고 가장채권을 가압류한 경우, 위와 같이 믿은 것에 丁에게 과실이 있더라도 乙은 丁에게 대출약정이 무효라고 대항할 수 없다.
ㄷ. 甲에게 파산이 선고된 경우, 파산관재인 戊가 대출약정이 통정허위표시라는 사실을 알았다면 파산채권자 중 일부가 선의라도 乙은 戊에 대하여 대출약정이 무효라고 대항할 수 있다.

① ㄱ ② ㄴ
③ ㄱ, ㄴ ④ ㄱ, ㄷ
⑤ ㄴ, ㄷ

해설

[ㄱ ▸ O] 가장소비대차에 있어 대주의 계약상의 지위를 그대로 이전받은 자는 허위표시행위(가장소비대차)를 기초로 하여 새로운 법률상 이해관계를 가지게 되었다고 볼 수 없어 민법 제108조 제2항의 제3자에 해당하지 않는다(대판 2004.1.15. 2002다31537). 따라서 丙이 통정 허위표시에 의한 대출약정(= 가장소비대차)과 관련한 甲의 계약상 지위를 이전받은 경우, 丙은 민법 제108조 제2항의 제3자에 해당하지 않고, 乙은 丙에게 대출약정이 무효라고 대항할 수 있다.

[ㄴ ▸ O] 통정한 허위표시에 의하여 외형상 형성된 법률관계로 생긴 채권(= 가장채권)을 가압류한 경우, 그 **가압류권자**는 허위표시에 기초하여 새로운 법률상 이해관계를 가지게 되므로 **민법 제108조 제2항의 제3자에 해당**한다고 봄이 상당하고, 또한 **민법 제108조 제2항의 제3자는 선의이면 족하고 무과실은 요건이 아니다**(대판 2004.5.28. 2003다70041). 따라서 甲의 일반채권자 丁이 대출약정이 유효하다고 믿고 가장채권을 가압류한 경우, 丁은 민법 제108조 제2항의 제3자에 해당하므로 丁의 선의인 이상 과실이 있더라도 乙은 丁에게 대출약정이 무효라고 대항할 수 없다.

[ㄷ ▸ X] 파산자가 상대방과 통정한 허위의 의사표시를 통하여 가장채권을 보유하고 있다가 파산이 선고된 경우 그 가장채권도 일단 파산재단에 속하게 되고, 파산선고에 따라 파산자와는 독립한 지위에서 파산채권자 전체의 공동의 이익을 위하여 직무를 행하게 된 **파산관재인**은 그 허위표시에 따라 외형상 형성된 법률관계를 토대로 실질적으로 새로운 법률상 이해관계를 가지게 된 **민법 제108조 제2항의 제3자에 해당**하고, 그 선의·악의도 파산관재인 개인의 선의·악의를 기준으로 할 수는 없고, **총파산채권자를 기준**으로 하여 **파산채권자 모두가 악의로 되지 않는 한 파산관재인은 선의의 제3자라고 할 수밖에 없다**(대판 2010.4.29. 2009다96083). 따라서 甲에게 파산이 선고된 경우, 파산관재인 戊가 대출약정이 통정허위표시라는 사실을 알았더라도 파산채권자 중 일부가 선의인 이상 乙은 파산관재인 戊에 대하여 대출약정이 무효라고 대항할 수 없다.

핵심정리

통정허위표시

ㄱ. 통정허위표시에 의한 대출약정(= 가장소비대차)에서 대주의 계약상의 지위를 이전받은 자
→ 민법 제108조 제2항의 제3자에 해당 ×
ㄴ. 통정한 허위표시에 의하여 외형상 형성된 법률관계로 생긴 채권을 가압류한 경우
→ 가압류권자는 민법 제108조 제2항의 제3자에 해당 ○
→ 민법 제108조 제2항의 제3자는 선의이면 충분하고, 과실이 있어도 무방함
ㄷ. 가장채권자에 대하여 파산이 선고되어 파산재단의 직무를 행하는 파산관재인
→ 민법 제108조 제2항의 제3자에 해당 ○
→ 총파산채권자를 기준으로 하여 "파산채권자 모두가 악의로 되지 않는 한" 파산관재인은 선의의 제3자 ○

답 ❸

138 착오에 의한 의사표시에 관한 설명으로 옳지 않은 것은?(다툼이 있으면 판례에 따름)

□□□

20 행정사 제8회

① 동기의 착오를 이유로 취소하려면 당사자 사이에 동기를 의사표시의 내용으로 하는 합의가 필요하다.

② 착오를 이유로 취소하기 위해서는 일반인이 표의자라면 그러한 의사표시를 하지 않았을 정도의 중요부분에 착오가 있어야 한다.

③ 착오를 이유로 취소할 수 없는 중대한 과실은 표의자의 직업 등에 비추어 보통 요구되는 주의를 현저히 결여한 것을 의미한다.

④ 매매계약이 적법하게 해제된 후에도 착오를 이유로 그 매매계약을 취소할 수 있다.

⑤ 상대방의 기망으로 표시상의 착오에 빠진 자의 행위에 대하여 착오취소의 법리가 적용된다.

해설

[❶ ▸ ×] 동기의 착오가 법률행위의 내용 중 중요부분의 착오에 해당함을 이유로 표의자가 법률행위를 취소하려면 그 동기를 당해 의사표시의 내용으로 삼을 것을 상대방에게 표시하고 의사표시의 해석상 법률행위의 내용으로 되어 있다고 인정되면 충분하고 당사자들 사이에 별도로 그 동기를 의사표시의 내용으로 삼기로 하는 합의까지 이루어질 필요는 없다(대판 2015.7.23. 2012다15336).

[❷ ▸ O] 법률행위의 중요부분의 착오라 함은 표의자가 그러한 착오가 없었더라면 그 의사표시를 하지 않으리라고 생각될 정도로 중요한 것이어야 하고 보통 일반인도 표의자의 처지에 섰더라면 그러한 의사표시를 하지 않았으리라고 생각될 정도로 중요한 것이어야 한다(대판 2009.3.16. 2008다1842).

[❸ ▸ O] 착오가 표의자의 중대한 과실로 인한 때에는 취소하지 못한다고 할 것인데, 여기서 '중대한 과실'이라 함은 표의자의 직업, 행위의 종류, 목적 등에 비추어 보통 요구되는 주의를 현저히 결여하는 것을 의미한다(대판 1997.9.30. 97다26210).

[❹ ▸ O] 매도인이 매수인의 중도금 지급채무불이행을 이유로 매매계약을 적법하게 해제한 후라도 매수인으로서는 상대방이 한 계약해제의 효과로서 발생하는 손해배상책임을 지거나 매매계약에 따른 계약금의 반환을 받을 수 없는 불이익을 면하기 위하여 착오를 이유로 한 취소권을 행사하여 위 매매계약 전체를 무효로 돌리게 할 수 있다(대판 1991.8.27. 91다11308).

[❺ ▸ O] 신원보증서류에 서명날인한다는 착각에 빠진 상태로 연대보증의 서면에 서명날인한 경우, 결국 위와 같은 행위는 강학상 기명날인의 착오(또는 서명의 착오), 즉 어떤 사람이 자신의 의사와 다른 법률효과를 발생시키는 내용의 서면에, 그것을 읽지 않거나 올바르게 이해하지 못한 채 기명날인을 하는 이른바 표시상의 착오에 해당하므로, 비록 위와 같은 착오가 제3자의 기망행위에 의하여 일어난 것이라 하더라도 그에 관하여는 사기에 의한 의사표시에 관한 법리, 특히 상대방이 그러한 제3자의 기망행위 사실을 알았거나 알 수 있었을 경우가 아닌 한 의사표시자가 취소권을 행사할 수 없다는 민법 제110조 제2항의 규정을 적용할 것이 아니라, **착오에 의한 의사표시에 관한 법리만을 적용**하여 취소권 행사의 가부를 가려야 한다(대판 2005.5.27. 2004다43824).

핵심정리

착오에 의한 의사표시

① 동기의 착오가 법률행위 내용의 중요부분에 착오에 해당함을 이유로 취소하기 위한 요건
  → 동기를 당해 의사표시의 내용으로 삼을 것을 상대방에게 표시하고 의사표시의 해석상 법률행위의 내용으로 되어 있다고 인정되면 충분
  → 당사자들 사이에 별도로 그 동기를 의사표시의 내용으로 삼기로 하는 "합의"까지 이루어질 필요 ×

② 착오를 이유로 한 취소의 요건 중 "중요부분의 착오"
  → 표의자는 물론 일반인이 표의자라면 그러한 의사표시를 하지 않았을 정도의 중요부분에 착오가 있을 것

③ 중대한 과실 → 표의자의 직업 등에 비추어 보통 요구되는 주의를 현저히 결여한 것

④ 매도인이 채무불이행을 이유로 해제한 후에도 → 매수인은 착오를 이유로 취소권 행사 O

⑤ 상대방의 기망으로 표시상의 착오에 빠진 경우(예 강학상 기명날인의 착오)
→ 착오취소의 법리 적용 ○

답 ❶

139 □□□ **甲이 乙에게 X부동산을 허위표시로 매도하고 이전등기를 해 주었다. 이에 관한 설명으로 옳지 않은 것은?(다툼이 있으면 판례에 따름)** 21 행정사 제9회

① 甲은 乙을 상대로 매매대금의 지급을 청구할 수 없다.
② 甲은 乙을 상대로 X부동산의 반환을 구할 수 있다.
③ 만약 乙과 X부동산에 대해 저당권설정계약을 체결하고 저당권설정등기를 한 丙이 허위표시에 대해 선의인 경우, 甲은 그 저당권등기의 말소를 구할 수 없다.
④ 만약 乙 명의로 등기된 X부동산을 가압류한 丙이 허위표시에 대해 선의이지만 과실이 있는 경우, 甲은 丙에 대하여 가압류의 무효를 주장할 수 없다.
⑤ 만약 X부동산이 乙로부터 丙, 丙으로부터 丁에게 차례로 매도되어 각기 그 명의로 이전등기까지 된 경우, 허위표시에 대해 丙이 악의이면 丁이 선의이더라도 甲은 丁 명의이전등기의 말소를 구할 수 있다.

해설

[❶ ▸ ○] 甲과 乙 사이의 X부동산 매매계약은 통정허위표시에 해당하여 당사자인 甲과 乙 사이에서는 항상 무효이다(민법 제108조 제1항). 따라서 가장매도인 甲은 乙을 상대로 매매계약의 이행으로서의 매매대금의 지급을 청구할 수 없다.

[❷ ▸ ○] 甲과 乙 사이의 X부동산 매매계약은 통정허위표시로 무효이므로 가장매도인 甲은 이미 乙에게 급부한 것을 부당이득으로 반환청구할 수 있다(민법 제741조). 또한 甲은 X부동산의 소유권자로서 乙을 상대로 소유권에 기한 반환청구권을 행사할 수도 있다(민법 제213조). 따라서 가장매도인 甲은 乙에게 X부동산의 반환을 구할 수 있다.

[❸ ▸ ○] 甲과 乙 사이의 X부동산 매매계약은 통정허위표시에 해당하여 무효이지만, 乙과 X부동산에 대해 저당권설정계약을 체결하고 저당권설정등기를 한 丙이 허위표시에 대해 선의인 경우라면 민법 제108조 제2항의 선의의 제3자에 해당하여 보호된다. 따라서 甲은 그 저당권등기의 말소를 구할 수 없다.

[❹ ▸ ○] 민법 제108조 제2항에 규정된 통정허위표시에 있어서의 제3자는 그 선의 여부가 문제이지 이에 관한 과실 유무를 따질 것이 아니다(대판 2006.3.10. 2002다1321). 따라서 X부동산을 가압류한 丙이 보호받기 위해서는 선의로 족하므로 丙이 과실이 있다고 하더라도 甲은 丙에 대하여 가압류의 무효를 주장할 수 없다.

[❺ ▸ ×] 甲과 乙 사이의 X부동산 매매계약이 통정허위표시임을 알고 있는 악의의 제3자로부터 전득한 자가 선의라면 그는 민법 제108조 제2항의 선의의 제3자에 해당한다. 따라서 허위표시에 대해 丙이 악의이고 丁이 선의라면, 甲은 丁 명의이전등기의 말소를 구할 수 없다.

핵심정리

통정허위표시
①, ② 매도인 甲과 매수인 乙의 X부동산 매매계약은 통정허위표시로 무효 ○
→ 甲의 乙을 상대로 매매대금 지급청구 ×
→ 甲의 乙을 상대로 X부동산의 반환청구 ○
③ 제3자인 저당권자 丙이 선의인 경우 → 甲의 저당권등기말소청구 ×
④ 제3자인 가압류권자 丙이 선의이지만 과실이 있는 경우 → 甲은 가압류의 무효 주장 ×
⑤ 악의의 丙으로부터 전득한 丁이 선의인 경우 → 甲의 丁 명의이전등기말소청구 ×

답 ❺

140 착오로 인한 의사표시에 관한 설명으로 옳지 않은 것은?(다툼이 있으면 판례에 따름)

□□□

22 행정사 제10회

① 법률행위 내용의 중요부분에 착오가 있는 경우, 그 착오가 표의자의 중과실로 인한 것이 아니라면 특별한 사정이 없는 한 이를 이유로 의사표시를 취소할 수 있다.

② 표의자는 자신에게 중과실이 없음에 대한 주장·증명책임을 부담한다.

③ 착오로 인한 의사표시에 관한 민법 제109조 제1항의 적용은 당사자의 합의로 배제할 수 있다.

④ 착오로 인하여 표의자가 경제적 불이익을 입지 않았다면 이는 법률행위 내용의 중요부분의 착오로 볼 수 없다.

⑤ 표의자가 장래에 있을 어떤 사항의 발생이 미필적임을 알아 그 발생을 예기한 데 지나지 않는 경우, 그 기대가 이루어지지 않은 것을 착오로 볼 수는 없다.

해설

[❶ ▸ O] 의사표시는 법률행위의 내용의 중요부분에 착오가 있는 때에는 취소할 수 있다. 그러나 그 착오가 표의자의 중대한 과실로 인한 때에는 취소하지 못한다(민법 제109조 제1항).

[❷ ▸ ×] 착오한 표의자의 중대한 과실 유무에 관한 주장과 입증책임은 착오자가 아니라 의사표시를 취소하게 하지 않으려는 상대방에게 있다(대판 2005.5.12. 2005다6228).

[❸ ▸ O] 당사자의 합의로 착오로 인한 의사표시 취소에 관한 민법 제109조 제1항의 적용을 배제할 수 있다(대판 2016.4.15. 2013다97694).

[❹ ▸ O] 착오로 인하여 표의자가 무슨 경제적인 불이익을 입은 것이 아니라면 이를 법률행위 내용의 중요부분의 착오라고 할 수 없다(대판 2006.12.7. 2006다41457).

[❺ ▸ O] 표의자가 행위를 할 당시에 장래에 있을 어떤 사항의 발생이 미필적임을 알아 그 발생을 예기한 데 지나지 않는 경우는, 표의자의 심리상태에 인식과 대조에 불일치가 있다고 할 수 없어 착오로 다룰 수는 없다 할 것이다(대판 2010.5.27. 2009다94841).

공장을 설립할 목적으로 매수한 임야가 도시관리계획상 보전관리지역으로 지정됨에 따라 공장설립이 불가능하게 된 사안에서, 매매계약 당시 매수인이 위 임야가 장차 계획관리지역으로 지정되어 공장설립이 가능할 것으로 생각하였다고 하더라도 이는 장래에 대한 단순한 기대에 지나지 않는 것이므로, 그 기대가 이루어지지 아니하였다고 하여 이를 법률행위의 내용의 중요부분에 착오가 있는 것으로는 볼 수 없다고 한 사례(대판 2010.5.27. 2009다94841).

핵심정리 **착오에 의한 의사표시**

① 법률행위 내용의 중요부분에 착오가 있는 경우 → 표의자의 중과실이 없다면 취소 O

② 착오에 의한 의사표시에서 표의자의 중대한 과실 유무에 관한 증명책임 → 취소를 막으려는 상대방 O

③ 착오에 의한 의사표시에 관한 민법 제109조 제1항 → 임의규정 O (당사자의 합의로 적용 배제 가능)

④ 착오로 인하여 표의자가 경제적 불이익을 입지 않았다면 → 중요부분의 착오 ×

⑤ 장래에 있을 어떤 사항의 발생이 미필적임을 알아 그 발생을 예기한 데 지나지 않는 경우 → 그 기대가 이루어지지 않은 것은 착오 ×

답 ❷

141 착오로 인한 의사표시에 관한 설명으로 옳은 것은?(다툼이 있으면 판례에 따름)

□□□

24 행정사 제12회

① 표의자가 경과실로 인한 착오로 의사표시를 하고 그 착오를 이유로 의사표시를 취소한 경우, 표의자는 그 취소로 인한 손해를 배상할 책임이 있다.

② 착오로 인한 의사표시의 취소에 관한 민법 제109조 제1항은 당사자의 합의로 그 적용을 배제할 수 없다.

③ 매도인이 매수인의 채무불이행을 이유로 매매계약을 적법하게 해제한 후에도 매수인은 착오를 이유로 매매계약을 취소할 수 있다.

④ 매도인의 하자담보책임이 성립하는 경우, 매매계약 내용의 중요 부분에 착오가 있더라도 매수인은 착오를 이유로 매매계약을 취소할 수 없다.

⑤ 상대방이 표의자의 착오를 알고 이를 이용한 경우라도 의사표시의 착오가 표의자의 중대한 과실로 인한 것이라면 표의자는 착오를 이유로 의사표시를 취소할 수 없다.

해설

[❶ ▸ ×] 경과실이 있음에도 표의자가 착오를 이유로 의사표시를 취소하고 그 결과 법률행위가 효력을 잃는 경우에, 상대방이 신뢰이익의 배상을 청구할 수 있는지에 관하여 민법 제535조의 유추에 의하여 이를 긍정하는 견해(다수설)도 있으나, **판례**는 민법이 규정하는 취소권을 행사하는 것은 위법하지 않음을 근거로 **착오취소에서 경과실이 있는 착오자의 손해배상책임을 부정한다**(지원림, 민법강의 제21판, p.81).

> 불법행위로 인한 손해배상책임이 성립하기 위하여는 가해자의 고의 또는 과실 이외에 행위의 위법성이 요구되므로, 전문건설공제조합이 계약보증서를 발급하면서 조합원이 수급할 공사의 실제 도급금액을 확인하지 아니한 과실이 있다고 하더라도 민법 제109조에서 중과실이 없는 착오자의 착오를 이유로 한 의사표시의 취소를 허용하고 있는 이상, 전문건설공제조합이 과실로 인하여 착오에 빠져 계약보증서를 발급한 것이나 그 착오를 이유로 보증계약을 취소한 것이 위법하다고 할 수는 없다(대판 1997.8.22. 97다13023).

[❷ ▸ ×] 당사자의 합의로 착오로 인한 의사표시 취소에 관한 민법 제109조 제1항의 적용을 배제할 수 있다(대판 2016.4.15. 2013다97694). ☞ 민법 제109조 제1항은 임의규정이다.

[❸ ▸ ○] 매도인이 매수인의 중도금 지급채무 불이행을 이유로 **매매계약을 적법하게 해제한 후라도** 매수인으로서는 상대방이 한 계약해제의 효과로서 발생하는 손해배상책임을 지거나 매매계약에 따른 계약금의 반환을 받을 수 없는 불이익을 면하기 위하여 **착오를 이유로 한 취소권을 행사하여** 매매계약 전체를 무효로 돌리게 할 수 있다(대판 1996.12.6. 95다24982).

[❹ ▸ ×] 민법 제109조 제1항에 의하면 법률행위 내용의 중요 부분에 착오가 있는 경우 착오에 중대한 과실이 없는 표의자는 법률행위를 취소할 수 있고, 민법 제580조 제1항, 제575조 제1항에 의하면 매매의 목적물에 하자가 있는 경우 하자가 있는 사실을 과실 없이 알지 못한 매수인은 매도인에 대하여 하자담보책임을 물어 계약을 해제하거나 손해배상을 청구할 수 있다. 착오로 인한 취소 제도와 매도인의 하자담보책임 제도는 취지가 서로 다르고, 요건과 효과도 구별된다. 따라서 매매계약 내용의 중요 부분에 착오가 있는 경우 **매수인은 매도인의 하자담보책임이 성립하는지와 상관없이 착오를 이유로 매매계약을 취소할 수 있다**(대판 2018.9.13. 2015다78703).

[❺ ▸ ×] 민법 제109조 제1항은 법률행위 내용의 중요 부분에 착오가 있는 때에는 그 의사표시를 취소할 수 있다고 규정하면서, 같은 항 단서에서 그 착오가 표의자의 중대한 과실로 인한 때에는 취소하지 못한다고 규정하고 있다. 여기서 '중대한 과실'이란 표의자의 직업, 행위의 종류, 목적 등에 비추어 보통 요구되는 주의를 현저히 결여한 것을 의미한다. 한편 위 단서 규정은 표의자의 상대방의 이익을 보호하기 위한 것이므로, **상대방이 표의자의 착오를 알고 이를 이용한 경우**에는 그 착오가 **표의자의 중대한 과실**로 인한 것이라고 하더라도 표의자는 그 의사표시를 취소할 수 있다(대판 2023.4.27. 2017다227264).

핵심정리 **착오로 인한 의사표시**

① 표의자가 경과실로 인한 착오로 의사표시를 하고 그 착오를 이유로 의사표시를 취소한 경우
 ⋯→ 표의자는 그 취소로 인한 손해를 배상할 책임 ×
② 착오로 인한 의사표시의 취소에 관한 민법 제109조 제1항
 ⋯→ 임의규정 : 당사자의 합의로 적용 배제 가능 ○
③ 매도인이 매수인의 채무불이행을 이유로 매매계약을 적법하게 해제 후에도
 ⋯→ 매수인은 착오를 이유로 매매계약을 취소 가능 ○
④ 매도인의 하자담보책임이 성립하는 경우에도
 ⋯→ 매수인은 착오를 이유로 매매계약 취소 가능 ○
⑤ 의사표시의 상대방이 표의자의 착오를 알고 이용한 경우
 ⋯→ 착오가 중대한 과실로 인한 것이라도 표의자는 의사표시를 취소 가능 ○

답 ❸

142 □□□ **착오에 관한 설명으로 옳지 않은 것은?(다툼이 있으면 판례에 따름)** 21 행정사 제9회

① 법률행위의 내용의 중요부분에 착오가 있으면 취소할 수 있는 것이 원칙이다.
② 1심 판결에서 패소한 자가 항소심 판결 선고 전에 패소를 예상하고 법률행위를 하였으나 이후 항소심에서 승소판결이 선고된 경우 착오를 이유로 그 법률행위를 취소할 수 있다.
③ 의사표시의 착오가 표의자의 중대한 과실로 발생하였으나 상대방이 표의자의 착오를 알고 이용한 경우 표의자는 의사표시를 취소할 수 있다.
④ 착오한 표의자의 중대한 과실 유무에 관한 증명책임은 의사표시를 취소하게 하지 않으려는 상대방에게 있다.
⑤ 착오자의 착오로 인한 취소로 상대방이 손해를 입게 되더라도, 착오자는 불법행위로 인한 손해배상 책임을 부담하지 않는다.

해설

[❶ ▸ ○] 의사표시는 법률행위의 내용의 중요부분에 착오가 있는 때에는 취소할 수 있다. 그러나 그 착오가 표의자의 중대한 과실로 인한 때에는 취소하지 못한다(민법 제109조 제1항).

[❷ ▸ ×] 판결선고 전에 이미 그 선고결과를 예상하고 법률행위를 하였으나 실제로 선고된 판결이 그 예상과 다르다 하더라도 이 표의자의 심리상태에 인식과 대조사실에 불일치가 있다고는 할 수 없어 착오로 다룰 수는 없다(대판 1972.3.28. 71다2193).

[❸ ▸ ○] 상대방이 표의자의 착오를 알고 이를 이용한 경우에는 착오가 표의자의 중대한 과실로 인한 것이라고 하더라도 표의자는 의사표시를 취소할 수 있다(대판 2014.11.27. 2013다49794).

[❹ ▸ ○] 착오한 표의자의 중대한 과실 유무에 관한 주장과 입증책임은 착오자가 아니라 의사표시를 취소하게 하지 않으려는 상대방에게 있다(대판 2005.5.12. 2005다6228).

[❺ ▸ ○] 불법행위로 인한 손해배상책임이 성립하기 위하여는 가해자의 고의 또는 과실 이외에 행위의 위법성이 요구되므로, 전문건설공제조합이 계약보증서를 발급하면서 조합원이 수급할 공사의 실제 도급금액을 확인하지 아니한 과실이 있다고 하더라도 **민법 제109조에서 중과실이 없는 착오자의 착오를 이유로 한 의사표시의 취소를 허용하고 있는 이상**, 전문건설공제조합이 과실로 인하여 착오에 빠져 계약보증서를 발급한 것이나 그 **착오를 이유로 보증계약을 취소한 것이 위법하다고 할 수는 없다**(대판 1997.8.22. 97다13023). ☞ 따라서 착오자의 착오로 인한 취소로 상대방이 손해를 입게 되더라도, 착오자는 불법행위로 인한 손해배상책임을 부담하지 않는다.

핵심정리 **착오에 의한 의사표시**

① 법률행위 내용의 중요부분에 착오가 있는 경우
 → 취소할 수 있는 것이 원칙
 → 예외 : 착오가 표의자의 중대한 과실로 인한 때 취소 ×
② 항소심에서 패소를 예상하고 법률행위를 하였으나 승소판결이 선고된 경우
 → 착오를 이유로 한 취소 ×
③ 착오한 표의자에게 중대한 과실이 있으나, 상대방이 표의자의 착오를 알고 이용한 경우
 → 착오를 이유로 한 취소 ○
④ 착오한 표의자의 중대한 과실 유무에 관한 증명책임 → 취소를 막으려는 상대방 ○
⑤ 착오취소로 상대방이 손해를 입게 된 경우 → 취소자는 불법행위로 인한 손해배상책임 부담 ×

답 ❷

143 착오에 의한 의사표시에 관한 설명으로 옳지 않은 것은?(다툼이 있으면 판례에 따름)

□□□

23 행정사 제11회

① 착오로 인하여 표의자가 경제적 불이익을 입은 것이 아니라면 이를 법률행위 내용의 중요부분의 착오라고 할 수 없다.

② 기망행위로 인하여 법률행위의 내용으로 표시되지 않은 동기에 관하여 착오를 일으킨 경우에도 표의자는 그 법률행위를 사기에 의한 의사표시를 이유로 취소할 수 있다.

③ 대리인에 의한 계약체결의 경우, 특별한 사정이 없는 한 착오의 유무는 대리인을 표준으로 판단하여야 한다.

④ 매도인이 매수인의 채무불이행을 이유로 매매계약을 적법하게 해제한 후라도 매수인은 착오를 이유로 취소권을 행사할 수 있다.

⑤ 착오로 인한 의사표시에 있어서 표의자의 중대한 과실 유무에 관한 증명책임은 그 상대방이 아니라 착오자에게 있다.

해설

[❶ ▸ ○] 법률행위의 중요부분의 착오라 함은 표의자가 그러한 착오가 없었더라면 그 의사표시를 하지 않으리라고 생각될 정도로 중요한 것이어야 하고 보통 일반인도 표의자의 처지에 섰더라면 그러한 의사표시를 하지 않았으리라고 생각될 정도로 중요한 것이어야 한다(대판 2009.3.16. 2008다1842). 그러나 착오로 인하여 표의자가 무슨 경제적인 불이익을 입은 것이 아니라면 이를 법률행위 내용의 중요부분의 착오라고 할 수 없다(대판 2006.12.7. 2006다41457).

[❷ ▸ ○] 기망행위로 인하여 법률행위의 중요부분에 관하여 착오를 일으킨 경우뿐만 아니라 법률행위의 내용으로 표시되지 아니한 의사결정의 동기에 관하여 착오를 일으킨 경우에도 표의자는 그 법률행위를 사기에 의한 의사표시로서 취소할 수 있다(대판 1985.4.9. 85도167).

[❸ ▸ ○] 의사표시의 효력이 의사의 흠결, 사기, 강박 또는 어느 사정을 알았거나 과실로 알지 못한 것으로 인하여 영향을 받을 경우에 그 사실의 유무는 대리인을 표준하여 결정한다(민법 제116조 제1항). 민법 제116조 제1항은 비진의표시, 통정허위표시, 착오에 의한 의사표시, 사기·강박에 의한 의사표시에 있어서, 의사표시의 하자(예 착오 유무)는 대리인을 기준으로 하여 결정한다는 뜻이다. 따라서 대리인에 의한 계약체결의 경우, 본인에게 착오가 있더라도 대리인에게 착오가 없다면 본인은 이를 이유로 취소권을 행사할 수 없다.

[❹ ▸ O] 매도인이 매수인의 중도금 지급채무 불이행을 이유로 매매계약을 적법하게 해제한 후라도 매수인으로서는 상대방이 한 계약해제의 효과로서 발생하는 손해배상책임을 지거나 매매계약에 따른 계약금의 반환을 받을 수 없는 불이익을 면하기 위하여 착오를 이유로 한 취소권을 행사하여 위 매매계약 전체를 무효로 돌리게 할 수 있다(대판 1991.8.27. 91다11308).
[❺ ▸ ×] 착오로 인한 의사표시에 있어서, 착오한 표의자의 중대한 과실 유무에 관한 주장과 입증책임(증명책임)은 착오자가 아니라 의사표시를 취소하게 하지 않으려는 상대방에게 있다(대판 2005.5.12. 2005다6228).

> **핵심정리**
>
> **착오에 의한 의사표시**
> ① 착오로 인하여 경제적 불이익을 입지 않은 경우 ⋯→ 법률행위 내용의 중요부분의 착오 ×
> ② 기망행위로 인하여 법률행위의 내용으로 표시되지 않은 동기에 관하여 착오를 일으킨 경우 ⋯→ 표의자는 그 법률 행위를 사기에 의한 의사표시를 이유로 취소 가능 O
> ③ 대리인에 의한 계약체결의 경우 ⋯→ 착오의 유무는 대리인을 표준으로 판단 O
> ④ 매도인이 채무불이행을 이유로 매매계약을 해제한 후에도 ⋯→ 매수인은 착오를 이유로 취소권 행사 가능 O
> ⑤ 표의자의 중대한 과실 유무에 관한 증명책임 ⋯→ 취소를 막으려는 상대방에게 증명책임 O

답 ❺

144 □□□ **민법 제109조(착오로 인한 의사표시)에 관한 설명으로 옳지 않은 것은?(다툼이 있는 경우에는 판례에 의함)** 13 행정사 제1회

① 동기의 착오를 이유로 법률행위를 취소하기 위해서는 당사자 사이에 그 동기를 의사표시의 내용으로 삼기로 하는 별도의 합의가 있어야 한다.
② 동기의 착오가 상대방에 의하여 유발된 경우에는 동기의 표시 여부와 관계없이 취소가 인정된다.
③ 매도인이 매수인의 중도금 지급채무 불이행을 이유로 매매계약을 적법하게 해제한 후라도 매수인은 착오를 이유로 그 매매계약을 취소할 수 있다.
④ 착오한 표의자의 중대한 과실 유무에 관한 증명책임은 의사표시를 취소하게 하지 않으려는 상대방에게 있다.
⑤ 착오로 인하여 표의자가 경제적 불이익을 입은 것이 아니라면, 이는 법률행위 내용의 중요부분의 착오가 아니다.

해설

[❶ ▸ ×] 동기의 착오가 법률행위의 내용의 중요부분의 착오에 해당함을 이유로 표의자가 법률행위를 취소하려면 그 동기를 당해 의사표시의 내용으로 삼을 것을 상대방에게 표시하고 의사표시의 해석상 법률행위의 내용으로 되어 있다고 인정되면 충분하고 당사자들 사이에 별도로 그 동기를 의사표시의 내용으로 삼기로 하는 합의까지 이루어질 필요는 없다(대판 1998.2.10. 97다44737).
[❷ ▸ O] 판례는 동기의 착오가 상대방에 의하여 유발된 경우에는 동기의 표시 여부와 관계없이 취소를 인정한다(대판 1978.7.11. 78다719).

> 귀속해제된 토지인데도 귀속재산인줄로 잘못 알고 국가에 증여를 한 경우 이러한 착오는 일종의 동기의 착오라 할 것이나 그 동기를 제공한 것이 관계 공무원이었고 그러한 동기의 제공이 없었더라면 위 토지를 선뜻 국가에게 증여하지는 않았을 것이라면 그 동기는 증여행위의 중요부분을 이룬다고 할 것이므로 뒤늦게 그 착오를 알아차리고 증여계약을 취소했다면 그 취소는 적법하다(대판 1978.7.11. 78다719).

[❸ ▸ O] 매도인이 매수인의 중도금 지급채무불이행을 이유로 매매계약을 적법하게 해제한 후라도 매수인으로서는 상대방이 한 계약해제의 효과로서 발생하는 손해배상책임을 지거나 매매계약에 따른 계약금의 반환을 받을 수 없는 불이익을 면하기 위하여 착오를 이유로 한 취소권을 행사하여 위 매매계약 전체를 무효로 돌리게 할 수 있다(대판 1991.8.27. 91다11308).
[❹ ▸ O] 착오한 표의자의 중대한 과실 유무에 관한 주장과 입증책임은 착오자가 아니라 의사표시를 취소하게 하지 않으려는 상대방에게 있다(대판 2005.5.12. 2005다6228).
[❺ ▸ O] 착오로 인하여 표의자가 무슨 경제적인 불이익을 입은 것이 아니라면 이를 법률행위 내용의 중요부분의 착오라고 할 수 없다(대판 2006.12.7. 2006다41457).

핵심정리

착오에 의한 의사표시
① 동기의 착오를 이유로 한 취소 ⟶ 동기를 의사표시의 내용으로 삼기로 하는 별도의 합의는 필요 ×
② 동기의 착오가 상대방에 의해 유발된 경우 ⟶ 동기의 표시 여부와 관계없이 취소 O
③ 매도인이 채무불이행을 이유로 매매계약을 해제한 후에도 ⟶ 매수인은 착오를 이유로 매매계약 취소 O
④ 표의자의 중대한 과실 유무에 관한 증명책임 ⟶ 취소를 막으려는 상대방 O
⑤ 착오로 인하여 표의자가 경제적 불이익을 입지 않은 경우 ⟶ 중요부분의 착오 ×

답 ❶

145 

착오에 관한 설명으로 옳지 않은 것은?(다툼이 있는 경우에는 판례에 의함) 14 행정사 제2회

① 법률행위의 일부분에만 착오가 있고 그 법률행위가 가분적이면 그 나머지 부분이라도 유지하려는 당사자의 가정적 의사가 인정되는 경우 그 일부만의 취소도 가능하다.
② 표의자가 착오로 의사표시를 하였으나 그에게 아무런 경제적 불이익이 발생하지 않은 때에는 중요부분의 착오가 되지 아니한다.
③ 법률행위의 중요부분의 착오는 착오가 없었더라면 표의자뿐만 아니라 일반인도 표의자의 처지에서 그러한 의사표시를 하지 않았을 것이라고 생각될 정도로 중요한 것이어야 한다.
④ 등기명의자가 소유권이전등기의 무효를 주장한 종전 소유자의 공동상속인 중 1인을 단독상속인으로 오인하여 소유권환원에 관하여 합의한 경우, 이는 중요부분의 착오이다.
⑤ 채무자의 채무불이행을 원인으로 적법하게 해제된 매매계약도 착오를 이유로 취소될 수 있다.

해설

[❶ ▸ O] 하나의 법률행위의 일부분에만 취소사유가 있다고 하더라도 그 법률행위가 가분적이거나 그 목적물의 일부가 특정될 수 있다면, 그 나머지 부분이라도 이를 유지하려는 당사자의 가정적 의사가 인정되는 경우 그 일부만의 취소도 가능하다 할 것이고, 그 일부의 취소는 법률행위의 일부에 관하여 효력이 생긴다(대판 1998.2.10. 97다44737).
[❷ ▸ O] 착오로 인하여 표의자가 무슨 경제적인 불이익을 입은 것이 아니라면 이를 법률행위 내용의 중요부분의 착오라고 할 수 없다(대판 2006.12.7. 2006다41457).
[❸ ▸ O] 법률행위의 중요부분의 착오라 함은 표의자가 그러한 착오가 없었더라면 그 의사표시를 하지 않으리라고 생각될 정도로 중요한 것이어야 하고 보통 일반인도 표의자의 처지에 섰더라면 그러한 의사표시를 하지 않았으리라고 생각될 정도로 중요한 것이어야 한다(대판 2009.3.16. 2008다1842).

[❹ ▸ ×] 등기명의자 甲과 종전 소유자의 상속인으로서 소유권이전등기의 원인무효를 주장하는 乙 사이에 토지 소유권 환원의 방법으로 乙 앞으로 소유권이전등기를 경료하여 주기로 하는 합의가 이루어진 경우, 乙이 공동상속인들 중 1인이라면 공유물에 대한 보존행위로서 단독으로 공유물에 관한 원인무효의 등기의 말소를 구하거나 소유권이전등기에 관한 합의를 할 수 있다고 보아야 하므로, 甲이 乙을 단독상속인으로 믿고서 그와 같은 소유권환원의 합의에 이르렀더라도 그와 같은 착오는 합의내용의 중요부분에 해당한다고 볼 수 없다(대판 1996.12.23. 95다35371).

[❺ ▸ ○] 매도인이 매수인의 중도금 지급채무불이행을 이유로 매매계약을 적법하게 해제한 후라도 매수인으로서는 상대방이 한 계약해제의 효과로서 발생하는 손해배상책임을 지거나 매매계약에 따른 계약금의 반환을 받을 수 없는 불이익을 면하기 위하여 착오를 이유로 한 취소권을 행사하여 위 매매계약 전체를 무효로 돌리게 할 수 있다(대판 1991.8.27. 91다11308).

핵심정리	**착오에 의한 의사표시** ① 법률행위의 일부분에만 착오 + 법률행위가 가분적 + 나머지 부분이라도 유지하려는 당사자의 가정적 의사가 인정되는 경우 → 일부 취소 ○ ② 착오로 인하여 표의자가 경제적 불이익을 입지 않은 경우 → 중요부분의 착오 × ③ 착오를 이유로 한 취소의 요건 중 "중요부분의 착오" → 표의자는 물론 일반인이 표의자라면 그러한 의사표시를 하지 않았을 정도의 중요한 것이어야 함 ④ 등기명의자가 소유권이전등기의 무효를 주장한 종전 소유자의 공동상속인 중 1인을 단독상속인으로 오인하여 소유권환원에 관하여 합의한 경우 → 중요부분의 착오 × ⑤ 채권자가 채무불이행을 이유로 매매계약을 해제한 후에도 → 채무자는 착오를 이유로 매매계약 취소 ○

답 ❹

146 착오로 인한 의사표시에 관한 설명으로 옳지 않은 것은?(다툼이 있으면 판례에 따름)

□□□

17 행정사 제5회

① 의사표시의 동기에 착오가 있더라도 당사자 사이에서 그 동기를 의사표시의 내용으로 삼은 경우에는 의사표시의 내용의 착오가 되어 취소할 수 있다.

② 착오로 인한 의사표시에 있어서 표의자에게 중대한 과실이 있는지의 여부에 관한 증명책임은 표의자에게 있다.

③ 근저당권설정계약에서 채무자의 동일성에 관한 착오는 법률행위 내용의 중요부분에 관한 착오에 해당한다.

④ 대리인에 의한 계약체결의 경우 착오의 유무는 대리인을 표준으로 결정한다.

⑤ 당사자는 합의를 통하여 착오로 인한 의사표시 취소에 관한 민법 제109조 제1항의 적용을 배제할 수 있다.

해설

[❶ ▸ ○] 의사표시는 법률행위의 내용의 중요부분에 착오가 있는 때에는 취소할 수 있고, 의사표시의 동기에 착오가 있는 경우에는 당사자 사이에 그 동기를 의사표시의 내용으로 삼았을 때에 한하여 의사표시의 내용의 착오가 되어 취소할 수 있다(대판 2009.3.16. 2008다1842).

[❷ ▸ ×] 착오한 표의자의 중대한 과실 유무에 관한 주장과 입증책임은 착오자가 아니라 의사표시를 취소하게 하지 않으려는 상대방에게 있다(대판 2005.5.12. 2005다6228).

[❸ ▸ O] 甲이 채무자란이 백지로 된 근저당권설정계약서를 제시받고 그 채무자가 乙인 것으로 알고 근저당권설정자로 서명날인을 하였는데 그 후 채무자가 丙으로 되어 근저당권설정등기가 경료된 경우, 甲은 그 소유의 부동산에 관하여 근저당권설정계약상의 채무자를 丙이 아닌 乙로 오인한 나머지 근저당설정의 의사표시를 한 것이고, 이와 같은 (근저당설정계약에서) **채무자의 동일성에 관한 착오**는 법률행위 내용의 중요부분에 관한 착오에 해당한다(대판 1995.12.22. 95다37087).

[❹ ▸ O] 의사표시의 효력이 의사의 흠결, 사기, 강박 또는 어느 사정을 알았거나 과실로 알지 못한 것으로 인하여 영향을 받을 경우에 그 사실의 유무는 대리인을 표준하여 결정한다(민법 제116조 제1항). 여기서 '의사의 흠결'이란 '의사와 표시의 불일치'를 의미하고, 비진의표시(민법 제107조), 통정허위표시(민법 제108조), 착오에 의한 의사표시(민법 제109조)가 이에 해당한다. 따라서 대리인에 의한 계약체결의 경우 착오의 유무는 대리인을 표준으로 결정한다.

[❺ ▸ O] 당사자의 합의로 착오로 인한 의사표시 취소에 관한 민법 제109조 제1항의 적용을 배제할 수 있다(대판 2016.4.15. 2013다97694).

> **핵심정리**
>
> **착오에 의한 의사표시**
>
> ① 의사표시의 동기에 착오가 있는 경우이나 당사자가 그 동기를 의사표시의 내용으로 삼은 때 → 의사표시의 내용의 착오가 되어 취소 O
> ② 표의자의 중대한 과실 유무에 관한 증명책임 → 취소를 막으려는 상대방 O (표의자 ×)
> ③ 근저당권설정계약에서 채무자의 동일성에 관한 착오가 있는 경우 → 중요부분의 착오 O
> ④ 대리인에 의한 계약체결의 경우 착오의 유무 → 대리인을 표준으로 결정
> ⑤ 착오에 의한 의사표시에 관한 민법 제109조 제1항 → 임의규정 O (당사자의 합의로 적용 배제 가능)

답 ❷

147 착오로 인한 의사표시에 관한 설명으로 옳지 않은 것은?(다툼이 있으면 판례에 따름)

□□□

19 행정사 제7회

① 장래의 미필적 사실의 발생에 대한 기대나 예상이 빗나간 것에 불과한 것은 착오라고 할 수 없다.
② 표의자가 착오로 인하여 경제적인 불이익을 입은 것이 아니라면 이를 법률행위 내용의 중요부분의 착오라고 할 수 없다.
③ 표의자가 경과실로 인하여 착오에 빠져 법률행위를 하고 그 착오를 이유로 법률행위를 취소하는 것은 위법하다고 할 수 없다.
④ 착오로 인한 의사표시 취소에 관한 민법 제109조 제1항의 적용을 당사자의 합의로 배제할 수 있다.
⑤ 의사표시의 착오가 표의자의 중대한 과실로 인한 때에는 상대방이 표의자의 착오를 알고 이용한 경우에도 표의자는 그 의사표시를 취소할 수 없다.

해설

[❶ ▸ O] 매매계약 당시 장차 도시계획이 변경되어 공동주택, 호텔 등의 신축에 대한 인·허가를 받을 수 있을 것이라고 생각하였으나 그 후 생각대로 되지 않은 경우, 이는 법률행위 당시를 기준으로 장래의 미필적 사실의 발생에 대한 기대나 예상이 빗나간 것에 불과할 뿐 착오라고 할 수는 없다(대판 2007.8.23. 2006다15755).

[❷ ▸ O] 착오로 인하여 표의자가 무슨 경제적인 불이익을 입은 것이 아니라면 이를 법률행위 내용의 중요부분의 착오라고 할 수 없다(대판 2006.12.7. 2006다41457).

[❸ ▸ O] 경과실이 있음에도 표의자가 착오를 이유로 의사표시를 취소하고 그 결과 법률행위가 효력을 잃는 경우에, 상대방이 신뢰이익의 배상을 청구할 수 있는지에 관하여 민법 제535조의 유추에 의하여 이를 긍정하는 견해(다수설)도 있으나, **판례**는 민법이 규정하는 취소권을 행사하는 것은 **위법하지 않음**을 근거로 **착오취소에서 경과실이 있는 착오자의 손해배상책임을 부정한다**(지원림, 민법강의 제21판, p.81).

> 불법행위로 인한 손해배상책임이 성립하기 위하여는 가해자의 고의 또는 과실 이외에 행위의 위법성이 요구되므로, 전문건설공제조합이 계약보증서를 발급하면서 조합원이 수급할 공사의 실제 도급금액을 확인하지 아니한 과실이 있다고 하더라도 민법 제109조에서 중과실이 없는 착오자의 착오를 이유로 한 의사표시의 취소를 허용하고 있는 이상, 전문건설공제조합이 과실로 인하여 착오에 빠져 계약보증서를 발급한 것이나 그 착오를 이유로 보증계약을 취소한 것이 위법하다고 할 수는 없다(대판 1997.8.22. 97다13023).

[❹ ▸ O] 당사자의 합의로 착오로 인한 의사표시 취소에 관한 민법 제109조 제1항의 적용을 배제할 수 있다(대판 2016.4.15. 2013다97694).
[❺ ▸ ×] 상대방이 표의자의 착오를 알고 이를 이용한 경우에는 착오가 표의자의 중대한 과실로 인한 것이라고 하더라도 표의자는 의사표시를 취소할 수 있다(대판 2014.11.27. 2013다49794).

핵심정리

착오에 의한 의사표시

① 미필적 사실의 발생에 대한 기대나 예상이 빗나간 것에 불과한 경우 → 착오 ×
② 착오로 인하여 표의자가 경제적 불이익을 입지 않은 경우 → 중요부분의 착오 ×
③ 경과실로 인한 착오를 이유로 법률행위를 취소하는 경우
→ 민법이 착오에 의한 취소를 인정하는 이상, 위법하다고 볼 수 없음
→ 불법행위로 인한 손해배상책임 ×
④ 착오에 의한 의사표시에 관한 민법 제109조 제1항 → 임의규정 O (당사자의 합의로 적용 배제 가능)
⑤ 표의자의 중대한 과실이 있으나, 상대방이 착오를 알고 이용한 경우 → 착오에 의한 취소 O

답 ❺

148 □□□ **사기에 의한 의사표시에 관한 설명으로 옳지 않은 것은?(다툼이 있으면 판례에 따름)**

22 행정사 제10회

① 광고에 있어 다소의 과장은 일반 상거래의 관행과 신의칙에 비추어 시인될 수 있는 한 기망성이 결여된다.
② 부작위에 의한 기망행위에서 고지의무는 조리상 일반원칙에 의해서는 인정될 수 없다.
③ 사기에 의한 의사표시가 인정되기 위해서는 의사표시자에게 재산상의 손실을 주려는 사기자의 고의는 필요하지 않다.
④ 기망행위로 인하여 법률행위의 내용으로 표시되지 않은 동기에 관하여 착오를 일으킨 경우에도 그 법률행위를 사기에 의한 의사표시를 이유로 취소할 수 있다.
⑤ 사기에 의한 의사표시의 취소는 선의의 제3자에게 대항하지 못한다.

해설

[❶ ▸ O] 상품의 선전·광고에 다소의 과장이나 허위가 수반되는 것은 그것이 일반 상거래의 관행과 신의칙에 비추어 시인될 수 있는 한 기망성이 결여된다고 하겠으나, 거래에 있어서 중요한 사항에 관하여 구체적 사실을 신의성실의 의무에 비추어 비난받을 정도의 방법으로 허위로 고지한 경우에는 기망행위에 해당한다(대판 2014.1.23. 2012다84417).

[❷ ▸ ×] 부동산 거래에 있어 거래 상대방이 일정한 사정에 관한 고지를 받았더라면 그 거래를 하지 않았을 것임이 경험칙상 명백한 경우에는 신의성실의 원칙상 사전에 상대방에게 그와 같은 사정을 고지할 의무가 있으며, 그와 같은 고지의무의 대상이 되는 것은 직접적인 법령의 규정뿐 아니라 널리 계약상, 관습상 또는 **조리상의 일반원칙**에 의하여도 인정될 수 있다. … **고지의무 위반은 부작위에 의한 기망행위에 해당**하므로 원고들로서는 기망을 이유로 분양계약을 취소하고 분양대금의 반환을 구할 수도 있고 분양계약의 취소를 원하지 않을 경우 그로 인한 손해배상만을 청구할 수도 있다. (대판 2006.10.12. 2004다48515).

[❸ ▸ O] 사기자의 고의를 인정하기 위하여는 표의자를 기망하여 착오에 빠지게 하려는 고의와 착오에 기하여 의사표시를 하게 하려는 고의 등 2단의 고의가 있는 것으로 족하고, 별도로 표의자에게 재산상의 손실을 주려는 고의는 필요하지 아니하다. 민법 제110조는 표의자의 재산이 아니라 그의 의사결정의 자유를 보호하는데 그 취지가 있기 때문이다.

[❹ ▸ O] 기망행위로 인하여 법률행위의 중요부분에 관하여 착오를 일으킨 경우뿐만 아니라 법률행위의 내용으로 표시되지 아니한 의사결정의 동기에 관하여 착오를 일으킨 경우에도 표의자는 그 법률행위를 사기에 의한 의사표시로서 취소할 수 있다(대판 1985.4.9. 85도167).

[❺ ▸ O] 사기에 의한 의사표시의 취소는 선의의 제3자에게 대항하지 못한다(민법 제110조 제3항).

핵심정리	**사기에 의한 의사표시** ① 과장광고 ⟶ 일반 상거래의 관행과 신의칙에 비추어 시인될 수 있는 한 기망성 × ② 부작위에 의한 기망행위에서 고지의무 ⟶ 조리상 일반원칙에 의해 인정 ○ ③ 사기에 의한 의사표시 ⟶ 재산상의 손실을 주려는 사기자의 고의는 필요 × ④ 기망행위로 동기의 착오를 일으킨 경우 ⟶ 사기에 의한 의사표시를 이유로 취소 ○ ⑤ 사기에 의한 의사표시를 취소한 경우 ⟶ 선의의 제3자에게 대항 ×

답 ❷

149 사기·강박에 의한 의사표시에 관한 설명으로 옳은 것은?(다툼이 있으면 판례에 따름)

□□□

24 행정사 제12회

① 신의칙상 고지의무를 부담하는 자는 고지의무의 대상이 되는 사실을 이미 알고 있는 자에 대해서도 그 사실을 고지하여야 한다.

② 계약이 제3자의 위법한 사기행위로 체결된 경우, 표의자가 제3자를 상대로 사기로 인한 손해배상을 청구하기 위해서는 그 계약을 취소해야 한다.

③ 강박에 의한 의사표시에 대한 취소권의 행사기간은 소멸시효기간이다.

④ 소송행위가 강박에 의하여 이루어진 경우, 특별한 사정이 없는 한 강박을 이유로 소송행위를 취소할 수 있다.

⑤ 상품의 선전·광고에 다소의 과장이나 허위가 수반되는 것은 그것이 일반 상거래의 관행과 신의칙에 비추어 시인될 수 있는 한 기망성이 결여된다.

해설

[❶ ▸ ×] 신의칙상 고지의무를 부담하는 자라도 고지의무의 대상이 되는 사실을 이미 알고 있는 자에 대하여는 그 사실을 고지하지 않아도 고지의무 위반이 아니다.

> 재산권의 거래관계에 있어서 계약의 일방 당사자가 상대방에게 그 계약의 효력에 영향을 미치거나 상대방의 권리 확보에 위험을 가져올 수 있는 구체적 사정을 고지하였다면 상대방이 그 계약을 체결하지 아니하거나 적어도 그와 같은 내용 또는 조건으로 계약을 체결하지 아니하였을 것임이 경험칙상 명백한 경우 그 계약 당사자는 신의성실의 원칙상 상대방에게 미리 그와 같은 사정을 고지할 의무가 있다고 하겠으나, 이때에도 상대방이 고지의무의 대상이 되는 사실을 이미 알고 있거나 스스로 이를 확인할 의무가 있는 경우 또는 거래 관행상 상대방이 당연히 알고 있을 것으로 예상되는 경우 등에는 상대방에게 위와 같은 사정을 알리지 아니하였다고 하여 고지의무를 위반하였다고 볼 수 없다(대판 2013.11.28. 2011다59247).

[❷ ▸ ×] 계약이 제3자의 위법한 사기행위로 체결된 경우, 표의자가 제3자를 상대로 사기로 인한 손해배상을 청구하기 위하여 반드시 그 계약을 취소해야 하는 것은 아니다.

> 제3자의 사기행위로 인하여 피해자가 주택건설사와 사이에 주택에 관한 분양계약을 체결하였다고 하더라도 제3자의 사기행위 자체가 불법행위를 구성하는 이상, 제3자로서는 그 불법행위로 인하여 피해자가 입은 손해를 배상할 책임을 부담하는 것이므로, 피해자가 제3자를 상대로 손해배상청구를 하기 위하여 반드시 그 분양계약을 취소할 필요는 없다(대판 1998.3.10. 97다55829).

[❸ ▸ ×] 강박에 의한 의사표시에 대한 취소권의 행사기간(민법 제146조, 추인할 수 있는 날로부터 3년 내, 법률행위를 한 날로부터 10년 내)은 소멸시효기간이 아니라 **제척기간이다**.

> 민법 제146조는 취소권은 추인할 수 있는 날로부터 3년 내에 행사하여야 한다고 규정하고 있는바, 이때의 3년이라는 기간은 일반 소멸시효기간이 아니라 제척기간으로서 제척기간이 도과하였는지 여부는 당사자의 주장에 관계없이 법원이 당연히 조사하여 고려하여야 할 사항이다(대판 1996.9.20. 96다25371).

[❹ ▸ ×] 민법상의 법률행위에 관한 규정은 민사소송법상의 소송행위에는 특별한 규정 기타 특별한 사정이 없는 한 적용이 없는 것이므로 소송행위가 강박에 의하여 이루어진 것임을 이유로 취소할 수는 없다(대판 1997.10.10. 96다35484).

[❺ ▸ ○] 상품의 선전, 광고에 있어 다소의 과장이나 허위가 수반되는 것은 그것이 일반 상거래의 관행과 신의칙에 비추어 시인될 수 있는 한 기망성이 결여된다고 하겠으나, 거래에 있어서 중요한 사항에 관하여 구체적 사실을 신의성실의 의무에 비추어 비난받을 정도의 방법으로 허위로 고지한 경우에는 기망행위에 해당한다(대판 1993.8.13. 92다52665).

핵심정리

사기 · 강박에 의한 의사표시

① 재산권의 거래관계에 있어서 계약의 일방 당사자가 상대방에 대한 신의칙상 고지의무
→ 상대방이 고지의무의 대상이 되는 사실을 이미 알고 있는 경우 : 고지의무 ×

② 계약이 제3자의 위법한 사기행위로 체결된 경우
→ 표의자는 계약을 취소하지 않아도 제3자를 상대로 사기로 인한 손해배상을 청구 가능

③ 강박에 의한 의사표시에 대한 취소권의 행사기간 → 제척기간 ○ (소멸시효기간 ×)

④ 소송행위가 강박에 의하여 이루어진 경우
→ 강박을 이유로 소송행위 취소 × (민법 제110조 제1항은 소송행위에 적용 ×)

⑤ 상품의 선전 · 광고 수반되는 과장이나 허위
→ 일반 상거래의 관행과 신의칙에 비추어 시인될 수 있는 한 기망행위 ×

답 ❺

150 □□□ **사기에 의한 의사표시에 관한 설명으로 옳지 않은 것은?(다툼이 있으면 판례에 따름)**

23 행정사 제11회

① 사기에 의한 의사표시에는 의사와 표시의 불일치가 있을 수 없고, 단지 의사표시의 동기에 착오가 있는 것에 불과하다.
② 사기의 의사표시로 인해 부동산의 소유권을 취득한 자로부터 그 부동산의 소유권을 새로이 취득한 제3자는 특별한 사정이 없는 한 선의로 추정된다.
③ 교환계약의 당사자가 자기 소유의 목적물의 시가를 묵비하는 것은 특별한 사정이 없는 한 기망행위가 되지 않는다.
④ 상대방의 대리인에 의한 사기는 민법 제110조 제2항 소정의 제3자의 사기에 해당하지 않는다.
⑤ 계약이 제3자의 위법한 사기행위로 체결된 경우, 표의자는 그 계약을 취소하지 않는 한 제3자를 상대로 그로 인해 발생한 손해의 배상을 청구할 수 없다.

해설

[❶ ▸ O] **사기에 의한 의사표시**란 타인의 기망행위로 말미암아 착오에 빠지게 된 결과 어떠한 의사표시를 하게 되는 경우이므로 거기에는 **의사와 표시의 불일치가 있을 수 없고,** 단지 의사의 형성과정 즉 **의사표시의 동기에 착오가 있는 것에 불과**하며, 이 점에서 고유한 의미의 착오에 의한 의사표시와 구별된다(대판 2005.5.27. 2004다43824).

[❷ ▸ O] 사기의 의사표시로 인한 매수인으로부터 부동산의 권리를 취득한 제3자는 특별한 사정이 없는 한 **선의로 추정**할 것이므로 사기로 인하여 의사표시를 한 부동산의 양도인이 제3자에 대하여 사기에 의한 의사표시의 취소를 주장하려면 제3자의 악의를 입증할 필요가 있다(대판 1970.11.24. 70다2155).

[❸ ▸ O] 당사자 일방이 알고 있는 정보를 상대방에게 사실대로 고지하여야 할 신의칙상의 주의의무가 인정된다고 볼 만한 특별한 사정이 없는 한, 교환계약의 어느 일방이 교환 목적물의 시가나 그 가액 결정의 기초가 되는 사항에 관하여 상대방에게 설명 내지 고지를 할 주의의무를 부담한다고 할 수 없고, 교환계약의 일방 당사자가 자기가 소유하는 목적물의 시가를 묵비하여 상대방에게 고지하지 아니하거나 혹은 허위로 시가보다 높은 가액을 시가라고 고지하였다 하더라도 이는 상대방의 의사결정에 불법적인 간섭을 한 것이라고 볼 수 없다(대판 2002.9.4. 2000다54406).

[❹ ▸ O] 상대방 있는 의사표시에 관하여 **제3자**가 사기나 강박을 행한 경우에는 상대방이 그 사실을 알았거나 알 수 있었을 경우에 한하여 그 의사표시를 취소할 수 있다(민법 제110조 제2항). 그러나 의사표시에 관한 **상대방의 대리인 등 상대방과 동일시할 수 있는 자**는 민법 제110조 제2항의 **제3자에 해당하지 않는다**(대판 1998.1.23. 96다41496). 반면, 단순히 상대방의 피용자에 불과한 경우에는 민법 제110조 제2항의 제3자에 해당한다(대판 1998.1.23. 96다41496).

[❺ ▸ X] 제3자의 사기행위로 인하여 피해자가 주택건설사와 사이에 주택에 관한 분양계약을 체결하였다고 하더라도 제3자의 사기행위 자체가 불법행위를 구성하는 이상, 제3자로서는 그 불법행위로 인하여 피해자가 입은 손해를 배상할 책임을 부담하는 것이므로, 피해자가 제3자를 상대로 손해배상청구를 하기 위하여 반드시 그 분양계약을 취소할 필요는 없다(대판 1998.3.10. 97다55829).

핵심정리

사기에 의한 의사표시

① 사기에 의한 의사표시의 의미
→ 의사와 표시의 불일치 ×
→ 의사표시의 동기에 착오가 있는 것에 불과 O
② 사기의 의사표시로 인해 부동산의 소유권을 취득한 자로부터 부동산의 소유권을 새로 취득한 제3자 → 특별한 사정이 없는 한 선의로 추정 O
③ 교환계약의 당사자가 자기 소유의 목적물의 시가를 묵비하는 것 → 기망행위에 해당 ×
④ 상대방의 대리인에 의한 사기 → 민법 제110조 제2항의 제3자에 의한 사기에 해당 ×
⑤ 계약이 제3자의 위법한 사기행위로 체결된 경우 → 그 계약을 취소하지 않고도 제3자에 대하여 불법행위로 인한 손해배상청구 가능 O

답 ❺

151 □□□ 사기, 강박에 의한 의사표시에 관한 설명으로 옳은 것을 모두 고른 것은?(다툼이 있으면 판례에 따름)

19 행정사 제7회

ㄱ. 부작위에 의한 기망행위도 인정될 수 있다.
ㄴ. 제3자의 사기로 계약을 체결한 경우, 그 계약을 취소하지 않으면 그 제3자에 대하여 손해배상을 청구할 수 없다.
ㄷ. 부정행위에 대한 고소, 고발은 부정한 이익의 취득을 목적으로 하는 경우에도 위법한 강박행위가 될 수 없다.

① ㄱ
② ㄴ
③ ㄱ, ㄷ
④ ㄴ, ㄷ
⑤ ㄱ, ㄴ, ㄷ

해설

[ㄱ ▸ O] 부동산 거래에 있어 거래 상대방이 일정한 사정에 관한 고지를 받았더라면 그 거래를 하지 않았을 것임이 경험칙상 명백한 경우에는 신의성실의 원칙상 사전에 상대방에게 그와 같은 사정을 고지할 의무가 있으며, 그와 같은 고지의무의 대상이 되는 것은 직접적인 법령의 규정뿐 아니라 널리 계약상, 관습상 또는 조리상의 일반원칙에 의하여도 인정될 수 있다. 고지의무 위반은 부작위에 의한 기망행위에 해당하므로 원고들로서는 기망을 이유로 분양계약을 취소하고 분양대금의 반환을 구할 수도 있고 분양계약의 취소를 원하지 않을 경우 그로 인한 손해배상만을 청구할 수도 있다(대판 2006.10.12. 2004다48515).

[ㄴ ▸ X] 제3자의 사기행위로 인하여 피해자가 주택건설사와 사이에 주택에 관한 분양계약을 체결하였다고 하더라도 제3자의 사기행위 자체가 불법행위를 구성하는 이상, 제3자로서는 그 불법행위로 인하여 피해자가 입은 손해를 배상할 책임을 부담하는 것이므로, 피해자가 제3자를 상대로 손해배상청구를 하기 위하여 반드시 그 분양계약을 취소할 필요는 없다(대판 1998.3.10. 97다55829). 따라서 분양계약의 취소를 원하지 않을 경우 그로 인한 손해배상만을 청구할 수도 있다(대판 2006.10.12. 2004다48515).

[ㄷ ▸ X] 일반적으로 부정행위에 대한 고소, 고발은 그것이 부정한 이익을 목적으로 하는 것이 아닌 때에는 정당한 권리행사가 되어 위법하다고 할 수 없으나, 부정한 이익의 취득을 목적으로 하는 경우에는 위법한 강박행위가 되는 경우가 있고 목적이 정당하다 하더라도 행위나 수단 등이 부당한 때에는 위법성이 있는 경우가 있을 수 있다(대판 1992.12.24. 92다25120).

핵심정리

사기 · 강박에 의한 의사표시

ㄱ. 신의칙상 고지의무 위반 → 부작위에 의한 기망행위에 해당 O
ㄴ. 제3자의 사기행위로 계약을 체결한 경우
→ 계약 취소를 원하는 경우 : 사기에 의한 의사표시를 이유로 계약 취소 + 부당이득 반환을 청구 O
→ 계약을 취소하지 않고도 제3자에게 불법행위로 인한 손해배상청구 가능 O
ㄷ. 고소, 고발이 부정한 이익의 취득을 목적으로 하는 경우 → 위법한 강박행위 O

답 ❶

152 □□□ 甲이 乙을 기망하여 乙소유 토지를 丙에게 시가에 비해 현저히 저렴한 가격으로 처분하도록 유인하였고, 이에 따라 乙은 丙과 그 토지에 대한 매매계약을 체결한 후 소유권이전등기를 마쳐주었다. 乙은 甲의 사기를 이유로 丙과의 매매계약을 취소하고자 한다. 이에 관한 설명으로 옳은 것을 모두 고른 것은?(다툼이 있으면 판례에 따름) 18 행정사 제6회

ㄱ. 甲의 기망사실을 丙이 알 수 있었던 경우, 乙은 위 계약을 취소할 수 있다.
ㄴ. 甲의 사기로 불법행위가 성립하더라도, 乙은 위 계약을 취소하지 않는 한 甲에 대하여 불법행위로 인한 손해배상을 청구할 수 없다.
ㄷ. 선의의 제3자 丁이 丙으로부터 위 토지를 매수하여 소유권이전등기를 마쳤다면, 그 후 乙이 자신과 丙 사이의 매매계약을 취소하여도 이를 근거로 丁명의의 소유권이전등기의 말소를 청구할 수 없다.

① ㄱ
② ㄴ
③ ㄱ, ㄷ
④ ㄴ, ㄷ
⑤ ㄱ, ㄴ, ㄷ

해설

[ㄱ ▸ O] 상대방 있는 의사표시에 관하여 제3자 甲이 기망을 행한 경우 상대방 丙이 그 사실을 알 수 있었다면 표의자인 乙은 그 의사표시를 취소할 수 있다(민법 제110조 제2항).

> **민법 제110조(사기, 강박에 의한 의사표시)** ① 사기나 강박에 의한 의사표시는 취소할 수 있다.
> ② 상대방 있는 의사표시에 관하여 제3자가 사기나 강박을 행한 경우에는 상대방이 그 사실을 알았거나 알 수 있었을 경우에 한하여 그 의사표시를 취소할 수 있다.
> ③ 전2항의 의사표시의 취소는 선의의 제3자에게 대항하지 못한다.

[ㄴ ▸ X] 乙은 당해 의사표시를 취소하지 아니하고도 제3자 甲에게 불법행위로 인한 손해배상을 청구할 수 있다(대판 1998.3.10. 97다55829).

> 제3자의 사기행위로 인하여 피해자가 주택건설사와 사이에 주택에 관한 분양계약을 체결하였다고 하더라도 제3자의 사기행위 자체가 불법행위를 구성하는 이상, 제3자로서는 그 불법행위로 인하여 피해자가 입은 손해를 배상할 책임을 부담하는 것이므로, 피해자가 제3자를 상대로 손해배상청구를 하기 위하여 반드시 그 분양계약을 취소할 필요는 없다(대판 1998.3.10. 97다55829).

[ㄷ ▸ O] 제3자의 사기로 인한 의사표시의 취소 역시 선의의 제3자에게 대항하지 못하므로(민법 제110조 제3항), 乙이 丙 사이의 매매계약을 취소하여도 선의의 丁명의의 소유권이전등기의 말소를 청구할 수 없다.

핵심정리 **제3자의 사기에 의한 의사표시**

ㄱ., ㄴ. 제3자(甲)의 사기로 인하여 乙과 丙이 토지매매 계약을 체결한 경우
- → 상대방 丙(매수인)이 제3자의 기망행위를 알았거나 알 수 있었던 경우 : 乙(매도인)은 계약 취소 O
- → 乙은 계약을 취소하지 않고도 甲을 상대로 불법행위로 인한 손해배상청구 가능 O

ㄷ. 제3자(甲)의 사기를 이유로 乙이 丙과의 매매계약을 취소한 경우
- → 선의의 제3자인 丁에게 대항 ×
- → 선의의 제3자인 丁 명의의 소유권이전등기 말소청구 ×

답 ❸

153 사기, 강박에 의한 의사표시에 관한 설명으로 옳지 않은 것은?(다툼이 있으면 판례에 따름)

□□□

17 행정사 제5회

① 제3자에 의한 사기행위로 계약을 체결한 경우에는 그 계약을 취소해야만 제3자에 대하여 불법행위로 인한 손해배상을 청구할 수 있다.

② 신의성실의 원칙상 고지의무가 있는 자가 소극적으로 진실을 숨기는 것은 기망행위에 해당한다.

③ 강박에 의하여 의사결정을 스스로 할 수 있는 여지가 완전히 박탈된 상태에서 이루어진 법률행위는 무효이다.

④ 상대방 있는 의사표시에 관하여 제3자가 사기를 행한 경우에는 상대방이 그 사실을 알았거나 알 수 있었을 경우에 한하여 그 의사표시를 취소할 수 있다.

⑤ 강박에 의한 의사표시라고 하려면 상대방이 불법으로 어떤 해악을 고지함으로 인하여 공포를 느끼고 의사표시를 한 것이어야 한다.

해설

[❶ ▸ ×] 제3자의 사기행위로 인하여 피해자가 주택건설사와 사이에 주택에 관한 분양계약을 체결하였다고 하더라도 제3자의 사기행위 자체가 불법행위를 구성하는 이상, 제3자로서는 그 불법행위로 인하여 피해자가 입은 손해를 배상할 책임을 부담하는 것이므로, 피해자가 제3자를 상대로 손해배상청구를 하기 위하여 반드시 그 분양계약을 취소할 필요는 없다(대판 1998.3.10. 97다55829).

[❷ ▸ O] 작위에 의한 적극적 기망행위뿐만 아니라 부작위, 특히 침묵도 고지의무 또는 설명의무가 전제되는 경우에는 기망행위가 될 수 있다.

[❸ ▸ O] 상대방 또는 제3자의 강박에 의하여 의사결정의 자유가 완전히 박탈된 상태에서 이루어진 의사표시는 효과의사에 대응하는 내심의 의사가 결여된 것이므로 무효라고 볼 수밖에 없다(대판 1984.12.11. 84다카1402).

[❹ ▸ O] 상대방 있는 의사표시에 관하여 제3자가 사기나 강박을 행한 경우에는 상대방이 그 사실을 알았거나 알 수 있었을 경우에 한하여 그 의사표시를 취소할 수 있다(민법 제110조 제2항).

[❺ ▸ O] 강박에 의한 의사표시라고 하려면 상대방이 불법으로 어떤 해악을 고지함으로 말미암아 공포를 느끼고 의사표시를 한 것이어야 한다(대판 2000.3.23. 99다64049).

핵심정리

사기 · 강박에 의한 의사표시

① 제3자의 사기행위로 계약을 체결한 경우
→ 계약을 취소하지 않고도 제3자를 상대로 불법행위로 인한 손해배상청구 가능 O

② 신의칙상 고지의무가 있는 자가 소극적으로 진실을 숨기는 경우
→ 부작위에 의한 기망행위 O

③ 강박에 의해 의사결정의 여지가 박탈된 상태에서 법률행위를 한 경우 → 무효 O

④ 상대방 있는 의사표시에 관하여 제3자가 사기를 행한 경우
→ 상대방이 제3자의 기망행위 사실을 알았거나 알 수 있었을 경우에 한하여 표의자는 의사표시 취소 O

⑤ 불법으로 해악을 고지하여 공포를 느끼고 의사표시를 한 경우 → 강박에 의한 의사표시에 해당 O

답 ❶

154 사기에 의한 의사표시에 관한 설명으로 옳지 않은 것은?(다툼이 있으면 판례에 따름)

□□□

21 행정사 제9회

① 상대방이 기망하였으나 표의자가 기망되지 않고 의사표시를 하였다면 기망을 이유로 그 의사표시를 취소할 수 없다.

② 제3자가 행한 사기로 계약을 체결한 경우 상대방이 그 사실을 알았거나 알 수 있었을 경우에 한하여 그 계약을 취소할 수 있다.

③ 상대방의 대리인이 사기를 행하여 계약을 체결한 경우 그 대리인은 '제3자에 의한 사기'에서의 '제3자'에 해당되지 않는다.

④ 상대방이 사용자책임을 져야 할 관계에 있는 피용자가 사기를 행하여 계약을 체결한 경우 그 피용자는 '제3자에 의한 사기'에서의 '제3자'에 해당한다.

⑤ '제3자에 의한 사기'로 계약을 체결한 피기망자는 그 계약을 취소하지 않은 상태에서 그 제3자에 대하여 불법행위로 인한 손해배상청구를 할 수 없다.

해설

[❶ ▸ O] 상대방이 기망하였으나 표의자가 기망되지 않고 의사표시를 하였다면 기망행위와 표의자의 의사표시 사이에 인과관계가 존재하지 않아 상대방의 사기에 의한 의사표시가 인정되지 아니므로 표의자는 기망을 이유로 그 의사표시를 취소할 수 없다.

[❷ ▸ O] 상대방 있는 의사표시에 관하여 제3자가 사기나 강박을 행한 경우에는 상대방이 그 사실을 알았거나 알 수 있었을 경우에 한하여 그 의사표시를 취소할 수 있다(민법 제110조 제2항).

[❸ ▸ O] 상대방 있는 의사표시에 관하여 제3자가 사기나 강박을 한 경우에는 상대방이 그 사실을 알았거나 알 수 있었을 경우에 한하여 그 의사표시를 취소할 수 있으나, **상대방의 대리인** 등 상대방과 동일시할 수 있는 자의 사기나 강박은 제3자의 사기・강박에 해당하지 아니한다(대판 1999.2.23. 98다60828).

[❹ ▸ O] 상대방의 피용자이거나 상대방이 사용자책임을 져야 할 관계에 있는 **피용자**에 지나지 않는 자는 상대방과 동일시할 수는 없어 민법 제110조 제2항에서 말하는 제3자에 해당한다(대판 1998.1.23. 96다41496).

[❺ ▸ X] 제3자의 사기행위로 인하여 피해자가 주택건설사와 사이에 주택에 관한 분양계약을 체결하였다고 하더라도 제3자의 사기행위 자체가 불법행위를 구성하는 이상, 제3자로서는 그 불법행위로 인하여 피해자가 입은 손해를 배상할 책임을 부담하는 것이므로, 피해자가 제3자를 상대로 손해배상청구를 하기 위하여 반드시 그 분양계약을 취소할 필요는 없다(대판 1998.3.10. 97다55829).

핵심정리

사기에 의한 의사표시

① 기망하였으나 표의자가 기망되지 않고 의사표시를 한 경우
→ 기망행위와 의사표시 사이의 인과관계 인정 × → 사기에 의한 취소 ×

②, ⑤ 제3자의 사기행위로 계약을 체결한 경우
→ 상대방이 제3자의 기망행위 사실을 알았거나 알 수 있었을 경우에 한하여 표의자는 의사표시 취소 O
→ 계약을 취소하지 않고도 제3자를 상대로 불법행위로 인한 손해배상청구 가능 O

③, ④ 제3자의 사기에서의 "제3자"에 해당 여부
→ 상대방의 대리인 → 제3자 × (상대방과 동일시 할 수 있는 자에 해당 O)
→ 상대방의 피용자 → 제3자 O (상대방과 동일시 할 수 있는 자에 해당 ×)

답 ❺

155 의사표시에 관한 설명으로 옳지 않은 것은? 22 행정사 제10회

□□□

① 청약의 의사표시는 그 표시가 상대방에게 도달한 때에 그 효력이 생긴다.
② 의사표시자가 청약의 의사표시를 발송한 후 사망하였다면, 그 의사표시는 처음부터 무효인 것으로 본다.
③ 행위능력을 갖춘 미성년자에게는 특별한 사정이 없는 한 의사표시의 수령능력이 인정된다.
④ 표의자가 과실없이 상대방을 알지 못하는 경우, 민사소송법 공시송달의 규정에 의하여 의사표시를 송달할 수 있다.
⑤ 의사표시의 상대방이 의사표시를 받은 때에 제한능력자인 경우, 특별한 사정이 없는 한 의사표시자는 그 의사표시로써 대항할 수 없다.

해설

[❶ ▸ O] 계약의 청약은 상대방 있는 의사표시에 해당한다. 상대방이 있는 의사표시는 상대방에게 도달한 때에 그 효력이 생긴다(민법 제111조 제1항).

[❷ ▸ ×] 의사표시자가 그 통지를 발송한 후 사망하거나 제한능력자가 되어도 의사표시의 효력에 영향을 미치지 아니하므로(민법 제111조 제2항), 의사표시자가 살아 있을 때 그 청약의 통지를 발송한 이상, 사망 후에 상대방에게 도달하였더라도 청약은 효력이 발생한다.

[❸ ▸ O] 미성년자는 수령무능력자이나(민법 제112조 본문), 미성년자가 예외적으로 행위능력을 가지는 경우(예 미성년자가 법정대리인으로부터 특정한 영업의 허락을 받은 경우)에는 수령능력도 인정된다.

[❹ ▸ O] 표의자가 과실없이 상대방을 알지 못하거나 상대방의 소재를 알지 못하는 경우에는 의사표시는 민사소송법 공시송달의 규정에 의하여 송달할 수 있다(민법 제113조).

> **민사소송법 제195조(공시송달의 방법)** 공시송달은 법원사무관등이 송달할 서류를 보관하고 그 사유를 법원게시판에 게시하거나, 그 밖에 대법원규칙이 정하는 방법에 따라서 하여야 한다.
>
> **민사소송법 제196조(공시송달의 효력발생)** ① 첫 공시송달은 제195조의 규정에 따라 실시한 날부터 2주가 지나야 효력이 생긴다. 다만, 같은 당사자에게 하는 그 뒤의 공시송달은 실시한 다음 날부터 효력이 생긴다.
> ② 외국에서 할 송달에 대한 공시송달의 경우에는 제1항 본문의 기간은 2월로 한다.
> ③ 제1항 및 제2항의 기간은 줄일 수 없다.

[❺ ▸ O] 의사표시의 상대방이 의사표시를 받은 때에 제한능력자인 경우에는 의사표시자는 그 의사표시로써 대항할 수 없다. 다만, 그 상대방(제한능력자)의 법정대리인이 의사표시가 도달한 사실을 안 후에는 그러하지 아니하다(민법 제112조). 제한능력자는 의사표시의 수령능력이 없다는 의미이다.

핵심정리 **의사표시의 효력발생**

① 청약의 의사표시 → 상대방에게 도달한 때에 효력 발생 O (도달주의)
② 의사표시자가 청약의 의사표시를 발송한 후 사망한 경우
→ 효력에 영향 × (상대방에게 도달한 때에 효력 발생 O)
③ 예외적으로 행위능력을 갖춘 미성년자 → 의사표시의 수령능력도 인정 O
④ 표의자가 과실없이 상대방을 알지 못하는 경우 → 공시송달 가능 O
⑤ 의사표시의 상대방이 의사표시를 받은 때에 제한능력자인 경우 → 의사표시자는 그 의사표시로써 대항 ×

답 ❷

156 □□□ 甲은 자기 소유의 부동산을 1억원에 매도하겠다는 청약을 등기우편으로 乙에게 보냈다. 이에 관한 설명으로 옳지 않은 것은?(다툼이 있으면 판례에 따름) 19 행정사 제7회

① 甲의 청약은 乙에게 도달한 때에 효력이 생긴다.
② 甲이 등기우편을 발송한 후 성년후견개시의 심판을 받은 경우, 乙에게 도달한 甲의 청약은 효력이 발생하지 않는다.
③ 甲의 등기우편은 반송되는 등 특별한 사정이 없는 한 乙에게 배달된 것으로 인정하여야 한다.
④ 甲은 등기우편이 乙에게 도달하기 전에 자신의 청약을 철회할 수 있다.
⑤ 甲의 청약이 효력을 발생하기 위해서 乙이 그 내용을 알 것까지는 요하지 않는다.

해설

[❶ ▸ O] 상대방이 있는 의사표시는 상대방에게 도달한 때에 그 효력이 생긴다(민법 제111조 제1항). 따라서 甲의 청약이 乙에게 도달한 때에 효력이 생긴다.

[❷ ▸ ×] 의사표시자가 그 통지를 발송한 후 사망하거나 제한능력자가 되어도 의사표시의 효력에 영향을 미치지 아니하므로(민법 제111조 제2항), 甲이 등기우편을 발송한 후 성년후견개시의 심판을 받은 경우에도 甲의 청약은 효력이 발생한다.

[❸ ▸ O] 우편법 등 관계 규정의 취지에 비추어 볼 때 우편물이 등기취급의 방법으로 발송된 경우 반송되는 등의 특별한 사정이 없는 한 그 무렵 수취인에게 배달되었다고 보아야 한다(대판 1992.3.27. 91누3819). 따라서 甲의 등기우편은 특별한 사정이 없는 한 乙에게 배달된 것으로 보아야 한다.

[❹ ▸ O] 계약의 청약은 이를 철회하지 못한다(민법 제527조). 이러한 청약의 구속력은 청약이 상대방에게 도달하여 효력이 발생한 뒤에 비로소 문제된다. 따라서 청약이 상대방에게 도달하기 전에는 청약자가 이를 철회할 수 있다. 甲의 등기우편이 乙에게 도달하기 전에는 청약의 구속력이 인정되지 아니하므로 甲은 자신의 청약의 의사표시를 철회할 수 있다.

[❺ ▸ O] 甲의 청약이 乙에게 도달한 때에 효력이 생기는데, 도달이란 사회통념상 상대방 乙이 청약의 내용을 알 수 있는 객관적인 상태에 놓여 있는 경우를 말하고 乙이 그 청약의 내용을 알 것까지는 요하지 않는다.

> 계약의 해제와 같은 상대방 있는 의사표시는 그 통지가 상대방에게 도달한 때 효력이 생기는 것이고(민법 제111조 제1항), 여기서 도달이라 함은 사회통념상 상대방이 통지의 내용을 알 수 있는 객관적 상태에 놓여 있는 경우를 가리키는 것으로서, 상대방이 통지를 현실적으로 수령하거나 통지의 내용을 알 것까지는 필요로 하지 않는 것이므로, 상대방이 정당한 사유 없이 통지의 수령을 거절한 경우에는 상대방이 그 통지의 내용을 알 수 있는 객관적 상태에 놓여 있는 때에 의사표시의 효력이 생기는 것으로 보아야 한다(대판 2008.6.12. 2008다19973).

핵심정리

의사표시의 효력발생

①, ⑤ 청약의 의사표시의 효력발생시기
→ 상대방에게 도달한 때에 효력 발생 ○ (도달주의)
→ 도달의 의미
- 사회관념상 상대방이 청약의 내용을 알 수 있는 객관적 상태에 놓여 있는 경우를 의미
- 상대방이 청약의 내용을 알 것까지 요하지는 않음

② 甲이 청약 발송 후 성년후견개시의 심판을 받은 경우 → 乙에게 도달한 甲의 청약은 유효 ○
③ 甲의 청약이 등기우편으로 발송된 경우 → 반송되는 등의 특별한 사정이 없는 한 乙에게 배달된 것으로 인정
④ 청약의 구속력(계약의 청약은 이를 철회하지 못한다)
→ 청약이 상대방에게 도달하여 효력이 발생한 경우 : 청약의 철회 ×
→ 청약이 상대방에게 도달하기 전인 경우 : 청약의 철회 ○

답 ❷

157 의사표시의 효력발생에 관한 설명으로 옳지 않은 것은?(다툼이 있으면 판례에 따름)

□□□

18 행정사 제6회

① 의사표시가 기재된 내용증명우편물이 발송되고 반송되지 아니하면 특별한 사정이 없는 한, 그 무렵에 송달되었다고 볼 수 있다.

② 의사표시의 도달로 인정되려면 사회통념상 상대방이 그 통지를 현실적으로 수령하여 그 내용을 알아야 한다.

③ 의사표시를 받은 상대방이 제한능력자라 하더라도 그의 법정대리인이 그 의사표시가 도달한 사실을 안 후에는 의사표시자는 그 효력을 주장할 수 있다.

④ 의사표시자가 통지를 발송한 후 제한능력자가 되어도 그 의사표시의 효력에 영향을 미치지 아니한다.

⑤ 상대방 있는 의사표시에 관하여 민법은 상대방에게 도달한 때에 그 효력이 생기는 것을 원칙으로 한다.

해설

[❶ ▸ O] 재건축조합을 탈퇴한다는 의사표시가 기재된 내용증명 우편물이 발송되고 달리 반송되지 아니하였다면 특별한 사정이 없는 한 이는 그 무렵에 송달되었다고 봄이 상당하다(대판 2000.10.27. 2000다20052).

[❷ ▸ X] 계약의 해제와 같은 상대방 있는 의사표시는 그 통지가 상대방에게 도달한 때 효력이 생기는 것이고(민법 제111조 제1항), 여기서 도달이라 함은 사회통념상 상대방이 통지의 내용을 알 수 있는 객관적 상태에 놓여 있는 경우를 가리키는 것으로서, 상대방이 통지를 현실적으로 수령하거나 통지의 내용을 알 것까지는 필요로 하지 않는 것이므로, 상대방이 정당한 사유 없이 통지의 수령을 거절한 경우에는 상대방이 그 통지의 내용을 알 수 있는 객관적 상태에 놓여 있는 때에 의사표시의 효력이 생기는 것으로 보아야 한다(대판 2008.6.12. 2008다19973).

[❸ ▸ O] 의사표시의 상대방이 의사표시를 받은 때에 제한능력자인 경우에는 의사표시자는 그 의사표시로써 대항할 수 없다. 다만, 그 상대방의 법정대리인이 의사표시가 도달한 사실을 안 후에는 그러하지 아니하다(민법 제112조).
☞ 법정대리인이 의사표시가 도달한 사실을 안 후에는 그 의사표시의 효력을 주장할 수 있다.

[❹ ▸ O] 의사표시자가 그 통지를 발송한 후 사망하거나 제한능력자가 되어도 의사표시의 효력에 영향을 미치지 아니한다(민법 제111조 제2항).

[❺ ▸ O] 민법은 "상대방이 있는 의사표시는 상대방에게 도달한 때에 그 효력이 생긴다"고 규정하여(민법 제111조 제1항), 도달주의를 원칙으로 하고 있다.

핵심정리

의사표시의 효력발생

① 내용증명우편물이 발송되고 반송되지 아니한 경우
　→ (특별한 사정이 없는 한) 그 무렵에 송달된 것으로 인정 O

② 의사표시의 도달의 의미
　→ 사회관념상 상대방이 의사표시의 내용을 알 수 있는 객관적 상태에 놓여 있는 경우
　→ 상대방이 통지를 현실적으로 수령하거나 통지의 내용을 알 것까지는 필요로 하지 않음

③ 의사표시의 상대방이 제한능력자인 경우
　→ 원칙 : 의사표시자는 그 의사표시로써 대항 × (제한능력자는 의사표시 수령능력 ×)
　→ 예외 : 제한능력자의 법정대리인이 의사표시가 도달한 사실을 안 후에는 의사표시의 효력 주장 가능 O

④ 의사표시자가 통지를 발송한 후 제한능력자가 된 경우 → 의사표시의 효력에 영향 ×

⑤ 상대방 있는 의사표시 → 상대방에게 도달한 때에 그 효력이 생기는 것을 원칙 (도달주의)

답 ❷

158 의사표시에 관한 설명으로 옳은 것은? 16 행정사 제4회

□□□

① 의사표시자가 그 통지를 발송한 후 사망하여도 의사표시의 효력에 영향을 미치지 아니한다.

② 진의 아닌 의사표시에서 상대방이 표의자의 진의 아님을 알았거나 알 수 있었을 경우, 표의자는 그 의사표시를 취소할 수 있다.

③ 표의자가 과실로 상대방의 소재를 알지 못하는 경우, 의사표시는 민사소송법 공시송달의 규정에 의하여 송달할 수 있다.

④ 상대방이 있는 의사표시는 상대방이 요지(了知)한 때에 그 효력이 생긴다.

⑤ 상대방 있는 의사표시에 관하여 제3자가 강박을 행한 경우, 상대방이 그 사실을 알았던 경우에 한하여 그 의사표시를 취소할 수 있다.

해설

[❶ ▸ O] 의사표시자가 그 통지를 발송한 후 사망하거나 제한능력자가 되어도 의사표시의 효력에 영향을 미치지 아니한다(민법 제111조 제2항).

[❷ ▸ ×] 의사표시는 표의자가 진의 아님을 알고 한 것이라도 그 효력이 있다. 그러나 상대방이 표의자의 진의 아님을 알았거나 이를 알 수 있었을 경우에는 무효로 한다(민법 제107조 제1항).

[❸ ▸ ×] 표의자가 과실 없이 상대방을 알지 못하거나 상대방의 소재를 알지 못하는 경우에는 의사표시는 민사소송법 공시송달의 규정에 의하여 송달할 수 있다(민법 제113조).

[❹ ▸ ×] 상대방이 있는 의사표시는 상대방에게 도달한 때에 그 효력이 생긴다(민법 제111조 제1항). 도달이라 함은 사회통념상 상대방이 통지의 내용을 알 수 있는 객관적 상태에 놓여 있는 경우를 가리키는 것으로서, 상대방이 통지를 현실적으로 수령하거나 통지의 내용을 알 것[요지(了知)]까지는 필요로 하지 않는 것이다(대판 2008.6.12. 2008다19973).

[❺ ▸ ×] 상대방 있는 의사표시에 관하여 제3자가 사기나 강박을 행한 경우에는 상대방이 그 사실을 알았거나 알 수 있었을 경우에 한하여 그 의사표시를 취소할 수 있다(민법 제110조 제2항). 즉, 상대방이 제3자의 사기나 강박행위에 대하여 악의이거나 선의이지만 과실이 있는 경우에 표의자는 그 의사표시를 취소할 수 있다.

핵심정리

의사표시 일반

① 의사표시자가 통지를 발송한 후 사망한 경우 → 의사표시의 효력에 영향 ×

② 진의 아닌 의사표시
→ 원칙 : 표시된 대로 효력 발생(유효)
→ 예외 : 상대방이 진의 아님을 알았거나 알 수 있었을 경우에는 무효

③ 공시송달
→ 표의자가 과실로 상대방의 소재를 알지 못하는 경우 → 공시송달 ×

④ 상대방이 있는 의사표시 → 상대방에게 도달한 때 효력 발생 (도달주의 ○ / 요지주의 ×)

⑤ 상대방 있는 의사표시에 관하여 제3자가 강박을 행한 경우
→ 상대방이 제3자의 기망행위 사실을 알았거나 알 수 있었을 경우에 한하여 표의자는 의사표시 취소 ○

답 ❶

PART 1 PART 2 PART 3

159 의사표시에 관한 설명으로 옳은 것은?(다툼이 있으면 판례에 따름) 15 행정사 제3회

□□□

① 착오에 의한 의사표시의 취소는 선의의 제3자에게 대항할 수 있다.

② 부동산 매매에서 시가에 관한 착오는 특별한 사정이 없는 한 법률행위의 중요부분에 관한 착오라고 할 수 없다.

③ 채무자의 법률행위가 통정허위표시에 해당되어 무효인 경우에는 채권자취소권의 대상이 되지 않는다.

④ 진의 아닌 의사표시는 상대방이 표의자의 진의 아님을 알았거나 알 수 있었을 경우에 그 효력이 있다.

⑤ 강박이 의사결정의 자유를 완전히 박탈하는 정도에 이르지 않고 이를 제한하는 정도에 그친 경우에 그 의사표시는 무효이다.

해설

[❶ ▸ ×] 착오에 의한 의사표시의 취소는 선의의 제3자에게 대항하지 못한다(민법 제109조 제2항).

[❷ ▸ ○] 토지매매에 있어서 시가에 관한 착오는 토지를 매수하려는 의사를 결정함에 있어 그 동기의 착오에 불과할 뿐 법률행위의 중요부분에 관한 착오라 할 수 없다(대판 1985.4.23. 84다카890).

[❸ ▸ ×] 채무자의 법률행위가 통정허위표시인 경우에도 채권자취소권의 대상이 된다(대판 1998.2.27. 97다50985).

[❹ ▸ ×] 의사표시는 표의자가 진의 아님을 알고 한 것이라도 그 효력이 있다. 그러나 상대방이 표의자의 진의 아님을 알았거나 이를 알 수 있었을 경우에는 무효로 한다(민법 제107조 제1항).

[❺ ▸ ×] 강박이 의사결정의 자유를 완전히 박탈하는 정도에 이르지 아니하고 이를 제한하는 정도에 그친 경우에는 그 의사표시는 취소할 수 있음에 그치고 무효라고까지 볼 수 없다(대판 1984.12.11. 84다카1402).

핵심정리 **의사표시 일반**

① 착오에 의한 의사표시의 취소 → 선의의 제3자에게 대항 ×

② 부동산 매매에서 시가에 관한 착오 → 중요부분에 관한 착오 ×

③ 통정허위표시에 해당되어 무효인 경우에도 → 채권자취소권의 대상 ○

④ 진의 아닌 의사표시에서 상대방이 진의 아님을 알았거나 알 수 있었을 경우 → 무효 ○

⑤ 강박에 의한 의사표시

→ 강박이 의사결정의 자유를 완전히 박탈하는 정도에 이른 경우 : 무효 ○

→ 강박이 의사결정의 자유를 제한하는 정도에 그친 경우 : 취소사유 ○ (무효 ×)

답 ❷

160 의사표시의 효력발생시기에 관한 설명으로 옳지 않은 것은?(다툼이 있는 경우에는 판례에 의함)

□□□

14 행정사 제2회

① 상대방이 있는 의사표시는 상대방에게 도달한 때에 그 효력이 생기는 것이 원칙이다.

② 표의자는 그의 의사표시가 상대방에게 도달하였으나 상대방이 이행에 착수하기 전에는 그 의사표시를 철회할 수 있다.

③ 제한능력자에게 의사를 표시한 사람은 제한능력자의 법정대리인이 의사표시가 도달한 사실을 안 후에는 그 의사표시로써 제한능력자에게 대항할 수 있다.

④ 상대방이 정당한 사유 없이 의사표시의 수령을 거절한 경우에는 그 의사표시는 상대방이 그 내용을 알 수 있는 객관적 상태에 놓여 있는 때에 효력이 생긴다.

⑤ 의사표시의 부도달에 대한 위험은 표의자에게 있다.

해설

[❶ ▸ O] 민법은 "상대방이 있는 의사표시는 상대방에게 도달한 때에 그 효력이 생긴다"고 규정하여(민법 제111조 제1항), **도달주의를 원칙**으로 하고 있다. 다만, 격지자 간의 계약은 승낙의 통지를 발송한 때에 성립한다고 하여 발신주의를 취하고 있다(민법 제531조).

[❷ ▸ ×] 표의자의 의사표시가 일단 상대방에게 도달하였다면 표의자는 그 의사표시에 구속되어 상대방이 이행에 착수하기 전이라도 철회할 수 없다.

[❸ ▸ O] 의사표시의 상대방이 의사표시를 받은 때에 제한능력자인 경우에는 의사표시자는 그 의사표시로써 대항할 수 없다. 다만, 그 상대방의 법정대리인이 의사표시가 도달한 사실을 안 후에는 그러하지 아니하다(민법 제112조).

[❹ ▸ O] 상대방 있는 의사표시는 그 통지가 상대방에게 도달한 때 효력이 생기는 것이고(민법 제111조 제1항), 여기서 도달이라 함은 사회통념상 상대방이 통지의 내용을 알 수 있는 객관적 상태에 놓여 있는 경우를 가리키는 것으로서, 상대방이 통지를 현실적으로 수령하거나 통지의 내용을 알 것까지는 필요로 하지 않는 것이므로, 상대방이 정당한 사유 없이 통지의 수령을 거절한 경우에는 상대방이 그 통지의 내용을 알 수 있는 객관적 상태에 놓여 있는 때에 의사표시의 효력이 생기는 것으로 보아야 한다(대판 2008.6.12. 2008다19973).

[❺ ▸ O] 도달주의를 채택한 결과 의사표시의 부도달 또는 연착의 위험(불이익)은 표의자가 부담한다.

핵심정리

의사표시의 효력발생시기

① 상대방이 있는 의사표시 → 상대방에게 도달한 때에 효력 발생 O (도달주의 원칙)
② 의사표시가 상대방에게 도달한 경우 → 상대방이 이행에 착수하기 전이라도 의사표시 철회 ×
③ 의사표시의 상대방이 제한능력자인 경우
→ 원칙 : 의사표시자는 그 의사표시로써 대항 × (제한능력자는 의사표시 수령능력 ×)
→ 예외 : 제한능력자의 법정대리인이 의사표시가 도달한 사실을 안 후에는 의사표시의 효력 주장 가능 O
④ 상대방이 정당한 사유 없이 의사표시의 수령을 거절한 경우
→ 상대방이 의사표시의 내용을 알 수 있는 객관적 상태에 놓여 있는 때에 의사표시의 효력 발생 O
⑤ 의사표시의 부도달에 대한 위험 → 표의자가 부담 O

답 ❷

PART 1 PART 2 PART 3

제4절 법률행위의 대리

161 □□□ **대리에 관한 설명으로 옳지 않은 것은?(다툼이 있으면 판례에 따름)** 22 행정사 제10회

① 대리인은 행위능력자임을 요하지 아니한다.

② 사실상의 용태에 의하여 대리권의 수여가 추단될 수 있다.

③ 임의대리의 원인된 법률관계가 종료하기 전이라도 본인은 수권행위를 철회할 수 있다.

④ 수권행위에서 권한을 정하지 아니한 대리인은 보존행위만을 할 수 있다.

⑤ 복대리인은 본인의 대리인이다.

해설

[❶ ▸ ○] 대리인은 행위능력자임을 요하지 아니한다(민법 제117조). 따라서 미성년자와 같은 제한능력자도 타인의 대리인이 되어 대리행위를 할 수 있다. 대리행위의 효과가 대리인 아닌 본인에게 귀속하므로 제한능력자 보호라는 행위능력제도의 취지에 어긋나지 않을 뿐만 아니라 임의대리에서 본인 스스로 제한능력자를 대리인으로 선정한 이상 그에 따른 불이익은 본인이 감수하는 것이 타당하기 때문이다. 다만, 대리행위 당시 대리인은 적어도 '의사능력'은 가지고 있어야 한다.

[❷ ▸ ○] 대리권을 수여하는 수권행위는 불요식의 행위로서 명시적인 의사표시에 의함이 없이 묵시적인 의사표시에 의하여 할 수도 있으며, 어떤 사람이 대리인의 외양을 가지고 행위하는 것을 본인이 알면서도 이의를 하지 아니하고 방임하는 등 사실상의 용태(容態)에 의하여 대리권의 수여가 추단되는 경우도 있다(대판 2016.5.26. 2016다203315).

[❸ ▸ ○] 임의대리의 경우, 그 원인된 법률관계의 종료 전에 본인이 수권행위를 철회할 수 있다(민법 제128조).

[❹ ▸ ×] 임의대리권의 범위는 원칙적으로 수권행위에 의하여 정해지지만, 수권행위에서 권한을 정하지 아니한 대리인은 보존행위와 대리의 목적인 물건이나 권리의 성질을 변하지 아니하는 범위에서 그 이용 또는 개량하는 행위를 할 수 있다(민법 제118조).

[❺ ▸ ○] 복대리인은 그 권한 내에서 본인을 대리한다(민법 제123조 제1항). 복대리인은 대리인이 대리권의 범위 내의 행위를 하게 하기 위하여 대리인 자신의 이름으로 선임한 본인의 대리인이다.

핵심정리 **법률행위의 대리**

① 대리인은 행위능력자임을 요하지 않음 → 제한능력자도 타인의 대리인이 될 수 있음

② 사실상의 용태(예 대리인의 외관을 알면서 방치하는 경우)에 의하여 대리권의 수여가 추단되는 경우 있음

③ 임의대리에 특유한 대리권 소멸원인 → 법률관계의 종료 전 수권행위의 철회 ○

④ 권한을 정하지 아니한 임의대리인의 권한
→ 보존행위 + 대리의 목적인 물건이나 권리의 성질을 변하지 아니하는 범위에서 그 이용 또는 개량하는 행위

⑤ 복대리인 → 본인의 대리인 ○ (대리인의 대리인 ×)

답 ❹

162 임의대리권의 범위에 관한 설명으로 옳지 않은 것은?(다툼이 있으면 판례에 따름)

□□□

22 행정사 제10회

① 임의대리권의 범위는 원칙적으로 수권행위에 의하여 정해진다.

② 특별한 사정이 없는 한 통상의 임의대리권은 필요한 한도에서 수령대리권을 포함한다.

③ 매도인으로부터 매매계약체결에 대한 대리권을 수여받은 자는 특별한 사정이 없는 한 그 매매계약에 따른 중도금을 수령할 권한이 있다.

④ 매도인으로부터 매매계약의 체결과 이행에 대해 포괄적인 대리권을 수여받은 자는 특별한 사정이 없는 한 약정된 매매대금의 지급기일을 연기해 줄 권한이 없다.

⑤ 부동산을 매수할 권한을 수여받은 자는 원칙적으로 그 부동산을 처분할 권한이 없다.

해설

[❶ ▸ O] 임의대리권의 범위는 원칙적으로 수권행위에 의하여 정하여지고 수권행위의 해석에 의하여 구체화된다.

[❷ ▸ O] 수권행위의 통상의 내용으로서의 임의대리권은 그 권한에 부수하여 필요한 한도에서 상대방의 의사표시를 수령하는 이른바 수령대리권을 포함하는 것으로 보아야 한다(대판 1994.2.8. 93다39379).

[❸ ▸ O] [❹ ▸ ×] 부동산의 소유자로부터 매매계약을 체결할 대리권을 수여받은 대리인은 특별한 다른 사정이 없는 한 그 매매계약에서 약정한 바에 따라 중도금이나 잔금을 수령할 수도 있다고 보아야 하고,❸ 매매계약의 체결과 이행에 관하여 포괄적으로 대리권을 수여받은 대리인은 특별한 다른 사정이 없는 한 상대방에 대하여 약정된 매매대금지급기일을 연기하여 줄 권한도 가진다고 보아야 할 것이다❹ (대판 1992.4.14. 91다43107).

[❺ ▸ O] 법률행위에 의하여 수여된 대리권은 그 원인된 법률관계의 종료에 의하여 소멸하는 것이므로 특별한 다른 사정이 없는 한 부동산을 매수할 권한을 수여받은 대리인에게 그 부동산을 처분할 대리권도 있다고 볼 수 없다(대판 1991.2.12. 90다7364).

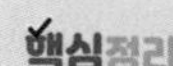

임의대리권의 범위

①, ② 임의대리권의 범위
- → 원칙적으로 수권행위에 의하여 결정
- → 통상의 임의대리권은 필요한 한도에서 수령대리권을 포함

③, ④, ⑤ 임의대리권의 범위에 관한 구체적 사례
- → 매매계약체결에 대한 대리권을 수여받은 자 : 중도금을 수령할 권한 ○
- → 매매계약의 체결과 이행에 대해 포괄적인 대리권을 수여받은 자 : 대금 지급기일을 연기해 줄 권한 ○
- → 부동산을 매수할 권한을 수여받은 자 : 부동산을 처분할 권한 ×

답 ❹

PART 1 PART 2 PART 3

163 □□□ **甲은 친구 乙로부터 丙소유의 X토지를 매수할 대리권을 수여받아, 乙을 대리하여 丙과 X에 관한 매매계약을 체결하였다. 이에 관한 설명으로 옳지 않은 것은?(다툼이 있으면 판례에 따름)**

24 행정사 제12회

① 매매계약 내용의 중요부분에 관하여 乙의 착오가 있는 경우, 甲에게는 착오가 없더라도 乙은 자신의 착오를 이유로 매매계약을 취소할 수 있다.

② 甲의 사기로 丙이 매도의 의사표시를 한 경우, 乙이 그 사실을 몰랐더라도 丙은 사기를 이유로 그 의사표시를 취소할 수 있다.

③ 丙이 이중매매를 하였고 위 매매계약이 제2매매인 경우에 甲이 丙의 배임행위에 적극가담하였다면, 乙이 그 사정을 몰랐더라도 매매계약은 무효이다.

④ 매매계약이 乙에게 불공정한 법률행위에 해당하는지 판단할 때 경솔, 무경험은 乙이 아닌 甲을 기준으로 판단한다.

⑤ 丙의 채무불이행이 있는 경우, 甲은 특별한 사정이 없는 한 채무불이행을 이유로 한 계약해제권을 가지지 않는다.

해설

[❶ ▸ ×] 의사표시의 효력이 의사의 흠결, 사기, 강박 또는 어느 사정을 알았거나 과실로 알지 못한 것으로 인하여 영향을 받을 경우에 **그 사실의 유무는 대리인을 표준하여 결정**한다(민법 제116조 제1항). 여기서 '의사의 흠결'이란 '의사와 표시의 불일치'를 의미하고, 비진의표시(민법 제107조), 통정허위표시(민법 제108조), 착오에 의한 의사표시(민법 제109조)가 이에 해당한다. 따라서 매매계약 내용의 중요부분에 관하여 본인 乙의 착오가 있더라도 대리인 甲에게는 착오가 없는 경우, 乙은 자신의 착오를 이유로 매매계약을 취소할 수 없다.

[❷ ▸ O] 의사표시의 효력이 의사의 흠결, 사기, 강박 또는 어느 사정을 알았거나 과실로 알지 못한 것으로 인하여 영향을 받을 경우에 그 사실의 유무는 대리인을 표준하여 결정한다(민법 제116조 제1항). 대리인이 사기·강박을 한 경우, 대리인은 본인과 동일시할 수 있는 자로서(즉 제110조 제2항 소정의 '제3자의 사기·강박'에서 대리인은 제3자에 해당하지 않는다), 본인이 그 사실을 알았는지 여부를 묻지 않고 상대방은 그 의사표시를 취소할 수 있다(민법 제110조 제1항). 따라서 대리인 甲의 사기로 인하여 丙이 매도의 의사표시를 한 경우, 본인 乙이 그 사실을 몰랐더라도 상대방 丙은 사기를 이유로 그 의사표시를 취소할 수 있다.

> 상대방 있는 의사표시에 관하여 제3자가 사기나 강박을 행한 경우에는 상대방이 그 사실을 알았거나 알 수 있었을 경우에 한하여 그 의사표시를 취소할 수 있다(민법 제110조 제2항). 그러나 의사표시에 관한 상대방의 대리인 등 상대방과 동일시할 수 있는 자는 민법 제110조 제2항의 제3자에 해당하지 않는다(대판 1998.1.23. 96다41496).

[❸ ▸ O] 의사표시의 효력이 의사의 흠결, 사기, 강박 또는 어느 사정을 알았거나 과실로 알지 못한 것으로 인하여 영향을 받을 경우에 그 사실의 유무는 대리인을 표준하여 결정한다(민법 제116조 제1항). 부동산 이중매매에서도 **매도인의 배임행위에 적극 가담하였는지 여부는 대리인을 기준으로 하여 판단**한다. 따라서 상대방 丙이 이중매매를 하였고 위 매매계약이 제2매매인 경우에 대리인 甲이 丙의 배임행위에 적극 가담하였다면, 본인 乙이 그 사정을 몰랐더라도 매매계약은 무효이다(대판 1998.2.27. 97다45532 참조).

> 대리인이 본인을 대리하여 매매계약을 체결함에 있어서 매매대상 토지에 관한 저간의 사정을 잘 알고 그 배임행위에 가담하였다면, 대리행위의 하자 유무는 대리인을 표준으로 판단하여야 하므로, 설사 본인이 미리 그러한 사정을 몰랐거나 반사회성을 야기한 것이 아니라고 할지라도 그로 인하여 매매계약이 가지는 사회질서에 반한다는 장애사유가 부정되는 것은 아니다(대판 1998.2.27. 97다45532).

[❹ ▸ ○] 대리인에 의하여 법률행위가 이루어진 경우 그 법률행위가 민법 제104조의 불공정한 법률행위에 해당하는지 여부를 판단함에 있어서 **경솔과 무경험**은 **대리인을 기준**으로 하여 판단하고, **궁박**은 **본인의 입장**에서 판단하여야 한다(대판 2002.10.22. 2002다38927). 따라서 매매계약이 乙에게 불공정한 법률행위에 해당하는지 판단할 때 경솔, 무경험은 乙이 아닌 甲을 기준으로 판단한다.

[❺ ▸ ○] 대리인이 한 의사표시의 효과는 모두 직접 본인에게 발생한다(민법 제114조). 직접 본인에게 귀속하는 것은 당해 의사표시에 의한 효과뿐만 아니라 그 의사표시와 관련하여 생기는 담보책임, 계약해제권, 취소권, 채무불이행으로 인한 손해배상청구권 등도 포함한다. 따라서 丙의 채무불이행이 있는 경우, **채무불이행을 이유로 한 계약해제권**은 대리인 甲이 아니라 **본인 乙이 가진다**.

어떠한 계약의 체결에 관한 대리권을 수여(授與)받은 대리인이 수권된 법률행위를 하게 되면 그것으로 대리권의 원인된 법률관계(기초적 내부관계)는 원칙적으로 목적을 달성하여 종료되는 것이고, 법률행위에 의하여 수여(授與)된 대리권은 그 원인된 법률관계의 종료에 의하여 소멸하는 것이므로(민법 제128조), 그 계약을 대리하여 체결하였다 하여 곧바로 그 사람이 체결된 계약의 해제 등 일체의 처분권과 상대방의 의사를 수령할 권한까지 가지고 있다고 볼 수는 없다(대판 2008.1.31. 2007다74713).

핵심정리

대리행위의 하자

① 착오에 의한 의사표시 → 착오의 유무는 대리인을 기준으로 판단 ○

② 대리인이 사기·강박을 한 경우
  → 대리인은 민법 제110조 제2항의 제3자의 사기·강박에서 제3자에 해당 ×
  → 본인이 대리인의 사기·강박 사실을 알았는지 여부를 묻지 않고 상대방은 민법 제110조 제1항에 따라 그 의사표시 취소 가능 ○

③ 부동산 이중매매에서도 매도인의 배임행위에 적극 가담 여부 → 대리인을 기준으로 판단 ○

④ 민법 제104조의 불공정한 법률행위의 판단
  → 경솔과 무경험은 대리인을 기준으로 하여 판단 ○
  → 궁박은 본인의 입장에서 판단 ○

⑤ 대리인에 의하여 체결된 매매계약의 경우
  → 대리인에게는 채무불이행을 이유로 한 계약해제권 ×

답 ❶

164 □□□ **甲은 乙에게 매매계약체결의 대리권을 수여하였고, 乙은 甲을 대리하여 丙소유의 토지에 관하여 丙과 매매계약을 체결하였다. 그 계약의 효력이 甲에게 미치는 경우를 모두 고른 것은?(다툼이 있으면 판례에 따름)**

18 행정사 제6회

ㄱ. 甲이 피한정후견인 乙에게 대리권을 수여하여 위 계약이 체결된 경우
ㄴ. 甲이 수권행위를 통하여 乙과 丁이 공동으로 대리하도록 정하였음에도 乙이 단독의 의사결정으로 위 계약을 체결한 경우
ㄷ. 乙이 위 토지에 대한 丙의 선행 매매사실을 알면서도 丙의 배임적 이중매매행위에 적극 가담하여 위 계약을 체결하였으나 이러한 사실을 甲이 알지 못한 경우

① ㄱ
② ㄷ
③ ㄱ, ㄴ
④ ㄴ, ㄷ
⑤ ㄱ, ㄴ, ㄷ

해설

[ㄱ ▸ O] 대리인은 행위능력자임을 요하지 아니하므로(민법 제117조), 제한능력자도 타인의 대리인이 되어 대리행위를 할 수 있다. 따라서 甲이 피한정후견인 乙에게 대리권을 수여하여 乙이 丙소유의 토지에 관하여 丙과 매매계약을 체결한 경우, 그 계약의 효력은 甲에게 미친다.

[ㄴ ▸ X] 공동대리의 제한에 위반하여 乙이 단독으로 대리행위를 한 경우, 乙의 대리행위는 무권대리로서 무효가 된다. 따라서 甲의 추인이 있거나 표현대리가 인정되지 아니하는 한, 본인 甲에게 그 효력이 미치지 아니한다.

[ㄷ ▸ X] 의사표시의 효력이 어느 사정을 알았거나 과실로 알지 못한 것으로 인하여 영향을 받을 경우에 그 사실의 유무는 대리인을 표준하여 결정하게 된다(민법 제116조 제1항). 따라서 乙이 丙의 배임적 이중매매행위에 적극 가담하여 丙과 매매계약을 체결한 경우, 배임적 이중매매에 적극 가담 여부도 본인 甲이 아니라 대리인 乙을 기준으로 판단하여야 한다(대판 1998.2.27. 97다45532). 결국 매매계약은 반사회질서의 법률행위로서 무효가 되고, 매매계약의 효력은 甲에게 미치지 않게 된다.

대리인이 본인을 대리하여 매매계약을 체결함에 있어서 매매대상 토지에 관한 저간의 사정을 잘 알고 그 배임행위에 가담하였다면, 대리행위의 하자 유무는 대리인을 표준으로 판단하여야 하므로, 설사 본인이 미리 그러한 사정을 몰랐거나 반사회성을 야기한 것이 아니라고 할지라도 그로 인하여 매매계약이 가지는 사회질서에 반한다는 장애사유가 부정되는 것은 아니다(대판 1998.2.27. 97다45532).

핵심정리

대리인의 법률행위의 효과

ㄱ. 피한정후견인이 대리인으로서 체결한 계약
→ 대리인은 행위능력자임을 요하지 아니하므로 본인에게 효력 O
ㄴ. 공동대리의 제한에 위반하여 단독으로 대리행위를 한 경우
→ 무권대리에 해당하여 무효이므로 본인에게 효력 ×
ㄷ. 대리인이 배임적 이중매매행위에 적극 가담하여 계약을 체결하였으나 본인은 알지 못한 경우
→ 이중매매에 적극 가담 여부는 대리인을 기준으로 판단 O
→ 반사회적 법률행위로서 무효이므로 본인에게 효력 ×

답 ❶

165 대리에 관한 설명으로 옳지 않은 것은?(다툼이 있는 경우에는 판례에 의함) 14 행정사 제2회

□□□

① 매매계약을 체결할 권한을 수여받은 대리인은 특별한 사정이 없으면, 그 매매계약에 따른 중도금과 잔금을 받을 권한을 갖는다.

② 매매계약의 체결과 이행에 관하여 포괄적인 권한을 수여받은 대리인은 특별한 사정이 없으면, 상대방에 대하여 약정된 매매대금의 지급기일을 연기할 권한을 갖는다.

③ 대여금의 영수권한만을 위임받은 대리인은 그 대여금 채무의 일부를 면제하기 위하여는 특별수권이 필요하다.

④ 특별한 사정이 없으면, 예금계약의 체결을 위임받은 자의 대리권에는 그 예금을 담보로 하여 대출을 받거나 이를 처분할 수 있는 권한이 포함되지 않는다.

⑤ 본인을 위하여 금전소비대차와 그 담보를 위한 담보권설정계약을 체결할 권한을 수여받은 대리인은 특별한 사정이 없으면, 금전소비대차계약과 담보권설정계약이 체결된 후에 이를 해제할 권한을 갖는다.

해설

[❶ ▸ O] [❷ ▸ O] 부동산의 소유자로부터 매매계약을 체결할 대리권을 수여받은 대리인은 특별한 다른 사정이 없는 한 그 매매계약에서 약정한 바에 따라 중도금이나 잔금을 수령할 수도 있다고 보아야 하고,❶ 매매계약의 체결과 이행에 관하여 포괄적으로 대리권을 수여받은 대리인은 특별한 다른 사정이 없는 한 상대방에 대하여 약정된 매매대금지급기일을 연기하여 줄 권한도 가진다고 보아야 할 것이다❷(대판 1992.4.14. 91다43107).

[❸ ▸ O] 대여금의 영수권한만을 위임받은 대리인이 그 대여금 채무의 일부를 면제하기 위하여는 본인의 특별수권이 필요하다(대판 1981.6.23. 80다3221).

[❹ ▸ O] 예금계약의 체결을 위임받은 자가 가지는 대리권에 당연히 그 예금을 담보로 대출을 받거나 이를 처분할 수 있는 대리권이 포함되어 있는 것은 아니다(대판 2002.6.14. 2000다38992).

[❺ ▸ X] 특별한 다른 사정이 없는 한, 본인을 대리하여 금전소비대차 내지 그를 위한 담보권설정계약을 체결할 권한을 수여받은 대리인에게 본래의 계약관계를 해제할 대리권까지 있다고 볼 수 없다(대판 1993.1.15. 92다39365).

핵심정리

임의대리권의 범위

① 매매계약을 체결할 권한을 수여받은 대리인 → 중도금과 잔금을 받을 권한 O
② 매매계약의 체결·이행에 관한 포괄적인 권한을 수여받은 대리인 → 매매대금의 지급기일 연기할 권한 O
③ 대여금의 영수권한만을 위임받은 대리인 → 채무의 일부면제는 별도의 특별수권 필요 O
④ 예금계약의 체결을 위임받은 대리인 → 예금을 담보로 대출을 받거나 이를 처분할 권한 ×
⑤ 금전소비대차와 담보권설정계약을 체결할 권한을 수여받은 대리인 → 금전소비대차와 담보설정계약을 해제할 권한 ×

답 ❺

166 □□□ **당사자 일방으로부터 부동산 매매계약의 체결에 관한 대리권만 수여받은 대리인이 특별한 사정이 없는 한 할 수 있는 행위에 해당하는 것은?(다툼이 있으면 판례에 따름)** 20 행정사 제8회

① 매도인을 대리하여 중도금이나 잔금을 수령하는 행위
② 매도인을 대리하여 약정된 매매대금의 지급기일을 연기해주는 행위
③ 매도인을 대리하여 잔금채권을 담보로 대출을 받는 행위
④ 매수인을 대리하여 매매계약을 해제하는 행위
⑤ 매수인을 대리하여 매매목적 부동산을 처분하는 행위

해설

[❶ ▸ O] 당사자 일방으로부터 부동산 매매계약의 체결에 관한 대리권만 수여받은 대리인이 매도인을 대리하여 중도금이나 잔금을 수령하는 행위는 대리인의 대리권의 범위 내에 속한다(대판 1994.2.8. 93다39379).

[❷ ▸ ×] [❸ ▸ ×] [❹ ▸ ×] [❺ ▸ ×] 대리인이 매매계약의 체결과 이행에 관하여 포괄적으로 대리권을 수여받은 경우 대리인이 매도인을 대리하여 약정된 매매대금의 지급기일을 연기해주는 행위(대판 1992.4.14. 91다43107)는 대리권의 범위 내에 속한다고 볼 수 있으나, 문제에서 대리인이 **부동산 매매계약의 체결에 관한 대리권만 수여받았다고 전제**하고 있으므로 대리인이 매도인을 대리하여 약정된 매매대금의 지급기일을 연기해주는 행위는 대리권의 범위 내에 속한다고 볼 수 없다고 보아야 한다.❷ 매도인을 대리하여 잔금채권을 담보로 대출을 받는 행위(유사한 취지로 대판 2008.6.12. 2008다11276)❸, 매수인을 대리하여 매매계약을 해제하는 행위(대판 1987.4.28. 85다카971)❹, 매수인을 대리하여 매매목적 부동산을 처분하는 행위(대판 1991.2.12. 90다7364)❺는 당사자 일방으로부터 부동산 매매계약의 체결에 관한 대리권만 수여받은 대리인의 대리권의 범위에 포함되지 않는다.

167 □□□ **민법에서 정한 임의대리권의 소멸사유에 해당하지 않는 것은?** 18 행정사 제6회

① 본인의 사망
② 대리인의 사망
③ 본인의 성년후견 개시
④ 본인과 대리인 사이의 원인된 법률관계의 종료
⑤ 본인과 대리인 사이의 원인된 법률관계의 종료 전 수권행위의 철회

해설

[❸ ▸ ×] 본인이 아니라 대리인의 성년후견개시가 임의대리권의 소멸사유에 해당한다(민법 제127조 제2호).

민법 제127조(대리권의 소멸사유) 대리권은 다음 각 호의 어느 하나에 해당하는 사유가 있으면 소멸된다.
1. 본인의 사망
2. 대리인의 사망, 성년후견의 개시 또는 파산

민법 제128조(임의대리의 종료) 법률행위에 의하여 수여된 대리권은 전조의 경우외에 그 원인된 법률관계의 종료에 의하여 소멸한다. 법률관계의 종료 전에 본인이 수권행위를 철회한 경우에도 같다.

답 ❸

168 대리에 관한 설명으로 옳지 않은 것은?(다툼이 있으면 판례에 따름) 19 행정사 제7회

□□□

① 대리인은 행위능력자임을 요하지 않는다.

② 유언은 대리가 허용되지 않는다.

③ 대리에 있어 본인을 위한 것임을 표시하는 현명은 묵시적으로 할 수는 없다.

④ 임의대리의 경우 그 원인된 법률관계의 종료 전에 본인이 수권행위를 철회할 수 있다.

⑤ 대리인이 수인인 때에는 원칙적으로 각자가 본인을 대리한다.

해설

[❶ ▸ O] 대리인은 행위능력자임을 요하지 아니한다(민법 제117조).

[❷ ▸ O] 유언과 같은 신분행위에는 대리가 원칙적으로 허용되지 아니한다.

[❸ ▸ ×] 대리에 있어 본인을 위한 것임을 표시하는 현명은 명시적으로 뿐만 아니라 묵시적으로도 가능하다.

[❹ ▸ O] 임의대리의 경우 그 원인된 법률관계의 종료 전에 본인이 수권행위를 철회할 수 있다(민법 제128조 후문).

[❺ ▸ O] 대리인이 수인(數人, 여러 명)인 때에는 각자가 본인을 대리한다. 그러나 법률 또는 수권행위에 다른 정한 바가 있는 때에는 그러하지 아니하다(민법 제119조). ☞ 대리인이 여러 명인 때에는 각자대리가 원칙이다.

핵심정리

대리 일반

① 대리인은 행위능력자임을 요하지 않음

② 유언과 같은 신분행위는 대리가 허용 ×

③ 대리에 있어 본인을 위한 것임을 표시하는 현명 → 명시적 or 묵시적으로 가능

④ 임의대리의 경우 → 본인은 원인된 법률관계의 종료 전 수권행위의 철회 가능 O

⑤ 대리인이 수인인 경우 → 각자 대리의 원칙

답 ❸

169 법률행위의 대리에 관한 설명으로 옳은 것은?(다툼이 있으면 판례에 따름) 17 행정사 제5회

□□□

① 권한의 범위가 정해지지 않은 임의대리인은 부패하기 쉬운 농산물을 처분할 수 없다.

② 대리인은 행위능력자이어야 한다.

③ 부동산 입찰절차에서 동일물건에 관하여 이해관계가 다른 2인 이상의 대리인이 된 경우에는 그 대리인이 한 입찰은 무효이다.

④ 예금계약의 체결을 위임받은 자의 대리권에는 당연히 그 예금을 담보로 하여 대출을 받거나 이를 처분할 수 있는 대리권이 포함되어 있다.

⑤ 복대리인은 그 권한 내에서 대리인을 대리한다.

해설

[❶ ▸ ×] 수권행위에서 권한을 정하지 아니한 임의대리인은 보존행위나 대리의 목적인 물건이나 권리의 성질을 변하지 아니하는 범위에서 그 이용 또는 개량하는 행위만을 할 수 있다(민법 제118조). 기한이 도래한 채무의 변제나 부패하기 쉬운 농산물을 처분하는 것은 보존행위에 포함되는 것으로 볼 수 있다.

[❷ ▸ ×] 대리인은 행위능력자임을 요하지 아니한다(민법 제117조).

[❸ ▸ ○] 민법 제124조는 "대리인은 본인의 허락이 없으면 본인을 위하여 자기와 법률행위를 하거나 동일한 법률행위에 관하여 당사자 쌍방을 대리하지 못한다."고 규정하고 있으므로, 부동산 입찰절차에서 동일물건에 관하여 이해관계가 다른 2인 이상의 대리인이 된 경우에는 그 대리인이 한 입찰은 무효이다(대결 2004.2.13. 2003마44).

[❹ ▸ ×] 예금계약의 체결을 위임받은 자가 가지는 대리권에 당연히 그 예금을 담보로 하여 대부를 받거나 기타 이를 처분할 수 있는 대리권이 포함되어 있는 것은 아니다(대판 1992.6.23. 91다14987).

[❺ ▸ ×] 복대리인은 그 권한 내에서 본인을 대리한다(민법 제123조 제1항). 복대리인은 대리인이 대리권의 범위 내의 행위를 하게 하기 위하여 대리인 자신의 이름으로 선임한 본인의 대리인이다.

핵심정리

대리 일반

① 권한의 범위가 정해지지 않은 임의대리인 ⋯→ 부패하기 쉬운 농산물 처분(보존행위) 가능 ○

② 대리인은 행위능력자임을 요하지 않음

③ 부동산 입찰절차에서 동일물건에 관하여 이해관계가 다른 2인 이상의 대리인이 된 경우 ⋯→ 입찰 무효 ○

④ 예금계약체결을 위임받은 자의 대리권 ⋯→ 예금을 담보로 대출 or 예금을 처분할 대리권 ×

⑤ 복대리인 ⋯→ 본인의 대리인 ○ (대리인의 대리인 ×)

답 ❸

170 임의대리에 관한 설명으로 옳지 않은 것은?(다툼이 있으면 판례에 따름) 21 행정사 제9회

□□□

① 권한을 정하지 아니한 대리인은 대리의 목적물에 대해 모든 개량행위를 할 수 있다.
② 대리권은 그 권한에 부수하여 필요한 한도에서 상대방의 의사표시를 수령하는 수령대리권을 포함하는 것이 원칙이다.
③ 수권행위는 묵시적인 의사표시로 할 수 있다.
④ 대리권의 존속 중 원인된 법률관계가 종료하기 전에는 본인은 수권행위를 철회할 수 있다.
⑤ 대리인에 대한 성년후견의 개시는 대리권의 소멸사유이다.

해설

[❶ ▸ ×] 권한을 정하지 아니한 대리인은 보존행위와 대리의 목적인 물건이나 권리의 성질을 변하지 아니하는 범위에서 그 이용 또는 개량하는 행위를 할 수 있다(민법 제118조).
[❷ ▸ ○] 수권행위의 통상의 내용으로서의 임의대리권은 그 권한에 부수하여 필요한 한도에서 상대방의 의사표시를 수령하는 이른바 수령대리권을 포함하는 것으로 보아야 한다(대판 1994.2.8. 93다39379).
[❸ ▸ ○] 수권행위는 불요식행위이기 때문에 명시적 의사표시 외에 묵시적 의사표시로도 할 수 있다.
[❹ ▸ ○] 임의대리의 경우 그 원인된 법률관계의 종료 전에 본인이 수권행위를 철회할 수 있다(민법 제128조 후문).
[❺ ▸ ○] 대리권은 본인의 사망, 대리인의 사망, 대리인의 성년후견의 개시 또는 대리인의 파산으로 소멸한다(민법 제127조).

임의대리
① 권한을 정하지 아니한 대리인의 대리권
 → 보존행위 및 물건이나 권리의 성질을 변하지 아니하는 범위에서 이용 또는 개량행위
② 임의대리권의 범위 → 상대방의 의사표시를 수령하는 수령대리권을 포함하는 것이 원칙
③ 수권행위 → 묵시적인 의사표시로 가능 ○
④ 임의대리의 경우 → 본인은 원인된 법률관계의 종료 전 수권행위의 철회 가능 ○
⑤ 대리인에 대한 성년후견의 개시 → 대리권 소멸사유 ○

답 ❶

PART 1 PART 2 PART 3

171 대리행위에 관한 설명으로 옳은 것은?(다툼이 있으면 판례에 따름) 21 행정사 제9회

□□□

① 미성년자 甲의 법정대리인 乙이 제3자 丙의 이익만을 위한 대리행위를 하고 그 사정을 상대방 丁이 알고 있었다면, 그 대리행위는 甲에게 효과가 없다.

② 매매위임장을 제시하고 매매계약을 체결하면서 계약서에 대리인의 성명만 기재하는 경우, 특단의 사정이 없는 한 그 계약은 본인에게 효력이 없다.

③ 특정한 법률행위를 위임한 경우에 대리인이 본인의 지시에 좇아 그 행위를 한 때에는 본인은 자기가 안 사정에 관하여 대리인의 부지(不知)를 주장할 수 있다.

④ 하나의 물건에 대해 본인과 대리인이 각각 계약을 체결한 경우, 대리인이 체결한 계약은 무효이다.

⑤ 본인은 임의대리인이 제한능력자라는 이유로 대리행위를 취소할 수 있다.

해설

[❶ ▸ O] 미성년자 甲의 법정대리인 乙이 제3자 丙의 이익만을 위한 대리행위를 하고 그 사정을 상대방 丁이 알고 있었다면(법정대리권의 남용), 민법 제107조 제1항 단서를 유추적용하여 대리행위의 효과가 甲에게 미치지 않는다.

> 진의 아닌 의사표시가 대리인에 의하여 이루어지고 대리인의 진의가 본인의 이익이나 의사에 반하여 자기 또는 제3자의 이익을 위한 배임적인 것임을 상대방이 알았거나 알 수 있었을 경우에는 민법 제107조 제1항 단서의 유추해석상 대리인의 행위에 대하여 본인은 아무런 책임을 지지 않는다고 보아야 한다. 그리고 미성년자의 법정대리인인 친권자의 법률행위에서도 마찬가지라 할 것이므로, 법정대리인인 친권자의 대리행위가 객관적으로 볼 때 미성년자 본인에게는 경제적인 손실만을 초래하는 반면, 친권자나 제3자에게는 경제적인 이익을 가져오는 행위이고 그 행위의 상대방이 이러한 사실을 알았거나 알 수 있었을 때에는 민법 제107조 제1항 단서의 규정을 유추 적용하여 행위의 효과가 자(子)에게는 미치지 않는다고 해석함이 타당하다(대판 2011.12.22. 2011다64669).

[❷ ▸ ×] 매매위임장을 제시하고 매매계약을 체결하는 자는 특단의 사정이 없는 한 소유자를 대리하여 매매행위하는 것이라고 보아야 한다(대판 1982.5.25. 81다1349). 즉, 유효한 대리행위로서 그 계약은 본인에게 효력이 있다.

[❸ ▸ ×] 특정한 법률행위를 위임한 경우에 대리인이 본인의 지시에 좇아 그 행위를 한 때에는 본인은 자기가 안 사정 또는 과실로 인하여 알지 못한 사정에 관하여 대리인의 부지를 주장하지 못한다(민법 제116조 제2항).

[❹ ▸ ×] 하나의 물건에 대해 본인과 대리인이 각각 계약을 체결한 경우라도 대리인이 그 권한범위 내에서 대리행위를 하였다면 대리인의 체결한 계약은 유효하고 본인에게 그 효력이 있다. 본인이 체결한 계약과 대리인이 체결한 계약은 모두 본인에게 그 효력이 있다.

[❺ ▸ ×] 대리인은 행위능력자임을 요하지 아니하므로(민법 제117조), 본인은 임의대리인이 제한능력자라는 이유로 대리행위를 취소할 수 없다고 보는 것이 타당하다.

핵심정리

대리행위

① 법정대리인의 대리권 남용 사실을 상대방이 알고 있었던 경우
→ 대리행위는 본인(미성년자)에게 효과 ×

② 매매위임장을 제시하고 매매계약을 체결하면서 계약서에 대리인의 성명만 기재
→ 계약은 본인에게 효력 O

③ 특정한 법률행위를 위임한 경우 대리인이 본인의 지시에 좇아 대리행위를 한 경우
→ 본인은 자기가 안 사정에 관하여 대리인의 부지(不知)를 주장 ×

④ 하나의 물건에 대해 본인과 대리인이 각각 계약을 체결한 경우
→ 대리인이 체결한 계약도 유효 O
→ 본인이 체결한 계약과 대리인이 체결한 계약은 모두 본인에게 그 효력 O

⑤ 임의대리인이 제한능력자인 경우 → 본인은 대리인의 제한능력을 이유로 대리행위 취소 ×

답 ❶

172 대리에 관한 설명으로 옳은 것은? 16 행정사 제4회

□□□

① 복대리인은 그 권한 내에서 대리인을 대리한다.

② 임의대리인의 대리권의 범위를 정하지 아니한 경우, 대리인은 보존행위뿐만 아니라 처분행위도 할 수 있다.

③ 대리인은 본인의 허락이 있어도 부동산 매매에 관하여 자기계약을 체결하지 못한다.

④ 임의대리에서 본인은 원인된 법률관계가 존속하고 있으면, 수권행위를 철회하여 임의대리권을 소멸시킬 수 없다.

⑤ 복대리인은 본인이나 제3자에 대하여 대리인과 동일한 권리의무가 있다.

해설

[❶ ▸ ×] 복대리인은 그 권한 내에서 본인을 대리한다(민법 제123조 제1항).

[❷ ▸ ×] (임의대리에서) 권한을 정하지 아니한 대리인은 보존행위와 대리의 목적인 물건이나 권리의 성질을 변하지 아니하는 범위에서 그 이용 또는 개량하는 행위를 할 수 있다(민법 제118조). 따라서 처분행위는 할 수 없다.

[❸ ▸ ×] 대리인은 본인의 허락이 없으면 본인을 위하여 자기와 법률행위를 하거나 동일한 법률행위에 관하여 당사자 쌍방을 대리하지 못한다. 그러나 채무의 이행은 할 수 있다(민법 제124조). 따라서 본인의 허락이 있으면 부동산 매매에 관하여 자기계약을 체결할 수 있다.

[❹ ▸ ×] 법률행위에 의하여 수여된 대리권은 전조의 경우외에 그 원인된 법률관계의 종료에 의하여 소멸한다. 법률관계의 종료 전에 본인이 수권행위를 철회한 경우에도 같다(민법 제128조).

[❺ ▸ O] 복대리인은 본인이나 제3자에 대하여 대리인과 동일한 권리의무가 있다(민법 제123조 제2항).

핵심정리

대리 일반

① 복대리인 → 본인의 대리인 ○ (대리인의 대리인 ×)

② 권한을 정하지 아니한 임의대리인의 권한 범위

→ 보존행위와 물건이나 권리의 성질을 변하지 아니하는 범위에서 그 이용 또는 개량하는 행위 ○ (처분행위 ×)

③ 자기계약의 금지

→ 대리인은 본인의 허락이 없으면 본인을 위하여 자기와 법률행위 ×

④ 임의대리권의 소멸 사유

→ 원인된 법률관계가 종료하기 전 본인이 수권행위를 철회한 경우에도 대리권 소멸 ○

⑤ 복대리인 → 본인이나 제3자에 대하여 대리인과 동일한 권리의무 ○

답 ❺

173 대리에 관한 설명으로 옳지 않은 것은?(다툼이 있는 경우에는 판례에 의함) 13 행정사 제1회

□□□

① 본인이 대리인에게 자기계약을 허락한 경우에는 그 대리행위는 유효하다.

② 대리에 의한 의사표시의 효력이 의사의 흠결로 영향을 받을 경우에는 그 사실 유무는 대리인을 기준으로 정한다.

③ 대리권의 범위가 불분명한 대리인은 소멸시효의 중단과 같은 보존행위는 할 수 있지만 금전을 이자부로 대여하는 이용행위는 할 수 없다.

④ 유권대리의 주장이 있다고 하여 표현대리의 주장이 당연히 포함되는 것은 아니다.

⑤ 대리인이 여러 명인 경우에는 대리인은 원칙적으로 각자가 본인을 대리한다.

해설

[❶ ▸ O] 대리인은 본인의 허락이 없으면 본인을 위하여 자기와 법률행위를 하거나 동일한 법률행위에 관하여 당사자 쌍방을 대리하지 못한다. 그러나 채무의 이행은 할 수 있다(민법 제124조).

[❷ ▸ O] 의사표시의 효력이 의사의 흠결, 사기, 강박 또는 어느 사정을 알았거나 과실로 알지 못한 것으로 인하여 영향을 받을 경우에 그 사실의 유무는 대리인을 표준하여 결정한다(민법 제116조 제1항).

[❸ ▸ ×] 민법 제118조 제2호의 이용 또는 개량행위에는 물건을 임대하거나 금전을 이자부로 대여하는 경우, 무이자 소비대차를 이자부로 대여하는 경우가 포함되기 때문에 대리권의 범위가 불분명한 대리인은 소멸시효의 중단과 같은 보존행위뿐만 아니라 금전을 이자부로 대여하는 이용행위도 할 수 있다.

[❹ ▸ O] 표현대리가 성립된다고 하여 무권대리의 성질이 유권대리로 전환되는 것은 아니므로, 양자의 구성요건 해당사실, 즉 주요사실은 다르다고 볼 수밖에 없으니 유권대리에 관한 주장 속에 무권대리에 속하는 표현대리의 주장이 포함되어 있다고 볼 수 없다(대판 1983.12.13. 83다카1489[전합]).

[❺ ▸ O] 대리인이 수인(數人, 여러 명)인 때에는 각자가 본인을 대리한다. 그러나 법률 또는 수권행위에 다른 정한 바가 있는 때에는 그러하지 아니하다(민법 제119조).

핵심정리

대리 일반

① 본인이 대리인에게 자기계약을 허락한 경우
  → 대리행위(자기계약)는 유효 O

② 대리에 의한 의사표시의 효력이 의사의 흠결로 영향을 받을 경우
  → 그 사실 유무는 "대리인"을 기준으로 판단

③ 권한을 정하지 아니한 임의대리인의 권한 범위
  → 보존행위와 물건이나 권리의 성질을 변하지 아니하는 범위에서 그 이용 또는 개량하는 행위 O (처분행위 ×)
  → 소멸시효의 중단과 같은 보존행위와 금전을 이자부로 대여하는 이용행위 가능 O

④ 유권대리에 관한 주장을 하는 경우 → 표현대리의 주장 포함 ×

⑤ 대리인이 여러 명인 경우 → 각자 대리의 원칙 O

답 ❸

174 □□□ **甲이 만 18세인 대학생 乙에게 X아파트 분양계약체결에 관한 대리권을 수여하였고, 乙은 甲을 대리하여 丙이 분양하는 X아파트를 3억원에 분양받기로 하는 계약을 체결한 경우에 관한 설명으로 옳지 않은 것은?(다툼이 있으면 판례에 따름)** 15 행정사 제3회

① 丙은 甲에 대하여 X아파트 분양계약에 따른 이행을 청구할 수 있다.

② 乙의 법정대리인은 X아파트 분양계약을 법정대리인의 동의가 없다는 이유로 취소할 수 없다.

③ 丙이 X아파트에 대한 소유권이전등기를 해 주지 않은 경우, 특별한 사정이 없는 한 乙은 甲을 대리하여 계약을 해제할 수 없다.

④ 만일 乙이 무권대리인이었고, 丙이 이를 알지 못하였다면, 丙은 乙에게 계약의 이행을 청구할 수 있다.

⑤ 만일 X아파트 단지 인근에 쓰레기 매립장이 건설예정인 사실을 알고 있는 丙이 乙에게 이를 고지하지 않았다면 이는 부작위에 의한 기망행위가 된다.

해설

[❶ ▸ O] 사람은 19세로 성년에 이르게 되므로(민법 제4조), 만 18세인 대학생 乙은 미성년자로서 제한능력자에 해당한다. 그러나 대리인은 행위능력자임을 요하지 아니하므로(민법 제117조), 미성년자(제한능력자) 乙에 의한 X아파트 분양계약은 유효하고 그 효력은 본인 甲에게 귀속한다. 따라서 丙은 甲에게 X아파트 분양계약에 따른 이행을 청구할 수 있다.

[❷ ▸ O] 대리인은 행위능력자임을 요하지 아니하므로(민법 제117조), 미성년자(제한능력자) 乙에 의한 X아파트 분양계약은 유효하고 그 효력은 본인 甲에게 귀속한다. 乙의 법정대리인은 X아파트 분양계약을 법정대리인의 동의가 없다는 이유로 취소할 수 없다.

[❸ ▸ O] X아파트 분양계약체결에 관한 대리권을 수여받은 乙은 매매계약의 해제권을 가지고 있다고 할 수 없으므로, 甲을 대리하여 계약을 해제할 수 없다.

> 매매계약을 소개하고 매수인을 대리하여 매매계약을 체결하였다 하여 곧바로 그 제3자가 매수인을 대리하여 매매계약의 해제 등 일체의 처분권과 상대방의 의사를 수령할 권한까지 가지고 있다고 볼 수는 없다(대판 1987.4.28. 85다카971).

[❹ ▸ ×] 乙이 대리권이 없다는 사실에 대해 상대방 丙이 선의(이고 무과실)라 하더라도 무권대리인 乙은 미성년자로서 제한능력자이므로 丙은 乙에게 X아파트 분양계약의 이행을 청구할 수 없다(민법 제135조 제2항).

[❺ ▸ O] 아파트 분양자는 아파트 단지 인근에 쓰레기 매립장이 건설예정인 사실을 분양계약자에게 고지할 신의칙상 의무를 부담하므로 이에 대한 고지의무위반은 부작위에 의한 기망행위에 해당한다(대판 2006.10.12. 2004다48515). 따라서 아파트 분양자 丙이 乙에게 이를 고지하지 않았다면 이는 부작위에 의한 기망행위가 된다.

핵심정리

대리 일반

①, ② 미성년자 乙이 甲의 대리인이 되어 丙과 분양계약을 체결한 경우
- → 상대방 丙은 본인 甲에게 분양계약에 따른 이행청구 O
- → 乙의 법정대리인은 자기의 동의가 없다는 이유로 분양계약 취소 ×

③ 아파트 분양계약체결에 관한 대리권을 수여받은 乙의 경우
- → 본인 甲을 대리하여 분양계약을 해제할 권한 ×

④ 무권대리인 乙의 상대방 丙에 대한 책임(민법 제135조)
- → 무권대리인 乙이 미성년자로서 제한능력자인 경우 乙에게 계약의 이행청구 ×

⑤ 아파트를 분양하는 丙이 쓰레기 매립장 건설예정사실을 乙에게 고지하지 않은 경우
- → 부작위에 의한 기망행위 O

답 ❹

175 복대리에 관한 설명으로 옳은 것은? 19 행정사 제7회

□□□

① 복대리인은 대리인의 대리인이다.

② 법정대리인은 복대리인을 선임하지 못한다.

③ 복대리인의 대리권은 대리인의 대리권의 범위를 넘지 못한다.

④ 임의대리인이 부득이한 사유로 복대리인을 선임한 경우, 본인에 대하여 그 선임감독에 관한 책임이 없다.

⑤ 복대리인이 선임된 후 대리인의 대리권이 소멸하더라도 복대리권은 소멸하지 않는다.

해설

[❶ ▸ ×] 복대리인은 대리인이 대리권의 범위 내의 행위를 하게 하기 위하여, 대리인 자신의 이름으로 선임한 **본인의 대리인**이다. 즉 복대리인은 '대리인의 대리인'이 아니라 대리인이 선임한 '본인의 대리인'이다.

[❷ ▸ ×] 법정대리인은 그 책임으로 복대리인을 선임할 수 있다. 그러나 부득이한 사유로 인한 때에는 선임감독에 관한 책임만이 있다(민법 제122조).

[❸ ▸ O] 복대리인은 대리인의 복임권에 의하여 선임된 자이므로, 대리인의 감독을 받을 뿐만 아니라 복대리인의 대리권은 대리인의 대리권의 존재 및 범위에 의존한다. 따라서 복대리인의 대리권은 대리인의 대리권 범위를 넘지 못한다.

[❹ ▸ ×] 임의대리인은 본인의 승낙이 있거나 부득이한 사유 있는 때에 한하여 복대리인을 선임할 수 있고(민법 제120조), 복대리인을 선임한 때에는 본인에게 그 선임감독에 관한 책임이 있다(민법 제121조 제1항). 다만, 대리인이 본인의 지명에 의하여 복대리인을 선임한 경우에는 그 부적임 또는 불성실함을 알고 본인에게 대한 통지나 그 해임을 태만한 때가 아니면 책임이 없다(민법 제121조 제2항).

[❺ ▸ ×] 복대리인은 대리인의 복임권에 의하여 선임된 자이므로, 대리인의 감독을 받을 뿐만 아니라 복대리인의 대리권은 대리인의 대리권의 존재 및 범위에 의존한다. 따라서 복대리인이 선임된 후 대리인의 대리권이 소멸하면 복대리권도 소멸한다. 그러나 복대리인의 선임으로 대리인의 대리권이 소멸하는 것은 아니며, 대리인과 복대리인 모두 본인을 대리하게 된다.

핵심정리

복대리

① 복대리인 → 본인의 대리인 ○ (대리인의 대리인 ×)

②, ④ 대리인의 복임권과 책임

→ 법정대리인

- 언제나 복대리인을 선임할 수 있음 : 복대리인의 행위에 관하여 전적인 책임 부담 ○
- 부득이한 사유로 인하여 복대리인을 선임하는 경우 : 선임감독에 관한 책임만 부담 ○

→ 임의대리인

- 본인의 승낙이 있거나 부득이한 사유 있는 때에 한하여 복대리인 선임 : 선임감독에 관한 책임만 부담 ○
- 본인의 지명에 의하여 복대리인을 선임한 경우 : 그 부적임 또는 불성실함을 알고 통지나 그 해임을 태만한 때가 아니면 책임 ×

③ 복대리인의 대리권 → 대리인의 대리권 범위 초과 ×

⑤ 복대리인이 선임된 후 대리인의 대리권이 소멸한 경우 → 복대리권도 소멸 ○

답 ❸

176 복대리에 관한 설명으로 옳은 것은?

□□□

23 행정사 제11회

① 복대리인은 대리인의 대리인이다.
② 법정대리인은 언제나 복임권이 있다.
③ 대리인이 파산하여도 복대리권은 소멸하지 않는다.
④ 임의대리인은 본인의 승낙이 있는 때에 한하여 복임권을 갖는다.
⑤ 복대리인이 선임되면 특별한 사정이 없는 한 대리인의 대리권은 소멸한다.

해설

[❶ ▸ ×] 복대리인은 그 권한 내에서 본인을 대리한다(민법 제123조 제1항). 복대리인은 '대리인의 대리인'이 아니라, 대리인 선임한 '본인의 대리인'이다.

[❷ ▸ ○] 법정대리인은 그 책임으로 복대리인을 선임할 수 있다. 그러나 부득이한 사유로 인한 때에는 선임감독에 관한 책임만이 있다(민법 제122조). 즉, 법정대리인은 언제나 복임권이 있다.

[❸ ▸ ×] 복대리권은 대리인의 대리권을 전제로 하는 것이므로 대리인의 대리권의 소멸(예 본인의 사망, 대리인의 사망, 대리인의 성년후견의 개시, 대리인의 파산)에 의하여 소멸한다.

[❹ ▸ ×] 대리권이 법률행위에 의하여 부여된 경우(= 임의대리인의 경우)에는 대리인은 본인의 승낙이 있거나 부득이한 사유 있는 때가 아니면 복대리인을 선임하지 못한다(민법 제120조).

[❺ ▸ ×] 복대리인이 선임되더라도 대리인의 대리권이 소멸하는 것은 아니다.

핵심정리

복대리
① 복대리인 → 대리인이 선임한 본인의 대리인 ○ (대리인의 대리인 ×)
②, ④ 대리인의 복임권
→ 법정대리인 : 언제나 복임권 ○
→ 임의대리인 : 본인의 승낙이 있는 경우 or 부득이한 사유가 있는 경우 복임권 ○
③ 대리인이 파산 → 대리인의 대리권 소멸 ○ → 복대리인의 복대리권도 소멸 ○
⑤ 복대리인이 선임되더라도 → 대리인의 대리권은 소멸 ×

답 ❷

177 복대리권의 소멸사유가 아닌 것은?

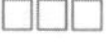

17 행정사 제5회

① 본인의 사망
② 대리인의 파산
③ 복대리인의 파산
④ 대리인의 성년후견의 개시
⑤ 본인의 성년후견의 개시

해설

[❺ ▸ ×] 복대리인은 본인의 대리인으로서 대리권 일반의 소멸사유(예 본인의 사망, 복대리인의 사망, 복대리인의 성년후견의 개시 또는 복대리인의 파산)에 의하여 소멸한다(민법 제127조). 그리고 복대리권도 법률행위에 의하여 수여된 임의대리권이므로 대리인과 복대리인 사이의 원인된 법률관계의 종료 또는 대리인의 수권행위의 철회에 의하여 소멸한다(민법 제128조). 또한 복대리권은 대리인의 대리권의 존재 및 범위에 의존하므로, 대리인의 대리권 소멸도 복대리권의 소멸사유에 해당한다. 즉 대리인의 대리권의 소멸(예 본인의 사망, 대리인의 사망, 대리인의 성년후견의 개시 또는 대리인의 파산)에 의하여 복대리권도 소멸한다. 그러나 ⑤ 본인의 성년후견의 개시는 복대리권의 소멸사유에 해당하지 아니한다.

답 ❺

178 복대리에 관한 설명으로 옳지 않은 것은?(다툼이 있으면 판례에 따름) 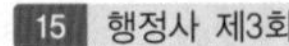

□□□

① 복대리인은 대리인의 대리인이 아니다.
② 복대리에서도 표현대리가 성립할 수 있다.
③ 복대리인은 본인이나 제3자에 대하여 대리인과 동일한 권리의무가 있다.
④ 복대리인이 선임된 후에 대리인의 대리권이 소멸하더라도 복대리권은 소멸하지 않는다.
⑤ 법정대리인이 부득이한 사유로 복대리인을 선임한 경우, 본인에 대하여 복대리인의 선임감독에 관한 책임이 있다.

해설

[❶ ▸ O] 복대리인은 그 권한 내에서 본인을 대리한다(민법 제123조 제1항). 복대리인은 '대리인의 대리인'이 아니라, 대리인 선임한 '본인의 대리인'이다.

[❷ ▸ O] 복대리인의 대리행위에 대하여도 원칙적으로 표현대리의 규정이 적용된다. 판례는 복대리인의 대리행위에 대하여 민법 제126조의 권한을 넘은 표현대리규정(대판 1998.3.27. 97다48982), 민법 제129조의 대리권소멸 후의 표현대리규정(대판 1998.5.29. 97다55317)을 적용한 바 있다.

[❸ ▸ O] 복대리인은 대리인 자신의 이름으로 선임한 본인의 대리인이므로 본인이나 제3자에 대하여 대리인과 동일한 권리의무가 있다(민법 제123조 제2항).

[❹ ▸ ×] 복대리인은 대리인의 복임권에 의하여 선임된 자이므로, 대리인의 감독을 받을 뿐만 아니라 복대리인의 대리권은 대리인의 대리권의 존재 및 범위에 의존한다. 따라서 복대리인이 선임된 후 대리인의 대리권이 소멸하면 복대리권도 소멸한다.

[❺ ▸ O] 법정대리인은 그 책임으로 복대리인을 선임할 수 있다. 그러나 부득이한 사유로 인한 때에는 선임감독에 관한 책임만이 있다(민법 제122조).

핵심정리

복대리

① 복대리인 ⟶ 본인의 대리인 O (대리인의 대리인 ×)
② 복대리 ⟶ 표현대리 성립 O
③ 복대리인 ⟶ 본인이나 제3자에 대하여 대리인과 동일한 권리의무 O
④ 복대리인이 선임된 후 대리인의 대리권이 소멸한 경우 ⟶ 복대리권도 소멸 O
⑤ 법정대리인의 복임권과 책임
⟶ 언제나 복대리인을 선임할 수 있음 : 복대리인의 행위에 관하여 전적인 책임 부담 O
⟶ 부득이한 사유로 인하여 복대리인을 선임하는 경우 : 복대리인의 선임감독에 관한 책임만 부담 O

답 ❹

179 □□□ **甲의 임의대리인 乙은 자신의 이름으로 甲의 대리인 丙을 선임하였다. 다음 설명 중 옳은 것은?(다툼이 있는 경우에는 판례에 의함)** 13 행정사 제1회

① 乙은 언제나 甲의 대리인을 선임할 수 있는 권한을 가진다.
② 丙이 甲의 지명에 의해 선임된 경우에는 乙은 丙이 부적임자임을 알고 甲에게 통지하지 않았더라도 선임감독의 책임을 지지 않는다.
③ 甲과 丙 사이에는 아무런 권리·의무관계가 없다.
④ 丙의 대리행위가 권한을 넘은 표현대리에 해당하면 甲은 그 상대방에 대하여 본인으로서 책임을 져야 한다.
⑤ 丙이 甲의 지명에 의해 선임된 경우에는 乙의 대리권이 소멸하여도 丙의 대리권은 소멸하지 않는다.

해설

[❶ ▸ ×] 임의대리인 乙은 본인 甲의 승낙이 있거나 부득이한 사유가 있는 때에 한하여 복대리인을 선임할 수 있을 뿐이다(민법 제120조).
[❷ ▸ ×] 복대리인 丙이 본인 甲의 지명에 의하여 선임된 경우라도 대리인 乙은 丙이 부적임자임을 알고 甲에게 통지하지 않았다면 책임을 진다(민법 제121조 제2항).
[❸ ▸ ×] 복대리인 丙은 대리인 乙이 자신의 이름으로 선임한 본인 甲의 대리인이므로 본인이나 제3자에 대하여 대리인과 동일한 권리의무가 있다(민법 제123조 제2항).
[❹ ▸ O] 복대리인 丙의 대리권도 민법 제126조의 기본대리권에 해당하므로 복대리인 丙이 복대리권의 범위를 넘어서 대리행위를 한 경우 민법 제126조의 표현대리가 성립한다(대판 1998.3.27. 97다48982). 즉, 丙의 대리행위가 권한을 넘은 표현대리에 해당하면 甲은 그 상대방에 대하여 본인으로서 책임을 져야 한다.

> 대리인이 사자 내지 임의로 선임한 복대리인을 통하여 권한 외의 법률행위를 한 경우, 상대방이 그 행위자를 대리권을 가진 대리인으로 믿었고 또한 그렇게 믿는 데에 정당한 이유가 있는 때에는, 복대리인 선임권이 없는 대리인에 의하여 선임된 복대리인의 권한도 기본대리권이 될 수 있을 뿐만 아니라, 그 행위자가 사자라고 하더라도 대리행위의 주체가 되는 대리인이 별도로 있고 그들에게 본인으로부터 기본대리권이 수여된 이상, 민법 제126조를 적용함에 있어서 기본대리권의 흠결 문제는 생기지 않는다(대판 1998.3.27. 97다48982).

[❺ ▸ ×] 복대리인은 대리인의 복임권에 의하여 선임된 자이므로, 대리인의 감독을 받을 뿐만 아니라 복대리인의 대리권은 대리인의 대리권의 존재 및 범위에 의존한다. 따라서 복대리인 丙이 선임된 후 대리인 乙의 대리권이 소멸하면 복대리권도 소멸한다. 丙이 甲의 지명에 의하여 복대리인으로 선임된 경우라도 마찬가지이다.

핵심정리

복대리

①, ② 임의대리인의 복임권과 책임
→ 본인의 승낙이 있거나 부득이한 사유 있는 때에 한하여 복대리인 선임 : 선임감독에 관한 책임만 부담 O
→ 본인의 지명에 의하여 복대리인을 선임한 경우 : 그 부적임 또는 불성실함을 알고 통지나 그 해임을 태만한 때에만 책임 부담 O

③ 복대리인(丙)은 본인(甲)에 대하여 대리인과 동일한 권리의무 O
④ 복대리인(丙)의 대리행위가 권한을 넘은 표현대리에 해당하는 경우
→ 본인(甲)은 상대방에 대하여 책임 O
⑤ 복대리인(丙)이 선임된 후 대리인(乙)의 대리권이 소멸한 경우 → 복대리권도 소멸 O

답 ❹

180 법정대리인이 복대리인을 선임하는 경우에 관한 설명으로 옳은 것은?(다툼이 있으면 판례에 따름)

□□□

18 행정사 제6회

① 복대리권은 복임행위가 철회되더라도 소멸되지 않는다.

② 본인의 승낙이 있거나 부득이한 사유가 없으면 복대리인을 선임하지 못한다.

③ 부득이한 사유로 복대리인을 선임한 경우, 본인에 대하여 그 선임·감독에 관한 책임이 있다.

④ 본인의 지명 없이 복대리인을 선임한 경우, 그 불성실함을 알고 본인에 대한 통지나 그 해임을 태만한 때가 아니면 책임이 없다.

⑤ 법정대리인이 대리권 소멸 후에 복대리인을 선임하여 그에게 대리행위를 하게 하였다면 특별한 사정이 없는 한, 민법 제129조의 표현대리가 성립할 수 없다.

해설

[❶ ▸ ×] 복대리권은 대리인의 복임행위에 의하여 발생하므로 대리인의 복대리인에 대한 복임행위(수권행위)의 철회에 의해 복대리권은 소멸한다.

[❷ ▸ ×] [❸ ▸ ○] 법정대리인은 그 책임으로 복대리인을 선임할 수 있다.❷ 그러나 부득이한 사유로 인한 때에는 선임감독에 관한 책임만이 있다❸(민법 제122조). 즉 법정대리인은 언제나 복대리인을 선임할 수 있다. 반면, 임의대리인은 본인의 승낙이 있거나 부득이한 사유가 없으면 복대리인을 선임하지 못한다(민법 제120조).

[❹ ▸ ×] 법정대리인의 언제나 복대리인을 선임할 수 있고, 복대리인의 행위에 관하여 전적인 책임 부담한다. 반면, 임의대리인이 복대리인을 선임한 때에는 본인에게 대하여 그 선임감독에 관한 책임이 있다(민법 제121조 제1항). 임의대리인이 본인의 지명으로 복대리인을 선임한 경우, 그 불성실함을 알고 본인에 대한 통지나 그 해임을 태만한 때가 아니면 책임이 없다(민법 제121조 제2항).

[❺ ▸ ×] 대리권소멸 후의 표현대리에 관한 민법 제129조는 법정대리인의 대리권소멸에 관하여도 적용이 있다(대판 1975.1.28. 74다1199). 따라서 법정대리인이 대리권 소멸 후에 복대리인을 선임하여 그에게 대리행위를 하게 하였다면 민법 제129조의 표현대리가 성립할 수 있다.

핵심정리

법정대리인의 복대리인 선임

① 복임행위(수권행위)의 철회한 경우 → 복대리권 소멸 ○

②, ③, ④ 법정대리인의 복임권과 책임

→ 언제나 복대리인을 선임할 수 있음 : 복대리인의 행위에 관하여 전적인 책임 부담 ○

→ 부득이한 사유로 인하여 복대리인을 선임하는 경우 : 복대리인의 선임감독에 관한 책임만 부담 ○

⑤ 대리권 소멸 후에 복대리인을 선임한 경우 → 민법 제129조의 표현대리 성립 가능 ○

답 ❸

181 표현대리에 관한 설명으로 옳은 것은?(다툼이 있으면 판례에 따름)

□□□

15 행정사 제3회

① 유권대리에 관한 주장 속에는 무권대리에 속하는 표현대리의 주장이 포함되어 있다고 볼 수 없다.
② 대리권소멸 후의 표현대리에 관한 규정은 법정대리에는 적용되지 않는다.
③ 표현대리가 성립하여 대리행위의 효과가 본인에게 귀속되면 표현대리의 성질이 유권대리로 전환된다.
④ 기본대리권이 월권행위와 관련이 없는 경우에는 권한을 넘은 표현대리는 성립할 여지가 없다.
⑤ 대리권을 추단할 수 있는 직함이나 명칭 등의 사용을 본인이 승낙 또는 묵인하였더라도 대리권 수여의 표시가 있은 것으로 볼 수 없다.

해설

[❶ ▸ O] [❸ ▸ ×] 표현대리가 성립된다고 하여 무권대리의 성질이 유권대리로 전환되는 것은 아니므로,❸ 양자의 구성요건 해당사실, 즉 주요사실은 다르다고 볼 수밖에 없으니 유권대리에 관한 주장 속에 무권대리에 속하는 표현대리의 주장이 포함되어 있다고 볼 수 없다❶ (대판 1983.12.13. 83다카1489[전합]).

[❷ ▸ ×] 대리권소멸 후의 표현대리에 관한 민법 제129조는 법정대리인의 대리권소멸에 관하여도 적용이 있다(대판 1975.1.28. 74다1199).

[❹ ▸ ×] 정당하게 부여받은 대리권의 내용되는 행위와 권한을 넘은 표현대리는 반드시 같은 종류의 행위에 속할 필요는 없다(대판 1969.7.22. 69다548).

[❺ ▸ ×] 본인에 의한 대리권 수여의 표시는 반드시 대리권 또는 대리인이라는 말을 사용하여야 하는 것이 아니라 사회통념상 대리권을 추단할 수 있는 직함이나 명칭 등의 사용을 승낙 또는 묵인한 경우에도 대리권 수여의 표시가 있은 것으로 볼 수 있다(대판 1998.6.12. 97다53762).

핵심정리

표현대리
① 유권대리에 관한 주장을 하는 경우 ⇢ 표현대리의 주장 포함 ×
② 대리권소멸 후의 표현대리에 관한 규정 ⇢ 법정대리에도 적용 O
③ 표현대리가 성립한 경우 ⇢ 표현대리(무권대리)의 성질이 유권대리로 전환 ×
④ 기본대리권이 월권행위와 관련이 없는 경우에도 민법 제126조의 표현대리 성립 가능 O
⑤ 대리권을 추단할 수 있는 직함의 사용을 승낙 or 묵인한 경우 ⇢ 대리권 수여의 의사표시 O

답 ❶

PART 1 PART 2 PART 3

182 표현대리에 관한 설명으로 옳지 않은 것은?(다툼이 있는 경우에는 판례에 의함)

□□□

14 행정사 제2회

① 표현대리가 성립하면 본인은 표현대리행위에 대하여 전적으로 책임을 져야 하고, 과실상계의 법리를 유추적용하여 본인의 책임을 경감할 수 없다.

② 대리권 수여의 표시에 의한 표현대리는 본인과 대리행위를 한 사람 사이의 기본적인 법률관계의 성질이나 그 효력의 유무와는 관계없이, 어떤 자가 본인을 대리하여 제3자와 법률행위를 함에 있어 본인이 그 사람에게 대리권을 수여하였다는 표시를 제3자에게 한 경우에 성립한다.

③ 등기신청행위를 기본대리권으로 가진 사람이 대물변제라는 사법행위를 한 경우, 그 대리행위는 기본대리권과 같은 종류의 행위가 아니므로 권한을 넘은 표현대리가 성립할 수 없다.

④ 권한을 넘은 표현대리에서 무권대리인에게 그 권한이 있다고 믿을 만한 정당한 이유가 있는가의 여부는 대리행위 당시를 기준으로 결정하여야 한다.

⑤ 기본적인 어떠한 대리권도 없었던 사람에 대하여 대리권소멸 후의 표현대리는 성립할 수 없다.

해설

[❶ ▸ O] 표현대리행위가 성립하는 경우에 본인은 표현대리행위에 기하여 전적인 책임을 져야 하는 것이고 상대방에게 과실이 있다고 하더라도 과실상계의 법리를 유추적용하여 본인의 책임을 감경할 수 없는 것이다(대판 1994.12.22. 94다24985).

[❷ ▸ O] 대리권 수여의 표시에 의한 표현대리는 본인과 대리행위를 한 자 사이의 기본적인 법률관계의 성질이나 그 효력의 유무와는 직접적인 관계가 없이 어떤 자가 본인을 대리하여 제3자와 법률행위를 함에 있어 본인이 그 자에게 대리권을 수여하였다는 표시를 제3자에게 한 경우에는 성립될 수가 있다(대판 1998.6.12. 97다53762).

> **민법 제125조(대리권수여의 표시에 의한 표현대리)** 제3자에 대하여 타인에게 대리권을 수여함을 표시한 자는 그 대리권의 범위 내에서 행한 그 타인과 그 제3자간의 법률행위에 대하여 책임이 있다. 그러나 제3자가 대리권 없음을 알았거나 알 수 있었을 때에는 그러하지 아니하다.

[❸ ▸ ×] 기본대리권이 등기신청행위라 할지라도 표현대리인이 그 권한을 유월하여 대물변제라는 사법행위를 한 경우에는 표현대리의 법리가 적용된다(대판 1978.3.28. 78다282).

[❹ ▸ O] 권한을 넘은 표현대리에 있어서 정당한 이유의 유무는 대리행위 당시를 기준으로 하여 판정하여야 하고 매매계약 성립 이후의 사정은 고려할 것이 아니다(대판 1997.6.27. 97다3828).

> **민법 제126조(권한을 넘은 표현대리)** 대리인이 그 권한외의 법률행위를 한 경우에 제3자가 그 권한이 있다고 믿을 만한 정당한 이유가 있는 때에는 본인은 그 행위에 대하여 책임이 있다.

[❺ ▸ O] 기본적인 어떠한 대리권도 없는 자에 대하여 대리권한의 유월 또는 대리권 소멸 후의 표현대리관계는 성립할 여지가 없다(대판 1984.10.10. 84다카780).

표현대리

① 표현대리가 성립하는 경우 → 과실상계의 법리 유추적용 ×

② 민법 제125조의 표현대리(대리권 수여의 표시에 의한 표현대리)
→ 본인이 어떤 사람에게 대리권을 수여하였다는 표시를 제3자에게 한 경우에 성립 O

③, ④ 민법 제126조의 표현대리(권한을 넘은 표현대리)
→ 등기신청행위를 기본대리권으로 가진 사람이 대물변제를 한 경우 : 민법 제126조의 표현대리 성립 ○
→ 무권대리인에게 권한이 있다고 믿을 만한 정당한 이유가 있는지 여부 : 대리행위 당시를 기준으로 결정
⑤ 민법 제129조의 표현대리(대리권 소멸 후의 표현대리)
→ 기본적인 어떠한 대리권도 없었던 경우 : 민법 제129조의 표현대리는 성립 ×

답 ❸

183 미성년자 甲의 법정대리인 乙이 복대리인 丙을 선임한 경우에 관한 설명으로 옳지 않은 것은?

□□□

21 행정사 제9회

① 乙은 항상 복임권이 있다.
② 丙도 법정대리인의 지위를 가진다.
③ 乙이 부득이한 사유로 丙을 선임한 경우라면 甲에 대하여 그 선임감독에 관한 책임이 있다.
④ 乙이 사망한 경우 丙의 복대리인의 지위는 원칙적으로 소멸한다.
⑤ 丙은 자신이 수령한 법률행위의 목적물을 乙에게 인도할 의무가 있다.

해설

[❶ ▸ O] 법정대리인은 그 책임으로 복대리인을 선임할 수 있다(민법 제122조). 즉, 법정대리인 乙은 자기의 책임으로 언제나 복대리인을 선임할 수 있다.

[❷ ▸ ×] 법정대리인 乙이 선임한 복대리인 丙은 임의대리인의 지위를 가진다.

[❸ ▸ O] 법정대리인은 그 책임으로 복대리인을 선임할 수 있다. 그러나 부득이한 사유로 인한 때에는 선임감독에 관한 책임만이 있다(민법 제122조). 따라서 법정대리인 乙이 부득이한 사유로 복대리인 丙을 선임한 경우라면 본인 甲에 대하여 그 선임감독에 관한 책임이 있다.

[❹ ▸ O] 복대리인 丙의 복대리권은 법정대리인 乙의 대리권을 기초로 하는 것이므로 법정대리인 乙이 사망하면 복대리인 丙의 지위도 소멸한다.

[❺ ▸ O] 복대리인 丙은 본인이나 제3자에 대하여 대리인과 동일한 권리의무가 있으므로(민법 제123조 제2항), 복대리인 丙은 자신이 수령한 법률행위의 목적물을 본인(甲)에게 인도할 의무가 있다. 다만, 甲은 미성년자이므로 법정대리인 乙에게 인도하여야 한다.

핵심정리

법정대리인의 복대리인 선임
①, ③ 법정대리인의 복임권과 책임
→ 언제나 복대리인을 선임할 수 있음 → 복대리인의 행위에 관하여 전적인 책임 부담 ○
→ 부득이한 사유로 인하여 복대리인을 선임하는 경우 → 복대리인의 선임감독에 관한 책임만 부담 ○
②, ⑤ 복대리인 丙의 지위
→ 법정대리인이 선임한 복대리인 → 임의대리인 ○ (법정대리인 ×)
→ 복대리인 丙은 자신이 수령한 법률행위의 목적물을 乙에게 인도할 의무 ○
④ 법정대리인 乙이 사망한 경우 → 복대리인 丙의 지위도 소멸 ○

답 ❷

184 권한을 넘은 표현대리에 관한 설명으로 옳지 않은 것은?(다툼이 있으면 판례에 따름)

□□□

24 행정사 제12회

① 권한을 넘은 표현대리에 관한 규정은 법정대리에도 적용된다.

② 대리인이 그 권한 외의 법률행위를 한 경우, 대리인에게 그 권한이 있다고 상대방이 믿을만한 정당한 이유가 있는지 여부는 대리행위 당시를 기준으로 결정해야 한다.

③ 복대리인 선임권이 없는 대리인에 의하여 선임된 복대리인의 권한은 기본대리권이 될 수 없다.

④ 대리권소멸 후의 표현대리가 인정되는 경우, 그 표현대리의 권한을 넘은 대리행위가 있을 때에는 권한을 넘은 표현대리가 성립할 수 있다.

⑤ 대리행위의 표시를 하지 아니하고 자기가 본인인 것처럼 기망하여 본인 명의로 직접 법률행위를 한 경우, 특별한 사정이 없는 한 권한을 넘은 표현대리는 성립할 수 없다.

해설

[❶ ▸ O] 권한을 넘는 표현대리 규정은 거래의 안전을 도모하여 거래상대방의 이익을 보호하려는 데에 그 취지가 있으므로 법정대리라고 하여 임의대리와는 달리 그 적용이 없다고 할 수 없다(대판 1997.6.27. 97다3828).

[❷ ▸ O] 권한을 넘은 표현대리에 있어서 정당한 이유의 유무는 대리행위 당시를 기준으로 하여 판정하여야 하고 매매계약 성립 이후의 사정은 고려할 것이 아니다(대판 1997.6.27. 97다3828).

[❸ ▸ ×] 대리인이 사자 내지 임의로 선임한 복대리인을 통하여 권한 외의 법률행위를 한 경우, 상대방이 그 행위자를 대리권을 가진 대리인으로 믿었고 또한 그렇게 믿는 데에 정당한 이유가 있는 때에는, 복대리인 선임권이 없는 대리인에 의하여 선임된 복대리인의 권한도 기본대리권이 될 수 있을 뿐만 아니라, 그 행위자가 사자라고 하더라도 대리행위의 주체가 되는 대리인이 별도로 있고 그들에게 본인으로부터 기본대리권이 수여된 이상, 민법 제126조를 적용함에 있어서 기본대리권의 흠결 문제는 생기지 않는다(대판 1998.3.27. 97다48982).

[❹ ▸ O] 과거에 가졌던 대리권이 소멸되어 민법 제129조에 의하여 표현대리로 인정되는 경우에 그 표현대리의 권한을 넘는 대리행위가 있을 때에는 민법 제126조에 의한 표현대리가 성립할 수 있다(대판 2008.1.31. 2007다74713).

[❺ ▸ O] 사술을 써서 대리행위의 표시를 하지 아니하고 단지 본인의 성명을 모용하여 **자기가 마치 본인인 것처럼 기망하여 본인 명의로 직접 법률행위를 한 경우**에는 특별한 사정이 없는 한 권한을 넘은 표현대리는 성립될 수 없다(대판 2002.6.28. 2001다49814).

핵심정리

권한을 넘은 표현대리(민법 제126조)

① 권한을 넘은 표현대리에 관한 규정 → 법정대리에도 적용 O

② 권한을 넘은 표현대리에 있어서 정당한 이유의 유무 → 대리행위 당시를 기준으로 판단

③ 복대리인 선임권이 없는 대리인에 의하여 선임된 복대리인의 권한
→ 권한을 넘은 표현대리의 기본대리권 O

④ 민법 제129조의 대리권 소멸 후의 표현대리 인정+표현대리 권한을 넘는 대리행위
→ 민법 제126조의 권한을 넘은 표현대리 성립 가능

⑤ 자기가 본인인 것처럼 기망하여 본인 명의로 직접 법률행위를 한 경우
→ 특별한 사정이 없는 한 권한을 넘은 표현대리 성립 ×

답 ❸

185 표현대리에 관한 설명으로 옳지 않은 것은?(다툼이 있으면 판례에 따름)

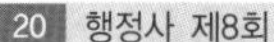

□□□

① 민법 제125조의 표현대리가 성립하기 위한 대리권 수여의 의사표시는 사회통념상 대리권을 추단할 수 있는 직함의 사용을 승낙한 경우도 포함된다.

② 대리인이 복대리인을 통하여 대리권의 범위를 넘는 법률행위를 한 경우에도 권한을 넘은 표현대리에 관한 민법 제126조가 적용된다.

③ 표현대리가 성립하여 본인이 이행책임을 지는 경우, 상대방에게 과실이 있으면 과실상계의 법리를 적용하여 본인의 책임을 경감할 수 있다.

④ 대리권 소멸 후의 표현대리가 인정된 경우에 그 표현대리의 권한을 넘는 대리행위가 있으면 권한을 넘은 표현대리가 성립할 수 있다.

⑤ 권한을 넘은 표현대리에 관한 민법 제126조는 임의대리뿐만 아니라 법정대리에도 적용된다.

해설

[❶ ▸ O] 본인에 의한 대리권 수여의 표시는 반드시 대리권 또는 대리인이라는 말을 사용하여야 하는 것이 아니라 사회통념상 대리권을 추단할 수 있는 직함이나 명칭 등의 사용을 승낙 또는 묵인한 경우에도 대리권 수여의 표시가 있은 것으로 볼 수 있다(대판 1998.6.12. 97다53762).

[❷ ▸ O] 대리인이 사자 내지 임의로 선임한 복대리인을 통하여 권한 외의 법률행위를 한 경우, 상대방이 그 행위자를 대리권을 가진 대리인으로 믿었고 또한 그렇게 믿는 데에 정당한 이유가 있는 때에는, 민법 제126조를 적용함에 있어서 기본대리권의 흠결 문제는 생기지 않는다(대판 1998.3.27. 97다48982).

[❸ ▸ ×] 표현대리행위가 성립하는 경우에 본인은 표현대리행위에 기하여 전적인 책임을 져야 하는 것이고 상대방에게 과실이 있다고 하더라도 과실상계의 법리를 유추적용하여 본인의 책임을 감경할 수 없는 것이다(대판 1994.12.22. 94다24985).

[❹ ▸ O] 과거에 가졌던 대리권이 소멸되어 민법 제129조에 의하여 표현대리로 인정되는 경우에 그 표현대리의 권한을 넘는 대리행위가 있을 때에는 민법 제126조에 의한 표현대리가 성립할 수 있다(대판 2008.1.31. 2007다74713).

[❺ ▸ O] 권한을 넘는 표현대리 규정은 거래의 안전을 도모하여 거래상대방의 이익을 보호하려는 데에 그 취지가 있으므로 법정대리라고 하여 임의대리와는 달리 그 적용이 없다고 할 수 없다(대판 1997.6.27. 97다3828).

핵심정리

표현대리

① 민법 제125조의 표현대리에서 "대리권 수여의 의사표시"
 ⟶ 사회통념상 대리권을 추단할 수 있는 직함의 사용을 승낙한 경우도 포함 ○

②, ④, ⑤ 민법 제126조의 표현대리
 ⟶ 대리인이 복대리인을 통해 대리권 범위를 넘는 법률행위를 한 경우 : 민법 제126조 적용 ○
 ⟶ 대리권 소멸 후의 표현대리 인정 + 표현대리 권한을 넘는 대리행위 : 민법 제126조의 표현대리 성립 ○
 ⟶ 권한을 넘은 표현대리에 관한 민법 제126조는 법정대리에도 적용 : 법정대리권도 기본대리권 ○

③ 표현대리가 성립하는 경우 ⟶ 과실상계의 법리 유추적용 ×

답 ❸

186 □□□ **권한을 넘은 표현대리(민법 제126조)에 관한 설명으로 옳지 않은 것은?(다툼이 있으면 판례에 따름)**

21 행정사 제9회

① 권한을 넘은 대리행위와 기본대리권이 반드시 동종의 것이어야 하는 것은 아니다.
② 대리인이 사술을 써서 대리행위의 표시를 하지 아니하고 단지 본인의 성명을 모용하여 자기가 본인인 것처럼 기망하여 본인 명의로 직접 법률행위를 한 경우에는 특별한 사정이 없는 한 권한을 넘은 표현대리는 성립할 수 없다.
③ 권한을 넘은 표현대리에 관한 규정에서의 제3자에는 당해 표현대리행위의 직접상대방이 된 자 외에 전득자도 포함된다.
④ 권한을 넘은 표현대리에 있어서 정당한 이유의 유무는 대리행위 당시를 기준으로 하여 판단한다.
⑤ 복임권이 없는 대리인이 선임한 복대리인의 대리권도 권한을 넘은 표현대리에서의 기본대리권이 될 수 있다.

해설

[❶ ▸ O] 표현대리의 법리가 적용될 권한을 넘은 행위는 그 대리인이 가지고 있는 진실한 대리권(= 기본대리권)과 동종임을 필요로 하지 않는다(대판 1963.8.31. 63다326).

[❷ ▸ O] 사술을 써서 대리행위의 표시를 하지 아니하고 단지 **본인의 성명을 모용하여 자기가 마치 본인인 것처럼 기망**하여 본인 명의로 직접 법률행위를 한 경우에는 특별한 사정이 없는 한 **권한을 넘은 표현대리는 성립될 수 없다**(대판 2002.6.28. 2001다49814).

[❸ ▸ ×] 권한을 넘은 표현대리에 관한 민법 제126조의 규정에서 **제3자**라 함은 당해 **표현대리행위의 직접 상대방이 된 자만을 지칭**하는 것이고, 이는 위 규정을 배서와 같은 어음행위에 적용 또는 유추적용할 경우에 있어서도 마찬가지로 보아야 할 것이다(대판 1994.5.27. 93다21521).

> **민법 제126조(권한을 넘은 표현대리)** 대리인이 그 권한외의 법률행위를 한 경우에 제3자가 그 권한이 있다고 믿을 만한 정당한 이유가 있는 때에는 본인은 그 행위에 대하여 책임이 있다.

[❹ ▸ O] 권한을 넘은 표현대리에 있어서 정당한 이유의 유무는 대리행위 당시를 기준으로 하여 판정하여야 하고 매매계약 성립 이후의 사정은 고려할 것이 아니다(대판 1997.6.27. 97다3828).

[❺ ▸ O] 대리인이 사자 내지 임의로 선임한 복대리인을 통하여 권한 외의 법률행위를 한 경우, 상대방이 그 행위자를 대리권을 가진 대리인으로 믿었고 또한 그렇게 믿는 데에 정당한 이유가 있는 때에는, 복대리인 선임권이 없는 대리인에 의하여 선임된 복대리인의 권한도 기본대리권이 될 수 있을 뿐만 아니라, 그 행위자가 사자라고 하더라도 대리행위의 주체가 되는 대리인이 별도로 있고 그들에게 본인으로부터 기본대리권이 수여된 이상, 민법 제126조를 적용함에 있어서 기본대리권의 흠결 문제는 생기지 않는다(대판 1998.3.27. 97다48982).

핵심정리

권한을 넘은 표현대리(민법 제126조의 표현대리)
① 권한을 넘은 대리행위와 기본대리권 → 반드시 동종의 것일 필요 ×
② 본인의 성명을 모용하여 본인인 것처럼 기망하여 본인 명의로 직접 법률행위를 한 경우 → 표현대리 성립 ×
③ 권한을 넘은 표현대리에 관한 규정에서의 제3자의 의미 → 당해 표현대리행위의 직접 상대방 O
④ 권한을 넘은 표현대리에 있어서 정당한 이유의 유무 → 대리행위 당시를 기준으로 판단
⑤ 복임권이 없는 대리인이 선임한 복대리인의 대리권 → 권한을 넘은 표현대리의 기본대리권에 해당 O

답 ❸

187 표현대리와 협의의 무권대리에 관한 설명으로 옳지 않은 것은?(다툼이 있으면 판례에 따름)

□□□

16 행정사 제4회

① 유권대리에 관한 주장 속에는 표현대리의 주장이 당연히 포함되어 있다고 볼 수는 없다.

② 처음부터 어떠한 대리권도 없었던 자에 대하여 대리권 소멸 후의 표현대리는 성립할 수 없다.

③ 증권회사로부터 위임받은 고객의 유치, 투자상담 및 권유, 위탁매매약정실적의 제고 등의 업무는 사실행위에 불과하나 이를 기본대리권으로 하여 권한을 넘은 표현대리가 성립할 수 있다.

④ 협의의 무권대리인이 타인의 대리인으로 한 계약은 본인이 이를 추인하지 아니하면 본인에 대하여 효력이 없다.

⑤ 협의의 무권대리행위의 상대방은 계약 당시 무권대리행위임을 안 때에는 본인이나 그 대리인에 대하여 자신의 의사표시를 철회할 수 없다.

해설

[❶ ▸ O] 표현대리가 성립된다고 하여 무권대리의 성질이 유권대리로 전환되는 것은 아니므로, 양자의 구성요건 해당사실, 즉 주요사실은 다르다고 볼 수밖에 없으니 유권대리에 관한 주장 속에 무권대리에 속하는 표현대리의 주장이 포함되어 있다고 볼 수 없다(대판 1983.12.13. 83다카1489[전합]).

[❷ ▸ O] 처음부터 기본적인 어떠한 대리권도 없는 자에 대하여 대리권한의 유월 또는 대리권 소멸 후의 표현대리관계는 성립할 여지가 없다(대판 1984.10.10. 84다카780).

[❸ ▸ X] 증권회사로부터 위임받은 고객의 유치, 투자상담 및 권유, 위탁매매약정실적의 제고 등의 업무는 사실행위에 불과하므로 이를 기본대리권으로 하여서는 권한초과의 표현대리가 성립할 수 없다(대판 1992.5.26. 91다32190).

[❹ ▸ O] 대리권 없는 자가 타인의 대리인으로 한 계약은 본인이 이를 추인하지 아니하면 본인에 대하여 효력이 없다(민법 제130조).

[❺ ▸ O] 대리권 없는 자가 한 계약은 본인의 추인이 있을 때까지 상대방은 본인이나 그 대리인에 대하여 이를 철회할 수 있다. 그러나 계약 당시에 상대방이 대리권 없음을 안 때에는 이를 철회할 수 없다(민법 제134조 참조).

핵심정리

표현대리와 협의의 무권대리

① 유권대리에 관한 주장을 하는 경우 → 표현대리의 주장 포함 ×

② 처음부터 어떠한 대리권도 없었던 경우 → 민법 제129조의 표현대리 성립 ×

③ 증권회사로부터 위임받은 업무가 사실행위에 불과한 경우
→ 이를 기본대리권으로 하여 권한을 넘은 표현대리 성립 ×

④ 협의의 무권대리인이 대리인으로 한 계약 → 본인이 추인하지 아니하면 본인에게 효력 ×

⑤ 협의의 무권대리의 상대방이 계약 당시 무권대리행위임을 안 경우
→ 악의의 상대방은 철회권 ×

답 ❸

188 무권대리와 표현대리에 관한 설명으로 옳지 않은 것은?(다툼이 있으면 판례에 따름)

□□□

21 행정사 제9회

① 유권대리에 관한 주장 속에는 무권대리에 속하는 표현대리의 주장이 포함되어 있다고 볼 수 없다.
② 표현대리가 성립하는 경우, 상대방에게 과실이 있어도 과실상계의 법리를 유추적용하여 본인의 책임을 경감할 수 없다.
③ 대리행위가 강행법규 위반으로 무효인 경우 표현대리 법리가 적용되지 않는다.
④ 상대방은 계약 당시에 대리인에게 대리권이 없음을 안 때에는 계약을 철회할 수 없다.
⑤ 제한능력자인 무권대리인은 민법 제135조 제1항에 따라 계약을 이행할 책임 또는 손해를 배상할 책임이 있다.

해설

[❶ ▸ O] 표현대리가 성립된다고 하여 무권대리의 성질이 유권대리로 전환되는 것은 아니므로, 양자의 구성요건 해당사실, 즉 주요사실은 다르다고 볼 수밖에 없으니 유권대리에 관한 주장 속에 무권대리에 속하는 표현대리의 주장이 포함되어 있다고 볼 수 없다(대판 1983.12.13. 83다카1489[전합]).

[❷ ▸ O] 표현대리행위가 성립하는 경우에 본인은 표현대리행위에 기하여 전적인 책임을 져야 하는 것이고 상대방에게 과실이 있다고 하더라도 과실상계의 법리를 유추적용하여 본인의 책임을 감경할 수 없는 것이다(대판 1994.12.22. 94다24985).

[❸ ▸ O] 투자수익보장이 강행법규에 위반되어 무효인 이상 증권회사의 지점장에게 그와 같은 약정을 체결할 권한이 수여되었는지 여부에 불구하고 그 약정은 여전히 무효이므로 표현대리의 법리가 준용될 여지가 없다(대판 1996.8.23. 94다38199).

[❹ ▸ O] 대리권 없는 자가 한 계약은 본인의 추인이 있을 때까지 상대방은 본인이나 그 대리인에 대하여 이를 철회할 수 있다. 그러나 계약 당시에 상대방이 대리권 없음을 안 때에는 이를 철회할 수 없다(민법 제134조 참조).

[❺ ▸ X] 무권대리인의 상대방에 대한 책임이 인정되기 위해서는 대리인으로서 계약을 맺은 사람(무권대리인)이 제한능력자가 아니어야 한다(민법 제135조 제2항).

민법 제135조(상대방에 대한 무권대리인의 책임) ① 다른 자의 대리인으로서 계약을 맺은 자가 그 대리권을 증명하지 못하고 또 본인의 추인을 받지 못한 경우에는 그는 상대방의 선택에 따라 계약을 이행할 책임 또는 손해를 배상할 책임이 있다.
② 대리인으로서 계약을 맺은 자에게 대리권이 없다는 사실을 상대방이 알았거나 알 수 있었을 때 또는 대리인으로서 계약을 맺은 사람이 제한능력자일 때에는 제1항을 적용하지 아니한다.

핵심정리

협의의 무권대리와 표현대리

① 유권대리에 관한 주장을 하는 경우 ⟶ (무권대리에 속하는) 표현대리의 주장 포함 ×
② 표현대리가 성립하는 경우 ⟶ 과실상계의 법리 유추적용 ×
③ 대리행위가 강행법규 위반으로 무효인 경우 ⟶ 표현대리 법리 적용 ×
④ 무권대리의 상대방이 계약 당시 무권대리행위임을 안 경우 ⟶ 상대방은 철회권 행사 ×
⑤ 무권대리인의 상대방에 대한 책임의 요건(민법 제135조)
⟶ 대리인으로서 계약을 맺은 자가 대리권을 증명하지 못하고 본인의 추인을 받지 못할 것
⟶ 대리권이 없다는 사실에 대해 상대방이 선의·무과실일 것
⟶ 무권대리인이 행위능력자일 것(= 제한능력자가 아닐 것)
⟶ 무권대리인의 과실 유무는 불문(무과실책임)

답 ❺

189 표현대리에 관한 설명으로 옳지 않은 것은?(다툼이 있으면 판례에 따름) 17 행정사 제5회

□□□

① 권한을 넘은 표현대리에 있어서 법정대리권은 기본대리권이 될 수 없다.

② 대리행위가 강행법규 위반으로 무효인 경우에는 표현대리가 성립할 수 없다.

③ 유권대리에 관한 주장 속에 표현대리의 주장이 포함되어 있다고 볼 수 없다.

④ 민법 제129조의 대리권 소멸 후의 표현대리로 인정되는 경우에, 그 표현대리의 권한을 넘는 대리행위가 있을 때에는 민법 제126조의 표현대리가 성립될 수 있다.

⑤ 대리권수여의 표시에 의한 표현대리가 성립하려면 대리권 없음에 대하여 상대방이 선의이고 무과실이어야 한다.

해설

[❶ ▸ ×] 권한을 넘는 표현대리 규정은 거래의 안전을 도모하여 거래상대방의 이익을 보호하려는 데에 그 취지가 있으므로 법정대리라고 하여 임의대리와는 달리 그 적용이 없다고 할 수 없다(대판 1997.6.27. 97다3828).

[❷ ▸ O] 투자수익보장이 강행법규에 위반되어 무효인 이상 증권회사의 지점장에게 그와 같은 약정을 체결할 권한이 수여되었는지 여부에 불구하고 그 약정은 여전히 무효이므로 표현대리의 법리가 준용될 여지가 없다(대판 1996.8.23. 94다38199).

[❸ ▸ O] 표현대리가 성립된다고 하여 무권대리의 성질이 유권대리로 전환되는 것은 아니므로, 양자의 구성요건 해당사실, 즉 주요사실은 다르다고 볼 수밖에 없으니 유권대리에 관한 주장 속에 무권대리에 속하는 표현대리의 주장이 포함되어 있다고 볼 수 없다(대판 1983.12.13. 83다카1489[전합]).

[❹ ▸ O] 과거에 가졌던 대리권이 소멸되어 민법 제129조에 의하여 표현대리로 인정되는 경우에 그 표현대리의 권한을 넘는 대리행위가 있을 때에는 민법 제126조에 의한 표현대리가 성립할 수 있다(대판 2008.1.31. 2007다74713).

[❺ ▸ O] 제3자에 대하여 타인에게 대리권을 수여함을 표시한 자는 그 대리권의 범위 내에서 행한 그 타인과 그 제3자 간의 법률행위에 대하여 책임이 있다. 그러나 제3자가 대리권 없음을 알았거나 알 수 있었을 때에는 그러하지 아니하다(민법 제125조).

핵심정리

표현대리

① 법정대리권 → 민법 제126조의 권한을 넘은 표현대리의 기본대리권 O

② 대리행위가 강행법규 위반으로 무효인 경우 → 표현대리 법리 적용 ×

③ 유권대리에 관한 주장을 하는 경우 → 표현대리의 주장 포함 ×

④ 민법 제129조의 대리권 소멸 후의 표현대리 인정＋그 표현대리 권한을 넘는 대리행위
→ 민법 제126조의 표현대리 성립 O

⑤ 민법 제125조의 표현대리(대리권 수여의 표시에 의한 표현대리)의 성립
→ 본인이 어떤 사람에게 대리권을 수여하였다는 표시를 제3자에게 한 경우에 성립 O
→ 제3자는 대리권 없음에 관하여 선의·무과실일 것

답 ❶

PART 1 PART 2 PART 3

190 표현대리에 관한 설명으로 옳지 않은 것은?(다툼이 있으면 판례에 따름) 

□□□

① 유권대리에 관한 주장에는 표현대리의 주장이 포함되어 있지 않다.
② 강행법규에 위반하여 무효인 행위에 대해서는 표현대리의 법리가 적용되지 않는다.
③ 표현대리가 성립된다고 하여 무권대리의 성질이 유권대리로 전환되는 것은 아니다.
④ 표현대리가 성립하는 경우, 상대방에게 과실이 있으면 과실상계의 법리에 따라 본인의 책임을 경감할 수 있다.
⑤ 대리인이 사자(使者)를 통하여 권한을 넘은 법률행위를 하더라도 민법 제126조의 표현대리가 성립할 수 있다.

해설

[❶ ▸ O] [❸ ▸ O] 표현대리가 성립된다고 하여 무권대리의 성질이 유권대리로 전환되는 것은 아니므로,❸ 양자의 구성요건 해당사실, 즉 주요사실은 다르다고 볼 수밖에 없으니 유권대리에 관한 주장 속에 무권대리에 속하는 표현대리의 주장이 포함되어 있다고 볼 수 없다❶(대판 1983.12.13. 83다카1489[전합]).

[❷ ▸ O] 투자수익보장이 강행법규에 위반되어 무효인 이상 증권회사의 지점장에게 그와 같은 약정을 체결할 권한이 수여되었는지 여부에 불구하고 그 약정은 여전히 무효이므로 표현대리의 법리가 준용될 여지가 없다(대판 1996.8.23. 94다38199).

[❹ ▸ ×] 표현대리행위가 성립하는 경우에 본인은 표현대리행위에 기하여 전적인 책임을 져야 하는 것이고 상대방에게 과실이 있다고 하더라도 과실상계의 법리를 유추적용하여 본인의 책임을 감경할 수 없는 것이다(대판 1994.12.22. 94다24985).

[❺ ▸ O] 대리인이 사자(使者) 내지 임의로 선임한 복대리인을 통하여 권한 외의 법률행위를 한 경우, 상대방이 그 행위자를 대리권을 가진 대리인으로 믿었고 또한 그렇게 믿는 데에 정당한 이유가 있는 때에는, 민법 제126조를 적용함에 있어서 기본대리권의 흠결 문제는 생기지 않는다(대판 1998.3.27. 97다48982).

핵심정리

표현대리

① 유권대리에 관한 주장을 하는 경우 → 표현대리의 주장 포함 ×
② 대리행위가 강행법규 위반으로 무효인 경우 → 표현대리 법리 적용 ×
③ 표현대리가 성립한 경우 → 표현대리의 성질이 유권대리로 전환 ×
④ 표현대리가 성립하는 경우 → 과실상계의 법리 유추적용 ×
⑤ 대리인이 사자(使者)를 통하여 권한을 넘은 법률행위를 한 경우
→ 민법 제126조의 표현대리 성립 가능 ○

답 ❹

191 □□□ 甲의 아들인 성년자 乙이 아무런 권한 없이 丙에게 甲의 대리인이라고 사칭하고, 甲소유의 X아파트를 丙에게 매각하였다. 다음 설명 중 옳지 않은 것은?(다툼이 있으면 판례에 따름)

16 행정사 제4회

① 乙이 丙에게 X아파트를 매각한 직후 甲이 X아파트를 丁에게 매각하고 소유권이전등기를 경료해 준 이후에, 甲이 乙의 무권대리행위를 추인하더라도 丁은 X아파트의 소유권을 취득한다.
② 甲은 丙에 대하여 적극적으로 추인의 의사가 없음을 표시하여 무권대리행위를 무효로 확정지을 수 있다.
③ 丙이 매매계약 당시 乙에게 대리권이 없음을 알지 못하였던 경우, 丙은 甲의 추인이 있기 전에 乙을 상대로 매매계약을 철회할 수 있다.
④ 丙은 상당한 기간을 정하여 甲에게 X아파트 매매계약의 추인 여부의 확답을 최고할 수 있고, 甲이 그 기간 내에 확답을 발하지 않으면 추인한 것으로 본다.
⑤ 乙이 자신의 대리권을 증명하지 못하고 甲의 추인을 받지 못한 경우, 乙은 과실이 없어도 丙의 선택에 따라 계약을 이행하거나 손해를 배상할 책임이 있다.

해설

[❶ ▸ O] 본인 甲이 乙의 무권대리행위를 추인하여 乙이 丙에게 X아파트를 매각한 행위가 소급하여 유효하더라도 제3자에 해당하는 丁의 권리를 해하지 못하므로 丁은 X아파트의 소유권을 취득한다(민법 제133조).

[❷ ▸ O] 본인 甲은 상대방 丙에 대하여 적극적으로 추인의 의사가 없음을 표시(추인을 거절)하여 유동적 무효의 상태에 있는 무권대리행위를 무효로 확정지을 수 있다.

[❸ ▸ O] 상대방 丙이 매매계약 당시 무권대리인 乙에게 대리권이 없음을 알지 못하였다면, 丙은 철회권을 행사하여 무권대리인 乙을 상대로 매매계약을 철회할 수 있다(민법 제134조).

[❹ ▸ X] 상대방 丙은 상당한 기간을 정하여 본인 甲에게 X아파트 매매계약의 추인 여부의 확답을 최고할 수 있고, 甲이 그 기간 내에 확답을 **발**[발송(註)]하지 않으면 **추인을 거절한 것으로 본다**(민법 제131조).

[❺ ▸ O] 무권대리인 乙에게 대리권이 없다는 사실을 상대방 丙이 알았거나 알 수 있었다는 사정이 없고, 무권대리인 乙은 성년자이며 무권대리인 乙이 자신의 대리권을 증명하지 못하고 본인 甲의 추인을 받지 못하였다면, 乙은 상대방 丙의 선택에 따라 무과실의 계약이행책임이나 손해배상책임을 부담한다(민법 제135조).

핵심정리

무권대리

① 乙의 무권대리행위 이후 본인 甲이 제3자 丁에게 X아파트를 매각(+등기)하고 乙의 무권대리행위를 추인한 경우
→ 추인의 소급효로 제3자 丁의 권리를 해하지 못하므로 丁은 소유권 취득 O
② 甲이 丙에게 추인의 의사가 없음을 표시한 경우 → 무권대리행위는 확정적 무효 O
③ 상대방 丙이 매매계약 당시 乙에게 대리권이 없음을 알지 못하였던 경우 → 철회권 O
④ 무권대리인이 체결한 계약 상대방 丙의 최고권
→ 丙은 상당한 기간을 정하여 본인 甲에게 추인 여부의 확답을 최고
→ 추인기간 내에 본인 甲이 확답을 발하지 않은 경우 → 추인거절 간주 O
⑤ 무권대리인의 상대방에 대한 책임
→ 요건
- 대리인으로서 계약을 맺은 자(乙)가 그 대리권을 증명하지 못하고 또 본인의 추인을 받지 못할 것
- 대리권이 없다는 사실에 대해 상대방(丙)이 선의·무과실일 것

- 무권대리인(乙)이 제한능력자가 아닐 것
- 무과실책임 : 무권대리인(乙)의 과실 유무는 불문

→ 효과 : 무권대리인(乙)은 상대방(丙)의 선택에 따라 계약을 이행할 책임 또는 손해를 배상할 책임 ○

답 ④

192 대리에 관한 설명으로 옳은 것을 모두 고른 것은? 21 행정사 제9회

□□□

ㄱ. 계약의 무권대리에 대한 추인은 다른 의사표시가 없으면 추인한 때부터 그 효력이 생긴다.
ㄴ. 무권대리의 상대방이 상당한 추인기간을 설정한 경우, 그 기간 내에 본인이 확답을 발하지 않은 때에는 추인한 것으로 본다.
ㄷ. 대리인이 수인인 경우 각자가 본인을 대리하는 것이 원칙이다.
ㄹ. 채무의 이행의 경우 본인의 허락이 없어도 쌍방대리는 유효하다.

① ㄱ, ㄴ
② ㄱ, ㄷ
③ ㄴ, ㄷ
④ ㄴ, ㄹ
⑤ ㄷ, ㄹ

해설

[ㄱ ▸ ×] 무권대리의 추인은 다른 의사표시가 없는 때에는 **계약시에 소급하여 그 효력**이 생긴다. 그러나 제3자의 권리를 해하지 못한다(민법 제133조).

[ㄴ ▸ ×] 대리권 없는 자가 타인의 대리인으로 계약을 한 경우에 상대방은 상당한 기간을 정하여 본인에게 그 추인 여부의 확답을 최고할 수 있다. 본인이 그 기간 내에 확답을 발하지 아니한 때에는 **추인을 거절한 것으로 본다**(민법 제131조).

[ㄷ ▸ ○] 대리인이 수인(數人, 여러 명)인 때에는 각자가 본인을 대리한다. 그러나 법률 또는 수권행위에 다른 정한 바가 있는 때에는 그러하지 아니하다(민법 제119조).

[ㄹ ▸ ○] 대리인은 본인의 허락이 없으면 본인을 위하여 자기와 법률행위를 하거나 동일한 법률행위에 관하여 당사자 쌍방을 대리하지 못한다. 그러나 채무의 이행은 할 수 있다(민법 제124조).

핵심정리

대리 일반

ㄱ. 계약의 무권대리에 대한 추인 → 원칙적 소급효 ○
ㄴ. 무권대리의 상대방이 상당한 추인기간을 설정하여 추인 여부의 확답을 최고한 경우 → 추인기간 내에 본인이 확답을 발하지 않은 경우 → 추인거절 간주 ○
ㄷ. 대리인이 수인(數人, 여러 명)인 경우 → 각자 대리의 원칙
ㄹ. 채무의 이행의 경우 → 본인의 허락이 없어도 쌍방대리 유효 ○

답 ⑤

193 무권대리에 관한 설명으로 옳지 않은 것은?(다툼이 있으면 판례에 따름)

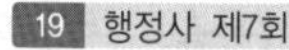

□□□

① 무권대리인이 체결한 계약은 본인이 이를 추인할 수 있다.

② 무권대리인이 체결한 계약의 상대방은 상당한 기간을 정하여 본인에게 추인 여부의 확답을 최고할 수 있다.

③ 대리권 없이 타인의 부동산을 매도한 자가 그 부동산을 단독상속한 후 그 대리행위가 무권대리로 무효임을 주장하는 것은 신의칙상 허용될 수 없다.

④ 무권대리행위가 제3자의 기망 등 위법행위로 야기되었더라도 민법 제135조에 따른 무권대리인의 상대방에 대한 책임은 부정되지 않는다.

⑤ 민법 제135조에 따른 무권대리인의 상대방에 대한 책임은 대리권 흠결에 관하여 무권대리인에게 귀책사유가 있어야만 인정된다.

해설

[❶ ▸ O] 무권대리인이 체결한 계약의 효력을 본인 자신에게 미치게 하기 위해 이를 추인할 수 있다.

[❷ ▸ O] 대리권 없는 자가 타인의 대리인으로 계약을 한 경우에 상대방은 상당한 기간을 정하여 본인에게 그 추인 여부의 확답을 최고할 수 있다(민법 제131조 전문).

[❸ ▸ O] 대리권한 없이 타인의 부동산을 매도한 자가 그 부동산을 상속한 후 소유자의 지위에서 자신의 대리행위가 무권대리로 무효임을 주장하여 등기말소 등을 구하는 것은 금반언원칙이나 신의칙상 허용될 수 없다(대판 1994.9.27. 94다20617).

[❹ ▸ O] [❺ ▸ ×] 무권대리인의 상대방에 대한 책임은 **무과실책임**으로서 대리권의 흠결에 관하여 대리인에게 과실 등의 귀책사유가 있어야만 인정되는 것이 아니고,❺ 무권대리행위가 제3자의 기망이나 문서위조 등 위법행위로 야기되었다고 하더라도 책임은 부정되지 아니한다❹(대판 2014.2.27. 2013다213038).

> **민법 제135조(상대방에 대한 무권대리인의 책임)** ① 다른 자의 대리인으로서 계약을 맺은 자가 그 대리권을 증명하지 못하고 또 본인의 추인을 받지 못한 경우에는 그는 상대방의 선택에 따라 계약을 이행할 책임 또는 손해를 배상할 책임이 있다.
>
> ② 대리인으로서 계약을 맺은 자에게 대리권이 없다는 사실을 상대방이 알았거나 알 수 있었을 때 또는 대리인으로서 계약을 맺은 사람이 제한능력자일 때에는 제1항을 적용하지 아니한다.

핵심정리

무권대리

① 무권대리인이 체결한 계약 → 본인의 추인권 O

② 무권대리인이 체결한 계약 상대방의 최고권
→ 상당한 기간을 정하여 본인에게 추인 여부의 확답을 최고
→ 추인기간 내에 본인이 확답을 발하지 않은 경우 → 추인거절 간주 O

③ 본인을 상속한 무권대리인이 본인의 지위에서 무권대리행위의 무효를 주장하는 것
→ 신의칙 위반 O

④, ⑤ 무권대리인의 상대방에 대한 책임 : 무과실책임
→ 대리권 흠결에 관하여 무권대리인에게 과실 등의 귀책사유 필요 ×
→ 무권대리행위가 제3자의 기망 등 위법행위로 야기된 경우에도 책임 인정 O

답 ❺

194 □□□ **무권대리행위에 대한 본인의 추인에 관한 설명으로 옳은 것은?(다툼이 있으면 판례에 따름)**

22 행정사 제10회

① 추인은 무권대리인의 동의가 있어야 유효하다.

② 추인은 무권대리인이 아닌 무권대리행위의 상대방에게 하여야 한다.

③ 무권대리행위가 범죄가 되는 경우, 본인이 그 사실을 알고 장기간 형사고소를 하지 않았다면 묵시적 추인이 인정된다.

④ 추인은 무권대리행위가 있음을 알고 하여야 한다.

⑤ 무권대리행위의 일부에 대한 추인은 상대방의 동의가 없더라도 유효하다.

해설

[❶ ▸ ×] [❺ ▸ ×] 무권대리행위의 추인은 무권대리인에 의하여 행하여진 불확정한 행위에 관하여 그 행위의 효과를 자기에게 직접 발생케 하는 것을 목적으로 하는 의사표시이며, 무권대리인 또는 상대방의 동의나 승낙을 요하지 않는 단독행위로서❶ 추인은 의사표시의 전부에 대하여 행하여져야 하고, 그 일부에 대하여 추인을 하거나 그 내용을 변경하여 추인을 하였을 경우에는 상대방의 동의를 얻지 못하는 한 무효이다❺(대판 1982.1.26. 81다카549).

[❷ ▸ ×] 민법 제132조는 **무권대리행위의 상대방**을 추인의 상대방으로 규정하고 있지만 추인이 사후적인 대리권 수여의 성질을 가지고 있으므로 **무권대리인**도 추인의 상대방이 될 수 있다고 보는 것이 학설, 판례(대판 1992.10.27. 92다19033)의 일반적인 태도이다. 다만, 무권대리인에 대하여 추인을 한 경우에는 상대방이 추인이 있었음을 알지 못하는 때에는 이에 대하여 추인의 효과를 주장하지 못한다(민법 제132조).

[❸ ▸ ×] 무권대리행위가 범죄가 되는 경우에 대하여 그 사실을 알고도 장기간 형사고소를 하지 아니하였다 하더라도 그 사실만으로 묵시적인 추인이 있었다고 할 수는 없다(대판 1998.2.10. 97다31113).

[❹ ▸ ○] 무권대리행위는 그 효력이 불확정상태에 있다가 본인의 추인 유무에 따라 본인에 대한 효력 발생 여부가 결정되는 것인바, 그 추인은 **무권대리행위가 있음을 알고** 그 행위의 효과를 자기에게 귀속시키도록 하는 단독행위로서 그 의사표시의 방법에 관하여 일정한 방식이 요구되는 것이 아니므로 명시적이든 묵시적이든 묻지 아니한다(대판 1990.4.27. 89다카2100).

핵심정리

무권대리행위에 대한 본인의 추인

① 무권대리행위의 추인 → 무권대리인 또는 상대방의 동의나 승낙을 요하지 않는 단독행위 ○

② 추인의 상대방 → 무권대리행위의 상대방 or 무권대리인

③ 본인이 무권대리인을 장기간 형사고소를 하지 않았다는 사정 → 묵시적 추인 ×

④ 추인은 본인이 무권대리행위가 있음을 알고 하여야 함

⑤ 일부에 대한 추인 or 내용을 변경한 추인 → 상대방의 동의 필요 ○

답 ❹

195 협의의 무권대리에 관한 설명으로 옳은 것은?(다툼이 있으면 판례에 따름) 17 행정사 제5회

□□□

① 상대방이 상당한 기간을 정하여 본인에게 무권대리행위의 추인 여부의 확답을 최고한 경우 본인이 그 기간 내에 확답을 발하지 아니한 때에는 추인한 것으로 본다.

② 무권대리행위의 추인은 무권대리인이나 상대방에게 명시적인 방법으로만 할 수 있다.

③ 상대방은 계약 당시에 대리인에게 대리권이 없음을 안 때에도 본인의 추인이 있을 때까지 계약을 철회할 수 있다.

④ 본인이 무권대리행위의 내용을 변경하여 추인한 경우에는 상대방의 동의를 얻지 못하는 한 무효이다.

⑤ 대리인으로서 계약을 맺은 자에게 대리권이 없다는 사실을 알 수 있었던 상대방은 무권대리인에게 계약을 이행할 책임 또는 손해를 배상할 책임을 물을 수 있다.

해설

[❶ ▸ ×] 대리권 없는 자가 타인의 대리인으로 계약을 한 경우에 상대방은 상당한 기간을 정하여 본인에게 그 추인 여부의 확답을 최고할 수 있다. 본인이 그 기간 내에 확답을 발[발송(註)]하지 않으면 **추인을 거절한 것으로 본다**(민법 제131조).

[❷ ▸ ×] 본인에 의한 추인에는 특별한 방식이 요구되는 것은 아니므로 묵시적으로 추인할 수 있다.

[❸ ▸ ×] 대리권 없는 자가 한 계약은 본인의 추인이 있을 때까지 상대방은 본인이나 그 대리인에 대하여 이를 철회할 수 있다. 그러나 계약 당시에 상대방이 대리권 없음을 안 때에는 그러하지 아니하다(민법 제134조).

[❹ ▸ ○] 무권대리인 또는 상대방의 동의나 승낙을 요하지 않는 단독행위로서 추인은 의사표시의 전부에 대하여 행하여져야 하고, 그 일부에 대하여 추인을 하거나 그 내용을 변경하여 추인을 하였을 경우에는 상대방의 동의를 얻지 못하는 한 무효이다(대판 1982.1.26. 81다카549).

[❺ ▸ ×] 민법 제135조 참조

> **민법 제135조(상대방에 대한 무권대리인의 책임)** ① 다른 자의 대리인으로서 계약을 맺은 자가 그 대리권을 증명하지 못하고 또 본인의 추인을 받지 못한 경우에는 그는 상대방의 선택에 따라 계약을 이행할 책임 또는 손해를 배상할 책임이 있다.
> ② 대리인으로서 계약을 맺은 자에게 대리권이 없다는 사실을 상대방이 알았거나 알 수 있었을 때 또는 대리인으로서 계약을 맺은 사람이 제한능력자일 때에는 제1항을 적용하지 아니한다.

> 민법 제135조 제2항은 '대리인으로서 계약을 맺은 자에게 대리권이 없다는 사실을 상대방이 알았거나 알 수 있었을 때에는 제1항을 적용하지 아니한다.'고 정하고 있다. 이는 무권대리인의 무과실책임에 관한 원칙 규정인 제1항에 대한 예외 규정이므로 상대방이 대리권이 없음을 알았다는 사실(= 악의) 또는 알 수 있었는데도 알지 못하였다는 사실(= 과실)에 관한 주장・증명책임은 무권대리인에게 있다(대판 2018.6.28. 2018다210775).

핵심정리

(협의의) 무권대리

① 추인 여부의 확답을 최고하였으나, 본인이 확답을 발하지 아니한 경우 ⇢ 추인거절 간주 ○

②, ④ 무권대리의 추인

⇢ 본인의 추인은 특별한 방식이 요구되는 것은 아니므로 묵시적으로도 추인 가능 ○

⇢ 내용을 변경한 추인은 상대방의 동의를 얻지 못하면 무효 ○

③ 무권대리의 상대방이 계약 당시에 대리인에게 대리권이 없음을 안 경우

⇢ 상대방은 철회권 행사 ×

⑤ 무권대리인의 상대방에 대한 책임은 상대방의 선의・무과실을 요건으로 함

⇢ 과실 있는 상대방은 무권대리인에게 계약의 이행청구 또는 손해배상청구 ×

답 ❹

196 무권대리행위의 추인에 관한 설명으로 옳지 않은 것은?(다툼이 있으면 판례에 따름)

□□□

15 행정사 제3회

① 추인의 의사표시는 본인으로부터 그에 관한 대리권을 수여받은 임의대리인도 할 수 있다.

② 추인의 의사표시는 무권대리인뿐만 아니라 무권대리행위의 상대방에 대하여도 할 수 있다.

③ 무권대리행위의 상대방이 계약 당시 무권대리임을 안 경우에는 본인에 대해 추인 여부의 확답을 최고할 수 없다.

④ 추인은 의사표시 전부에 대하여 행하여져야 하고, 그 내용을 변경하여 추인할 경우에는 상대방의 동의가 없는 한 무효이다.

⑤ 본인이 무권대리인에게 무권대리행위를 추인한 경우, 계약 당시에 대리권 없음을 알지 못한 상대방은 그 추인 사실을 알기 전까지 무권대리인과 체결한 계약을 철회할 수 있다.

해설

[❶ ▸ O] 무권대리의 추인권자는 본인이지만 상속인 등 본인의 포괄승계인도 추인할 수 있고, 법정대리인이나 본인으로부터 그에 관한 특별수권을 받은 임의대리인도 추인할 수 있다.

[❷ ▸ O] 민법 제132조는 **무권대리행위의 상대방**을 추인의 상대방으로 규정하고 있지만 추인이 사후적인 대리권 수여의 성질을 가지고 있으므로 **무권대리인**도 추인의 상대방이 될 수 있다고 보는 것이 학설, 판례(대판 1992.10.27. 92다19033)의 일반적인 태도이다. 다만, 무권대리인에 대하여 추인을 한 경우에는 상대방이 추인이 있었음을 알지 못하는 때에는 이에 대하여 추인의 효과를 주장하지 못한다(민법 제132조).

[❸ ▸ ×] 대리권 없는 자가 타인의 대리인으로 계약을 한 경우에 상대방은 상당한 기간을 정하여 본인에게 그 추인 여부의 확답을 최고할 수 있다(민법 제131조 본문). 즉 추인 여부의 확답 **최고권은 악의의 상대방도 행사할 수 있다.** 반면, 철회권의 경우 악의의 상대방은 행사할 수 없음에 유의하여야 한다(민법 제134조).

[❹ ▸ O] 무권대리인 또는 상대방의 동의나 승낙을 요하지 않는 단독행위로서 추인은 의사표시의 전부에 대하여 행하여져야 하고, 그 일부에 대하여 추인을 하거나 그 내용을 변경하여 추인을 하였을 경우에는 상대방의 동의를 얻지 못하는 한 무효이다(대판 1982.1.26. 81다카549).

[❺ ▸ O] 본인이 상대방이 아니라 무권대리인에 대하여 추인을 한 경우에는 상대방이 추인이 있었음을 알지 못하는 때에는 이에 대하여 추인의 효과를 주장하지 못한다(민법 제132조). 그리고 계약 당시에 상대방이 대리권 없음을 알지 못한 경우(선의)라면, 대리권 없는 자가 한 계약은 본인의 추인이 있을 때까지 상대방은 본인이나 그 대리인에 대하여 이를 철회할 수 있다(민법 제134조).

핵심정리

무권대리행위의 추인

①, ②, ④ 무권대리행위의 추인
- → 추인권자 : 본인뿐만 아니라 추인에 관한 대리권을 수여받은 임의대리인도 포함
- → 추인의 상대방 : 무권대리행위의 상대방 or 무권대리인
- → 추인의 방법
  - 의사표시 전부에 대하여 행하여져야 함
  - 일부에 대한 추인 or 내용을 변경한 추인 → 상대방의 동의 필요 ○ (동의 없으면 무효)

③ 무권대리인과 계약을 맺은 상대방의 권리
- → 최고권 : 선의 or 악의의 상대방 ○
- → 철회권 : 선의의 상대방 ○ / 악의의 상대방 ×

⑤ 본인이 상대방이 아니라 무권대리인에게 추인을 한 경우 → 계약 당시에 대리권 없음을 알지 못한 상대방은 추인 사실을 알기 전까지 무권대리인과 체결한 계약 철회 가능 ○

답 ❸

197 □□□ **대리권 없는 乙이 甲의 대리인이라 칭하며 甲 소유의 X토지를 丙에게 매도하였다. 다음 설명 중 옳은 것은?(다툼이 있는 경우에는 판례에 의함)** 13 행정사 제1회

① 甲은 乙을 상대로 추인권을 행사할 수 있다.

② 甲의 추인이 있기 전에 甲과 丁이 X토지에 대하여 매매계약을 체결하고 丁이 소유권이전을 위한 가등기를 해 두었더라도, 甲이 무권대리인의 매매계약을 추인하면 그로 인한 소급효는 丁에게도 미친다.

③ 乙이 단독으로 甲을 상속한 경우, 乙은 丙과 체결한 매매계약에 대하여 추인거절권을 행사할 수 있다.

④ 甲의 추인이 있기 전이라면, 丙이 매매계약 체결 당시 乙에게 대리권 없음을 알았던 경우라도 丙은 매매계약을 철회할 수 있다.

⑤ 甲이 추인을 거절한 경우, 丙은 乙을 상대로 계약의 이행과 함께 손해배상을 청구할 수 있다.

해설

[❶ ▸ O] 본인 甲은 무권대리행위의 상대방 丙뿐만 아니라 무권대리인 乙에게도 추인할 수 있다(대판 1992.10.27. 92다19033 참조). 다만, 무권대리인 乙에게 추인하는 경우 상대방 丙이 추인이 있었음을 알지 못하였다면 그에게 추인의 효과를 주장하지 못한다(민법 제132조 단서).

[❷ ▸ X] 丁이 X토지에 대하여 甲과 매매계약을 체결하고 소유권이전을 위한 가등기를 해 두었다면, 甲이 무권대리인의 매매계약을 추인하여 소급효가 인정된다고 하더라도 그 소급효는 丁에게 미치지 아니한다(민법 제133조).

[❸ ▸ X] 대리권한 없이 타인의 부동산을 매도한 자가 그 부동산을 상속한 후 소유자의 지위에서 자신의 대리행위가 무권대리로 무효임을 주장하여 등기말소 등을 구하는 것은 금반언원칙이나 신의칙상 허용될 수 없다(대판 1994.9.27. 94다20617). 따라서 무권대리인 乙은 본인의 지위에서 丙과 체결한 매매계약의 추인을 거절할 수 없다.

[❹ ▸ X] 상대방 丙이 계약체결 당시 乙이 무권대리인임을 알았다면 丙은 무권대리인 乙을 상대로 매매계약을 철회할 수 없다(민법 제134조).

[❺ ▸ X] 본인 甲이 추인을 거절한 경우, 상대방 丙은 자기의 선택에 따라 乙을 상대로 계약의 이행 **또는** 손해배상을 청구할 수 있다(민법 제135조 제1항). 상대방 丙은 계약의 이행과 손해배상을 **함께** 청구할 수는 없다.

핵심정리

무권대리

① 무권대리 추인의 상대방 → 무권대리행위의 상대방 or 무권대리인

② 乙의 무권대리행위 이후 본인 甲이 제3자 丁에게 토지를 매매(+ 가등기)하고 乙의 무권대리행위를 추인한 경우
→ 추인의 소급효로 제3자 丁의 권리를 해하지 못하므로, 소급효는 丁에게는 미치지 않음

③ 본인이 사망하여 무권대리인이 본인을 단독상속한 경우 → 본인의 지위에서 추인 거절은 신의칙 위반 O

④ 계약 당시에 무권대리인임을 알았으나 본인이 추인하기 전인 경우 → 철회권 행사 × / 최고권 행사 O

⑤ 민법 제135조의 무권대리인의 상대방에 대한 책임
→ 상대방의 선택으로 무권대리인에게 이행을 청구하거나 손해배상청구 O (함께 청구 ×)

답 ❶

198 □□□ **무권대리인이 체결한 계약의 추인 및 추인거절에 관한 설명으로 옳지 않은 것은?(다툼이 있으면 판례에 따름)** 18 행정사 제6회

① 추인은 묵시적인 방법으로도 할 수 있다.
② 기간을 정한 상대방의 최고에 대하여 본인이 그 기간 내에 추인 여부의 확답을 발하지 않으면 추인을 거절한 것으로 본다.
③ 추인의 거절을 이미 알고 있는 상대방에 대해서는 그 거절의 의사표시를 하지 않아도 대항할 수 있다.
④ 무권대리행위를 한 후 본인의 지위를 단독으로 상속한 무권대리인은 선의인 상대방에 대하여 무권대리행위의 추인을 거절하지 못한다.
⑤ 추인은 무권대리행위의 상대방에 대하여는 할 수 있지만, 무권대리행위로 인한 권리의 승계인에 대해서는 할 수 없다.

해설

[❶ ▸ O] (무권대리행위에 대한) 본인의 추인에는 특별한 방식이 요구되는 것은 아니므로 묵시적으로 방법으로도 추인할 수 있다(대판 2014.2.13. 2012다112299).

[❷ ▸ O] 대리권 없는 자가 타인의 대리인으로 계약을 한 경우에 상대방은 상당한 기간을 정하여 본인에게 그 추인 여부의 확답을 최고할 수 있다. 본인이 그 기간 내에 확답을 발하지 아니한 때에는 **추인을 거절한 것으로 본다**(민법 제131조).

[❸ ▸ O] 추인 또는 거절의 의사표시는 상대방에 대하여 하지 아니하면 그 상대방에 대항하지 못한다. 그러나 상대방이 그 사실을 안 때에는 그러하지 아니하다(민법 제132조).

[❹ ▸ O] 무권대리인이 본인을 단독 상속한 경우, 본인의 지위에서 자신이 한 무권대리행위의 추인을 거절하는 것은 금반언의 원칙이나 신의칙에 반하므로 허용되지 않는다(대판 1994.9.27. 94다20617 참조).

> 대리권한 없이 타인의 부동산을 매도한 자가 그 부동산을 상속한 후 소유자의 지위에서 자신의 대리행위가 무권대리로 무효임을 주장하여 등기말소 등을 구하는 것은 금반언의 원칙이나 신의칙상 허용될 수 없다(대판 1994.9.27. 94다20617).

[❺ ▸ ×] 무권대리행위의 추인에 특별한 방식이 요구되는 것이 아니므로 명시적인 방법만 아니라 묵시적인 방법으로도 할 수 있고, 그 추인은 무권대리인, 무권대리행위의 직접의 상대방 및 그 **무권대리행위로 인한 권리 또는 법률관계의 승계인**에 대하여도 할 수 있다(대판 1981.4.14. 80다2314).

핵심정리

무권대리의 추인 및 추인거절

①, ⑤ 무권대리의 추인권
→ 추인의 방법 : 특별한 방식이 요구되는 것은 아니므로 묵시적으로도 추인 가능
→ 추인의 상대방 : 무권대리행위의 상대방(무권대리행위로 인한 권리의 승계인 포함) or 무권대리인

② 무권대리인이 체결한 계약 상대방의 최고권
→ 상대방은 상당한 기간을 정하여 본인에게 추인 여부의 확답을 최고
→ 추인기간 내에 본인이 확답을 발하지 않은 경우 → 추인거절 간주 O

③ 추인의 거절을 상대방이 이미 알고 있는 경우
→ 상대방에게 거절의 의사표시를 하지 않아도 대항 가능 O

④ 본인이 사망하여 무권대리인이 본인을 단독상속한 경우
→ 본인의 지위에서 추인 거절은 신의칙에 반하므로 허용 ×

답 ❺

199 □□□ **대리권 없는 乙이 甲을 대리하여 甲 소유 X건물에 대하여 丙과 매매계약을 체결하였다. 표현대리가 성립하지 않는 경우 이에 관한 설명으로 옳은 것은?(다툼이 있으면 판례에 따름)**

20 행정사 제8회

① 계약체결 당시 乙이 무권대리인임을 丙이 알았다면 丙은 甲에게 추인 여부의 확답을 최고할 수 없다.

② 甲은 丙에 대하여 계약을 추인할 수 있으나 乙에 대하여는 이를 추인할 수 없다.

③ 계약체결 당시 乙이 무권대리인임을 丙이 알았더라도 甲이 추인하기 전이라면 丙은 乙을 상대로 의사표시를 철회할 수 있다.

④ 甲이 추인을 거절한 경우, 丙의 선택으로 乙에게 이행을 청구하였으나 이를 이행하지 않은 乙은 丙에 대하여 채무불이행에 따른 손해배상책임을 진다.

⑤ 甲이 사망하여 乙이 단독상속한 경우 乙은 본인의 지위에서 위 계약의 추인을 거절할 수 있다.

해설

[❶ ▸ ×] 무권대리인의 상대방 丙의 본인 甲에 대한 추인 여부의 확답 최고는 丙의 **선의·악의를 불문**하고 할 수 있다(민법 제131조).

[❷ ▸ ×] 본인 甲은 무권대리행위의 상대방 丙뿐만 아니라 무권대리인 乙에게도 추인할 수 있다(대판 1992.10.27. 92다19033 참조). 다만, 무권대리인 乙에게 추인하는 경우 상대방 丙이 추인이 있었음을 알지 못하였다면 그에게 추인의 효과를 주장하지 못한다(민법 제132조 단서).

[❸ ▸ ×] 계약체결 당시 乙이 무권대리인임을 상대방 丙이 알았다면, **악의의 상대방** 丙은 무권대리인 乙을 상대로 의사표시를 철회할 수 없다(민법 제134조).

[❹ ▸ ○] 본인 甲이 추인을 거절한 경우, 무권대리행위의 상대방인 丙의 선택으로 무권대리인 乙에게 이행을 청구할 수 있고(민법 제135조 제1항), 乙이 계약에서 정한 채무를 이행하지 아니하는 경우 乙은 丙에 대하여 채무불이행에 따른 손해배상책임을 진다(대판 2018.6.28. 2018다210775).

> 다른 자의 대리인으로서 계약을 맺은 자가 그 대리권을 증명하지 못하고 또 본인의 추인을 받지 못한 경우에는 그는 상대방의 선택에 따라 계약을 이행할 책임 또는 손해를 배상할 책임이 있다(민법 제135조 제1항). 이때 상대방이 계약의 이행을 선택한 경우 무권대리인은 계약이 본인에게 효력이 발생하였더라면 본인이 상대방에게 부담하였을 것과 같은 내용의 채무를 이행할 책임이 있다. 무권대리인은 마치 자신이 계약의 당사자가 된 것처럼 계약에서 정한 채무를 이행할 책임을 지는 것이다. 무권대리인이 계약에서 정한 채무를 이행하지 않으면 상대방에게 채무불이행에 따른 손해를 배상할 책임을 진다(대판 2018.6.28. 2018다210775).

[❺ ▸ ×] 대리권한 없이 타인의 부동산을 매도한 자가 그 부동산을 상속한 후 소유자의 지위에서 자신의 대리행위가 무권대리로 무효임을 주장하여 등기말소 등을 구하는 것은 금반언원칙이나 신의칙상 허용될 수 없다(대판 1994.9.27. 94다20617). 따라서 무권대리인 乙은 본인의 지위에서 매매계약의 추인을 거절할 수 없다.

핵심정리

무권대리

①, ③ 무권대리의 상대방이 계약 당시에 대리권이 없음을 안 경우(상대방이 악의인 경우)
→ 상대방은 본인의 추인이 있기 전 최고권 행사 ○
→ 상대방은 본인이 추인이 있기 전이라도 철회권 행사 ×

② 무권대리 추인의 상대방
→ 무권대리행위의 상대방 or 무권대리인
→ 무권대리인에게 추인을 한 경우 : 상대방이 추인이 있었음을 알지 못하는 때에는 추인의 효과 주장 ×

④ 무권대리인의 상대방에 대한 책임(선택채권)
→ 상대방의 선택으로 무권대리인에게 이행을 청구하거나 손해배상청구 ○
→ 계약의 이행 선택시 그 채무를 불이행한 경우, 채무불이행에 따른 손해배상 책임 ○
⑤ 본인이 사망하여 무권대리인이 본인을 단독상속한 경우 → 본인의 지위에서 추인 거절은 신의칙 위반 ○

답 ❹

200 계약에 대한 무권대리에 관한 설명으로 옳은 것은?(다툼이 있으면 판례에 따름)

□□□

21 행정시 제9회

① 범죄가 되는 무권대리행위에 대하여 장기간 형사고소를 하지 아니하였다는 사실만으로 묵시적인 추인이 있었다고 볼 수 있다.
② 본인이 추인을 거절하더라도 상대방은 철회권을 행사할 수 있다.
③ 본인이 무권대리행위의 일부에 대해 추인을 한 경우, 그에 대하여 상대방의 동의를 얻으면 유효하다.
④ 본인이 무권대리인에게 한 추인의 의사표시는 항상 효력이 없다.
⑤ 무권대리인의 계약상대방에 대한 책임(민법 제135조 제1항)은 대리권의 흠결에 관하여 대리인에게 과실이 있어야 인정된다.

해설

[❶ ▸ ×] 무권대리행위가 범죄가 되는 경우에 대하여 그 사실을 알고도 장기간 형사고소를 하지 아니하였다 하더라도 그 사실만으로 묵시적인 추인이 있었다고 할 수는 없다(대판 1998.2.10. 97다31113).
[❷ ▸ ×] 본인의 추인거절이 있으면 무권대리행위는 무효로 확정되어 그 후에는 본인이 추인할 수 없을 뿐만 아니라 상대방도 철회권을 행사할 수 없다.
[❸ ▸ ○] 무권대리인 또는 상대방의 동의나 승낙을 요하지 않는 단독행위로서 추인은 의사표시의 전부에 대하여 행하여져야 하고, 그 일부에 대하여 추인을 하거나 그 내용을 변경하여 추인을 하였을 경우에는 상대방의 동의를 얻지 못하는 한 무효이다(대판 1982.1.26. 81다카549).
[❹ ▸ ×] 본인이 상대방이 아니라 무권대리인에 대하여 추인을 한 경우에는 상대방이 추인이 있었음을 알지 못하는 때에는 이에 대하여 추인의 효과를 주장하지 못한다(민법 제132조). 즉, 추인의 의사표시를 무권대리인에게 한 경우에도 그 사실을 상대방이 안 때에는 추인의 효력을 상대방에게 주장할 수 있다.
[❺ ▸ ×] 무권대리인의 상대방에 대한 책임은 **무과실책임**으로서 대리권의 흠결에 관하여 대리인에게 과실 등의 귀책사유가 있어야만 인정되는 것이 아니고, 무권대리행위가 제3자의 기망이나 문서위조 등 위법행위로 야기되었다고 하더라도 책임은 부정되지 아니한다(대판 2014.2.27. 2013다213038).

핵심정리

계약의 무권대리
① 본인이 무권대리인을 장기간 형사고소를 하지 않았다는 사정 → 묵시적 추인 ×
② 본인이 추인을 거절한 경우 무효로 확정 → 상대방은 철회권 행사 ×
③ 무권대리행위의 일부에 대해 추인을 한 경우 → 상대방의 동의를 얻으면 유효 ○
④ 무권대리 추인의 상대방
→ 무권대리행위의 상대방 or 무권대리인
→ 무권대리인에게 추인을 한 경우 : 상대방이 추인이 있었음을 알지 못하는 때에는 추인의 효과 주장 × (상대방이 추인이 있었음을 안 때에는 추인의 효과 주장 ○)
⑤ 무권대리인의 상대방에 대한 책임
→ 무과실책임 ○ : 대리권 흠결에 관하여 무권대리인의 과실 유무 불문

답 ❸

201 □□□ **무권대리인 乙은 아무런 권한 없이 자신을 甲의 대리인이라고 칭하면서 丙과 甲소유의 X토지에 대한 매매계약을 체결하였다. 이에 관한 설명으로 옳지 않은 것은?(표현대리는 성립하지 않으며, 다툼이 있으면 판례에 따름)** 23 행정사 제11회

① 丙이 계약 체결 당시 乙이 무권대리인임을 알지 못하였다면, 丙은 甲의 추인이 있기 전에 乙을 상대로 계약을 철회할 수 있다.

② 丙이 계약 체결 당시 乙이 무권대리인임을 알았더라도 丙은 상당한 기간을 정하여 甲에게 추인 여부의 확답을 최고할 수 있다.

③ 甲이 乙의 무권대리행위의 내용을 변경하여 추인한 경우, 그 추인은 그에 대한 丙의 동의가 있어야 유효하다.

④ 乙이 대리권을 증명하지 못하고 甲의 추인도 받지 못한 경우, 丙은 계약 체결 당시 乙이 무권대리인임을 알았더라도 乙에게 계약의 이행이나 손해배상을 청구할 수 있다.

⑤ 계약 체결 후 乙이 甲의 지위를 단독상속한 경우, 乙은 본인의 지위에서 丙을 상대로 계약의 추인을 거절할 수 없다.

해설

[❶ ▸ O] 대리권 없는 자가 한 계약은 본인의 추인이 있을 때까지 상대방은 본인이나 그 대리인에 대하여 이를 철회할 수 있다. 그러나 계약 당시에 상대방이 대리권 없음을 안 때에는 그러하지 아니하다(민법 제134조). 따라서 丙이 계약 체결 당시 乙이 무권대리인임을 알지 못하였다면, 丙은 甲의 추인이 있기 전에 乙을 상대로 계약을 철회할 수 있다.

[❷ ▸ O] 대리권 없는 자가 타인의 대리인으로 계약을 한 경우에 상대방은 상당한 기간을 정하여 본인에게 그 추인여부의 확답을 최고할 수 있다. 본인이 그 기간 내에 확답을 발하지 아니한 때에는 추인을 거절한 것으로 본다(민법 제131조). 무권대리 상대방의 최고권은 계약당시에 상대방이 대리권 없음을 안 때에도 인정되며, 본인에게만 최고권을 행사할 수 있다. 따라서 상대방 丙이 계약 체결 당시 乙이 무권대리인임을 알았더라도 丙은 상당한 기간을 정하여 甲에게 추인 여부의 확답을 최고할 수 있다.

[❸ ▸ O] 무권대리행위의 추인은 의사표시의 전부에 대하여 행하여져야 하고, 그 일부에 대하여 추인을 하거나 그 내용을 변경하여 추인을 하였을 경우에는 상대방의 동의를 얻지 못하는 한 무효이다(대판 1982.1.26. 81다카549).

[❹ ▸ X] 乙이 대리권을 증명하지 못하고 甲의 추인도 받지 못한 경우, 丙이 계약 체결 당시 乙이 무권대리인임을 몰랐고 모른데 과실이 없었다면(선의・무과실), 丙은 乙에게 계약의 이행이나 손해배상을 청구할 수 있으나, 丙이 계약 체결 당시 乙이 무권대리인임을 안 이상(악의), 丙은 乙에게 계약의 이행이나 손해배상을 청구할 수 없다(민법 제135조).

[❺ ▸ O] 계약 체결 후 무권대리인 乙이 본인 甲의 지위를 단독상속한 경우, 乙이 본인의 지위에서 丙을 상대로 계약의 추인을 거절하는 것은 금반언원칙이나 신의칙상 허용될 수 없다(대판 1994.9.27. 94다20617 참조).

핵심정리

협의의 무권대리

① 무권대리 상대방의 철회권
→ 선의의 상대방에게만 인정 ○
→ 철회권 행사의 상대방 : 본인 or 대리인

② 무권대리 상대방의 최고권
→ 선의의 상대방은 물론 악의의 상대방에게도 인정 ○
→ 최고권 행사의 상대방 : 본인

③ 본인이 무권대리행위의 내용을 변경하여 추인한 경우 → 상대방의 동의를 얻지 못하면 무효

④ 무권대리인의 상대방에 대한 책임(민법 제135조)
→ 대리인에게 대리권이 없다는 사실에 대해 상대방이 선의・무과실일 것
→ 무권대리인의 과실 유무는 불문(무과실책임)

⑤ 본인을 단독 상속한 무권대리인이 본인의 지위에서 추인을 거절하는 것 → 신의칙 위반 ○

답 ❹

제5절 법률행위의 무효와 취소

202 □□□ **법률행위의 무효에 관한 설명으로 옳은 것은?(다툼이 있으면 판례에 따름)** 22 행정사 제10회

① 진의 아닌 의사표시는 원칙적으로 무효이다.

② 법률행위가 무효와 취소사유를 모두 포함하고 있는 경우, 당사자는 취소권이 있더라도 무효에 따른 효과를 제거하기 위해 이미 무효인 법률행위를 취소할 수 없다.

③ 법률행위의 무효는 제한능력자, 착오나 사기·강박에 의하여 의사표시를 한 자, 그의 대리인 또는 승계인 이외에는 주장할 수 없다.

④ 타인의 권리를 목적으로 하는 매매계약은 특별한 사정이 없는 한 유효하다.

⑤ 무효인 법률행위는 추인할 수 있는 날로부터 3년, 법률행위를 한 날로부터 10년 이후에는 추인할 수 없다.

해설

[❶ ▸ ×] 의사표시는 표의자가 진의 아님을 알고 한 것이라도 그 효력이 있다. 그러나 상대방이 표의자의 진의 아님을 알았거나 이를 알 수 있었을 경우에는 무효로 한다(민법 제107조). 즉, 진의 아닌 의사표시는 원칙적으로 유효이다.

[❷ ▸ ×] 법률행위가 무효와 취소사유를 모두 포함하고 있는 경우, 당사자는 민법 제535조와 같은 무효에 따른 법률효과를 제거하기 위하여 무효인 법률행위를 취소할 수 있다(무효와 취소의 이중효).

[❸ ▸ ×] 법률행위의 무효는 누구에 대해서나 누구에 의해서나 주장될 수 있으나(절대적 무효의 경우), 법률행위의 취소는 제한능력자, 착오나 사기·강박에 의하여 의사표시를 한 자, 그의 대리인 또는 승계인 이외에는 주장할 수 없다(민법 제140조 참조).

[❹ ▸ O] 특허권 등의 양도계약이 무효라고 볼 수 없으며, 양도계약의 목적물이 타인의 권리에 속하는 경우에 있어서도 그 양도계약은 계약당사자 간에 있어서는 유효하고, 그 양도계약에 따라 양도인은 그 목적물을 취득하여 양수인에게 이전하여 줄 의무가 있다(대판 2011.4.28. 2009다19093).

[❺ ▸ ×] 취소할 수 있는 법률행위는 추인할 수 있는 날로부터 3년, 법률행위를 한 날로부터 10년 이후에는 추인할 수 없다(민법 제146조). 반면, 무효인 법률행위의 추인은 민법상 기간제한이 없다.

핵심정리 **법률행위의 무효**

① 민법 제107조의 진의 아닌 의사표시
  → 원칙적으로 유효 O
  → 상대방이 표의자의 진의 아님을 알았거나 이를 알 수 있었을 경우에는 무효 O

② 법률행위가 무효와 취소사유를 모두 포함하고 있는 경우 → 무효인 법률행위도 취소 가능

③ 법률행위의 무효(절대적 무효) → 누구에 대해서나 누구에 의해서나 주장 가능
  (cf. 법률행위의 취소 → 제한능력자, 착오나 사기·강박에 의하여 의사표시를 한 자, 그의 대리인 또는 승계인 이외에는 주장 ×)

④ 타인의 권리를 목적으로 하는 매매계약 → 유효 O

⑤ 무효인 법률행위의 추인 → 민법상 추인기간의 제한 ×

답 ❹

203 □□□ 甲이 자신 소유의 X토지를 乙에게 매도하면서 乙의 매매대금의 지급과 동시에 乙앞으로 소유권이전등기를 마쳐주기로 약정하였다. 이에 관한 설명으로 옳지 않은 것은?(다툼이 있으면 판례에 따름)

22 행정사 제10회

① 甲과 乙이 소유권이전등기와 매매대금의 지급을 이행하였으나 위 매매계약이 통정허위표시로 무효인 경우, 특별한 사정이 없는 한 甲이 지급받은 매매대금과 乙명의로 마쳐진 소유권등기를 각각 부당이득으로 반환 청구할 수 있다.

② 甲과 乙의 매매계약이 甲이 미성년자임을 이유로 적법하게 취소된 경우, 甲은 특별한 사정이 없는 한 이익이 현존하는 한도에서 상환할 책임이 있다.

③ 甲이 乙의 매매대금지급 불이행을 이유로 매매계약을 적법하게 해제한 경우, 乙은 계약해제에 따른 손해배상책임을 면하기 위해 착오를 이유로 그 매매계약을 취소할 수 없다.

④ 甲과 乙이 각각 소유권이전등기와 매매대금의 지급을 이행한 이후, 乙이 甲의 사기를 이유로 위 매매계약을 적법하게 취소한 경우, 甲의 매매대금반환과 乙의 소유권이전등기말소는 특별한 사정이 없는 한 동시에 이행되어야 한다.

⑤ 甲과 乙의 매매계약이 관련 법령에 따라 관할청의 허가를 받아야 함에도 아직 토지거래허가를 받지 않아 유동적 무효 상태인 경우, 乙은 甲에게 계약의 무효를 주장하여 이미 지급한 계약금의 반환을 부당이득으로 청구할 수 없다.

해설

[❶ ▸ O] 甲과 乙 사이의 X토지에 대한 매매계약이 통정허위표시로 무효인 경우, 이미 이행한 것은 법률상 원인이 없어 부당이득반환의 대상이 된다(민법 제741조). 즉, 甲과 乙은 상대방에 대하여 乙명의로 마쳐진 소유권등기와 甲이 지급받은 매매대금을 각각 부당이득으로 반환 청구할 수 있다.

[❷ ▸ O] 甲과 乙의 매매계약이 甲이 미성년자임을 이유로 적법하게 취소된 경우, 미성년자인 甲은 민법 제748조 제2항에 대한 특칙으로서 그 이익이 현존하는 한도 내에서 상환할 책임이 있다(민법 제141조).

[❸ ▸ X] 甲이 乙의 매매대금지급 불이행을 이유로 X토지에 대한 매매계약을 적법하게 해제한 경우, 乙은 매매계약의 해제에 따른 손해배상책임을 면하기 위해 착오를 이유로 한 취소권을 행사하여 매매계약 전체를 무효로 돌리게 할 수 있다(대판 1996.12.6. 95다24982).

[❹ ▸ O] 乙이 甲의 사기를 이유로 위 매매계약을 적법하게 취소한 경우 X토지에 대한 매매계약은 소급하여 무효가 되므로 당해 매매계약에 의하여 행하여진 급부는 부당이득반환의 법리에 의하여 반환되어야 하며 甲의 매매대금반환과 乙의 소유권이전등기말소는 특별한 사정이 없는 한 동시에 이행되어야 한다(대판 1993.8.13. 93다5871).

[❺ ▸ O] 甲과 乙의 X토지에 대한 매매계약이 관련 법령에 따라 관할청의 허가를 받아야 함에도 아직 토지거래허가를 받지 않아 유동적 무효 상태인 경우, 당사자 사이에 있어서는 그 계약이 효력 있는 것으로 완성될 수 있도록 서로 협력할 의무가 있어 계약의 당사자인 甲과 乙은 공동으로 관할청의 허가를 신청할 의무가 있으므로 乙은 甲에게 계약의 무효를 주장하여 이미 지급한 계약금의 반환을 부당이득으로 청구할 수 없다(대판 1993.6.22. 91다21435).

핵심정리

무효와 취소

① 토지 매매계약이 통정허위표시로 무효인 경우 ⟶ 매매대금과 소유권이전등기는 부당이득반환 청구의 대상 O

② 토지 매매계약이 미성년자임을 이유로 취소된 경우 ⟶ 미성년자는 이익이 현존하는 한도에서 상환 책임 O

③ 매도인이 매매계약을 적법하게 해제한 후에도 ⟶ 매수인은 착오를 이유로 그 매매계약 취소 가능 O

④ 사기를 이유로 매매계약을 취소한 경우 → 매매대금반환과 소유권이전등기말소는 동시이행 관계 ○
⑤ 계약이 토지거래허가를 받지 않아 유동적 무효 상태인 경우 → 계약금의 반환을 부당이득으로 청구 ×

답 ③

204 무효인 법률행위에 관한 설명으로 옳지 않은 것은?(다툼이 있으면 판례에 따름)

□□□

18 행정사 제6회

① 무효행위의 추인은 그 무효 원인이 소멸한 후에 하여야 그 효력이 있다.
② 무효행위의 추인은 원칙적으로 소급효가 없다.
③ 불공정한 법률행위로서 무효인 경우에는 추인에 의하여 유효로 될 수 없다.
④ 불공정한 법률행위로서 무효인 경우에는 무효행위의 전환에 관한 민법 제138조가 적용될 수 없다.
⑤ 토지거래허가구역 내의 토지매매계약에서 토지거래허가를 받기 전에 처음부터 그 허가를 배제하기로 하는 약정은 확정적으로 무효이다.

해설

[❶ ▸ O] 무효행위의 추인은 그 무효 원인이 소멸한 후에 하여야 그 효력이 있다(대판 1997.12.12. 95다38240).
[❷ ▸ O] 무효인 법률행위에 대하여 당사자가 무효임을 알고 추인하면 새로운 법률행위를 한 것으로 의제될 뿐이고 추인에 소급효가 인정되지 않는다(민법 제139조). 그러나 당사자 간의 합의에 의한 채권적·소급적 추인을 인정할 수는 있을 것이다.
[❸ ▸ O] 불공정한 법률행위로서 무효인 경우에는 추인에 의하여 무효인 법률행위가 유효로 될 수 없다(대판 1994.6.24. 94다10900).
[❹ ▸ ×] 매매계약이 약정된 매매대금의 과다로 말미암아 민법 제104조에서 정하는 '불공정한 법률행위'에 해당하여 무효인 경우에도 무효행위의 전환에 관한 민법 제138조가 적용된다(대판 2011.4.28. 2010다106702).
[❺ ▸ O] 허가를 받기 전의 거래계약이 처음부터 허가를 배제하거나 잠탈하는 내용의 계약일 경우에는 확정적으로 무효로서 유효화될 여지가 없다(대판 1991.12.24. 90다12243[전합]).

핵심정리

법률행위의 무효(무효행위의 추인, 유동적 무효)

①, ② 무효행위의 추인
→ 추인은 무효원인이 소멸한 후에 하여야 효력 ○
→ 무효인 법률행위에 대해 무효임을 알고 추인한 경우 → 소급효 × (새로운 법률행위를 한 것으로 의제 ○)

③, ④ 불공정한 법률행위로서 무효인 경우
→ 무효행위의 추인 : ×
→ 무효행위의 전환 : ○

⑤ 처음부터 토지거래허가를 배제하는 내용의 계약일 경우 → 확정적 무효 ○

답 ④

205 법률행위의 무효와 취소에 관한 설명으로 옳은 것은?(다툼이 있으면 판례에 따름)

□□□

23 행정사 제11회

① 계약이 불공정한 법률행위로서 무효인 경우, 그 계약에 대한 부제소합의는 특별한 사정이 없는 한 유효하다.

② 취소할 수 있는 법률행위에서 취소권자의 상대방이 이행을 청구하는 경우에는 법정추인이 된다.

③ 매매계약이 약정된 대금의 과다로 인해 불공정한 법률행위에 해당하여 무효인 경우, 무효행위의 전환에 관한 민법 제138조는 적용될 여지가 없다.

④ 무권리자가 타인의 권리를 처분하는 계약을 체결한 경우, 권리자가 이를 추인하면 계약의 효과는 원칙적으로 계약체결시에 소급하여 권리자에게 귀속된다.

⑤ 취소할 수 있는 법률행위의 상대방이 그 법률행위로 취득한 권리를 타인에게 임의로 양도한 경우, 특별한 사정이 없는 한 그 취소의 의사표시는 그 양수인을 상대방으로 하여야 한다.

해설

[❶ ▸ ×] 매매계약과 같은 쌍무계약이 급부와 반대급부와의 불균형으로 말미암아 민법 제104조에서 정하는 '**불공정한 법률행위**'에 **해당하여 무효**라고 한다면, 그 계약으로 인하여 불이익을 입는 당사자로 하여금 위와 같은 불공정성을 소송 등 사법적 구제수단을 통하여 주장하지 못하도록 하는 **부제소합의의** 역시 다른 특별한 사정이 없는 한 **무효**이다(대판 2010.7.15. 2009다50308).

[❷ ▸ ×] 취소할 수 있는 법률행위에서 취소권자가 이행을 청구하는 경우에는 법정추인사유에 해당하지만, **취소권자의 상대방**이 이행을 청구하는 경우에는 법정추인사유에 해당하지 않는다.

[❸ ▸ ×] 매매계약이 약정된 매매대금의 과다로 말미암아 민법 제104조에서 정하는 '불공정한 법률행위'에 해당하여 무효인 경우에도 **무효행위의 전환에 관한 민법 제138조가 적용**된다(대판 2011.4.28. 2010다106702).

[❹ ▸ ○] 권리자가 무권리자의 처분을 추인하면 무권대리에 대해 본인이 추인을 한 경우와 당사자들 사이의 이익상황이 유사하므로, **무권대리의 추인에 관한 제130조, 제133조 등을 무권리자의 추인에 유추 적용**할 수 있다. 따라서 무권리자의 처분이 계약으로 이루어진 경우에 권리자가 이를 추인하면 원칙적으로 그 계약의 효과가 **계약을 체결했을 때에 소급하여** 권리자에게 귀속된다고 보아야 한다(대판 2017.6.8. 2017다3499).

[비교] 법률행위에 따라 권리가 이전되려면 권리자 또는 처분권한이 있는 자의 처분행위가 있어야 한다. 무권리자가 타인의 권리를 처분한 경우에는 특별한 사정이 없는 한 권리가 이전되지 않는다. 그러나 이러한 경우에 권리자가 무권리자의 처분을 추인하는 것도 자신의 법률관계를 스스로의 의사에 따라 형성할 수 있다는 사적 자치의 원칙에 따라 허용된다. 이러한 추인은 무권리자의 처분이 있음을 알고 해야 하고, 명시적으로 또는 묵시적으로 할 수 있으며, 그 의사표시는 무권리자나 그 상대방 어느 쪽에 해도 무방하다(대판 2017.6.8. 2017다3499).

[❺ ▸ ×] 취소할 수 있는 법률행위의 상대방이 확정한 경우에는 그 취소는 **그 상대방에 대한 의사표시**로 하여야 한다(민법 제142조). 따라서 취소할 수 있는 법률행위의 상대방이 그 법률행위로 취득한 권리를 타인에게 임의로 양도한 경우라도, 그 취소의 의사표시는 그 양수인이 아니라 원래의 법률행위 상대방(양도인)에게 하여야 한다.

핵심정리

법률행위의 무효와 취소

① 계약이 불공정한 법률행위로서 무효인 경우 → 그 계약에 대한 부제소합의도 무효 ○

② 취소권자의 상대방이 이행을 청구하는 경우 → 법정추인사유에 해당 ×

③ 불공정한 법률행위로서 무효인 경우 → 무효행위의 전환에 관한 민법 제138조 적용 ○

④ 무권리자의 처분행위에 대한 권리자의 추인 효과 → 계약 체결 시로 소급효 ○

⑤ 취소할 수 있는 법률행위의 상대방이 그 법률행위로 취득한 권리를 타인에게 임의로 양도한 경우 → 취소의 의사표시의 상대방 : 법률행위의 상대방(양도인) ○ / 양수인 ×

답 ❹

PART 1 PART 2 PART 3

206 □□□ **甲이 토지거래허가구역 내의 자신의 토지에 대하여 乙과 매매계약을 체결한 경우에 관한 설명으로 옳은 것은?(다툼이 있으면 판례에 따름)** 19 행정사 제7회

① 토지거래허가를 받기 전에도 위 계약의 채권적 효력은 발생한다.
② 토지거래허가를 받기 전에도 乙은 甲에게 소유권이전의무 불이행으로 인한 손해배상청구를 할 수 있다.
③ 위 계약 체결 후 토지거래허가를 받은 경우, 위 계약은 특별한 사정이 없는 한 그 허가를 받은 때부터 유효가 된다.
④ 토지거래허가를 받기 전에 甲이 허가신청협력의무의 이행거절의사를 명백히 표시한 경우, 위 계약은 확정적으로 무효가 된다.
⑤ 토지거래허가를 받지 못하여 위 계약이 확정적으로 무효가 된 경우, 그 무효가 됨에 있어 귀책사유가 있는 자는 위 계약의 무효를 주장할 수 없다.

해설

[❶ ▸ ×] [❷ ▸ ×] [❸ ▸ ×] 국토이용관리법상 토지거래허가구역 내에 있는 토지에 관하여 소유권 등 권리를 이전 또는 설정하는 내용의 거래계약은 관할 시장·군수 또는 구청장의 허가를 받아야만 효력이 발생하고 허가를 받기 전에는 물권적 효력은 물론 채권적 효력도 발생하지 아니하여 무효라고 보아야 할 것이므로,❶ 따라서 허가받을 것을 전제로 하는 거래계약은 허가를 받을 때까지는 법률상 미완성의 법률행위로서 소유권 등 권리의 이전 또는 설정에 관한 거래의 효력이 전혀 발생하지 않으나 일단 허가를 받으면 그 계약은 소급하여 유효한 계약이 되고,❸ 이와 달리 불허가가 된 때에 무효로 확정되므로 허가를 받기까지는 유동적 무효의 상태에 있다고 볼 것인바, 허가를 받을 것을 전제로 한 거래계약은 허가받기 전의 상태에서는 거래계약의 채권적 효력도 전혀 발생하지 않으므로 권리의 이전 또는 설정에 관한 어떠한 내용의 이행청구도 할 수 없고, 그러한 거래계약의 당사자로서는 허가받기 전의 상태에서 상대방의 거래계약상 채무불이행을 이유로 거래계약을 해제하거나 그로 인한 손해배상을 청구할 수 없다❷(대판 1997.7.25. 97다4357).

[❹ ▸ O] [❺ ▸ ×] 국토이용관리법상 토지거래허가를 받지 않아 거래계약이 유동적 무효의 상태에 있는 경우, 유동적 무효 상태의 계약은 관할 관청의 불허가처분이 있을 때뿐만 아니라 당사자 쌍방이 허가신청협력의무의 이행거절 의사를 명백히 표시한 경우에는 허가 전 거래계약관계, 즉 계약의 유동적 무효 상태가 더 이상 지속된다고 볼 수 없으므로, 계약관계는 확정적으로 무효가 된다고 할 것이고,❹ 그와 같은 법리는 거래계약상 일방의 채무가 이행불능임이 명백하고 나아가 상대방이 거래계약의 존속을 더 이상 바라지 않고 있는 경우에도 마찬가지라고 보아야 하며, 거래계약이 확정적으로 무효가 된 경우에는 거래계약이 확정적으로 무효로 됨에 있어서 귀책사유가 있는 자라고 하더라도 그 계약의 무효를 주장할 수 있다❺(대판 1997.7.25. 97다4357).

핵심정리 **법률행위의 무효(유동적 무효)**

①, ② 토지거래허가구역 내의 토지매매계약에 대해 토지거래허가를 받지 아니한 경우
→ 물권적 효력은 물론 채권적 효력도 발생 ×
→ 매수인은 소유권이전의무 불이행으로 인한 손해배상청구 ×
③ 매매계약 체결 후 토지거래허가를 받은 경우 → 매매계약은 계약 체결 당시로 소급하여 유효
④ 매도인이 허가신청협력의무의 이행거절의사를 명백히 표시한 경우 → 매매계약은 확정적 무효
⑤ 토지거래허가를 받지 못하여 계약이 확정적으로 무효가 된 경우 → 귀책사유가 있는 자도 계약 무효 주장 O

답 ❹

207 □□□ **국토의 계획 및 이용에 관한 법률이 정하는 토지거래허가구역 내의 토지거래행위에 관한 설명으로 옳지 않은 것은?(다툼이 있는 경우에는 판례에 의함)** 14 행정사 제2회

① 권리의 이전 또는 설정에 관한 토지거래계약은 그에 대한 허가를 받을 때까지는 효력이 전혀 없다.
② 당사자의 일방이 허가신청절차에 협력하지 아니한다면 상대방은 소송으로써 그 이행을 구할 수 있다.
③ 매수인이 대금을 선급하기로 약정하였다면 허가를 받기 전에도 매도인은 대금 미지급을 이유로 계약을 해제할 수 있다.
④ 일단 허가를 받으면 토지거래계약은 처음부터 효력이 있으므로 거래계약을 다시 체결할 필요가 없다.
⑤ 토지매매계약의 무효가 확정되지 않은 상태에서는 매수인은 임의로 지급한 계약금을 부당이득으로 반환을 청구할 수 없다.

해설

[❶ ▸ O] 국토이용관리법상 토지거래허가구역 내에 있는 토지에 관하여 소유권 등 권리를 이전 또는 설정하는 내용의 거래계약은 관할 시장·군수 또는 구청장의 허가를 받아야만 효력이 발생하고 허가를 받기 전에는 물권적 효력은 물론 채권적 효력도 발생하지 아니하여 무효라고 보아야 할 것이다(대판 1997.7.25. 97다4357).
[❷ ▸ O] 당사자 사이에 그 계약이 효력 있는 것으로 완성될 수 있도록 서로 협력할 의무가 있으므로 그 매매계약의 쌍방 당사자는 공동으로 관할 관청의 허가를 신청할 의무가 있고, 이러한 의무에 위배하여 허가신청절차에 협력하지 않는 당사자에 대하여 상대방은 협력의무의 이행을 소로써 구할 수 있다(대판 1992.10.27. 92다34414).
[❸ ▸ X] 규제지역 내에 있는 토지에 대하여 체결된 매매계약상 매수인의 대금지급의무가 매도인의 소유권이전등기의무에 선행하여 이행하기로 약정되어 있었다고 하더라도, 매수인에게 그 대금지급의무가 없음은 마찬가지여서 매도인으로서는 그 대금지급이 없었음을 이유로 계약을 해제할 수 없다(대판 1991.12.24. 90다12243[전합]).
[❹ ▸ O] 허가받을 것을 전제로 한 거래계약은 허가받기 전의 상태에서는 거래계약의 채권적 효력도 전혀 발생하지 않으므로 권리의 이전 또는 설정에 관한 어떠한 내용의 이행청구도 할 수 없으나 일단 허가를 받으면 그 계약은 소급해서 유효화되므로 허가 후에 새로이 거래계약을 체결할 필요가 없는 것이다(대판 1991.12.24. 90다12243[전합]).
[❺ ▸ O] 허가를 받기 전의 매매계약이 유동적 무효라고 하여 매매계약에 관한 계약금을 교부한 상태에 있는 계약당사자 일방이 언제든지 계약의 무효를 주장하여 부당이득으로 계약금의 반환을 구할 수 있다고 할 수는 없을 것이다(대판 1993.6.22. 91다21435).

핵심정리 **법률행위의 무효(유동적 무효)**

①, ②, ③, ⑤ 토지거래허가구역 내의 토지매매계약에 대해 허가를 받지 아니한 경우
- → 유동적 무효 : 물권적 효력은 물론 채권적 효력도 발생 ×
- → 허가 전 계약의 쌍방 당사자에게 인정되는 의무
  - 당사자는 허가신청절차에 협력할 의무 O
  - 일방이 이러한 의무에 위배한 경우 소송으로 협력의무의 이행청구 가능 O
- → 대금지급의무가 선이행의무인 경우라도 토지거래허가 전인 경우 : 대금미지급을 이유로 계약해제 ×
- → 매수인은 계약금에 대한 부당이득반환청구 ×

④ 계약 체결 후 토지거래허가를 받은 경우 → 매매계약은 계약 체결 당시로 소급하여 유효 O

답 ❸

208 □□□ **국토의 계획 및 이용에 관한 법률상의 토지거래허가구역 내의 토지를 매매한 경우에 관한 설명으로 옳지 않은 것은?(다툼이 있으면 판례에 따름)** 16 행정사 제4회

① 토지매매계약은 관할관청의 허가를 받아야만 그 효력이 발생하고 그 허가를 받기 전에는 채권적 효력도 발생하지 아니한다.

② 처음부터 토지거래허가를 배제하거나 잠탈하는 내용의 계약일 경우에는 확정적으로 무효로서 유효화될 여지가 없다.

③ 당사자들이 계약상 대금지급의무를 소유권이전등기의무에 선행하여 이행하기로 약정하였더라도, 허가 전이라면 매매대금 미지급을 이유로 계약을 해제할 수 없다.

④ 매도인의 토지거래허가 신청절차 협력의무와 매수인의 매매대금지급의무가 동시이행의 관계에 있는 것은 아니다.

⑤ 계약의 쌍방 당사자는 공동허가신청절차에 협력할 의무가 있지만, 이러한 의무에 일방이 위배하더라도 상대방은 협력의무의 이행을 소구할 수는 없다.

해설

[❶ ▸ O] [❷ ▸ O] 국토이용관리법상의 규제구역 내의 '토지등의 거래계약'허가에 관한 관계규정의 내용과 그 입법취지에 비추어 볼 때 토지의 소유권 등 권리를 이전 또는 설정하는 내용의 거래계약은 관할 관청의 허가를 받아야만 그 효력이 발생하고 허가를 받기 전에는 물권적 효력은 물론 채권적 효력도 발생하지 아니하여 무효라고 보아야 할 것인바,❶ 다만 허가를 받기 전의 거래계약이 처음부터 허가를 배제하거나 잠탈하는 내용의 계약일 경우에는 확정적으로 무효로서 유효화될 여지가 없다❷(대판 1991.12.24. 90다12243[전합]).

[❸ ▸ O] 규제지역 내에 있는 토지에 대하여 체결된 매매계약상 매수인의 대금지급의무가 매도인의 소유권이전등기의무에 선행하여 이행하기로 약정되어 있었다고 하더라도, 매수인에게 그 대금지급의무가 없음은 마찬가지여서 매도인으로서는 그 대금지급이 없었음을 이유로 계약을 해제할 수 없다(대판 1991.12.24. 90다12243[전합]).

[❹ ▸ O] 매도인의 토지거래계약허가 신청절차에 협력할 의무와 토지거래허가를 받으면 매매계약 내용에 따라 매수인이 이행하여야 할 매매대금 지급의무나 이에 부수하여 매수인이 부담하기로 특약한 양도소득세 상당 금원의 지급의무 사이에는 상호 이행상의 견련성이 있다고 할 수 없으므로, 매도인으로서는 그러한 의무이행의 제공이 있을 때까지 그 협력의무의 이행을 거절할 수 있는 것은 아니다(대판 1996.10.25. 96다23825).

[❺ ▸ ×] 유동적 무효 상태에 있는, 토지거래허가구역 내 토지에 관한 매매계약에서 계약의 쌍방 당사자는 공동허가신청절차에 협력할 의무가 있고, 이러한 의무에 위배하여 허가신청절차에 협력하지 않는 당사자에 대하여 상대방은 협력의무의 이행을 소구할 수도 있다(대판 2009.4.23. 2008다50615).

핵심정리

법률행위의 무효(유동적 무효)

①, ③, ④, ⑤ 토지거래허가구역 내의 토지매매계약에 대해 허가를 받지 아니한 경우

→ 유동적 무효 : 물권적 효력은 물론 채권적 효력도 발생 ×

→ 대금지급의무가 선이행의무인 경우라도 토지거래허가 전인 경우 : 대금미지급을 이유로 계약해제 ×

→ 토지거래허가 신청절차 협력의무와 매매대금지급의무 : 동시이행관계 ×

→ 허가 전 계약의 쌍방 당사자에게 인정되는 의무

- 공동허가신청절차에 협력할 의무 O
- 일방이 이러한 의무에 위배한 경우 협력의무의 이행 소구 가능 O

② 처음부터 토지거래허가를 배제·잠탈하는 내용의 계약일 경우 → 확정적 무효 O

답 ❺

209 □□□ **甲은 토지거래허가구역 내의 X토지에 대하여 관할관청으로부터 허가를 받지 않고 乙에게 매도하는 계약을 체결하였고, 乙은 계약금을 지급한 경우에 관한 설명으로 옳지 않은 것은?(다툼이 있으면 판례에 따름)** 15 행정사 제3회

① 甲은 허가를 받기 전에도 특별한 사정이 없는 한 계약금의 배액을 상환하고 적법하게 계약을 해제할 수 있다.

② 甲・乙 쌍방이 허가신청을 하지 않기로 의사표시를 명백히 한 경우에는 X토지에 대한 매매계약은 확정적으로 유효이다.

③ 乙은 매매계약이 확정적으로 무효가 되지 않는 한 계약체결시 지급한 계약금에 대하여 이를 부당이득으로 반환청구할 수 없다.

④ 매매계약과 별개의 약정으로, 甲과 乙은 매매 잔금이 지급기일에 지급되지 않는 경우에 매매계약을 자동해제하기로 정할 수 있다.

⑤ 매매계약을 체결한 이후에 X토지에 대한 토지거래허가구역지정이 해제된 경우, 甲과 乙 사이의 매매계약은 특별한 사정이 없는 한 확정적으로 유효가 된다.

해설

[❶ ▸ O] 국토이용관리법상의 토지거래허가를 받지 않아 유동적 무효 상태인 매매계약에 있어서도 당사자 사이의 매매계약은 매도인이 계약금의 배액을 상환하고 계약을 해제함으로써 적법하게 해제된다(대판 1997.6.27. 97다9369). 따라서 매도인 甲은 계약금의 배액을 상환하고 적법하게 계약을 해제할 수 있다.

[❷ ▸ X] 국토이용관리법상 토지거래허가를 받지 않아 거래계약이 유동적 무효의 상태에 있는 경우, 당사자 쌍방이 허가신청협력의무의 이행거절 의사를 명백히 표시한 경우에는 허가 전 거래계약관계, 즉 계약의 유동적 무효 상태가 더 이상 지속된다고 볼 수 없으므로, 계약관계는 확정적으로 무효가 된다(대판 1997.7.25. 97다4357).

[❸ ▸ O] 국토이용관리법상의 규제구역 내의 "토지 등의 거래계약"은 관할관청의 허가를 받아야만 그 효력이 발생하고 허가를 받기 전의 매매계약이 유동적 무효라고 하여 매매계약에 관한 계약금을 교부한 상태에 있는 계약당사자 일방이 언제든지 계약의 무효를 주장하여 부당이득으로 계약금의 반환을 구할 수 있다고 할 수는 없을 것이다(대판 1993.6.22. 91다21435). 따라서 乙은 매매계약이 확정적으로 무효가 되지 않는 한 계약금을 부당이득으로 반환청구할 수 없다.

[❹ ▸ O] 토지거래허가를 받지 않아 유동적 무효상태인 매매계약의 경우에도 **별개의 약정**으로, 甲과 乙은 잔금이 지급되지 않는 경우에 매매계약을 **자동해제**하기로 정할 수는 있다.

> 국토의 계획 및 이용에 관한 법률상의 토지거래허가를 받지 않아 유동적 무효상태인 매매계약에 있어서는 그 계약 내용대로의 효력이 있을 수 없는 것이어서 매수인으로서는 아직 그 계약 내용에 따른 대금지급의무가 있다고 할 수 없어 매도인이 매수인의 대금지급의무 불이행을 이유로 매매계약을 해제할 수 없으나, 당사자 사이에 별개의 약정으로 매매 잔금이 그 지급기일에 지급되지 아니하는 경우 매매계약을 자동적으로 해제하기로 약정하는 것은 가능하다(대판 2010.7.22. 2010다1456).

[❺ ▸ O] 매매계약을 체결한 이후에 토지거래허가제도가 달성하려고 하는 공공의 이익과 당사자가 사적 자치를 실현할 수 있도록 보장하기 위하여 관할관청이 X토지에 대한 토지거래허가구역지정을 해제한 경우, 甲과 乙 사이의 매매계약은 특별한 사정이 없는 한 확정적으로 유효가 된다(대판 1999.7.9. 97누11607).

핵심정리

법률행위의 무효(유동적 무효)

①, ②, ③, ④, ⑤ 토지거래허가를 받지 아니하여 토지 매매계약이 유동적 무효의 상태인 경우
→ 해약금에 의한 해제 : 매도인은 계약금의 배액을 상환하고 적법하게 계약 해제 ○
→ 유동적 무효 상태에서는 계약금에 대한 부당이득반환청구 ×
→ 매매계약과 별개의 약정으로, 잔금지급의무 불이행시 자동해제약정 ○
→ 쌍방이 허가신청을 하지 않기로 의사표시를 명백히 한 경우 : 확정적 무효 ○
→ 매매계약을 체결한 이후에 토지거래허가구역지정이 해제된 경우 : 확정적 유효 ○

답 ❷

210 □□□ **법률행위의 무효에 관한 설명으로 옳지 않은 것은?(다툼이 있으면 판례에 따름)**

20 행정사 제8회

① 법률행위의 일부가 무효인 때에는 원칙적으로 그 전부를 무효로 한다.
② 무효인 법률행위에 따른 법률효과를 침해하는 것처럼 보이는 채무불이행이 있다면 채무불이행으로 인한 손해배상을 청구할 수 있다.
③ 불공정한 법률행위로서 무효인 경우 무효행위의 전환에 관한 민법 제138조가 적용될 수 있다.
④ 법률행위가 불성립하는 경우 무효행위의 추인을 통해 유효로 전환할 수 없다.
⑤ 무효행위의 추인은 그 무효원인이 소멸한 후에 하여야 효력이 있다.

해설

[❶ ▸ ○] 법률행위의 일부분이 무효인 때에는 그 전부를 무효로 한다. 그러나 그 무효부분이 없더라도 법률행위를 하였을 것이라고 인정될 때에는 나머지 부분은 무효가 되지 아니한다(민법 제137조).

[❷ ▸ ×] 무효인 법률행위에 따른 법률효과를 침해하는 것처럼 보이는 위법행위나 채무불이행이 있다고 하여도 법률효과의 침해에 따른 손해는 없는 것이므로 그 손해배상을 청구할 수는 없다(대판 2003.3.28. 2002다72125).

[❸ ▸ ○] 매매계약이 약정된 매매대금의 과다로 말미암아 민법 제104조에서 정하는 '불공정한 법률행위'에 해당하여 무효인 경우에도 무효행위의 전환에 관한 민법 제138조가 적용된다(대판 2011.4.28. 2010다106702).

[❹ ▸ ○] 무효행위의 추인은 일단 성립한 법률행위가 무효인 경우에 문제되는 것으로 법률행위가 성립하지 않았다면 무효행위의 추인을 통해 유효로 전환할 수 없다.

[❺ ▸ ○] 무효행위의 추인은 그 무효 원인이 소멸한 후에 하여야 그 효력이 있다(대판 1997.12.12. 95다38240).

핵심정리

법률행위의 무효(일부무효, 무효행위의 추인, 무효행위의 전환)

① 법률행위의 일부 무효
→ 원칙 : 전부 무효 ○
→ 예외 : 무효부분이 없더라도 법률행위를 하였을 것이라고 인정될 경우, 나머지 부분은 유효 ○
② 무효인 법률행위에 따른 법률효과를 침해하는 것처럼 보이는 채무불이행이 있는 경우
→ 채무불이행으로 인한 손해배상청구 ×
③ 불공정한 법률행위로서 무효인 경우 → 무효행위의 전환에 관한 민법 제138조가 적용 ○
④ 법률행위가 불성립하는 경우 → 무효행위의 추인 ×
⑤ 무효행위의 추인 → 그 무효원인이 소멸한 후에 하여야 효력 ○

답 ❷

211 법률행위의 무효와 취소에 관한 설명으로 옳지 않은 것은?(다툼이 있으면 판례에 따름)

□□□

24 행정사 제12회

① 취소된 법률행위는 처음부터 무효인 것으로 본다.
② 무효행위의 추인은 묵시적으로 할 수 있다.
③ 토지거래계약 허가구역 내 토지에 대하여 처음부터 허가를 잠탈하는 내용의 매매계약이 체결된 경우, 그 계약은 유동적 무효이다.
④ 반사회질서의 법률행위로서 무효인 경우, 그 무효로 선의의 제3자에게 대항할 수 있다.
⑤ 취소할 수 있는 법률행위의 상대방이 확정된 경우에는 그 취소는 그 상대방에 대한 의사표시로 하여야 한다.

해설

[❶ ▸ O] 법률행위가 취소되면 취소된 법률행위는 처음부터(법률행위 당시부터) 소급적으로 무효였던 것으로 된다(민법 제141조 본문).

민법 제141조(취소의 효과) 취소된 법률행위는 처음부터 무효인 것으로 본다. 다만, 제한능력자는 그 행위로 인하여 받은 이익이 현존하는 한도에서 상환(償還)할 책임이 있다.

[❷ ▸ O] 무효인 법률행위를 추인에 의하여 새로운 법률행위로 보기 위하여서는 당사자가 이전의 법률행위가 무효임을 알고 그 행위에 대하여 추인하여야 하며, 이 **추인은 묵시적으로도 가능**하다(대판 2014.3.27. 2012다106607).
[❸ ▸ X] 토지거래계약 허가구역 내 토지에 대하여 허가를 받기 전의 거래계약이 처음부터 허가를 배제하거나 잠탈하는 내용의 계약일 경우에는 **확정적으로 무효**로서 유효화될 여지가 없다(대판 1991.12.24. 90다12243[전합]).
[❹ ▸ O] 반사회질서의 법률행위는 선의의 제3자를 포함한 누구에게든지 그 무효를 주장할 수 있는 **절대적 무효**이다.
[❺ ▸ O] 취소할 수 있는 법률행위의 상대방이 확정한 경우에는 그 취소는 **그 상대방에 대한 의사표시**로 하여야 한다(민법 제142조).

핵심정리

법률행위의 무효와 취소
① 취소의 효과 → 법률행위 당시부터 소급적으로 무효 O
② 무효행위의 추인 → 묵시적 추인도 가능
③ 토지거래허가를 잠탈하는 내용의 매매계약 → 확정적 무효 O
④ 반사회질서의 법률행위 → 절대적 무효 O (선의의 제3자에게도 대항 가능)
⑤ 취소할 수 있는 법률행위의 상대방이 확정된 경우 취소의 방법
→ 그 상대방에 대한 의사표시로 하여야 함

답 ❸

PART 1 PART 2 PART 3

212 무효인 법률행위에 관한 설명으로 옳지 않은 것은?(다툼이 있으면 판례에 따름)

□□□

17 행정사 제5회

① 무효인 재산상 법률행위를 당사자가 무효임을 알고 추인한 경우 제3자에 대한 관계에서도 처음부터 유효한 법률행위가 된다.

② 무효인 법률행위가 다른 법률행위의 요건을 구비한 경우, 당사자가 그 무효를 알았다면 다른 법률행위를 하는 것을 의욕하였으리라고 인정될 때에는 다른 법률행위로서의 효력을 가진다.

③ 무효행위의 추인은 무효원인이 소멸한 후에 하여야 효력이 있다.

④ 무효행위의 추인은 명시적일 뿐만 아니라 묵시적으로도 할 수 있다.

⑤ 법률행위의 일부분이 무효인 때에는 그 전부를 무효로 한다. 그러나 그 무효부분이 없더라도 법률행위를 하였을 것이라고 인정될 때에는 나머지 부분은 무효가 되지 아니한다.

해설

[❶ ▸ ×] 무효인 법률행위에 대하여 당사자가 무효임을 알고 추인하면 새로운 법률행위를 한 것으로 의제될 뿐이고 추인에 소급효는 인정되지 않는다(민법 제139조). 다만, 당사자 간의 합의에 의한 채권적 · 소급적 추인을 인정할 수는 있을 것이다. 그러나 제3자에 대한 관계에서는 소급적 추인의 효과(= 처음부터 유효한 법률행위)가 인정될 여지가 없다.

[❷ ▸ ○] 무효인 법률행위가 다른 법률행위의 요건을 구비하고 당사자가 그 무효를 알았더라면 다른 법률행위를 하는 것을 의욕하였으리라고 인정될 때에는 다른 법률행위로서 효력을 가진다(민법 제138조).

[❸ ▸ ○] 무효행위의 추인은 그 무효 원인이 소멸한 후에 하여야 그 효력이 있다(대판 1997.12.12. 95다38240).

[❹ ▸ ○] 무효인 법률행위를 추인에 의하여 새로운 법률행위로 보기 위하여서는 당사자가 이전의 법률행위가 무효임을 알고 그 행위에 대하여 추인하여야 하며, 이 추인은 묵시적으로도 가능하다(대판 2014.3.27. 2012다106607).

[❺ ▸ ○] 법률행위의 일부분이 무효인 때에는 그 전부를 무효로 한다. 그러나 그 무효부분이 없더라도 법률행위를 하였을 것이라고 인정될 때에는 나머지 부분은 무효가 되지 아니한다(민법 제137조).

핵심정리

법률행위의 무효(무효행위의 추인, 무효행위의 전환, 일부무효)

①, ③, ④ 무효행위의 추인
- → 무효인 법률행위에 대해 무효임을 알고 추인한 경우 : 새로운 법률행위를 한 것으로 의제 ○ (추인의 소급효 ×)
- → 추인은 무효원인이 소멸한 후에 하여야 효력 ○
- → 묵시적 추인도 가능 ○

② 무효행위의 전환
- → 요건 : 무효인 법률행위가 다른 법률행위의 요건을 구비 + 당사자가 그 무효를 알았다면 다른 법률행위를 하는 것을 의욕하였으리라고 인정될 때
- → 효과 : 다른 법률행위로서의 효력 인정 ○

⑤ 법률행위의 일부 무효
- → 원칙 : 전부 무효 ○
- → 예외 : 무효부분이 없더라도 법률행위를 하였을 것이라고 인정될 경우, 나머지 부분은 유효 ○

답 ❶

213 □□□ **법률행위의 무효에 관한 설명으로 옳은 것은?(다툼이 있으면 판례에 따름)** 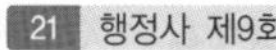

① 법률행위의 일부분이 무효이면 그 일부분만 무효로 되는 것이 원칙이다.
② 의사무능력을 이유로 법률행위가 무효인 경우 의사무능력자는 이익의 현존 여부를 불문하고 받은 이익 전부를 반환하여야 한다.
③ 무효인 법률행위에 대해 당사자가 무효임을 알고 추인하면 그 법률행위는 소급하여 유효하게 되는 것이 원칙이다.
④ 불공정한 법률행위로서 무효인 경우 그 무효인 법률행위는 추인에 의하여 유효로 될 수 없다.
⑤ 반사회적 법률행위로서 무효인 경우 그 무효로 선의의 제3자에게 대항할 수 없다.

해설

[❶ ▸ ×] 법률행위의 일부분이 무효인 때에는 그 전부를 무효로 한다. 그러나 그 무효부분이 없더라도 법률행위를 하였을 것이라고 인정될 때에는 나머지 부분은 무효가 되지 아니한다(민법 제137조).

[❷ ▸ ×] 무능력자의 책임을 제한하는 민법 제141조 단서는 부당이득에 있어 수익자의 반환범위를 정한 민법 제748조의 특칙으로서 무능력자의 보호를 위해 그 선의·악의를 묻지 아니하고 반환범위를 현존이익에 한정시키려는 데 그 취지가 있으므로, 의사능력의 흠결을 이유로 법률행위가 무효가 되는 경우에도 유추적용되어야 할 것이다(대판 2009.1.15. 2008다58367).

[❸ ▸ ×] 무효인 법률행위에 대하여 당사자가 무효임을 알고 추인하면 새로운 법률행위를 한 것으로 의제될 뿐이고 추인에 소급효가 인정되지 않는다(민법 제139조). 그러나 당사자 간의 합의에 의한 채권적·소급적 추인을 인정할 수는 있을 것이다.

[❹ ▸ O] 불공정한 법률행위로서 무효인 경우에는 추인에 의하여 무효인 법률행위가 유효로 될 수 없다(대판 1994.6.24. 94다10900).

[❺ ▸ ×] 반사회적 법률행위로서 무효인 경우 그 무효는 절대적 무효이므로 무효로써 선의의 제3자에게 대항할 수 있다.

핵심정리

법률행위의 무효(일부무효, 무효행위의 추인, 수익자의 반환범위 등)
① 법률행위의 일부가 무효인 경우 → 원칙적으로 전부 무효 O
② 의사무능력을 이유로 법률행위가 무효인 경우
→ 의사무능력자는 이익의 현존 한도에서 상환할 책임 O
→ 의사무능력자의 선의·악의는 불문
③ 무효인 법률행위에 대해 무효임을 알고 추인한 경우
→ 새로운 법률행위를 한 것으로 의제 O (추인의 소급효 ×)
④ 불공정한 법률행위로서 무효인 경우
→ 무효행위의 추인 ×
⑤ 반사회적 법률행위로서 무효인 경우
→ 그 무효로 선의의 제3자에게도 대항 가능 O (절대적 무효)

답 ❹

214 □□□ 법률행위의 당사자 외에 선의의 제3자에 대하여도 무효를 주장할 수 있는 경우를 모두 고른 것은? (다툼이 있으면 판례에 따름)

19 행정사 제7회

> ㄱ. 의사무능력자의 법률행위
> ㄴ. 반사회질서의 법률행위
> ㄷ. 무효인 진의 아닌 의사표시
> ㄹ. 통정한 허위의 의사표시

① ㄱ, ㄴ
② ㄱ, ㄷ
③ ㄷ, ㄹ
④ ㄱ, ㄴ, ㄹ
⑤ ㄴ, ㄷ, ㄹ

해설

[ㄱ ▸ O] [ㄴ ▸ O] 절대적 무효란 법률행위를 행한 당사자 사이에서 뿐만 아니라 제3자(모든 사람)에 대한 관계에서도 무효인 경우를 말한다. 의사무능력자의 법률행위, 반사회질서의 법률행위는 선의의 제3자를 포함한 누구에게든지 그 무효를 주장할 수 있는 절대적 무효이다.

[ㄷ ▸ X] [ㄹ ▸ X] 법률행위가 법률행위를 행한 당사자 사이나 일정한 사람에 대한 관계에서만 무효인 경우를 말한다. 상대적 무효는 일정한 사람(특히 선의의 제3자)에게 대항할 수 없는 형태로 나타난다. 무효인 진의 아닌 의사표시, 통정한 허위의 의사표시는 그 무효로써 선의의 제3자에게 대항하지 못한다(민법 제107조 제2항, 제108조 제2항). 즉 상대적 무효이다.

답 ❶

215 □□□ 취소할 수 있는 법률행위의 법정추인에 해당하지 않는 것은?(다툼이 있으면 판례에 따름)

22 행정사 제10회

① 취소할 수 있는 행위로부터 생긴 채무의 이행을 위해 취소권자가 상대방에게 일부 이행을 한 경우
② 취소할 수 있는 행위로부터 생긴 채무의 이행을 위해 취소권자가 상대방에게 이행을 청구하는 경우
③ 취소할 수 있는 행위로부터 생긴 채무의 이행을 위해 취소권자가 상대방에게 저당권을 설정해 준 경우
④ 취소권자가 취소할 수 있는 행위에 의하여 성립된 채권을 소멸시키고 그 대신 다른 채권을 성립시키는 경개를 하는 경우
⑤ 취소할 수 있는 행위로부터 취득한 권리의 전부를 취소권자의 상대방이 제3자에게 양도하는 경우

해설

[❺ ▸ X] 취소할 수 있는 행위로부터 생긴 채무의 이행을 위해 취소권자가 상대방에게 일부 이행을 하거나❶ 이행을 청구하거나❷ 저당권을 설정해 준 경우,❸ 취소권자가 경개를 하는 경우❹에는 법정추인이 인정된다(민법 제145조 제1호, 제2호, 제4호, 제3호). 그러나 법정추인사유가 되는 취소할 수 있는 행위로 취득한 권리의 전부나 일부의 양도는 **취소권자가 양도하는 경우**를 말하므로(민법 제145조 제5호), **취소권자의 상대방이 제3자에게 양도하는 경우**에는 법정추인이 인정되지 아니한다.

답 ❺

216 □□□ **법률행위의 무효와 취소에 관한 설명으로 옳은 것은?(다툼이 있으면 판례에 따름)**

16 행정사 제4회

① 무효인 법률행위의 추인은 명시적으로 하여야 하고 묵시적으로는 할 수 없다.

② 법률행위가 취소되면 처음부터 무효인 것으로 되지만, 제한능력자는 그 행위로 인하여 받은 이익이 현존하는 한도에서 상환(償還)할 책임이 있다.

③ 착오에 의한 의사표시를 한 자가 사망한 경우, 그 상속인은 피상속인의 착오를 이유로 취소할 수 없다.

④ 취소권은 추인할 수 있는 날로부터 10년 내에 행사하면 된다.

⑤ 법률행위의 일부분이 무효인 경우, 그 무효부분이 없더라도 법률행위를 하였을 것이라고 인정될 때에도 그 전부를 무효로 한다.

해설

[❶ ▸ ×] 무효인 법률행위를 추인에 의하여 새로운 법률행위로 보기 위하여서는 당사자가 이전의 법률행위가 무효임을 알고 그 행위에 대하여 추인하여야 하며 이 추인은 묵시적으로도 가능하다(대판 2014.3.27. 2012다106607).

[❷ ▸ ○] 취소된 법률행위는 처음부터 무효인 것으로 본다. 다만, 제한능력자는 그 행위로 인하여 받은 이익이 현존하는 한도에서 상환(償還)할 책임이 있다(민법 제141조).

[❸ ▸ ×] 취소할 수 있는 법률행위는 제한능력자, 착오로 인하거나 사기·강박에 의하여 의사표시를 한 자, 그의 대리인 또는 승계인만이 취소할 수 있다(민법 제140조). 여기서 승계인은 특정승계인, 포괄승계인을 묻지 아니하므로, 그 포괄승계인에 해당하는 상속인은 피상속인의 착오를 이유로 취소할 수 있다.

[❹ ▸ ×] 취소권은 추인할 수 있는 날로부터 3년 내에, 법률행위를 한 날로부터 10년 내에 행사하여야 한다(민법 제146조).

[❺ ▸ ×] 법률행위의 일부분이 무효인 때에는 그 전부를 무효로 한다. 그러나 그 무효부분이 없더라도 법률행위를 하였을 것이라고 인정될 때에는 나머지 부분은 무효가 되지 아니한다(민법 제137조).

핵심정리

법률행위의 무효와 취소

① 무효인 법률행위의 추인 ⇢ 묵시적 추인 가능 ○

② 제한능력을 이유로 법률행위가 취소된 경우
 ⇢ (선의·악의 불문) 제한능력자는 이익이 현존하는 한도에서 상환 책임 ○

③ 착오에 의한 의사표시를 한 자가 사망한 경우
 ⇢ 상속인(포괄승계인)은 피상속인의 착오를 이유로 취소 가능 ○

④ 취소권의 존속기간 ⇢ 추인할 수 있는 날부터 3년 내, 법률행위를 한 날부터 10년 내

⑤ 법률행위의 일부 무효
 ⇢ 원칙 : 전부 무효 ○
 ⇢ 예외 : 무효부분이 없더라도 법률행위를 하였을 것이라고 인정될 경우, 나머지 부분은 유효 ○

답 ❷

217 ☐☐☐ **甲은 18세 때 시가 5,000만원에 상당하는 명화(名畵)를 법정대리인인 丙의 동의 없이 乙에게 400만원에 매도하였으나, 그 당시 乙은 甲의 외모로 보아 그가 성년이라고 생각하였다. 현재 甲이 미성년자라고 할 때 다음 설명 중 옳은 것은?** 17 행정사 제5회

① 甲은 매매계약을 취소할 수 없다.

② 丙은 매매계약을 추인할 수 있으나, 甲은 추인할 수 없다.

③ 乙이 丙에게 1개월 이상의 기간을 정하여 매매계약을 추인할 것인지 확답을 촉구한 경우, 丙이 그 기간 내에 확답을 발송하지 않으면 그 매매계약을 취소한 것으로 본다.

④ 丙이 적법하게 매매계약을 취소한 경우 그 매매계약은 취소한 때로부터 무효인 것으로 본다.

⑤ 甲이 매매대금을 전부 유흥비로 탕진한 후 丙이 매매계약을 적법하게 취소한 경우, 乙은 명화를 반환하고 매매대금 전부를 반환받을 수 있다.

해설

[❶ ▸ ×] 제한능력을 이유로 한 매매계약의 취소는 미성년자 甲도 법정대리인 丙의 동의 없이 단독으로 할 수 있다.

[❷ ▸ ○] 법정대리인 丙은 甲에 의한 매매계약을 추인할 수 있으나, 甲은 아직 성년이 되지 아니하였으므로 추인할 수 없다(민법 제144조 제1항). 다만, 甲이 법정대리인 丙의 동의를 얻어 추인하는 것은 가능하다.

[❸ ▸ ×] 甲이 아직 성년이 되지 아니한 경우 乙은 법정대리인 丙에게 명화매매계약의 추인 여부에 대한 확답을 촉구할 수 있고 법정대리인 丙이 그 기간 내에 확답을 발송하지 아니한 경우에는 그 명화매매계약을 추인한 것으로 본다(민법 제15조 제2항).

[❹ ▸ ×] 丙이 적법하게 매매계약을 취소한 경우 그 매매계약은 처음부터 무효인 것으로 본다(민법 제141조 본문). 즉, 취소의 소급효가 인정된다.

[❺ ▸ ×] 취소된 법률행위는 처음부터 무효인 것으로 본다. 다만, 제한능력자는 그 행위로 인하여 받은 이익이 현존하는 한도에서 상환(償還)할 책임이 있다(민법 제141조). 丙이 매매계약을 적법하게 취소한 경우, 乙은 명화를 부당이득으로 반환할 의무가 있으나, 甲은 매매대금을 전부 유흥비로 탕진하였으므로 현존이익이 없어 매매대금을 반환할 책임이 없다.

핵심정리

미성년자의 법률행위(취소, 추인 등)

①, ② 미성년자가 법정대리인의 동의 없이 매매계약을 체결한 경우
→ 취소 : 미성년자도 단독으로 제한능력을 이유로 한 매매계약 취소는 가능 ○
→ 추인 : 법정대리인은 추인 ○ / 미성년자는 (법정대리인의 동의 없이) 단독으로 추인 ×

③ 상대방이 법정대리인에게 추인 여부의 확답을 촉구하였으나 확답을 발하지 않은 경우
→ 추인 간주 ○

④ 법정대리인이 적법하게 매매계약을 취소한 경우 → 매매계약 체결 당시로 소급적 무효 ○

⑤ 매매계약을 취소하였으나 미성년자가 매매대금을 전부 유흥비로 탕진한 경우
→ 미성년자는 현존이익이 없어 매매대금반환의무 ×

답 ❷

218 법률행위의 취소에 관한 설명으로 옳은 것은?(다툼이 있으면 판례에 따름) 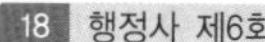

□□□

① 취소원인의 진술이 없는 취소의 의사표시는 그 효력이 없다.

② 이미 취소된 법률행위는 무효인 법률행위의 추인의 요건과 효력으로서도 추인할 수 없다.

③ 해제된 계약은 이미 소멸하여 그 효력이 없으므로 착오를 이유로 다시 취소할 수 없다.

④ 취소할 수 있는 법률행위의 추인은 취소권자가 취소할 수 있는 법률행위임을 알고서 추인하여야 한다.

⑤ 민법이 취소권을 행사할 수 있는 기간으로 정한 '추인할 수 있는 날로부터 3년, 법률행위를 한 날로부터 10년'은 소멸시효기간이다.

해설

[❶ ▸ ×] 취소의 의사표시란 반드시 명시적이어야 하는 것은 아니고, 취소자가 그 착오를 이유로 자신의 법률행위의 효력을 처음부터 배제하려고 한다는 의사가 드러나면 족한 것이며, 취소원인의 진술 없이도 취소의 의사표시는 유효한 것이다(대판 2005.5.27. 2004다43824).

[❷ ▸ ×] 취소한 법률행위는 처음부터 무효인 것으로 간주되므로 취소할 수 있는 법률행위가 일단 취소된 이상 그 후에는 취소할 수 있는 법률행위의 추인에 의하여 이미 취소되어 무효인 것으로 간주된 당초의 의사표시를 다시 확정적으로 유효하게 할 수는 없고, 다만 무효인 법률행위의 추인의 요건과 효력으로서 추인할 수는 있다(대판 1997.12.12. 95다38240).

[❸ ▸ ×] 매도인이 매수인의 중도금 지급채무불이행을 이유로 매매계약을 적법하게 해제한 후라도 매수인으로서는 상대방이 한 계약해제의 효과로서 발생하는 손해배상책임을 지거나 매매계약에 따른 계약금의 반환을 받을 수 없는 불이익을 면하기 위하여 착오를 이유로 한 취소권을 행사하여 위 매매계약 전체를 무효로 돌리게 할 수 있다(대판 1991.8.27. 91다11308).

[❹ ▸ ○] 추인은 취소권을 가지는 자가 취소원인이 종료한 후에 취소할 수 있는 행위임을 알고서 추인의 의사표시를 하거나 법정추인사유에 해당하는 행위를 행할 때에만 법률행위의 효력을 유효로 확정시키는 효력이 발생한다(대판 1997.5.30. 97다2986).

[❺ ▸ ×] 민법 제146조에 규정된 취소권의 존속기간은 제척기간이라고 보는 것이 학설, 판례(대판 1993.7.27. 92다52795)의 일반적인 태도이다.

핵심정리 **법률행위의 취소 및 추인**

① 취소의 의사표시 ⇢ 취소원인의 진술이 없어도 유효 ○

② 법률행위가 취소된 경우
⇢ 취소할 수 있는 법률행위의 추인 ×
⇢ 무효인 법률행위의 추인의 요건과 효력으로 추인 ○

③ 채권자가 채무불이행을 이유로 해제한 후에도 ⇢ 채무자는 착오를 이유로 취소 가능 ○

④ 취소할 수 있는 법률행위의 추인의 요건
⇢ 취소할 수 있는 법률행위임을 알고서 추인해야 함

⑤ 취소권을 행사할 수 있는 기간
⇢ 추인할 수 있는 날로부터 3년, 법률행위를 한 날로부터 10년
⇢ 제척기간 ○ (소멸시효기간 ×)

답 ❹

219 미성년자 甲은 자신의 자전거를 乙에게 매도하는 계약을 체결하였고 甲은 미성년자임을 이유로 계약을 취소하려고 한다. 이에 관한 설명으로 옳지 않은 것은?(다툼이 있으면 판례에 따름)

□□□

24 행정사 제12회

① 甲은 계약을 취소하면 그가 악의인 경우에도 그 현존이익의 한도에서 상환할 책임이 있다.

② 甲은 법정대리인의 동의 없이 단독으로 계약을 취소할 수 있다.

③ 甲의 취소권의 행사기간은 법원의 직권조사사항이다.

④ 甲의 법정대리인이 취소할 수 있는 법률행위를 추인하는 경우, 그 추인은 취소의 원인이 소멸된 후에 하여야만 효력이 있다.

⑤ 甲의 취소권은 추인할 수 있는 날로부터 3년 내에, 법률행위를 한 날로부터 10년 내에 행사하여야 한다.

해설

[❶ ▸ O] 취소된 법률행위는 처음부터 무효인 것으로 본다. 다만, 제한능력자는 그 행위로 인하여 받은 이익이 현존하는 한도에서 상환(償還)할 책임이 있다(민법 제141조). 취소된 법률행위에 인하여 받는 이익은 부당이득으로서 반환되어야 하지만, 민법은 제한능력자의 반환범위에 관하여는 위와 같이 민법 제748조 제2항에 대한 특칙을 두고 있다. 따라서 甲과 乙의 매매계약이 甲이 미성년자임을 이유로 적법하게 취소된 경우, 미성년자인 甲은 그가 **악의인 경우에도** 그 이익이 현존하는 한도 내에서 상환할 책임이 있다(민법 제141조 단서).

[❷ ▸ O] 취소할 수 있는 법률행위는 제한능력자, 착오로 인하거나 사기·강박에 의하여 의사표시를 한 자, 그의 대리인 또는 승계인만이 취소할 수 있다(민법 제140조). 따라서 미성년자인 甲이 제한능력을 이유로 법정대리인의 동의 없이 체결한 자전거 매매계약을 취소를 하는 경우 **단독으로 취소권을 행사할 수 있다**.

[❸ ▸ O] 민법 제146조는 취소권은 추인할 수 있는 날로부터 3년 내에 행사하여야 한다고 규정하고 있는바, 이때의 **3년이라는 기간**은 일반 소멸시효기간이 아니라 **제척기간**으로서 제척기간이 도과하였는지 여부는 당사자의 주장에 관계없이 법원이 당연히 조사하여 고려하여야 할 사항이다(대판 1996.9.20. 96다25371). ☞ 甲의 취소권의 행사기간은 제척기간으로서 법원의 직권조사사항이다.

[❹ ▸ X] 甲의 법정대리인이 취소할 수 있는 법률행위를 추인하는 경우, 그 추인은 취소의 원인(甲이 미성년자로서 제한능력자라는 점)이 소멸되기 전에 하여도 효력이 있다(민법 제144조 제2항).

> **민법 제144조(추인의 요건)** ① 추인은 취소의 원인이 소멸된 후에 하여야만 효력이 있다.
> ② 제1항은 법정대리인 또는 후견인이 추인하는 경우에는 적용하지 아니한다.

[❺ ▸ O] 취소권은 추인할 수 있는 날로부터 3년 내에 법률행위를 한 날로부터 10년 내에 행사하여야 한다(민법 제146조).

핵심정리

미성년자가 법정대리인의 동의 없이 체결한 법률행위(계약)의 취소

① 법률행위의 취소로 인한 부당이득의 반환 범위
 → 원칙 : 선의의 수익자는 받는 이익이 현존하는 범위에서 반환 / 악의의 수익자는 받은 이익에 이자를 붙여 반환하고 손해가 있으면 이를 배상(민법 제748조 제2항)
 → 예외 : 제한능력자는 (선의·악의를 불문) 받은 이익이 현존하는 한도에서 상환할 책임
② 미성년자가 제한능력을 이유로 법률행위를 취소하는 경우
 → 법정대리인의 동의 없이 단독으로 취소권 행사 가능
③ 취소권의 행사기간 : 제척기간으로서 법원의 직권조사사항 O
④ 취소할 수 있는 법률행위의 추인의 요건
 → 원칙 : 취소의 원인이 소멸된 후에 하여야만 효력 O
 → 예외 : 법정대리인 또는 후견인이 추인하는 경우, 취소의 원인 소멸 전에도 추인 가능
⑤ 취소권의 행사기간 : 추인할 수 있는 날로부터 3년 내 + 법률행위를 한 날로부터 10년 내

답 ❹

220 취소할 수 있는 법률행위로서 법정추인이 되는 경우가 아닌 것은? 17 행정사 제5회

□□□

① 취소할 수 있는 행위로부터 생긴 채권에 관하여 취소권자가 상대방에게 이행한 경우

② 취소권자가 취소할 수 있는 행위로 취득한 권리를 전부 양도한 경우

③ 취소권자의 상대방이 이행을 청구하는 경우

④ 취소권자가 채무자로서 담보를 제공하는 경우

⑤ 취소권자가 채권자로서 강제집행 하는 경우

해설

[❸ ▸ ×] ①, ②, ④, ⑤ 모두 민법 제145조에서 정한 법정추인사유에 해당한다. 다만, ③의 경우는 취소권자의 상대방이 아니라, **취소권자가 이행을 청구하는 경우**가 법정추인사유에 해당한다(민법 제145조 제1호).

민법 제145조(법정추인) 취소할 수 있는 법률행위에 관하여 전조의 규정에 의하여 추인할 수 있는 후에 다음 각 호의 사유가 있으면 추인한 것으로 본다. 그러나 이의를 보류한 때에는 그러하지 아니하다.

1. 전부나 일부의 이행
2. 이행의 청구
3. 경 개
4. 담보의 제공
5. 취소할 수 있는 행위로 취득한 권리의 전부나 일부의 양도
6. 강제집행

답 ❸

PART 1 PART 2 PART 3

221 법률행위의 취소에 관한 설명으로 옳지 않은 것은?(다툼이 있으면 판례에 따름)

□□□

20 행정사 제8회

① 제한능력을 이유로 법률행위가 취소되면 제한능력자는 그 행위로 인해 받은 이익이 현존하는 한도에서 상환할 책임이 있다.

② 취소권은 추인할 수 있는 날로부터 3년 내에, 법률행위를 한 날로부터 10년 내에 행사하여야 한다.

③ 취소할 수 있는 법률행위는 추인에 의하여 유효한 것으로 확정된다.

④ 취소된 법률행위는 원칙적으로 처음부터 무효인 것으로 본다.

⑤ 미성년자가 한 법률행위는 그가 단독으로 유효하게 취소할 수 없다.

해설

[❶ ▸ O] [❹ ▸ O] 취소된 법률행위는 처음부터 무효인 것으로 본다.❹ 다만, 제한능력자는 그 행위로 인하여 받은 이익이 현존하는 한도에서 상환(償還)할 책임이 있다❶(민법 제141조).

[❷ ▸ O] 취소권은 추인할 수 있는 날로부터 3년 내에, 법률행위를 한 날로부터 10년 내에 행사하여야 한다(민법 제146조).

[❸ ▸ O] 추인이 있으면 취소할 수 있는 행위를 더 이상 취소할 수 없고 그 행위는 확정적으로 유효하게 된다(민법 제143조).

[❺ ▸ ×] 미성년자는 자기가 한 법률행위를 법정대리인의 동의 없이 단독으로 유효하게 취소할 수 있다.

핵심정리

법률행위의 취소

① 제한능력을 이유로 법률행위가 취소된 경우 → 제한능력자는 받은 이익의 현존 한도에서 상환 책임 O

② 취소권의 행사기간 → 추인할 수 있는 날부터 3년 내, 법률행위를 한 날부터 10년 내

③ 취소할 수 있는 법률행위를 추인한 경우 → 확정적 유효 O

④ 취소된 법률행위 → 소급적 무효 O

⑤ 미성년자가 법정대리인의 동의 없이 법률행위를 한 경우
→ 미성년자는 (법정대리인의 동의 없이) 단독으로 유효하게 취소 가능 O

답 ❺

222 법률행위의 취소에 관한 설명으로 옳지 않은 것은?(다툼이 있으면 판례에 따름)

□□□

21 행정사 제9회

① 제한능력자도 단독으로 취소권을 행사할 수 있다.
② 법률행위의 취소로 무효가 된 그 법률행위는 무효행위의 추인의 법리에 따라 추인할 수 없다.
③ 근로계약이 취소된 경우 이미 제공된 근로자의 노무를 기초로 형성된 취소 이전의 법률관계는 소급하여 효력을 잃지 않는다.
④ 취소권자가 추인할 수 있은 후에 이의를 보류한 상태에서 취소할 수 있는 계약을 이행한 때에는 법정추인이 되지 않는다.
⑤ 계약이 해제된 후에도 해제의 상대방은 해제로 인한 불이익을 면하기 위하여 취소권을 행사하여 계약 전체를 무효로 돌릴 수 있다.

해설

[❶ ▸ O] 제한능력자는 자기가 한 법률행위를 법정대리인의 동의 없이 단독으로 유효하게 취소할 수 있다.

[❷ ▸ X] 취소한 법률행위는 처음부터 무효인 것으로 간주되므로 취소할 수 있는 법률행위가 일단 취소된 이상 그 후에는 취소할 수 있는 법률행위의 추인에 의하여 이미 취소되어 무효인 것으로 간주된 당초의 의사표시를 다시 확정적으로 유효하게 할 수는 없고, 다만 무효인 법률행위의 추인의 요건과 효력으로서 추인할 수는 있다(대판 1997.12.12. 95다38240).

[❸ ▸ O] 근로계약의 무효 또는 취소를 주장할 수 있다 하더라도 근로계약에 따라 그동안 행하여진 근로자의 노무 제공의 효과를 소급하여 부정하는 것은 타당하지 않으므로 이미 제공된 근로자의 노무를 기초로 형성된 취소 이전의 법률관계까지 효력을 잃는다고 보아서는 아니 되고, 취소의 의사표시 이후 장래에 관하여만 근로계약의 효력이 소멸된다고 보아야 한다(대판 2017.12.22. 2013다25194).

[❹ ▸ O] 법정추인사유가 있더라도 취소권자가 이의를 보류하지 않았어야 법정추인이 인정된다(민법 제145조 단서). 따라서 취소권자가 이의를 보류한 상태에서 취소할 수 있는 계약을 이행한 경우에는 법정추인이 되지 않는다.

[❺ ▸ O] 매도인이 매수인의 중도금 지급채무불이행을 이유로 매매계약을 적법하게 해제한 후라도 매수인으로서는 상대방이 한 계약해제의 효과로서 발생하는 손해배상책임을 지거나 매매계약에 따른 계약금의 반환을 받을 수 없는 불이익을 면하기 위하여 착오를 이유로 한 취소권을 행사하여 위 매매계약 전체를 무효로 돌리게 할 수 있다(대판 1991.8.27. 91다11308).

핵심정리

법률행위의 취소, 법정추인 등

① 제한능력자가 단독으로 법률행위를 한 경우 → 단독으로 취소권 행사 O
② 법률행위가 취소된 경우
→ 취소할 수 있는 법률행위의 추인 ×
→ 무효인 법률행위의 추인의 요건과 효력으로 추인 O
③ 근로계약이 취소된 경우 → 장래효 O
④ 이의를 보류한 상태에서 취소할 수 있는 계약을 이행한 경우 → 법정추인 ×
⑤ 채권자가 채무불이행을 이유로 해제한 후에도 → 채무자는 착오를 이유로 취소 가능 O

답 ❷

223 민법상의 법률행위의 무효와 취소에 관한 설명으로 옳은 것은?(다툼이 있는 경우에는 판례에 의함)

□□□

13 행정사 제1회

① 의사무능력자가 한 법률행위는 상대적 무효이다.

② 법률행위의 일부분이 무효인 때에는 원칙적으로 나머지 부분은 유효하게 존속한다.

③ 폭리행위로 무효인 법률행위도 추인에 의하여 유효하게 될 수 있다.

④ 미성년자가 법률행위를 한 후, 성년자가 되기 전에 그가 이를 추인하더라도 그 추인은 효력이 없다.

⑤ 취소권은 법률행위를 한 날로부터 3년 내에 행사하여야 한다.

해설

[❶ ▸ ×] 의사무능력자가 한 법률행위는 그 무효를 누구나 누구에게나 주장할 수 있는 절대적 무효이다.

[❷ ▸ ×] 법률행위의 일부분이 무효인 때에는 그 전부를 무효로 한다. 그러나 그 무효부분이 없더라도 법률행위를 하였을 것이라고 인정될 때에는 나머지 부분은 무효가 되지 아니한다(민법 제137조).

[❸ ▸ ×] 불공정한 법률행위로서 무효인 경우에는 **추인**에 의하여 무효인 법률행위가 유효로 될 수 없다(대판 1994.6.24. 94다10900). 무효인 법률행위에 대하여 추인이 인정되려면 무효원인이 해소되어야 하나, 폭리행위로 무효인 법률행위(불공정한 법률행위)의 경우처럼 무효원인이 해소되고 있지 않은 경우에는 추인에 의하여 유효하게 될 수 없다.

[❹ ▸ O] 미성년자가 법률행위를 한 후 추인하려면 취소의 원인이 소멸된 후에 하여야 하므로 성년이 되기 전에 그가 추인하더라도 그 추인은 효력이 없다(민법 제144조 제1항).

[❺ ▸ ×] 취소권은 추인할 수 있는 날로부터 3년 내에, 법률행위를 한 날로부터 10년 내에 행사하여야 한다(민법 제146조).

핵심정리

법률행위의 무효와 취소

① 의사무능력자가 한 법률행위 → 절대적 무효 ○

② 법률행위의 일부가 무효인 경우 → 원칙적으로 전부 무효 ○

③ 폭리행위로 무효인 법률행위 → 무효행위의 추인 ×

④ 미성년자가 법률행위 후 성년자가 되기 전에 추인한 경우 → 추인의 효력 ×

⑤ 취소권의 행사기간 → 추인할 수 있는 날부터 3년 내, 법률행위를 한 날부터 10년 내

답 ❹

224 법률행위의 무효와 취소에 관한 설명으로 옳지 않은 것은?(다툼이 있으면 판례에 따름)

□□□

19 행정사 제7회

① 무효인 법률행위는 추인하여도 원칙적으로 그 효력이 생기지 않는다.

② 법률행위의 일부분이 무효인 경우에 대하여 규정하고 있는 민법 제137조는 임의규정이다.

③ 취소할 수 있는 법률행위에서 취소권자의 상대방이 그 취소할 수 있는 행위로 취득한 권리를 양도하는 경우 법정추인이 된다.

④ 하나의 법률행위의 일부분에만 취소사유가 있다고 하더라도 그 법률행위가 가분적이거나 그 목적물의 일부가 특정될 수 있다면, 그 나머지 부분이라도 이를 유지하려는 당사자의 가정적 의사가 인정되는 경우 그 일부만의 취소도 가능하다.

⑤ 임차권양도계약과 권리금계약이 결합하여 경제적·사실적 일체로 행하여진 경우, 그 권리금계약 부분에만 취소사유가 존재하여도 특별한 사정이 없는 한 권리금계약 부분만을 따로 떼어 취소할 수는 없다.

해설

[❶ ▸ O] 무효인 법률행위는 추인하여도 그 효력이 생기지 아니한다. 그러나 당사자가 그 무효임을 알고 추인한 때에는 새로운 법률행위로 본다(민법 제139조).

[❷ ▸ O] 법률행위의 일부분이 무효인 경우에 대하여 규정하고 있는 민법 제137조는 임의규정으로서 의사자치의 원칙이 지배하는 영역에서 적용된다고 할 것이다(대판 2008.9.11. 2008다32501).

[❸ ▸ ×] 민법 제145조 제5호는 '취소할 수 있는 행위로 취득한 권리의 전부나 일부의 양도'를 법정추인사유의 하나로 규정하고 있으나, 이는 취소권자가 양도하는 경우를 말하고, 취소권자의 상대방이 그 취소할 수 있는 행위로 취득한 권리를 양도하는 경우에는 법정추인에 해당하지 않는다.

[❹ ▸ O] 하나의 법률행위의 일부분에만 취소사유가 있다고 하더라도 그 법률행위가 가분적이거나 그 목적물의 일부가 특정될 수 있다면, 그 나머지 부분이라도 이를 유지하려는 당사자의 가정적 의사가 인정되는 경우 그 일부만의 취소도 가능하다 할 것이고, 그 일부의 취소는 법률행위의 일부에 관하여 효력이 생긴다(대판 1998.2.10. 97다44737).

[❺ ▸ O] 권리금계약은 임차권양도계약과 결합하여 그 전체가 경제적, 사실적으로 일체로서 행하여진 것으로 그 하나가 다른 하나의 조건이 되어 어느 하나의 존재 없이는 당사자가 다른 하나를 의욕하지 않았을 것으로 보이므로, 권리금계약 부분만 따로 떼어 이를 취소할 수는 없다(대판 2013.5.9. 2012다115120).

핵심정리 **법률행위의 무효와 취소**

① 무효인 법률행위의 추인
  → 원칙 : 추인해도 효력 ×
  → 예외 : 당사자가 그 무효임을 알고 추인한 때에는 그때부터 새로운 법률행위로 간주 ○

② 법률행위의 일부분이 무효인 경우에 관한 민법 제137조 → 임의규정 ○

③ 취소권자의 상대방이 취소할 수 있는 행위로 취득한 권리를 양도하는 경우
  → 법정추인사유 ×

④ 하나의 법률행위의 일부분에만 취소사유가 있는 경우
  → 법률행위가 가분적이거나 그 목적물의 일부가 특정될 수 있고 나머지 부분이라도 이를 유지하려는 당사자의 가정적 의사가 인정되는 경우 : 일부 취소 인정 ○

⑤ 임차권양도계약과 권리금계약이 경제적·사실적 일체로 행하여진 경우
  → 권리금계약만 따로 취소 ×

답 ❸

225 □□□ **무효 또는 취소할 수 있는 법률행위의 추인에 관한 설명으로 옳은 것은?(다툼이 있으면 판례에 따름)** 20 행정사 제8회

① 무효인 계약은 계약당사자가 무효임을 알고 추인한 경우 계약성립시부터 새로운 법률행위를 한 것으로 본다.
② 불공정한 법률행위로서 무효인 경우 당사자가 무효임을 알고 추인하면 그 법률행위는 유효로 된다.
③ 무권리자가 타인의 권리를 처분하는 행위는 권리자가 이를 알고 추인하여도 그 처분의 효력이 발생하지 않는다.
④ 취소할 수 있는 법률행위를 추인할 수 있는 자는 그 법률행위의 취소권자이다.
⑤ 피성년후견인은 취소할 수 있는 법률행위를 단독으로 유효하게 추인할 수 있다.

해설

[❶ ▸ ×] 무효인 계약은 추인하여도 그 효력이 생기지 아니한다. 그러나 당사자가 그 무효임을 알고 계약을 추인한 때에는 그때부터 새로운 법률행위로 본다(민법 제139조). 즉, 무효행위의 추인은 소급효가 없고, 추인한 때로부터 새로운 법률행위로 본다.
[❷ ▸ ×] 불공정한 법률행위로서 무효인 경우에는 추인에 의하여 무효인 법률행위가 유효로 될 수 없다(대판 1994.6.24. 94다10900).
[❸ ▸ ×] 무권리자가 타인의 권리를 자기의 이름으로 또는 자기의 권리로 처분한 경우에, 권리자는 후일 이를 추인함으로써 그 처분행위를 인정할 수 있고, 특별한 사정이 없는 한 이로써 권리자 본인에게 위 처분행위의 효력이 발생함은 사적 자치의 원칙에 비추어 당연하다(대판 2001.11.9. 2001다44291).
[❹ ▸ O] 취소할 수 있는 법률행위는 제140조에 규정한 취소권자가 추인할 수 있고 추인 후에는 취소하지 못한다(민법 제143조 제1항). 즉, 취소할 수 있는 법률행위는 취소권자인 제한능력자, 착오로 인하거나 사기·강박에 의하여 의사표시를 한 자, 그의 대리인 또는 승계인만 추인할 수 있다.
[❺ ▸ ×] 피성년후견인은 후견이 종료되지 아니하는 한 취소할 수 있는 법률행위를 단독으로 유효하게 추인할 수 없으나, 그의 법정대리인은 취소원인이 종료되기 전이라도 추인할 수 있다(민법 제144조). 한편 미성년자와 피한정후견인은 능력자가 되기 전에도 법정대리인의 동의를 얻어 추인할 수 있다(민법 제5조, 제10조).

핵심정리

무효 또는 취소할 수 있는 법률행위의 추인
① 무효인 법률행위에 대해 무효임을 알고 추인한 경우
→ 추인한 때부터 새로운 법률행위로 간주 O (소급효 ×)
② 불공정한 법률행위로서 무효인 경우 → 무효행위의 추인 ×
③ 무권리자가 타인의 권리를 처분하는 경우 → 권리자의 추인으로 처분의 효력 O
④ 취소할 수 있는 법률행위를 추인할 수 있는 자 → 법률행위의 취소권자와 동일
⑤ 피성년후견인 → 취소할 수 있는 법률행위를 단독으로 추인 ×

답 ❹

제6절 법률행위의 부관

226 □□□ 법률행위의 부관에 관한 설명으로 옳은 것은?(다툼이 있으면 판례에 따름) 22 행정사 제10회

① 상계의 의사표시에는 원칙적으로 조건을 붙일 수 있다.
② 조건부 법률행위에서 조건의 내용 자체가 불법적이어서 무효인 경우, 원칙적으로 그 조건만이 무효이고 나머지 법률행위는 유효이다.
③ 해제조건부 법률행위의 조건이 불능조건인 경우, 그 법률행위는 무효이다.
④ 시기(始期) 있는 법률행위는 기한이 도래한 때로부터 그 효력을 잃는다.
⑤ 기한은 특별한 사정이 없는 한 채무자의 이익을 위한 것으로 추정한다.

해설

[❶ ▸ ×] 상계는 상대방에 대한 의사표시로 한다. 이 의사표시에는 조건 또는 기한을 붙이지 못한다(민법 제493조 제1항). 상계와 같은 단독행위에 조건을 붙이면 상대방의 지위를 현저하게 불리하게 하기 때문이다.
[❷ ▸ ×] 조건부 법률행위에 있어 조건의 내용 자체가 불법적인 것이어서 무효일 경우 또는 조건을 붙이는 것이 허용되지 아니하는 법률행위에 조건을 붙인 경우 그 조건만을 분리하여 무효로 할 수는 없고 그 법률행위 전부가 무효로 된다(대결 2005.11.8. 2005마541).
[❸ ▸ ×] 조건이 법률행위의 당시에 이미 성취할 수 없는 것인 경우에는 그 조건이 해제조건이면 조건 없는 법률행위로 한다(민법 제151조 제3항).
[❹ ▸ ×] 시기 있는 법률행위는 기한이 도래한 때로부터 그 효력이 생긴다(민법 제152조 제1항).
[❺ ▸ O] 기한은 채무자의 이익을 위한 것으로 추정한다(민법 제153조 제1항).

핵심정리

법률행위의 부관(조건과 기한)
① 상계의 의사표시 → 원칙적으로 조건을 붙일 수 없음
② 조건 자체가 불법적인 것이어서 무효일 경우 → 조건부 법률행위 전부가 무효 O
③ 해제조건부 법률행위의 조건이 불능조건인 경우 → 조건 없는 법률행위 O
(cf. 정지조건부 법률행위의 조건이 불능조건인 경우 → 그 법률행위는 무효 O)
④ 시기 있는 법률행위 → 기한이 도래한 때로부터 효력 O
⑤ 기한의 이익 → 채무자의 이익을 위한 것으로 추정

답 ❺

227 법률행위의 조건과 기한에 관한 설명으로 옳은 것은?(다툼이 있으면 판례에 따름)

□□□

23 행정사 제11회

① 기한이익 상실의 특약은 특별한 사정이 없는 한 정지조건부 기한이익 상실의 특약으로 추정한다.
② 당사자가 불확정한 사실이 발생한 때를 이행기한으로 정한 경우, 그 사실의 발생이 불가능하게 된 때에는 기한의 도래로 볼 수 없다.
③ 조건성취로 불이익을 받을 자가 과실로 신의성실에 반하여 조건의 성취를 방해한 때에는 상대방은 조건이 성취된 것으로 주장할 수 없다.
④ 기한부 법률행위의 당사자가 기한도래의 효력을 그 도래 전으로 소급하게 할 의사를 표시한 때에는 그 의사에 의한다.
⑤ 조건이 성립하기 위해서는 조건의사와 그 표시가 필요하고, 조건의사가 있더라도 그것이 외부에 표시되지 않으면 원칙적으로 법률행위의 동기에 불과하다.

해설

[❶ ▸ ×] 기한이익 상실의 특약은 ㉠ 일정한 사유가 발생하면 채권자의 청구 등을 요하지 않고 당연히 기한의 이익이 상실되어 이행기가 도래하는 것으로 보는 정지조건부 기한이익 상실의 특약과 ㉡ 일정한 사유가 발생한 후 채권자의 통지나 청구 등 채권자의 의사행위를 기다려 비로소 이행기가 도래하는 것으로 보는 형성권적 기한이익 상실의 특약 2가지로 구별할 수 있다. 기한이익 상실의 특약이 위 2가지 중 어느 것에 해당하느냐는 법률행위의 해석의 문제이지만 일반적으로 기한이익 상실의 특약이 채권자를 위하여 둔 것인 점에 비추어 명백히 정지조건부 기한이익 상실의 특약이라고 볼 만한 특별한 사정이 없는 이상 **형성권적 기한이익 상실의 특약으로 추정**하는 것이 타당하다(대판 2010.8.26. 2008다42416).

[❷ ▸ ×] 당사자가 불확정한 사실이 발생한 때를 이행기한으로 정한 경우에는 그 사실이 발생한 때는 물론 그 사실의 발생이 불가능하게 된 때에도 이행기한은 도래한 것으로 보아야 한다(대판 2002.3.29. 2001다41766).

[❸ ▸ ×] 조건의 성취로 인하여 불이익을 받을 당사자가 신의성실에 반하여 조건의 성취를 방해한 때에는 상대방은 그 조건이 성취한 것으로 주장할 수 있다(민법 제150조 제1항). 조건의 성취로 인하여 불이익을 받을 당사자의 방해행위가 고의에 의한 경우만이 아니라 **과실에 의한 경우**에도 신의성실에 반하여 조건의 성취를 방해한 때에 해당한다 할 것이므로, 그 상대방은 민법 제150조 제1항의 규정에 의하여 그 조건이 성취된 것으로 주장할 수 있다(대판 1998.12.22. 98다42356).

[❹ ▸ ×] 기한부 법률행위는 기한이 도래한 때로부터 그 효력이 생기거나 잃는 것이 그 본질이므로(민법 제152조), 당사자의 특약으로도 기한도래의 소급효를 인정할 수 없다. 반면 조건부 법률행위의 경우, 당사자가 조건성취의 효력을 그 성취 전에 소급하게 할 의사를 표시한 때에는 그 의사에 의한다(민법 제147조 제3항).

[❺ ▸ O] 조건은 법률행위의 효력의 발생 또는 소멸을 장래의 불확실한 사실의 성부에 의존케 하는 법률행위의 부관으로서 당해 법률행위를 구성하는 의사표시의 일체적인 내용을 이루는 것이므로, 의사표시의 일반원칙에 따라 조건을 붙이고자 하는 의사 즉 조건의사와 그 표시가 필요하며, 조건의사가 있더라도 그것이 외부에 표시되지 않으면 법률행위의 동기에 불과할 뿐이고 그것만으로는 법률행위의 부관으로서의 조건이 되는 것은 아니다(대판 2003.5.13. 2003다10797).

핵심정리

법률행위의 조건과 기한

① 기한이익 상실특약 → 특별한 사정이 없는 한 형성권적 기한이익 상실특약으로 추정 O
② 당사자가 불확정한 사실이 발생한 때를 이행기한으로 정한 경우 → 그 불확정한 사실이 발생한 때는 물론 불확정한 사실의 발생이 불가능하게 된 때에도 기한이 도래한 것 O
③ 조건의 성취로 인하여 불이익을 받을 당사자가 과실로 신의성실에 반하여 조건의 성취를 방해한 때 → 상대방은 그 조건이 성취한 것으로 주장 가능 O
④ 기한부 법률행위에서 기한도래의 효력 → 당사자의 특약으로 기한도래 전으로 소급효 인정 ×

⑤ 법률행위의 부관으로서 조건의 성립요건
→ 조건의사와 그 표시가 필요 ○
→ 조건의사가 있더라도 그것이 외부에 표시되지 않으면 원칙적으로 법률행위의 동기에 불과

답 ❺

228 조건에 관한 설명으로 옳지 않은 것은?(다툼이 있는 경우에는 판례에 의함) 14 행정사 제2회

□□□

① 조건은 법률행위의 효력의 발생 또는 소멸을 장래 발생이 확실한 사실에 의존시키는 법률행위의 부관이다.

② "행정사시험에 합격하면 자동차를 사주겠다."고 약속한 경우 약속 당시 이미 시험에 합격했다면, 이는 조건 없는 증여계약이다.

③ "내일 해가 서쪽에서 뜨면 자동차를 사주겠다."는 내용의 증여계약은 무효이다.

④ 혼인이나 입양 등 가족법상의 법률행위는 원칙적으로 조건과 친하지 않다.

⑤ 조건의 성취로 인하여 불이익을 받을 당사자가 신의성실에 반하여 조건의 성취를 방해한 때에는 상대방은 그 조건이 성취한 것으로 주장할 수 있다.

해설

[❶ ▸ ×] 조건은 법률행위의 효력의 발생 또는 소멸을 장래 발생이 불확실한 사실에 의존시키는 법률행위의 부관이다.

[❷ ▸ ○] "행정사시험에 합격하면 자동차를 사주겠다."고 약속한 경우 당시 이미 시험에 합격했다면, 정지조건이 법률행위의 당시 이미 성취된 경우이므로 조건 없는 증여계약에 해당한다(민법 제151조 제2항).

[❸ ▸ ○] "내일 해가 서쪽에서 뜨면 자동차를 사주겠다."는 내용의 증여계약은 정지조건이 법률행위 당시에 이미 성취할 수 없는 경우(= 불능조건)이므로 이러한 내용의 증여계약은 무효이다(민법 제151조 제3항).

[❹ ▸ ○] 혼인이나 입양 등 가족법상의 법률행위는 그 효과가 확정적으로 발생할 것이 요구되는 경우이기 때문에 조건과 친하지 아니한 행위에 해당한다.

[❺ ▸ ○] 조건의 성취로 인하여 불이익을 받을 당사자가 신의성실에 반하여 조건의 성취를 방해한 때에는 상대방은 그 조건이 성취한 것으로 주장할 수 있다(민법 제150조 제1항).

핵심정리

법률행위의 조건

① 조건 → 법률행위의 효력의 발생·소멸을 장래 발생이 불확실한 사실에 의존시키는 법률행위의 부관

② "행정사시험에 합격하면 자동차를 사주겠다."고 했으나 이미 시험에 합격한 경우
→ 정지조건부 증여계약이나, 이미 조건이 성취된 경우에 해당 : 조건 없는 증여계약 ○

③ "내일 해가 서쪽에서 뜨면 자동차를 사주겠다."고 한 경우
→ 정지조건부 증여계약이나, 성취할 수 없는 불능조건에 해당 : 증여계약은 무효 ○

④ 혼인이나 입양 등 가족법상의 법률행위 → 조건과 친하지 않은 법률행위

⑤ 조건성취로 불이익을 받을 자가 성취를 방해한 경우 → 상대방은 조건의 성취 주장 ○

답 ❶

229 조건이나 기한에 관한 설명으로 옳지 않은 것은? 13 행정사 제1회

□□□

① 당사자가 조건 성취의 효력을 그 성취 전에 소급하게 할 의사를 표시한 때에는 그 의사에 의한다.

② 기한의 이익은 당사자의 특약이나 법률행위의 성질상 분명하지 않으면 채권자를 위한 것으로 추정한다.

③ 해제조건이 법률행위 당시 이미 성취될 수 없는 것이면 조건 없는 법률행위로 한다.

④ 조건이 사회질서에 위반한 것인 때에는 그 법률행위는 무효로 한다.

⑤ 조건의 성취가 미정한 권리는 일반규정에 의하여 처분할 수 있다.

해설

[❶ ▸ O] 당사자가 조건성취의 효력을 그 성취 전에 소급하게 할 의사를 표시한 때에는 그 의사에 의한다(민법 제147조 제3항).

[❷ ▸ ×] 기한은 채무자의 이익을 위한 것으로 추정한다(민법 제153조 제1항).

[❸ ▸ O] 조건이 법률행위의 당시에 이미 성취할 수 없는 것인 경우에는 그 조건이 해제조건이면 조건 없는 법률행위로 한다(민법 제151조 제3항).

[❹ ▸ O] 조건이 선량한 풍속 기타 사회질서에 위반한 것인 때에는 그 법률행위는 무효로 한다(민법 제151조 제1항).

[❺ ▸ O] 조건의 성취가 미정한 권리의무는 일반규정에 의하여 처분, 상속, 보존 또는 담보로 할 수 있다(민법 제149조).

핵심정리

법률행위의 조건과 기한

① 당사자가 조건 성취의 효력을 소급하게 할 의사를 표시한 경우 → 소급효 O

② 기한의 이익 → 채무자의 이익을 위한 것으로 추정

③ 해제조건부 법률행위의 조건이 불능조건인 경우 → 조건 없는 법률행위 O

④ 조건이 선량한 풍속 기타 사회질서에 위반한 경우 → 법률행위 무효 O

⑤ 조건의 성취가 미정인 권리의무 → 일반규정에 의하여 처분 가능

답 ❷

230 법률행위의 조건과 기한에 관한 설명으로 옳지 않은 것은?(다툼이 있으면 판례에 따름) 24 행정사 제12회

□□□

① 기한의 이익은 특약이나 법률행위의 성질로 분명하지 아니한 경우에는 채무자를 위한 것으로 추정한다.

② 채무자가 담보를 손상하게 한 때에 그는 기한의 이익을 주장하지 못한다.

③ 조건 있는 법률행위의 당사자는 조건의 성부가 미정한 동안에는 조건의 성취로 인하여 생길 상대방의 이익을 해하지 못한다.

④ 2024년 4월에 '2024년 제12회 행정사 시험에 응시하여 최종 합격하면 자동차를 사준다'는 법률행위를 한 경우, 이는 특별한 사정이 없는 한 정지조건부 법률행위이다.

⑤ 불법조건이 붙은 법률행위는 그 조건만 무효이다.

해설

[❶ ▸ O] 기한의 이익이란 기한이 도래하지 않음으로써 당사자가 받는 이익을 말한다. 기한의 이익은 채권자만 가지는 경우도 있고(예 무상임치계약), 채무자만 가지는 경우도 있고(예 무이자부 금전소비대차계약), 채권자・채무자 쌍방이 가지는 경우도 있다(예 이자부 금전소비대차계약). 민법은 당사자의 특약이나 법률행위의 성질상 분명하지 않으면 **기한의 이익은 채무자를 위한 것으로 추정한다**(민법 제153조 제1항).

[❷ ▸ O] 민법 제388조 제1호

> **민법 제388조(기한의 이익의 상실)** 채무자는 다음 각 호의 경우에는 기한의 이익을 주장하지 못한다.
> 1. 채무자가 담보를 손상, 감소 또는 멸실하게 한 때
> 2. 채무자가 담보제공의 의무를 이행하지 아니한 때

[❸ ▸ O] 민법 제148조

> **민법 제148조(조건부권리의 침해금지)** 조건있는 법률행위의 당사자는 조건의 성부가 미정한 동안에 조건의 성취로 인하여 생길 상대방의 이익을 해하지 못한다.

[❹ ▸ O] 정지조건은 그 조건이 성취되면 법률행위의 효력이 발생하는 조건을 말하고(민법 제147조 제1항), 해제조건은 그 조건이 성취되면 법률행위의 효력이 소멸하는 조건을 말한다(민법 제147조 제2항). 따라서 2024년 4월에 '2024년 제12회 행정사 시험에 응시하여 최종 합격하면 자동차를 사준다'는 법률행위를 한 경우, 이는 특별한 사정이 없는 한 정지조건부 법률행위이다.

[❺ ▸ ×] 선량한 풍속 기타 사회질서에 위반한 조건이 불법조건이다. 불법조건이 붙은 경우에 그 조건만이 무효인 것이 아니라 그 법률행위 전부가 무효로 된다(민법 제151조 제1항).

> 조건부 법률행위에 있어 조건의 내용 자체가 불법적인 것이어서 무효일 경우 또는 조건을 붙이는 것이 허용되지 아니하는 법률행위에 조건을 붙인 경우 그 조건만을 분리하여 무효로 할 수는 없고 그 법률행위 전부가 무효로 된다(대결 2005.11.8. 2005마541).

핵심정리

법률행위의 조건과 기한

① 기한의 이익
  → 당사자의 특약이나 법률행위의 성질상 분명하지 않으면 채무자를 위한 것으로 추정 O

② 채무자의 기한의 이익 상실사유
  → 채무자가 담보를 손상, 감소 또는 멸실하게 한 때
  → 채무자가 담보제공의 의무를 이행하지 아니한 때

③ 조건부권리의 침해 금지
  → 조건 있는 법률행위의 당사자는 조건의 성부가 미정한 동안에는 조건의 성취로 인하여 생길 상대방의 이익 침해 ×

④ 2024년 4월에 '2024년 제12회 행정사 시험에 응시하여 최종 합격하면 자동차를 사준다'는 법률행위를 한 경우 → 정지조건부 법률행위 O

⑤ 불법조건이 붙은 법률행위 → 조건뿐만 아니라 법률행위도 무효 O

답 ❺

231 조건과 기한에 관한 설명으로 옳은 것은? 20 행정사 제8회

□□□

① 기한은 채권자의 이익을 위한 것으로 본다.
② 정지조건은 법률행위 효력의 발생을 장래의 확실한 사실에 의존케 하는 조건이다.
③ 해제조건은 법률행위 효력의 발생을 장래의 불확실한 사실에 의존케 하는 조건이다.
④ 불법조건이 붙은 법률행위는 원칙적으로 불법조건을 제외한 나머지는 유효하다.
⑤ 시기 있는 법률행위는 기한이 도래한 때로부터 그 효력이 생긴다.

해설

[❶ ▸ ×] 기한은 채무자의 이익을 위한 것으로 추정한다(민법 제153조 제1항).
[❷ ▸ ×] 정지조건은 법률행위 효력의 발생을 장래의 불확실한 사실에 의존케 하는 조건이다.
[❸ ▸ ×] 해제조건은 법률행위 효력의 소멸을 장래의 불확실한 사실에 의존케 하는 조건이다.
[❹ ▸ ×] 조건이 선량한 풍속 기타 사회질서에 위반한 것인 때에는 그 법률행위는 무효로 한다(민법 제151조 제1항).
[❺ ▸ ○] 시기 있는 법률행위는 기한이 도래한 때로부터 그 효력이 생긴다(민법 제152조 제1항).

핵심정리

법률행위의 조건과 기한
① 기한의 이익 → 채무자의 이익을 위한 것으로 추정
② 정지조건 → 법률행위 효력의 '발생'을 장래의 불확실한 사실에 의존케 하는 조건
③ 해제조건 → 법률행위 효력의 '소멸'을 장래의 불확실한 사실에 의존케 하는 조건
④ 불법조건이 붙은 법률행위 → 조건부 법률행위 자체가 무효 ○
⑤ 시기 있는 법률행위 → 기한이 도래한 때로부터 효력 ○

답 ❺

232 조건에 관한 설명으로 옳지 않은 것은? 17 행정사 제5회

□□□

① 조건의 성취가 미정인 권리의무는 일반규정에 의하여 처분, 상속, 보존 또는 담보로 할 수 있다.
② 조건이 선량한 풍속 기타 사회질서에 위반한 것인 때에는 그 법률행위는 무효로 한다.
③ 당사자가 조건 성취 전에 특별한 의사표시를 하지 않으면 조건성취의 효력은 소급효가 없다.
④ 해제조건부 법률행위의 경우 법률행위 당시 조건이 이미 성취할 수 없는 것인 때에는 그 법률행위는 무효이다.
⑤ 조건부 법률행위의 당사자는 조건의 성부가 미정인 동안에 조건의 성취로 인하여 생길 상대방의 이익을 해하지 못한다.

해설

[❶ ▸ ○] 조건의 성취가 미정한 권리의무는 일반규정에 의하여 처분, 상속, 보존 또는 담보로 할 수 있다(민법 제149조).
[❷ ▸ ○] 조건이 선량한 풍속 기타 사회질서에 위반한 것인 때에는 그 법률행위는 무효로 한다(민법 제151조 제1항).
[❸ ▸ ○] 정지조건 있는 법률행위는 조건이 성취한 때로부터 그 효력이 생긴다. 당사자가 조건성취의 효력을 그 성취 전에 소급하게 할 의사를 표시한 때에는 그 의사에 의한다(민법 제147조 제1항, 제3항).
[❹ ▸ ×] 조건이 법률행위의 당시에 이미 성취할 수 없는 것인 경우에는 그 조건이 해제조건이면 조건 없는 법률행위로 한다(민법 제151조 제3항).
[❺ ▸ ○] 조건 있는 법률행위의 당사자는 조건의 성부가 미정한 동안에 조건의 성취로 인하여 생길 상대방의 이익을 해하지 못한다(민법 제148조).

> **핵심정리** **법률행위의 조건**
> ① 조건의 성취가 미정인 권리의무 ⇢ 일반규정에 의하여 처분, 상속, 보존 또는 담보로 할 수 있음
> ② 조건이 선량한 풍속 기타 사회질서에 위반한 경우 ⇢ 조건부 법률행위 자체가 무효 O
> ③ 조건 성취 전에 특별한 의사표시를 하지 않은 경우 ⇢ 조건성취의 효력은 소급효 ×
> ④ 해제조건부 법률행위의 조건이 불능조건인 경우 ⇢ 조건 없는 법률행위 O
> ⑤ 조건부 법률행위의 당사자 ⇢ 조건의 성부가 미정인 동안에 상대방의 이익 침해 ×

답 ❹

233 법률행위의 조건과 기한에 관한 설명으로 옳지 않은 것은?(다툼이 있으면 판례에 따름)

□□□

15 행정사 제3회

① 기한의 이익은 포기할 수 있지만, 상대방의 이익을 해하지 못한다.
② 정지조건 있는 법률행위는 조건이 성취한 때로부터 그 효력을 잃는다.
③ 조건의 성취가 미정한 권리의무는 일반규정에 의하여 처분, 상속, 보존 또는 담보로 할 수 있다.
④ 조건부 법률행위에 있어 조건의 내용 자체가 불법적인 것이어서 무효일 경우, 그 조건만을 분리하여 무효로 할 수 없다.
⑤ 불확정한 사실이 발생한 때를 이행기한으로 정한 경우, 그 사실이 발생한 때뿐만 아니라 발생이 불가능하게 된 때에도 이행기한은 도래한 것으로 보아야 한다.

해설

[❶ ▸ O] 기한의 이익은 이를 포기할 수 있다. 그러나 상대방의 이익을 해하지 못한다(민법 제153조 제2항).
[❷ ▸ ×] 정지조건 있는 법률행위는 조건이 성취한 때로부터 그 효력이 생긴다(민법 제147조 제1항).
[❸ ▸ O] 조건의 성취가 미정한 권리의무는 일반규정에 의하여 처분, 상속, 보존 또는 담보로 할 수 있다(민법 제149조). "담보로 할 수 있다"의 의미는 조건부 권리를 위해 담보를 설정할 수 있다는 뜻이다. 조건부 권리를 담보로 제공하는 것은 "처분"에 해당하기 때문이다.
[❹ ▸ O] 조건부 법률행위에 있어 조건의 내용 자체가 불법적인 것이어서 무효일 경우 또는 조건을 붙이는 것이 허용되지 아니하는 법률행위에 조건을 붙인 경우 그 조건만을 분리하여 무효로 할 수는 없고 그 법률행위 전부가 무효로 된다(대결 2005.11.8. 2005마541).
[❺ ▸ O] 당사자가 불확정한 사실이 발생한 때를 이행기한으로 정한 경우, 그 사실이 발생한 때는 물론 그 사실의 발생이 불가능하게 된 때에도 그 이행기한은 도래한 것으로 보아야 한다(대판 2007.5.10. 2005다67353).

> **핵심정리** **법률행위의 조건과 기한**
> ① 기한의 이익 ⇢ 포기할 수 있지만 상대방의 이익 침해 ×
> ② 정지조건 있는 법률행위 ⇢ 조건이 성취한 때로부터 효력 O
> ③ 조건의 성취가 미정인 권리의무 ⇢ 일반규정에 의하여 처분, 상속, 보존 또는 담보로 할 수 있음
> ④ 조건 자체가 불법적인 것이어서 무효일 경우 ⇢ 법률행위 전부가 무효 O
> ⑤ 불확정한 사실이 발생한 때를 이행기한으로 정한 경우 ⇢ 사실이 발생한 때뿐만 아니라 발생이 불가능하게 된 때에도 이행기한이 도래한 것 O

답 ❷

234 법률행위의 조건과 기한에 관한 설명으로 옳지 않은 것은?(다툼이 있으면 판례에 따름)

□□□

19 행정사 제7회

① 기한부 권리는 일반규정에 의하여 처분할 수 있다.

② 조건 있는 법률행위의 당사자는 조건의 성부가 미정한 동안에 조건의 성취로 인하여 생길 상대방의 이익을 해하지 못한다.

③ 해제조건 있는 법률행위는 조건이 성취한 때로부터 그 효력을 잃지만, 당사자의 의사에 따라 이를 소급하게 할 수 있다.

④ 시기 있는 법률행위는 기한이 도래한 때로부터 그 효력이 생긴다.

⑤ 부첩관계의 종료를 해제조건으로 하는 증여계약에서 그 조건은 무효이므로 그 증여계약은 조건 없는 법률행위가 된다.

해설

[❶ ▸ O] 기한의 성취가 미정인 권리의무는 일반규정에 의하여 처분, 상속, 보존 또는 담보로 할 수 있다(민법 제154조, 제149조).

[❷ ▸ O] 조건 있는 법률행위의 당사자는 조건의 성부가 미정한 동안에 조건의 성취로 인하여 생길 상대방의 이익을 해하지 못한다(민법 제148조).

[❸ ▸ O] 해제조건 있는 법률행위는 조건이 성취한 때로부터 그 효력을 잃는다. 당사자가 조건성취의 효력을 그 성취 전에 소급하게 할 의사를 표시한 때에는 그 의사에 의한다(민법 제147조 제2항, 제3항).

[❹ ▸ O] 시기 있는 법률행위는 기한이 도래한 때로부터 그 효력이 생긴다(민법 제152조 제1항).

[❺ ▸ X] 부첩관계인 부부생활의 종료를 해제조건으로 하는 증여계약은 그 조건만이 무효인 것이 아니라 증여계약 자체가 무효이다(대판 1966.6.21. 66다530).

핵심정리

법률행위의 조건과 기한

① 기한부 권리 → 일반규정에 의하여 처분 O

② 조건부 법률행위의 당사자 → 조건의 성부가 미정인 동안에 상대방의 이익 침해 ×

③ 해제조건 있는 법률행위

→ 원칙 : 조건이 성취한 때로부터 그 효력 상실 O (장래효 O)

→ 예외 : 당사자의 의사에 따라 소급효 O

④ 시기 있는 법률행위 → 기한이 도래한 때로부터 효력 O

⑤ 부첩관계의 종료를 해제조건으로 하는 증여계약 → 증여계약 자체가 무효 O

답 ❺

235 법률행위의 조건과 기한에 관한 설명으로 옳은 것은?(다툼이 있으면 판례에 따름)

□□□

16 행정사 제4회

① 조건성취로 불이익을 받을 자가 고의가 아닌 과실로 신의성실에 반하여 조건의 성취를 방해한 경우, 상대방은 조건이 성취된 것으로 주장할 수 없다.

② 정지조건이 성취되면 법률효과는 그 성취된 때로부터 발생하며, 당사자의 의사로 이를 소급시킬 수 없다.

③ 조건이 선량한 풍속 기타 사회질서에 위반한 것인 때에는 그 조건은 무효로 되지만 그 조건이 붙은 법률행위가 무효로 되는 것은 아니다.

④ "3년 안에 甲이 사망하면 현재 甲이 사용 중인 乙소유의 자전거를 乙이 丙에게 증여한다"는 계약은 조건부 법률행위이다.

⑤ 조건의 성취가 미정한 권리는 일반규정에 의하여 처분할 수 없다.

해설

[❶ ▸ ×] 조건의 성취로 인하여 불이익을 받을 당사자가 신의성실에 반하여 조건의 성취를 방해한 때에는 상대방은 그 조건이 성취한 것으로 주장할 수 있다(민법 제150조 제1항). 고의뿐만 아니라 **과실**에 의하여 조건성취를 방해한 경우에도 신의성실에 반하여 조건의 성취를 방해한 때에 해당한다(대판 1998.12.22. 98다42356).

> 상대방이 하도급받은 부분에 대한 공사를 완공하여 준공필증을 제출하는 것을 정지조건으로 하여 공사대금채무를 부담하거나 위 채무를 보증한 사람은 위 조건의 성취로 인하여 불이익을 받을 당사자의 지위에 있다고 할 것이므로, 이들이 위 공사에 필요한 시설을 해주지 않았을 뿐만 아니라 공사장에의 출입을 통제함으로써 위 상대방으로 하여금 나머지 공사를 수행할 수 없게 하였다면, 그것이 고의에 의한 경우만이 아니라 과실에 의한 경우에도 신의성실에 반하여 조건의 성취를 방해한 때에 해당한다고 할 것이므로, 그 상대방은 민법 제150조 제1항의 규정에 의하여 위 공사대금채무자 및 보증인에 대하여 그 조건이 성취된 것으로 주장할 수 있다고 한 사례(대판 1998.12.22. 98다42356).

[❷ ▸ ×] 정지조건 있는 법률행위는 조건이 성취한 때로부터 그 효력이 생긴다. 당사자가 조건성취의 효력을 그 성취 전에 소급하게 할 의사를 표시한 때에는 그 의사에 의한다(민법 제147조 제1항, 제3항).

[❸ ▸ ×] 조건이 선량한 풍속 기타 사회질서에 위반한 것인 때에는 그 법률행위는 무효로 한다(민법 제151조 제1항). 즉, 조건만 무효인 것이 아니라 조건부 법률행위 자체가 무효이다.

[❹ ▸ ○] "3년 안에 甲이 사망하면 현재 甲이 사용 중인 乙소유의 자전거를 乙이 丙에게 증여한다"는 계약은 甲의 사망을 정지조건으로 하는 정지조건부 법률행위로 이해하여야 한다.

[❺ ▸ ×] 조건의 성취가 미정한 권리의무는 일반규정에 의하여 처분, 상속, 보존 또는 담보로 할 수 있다(민법 제149조).

핵심정리

법률행위의 조건과 기한

① 조건성취로 불이익을 받을 자가 과실로 신의성실에 반하여 조건성취를 방해한 경우
 → 상대방은 조건이 성취된 것으로 주장 가능 ○

② 정지조건 있는 법률행위
 → 원칙 : 조건이 성취한 때로부터 그 효력 발생 ○ (장래효 ○)
 → 예외 : 당사자의 의사에 따라 소급효 ○

③ 조건이 선량한 풍속 기타 사회질서에 위반한 경우 → 법률행위 무효 ○

④ "3년 안에 甲이 사망하면 자전거를 丙에게 증여한다"는 계약 → 정지조건부 법률행위

⑤ 조건의 성취가 미정한 권리 → 일반규정에 의하여 처분 가능 ○

답 ❹

236 법률행위의 부관에 관한 설명으로 옳은 것은?

□□□

24 행정사 제12회

① 정지조건 있는 법률행위는 조건이 성취한 때로부터 그 효력을 잃는다.
② 조건이 법률행위의 당시에 이미 성취할 수 없는 불능조건인 경우에는 그 조건이 해제조건이면 그 법률행위는 무효로 한다.
③ 종기(終期) 있는 법률행위는 기한이 도래한 때로부터 그 효력이 생긴다.
④ 기한의 이익이 상대방에게도 있는 경우에 당사자 일방은 그 상대방의 손해를 배상하고 기한의 이익을 포기할 수 있다.
⑤ 조건의 성취가 미정한 권리의무는 일반규정에 의하여 처분, 상속 또는 담보로 할 수 없다.

해설

[❶ ▸ ×] 정지조건 있는 법률행위는 조건이 성취한 때로부터 그 효력을 생긴다(민법 제147조 제1항).

> **민법 제147조(조건성취의 효과)** ① 정지조건 있는 법률행위는 조건이 성취한 때로부터 그 효력이 생긴다.
> ② 해제조건 있는 법률행위는 조건이 성취한 때로부터 그 효력을 잃는다.
> ③ 당사자가 조건성취의 효력을 그 성취전에 소급하게 할 의사를 표시한 때에는 그 의사에 의한다.

[❷ ▸ ×] 조건이 법률행위의 당시에 이미 성취할 수 없는 불능조건인 경우에는 그 조건이 해제조건이면 조건 없는 법률행위로 한다(민법 제151조 제3항).

> **민법 제151조(불법조건, 기성조건)** ① 조건이 선량한 풍속 기타 사회질서에 위반한 것인 때에는 그 법률행위는 무효로 한다.
> ② 조건이 법률행위의 당시 이미 성취한 것인 경우에는 그 조건이 정지조건이면 조건 없는 법률행위로 하고 해제조건이면 그 법률행위는 무효로 한다.
> ③ 조건이 법률행위의 당시에 이미 성취할 수 없는 것인 경우에는 그 조건이 해제조건이면 조건 없는 법률행위로 하고 정지조건이면 그 법률행위는 무효로 한다.

[❸ ▸ ×] 시기(始期) 있는 법률행위는 기한이 도래한 때로부터 그 효력이 생긴다. 종기(終期) 있는 법률행위는 기한이 도래한 때로부터 그 효력을 잃는다(민법 제152조).

[❹ ▸ ○] **기한의 이익은 포기할 수 있으나,** 상대방의 이익을 해하지 못한다(민법 제153조 제2항). 변제기 전이라도 채무자는 변제할 수 있으나, **상대방의 손해는 배상하여야 한다**(민법 제468조). 채무의 변제는 제3자도 할 수 있으나(민법 제469조 제1항 본문), 그 경우에도 급부행위는 채무내용에 좇은 것이어야 한다(민법 제460조). 채권자와 채무자 모두가 기한의 이익을 갖는 이자부 금전소비대차계약 등에 있어서, 채무자가 변제기로 인한 기한의 이익을 포기하고 변제기 전에 변제하는 경우 변제기까지의 약정이자 등 **채권자의 손해를 배상하여야** 하고, 이러한 약정이자 등 손해액을 함께 제공하지 않으면 채무의 내용에 따른 변제제공이라고 볼 수 없으므로, 채권자는 수령을 거절할 수 있다. 이는 제3자가 변제하는 경우에도 마찬가지이다(대판 2023.4.13. 2021다305338).

[❺ ▸ ×] 조건의 성취가 미정한 권리의무는 일반규정에 의하여 처분, 상속, 보존 또는 담보로 할 수 있다(민법 제149조).

> **핵심정리**
>
> **법률행위의 부관(조건과 기한)**
>
> ① 정지조건과 해제조건
> → 정지조건 있는 법률행위 : 조건이 성취한 때로부터 그 효력 발생
> → 해제조건 있는 법률행위 : 조건이 성취한 때로부터 그 효력 소멸
>
> ② 기성조건과 불능조건 (두 기·해·무/불·정·무)
> → 기성 조건 : 정지조건이면 조건 없는 법률행위/해제조건이면 그 법률행위는 무효
> → 불능 조건 : 정지조건이면 그 법률행위는 무효/해제조건이면 조건 없는 법률행위

③ 기한도래의 효과
→ 시기(始期) 있는 법률행위 : 기한이 도래한 때로부터 법률행위 효력 발생
→ 종기(終期) 있는 법률행위 : 기한이 도래한 때로부터 법률행위 효력 소멸
④ 기한의 이익이 상대방에게도 있는 경우 → 상대방의 손해를 배상하고 기한의 이익 포기 O
⑤ 조건의 성취가 미정한 권리의무 → 처분, 상속, 보존 또는 담보로 할 수 있음

답 ❹

237 조건과 기한에 관한 설명으로 옳지 않은 것은?(다툼이 있으면 판례에 따름) 18 행정사 제6회

□□□

① 조건이란 법률행위 효력의 발생 또는 소멸을 장래 발생할 것이 확실한 사실에 의존하게 하는 법률행위의 부관을 말한다.
② 조건의 성취로 이익을 받을 당사자가 신의성실에 반하여 조건을 성취시킨 경우, 상대방은 그 조건이 성취하지 아니한 것으로 주장할 수 있다.
③ 조건이 법률행위 당시 이미 성취한 것인 경우, 그 조건이 정지조건이면 조건 없는 법률행위로 한다.
④ 종기(終期) 있는 법률행위는 기한이 도래한 때로부터 그 효력을 잃는다.
⑤ 기한은 채무자의 이익을 위한 것으로 추정한다.

해설

[❶ ▸ X] 조건이란 법률행위 효력의 발생 또는 소멸을 장래 발생할 것이 **불확실한** 사실에 의존하게 하는 법률행위의 부관을 말한다.
[❷ ▸ O] 조건의 성취로 인하여 이익을 받을 당사자가 신의성실에 반하여 조건을 성취시킨 때에는 상대방은 그 조건이 성취하지 아니한 것으로 주장할 수 있다(민법 제150조 제2항).
[❸ ▸ O] 조건이 법률행위의 당시 이미 성취한 것인 경우에는 그 조건이 정지조건이면 조건 없는 법률행위로 한다(민법 제151조 제2항).
[❹ ▸ O] 종기 있는 법률행위는 기한이 도래한 때로부터 그 효력을 잃는다(민법 제152조 제2항).
[❺ ▸ O] 기한은 채무자의 이익을 위한 것으로 추정한다(민법 제153조 제1항).

핵심정리

법률행위의 조건과 기한
① 조건과 기한
→ 조건 : 법률행위의 효력의 발생·소멸을 장래 발생이 '불확실한 사실'에 의존시키는 법률행위의 부관
→ 기한 : 법률행위의 효력의 발생·소멸을 장래에 발생이 '확실한 사실'에 의존시키는 법률행위의 부관
② 조건의 성취로 이익을 받을 당사자가 신의성실에 반하여 조건을 성취시킨 경우 → 상대방은 조건이 성취하지 아니한 것으로 주장 O
③ 정지조건부 법률행위의 조건이 이미 성취된 기성조건인 경우 → 조건 없는 법률행위 O
④ 종기(終期) 있는 법률행위 → 기한이 도래한 때로부터 효력 소멸 O
⑤ 기한의 이익 → 채무자의 이익을 위한 것으로 추정

답 ❶

CHAPTER 06 기 간

238 민법상 기간에 관한 설명으로 옳지 않은 것은?(다툼이 있으면 판례에 따름) 22 행정사 제10회

□□□

① 연령 계산에는 출생일을 산입한다.
② 기간의 초일(初日)이 공휴일에 해당한 때에는 기간은 그 익일부터 기산한다.
③ 기간을 시, 분, 초로 정한 때에는 즉시로부터 기산한다.
④ 기간을 주, 월 또는 연으로 정한 때에는 역(曆)에 의하여 계산한다.
⑤ 기간을 일, 주, 월로 정한 때에는 그 기간이 오전 영(零)시로부터 시작하는 때가 아니면 기간의 초일은 산입하지 않는다.

해설

[❶ ▸ O] 나이는 출생일을 산입하여 만(滿) 나이로 계산하고, 연수(年數)로 표시한다. 다만, 1세에 이르지 아니한 경우에는 월수(月數)로 표시할 수 있다(민법 제158조).

[❷ ▸ X] 기간의 초일이 공휴일이라 하더라도 그 기간은 초일부터 기산한다(대판 1982.2.23. 81누204).

> 민법 제161조가 정하는 기간의 말일이 공휴일에 해당한 때에는 기간은 그 익일로 만료한다는 규정의 취지는 명문이 정하는 바와 같이 기간의 말일이 공휴일인 경우를 정하는 것이고, 이는 기간의 만료일이 공휴일에 해당함으로써 발생할 불이익을 막자고 함에 그 뜻이 있는 것이므로 기간 기산의 초일은 이의 적용이 없다고 풀이 하여야 할 것이다(대판 1982.2.23. 81누204).

[❸ ▸ O] 기간을 시, 분, 초로 정한 때에는 즉시로부터 기산한다(민법 제156조).

[❹ ▸ O] 기간을 주, 월 또는 연으로 정한 때에는 역(曆)에 의하여 계산한다(민법 제160조 제1항).

[❺ ▸ O] 기간을 일, 주, 월 또는 연으로 정한 때에는 기간의 초일은 산입하지 아니한다. 그러나 그 기간이 오전 영(0)시로부터 시작하는 때에는 그러하지 아니하다(민법 제157조).

답 ❷

239 민법상 기간에 관한 설명으로 옳지 않은 것은?(다툼이 있으면 판례에 따름) 24 행정사 제12회

□□□

① 내년 6월 1일부터 '4일 동안'이라고 하는 경우에 그 기산점은 내년 6월 1일이다.
② 기간을 시(時)로 정한 때에는 즉시로부터 기산한다.
③ 정년이 60세라고 하는 것은 특별한 사정이 없으면 만60세가 만료되는 날을 말한다.
④ 1세에 이른 사람의 나이는 출생일을 산입하여 만(滿) 나이로 계산하고 연수(年數)로 표시한다.
⑤ 어느 기간의 말일인 6월 4일이 토요일이고 6월 6일이 공휴일인 경우, 그 기간은 6월 7일에 만료한다.

해설

[❶ ▸ O] 기간을 일, 주, 월 또는 연으로 정한 때에는 기간의 초일은 산입하지 아니한다. 그러나 그 기간이 오전 영시로부터 시작하는 때에는 그러하지 아니하다(민법 제157조). 내년 6월 1일부터 '4일 동안'이라고 하는 경우처럼 미래의 일정 시점을 기간의 시작 기준으로 하는 경우, 그 기간은 오전 영(0)시로부터 시작하므로 초일을 산입하여야 한다. 따라서 그 기산점은 내년 6월 1일이다.

[❷ ▸ O] 기간을 시(時), 분(分), 초(秒)로 정한 때에는 즉시로부터 기산한다(민법 제156조).

[❸ ▸ ×] **정년이 60세라 함은 만 60세에 도달하는 날을 의미**하는 것이지, 만 60세가 만료하는 날을 의미하는 것이 아니다(대판 1973.6.12. 71다2669).

> 원심은 피고 공사의 정년이 53세라 함은 '만 53세가 만료되는 날'을 의미한다고 볼 것이라 하여 이것을 전제로 하여 수익불능으로 인한 손해 퇴직금, 상여금 등을 계산하고 있다. 그러나 피고 공사에 피용된 채탄부의 정년이 53세라 함은 '만 53세에 도달하는 날'을 말하는 것이라고 보는 것이 상당하므로 이와 반대의 입장에서 풀이하고 있는 원심은 잘못되었다 할 것이다(대판 1973.6.12. 71다2669).

[❹ ▸ O] 나이는 출생일을 산입하여 만(滿) 나이로 계산하고, 연수(年數)로 표시한다. 다만, 1세에 이르지 아니한 경우에는 월수(月數)로 표시할 수 있다(민법 제158조). 즉 1세에 이른 사람의 나이는 출생일을 산입하여 만(滿) 나이로 계산하고 연수(年數)로 표시한다.

[❺ ▸ O] 기간을 **일**, 주, 월 또는 연으로 정한 때에는 기간 말일의 종료로 기간이 만료한다(민법 제159조). **기간의 말일**이 **토요일** 또는 **공휴일**에 해당한 때에는 기간은 그 익일로 만료한다(민법 제161조). ☞ 어느 기간의 말일인 6월 4일이 토요일이고 6월 6일이 공휴일인 경우, (6월 5일 일요일도 공휴일이므로) 그 기간은 6월 7일에 만료한다.

핵심정리 **민법상 기간**

① 기간을 내년 6월 1일부터 '4일 동안'이라고 정한 경우
→ 기간이 오전 영(0)시로부터 시작하는 때에 해당 : 초일 산입 O (기산점은 내년 6월 1일)
② 기간을 시(時)로 정한 경우 → 즉시로부터 기산
③ 정년이 60세라는 의미 → 정년은 만 60세에 도달하는 날 (만 60세가 만료하는 날 ×)
④ 나이의 계산과 표시
→ 나이의 계산 : 출생일을 산입하여 만(滿) 나이로 계산
→ 나의 표시 : 연수(年數)로 표시 / 단, 1세에 이르지 아니한 경우 월수(月數)로 표시 가능
⑤ 기간의 말일이 토요일 또는 공휴일에 해당한 때 → 기간은 그 익일로 만료 O

답 ❸

240 2000년 5월 25일 오후 11시에 출생한 자가 성년이 되는 때는? 19 행정사 제7회

① 2018년 5월 25일 오후 11시
② 2019년 5월 25일 오전 0시
③ 2019년 5월 25일 오후 11시
④ 2020년 5월 25일 오전 0시
⑤ 2020년 5월 25일 오후 11시

해설

[❷ ▸ O] 사람은 19세로 성년에 이르게 되고(민법 제4조), 나이는 출생일을 산입하여 만(滿) 나이로 계산하고, 연수(年數)로 표시한다(민법 제158조). 따라서 2000년 5월 25일 오후 11시에 출생한 자의 성년이 되는 날을 계산하는 경우, 오전 0시를 기산점으로 하고(초일산입), 역(曆)에 의하여 19년의 기간이 만료되는 날인 2019년 5월 25일 오전 0시(2019년 5월 24일 오후 12시[=24시])에 성년이 된다.

답 ❷

241 □□□ 甲은 乙에게 1천만원을 빌려주면서 대여기간을 각 대여일로부터 1개월로 약정하였다. 민법의 기간에 관한 규정에 따를 때 변제기가 옳은 것을 모두 고른 것은?(8월 15일 외에는 평일을 전제로 함)

20 행정사 제8회

ㄱ. 대여일 : 1월 31일 14시, 변제기 : 2월 28일(윤년 아님) 24시
ㄴ. 대여일 : 3월 14일 17시, 변제기 : 4월 14일 17시
ㄷ. 대여일 : 7월 15일 17시, 변제기 : 8월 15일(공휴일)의 익일인 8월 16일 24시

① ㄷ
② ㄱ, ㄴ
③ ㄱ, ㄷ
④ ㄴ, ㄷ
⑤ ㄱ, ㄴ, ㄷ

해설

[ㄱ ▸ O] 1개월의 기산점은 초일불산입의 원칙에 따라 2월 1일 0시이고(민법 제157조), 만료점(변제기)은 2월 28일 24시가 된다(민법 제159조, 제160조 제1항·제3항).

민법 제160조(역에 의한 계산) ① 기간을 주, 월 또는 연으로 정한 때에는 역에 의하여 계산한다.
② 주, 월 또는 연의 처음으로부터 기간을 기산하지 아니하는 때에는 최후의 주, 월 또는 연에서 그 기산일에 해당한 날의 전일로 기간이 만료한다.
③ 월 또는 연으로 정한 경우에 최종의 월에 해당일이 없는 때에는 그 월의 말일로 기간이 만료한다.

[ㄴ ▸ X] 1개월의 기산점은 초일불산입의 원칙에 따라 3월 15일 0시이고(민법 제157조), 만료점(변제기)은 4월 14일 24시이다(민법 제159조, 제160조 제1항·제2항).
[ㄷ ▸ O] 1개월의 기산점은 초일불산입의 원칙에 따라 7월 16일 0시이고(민법 제157조), 만료점(변제기)인 8월 15일이 공휴일이기 때문에 익일인 8월 16일 24시이다(민법 제159조, 제160조 제1항·제2항, 제161조).

민법 제157조(기간의 기산점) 기간을 일, 주, 월 또는 연으로 정한 때에는 기간의 초일은 산입하지 아니한다. 그러나 그 기간이 오전 영시로부터 시작하는 때에는 그러하지 아니하다.

민법 제159조(기간의 만료점) 기간을 일, 주, 월 또는 연으로 정한 때에는 기간말일의 종료로 기간이 만료한다.

민법 제161조(공휴일 등과 기간의 만료점) 기간의 말일이 토요일 또는 공휴일에 해당한 때에는 기간은 그 익일로 만료한다.

답 ❸

242 기간에 관한 설명으로 옳지 않은 것은?(다툼이 있으면 판례에 따름) **21 행정사 제9회**

□□□

① 계약 기간의 기산점을 오는 7월 1일부터 기산하여 주(週)로 정한 때에는 기간의 초일은 산입하지 아니한다.

② 기간을 시(時)로 정한 때에는 즉시로부터 기산한다.

③ 기간을 월(月)로 정한 경우에 최종의 월에 해당일이 없는 때에는 그 월의 말일로 기간이 만료한다.

④ 기간의 말일이 토요일 또는 공휴일에 해당한 때에는 기간은 그 익일로 만료한다.

⑤ 정년이 60세라 함은 만 60세에 도달하는 날을 말하는 것이라고 보는 것이 상당하다.

해설

[❶ ▸ ×] 기간의 기산점을 '오는 7월 1일'처럼 미래의 일정 시점으로 하는 경우에는 초일을 산입하여 주(週)의 기간을 계산한다(민법 제157조).

[❷ ▸ ○] 기간을 시, 분, 초로 정한 때에는 즉시로부터 기산한다(민법 제156조).

[❸ ▸ ○] 월 또는 연으로 정한 경우에 최종의 월에 해당일이 없는 때에는 그 월의 말일로 기간이 만료한다(민법 제160조 제3항).

[❹ ▸ ○] 기간의 말일이 토요일 또는 공휴일에 해당한 때에는 기간은 그 익일로 만료한다(민법 제161조).

[❺ ▸ ○] 정년이 60세라 함은 만 60세에 도달하는 날을 의미하는 것이지, 만 60세가 만료하는 날을 의미하는 것이 아니다(대판 1973.6.12. 71다2669).

> 원심은 피고 공사의 정년이 53세라 함은 '만 53세가 만료되는 날'을 의미한다고 볼 것이라 하여 이것을 전제로 하여 수익불능으로 인한 손해 퇴직금, 상여금 등을 계산하고 있다. 그러나 피고 공사에 피용된 채탄부의 정년이 53세라 함은 '만 53세에 도달하는 날'을 말하는 것이라고 보는 것이 상당하므로 이와 반대의 입장에서 풀이하고 있는 원심은 잘못되었다 할 것이다(대판 1973.6.12. 71다2669).

핵심정리

민법상 기간

① 기산점을 오는 7월 1일부터 기산하여 주(週)로 정한 경우
→ 기간이 오전 영(0)시로부터 시작하는 때에 해당 : 초일 산입 ○

② 기간을 시(時)로 정한 경우 → 즉시로부터 기산

③ 기간을 월(月)로 정하였으나 최종의 월에 해당일이 없는 경우 → 그 월의 말일로 기간 만료

④ 기간의 말일이 토요일 또는 공휴일에 해당하는 경우 → 기간은 익일로 만료

⑤ 정년이 60세라는 의미 → 만 60세에 도달하는 날을 말하는 것

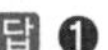

답 ❶

243 □□□

민법상 기간에 관한 설명으로 옳은 것은?(다툼이 있으면 판례에 따름) 23 행정사 제11회

① 2023년 6월 1일(목) 14시부터 2일간의 기간이 만료하는 때는 2023년 6월 4일 24시이다.
② 2023년 6월 1일(목) 16시부터 72시간의 기간이 만료하는 때는 2023년 6월 4일 16시이다.
③ 2023년 4월 1일(토) 09시부터 2개월의 기간이 만료하는 때는 2023년 6월 2일 24시이다.
④ 2004년 5월 16일(일) 오전 7시에 태어난 사람은 2023년 5월 16일 24시에 성년자가 된다.
⑤ 민법 제157조의 초일불산입의 원칙은 강행규정이므로 당사자의 합의로 달리 정할 수 없다.

해설

[❶ ▸ ×] 기간을 일, 주, 월 또는 연으로 정한 때에는 기간의 초일은 산입하지 아니한다. 그러나 그 기간이 오전 영시로부터 시작하는 때에는 그러하지 아니하다(민법 제157조). 기간을 일, 주, 월 또는 연으로 정한 때에는 기간 말일의 종료로 기간이 만료한다(민법 제159조). 기간의 말일이 토요일 또는 공휴일에 해당한 때에는 기간은 그 익일로 만료한다(민법 제161조). 따라서 2023년 6월 1일(목) 14시부터 2일간의 기간을 계산할 때는, 2023년 6월 2일(금)이 기산점이 되고(초일불산입, 민법 제157조 본문), 2일의 기간이 만료되는 날은 2023년 6월 3일(토) 24시이다(민법 제159조). 그러나 2023년 6월 3일은 토요일이고, 6월 4일은 공휴일(일요일)에 해당하므로 그 익일(다음 날)인 2023년 6월 5일(월) 24시로 기간이 만료한다(민법 제161조).

[❷ ▸ ○] 기간을 시, 분, 초로 정한 때에는 즉시로부터 기산한다(민법 제156조). 따라서 2023년 6월 1일(목) 16시부터 72시간의 기간이 만료하는 때는 2023년 6월 4일 16시이다[72시간 = 8시간(6월 1일) + 24시간(6월 2일) + 24시간(6월 3일) + 16시간(6월 4일)].

[❸ ▸ ×] 기간을 주, 월 또는 연으로 정한 때에는 역에 의하여 계산한다. 주, 월 또는 연의 처음으로부터 기간을 기산하지 아니하는 때에는 최후의 주, 월 또는 연에서 그 기산일에 해당한 날의 전일로 기간이 만료한다(민법 제160조). 기간을 일, 주, 월 또는 연으로 정한 때에는 기간의 초일은 산입하지 아니한다. 그러나 그 기간이 오전 영시로부터 시작하는 때에는 그러하지 아니하다(민법 제157조). 기간을 일, 주, 월 또는 연으로 정한 때에는 기간 말일의 종료로 기간이 만료한다(민법 제159조). 따라서 2023년 4월 1일(토) 09시부터 2개월의 기간을 계산할 때는 2023년 4월 2일(일)이 기산점이 되고(초일불산입, 민법 제157조 본문), 2개월의 기간이 만료되는 날은 2023년 6월 1일(목) 24시이다(민법 제160조 및 제159조).

[❹ ▸ ×] 나이는 출생일을 산입하여 만(滿) 나이로 계산하고, 연수(年數)로 표시한다. 다만, 1세에 이르지 아니한 경우에는 월수(月數)로 표시할 수 있다(민법 제158조). 한편, 사람은 19세로 성년에 이르게 된다(민법 제4조). 따라서 2004년 5월 16일(일) 오전 7시에 태어난 사람은 5월 16일(일)을 산입(출생일을 산입)하여, 19년의 기간이 만료되는 2023년 5월 15일 24시(또는 5월 16일 0시)에 성년자가 된다(민법 제159조).

[❺ ▸ ×] 민법 제157조는 "기간을 일, 주, 월 또는 년으로 정한 때에는 기간의 초일은 산입하지 아니한다"고 규정하여 초일불산입을 원칙으로 정하고 있으나, 민법 제155조에 의하면 법령이나 법률행위 등에 의하여 위 원칙과 달리 정하는 것도 가능하다(대판 2007.8.23. 2006다62942).

핵심정리

민법상 기간

① 기간의 말일이 토요일 또는 공휴일에 해당한 때 → 기간은 그 익일(다음 날)로 만료 ○
② 기간을 시, 분, 초로 정한 때 → 즉시로부터 기산 ○
③ 월의 처음부터 기간을 기산하지 않은 경우 → 최후의 월에서 그 기산일에 해당한 날의 전일로 기간 만료 ○
④ 민법상 성년의 계산
→ 나이는 출생일을 산입하여 만(滿) 나이로 계산하고, 연수(年數)로 표시
→ 사람은 19세로 성년
⑤ 민법 제157조의 초일불산입의 원칙 → 강행규정 × / 임의규정 ○ (당사자의 합의로 달리 정할 수 있음)

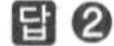
답 ❷

244 기간에 관한 설명으로 옳지 않은 것은?(다툼이 있으면 판례에 따름) 18 행정사 제6회

□□□

① 기간의 계산은 법령, 재판상의 처분 또는 법률행위에 다른 정한 바가 없으면 민법규정에 의한다.
② 연령이 아닌 기간 계산에서 기간을 월(月)로 정한 경우, 그 기간이 오전 0시로부터 시작하는 때에는 초일을 산입한다.
③ 기간의 초일이 공휴일이라 하더라도 그 기간은 초일부터 기산한다.
④ 기간을 주(週)로 정한 때에는 역(曆)에 의하여 계산한다.
⑤ 기간의 말일이 토요일인 때에는 기간은 그 전일로 만료한다.

해설

[❶ ▸ O] 기간의 계산은 법령, 재판상의 처분 또는 법률행위에 다른 정한 바가 없으면 민법의 규정에 의한다(민법 제155조).

[❷ ▸ O] 기간을 일, 주, 월 또는 연으로 정한 때에는 기간의 초일은 산입하지 아니한다. 그러나 그 기간이 오전 영시로부터 시작하는 때에는 초일은 산입한다(민법 제157조). 다만, 나이는 출생일을 산입하여 만(滿) 나이로 계산하고, 연수(年數)로 표시한다. 다만, 1세에 이르지 아니한 경우에는 월수(月數)로 표시할 수 있다(민법 제158조).

[❸ ▸ O] 기간의 초일이 공휴일이라 하더라도 그 기간은 초일부터 기산한다(대판 1982.2.23. 81누204).

[❹ ▸ O] 기간을 주, 월 또는 연으로 정한 때에는 역(曆)에 의하여 계산한다(민법 제160조 제1항).

[❺ ▸ ×] 기간의 말일이 토요일 또는 공휴일에 해당한 때에는 기간은 그 익일로 만료한다(민법 제161조).

핵심정리

민법상 기간

① 기간의 계산에 대해 법령, 재판상의 처분 또는 법률행위에 다른 정한 바가 없는 경우 → 민법규정 적용 O
② 연령(나이) 아닌 기간을 월(月)로 정하여 오전 0시로부터 시작하는 경우 → 초일 산입 O
③ 기간의 초일이 공휴일인 경우 → 초일부터 기산
④ 기간을 주(週)로 정한 경우 → 역(曆)에 의하여 계산
⑤ 기간의 말일이 토요일인 경우 → 기간은 익일(= 다음 날)로 만료

답 ❺

245 □□□ **민법상 기간에 관한 설명으로 옳은 것은?(다툼이 있으면 판례에 따름)** 17 행정사 제5회

① 기간이 오전 0시부터 시작하는 경우라고 하더라도 초일을 산입하지 않는다.
② 기간의 계산에 관하여 법률행위에서 다르게 정하고 있더라도 민법의 기간 계산방법이 우선한다.
③ 초일이 공휴일이라고 해서 다음 날부터 기간을 기산하는 것은 아니다.
④ 민법상 기간의 계산에 관한 규정은 공법관계에는 적용되지 않는다.
⑤ 주, 월 또는 연(年)의 처음으로부터 기간을 기산하지 아니하는 때에는 최후의 주, 월 또는 연(年)에서 그 기산일에 해당한 날로 기간이 만료한다.

해설

[❶ ▸ ×] 기간이 오전 영시로부터 시작하는 때에는 초일을 산입한다(민법 제157조 단서).
[❷ ▸ ×] 기간의 계산은 법령, 재판상의 처분 또는 법률행위에 다른 정한 바가 없으면 민법의 규정에 의한다(민법 제155조).
[❸ ▸ ○] 기간의 초일이 공휴일이라 하더라도 그 기간은 초일부터 기산한다(대판 1982.2.23. 81누204).

> 민법 제161조가 정하는 기간의 말일이 공휴일에 해당한 때에는 기간은 그 익일로 만료한다는 규정의 취지는 명문이 정하는 바와 같이 기간의 말일이 공휴일인 경우를 정하는 것이고, 이는 기간의 만료일이 공휴일에 해당함으로써 발생할 불이익을 막자고 함에 그 뜻이 있는 것이므로 기간 기산의 초일은 이의 적용이 없다고 풀이 하여야 할 것이다(대판 1982.2.23. 81누204).

[❹ ▸ ×] 민법상 기간의 계산에 관한 규정은 사법관계뿐만 아니라 **공법관계에도 적용**된다. 행정기본법에서도 행정에 관한 기간의 계산에 관하여는 행정기본법 또는 다른 법령등에 특별한 규정이 있는 경우를 제외하고는 민법을 준용한다고 규정하고 있다(행정기본법 제6조 제1항).
[❺ ▸ ×] 주, 월 또는 연의 처음으로부터 기간을 기산하지 아니하는 때에는 최후의 주, 월 또는 연에서 그 **기산일에 해당한 날의 전일**로 기간이 만료한다(민법 제160조 제2항).

핵심정리

민법상 기간
① 기간이 오전 0시부터 시작하는 경우 → 초일 산입 ○
② 기간의 계산에 관하여 법률행위에서 다르게 정한 경우
 → 법률행위에서 정한 당사자의 약정이 우선 ○
③ 기간의 초일이 공휴일인 경우 → 초일부터 기산 ○ (다음 날부터 기산 ×)
④ 민법상 기간의 계산에 관한 규정 → 공법관계에도 적용 ○
⑤ 주, 월 또는 연(年)의 처음으로부터 기간을 기산하지 아니하는 경우 → 최후의 주, 월 또는 연에서 기산일에 해당한 날의 전일로 기간 만료

246 □□□ **민법상 기간에 관한 설명으로 옳은 것은?(다툼이 있으면 판례에 따름)** 16 행정사 제4회

① 월로 정한 기간의 기산일이 공휴일인 경우에는 그 다음 날부터 기산한다.

② 기한을 일, 주, 월 또는 연으로 정한 때에 기간의 초일을 산입하지 아니하는 것은 강행규정이며 당사자의 약정으로 달리 정할 수 없다.

③ 2016.4.30. 10시부터 2개월인 경우 2016.6.30. 10시로 기간이 만료한다.

④ 사단법인의 사원총회일이 2016.7.19. 10시인 경우 늦어도 7.12. 24시까지 사원에게 총회소집통지를 발신하면 된다.

⑤ 1997.6.1. 07시에 출생한 사람은 2016.6.1. 0시부터 성년자가 된다.

해설

[❶ ▸ ×] 기간의 기산일(초일)이 공휴일이라 하더라도 그 기간은 기산일(초일)부터 기산한다(대판 1982.2.23. 81누204).

> 민법 제161조가 정하는 기간의 말일이 공휴일에 해당한 때에는 기간은 그 익일로 만료한다는 규정의 취지는 명문이 정하는 바와 같이 기간의 말일이 공휴일인 경우를 정하는 것이고, 이는 기간의 만료일이 공휴일에 해당함으로써 발생할 불이익을 막자고 함에 그 뜻이 있는 것이므로 기간 기산의 초일은 이의 적용이 없다고 풀이 하여야 할 것이다(대판 1982.2.23. 81누204).

[❷ ▸ ×] 민법 제155조에 의하면 법령이나 법률행위 등에 의하여 초일불산입 원칙과 달리 정하는 것도 가능하므로 기간을 일, 주, 월 또는 년으로 정한 때에 그 기간의 초일을 산입하기로 한 당사자 사이의 약정은 유효하다(대판 2007.8.23. 2006다62942).

[❸ ▸ ×] 2016.4.30. 10시부터 2개월인 경우 기산점은 2016.5.1. 0시이고 2개월인 후인 2016.6.30. 24시로 기간이 만료한다(민법 제157조, 제160조 제2항).

[❹ ▸ ×] 기간의 계산방법에 관한 민법의 규정을 일정시점부터 장래에 향한 기간의 계산에 관한 것이다. 그러나 기산일부터 소급하여 계산되는 기간(예 사원총회 1주간 전)의 계산방법에 대하여 민법의 기간계산방법에 관한 규정(기간의 기산점에 관한 민법 제157조, 기간의 만료점에 관한 민법 제159조 등)이 유추적용되어야 한다. 사단법인의 사원총회의 소집은 1주간 전에 그 회의의 목적사항을 기재한 통지를 발하여야 한다(민법 제71조). 사단법인의 사원총회일이 2016.7.19. 10시인 경우, 7월 18일 24시가 기산점이 되어(초일 불산입의 원칙, 민법 제157조 본문), 그날부터 역산하여 7일을 계산한 7월 12일의 오전 0시에 일주일의 기간이 만료하기 때문에(민법 제159조), **늦어도 7월 11일 24시까지는 총회소집통지가 발송되어야** 한다.

[❺ ▸ O] 사람은 19세로 성년에 이르게 되고(민법 제4조), 나이는 출생일을 산입하여 만(滿) 나이로 계산하고, 연수(年數)로 표시한다(민법 제158조). 따라서 1997.6.1. 07시에 출생한 사람의 경우, 1997.6.1. 오전 0시를 기산점으로 하여(초일 산입), 19년의 기간이 만료하는 2016.6.1. 0시(2016.5.31. 24시)부터 성년자(19세)가 된다.

핵심정리

민법상 기간

① 월로 정한 기간의 기산일이 공휴일인 경우 → 기산일부터 기산 O (다음 날부터 기산 ×)
② 초일불산입의 원칙 → 임의규정 O (강행규정 ×)
③ 2016.4.30. 10시부터 2개월인 경우 → 2016.6.30. 24시로 기간 만료
④ 사원총회일이 2016.7.19. 10시인 경우 → 1주간 전인 7.11. 24시까지 소집통지 발신
⑤ 1997.6.1. 07시에 출생한 사람 → 2016.6.1. 0시부터 성년자(19세)

답 ❺

247 민법상 기간에 관한 설명으로 옳지 않은 것은?(다툼이 있으면 판례에 따름) 15 행정사 제3회

□□□

① 기간을 일, 주, 월 또는 년으로 정한 때에 그 기간의 초일을 산입하기로 한 당사자 사이의 약정은 유효하다.

② 1996.6.5. 08시에 출생한 사람은 2015.6.5. 0시부터 성년자가 된다.

③ 월로 정한 기간의 기산일이 공휴일인 경우에는 그 다음 날부터 기산한다.

④ 2015.5.31. 09시부터 1개월인 경우, 2015.6.30. 24시에 기간이 만료한다.

⑤ 2015.6.10. 09시에 甲이 乙에게 자전거를 빌리면서 10시간 후에 반환하기로 한 경우, 甲은 乙에게 2015.6.10. 19시까지 반환하여야 한다.

해설

[❶ ▸ O] 민법 제155조에 의하면 법령이나 법률행위 등에 의하여 초일불산입 원칙과 달리 정하는 것도 가능하므로 기간을 일, 주, 월 또는 년으로 정한 때에 그 기간의 초일을 산입하기로 한 당사자 사이의 약정은 유효하다(대판 2007.8.23. 2006다62942).

[❷ ▸ O] 사람은 19세로 성년에 이르게 되고(민법 제4조), 나이는 출생일을 산입하여 만(滿) 나이로 계산하고, 연수(年數)로 표시한다(민법 제158조). 따라서 1996.6.5. 08시에 출생한 사람의 경우, 1996.6.5. 0시를 기산점으로 하고(초일산입) 19년의 기간이 만료하는 2015.6.5. 0시(2015.6.4. 24시)부터 성년자(19세)가 된다.

[❸ ▸ ×] 기간의 기산일(초일)이 공휴일이라 하더라도 그 기간은 기산일(초일)부터 기산한다(대판 1982.2.23. 81누204).

[❹ ▸ O] 2015.5.31. 09시부터 1개월인 경우, 2015.6.1. 0시가 기산점이고(초일불산입의 원칙, 민법 제157조), 역(曆)에 의하여 1개월이 만료하는 2015.6.30. 24시에 기간이 만료한다(민법 제159조, 제160조 제1항).

[❺ ▸ O] 기간을 시, 분, 초로 정한 때에는 즉시로부터 기산하고 기간의 만료점은 그 정하여진 시, 분, 초가 종료한 때이다(민법 제156조). 따라서 2015.6.10. 09시에 甲이 乙에게 자전거를 빌리면서 10시간 후에 반환하기로 한 경우, 2015.6.10. 09시에서 10시간 후인 2015.6.10. 19시까지 甲은 乙에게 자전거를 반환하여야 한다.

핵심정리

민법상 기간

① 기간을 일, 주, 월, 년으로 정한 때 초일을 산입하기로 약정을 한 경우 → 당사자의 약정은 유효 O

② 1996.6.5. 08시에 출생한 사람 → 2015.6.5. 0시부터 성년자(19세)

③ 월로 정한 기간의 기산일이 공휴일인 경우 → 그날부터 기산

④ 2015.5.31. 09시부터 1개월인 경우 → 2015.6.30. 24시에 기간 만료

⑤ 2015.6.10. 09시부터 10시간 후에 반환하기로 한 경우 → 2015.6.10. 19시까지 반환해야 함

답 ❸

248 기간에 관한 설명으로 옳은 것은? 14 행정사 제2회

□□□

① 기간의 계산에 관한 민법규정은 강행규정이다.
② 연령을 계산할 때에는 출생일을 산입하지 아니한다.
③ 기간을 일, 주, 월 또는 년으로 정한 때에는 기간말일의 개시로 만료한다.
④ 시, 분, 초를 단위로 하는 기간은 자연적 계산방법에 따라 즉시부터 기산한다.
⑤ 기간의 계산에 관한 민법규정은 기산일로부터 소급하여 계산되는 기간의 계산방법에 대하여 적용되지 아니한다.

해설

[❶ ▸ ×] 기간의 계산에 관한 민법규정은 임의규정으로 보아야 한다(대판 2007.8.23. 2006다62942 참조).

> 민법 제157조는 "기간을 일, 주, 월 또는 년으로 정한 때에는 기간의 초일은 산입하지 아니한다"고 규정하여 초일불산입을 원칙으로 정하고 있으나, 민법 제155조에 의하면 법령이나 법률행위 등에 의하여 위 원칙과 달리 정하는 것도 가능하다(대판 2007.8.23. 2006다62942).

[❷ ▸ ×] 나이는 출생일을 산입하여 만(滿) 나이로 계산하고, 연수(年數)로 표시한다. 다만, 1세에 이르지 아니한 경우에는 월수(月數)로 표시할 수 있다(민법 제158조).
[❸ ▸ ×] 기간을 일, 주, 월 또는 연으로 정한 때에는 기간말일의 종료로 기간이 만료한다(민법 제159조).
[❹ ▸ O] 기간을 시, 분, 초로 정한 때에는 즉시로부터 기산한다(민법 제156조).
[❺ ▸ ×] 기간의 계산방법에 관한 민법의 규정은 일정시점부터 장래에 향한 기간의 계산에 관한 것이다. 그러나 기산일부터 소급하여 계산되는 기간(예 사원총회 1주간 전)의 계산방법에 대하여 민법의 기간계산방법에 관한 규정(기간의 기산점에 관한 민법 제157조, 기간의 만료점에 관한 민법 제159조 등)이 유추적용되어야 한다.

핵심정리

민법상 기간
① 기간의 계산에 관한 민법규정 → 임의규정 ○ (강행규정 ×)
② 연령(나이) 계산 → 출생일 산입 ○
③ 기간을 일, 주, 월 또는 년으로 정한 경우 → 기간말일의 종료로 기간 만료
④ 기간을 시, 분, 초로 정한 경우 → 즉시로부터 기산
⑤ 기간의 계산에 관한 민법규정 → 기간의 역산의 경우에도 적용 ○

답 ❹

PART 1 PART 2 PART 3

249 기간에 관한 계산으로 옳지 않은 것은? 13 행정사 제1회

□□□

① 1993.5.30. 01시에 출생한 사람은 2012.5.30. 0시부터 성년자가 된다.

② 2013.5.15. 08시에 승용차를 빌리면서 12시간 후에 반환하기로 약정하였다면, 같은 날 20시까지 이행하여야 한다.

③ 2012.3.8. 14시에 돈을 빌리면서 1년 후에 변제하기로 약정하였다면, 2013.3.8. 24시까지 이행하여야 한다.

④ 2013.3.23. 토요일 13시에 매매목적물을 인도받으면서 1개월 후에 대금을 변제하겠다고 약정하였다면, 2013.4.24. 24시까지 이행하여야 한다.

⑤ 사단법인의 사원총회 소집을 1주 전에 통지하여야 하는 경우, 총회일이 2013.5.15. 10시라면 늦어도 2013.5.7. 24시까지는 총회소집의 통지를 발송하여야 한다.

해설

[❶ ▸ O] 사람은 19세로 성년에 이르게 되고(민법 제4조), 나이는 출생일을 산입하여 만(滿) 나이로 계산하고, 연수(年數)로 표시한다(민법 제158조). 따라서 1993.5.30. 01시에 출생한 사람의 경우, 1993.5.30. 오전 0시를 기산점으로 하고(초일 산입) 19년의 기간이 만료하는 2012.5.30. 0시(2012.5.29. 24시)부터 성년자(19세)가 된다.

[❷ ▸ O] 기간을 시, 분, 초로 정한 때에는 즉시로부터 기산하고 기간의 만료점은 그 정하여진 시, 분, 초가 종료한 때이다(민법 제156조). 따라서 2013.5.15. 08시의 12시간 후인 2013.5.15. 20시까지 승용차를 반환하여야 한다.

[❸ ▸ O] 1년 변제기의 기산점은 2012.3.9. 0시이고(초일불산입, 민법 제157조), 역(曆)에 의하여 1년의 기간이 만료하는 만료점은 2013.3.8. 24시이므로 이때까지 이행하여야 한다(제160조 제1항・제2항).

[❹ ▸ ×] 기간의 기산점이 공휴일인 경우에는 민법 제161조가 적용되지 아니하며, 사례의 경우는 기간이 오전 0시로부터 시작하는 경우가 아니므로 1개월 변제기의 기산점은 2013.3.24. 0시가 된다(초일불산입의 원칙, 민법 제157조). 역(曆)에 의하여 1개월의 기간이 만료하는 만료점은 2013.4.23. 24시이므로 이때까지 이행하여야 한다(민법 제160조 제1항・제2항).

[❺ ▸ O] 기간의 계산방법에 관한 민법의 규정을 일정 시점부터 장래에 향한 기간의 계산에 관한 것이다. 그러나 기산일부터 소급하여 계산되는 기간(예 사원총회 1주간 전)의 계산방법에 대하여 민법의 기간계산방법에 관한 규정(기간의 기산점에 관한 민법 제157조, 기간의 만료점에 관한 민법 제159조 등)이 유추적용되어야 한다. 사단법인의 사원총회의 소집은 1주간 전에 그 회의의 목적사항을 기재한 통지를 발하여야 한다(민법 제71조). 사원총회일이 2013.5.15. 10시인 경우, 5월 14일 24시(5월 15일 0시)가 기산점이 되어(초일 불산입의 원칙, 민법 제157조 본문) 그날로부터 역산하여 7일을 계산한 5월 8일의 오전 0시에 일주일의 기간이 만료하기 때문에(민법 제159조), **늦어도 5월 7일 24시까지는 총회소집통지가 발송되어야** 한다.

핵심정리 **민법상 기간**

① 1993.5.30. 01시에 출생한 사람 → 2012.5.30. 0시부터 성년자(19세)

② 2013.5.15. 08시부터 12시간 후 → 2013.5.15. 20시

③ 2012.3.8. 14시부터 1년 후에 변제하기로 약정한 경우 → 2013.3.8. 24시까지 이행하여야 함

④ 2013.3.23. 토요일 13시부터 1개월 후에 변제하기로 약정한 경우 → 2013.4.23. 24시까지 이행하여야 함

⑤ 총회일이 2013.5.15. 10시인 경우 → 1주간 전인 2013.5.7. 24시까지 소집통지 발송

답 ❹

소멸시효

제1절 서 설

250 □□□ **소멸시효와 제척기간에 관한 설명으로 옳은 것은?(다툼이 있으면 판례에 따름)** 22 행정사 제10회

① 소멸시효가 완성되면 그 기간이 경과한 때부터 장래에 향하여 권리가 소멸하지만, 제척기간이 완성되면 그 기산일에 소급하여 권리가 소멸한다.

② 소멸시효는 그 성질상 기간의 중단이 있을 수 없지만, 제척기간은 권리자의 청구가 있으면 기간이 중단된다.

③ 소멸시효가 완성된 이후 그 이익을 포기하는 것은 원칙적으로 인정되지만, 제척기간은 그 포기가 인정되지 않는다.

④ 소멸시효 완성에 의한 권리소멸은 법원의 직권조사 사항이지만, 제척기간에 의한 권리의 소멸은 원용권자가 이를 주장하여야 한다.

⑤ 매도인의 하자담보책임에 기한 매수인의 손해배상청구권과 같이 청구권에 관하여 제척기간을 정하고 있는 경우에는 제척기간이 적용되므로 소멸시효는 당연히 적용될 수 없다.

해설

[❶ ▸ ×] 소멸시효가 완성되면 그 기산일에 소급하여 권리소멸의 효과가 생기지만(민법 제167조), 제척기간이 완성되면 기간이 경과한 때부터 장래를 향하여 권리가 소멸하여 법률관계가 확정된다.

[❷ ▸ ×] 제척기간에 있어서는 소멸시효와 같이 기간의 중단이 있을 수 없다(대판 2003.1.10. 2000다26425).

[❸ ▸ O] 소멸시효의 이익을 포기하는 것은 가능하지만(민법 제184조 제1항), 제척기간의 경우는 기간의 경과로 권리가 당연히 소멸하므로 포기가 인정되지 아니한다.

[❹ ▸ ×] 소멸시효 완성에 의한 권리의 소멸은 시효원용권자가 시효완성사실을 원용한 경우에 비로소 고려되는 항변사항이지만, 제척기간에 의한 권리의 소멸은 당사자가 주장하지 않아도 법원이 직권으로 고려해야 하는 직권조사 사항이다.

[❺ ▸ ×] 매도인에 대한 하자담보에 기한 손해배상청구권에 대하여는 민법 제582조의 제척기간이 적용되고, 이는 법률관계의 조속한 안정을 도모하고자 하는 데에 취지가 있다. 그런데 하자담보에 기한 매수인의 손해배상청구권은 권리의 내용·성질 및 취지에 비추어 민법 제162조 제1항의 채권 소멸시효의 규정이 적용되고, 민법 제582조의 제척기간 규정으로 인하여 소멸시효 규정의 적용이 배제된다고 볼 수 없으며, 이때 다른 특별한 사정이 없는 한 무엇보다도 매수인이 매매 목적물을 인도받은 때부터 소멸시효가 진행한다고 해석함이 타당하다(대판 2011.10.13. 2011다10266).

핵심정리

소멸시효

①, ②, ③, ④ 소멸시효와 제척기간의 구별

→ 소멸시효
- 소멸시효가 완성되면 소급하여 권리소멸 ○
- 소멸시효의 중단 ○
- 소멸시효이익의 포기 ○
- 소멸시효 완성에 의한 권리소멸은 항변사항

→ 제척기간
- 제척기간이 완성되면 장래를 향하여 권리 소멸 ○
- 제척기간의 중단 ×
- 제척기간의 포기 ×
- 제척기간에 의한 권리의 소멸은 직권조사사항

⑤ 하자담보책임에 기한 매수인의 손해배상청구권 → 제척기간 및 소멸시효 둘 다 적용 ○

답 ❸

251 소멸시효와 제척기간에 관한 설명으로 옳지 않은 것은?(다툼이 있으면 판례에 따름)

□□□

20 행정사 제8회

① 권리자의 청구로 소멸시효가 중단된 경우 그때까지 경과된 기간은 시효기간에 산입된다.
② 소멸시효가 완성되면 그 기산일에 소급하여 권리소멸의 효과가 생긴다.
③ 소멸시효의 이익을 포기하기 위해서는 원칙적으로 소멸시효의 완성사실을 알아야 한다.
④ 제척기간의 기산점은 특별한 사정이 없는 한 원칙적으로 권리가 발생한 때이다.
⑤ 제척기간은 그 성질상 기간의 중단이 있을 수 없다.

해설

[❶ ▸ ×] 권리자의 청구로 소멸시효가 중단된 경우, 그때까지 경과된 기간은 시효기간에 산입하지 아니한다(민법 제178조 제1항).

> **민법 제178조(중단후에 시효진행)** ① 시효가 중단된 때에는 중단까지에 경과한 시효기간은 이를 산입하지 아니하고 중단사유가 종료한 때로부터 새로이 진행한다.
> ② 재판상의 청구로 인하여 중단한 시효는 전항의 규정에 의하여 재판이 확정된 때로부터 새로이 진행한다.

[❷ ▸ ○] 소멸시효는 그 기산일에 소급하여 (권리소멸의) 효력이 생긴다(민법 제167조).
[❸ ▸ ○] 소멸시효가 완성한 후에 시효이익을 포기하는 것은 유효하며 이는 시효가 완성되었다는 것을 알고 하는 것을 전제로 한다.
[❹ ▸ ○] 소멸시효의 기산점은 권리를 행사할 수 있는 때이나 제척기간의 기산점은 원칙적으로 권리가 발생한 때이다.
[❺ ▸ ○] 제척기간에 있어서는 소멸시효와 같이 기간의 중단이 있을 수 없다(대판 2003.1.10. 2000다26425).

핵심정리

소멸시효와 제척기간

① 소멸시효가 중단된 경우 → 중단사유가 종료한 때로부터 새로이 시효기간 진행
② 소멸시효가 완성된 경우 → 소급효 ○ (기산일에 소급하여 권리소멸의 효과 발생 ○)
③ 소멸시효의 이익을 포기하려는 경우 → 원칙적으로 소멸시효 완성사실을 알고 포기해야 함
④ 제척기간의 기산점 → 원칙적으로 권리가 발생한 때
⑤ 제척기간의 중단 → 그 성질상 중단 인정 ×

답 ❶

252 소멸시효의 효력에 관한 설명으로 옳지 않은 것은?(다툼이 있으면 판례에 따름)

□□□

24 행정사 제12회

① 소멸시효는 그 기산일에 소급하여 효력이 생긴다.
② 주된 권리의 소멸시효가 완성한 때에는 종속된 권리에 그 효력이 미친다.
③ 소멸시효는 법률행위에 의하여 이를 배제할 수 없으나 연장할 수는 있다.
④ 소멸시효의 이익은 미리 포기하지 못한다.
⑤ 채무자가 소멸시효 완성 후 채권자에 대하여 채무 일부를 변제함으로써 시효의 이익을 포기한 경우, 포기한 때로부터 새로이 소멸시효가 진행한다.

해설

[❶ ▸ O] 소멸시효는 그 기산일에 소급하여 효력이 생긴다(민법 제167조). 즉 소멸시효가 완성되면 그로 인한 권리의 소멸은 소멸시효의 기산일로 소급하여 효력이 생긴다.

[❷ ▸ O] 주된 권리의 소멸시효가 완성한 때에는 종속된 권리에 그 효력이 미친다(민법 제183조). 여기서 '종속된 권리에도 그 효력이 미친다'는 것은 종속된 권리의 소멸시효도 완성된 것으로 간주한다는 뜻이다.

[❸ ▸ ×] 소멸시효는 **법률행위**에 의하여 이를 **배제, 연장 또는 가중할 수 없으나** 이를 단축 또는 경감할 수 있다(민법 제184조 제2항).

[❹ ▸ O] 소멸시효의 이익은 **미리 포기하지 못한다**(민법 제184조 제1항). 즉 소멸시효가 완성되기 전에 미리 시효이익을 포기하는 것은 인정되지 않는다. 민법 제184조 제1항의 반대해석상, 소멸시효가 완성된 후에 소멸시효의 이익을 포기하는 것은 유효하다(통설).

[❺ ▸ O] 채무자가 소멸시효 완성 후 채권자에 대하여 채무 일부를 변제함으로써 시효의 이익을 포기한 경우, 포기한 때로부터 새로이 소멸시효가 진행한다(대판 2013.5.23. 2013다12464).

핵심정리

소멸시효의 효력

① 소멸시효 완성의 효과 ⇢ 소멸시효의 기산일에 소급하여 효력 발생 O
② 주된 권리의 소멸시효가 완성한 때 ⇢ 종속된 권리에도 소멸시효 완성의 효력 O
③ 소멸시효
  ⇢ 법률행위에 의하여 소멸시효를 배제, 연장 또는 가중 ×
  ⇢ 법률행위에 의하여 소멸시효의 단축 또는 경감 O
④ 소멸시효의 이익 ⇢ (소멸시효 완성 전에) 미리 포기 ×
⑤ 채무자가 소멸시효 완성 후 채무 일부를 변제함으로써 시효이익을 포기한 경우
  ⇢ 시효이익을 포기한 때로부터 새로이 소멸시효가 진행 O

답 ❸

PART 1 PART 2 PART 3

제2절 소멸시효의 요건

253 민법상 1년의 소멸시효기간의 적용을 받는 채권이 아닌 것은? 22 행정사 제10회

□□□

① 음식점의 음식대금채권
② 여관의 숙박대금채권
③ 판결에 의하여 확정된 채권
④ 의복 등 동산의 사용료 채권
⑤ 연예인의 임금채권

해설

[❶ ▸ O] [❷ ▸ O] [❹ ▸ O] [❺ ▸ O] 음식점의 음식대금채권(민법 제164조 제1호), 여관의 숙박대금채권(민법 제164조 제1호), 의복 등 동산의 사용료 채권(민법 제164조 제2호), 연예인의 임금채권(민법 제164조 제3호) 등은 1년의 소멸시효 기간이 적용되는 채권에 해당한다.

> **민법 제164조(1년의 단기소멸시효)** 다음 각 호의 채권은 1년간 행사하지 아니하면 소멸시효가 완성한다.
> 1. 여관, 음식점, 대석, 오락장의 숙박료, 음식료, 대석료, 입장료, 소비물의 대가 및 체당금의 채권❶❷
> 2. 의복, 침구, 장구 기타 동산의 사용료의 채권❹
> 3. 노역인, 연예인의 임금 및 그에 공급한 물건의 대금채권❺
> 4. 학생 및 수업자의 교육, 의식 및 유숙에 관한 교주, 숙주, 교사의 채권

[❸ ▸ X] 판결에 의하여 확정된 채권은 단기의 소멸시효에 해당한 것이라도 그 소멸시효는 10년으로 한다(민법 제165조 제1항).

답 ❸

254 소멸시효의 대상이 되는 권리를 모두 고른 것은? 19 행정사 제7회

□□□

ㄱ. 해제조건부 채권	ㄴ. 불확정기한부 채권
ㄷ. 소유권	ㄹ. 인격권

① ㄱ, ㄴ
② ㄱ, ㄷ
③ ㄱ, ㄹ
④ ㄴ, ㄷ
⑤ ㄴ, ㄹ

해설

[ㄱ ▸ O] 조건부 채권도 소멸시효의 대상이 된다. 정지조건부 채권은 조건이 성취한 때부터 시효가 진행된다(민법 제147조 제1항). 반면 해제조건부 채권은 권리를 행사할 수 있는 때부터 소멸시효가 진행된다(민법 제166조 제1항 참조).

> 민법 제166조 제1항은 "소멸시효는 권리를 행사할 수 있는 때로부터 진행한다."고 규정하고 있는바, 여기서 '권리를 행사할 수 있는 때'라 함은 권리를 행사함에 있어 이행기의 미도래, 정지조건부 권리에 있어서의 조건 미성취와 같은 법률상의 장애가 없는 경우를 말하는 것이다(대판 2006.12.7. 2005다21029).

[ㄴ ▸ O] 불확정기한부 채권은 소멸시효의 대상이 되고, 소멸시효의 기산점은 '기한이 객관적으로 도래한 때'이다. 채권자가 그 기한의 도래 여부를 알았든 몰랐든 상관없고, 과실 여부도 묻지 않는다.
[ㄷ ▸ X] 소유권을 제외한 재산권은 소멸시효의 대상이 된다(민법 제162조 제2항). 소유권은 그 절대성과 항구성의 성질에 따라 소멸시효에 걸리지 않는 것으로 하였다. 다만, 타인이 취득시효로 소유권을 취득함으로써 소유권을 잃을 수는 있지만, 이것은 소멸시효가 적용되어서가 아니라 취득시효의 효과 때문이다.
[ㄹ ▸ X] 인격권은 비재산적 권리이기 때문에 소멸시효에 걸리지 않는다.

답 ❶

255 甲의 乙에 대한 채권의 소멸시효기간이 가장 긴 것은?(甲, 乙은 상인이 아님) 24 행정사 제12회

□□□

① 甲이 연예인 乙에게 물건을 공급한 경우, 甲의 물건공급대금채권
② 甲의 동산을 乙이 사용한 경우, 甲의 동산사용료채권
③ 甲교사의 강의를 乙학생이 수강한 경우, 甲의 수강료채권
④ 甲이 乙에게 부동산을 매도한 경우, 甲의 매매대금채권
⑤ 생산자 甲이 乙에게 생산물을 판매한 경우, 甲의 생산물대금채권

해설

[❶ ▸ X] [❷ ▸ X] [❸ ▸ X] 甲이 연예인 乙에게 물건을 공급한 경우, 甲의 물건공급대금채권(제3호),❶ 甲의 동산을 乙이 사용한 경우, 甲의 동산사용료채권(제2호),❷ 甲교사의 강의를 乙학생이 수강한 경우, 甲의 수강료채권(제4호)❸ 의 **소멸시효기간은 모두 1년**이다(민법 제164조).

민법 제164조(1년의 단기소멸시효) 다음 각 호의 채권은 1년간 행사하지 아니하면 소멸시효가 완성한다.
1. 여관, 음식점, 대석, 오락장의 숙박료, 음식료, 대석료, 입장료, 소비물의 대가 및 체당금의 채권
2. 의복, 침구, 장구 기타 동산의 사용료의 채권
3. 노역인, 연예인의 임금 및 그에 공급한 물건의 대금채권
4. 학생 및 수업자의 교육, 의식 및 유숙에 관한 교주, 숙주, 교사의 채권

[❹ ▸ O] 채권은 10년간 행사하지 아니하면 소멸시효가 완성한다(민법 제162조 제1항). 다만, 상행위로 생긴 채권의 소멸시효기간은 5년이다(그러나 다른 법령에 이보다 단기 시효의 규정이 있는 때에는 그 규정에 의한다)(상법 제64조). 한편, 민법은 3년 또는 1년의 단기소멸시효에 걸리는 채권을 규정하고 있다. ☞ 甲, 乙은 상인이 아니고 **부동산 매매대금 채권**은 1년 또는 3년의 단기소멸시효에 걸리는 채권이 아닌 **보통의 채권**이므로 그 **소멸시효기간은 10년**이다(민법 제162조 제1항).
[❺ ▸ X] 생산자 및 상인이 판매한 생산물 및 상품의 대가의 소멸시효기간은 **3년**이다(민법 제163조 제6호).

민법 제163조(3년의 단기소멸시효) 다음 각 호의 채권은 3년간 행사하지 아니하면 소멸시효가 완성한다.
1. 이자, 부양료, 급료, 사용료 기타 1년 이내의 기간으로 정한 금전 또는 물건의 지급을 목적으로 한 채권
2. 의사, 조산사, 간호사 및 약사의 치료, 근로 및 조제에 관한 채권
3. 도급받은 자, 기사 기타 공사의 설계 또는 감독에 종사하는 자의 공사에 관한 채권
4. 변호사, 변리사, 공증인, 공인회계사 및 법무사에 대한 직무상 보관한 서류의 반환을 청구하는 채권
5. 변호사, 변리사, 공증인, 공인회계사 및 법무사의 직무에 관한 채권
6. 생산자 및 상인이 판매한 생산물 및 상품의 대가
7. 수공업자 및 제조자의 업무에 관한 채권

답 ❹

256 □□□ 소멸시효에 관한 설명으로 옳지 않은 것은?(다툼이 있으면 판례에 따름) 21 행정사 제9회

① 채권 및 소유권 이외의 재산권은 10년간 행사하지 아니하면 시효가 완성한다.

② 점유권은 시효에 걸리지 아니한다.

③ 시효는 권리행사에 법률상의 장애사유가 없는 때로부터 진행한다.

④ 정지조건부 권리는 조건이 성취된 때부터 시효가 진행된다.

⑤ 부작위를 목적으로 하는 채권의 시효는 위반행위를 한 때로부터 진행한다.

해설

[❶ ▸ ×] 채권 및 소유권 이외의 재산권은 20년간 행사하지 아니하면 소멸시효가 완성한다(민법 제162조 제2항).

[❷ ▸ ○] 물건을 사실상 지배함으로써 성립하고 사실상 지배를 상실함으로써 바로 소멸하는 점유권에서는 성질상 소멸시효가 문제되지 아니한다. 즉, 점유권은 존재하는데 이를 행사지 않는다는 것은 생각할 수 없으므로 점유권은 소멸시효에 걸리지 아니한다.

[❸ ▸ ○] 민법 제166조 제1항은 "소멸시효는 권리를 행사할 수 있는 때로부터 진행한다."고 규정하고 있는바, 여기서 '권리를 행사할 수 있는 때'라 함은 권리를 행사함에 있어 이행기의 미도래, 정지조건부 권리에 있어서의 조건 미성취와 같은 **법률상의 장애가 없는 경우**를 말하는 것이다(대판 2006.12.7. 2005다21029).

[❹ ▸ ○] 정지조건부 권리의 경우에는 조건 미성취의 동안은 권리를 행사할 수 없는 것이어서 소멸시효는 조건이 성취된 때로부터 진행한다(대판 2009.12.24. 2007다64556).

[❺ ▸ ○] 부작위를 목적으로 하는 채권의 소멸시효는 위반행위를 한 때로부터 진행한다(민법 제166조 제2항).

> **핵심정리**
>
> **소멸시효**
>
> ① 채권 및 소유권 이외의 재산권의 소멸시효기간 → 20년
>
> ② 점유권 → 소멸시효의 대상 ×
>
> ③ 소멸시효는 권리행사에 법률상의 장애사유가 없는 때로부터 진행
>
> → 법률상 장애사유의 예 : 정지조건부 권리의 조건의 미성취, 기한부 권리의 기한의 미도래
>
> ④, ⑤ 소멸시효의 기산점
>
> → 정지조건부 권리 : 조건이 성취된 때
>
> → 부작위를 목적으로 하는 채권 : 위반행위를 한 때

답 ❶

257 □□□ 소멸시효에 관한 설명으로 옳지 않은 것은?(다툼이 있으면 판례에 따름) 24 행정사 제12회

① 부동산 매수인이 목적 부동산을 인도받아 계속 점유하고 있는 경우, 매수인의 소유권 이전등기청구권은 채권이므로 소멸시효가 진행한다.

② 소유권에 기한 물권적 청구권은 소멸시효에 걸리지 아니한다.

③ 판결에 의하여 확정되고 판결 확정 당시에 변제기가 도래한 채권은 단기소멸시효에 해당한 것이라도 그 판결의 당사자 사이에서 그 시효기간은 10년으로 한다.

④ 시효의 중단은 원칙적으로 당사자 및 그 승계인 사이에만 효력이 있다.

⑤ 점유권은 시효에 걸리지 아니한다.

해설

[❶ ▸ ×] 부동산매매계약에 있어서 매수인의 소유권이전등기청구권은 채권적 청구권이므로 10년의 소멸시효에 걸리지만 **매수인이 매매목적물인 부동산을 인도받아 점유하고 있는 이상** 매매대금의 지급 여부와는 관계없이 **그 소멸시효가 진행되지 아니한다**(대판 1991.3.22. 90다9797).

> 시효제도의 존재이유에 비추어 보아 부동산 매수인이 그 목적물을 인도받아서 이를 사용수익하고 있는 경우에는 그 매수인을 권리 위에 잠자는 것으로 볼 수도 없고 또 매도인 명의로 등기가 남아 있는 상태와 매수인이 인도받아 이를 사용수익하고 있는 상태를 비교하면 매도인 명의로 잔존하고 있는 등기를 보호하기 보다는 매수인의 사용수익 상태를 더욱 보호하여야 할 것이므로 그 매수인의 등기청구권은 다른 채권과는 달리 소멸시효에 걸리지 않는다고 해석함이 타당하다(대판 1976.11.6. 76다148[전합]).

[❷ ▸ ○] 매매계약이 합의해제된 경우에도 매수인에게 이전되었던 소유권은 당연히 매도인에게 복귀하는 것이므로 합의해제에 따른 매도인의 원상회복청구권은 **소유권에 기한 물권적 청구권**이라고 할 것이고 이는 **소멸시효의 대상이 되지 아니한다**(대판 1982.7.27. 80다2968).

[❸ ▸ ○] 판결에 의하여 확정되고 판결 확정 당시에 변제기가 도래한 채권은 단기소멸시효에 해당한 것이라도 그 판결의 당사자 사이에서 그 시효기간은 10년으로 한다(민법 제165조 제1항·제3항).

> **민법 제165조(판결 등에 의하여 확정된 채권의 소멸시효)** ① 판결에 의하여 확정된 채권은 단기의 소멸시효에 해당한 것이라도 그 소멸시효는 10년으로 한다.
> ② 파산절차에 의하여 확정된 채권 및 재판상의 화해, 조정 기타 판결과 동일한 효력이 있는 것에 의하여 확정된 채권도 전항과 같다.
> ③ 전2항의 규정은 판결확정당시에 변제기가 도래하지 아니한 채권에 적용하지 아니한다.

[❹ ▸ ○] 시효의 중단은 원칙적으로 당사자 및 그 승계인 간에만 효력이 있다(민법 제169조). 여기서 '당사자'란 중단에 관여한 당사자를 말하고, 시효의 대상인 권리의 당사자를 말하는 것이 아니다. '승계인'은 시효중단에 관여한 당사자로부터 중단의 효과를 받는 권리를 그 중단의 효과 발생 이후에 승계한 자를 가리키며(대판 1998.6.12. 96다26961), 특정승계인·포괄승계인을 모두 포함한다. 예외적으로 다음의 경우에는 시효중단의 효력이 미치는 범위가 확장된다. ㉠ 물상보증인의 재산에 대해 압류를 한 경우에 이를 채무자에게 통지하면 채무자에 대해서도 시효가 중단되고(민법 제176조), ㉡ 어느 연대채무자에 대한 이행청구는 다른 연대채무자에게도 효력이 있어 시효중단의 효력도 같이 받게 되며(민법 제416조), ㉢ 주채무자에 대한 시효의 중단은 보증인에게 효력이 있다(민법 제440조).

[❺ ▸ ○] 물건을 사실상 지배함으로써 성립하고 지배를 상실함으로써 바로 소멸하는 점유권에서는 성질상 소멸시효가 문제되지 아니한다. 즉 **점유권은 소멸시효에 걸리지 않는다**.

핵심정리

소멸시효

① 부동산 소유권이전등기청구권
→ 원칙 : 채권적 청구권이므로 10년의 소멸시효에 걸림
→ 예외 : 매수인이 매매목적물인 부동산을 인도받아 점유하고 있는 이상 매매대금의 지급 여부와는 관계없이 그 소멸시효 진행 × (∵ 권리 위에 잠자는 자로 볼 수 없기 때문)
② 소유권에 기한 물권적 청구권 → 소멸시효의 대상 ×
③ 판결에 의하여 확정되고 판결 확정 당시에 변제기가 도래한 채권
→ 단기소멸시효의 대상채권이라도 판결의 당사자 사이에서 시효기간은 10년으로 연장 ○
④ 소멸시효의 중단 → 원칙적으로 당사자 및 그 승계인 간에만 효력 ○
⑤ 점유권 → 소멸시효의 대상 ×

답 ❶

258 □□□ 甲이 자신 소유의 X토지를 乙에게 매도하고, 乙은 甲에게 매매대금을 모두 지급하였다. 甲과 乙이 행사하는 다음 등기청구권 중 소멸시효가 진행되는 경우를 모두 고른 것은?(다툼이 있으면 판례에 따름)

22 행정사 제10회

ㄱ. 乙이 甲을 상대로 위 매매계약에 기하여 X토지에 대해 소유권이전등기청구권을 행사하는 경우
ㄴ. 乙이 위 매매계약에 기하여 甲으로부터 X토지를 인도받아 사용·수익하고 있으나, 아직 甲의 명의로 소유권이전등기가 남아 있어 甲을 상대로 X토지에 대해 소유권이전등기청구권을 행사하는 경우
ㄷ. 乙이 위 매매계약에 기하여 甲으로부터 X토지에 대해 소유권이전등기를 경료받았으나, 이후 甲과 乙의 매매계약이 적법하게 취소되어 甲이 乙을 상대로 소유권에 기한 말소등기청구권을 행사하는 경우

① ㄱ
② ㄴ
③ ㄱ, ㄷ
④ ㄴ, ㄷ
⑤ ㄱ, ㄴ, ㄷ

해설

[ㄱ ▸ O] [ㄴ ▸ X] 乙이 甲의 X토지를 매수하여 소유권이전등기청구권을 행사하는 경우에는 원칙적으로 소멸시효가 진행되어 10년의 소멸시효에 걸리지만,ㄱ 매수인 乙이 甲으로부터 X토지를 인도받아 사용·수익하고 있어 甲을 상대로 소유권이전등기청구권을 행사하는 경우라면 그 소멸시효는 진행하지 아니한다.ㄴ

> 부동산매매계약에 있어서 매수인의 소유권이전등기청구권은 채권적 청구권이므로 10년의 소멸시효에 걸리지만 매수인이 매매목적물인 부동산을 인도받아 점유하고 있는 이상 매매대금의 지급 여부와는 관계없이 그 소멸시효가 진행되지 아니한다(대판 1991.3.22. 90다9797).

[ㄷ ▸ X] 甲과 乙의 매매계약이 적법하게 취소되었다면 X토지의 소유권은 甲에게 복귀하게 되므로(물권행위의 유인성) 소유권에 기한 물권적 청구권은 소멸시효의 대상이 되지 아니한다는 판례의 취지를 고려할 때 甲이 乙을 상대로 소유권에 기한 말소등기청구권을 행사하는 경우에는 소멸시효는 진행하지 아니한다.

> 매매계약이 합의해제된 경우에도 매수인에게 이전되었던 소유권은 당연히 매도인에게 복귀하는 것이므로 합의해제에 따른 매도인의 원상회복청구권은 소유권에 기한 물권적 청구권이라고 할 것이고 이는 소멸시효의 대상이 되지 아니한다(대판 1982.7.27. 80다2968).

답 ❶

259 □□□ 민법상 원칙적으로 적용되는 소멸시효의 기산점에 관한 설명으로 옳지 않은 것은?(다툼이 있으면 판례에 따름)

20 행정사 제8회

① 변제기가 확정기한인 때에는 그 기한이 도래한 때부터 기산된다.
② 변제기가 불확정기한인 때에는 채권자가 기한도래의 사실을 안 때부터 기산된다.
③ 기한의 정함이 없는 채권은 그 채권이 발생한 때부터 기산된다.
④ 부작위를 목적으로 하는 채권의 소멸시효는 위반행위를 한 때부터 진행한다.
⑤ 정지조건부 채권은 조건이 성취된 때부터 기산된다.

해설

[❶ ▸ O] [❷ ▸ ×] '권리를 행사할 수 있을 때'부터 소멸시효는 진행되는데, 이러한 소멸시효의 기산점은 권리의 종류에 따라 다르다. 변제기를 정한 채권의 경우 ㉠ 변제기가 '확정기한'인 때에는 그 (확정)기한이 도래한 때로부터 소멸시효가 진행한다. ㉡ 변제기가 '불확정기한'인 때에는 그 기한이 객관적으로 도래한 때부터 소멸시효가 진행한다.

[❸ ▸ O] 기한의 정함이 없는 채권은 채권자가 그 채권이 발생한 때부터 언제든지 이행을 청구하는 것이 가능하므로, 그 채권이 발생(성립)한 때부터 소멸시효가 진행한다.

[❹ ▸ O] 부작위를 목적으로 하는 채권의 소멸시효는 위반행위를 한 때로부터 진행한다(민법 제166조 제2항).

[❺ ▸ O] 정지조건부 권리(채권)의 경우에는 조건 미성취의 동안은 권리를 행사할 수 없는 것이어서 소멸시효는 조건이 성취된 때로부터 진행한다(대판 2009.12.24. 2007다64556).

핵심정리

소멸시효의 기산점

① 확정기한부 채권 ⇢ 그 (확정)기한이 도래한 때
② 불확정기한부 채권 ⇢ 기한이 객관적으로 도래한 때 (채권자가 기한도래의 사실을 안 때 ×)
③ 기한의 정함이 없는 채권 ⇢ 그 채권이 발생한 때
④ 부작위를 목적으로 하는 채권 ⇢ 위반행위를 한 때
⑤ 정지조건부 채권 ⇢ 조건이 성취된 때

답 ❷

260 □□□ **1년의 단기소멸시효에 걸리는 채권이 아닌 것은?** 17 행정사 제5회

① 노역인의 임금채권
② 의사의 치료비 채권
③ 여관의 숙박료 채권
④ 의복의 사용료 채권
⑤ 음식점의 음식료 채권

해설

[❶ ▸ O] [❸ ▸ O] [❹ ▸ O] [❺ ▸ O] 노역인의 임금채권(민법 제164조 제3호), ③ 여관의 숙박료 채권(민법 제164조 제1호), ④ 의복의 사용료 채권(민법 제164조 제2호), ⑤ 음식점의 음식료 채권(민법 제164조 제1호)은 1년의 단기소멸시효에 걸리는 채권에 해당한다.

민법 제164조(1년의 단기소멸시효) 다음 각 호의 채권은 1년간 행사하지 아니하면 소멸시효가 완성한다.
1. 여관, 음식점, 대석, 오락장의 숙박료, 음식료, 대석료, 입장료, 소비물의 대가 및 체당금의 채권❸❺
2. 의복, 침구, 장구 기타 동산의 사용료의 채권❹
3. 노역인, 연예인의 임금 및 그에 공급한 물건의 대금채권❶
4. 학생 및 수업자의 교육, 의식 및 유숙에 관한 교주, 숙주, 교사의 채권

[❷ ▸ ×] 의사의 치료비 채권은 3년의 단기소멸시효에 걸린다(민법 제163조 제2호).

답 ❷

261 □□□ **소멸시효에 관한 설명으로 옳지 않은 것은?(다툼이 있으면 판례에 따름)** 23 행정사 제11회

① 선택채권의 소멸시효는 선택권을 행사할 수 있는 때로부터 진행한다.
② 부작위를 목적으로 하는 채권의 소멸시효는 위반행위를 한 때로부터 진행한다.
③ 불확정기한부 채권의 소멸시효는 그 기한이 객관적으로 도래한 때로부터 진행한다.
④ 어떤 권리의 소멸시효기간이 얼마나 되는지에 대해서는 법원이 직권으로 판단할 수 없다.
⑤ 부동산에 대한 매매대금채권이 소유권이전등기청구권과 동시이행의 관계에 있는 경우, 매매대금 청구권은 그 지급기일 이후 시효의 진행에 걸린다.

해설

[❶ ▸ O] 선택채권의 소멸시효는 선택권을 행사할 수 있는 때로부터 진행한다(대판 1965.8.24. 64다1156).

무권대리인의 상대방이 갖는 계약의 이행 또는 손해배상청구권의 소멸시효의 기산점(선택채권)
타인의 대리인으로 계약을 한 자가 그 대리권을 증명하지 못하고 또 본인의 추인을 얻지 못한 때에는 상대방의 선택에 좇아 계약의 이행 또는 손해배상의 책임이 있는 것인바 이 상대방이 가지는 계약이행 또는 손해배상청구권의 소멸시효는 그 선택권을 행사할 수 있는 때로부터 진행한다 할 것이고 또 선택권을 행사할 수 있는 때라고 함은 대리권의 증명 또는 본인의 추인을 얻지 못한 때라고 할 것이다(대판 1965.8.24. 64다1156).

[❷ ▸ O] 부작위를 목적으로 하는 채권의 소멸시효는 위반행위를 한 때로부터 진행한다(민법 제166조 제2항).
[❸ ▸ O] 확정기한부 채권은 그 기한이 도래한 때로부터 소멸시효가 진행하고, 불확정기한부 채권은 기한이 객관적으로 도래한 때부터 소멸시효가 진행한다.
[❹ ▸ ×] 어떤 권리의 소멸시효기간이 얼마나 되는지에 관한 주장은 단순한 법률상의 주장에 불과하므로 변론주의의 적용대상이 되지 않고 법원이 직권으로 판단할 수 있다(대판 2013.2.15. 2012다68217).
[❺ ▸ O] 부동산에 대한 매매대금 채권이 소유권이전등기청구권과 동시이행의 관계에 있다고 할지라도 매도인은 매매대금의 지급기일 이후 언제라도 그 대금의 지급을 청구할 수 있는 것이며, 다만 매수인은 매도인으로부터 그 이전등기에 관한 이행의 제공을 받기까지 그 지급을 거절할 수 있는 데 지나지 아니하므로 매매대금 청구권은 그 지급기일 이후 시효의 진행에 걸린다(대판 1991.3.22. 90다9797).

핵심정리

소멸시효
①, ②, ③ 소멸시효의 기산점
→ 선택채권 : 선택권을 행사할 수 있는 때
→ 부작위를 목적으로 하는 채권 : 위반행위를 한 때
→ 불확정기한부 채권 : 기한이 객관적으로 도래한 때
④ 어떠한 권리의 소멸시효기간 → 법원이 직권으로 판단 가능 O (변론주의의 적용 대상 ×)
⑤ 소유권이전등기청구권과 동시이행관계에 있는 매매대금채권
→ 지급기일(이행기) 이후 소멸시효 진행 O

답 ❹

262 다음 중 3년의 단기소멸시효에 걸리는 채권을 모두 고른 것은?(다툼이 있으면 판례에 따름)

□□□

16 행정사 제4회

ㄱ. 의사의 치료에 관한 채권
ㄴ. 노역인의 임금채권
ㄷ. 도급받은 자의 공사에 관한 채권
ㄹ. 2년 후에 원금과 이자를 한꺼번에 받기로 하고 대여한 경우의 이자채권
ㅁ. 상인인 가구상이 판매한 자개장롱의 대금채권

① ㄱ, ㅁ
② ㄱ, ㄷ, ㅁ
③ ㄴ, ㄷ, ㄹ
④ ㄷ, ㄹ, ㅁ
⑤ ㄱ, ㄴ, ㄷ, ㄹ

해설

[ㄱ ▸ O] 의사의 치료에 관한 채권의 소멸시효는 3년이다(민법 제163조 제2호).

[ㄴ ▸ X] 노역인의 임금채권의 소멸시효는 1년이다(민법 제164조 제3호).

[ㄷ ▸ O] 도급받은 자의 공사에 관한 채권의 소멸시효는 3년이다(민법 제163조 제3호).

[ㄹ ▸ X] 3년의 단기소멸시효가 적용되는 민법 제163조 제1호의 **1년 이내의 기간으로 정한 금전 또는 물건의 지급을 목적으로 하는 채권**이라 함은 **1년 이내의 정기에 지급되는 채권을 의미**하는 것이고 변제기가 1년 이내의 채권이라는 의미가 아니므로 일회의 변제로써 소멸되는 소비대차의 원리금채권은 이에 포함되지 않는다(대판 1977.1.25. 76다2224).

[ㅁ ▸ O] 상인인 가구상이 판매한 자개장롱의 대금채권 3년(민법 제163조 제6호)이다.

민법 제163조(3년의 단기소멸시효) 다음 각 호의 채권은 3년간 행사하지 아니하면 소멸시효가 완성한다.

1. 이자, 부양료, 급료, 사용료 기타 1년 이내의 기간으로 정한 금전 또는 물건의 지급을 목적으로 한 채권
2. 의사, 조산사, 간호사 및 약사의 치료, 근로 및 조제에 관한 채권ㄱ
3. 도급받은 자, 기사 기타 공사의 설계 또는 감독에 종사하는 자의 공사에 관한 채권ㄷ
4. 변호사, 변리사, 공증인, 공인회계사 및 법무사에 대한 직무상 보관한 서류의 반환을 청구하는 채권
5. 변호사, 변리사, 공증인, 공인회계사 및 법무사의 직무에 관한 채권
6. 생산자 및 상인이 판매한 생산물 및 상품의 대가ㅁ
7. 수공업자 및 제조자의 업무에 관한 채권

답 ❷

PART 1 PART 2 PART 3

263 민법상 3년의 소멸시효 기간의 적용을 받는 채권이 아닌 것은?(다툼이 있으면 판례에 따름)

□□□

23 행정사 제11회

① 의사의 치료에 관한 채권
② 세무사의 직무에 관한 채권
③ 도급받은 자의 공사에 관한 채권
④ 공인회계사의 직무에 관한 채권
⑤ 수공업자의 업무에 관한 채권

해설

[❶ ▸ O] [❸ ▸ O] [❹ ▸ O] [❺ ▸ O] 의사의 치료에 관한 채권, 도급받은 자의 공사에 관한 채권, 공인회계사의 직무에 관한 채권, ⑤ 수공업자의 업무에 관한 채권은 3년의 단기소멸시효에 걸린다(민법 제163조 참조).
[❷ ▸ ×] 세무사의 직무에 관한 채권은 민법상 3년의 소멸시효 기간의 적용을 받는 채권이 아니다.

민법 제163조(3년의 단기소멸시효) 다음 각 호의 채권은 3년간 행사하지 아니하면 소멸시효가 완성한다.
1. 이자, 부양료, 급료, 사용료 기타 1년 이내의 기간으로 정한 금전 또는 물건의 지급을 목적으로 한 채권
2. 의사, 조산사, 간호사 및 약사의 치료, 근로 및 조제에 관한 채권❶
3. 도급받은 자, 기사 기타 공사의 설계 또는 감독에 종사하는 자의 공사에 관한 채권❸
4. 변호사, 변리사, 공증인, 공인회계사 및 법무사에 대한 직무상 보관한 서류의 반환을 청구하는 채권
5. 변호사, 변리사, 공증인, 공인회계사 및 법무사의 직무에 관한 채권❹
6. 생산자 및 상인이 판매한 생산물 및 상품의 대가
7. 수공업자 및 제조자의 업무에 관한 채권❺

답 ❷

264 민법상 소멸시효에 관한 설명으로 옳은 것을 모두 고른 것은?(다툼이 있으면 판례에 따름)

□□□

20 행정사 제8회

ㄱ. 소유권은 재산권이므로 소멸시효의 대상이 된다.
ㄴ. 음식점의 음식대금채권의 소멸시효는 1년이다.
ㄷ. 점유자가 점유를 상실하면 그때로부터 점유권의 소멸시효가 진행된다.

① ㄱ
② ㄴ
③ ㄷ
④ ㄴ, ㄷ
⑤ ㄱ, ㄴ, ㄷ

해설

[ㄱ ▸ ×] 소유권을 제외한 재산권은 소멸시효의 대상이 된다(민법 제162조 제2항). 소유권은 그 절대성과 항구성의 성질에 따라 소멸시효에 걸리지 않는 것으로 하였다.
[ㄴ ▸ O] 음식점의 음식대금채권의 소멸시효는 1년이다(민법 제164조 제1호).
[ㄷ ▸ ×] 물건을 사실상 지배함으로써 성립하고 사실상 지배를 상실함으로써 바로 소멸하는 점유권에서는 성질상 소멸시효가 문제되지 아니한다. 즉, 점유자가 점유를 상실하면 점유권도 즉시 상실한다.

답 ❷

265 소멸시효의 기산점에 관한 설명으로 옳지 않은 것은?(다툼이 있으면 판례에 따름)

□□□

17 행정사 제5회

① 채무불이행으로 인한 손해배상청구권의 소멸시효는 계약이 성립한 때로부터 진행한다.
② 확정기한부채권의 소멸시효는 그 기한이 도래한 때로부터 진행한다.
③ 정지조건부 권리의 소멸시효는 그 조건이 성취된 때로부터 진행한다.
④ 부작위를 목적으로 하는 채권의 소멸시효는 위반행위를 한 때로부터 진행한다.
⑤ 동시이행의 항변권이 붙은 채권의 소멸시효는 그 이행기로부터 진행한다.

해설

[❶ ▸ ×] 채무불이행으로 인한 손해배상청구권의 소멸시효는 채무불이행시로부터 진행한다(대판 1995.6.30. 94다54269).
[❷ ▸ ○] 확정기한부채권은 그 기한이 도래한 때로부터 소멸시효가 진행한다.
[❸ ▸ ○] 정지조건부 권리의 경우에는 조건 미성취의 동안은 권리를 행사할 수 없는 것이어서 소멸시효는 조건이 성취된 때로부터 진행한다(대판 2009.12.24. 2007다64556).
[❹ ▸ ○] 부작위를 목적으로 하는 채권의 소멸시효는 위반행위를 한 때로부터 진행한다(민법 제166조 제2항).
[❺ ▸ ○] 동시이행의 항변권이 붙은 채권의 소멸시효는 그 이행기로부터 진행한다(대판 1991.3.22. 90다9797 참조).

> 부동산에 대한 매매대금 채권이 소유권이전등기청구권과 동시이행의 관계에 있다고 할지라도 매도인은 매매대금의 지급기일 이후 언제라도 그 대금의 지급을 청구할 수 있는 것이며, 다만 매수인은 매도인으로부터 그 이전등기에 관한 이행의 제공을 받기까지 그 지급을 거절할 수 있는 데 지나지 아니하므로 매매대금 청구권은 그 지급기일(=이행기) 이후 시효의 진행에 걸린다(대판 1991.3.22. 90다9797).

핵심정리

소멸시효의 기산점
① 채무불이행으로 인한 손해배상청구권 → 채무불이행시
② 확정기한부채권 → 기한이 도래한 때
③ 정지조건부 권리 → 조건이 성취된 때
④ 부작위를 목적으로 하는 채권 → 위반행위를 한 때
⑤ 동시이행의 항변권이 붙은 채권 → 이행기

답 ❶

PART 1 PART 2 PART 3

266 민법상 소멸시효에 관한 설명으로 옳은 것은?(다툼이 있으면 판례에 따름) 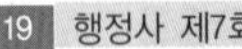

□□□

① 판결에 의하여 확정된 채권은 판결확정 당시에 변제기가 도래하지 않아도 10년의 소멸시효에 걸린다.
② 본래의 소멸시효 기산일과 당사자가 주장하는 기산일이 서로 다른 경우에 법원은 당사자가 주장하는 기산일을 기준으로 소멸시효를 계산해야 한다.
③ 소멸시효의 기산점이 되는 '권리를 행사할 수 있는 때'란 권리를 행사하는 데 있어 사실상의 장애가 없는 경우를 말한다.
④ 어떤 권리의 소멸시효기간이 얼마나 되는지에 대해서 법원은 당사자의 주장에 따라 판단하여야 한다.
⑤ 어떤 채권이 1년의 단기소멸시효에 걸리는 경우, 그 채권의 발생원인이 된 계약에 기하여 상대방이 가지는 반대채권도 당연히 1년의 단기소멸시효에 걸린다.

해설

[❶ ▸ ×] 판결에 의하여 확정된 채권은 단기의 소멸시효에 해당한 것이라도 그 소멸시효는 10년으로 한다. 그러나 이러한 시효기간 연장의 효과는 판결확정 당시에 변제기가 도래하지 아니한 채권에 적용하지 아니한다(민법 제165조 제1항, 제3항).

[❷ ▸ O] 본래의 소멸시효 기산일과 당사자가 주장하는 기산일이 서로 다른 경우에는 변론주의의 원칙상 법원은 당사자가 주장하는 기산일을 기준으로 소멸시효를 계산하여야 하는데, 이는 당사자가 본래의 기산일보다 뒤의 날짜를 기산일로 하여 주장하는 경우는 물론이고, 특별한 사정이 없는 한 그 반대의 경우에 있어서도 마찬가지라고 보아야 할 것이다(대판 2009.12.24. 2009다60244).

[❸ ▸ ×] 민법 제166조 제1항은 "소멸시효는 권리를 행사할 수 있는 때로부터 진행한다."고 규정하고 있는바, 여기서 '**권리를 행사할 수 있는 때**'라 함은 권리를 행사함에 있어 이행기의 미도래, 정지조건부 권리에 있어서의 조건 미성취와 같은 **법률상의 장애가 없는 경우**를 말하는 것이다(대판 2006.12.7. 2005다21029).

[❹ ▸ ×] 어떤 권리의 소멸시효기간이 얼마나 되는지에 관한 주장은 단순한 법률상의 주장에 불과하므로 변론주의의 적용대상이 되지 않고 법원이 직권으로 판단할 수 있다(대판 2013.2.15. 2012다68217).

[❺ ▸ ×] 일정한 채권의 소멸시효기간에 관하여 이를 특별히 1년의 단기로 정하는 민법 제164조는 그 각 호에서 개별적으로 정하여진 채권의 채권자가 그 채권의 발생원인이 된 계약에 기하여 상대방에 대하여 부담하는 반대채무에 대하여는 적용되지 아니한다. 따라서 그 채권의 상대방이 그 계약에 기하여 가지는 반대채권은 원칙으로 돌아가, 다른 특별한 사정이 없는 한 민법 제162조 제1항에서 정하는 10년의 일반소멸시효기간의 적용을 받는다(대판 2013.11.14. 2013다65178).

핵심정리

소멸시효

① 판결에 의하여 확정된 채권의 소멸시효
→ 단기의 소멸시효에 해당한 것이라도 그 소멸시효는 10년으로 연장 ○
→ 단, 판결확정 당시에 변제기가 도래하지 아니한 채권은 10년으로 연장 ×
② 본래의 기산일과 당사자가 주장하는 기산일이 다른 경우
→ 당사자가 주장하는 기산일을 기준 (변론주의 ○)
③ 소멸시효의 기산점이 되는 '권리를 행사할 수 있는 때'의 의미
→ 권리 행사에 법률상의 장애가 없는 경우를 의미 ○
④ 어떤 권리의 소멸시효기간 → 법원의 직권판단의 대상 ○ (변론주의 ×)
⑤ 어떤 채권이 1년의 단기소멸시효에 걸리는 경우
→ 상대방이 가지는 반대채권도 당연히 1년의 단기소멸시효가 적용되는 것은 아님
→ 특별한 사정이 없는 한, 원칙으로 돌아가 10년의 소멸시효 적용 ○

답 ❷

제3절 소멸시효의 중단과 정지

267 □□□ **소멸시효의 중단 또는 정지에 관한 설명으로 옳지 않은 것은?(다툼이 있으면 판례에 따름)**

15 행정사 제3회

① 재판상의 청구는 그 소송이 취하된 경우에는 그로부터 6개월 내에 다시 재판상의 청구 등을 하지 않는 한 소멸시효 중단의 효력이 없다.

② 당연 무효의 가압류·가처분은 소멸시효의 중단사유에 해당하지 않는다.

③ 부부 중 한쪽이 다른 쪽에 대하여 갖는 권리는 혼인관계가 종료된 때부터 6개월 내에는 소멸시효가 완성되지 않는다.

④ 승인은 소멸시효의 진행이 개시된 이후에만 가능하고, 그 이전에는 승인을 하더라도 시효가 중단되지 않는다.

⑤ 시효중단의 효력 있는 승인에는 상대방의 권리에 관한 처분의 능력이나 권한이 있을 것을 요한다.

해설

[❶ ▸ O] 민법 제170조 참조

> **민법 제170조(재판상의 청구와 시효중단)** ① 재판상의 청구는 소송의 각하, 기각 또는 취하의 경우에는 시효중단의 효력이 없다.
> ② 전항의 경우에 6월 내에 재판상의 청구, 파산절차참가, 압류 또는 가압류, 가처분을 한 때에는 시효는 최초의 재판상 청구로 인하여 중단된 것으로 본다.

[❷ ▸ O] 소멸시효는 청구(제1호), 압류·가압류·가처분(제2호), 승인(제3호)에 의하여 중단된다(민법 제168조 제1항). 사망한 사람을 피신청인으로 한 가압류신청은 부적법하고 그 신청에 따른 가압류결정이 내려졌다고 하여도 그 결정은 당연 무효로서 그 효력이 상속인에게 미치지 않으며, 이러한 당연 무효의 가압류는 민법 제168조 제2호에 정한 소멸시효의 중단사유에 해당하지 않는다(대판 2006.8.24. 2004다26287). 당연 무효의 가처분도 소멸시효의 중단사유에 해당하지 않는 것은 마찬가지이다.

[❸ ▸ O] 부부 중 한쪽이 다른 쪽에 대하여 가지는 권리는 혼인관계가 종료된 때부터 6개월 내에는 소멸시효가 완성되지 아니한다(민법 제180조 제2항).

[❹ ▸ O] 승인은 권리의 존재를 인식하면서 해야 하므로 사전승인은 인정되지 아니한다. 따라서 승인은 소멸시효의 진행이 개시된 이후에만 가능하고, 그 이전에는 승인을 하더라도 시효가 중단되지 않는다(대판 2001.11.9. 2001다52568).

[❺ ▸ X] **시효중단의 효력 있는 승인**에는 상대방의 권리에 관한 처분의 능력이나 권한 있음을 요하지 아니한다(민법 제177조). 승인을 하려는 자는 관리에 관한 능력이나 권한만 있으면 된다(반대해석).

핵심정리

소멸시효의 중단과 정지

① 재판상 청구
- → 시효중단의 효력 O
- → 소송의 각하, 기각 또는 취하의 경우 : 6개월 내에 다시 재판상 청구 등을 하지 않으면 중단의 효력 ×

② 압류, 가압류 및 가처분
- → 시효중단의 효력 O
- → 무효의 가압류·가처분은 시효중단의 효력 ×

③ 부부 중 한쪽이 다른 쪽에 대하여 갖는 권리
→ 혼인관계가 종료된 때부터 6개월 내에는 소멸시효 완성 × (소멸시효의 정지 ○)
④, ⑤ 시효중단의 효력 있는 채무의 승인
→ 소멸시효의 진행이 개시된 이후에만 가능 ○ (사전승인은 시효중단의 효력 ×)
→ 상대방의 권리에 관한 처분의 능력이나 권한 필요 ×

답 ❺

268 □□□ **소멸시효에 관한 설명으로 옳은 것은?(다툼이 있으면 판례에 따름)** 16 행정사 제4회

① 물상보증인이 채권자를 상대로 채무자의 채무가 모두 소멸하였다고 주장하면서 근저당권말소청구소송을 제기하였는데 채권자가 피고로서 응소하여 적극적으로 권리를 주장하고 받아들여진 경우에도 그 채권의 소멸시효는 중단되지 않는다.

② 비법인사단이 총유물을 매도한 후 그 대표자가 매수인에게 소유권이전등기의무에 대하여 시효중단의 효력이 있는 승인을 하는 경우에 있어 사원총회의 결의를 거치지 아니하였다면 그 승인은 무효이다.

③ 채권자가 물상보증인의 소유인 부동산에 경료된 근저당권을 실행하기 위하여 경매를 신청한 경우, 그 경매와 관련하여 채무자에게 압류사실이 통지되었는지 여부와 무관하게 소멸시효 중단의 효력이 발생한다.

④ 담보가등기가 경료된 부동산을 양수하여 소유권이전등기를 마친 자는 그 가등기담보권에 의하여 담보된 채권의 채무자가 시효이익을 포기한 경우 독자적으로 시효이익을 주장할 수 없다.

⑤ 대여금 채권의 소멸시효가 진행하는 중 채권자가 채무자 소유의 부동산에 가압류집행을 함으로써 소멸시효의 진행을 중단시킨 경우 그 기입등기일로부터 새롭게 소멸시효기간이 진행한다.

해설

[❶ ▸ ○] 물상보증인이 그 피담보채무의 부존재 또는 소멸을 이유로 제기한 저당권설정등기 말소등기절차이행청구소송에서 채권자 겸 저당권자가 청구기각의 판결을 구하고 피담보채권의 존재를 주장하였다고 하더라도 이로써 직접 채무자에 대하여 재판상 청구를 한 것으로 볼 수는 없는 것이므로 피담보채권의 소멸시효에 관하여 규정한 민법 제168조 제1호 소정의 '청구'에 해당하지 아니한다(대판 2004.1.16. 2003다30890).

[❷ ▸ ×] 비법인사단의 사원총회가 그 총유물에 관한 매매계약의 체결을 승인하는 결의를 하였다면, 통상 그러한 결의에는 그 매매계약의 체결에 따라 발생하는 채무의 부담과 이행을 승인하는 결의까지 포함되었다고 봄이 상당하므로, 비법인사단의 대표자가 그 채무에 대하여 소멸시효 중단의 효력이 있는 승인을 하거나 그 채무를 이행할 경우에는 특별한 사정이 없는 한 별도로 그에 대한 사원총회의 결의를 거칠 필요는 없다고 보아야 한다(대판 2009.11.26. 2009다64383).

[❸ ▸ ×] 채권자가 물상보증인에 대하여 그 피담보채권의 실행으로서 임의경매를 신청하여 경매법원이 경매개시결정(= 압류의 효력 발생)을 하고 **경매절차의 이해관계인으로서의 채무자에게 그 결정이 송달되거나 또는 경매기일이 통지된 경우**에는 시효의 이익을 받는 채무자는 민법 제176조에 의하여 당해 피담보채권의 소멸시효 중단의 효과를 받는다(대판 1997.8.29. 97다12990). 경매개시결정이나 경매기일통지서가 **교부송달의 방법**으로 주채무자에게 송달되어야만 하는 것이다(대판 1994.11.25. 94다26097).

[❹ ▸ ×] 채권담보의 목적으로 매매예약의 형식을 빌어 소유권이전청구권 보전을 위한 가등기가 경료된 부동산을 양수하여 소유권이전등기를 마친 제3자는 당해 가등기담보권의 피담보채권의 소멸에 의하여 직접 이익을 받는 자이므로, 채무자가 이미 그 가등기에 기한 본등기를 경료하여 시효이익을 포기한 것으로 볼 수 있다고 하더라도 그 시효이익의 포기는 상대적 효과가 있음에 지나지 아니하므로 채무자 이외의 이해관계자에 해당하는 담보 부동산의 양수인으로서는 여전히 독자적으로 소멸시효를 원용할 수 있다(대판 1995.7.11. 95다12446).

[❺ ▸ ×] 민법 제168조에서 가압류를 시효중단사유로 정하고 있는 것은 가압류에 의하여 채권자가 권리를 행사하였다고 할 수 있기 때문인데 가압류에 의한 집행보전의 효력이 존속하는 동안은 가압류채권자에 의한 권리행사가 계속되고 있다고 보아야 할 것이므로 가압류에 의한 시효중단의 효력은 가압류의 집행보전의 효력이 존속하는 동안은 계속된다(대판 2000.4.25. 2000다11102). 가압류에 의한 시효중단은 경매절차에서 부동산이 매각되어 가압류등기가 말소되기 전에 배당절차가 진행되어 가압류채권자에 대한 배당표가 확정되는 등의 특별한 사정이 없는 한, 채권자가 가압류집행에 의하여 권리행사를 계속하고 있다고 볼 수 있는 **가압류등기가 말소된 때 그 중단사유가 종료되어, 그때부터 새로 소멸시효가 진행한다**고 봄이 타당하다(대판 2013.11.14. 2013다18622).

핵심정리

소멸시효

① 물상보증인이 피담보채무 소멸을 이유로 근저당권설정등기 말소청구소송을 제기한 경우
→ 채권자가 피고로서 응소하여 적극적으로 권리를 주장하고 받아들여진 경우라도 시효중단사유로서의 채무자에 대한 재판상 청구(응소)로 볼 수 ×

② 비법인사단의 대표자가 매수인에게 소유권이전등기의무에 대하여 시효중단의 효력이 있는 채무의 승인을 하는 경우 → 별도의 사원총회의 결의를 거치지 않아도 승인은 유효

③ 채권자가 물상보증인의 소유인 부동산의 근저당권을 실행하기 위하여 경매를 신청한 경우
→ 채무자에게 압류사실이 통지된 경우에만 채권의 시효중단의 효력 ○

④ 담보가등기가 경료된 부동산을 양수하여 소유권이전등기를 마친 자
→ 담보된 채권의 채무자가 시효이익을 포기한 경우에도 독자적으로 시효이익을 주장 가능

⑤ 채권자가 채무자 소유의 부동산에 가압류집행을 함으로써 소멸시효의 진행을 중단시킨 경우
→ 가압류등기가 말소된 때로부터 새로 소멸시효가 진행 ○

답 ❶

269 소멸시효에 관한 설명으로 옳은 것은?(다툼이 있는 경우에는 판례에 의함) 14 행정사 제2회

□□□

① 시효의 중단사유가 재판상의 청구인 때에는 중단까지 경과한 시효기간은 이를 산입하지 아니하고 재판이 확정된 때로부터 새로이 시효가 진행한다.

② 건물이 완공되지 않아 소유권이전등기청구권을 행사할 수 없었다는 사유는 그 청구권의 소멸시효의 진행을 막는 법률상의 장애사유가 되지 아니한다.

③ 근저당권설정등기청구권은 피담보채권에 부종하는 청구권이므로 독자적인 시효기간의 적용을 받지 아니한다.

④ 물상보증인이 피담보채무의 부존재를 이유로 제기한 저당권설정등기 말소청구소송에서 저당권자가 청구기각의 판결을 구하였다면 이를 직접 채무자에 대한 재판상 청구로 볼 수 있다.

⑤ 채무자는 소멸시효의 진행이 개시된 이후는 물론 그 이전에도 채무를 승인하여 시효를 중단할 수 있다.

해설

[❶ ▸ O] 재판상의 청구로 인하여 시효가 중단된 때에는 중단까지에 경과한 시효기간은 이를 산입하지 아니하고 재판이 확정된 때로부터 새로이 진행한다(민법 제178조).

[❷ ▸ ×] 건물에 관한 소유권이전등기청구권에 있어서 그 목적물인 건물이 완공되지 아니하여 이를 행사할 수 없었다는 사유는 **법률상의 장애사유에 해당**한다(대판 2007.8.23. 2007다28024).

[❸ ▸ ×] 근저당권설정등기청구권은 피담보채권과는 별개의 청구권으로서 시효기간 또한 독자적으로 진행된다(대판 2004.2.13. 2002다7213).

[❹ ▸ ×] 물상보증인이 그 피담보채무의 부존재 또는 소멸을 이유로 제기한 저당권설정등기 말소등기절차이행청구소송에서 채권자 겸 저당권자가 청구기각의 판결을 구하고 피담보채권의 존재를 주장하였다고 하더라도 이로써 직접 채무자에 대하여 재판상 청구를 한 것으로 볼 수는 없는 것이므로 피담보채권의 소멸시효에 관하여 규정한 민법 제168조 제1호 소정의 '청구'에 해당하지 아니한다(대판 2004.1.16. 2003다30890).

[❺ ▸ ×] 승인은 권리의 존재를 인식하면서 해야 하므로 사전승인은 인정되지 아니한다. 따라서 승인은 소멸시효의 진행이 개시된 이후에만 가능하고, 그 이전에는 승인을 하더라도 시효가 중단되지 않는다(대판 2001.11.9. 2001다52568).

핵심정리

소멸시효(소멸시효의 중단, 기산점)

① 재판상의 청구로 시효가 중단된 경우 → 재판이 확정된 때로부터 새롭게 시효기간 진행 O

② 건물이 완공되지 않아 소유권이전등기청구권을 행사할 수 없었다는 사유
→ 법률상의 장애사유 O

③ 근저당권설정등기청구권의 소멸시효 → 피담보채권과는 독자적으로 시효기간 진행 O

④ 소멸시효의 중단사유로서의 재판상 청구
→ 채무자가 제기한 소송의 경우 : 채권자가 피고로서 응소하여 그 소송에서 적극적으로 권리를 주장하여 승소하였다면, 재판상 청구에 준하여 '응소한 때'에 채권의 소멸시효 중단 O
→ 물상보증인이 제기한 근저당권설정등기 말소청구소송의 경우 : 채권자가 피고로서 응소하여 적극적으로 권리를 주장하고 받아들여진 경우라도 시효중단사유로서의 채무자에 대한 재판상 청구(응소)로 볼 수 ×

⑤ 시효중단의 효력 있는 채무의 승인 → 소멸시효의 진행이 개시된 이후에만 가능 O

답 ❶

270 소멸시효에 관한 설명으로 옳은 것은? 17 행정사 제5회

□□□

① 시효중단사유가 종료하면 남은 시효기간이 경과함으로써 소멸시효는 완성된다.
② 주된 권리의 소멸시효가 완성되어도 종속된 권리에는 그 영향을 미치지 않는다.
③ 소멸시효중단의 효력은 당사자 사이에서만 효력이 있다.
④ 소멸시효는 특약에 의하여 이를 배제, 연장 또는 가중할 수 있다.
⑤ 판결에 의하여 확정된 채권은 단기의 소멸시효에 해당한 것이라도 그 소멸시효는 10년으로 한다.

해설

[❶ ▸ ×] 시효가 중단된 때에는 중단까지에 경과한 시효기간은 이를 산입하지 아니하고 중단사유가 종료한 때로부터 새로이 진행한다(민법 제178조 제1항).

[❷ ▸ ×] 주된 권리의 소멸시효가 완성한 때에는 종속된 권리에 그 효력이 미친다(민법 제183조).

[❸ ▸ ×] 시효의 중단은 당사자 및 그 승계인 간에만 효력이 있다(민법 제169조).

[❹ ▸ ×] 소멸시효는 법률행위에 의하여 이를 배제, 연장 또는 가중할 수 없으나 이를 단축 또는 경감할 수 있다(민법 제184조 제2항).

[❺ ▸ ○] 판결에 의하여 확정된 채권은 단기의 소멸시효에 해당한 것이라도 그 소멸시효는 10년으로 한다(민법 제165조 제1항).

핵심정리

소멸시효(소멸시효의 중단, 시효이익의 포기 등)

①, ③ 소멸시효의 중단
→ 중단사유가 종료한 때로부터 새로이 시효기간 진행
→ 시효중단의 인적 범위 : 당사자 및 그 승계인 사이에만 효력 ○
② 주된 권리의 소멸시효가 완성된 경우 → 종속된 권리에 그 효력 ○
④ 소멸시효는 특약에 의하여 이를 배제, 연장 또는 가중 × (단축 또는 경감 ○)
⑤ 판결에 의하여 확정된 채권 → 단기의 소멸시효에 해당한 것이라도 소멸시효기간은 10년으로 연장 ○

답 ❺

271 소멸시효의 중단과 정지에 관한 설명으로 옳지 않은 것은? 13 행정사 제1회

① 파산절차참가는 채권자가 이를 취소한 때에는 시효중단의 효력이 없다.
② 임의출석의 경우에 화해가 성립되지 아니한 때에는 1월 내에 소를 제기하지 아니하면 시효중단의 효력이 없다.
③ 재판상의 청구를 한 후에 소의 각하가 있고 6월 내에 다시 재판상의 청구를 한 경우, 소멸시효는 다시 재판상의 청구를 한 때로부터 중단된 것으로 본다.
④ 천재 기타 사변으로 인하여 소멸시효를 중단할 수 없을 때에는 그 사유가 종료한 때로부터 1월 내에는 시효가 완성하지 아니한다.
⑤ 물상보증인의 부동산을 압류한 경우에 그 사실을 주채무자에게 통지한 후가 아니면 그 주채무자에게 시효중단의 효력이 없다.

해설

[❶ ▸ O] 파산절차참가는 채권자가 이를 취소하거나 그 청구가 각하된 때에는 시효중단의 효력이 없다(민법 제171조).

[❷ ▸ O] 화해를 위한 소환은 상대방이 출석하지 아니하거나 화해가 성립되지 아니한 때에는 1월 내에 소를 제기하지 아니하면 시효중단의 효력이 없다. 임의출석의 경우에 화해가 성립되지 아니한 때에도 그러하다(민법 제173조).

[❸ ▸ ×] 재판상의 청구를 한 후에 소의 각하가 있고 6월 내에 다시 재판상의 청구를 한 경우, 소멸시효는 최초의 재판상 청구를 한 때로부터 중단된 것으로 본다(민법 제170조).

> **민법 제170조(재판상의 청구와 시효중단)** ① 재판상의 청구는 소송의 각하, 기각 또는 취하의 경우에는 시효중단의 효력이 없다.
>
> ② 전항의 경우에 6월 내에 재판상의 청구, 파산절차참가, 압류 또는 가압류, 가처분을 한 때에는 시효는 최초의 재판상 청구로 인하여 중단된 것으로 본다.

[❹ ▸ O] 천재 기타 사변으로 인하여 소멸시효를 중단할 수 없을 때에는 그 사유가 종료한 때로부터 1월 내에는 시효가 완성하지 아니한다(민법 제182조).

[❺ ▸ O] 압류, 가압류 및 가처분은 시효의 이익을 받은 자에 대하여 하지 아니한 때에는 그에게 통지한 후가 아니면 시효중단의 효력이 없으므로(민법 제176조), 물상보증인의 부동산을 압류한 경우에 그 사실을 주채무자에게 통지하여야 그에게 시효중단의 효력이 미친다.

핵심정리 **소멸시효의 중단과 정지**

① 파산절차참가 → 채권자가 파산절차를 취소한 경우 시효중단의 효력 ×

② 임의출석 → 화해가 성립되지 아니한 경우 1월 내에 소를 제기하지 아니하면 시효중단의 효력 ×

③ 재판상 청구 후 소가 각하되었으나 6월 내에 다시 재판상의 청구를 한 경우
→ 최초의 재판상 청구를 한 때로부터 소멸시효 중단 O

④ 천재 기타 사변으로 인하여 소멸시효를 중단할 수 없을 경우
→ 그 사유가 종료한 때로부터 1월 내에는 시효 완성 × (소멸시효의 정지 O)

⑤ 채권자가 물상보증인의 부동산을 압류한 경우
→ 그 압류 사실을 주채무자에게 통지한 후가 아니면 그 주채무자에게 시효중단의 효력 ×

답 ❸

272 □□□ **소멸시효의 중단과 정지에 관한 설명으로 옳지 않은 것은?(다툼이 있으면 판례에 따름)**

24 행정사 제12회

① 채무자가 제기한 소에 대하여 채권자가 응소하여 그 소송에서 적극적으로 권리를 주장하고 그것이 받아들여진 경우, 재판상의 청구가 될 수 있다.

② 승소 확정판결을 받은 채권자가 그 판결상 채권의 시효중단을 위해 후소를 제기하는 경우, 재판상 청구가 있다는 점에 대하여만 확인을 구하는 형태의 새로운 방식의 확인소송은 허용될 수 없다.

③ 상속재산에 속한 권리나 상속재산에 대한 권리는 상속인의 확정, 관리인의 선임 또는 파산선고가 있는 때로부터 6월내에는 소멸시효가 완성하지 아니한다.

④ 화해를 위한 소환은 상대방이 출석하지 아니한 때에는 화해신청인이 1월내에 소를 제기하지 아니하면 시효중단의 효력이 없다.

⑤ 천재 기타 사변으로 소멸시효를 중단할 수 없을 때에는 그 사유가 종료한 때로부터 1월 내에는 시효가 완성하지 아니한다.

해설

[❶ ▸ O] 시효를 주장하는 자(= 채무자)가 원고가 되어 소를 제기한 데 대하여 권리자(= 채권자)가 피고로서 응소하여 소송에서 적극적으로 권리를 주장하고 그것이 받아들여진 경우도 재판상의 청구에 포함된다(대판 2012.1.12. 2011다78606).

> 민법 제168조 제1호, 제170조 제1항에서 시효중단사유의 하나로 규정하고 있는 재판상의 청구란, 통상적으로는 권리자가 원고로서 시효를 주장하는 자를 피고로 하여 소송물인 권리를 소의 형식으로 주장하는 경우를 가리키나, 이와 반대로 시효를 주장하는 자가 원고가 되어 소를 제기한 데 대하여 피고로서 응소하여 소송에서 적극적으로 권리를 주장하고 그것이 받아들여진 경우도 이에 포함되고, 위와 같은 응소행위로 인한 시효중단의 효력은 피고가 현실적으로 권리를 행사하여 응소한 때에 발생하지만, 권리자인 피고가 응소하여 권리를 주장하였으나 소가 각하되거나 취하되는 등의 사유로 본안에서 권리주장에 관한 판단 없이 소송이 종료된 경우에는 민법 제170조 제2항을 유추적용하여 그때부터 6월 이내에 재판상의 청구 등 다른 시효중단조치를 취한 경우에 한하여 응소 시에 소급하여 시효중단의 효력이 있다고 보아야 한다(대판 2012.1.12. 2011다78606).

[❷ ▸ ×] 종래 실무의 문제점을 해결하기 위해서, **시효중단을 위한 후소**로서 **이행소송 외에** 전소 판결로 확정된 채권의 시효를 중단시키기 위한 조치, 즉 **'재판상의 청구'가 있다는 점에 대하여만 확인을 구하는 형태의 '새로운 방식의 확인소송'이 허용**되고, 채권자는 두 가지 형태의 소송 중 자신의 상황과 필요에 보다 적합한 것을 선택하여 제기할 수 있다고 보아야 한다(대판 2018.10.18. 2015다232316[전합]).

[❸ ▸ O] 민법 제181조

> **민법 제181조 (상속재산에 관한 권리와 시효정지)** 상속재산에 속한 권리나 상속재산에 대한 권리는 상속인의 확정, 관리인의 선임 또는 파산선고가 있는 때로부터 6월내에는 소멸시효가 완성하지 아니한다.

[❹ ▸ O] 민법 제173조

> **민법 제173조(화해를 위한 소환, 임의출석과 시효중단)** 화해를 위한 소환은 상대방이 출석하지 아니 하거나 화해가 성립되지 아니한 때에는 1월내에 소를 제기하지 아니하면 시효중단의 효력이 없다. 임의출석의 경우에 화해가 성립되지 아니한 때에도 그러하다.

[❺ ▸ O] 민법 제182조

> **민법 제182조(천재 기타 사변과 시효정지)** 천재 기타 사변으로 인하여 소멸시효를 중단할 수 없을 때에는 그 사유가 종료한 때로부터 1월내에는 시효가 완성하지 아니한다.

핵심정리

소멸시효의 중단과 정지

① 채무자가 제기한 소송의 경우
→ 채권자가 피고로서 응소하여 그 소송에서 적극적으로 권리를 주장하여 승소하였다면, 재판상 청구에 준하여 '응소한 때'에 채권의 소멸시효 중단 O

② 승소 확정판결을 받은 채권자가 그 판결상 채권의 시효중단을 위해 후소를 제기하는 경우
→ '재판상의 청구'가 있다는 점에 대하여만 확인을 구하는 형태의 '새로운 방식의 확인소송' 허용 O

③ 상속재산에 속한 권리나 상속재산에 대한 권리
→ 상속인의 확정, 관리인의 선임 또는 파산선고가 있는 때로부터 6월내에는 소멸시효 완성 ×

④ 화해를 위한 소환은 상대방이 출석하지 아니하거나 화해가 성립되지 아니한 때
→ 1월내에 소를 제기하지 아니하면 시효중단의 효력 ×

⑤ 천재 기타 사변으로 인하여 소멸시효를 중단할 수 없을 때
→ 그 사유가 종료한 때로부터 1월내에는 시효가 완성 ×

답 ❷

273 소멸시효의 중단사유에 관한 설명으로 옳지 않은 것은?(다툼이 있으면 판례에 따름)

□□□

18 행정사 제6회

① 지급명령 신청은 시효중단사유가 아니다.
② 부동산의 가압류로 중단된 시효는 특별한 사정이 없는 한, 가압류등기가 말소된 때로부터 새로이 진행된다.
③ 채무승인이 있었다는 사실은 이를 주장하는 채권자 측에서 증명하여야 한다.
④ 채무의 일부변제도 채무승인으로서 시효중단사유가 될 수 있다.
⑤ 시효중단의 효력이 있는 승인에는 상대방의 권리에 관한 처분의 능력이나 권한이 있음을 요하지 않는다.

해설

[❶ ▸ ×] 지급명령의 신청은 소멸시효중단사유의 하나이다(민법 제172조). 민사소송법 제472조 제2항은 "채무자가 지급명령에 대하여 적법한 이의신청을 한 경우에는 지급명령을 신청한 때에 이의신청된 청구목적의 값에 관하여 소가 제기된 것으로 본다."라고 규정하고 있는바, 지급명령 사건이 채무자의 이의신청으로 소송으로 이행되는 경우에 지급명령에 의한 시효중단의 효과는 소송으로 이행된 때가 아니라 지급명령을 신청한 때에 발생한다(대판 2015.2.12. 2014다228440).

[❷ ▸ O] 가압류에 의한 시효중단은 특별한 사정이 없는 한, 채권자가 가압류집행에 의하여 권리행사를 계속하고 있다고 볼 수 있는 **가압류등기가 말소된 때 그 중단사유가 종료**되어, 그때부터 새로 소멸시효가 진행한다고 봄이 타당하다(대판 2013.11.14. 2013다18622).

[❸ ▸ O] 소멸시효의 중단사유로서 채무자에 의한 채무승인이 있었다는 사실은 이를 주장하는 채권자 측에서 입증하여야 한다(대판 2005.2.17. 2004다59959).

[❹ ▸ O] 시효완성 전에 채무의 일부를 변제한 경우에는 그 수액에 관하여 다툼이 없는 한 채무승인으로서의 효력이 있어 **채무 전부에 관하여 시효중단의 효력이 발생**한다(대판 2018.11.9. 2018다250513).

[❺ ▸ O] 시효중단의 효력있는 승인에는 상대방의 권리에 관한 처분의 능력이나 권한 있음을 요하지 아니한다(민법 제177조). 승인을 하려는 자는 관리에 관한 능력이나 권한만 있으면 된다(반대해석).

핵심정리

소멸시효의 중단사유

① 지급명령 신청 ⟶ 소멸시효의 중단사유 O
② 부동산의 가압류로 시효가 중단된 경우 ⟶ 가압류등기가 말소된 때부터 새로이 시효 진행 O
③, ④, ⑤ 소멸시효 중단사유로서의 채무의 승인
⟶ 채무승인이 있었다는 사실의 증명책임 : 채권자
⟶ 채무의 일부변제도 채무승인으로서 시효중단사유 O (채무 전부에 관하여 시효중단 O)
⟶ 채무의 승인을 함에 있어 상대방의 권리에 관한 처분의 능력·권한 필요 ×

답 ❶

274 □□□ 소멸시효 중단에 관한 설명으로 옳지 않은 것은?(다툼이 있으면 판례에 따름) 23 행정사 제11회

① 지급명령에 의한 시효중단의 효과는 지급명령을 신청한 때에 발생한다.
② 시효이익을 받을 본인의 대리인은 소멸시효 중단사유인 채무의 승인을 할 수 있다.
③ 가압류의 피보전채권에 관하여 본안의 승소판결이 확정되면 가압류에 의한 시효중단의 효력은 당연히 소멸한다.
④ 재판상의 청구로 인하여 중단한 소멸시효는 재판이 확정된 때로부터 새로이 진행한다.
⑤ 시효중단의 효력 있는 승인에는 상대방의 권리에 관한 처분능력이나 권한 있음을 요하지 않는다.

해설

[❶ ▸ ○] 지급명령의 신청은 소멸시효중단사유의 하나이다(민법 제172조). 민사소송법 제472조 제2항은 "채무자가 지급명령에 대하여 적법한 이의신청을 한 경우에는 지급명령을 신청한 때에 이의신청된 청구목적의 값에 관하여 소가 제기된 것으로 본다."라고 규정하고 있는바, 지급명령 사건이 채무자의 이의신청으로 소송으로 이행되는 경우에 지급명령에 의한 시효중단의 효과는 소송으로 이행된 때가 아니라 **지급명령을 신청한 때에 발생**한다(대판 2015.2.12. 2014다228440).

[❷ ▸ ○] 소멸시효 중단사유인 채무의 승인은 시효이익을 받을 **당사자**나 **대리인**만 할 수 있으므로 이행인수인이 채권자에 대하여 채무자의 채무를 승인하더라도 다른 특별한 사정이 없는 한 시효중단 사유가 되는 채무승인의 효력은 발생하지 않는다(대판 2016.10.27. 2015다239744).

[❸ ▸ ×] 민법 제168조에서 가압류와 재판상의 청구를 별도의 시효중단사유로 규정하고 있는데 비추어 보면, 가압류의 **피보전채권에 관하여 본안의 승소판결이 확정**되었다고 하더라도 **가압류에 의한 시효중단의 효력이 이에 흡수되어 소멸된다고 할 수 없다**(대판 2000.4.25. 2000다11102).

> 민법 제168조에서 가압류를 시효중단사유로 정하고 있는 것은 가압류에 의하여 채권자가 권리를 행사하였다고 할 수 있기 때문인데 가압류에 의한 집행보전의 효력이 존속하는 동안은 가압류채권자에 의한 권리행사가 계속되고 있다고 보아야 할 것이므로 가압류에 의한 시효중단의 효력은 가압류의 집행보전의 효력이 존속하는 동안은 계속된다(대판 2000.4.25. 2000다11102). 가압류에 의한 시효중단은 특별한 사정이 없는 한, 채권자가 가압류집행에 의하여 권리행사를 계속하고 있다고 볼 수 있는 가압류등기가 말소된 때 그 중단사유가 종료되어, 그때부터 새로 소멸시효가 진행한다고 봄이 타당하다(대판 2013.11.14. 2013다18622).

[❹ ▸ ○] 재판상의 청구로 인하여 시효가 중단된 때에는 중단까지에 경과한 시효기간은 이를 산입하지 아니하고 재판이 확정된 때로부터 새로이 진행한다(민법 제178조 제2항).

[❺ ▸ ○] 시효중단의 효력 있는 승인에는 상대방의 권리에 관한 처분의 능력이나 권한 있음을 요하지 아니한다(민법 제177조).

핵심정리 **소멸시효의 중단**

① 지급명령에 의한 시효중단 효과의 발생시기 → 지급명령을 신청한 때
② 소멸시효 중단사유인 채무의 승인 → 시효이익을 받을 본인(당사자)이나 그 대리인만 할 수 있음
③ 가압류에 의한 시효중단의 효력
→ 가압류의 피보전채권에 관하여 본안의 승소판결이 확정되더라도 소멸 ×
→ 가압류등기가 말소된 때 그 중단사유가 종료되고, 그때부터 새로 소멸시효가 진행 ○
④ 재판상의 청구로 시효가 중단된 경우 → 재판이 확정된 때로부터 새로이 시효기간 진행 ○
⑤ 시효중단의 효력 있는 승인 → 상대방의 권리에 관한 처분능력이나 권한 있음을 요하지 않음

답 ❸

275 소멸시효의 중단에 관한 설명으로 옳지 않은 것은?(다툼이 있으면 판례에 따름)

□□□

21 행정사 제9회

① 채무자가 제기한 소에 대하여 채권자가 응소하여 그 소송에서 적극적으로 권리를 주장하고 그것이 받아들여진 경우 재판상의 청구가 될 수 있다.

② 시효완성 전에 한 채무의 일부변제는 특별한 사정이 없는 한 시효중단사유가 될 수 있다.

③ 현존하지 않는 장래의 채권을 시효진행이 개시되기 전에 미리 승인하는 것도 허용된다.

④ 임의출석의 경우에 화해가 성립되지 아니한 때에는 1월 내에 소를 제기하지 아니하면 시효중단의 효력이 없다.

⑤ 시효의 중단은 당사자 및 그 승계인 사이에만 효력이 있는 것이 원칙이다.

해설

[❶ ▸ O] 시효를 주장하는 자(채무자)가 원고가 되어 소를 제기한 데 대하여 권리자(채권자)가 피고로서 응소하여 소송에서 적극적으로 권리를 주장하고 그것이 받아들여진 경우도 **재판상의 청구에 포함**된다(대판 2012.1.12. 2011다78606).

> 민법 제168조 제1호, 제170조 제1항에서 시효중단사유의 하나로 규정하고 있는 재판상의 청구란, 통상적으로는 권리자가 원고로서 시효를 주장하는 자를 피고로 하여 소송물인 권리를 소의 형식으로 주장하는 경우를 가리키나, 이와 반대로 시효를 주장하는 자가 원고가 되어 소를 제기한 데 대하여 피고로서 응소하여 소송에서 적극적으로 권리를 주장하고 그것이 받아들여진 경우도 이에 포함되고, 위와 같은 응소행위로 인한 시효중단의 효력은 피고가 현실적으로 권리를 행사하여 응소한 때에 발생하지만, 권리자인 피고가 응소하여 권리를 주장하였으나 소가 각하되거나 취하되는 등의 사유로 본안에서 권리주장에 관한 판단 없이 소송이 종료된 경우에는 민법 제170조 제2항을 유추적용하여 그때부터 6월 이내에 재판상의 청구 등 다른 시효중단조치를 취한 경우에 한하여 응소 시에 소급하여 시효중단의 효력이 있다고 보아야 한다(대판 2012.1.12. 2011다78606).

[❷ ▸ O] 시효완성 전에 채무의 일부를 변제한 경우에는 그 수액에 관하여 다툼이 없는 한 채무승인으로서의 효력이 있어 채무 전부에 관하여 시효중단의 효력이 발생한다(대판 2018.11.9. 2018다250513).

[❸ ▸ ×] 현존하지 아니하는 장래의 채권을 미리 승인하는 것은 채무자가 그 권리의 존재를 인식하고서 한 것이라고 볼 수 없어 허용되지 않는다고 할 것이다(대판 2001.11.9. 2001다52568).

[❹ ▸ O] 화해를 위한 소환은 상대방이 출석하지 아니하거나 화해가 성립되지 아니한 때에는 1월 내에 소를 제기하지 아니하면 시효중단의 효력이 없다. 임의출석의 경우에 화해가 성립되지 아니한 때에도 그러하다(민법 제173조).

[❺ ▸ O] 시효의 중단은 당사자 및 그 승계인 간에만 효력이 있다(민법 제169조).

핵심정리

소멸시효의 중단

① 소멸시효의 중단사유로서의 재판상 청구
→ 채무자가 제기한 소송의 경우 : 채권자가 피고로서 응소하여 그 소송에서 적극적으로 권리를 주장하여 승소하였다면, 재판상 청구에 준하여 '응소한 때'에 채권의 소멸시효 중단 ○

② 시효완성 전에 한 채무의 일부변제 → 채무승인으로서 시효중단사유 ○

③ 시효중단의 효력 있는 채무의 승인
→ 소멸시효의 진행이 개시된 이후에만 가능 ○ (사전승인은 시효중단의 효력 ×)
→ 현존하지 아니하는 장래의 채권을 미리 승인하는 것 허용 ×

④ 임의출석 → 화해가 성립되지 아니한 경우 1월 내에 소를 제기하지 아니하면 시효중단의 효력 ×

⑤ 시효의 중단의 효력이 미치는 인적 범위 → 당사자 및 그 승계인 사이에만 효력이 있는 것이 원칙 ○

답 ❸

제4절 소멸시효완성의 효과

276 소멸시효에 관한 설명으로 옳지 않은 것은?(다툼이 있으면 판례에 따름) 21 행정사 제9회

□□□

① 시효기간 만료로 인한 권리의 소멸은 시효의 이익을 받은 자가 시효완성의 항변을 하지 않으면 그 의사에 반하여 재판할 수 없다.

② 시효를 원용할 수 있는 사람은 권리의 소멸에 의하여 직접 이익을 받는 사람에 한정된다.

③ 시효가 완성된 채권의 시효이익을 채무자가 포기하면 포기한 때로부터 그 채권의 시효가 새로 진행한다.

④ 시효는 법률행위에 의하여 이를 배제하거나 경감할 수 없다.

⑤ 시효는 그 기산일에 소급하여 효력이 생긴다.

해설

[❶ ▸ O] 당사자의 원용이 없어도 시효완성의 사실로서 채무는 당연히 소멸하고, 다만 소멸시효의 이익을 받는 자가 소멸시효 이익을 받겠다는 뜻을 항변하지 않는 이상 그 의사에 반하여 재판할 수 없을 뿐이다(대판 1979.2.13. 78다2157).

[❷ ▸ O] 소멸시효를 원용할 수 있는 사람은 권리의 소멸에 의하여 직접 이익을 받는 자에 한정된다(대판 2007.11.29. 2007다54849).

[❸ ▸ O] 채무자가 소멸시효 완성 후에 채권자에 대하여 채무를 승인함으로써 그 시효의 이익을 포기한 경우에는 그때부터 새로이 소멸시효가 진행한다(대판 2009.7.9. 2009다14340).

[❹ ▸ ×] 소멸시효는 법률행위에 의하여 이를 배제, 연장 또는 가중할 수 없으나 이를 단축 또는 경감할 수 있다(민법 제184조 제2항).

[❺ ▸ O] 소멸시효는 그 기산일에 소급하여 효력이 생긴다(민법 제167조).

핵심정리

소멸시효

① 소멸시효기간 만료로 인한 권리의 소멸 → 시효완성의 항변을 하지 않으면 그 의사에 반하여 재판 ×

② 소멸시효를 원용할 수 있는 사람 → 권리의 소멸로 직접 이익을 받는 사람에 한정

③ 소멸시효완성 후의 시효이익의 포기 → 포기한 때로부터 채권의 시효가 새로 진행

④ 소멸시효는 법률행위에 의해 배제, 연장 또는 가중 × / 단축 또는 경감 O

⑤ 소멸시효가 완성된 경우 → 기산일로 소급효 O

답 ❹

277 소멸시효완성 후 시효이익의 포기에 관한 설명으로 옳지 않은 것은?(다툼이 있으면 판례에 따름)

□□□

18 행정사 제6회

① 시효완성 후 시효이익의 포기는 허용되지만, 시효완성 전 시효이익의 포기는 허용되지 않는다.

② 시효이익의 포기는 그 의사표시로 인하여 권리에 직접적인 영향을 받는 상대방에게 도달한 때에 그 효력이 발생한다.

③ 주채무자가 시효이익을 포기하면 보증인에게도 그 효과가 미친다.

④ 시효이익을 포기한 경우에는 그때부터 새로이 소멸시효가 진행한다.

⑤ 시효완성 후 당해 채무의 이행을 채무자가 약정한 경우에는 특별한 사정이 없는 한, 시효이익을 포기한 것으로 보아야 한다.

해설

[❶ ▸ O] 소멸시효의 이익은 미리 포기하지 못한다(민법 제184조 제1항). 그러나 시효가 완성한 뒤에는 소멸시효의 이익을 자유롭게 포기할 수 있다.

[❷ ▸ O] 시효이익의 포기와 같은 상대방 있는 단독행위는 그 의사표시로 인하여 권리에 직접적인 영향을 받는 상대방에게 도달하는 때에 효력이 발생한다 할 것이다(대판 1994.12.23. 94다40734).

[❸ ▸ ×] 주채무가 시효로 소멸한 때에는 보증인도 그 시효소멸을 원용할 수 있으며, 주채무자가 시효의 이익을 포기하더라도 보증인에게는 그 효력이 없다(대판 1991.1.29. 89다카1114).

[❹ ▸ O] 채무자가 소멸시효 완성 후에 채권자에 대하여 채무를 승인함으로써 그 시효의 이익을 포기한 경우에는 그때부터 새로이 소멸시효가 진행한다(대판 2009.7.9. 2009다14340).

[❺ ▸ O] 시효완성 후 당해 채무의 이행을 채무자가 약정한 경우에는 특별한 사정이 없는 한 채무자는 시효완성의 사실을 알고 그 채무를 묵시적으로 승인하여 시효의 이익을 포기한 것으로 보아야 한다.

핵심정리

시효이익의 포기

① 시효완성 전 시효이익의 포기 → 허용 ×

②, ④ 시효이익의 포기의 효력

→ 포기의 의사표시로 권리에 직접적인 영향을 받는 상대방에게 도달한 때에 효력 발생

→ 포기한 때부터 새로이 소멸시효가 진행

③ 주채무자의 시효이익 포기 → 보증인에게 효과 ×

⑤ 시효완성 후 당해 채무의 이행을 채무자가 약정한 경우 → 시효이익 포기 O

278 소멸시효에 관한 설명으로 옳은 것을 모두 고른 것은? 14 행정사 제2회

□□□

ㄱ. 기한을 정하지 않은 권리의 소멸시효는 권리가 발생한 때로부터 진행한다.
ㄴ. 소멸시효는 그 기산일에 소급하여 효력이 생긴다.
ㄷ. 소멸시효의 중단은 그 당사자 사이에만 효력이 생긴다.
ㄹ. 시효중단의 효력이 있는 승인에는 상대방의 권리에 관한 처분의 능력이나 권한 있음을 요하지 아니한다.

① ㄱ, ㄴ
② ㄱ, ㄷ
③ ㄷ, ㄹ
④ ㄱ, ㄴ, ㄹ
⑤ ㄴ, ㄷ, ㄹ

해설

[ㄱ ▸ O] 기한의 정함이 없는 채권은 채권자가 그 채권이 발생한 때부터 언제든지 이행을 청구하는 것이 가능하므로, 그 채권이 발생(성립)한 때부터 소멸시효가 진행한다. ☞ '권리'보다 '채권'이 보다 정확한 표현이다.
[ㄴ ▸ O] 소멸시효는 그 기산일에 소급하여 효력이 생긴다(민법 제167조).
[ㄷ ▸ X] 시효의 중단은 당사자 및 그 승계인 간에만 효력이 있다(민법 제169조).
[ㄹ ▸ O] 시효중단의 효력 있는 승인에는 상대방의 권리에 관한 처분의 능력이나 권한 있음을 요하지 아니한다(민법 제177조).

핵심정리

소멸시효

ㄱ. 기한을 정하지 않은 권리(채권)의 소멸시효 → 권리(채권)가 발생한 때로부터 소멸시효 진행
ㄴ. 소멸시효가 완성된 경우 → 기산일에 소급효 O
ㄷ. 소멸시효의 중단의 인적 범위 → 당사자 및 그 승계인 사이에만 효력 O
ㄹ. 시효중단의 효력이 있는 승인 → 상대방의 권리에 관한 처분의 능력·권한 필요 ×

답 ❹

279 소멸시효에 관한 설명으로 옳지 않은 것은?(다툼이 있으면 판례에 따름)

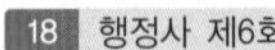

□□□

① 시효의 이익을 받은 자가 소송에서 소멸시효완성 사실을 주장하지 않으면, 그 의사에 반하여 재판할 수 없다.

② 천재 기타 사변으로 인하여 소멸시효를 중단할 수 없는 경우에는 그 사유가 종료한 때에 시효가 완성된다.

③ 부작위를 목적으로 하는 채권의 소멸시효는 위반행위를 한 때로부터 진행한다.

④ 파산절차에 의하여 확정된 채권이 확정 당시에 변제기가 이미 도래한 경우, 그 시효는 10년으로 한다.

⑤ 소멸시효는 그 기산일에 소급하여 효력이 생긴다.

해설

[❶ ▸ O] 피담보채무가 소멸시효의 완성으로 당연히 소멸하였다고 하더라도 변론주의의 원칙상 그 소멸시효의 이익을 받는 자가 소멸시효완성의 주장을 하지 않으면 그 의사에 반하여 재판할 수는 없다(대판 2014.1.23. 2013다64793).

[❷ ▸ X] 천재 기타 사변으로 인하여 소멸시효를 중단할 수 없을 때에는 그 사유가 종료한 때로부터 1월 내에는 시효가 완성하지 아니한다(민법 제182조).

[❸ ▸ O] 부작위를 목적으로 하는 채권의 소멸시효는 위반행위를 한 때로부터 진행한다(민법 제166조 제2항).

[❹ ▸ O] 민법 제165조 제1항 · 제2항

> **민법 제165조(판결 등에 의하여 확정된 채권의 소멸시효)** ① 판결에 의하여 확정된 채권은 단기의 소멸시효에 해당한 것이라도 그 소멸시효는 10년으로 한다.
> ② 파산절차에 의하여 확정된 채권 및 재판상의 화해, 조정 기타 판결과 동일한 효력이 있는 것에 의하여 확정된 채권도 전항과 같다.
> ③ 전2항의 규정은 판결확정 당시에 변제기가 도래하지 아니한 채권에 적용하지 아니한다.

[❺ ▸ O] 소멸시효는 그 기산일에 소급하여 효력이 생긴다(민법 제167조).

핵심정리

소멸시효

① 소송에서 소멸시효완성 사실을 주장하지 않은 경우
→ 변론주의 원칙상 그 의사에 반하여 재판 ×

② 천재 기타 사변으로 인하여 소멸시효를 중단할 수 없을 경우
→ 그 사유가 종료한 때로부터 1월 내에는 시효 완성 × (소멸시효의 정지 O)

③ 부작위를 목적으로 하는 채권 → 위반행위를 한 때부터 소멸시효의 진행

④ 파산절차에 의하여 확정된 채권 → 소멸시효기간은 10년으로 연장

⑤ 소멸시효가 완성된 경우 → 기산일에 소급효 O

답 ❷

280 소멸시효에 관한 설명으로 옳지 않은 것은?(다툼이 있는 경우에는 판례에 의함)

□□□

13 행정사 제1회

① 채권은 10년, 소유권 이외의 재산권은 20년 동안 행사하지 않으면 소멸시효가 완성됨이 원칙이다.

② 음식점의 음식료에 대한 채권이 판결에 의하여 확정된 경우, 그 소멸시효기간은 1년이다.

③ 원본채권이 시효로 소멸하면, 변제기가 도래하지 아니한 이자채권도 소멸한다.

④ 부작위를 목적으로 하는 채권은 위반행위를 한 때로부터 소멸시효가 진행한다.

⑤ 소멸시효의 이익은 시효기간의 완성 전에는 포기할 수 없다.

해설

[❶ ▸ O] 채권은 10년간 행사하지 아니하면 소멸시효가 완성한다. 채권 및 소유권 이외의 재산권은 20년간 행사하지 아니하면 소멸시효가 완성한다(민법 제162조).

[❷ ▸ X] 판결에 의하여 확정된 채권은 단기의 소멸시효에 해당한 것이라도 그 소멸시효는 10년으로 하므로(민법 제165조 제1항), 음식점의 음식료에 대한 채권의 소멸시효기간이 1년이더라도(민법 제164조 제1호) 판결에 의하여 확정된 경우 그 소멸시효기간은 10년이 된다.

[❸ ▸ O] 주된 권리의 소멸시효가 완성한 때에는 종속된 권리에 그 효력이 미친다(민법 제183조). 따라서 원본채권이 시효로 소멸하면, 변제기가 도래하지 아니한 이자채권도 소멸한다.

[❹ ▸ O] 부작위를 목적으로 하는 채권의 소멸시효는 위반행위를 한 때로부터 진행한다(민법 제166조 제2항).

[❺ ▸ O] 소멸시효의 이익은 미리 포기하지 못한다(민법 제184조 제1항). 그러나 시효가 완성한 뒤에는 소멸시효의 이익을 자유롭게 포기할 수 있다.

핵심정리

소멸시효

① 소멸시효기간(원칙)
→ 채권은 10년 / 채권 및 소유권 이외의 재산권은 20년

② 음식점의 음식료에 대한 채권의 소멸시효기간은 1년
→ 음식료에 대한 채권이 판결에 의하여 확정된 경우 10년으로 연장

③ 원본채권이 시효로 소멸한 경우 → 변제기가 도래하지 아니한 이자채권도 소멸

④ 부작위를 목적으로 하는 채권의 소멸시효의 기산점 → 위반행위를 한 때

⑤ 시효완성 전 시효이익의 포기 → 허용 ×

답 ❷

나는 젊었을 때, 10번 시도하면 9번 실패했다.
그래서 10번씩 시도했다.

- 조지 버나드 쇼 -

PART 2

행정법

행정법통론

제1절 행정과 행정법

001 행정법의 대상이 되는 행정에 관한 설명으로 옳지 않은 것은? 15 행정사 제3회

□□□

① 헌법의 구체화법인 행정법의 대상으로서 행정은 권력분립원리에 따라 확립된 개념이다.
② 행정의 목표로서 공익의 개념은 명백한 것이기 때문에 공익의 개념은 시간의 흐름에 따라 변하지 않는 고정적인 것이다.
③ 우리나라의 경우 대통령의 통치행위를 판례에서 인정한 바 있다.
④ 행정을 공법상 행정과 사법상 행정으로 구분하는 주된 실익은 양자에 적용되는 실체법이 다르고, 권리구제 방식 등이 다르기 때문이다.
⑤ 급부행정은 공법적인 방식 외에 사법적인 방식으로도 이루어진다.

해설

[❶ ▸ O] 행정법의 대상으로서 행정은 근대 국가 이후 권력분립원리에 따라 확립된 개념이다. 헌법과 행정법의 관계에 관하여, 독일 연방헌법재판소장이었던 프리츠 베르너(F. Werner)는 "헌법의 구체화법으로서의 행정법"으로 표현하였다.
[❷ ▸ X] 행정의 목표인 공익은 불확정개념으로서 시간의 흐름에 따라 변하는 유동적인 것이다.
[❸ ▸ O] 판례는 대통령의 비상계엄선포(대판 1979.12.7. 79초70), 남북정상회담의 개최(대판 2004.3.26. 2003도7878) 등 고도의 정치성을 띤 국가행위에 대하여 통치행위의 개념을 인정한 바 있다.
[❹ ▸ O] 행정을 공법상 행정과 사법상 행정으로 구분하는 주된 실익은 적용되는 실체법과 권리구제 방식이 다르기 때문이다. 공법상 행정에는 공법 및 공법원칙이 적용되고 행정소송에 의하여 분쟁을 해결하나, 사법상의 행정은 사법 및 사법원칙이 적용되고 민사소송에 의하여 분쟁을 해결한다.
[❺ ▸ O] 급부행정은 공법적인 방식(예 행정처분, 공법상 계약) 이외에 사법적인 방식(예 행정사법, 국고관계)으로도 이루어진다.

행정법의 대상이 되는 행정
① 행정법의 대상으로서의 행정 → 권력분립원리에 따라 확립된 개념
② 행정의 목표로서의 공익 → 불확정개념으로서 시간의 흐름에 따라 변하는 유동적인 개념
③ 판례 → 대통령의 통치행위 인정(예 이라크 파병결정, 비상계엄선포 등)
④ 공법상 행정과 사법상 행정의 구별실익 → 적용되는 실체법과 권리구제 방식이 다름
⑤ 급부행정의 실행 → 공법적인 방식 외에 사법적인 방식도 가능

답 ❷

002 통치행위에 해당하지 않는 것은?(다툼이 있으면 판례에 따름) 19 행정사 제7회

□□□

① 대통령의 서훈취소
② 사 면
③ 이라크파병결정
④ 남북정상회담의 개최
⑤ 대통령의 비상계엄선포

해설

[❶ ▸ ×] 통치행위(統治行爲)란 고도의 정치적 성격을 띤 국가행위로서 사법심사의 대상에서 제외되거나 사법심사의 대상이 되는 것이 적당하지 않은 행위를 말한다. 헌법재판소 판례나 대법원 판례는 ② 사면(헌재 2000.6.1. 97헌바74), ③ 이라크파병결정(헌재 2004.4.29. 2003헌마814), ④ 남북정상회담의 개최(대판 2004.3.26. 2003도7878), ⑤ 대통령의 비상계엄선포(대판 1979.12.7. 79초70) 등을 통치행위로 인정하였으나, ① 대통령의 서훈취소(독립유공자서훈취소)(대판 2015.4.23. 2012두26920)는 통치행위로 인정하지 않았다.

> 서훈취소는 서훈수여의 경우와는 달리 이미 발생된 서훈대상자 등의 권리 등에 영향을 미치는 행위로서 관련 당사자에게 미치는 불이익의 내용과 정도 등을 고려하면 사법심사의 필요성이 크다. 따라서 기본권의 보장 및 법치주의의 이념에 비추어 보면, 비록 서훈취소가 대통령이 국가원수로서 행하는 행위라고 하더라도 법원이 사법심사를 자제하여야 할 고도의 정치성을 띤 행위라고 볼 수는 없다(대판 2015.4.23. 2012두26920).

답 ❶

003 통치행위에 관한 설명으로 옳은 것을 모두 고른 것은?(다툼이 있으면 판례에 따름)

□□□

24 행정사 제12회

ㄱ. 고도의 정치적 성격을 띤 국가행위로 사법심사 대상에서 제외된다.
ㄴ. 대통령의 서훈취소는 통치행위가 아니다.
ㄷ. 통치행위에 해당하는지의 최종적 판단은 오로지 사법부에 의하여 이루어져야 한다.
ㄹ. 남북정상회담 개최 과정에서 주무부 장관에게 신고하지 아니하거나 승인 없이 북한 측에 사업권의 대가 명목으로 송금한 행위는 통치행위가 아니다.

① ㄱ, ㄷ ② ㄱ, ㄹ
③ ㄱ, ㄴ, ㄹ ④ ㄴ, ㄷ, ㄹ
⑤ ㄱ, ㄴ, ㄷ, ㄹ

해설

[ㄱ ▸ ×] 통치행위란 고도의 정치적 성격을 띤 국가행위로 사법심사 대상에서 제외되거나 사법심사의 대상이 되는 것이 적당하지 않은 행위를 말한다. 우리나라의 경우 통치행위의 인정 여부에 대하여 견해의 대립이 있으나, 대법원은 사법심사의 대상에서 제외되는 통치행위를 인정한다(대판 1979.12.7. 79초70). 헌법재판소는 통치행위의 개념 자체는 긍정하지만, 고도의 정치적 결단에 의하여 행해지는 국가작용이라 할지라도 그것이 국민의 기본권 침해와 직접 관련되는 경우에는 당연히 헌법재판소의 심판대상이 된다는 입장이다(헌재 1996.2.29. 93헌마186). ☞ "고도의 정치적 성격을 띤 국가행위로 사법심사 대상에서 제외되는 행위"는 통치행위에 대한 전통적인 개념으로서 옳은 지문으로 보더라도 큰 무리는 없다고 본다. 다만, (다툼이 있으면 판례에 따름)이라고 문제에서 제시하고 있어 헌법재판소의 판례에 따르면 통치행위라도 사법심사의 대상이 되는 경우가 있다는 점을 고려하여 최종 정답 발표 시 틀린 지문으로 보아 "전항 정답"처리를 한 것 같다. 산업인력공단의 최종 정답은 "전항 정답"으로 발표가 되었지만, 여기서는 ㄱ. 만 틀린 지문으로 보아 ④를 정답으로 처리하도록 한다.

- 대통령의 계엄선포행위는 고도의 정치적, 군사적 성격을 띠는 행위라고 할 것이어서, 그 선포의 당, 부당을 판단할 권한은 헌법상 계엄의 해제요구권이 있는 국회만이 가지고 있다 할 것이고 그 선포가 당연무효의 경우라면 모르되, 사법기관인 법원이 계엄선포의 요건 구비여부나, 선포의 당, 부당을 심사하는 것은 사법권의 내재적인 본질적 한계를 넘어서는 것이 되어 적절한 바가 못 된다(대판 1979.12.7. 79초70).
- 대통령의 긴급재정경제명령은 국가긴급권의 일종으로서 고도의 정치적 결단에 의하여 발동되는 행위이고 그 결단을 존중하여야 할 필요성이 있는 행위라는 의미에서 이른바 통치행위에 속한다고 할 수 있으나, 통치행위를 포함하여 모든 국가작용은 국민의 기본권적 가치를 실현하기 위한 수단이라는 한계를 반드시 지켜야 하는 것이고, 헌법재판소는 헌법의 수호와 국민의 기본권 보장을 사명으로 하는 국가기관이므로 비록 고도의 정치적 결단 의하여 행해지는 국가작용이라고 할지라도 그것이 국민의 기본권 침해와 직접 관련되는 경우에는 당연히 헌법재판소의 심판대상이 된다(헌재 1996.2.29. 93헌마186).

[ㄴ ▸ ○] 대통령의 서훈취소는 통치행위가 아니다.

서훈취소는 서훈수여의 경우와는 달리 이미 발생된 서훈대상자 등의 권리 등에 영향을 미치는 행위로서 관련 당사자에게 미치는 불이익의 내용과 정도 등을 고려하면 사법심사의 필요성이 크다. 따라서 기본권의 보장 및 법치주의의 이념에 비추어 보면, 비록 서훈취소가 대통령이 국가원수로서 행하는 행위라고 하더라도 법원이 사법심사를 자제하여야 할 고도의 정치성을 띤 행위라고 볼 수는 없다(대판 2015.4.23. 2012두26920).

[ㄷ ▸ ○] 통치행위의 개념을 인정한다고 하더라도 과도한 사법심사의 자제가 기본권을 보장하고 법치주의 이념을 구현하여야 할 법원의 책무를 태만히 하거나 포기하는 것이 되지 않도록 그 인정을 지극히 신중하게 하여야 하며, 그 판단은 오로지 **사법부**만에 의하여 이루어져야 한다(대판 2004.3.26. 2003도7878).

[ㄹ ▸ ○] 남북정상회담 개최 과정에서 주무부 장관에게 신고하지 아니하거나 승인 없이 북한 측에 사업권의 대가 명목으로 송금한 행위는 통치행위가 아니고, 사법심사의 대상이 된다.

남북정상회담의 개최과정에서 재정경제부장관에게 신고하지 아니하거나 통일부장관의 협력사업 승인을 얻지 아니한 채 북한 측에 사업권의 대가 명목으로 송금한 행위 자체는 헌법상 법치국가의 원리와 법 앞에 평등원칙 등에 비추어볼 때 사법심사의 대상이 된다(대판 2004.3.26. 2003도7878).

통치행위

ㄱ. 통치행위 ⤏ 고도의 정치적 성격을 띤 국가행위로 사법심사 대상에서 제외되거나 적당하지 않는 행위(단, 헌법재판소는 통치행위가 기본권 침해와 직접 관련되는 경우 사법심사를 긍정)

ㄴ. 대통령의 서훈취소 ⤏ 통치행위 ×

ㄷ. 통치행위에 해당하는지의 최종적 판단 주체 ⤏ 사법부

ㄹ. 남북정상회담 개최 과정에서 주무부 장관에게 신고하지 아니하거나 승인 없이 북한 측에 사업권의 대가 명목으로 송금한 행위 ⤏ 통치행위 ×

답 ❹ (산업인력공단 발표 : 전항 정답)

제2절 법치행정의 원칙

004 법치행정의 원리에 관한 설명으로 옳은 것은? 20 행정사 제8회

□□□

① 법률우위의 원칙에서 말하는 법률은 국회가 제정한 형식적 의미의 법률만을 말한다.
② 법률우위의 원칙은 사법형식의 행정작용에는 적용되지 않는다.
③ 법률우위의 원칙에 위반한 행정행위는 무효이다.
④ 법률유보의 원칙에서 말하는 법률에는 법률의 위임에 의해 제정된 법규명령도 포함된다.
⑤ 법률유보의 범위와 관련하여 본질성설에 따르는 경우 행정입법에의 위임은 금지된다.

해설

[❶ ▸ ×] 법률우위의 원칙이란 법률은 행정에 우월한 것으로 행정작용은 법률에 위반하여서는 아니 된다는 원칙을 말한다(행정기본법 제8조 전단). 법률우위의 원칙에서 말하는 '법률'은 국회가 제정한 '형식적 의미의 법률'뿐만 아니라 헌법, 법규명령, 자치법규, 행정법의 일반원칙과 관습법 등의 불문법을 포함한 모든 법규범을 의미한다. 그러나 여기의 '법률'에 행정규칙은 포함되지 않는다.

[❷ ▸ ×] 법률우위의 원칙은 제한 없이 행정의 모든 영역에 적용되므로 수익적 행정인지 침익적 행정인지를 불문하고 적용되고, 공법 형식의 행정작용뿐만 아니라 사법 형식의 행정작용(예 행정사법)에도 적용된다. 법적행위뿐만 아니라 사실행위에도 적용된다. 또한 법률의 우위는 법률의 행정입법에 대한 우위를 포함한다(행정기본법 제38조 제1항).

[❸ ▸ ×] 법률우위의 원칙에 위반한 행정행위는 그 위법성의 정도에 따라 무효사유인 행정행위와 취소사유인 행정행위로 구분된다. 즉 법률우위의 원칙에 위반한 행정행의 경우 그 위법이 중대하고 명백하면 무효인 행정행위가 되고, 그 위법이 중대하지 않거나 중대하지만 명백하지 않은 경우에는 취소할 수 있는 행정행위가 된다(중대명백설).

[❹ ▸ ○] 법률유보의 원칙에서 말하는 '법률'은 국회가 제정한 '형식적 의미의 법률'을 의미한다. 따라서 불문법인 관습법은 포함되지 않는다. 다만, 법률유보의 원칙은 '법률에 의한' 규율만을 뜻하는 것이 아니라 '법률에 근거한' 규율을 요청하는 것이므로, 기본권 제한의 형식이 반드시 '법률'일 필요는 없고, 법률에 근거를 두면서 헌법 제75조가 요구하는 위임의 구체성과 명확성을 구비하기만 하면 '위임입법(법률의 위임에 의해 제정된 법규명령 · 규칙 · 조례)'에 의해서도 기본권을 제한할 수 있다(헌재 2005.2.24. 2003헌마289; 2013.7.25. 2012헌마167).

[❺ ▸ ×] 본질성설에 의할 때 본질적인 것은 국회의 법률에 의하여 규율되어야 하나, 비본질적인 것은 행정입법에 위임하는 것도 인정된다. 이와 달리 의회유보의 원칙에서 '의회유보 사항'은 반드시 법률로 규율해야 하고, 행정입법에 위임하는 것은 금지된다.

핵심정리

법치행정의 원리(법률우위의 원칙과 법률유보의 원칙)

①, ②, ③ 법률우위의 원칙
- → 법률의 의미 : 헌법, 법률, 법규명령, 자치법규, 행정법의 일반원칙과 관습법 등의 불문법 포함
- → 적용범위 : 사법형식의 행정작용에도 적용 ○
- → 위반의 효과 : 위법성의 정도에 따라 무효사유와 취소사유로 구분

④, ⑤ 법률유보의 원칙
- → 법률의 의미 : 법률 + 법률의 위임에 의해 제정된 법규명령 · 규칙 · 조례도 포함
- → 법률유보의 범위 : 본질성설에 따르는 경우에도 비본질적인 것은 행정입법에의 위임 가능 (cf. 의회유보의 원칙 : '의회유보사항'은 행정입법에 위임 금지)

답 ❹

PART 1 PART 2 PART 3

005 행정의 법원칙에 관한 판례의 내용이다. (　　)에 들어갈 것은?

□□□

23 행정사 제11회

> 텔레비전방송수신료 금액의 결정은 수신료에 관한 본질적인 중요한 사항이므로 국회가 스스로 행하여야 하는 사항에 속하는 것임에도 불구하고 한국방송공사법에서 국회의 결정이나 관여를 배제한 채 한국방송공사로 하여금 수신료금액을 결정해서 문화관광부장관의 승인을 얻도록 한 것은 (　　)원칙에 위반된다.

① 비 례
② 평 등
③ 신뢰보호
④ 법률유보
⑤ 부당결부금지

해설

[❹ ▸ O] 텔레비전방송수신료는 대다수 국민의 재산권 보장의 측면이나 한국방송공사에게 보장된 방송자유의 측면에서 국민의 기본권실현에 관련된 영역에 속하고, 수신료금액의 결정은 납부의무자의 범위 등과 함께 수신료에 관한 본질적인 중요한 사항이므로 국회가 스스로 행하여야 하는 사항에 속하는 것임에도 불구하고 한국방송공사법 제36조 제1항에서 국회의 결정이나 관여를 배제한 채 한국방송공사로 하여금 수신료금액을 결정해서 문화관광부장관의 승인을 얻도록 한 것은 **법률유보원칙에 위반**된다(헌재 1999.5.27. 98헌바70).

답 ❹

006 판례에 의할 때 (　　)에 들어갈 것은? 18 행정사 제6회

□□□

> 토지등소유자가 도시환경정비사업을 시행하는 경우 사업시행인가 신청시 필요한 토지등소유자의 동의는, 개발사업의 주체 및 정비구역 내 토지등소유자를 상대로 수용권을 행사하고 각종 행정처분을 발할 수 있는 행정주체로서의 지위를 가지는 사업시행자를 지정하는 문제이므로, 사업시행인가 신청에 필요한 동의정족수를 토지등소유자가 자치적으로 정하여 운영하는 규약에 정하도록 한 것은 (　　)원칙에 위반된다.

① 평 등
② 비 례
③ 법률유보
④ 신뢰보호
⑤ 적법절차

해설

[❸ ▸ O] **토지등소유자가 도시환경정비사업을 시행하는 경우** 사업시행인가 신청시 필요한 **토지등소유자의 동의**는 개발사업의 주체 및 정비구역 내 토지등소유자를 상대로 수용권을 행사하고 각종 행정처분을 발할 수 있는 행정주체로서의 지위를 가지는 사업시행자를 지정하는 문제로서 그 동의요건을 정하는 것은 **국민의 권리와 의무의 형성에 관한 기본적이고 본질적인 사항**이므로 국회가 스스로 행하여야 하는 사항에 속하는 것임에도 불구하고 사업시행인가 신청에 필요한 동의정족수를 토지등소유자가 자치적으로 정하여 운영하는 규약에 정하도록 한 것은 **법률유보원칙에 위반**된다(헌재 2011.8.30. 2009헌바128). 반면, (주택재개발)조합이 도시환경정비사업을 시행하는 경우 사업시행인가 신청에 필요한 토지등소유자의 동의는 국민의 권리・의무에 관한 기본적이고 본질적인 사항이 아니고, 사업시행인가 신청시의 토지등소유자의 동의요건을 사업시행자의 정관에 위임한 것은 법률유보 내지 의회유보의 원칙에 위배되지 않는다(대판 2007.10.12. 2006두14476).

> 법률유보의 원칙은 일정한 행정권의 발동에는 법률에 근거가 있어야 하며, 법률에 근거가 없는 경우에는 행정개입의 필요가 있더라도 행정권이 발동될 수 없다는 원칙을 말한다(행정기본법 제8조 후단). 법률유보의 원칙의 적용범위에 관하여 침해유보설, 권력행정유보설, 급부행정 유보설, 전부유보설 등이 대립하였으나, 오늘날에는 국민에게 중요한(본질적인) 행정권의 조치는 침해행정뿐만 아니라 급부행정에 있어서도 법률의 근거를 요한다고 보는 중요사항유보설(본질성설)이 통설적 견해이다. 한편, 의회유보론(의회유보의 원칙)은 국가공동체와 그 구성원에게 기본적이고 중요한 의미를 갖는 영역, 특히 국민의 기본권 실현에 관련된 영역에 있어서는 국민의 대표자인 입법자가 법률로 정해야 한다는 원칙으로서, 중요사항유보설에 포함되는 이론이다.

답 ❸

제3절 행정법의 법원

007 행정법의 법원(法源)에 관한 설명으로 옳지 않은 것은?(다툼이 있으면 판례에 따름)

□□□

16 행정사 제4회

① 행정법의 일반원칙은 법원의 성격을 갖는다.

② 행정법에는 헌법, 민법, 형법과 같은 단일 법전(法典)이 없다.

③ 위법한 행정처분이라 하더라도 수차례에 걸쳐 반복적으로 행해져 행정관행이 되었다면 행정청에 대하여 자기구속력을 갖는다.

④ 대법원의 판례가 법률해석의 일반적인 기준을 제시하였어도 사안이 서로 다른 사건을 재판하는 하급심법원을 직접 기속하는 것은 아니다.

⑤ '남북 사이의 화해와 불가침 및 교류협력에 관한 합의서'는 국가 간 맺은 조약이 아니므로 국내법과 동일한 효력을 가지는 것은 아니다.

해설

[❶ ▸ ○] 행정법의 일반원칙이란 현행 행정법질서의 기초를 이룬다고 생각되는 일반 법원칙을 말한다. 평등의 원칙, 비례의 원칙, 성실의무의 원칙, 권한남용금지의 원칙, 신뢰보호의 원칙, 부당결부금지의 원칙, 행정의 자기구속의 원칙 등이 그 예이다. 법의 흠결이 적지 않고 총칙규정이 존재하지 않았던 행정법 영역에서 **행정법의 일반원칙이 중요한 법원(法源)이었다.** 그리고 이러한 행정법의 일반원칙은 다른 법원(法源)과의 관계에서 보충적 법원에 그치는 것이 아니고 독자적인 법원으로 기능해왔다. 그러나 2021.3.23. 제정된 행정기본법에서 그동안 학설과 판례에 따라 확립된 원칙인 평등의 원칙(제9조), 비례의 원칙(제10조), 성실의무 및 권한남용금지의 원칙(제11조), 신뢰보호의 원칙(제12조), 부당결부금지의 원칙(제13조)을 명문으로 규정함으로써 그동안 불문법원으로 인정되어 왔던 것이 성문화 되었다. 다만, 행정의 자기구속의 원칙은 여전히 불문법원으로 존재한다.

[❷ ▸ ○] 행정법은 단일한 법전(法典)으로 되어 있지 아니하고 무수한 법령의 집합으로 구성되어 있다.

[❸ ▸ ×] 위법한 행정처분이 수차례에 걸쳐 반복적으로 행하여졌다 하더라도 **그러한 처분이 위법한 것인 때**에는 행정청에 대하여 자기구속력을 갖게 된다고 할 수 없다(대판 2009.6.25. 2008두13132).

[❹ ▸ ○] 대법원의 판례가 법률해석의 일반적인 기준을 제시한 경우에 유사한 사건을 재판하는 하급심법원의 법관은 판례의 견해를 존중하여 재판하여야 하는 것이나, 판례가 사안이 서로 다른 사건을 재판하는 하급심법원을 직접 기속하는 효력이 있는 것은 아니다(대판 1996.10.25. 96다31307). ☞ 법원조직법은 "상급법원 재판에서의 판단은 해당 사건에 관하여 하급심을 기속한다"라고 규정하고 있으나(제8조), 이것은 해당 사건에 한정되는 것이고 동종의 다른 사건에 대해서까지 하급심을 기속한다는 의미는 아니다.

[❺ ▸ ○] **남북 사이의 화해와 불가침 및 교류협력에 관한 합의서(= 남북기본합의서)**는 남북한 당국이 각기 정치적인 책임을 지고 상호 간에 그 성의 있는 이행을 약속한 것이기는 하나 법적 구속력이 있는 것은 아니어서 이를 **국가 간의 조약 또는 이에 준하는 것으로 볼 수 없고,** 따라서 국내법과 동일한 효력이 인정되는 것도 아니다(대판 1999.7.23. 98두14525). ☞ 남북기본합의서는 **일종의 공동성명 또는 신사협정에 준하는 성격**을 가지는 불과하다(헌재 1997.1.16. 92헌바6).

> **핵심정리**
>
> **행정법의 법원**
>
> ① 행정법의 일반원칙 ⟶ 행정법의 법원 ○
> ② 행정법 ⟶ 단일 법전(法典) ×
> ③ 위법한 행정처분이 반복적으로 행해져 행정관행이 된 경우 ⟶ 자기구속력 ×
> ④ 대법원의 판례 ⟶ 사안이 서로 다른 하급심법원을 직접 기속 ×
> ⑤ 남북 사이의 화해와 불가침 및 교류협력에 관한 합의서 ⟶ 조약 ×

답 ❸

008 행정법의 법원(法源)에 해당하지 않는 것은? 22 행정사 제10회

□□□

① 대한민국헌법
② 건축법시행규칙
③ 서울특별시 성동구 조례
④ 헌법재판소규칙
⑤ 사실인 관습

해설

[❶ ▸ ○] [❷ ▸ ○] [❸ ▸ ○] [❹ ▸ ○] 행정법의 법원(法源)이란 **행정법의 존재 형식**을 말한다. 행정법은 다양한 법규범들로 이루어져 있다. 대한민국헌법, 건축법시행규칙(국토교통부령), 서울특별시 성동구 조례(지방자치단체의 조례), 헌법재판소규칙 등은 행정법의 법원에 해당한다.

[❺ ▸ ×] **사실인 관습**은 법원으로 인정되는 관습법과는 달리 아직 국민의 법적 확신에 의하여 법규범으로 승인될 정도에는 이르지 않은 것이므로 그 법원성이 부정된다.

> 관습법이란 사회의 거듭된 관행으로 생성한 사회생활규범이 사회의 법적 확신과 인식에 의하여 법적 규범으로 승인·강행되기에 이른 것을 말하고, 그러한 관습법은 법원(法源)으로서 법령에 저촉되지 아니하는 한 법칙으로서의 효력이 있는 것이다(대판 2005.7.21. 2002다1178[전합]).

➲ 행정법의 법원

성문법	불문법
• 대한민국 헌법(헌법규정 중 행정조직에 관한 규정, 법규명령의 근거와 한계규정, 기본권규정, 지방자치제도에 관한 규정 등) • 법률(예 행정기본법, 행정절차법) • 헌법에 의하여 체결·공포된 조약과 일반적으로 승인된 국제법규 • 대통령의 긴급명령·긴급재정경제명령 • 대통령령(예 행정기본법 시행령) • 총리령(예 식품위생법 시행규칙) • 부령(예 건축법 시행규칙) • 국회규칙, 대법원규칙, 헌법재판소규칙, 중앙선거관리위원회 규칙 • 지방의회가 제정한 조례(예 서울특별시 성동구 조례) • 지방자치단체의 장이 제정한 규칙, 교육감이 제정한 교육규칙	• 관습법 • (성문화되지 않은) 행정법의 일반원칙(예 행정의 자기구속의 원칙) (cf. 사실인 관습과 판례는 법원성 ×)

답 ❺

제4절 행정법의 일반원칙

009 행정의 법원칙 중 행정기본법에 명문으로 규정하고 있는 것이 아닌 것은? 21 행정사 제9회

□□□

① 행정의 자기구속의 원칙
② 부당결부금지의 원칙
③ 성실의무 및 권한남용금지의 원칙
④ 비례의 원칙
⑤ 평등의 원칙

해설

[❶ ▸ ×] 2021.3.23. 제정된 행정기본법은 행정의 법원칙으로 법치행정의 원칙(동법 제8조), ② 부당결부금지의 원칙(동법 제13조), ③ 성실의무 및 권한남용금지의 원칙(동법 제11조), ④ 비례의 원칙(동법 제10조), ⑤ 평등의 원칙(동법 제9조)에 대하여 규정하고 있지만, ① 행정의 자기구속의 원칙에 대하여는 규정하고 있지 아니하다.

답 ❶

010 판례에 의할 때 ( ) 안에 들어갈 행정법의 일반원칙은? 14 행정사 제2회

□□□

> 국가 산하 '진실·화해를 위한 과거사정리위원회'가 피해자 등의 진실규명신청에 따라 진실규명신청 대상자를 희생자로 확인 또는 추정하는 진실규명결정을 하고 피해자 등이 그 결정에 기초하여 상당한 기간 내에 권리행사를 한 경우, 국가가 소멸시효의 완성을 주장하는 것은 ( )에 반하는 권리남용에 해당하여 허용될 수 없다.

① 부당결부금지원칙
② 비례원칙
③ 평등원칙
④ 신의성실원칙
⑤ 최소침해원칙

해설

[❹ ▸ ○] 국가(피고)가 과거사정리법의 적용 대상인 피해자의 진실규명신청을 받아 피고 산하 정리위원회에서 희생자로 확인 또는 추정하는 진실규명결정을 하였다면, 그 결정에 기초하여 피해자나 그 유족이 상당한 기간 내에 권리를 행사할 경우에, 피고가 적어도 소멸시효의 완성을 들어 권리소멸을 주장하지 아니할 것이라는 데 대한 신뢰를 가질 만한 특별한 사정이 있다고 봄이 타당하고, 그럼에도 불구하고 피고가 피해자 등에 대하여 소멸시효의 완성을 주장하는 것은 **신의성실원칙**에 반하는 권리남용에 해당하여 허용될 수 없다(대판 2014.5.29. 2013다217467).

> 신의성실의 원칙은 법률관계의 당사자는 상대방의 이익을 배려하여 형평에 어긋나거나 신뢰를 저버리는 내용 또는 방법으로 권리를 행사하거나 의무를 이행하여서는 아니 된다는 추상적 규범을 말한다(대판 2004.7.22. 2002두11233).

답 ❹

011 행정법의 일반원칙에 관한 설명으로 옳지 않은 것은?(다툼이 있으면 판례에 따름)

□□□

19 행정사 제7회

① 행정의 자기구속원칙의 인정근거는 평등원칙 또는 신뢰보호원칙이다.
② 행정관행이 위법한 경우 명문의 규정이 없는 한 행정청은 자기구속을 당하지 않는다.
③ 비례의 원칙은 헌법상의 원칙이다.
④ 신뢰보호원칙에서 법률에 대한 신뢰는 신뢰보호의 대상이 되지 않는다.
⑤ 신뢰보호원칙에서 특정 개인에 대한 공적인 견해표명이 있어야 하는 것은 아니다.

해설

[❶ ▸ O] **행정의 자기구속의 원칙**이란 행정청이 동일한 사안에서 이미 제3자에게 행한 결정(선례)과 같은 결정을 상대방에 대하여 하여야 한다는 원칙을 말한다. 행정의 자기구속원칙의 인정근거에 대해 다수설은 평등의 원칙에서 그 근거를 찾고 있으나, 대법원과 헌법재판소는 평등의 원칙이나 신뢰보호의 원칙에서 근거를 찾고 있다(대판 2009.12.24. 2009두7967; 헌재 1990.9.3. 90헌마13).

> 재량권 행사의 준칙인 행정규칙이 그 정한 바에 따라 되풀이 시행되어 행정관행이 이루어지게 되면 평등의 원칙이나 신뢰보호의 원칙에 따라 행정기관은 그 상대방에 대한 관계에서 그 규칙에 따라야 할 자기구속을 받게 되므로, 이러한 경우에는 특별한 사정이 없는 한 그에 위반하는 처분은 평등의 원칙이나 신뢰보호의 원칙에 위배되어 재량권을 일탈·남용한 위법한 처분이 된다(대판 2009.12.24. 2009두7967).

[❷ ▸ O] 위법한 행정처분이 수차례에 걸쳐 반복적으로 행하여졌다 하더라도 그러한 처분이 위법한 것인 때에는 행정청에 대하여 자기구속력을 갖게 된다고 할 수 없다(대판 2009.6.25. 2008두13132).

[❸ ▸ O] 비례의 원칙은 평등의 원칙과 함께 헌법적 효력을 가지는 원칙으로서 이에 위반한 국가작용은 위헌·위법이 된다.

> 비례의 원칙은 법치국가 원리에서 당연히 파생되는 헌법상의 기본원리로서, 모든 국가작용에 적용된다. 행정목적을 달성하기 위한 수단은 목적달성에 유효·적절하고, 가능한 한 최소침해를 가져오는 것이어야 하며, 아울러 그 수단의 도입에 따른 침해가 의도하는 공익을 능가하여서는 안 된다(대판 2019.7.11. 2017두38874).

[❹ ▸ ×] [❺ ▸ O] 신뢰보호의 원칙의 요건인 공적 견해표명은 반드시 특정 개인에 대한 것일 필요는 없다.❺ 따라서 법령(법률, 대통령령, 총리령·부령, 조례·규칙 등) 또는 행정계획에 대한 신뢰도 경우에 따라 보호될 수 있다.❹

> 법률의 개정시 구법질서에 대한 당사자의 신뢰가 합리적이고도 정당하며 법률의 개정으로 야기되는 당사자의 손해가 극심하여 새로운 입법으로 달성하고자 하는 공익적 목적이 그러한 당사자의 신뢰의 파괴를 정당화할 수 없다면 그러한 새 입법은 신뢰보호의 원칙상 허용될 수 없다(헌재 1999.7.22. 97헌바76).

핵심정리

행정법의 일반원칙
① 행정의 자기구속원칙의 인정근거 ⟶ 평등원칙 또는 신뢰보호원칙
② 위법한 행정처분이 반복적으로 행해져 행정관행이 된 경우 ⟶ 자기구속력 ×
③ 비례의 원칙 ⟶ 헌법상의 원칙
④, ⑤ 신뢰보호원칙
⟶ 법률에 대한 신뢰 : 보호의 대상 ○
⟶ 공적 견해표명 : 특정 개인에 대한 것일 필요 ×

답 ❹

012 □□□ **주택사업계획을 승인하면서 그 주택사업과는 아무런 관련이 없는 토지를 기부채납하도록 부관을 붙인 경우 위법 판단의 근거로 제시할 수 있는 행정법의 일반원칙은?** 13 행정사 제1회

① 신뢰보호의 원칙
② 부당결부금지의 원칙
③ 평등의 원칙
④ 투명성의 원칙
⑤ 행정의 자기구속의 원칙

해설

[❷ ▸ ○] 지방자치단체장이 사업자에게 주택사업계획승인을 하면서 **그 주택사업과는 아무런 관련이 없는** 토지를 기부채납하도록 하는 부관을 주택사업계획승인에 붙인 경우, 그 부관은 **부당결부금지의 원칙**에 위반되어 위법하다(대판 1997.3.11. 96다49650).

부당결부금지의 원칙이란 행정주체가 행정작용을 함에 있어서 상대방에게 이와 실질적인 관련이 없는 의무를 부과하거나 그 이행을 강제하여서는 아니 된다는 원칙을 말한다(대판 2009.2.12. 2005다65500).

답 ❷

013 □□□ **행정상 신뢰보호원칙의 적용요건에 관한 설명으로 옳은 것은?(다툼이 있으면 판례에 따름)** 22 행정사 제10회

① 공적 견해표명은 묵시적으로 할 수 없다.
② 신뢰보호의 대상은 특정 개인에 대한 행정작용에 한정되며, 법률에 대한 신뢰는 신뢰보호의 대상이 되지 않는다.
③ 행정청이 공적 견해표명을 한 후, 사정변경이 있는 경우에는 특별한 사정이 없는 한 행정청이 그 견해표명에 반하는 처분을 하더라도 신뢰보호원칙에 위반된다고 할 수 없다.
④ 귀책사유의 유무는 상대방을 기준으로 판단하며 상대방으로부터 신청행위를 위임받은 수임인 등 관계자는 고려하지 않는다.
⑤ 단순히 착오로 어떠한 처분을 계속하다가 처분청이 추후 오류를 발견하여 합리적인 방법으로 변경할 경우 신뢰보호원칙에 위배된다.

해설

[❶ ▸ ×] 신뢰보호의 원칙이 적용되기 위해서는 행정청이 개인에 대하여 신뢰의 대상이 되는 공적인 견해표명을 하여야 하는데, 공적인 견해표명은 **명시적** 또는 **묵시적**으로 할 수 있다.

과세관청의 행위에 대하여 신의성실의 원칙이 적용되기 위한 공식적인 견해나 의사는 명시적 또는 묵시적으로 표시되어야 하지만 묵시적 표시가 있다고 하기 위하여는 단순한 과세누락과는 달리 과세관청이 상당기간의 불과세 상태에 대하여 과세하지 않겠다는 의사표시를 한 것으로 볼 수 있는 사정이 있어야 한다(대판 1995.2.3. 94누11750).
☞ 대법원 판례는 세법의 영역에서 신뢰보호의 원칙 대신 신의성실의 원칙으로 표현하기도 한다.

[❷ ▸ ×] 신뢰보호의 원칙의 요건인 공적 견해표명은 반드시 특정 개인에 대한 것일 필요는 없으므로, 법령(법률, 대통령령, 총리령 · 부령, 조례 · 규칙 등) 또는 행정계획에 대한 신뢰도 경우에 따라 보호될 수 있다.

> 법률의 개정시 구법질서에 대한 당사자의 신뢰가 합리적이고도 정당하며 법률의 개정으로 야기되는 당사자의 손해가 극심하여 새로운 입법으로 달성하고자 하는 공익적 목적이 그러한 당사자의 신뢰의 파괴를 정당화할 수 없다면 그러한 새 입법은 신뢰보호의 원칙상 허용될 수 없다(헌재 1999.7.22. 97헌바76).

[❸ ▸ ○] 신뢰보호의 원칙은 행정청이 공적인 견해를 표명할 당시의 사정이 그대로 유지됨을 전제로 적용되는 것이 원칙이므로, 사후에 그와 같은 사정이 변경된 경우에는 그 공적 견해가 더 이상 개인에게 신뢰의 대상이 된다고 보기 어려운 만큼, 특별한 사정이 없는 한 행정청이 그 견해표명에 반하는 처분을 하더라도 신뢰보호의 원칙에 위반된다고 할 수 없다(대판 2020.6.25. 2018두34732).

[❹ ▸ ×] 귀책사유라 함은 행정청의 견해표명의 하자가 상대방 등 관계자의 사실은폐나 기타 사위의 방법에 의한 신청행위 등 부정행위에 기인한 것이거나 그러한 부정행위가 없다고 하더라도 하자가 있음을 알았거나 중대한 과실로 알지 못한 경우 등을 의미한다고 해석함이 상당하고, 귀책사유의 유무는 상대방(예 건축주)과 그로부터 신청행위를 위임받은 수임인(예 건축설계를 위임받은 건축사) 등 관계자 모두를 기준으로 판단하여야 한다(대판 2002.11.8. 2001두1512).

[❺ ▸ ×] **단순히 착오로 어떠한 처분을 계속한 경우**, 처분청이 추후 오류를 발견하여 합리적인 방법으로 변경하는 것은 신뢰보호원칙에 위배되지 않는다(대판 2020.7.23. 2020두33824).

핵심정리

신뢰보호의 원칙의 적용요건

① 공적 견해표명 → 묵시적 표명 가능

② 법률에 대한 신뢰 → 신뢰보호의 대상 ○

③, ⑤ 신뢰보호원칙 위반 여부

→ 공적 견해표명을 한 후 사정변경으로 견해표명에 반하는 처분을 한 경우 : 위반 ×

→ 착오로 어떠한 처분을 계속하다가 오류를 발견하여 합리적인 방법으로 변경한 경우 : 위반 ×

④ 귀책사유의 유무의 판단 → 상대방과 수임인 등 관계자 모두를 기준으로 판단

답 ❸

제5절 행정법상의 법률관계

014 판례에 의할 때 공법상 법률관계에 해당하는 것을 모두 고른 것은? 17 행정사 제5회

□□□

ㄱ. 무효인 과세처분에 의한 과오납금반환 채권과 채무
ㄴ. 국가에 대한 납세의무자의 부가가치세 환급세액 지급청구
ㄷ. 행정재산을 기부채납한 사인에 대한 그 행정재산의 사용허가
ㄹ. 공익사업을 위한 토지 등의 취득 및 보상에 관한 법령에 따른 토지의 협의취득

① ㄱ, ㄴ
② ㄱ, ㄷ
③ ㄱ, ㄹ
④ ㄴ, ㄷ
⑤ ㄷ, ㄹ

해설

[ㄱ ▸ X] 무효인 과세처분에 의한 과오납금반환 채권과 채무는 **사법상 법률관계**에 해당하고, **민사소송의 대상**이다.

> 조세부과처분이 당연무효임을 전제로 하여 이미 납부한 세금의 반환을 청구하는 것은 민사상의 부당이득반환청구로서 민사소송절차에 따라야 한다(대판 1995.4.28. 94다55019).

[ㄴ ▸ O] 국가에 대한 납세의무자의 부가가치세 환급세액 지급청구는 **공법상 법률관계**에 해당하고, **공법상 당사자소송의 대상**이다.

> 부가가치세법령의 내용, 형식 및 입법 취지 등에 비추어 보면, 납세의무자에 대한 국가의 부가가치세 환급세액 지급의무는 그 납세의무자로부터 어느 과세기간에 과다하게 거래징수된 세액 상당을 국가가 실제로 납부받았는지와 관계없이 부가가치세법령의 규정에 의하여 직접 발생하는 것으로서, 그 법적 성질은 정의와 공평의 관념에서 수익자와 손실자 사이의 재산상태 조정을 위해 인정되는 부당이득 반환의무가 아니라 부가가치세법령에 의하여 그 존부나 범위가 구체적으로 확정되고 조세 정책적 관점에서 특별히 인정되는 공법상 의무라고 봄이 타당하다. 그렇다면 납세의무자에 대한 국가의 부가가치세 환급세액 지급의무에 대응하는 국가에 대한 납세의무자의 부가가치세 환급세액 지급청구는 민사소송이 아니라 행정소송법 제3조 제2호에 규정된 당사자소송의 절차에 따라야 한다(대판 2013.3.21. 2011다95564[전합]).

[ㄷ ▸ O] 행정재산을 기부채납한 사인에 대한 그 **행정재산의 사용허가**는 **행정처분**으로서 **공법상 법률관계**에 해당한다.

> 공유재산의 관리청이 하는 행정재산의 사용ㆍ수익에 대한 허가는 순전히 사경제주체로서 행하는 사법상의 행위가 아니라 관리청이 공권력을 가진 우월적 지위에서 행하는 행정처분이라고 보아야 할 것인바, … 그 행정재산이 기부채납받은 재산이라 하여 그에 대한 사용ㆍ수익허가의 성질이 달라진다고 할 수는 없다(대판 2001.6.15. 99두509).

[ㄹ ▸ X] 공익사업을 위한 토지 등의 취득 및 보상에 관한 법령에 따른 토지의 **협의취득**은 **사법상 법률관계**에 해당한다.

> 공익사업을 위한 토지 등의 취득 및 보상에 관한 법령에 의한 협의취득은 사법상의 법률행위이므로 당사자 사이의 자유로운 의사에 따라 채무불이행책임이나 매매대금 과부족금에 대한 지급의무를 약정할 수 있다(대판 2012.2.23. 2010다91206).

답 ❹

015 공법상의 법률관계에 해당하는 것은?(다툼이 있는 경우에는 판례에 의함) 14 행정사 제2회

□□□

① 일반재산인 국유림의 대부
② 조세부과처분이 당연무효임을 전제로 한 이미 납부한 세금의 반환청구
③ 한국마사회의 기수면허 취소
④ 공익사업을 위한 토지 등의 취득 및 보상에 관한 법령에 따른 협의취득
⑤ 국유 일반재산의 무단점유에 대한 변상금부과

해설

[❶ ▸ ×] 일반재산인 국유림의 대부행위는 사법상 법률관계에 해당한다.

> 국유재산법 제31조, 제32조 제3항, 산림법 제75조 제1항의 규정 등에 의하여 국유 잡종재산(= 일반재산)에 관한 관리 처분의 권한을 위임받은 기관이 국유 잡종재산(= 일반재산)을 대부하는 행위는 국가가 사경제 주체로서 상대방과 대등한 위치에서 행하는 사법상의 계약이고, 행정청이 공권력의 주체로서 상대방의 의사 여하에 불구하고 일방적으로 행하는 행정처분이라고 볼 수 없으며, 국유잡종재산에 관한 대부료의 납부고지 역시 사법상의 이행청구에 해당하고, 이를 행정처분이라고 할 수 없다(대판 2000.2.11. 99다61675).

[❷ ▸ ×] 조세부과처분이 당연무효임을 전제로 하여 이미 납부한 세금의 반환을 청구하는 것은 민사상의 부당이득반환청구로서 민사소송절차에 따라야 한다(대판 1995.4.28. 94다55019). ☞ 사법상 법률관계에 해당한다.

[❸ ▸ ×] 한국마사회의 기수면허 취소는 사법상 법률관계에 해당한다.

> 한국마사회가 조교사 또는 기수의 면허를 부여하거나 취소하는 것은 경마를 독점적으로 개최할 수 있는 지위에서 우수한 능력을 갖추었다고 인정되는 사람에게 경마에서의 일정한 기능과 역할을 수행할 수 있는 자격을 부여하거나 이를 박탈하는 것에 지나지 아니하므로, 이는 국가 기타 행정기관으로부터 위탁받은 행정권한의 행사가 아니라 일반 사법상의 법률관계에서 이루어지는 단체 내부에서의 징계 내지 제재처분이다(대판 2008.1.31. 2005두8269).

[❹ ▸ ×] 공익사업을 위한 토지 등의 취득 및 보상에 관한 법령에 따른 협의취득은 사법상 법률관계에 해당한다(대판 2012.2.23. 2010다91206).

[❺ ▸ ○] **국유 일반재산의 무단점유에 대한 변상금부과는 공법상 법률관계**에 해당한다(대판 1988.2.23. 87누1046).

 ❺

016 공법관계에 관한 소송이 아닌 것은?(다툼이 있으면 판례에 따름) 24 행정사 제12회

☐☐☐

① 행정재산의 사용허가 신청에 대한 거부를 다투는 소송
② 서울시립무용단 단원의 해촉에 관한 소송
③ 공익사업으로 인하여 이주하게 된 주거용 건축물의 세입자에게 인정되는 주거이전비 보상을 둘러싼 소송
④ 주민등록전입신고와 그 수리 여부에 관한 소송
⑤ 한국마사회 기수의 면허취소를 다투는 소송

해설

[❶ ▸ ○] 공유재산의 관리청이 하는 행정재산의 사용·수익에 대한 허가는 순전히 사경제주체로서 행하는 사법상의 행위가 아니라 관리청이 공권력을 가진 우월적 지위에서 행하는 행정처분이라고 보아야 한다(대판 2001.6.15. 99두509). 따라서 행정재산의 사용허가 신청에 대한 거부를 다투는 소송은 항고소송(거부처분 취소소송 또는 무효확인소송)으로서 공법관계에 관한 소송(= 행정소송)에 해당한다.

[❷ ▸ ○] 서울특별시립무용단 단원의 위촉은 공법상의 계약이라고 할 것이고, 따라서 그 단원의 해촉에 대하여는 공법상의 당사자소송으로 그 무효확인을 청구할 수 있다(대판 1995.12.22. 95누4636).

[❸ ▸ ○] 적법하게 시행된 공익사업으로 인하여 이주하게 된 주거용 건축물 세입자의 주거이전비 보상청구권은 공법상의 권리이고, 따라서 그 보상을 둘러싼 쟁송은 민사소송이 아니라 공법상의 법률관계를 대상으로 하는 행정소송에 의하여야 한다(대판 2008.5.29. 2007다8129).

[❹ ▸ ○] 주민등록전입신고는 수리를 요하는 신고에 해당하고, 주민등록전입신고의 수리 여부에 관한 소송은 항고소송(수리거부처분 취소소송 또는 무효확인소송)으로서 공법관계에 관한 소송(= 행정소송)에 해당한다.

> 이 사건 원심이, 원고의 주민등록전입신고에 대한 수리를 거부한 이 사건 처분의 위법성에 대하여 판단하면서 거주지의 실질적 요건으로 지방자치의 이념에 부합하는지 여부를 들고 있는 것은 위에서 본 법리에 반하는 것이어서 적절하지 않지만, 한편 원고가 이 사건 거주지를 생활의 근거지로 삼아 10년 이상 거주하여 온 사실에 기초하여 투기나 이주대책 요구 등을 방지할 목적으로 주민등록전입신고를 거부하는 것은 주민등록법의 입법 목적과 취지 등에 비추어 허용될 수 없다고 보아 이 사건 처분을 취소한 것은 위 법리에 따른 것이어서, 그 결론은 정당하고, 따라서 상고이유에서 주장하는 바와 같은 주민등록전입신고의 요건에 관한 법리를 오해한 위법이 없다(대판 2009.6.18. 2008두10997[전합]).

[❺ ▸ ×] 한국마사회 기수의 면허취소를 다투는 소송은 사법관계에 관한 소송(= 민사소송)이다.

> 한국마사회가 조교사 또는 기수의 면허를 부여하거나 취소하는 것은 경마를 독점적으로 개최할 수 있는 지위에서 우수한 능력을 갖추었다고 인정되는 사람에게 경마에서의 일정한 기능과 역할을 수행할 수 있는 자격을 부여하거나 이를 박탈하는 것에 지나지 아니하므로, 이는 국가 기타 행정기관으로부터 위탁받은 행정권한의 행사가 아니라 일반 사법상의 법률관계에서 이루어지는 단체 내부에서의 징계 내지 제재처분이다(대판 2008.1.31. 2005두8269).

핵심정리

공법관계에 관한 소송(행정소송)

① 행정재산의 사용허가 신청에 대한 거부를 다투는 소송 → 항고소송(행정소송)
② 서울시립무용단 단원의 해촉에 관한 소송 → 공법상 당사자소송(행정소송)
③ 공익사업으로 인하여 이주하게 된 주거용 건축물의 세입자에게 인정되는 주거이전비 보상을 둘러싼 소송 → 공법상 당사자소송(행정소송)
④ 주민등록전입신고와 그 수리 여부에 관한 소송 → 항고소송(행정소송)
⑤ 한국마사회 기수의 면허취소를 다투는 소송 → 민사소송

답 ❺

017 판례에 의할 때 공법상 법률관계에 해당하는 것을 모두 고른 것은?

□□□ 18 행정사 제6회

ㄱ. 재개발조합과 조합임원 사이의 해임에 관한 법률관계
ㄴ. 국가의 부가가치세 환급세액 지급관계
ㄷ. 국가에서 근무하는 청원경찰의 근무관계
ㄹ. 일반재산인 국유림의 대부관계

① ㄱ, ㄴ
② ㄱ, ㄷ
③ ㄱ, ㄹ
④ ㄴ, ㄷ
⑤ ㄷ, ㄹ

해설

[ㄴ ▸ O] [ㄷ ▸ O] 국가의 부가가치세 환급세액 지급관계(대판 2013.3.21. 2011다95564[전합]), **국가에서 근무하는 청원경찰의 근무관계**(대판 1993.7.13. 92다47564)는 **공법관계**에 해당한다.
[ㄱ ▸ X] [ㄹ ▸ X] 재개발조합과 조합임원 사이의 해임에 관한 법률관계(대결 2009.9.24. 2009마168), 일반재산인 국유림의 대부관계(대판 2000.2.11. 99다61675)는 **사법관계**에 해당한다.

➲ 공법관계와 사법관계에 대한 주요사례

구분	사례
공법관계	• 행정재산을 기부채납한 사인에 대한 그 행정재산의 사용·수익허가(강학상 특허) • 국립의료원 부설주차장에 관한 위탁관리용역운영(행정재산의 사용·수익허가, 강학상 특허) • 국가의 부가가치세 환급세액 지급관계 • 국가나 지방자치단체에서 근무하는 청원경찰의 근무관계 • 국유 일반재산의 무단점유자에 대한 변상금의 부과(강학상 하명, 행정처분) • 국가를 당사자로 하는 계약에 관한 법률에 따른 부정당업자에 대한 입찰참가자격정지 • 조달청의 국가종합전자조달시스템인 나라장터 종합쇼핑몰에 거래정지조치 • 공무원연금관리공단의 급여결정 • 미지급된 공무원 퇴직연금의 지급청구 • 농지개량조합과 그 직원과의 관계(공법상의 특별권력관계) • 시립무용단원의 위촉 및 해촉 • 공공하수도 이용관계 • 하천법상 하천구역에의 편입에 따른 손실보상청구 • 도시 및 주거환경정비법상의 주택재건축정비사업조합이 수립한 관리처분계획안에 대한 조합 총회 결의
사법관계	• 재개발조합과 조합임원 사이의 해임에 관한 법률관계 • 국유일반재산의 매각·임대 등(예 일반재산인 국유림의 대부행위) • 국유일반재산에 관한 대부료의 납부고지 • 무효인 과세처분에 의한 과오납금반환 채권과 채무(= 조세부과처분이 당연무효임을 전제로 한 이미 납부한 세금의 반환청구) • 개발부담금 부과처분 취소로 인한 그 과오납금의 반환청구 • 국가를 당사자로 하는 계약에 관한 법률에 따른 입찰보증금 국고귀속조치 (= 구 예산회계법에 따른 입찰보증금 국고귀속조치) • 국가배상청구 • 공공단체의 임·직원들의 근무관계 • 한국마사회의 기수면허의 취소 • 한국조폐공사가 행한 소속 직원 파면행위 • 공익사업을 위한 토지 등의 취득 및 보상에 관한 법령에 따른 협의취득 • 환매권의 행사

답 ④

제6절 행정법관계의 변동(발생 · 변경 · 소멸)

018 □□□ **판례에 따를 때 수리를 요하지 않는 신고에 해당하는 것은?** 22 행정사 제10회

① 다른 법률에 의한 인·허가의제 효과를 수반하는 건축법상 건축신고

② 건축법 제14조 제1항에 따른 건축신고

③ 수산업법상 어업의 신고

④ 노인장기요양보험법상 장기요양기관의 폐업신고

⑤ 식품위생법상 영업양도에 따른 지위승계 신고

해설

[❶ ▸ ×] [❸ ▸ ×] [❹ ▸ ×] [❺ ▸ ×] 다른 법률에 의한 인·허가의제 효과를 수반하는 건축법상 건축신고(대판 2011.1.20. 2010두14954[전합]), 수산업법상 어업의 신고(대판 2000.5.26. 99다37382), 노인장기요양보험법상 장기요양기관의 폐업신고(대판 2018.6.12. 2018두33593), 식품위생법상 영업양도에 따른 지위승계 신고(대판 2020.3.26. 2019두38830) 등은 수리를 요하는 신고에 해당한다.

[❷ ▸ ○] 건축법 제14조 제1항에 따른 건축신고는 수리를 요하지 아니하는 신고에 해당한다(대판 1999.10.22. 98두18435).

➲ 수리를 요하는 신고와 수리를 요하지 않는 신고

수리를 요하는 신고(= 행정요건적 신고)	수리를 요하지 않는 신고(= 자기완결적 신고)
• 다른 법률에 의한 인·허가의제 효과를 수반하는 건축법상 건축신고 • 수산업법상 어업의 신고 • 노인장기요양보험업법상 장기요양기관의 폐업신고 • 유료노인복지주택의 설치신고 • 식품위생법상 영업양도에 따른 지위승계신고 • 납골당설치 신고 • 주민등록 전입신고 • 의료법 제33조 제3항에 따른 정신과의원 개설신고 • 체육시설의 회원을 모집하고자 하는 자의 시·도지사 등에 대한 회원모집계획서 제출 • 노동조합 및 노동관계조정법상 노동조합설립신고 • 유통산업발전법상 대규모점포의 개설 등록	• 건축법 제14조 제1항에 따른 건축신고 • 당구장 영업신고(= 신고체육시설업의 신고) • 체육시설의 설치·이용에 관한 법률 제20조에 의한 변경신고 • 구 평생교육법 제22조 제2항에 따른 원격평생교육시설 신고 • 축산물판매업 신고

답 ❷

019 □□□ **행정청은 장사 등에 관한 법령에 따른 납골당설치 신고를 한 甲에게 관계법령에 따른 준수사항을 이행하여야 한다는 것 등을 내용으로 하는 납골당설치 신고사항이행통지를 하였다. 판례에 따를 때 옳지 않은 것을 모두 고른 것은?** 19 행정사 제7회

ㄱ. 甲에 대한 신고필증 교부는 신고의 필수요건이다.
ㄴ. 위 이행통지는 수리처분과 다른 행정처분으로 볼 수 없다.
ㄷ. 신고가 위 법령의 모든 요건을 충족한다면 甲은 수리 전에 납골당을 설치할 수 있다.
ㄹ. 위 신고가 무효라면 신고수리행위도 무효이다.

① ㄱ, ㄴ
② ㄱ, ㄷ
③ ㄴ, ㄹ
④ ㄷ, ㄹ
⑤ ㄱ, ㄴ, ㄷ

해설

[ㄱ ▸ ×] 납골당설치 신고는 이른바 '수리를 요하는 신고'로서 수리란 신고를 유효한 것으로 판단하고 법령에 의하여 처리할 의사로 이를 수령하는 수동적 행위이므로 수리행위에 신고필증 교부 등 행위가 꼭 필요한 것은 아니다(대판 2011.9.8. 2009두6766).

[ㄴ ▸ O] 행정청이 甲에게 이행통지를 함으로써 납골당설치 신고수리를 하였다고 보는 것이 타당하고, 이행통지가 새로이 甲의 법률상 지위에 변동을 일으키지는 않으므로 이를 수리처분과 별도로 항고소송 대상이 되는 다른 처분으로 볼 수 없다(대판 2011.9.8. 2009두6766).

[ㄷ ▸ ×] 납골당설치 신고는 이른바 '수리를 요하는 신고'라 할 것이므로, 납골당설치 신고가 구 장사법 관련 규정의 모든 요건에 맞는 신고라 하더라도 신고인은 곧바로 납골당을 설치할 수는 없고, 이에 대한 행정청의 수리처분이 있어야만 신고한 대로 납골당을 설치할 수 있다(대판 2011.9.8. 2009두6766).

[ㄹ ▸ O] 수리대상인 신고가 무효인 때에는 수리를 하였다 하더라도 그 수리는 유효한 대상이 없는 것으로서 당연히 무효라 할 것이다(대판 2005.12.23. 2005두3554).

핵심정리

수리를 요하는 신고(납골당설치 신고)
ㄱ. 납골당설치 신고 → 신고필증 교부는 신고의 필수요건 ×
ㄴ. 납골당설치 신고사항 이행통지 → 별도의 행정처분 ×
ㄷ. 납골당설치 신고수리 前인 경우 → 납골당 설치 × (납골당 설치를 하면 위법 O)
ㄹ. 납골당설치 신고가 무효인 경우 → 신고수리행위 역시 무효

답 ❷

020 □□□ **대물적 허가를 받아 영업을 하는 甲은 자신의 영업을 乙에게 양도하고자 乙과 영업의 양도·양수계약을 체결하고 관련법에 따라 관할 A행정청에 지위승계신고를 하였다. 이에 관한 설명으로 옳은 것을 모두 고른 것은?(다툼이 있으면 판례에 따름)** 20 행정사 제8회

ㄱ. 적법한 지위승계신고를 하였다면 A행정청이 수리를 거부하더라도 乙에게 영업양수의 효과가 발생한다.
ㄴ. 지위승계신고가 있기 전에 A행정청이 위 영업허가를 취소하려는 경우 허가취소의 상대방은 甲이 된다.
ㄷ. 甲과 乙 사이의 영업양도·양수계약이 무효라면 지위승계신고가 수리되더라도 乙에게 영업양수의 효과가 발생하지 않는다.
ㄹ. 영업양도·양수가 유효하더라도 명문의 규정이 없는 한 양도 전 甲의 위반행위를 이유로 乙에 대하여 제재처분을 할 수는 없다.

① ㄱ, ㄴ
② ㄱ, ㄹ
③ ㄴ, ㄷ
④ ㄱ, ㄷ, ㄹ
⑤ ㄴ, ㄷ, ㄹ

해설

[ㄱ ▸ ×] 사업양수에 의한 지위승계신고를 수리하는 허가관청의 행위는 … 실질에 있어서 양도자의 사업허가를 취소함과 아울러 양수자에게 적법히 사업을 할 수 있는 법규상 권리를 설정하여 주는 행위로서 사업허가자의 변경이라는 법률효과를 발생시키는 행위이다(대판 1993.6.8. 91누11544). 따라서 적법한 지위승계신고가 A행정청에 의하여 수리거부되었다면 乙에게 영업양수의 효과가 발생하지 아니한다.

[ㄴ ▸ O] 아직 지위승계신고가 있기 전이라면 허가취소의 상대방은 甲으로 보는 것이 타당하다.

> 사실상 영업이 양도·양수되었지만 아직 승계신고 및 그 수리처분이 있기 이전에는 여전히 종전의 영업자인 양도인이 영업허가자이고, 양수인은 영업허가자가 되지 못한다 할 것이어서 행정제재처분의 사유가 있는지 여부 및 그 사유가 있다고 하여 행하는 행정제재처분은 영업허가자인 양도인을 기준으로 판단하여 그 양도인에 대하여 행하여야 할 것이다(대판 1995.2.24. 94누9146).

[ㄷ ▸ O] 사업양도·양수에 따른 허가관청의 지위승계신고의 수리는 적법한 사업의 양도·양수가 있었음을 전제로 하는 것이므로 그 수리대상인 사업양도·양수가 존재하지 아니하거나 무효인 때에는 수리를 하였다 하더라도 그 수리는 유효한 대상이 없는 것으로서 당연히 무효라 할 것이다(대판 2005.12.23. 2005두3554). 따라서 甲과 乙 사이의 영업양도·양수계약이 무효라면 지위승계신고가 수리되더라도 乙에게 영업양수의 효과가 발생하지 않는다.

[ㄹ ▸ ×] 판례는 대물적 허가업의 경우, 영업양도·양수가 유효하다면 명문의 규정이 없더라도 양도인(甲)의 위반행위를 이유로 양수인(乙)에 대하여 제재처분을 할 수 있다고 하여(대판 1986.7.22. 86누203), 제재처분사유의 승계를 긍정한다.

지위승계신고
ㄱ. 적법한 지위승계신고를 하였으나 수리를 거부한 경우 ⋯→ 영업양수의 효과 ×
ㄴ. 지위승계신고가 있기 전에 영업허가를 취소하려는 경우 ⋯→ 허가취소의 상대방은 영업양도인
ㄷ. 영업양도·양수계약이 무효이나 지위승계신고가 수리된 경우 ⋯→ 영업양수의 효과 ×
ㄹ. 대물적 허가업의 영업양도·양수가 유효하지만 제재처분의 승계에 대한 명문의 규정이 없는 경우 ⋯→ 양도인(甲)의 위반행위를 이유로 양수인(乙)에 대하여 제재처분 가능

021 사인(私人)의 공법행위로서 신고에 관한 설명으로 옳지 않은 것은?(다툼이 있으면 판례에 따름)

□□□

16 행정사 제4회

① 법령상 신고사항이 아닌 신고를 수리한 경우, 그 수리는 항고소송의 대상이 되지 않는다.
② 행정청은 필요한 구비서류가 첨부되어 있지 않은 신고서가 제출된 경우에는 지체 없이 상당한 기간을 정하여 신고인에게 보완을 요구하여야 한다.
③ 법상 금지되어 있는 행위를 해제시키는 기능을 갖는 신고의 경우 그 신고 없이 한 행위는 위법하다.
④ 건축법에 따른 착공신고가 반려되었음에도 당해 건축물의 착공을 개시하면 시정명령, 이행강제금, 벌금 등의 대상이 될 우려가 있으므로 행정청의 착공신고 반려행위는 항고소송의 대상이 된다.
⑤ 적법한 요건을 갖추어 당구장업 영업신고를 한 경우 행정청이 그 신고에 대한 수리를 거부하였음에도 영업을 하면 무신고 영업이 된다.

해설

[❶ ▸ O] 공동주택 입주민의 옥외운동시설인 테니스장을 배드민턴장으로 변경하고 그 변동사실을 신고하여 관할 시장이 그 신고를 수리한 경우, 그 용도변경은 주택건설촉진법상 신고를 요하는 입주자 공유인 복리시설의 용도변경에 해당하지 아니하므로 그 변동사실은 신고할 사항이 아니고 관할 시장이 그 신고를 수리하였다 하더라도 그 수리는 공동주택 입주민의 구체적인 권리의무에 아무런 변동을 초래하지 않으므로 항고소송의 대상이 되는 행정처분이 아니다(대판 2000.12.22. 99두455).

[❷ ▸ O] 행정절차법 제40조 제3항

> **행정절차법 제40조(신고)** ② 제1항에 따른 신고가 다음 각 호의 요건을 갖춘 경우에는 신고서가 접수기관에 도달된 때에 신고 의무가 이행된 것으로 본다.
> 1. 신고서의 기재사항에 흠이 없을 것
> 2. 필요한 구비서류가 첨부되어 있을 것
> 3. 그 밖에 법령등에 규정된 형식상의 요건에 적합할 것
>
> ③ 행정청은 제2항 각 호의 요건을 갖추지 못한 신고서가 제출된 경우에는 지체 없이 상당한 기간을 정하여 신고인에게 보완을 요구하여야 한다.

[❸ ▸ O] 법상 금지되어 있는 행위를 해제시키는 기능을 갖는 신고(= 금지해제적 신고)의 경우 적법한 신고를 전제로 하는 것이므로 그 신고 없이 한 행위는 당연히 위법한 행위가 된다.

[❹ ▸ O] 건축주 등으로서는 착공신고가 반려될 경우, 당해 건축물의 착공을 개시하면 시정명령, 이행강제금, 벌금의 대상이 되거나 당해 건축물을 사용하여 행할 행위의 허가가 거부될 우려가 있어 불안정한 지위에 놓이게 된다. 따라서 행정청의 착공신고 반려행위는 항고소송의 대상이 된다(대판 2011.6.10. 2010두7321).

[❺ ▸ X] 당구장업 영업신고와 같이 신고체육시설업의 경우, 적법한 요건을 갖춘 신고의 경우에는 행정청의 수리처분 등 별단의 조처를 기다릴 필요 없이 그 접수시에 신고로서의 효력이 발생하는 것이므로 그 수리가 거부되었다고 하여 무신고 영업이 되는 것은 아니다(대판 1998.4.24. 97도3121). ☞ 당구장업 영업신고는 자기완결적 신고(= 수리를 요하지 않는 신고)에 해당한다.

핵심정리

사인의 공법행위로서의 신고

① 법령상 신고사항이 아닌 신고에 대한 수리행위 → 항고소송의 대상인 행정처분 ×
② 필요한 구비서류가 없는 신고서가 제출된 경우 → 행정청은 지체 없이 상당한 기간을 정하여 보완 요구해야 함
③ 금지해제적 신고 → 신고 없이 한 행위는 위법 O
④ 건축법상 착공신고 반려행위 → 항고소송의 대상인 행정처분 O
⑤ 당구장업 영업신고는 자기완결적 신고 → 적법하게 신고한 경우 수리가 없어도 무신고 영업 ×

답 ❺

022 사인(私人)의 공법행위에 관한 설명으로 옳지 않은 것은?(다툼이 있는 경우에는 판례에 의함)

□□□

13 행정사 제1회

① 사인의 공법행위는 공법적 효과의 발생을 목적으로 하는 행위인 점에서 사법(私法)행위와 구별된다.

② 사인의 공법행위는 행위의 효과를 기준으로 자기완결적(자체완성적) 공법행위와 행위요건적(행정요건적) 공법행위로 나눌 수 있다.

③ 자기완결적(자체완성적) 신고의 경우에 적법한 요건을 갖춘 신고가 있으면 행정청의 수리 여부에 관계없이 신고서가 접수기관에 도달된 때에 신고의무가 이행된 것으로 본다.

④ 신고대상이 아닌 사항의 신고에 대한 행정청의 수리거부는 취소소송의 대상이 되는 처분에 해당한다.

⑤ 사업양수에 따른 지위승계신고에 대한 허가관청의 수리에 대하여, 사업의 양도행위가 무효라고 주장하는 양도자는 민사소송으로 양도행위의 무효를 구함이 없이 곧바로 행정소송으로 위 신고수리처분의 무효확인을 구할 법률상 이익이 있다.

해설

[❶ ▸ O] 사인의 공법행위는 공법적 효과(공법상 권리, 공법상 의무)의 발생을 목적으로 하는 공법행위라는 점에서 사법적 효과(사법상 권리, 사법상 의무)의 발생을 목적으로 하는 사인의 사법행위와는 구별된다.

[❷ ▸ O] 사인의 공법행위는 사인의 행위만으로 법적 효과를 발생하는 자기완결적 공법행위와 사인의 공법행위만으로는 법적 효과가 발생하지 않고 행정기관의 행위와 결합하여 그 효과가 완성되는 행위요건적 공법행위로 구별된다.

[❸ ▸ O] 자기완결적(자체완성적) 신고의 경우에 적법한 요건을 갖춘 신고가 있으면 행정청의 수리 여부에 관계없이 신고서가 접수기관에 도달된 때에 신고의무가 이행된 것으로 본다. 따라서 자기완결적 신고는 별도의 행정청의 수리행위를 요하지 아니한다.

[❹ ▸ ×] 공동주택 입주민의 옥외운동시설인 테니스장을 배드민턴장으로 변경하고 그 변동사실을 신고하여 관할 시장이 그 신고를 수리한 경우, 그 용도변경은 주택건설촉진법상 신고를 요하는 입주자 공유인 복리시설의 용도변경에 해당하지 아니하므로 그 변동사실은 신고할 사항이 아니고 관할 시장이 그 신고를 수리하였다 하더라도 그 수리는 공동주택 입주민의 구체적인 권리의무에 아무런 변동을 초래하지 않으므로 항고소송의 대상이 되는 행정처분이 아니다(대판 2000.12.22. 99두455). 이 경우 수리거부 또한 행정처분에 해당하지 않는다.

[❺ ▸ O] 사업양도・양수에 따른 허가관청의 지위승계신고의 수리는 적법한 사업의 양도・양수가 있었음을 전제로 하는 것이므로 그 수리대상인 사업양도・양수가 존재하지 아니하거나 무효인 때에는 수리를 하였다 하더라도 그 수리는 유효한 대상이 없는 것으로서 당연히 무효라 할 것이고, 사업의 양도행위가 무효라고 주장하는 양도자는 민사쟁송으로 양도・양수행위의 무효를 구함이 없이 막바로 허가관청을 상대로 하여 행정소송으로 위 신고수리처분의 무효확인을 구할 법률상 이익이 있다(대판 2005.12.23. 2005두3554).

> **핵심정리**
>
> **사인의 공법행위**
>
> ① 사인의 공법행위는 공법적 효과의 발생을 목적으로 함
> → 사법적 효과의 발생을 목적으로 하는 사인의 사법행위와 구별
>
> ② 행위의 효과를 기준으로 한 분류 → 자기완결적 공법행위와 행위요건적 공법행위
>
> ③ 자기완결적 신고서가 접수기관에 도달된 경우
> → 신고의무는 이행된 것으로 봄 (별도의 행정청의 수리행위는 필요 ×)
>
> ④ 법령상 신고사항이 아닌 신고에 대한 수리거부 → 취소소송의 대상인 행정처분 ×
>
> ⑤ 사업양수에 따른 지위승계신고를 수리된 후 사업의 양도행위가 무효라고 주장하는 경우
> → 양도자는 곧바로 행정소송으로 신고수리처분의 무효확인을 구할 법률상 이익 O

답 ❹

CHAPTER 02

행정작용법

제1절 행정입법

023 다음은 법령 등 공포에 관한 법률상 시행일에 관한 내용이다. (　　)에 들어갈 숫자로 옳은 것은?

□□□

16 행정사 제4회

> 대통령령, 총리령 및 부령은 특별한 규정이 없으면 공포한 날부터 (　　)일이 경과함으로써 효력을 발생한다.

① 10
② 14
③ 15
④ 20
⑤ 30

해설

[❹ ▸ O] 20일(법령 등 공포에 관한 법률 제13조)

법령 등 공포에 관한 법률 제13조(시행일) 대통령령, 총리령 및 부령은 특별한 규정이 없으면 공포한 날부터 20일이 경과함으로써 효력을 발생한다.

법령 등 공포에 관한 법률 제13조의2(법령의 시행유예기간) 국민의 권리 제한 또는 의무 부과와 직접 관련되는 법률, 대통령령, 총리령 및 부령은 긴급히 시행하여야 할 특별한 사유가 있는 경우를 제외하고는 공포일부터 적어도 30일이 경과한 날부터 시행되도록 하여야 한다.

답 ❹

024 □□□

법규명령에 관한 설명으로 옳지 않은 것은?(다툼이 있으면 판례에 따름) 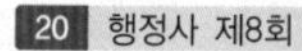

① 법률이 자치법적 사항을 공법적 단체의 정관에 위임하는 경우에는 포괄적 위임금지원칙이 적용되지 않는다.

② 행정입법부작위는 부작위위법확인소송의 대상이 된다.

③ 행정입법이 대법원에 의하여 위법하다는 판정이 있더라도 일반적으로 그 효력이 상실되는 것은 아니다.

④ 집행명령은 상위법령의 수권 없이 제정될 수 있다.

⑤ 제재적 처분기준이 부령의 형식으로 규정되어 있는 때에는 국민에게 법적 효력이 없다.

해설

[❶ ▸ O] 법률이 공법적 단체 등의 정관에 자치법적 사항을 위임한 경우에는 헌법 제75조가 정하는 포괄적인 위임입법의 금지는 원칙적으로 적용되지 않는다고 봄이 상당하고, 그렇다 하더라도 그 사항이 국민의 권리·의무에 관련되는 것일 경우에는 적어도 국민의 권리·의무에 관한 기본적이고 본질적인 사항은 국회가 정하여야 한다(대판 2007.10.12. 2006두14476).

[❷ ▸ ×] 부작위위법확인소송의 대상이 될 수 있는 것은 구체적 권리의무에 관한 분쟁이어야 하고, 추상적인 법령에 관하여 제정의 여부 등은 그 자체로서 국민의 구체적인 권리의무에 직접적 변동을 초래하는 것이 아니어서 부작위위법확인소송의 대상이 될 수 없다(대판 1992.5.8. 91누11261).

[❸ ▸ O] 구체적 규범통제에서 법규명령이 위법하다는 대법원 판결이 있는 경우, 현재의 일반적인 견해는 당해 법규명령이 일반적으로 효력을 상실하는 것으로 보지 않고 당해 사건에 한하여 적용되지 않는 것으로 보고 있다. 판례도 법규명령이 위법하다는 대법원의 판결이 있는 경우 당해 사건에서만 적용이 배제되는 것으로 보고 있다(대판 1994.4.26. 93부32 참조).

[❹ ▸ O] 집행명령은 위임명령과는 달리 상위법령의 구체적인 위임(수권)이 없더라도 직권으로 제정할 수 있다(헌법 제75조, 제95조). 다만, 집행명령은 상위법령의 집행에 필요한 절차나 형식을 정하는 데 그쳐야 하며 새로운 법규사항을 규정할 수 없다.

[❺ ▸ O] 판례는 대통령령(시행령) 형식으로 정한 제재적 처분기준은 대외적으로 국민이나 법원을 구속하는 법규명령으로 보고 있다(대판 1997.12.26. 97누15418). 반면, 부령(시행규칙) 형식으로 정한 제재적 처분기준은 행정규칙의 성질을 가지는 것이며 대외적으로 국민이나 법원을 구속하는 것은 아니라고 보았다(대판 2022.4.14. 2021두60960 등). 그리고 제재적 처분기준을 총리령(대판 1992.4.14. 91누9954)이나 지방자치단체의 규칙(대판 1995.10.17. 94누14148[전합])으로 정한 경우에도 행정규칙의 성질을 가진다고 보았다.

핵심정리

법규명령

① 자치법적 사항을 공법적 단체의 정관에 위임하는 경우 → 포괄적 위임금지의 원칙 적용 ×
② 행정입법부작위 → 부작위위법확인소송의 대상 ×
③ 행정입법에 대하여 대법원의 위법판정이 있는 경우 → 당해 사건에서만 적용 배제 O
④ 집행명령 → 상위법령의 수권 없이 제정 가능
⑤ 제재적 처분기준이 부령의 형식으로 규정되어 있는 경우 → 행정규칙 O

답 ❷

025 행정입법에 관한 설명으로 옳은 것은?(다툼이 있으면 판례에 따름) 19 행정사 제7회

□□□

① 헌법이 규정하고 있는 위임입법의 형식은 열거적인 것이다.

② 법규명령이 위임의 근거가 없어 무효라면 나중에 법 개정으로 위임의 근거가 부여되더라도 유효한 법규명령이 될 수 없다.

③ 법 집행기관의 자의적 법집행이 배제되는지 여부는 법규범의 명확성 판단기준이 될 수 없다.

④ 재량준칙의 제정에는 법령상 근거가 필요하다.

⑤ 법령의 위임이 없음에도 법령에 규정된 처분 요건에 해당하는 사항을 부령에서 변경하여 규정한 경우에 그 규정은 국민에 대한 대외적 구속력이 없다.

해설

[❶ ▸ ×] 헌법이 인정하고 있는 위임입법의 형식(예 대통령령, 총리령 · 부령, 지방자치단체의 조례 · 규칙 등)은 **예시적인 것**으로 보아야 한다. 법률이 일정한 사항을 행정규칙(예 고시, 훈령 등)에 위임하더라도 그 행정규칙은 위임된 사항만을 규율할 수 있으므로, 국회입법의 원칙과 상치되지 않는다(헌재 2016.3.31. 2014헌바382).

[❷ ▸ ×] 일반적으로 법률의 위임에 따라 효력을 갖는 법규명령의 경우에 위임의 근거가 없어 무효였더라도 나중에 법 개정으로 위임의 근거가 부여되면 **그때부터는 유효한 법규명령**으로 볼 수 있다(대판 2017.4.20. 2015두45700[전합]).

[❸ ▸ ×] 어떠한 법규범이 명확한지 여부는 그 법규범이 수범자에게 법규의 의미내용을 알 수 있도록 공정한 고지를 하여 예측가능성을 주고 있는지 여부 및 그 법규범이 법을 해석 · 집행하는 기관에게 충분한 의미내용을 규율하여 자의적인 법해석이나 법집행이 배제되는지 여부, 다시 말하면 예측가능성 및 자의적 법집행 배제가 확보되는지 여부에 따라 이를 판단할 수 있다(대판 2006.5.11. 2006도920).

[❹ ▸ ×] 재량준칙은 재량권 행사의 기준을 정하는 행정규칙으로서 일반적으로 행정조직 내부에서만 효력을 가질 뿐 대외적인 구속력은 인정되지 아니하므로, 재량준칙의 제정에는 법적 근거를 요하지 아니한다. 행정기관(행정청)은 자율권 및 처분권에 근거하여 재량준칙을 제정할 수 있다.

[❺ ▸ ○] 법령의 위임이 없음에도 법령에 규정된 처분 요건에 해당하는 사항을 부령에서 변경하여 규정한 경우에는 그 부령의 규정은 행정청 내부의 사무처리 기준 등을 정한 것으로서 행정조직 내에서 적용되는 행정명령의 성격을 지닐 뿐 국민에 대한 대외적 구속력은 없다고 보아야 한다(대판 2013.9.12. 2011두10584).

핵심정리

행정입법

① 헌법이 인정하고 있는 위임입법의 형식 ⟶ 예시적인 것 ○ (열거적인 것 ×)

② 위임의 근거가 없어 무효인 법규명령이 나중에 위임의 근거가 부여된 경우
⟶ 그때부터 유효한 법규명령 ○ (소급효 ×)

③ 법규범의 명확성 판단기준
⟶ 법규범의 수범자(예 국민)에게 예측가능성이 있는지 여부
⟶ 법규범의 해석 · 집행하는 기관(예 행정기관)의 자의적인 법해석이나 법집행이 배제되는지 여부

④ 재량준칙의 제정 ⟶ 법령상 근거 필요 ×

⑤ 법령의 위임이 없음에도 처분 요건 사항을 부령에서 변경하여 규정한 경우
⟶ 행정명령의 성격 : 대외적 구속력 ×

답 ❺

026 행정입법에 관한 설명으로 옳은 것을 모두 고른 것은?(다툼이 있으면 판례에 따름)

□□□

18 행정사 제6회

ㄱ. 법규명령은 원칙적으로 구체적 규범통제의 대상이 된다.
ㄴ. 집행명령은 법률의 명시적 위임규정이 없더라도 제정할 수 있다.
ㄷ. 법규명령의 위임근거가 되는 법률에 대하여 위헌결정이 선고되면 그 위임에 근거하여 제정된 법규명령도 원칙적으로 효력을 상실한다.
ㄹ. 위임명령이 법률에서 위임받은 사항에 관하여 대강을 정하고 그중 특정사항을 범위를 정하여 하위 법령에 다시 위임하는 것은 재위임금지의 원칙에 따라 허용되지 않는다.

① ㄱ, ㄴ
② ㄱ, ㄹ
③ ㄷ, ㄹ
④ ㄱ, ㄴ, ㄷ
⑤ ㄴ, ㄷ, ㄹ

해설

[ㄱ ▸ O] 구체적 규범통제란 구체적 사건에 관한 재판에서 행정입법(법규명령)의 위법 여부가 재판의 전제가 되는 경우에만 해당 행정입법(법규명령)의 위헌・위법 여부를 법원이 통제하는 것을 말한다. 우리 헌법은 "명령・규칙 또는 처분이 헌법이나 법률에 위반되는 여부가 **재판의 전제가 된 경우**에는 대법원은 이를 최종적으로 심사할 권한을 가진다"고 규정하여(헌법 제107조 제2항), 구체적 규범통제의 방식을 취하고 있다. 다만, 예외적으로 처분적 법규명령의 경우 항고소송의 대상이 된다.

> 법원이 법률 하위의 법규명령, 규칙, 조례, 행정규칙 등(이하 '규정'이라 한다)이 위헌・위법인지를 심사하려면 그것이 '재판의 전제'가 되어야 한다. 여기에서 '재판의 전제'란 구체적 사건이 법원에 계속 중이어야 하고, 위헌・위법인지가 문제된 경우에는 규정의 특정 조항이 해당 소송사건의 재판에 적용되는 것이어야 하며, 그 조항이 위헌・위법인지에 따라 그 사건을 담당하는 법원이 다른 판단을 하게 되는 경우를 말한다(대판 2019.6.13. 2017두33985).

[ㄴ ▸ O] 위임명령과는 달리 집행명령은 법률의 구체적인 위임이 없더라도 직권으로 제정할 수 있다(헌법 제75조, 제95조). 다만, 집행명령은 상위법령의 집행에 필요한 절차나 형식을 정하는 데 그쳐야 하며 새로운 법규사항을 규정할 수 없다.

[ㄷ ▸ O] 법규명령의 위임의 근거가 되는 법률에 대하여 위헌결정이 선고되면 그 위임규정에 근거하여 제정된 법규명령도 원칙적으로 효력을 상실한다고 할 것이다(대판 1998.4.10. 96다52359).

[ㄹ ▸ X] 법률에서 위임받은 사항을 전혀 규정하지 아니하고 그대로 재위임하는 것은 복위임금지 원칙에 반할 뿐만 아니라 위임명령의 제정 형식에 관한 수권법의 내용을 변경하는 것이 되므로 허용되지 않으며 위임받은 사항에 관하여 대강을 정하고 그중의 특정사항을 범위를 정하여 하위법령에 다시 위임하는 경우에만 재위임이 허용된다(헌재 1996.2.29. 94헌마213).

핵심정리

행정입법(법규명령, 위임명령과 집행명령)

ㄱ. 법규명령 → 구체적 규범통제의 대상 O
ㄴ. 집행명령 → 명시적 위임이 없더라도 제정 가능
ㄷ. 법규명령의 위임근거가 되는 법률에 대하여 위헌결정 → 법규명령도 효력 상실 O
ㄹ. 위임명령(예 대통령령)이 법률에서 위임받은 사항의 대강을 정하고 그중 특정사항을 범위를 정하여 하위 법령(예 부령)에 다시 위임하는 경우 → 재위임금지의 원칙 위반 ×

답 ④

027 □□□ 행정입법에 관한 설명으로 옳은 것은?(다툼이 있으면 판례에 따름) 16 행정사 제4회

① 법률의 위임에 의해 효력을 갖게 된 법규명령이 법률의 개정으로 위임의 근거가 없어지게 되면 소급하여 무효인 법규명령이 된다.

② 감사원규칙은 총리령・부령과 마찬가지로 헌법에 명시적 근거가 있으므로 법규명령으로서의 효력을 갖는다.

③ 고시는 그 내용에 따라 법규명령 또는 행정규칙에 해당할 수도 있고 행정처분에 해당할 수도 있다.

④ 명령・규칙이 헌법에 위반되는 여부가 재판의 전제가 된 경우에 대법원은 이를 최종적으로 심사할 수 없다.

⑤ 조례에 대한 법률의 위임은 반드시 구체적으로 범위를 정해서만 할 수 있으며 포괄적 위임은 허용되지 않는다.

해설

[❶ ▸ ×] 구법의 위임에 의한 유효한 법규명령이 법개정으로 위임의 근거가 없어지게 되면 **그때부터 무효인 법규명령**이 된다(대판 1995.6.30. 93추83). ☞ 법규명령 제정 당시로 소급하여 무효인 법규명령이 되는 것이 아니다.

[❷ ▸ ×] 감사원규칙은 헌법에는 명시적 근거가 없으며, 감사원법에 그 근거를 두고 있다. 감사원규칙의 법적 성질에 대하여는 법규명령설과 행정규칙설의 대립이 있다.

[❸ ▸ ○] 어떠한 고시가 일반적・추상적 성격을 가질 때에는 법규명령 또는 행정규칙에 해당할 것이지만, 다른 집행행위의 매개 없이 그 자체로서 직접 국민의 구체적인 권리의무나 법률관계를 규율하는 성격을 가질 때에는 항고소송의 대상이 되는 행정처분에 해당한다(대결 2003.10.9. 2003무23).

[❹ ▸ ×] 명령・규칙 또는 처분이 헌법이나 법률에 위반되는 여부가 재판의 전제가 된 경우에는 대법원은 이를 최종적으로 심사할 권한을 가진다(헌법 제107조 제2항). ☞ 지방법원, 고등법원도 심사할 권한이 있지만, 대법원이 "최종적으로" 심사할 권한이 있다는 의미이다.

[❺ ▸ ×] 조례에 대한 법률의 위임은 법규명령에 대한 법률의 위임과 같이 반드시 구체적으로 범위를 정하여 할 필요가 없으며 포괄적인 것으로 족하다(헌재 1995.4.20. 92헌마264).

> 지방자치단체는 헌법상 자치입법권이 인정되고, 법령의 범위 안에서 그 권한에 속하는 모든 사무에 관하여 조례를 제정할 수 있다는 점과 조례는 선거를 통하여 선출된 그 지역의 지방의원으로 구성된 주민의 대표기관인 지방의회에서 제정되므로 지역적인 민주적 정당성까지 갖고 있다는 점을 고려하면, 조례에 위임할 사항은 헌법 제75조 소정의 행정입법에 위임할 사항보다 더 포괄적이어도 헌법에 반하지 않는다고 할 것이다(헌재 2004.9.23. 2002헌바76).

핵심정리

행정입법

① 유효한 법규명령이 법률의 개정으로 법규명령의 위임의 근거가 없어진 경우
→ 그때부터 무효인 법규명령 ○

② 감사원규칙
→ 헌법에 명시적 근거 × (감사원법에 근거 ○)
→ 법적 성질에 대하여는 견해 대립(법규명령설 vs. 행정규칙설)

③ 고시의 법적 성격 판단 방법
→ 고시가 일반적・추상적 성격을 가질 경우 : 법규명령 또는 행정규칙
→ 직접 국민의 구체적인 권리의무나 법률관계를 규율하는 경우 : 행정처분

④ 명령・규칙의 헌법위반 여부가 재판의 전제가 된 경우 → 대법원의 최종적 심사권 ○

⑤ 조례에 대한 법률의 위임 → 포괄적 위임 허용 ○

답 ❸

028 행정입법에 관한 설명으로 옳지 않은 것은?(다툼이 있으면 판례에 따름)

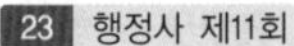

□□□

① 입법 실제에 있어서 통상 대통령령에는 시행령이라는 이름을 붙이고 총리령과 부령에는 시행규칙이라는 이름을 붙인다.

② 헌법이 인정하고 있는 위임입법의 형식은 예시적인 것이다.

③ 상위 법령의 집행을 위하여 필요한 경우에는 상위 법령의 위임이 없더라도 집행명령으로 새로운 국민의 의무를 정할 수 있다.

④ 법원이 구체적 규범통제를 통해 위헌·위법으로 선언할 심판대상은 원칙적으로 재판의 전제성이 인정되는 조항에 한정된다.

⑤ 고시가 다른 집행행위의 매개 없이 그 자체로서 직접 국민의 구체적인 권리의무나 법률관계를 규율하는 성격을 가질 때에는 항고소송의 대상이 되는 행정처분에 해당한다.

해설

[❶ ▸ O] 대통령령이 제정하는 명령을 대통령령, 총리가 발하는 명령을 총리령, 행정각부의 장이 발하는 명령을 부령이라 한다. 입법 실제에 있어서 대통령령에는 통상 시행령이라는 이름을 붙이고, 총리령과 부령에는 시행규칙이라는 이름을 붙인다. 예외적이기는 하지만 대통령령 중에는 규정이라는 명칭을 붙인 것도 있다(예 보안업무규정).

[❷ ▸ O] 헌법이 인정하고 있는 위임입법의 형식(예 대통령령, 총리령·부령, 지방자치단체의 조례·규칙 등)은 **예시적인 것**으로 보아야 한다. 법률이 일정한 사항을 행정규칙(예 고시, 훈령 등)에 위임하더라도 그 행정규칙은 위임된 사항만을 규율할 수 있으므로, 국회입법의 원칙과 상치되지 않는다(헌재 2016.3.31. 2014헌바382).

[❸ ▸ ×] 집행명령은 위임명령과는 달리 법률의 구체적인 위임이 없더라도 직권으로 제정할 수 있다(헌법 제75조, 제95조). 다만, 집행명령은 상위법령의 집행에 필요한 절차나 형식을 정하는 데 그쳐야 하며 새로운 법규사항을 규정할 수 없다. 따라서 상위 법령의 위임이 없이는 집행명령으로 새로운 국민의 의무를 정할 수 없다.

[❹ ▸ O] 법원이 구체적 규범통제를 통해 위헌·위법으로 선언할 심판대상은, 해당 규정의 전부가 불가분적으로 결합되어 있어 일부를 무효로 하는 경우 나머지 부분이 유지될 수 없는 결과를 가져오는 특별한 사정이 없는 한, 원칙적으로 해당 규정 중 재판의 전제성이 인정되는 조항에 한정된다(대판 2019.6.13. 2017두33985).

[❺ ▸ O] 어떠한 고시가 일반적·추상적 성격을 가질 때에는 법규명령 또는 행정규칙에 해당할 것이지만, 다른 집행행위의 매개 없이 그 자체로서 직접 국민의 구체적인 권리의무나 법률관계를 규율하는 성격을 가질 때에는 항고소송의 대상이 되는 행정처분에 해당한다(대결 2003.10.9. 2003무23).

핵심정리

행정입법

① 행정입법의 입법 실제에서의 통상적 명칭 (예외 있음)
 → 대통령령 : 시행령
 → 총리령·부령 : 시행규칙

② 헌법이 인정하고 있는 위임입법의 형식(대통령령, 총리령·부령 등) → 예시적인 것 O

③ 집행명령
 → 상위 법령의 명시적 위임 없이도 제정 가능 O
 → 단, 상위 법령의 위임 없이는 새로운 국민의 의무에 관하여 규정 ×

④ 법원이 구체적 규범통제를 통해 위헌·위법으로 선언할 심판대상
 → 특별한 사정이 없는 한, 재판의 전제성이 인정되는 조항에 한정 O

⑤ 고시의 법적 성격
 → 고시가 다른 집행행위의 매개 없이 그 자체로서 직접 국민의 구체적인 권리의무나 법률관계를 규율하는 성격을 가질 때 : 행정처분 O
 → 일반적·추상적 성격을 가질 때 : 법규명령(= 법령보충적 행정규칙) 또는 행정규칙 O

답 ❸

029 □□□ **행정법의 효력에 관한 설명으로 옳은 것은?(다툼이 있으면 판례에 따름)** 15 행정사 제3회

① 대통령령, 총리령 및 부령은 특별한 규정이 없으면 공포한 날부터 15일이 경과함으로써 효력을 발생한다.

② 법령은 지역적으로 대한민국의 영토 전역에 걸쳐 효력을 가지는 것이 원칙이나 예외적으로 일부 지역에만 적용될 수 있다.

③ 일반국민의 이해에 직접 관계가 없는 경우 등 특별한 사정이 있는 경우라도 법령의 소급적용은 허용되지 아니한다.

④ 인·허가신청 후 처분 전에 관계법령이 개정 시행된 경우, 행정행위는 신청 당시에 시행중인 법령과 허가기준에 의하여 하는 것이 원칙이다.

⑤ 법령은 대한민국의 영토 내에 있는 모든 사람에게 적용되는 것이 원칙이므로 외국인에 대하여 특칙을 두거나 상호주의가 적용될 수 없다.

해설

[❶ ▸ ×] 대통령령, 총리령 및 부령은 특별한 규정이 없으면 공포한 날부터 **20일**이 경과함으로써 효력을 발생한다(법령공포법 제13조). 다만, 국민의 권리 제한 또는 의무 부과와 직접 관련되는 법률, 대통령령, 총리령 및 부령은 긴급히 시행하여야 할 특별한 사유가 있는 경우를 제외하고는 공포일부터 적어도 **30일**이 경과한 날부터 시행되도록 하여야 한다(법령 등 공포에 관한 법률 제13조의2).

[❷ ▸ ○] 법령의 지역적 효력은 대한민국 영토범위 내 어디에나 미치는 것이 원칙이나, 제주특별자치도설치 및 국제자유도시 조성을 위한 특별법이나 수도권정비계획법 등과 같이 해당 법령의 지역적 효력이 일부 지역으로 한정되는 경우가 있다.

[❸ ▸ ×] 법령의 소급적용, 특히 행정법규의 소급적용은 이를 인정하지 않는 것이 원칙이나, 법령을 소급적용하더라도 일반 국민의 이해에 직접 관계가 없는 경우, 오히려 그 이익을 증진하는 경우, 불이익이나 고통을 제거하는 경우 등의 특별한 사정이 있는 경우에 한하여 예외적으로 법령의 소급적용이 허용된다(대판 2005.5.13. 2004다8630).

[❹ ▸ ×] 비록 허가신청 후 허가기준이 변경되었다 하더라도 그 허가관청이 허가신청을 수리하고도 정당한 이유 없이 그 처리를 늦추어 그 사이에 허가기준이 변경된 것이 아닌 이상 변경된 허가기준에 따라서 처분을 하여야 한다(대판 1996.8.20. 95누10877).

[❺ ▸ ×] 행정법령은 속지주의의 원칙에 따라 대한민국의 영토 내에 있는 모든 사람에게 적용되는 것이 원칙이나, 외국인에 대한 특칙(국내에 주둔하는 미합중국군대의 구성원)을 두거나 상호주의(국가배상법 제8조)가 적용되는 경우가 있다.

핵심정리

행정법의 효력(시간적 효력, 지역적 효력, 대인적 효력)

①, ③ 시간적 효력
→ 대통령령, 총리령 및 부령 : 공포한 날부터 20일이 경과함으로써 효력 발생
→ 소급적용금지의 원칙
• 예외 : 특별한 사정이 있는 경우에는 법령의 소급적용 가능

② 지역적 효력
→ 영토 전역에 걸쳐 효력을 가지는 것이 원칙이나 예외적으로 일부 지역에만 적용 가능

④ 인·허가신청 후 처분 전에 관계법령이 개정 시행된 경우
→ 원칙적으로 '변경된 허가기준'에 따라서 처분을 하여야 함

⑤ 대인적 효력
→ 속지주의의 원칙이 적용되나 외국인에 대하여 특칙을 두거나 상호주의 적용 가능

답 ❷

PART 1 PART 2 PART 3

030 법령등 시행일의 기간 계산에 관한 설명으로 옳은 것을 모두 고른 것은? 21 행정사 제9회

□□□

> ㄱ. 법령등을 공포한 날부터 시행하는 경우에는 공포한 날을 시행일로 한다.
> ㄴ. 법령등을 공포한 날부터 일정 기간이 경과한 날부터 시행하는 경우 법령을 공포한 날을 첫날에 산입하지 아니한다.
> ㄷ. 법령등을 공포한 날부터 일정 기간이 경과한 날부터 시행하는 경우 그 기간의 말일이 토요일 또는 공휴일인 때에는 그 말일로 기간이 만료한다.
> ㄹ. 대통령령은 특별한 규정이 없으면 공포한 날부터 10일이 경과함으로써 효력을 발생한다.

① ㄱ, ㄴ
② ㄱ, ㄹ
③ ㄷ, ㄹ
④ ㄱ, ㄴ, ㄷ
⑤ ㄴ, ㄷ, ㄹ

해설

[ㄱ ▸ O] [ㄴ ▸ O] [ㄷ ▸ O] 행정기본법 제7조 참조

> **행정기본법 제7조(법령등 시행일의 기간 계산)** 법령등(훈령·예규·고시·지침 등을 포함)의 시행일을 정하거나 계산할 때에는 다음 각 호의 기준에 따른다.
> 1. 법령등을 공포한 날부터 시행하는 경우에는 공포한 날을 시행일로 한다.ㄱ
> 2. 법령등을 공포한 날부터 일정 기간이 경과한 날부터 시행하는 경우 법령등을 공포한 날을 첫날에 산입하지 아니한다.ㄴ
> 3. 법령등을 공포한 날부터 일정 기간이 경과한 날부터 시행하는 경우 그 기간의 말일이 토요일 또는 공휴일인 때에는 그 말일로 기간이 만료한다.ㄷ

[ㄹ ▸ X] 대통령령, 총리령 및 부령은 특별한 규정이 없으면 공포한 날부터 **20일**이 경과함으로써 효력을 발생한다(법령공포법 제13조).

핵심정리

법령등 시행일의 기간 계산

ㄱ. 공포한 날부터 시행하는 경우 → 공포한 날이 시행일

ㄴ., ㄷ. 공포한 날부터 일정 기간이 경과한 날부터 시행하는 경우

→ 공포한 날을 첫날에 산입 ×

→ 기간의 말일이 토요일 또는 공휴일인 때 : 그 말일로 기간이 만료

ㄹ. 대통령령 → 공포한 날부터 20일이 경과함으로써 효력 발생

답 ④

031 행정기본법상 법 적용의 기준에 관한 내용이다. (　　)에 들어갈 것으로 옳은 것은?

□□□

23 행정사 제11회

> ○ 당사자의 신청에 따른 처분은 법령등에 특별한 규정이 있거나 (ㄱ) 당시의 법령등을 적용하기 곤란한 특별한 사정이 있는 경우를 제외하고는 (ㄱ) 당시의 법령등에 따른다.
> ○ 법령등을 위반한 행위의 성립과 이에 대한 제재처분은 법령등에 특별한 규정이 있는 경우를 제외하고는 (ㄴ) 당시의 법령등에 따른다. 다만, 법령등을 위반한 행위 후 법령등의 변경에 의하여 그 행위가 법령등을 위반한 행위에 해당하지 아니하거나 제재처분 기준이 가벼워진 경우로서 해당 법령등에 특별한 규정이 없는 경우에는 변경된 법령등을 적용한다.

① ㄱ : 신청, ㄴ : 제재처분
② ㄱ : 신청, ㄴ : 법령등을 위반한 행위
③ ㄱ : 처분, ㄴ : 판결
④ ㄱ : 처분, ㄴ : 법령등을 위반한 행위
⑤ ㄱ : 판결, ㄴ : 제재처분

해설

[❹ ▸ O] ㄱ : 처분, ㄴ : 법령등을 위반한 행위

행정기본법 제14조(법 적용의 기준) ② 당사자의 신청에 따른 처분은 법령등에 특별한 규정이 있거나 처분 당시의 법령등을 적용하기 곤란한 특별한 사정이 있는 경우를 제외하고는 처분 당시의 법령등에 따른다.
③ 법령등을 위반한 행위의 성립과 이에 대한 제재처분은 법령등에 특별한 규정이 있는 경우를 제외하고는 법령등을 위반한 행위 당시의 법령등에 따른다. 다만, 법령등을 위반한 행위 후 법령등의 변경에 의하여 그 행위가 법령등을 위반한 행위에 해당하지 아니하거나 제재처분 기준이 가벼워진 경우로서 해당 법령등에 특별한 규정이 없는 경우에는 변경된 법령등을 적용한다.

답 ❹

032 법규명령의 통제에 관한 설명으로 옳지 않은 것은?(다툼이 있으면 판례에 따름)

□□□

17 행정사 제5회

① 일반적·추상적인 법령이나 규칙은 항고소송의 대상이 될 수 없다.
② 행정부가 제정한 규칙이 별도의 집행행위를 기다리지 않고 직접 국민의 기본권을 침해하고 있는 경우에는 헌법소원의 대상이 된다.
③ 법규명령에 대하여는 국회도 직접적으로 통제할 수 있는 방법이 있다.
④ 법규명령에 대한 구체적 규범통제의 최종적 심사권은 헌법재판소에 전속한다.
⑤ 법규명령에 대한 국민의 통제수단으로는 여론·압력단체의 활동 등과 같은 간접적인 수단이 있다.

해설

[❶ ▸ ○] 다른 집행행위의 매개 없이 그 자체로서 국민의 구체적인 권리의무나 법률관계에 직접적인 변동을 초래케 하는 것이 아닌 일반적, 추상적인 법령 등은 **항고소송**의 대상이 될 수 없다(대판 2007.4.12. 2005두15168).

[❷ ▸ ○] 헌법소원심판의 대상으로서의 "공권력"이란 입법·사법·행정 등 모든 공권력을 말하는 것이므로 입법부에서 제정한 법률, 행정부에서 제정한 시행령이나 시행규칙 및 사법부에서 제정한 규칙 등은 그것들이 별도의 집행행위를 기다리지 않고 직접 기본권을 침해하는 것일 때에는 모두 **헌법소원심판**의 대상이 될 수 있는 것이다(헌재 1990.10.15. 89헌마178).

[❸ ▸ ○] 법규명령에 대하여는 국회도 직접적으로 통제할 수 있는 방법으로 행정입법 제출 및 위법통보제도가 있다(국회법 제98조의2 참조).

> **국회법 제98조의2(대통령령 등의 제출 등)** ① 중앙행정기관의 장은 법률에서 위임한 사항이나 법률을 집행하기 위하여 필요한 사항을 규정한 대통령령·총리령·부령·훈령·예규·고시 등이 제정·개정 또는 폐지되었을 때에는 10일 이내에 이를 국회 소관 상임위원회에 제출하여야 한다. 다만, 대통령령의 경우에는 입법예고를 할 때(입법예고를 생략하는 경우에는 법제처장에게 심사를 요청할 때를 말한다)에도 그 입법예고안을 10일 이내에 제출하여야 한다.
> ③ 상임위원회는 위원회 또는 상설소위원회를 정기적으로 개회하여 그 소관 중앙행정기관이 제출한 대통령령·총리령 및 부령(이하 이 조에서 "대통령령등"이라 한다)의 법률 위반 여부 등을 검토하여야 한다.
> ④ 상임위원회는 제3항에 따른 검토 결과 대통령령 또는 총리령이 법률의 취지 또는 내용에 합치되지 아니한다고 판단되는 경우에는 검토의 경과와 처리 의견 등을 기재한 검토결과보고서를 의장에게 제출하여야 한다.
> ⑤ 의장은 제4항에 따라 제출된 검토결과보고서를 본회의에 보고하고, 국회는 본회의 의결로 이를 처리하고 정부에 송부한다.

[❹ ▸ ×] 구체적인 소송사건에서 법규명령의 위헌·위법 여부가 재판의 전제가 되었을 경우(= 구체적 규범통제의 경우), 법규명령의 위헌·위법 여부에 대한 **최종적 심사권**은 **대법원**에 귀속한다(헌법 제107조 제2항).

[❺ ▸ ○] 법규명령에 대한 국민의 통제수단으로는 법규명령의 제정 시 공청회·청문 등에 의해 국민의 의사를 반영하고 각종 압력단체나 여론에 의한 통제를 통하여 행정입법의 적법성을 확보하는 간접적인 수단을 상정할 수 있을 뿐이고, 법규명령의 효력·발생·소멸을 국민이 직접 통제하는 직접적 수단은 인정되지 않고 있다.

핵심정리

법규명령의 통제
① 일반적·추상적인 법령이나 규칙 → 항고소송의 대상 ×
② 행정부가 제정한 규칙이 직접 국민의 기본권을 침해하는 경우 → 헌법소원의 대상 ○
③ 법규명령에 대한 국회의 직접적 통제 수단 → 행정입법 제출 및 위법통보제도
④ 법규명령에 대한 구체적 규범통제의 최종적 심사권 → 대법원에 전속 ○
⑤ 법규명령에 국민의 통제 수단 → 여론·압력단체의 활동 등과 같은 간접적인 수단

답 ❹

033 행정입법에 관한 설명으로 옳지 않은 것은?(다툼이 있으면 판례에 따름) 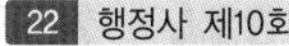

□□□

① 법령의 위임이 없음에도 법령에 규정된 처분 요건 사항을 부령에서 변경하여 규정한 경우, 이 부령의 규정은 대외적 구속력이 없다.

② 행정입법의 부작위는 항고소송으로 다툴 수 없다.

③ 재량준칙은 행정의 자기구속법리나 평등원칙 등에 의해 대외적 구속력을 가질 수 있다.

④ 장기요양급여 제공기준 및 급여비용 산정방법 등에 관한 고시에 대해 외부적 구속효를 인정한다.

⑤ 대법원판결에 의해 명령·규칙이 헌법 또는 법률에 위반된다는 것이 확정된 경우에는 대법원은 지체 없이 그 사유를 법무부장관에게 통보하여야 한다.

해설

[❶ ▸ O] 법령의 위임이 없음에도 법령에 규정된 처분 요건에 해당하는 사항을 부령에서 변경하여 규정한 경우에는 그 부령의 규정은 행정청 내부의 사무처리 기준 등을 정한 것으로서 행정조직 내에서 적용되는 행정명령의 성격을 지닐 뿐 국민에 대한 대외적 구속력은 없다고 보아야 한다(대판 2013.9.12. 2011두10584).

[❷ ▸ O] 부작위위법확인소송의 대상이 될 수 있는 것은 구체적 권리의무에 관한 분쟁이어야 하고 추상적인 법령에 관하여 제정의 여부 등은 그 자체로서 국민의 구체적인 권리의무에 직접적 변동을 초래하는 것이 아니어서 부작위위법확인소송의 대상이 될 수 없다(대판 1992.5.8. 91누11261).

[❸ ▸ O] 행정규칙이 법령의 규정에 의하여 행정관청에 법령의 구체적 내용을 보충할 권한을 부여한 경우, 또는 재량권 행사의 준칙인 규칙이 그 정한 바에 따라 되풀이 시행되어 행정관행이 이룩되게 되면 평등의 원칙이나 신뢰보호의 원칙에 따라 행정기관은 그 상대방에 대한 관계에서 그 규칙에 따라야 할 자기구속을 당하게 되는 경우에는 대외적인 구속력을 가지게 되어 헌법재판소법 제68조 제1항의 공권력의 행사에 해당한다(헌재 1990.9.3. 90헌마13).

[❹ ▸ O] 법령의 내용과 형식에 비추어 보더라도 장기요양급여 제공기준 및 급여비용 산정방법 등에 관한 고시조항은 노인보험법 제39조 제1항, 제3항 및 노인보험법 시행규칙 제32조가 위임한 바에 따라 그 법령의 내용이 될 사항을 구체적으로 정한 것으로서 당해 법령의 위임한계를 벗어난 것으로 볼 수 없으므로 이 사건 고시조항은 상위 법령인 노인보험법령의 관계 규정들과 결합하여 대외적으로 구속력이 있는 법규명령으로서의 효력을 가진다고 봄이 상당하다(대판 2013.4.11. 2012두2658). ☞ 법령보충적 행정규칙에 해당하여 대외적 구속력이 인정된다.

[❺ ▸ ×] 행정소송에 대한 대법원판결에 의하여 명령·규칙이 헌법 또는 법률에 위반된다는 것이 확정된 경우에는 대법원은 지체없이 그 사유를 **행정안전부장관**에게 통보하여야 한다(행정소송법 제6조 제1항).

핵심정리

행정입법

① 법령의 위임이 없음에도 처분요건 사항을 변경하여 규정한 부령 ⟶ 대외적 구속력 ×

② 행정입법의 부작위 ⟶ 부작위위법확인소송의 대상 ×

③ 재량준칙(행정규칙)
⟶ 원칙 : 대외적 구속력 ×
⟶ 예외 : 행정의 자기구속의 법리나 평등원칙 등에 의해 대외적 구속력 인정 ○

④ 장기요양급여 제공기준 및 급여비용 산정방법 등에 관한 고시
⟶ 대외적 구속력(법령보충적 행정규칙) ○

⑤ 대법원판결에 의하여 명령·규칙이 헌법 또는 법률에 위반된다는 것이 확정된 경우
⟶ 대법원은 행정안전부장관에게 통보 ○

답 ❺

034 ☐☐☐ **행정규칙에 관한 설명으로 옳지 않은 것은?(다툼이 있으면 판례에 따름)** 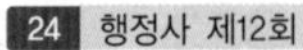

① 행정규칙은 특별한 사정이 없는 한 대외적으로 국민이나 법원을 구속하는 효력이 없다.
② 처분이 행정규칙을 따른 것이면 적법성이 보장된다.
③ 처분이 행정규칙을 위반하였다고 해서 그러한 사정만으로 곧바로 위법하게 되는 것은 아니다.
④ 행정규칙에 따른 처분의 적법성 여부는 상위법령의 규정과 입법 목적 등에 적합한지 여부에 따라 판단해야 한다.
⑤ 행정규칙이 그 정한 바에 따라 되풀이 시행되어 행정관행이 이루어지게 되면 행정기관은 그 상대방에 대한 관계에서 그 규칙에 따라야 할 자기구속을 받게 된다.

해설

[❶ ▸ O] [❷ ▸ X] [❸ ▸ O] [❹ ▸ O] 처분이 행정규칙을 따른 것이라고 해서 적법성이 보장되는 것은 아니다.

> 행정기관 내부의 업무처리지침이나 법령의 해석·적용 기준을 정한 행정규칙은 특별한 사정이 없는 한 대외적으로 국민이나 법원을 구속하는 효력이 없다.❶ 처분이 행정규칙을 위반하였다고 해서 그러한 사정만으로 곧바로 위법하게 되는 것은 아니고,❸ 처분이 행정규칙을 따른 것이라고 해서 적법성이 보장되는 것도 아니다.❷ 처분이 적법한지는 행정규칙에 적합한지 여부가 아니라 상위법령의 규정과 입법 목적 등에 적합한지 여부에 따라 판단해야 한다❹ (대판 2021.10.14. 2021두39362).

[❺ ▸ O] 재량권 행사의 준칙인 행정규칙이 그 정한 바에 따라 되풀이 시행되어 행정관행이 이루어지게 되면 평등의 원칙이나 신뢰보호의 원칙에 따라 행정기관은 그 상대방에 대한 관계에서 그 규칙에 따라야 할 자기구속을 받게 되므로, 이러한 경우에는 특별한 사정이 없는 한 그를 위반하는 처분은 평등의 원칙이나 신뢰보호의 원칙에 위배되어 재량권을 일탈·남용한 위법한 처분이 된다(대판 2009.12.24. 2009두7967).

핵심정리

행정규칙

① 행정규칙
 → 원칙 : 대외적으로 국민이나 법원을 구속하는 효력(법규성) ×
 → 예외 : 법령보충적 행정규칙 or 행정의 자기구속의 원칙에 의해 대외적 구속력 ○
②, ③, ④ 행정규칙은 원칙적으로 법규성 인정 ×
 → 처분이 행정규칙을 따른 것이라는 이유만으로 적법성이 보장 ×
 → 처분이 행정규칙을 위반하였다는 사정만으로 위법한 것도 아님
 → 처분의 적법성 여부는 상위법령의 규정과 입법 목적 등에 적합한지 여부에 따라 판단 ○
⑤ 행정규칙 + 행정의 자기구속의 원칙 → 상대방에 대한 구속력 ○

답 ❷

035 행정규칙에 관한 설명으로 옳은 것은?(다툼이 있으면 판례에 따름)

□□□

17 행정사 제5회

① 행정규칙의 제정에는 일반적으로 법적 근거가 필요하지 않다.
② 대통령령으로 정한 제재적 처분기준은 행정규칙으로서의 성질을 가진다.
③ 행정절차법상 처분의 기준이 되는 재량준칙을 변경하는 경우 이를 공표할 필요가 없다.
④ 재량권 행사의 준칙인 행정규칙에 행정관행이 성립되어 있지 않더라도 행정기관은 그 준칙에 따라야 할 자기구속을 받게 된다.
⑤ 상급 행정기관은 감독권에 근거하여서는 하급 행정기관에 대한 행정규칙을 발할 수 없다.

해설

[❶ ▸ O] 행정규칙은 행정조직 내부사항과 내부자를 그 규율대상으로 하기 때문에 행정규칙의 제정에는 그 법적 근거를 요하지 아니한다.
[❷ ▸ ×] 판례는 대통령령(시행령) 형식으로 정한 제재적 처분기준은 대외적으로 국민이나 법원을 구속하는 법규명령으로 보고 있다(대판 1997.12.26. 97누15418). 반면, 부령이나 총리령(시행규칙), 지방자치단체의 규칙으로 정한 제재적 처분기준은 행정규칙의 성질을 갖는다고 보았다(대판 2022.4.14. 2021두60960 등).
[❸ ▸ ×] 행정청은 필요한 처분기준을 해당 처분의 성질에 비추어 되도록 구체적으로 정하여 공표하여야 하고, 처분기준을 변경하는 경우에도 마찬가지로 공표하여야 하므로(행정절차법 제20조 제1항), 처분의 기준이 되는 재량준칙을 변경하는 경우에는 이를 공표하여야 한다.
[❹ ▸ ×] 재량권 행사의 준칙인 규칙이 그 정한 바에 따라 되풀이 시행되어 **행정관행**이 이루어지게 되면, 평등의 원칙이나 신뢰보호의 원칙에 따라 행정기관은 그 상대방에 대한 관계에서 그 규칙에 따라야 할 자기구속을 당하게 되고, 그러한 경우에는 대외적인 구속력을 가지게 된다(헌재 1990.9.3. 90헌마13). 따라서 재량권 행사의 준칙인 행정규칙에 행정관행이 성립되어 있지 않다면 행정기관은 그 준칙에 따라야 할 자기구속을 받지 않게 된다.
[❺ ▸ ×] 상급 행정기관은 감독권에 근거하여 하급 행정기관에 대한 행정규칙을 제정할 수 있고, 행정기관(행정청)은 자율권 및 처분권에 근거하여 재량준칙과 같은 행정규칙을 제정할 수 있다.

핵심정리

행정규칙
① 행정규칙의 제정 ⇢ 법적 근거 필요 ×
② 대통령령으로 정한 제재적 처분기준의 법적 성질 ⇢ 법규명령 ○
(cf. 총리령 또는 부령으로 정한 제재적 처분기준의 법적 성질 ⇢ 행정규칙 ○)
③ 행정청이 처분의 기준이 되는 재량준칙을 변경하는 경우 ⇢ 행정절차법상 공표의무 ○
④ 재량준칙인 행정규칙에 행정관행이 성립되어 있지 않은 경우 ⇢ 자기구속 ×
⑤ 상급 행정기관이 감독권을 가진 경우 ⇢ 감독권에 근거하여 하급 행정기관에 대한 행정규칙 발령 가능

답 ❶

036 고시(告示)에 관한 설명으로 옳지 않은 것은?(다툼이 있으면 판례에 따름)

17 행정사 제5회

□□□

① 고시가 국민의 기본권을 제한하는 내용을 담고 있어 상위법령과 결합하여 대외적 구속력을 가질 때에는 법규명령으로서의 성격을 가진다.

② 고시가 구체적인 규율의 성격을 갖더라도 행정처분에 해당하지 않는다.

③ 고시가 집행행위의 매개 없이 그 자체로서 직접 국민의 구체적인 권리의무를 규율할 때에는 항고소송의 대상이 된다.

④ 고시와 같은 형식으로 입법위임을 할 때에는 법령이 전문적・기술적 사항이나 경미한 사항으로서 업무의 성질상 위임이 불가피한 사항에 한정된다.

⑤ 고시의 규정 내용이 법령의 위임 범위를 벗어난 경우에는 대외적 구속력을 인정할 여지는 없다.

해설

[❶ ▸ O] 일반적으로 행정 각부의 장이 정하는 고시(告示)라 하더라도 그것이 특히 법령의 규정에서 특정 행정기관에게 법령 내용의 구체적 사항을 정할 수 있는 권한을 부여함으로써 그 **법령 내용을 보충하는 기능을 가질 경우**에는 그 형식과 상관없이 **근거 법령 규정과 결합**하여 대외적으로 구속력이 있는 **법규명령으로서의 효력**을 가지는 것이나 이는 어디까지나 법령의 위임에 따라 그 법령 규정을 보충하는 기능을 가지는 점에 근거하여 예외적으로 인정되는 효력이므로 특정 고시가 비록 법령에 근거를 둔 것이라고 하더라도 그 규정 내용이 법령의 위임 범위를 벗어난 것일 경우에는 위와 같은 법규명령으로서의 대외적 구속력을 인정할 여지는 없다(대판 1999.11.26. 97누13474).

[❷ ▸ ×] 고시가 일반・추상적 성격을 가질 때는 법규명령 또는 행정규칙에 해당하지만, 고시가 구체적인 규율의 성격을 갖는다면 행정처분에 해당한다(대판 1998.4.30. 97헌마141).

[❸ ▸ O] 어떠한 고시가 일반적・추상적 성격을 가질 때에는 법규명령 또는 행정규칙에 해당할 것이지만, 다른 집행행위의 매개 없이 그 자체로서 직접 국민의 구체적인 권리의무나 법률관계를 규율하는 성격을 가질 때에는 항고소송의 대상이 되는 행정처분에 해당한다(대결 2003.10.9. 2003무23).

[❹ ▸ O] 행정규칙은 법규명령과 같은 엄격한 제정 및 개정절차를 요하지 아니하므로, 재산권 등과 같은 기본권을 제한하는 작용을 하는 법률이 입법위임을 할 때에는 "대통령령", "총리령", "부령" 등 법규명령에 위임함이 바람직하고, 금융감독위원회의 고시와 같은 형식으로 입법위임을 할 때에는 적어도 행정규제기본법 제4조 제2항 단서에서 정한 바와 같이 법령이 전문적・기술적 사항이나 경미한 사항으로서 업무의 성질상 위임이 불가피한 사항에 한정된다 할 것이고, 그러한 사항이라 하더라도 포괄위임금지의 원칙상 법률의 위임은 반드시 구체적・개별적으로 한정된 사항에 대하여 행하여져야 한다(헌재 2004.10.28. 99헌바91).

[❺ ▸ O] 행정 각부의 장이 정하는 고시가 비록 법령에 근거를 둔 것이라고 하더라도 그 규정 내용이 법령의 위임 범위를 벗어난 것일 경우에는 법규명령으로서의 대외적 구속력을 인정할 여지는 없다(대결 2006.4.28. 2003마715).

핵심정리

고시(고시의 법적 성질, 법령보충적 고시 등)

① 고시가 상위법령과 결합하여 대외적 구속력을 가질 경우(법령보충적 고시) ⟶ 법규명령의 성격 O

② 고시가 구체적인 규율의 성격을 갖는 경우 ⟶ 행정처분 O

③ 고시가 집행행위의 매개 없이 직접 국민의 권리의무를 규율하는 경우 ⟶ 항고소송의 대상이 되는 행정처분 O

④ 고시와 같은 형식으로 입법위임을 할 수 있는 경우 ⟶ 전문적・기술적 사항이나 경미한 사항으로서 위임이 불가피한 사항에 한정

⑤ 고시의 규정 내용이 법령의 위임 범위를 벗어난 경우 ⟶ 대외적 구속력 ×

답 ❷

037 행정규칙에 관한 설명으로 옳지 않은 것은?(다툼이 있으면 판례에 따름) 15 행정사 제3회

□□□

① 행정규칙은 원칙적으로 대외적 구속력이 없다.

② 재량준칙이 되풀이 시행되어 행정관행이 성립한 경우 당해 재량준칙에 자기구속력을 인정한다.

③ 행정규칙의 제정에는 법령의 수권을 요하지 않는다.

④ 행정규칙에서 정한 요건을 충족하지 않으면 그 처분은 절차상의 하자로 위법한 처분이 된다.

⑤ 행정규칙은 대외적인 행위가 아니라 행정조직 내부에서의 행위이므로 원칙상 헌법소원의 대상이 되는 공권력 행사가 아니다.

해설

[❶ ▸ O] 상급행정기관이 하급행정기관에 대하여 업무처리지침이나 법령의 해석적용에 관한 기준을 정하여 발하는 이른바 행정규칙은 일반적으로 행정조직 내부에서만 효력을 가질 뿐 대외적인 구속력을 갖는 것은 아니다(대판 1998.6.9. 97누19915).

[❷ ▸ O] 재량권행사의 준칙인 규칙이 그 정한 바에 따라 되풀이 시행되어 **행정관행**이 이루어지게 되면, 평등의 원칙이나 신뢰보호의 원칙에 따라 행정기관은 그 상대방에 대한 관계에서 그 규칙에 따라야 할 자기구속을 당하게 되고, 그러한 경우에는 대외적인 구속력을 가지게 된다(헌재 1990.9.3. 90헌마13).

[❸ ▸ O] 행정규칙은 행정조직 내부사항과 내부자를 그 규율대상으로 하기 때문에 행정규칙의 제정에는 그 법적 근거를 요하지 아니한다. 상급 행정기관은 감독권에 근거하여 하급 행정기관에 대한 행정규칙을 제정할 수 있고, 행정기관(행정청)은 자율권 및 처분권에 근거하여 재량준칙과 같은 행정규칙을 제정할 수 있다.

[❹ ▸ ×] 행정규칙은 대외적 구속력이 없으므로 행정규칙에서 정한 절차를 위반한 처분이 행하여진 경우에도 이는 조직 내부의 징계사유가 될 수는 있으나 절차상의 위법은 인정되지 아니한다.

[❺ ▸ O] 행정조직 내부의 사무처리기준인 행정규칙은 대외적 구속력이 인정되지 않으므로 원칙적으로 헌법소원의 대상이 되는 공권력의 행사가 아니다.

> 경기도교육청의 1999.6.2.자 '학교장·교사 초빙제 실시'는 학교장·교사 초빙제의 실시에 따른 구체적 시행을 위해 제정한 사무처리지침으로서 행정조직 내부에서만 효력을 가지는 행정상의 운영지침을 정한 것이어서, 국민이나 법원을 구속하는 효력이 없는 행정규칙에 해당하므로 헌법소원의 대상이 되지 않는다(헌재 2001.5.31. 99헌마413).

핵심정리 **행정규칙**

① 행정규칙 → 원칙적으로 대외적 구속력 ×
② 재량준칙이 되풀이 시행되어 행정관행이 성립한 경우
→ 자기구속력 O (예외적으로 대외적 구속력 O)
③ 행정규칙의 제정 → 법령의 수권 필요 ×
④ 행정규칙에서 정한 절차를 위반한 처분이 행하여진 경우 → 절차상의 하자(위법) ×
⑤ 행정규칙 → 원칙적으로 헌법소원의 대상이 되는 공권력 행사 ×

답 ❹

PART 1 PART 2 PART 3

038 행정입법에 관한 설명으로 옳은 것은?(다툼이 있는 경우에는 판례에 의함)

13 행정사 제1회 수정

□□□

① 행정소송에 대한 대법원 판결에 의하여 법규명령의 위헌 또는 위법이 확정된 경우에는 대법원은 지체 없이 그 사유를 행정안전부장관에게 통보하여야 한다.

② 범죄구성요건을 포괄적·추상적으로 법규명령에 위임하는 것도 가능하다.

③ 시행령으로 정한 제재적 처분기준은 행정규칙으로서의 성질을 가진다.

④ 상위법령이 개정된 경우 종전의 집행명령은 당연히 실효된다.

⑤ 행정규칙은 법률의 수권이 있는 경우에만 제정할 수 있다.

해설

[❶ ▸ O] 행정소송에 대한 대법원판결에 의하여 명령·규칙이 헌법 또는 법률에 위반된다는 것이 확정된 경우에는 대법원은 지체없이 그 사유를 **행정안전부장관**에게 통보하여야 한다(행정소송법 제6조 제1항).

[❷ ▸ ×] 형사처벌에 관련된 모든 법규를 예외 없이 형식적 의미의 법률에 의하여 규정한다는 것은 사실상 불가능할 뿐만 아니라 실제에 적합하지도 아니하기 때문에, 특히 긴급한 필요가 있거나 미리 법률로써 자세히 정할 수 없는 부득이한 사정이 있는 경우에 한하여 수권법률(위임법률)이 구성요건의 점에서는 처벌대상인 행위가 어떠한 것인지 이를 예측할 수 있을 정도로 구체적으로 정하고, 형벌의 점에서는 형벌의 종류 및 그 상한과 폭을 명확히 규정하는 것을 전제로 위임입법이 허용되며, 이러한 위임입법은 죄형법정주의에 반하지 않는다(대판 2002.11.26. 2002도2998).

[❸ ▸ ×] 판례는 대통령령(시행령) 형식으로 정한 제재적 처분기준은 대외적으로 국민이나 법원을 구속하는 법규명령으로 보고 있다(대판 1997.12.26. 97누15418). 반면, 부령(시행규칙) 형식으로 정한 제재적 처분기준은 행정규칙의 성질을 가지는 것이며 대외적으로 국민이나 법원을 구속하는 것은 아니라고 보았다(대판 2022.4.14. 2021두60960 등). 그리고 제재적 처분기준을 총리령(대판 1992.4.14. 91누9954)이나 지방자치단체의 규칙(대판 1995.10.17. 94누14148[전합])으로 정한 경우에도 행정규칙의 성질을 가진다고 보았다.

[❹ ▸ ×] 집행명령은 근거법령인 상위법령이 폐지되면 특별한 규정이 없는 이상 실효되는 것이나, 상위법령이 개정됨에 그친 경우에는 개정법령과 성질상 모순, 저촉되지 아니하고 개정된 상위법령의 시행에 필요한 사항을 규정하고 있는 이상 그 집행명령은 상위법령의 개정에도 불구하고 당연히 실효되지 아니하고 개정법령의 시행을 위한 집행명령이 제정, 발효될 때까지는 여전히 그 효력을 유지한다(대판 1989.9.12. 88누6962).

[❺ ▸ ×] 행정규칙은 행정조직 내부사항과 내부자를 그 규율대상으로 하기 때문에 행정규칙의 제정에는 그 법적 근거를 요하지 아니한다.

핵심정리

행정입법

① 대법원 판결에 의해 법규명령의 위헌·위법이 확정된 경우 → 대법원은 행정안전부장관에게 통보의무 O

② 형사처벌 법률에서 범죄구성요건의 위임 → 포괄적·추상적으로 법규명령에 위임 ×

③ 시행령(대통령령)의 형식으로 정한 제재적 처분기준의 법적 성질 → 법규명령 O

④ 상위법령이 개정된 경우 집행명령의 효력 → 개정법령과 성질상 모순·저촉되지 아니하는 범위 내에서 새로운 집행명령이 제정·발효될 때까지 효력 O

⑤ 행정규칙의 제정 → 법령의 수권 불요

답 ❶

039 행정입법에 관한 설명으로 옳지 않은 것은?(다툼이 있으면 판례에 따름)

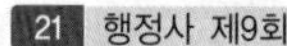

□□□

① 재량준칙은 일반적으로 행정조직 내부에서만 효력을 가질 뿐 대외적인 구속력을 갖는 것은 아니다.
② 재량권 행사의 준칙인 행정규칙이 정한 바에 따라 되풀이 시행되어 행정관행이 형성되어 행정기관이 그 상대방에 대한 관계에서 그 규칙에 따라야 할 자기구속을 당하게 되는 경우에는 헌법소원의 대상이 될 수 있다.
③ 법원이 구체적 규범통제를 통해 위헌·위법으로 선언할 심판대상은 원칙적으로 해당 규정 전체이고, 재판의 전제성이 인정되는 조항에 한정되지 않는다.
④ 헌법이 인정하고 있는 위임입법의 형식은 예시적인 것으로 보아야 한다.
⑤ 보건복지부 고시인 약제급여·비급여목록 및 급여상한금액표에 대해서는 취소소송으로 다툴 수 있다.

해설

[❶ ▸ O] [❷ ▸ O] 행정규칙(예 재량준칙)은 일반적으로 행정조직 내부에서만 효력을 가지는 것이고 대외적인 구속력을 갖는 것이 아니다.❶ 다만, 행정규칙이 법령의 규정에 의하여 행정관청에 법령의 구체적 내용을 보충할 권한을 부여한 경우, 또는 재량권 행사의 준칙인 규칙이 그 정한 바에 따라 되풀이 시행되어 행정관행이 이룩되게 되면 평등의 원칙이나 신뢰보호의 원칙에 따라 행정기관은 그 상대방에 대한 관계에서 그 규칙에 따라야 할 자기구속을 당하게 되는 경우에는 대외적인 구속력을 가지게 되어 **헌법재판소법 제68조 제1항의 공권력의 행사에 해당**한다❷(헌재 1990.9.3. 90헌마13).

[❸ ▸ ×] 법원이 구체적 규범통제를 통해 위헌·위법으로 선언할 심판대상은, 해당 규정의 전부가 불가분적으로 결합되어 있어 일부를 무효로 하는 경우 나머지 부분이 유지될 수 없는 결과를 가져오는 특별한 사정이 없는 한, 원칙적으로 해당 규정 중 재판의 전제성이 인정되는 조항에 한정된다(대판 2019.6.13. 2017두33985).

[❹ ▸ O] 헌법이 인정하고 있는 위임입법의 형식(예 대통령령, 총리령, 부령 등)은 **예시적인 것**으로 보아야 한다(헌재 2016.3.31. 2014헌바382).

[❺ ▸ O] 보건복지부 고시인 약제급여·비급여목록 및 급여상한금액표는 다른 집행행위의 매개 없이 그 자체로서 국민건강보험가입자, 국민건강보험공단, 요양기관 등의 법률관계를 직접 규율하는 성격을 가지므로 항고소송의 대상이 되는 행정처분에 해당한다(대판 2006.9.22. 2005두2506).

핵심정리

행정입법
① 재량준칙 ⇢ 원칙적으로 대외적 구속력 ×
② 재량준칙이 되풀이 시행되어 행정관행이 형성되어 자기구속을 당하게 되는 경우
⇢ (예외적으로) 헌법소원의 대상이 되는 공권력의 행사에 해당 O
③ 구체적 규범통제로 위헌·위법으로 선언할 심판대상
⇢ 원칙적으로 재판의 전제성이 인정되는 조항에 한정 O
④ 헌법이 인정하고 있는 위임입법의 형식 ⇢ 예시적인 것 O (열거적인 것 ×)
⑤ 보건복지부 고시인 '약제급여·비급여목록 및 급여상한금액표' ⇢ 행정처분 O

답 ❸

040 □□□ **재량행위와 기속행위에 관한 설명으로 옳은 것은?(다툼이 있으면 판례에 따름)** 21 행정사 제9회

① 공유수면 관리 및 매립에 관한 법률상 공유수면 점용허가는 기속행위이다.
② 재외동포에 대한 사증 발급과 관련한 재량권 불행사는 그 자체로 재량권 일탈・남용에 해당하지 않으므로 해당 처분을 취소하여야 할 위법사유가 되지 않는다.
③ 국토의 계획 및 이용에 관한 법률에 의하여 지정된 도시지역 안에서 토지의 형질변경행위를 수반하는 건축허가의 법적 성질은 기속행위이다.
④ 법령상 감경사유가 있는 경우 이를 전혀 고려하지 않은 과징금 부과처분은 위법하다.
⑤ 행정청이 제재처분 양정을 하면서 이익형량을 하였다면 그 양정에 정당성・객관성이 결여 된 경우라도 위법은 아니다.

해설

[❶ ▸ ×] 공유수면의 점용・사용허가는 특정인에게 공유수면 이용권이라는 독점적 권리를 설정하여 주는 처분으로서 처분 여부 및 내용의 결정은 원칙적으로 행정청의 재량에 속한다(대판 2017.4.28. 2017두30139).
[❷ ▸ ×] 처분의 근거 법령이 행정청에 처분의 요건과 효과 판단에 일정한 재량을 부여하였는데도, 행정청이 자신에게 재량권이 없다고 오인한 나머지 처분으로 달성하려는 공익과 그로써 처분상대방이 입게 되는 불이익의 내용과 정도를 전혀 비교형량 하지 않은 채 처분을 하였다면, 이는 **재량권 불행사로서 그 자체로 재량권 일탈・남용으로 해당** 처분을 취소하여야 할 위법사유가 된다(대판 2019.7.11. 2017두38874).
[❸ ▸ ×] 토지의 형질변경허가는 그 금지요건이 불확정개념으로 규정되어 있어 그 금지요건에 해당하는지 여부를 판단함에 있어서 행정청에게 재량권이 부여되어 있다고 할 것이므로, 국토의 계획 및 이용에 관한 법률에 의하여 지정된 도시지역 안에서 토지의 형질변경행위를 수반하는 건축허가는 결국 재량행위에 속한다(대판 2005.7.14. 2004두6181).
[❹ ▸ ○] 과징금 감경사유가 있음에도 이를 전혀 고려하지 않았거나 감경사유에 해당하지 않는다고 오인한 나머지 과징금을 감경하지 않았다면 그 과징금 부과처분은 재량권을 일탈・남용한 위법한 처분이라고 할 수밖에 없다(대판 2010.7.15. 2010두7031).
[❺ ▸ ×] 행정청이 제재처분 양정을 하면서 공익과 사익의 형량을 전혀 하지 않았거나 이익형량의 고려대상에 마땅히 포함하여야 할 사항을 누락한 경우 또는 이익형량을 하였으나 정당성・객관성이 결여된 경우에는 제재처분은 재량권을 일탈・남용한 것이라고 보아야 한다(대판 2020.6.25. 2019두52980).

핵심정리

재량행위와 기속행위

① 공유수면 점용허가 ⟶ 재량행위 ○ (강학상 특허)
②, ④, ⑤ 재량권의 일탈・남용의 유형
⟶ 재량권의 불행사 : 그 자체로 재량권의 일탈・남용에 해당하여 위법 ○
⟶ 법령상 감경사유가 있음에도 이를 전혀 고려하지 않은 경우 : 재량권의 일탈・남용에 해당하여 위법 ○
⟶ 이익형량을 하였으나 정당성・객관성이 결여된 경우 : 재량권의 일탈・남용에 해당하여 위법 ○
③ 지정된 도시지역 안에서 형질변경행위를 수반하는 건축허가 ⟶ 재량행위 ○

답 ❹

041 □□□ **강학상 인가에 해당하는 것은?(다툼이 있으면 판례에 따름)** 22 행정사 제10회

① 부동산 거래신고 등에 관한 법률상 외국인등의 토지거래 허가
② 공유수면매립면허
③ 보세구역의 설영특허
④ 법무부장관의 공증 인가
⑤ 자동차운전면허대장상의 등재행위

해설

[❶ ▸ ○] 부동산 거래신고 등에 관한 법률상 외국인등의 토지거래 허가(부동산 거래신고 등에 관한 법률 제9조 제1항)는 강학상 인가에 해당한다.

> [참고] 부동산 거래신고 등에 관한 법률상 토지거래 허가의 법적성질
> 국토이용관리법(현 부동산 거래신고 등에 관한 법률) 제21조의3 제1항 소정의 허가가 규제지역 내의 모든 국민에게 전반적으로 토지거래의 자유를 금지하고 일정한 요건을 갖춘 경우에만 금지를 해제하여 계약체결의 자유를 회복시켜 주는 성질의 것이라고 보는 것은 위 법의 입법취지를 넘어선 지나친 해석이라고 할 것이고, 규제지역 내에서도 토지거래의 자유가 인정되나 다만 위 허가를 허가 전의 유동적 무효 상태에 있는 법률행위의 효력을 완성시켜 주는 인가적 성질을 띤 것이라고 보는 것이 타당하다(대판 1991.12.24. 90다12243 [전합]).

[❷ ▸ ×] [❸ ▸ ×] [❹ ▸ ×] 공유수면매립면허(대판 1989.9.12. 88누9206), 보세구역의 설영특허(대판 1989.5.9. 88누4188), 법무부장관의 공증 인가(대판 2019.12.13. 2018두41907)는 강학상 특허에 해당한다.
[❺ ▸ ×] 자동차운전면허대장상의 등재행위는 그 등재행위로 인하여 당해 운전면허 취득자에게 새로이 어떠한 권리가 부여되거나 변동 또는 상실되는 효력이 발생하는 것은 아니므로 이는 행정소송의 대상이 되는 독립한 행정처분으로 볼 수 없다(대판 1991.9.24. 91누1400).

➲ 강학상 인가, 강학상 허가, 예외적 허가의 구별

강학상 인가	강학상 허가
• 부동산 거래신고 등에 관한 법률상 외국인등의 토지거래 허가 • (구) 국토이용관리법[(현) 부동산 거래신고 등에 관한 법률]상 토지거래허가 • 재단법인의 정관변경허가 • 정비사업조합 정관변경인가 • 정비조합 조합장의 명의변경인가 • 도시 및 주거환경정비법상 조합설립추진위원회 구성승인처분 • 도시 및 주거환경정비법상 주택재건축조합・주택재개발정비사업조합의 사업시행계획에 대한 인가 • 구 자동차관리법상 자동차정비조합설립인가 • 사립학교법인의 임원에 대한 감독청의 취임승인행위	• 한의사 면허, 의사면허 • 식품위생법상 대중음식점영업허가 • 식품위생법상 유흥접객업허가 • 기부금품모집규제법상 기부금품모집허가 • 건축허가 • 통행금지해제 • 운전면허 • 총포・화약물제조허가 **예외적 허가** • 구 도시계획법상 개발제한구역 내에서의 건축허가 • 학교보건법상 학교환경위생정화구역 내에서의 금지해제조치 • 자연공원구역 안에서의 건축허가 • 카지노영업허가

답 ❶

042 형성적 행정행위에 해당하는 것을 모두 고른 것은? 19 행정사 제7회

□□□

ㄱ. 사인에게 권리를 설정해 주는 행위
ㄴ. 작위의무를 명하는 행위
ㄷ. 포괄적 법률관계를 설정하는 행위
ㄹ. 행정청이 타인의 법률행위를 보충하여 그 효력을 완성시켜 주는 행위
ㅁ. 제3자가 해야 할 행위를 행정기관이 대신하여 행함으로써 제3자가 행한 것과 같은 효과를 발생시키는 행위

① ㄱ, ㄴ, ㅁ
② ㄱ, ㄷ, ㄹ
③ ㄱ, ㄷ, ㄹ, ㅁ
④ ㄴ, ㄷ, ㄹ, ㅁ
⑤ ㄱ, ㄴ, ㄷ, ㄹ, ㅁ

해설

[ㄱ ▸ O] [ㄷ ▸ O] [ㄹ ▸ O] [ㅁ ▸ O] 형성적 행위란 상대방(국민)에게 특정한 권리, 능력(법적 지위), 포괄적 법률관계 등을 발생·변경·소멸시키는 행위를 말한다. 형성적 행위에는 ① 직접 상대방을 위하여 권리, 능력, 포괄적 법률관계를 발생·변경·소멸시키는 행위(**강학상 특허**)와 ② 행정청이 타인의 법률행위를 보충하여 그 효력을 완성시켜 주는 행위(**강학상 인가**), ③ 제3자가 해야 할 행위를 행정기관이 대신하여 행함으로써 제3자가 행한 것과 같은 효과를 발생시키는 행위(**공법상 대리**)가 있다. 사인에게 권리를 설정해 주는 행위(강학상 특허)ㄱ, 포괄적 법률관계를 설정하는 행위(강학상 특허)ㄷ, 행정청이 타인의 법률행위를 보충하여 그 효력을 완성시켜 주는 행위(강학상 인가)ㄹ, 제3자가 해야 할 행위를 행정기관이 대신하여 행함으로써 제3자가 행한 것과 같은 효과를 발생시키는 행위(공법상 대리)ㅁ는 형성적 행정행위에 해당한다.

[ㄴ ▸ X] 작위의무를 명하는 행위(작위하명)는 명령적 행정행위에 해당한다는 것을 유의하여야 한다.

➲ 강학상 특허의 예

권리 설정행위 (협의의 특허)	버스운송사업면허, 개인택시운송사업면허, 폐기물처리업허가, 체류자격 변경허가, 광업허가, 도로점용허가, 공유수면점용·사용허가, 공유수면 매립면허, 보세구역 설영특허, 어업면허 등
능력 설정행위	행정주체 또는 공법인으로서의 지위를 부여하는 행위(예 재건축·재개발 정비사업조합 설립인가 등), 법무부장관의 공증인 인가·임명행위
포괄적 법률관계의 설정행위	공무원 임명, 귀화허가 등

답 ③

043 허가에 관한 설명으로 옳은 것은?(다툼이 있으면 판례에 따름)

□□□

15 행정사 제3회

① 허가권자는 중대한 공익상의 필요가 없는데도 관계 법령에서 정한 제한사유 이외의 사유를 들어 적법한 건축허가 신청을 거부할 수 없다.

② 허가는 반드시 신청을 전제로 한다.

③ 허가의 취소사유가 발생하면 취소가 가능하지만 일부취소는 불가능하다.

④ 허가가 있으면 당해 허가의 대상이 된 행위에 대한 금지가 해제될 뿐만 아니라 타법에 의한 금지까지 해제된다.

⑤ 인·허가의제 효과를 수반하는 건축신고는 수리를 요하는 신고에 해당하지 않는다.

해설

[❶ ▸ O] 건축허가권자는 건축허가신청이 건축법 등 관계 법령에서 정하는 어떠한 제한에 배치되지 않는 이상 같은 법령에서 정하는 건축허가를 하여야 하고, 중대한 공익상의 필요가 없음에도 불구하고 요건을 갖춘 자에 대한 허가를 관계 법령에서 정하는 제한사유 이외의 사유를 들어 거부할 수는 없다(대판 2016.8.24. 2016두35762).

[❷ ▸ ×] 허가는 신청을 전제로 하는 경우가 일반적이나 통행금지의 해제처럼 신청이 없는 허가도 허용된다.

[❸ ▸ ×] 외형상 하나의 행정처분이라고 하더라도 가분성이 있거나 그 처분대상의 일부가 특정될 수 있다면 일부만의 취소도 가능하고 그 일부의 취소는 해당 취소 부분에 관하여 효력이 생긴다(대판 2020.7.23. 2015두48129).

[❹ ▸ ×] 허가가 있으면 특별한 사정이 없는 한 당해 허가의 대상이 된 행위에 대한 금지만 해제될 뿐 타법에 한 금지까지 해제되는 것은 아니다. 예를 들면, 국가공무원이 음식점영업허가를 받는다 하여도 식품위생법상의 금지가 해제될 뿐 국가공무원법상의 영리업무금지는 해제되지 않는다.

[❺ ▸ ×] 인·허가의제 효과를 수반하는 건축신고는 일반적인 건축신고와는 달리, 특별한 사정이 없는 한 행정청이 그 실체적 요건에 관한 심사를 한 후 수리하여야 하는 이른바 '수리를 요하는 신고'로 보는 것이 옳다(대판 2011.1.20. 2010두14954[전합]).

핵심정리

강학상 허가

① 건축허가는 기속재량행위(or 기속행위)
→ 중대한 공익상의 필요가 없는데도 법령상 제한사유 이외의 사유로 건축허가 거부 ×

② 허가 → 반드시 신청을 전제 × (예 통행금지의 해제)

③ 허가의 취소사유가 발생한 경우 → 일부취소 가능

④ 허가의 효과 → 타법에 의한 금지까지 해제 ×

⑤ 인·허가의제 효과를 수반하는 건축신고 → 수리를 요하는 신고 O

답 ❶

044 의사표시를 구성요소로 하는가에 따라 행정행위를 분류할 때 성질이 다른 하나는?

□□□

18 행정사 제6회

① 면 제 ② 특 허

③ 확 인 ④ 인 가

⑤ 대 리

해설

[❸ ▸ ×] 행정행위는 의사표시를 구성요소로 하는가, 의사표시 이외의 정신작용(인식 · 판단 등)의 표현을 구성요소로 하는가에 따라 '법률행위적 행정행위'와 '준법률행위적 행정행위'로 분류하는 것이 전통적 견해이다. '법률행위적 행정행위'에는 '명령적 행정행위'에 해당하는 하명, 허가, 면제가 있고, '형성적 행정행위'에 해당하는 특허, 인가, (공법상) 대리가 있다. '준법률행위적 행정행위'에는 공증, 통지, 수리, 확인 4가지가 있다.

③ 확인은 준법률행위적 행정행위에 해당하나, ① 면제, ② 특허, ④ 인가, ⑤ 대리 등은 법률행위적 행정행위에 해당한다.

답 ❸

045 재단법인의 정관변경 허가에 관한 다음의 판결 내용에서 (   ) 안에 들어갈 행정행위의 유형은?

□□□

14 행정사 제2회

> 민법에서 말하는 재단법인의 정관변경 "허가"는 법률상의 표현이 허가로 되어 있기는 하나, 그 성질에 있어 법률행위의 효력을 보충해 주는 것이지 일반적 금지를 해제하는 것이 아니므로, 그 법적 성격은 (   )(이)라고 보아야 한다.

① 하 명 ② 면 제

③ 특 허 ④ 인 가

⑤ 대 리

해설

[❹ ▸ O] 민법 제45조와 제46조에서 말하는 재단법인의 정관변경 "허가"는 법률상의 표현이 허가로 되어 있기는 하나, 그 성질에 있어 법률행위의 효력을 보충해 주는 것이지 일반적 금지를 해제하는 것이 아니므로, 그 법적 성격은 **인가**라고 보아야 한다(대판 1996.5.16. 95누4810[전합]).

답 ❹

046 강학상 인가에 해당하는 것은?(다툼이 있으면 판례에 따름) 16 행정사 제4회

□□□

① 공유수면 매립면허 ② 재단법인 정관변경허가
③ 하천점용허가 ④ 어업면허
⑤ 발명특허

해설

[❶ ▸ ×] [❸ ▸ ×] [❹ ▸ ×] 공유수면 매립면허(대판 1989.9.12. 88누9206), 하천점용허가(대판 2015.1.29. 2012두27404), 어업면허(대판 1999.5.14. 98다14030)는 강학상 특허에 해당한다.
[❷ ▸ ○] 재단법인 정관변경허가는 강학상 인가에 해당한다(대판 1996.5.16. 95누4810[전합]).
[❺ ▸ ×] 발명특허는 '강학상 특허'가 아니라 준법률행위적 행정행위 중 '확인'에 해당한다. '확인'이란 특정한 사실 또는 법률관계의 존부(存否) 또는 정부(正否)에 관하여 '의문이 있거나 다툼이 있는 경우'에 행정청이 이를 공권적으로 확정하는 행위를 말한다. 확인은 강학상 용어이고, 실정법상으로는 재결·결정·특허 등의 용어가 주로 사용된다.

답 ❷

047 인가에 관한 설명으로 옳은 것을 모두 고른 것은?(다툼이 있으면 판례에 따름) 17 행정사 제5회

□□□

ㄱ. 행정청이 타인의 법률적 행위를 보충하여 그 법률적 효력을 완성시켜 주는 행정행위를 말한다.
ㄴ. 사립학교법인의 임원에 대한 취임승인행위는 인가에 해당한다.
ㄷ. 인가는 공법상의 행정처분이다.
ㄹ. 무효인 기본행위를 인가한 경우 그 기본행위는 유효한 행위로 전환된다.

① ㄱ, ㄴ ② ㄷ, ㄹ
③ ㄱ, ㄴ, ㄷ ④ ㄴ, ㄷ, ㄹ
⑤ ㄱ, ㄴ, ㄷ, ㄹ

해설

[ㄱ ▸ ○] 인가란 행정청이 타인의 법률적 행위를 보충하여 그 법률적 효력을 완성시켜 주는 행정행위를 말한다.
[ㄴ ▸ ○] 사립학교법 제20조 제2항에 의한 학교법인의 임원에 대한 감독청의 취임승인은 학교법인의 임원선임행위를 보충하여 그 법률상의 효력을 완성하게 하는 보충적 행정행위로서 성질상 기본행위를 떠나 승인처분 그 자체만으로는 법률상 아무런 효과도 발생할 수 없다(대판 2001.5.29. 99두7432).
[ㄷ ▸ ○] 인가는 법률행위적 행정행위 중 형성적 행정행위로서 공법상의 행정처분이다.
[ㄹ ▸ ×] 인가는 기본행위인 재단법인의 정관변경에 대한 법률상의 효력을 완성시키는 보충행위로서, 그 기본이 되는 정관변경 결의에 하자가 있을 때에는 그에 대한 인가가 있었다 하여도 기본행위인 정관변경 결의가 유효한 것으로 될 수 없다(대판 1996.5.16. 95누4810[전합]). ☞ 인가는 기본행위의 하자를 치유하지 못한다.

핵심정리

강학상 인가
ㄱ. 인가 → 타인의 법률적 행위를 보충하여 그 효력을 완성시켜 주는 행정행위
ㄴ. 사립학교법인의 임원에 대한 취임승인행위 → 인가 ○
ㄷ. 인가 → 공법상의 행정처분 ○
ㄹ. 무효인 기본행위를 인가한 경우 → 기본행위는 유효한 행위로 전환 ×

답 ❸

048 강학상 허가에 관한 설명으로 옳지 않은 것은?(다툼이 있으면 판례에 따름) 19 행정사 제7회

□□□

① 반드시 신청을 전제로 하는 것은 아니다.

② 건축허가는 대물적 성질을 갖는 것이어서 그 허가를 할 때에 인적 요소에 관해서는 형식적 심사만 한다.

③ 허가에 붙은 기한이 그 허가된 사업의 성질상 부당하게 짧은 경우에는 그 허가조건의 존속기간으로 보아야 한다.

④ 허가신청 후 처분 전에 관계법령이 개정되었다면 원칙적으로 개정된 법령에 따라 허가 여부를 결정하여야 한다.

⑤ 타법상의 인・허가가 의제되는 허가를 하는 경우, 행정청은 타법상의 인・허가요건에 대한 심사 없이 허가처분을 할 수 있다.

해설

[❶ ▸ O] 허가는 상대방의 신청(출원)에 따라 행하여지는 것이 보통이다. 다만 통행금지의 해제처럼 신청이 없이 하는 허가도 존재한다.

[❷ ▸ O] 건축허가는 대물적 성질을 갖는 것으로서 행정청으로서는 허가를 함에 있어 건축주가 누구인가 등 인적 요소에 대하여는 형식적 심사만 하고 신청서에 기재된 바에 따르게 된다(대판 1993.6.29. 92누17822).

[❸ ▸ O] 일반적으로 행정처분에 효력기간이 정하여져 있는 경우에는 그 기간의 경과로 그 행정처분의 효력은 상실되나, 허가에 붙은 기한이 그 허가된 사업의 성질상 부당하게 짧은 경우에는 이를 그 허가 자체의 존속기간이 아니라 그 허가조건의 존속기간으로 보아야 한다(대결 2005.1.17. 2004무48).

[❹ ▸ O] 허가신청 후 허가기준이 변경되었다 하더라도 그 허가관청이 허가신청을 수리하고도 정당한 이유 없이 그 처리를 늦추어 그 사이에 허가기준이 변경된 것이 아닌 이상 변경된 허가기준에 따라서 처분을 하여야 한다(대판 2006.8.25. 2004두2974).

[❺ ▸ ×] 건축법에서 인허가의제 제도를 둔 취지는, 인허가의제사항과 관련하여 건축허가의 관할 행정청으로 창구를 단일화하고 절차를 간소화하며 비용과 시간을 절감함으로써 국민의 권익을 보호하려는 것이지, 인허가의제사항 관련 법률에 따른 각각의 인허가 요건에 관한 일체의 심사를 배제하려는 것으로 보기는 어려우므로, 도시계획시설인 주차장에 대한 건축허가신청을 받은 행정청으로서는 건축법상 허가 요건뿐 아니라 **국토의 계획 및 이용에 관한 법령이 정한 도시계획시설사업에 관한 실시계획인가 요건도 충족하는 경우에 한하여** 이를 허가해야 한다(대판 2015.7.9. 2015두39590). ☞ 타법상의 인・허가가 의제되는 허가를 하는 경우, 행정청은 타법상의 인・허가요건을 심사하여 그 요건을 충족하는 경우에 한하여 허가처분을 할 수 있다.

> 행정기본법은 "주된 인허가 행정청으로부터 협의 요청을 받은 관련 인허가 행정청은 해당 법령을 위반하여 협의에 응해서는 아니 된다"고 규정함으로써(제24조 제5항 본문), 해당 법령에서 정한 관련 인허가의 실체적 요건을 충족한 경우에만 협의를 해주도록 하였는바, 이는 판례의 입장을 입법에 반영한 것이라 할 수 있다.

핵심정리

강학상 허가

① 허가 ⟶ 반드시 신청을 전제 × (예 통행금지의 해제)

② 건축허가(대물적 허가) ⟶ 인적 요소에 관해서는 형식적 심사

③ 허가에 붙은 기한이 사업의 성질상 부당하게 짧은 경우
⟶ 허가 자체의 존속기간이 아니라 허가조건의 존속기간 보아야 함

④ 허가신청 후 처분 전에 관계법령이 개정된 경우 ⟶ 개정법령에 따라 허가 여부를 결정

⑤ 인・허가가 의제되는 허가를 하는 경우 ⟶ 타법상의 인・허가요건에 대한 심사 필요

답 ❺

049 □□□ 행정행위의 법적 성질을 바르게 연결한 것은?(다툼이 있으면 판례에 따름) 21 행정사 제9회

> ㄱ. 구 자동차관리법상 자동차정비조합설립인가
> ㄴ. 구 도시계획법상 개발제한구역 내의 건축허가
> ㄷ. 기부금품모집규제법상 기부금품모집허가

① ㄱ : 인가, ㄴ : 예외적 허가, ㄷ : 특허
② ㄱ : 인가, ㄴ : 허가, ㄷ : 특허
③ ㄱ : 인가, ㄴ : 예외적 허가, ㄷ : 허가
④ ㄱ : 특허, ㄴ : 인가, ㄷ : 허가
⑤ ㄱ : 허가, ㄴ : 특허, ㄷ : 인가

해설

[ㄱ ▸ 인가] 자동차관리법상 자동차관리사업자로 구성하는 사업자단체인 조합 또는 협회(이하 '조합 등'이라고 한다)의 설립인가처분은 국토해양부장관 또는 시·도지사(이하 '시·도지사 등'이라고 한다)가 자동차관리사업자들의 단체결성행위를 보충하여 효력을 완성시키는 처분에 해당한다(대판 2015.5.29. 2013두635).

> 인가란 행정청이 타인의 법률적 행위를 보충하여 그 법률적 효력을 완성시켜 주는 행정행위를 말한다.

[ㄴ ▸ 예외적 허가] 개발제한구역 내에서는 구역지정의 목적상 건축물의 건축 및 공작물의 설치 등 개발행위가 원칙적으로 금지되고, 다만 구체적인 경우에 이러한 구역지정의 목적에 위배되지 아니할 경우 예외적으로 허가에 의하여 그러한 행위를 할 수 있게 되어 있음이 그 규정의 체제와 문언상 분명하고, 이러한 **예외적인 개발행위의 허가**는 상대방에게 수익적인 것이 틀림이 없으므로 그 법률적 성질은 재량행위 내지 자유재량행위에 속하는 것이다(대판 2004.3.25. 2003두12837).

> 예외적 허가란 억제적 금지의 해제, 즉 사회적으로 유해하거나 바람직하지 않은 일정 행위를 법령상 원칙적으로 금지하고 예외적인 경우에 금지를 해제하여 해당 행위를 적법하게 할 수 있게 해주는 행정행위를 말한다(예 학교환경위생정화구역 내에서의 금지해제조치, 카지노영업허가 등).

[ㄷ ▸ 허가] 기부금품모집허가의 법적 성질이 강학상의 허가라는 점을 고려하면, 기부금품 모집행위가 같은 법 제4조 제2항의 각 호의 사업에 해당하는 경우에는 특별한 사정이 없는 한 그 모집행위를 허가하여야 하는 것으로 풀이하여야 한다(대판 1999.7.23. 99두3690).

> 허가란 일반적 금지의 해제, 즉 법규에 의한 일반적·상대적 금지를 특정한 경우에 해제하여 일정한 사실행위 또는 법률행위를 할 수 있게 해주는 행정행위를 말한다(예 건축허가, 식품위생법상 대중음식점영업허가 등).

답 ❸

PART 1 PART 2 PART 3

050 준법률행위적 행정행위에 해당하는 것은?(다툼이 있으면 판례에 따름)

17 행정사 제5회

□□□

① 도시 및 주거환경정비법상 조합설립인가
② 여객자동차운수사업법상 개인택시운송사업면허
③ 선거인명부에의 등록
④ 불법광고물의 철거명령
⑤ 감독청에 의한 공법인의 임원 임명

해설

[❶ ▸ ×] [❷ ▸ ×] [❹ ▸ ×] [❺ ▸ ×] 도시 및 주거환경정비법상 조합설립인가(대결 2009.9.24. 2009마168)와 여객자동차운수사업법상 개인택시운송사업면허는 '특허', 불법광고물의 철거명령은 '하명', 감독청에 의한 공법인의 임원 임명은 '대리'로서, 모두 법률행위적 행정행위에 해당한다.

[❸ ▸ ○] 선거인명부에의 등록은 준법률행위적 행정행위인 '공증'에 해당한다.

- 공증 : 특정의 사실 또는 법률관계의 존부를 공적으로 증명하는 행위를 말한다. 공증은 의문이나 다툼을 전제로 하지 않는 점에서 '확인'과 구별된다. '공증'의 효과는 사실 또는 법률관계의 존부에 대하여 공적 증거력을 부여하는 것이다. 준법률행위적 행정행위에 해당한다.
- 특허 : 직접 상대방을 위하여 권리, 능력, 포괄적 법률관계 등을 발생·변경·소멸시키는 행위를 말한다. 법률행위적 행정행위 중 형성적 행정행위에 해당한다.
- 대리 : 제3자가 해야 할 행위를 행정기관이 대신하여 행함으로써 제3자가 행한 것과 같은 효과를 발생시키는 행위를 말한다. 법률행위적 행정행위 중 형성적 행정행위에 해당한다. 감독청에 의한 공법인의 정관작성·임원 임명, 협의 불성립시 토지수용위원회의 수용재결(토지보상법 제34조), 압류재산의 공매 등이 그 예이다.
- 하명 : 행정청이 국민에게 작위, 부작위, 급부 또는 수인을 명(命)하는 행위를 말한다. 법률행위적 행정행위 중 명령적 행정행위에 해당한다. 작위하명(예 위법건축물 철거명령), 부작위하명(예 영업정지처분), 수인하명(예 건강진단 수진명령, 강제접종결정), 급부하명(예 과징금 부과처분)으로 구분할 수 있다.

➲ **준법률행위적 행정행위(공증, 통지, 수리, 확인)**

공 증	• 부동산등기부에의 등기, 토지대장에의 등재 • 선거인명부에의 등록 • 광업원부에의 등록 • 상표사용권 설정등록행위 • 각종 증명서의 발급(예 합격증서의 발급, 자격증서의 발급, 여권 발급)
통 지	• 사업인정의 고시, 대집행의 계고, 납세의 독촉 등
수 리	• 혼인신고서의 수리, 공무원 사직서의 수리, 행정심판청구서의 수리 등
확 인	• 행정심판의 재결, 국가시험 합격자의 결정, 당선인 결정, 발명특허, 교과서 검정, 장애등급결정, 국가유공자등록, 민주화운동관련자결정, 준공검사처분 • 국방부장관의 유족수급권자 심사·확인결정 • 친일반민족행위자 재산조사위원회의 친일재산 국가귀속결정 • 진실·화해를 위한 과거사정리위원회의 진실규명결정 • 근로복지공단이 사업주에 대하여 하는 개별 사업장의 사업종류 (변경)결정 • 임대주택법 제21조에 의한 분양전환승인

답 ❸

051 행정행위의 부관에 관한 설명으로 옳은 것은?(다툼이 있으면 판례에 따름) 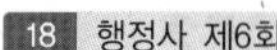

□□□

① 전기공사 도중 도로를 훼손한 전기회사에 도로보수 공사비를 부담시키는 것은 행정행위의 부관이다.

② 부담인 부관이 무효인 경우에도 그 부담의 이행으로 한 사법(私法)상 법률행위가 당연히 무효가 되는 것은 아니다.

③ 재량행위에는 법령에 특별한 규정이 없다면 부관을 붙일 수 없다.

④ 부담부 행정행위의 경우에는 부담을 이행하여야 주된 행정행위의 효력이 발생한다.

⑤ 조건이 성취되어야 행정행위의 효력이 발생하는 부관은 해제조건이다.

해설

[❶ ▸ ×] 전기공사 도중 도로를 훼손한 전기회사에 도로보수 공사비를 부담시키는 것은 주된 행정행위에 부가하여 행정행위의 효력을 제한하거나 요건을 보충하는 부관이 아니고 손상자 부담금에 해당한다.

[❷ ▸ O] 행정처분에 부담인 부관을 붙인 경우 그 부관의 무효화에 의하여 본체인 행정처분 자체의 효력에도 영향이 있게 될 수는 있지만, 그 처분을 받은 사람이 그 부담의 이행으로서 사법상 매매 등의 법률행위를 한 경우에는 그 부관은 특별한 사정이 없는 한 그 법률행위를 하게 된 동기 내지 연유로 작용하였을 뿐이므로 이는 그 법률행위의 취소사유가 될 수 있음은 별론으로 하고 그 법률행위 자체를 당연히 무효화하는 것은 아니다(대판 2009.6.25. 2006다18174).

[❸ ▸ ×] 기속행위와는 달리 재량행위에 있어서는 관계 법령에 명시적인 금지규정이 없는 한 행정목적을 달성하기 위하여 조건이나 기한, 부담 등의 부관을 붙일 수 있다(대판 2004.3.25. 2003두12837).

> **행정기본법 제17조(부관)** ① 행정청은 처분에 재량이 있는 경우에는 부관(조건, 기한, 부담, 철회권의 유보 등을 말한다. 이하 이 조에서 같다)을 붙일 수 있다.
> ② 행정청은 처분에 재량이 없는 경우에는 법률에 근거가 있는 경우에 부관을 붙일 수 있다.

[❹ ▸ ×] 부담이 부가되어도 주된 행정행위의 효력은 처음부터 유효하게 발생한다는 점에서 조건이 성취되어야 비로소 주된 행정행위의 효력이 발생하는 조건과 구별된다.

[❺ ▸ ×] 조건이 성취되어야 효력이 발생하는 부관은 정지조건이고, 조건이 성취되어야 효력이 소멸하는 부관이 해제조건이다.

핵심정리

행정행위의 부관

① 도로를 훼손한 전기회사에 도로보수 공사비를 부담시키는 경우
→ 행정행위의 부관 × (손상자 부담금 O)

② 부담인 부관이 무효인 경우
→ 부담의 이행으로 한 사법(私法)상 법률행위가 당연히 무효가 되는 것은 아님

③ 부관의 부가 가능성
→ 재량행위 : 법률에 근거가 없어도 부관을 붙일 수 있음
→ 기속행위 : 법률에 근거가 있는 경우 부관을 붙일 수 있음

④ 부담부 행정행위에서 주된 행정행위의 효력 → 처음부터 유효하게 발생 O

⑤ 조건이 성취되어야 행정행위의 효력이 발생하는 부관 → 정지조건

답 ❷

PART 1 PART 2 PART 3

052 행정행위의 부관에 관한 설명으로 옳은 것은?(다툼이 있으면 판례에 따름) 24 행정사 제12회

□□□

① 행정청은 처분에 재량이 없는 경우에는 법률에 근거가 있는 경우에 부관을 붙일 수 있다.

② 부관은 해당 처분과 실질적인 관련이 있어야 하지만, 해당 처분의 목적에는 구속되지 않는다.

③ 법률이 예정하는 행정행위의 효과를 일부 배제하는 부관은 독립하여 행정소송의 대상이 될 수 있다.

④ 행정처분에 붙인 부담인 부관이 무효가 되면 그 부담의 이행으로 한 사법상 법률행위도 당연히 무효가 된다.

⑤ 「하천법」상 하천부지 점용허가에는 그 성질상 부관을 붙일 수 없다.

해설

[❶ ▸ O] 행정청은 처분에 재량이 없는 **기속행위**라도 법률에 근거가 있는 경우에는 부관을 붙일 수 있다(행정기본법 제17조 제2항).

> **행정기본법 제17조(부관)** ① 행정청은 처분에 재량이 있는 경우에는 부관(조건, 기한, 부담, 철회권의 유보 등을 말한다. 이하 이 조에서 같다)을 붙일 수 있다.
> ② 행정청은 처분에 재량이 없는 경우에는 법률에 근거가 있는 경우에 부관을 붙일 수 있다.

[❷ ▸ ×] 부관은 주된 처분(행정행위)의 목적에 반하여서는 안 된다(행정기본법 제17조 제4항 제1호). 부관은 주된 처분(행정행위)과 실질적 관련성이 있어야 하며(행정기본법 제17조 제4항 제2호), 그렇지 못한 것은 부당결부금지의 원칙에 반하여 위법한 부관이 된다.

> **행정기본법 제17조(부관)** ④ 부관은 다음 각 호의 요건에 적합하여야 한다.
> 1. 해당 처분의 목적에 위배되지 아니할 것
> 2. 해당 처분과 실질적인 관련이 있을 것
> 3. 해당 처분의 목적을 달성하기 위하여 필요한 최소한의 범위일 것

[❸ ▸ ×] 법률이 예정하는 행정행위의 효과를 일부 배제하는 부관은 독립하여 행정소송의 대상이 될 수 없다(대판 1993.10.8. 93누2032).

> 지방국토관리청장이 일부 공유수면매립지에 대하여 한 국가 또는 직할시 귀속처분은 매립준공인가를 함에 있어서 매립의 면허를 받은 자의 매립지에 대한 소유권취득을 규정한 공유수면매립법 제14조의 효과 일부를 배제하는 부관을 붙인 것이고, 이러한 행정행위의 부관은 위 법리와 같이 독립하여 행정소송 대상이 될 수 없다(대판 1993.10.8. 93누2032).

[❹ ▸ ×] 행정처분에 붙인 부담인 부관이 무효인 경우에도 그 부담의 이행으로 한 사법상 법률행위가 당연히 무효가 되는 것은 아니다.

> 행정처분에 부담인 부관을 붙인 경우 그 부관의 무효화에 의하여 본체인 행정처분 자체의 효력에도 영향이 있게 될 수는 있지만, 그 처분을 받은 사람이 그 부담의 이행으로서 사법상 매매 등의 법률행위를 한 경우에는 그 부관은 특별한 사정이 없는 한 그 법률행위를 하게 된 동기 내지 연유로 작용하였을 뿐이므로 이는 그 법률행위의 취소사유가 될 수 있음은 별론으로 하고 그 법률행위 자체를 당연히 무효화하는 것은 아니다(대판 2009.6.25. 2006다18174).

[❺ ▸ ×] 「하천법」상 하천부지 점용허가는 재량행위로서, 그 성질상 부관을 붙일 수 있다.

하천부지 점용허가 여부는 관리청의 재량에 속하고 재량행위에 있어서는 법령상의 근거가 없어도 부관을 붙일 것인가의 여부는 당해 행정청의 재량에 속하며, 또한 구 하천법 제33조 단서가 하천의 점용허가에는 하천의 오염으로 인한 공해 기타 보건위생상 위해를 방지함에 필요한 부관을 붙이도록 규정하고 있으므로, 하천부지 점용허가의 성질의 면으로 보나 법 규정으로 보나 부관을 붙일 수 있음은 명백하다(대판 2008.7.24. 2007두25930).

핵심정리

행정행위의 부관

① 부관의 (부가)가능성
- → ㉠ 기속행위 : 부관을 붙일 수 없음(원칙) / 법률에 근거가 있으면 붙일 수 있음(예외)
- → ㉡ 재량행위 : 법령에 특별한 규정이 없더라도 부관을 붙일 수 있음

② 부관의 내용상 한계
- → ㉠ 해당 처분의 목적에 위배되지 아니할 것
- → ㉡ 해당 처분과 실질적인 관련이 있을 것 (부당결부금지의 원칙)
- → ㉢ 해당 처분의 목적을 달성하기 위하여 필요한 최소한의 범위일 것 (비례의 원칙)

③ 법률이 예정하는 행정행위의 효과를 일부 배제하는 부관(= 법률효과의 일부배제)
- → 독립하여 행정소송의 대상 ×

④ 행정처분에 붙인 부담인 부관이 무효인 경우에도
- → 부담의 이행으로 한 사법상 법률행위가 당연히 무효가 되는 것은 아님

⑤ 하천법상 하천부지 점용허가 → 재량행위 / (법률에 근거가 없어도) 부관을 붙일 수 있음

답 ❶

053 행정행위의 부관에 관한 설명으로 옳지 않은 것은?(다툼이 있는 경우에는 판례에 의함)

□□□

14 행정사 제2회

① 행정행위의 부관 가운데 부담은 그 자체로 항고소송의 대상이 될 수 있다.

② 부관부 행정행위에 불복하는 경우 부관이 없는 행정행위를 발급해 줄 것을 구하는 항고소송도 가능하다.

③ 사정변경으로 인하여 당초에 부담을 부가한 목적을 달성할 수 없게 된 경우에는 그 목적달성에 필요한 범위에서 부담의 내용을 변경할 수 있다.

④ 법정부관에 대해서는 행정행위에 부관을 붙일 수 있는 한계에 관한 일반적인 원칙이 적용되지 않는다.

⑤ 일반적으로 기속행위에는 부관을 붙일 수 없고 부관을 붙였다 하더라도 이는 무효이다.

해설

[❶ ▸ O] 부담의 경우에는 다른 부관과는 달리 행정행위의 불가분적인 요소가 아니고 그 존속이 본체인 행정행위의 존재를 전제로 하는 것일 뿐이므로 부담 그 자체로서 행정쟁송의 대상이 될 수 있다(대판 1992.1.21. 91누1264).

[❷ ▸ ×] 현행법상 의무이행소송이 인정되지 아니하므로(대판 1997.9.30. 97누3200), 부관이 없는 행정행위를 발급해 줄 것을 구하는 항고소송은 허용되지 아니한다. 현행법상으로는 ㉠ 부담의 경우에는 부담만의 취소를 구하는 소송을 제기하면 되고(대판 1992.1.21. 91누1264), ㉡ 부담 이외의 부관의 경우에는 먼저 행정청에 부관의 취소를 신청한 다음 행정청이 이를 거부하면 거부처분 취소소송을 통하여 다툴 수 있다(대판 1990.4.27. 89누6808 참조).

[❸ ▸ O] 행정처분에 이미 부담이 부가되어 있는 상태에서 그 의무의 범위 또는 내용 등을 변경하는 부관의 사후변경은, 법률에 명문의 규정이 있거나 그 변경이 미리 유보되어 있는 경우 또는 상대방의 동의가 있는 경우에 한하여 허용되는 것이 원칙이지만, 사정변경으로 인하여 당초에 부담을 부가한 목적을 달성할 수 없게 된 경우에도 그 목적달성에 필요한 범위 내에서 예외적으로 허용된다(대판 1997.5.30. 97누2627).

> **행정기본법 제17조(부관)** ③ 행정청은 부관을 붙일 수 있는 처분이 다음 각 호의 어느 하나에 해당하는 경우에는 그 처분을 한 후에도 부관을 새로 붙이거나 종전의 부관을 변경할 수 있다.
> 1. 법률에 근거가 있는 경우
> 2. 당사자의 동의가 있는 경우
> 3. 사정이 변경되어 부관을 새로 붙이거나 종전의 부관을 변경하지 아니하면 해당 처분의 목적을 달성할 수 없다고 인정되는 경우

[❹ ▸ O] 법정부관은 행정청의 의사에 기하여 붙여지는 본래의 의미에서의 행정행위의 부관은 아니므로, 행정행위에 부관을 붙일 수 있는 한계에 관한 일반적인 원칙이 적용되지는 않는다(대판 1994.3.8. 92누1728).

[❺ ▸ O] 기속행위에 대하여는 법령상 특별한 근거가 없는 한 부관을 붙일 수 없고 가사 부관을 붙였다 하더라도 이는 무효이다(대판 1993.7.27. 92누13998). 기속행위의 경우 법률에 근거가 있는 경우에 부관을 붙일 수 있다(행정기본법 제17조 제2항).

핵심정리

행정행위의 부관

① 부담 ⇢ 항고소송의 대상 O

② 부관 없는 행정행위를 발급해 줄 것을 구하는 항고소송을 제기하는 경우 ⇢ 허용 ×

③ 사정변경으로 목적을 달성할 수 없게 된 경우 ⇢ 필요한 범위에서 부담의 사후변경 O

④ 법정부관 ⇢ 부관이 아니므로 부관의 한계에 관한 일반적인 원칙 적용 ×

⑤ 기속행위 ⇢ 일반적으로 부관을 붙일 수 없고 붙였다 하더라도 무효 O

답 ❷

054 행정행위의 부관에 관한 설명으로 옳지 않은 것은?(다툼이 있으면 판례에 따름)

□□□

20 행정사 제8회

① 법률의 근거 없이 기속행위에 그 효과를 제한하는 부관을 붙인 경우 그 부관은 무효이다.
② 사정변경으로 인하여 당초에 부담을 부가한 목적을 달성할 수 없게 된 경우 그 목적달성에 필요한 범위 내에서 부담의 사후변경이 허용된다.
③ 법률이 예정하는 행정행위의 효과를 일부 배제하는 부관도 인정된다.
④ 다른 부관과 달리 부담은 독립하여 행정소송의 대상이 될 수 있다.
⑤ 부담의 내용을 미리 협약의 형식으로 정한 다음 처분을 하면서 이를 부담으로 부가하는 것은 허용되지 않는다.

해설

[❶ ▸ O] 기속행위에 대하여는 법령상 특별한 근거가 없는 한 부관을 붙일 수 없고 가사 부관을 붙였다 하더라도 이는 무효이다(대판 1993.7.27. 92누13998). 행정기본법에서도 기속행위의 경우(= 처분에 재량이 없는 경우), 법률에 근거가 있는 경우에 부관을 붙일 수 있다고 규정하고 있다(행정기본법 제17조 제2항).
[❷ ▸ O] 행정처분에 이미 부담이 부가되어 있는 상태에서 그 의무의 범위 또는 내용 등을 변경하는 부관의 사후변경은, 법률에 명문의 규정이 있거나 그 변경이 미리 유보되어 있는 경우 또는 상대방의 동의가 있는 경우에 한하여 허용되는 것이 원칙이지만, 사정변경으로 인하여 당초에 부담을 부가한 목적을 달성할 수 없게 된 경우에도 그 목적달성에 필요한 범위 내에서 예외적으로 허용된다(대판 1997.5.30. 97누2627).
[❸ ▸ O] 법률효과의 일부배제에 대하여 판례는 내용상의 제한으로 이해하지 않고 행정청의 부관으로 판시하고 있다(대판 1993.10.8. 93누2032).

> 지방국토관리청장이 일부 공유수면매립지에 대하여 한 국가 또는 직할시 귀속처분은 매립준공인가를 함에 있어서 매립의 면허를 받은 자의 매립지에 대한 소유권취득을 규정한 공유수면매립법 제14조의 효과 일부를 배제하는 부관을 붙인 것이고, 이러한 행정행위의 부관은 위 법리와 같이 독립하여 행정소송 대상이 될 수 없다(대판 1993.10.8. 93누2032).

[❹ ▸ O] 부담의 경우에는 다른 부관과는 달리 행정행위의 불가분적인 요소가 아니고 그 존속이 본체인 행정행위의 존재를 전제로 하는 것일 뿐이므로 부담 그 자체로서 행정쟁송의 대상이 될 수 있다(대판 1992.1.21. 91누1264).
[❺ ▸ ×] 부담은 행정청이 행정처분을 하면서 일방적으로 부가할 수도 있지만 부담을 부가하기 이전에 상대방과 협의하여 부담의 내용을 협약의 형식으로 미리 정한 다음 행정처분을 하면서 이를 부가할 수도 있다(대판 2009.2.12. 2005다65500).

핵심정리 행정행위의 부관

① (법률의 근거 없이) 기속행위에 부관을 붙인 경우 ⋯▸ 무효
② 사정변경으로 목적을 달성할 수 없게 된 경우
⋯▸ 목적 달성에 필요한 범위에서 부담의 사후변경 허용 O
③ 행정행위의 효과를 일부 배제하는 부관(법률효과의 일부배제) ⋯▸ 부관 O
④ 부담 ⋯▸ 독립하여 행정소송(항고소송)의 대상 O
⑤ 부담의 부가 방식
⋯▸ 행정청청이 행정처분을 하면서 일방적으로 부담을 부가 O
⋯▸ 상대방과 부담의 내용을 미리 협약의 형식으로 정한 다음 처분을 하면서 부담을 부가 O

답 ❺

055 행정행위의 부관에 관한 설명으로 옳지 않은 것은?(다툼이 있으면 판례에 따름)

□□□

23 행정사 제11회

① 부담부 행정행위는 부담을 이행하여야 비로소 그 효력이 발생한다.
② 부담을 불이행한 것만으로는 주된 행정행위의 효력이 소멸하지 않는다.
③ 부담은 그 자체로서 행정쟁송의 대상이 될 수 있다.
④ 행정청은 처분에 재량이 없는 경우에는 법률에 근거가 있는 경우에 부관을 붙일 수 있다.
⑤ 어업면허처분 중 면허의 유효기간만 취소하여 달라는 소송을 제기하는 것은 허용될 수 없다.

해설

[❶ ▸ ×] 정지조건부 행정행위는 조건이 성취되어야 비로소 그 효력이 발생하는 반면, 부담부 행정행위는 (부담의 이행 여부와 상관없이) 처음부터 완전히 효력이 발생하고, 행정행위의 상대방에게 일정한 의무가 부과되어 있음에 불과하다.

[❷ ▸ O] 부담을 불이행한 것만으로는 주된 행정행위의 효력이 소멸하는 것은 아니고, 부담부 행정행위의 철회사유가 될 뿐이다(대판 1989.10.24. 89누2431).

> 부담부 행정처분에 있어서 처분의 상대방이 부담(의무)을 이행하지 아니한 경우에 처분행정청으로서는 이를 들어 당해 처분을 철회할 수 있는 것이다(대판 1989.10.24. 89누2431).

[❸ ▸ O] 부담의 경우에는 다른 부관과는 달리 행정행위의 불가분적인 요소가 아니고 그 존속이 본체인 행정행위의 존재를 전제로 하는 것일 뿐이므로 부담 그 자체로서 행정쟁송의 대상이 될 수 있다(대판 1992.1.21. 91누1264).

[❹ ▸ O] 행정기본법 제17조 제2항

> **행정기본법 제17조(부관)** ① 행정청은 처분에 재량이 있는 경우에는 부관(조건, 기한, 부담, 철회권의 유보 등을 말한다. 이하 이 조에서 같다)을 붙일 수 있다.
> ② 행정청은 처분에 재량이 없는 경우에는 법률에 근거가 있는 경우에 부관을 붙일 수 있다.

[❺ ▸ O] 어업면허처분을 함에 있어 그 면허의 유효기간을 1년으로 정한 경우, 위 면허의 유효기간은 행정청이 위 어업면허처분의 효력을 제한하기 위한 행정행위의 부관이라 할 것이고 이러한 행정행위의 부관은 독립하여 행정소송의 대상이 될 수 없는 것이므로 위 어업면허처분 중 그 면허유효기간만의 취소를 구하는 청구는 허용될 수 없다(대판 1986.8.19. 86누202).

핵심정리 **행정행위의 부관**

① 부담부 행정행위와 정지조건부 행정행위의 구별
→ 정지조건부 행정행위 : 조건이 성취되어야 비로소 그 효력 발생
→ 부담부 행정행위 : 부담의 이행 여부와 상관없이 처음부터 효력 발생
② 상대방이 부담을 불이행한 경우
→ 주된 행정행위의 철회사유에 해당 O
→ 주된 행정행위의 효력이 소멸하는 것은 아님
③ 부담은 그 자체로서 행정쟁송의 대상(행정처분) O
④ 처분에 재량이 없는 경우(기속행위) → 법률에 근거가 있는 경우 부관을 붙일 수 있음
⑤ 어업면허처분 중 면허의 유효기간 → 독립쟁송가능성 ×

답 ❶

056 행정행위의 부관의 한계에 관한 설명으로 옳지 않은 것은?(다툼이 있으면 판례에 따름)

□□□

17 행정사 제5회

① 부관은 주된 행위와 실질적 관련성을 가져야 한다.
② 부관은 주된 행위의 본질적 목적에 반해서는 안 된다.
③ 부관의 사후변경은 사정변경으로 인하여 당초에 부담을 부가한 목적을 달성할 수 없게 된 경우에 그 목적달성에 필요한 범위 내일지라도 허용되지 않는다.
④ 부관의 내용은 비례의 원칙에 적합하여야 한다.
⑤ 부관의 내용은 적법하고 이행가능하여야 한다.

해설

[❶ ▸ O] [❷ ▸ O] 행정기본법 제17조 제4항 제1호, 제2호

> **행정기본법 제17조(부관)** ④ 부관은 다음 각 호의 요건에 적합하여야 한다.
> 1. 해당 처분의 목적에 위배되지 아니할 것
> 2. 해당 처분과 실질적인 관련이 있을 것
> 3. 해당 처분의 목적을 달성하기 위하여 필요한 최소한의 범위일 것

[❸ ▸ X] 행정처분에 이미 부담이 부가되어 있는 상태에서 그 의무의 범위 또는 내용 등을 변경하는 부관의 사후변경은, 법률에 명문의 규정이 있거나 그 변경이 미리 유보되어 있는 경우 또는 상대방의 동의가 있는 경우에 한하여 허용되는 것이 원칙이지만, 사정변경으로 인하여 당초에 부담을 부가한 목적을 달성할 수 없게 된 경우에도 그 목적달성에 필요한 범위 내에서 예외적으로 허용된다(대판 1997.5.30. 97누2627).

> **행정기본법 제17조(부관)** ③ 행정청은 부관을 붙일 수 있는 처분이 다음 각 호의 어느 하나에 해당하는 경우에는 그 처분을 한 후에도 부관을 새로 붙이거나 종전의 부관을 변경할 수 있다.
> 1. 법률에 근거가 있는 경우
> 2. 당사자의 동의가 있는 경우
> 3. 사정이 변경되어 부관을 새로 붙이거나 종전의 부관을 변경하지 아니하면 해당 처분의 목적을 달성할 수 없다고 인정되는 경우

[❹ ▸ O] [❺ ▸ O] 행정행위에 부관을 붙일 수 있는 경우에도 그 부관의 내용은 적법하고 이행가능하여야 하며 비례의 원칙 및 평등의 원칙에 적합하고 행정처분의 본질적 효력을 해하지 아니하는 한도의 것이어야 한다(대판 1997.3.14. 96누16698).

핵심정리	**행정행위의 부관의 한계** ①, ② 부관 → 주된 행위와 실질적 관련성이 있고, 주된 행위의 본질적 목적에 반하지 않아야 함 ③ 부관의 사후변경 → 사정변경이 있는 경우에 목적달성에 필요한 범위 내이면 허용 ④, ⑤ 부관의 내용 → 비례의 원칙에 적합하고 적법하고 이행가능하여야 함

답 ❸

057 행정행위의 부관에 관한 설명으로 옳은 것을 모두 고른 것은?(다툼이 있는 경우에는 판례에 의함)

□□□

13 행정사 제1회

> ㄱ. 기부채납받은 행정재산에 대한 사용·수익허가에 있어서 공유재산 관리청이 정한 사용·수익허가의 기간은 독립하여 취소소송의 대상이 될 수 있다.
> ㄴ. 부담은 상대방과 협의하여 협약의 형식으로 내용을 미리 정한 다음 행정처분을 하면서 부가할 수 있다.
> ㄷ. 부담에 의해 부과된 의무를 상대방이 불이행할 경우 처분청은 주된 행정행위를 철회할 수 있다.
> ㄹ. 행정처분과 실체적 관련성이 없어 부관으로 붙일 수 없는 부담이더라도 사법상 계약의 형식으로 처분의 상대방에게 그 부담을 부과할 수 있다.

① ㄱ, ㄴ
② ㄱ, ㄷ
③ ㄱ, ㄹ
④ ㄴ, ㄷ
⑤ ㄴ, ㄹ

해설

[ㄱ ▸ ×] 기부채납받은 행정재산에 대한 사용·수익허가에서 공유재산의 관리청이 정한 사용·수익허가의 기간은 그 허가의 효력을 제한하기 위한 행정행위의 부관으로서 이러한 사용·수익허가의 기간에 대해서는 독립하여 행정소송을 제기할 수 없다(대판 2001.6.15. 99두509).

[ㄴ ▸ ○] 부담은 행정청이 행정처분을 하면서 일방적으로 부가할 수도 있지만 부담을 부가하기 이전에 상대방과 협의하여 부담의 내용을 협약의 형식으로 미리 정한 다음 행정처분을 하면서 이를 부가할 수도 있다(대판 2009.2.12. 2005다65500).

[ㄷ ▸ ○] 부담부 행정처분에 있어서 처분의 상대방이 부담(의무)을 이행하지 아니한 경우에 처분행정청으로서는 이를 들어 당해 처분을 철회할 수 있는 것이다(대판 1989.10.24. 89누2431).

> 행정행위의 '철회'는 적법요건을 구비하여 완전히 효력을 발하고 있는 행정행위를 사후적으로 효력의 전부 또는 일부를 장래에 향해 소멸시키는 별개의 행정처분이다. '철회 사유'는 행정행위가 성립된 이후에 새로이 발생한 것으로서 행정행위의 효력을 존속시킬 수 없는 사유를 말한다(대판 2018.6.28. 2015두58195). 최근 제정된 행정기본법에서는 철회 사유로 ㉠ 법률에서 정한 철회 사유에 해당하게 된 경우(제1호), ㉡ 법령등의 변경이나 사정변경으로 처분을 더 이상 존속시킬 필요가 없게 된 경우(제2호), ㉢ 중대한 공익을 위하여 필요한 경우(제3호)를 규정하고 있다(제19조 제1항). 그러나 이러한 규정이 위의 3가지 사유 외에는 철회를 할 수 없다는 것을 의미하는 것은 아니다. 따라서 상대방의 유책행위(법령위반, 의무위반, 부담의 불이행)가 있는 경우, 철회권을 유보한 경우 등에도 철회가 인정된다.

[ㄹ ▸ ×] 행정처분과 부관 사이에 실제적 관련성이 있다고 볼 수 없는 경우 공무원이 위와 같은 공법상의 제한을 회피할 목적으로 행정처분의 상대방과 사이에 사법상 계약을 체결하는 형식을 취하였다면 이는 법치행정의 원리에 반하는 것으로서 위법하다(대판 2009.12.10. 2007다63966).

핵심정리 **행정행위의 부관**

ㄱ. 기부채납받은 행정재산에 대한 사용·수익허가의 기간 → 취소소송의 대상 ×
ㄴ. 부담의 내용을 협약의 형식으로 정한 다음 처분을 하면서 부가하는 경우 → 허용 ○
ㄷ. 부담에 의해 부과된 의무를 불이행할 경우 → 주된 행정행위 철회 ○
ㄹ. 행정처분과 부담 사이에 실체적 관련성이 없는 경우 → 사법상 계약 형식으로 부담 부과 ×

답 ④

058 □□□ **2019.2.1. 행정청 甲은 乙에 대하여 2019.3.1.부터 2020.4.30.까지의 기간을 정하여 도로점용허가처분을 하면서, 매달 100만원의 점용료를 납부할 의무를 명하는 부관을 부가하였다. 그리고 2019.5.1. 乙의 도로점용이 교통혼잡을 초래할 경우 도로점용허가를 취소할 수 있다는 부관을 부가하였다. 이 사례에 관한 설명으로 옳은 것은?(취소소송을 제기하는 경우 제소기간은 준수한 것으로 보며, 다툼이 있으면 판례에 따름)** 19 행정사 제7회

① 매달 100만원의 점용료를 납부하도록 하는 부관은 조건에 해당한다.

② 도로점용허가는 2020.4.30. 이후 행정청이 허가취소의 의사표시를 함으로써 효력이 소멸된다.

③ 2019.3.1.부터 2020.4.30.까지의 기간만의 취소를 구하는 乙의 소송에 대하여 법원은 기각판결을 해야 한다.

④ 매달 100만원의 점용료를 납부하도록 하는 부관이 비례의 원칙에 위배되어 乙이 취소소송을 제기한 경우 법원은 이 부관만을 취소할 수 있다.

⑤ 2019.5.1. 甲이 부가한 부관은 乙의 동의가 있더라도 법령의 근거가 없으면 위법하다.

해설

[❶ ▸ ×] 부담이란 행정행위의 주된 내용에 부가하여 그 상대방에게 작위, 부작위, 급부, 수인을 명하는 행정청의 의사표시를 말한다. 甲이 乙에게 매달 100만원의 점용료를 납부할 의무를 명하는 부관은 하명(급부하명)으로서 **부관 중 부담에 해당**한다.

[❷ ▸ ×] 기한이 도래함으로써 행정행위의 효력이 발생하는 기한을 시기(始期)라 하고, 기한이 도래함으로써 행정행위의 효력이 상실되는 기한을 종기(終期)라 한다. 사례에서 2019.3.1.은 시기(始期)에 해당하고, 2020.4.30.은 종기(終期)에 해당한다. 따라서 乙에 대한 도로점용허가처분은 **행정청 甲의 별도의 의사표시가 없어도** 2020.4.30. 종기(終期)가 도래함으로써 그 효력이 소멸한다.

[❸ ▸ ×] 판례는 행정행위의 부관은 부담인 경우를 제외하고는 독립하여 행정소송의 대상이 될 수 없다는 입장이다(대판 1992.1.21. 91누1264). 그리고 부담 이외의 부관(예 기한, 조건 등)만의 취소를 구하는 소송에 대하여는 **각하판결**을 하여야 한다고 본다(대판 2001.6.15. 99두509). 판례에 의하면 기간만의 취소를 구하는 乙의 소송 대하여 법원은 각하판결을 하여야 한다.

[❹ ▸ O] 甲이 乙에게 매달 100만원의 점용료를 납부할 의무를 명하는 부관은 부담에 해당하므로, 독립하여 취소소송의 대상이 될 수 있고(독립쟁송가능성), 부관(부담)이 비례의 원칙에 위배되어 위법하다면 법원은 이 부관(부담)만을 취소할 수 있다(독립취소가능성)(대판 1992.1.21. 91누1264).

[❺ ▸ ×] 행정청 甲이 2019.5.1.에 부가한 '乙의 도로점용이 교통혼잡을 초래할 경우 도로점용허가를 취소할 수 있다는 부관'은 '철회권의 유보'로서 '사후부관'에 해당한다. 이러한 사후부관은 **법률에 근거가 없더라도** 당사자의 동의가 있는 경우에는 적법하다(행정기본법 제17조 제3항 제2호; 대판 2016.11.24. 2016두45028).

> **핵심정리**
>
> **행정행위의 부관**
>
> ① 매달 100만원의 점용료를 납부할 의무를 명하는 부관 ⇢ 부담에 해당
>
> ② 도로점용허가에 종기(終期)가 부가된 경우 ⇢ 종기의 도래로 도로점용허가의 효력 소멸 O
>
> ③ 기간(기한)만의 독립 취소를 구하는 소송 ⇢ 각하판결 O (취소소송의 대상적격 ×)
>
> ④ 매달 100만원의 점용료를 납부할 의무를 명하는 부관(부담) ⇢ 부담만의 독립취소 가능 O
>
> ⑤ 사후부관 ⇢ 법령의 근거가 없더라도 당사자의 동의가 있으면 적법 O

답 ❹

059 □□□ **A시장은 甲소유 토지의 일부를 기부채납하는 조건(강학상 부담으로 본다)으로 甲이 신청한 개발제한구역 내의 토지형질변경행위허가를 한 후 甲과 기부채납 이행을 위한 증여계약을 체결하였다. 이에 관한 설명으로 옳지 않은 것은?(다툼이 있으면 판례에 따름)** 21 행정사 제9회

① 甲이 기부채납을 불이행할 경우, A시장은 토지형질변경행위허가를 철회할 수 있다.

② 甲은 기부채납의 부관만을 대상으로 하여 취소소송을 제기할 수 있다.

③ 기부채납의 부관이 당연무효이거나 취소되지 아니한 이상 甲은 위 부관으로 인한 증여계약의 중요부분의 착오를 이유로 증여계약을 취소할 수 없다.

④ 토지형질변경행위허가를 함에 있어 부관을 붙일 필요가 있는지의 유무 등을 판단함에 있어서는 A시장에게 재량의 여지가 있다.

⑤ A시장은 토지형질변경행위허가를 한 후에는 甲의 동의가 있는 경우라도 부관을 새로 붙일 수 없다.

해설

[❶ ▸ O] 부담부 행정처분에 있어서 처분의 상대방이 부담(의무)을 이행하지 아니한 경우에 처분행정청으로서는 이를 들어 당해 처분을 철회할 수 있는 것이다(대판 1989.10.24. 89누2431). 甲이 기부채납을 불이행할 경우, 이는 부담(의무)의 불이행으로서 철회사유에 해당하므로 A시장은 토지형질변경행위허가를 철회할 수 있다.

[❷ ▸ O] 기부채납의 부관은 부담으로 처분성이 인정되므로 甲은 **기부채납의 부관(= 부담)**만을 대상으로 하여 독립하여 취소소송을 제기할 수 있다(대판 1992.1.21. 91누1264).

[❸ ▸ O] 토지소유자가 토지형질변경행위허가에 붙은 기부채납의 부관에 따라 토지를 국가나 지방자치단체에 기부채납(증여)한 경우, 기부채납의 부관이 당연무효이거나 취소되지 아니한 이상 토지소유자는 위 부관으로 인하여 증여계약의 중요부분에 착오가 있음을 이유로 증여계약을 취소할 수 없다(대판 1999.5.25. 98다53134). 따라서 甲은 위 부관으로 인한 증여계약의 중요부분의 착오를 이유로 증여계약을 취소할 수 없다.

[❹ ▸ O] 형질변경행위의 허가를 함에 있어서 공익상 또는 이해관계인의 보호를 위하여 **부관을 붙일 필요가 있는지의 유무 등을 판단**함에 있어서는 **행정청에 재량의 여지가 있으므로** 그에 관한 판단 기준을 정하는 것 역시 행정청의 재량에 속하고, 그 설정된 기준이 객관적으로 합리적이 아니라거나 타당하지 않다고 볼 만한 특별한 사정이 없는 이상 행정청의 의사는 가능한 한 존중되어야 한다(대판 1999.5.25. 98다53134). 따라서 부관을 붙일 필요가 있는지의 유무 등을 판단함에 있어서는 A시장에게 재량의 여지가 있다.

[❺ ▸ X] A시장은 토지형질변경행위허가를 한 후에라도 甲의 동의가 있다면 부관을 새로 붙일 수 있다(행정기본법 제17조 제3항 제2호 ; 대판 2016.11.24. 2016두45028).

> **행정기본법 제17조(부관)** ③ 행정청은 부관을 붙일 수 있는 처분이 다음 각 호의 어느 하나에 해당하는 경우에는 그 처분을 한 후에도 부관을 새로 붙이거나 종전의 부관을 변경할 수 있다.
> 1. 법률에 근거가 있는 경우
> 2. 당사자의 동의가 있는 경우
> 3. 사정이 변경되어 부관을 새로 붙이거나 종전의 부관을 변경하지 아니하면 해당 처분의 목적을 달성할 수 없다고 인정되는 경우

답 ❺

060 행정행위의 공정력에 관한 설명으로 옳은 것은?(다툼이 있으면 판례에 따름) 17 행정사 제5회

□□□

① 행정소송법은 공정력의 실정법적 근거를 명시적으로 인정하고 있다.

② 공정력은 행정행위가 무효인 경우에도 인정된다.

③ 공정력은 행정행위뿐만 아니라 행정의 사실행위에도 인정되는 효력이다.

④ 공정력이란 행정행위가 위법하더라도 취소되지 않는 한 유효한 것으로 통용되는 효력을 의미한다.

⑤ 어떤 행정행위에 공정력이 발생하면 그 처분을 한 처분청이라도 공정력을 부정하지 못한다.

해설

[❶ ▸ ×] **행정소송법**에 공정력의 명시적인 근거규정은 없다. 다만, 취소소송과 관련된 행정소송법, 행정심판법 규정에서 그 간접적 근거를 찾아볼 수 있다(집행부정지의 원칙, 행정상 강제집행제도, 쟁송제기기간의 제한규정 등). 한편 **행정기본법** 제15조는 공정력에 대해 명시적인 규정을 두고 있다.

> **행정기본법 제15조(처분의 효력)** 처분은 권한이 있는 기관이 취소 또는 철회하거나 기간의 경과 등으로 소멸되기 전까지는 유효한 것으로 통용된다. 다만, 무효인 처분은 처음부터 그 효력이 발생하지 아니한다.

[❷ ▸ ×] 행정행위의 부존재나 행정행위가 무효인 경우에는 공정력이 발생하지 아니한다.

[❸ ▸ ×] 공정력은 행정행위에 인정되는 효력이므로 행정상 사실행위나 공법상 계약에는 공정력이 인정되지 아니한다.

[❹ ▸ ○] 행정행위의 공정력이라 함은 행정행위에 하자가 있더라도 당연무효가 아닌 한 권한 있는 기관에 의하여 취소될 때까지는 잠정적으로 유효한 것으로 통용되는 효력에 지나지 아니하는 것이므로, 행정행위가 취소되지 아니하여 공정력이 인정된다고 하더라도 그 상대방이나 이해관계인은 언제든지 그 행정행위가 위법한 것임을 주장할 수 있다(대판 1993.11.9. 93누14271).

[❺ ▸ ×] 처분청은 자신이 한 행정행위를 직권으로 취소할 수 있으므로 공정력에 구속되지 아니한다. 즉, 처분청은 공정력을 부정할 수 있다. 그리고 취소소송의 수소법원도 공정력을 부정할 수 있다.

핵심정리 **행정행위의 공정력**

① 공정력의 실정법적 근거 → 행정소송법에 명시적으로 인정 × (행정기본법 제15조에 규정 ○)

② 행정행위가 무효인 경우 → 공정력 인정 ×

③ 행정의 사실행위 → 공정력 인정 ×

④ 공정력 → 행정행위가 위법하더라도 취소되지 않는 한 유효한 것으로 통용되는 효력

⑤ 공정력이 발생한 경우 → 처분을 한 처분청은 공정력 부정 가능

답 ❹

PART 1 PART 2 PART 3

061 □□□ **甲은 과세처분에 따라 부과된 금액을 납부하였으나, 그 과세처분에 하자가 있음을 발견하고 이미 납부한 금액을 반환받고자 한다. 이에 관한 설명으로 옳지 않은 것은?(다툼이 있으면 판례에 따름)**

18 행정사 제6회

① 과세처분에 취소사유가 있고 불가쟁력이 발생한 경우, 甲은 이미 납부한 금액을 부당이득반환청구소송을 통해 반환받을 수 없다.

② 과세처분에 불가쟁력이 발생한 경우, 甲이 국가배상청구소송을 제기하더라도 법원은 과세처분의 위법 여부를 판단할 수 없다.

③ 과세처분이 취소소송을 통해 취소된 경우, 甲은 이미 납부한 금액을 부당이득반환청구소송을 통해 반환받을 수 있다.

④ 과세처분이 무효인 경 우, 甲은 이미 납부한 금액을 반환받기 위하여 무효확인소송을 제기할 수 있다.

⑤ 과세처분이 무효인 경우, 甲은 이미 납부한 금액을 부당이득반환청구소송을 통해 반환받을 수 있다.

해설

[❶ ▸ O] 과세처분이 무효가 아니라 취소사유가 존재하는 것에 불과한 경우에는 부당이득반환청구소송의 수소법원(민사법원)은 위법한 과세처분의 효력을 부인할 수 없다(대판 1973.7.10. 70다1439). 이를 인정하면 공정력(또는 구성요건적 효력)에 반하기 때문이다. 따라서 행정청이 직권취소를 하지 않은 이상, 甲은 부당이득반환청구소송을 제기하기 전에 먼저 과세처분 취소심판이나 취소소송을 통해 과세처분을 취소하여야 하는데, 제소기간이 도과하여 과세처분에 불가쟁력이 발생하였다면 甲은 과세처분의 효력을 부인할 방법이 없어 이미 납부한 금액을 부당이득반환청구소송을 통해 반환받을 수 없게 된다.

[❷ ▸ X] 불가쟁력은 행정행위(처분)의 효력을 다툴 수 없다는 것이고 위법성을 다툴 수 없다는 의미는 아닌데, 국가배상청구소송은 행정행위(처분)의 효력을 다투는 것이 아니므로 불가쟁력이 발생한 행정행위로 손해를 입은 국민은 국가배상을 청구할 수 있다(대판 1979.4.10. 79다262 참조). 따라서 과세처분에 불가쟁력이 발생하였더라도 甲이 국가배상청구소송을 제기하는 경우, 국가배상청구소송의 수소법원(민사법원)은 선결문제로서 과세처분의 위법 여부를 판단할 수 있다(대판 1972.4.28. 72다337).

[❸ ▸ O] 과세처분이 취소소송을 통해 취소된 경우, 법률상의 원인이 없게 되므로 甲은 이미 납부한 금액을 부당이득반환청구소송을 통해 반환받을 수 있다.

[❹ ▸ O] 과세처분이 무효인 경우, 甲은 이미 납부한 금액을 부당이득반환청구소송을 통해 반환받을 수 있으며, 무효확인소송은 보충성(즉시확정의 이익)을 요건으로 하지 아니하므로 바로 과세처분 무효확인소송을 제기할 수도 있다(대판 2008.3.20. 2007두6342[전합]).

[❺ ▸ O] 과세처분이 무효인 경우, 당해 처분에 공정력(또는 구성요건적 효력)은 인정되지 아니한다. 따라서 甲은 이미 납부한 금액을 부당이득반환청구소송을 통해 반환받을 수 있다.

핵심정리

행정행위의 공정력(또는 구성요건적 효력)

①, ② 과세처분에 취소사유가 있고 불가쟁력이 발생한 경우
- → 부당이득반환청구소송 ×
- → 국가배상청구소송에서 수소법원(민사법원)은 위법성 판단 ○

③ 과세처분이 취소소송을 통해 취소된 경우 → 부당이득반환청구소송 ○

④, ⑤ 과세처분이 무효인 경우
- → 과세처분 무효확인소송 ○
- → 부당이득반환청구소송 ○

답 ❷

062 행정행위의 효력에 관한 설명으로 옳지 않은 것은?(다툼이 있으면 판례에 따름)

□□□

19 행정사 제7회

① 내용상 구속력은 행정행위의 실체법상 효력으로 관계인도 구속한다.

② 행정행위에 불가쟁력이 발생하면 판결에서와 같은 기판력이 발생하여 그 처분의 기초가 된 사실관계나 법률적 판단은 확정된다.

③ 행정행위가 당연무효가 아닌 한 권한 있는 기관에 의해 취소되기 전까지 누구도 그 효력을 부인할 수 없는 것은 공정력 때문이다.

④ 행정행위의 위법 여부가 민사소송에서 선결문제가 된 경우 민사법원은 그 행정행위의 위법 여부를 판단할 수 있다.

⑤ 행정행위의 불가변력은 모든 행정행위에서 발생하는 효력은 아니다.

해설

[❶ ▸ O] 행정행위가 성립요건과 효력발생요건을 모두 갖춘 경우에는 그 내용에 따라 상대방 · 제3자 · 처분청 · 관계행정청 등을 구속하는 실체법적 효력이 발생하게 되는데 이를 내용상 구속력이라고 한다.

[❷ ▸ ×] 행정처분이나 행정심판 재결이 불복기간의 경과로 인하여 확정될 경우 확정력(불가쟁력)은 처분으로 인하여 법률상 이익을 침해받은 자가 처분이나 재결의 효력을 더 이상 다툴 수 없다는 의미일 뿐 **판결에 있어서와 같은 기판력이 인정되는 것은 아니어서** 처분의 기초가 된 사실관계나 법률적 판단이 확정되고 당사자들이나 법원이 이에 기속되어 모순되는 주장이나 판단을 할 수 없게 되는 것은 아니다(대판 1993.4.13. 92누17181).

[❸ ▸ O] 행정행위는 권한이 있는 기관(예 취소권이 있는 처분청, 취소소송의 수소법원)에 의하여 취소될 때까지 유효한 것으로 통용되는데, 이러한 효력을 공정력이라 한다(대판 1993.11.9. 93누14271).

[❹ ▸ O] 행정행위의 위법 여부가 민사소송(예 국가배상청구소송)에서 선결문제로 되는 경우 수소법원은 행정행위의 위법 여부를 판단할 수 있다(대판 1972.4.28. 72다337). 공정력(또는 구성요건적 효력)은 행정행위의 적법성을 추정하는 것이 아니라 권한 있는 기관에 의해 취소될 때까지 그 유효성이 잠정적으로 인정되는 것에 불과하므로, 민사소송에서 수소법원이 행정행위의 위법성을 확인하는 것은 공정력(또는 구성요건적 효력)에 반하지 않기 때문이다.

> 위법한 행정대집행이 완료되면 그 처분의 무효확인 또는 취소를 구할 소의 이익은 없다 하더라도, 미리 그 행정처분의 취소판결이 있어야만, 그 행정처분의 위법임을 이유로 한 손해배상 청구를 할 수 있는 것은 아니다(대판 1972.4.28. 72다337).

[❺ ▸ O] 행정행위의 불가변력이란 행정행위의 성질상 인정되는 효력으로, 행정청이 당해 행정행위를 직권으로 취소, 철회 또는 변경할 수 없게 하는 힘을 말한다. 행정행위의 불가쟁력은 모든 행정행위에 발생하지만, 불가변력은 준사법적 행정행위(예 행정심판의 재결), 토지수용위원회의 수용재결, 준법률행위적 행정행위 중 확인(다수설) 등에만 예외적으로 인정된다.

핵심정리

행정행위의 효력(내용상 구속력, 불가쟁력, 불가변력, 공정력)

① 행정행위의 내용상 구속력 → 관계인도 구속 O

② 행정행위의 불가쟁력 → 상대방 · 이해관계인이 처분의 효력을 더 이상 다툴 수 없다는 의미 (기판력 발생 ×)

③ 행정행위의 공정력 → 당연무효가 아닌 한 취소되기 전까지 유효한 것으로 통용되는 효력

④ 행정행위의 위법 여부가 민사소송에서 선결문제가 된 경우 → 민사법원은 행정행위의 위법 여부 판단 가능 O

⑤ 행정행위의 불가변력 → 준사법적 행정행위, 확인행위 등 특별한 경우에만 예외적으로 발생

답 ❷

063 □□□ **행정행위의 효력에 관한 설명으로 옳지 않은 것은?** 22 행정사 제10회

① 실정법상 공정력을 직접적으로 규정하는 법률은 없다.
② 불가쟁력은 행정행위의 상대방이나 이해관계인에 대한 구속력이다.
③ 불가변력이란 처분청 스스로도 당해 행정행위에 구속되어 직권으로 취소·변경할 수 없는 것을 말한다.
④ 집행력은 의무가 부과되는 행정행위에서 문제된다.
⑤ 불가변력이 있는 행정행위일지라도 쟁송기간이 경과하지 않는 한 행정쟁송에 의한 취소가 가능하다.

해설

[❶ ▸ ×] **행정기본법** 제15조는 공정력에 대해 명시적인 규정을 두고 있다.

> **행정기본법 제15조(처분의 효력)** 처분은 권한이 있는 기관이 취소 또는 철회하거나 기간의 경과 등으로 소멸되기 전까지는 유효한 것으로 통용된다. 다만, 무효인 처분은 처음부터 그 효력이 발생하지 아니한다.

[❷ ▸ O] 불가쟁력은 행정행위의 상대방이나 이해관계인에 대한 구속력을 말한다. 따라서 취소권을 가진 처분청이 불가쟁력이 발생한 행정행위를 직권취소하는 것은 가능하다.

[❸ ▸ O] 행정행위의 불가변력이란 행정행위의 성질상 인정되는 효력으로, 행정청이 당해 행정행위를 직권으로 취소, 철회 또는 변경할 수 없게 하는 힘을 말한다. 불가변력은 준사법적 행정행위(예 행정심판의 재결), 토지수용위원회의 수용재결, 준법률행위적 행정행위 중 확인(다수설) 등에만 예외적으로 인정된다.

[❹ ▸ O] 집행력이란 행정행위에 의하여 부과된 행정상의 의무를 상대방이 이행하지 아니하는 경우에 행정청이 스스로의 강제력을 발동하여 그 의무를 실현시키는 힘을 말하며, 이는 의무가 부과되는 행정행위에서 문제된다.

[❺ ▸ O] 행정행위의 상대방이나 이해관계인은 불가변력이 있는 행정행위일지라도 쟁송기간이 경과하지 않는 한 취소심판이나 취소소송을 통해 취소를 청구할 수 있다.

답 ❶

064 □□□ **행정행위의 효력에 관한 판례의 내용으로 옳지 않은 것은?** 24 행정사 제12회

① 행정행위는 불가쟁력의 효력이 있어 법령에 의한 불복기간이 경과한 경우에는 당사자는 그 행정처분의 효력을 다툴 수 없다.
② 연령미달의 결격자가 타인의 이름으로 운전면허시험에 응시, 합격하여 교부받은 운전면허는 당연무효는 아니다.
③ 민사소송에 있어서 어느 행정처분의 당연무효 여부가 선결문제로 되는 때에는 민사법원은 이를 판단하여 당연무효임을 전제로 판결할 수 있다.
④ 행정처분이 불복기간의 경과로 인하여 확정될 경우, 그 처분의 기초가 된 사실관계나 법률적 판단이 확정된다.
⑤ 구 「원자력법」에 따른 원자로 시설의 부지사전승인처분은 그 자체로서 독립한 행정처분이다.

해설

[❶ ▸ ○] 불가쟁력이란 하자 있는 행정행위라 할지라도 그에 대한 불복기간이 경과하거나 쟁송절차가 종료된 경우에는 더 이상 그 행정행위의 효력을 다툴 수 없게 하는 효력을 말한다. 따라서 법령에 의한 불복기간이 경과한 경우에는 당사자는 그 행정처분의 효력을 다툴 수 없다. 불가쟁력은 행정행위의 상대방이나 이해관계인에 대한 구속력이므로, 처분청이 불가쟁력이 발생한 행정행위를 직권취소하거나 철회하는 것은 가능하다(행정기본법 제37조 제6항).

[❷ ▸ ○] 연령 미달의 결격자인 피고인 甲이 자신의 형인 乙의 이름으로 운전면허시험에 응시하여 합격함으로써 교부받은 운전면허를 가지고 운전한 것에 대해 무면허운전으로 기소된 사건에서, 판례는 당해 운전면허는 당연무효가 아니고 취소되지 않는 한 유효하므로 무면허운전행위에 해당하지 않는다고 판시하였다(대판 1982.6.8. 80도2646).

[❸ ▸ ○] 구성요건적 효력(또는 공정력)은 행정행위가 무효인 경우에는 인정되지 않는다. 행정소송법 제11조도 민사소송에 있어서 어느 **행정처분의 당연무효 여부가 민사소송의 선결문제로 되는 때**에는 민사법원은 이를 판단하여 당연무효임을 전제로 판결할 수 있음을 규정하고 있다.

> **행정소송법 제11조 (선결문제)** ① 처분등의 효력 유무 또는 존재 여부가 민사소송의 선결문제로 되어 당해 민사소송의 수소법원이 이를 심리·판단하는 경우에는 제17조, 제25조, 제26조 및 제33조의 규정을 준용한다.
> ② 제1항의 경우 당해 수소법원은 그 처분등을 행한 행정청에게 그 선결문제로 된 사실을 통지하여야 한다.

[❹ ▸ ×] 일반적으로 행정처분이나 행정심판재결이 불복기간의 경과로 인하여 확정될 경우, 그 확정력은 그 처분으로 인하여 법률상 이익을 침해받은 자가 당해 처분이나 재결의 효력을 더 이상 다툴 수 없다는 의미일 뿐, 더 나아가 판결에 있어서와 같은 기판력이 인정되는 것은 아니어서 그 처분의 기초가 된 사실관계나 법률적 판단이 확정되고 당사자들이나 법원이 이에 기속되어 모순되는 주장이나 판단을 할 수 없게 되는 것은 아니다(대판 1994.11.8. 93누21927).

[❺ ▸ ○] **원자로 및 관계 시설의 부지사전승인처분**은 그 자체로서 건설부지를 확정하고 사전공사를 허용하는 법률효과를 지닌 **독립한 행정처분**이기는 하지만, 건설허가 전에 신청자의 편의를 위하여 미리 그 건설허가의 일부 요건을 심사하여 행하는 사전적 부분 건설허가처분의 성격을 갖고 있는 것이어서 나중에 건설허가처분이 있게 되면 그 건설허가처분에 흡수되어 독립된 존재가치를 상실함으로써 그 건설허가처분만이 쟁송의 대상이 되는 것이므로, 부지사전승인처분의 취소를 구하는 소는 소의 이익을 잃게 되고, 따라서 부지사전승인처분의 위법성은 나중에 내려진 건설허가처분의 취소를 구하는 소송에서 이를 다투면 된다(대판 1998.9.4. 97누19588).

핵심정리

행정행위의 효력

① 행정행위의 불가쟁력
→ 불복기간이 경과한 경우 당사자는 그 행정처분의 효력 다툴 수 없음
② 연령미달의 결격자가 타인의 이름으로 운전면허시험에 응시, 합격하여 교부받은 운전면허
→ 당연무효가 아니고 취소되지 않는 한 유효 ○
③ 민사소송에 있어서 어느 행정처분의 당연무효 여부가 선결문제로 되는 때
→ 민사법원은 이를 판단하여 당연무효임을 전제로 판결 가능 ○
④ 행정처분의 확정력
→ 판결에 있어서와 같은 기판력 인정 ×
→ 처분의 기초가 된 사실관계나 법률적 판단이 확정되고 당사자들이나 법원이 이에 기속되어 모순되는 주장이나 판단을 할 수 없게 되는 것은 아님
⑤ 구 「원자력법」에 따른 원자로 시설의 부지사전승인처분 → 독립한 행정처분 ○

답 ❹

065 행정행위의 불가변력과 불가쟁력에 관한 설명으로 옳은 것은?(다툼이 있으면 판례에 따름)

□□□

23 행정사 제11회

① 불가변력은 행정행위의 상대방이나 이해관계인을 구속하는 효력이고 불가쟁력은 행정청을 구속하는 효력이다.

② 불가변력은 모든 행정행위에 다 인정되지만, 불가쟁력은 예외적으로 일부 행정행위의 경우에만 인정된다.

③ 불가변력은 당해 행정행위에 대하여서만 인정되는 것이고, 동종의 행정행위라 하더라도 그 대상을 달리할 때에는 이를 인정할 수 없다.

④ 행정처분이 불복기간의 경과로 인하여 확정된 경우 처분의 기초가 된 사실관계나 법률적 판단이 확정되고, 당사자들이나 법원이 이에 기속되어 모순되는 주장이나 판단을 할 수 없게 된다.

⑤ 행정심판의 재결은 준사법적 행위로서 불가쟁력이 인정되므로 행정심판 청구인은 제소기간의 경과 여부를 불문하고 그 재결의 효력을 다툴 수 없게 된다.

해설

[❶ ▸ ×] 불가변력은 행정청을 구속하는 효력이고, 불가쟁력은 행정행위의 상대방이나 이해관계인을 구속하는 효력이다.

[❷ ▸ ×] 불가쟁력은 모든 행정행위에 다 인정되지만, 불가변력은 예외적으로 일부 행정행위(예 행정심판의 재결, 토지수용재결, 확인 등)에만 인정된다.

[❸ ▸ ○] 국민의 권리와 이익을 옹호하고 법적안정을 도모하기 위하여 특정한 행위에 대하여는 행정청이라 하여도 이것을 자유로이 취소, 변경 및 철회할 수 없다는 **행정행위의 불가변력**은 **당해 행정행위**에 대하여서만 인정되는 것이고, **동종의 행정행위**라 하더라도 그 대상을 달리할 때에는 이를 인정할 수 없다(대판 1974.12.10. 73누129).

[❹ ▸ ×] 일반적으로 행정처분이나 행정심판재결이 불복기간의 경과로 인하여 확정될 경우, 그 확정력은 그 처분으로 인하여 법률상 이익을 침해받은 자가 당해 처분이나 재결의 효력을 더 이상 다툴 수 없다는 의미일 뿐, 더 나아가 판결에 있어서와 같은 기판력이 인정되는 것은 아니어서 그 처분의 기초가 된 사실관계나 법률적 판단이 확정되고 당사자들이나 법원이 이에 기속되어 모순되는 주장이나 판단을 할 수 없게 되는 것은 아니다(대판 1994.11.8. 93누21927).

[❺ ▸ ×] **행정심판의 재결**은 **준사법적 행위**로서 **불가변력이 인정**된다. 그러나 불가변력이 인정되는 행위라도 행정심판 청구인은 제소기간의 경과하기 전에는 항고소송을 제기하여 재결의 효력을 다툴 수 있다. 다만, 재결취소소송의 경우에는 재결 자체에 고유한 위법이 있음을 이유로 하는 경우에 한한다(행정소송법 제19조 단서).

핵심정리

행정행위의 불가변력과 불가쟁력

①, ② 불가변력과 불가쟁력의 구별
- → 불가변력 : 행정청을 구속하는 효력 / 일부 행정행위(예 행정심판의 재결)에만 인정
- → 불가쟁력 : 행정행위의 상대방이나 이해관계인을 구속하는 효력 / 모든 행정행위에 다 인정

③ 불가변력은 당해 행정행위에만 인정 ○ / 동종의 행정행위라도 그 대상을 달리할 때에는 인정 ×

④ 행정처분의 확정력
- → 판결에 있어서와 같은 기판력 인정 ×
- → 처분의 기초가 된 사실관계나 법률적 판단이 확정되고 당사자들이나 법원이 이에 기속되어 모순되는 주장이나 판단을 할 수 없게 되는 것은 아님

⑤ 행정심판의 재결
- → 준사법적 행위로서 불가변력이 인정 ○
- → 행정심판 청구인은 제소기간의 경과하기 전에는 항고소송을 제기하여 재결의 효력을 다툴 수 있음

답 ❸

066 행정행위의 무효와 취소에 관한 설명으로 옳은 것은?(다툼이 있는 경우에는 판례에 의함)

□□□

13 행정사 제1회

① 무효인 행정행위에는 공정력이 인정되지 아니한다.

② 행정절차법상 처분의 직권취소는 처분등이 있음을 안 날로부터 1년, 처분등이 있은 날로부터 2년 이내에 하여야 한다.

③ 취소소송의 진행 중에는 처분청은 계쟁처분을 직권취소할 수 없다.

④ 행정사건을 선결문제로 하는 민사소송에서 법원은 무효인 행정행위의 효력을 확인할 수는 없지만, 취소할 수 있는 행정행위의 효력을 부인할 수는 있다.

⑤ 행정행위에 대한 무효확인소송에서도 제소기간을 준수하여야 한다.

해설

[❶ ▸ ○] 행정행위의 부존재나 행정행위가 무효인 경우에는 공정력이 발생하지 아니한다.

[❷ ▸ ×] 쟁송취소의 경우, 행정심판법과 행정소송법에서 쟁송기간(취소심판의 청구기간, 취소소송의 제소기간)을 규정하고 있다(행정심판법 제27조, 행정소송법 제20조). 직권취소의 경우, 2023.3.24. 시행되는 **행정기본법**에 의하면 제척기간의 제한이 있다. 즉, 행정청은 법령등의 위반행위가 종료된 날부터 5년이 지나면 해당 위반행위에 대하여 직권취소를 할 수 없다(행정기본법 제23조 제1항). 또한 행정청이 취소권을 행사할 수 있음을 알면서도 장기간 행사하지 않은 경우 취소권은 실권될 수 있다(행정기본법 제12조 제2항). 그러나 **행정절차법**에는 직권취소의 기간 제한을 규정하고 있지 않다.

[❸ ▸ ×] 취소소송의 진행 중이더라도 처분청은 계쟁처분을 직권취소할 수 있다(대판 2006.2.10. 2003두5686).

> 변상금 부과처분에 대한 취소소송이 진행 중이라도 그 부과권자로서는 위법한 처분을 스스로 취소하고 그 하자를 보완하여 다시 적법한 부과처분을 할 수도 있는 것이어서 그 권리행사에 법률상의 장애사유가 있는 경우에 해당한다고 할 수 없으므로, 그 처분에 대한 취소소송이 진행되는 동안에도 그 부과권의 소멸시효가 진행된다(대판 2006.2.10. 2003두5686).

[❹ ▸ ×] 행정처분이 당연무효임을 전제로 하여 민사소송을 제기한 때에는 그 행정처분이 당연무효인지의 여부가 선결문제이므로 법원은 이를 심사하여 그 행정처분의 하자가 중대하고도 명백하여 당연무효라고 인정될 경우에는 이를 전제로 하여 판단할 수 있으나 그 하자가 단순한 취소사유에 그칠 때에는 법원은 그 효력을 부인할 수 없다(대판 1973.7.10. 70다1439).

[❺ ▸ ×] 취소소송의 제소기간 제한규정(행정소송법 제20조)은 무효확인소송에는 준용되지 아니한다(행정소송법 제38조 제1항). 따라서 무효확인소송의 경우 제소기간의 제한이 없다.

핵심정리

행정행위의 무효와 취소

① 행정행위가 무효인 경우 → 공정력 인정 ×

② 처분의 직권취소의 경우
→ 행정절차법에 취소기간의 제한 규정 × (cf. 행정기본법에 제척기간 규정 ○)

③ 취소소송의 진행 중인 경우 → 직권취소 가능

④ 행정사건이 민사소송에서 선결문제로 되는 경우
→ 민사법원은 무효인 행정행위의 효력 유무 확인 ○
→ 민사법원은 취소할 수 있는 행정행위의 효력 부인 ×

⑤ 취소소송의 제소기간 제한규정 → 무효확인소송에 준용 ×

답 ❶

067 행정행위의 하자에 관한 설명으로 옳은 것을 모두 고른 것은?(다툼이 있는 경우에는 판례에 의함)

□□□

14 행정사 제2회

ㄱ. 하자 있는 행정행위가 당연무효가 되기 위하여는 그 하자가 법규의 중요한 부분을 위반한 중대한 것으로서 객관적으로 명백한 것이어야 한다.
ㄴ. 처분의 방식으로 문서주의를 규정한 행정절차법 제24조를 위반하여 행하여진 행정청의 처분은 원칙적으로 무효이다.
ㄷ. 선행처분과 후행처분이 서로 결합하여 하나의 법률효과를 발생시키는 경우, 선행처분에 불가쟁력이 생겼으며 후행처분 자체에는 아무런 하자가 없다고 하더라도, 선행처분의 위법을 이유로 후행처분의 취소를 구할 수 있다.

① ㄱ
② ㄱ, ㄴ
③ ㄱ, ㄷ
④ ㄴ, ㄷ
⑤ ㄱ, ㄴ, ㄷ

해설

[ㄱ ▸ O] 하자 있는 행정처분이 당연무효가 되기 위하여는 그 하자가 법규의 중요한 부분을 위반한 중대한 것으로서 객관적으로 명백한 것이어야 하며, 하자가 중대하고 명백한 것인지 여부를 판별함에 있어서는 그 법규의 목적, 의미, 기능 등을 목적론적으로 고찰함과 동시에 구체적 사안 자체의 특수성에 관하여도 합리적으로 고찰함을 요한다(대판 1996.11.12. 96누1221). ☞ 판례는 중대명백설의 입장이다.

[ㄴ ▸ O] 행정절차법 제24조는 행정의 공정성·투명성 및 신뢰성을 확보하고 국민의 권익을 보호하기 위한 것이므로 위 규정을 위반하여 행하여진 행정청의 처분은 하자가 중대하고 명백하여 원칙적으로 무효이다(대판 2011.11.10. 2011도11109). ☞ 행정절차법 제24조의 문서주의 위반은 원칙적으로 무효

[ㄷ ▸ O] 두 개 이상의 행정처분이 연속적으로 행하여지는 경우 선행처분과 후행처분이 서로 결합하여 1개의 법률효과를 완성하는 때에는 선행처분에 하자가 있으면 그 하자는 후행처분에 승계되므로 선행처분에 불가쟁력이 생겨 그 효력을 다툴 수 없게 된 경우에도 선행처분의 하자를 이유로 후행처분의 효력을 다툴 수 있는 반면 선행처분과 후행처분이 서로 독립하여 별개의 법률효과를 목적으로 하는 때에는 선행처분에 불가쟁력이 생겨 그 효력을 다툴 수 없게 된 경우에는 선행처분의 하자가 중대하고 명백하여 당연무효인 경우를 제외하고는 선행처분의 하자를 이유로 후행처분의 효력을 다툴 수 없는 것이 원칙이다(대판 1994.1.25. 93누8542).

핵심정리

행정행위의 하자

ㄱ. 행정행위의 무효사유(판례 : 중대명백설)
  → 하자가 법규를 위반한 중대한 것으로서 객관적으로 명백한 것이어야 함
ㄴ. 행정절차법 제24조의 문서주의를 위반한 행정청의 처분 → 원칙적으로 무효 ○
ㄷ. 하자의 승계(원칙)
  → 선행처분과 후행처분이 결합하여 하나의 법률효과를 발생시키는 경우 : 하자 승계 ○
  → 선행처분과 후행처분이 독립하여 별개의 법률효과를 목적으로 하는 경우 : 하자 승계 ×

답 ⑤

068 행정행위의 무효와 취소에 관한 설명으로 옳은 것은?(다툼이 있으면 판례에 따름)

□□□

19 행정사 제7회

① 하자의 치유는 무효인 행정행위에서만 인정된다.

② 행정심판의 필요적 전치주의가 적용되는 경우 무효확인소송을 제기하려면 무효확인심판의 재결을 거쳐야 한다.

③ 당연무효를 선언하는 의미에서의 취소소송을 제기할 때에는 취소소송의 제소기간을 준수해야 한다.

④ 헌법재판소에 의해 위헌으로 결정된 법률에 근거한 행정행위는 위헌결정이 있기 전에 발령된 행정행위라도 무효이다.

⑤ 불가쟁력이 발생한 과세처분의 근거법률이 후에 위헌으로 결정되었더라도 위헌결정 이후에 행한 그 과세처분에 따른 체납처분은 효력이 있다.

해설

[❶ ▸ ×] 하자의 치유란 성립 당시에 적법한 요건을 갖추지 못한 하자(흠) 있는 행정행위라 할지라도 사후에 그 하자의 원인이 된 적법요건을 보완한 경우, 성립 당시의 하자에도 불구하고 적법한 행위로 취급하는 것을 말한다. **하자의 치유는 '취소할 수 있는 행정행위'에서만 인정된다.** 무효인 행정행위는 처음부터 법적 효력을 발생하지 아니하여 유효하게 존치시킬 행정행위가 존재하지 않는 것이므로 **무효인 행정행위의 하자 치유는 인정될 수 없다**(대판 1997.5.28. 96누5308).

[❷ ▸ ×] 예외적 행정심판전치주의는 취소소송과 부작위위법확인소송에는 적용되나(행정소송법 제18조 제1항, 제38조 제2항), **무효등확인소송**과 당사자소송에는 적용되지 아니한다(행정소송법 제38조 제1항, 제44조 제1항). 그러나 무효선언을 구하는 취소소송은 그 형식이 취소소송이므로 행정심판전치주의가 적용된다(대판 1976.2.24. 75누128[전합]).

[❸ ▸ ○] 행정처분의 '당연무효를 선언하는 의미에서 취소를 구하는 행정소송'을 제기한 경우 (형식적으로는 취소소송이므로) 제소기간의 준수 등 취소소송의 소송요건을 갖추어야 한다(대판 1993.3.12. 92누11039).

[❹ ▸ ×] 행정청이 법률에 근거하여 행정처분을 한 후에 헌법재판소가 그 법률을 위헌으로 결정하였다면 그 행정처분은 결과적으로 법률의 근거가 없이 행하여진 것과 마찬가지가 되어 하자가 있다고 할 것이나, 하자 있는 행정처분이 당연무효가 되기 위하여는 그 하자가 중대할 뿐만 아니라 명백한 것이어야 하는데, 일반적으로 법률이 헌법에 위반된다는 사정은 헌법재판소의 위헌결정이 있기 전에는 객관적으로 명백한 것이라고 할 수 없으므로 특별한 사정이 없는 한 이러한 하자는 위 행정처분의 취소사유에 해당할 뿐 당연무효 사유는 아니라고 보아야 한다(대판 2000.6.9. 2000다16329).

[❺ ▸ ×] 구 택지소유상한에 관한 법률 전부에 대한 위헌결정 이전에 이미 택지초과소유부담금 부과처분과 압류처분 및 이에 기한 압류등기가 이루어지고 위 각 처분이 확정되었다고 하여도, 위헌결정 이후에 별도의 행정처분으로서 다른 재산에 대한 압류처분, 징수처분 등 체납처분절차를 진행하였다면 이는 근거되는 법률이 없는 것이어서 그 하자가 중대하고 명백하여 당연무효라고 하지 않을 수 없다(대판 2002.6.28. 2001다60873).

핵심정리 **행정행위의 무효와 취소**

① 하자의 치유 ⇢ 취소할 수 있는 행정행위에서 인정 ○ (무효인 행정행위의 하자 치유 ×)
② 예외적 행정심판전치주의 ⇢ 무효등확인소송에는 적용 ×
③ 당연무효를 선언하는 의미에서의 취소소송을 제기할 경우 ⇢ 취소소송의 제소기간 준수 필요
④ 위헌법률에 근거한 행정행위가 위헌결정이 있기 전에 발령된 경우 ⇢ 취소사유 ○
⑤ 과세처분의 근거법률이 위헌으로 결정된 경우 ⇢ 과세처분에 따른 체납처분은 당연무효 ○

답 ❸

PART 1 PART 2 PART 3

069 행정행위의 하자승계론의 전제요건에 해당하지 않는 것은? 20 행정사 제8회

□□□

① 선행행위와 후행행위가 모두 처분일 것
② 선행행위에 무효가 아닌 취소사유의 하자가 존재할 것
③ 선행행위에 불가쟁력이 발생하였을 것
④ 후행행위는 하자가 없는 적법한 행위일 것
⑤ 후행행위가 선행행위에 대하여 내용적 구속력이 있을 것

해설

[❺ ▸ ×] ⑤후행행위가 선행행위에 대하여 내용적 구속력이 있을 것은 하자 승계론의 전제요건에 해당하지 않는다. 하자의 승계가 인정되는 경우에 비로소 선행행위의 후행행위에 대한 내용적 구속력이 발생하는 것이다. 하자의 승계론의 전제요건으로 ① 선행행위와 후행행위가 항고소송의 대상이 되는 처분일 것, ② 선행행위에 무효가 아닌 취소사유의 하자가 존재할 것, ③ 선행행위에 대한 제소기간이 경과하여 불가쟁력이 발생하였을 것, ④ 후행행위는 하자가 없는 적법한 행위일 것을 요한다.

답 ❺

070 행정행위의 하자승계 논의의 전제에 관한 설명으로 옳지 않은 것은?(다툼이 있으면 판례에 따름)

□□□ 22 행정사 제10회

① 선행행위와 후행행위가 모두 항고소송의 대상인 행정처분이어야 한다.
② 선행행위에는 취소사유인 하자가 존재해야 한다.
③ 후행행위는 하자가 없이 적법해야 한다.
④ 선행행위에 불가쟁력이 발생해야 한다.
⑤ 후행행위에 불가변력이 발생해야 한다.

해설

[❺ ▸ ×] ⑤후행행위에 불가변력이 발생해야 한다는 것은 하자승계의 요건에 해당하지 않는다. 하자의 승계가 인정되려면 다음의 전제조건을 충족하여야 한다. ① 선행행위와 후행행위가 모두 항고소송의 대상이 되는 행정처분이어야 한다. ② 선행행위에 무효가 아닌 취소사유의 하자(위법)가 존재하여야 한다. 선행행위가 무효인 경우에는 당사자는 선행행위의 무효를 언제나 주장할 수 있을 뿐만 아니라 이를 전제로 한 후행행위도 당연히 무효가 되므로 하자의 승계를 논할 필요가 없다. ③ 후행행위는 하자가 없는 적법한 행위이어야 한다. 후행행위가 위법하면 후행행위의 위법을 다투면 되므로 굳이 하자의 승계를 논할 필요가 없다. ④ 선행행위에 대한 제소기간이 경과하여 불가쟁력이 발생하여야 한다. 선행행위에 대한 제소기간이 경과하지 않은 경우에는 선행행위의 하자(위법)를 다투어 권리구제를 받을 수 있기 때문이다.

답 ❺

071 □□□ **판례에 의할 때 선행 처분에 취소사유가 있음을 들어 후행 처분의 위법을 주장할 수 있는 경우는? (단, 선행 처분에 불가쟁력이 발생하였고, 후행 처분에는 고유의 위법이 없음)** 13 행정사 제1회

① 조세부과처분 – 체납처분
② 표준지공시지가결정 – 수용재결
③ 공무원 직위해제처분 – 공무원 면직처분
④ 택지개발예정지구 지정 – 택지개발계획 승인
⑤ 건물철거명령 – 대집행계고처분

해설

[❷ ▸ O] 선행 처분에 취소사유가 있음을 들어 후행 처분의 위법을 주장할 수 있는 경우란 '하자의 승계'가 인정되는 경우를 말한다. 판례에 의하면 ② 표준지공시지가결정 – 수용재결 사이에는 하자의 승계가 인정되나(대판 2008.8.21. 2007두13845), ① 조세부과처분 – 체납처분(대판 2001.11.27. 98두9530), ③ 공무원 직위해제처분 – 공무원 면직처분(대판 1984.9.11. 84누191), ④ 택지개발예정지구 지정 – 택지개발계획 승인(대판 2000.10.13. 99두653), ⑤ 건물철거명령 – 대집행계고처분(대판 1998.9.8. 97누20502) 사이에는 하자의 승계가 인정되지 아니한다.

답 ❷

072 □□□ **행정행위의 직권취소에 관한 설명으로 옳지 않은 것은?(다툼이 있으면 판례에 따름)** 20 행정사 제8회

① 직권취소는 별도의 법적 근거가 없어도 가능하다.
② 직권취소는 당해 처분의 취소소송 계속 중에도 할 수 있다.
③ 수익적 행정행위의 직권취소에 대한 직권취소는 인정되지 않는다.
④ 수익적 행정행위의 직권취소는 제한될 수 있다.
⑤ 수익적 행정행위의 직권취소의 소급효는 제한될 수 있다.

해설

[❶ ▸ O] 행정처분을 한 처분청은 그 행위에 하자가 있는 경우에는 원칙적으로 별도의 법적 근거가 없더라도 스스로 이를 직권으로 취소할 수 있는 것이다(대판 1995.9.15. 95누6311). 다만, 최근 제정된 행정기본법에서는 위법 또는 부당한 처분의 직권취소에 대한 일반적 근거규정을 두고 있다(행정기본법 제18조 제1항).
[❷ ▸ O] 취소소송 계속 중에도 처분청은 당해 처분을 직권취소할 수 있다(대판 2006.2.10. 2003두5686).

> 변상금 부과처분에 대한 취소소송이 진행 중이라도 그 부과권자로서는 위법한 처분을 스스로 취소하고 그 하자를 보완하여 다시 적법한 부과처분을 할 수도 있는 것이어서 그 권리행사에 법률상의 장애사유가 있는 경우에 해당한다고 할 수 없으므로, 그 처분에 대한 취소소송이 진행되는 동안에도 그 부과권의 소멸시효가 진행된다(대판 2006.2.10. 2003두5686).

[❸ ▸ ×] 판례는 침익적 행정행위를 직권취소하면 해당 침익적 행정행위는 확정적으로 효력을 상실하므로, 침익적 행정행위의 직권취소의 직권취소는 인정되지 않는다고 본다(대판 1995.3.10. 94누7027). 반면, 수익적 행정행위의 경우 직권취소의 직권취소를 인정한다(1997.1.21. 96누3401). 다만, 수익적 행정행위에 있어서도 이해관계 있는 제3자가 있는 경우에는 직권취소에 대한 직권취소를 부정하고 있음을 유의하여야 한다(대판 1967.10.23. 67누126).

[❹ ▸ ○] 취소사유가 존재한다고 하더라도 그 사유만으로 직권취소가 정당화되는 것은 아니고 직권취소가 비례의 원칙, 신뢰보호의 원칙 등에 위반하지 않아야 한다. 이러한 직권취소 제한의 법리는 주로 수익적 행정행위에서 문제된다. 침익적 행정행위의 직권취소는 상대방에게 수익적이므로 원칙적으로 그 취소가 자유롭다.

> 수익적 행정처분을 취소할 때에는 이를 취소하여야 할 공익상의 필요와 취소로 인하여 당사자가 입게 될 기득권과 신뢰보호 및 법률생활 안정의 침해 등 불이익을 비교·교량한 후 공익상의 필요가 당사자가 입을 불이익을 정당화할 만큼 강한 경우에 한하여 취소할 수 있으며, 나아가 수익적 행정처분의 하자가 당사자의 사실은폐나 기타 사위의 방법에 의한 신청행위에 기인한 것이라면 당사자는 처분에 의한 이익이 위법하게 취득되었음을 알아 취소가능성도 예상하고 있었다 할 것이므로, 그 자신이 처분에 관한 신뢰이익을 원용할 수 없음은 물론 행정청이 이를 고려하지 아니하였더라도 재량권의 남용이 되지 아니한다(대판 2014.11.27. 2013두16111).

[❺ ▸ ○] 직권취소의 효과는 처분 당시로 소급하는 것이 원칙이나(행정기본법 제18조 제1항 본문), 수익적 행정행위의 직권취소의 경우에는 상대방에게 귀책사유가 없는 한 취소의 효과가 소급하지 않는다고 보는 것이 통설적 견해이다. 행정기본법에서도 당사자의 신뢰를 보호할 가치가 있는 등 정당한 사유가 있는 경우에는 장래를 향하여 취소할 수 있다고 규정하고 있다(제18조 제1항 단서).

핵심정리

행정행위의 직권취소

① 직권취소 → 법적 근거 필요 ×
② 당해 처분의 취소소송 계속 중인 경우 → 직권취소 가능
③ 수익적 행정행위의 직권취소에 대한 직권취소 → 인정 ○
(cf. 침익적 행정행위의 직권취소에 대한 직권취소 → 인정 ×)
④, ⑤ 수익적 행정행위를 직권취소하는 경우 (그 상대방에게는 침익적 효과를 가져오므로)
→ 신뢰보호의 원칙, 비례원칙에 의한 제한 ○
→ 소급효 제한 ○

답 ❸

073 □□□ 판례에 의할 때, 선행처분에 취소사유가 있음을 들어 후행처분의 위법을 주장할 수 없는 경우는?

16 행정사 제4회

	선행처분	후행처분
①	사업인정처분	수용재결처분
②	대집행 계고처분	대집행영장발부통보처분
③	대집행 계고처분	대집행비용납부명령처분
④	안경사시험합격무효처분	안경사면허취소처분
⑤	친일반민족행위자 결정처분	독립유공자 예우에 관한 법률 적용배제자 결정처분

해설

[❶ ▸ ×] 하자의 승계가 인정되는 경우, 선행처분에 취소사유가 있음을 들어 후행처분의 위법을 주장할 수 있다. 판례에 의하면 사업인정처분 – 수용재결처분 사이에는 하자의 승계가 인정되지 아니한다(대판 1992.3.13. 91누4324).

[❷ ▸ ○] [❸ ▸ ○] [❺ ▸ ○] 대집행 계고처분 – 대집행영장발부통보처분 사이 (대판 1996.2.9. 95누12507), 대집행 계고처분 – 대집행비용납부명령처분 사이(대판 1993.11.9. 93누14271), 친일반민족행위자 결정처분 – 독립유공자 예우에 관한 법률 적용배제자 결정처분 사이(대판 2013.3.14. 2012두6964)에는 하자의 승계를 긍정한다.

[❹ ▸ ○] 안경사시험합격무효처분 – 안경사면허취소처분 사이(대판 1993.2.9. 92누4567)는 선행처분이 무효인 경우이므로 이를 전제로 한 후행처분도 당연히 무효가 되므로 하자의 승계를 굳이 논할 필요가 없다. 다만, 이 경우에도 하자의 승계가 인정되는 사례로 교과서에 언급되고 있으므로 여기에서는 옳은 지문으로 처리한다.

➲ 하자의 승계 인정 여부(판례)

하자의 승계 인정	하자의 승계 부정
• 귀속재산의 임대처분과 매각처분 사이	• 택지개발예정지구 지정과 택지개발계획 승인 사이 • 사업시행계획과 관리처분계획 사이 • 사업인정처분과 수용재결처분 사이 • 도시계획결정과 수용재결 사이 • 도시 · 군계획시설결정과 실시계획인가 사이 • 도시계획사업의 실시계획인가와 수용재결 사이
• 가산금 · 중가산금의 독촉처분과 가산금 · 중가산금의 징수처분 사이	• 조세부과처분과 체납처분(독촉 · 압류 · 매각 등) 사이
• 대집행 계고처분과 대집행영장발부통보처분 사이 • 대집행 계고처분과 대집행비용납부명령처분 사이	• 건물철거명령과 대집행 계고처분 사이
• 한지의사 시험자격인정과 한지의사 면허처분 사이 • 안경사시험합격무효처분과 안경사면허취소처분 사이 (선행행위가 무효인 경우임)	
	• 공무원 직위해제처분과 공무원 면직처분 사이 • 보충역 편입처분과 공익근무요원소집처분 사이 • 액화석유가스판매사업 허가처분과 사업개시신고반려처분 사이 • 공인중개사업무정지처분과 중개사무소의 개설등록취소처분 사이
• 개별공시지가결정과 과세처분 사이 • 표준지공시지가결정과 (보상금증액청구소송에서) 수용재결(보상금 결정) 사이 • 친일반민족행위자 결정처분과 독립유공자 예우에 관한 법률 적용배제자 결정처분 사이	• 표준공시지가결정과 개별공시지가결정 사이 • 개별공시지가 결정에 대하여 한 재조사청구에 따른 조정결정을 통지받고서 더 이상 다투지 아니한 경우, 개별공시지가결정과 과세처분 사이

답 ❶

074 행정기본법상 행정행위의 취소·철회에 관한 설명으로 옳은 것은?

□□□

24 행정사 제12회

① 위법한 처분의 일부에 대해 취소할 수 없다.

② 부당한 처분에 대해서는 취소할 수 없다.

③ 당사자의 신뢰를 보호할 가치가 있는 경우에는 위법한 처분에 대해 장래를 향하여 취소할 수 있다.

④ 적법한 처분은 중대한 공익을 위하여 필요한 경우에도 그 처분의 전부를 철회할 수 없다.

⑤ 적법한 처분을 철회하는 경우에는 철회로 인하여 당사자가 입게 될 불이익을 철회로 달성되는 공익과 비교·형량할 필요는 없다.

해설

[❶ ▸ ×] 행정청은 위법한 처분의 일부에 대하여도 취소할 수 있다(행정기본법 제18조 제1항 본문). 외형상 하나의 행정처분이라고 하더라도 가분성이 있거나 그 처분대상의 일부가 특정될 수 있다면 일부만의 취소도 가능하고 그 일부의 취소는 해당 취소 부분에 관하여 효력이 생긴다(대판 2020.7.23. 2015두48129).

[❷ ▸ ×] 행정청은 부당한 처분에 대하여도 취소할 수 있다(행정기본법 제18조 제1항 본문).

[❸ ▸ O] 행정기본법 제18조 제1항 단서

> **행정기본법 제18조(위법 또는 부당한 처분의 취소)** ① 행정청은 위법 또는 부당한 처분의 전부나 일부를 소급하여 취소할 수 있다. 다만, 당사자의 신뢰를 보호할 가치가 있는 등 정당한 사유가 있는 경우에는 장래를 향하여 취소할 수 있다.

[❹ ▸ ×] 적법한 처분도 중대한 공익을 위하여 필요한 경우 그 처분의 전부를 철회할 수 있다(행정기본법 제19조 제1항 제3호).

[❺ ▸ ×] 적법한 처분을 철회하는 경우에는 철회로 인하여 당사자가 입게 될 불이익을 철회로 달성되는 공익과 비교·형량하여야 한다(행정기본법 제19조 제2항).

> **행정기본법 제19조(적법한 처분의 철회)** ① 행정청은 적법한 처분이 다음 각 호의 어느 하나에 해당하는 경우에는 그 처분의 전부 또는 일부를 장래를 향하여 철회할 수 있다.
> 1. 법률에서 정한 철회 사유에 해당하게 된 경우
> 2. 법령등의 변경이나 사정변경으로 처분을 더 이상 존속시킬 필요가 없게 된 경우
> 3. 중대한 공익을 위하여 필요한 경우
>
> ② 행정청은 제1항에 따라 처분을 철회하려는 경우에는 철회로 인하여 당사자가 입게 될 불이익을 철회로 달성되는 공익과 비교·형량하여야 한다.

핵심정리

행정기본법상 행정행위(행정처분)의 취소·철회

①, ②, ③ 행정행위(행정처분)의 취소
- → ㉠ 대상 : 위법한 처분 or 부당한 처분
- → ㉡ 전부나 일부의 취소 가능
- → ㉢ 효력 : 소급하여 취소(원칙) / 예외적으로 장래를 향하여 취소
- → ㉣ 이익형량의 원칙 적용 ○

④, ⑤ 행정행위(행정처분)의 철회
- → ㉠ 대상 : 적법한 처분
- → ㉡ 전부나 일부의 철회 가능
- → ㉢ 효력 : 장래를 향하여 철회
- → ㉣ 이익형량의 원칙 적용 ○

답 ❸

075 행정행위의 취소 및 철회에 관한 설명으로 옳지 않은 것은?(다툼이 있는 경우에는 판례에 의함)

□□□

14 행정사 제2회

① 쟁송취소의 효과는 당연히 소급한다.

② 직권취소의 경우에는 실권의 경우를 제외하고는 취소기간의 제한이 없다.

③ 상급행정청은 하급행정청에 대한 감독권 행사의 일환으로 하급행정청이 한 행정행위를 직접 철회할 수 있다.

④ 취소사유는 행정행위의 성립 당시에 존재하였던 하자이고, 철회사유는 행정행위가 성립된 이후에 새로이 발생한 것으로서 행정행위의 효력을 존속시킬 수 없는 사유이다.

⑤ 철회사유가 존재하는 경우, 별도의 법적 근거가 없더라도 철회할 수 있다.

해설

[❶ ▸ O] 쟁송취소(취소재결, 취소판결)의 효과는 당연히 처분 당시로 소급한다. 이를 취소재결・취소판결의 소급효라 한다.

> 피고인이 행정청으로부터 자동차 운전면허취소처분을 받았으나 나중에 그 행정처분 자체가 행정쟁송절차에 의하여 취소되었다면, 위 운전면허취소처분은 그 처분시에 소급하여 효력을 잃게 되고, 피고인은 위 운전면허취소처분에 복종할 의무가 원래부터 없었음이 후에 확정되었다고 봄이 타당할 것이다(대판 1999.2.5. 98도4239).

[❷ ▸ ×] 직권취소의 경우, 2023.3.24. 시행되는 **행정기본법**에 의하면 제척기간의 제한이 있다. 즉, 행정청은 법령등의 위반행위가 종료된 날부터 5년이 지나면 해당 위반행위에 대하여 직권취소를 할 수 없다(행정기본법 제23조 제1항). 또한 행정청이 취소권을 행사할 수 있음을 알면서도 장기간 행사하지 않은 경우 취소권은 실권될 수 있다(행정기본법 제12조 제2항). ☞ 시험 시행 당시에는 옳은 지문이었으나, 2023.3.24. 시행되는 행정기본법 제23조 제1항에서 직권취소의 제척기간을 규정하고 있으므로 현행법하에서는 틀린 지문이 된다.

[❸ ▸ ×] 상급행정청의 일반적 감독권에는 하급행정청의 행정행위에 대해 철회지시만 내릴 수 있을 뿐 직접 철회할 수 있는 권한까지 포함된 것은 아니라는 것이 통설의 태도이다.

[❹ ▸ O] 행정행위의 취소는 일단 유효하게 성립한 행정행위를 그 행위에 위법 또는 부당한 하자가 있음을 이유로 소급하여 그 효력을 소멸시키는 별도의 행정처분이고, 행정행위의 철회는 적법요건을 구비하여 완전히 효력을 발하고 있는 행정행위를 사후적으로 그 행위의 효력의 전부 또는 일부를 장래에 향해 소멸시키는 행정처분이므로, 행정행위의 **취소사유**는 행정행위의 성립 당시에 존재하였던 하자를 말하고, **철회사유**는 행정행위가 성립된 이후에 새로이 발생한 것으로서 행정행위의 효력을 존속시킬 수 없는 사유를 말한다(대판 2003.5.30. 2003다6422).

[❺ ▸ O] 판례는 수익적 행정행위의 철회라고 하더라도 법적 근거가 필요 없다는 입장이다(대판 2004.7.22. 2003두7606). 다만, 최근 제정된 행정기본법에서는 처분의 철회에 대한 일반적 근거규정을 두고 있다(행정기본법 제19조).

핵심정리

행정행위의 취소와 철회

① 쟁송취소의 효과 ⇢ 소급효 O

② 직권취소 ⇢ 위반행위가 종료된 날로부터 5년의 제척기간 제한 O (행정기본법 제23조 제1항)

③ 상급 행정청이 감독권을 가진 경우 ⇢ 행정행위를 직접 철회 ×

④ 행정행위의 취소사유 및 철회사유

⇢ 취소사유 : 행정행위의 성립 당시에 존재하였던 하자

⇢ 철회사유 : 행정행위의 성립 이후에 새로이 발생한 것으로서 행정행위의 효력을 존속시킬 수 없는 사유

⑤ 철회 ⇢ 법적 근거 불요

답 ❷, ❸

076 처분의 취소 또는 변경에 관한 설명으로 옳은 것은?(다툼이 있으면 판례에 따름)

□□□

21 행정사 제9회

① 처분의 위법은 직권취소의 사유가 되지만, 처분의 부당은 직권취소의 사유가 되지 않는다.

② 수익적 처분의 직권취소 필요성에 관한 증명책임은 처분의 상대방에 있다.

③ 수익적 처분에 대한 직권취소의 경우에는 행정절차법상 사전통지가 필요하지 않다.

④ 행정청은 행정소송이 계속되고 있는 때에는 직권으로 해당 처분을 변경할 수 없다.

⑤ 산업재해보상보험법상 연금지급결정을 취소하는 처분이 적법하다고 하여 그에 터잡은 징수처분이 반드시 적법한 것은 아니다.

해설

[❶ ▸ ×] 위법한 처분뿐만 아니라 부당한 처분도 직권취소의 대상이 된다(행정기본법 제18조 제1항).

> **행정기본법 제18조(위법 또는 부당한 처분의 취소)** ① 행정청은 위법 또는 부당한 처분의 전부나 일부를 소급하여 취소할 수 있다. 다만, 당사자의 신뢰를 보호할 가치가 있는 등 정당한 사유가 있는 경우에는 장래를 향하여 취소할 수 있다.

[❷ ▸ ×] 취소될 행정처분의 하자나 취소하여야 할 필요성에 대한 증명책임은 기존의 이익과 권리를 침해하는 처분을 한 그 행정청에 있다(대판 2014.7.10. 2013두7025).

[❸ ▸ ×] 수익적 처분에 대한 직권취소는 '당사자의 권익을 제한하는 처분'에 해당하므로 행정절차법상 사전통지의 대상이 된다(행정절차법 제21조).

[❹ ▸ ×] 행정청은 행정소송이 계속되고 있는 때에도 직권으로 그 처분을 변경할 수 있고, 행정소송법 제22조 제1항은 이를 전제로 처분변경으로 인한 소의 변경에 관하여 규정하고 있다(대판 2019.1.17. 2016두56721).

> **행정소송법 제22조(처분변경으로 인한 소의 변경)** ① 법원은 행정청이 소송의 대상인 처분을 소가 제기된 후 변경한 때에는 원고의 신청에 의하여 결정으로써 청구의 취지 또는 원인의 변경을 허가할 수 있다.

[❺ ▸ O] 산재법상 각종 보험급여 등의 지급결정이 적법한지를 판단하는 기준과 그 처분이 잘못되었음을 전제로 하여 이미 지급된 보험급여액에 해당하는 금액을 징수하는 처분이 적법한지를 판단하는 기준이 동일하다고 할 수는 없으므로, 지급결정이 적법하게 취소되었다고 하여 그에 기한 징수처분도 반드시 적법하다고 판단하여야 하는 것은 아니다(대판 2017.6.29. 2014두39012).

핵심정리

처분의 취소와 처분의 변경

① 처분의 위법 or 부당 → 직권취소의 사유 O

②, ③ 수익적 처분의 직권취소의 경우

→ 직권취소 필요성에 관한 증명책임 → 행정청 O

→ 행정절차법상 사전통지의 대상 O (당사자의 권익을 제한하는 처분에 해당 O)

④ 행정소송 계속 중에도 행정청은 직권으로 해당 처분 변경 가능

⑤ 연금지급결정 취소처분이 적법한 경우 → 그에 터잡은 징수처분이 반드시 적법한 것은 ×

답 ❺

077 행정행위의 직권취소와 철회에 관한 설명으로 옳은 것만을 모두 고른 것은?(다툼이 있으면 판례에 따름)

□□□

16 행정사 제4회

ㄱ. 행정행위의 취소사유는 행정행위의 성립 당시에 존재하였던 하자를 말하고, 철회사유는 행정행위의 성립 이후에 새로이 발생한 것으로서 행정행위의 효력을 존속시킬 수 없는 사유를 말한다.
ㄴ. 행정행위를 한 행정청은, 별도의 명시적인 법적 근거가 없다면, 행정행위의 성립에 하자가 있더라도 직권으로 이를 취소할 수 없다.
ㄷ. 행정행위를 한 행정청은, 별도의 명시적인 법적 근거가 없다면, 원래의 행정행위를 그대로 존속시킬 필요가 없게 된 사정변경이 생겼더라도 이를 철회할 수 없다.

① ㄱ
② ㄴ
③ ㄷ
④ ㄱ, ㄴ
⑤ ㄴ, ㄷ

해설

[ㄱ ▸ O] 행정행위의 취소는 일단 유효하게 성립한 행정행위를 그 행위에 위법 또는 부당한 하자가 있음을 이유로 소급하여 그 효력을 소멸시키는 별도의 행정처분이고, 행정행위의 철회는 적법요건을 구비하여 완전히 효력을 발하고 있는 행정행위를 사후적으로 그 행위의 효력의 전부 또는 일부를 장래에 향해 소멸시키는 행정처분이므로, 행정행위의 **취소사유**는 행정행위의 성립 당시에 존재하였던 하자를 말하고, **철회사유**는 행정행위가 성립된 이후에 새로이 발생한 것으로서 행정행위의 효력을 존속시킬 수 없는 사유를 말한다(대판 2003.5.30. 2003다6422).
[ㄴ ▸ X] 행정처분을 한 처분청은 그 행위에 하자가 있는 경우에는 원칙적으로 별도의 법적 근거가 없더라도 스스로 이를 직권으로 취소할 수 있는 것이다(대판 1995.9.15. 95누6311). 다만, 최근 제정된 행정기본법에서는 위법 또는 부당한 처분의 직권취소에 대한 일반적 근거규정을 두고 있다(제18조 제1항).
[ㄷ ▸ X] 행정행위를 한 처분청은 비록 그 처분 당시에 별다른 하자가 없었고, 또 그 처분 후에 이를 철회할 별도의 법적 근거가 없다 하더라도 원래의 처분을 존속시킬 필요가 없게 된 사정변경이 생겼거나 또는 중대한 공익상의 필요가 발생한 경우에는 그 효력을 상실케 하는 별개의 행정행위로 이를 철회할 수 있다(대판 2004.7.22. 2003두7606). 행정기본법에서도 '법령등의 변경이나 사정변경으로 처분을 더 이상 존속시킬 필요가 없게 된 경우'에 철회할 수 있다고 규정하고 있다(제19조 제1항).

행정기본법 제19조(적법한 처분의 철회) ① 행정청은 적법한 처분이 다음 각 호의 어느 하나에 해당하는 경우에는 그 처분의 전부 또는 일부를 장래를 향하여 철회할 수 있다.
1. 법률에서 정한 철회 사유에 해당하게 된 경우
2. 법령등의 변경이나 사정변경으로 처분을 더 이상 존속시킬 필요가 없게 된 경우
3. 중대한 공익을 위하여 필요한 경우

핵심정리

행정행위의 직권취소와 철회

ㄱ. 행정행위의 취소사유 및 철회사유
→ 취소사유 : 행정행위의 성립 당시에 존재하였던 하자
→ 철회사유 : 행정행위의 성립 이후에 새로이 발생한 것으로서 행정행위의 효력을 존속시킬 수 없는 사유
ㄴ. 직권취소 → 별도의 명시적 법적 근거 필요 ×
ㄷ. 철회 → 별도의 명시적 법적 근거 필요 ×

답 ❶

PART 1 PART 2 PART 3

제3절 그 밖의 행정의 주요행위형식

078 행정계획에 관한 설명으로 옳은 것은?(다툼이 있으면 판례에 따름) 18 행정사 제6회

□□□

① 행정계획은 헌법소원의 대상이 될 수 없다.

② 서로 양립할 수 없는 내용의 도시·군관리계획이 중복되어 결정·고시되었다면 특별한 사정이 없는 한 선행 계획은 후행 계획과 같은 내용으로 적법하게 변경된 것으로 보아야 한다.

③ 행정절차법은 행정계획의 수립절차에 대하여 규정하고 있다.

④ 국토의 계획 및 이용에 관한 법률에 따른 개발제한구역의 지정·고시는 처분성이 없다.

⑤ 행정청은 행정계획을 수립함에 있어 광범위한 형성의 자유를 가지나, 이를 변경함에 있어서는 형성의 자유가 인정되지 않는다.

해설

[❶ ▸ ×] 비구속적 행정계획안이나 행정지침이라도 국민의 기본권에 직접적으로 영향을 끼치고, 앞으로 법령의 뒷받침에 의하여 그대로 실시될 것이 틀림없을 것으로 예상될 수 있을 때에는, 공권력행위로서 예외적으로 헌법소원의 대상이 될 수 있다(헌재 2000.6.1. 99헌마538). 건설부장관의 개발제한구역의 지정·고시(고시된 도시계획 결정)가 공권력의 행사로서 헌법소원심판의 대상이 됨은 물론이나 헌법소원심판은 다른 법률에 구제절차가 있는 경우에는 그 절차를 모두 거친 후가 아니면 청구할 수 없는 바(헌법재판소법 제68조 제1항 단서), 개발제한구역 지정·고시행위(고시된 도시계획 결정)에 대하여는 행정쟁송절차로써 다툴 수 있으므로 헌법소원심판은 부적법하다(헌재 1991.7.22. 89헌마174).

[❷ ▸ O] 도시계획의 결정·변경 등에 관한 권한을 가진 행정청은 이미 도시계획이 결정·고시된 지역에 대하여도 다른 내용의 도시계획을 결정·고시할 수 있고, 이때에 후행 도시계획에 선행 도시계획과 서로 양립할 수 없는 내용이 포함되어 있다면, 특별한 사정이 없는 한 선행 도시계획은 후행 도시계획과 같은 내용으로 변경되는 것이라고 보아야 한다(대판 2000.9.8. 99두11257).

[❸ ▸ O] 시험 시행 당시에는 틀린 지문이었으나 2022.2.11. 행정절차법 개정으로 인하여 행정절차법에도 행정계획의 절차에 관한 규정을 두고 있다(행정절차법 제3조 제1항 및 제40조의4). 개정 행정절차법은 학설과 판례에 의하여 정립된 형량명령의 원칙을 명문화하였다(제40조의4).

[❹ ▸ ×] 개발제한구역의 지정·고시(= 고시된 도시계획결정)은 특정 개인의 권리 내지 법률상의 이익을 개별적이고 구체적으로 규제하는 효과를 가져오게 하는 행정청의 처분이라 할 것이고, 이는 행정소송의 대상이 된다(대판 1982.3.9. 선고, 80누105; 헌재 1991.7.22. 89헌마174).

[❺ ▸ ×] 행정주체가 구체적인 **행정계획을 입안·결정**할 때에 가지는 비교적 광범위한 형성의 자유는 무제한적인 것이 아니라 행정계획에 관련되는 자들의 이익을 공익과 사익 사이에서는 물론이고 공익 상호 간과 사익 상호 간에도 정당하게 비교교량하여야 한다는 제한이 있는 것이므로, 행정주체가 행정계획을 입안·결정하면서 이익형량을 전혀 행하지 않거나 이익형량의 고려 대상에 마땅히 포함시켜야 할 사항을 빠뜨린 경우 또는 이익형량을 하였으나 정당성과 객관성이 결여된 경우에는 행정계획결정은 형량에 하자가 있어 위법하게 된다. 이러한 법리는 도시계획시설구역 내 토지 등을 소유하고 있는 주민이 장기간 집행되지 아니한 도시계획시설의 결정권자에게 도시계획시설의 변경을 신청하고, 결정권자가 이러한 신청을 받아들여 **도시계획시설을 변경**할 것인지를 결정하는 경우에도 동일하게 적용된다고 보아야 한다(대판 2012.1.12. 2010두5806).

핵심정리

행정계획

① 행정계획은 헌법소원의 대상이 될 수 있음

→ 구속적 행정계획 : 헌법소원의 대상 O / 다만, 보충성의 원칙에 위반하여 부적법

→ 비구속적 행정계획(안) : 예외적으로만 헌법소원의 대상 O

② 양립할 수 없는 도시·군관리계획이 중복되어 결정·고시된 경우

→ 선행 계획은 후행 계획과 같은 내용으로 적법하게 변경된 것

③ 행정절차법 ⟶ 행정계획의 절차에 관한 규정 존재 O (형량명령의 원칙을 규정 O)
④ 개발제한구역의 지정·고시 ⟶ 처분성 O
⑤ 계획재량 ⟶ 행정청은 행정계획의 수립 or 변경에 있어 광범위한 형성의 자유 O

답 ❷, ❸

079 행정계획에 관한 설명으로 옳지 않은 것은?(다툼이 있는 경우에는 판례에 의함)
□□□

14 행정사 제2회

① 행정주체는 구체적인 행정계획을 입안·결정함에 있어서 비교적 광범위한 형성의 자유를 가진다.
② 형량명령이란 행정계획을 입안·결정함에 있어서 관련된 이익을 정당하게 형량하여야 한다는 원칙을 말한다.
③ 행정계획의 확정·변경 또는 실효로 인한 국민의 재산상 손실의 보상에 관해서는 행정절차법이 일반적 규정을 두고 있다.
④ 도시·군관리계획은 국민의 권익에 직접 구체적인 영향을 미치는 점에서 항고소송의 대상이 된다.
⑤ 주민은 도시·군관리계획의 입안권자에게 지구단위계획구역의 변경에 관한 도시·군관리계획의 입안을 제안할 수 있다.

해설

[❶ ▸ O] 행정계획이라 함은 행정에 관한 전문적·기술적 판단을 기초로 하여 도시의 건설·정비·개량 등과 같은 특정한 행정목표를 달성하기 위하여 서로 관련되는 행정수단을 종합·조정함으로써 장래의 일정한 시점에 있어서 일정한 질서를 실현하기 위한 활동기준으로 설정된 것으로서, 도시계획법 등 관계 법령에는 추상적인 행정목표와 절차만이 규정되어 있을 뿐 행정계획의 내용에 대하여는 별다른 규정을 두고 있지 아니하므로 행정주체는 구체적인 행정계획을 입안·결정함에 있어서 비교적 광범위한 형성의 자유를 가진다(대판 1996.11.29. 96누8567).

[❷ ▸ O] 형량명령의 원칙이란 행정계획을 수립(입안)·변경·폐지함에 있어서 관련된 여러 이익을 정당하게 형량하여야 한다는 원칙으로 계획재량의 통제이론이다. 개정 행정절차법은 "행정청은 행정청이 수립하는 계획 중 국민의 권리·의무에 직접 영향을 미치는 계획을 수립하거나 변경·폐지할 때에는 관련된 여러 이익을 정당하게 형량하여야 한다"고 하여(행정절차법 제40조의4), 학설과 판례에 의해 정립된 형량명령의 원칙을 명문화하였다.

[❸ ▸ ×] 행정절차법은 행정계획의 확정·변경 또는 실효로 인한 국민의 재산상 손실의 보상에 관해서는 규정하고 있지 아니하다.

[❹ ▸ O] 구 국토의 계획 및 이용에 관한 법률에 따른 도시·군관리계획 결정은 구속적 행정계획으로서 그 처분성이 인정된다(대판 2017.6.8. 2015두38573).

[❺ ▸ O] 주민(이해관계자를 포함)은 ㉠ 기반시설의 설치·정비 또는 개량에 관한 사항, ㉡ 지구단위계획구역의 지정 및 변경과 지구단위계획의 수립 및 변경에 관한 사항, ㉢ 입지규제최소구역의 지정 및 변경과 입지규제최소구역계획의 수립 및 변경에 관한 사항 등에 대하여 제24조에 따라 도시·군관리계획을 입안할 수 있는 자에게 도시·군관리계획의 입안을 제안할 수 있다. 이 경우 제안서에는 도시·군관리계획도서와 계획설명서를 첨부하여야 한다(국토의 계획 및 이용에 관한 법률 제26조 제1항).

핵심정리 **행정계획**

①, ② 행정계획의 입안·결정
→ 계획재량 : 행정주체에게 광범위한 형성의 자유 O
→ 형량명령 : 행정계획을 입안·결정함에 있어 관련된 이익을 정당하게 형량하여야 한다는 원칙

③ 행정절차법상 행정계획에 관한 규정
→ 행정계획의 절차에 관하여도 행정절차법 적용(제3조 제1항) O
→ 행정계획의 확정 등으로 인한 재산상 손실의 보상에 관한 일반규정 ×

④ 도시·군관리계획 → 항고소송의 대상 O

⑤ 주민(이해관계인 포함) → 입안권자에게 지구단위계획구역의 변경에 관한 도시·군관리계획의 입안 제안 가능

답 ③

080 행정계획에 관한 설명으로 옳지 않은 것은?(다툼이 있으면 판례에 따름) 15 행정사 제3회

□□□

① 행정청이 이미 도시계획이 결정·고시된 지역에 대하여 다른 도시계획을 결정·고시한 경우, 특별한 사정이 없는 한 선행 도시계획은 후행 도시계획과 같은 내용으로 적법하게 변경되었다고 할 것이다.

② 행정주체가 행정계획을 입안·결정하는 데에는 광범위한 계획재량을 가지더라도, 행정계획에 관련된 자들의 이익을 공익 상호 간과 사익 상호 간까지 비교·교량하여야 할 필요는 없다.

③ 국토이용계획은 계획의 확정 후에 어떤 사정의 변동이 있다고 하여 지역주민이나 일반 이해관계인에게 일일이 그 계획의 변경을 신청할 권리를 인정하여 줄 수 없음이 원칙이다.

④ 도시계획구역 내 토지 등을 소유하고 있는 주민은 입안권자에게 도시계획입안을 요구할 수 있는 법규상 또는 조리상의 신청권이 있다.

⑤ 택지개발 예정지구 지정처분은 광범위한 재량행위라고 할 것이므로 그 재량권의 일탈·남용이 없는 이상 그 처분을 위법하다고 할 수 없다.

해설

[❶ ▸ O] 도시계획의 결정·변경 등에 관한 권한을 가진 행정청은 이미 도시계획이 결정·고시된 지역에 대하여도 다른 내용의 도시계획을 결정·고시할 수 있고, 이때에 후행 도시계획에 선행 도시계획과 서로 양립할 수 없는 내용이 포함되어 있다면, 특별한 사정이 없는 한 선행 도시계획은 후행 도시계획과 같은 내용으로 변경되는 것이라고 보아야 한다(대판 2000.9.8. 99두11257).

[❷ ▸ ×] 행정주체가 택지개발 예정지구 지정 처분과 같은 행정계획을 입안·결정하는 데에는 비록 광범위한 계획재량을 갖고 있지만 행정계획에 관련된 자들의 이익을 공익과 사익 사이에서는 물론, 공익 상호 간과 사익 상호 간에도 정당하게 비교·교량하여야 한다(대판 1997.9.26. 96누10096).

[❸ ▸ O] 구 국토이용관리법상 주민이 국토이용계획의 변경에 대하여 신청을 할 수 있다는 규정이 없을 뿐만 아니라, 원칙적으로는 그 계획이 일단 확정된 후에 어떤 사정의 변동이 있다고 하여 그러한 사유만으로는 지역주민이나 일반 이해관계인에게 일일이 그 계획의 변경을 신청할 권리를 인정하여 줄 수는 없을 것이지만, 장래 일정한 기간 내에 관계 법령이 규정하는 시설 등을 갖추어 일정한 행정처분을 구하는 신청을 할 수 있는 법률상 지위에 있는 자의 국토이용계획변경신청을 거부하는 것이 실질적으로 당해 행정처분 자체를 거부하는 결과가 되는 경우에는 예외적으로 그 신청인에게 국토이용계획변경을 신청할 권리가 인정된다고 봄이 상당하므로, 이러한 신청에 대한 거부행위는 항고소송의 대상이 되는 행정처분에 해당한다(대판 2003.9.23. 2001두10936).

[❹ ▸ O] 도시계획구역 내 토지 등을 소유하고 있는 주민으로서는 입안권자에게 도시계획입안을 요구할 수 있는 법규상 또는 조리상의 신청권이 있다고 할 것이고, 이러한 신청에 대한 거부행위는 항고소송의 대상이 되는 행정처분에 해당한다(대판 2004.4.28. 2003두1806).

[❺ ▸ O] 택지개발 예정지구 지정처분은 건설교통부장관이 법령의 범위 내에서 도시지역의 시급한 주택난 해소를 위한 택지를 개발·공급할 목적으로 주택정책상의 전문적·기술적 판단에 기초하여 행하는 일종의 행정계획으로서 재량행위라고 할 것이므로 그 재량권의 일탈·남용이 없는 이상 그 처분을 위법하다고 할 수 없다(대판 1997.9.26. 96누10096).

핵심정리 **행정계획**

① 도시계획이 결정·고시된 지역에 다른 도시계획을 결정·고시한 경우
→ 선행 도시계획은 후행 도시계획과 같은 내용으로 변경된 것

② 광범위한 계획재량이 인정되는 경우 → 공익 상호 간과 사익 상호 간 비교·교량의 필요

③ 국토이용계획의 확정 후에 사정의 변동이 있는 경우
→ 원칙적으로 계획의 변경을 신청할 권리 ×

④ 도시계획구역 내 토지 등을 소유한 주민
→ 도시계획입안을 요구할 수 있는 법규상·조리상 신청권 O

⑤ 택지개발 예정지구 지정처분에 재량권의 일탈·남용이 없는 경우 → 처분은 적법 O

답 ❷

081 공법상 계약에 관한 설명으로 옳은 것은?

□□□ 23 행정사 제11회

① 「행정절차법」은 공법상 계약의 절차에 관한 일반법이다.

② 행정청은 공법상 계약의 상대방을 선정하고 계약 내용을 정할 때 공법상 계약의 공공성만을 고려하여야 하고 제3자의 이해관계를 고려하여서는 아니 된다.

③ 행정청이 공법상 계약을 체결하는 경우 계약의 목적 및 내용을 명확하게 적은 계약서를 작성하여야 한다.

④ 공법상 계약에는 법률우위의 원칙이 적용되지 않는다.

⑤ 행정청이 공법상 계약을 체결할 때 법령등에 따른 관계 행정청의 동의, 승인 등이 필요하다고 하여 이를 모두 거쳐야 하는 것은 아니다.

해설

[❶ ▸ ×] 「행정절차법」은 공법상 계약에 관하여 규정하고 있지 않다. 「행정기본법」에서 공법상 계약에 관한 규정(제27조)을 두고 있는데, 행정기본법 제27조는 공법상 계약에 관한 일반법이다. 따라서 공법상 계약에 관한 특별한 규정이 없으면 행정기본법 제27조가 적용된다.

[❷ ▸ ×] [❸ ▸ ○] 행정기본법 제27조

> **행정기본법 제27조(공법상 계약의 체결)** ① 행정청은 법령등을 위반하지 아니하는 범위에서 행정목적을 달성하기 위하여 필요한 경우에는 공법상 법률관계에 관한 계약(이하 "공법상 계약"이라 한다)을 체결할 수 있다. 이 경우 계약의 목적 및 내용을 명확하게 적은 계약서를 작성하여야 한다.❸
> ② 행정청은 공법상 계약의 상대방을 선정하고 계약 내용을 정할 때 공법상 계약의 공공성과 제3자의 이해관계를 고려하여야 한다.❷

[❹ ▸ ×] 다른 행정작용과 마찬가지로 공법상 계약에도 '법률우위의 원칙'이 적용된다. 행정기본법에서도 "법령등을 위반하지 아니하는 범위에서" 공법상 계약을 체결할 수 있다고 규정함으로써(제27조 제1항), 공법상 계약에 법률우위의 원칙이 적용됨을 분명히 하고 있다.

[❺ ▸ ×] 행정청은 법 제27조에 따라 공법상 법률관계에 관한 계약을 체결할 때 법령등에 따른 관계 행정청의 동의, 승인 또는 협의 등이 필요한 경우에는 이를 모두 거쳐야 한다(행정기본법 시행령 제6조).

핵심정리

공법상 계약

① 행정절차법에는 공법상 계약에 관한 규정 ×
 ⋯▸ 행정기본법 제27조 : 공법상 계약에 관한 일반법 ○
② 공법상 계약의 상대방을 선정하고 계약 내용을 정할 때
 ⋯▸ 행정청은 공법상 계약의 공공성과 제3자의 이해관계를 고려하여야 함
③ 공법상 계약의 형식적 요건 ⋯▸ 행정청은 계약서를 작성 ○
④ 공법상 계약
 ⋯▸ 법률우위의 원칙 적용 ○
 ⋯▸ 법률유보의 원칙 적용 × (다수설)
⑤ 공법상 계약의 절차적 요건
 ⋯▸ 법령등에 따른 관계 행정청의 동의, 승인 등이 필요한 경우 이를 모두 거쳐야 함

답 ❸

082 공법상 계약에 관한 설명으로 옳지 않은 것은?(다툼이 있으면 판례에 따름) 24 행정사 제12회

□□□

① 공법상 계약에는 법률우위의 원칙이 적용된다.
② 공법상 계약의 체결 시 계약의 목적 및 내용을 명확하게 적은 계약서를 작성하여야 한다.
③ 공법상 계약에 따른 권리·의무의 확인 소송은 공법상 당사자소송에 의한다.
④ 확약은 일방적 행위라는 점에서 복수당사자의 의사의 합치인 공법상 계약과는 구분된다.
⑤ 「국가를 당사자로 하는 계약에 관한 법률」에 따라 국가가 당사자가 되는 공공계약은 공법상 계약에 해당한다.

해설

[❶ ▸ O] 다른 행정작용과 마찬가지로 **공법상 계약**에도 '**법률우위의 원칙**'**이 적용**된다. 행정기본법에서도 "법령등을 위반하지 아니하는 범위에서" 공법상 계약을 체결할 수 있다고 규정함으로써(행정기본법 제27조 제1항), 공법상 계약에 법률우위의 원칙이 적용됨을 분명히 하고 있다.

[❷ ▸ O] 행정기본법 제27조

행정기본법 제27조(공법상 계약의 체결) ① 행정청은 법령등을 위반하지 아니하는 범위에서 행정목적을 달성하기 위하여 필요한 경우에는 공법상 법률관계에 관한 계약(이하 "공법상 계약"이라 한다)을 체결할 수 있다. 이 경우 계약의 목적 및 내용을 명확하게 적은 계약서를 작성하여야 한다.
② 행정청은 공법상 계약의 상대방을 선정하고 계약 내용을 정할 때 공법상 계약의 공공성과 제3자의 이해관계를 고려하여야 한다.

[❸ ▸ O] 공법상 계약에 따른 권리·의무의 확인 소송은 공법상 당사자소송에 의한다.

행정소송규칙 제19조 (당사자소송의 대상) 당사자소송은 다음 각 호의 소송을 포함한다.
4. 공법상 계약에 따른 권리·의무의 확인 또는 이행청구 소송
[2023.8.31. 제정]

[❹ ▸ O] 확약은 장래에 어떤 행정행위를 하거나 하지 아니할 것을 약속하는 행정청의 의사표시를 말한다. **확약은 일방적·고권적 의사표시**라는 점에서 복수당사자의 의사의 합치를 요소로 하는 **공법상 계약**과 구별된다.

[❺ ▸ ×] 「국가를 당사자로 하는 계약에 관한 법률」에 따라 국가가 당사자가 되는 공공계약은 **사법상 계약에 해당**한다.

국가를 당사자로 하는 계약이나 공공기관의 운영에 관한 법률의 적용 대상인 공기업이 일방 당사자가 되는 계약(이하 편의상 '공공계약'이라 한다)은 국가 또는 공기업(이하 '국가 등'이라 한다)이 사경제의 주체로서 상대방과 대등한 지위에서 체결하는 사법(私法)상의 계약으로서 본질적인 내용은 사인 간의 계약과 다를 바가 없으므로, 법령에 특별한 정함이 있는 경우를 제외하고는 서로 대등한 입장에서 당사자의 합의에 따라 계약을 체결하여야 하고 당사자는 계약의 내용을 신의성실의 원칙에 따라 이행하여야 하는 등(구 국가를 당사자로 하는 계약에 관한 법률(이하 '국가계약법'이라 한다) 제5조 제1항) 사적 자치와 계약자유의 원칙을 비롯한 사법의 원리가 원칙적으로 적용된다 (대판 2017.12.21. 2012다74076[전합]).

핵심정리

공법상 계약

① 공법상 계약
⋯→ 법률우위의 원칙 적용 O
⋯→ 법률유보의 원칙 적용 × (다수설)
② 공법상 계약의 체결 ⋯→ 계약의 목적 및 내용을 명확하게 적은 계약서를 작성해야 함
③ 공법상 계약에 따른 권리·의무의 확인 소송 ⋯→ 공법상 당사자소송
④ 확약과 공법상 계약의 구별
⋯→ 확약 : 일방적 행위
⋯→ 공법상 계약 : 복수당사자의 의사의 합치
⑤ 「국가를 당사자로 하는 계약에 관한 법률」에 따라 국가가 당사자가 되는 공공계약
⋯→ 사법상 계약 O

답 ❺

083 A시는 조례에 근거하여 甲회사와 생활폐기물수집·운반대행위탁계약을 체결하였다. 이 계약에 관한 설명으로 옳은 것은?(다툼이 있으면 판례에 따름)

□□□ 21 행정사 제9회

① 사법상 계약으로 계약자유의 원칙이 적용된다.
② 국가를 당사자로 하는 계약에 관한 법률이 적용된다.
③ 계약의 체결에 관한 다툼은 공법상 당사자소송에 의한다.
④ 계약절차에는 행정절차법이 적용된다.
⑤ 계약의 해지 통보에 관한 다툼은 취소소송에 의한다.

해설

[❶ ▸ O] 지방자치단체가 일방 당사자가 되는 이른바 '공공계약'이 사경제의 주체로서 상대방과 대등한 위치에서 체결하는 **사법상 계약**에 해당하는 경우 그에 관한 법령에 특별한 정함이 있는 경우를 제외하고는 사적 자치와 **계약자유의 원칙 등 사법의 원리가 그대로 적용**된다(대판 2018.2.13. 2014두11328).

[❷ ▸ ×] 지방자치단체인 A시가 일방 당사자가 되어 甲회사와 생활폐기물수집·운반대행위탁계약을 체결하였으므로,「국가를 당사자로 하는 계약에 관한 법률」이 아니라 **「지방자치단체를 당사자로 하는 계약에 관한 법률」이 적용**된다.

[❸ ▸ ×] [❺ ▸ ×] 판례의 취지를 고려할 때 A시와 甲회사와 생활폐기물수집·운반대행위탁계약은 사법상 계약에 해당하므로 계약의 체결과 해지통보에 대한 다툼은 민사소송에 의하게 된다.

> 이 사건 최초계약과 변경계약은 피고(진주시)가 원고들(甲회사 등)에게 음식물류 폐기물의 수집·운반, 가로 청소, 재활용품의 수집·운반 업무의 대행을 위탁하고 그에 대한 대행료를 지급하는 것을 내용으로 하는 용역계약으로서 이 사건 변경계약에 따른 대행료 정산의무의 존부는 민사 법률관계에 해당하므로 이를 소송물로 다투는 소송은 민사소송에 해당하는 것으로 보아야 한다(대판 2018.2.13. 2014두11328).

[❹ ▸ ×] 행정절차법은 처분, 신고, 확약, 위반사실 등의 공표, 행정계획, 행정상 입법예고, 행정예고 및 행정지도의 절차에 적용된다(행정절차법 제3조 제1항). 행정절차법은 **공법상 계약절차**는 물론 **사법상 계약절차**에도 적용되지 않는다.

핵심정리

지방자치단체가 사인과 체결한 생활폐기물수집·운반대행위탁계약
① 사법상 계약에 해당 → 계약자유의 원칙 적용 O
② 「국가를 당사자로 하는 계약에 관한 법률」 적용 ×
→ 「지방자치단체를 당사자로 하는 계약에 관한 법률」 적용 O
③, ⑤ 계약의 체결에 관한 다툼 or 계약의 해지 통보에 관한 다툼 → 민사소송의 대상 O
④ 사법상 계약이므로 행정절차법 적용 ×

 ❶

084 ☐☐☐ **확약에 관한 설명으로 옳지 않은 것은?(다툼이 있으면 판례에 따름)** 22 행정사 제10회

① 확약은 일방적 행위라는 점에서 복수당사자의 의사의 합치인 공법상 계약과는 구분된다.
② 확약은 종국적 규율이 아니라는 점에서 종국적 규율을 하는 사전결정이나 부분허가와 구분된다.
③ 어업권면허에 선행하는 우선순위결정은 강학상 확약에 불과하고 행정처분은 아니다.
④ 확약 이후에 사실상태 또는 법적 상태가 변경된 경우에도 확약의 구속성이 상실되기 위해서는 행정청의 별도의 의사표시가 있어야 한다.
⑤ 확약은 정당한 권한을 가진 행정청에 의해서 그 권한의 범위 내에서만 발해질 수 있다.

해설

[❶ ▸ O] 확약은 장래에 어떤 행정행위를 하거나 하지 아니할 것을 약속하는 행정청의 의사표시를 말한다. 확약은 일방적·고권적 의사표시라는 점에서 쌍방 간에 의사표시의 합치를 요소로 하는 공법상 계약과 구별된다.

[❷ ▸ O] 확약은 일정한 행정행위에 대한 약속에 불과하므로 종국적인 의사표시(종국적 규율)가 아니라는 점에서, 그 자체로 종국적 규율성을 가지며 행정행위에 해당하는 사전결정이나 부분허가와 구별하여야 한다.

[❸ ▸ O] 어업권면허에 선행하는 우선순위결정은 행정청이 우선권자로 결정된 자의 신청이 있으면 어업권면허처분을 하겠다는 것을 약속하는 행위로서 강학상 확약에 불과하고 행정처분은 아니므로, 우선순위결정에 공정력이나 불가쟁력과 같은 효력은 인정되지 아니한다(대판 1995.1.20. 94누6529).

[❹ ▸ ×] 확약 또는 공적인 의사표명이 있은 후에 사실적·법률적 상태가 변경되었다면, 그와 같은 확약 또는 공적인 의사표명은 행정청의 별다른 의사표시를 기다리지 않고 실효된다(대판 1996.8.20. 95누10877).

> **행정절차법 제40조의2(확약)** ① 법령등에서 당사자가 신청할 수 있는 처분을 규정하고 있는 경우 행정청은 당사자의 신청에 따라 장래에 어떤 처분을 하거나 하지 아니할 것을 내용으로 하는 의사표시(이하 "확약"이라 한다)를 할 수 있다.
> ② 확약은 문서로 하여야 한다.
> ③ 행정청은 다른 행정청과의 협의 등의 절차를 거쳐야 하는 처분에 대하여 확약을 하려는 경우에는 확약을 하기 전에 그 절차를 거쳐야 한다.
> ④ 행정청은 다음 각 호의 어느 하나에 해당하는 경우에는 확약에 기속되지 아니한다.
> 1. 확약을 한 후에 확약의 내용을 이행할 수 없을 정도로 법령등이나 사정이 변경된 경우
> 2. 확약이 위법한 경우
>
> ⑤ 행정청은 확약이 제4항 각 호의 어느 하나에 해당하여 확약을 이행할 수 없는 경우에는 지체 없이 당사자에게 그 사실을 통지하여야 한다.

[❺ ▸ O] 확약은 약속된 행정행위에 대한 정당한 권한을 가진 행정청에 의해서 그 권한의 범위 내에서만 발해질 수 있다.

핵심정리

확 약
① 확약은 행정청의 일방적 행위 → 복수당사자의 의사의 합치인 공법상 계약과 구분
② 확약은 종국적 규율 × → 종국적 규율에 해당하는 사전결정이나 부분허가와 구분
③ 어업권면허에 선행하는 우선순위결정 → 강학상 확약 ○ (행정처분 ×)
④ 확약 이후에 사실상태 또는 법적 상태가 변경된 경우
→ 행정청의 별도의 의사표시 없이도 확약은 실효 ○
⑤ 확약의 적법요건
→ 정당한 권한을 가진 행정청에 의해서 그 권한의 범위 내에서만 발해질 수 있음

답 ❹

085 행정절차법상 행정지도에 관한 설명으로 옳지 않은 것은? 13 행정사 제1회

□□□

① 행정지도는 상대방의 의사에 반하여 부당하게 강요하여서는 아니 된다.
② 행정기관은 행정지도의 상대방이 행정지도에 따르지 아니하였다는 것을 이유로 불이익한 조치를 하여서는 아니 된다.
③ 행정지도는 법적 행위가 아니라 비권력적 사실행위에 불과하므로 비례원칙이 적용되지 아니한다.
④ 행정지도의 상대방은 해당 행정지도의 방식·내용 등에 관하여 행정기관에 의견제출을 할 수 있다.
⑤ 행정지도를 하는 자는 그 상대방에게 그 행정지도의 취지 및 내용과 신분을 밝혀야 한다.

해설

[❶ ▸ O] 행정지도는 그 목적 달성에 필요한 최소한도에 그쳐야 하며, 행정지도의 상대방의 의사에 반하여 부당하게 강요하여서는 아니 된다(행정절차법 제48조 제1항).

[❷ ▸ O] 행정기관은 행정지도의 상대방이 행정지도에 따르지 아니하였다는 것을 이유로 불이익한 조치를 하여서는 아니 된다(행정절차법 제48조 제2항).

[❸ ▸ X] 행정지도가 상대방의 임의적 협력을 전제로 하는 비권력적 사실행위라고 하더라도(제48조 제1항 후단), 행정지도가 행정작용인 이상 법률우위의 원칙에 따라 행정법의 일반원칙을 포함한 모든 법에 위반하여서는 안 된다는 실체법상의 한계를 가진다. 행정절차법도 "행정지도는 그 목적 달성에 필요한 최소한도에 그쳐야 한다"고 규정하여(제48조 제1항 전단), 비례의 원칙을 명문화하고 있다.

[❹ ▸ O] 행정지도의 상대방은 해당 행정지도의 방식·내용 등에 관하여 행정기관에 의견제출을 할 수 있다(행정절차법 제50조).

[❺ ▸ O] 행정지도를 하는 자는 그 상대방에게 그 행정지도의 취지 및 내용과 신분을 밝혀야 한다(행정절차법 제49조 제1항).

핵심정리

행정지도

①, ②, ③ 행정지도의 원칙(행정절차법 제48조)
→ 비례의 원칙 : 행정지도는 그 목적 달성에 필요한 최소한도에 그쳐야 함
→ 임의성의 원칙 : 행정지도는 상대방의 의사에 반하여 부당하게 강요 ×
→ 불이익한 조치의 금지 : 행정기관은 상대방이 행정지도에 따르지 아니하였음을 이유로 불이익한 조치 ×

④ 행정지도의 상대방의 의견제출 → 행정지도의 방식·내용에 관하여 행정기관에 의견제출 가능
⑤ 행정지도의 방식 → 행정지도를 하는 자는 행정지도의 취지 및 내용과 신분을 밝혀야 함

답 ❸

086 행정작용에 관한 설명으로 옳은 것은?(다툼이 있으면 판례에 따름) 22 행정사 제10회

□□□

① 행정계획은 사인의 신뢰보호를 위해 일반적으로 계획존속청구권이 인정된다.

② 행정사법작용에는 사적 자치의 원칙이 통용되므로 공법적 제한을 받지 않는다.

③ 사실행위는 법적 효과의 제거대상이 될 수 없으므로, 권력적인지 비권력적인지를 불문하고 항고소송의 대상인 처분성이 인정되지 않는다.

④ 계약직공무원에 대한 채용계약해지를 함에 있어서는 행정절차법에 의하여 그 근거와 이유를 제시할 필요가 없다.

⑤ 행정지도는 상대방의 임의적인 협력을 구하는 것이므로, 법률우위의 원칙은 적용되지 않는다.

해설

[❶ ▸ ×] 계획존속청구권은 개인의 신뢰보호가 공익에 대하여 일방적인 우선권을 가지는 경우를 전제로 하기 때문에 원칙적으로 인정되지 아니한다. 다만, 법률의 형식에 의한 행정계획의 경우 계획존속에 대한 개인의 신뢰가 계획변경에 대한 공익보다 우월한 경우에는 예외적으로 계획존속청구권이 성립할 수 있고, 행정행위의 형식에 의한 행정계획의 경우에는 행정행위의 취소와 철회의 제한의 법리에 따라 개인의 신뢰가 보호받는 경우가 있을 수 있다.

[❷ ▸ ×] 행정사법관계란 행정주체가 사법형식에 의해 공행정(공적 임무)을 수행함에 있어 국민(사인)과 맺는 법률관계를 말한다. 사법형식에 의한 행정이 행해질 수 있는 대표적인 영역은 급부행정(예 철도사업, 시영버스사업, 쓰레기처리사업 등)과 자금지원행정(예 보조금의 지급, 융자)이다. 행정사법관계는 사법형식에 의해 규율되는 법률관계이므로 기본적으로 사법관계이며 사법에 의해 규율된다. 그러나 실질은 공행정이므로 일정한 공법원리(예 평등원칙, 비례의 원칙, 신뢰보호의 원칙, 부당결부금지의 원칙 등)에 의한 제한을 받는다.

[❸ ▸ ×] 행정상의 사실행위 중 권력적 사실행위는 공권력의 행사에 해당하여 처분성이 인정되므로 항고쟁송의 대상이 된다는 것이 학설 · 판례의 일반적인 태도이다.

> 헌법재판소도 "단추 달린 남방형 티셔츠에 대하여 휴대를 불허한 이 사건 행위는 이른바 '권력적 사실행위'로서 행정소송법 및 행정심판법의 대상이 되는 '행정청이 행하는 구체적 사실에 대한 법집행으로서의 공권력의 행사'에 해당한다"고 판시하여(헌재 2002.8.5. 2002헌마462), 권력적 사실행위의 처분성을 명시적으로 인정하였다.

[❹ ▸ ○] 계약직공무원에 관한 현행 법령의 규정에 비추어 볼 때, 계약직공무원 채용계약해지의 의사표시는 일반공무원에 대한 징계처분과는 달라서 항고소송의 대상이 되는 처분 등의 성격을 가진 것으로 인정되지 아니하고, 일정한 사유가 있을 때에 국가 또는 지방자치단체가 채용계약 관계의 한쪽 당사자로서 대등한 지위에서 행하는 의사표시로 취급되는 것으로 이해되므로, 이를 징계해고 등에서와 같이 그 징계사유에 한하여 효력 유무를 판단하여야 하거나, 행정처분과 같이 행정절차법에 의하여 근거와 이유를 제시하여야 하는 것은 아니다(대판 2002.11.26. 2002두5948).

☞ 공법상 계약에는 행정절차법이 적용되지 않는다.

[❺ ▸ ×] 행정지도가 상대방의 임의적 협력을 전제로 하는 비권력적 사실행위라고 하더라도(행정절차법 제48조 제1항 후단), 행정지도가 행정작용인 이상 법률우위의 원칙에 따라 행정법의 일반원칙을 포함한 모든 법에 위반하여서는 안 된다는 실체법상의 한계를 가진다.

핵심정리

행정작용 일반(행정계획, 행정사법작용, 사실행위, 공법상계약, 행정지도)

① 계획존속청구권 ⇢ 원칙적으로 인정 ×
② 행정사법작용 ⇢ 평등의 원칙 등 공법적 원리에 의한 제한 ○
③ 권력적 사실행위 ⇢ 처분성 ○
④ 계약직공무원에 대한 채용계약해지 (공법상 계약의 해지에 해당 ○)
⇢ 공법상 계약절차에는 행정절차법 적용 ×
⇢ 행정절차법(제23조)에 따라 그 근거와 이유를 제시할 필요 ×
⑤ 행정지도 ⇢ 법률우위의 원칙 적용 ○

답 ❹

087 행정지도에 관한 설명으로 옳지 않은 것은?(다툼이 있으면 판례에 따름) 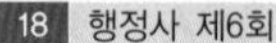

□□□

① 주택법에 따라 시장이 사업주체가 건설할 주택을 공업화주택으로 건설하도록 사업주체에게 권고한 것은 행정지도에 해당한다.

② 행정절차법은 행정지도에 법적 근거가 요구되는지에 대하여 규정하고 있지 않다.

③ 행정기관은 조직법상 주어진 권한의 범위 밖에서도 행정지도를 할 수 있다.

④ 행정지도에는 개별법상 명시적 규정의 유무를 불문하고 행정법의 일반원칙이 적용된다.

⑤ 사인의 행위가 위법한 행정지도에 따른 것이라는 사유만으로는 위법성이 조각되지 않는다.

해설

[❶ ▸ O] 시장은 사업주체가 건설할 주택을 공업화주택으로 건설하도록 사업주체에게 권고할 수 있는데(주택법 제53조 제1항), 이러한 권고는 행정절차법 제2조 제3호의 행정지도에 해당한다.

> **행정절차법 제2조(정의)** 이 법에서 사용하는 용어의 뜻은 다음과 같다.
> 3. "행정지도"란 행정기관이 그 소관 사무의 범위에서 일정한 행정목적을 실현하기 위하여 특정인에게 일정한 행위를 하거나 하지 아니하도록 지도, 권고, 조언 등을 하는 행정작용을 말한다.

[❷ ▸ O] 행정절차법은 행정지도의 원칙과 방식 등에 대해서는 규정하고 있으나, 행정지도에 법적 근거를 요하는지 여부에 대해서는 규정하고 있지 아니하다. 한편, 행정지도에 따를 것인지의 여부가 상대방인 국민의 임의적 결정에 달려 있으므로 행정지도에는 법적 근거가 없어도 된다는 것이 다수설 입장이다.

[❸ ▸ ×] 행정지도는 해당 행정기관의 권한 범위 내에서 행해져야 한다. 권한의 범위를 넘는 행정지도는 무권한의 하자가 있어 위법하게 된다.

[❹ ▸ O] 개별법상 명시적 규정의 유무를 불문하고 행정지도에는 행정법의 일반원칙이 적용된다. 한편, 2021.3.23. 제정된 행정기본법에서 그동안 학설과 판례에 따라 확립된 원칙인 평등의 원칙(제9조), 비례의 원칙(제10조), 성실의무 및 권한남용금지의 원칙(제11조), 신뢰보호의 원칙(제12조), 부당결부금지의 원칙(제13조)을 명문으로 규정함으로써 그동안 불문법원으로 인정되어 왔던 행정법의 일반원칙이 성문화되었다.

[❺ ▸ O] 사인의 행위가 위법한 행정지도에 따라 행해진 경우라고 하더라도 그 사인의 행위의 위법성이 조각되지는 않는다(대판 1994.6.14. 93도3247 참조).

> 행정관청이 국토이용관리법 소정의 토지거래계약신고에 관하여 공시된 기준시가를 기준으로 매매가격을 신고하도록 행정지도를 하여 그에 따라 허위신고를 한 것이라 하더라도 이와 같은 행정지도는 법에 어긋나는 것으로서 그와 같은 행정지도나 관행에 따라 허위신고행위에 이르렀다고 하여도 이것만 가지고서는 그 범법행위가 정당화될 수 없다(대판 1994.6.14. 93도3247).

핵심정리

행정지도

① 시장이 주택을 공업화주택으로 건설하도록 사업주체에게 권고한 경우 → 행정지도에 해당 O
② 행정절차법 → 행정지도에 법적 근거가 요구되는지 여부에 대한 규정 ×
③ 행정지도의 한계 → 행정기관은 행정조직법상 권한 범위 밖에서 행정지도 ×
④ 행정지도 → 개별법상 명시적 규정 유무를 불문하고 행정법의 일반원칙 적용 O
⑤ 사인의 행위가 위법한 행정지도를 따른 것이라는 사유 → 위법성 조각 ×

답 ❸

088 행정지도에 관한 설명으로 옳지 않은 것은?(다툼이 있으면 판례에 따름) 15 행정사 제3회

□□□

① 행정지도의 상대방은 해당 행정지도의 방식 · 내용 등에 관하여 행정기관에 의견제출을 할 수 있다.

② 행정기관은 행정지도의 상대방이 행정지도에 따르지 아니하였다는 것을 이유로 불이익한조치를 하여서는 안 된다.

③ 행정지도는 일정한 법적 효과의 발생을 목적으로 하는 처분이다.

④ 법치주의의 붕괴, 책임소재의 불분명으로 인한 책임행정의 이탈 등은 행정지도의 문제점에 해당된다.

⑤ 주무부처 장관의 대학총장들에 대한 학칙시정요구는 규제적 · 구속적 성격이 강하기 때문에 헌법소원의 대상이 된다.

해설

[❶ ▸ O] 행정지도의 상대방은 해당 행정지도의 방식 · 내용 등에 관하여 행정기관에 의견제출을 할 수 있다(행정절차법 제50조).

[❷ ▸ O] 행정기관은 행정지도의 상대방이 행정지도에 따르지 아니하였다는 것을 이유로 불이익한 조치를 하여서는 아니 된다(행정절차법 제48조 제2항).

[❸ ▸ ×] 행정지도는 상대방의 임의적 협력을 전제로 하는 비권력적 사실행위로 아무런 법적 효과를 발생시키지 아니한다. 따라서 행정지도는 항고소송의 대상인 행정처분에 해당하지 아니한다. 판례도 행정지도의 처분성을 부정한다(대판 1996.3.22. 96누433; 대판 1980.10.27. 80누395 참조).

[❹ ▸ O] 행정지도는 법적 근거 없이도 가능하고 행정지도로 인하여 국민의 권익이 침해된 경우에도 행정구제수단이 불완전하다 점에서 법치주의(법치행정의 원리)의 관점에서 문제가 있다. 또한 책임소재의 불분명으로 인한 책임행정에서 이탈된다는 문제점도 지적되고 있다.

[❺ ▸ O] 교육인적자원부장관의 대학총장들에 대한 이 사건 학칙시정요구는 고등교육법 제6조 제2항, 동법 시행령 제4조 제3항에 따른 것으로서 그 법적 성격은 대학총장의 임의적인 협력을 통하여 사실상의 효과를 발생시키는 행정지도의 일종이지만, 그에 따르지 않을 경우 일정한 불이익조치를 예정하고 있어 사실상 상대방에게 그에 따를 의무를 부과하는 것과 다를 바 없으므로 단순한 행정지도로서의 한계를 넘어 규제적 · 구속적 성격을 상당히 강하게 갖는 것으로서 헌법소원의 대상이 되는 공권력의 행사라고 볼 수 있다(헌재 2003.6.26. 2002헌마337).

핵심정리

행정지도

① 행정지도의 상대방의 의견제출 ⟶ 행정지도의 방식 · 내용에 관하여 행정기관에 의견제출 가능

② 불이익한 조치의 금지 ⟶ 행정기관은 상대방이 행정지도에 따르지 아니하였음을 이유로 불이익한 조치 ×

③ 행정지도 ⟶ 상대방의 임의적 협력을 전제로 하는 비권력적 사실행위로 행정처분 ×

④ 행정지도의 문제점 ⟶ 법치주의의 붕괴, 책임소재의 불분명에 의한 책임행정의 이탈

⑤ 주무부처 장관의 대학총장들에 대한 학칙시정요구 ⟶ 헌법소원의 대상 O

답 ❸

089 행정지도에 관한 설명으로 옳지 않은 것은?

□□□

23 행정사 제11회

① 행정지도를 반드시 서면으로 해야 하는 것은 아니다.

② 행정기관은 행정지도의 상대방이 행정지도에 따르지 아니하였다는 것을 이유로 불이익한 조치를 하여서는 아니 된다.

③ 행정기관이 같은 행정목적을 실현하기 위하여 많은 상대방에게 행정지도를 하려는 경우에는 특별한 사정이 없으면 행정지도에 공통적인 내용이 되는 사항을 공표하여야 한다.

④ 행정지도의 상대방은 해당 행정지도의 내용뿐만 아니라 행정지도의 방식에 관해서도 행정기관에 의견제출을 할 수 있다.

⑤ 「행정기본법」은 임의성의 원칙 등 행정지도의 원칙에 관하여 규정하고 있다.

해설

[❶ ▸ O] "행정지도"란 행정기관이 그 소관 사무의 범위에서 일정한 행정목적을 실현하기 위하여 특정인에게 일정한 행위를 하거나 하지 아니하도록 지도, 권고, 조언 등을 하는 행정작용을 말한다(행정절차법 제2조 제3호). 행정지도는 서면뿐만 아니라 말로도 할 수 있다(행정절차법 제49조 제2항).

> **행정절차법 제49조(행정지도의 방식)** ① 행정지도를 하는 자는 그 상대방에게 그 행정지도의 취지 및 내용과 신분을 밝혀야 한다.
> ② 행정지도가 말로 이루어지는 경우에 상대방이 제1항의 사항을 적은 서면의 교부를 요구하면 그 행정지도를 하는 자는 직무 수행에 특별한 지장이 없으면 이를 교부하여야 한다.

[❷ ▸ O] 행정기관은 행정지도의 상대방이 행정지도에 따르지 아니하였다는 것을 이유로 불이익한 조치를 하여서는 아니 된다(행정절차법 제48조 제2항).

[❸ ▸ O] 행정기관이 같은 행정목적을 실현하기 위하여 많은 상대방에게 행정지도를 하려는 경우에는 특별한 사정이 없으면 행정지도에 공통적인 내용이 되는 사항을 공표하여야 한다(행정절차법 제51조).

[❹ ▸ O] 행정지도의 상대방은 해당 행정지도의 방식·내용 등에 관하여 행정기관에 의견제출을 할 수 있다(행정절차법 제50조).

[❺ ▸ ×] 행정기본법이 아니라 행정절차법에서 임의성의 원칙 등 행정지도의 원칙에 관하여 규정하고 있다.

> **행정절차법 제48조(행정지도의 원칙)** ① 행정지도는 그 목적 달성에 필요한 최소한도에 그쳐야 하며, 행정지도의 상대방의 의사에 반하여 부당하게 강요하여서는 아니 된다.
> ② 행정기관은 행정지도의 상대방이 행정지도에 따르지 아니하였다는 것을 이유로 불이익한 조치를 하여서는 아니 된다.

핵심정리

행정지도

① 행정지도의 방식 → 서면 or 말 ○

② 불이익한 조치의 금지

→ 행정기관은 상대방이 행정지도에 따르지 아니하였음을 이유로 불이익한 조치 ×

③ 다수인을 대상으로 하는 행정지도

→ 행정기관은 행정지도에 공통적인 내용이 되는 사항의 공표의무 ○

④ 행정지도의 상대방은 해당 행정지도의 방식·내용 등에 관하여 행정기관에 의견제출 가능

⑤ 임의성의 원칙 등 행정지도의 원칙 → 행정절차법에 규정 ○ (행정기본법에 규정 ×)

답 ❺

090 행정지도에 관한 설명으로 옳지 않은 것은?(다툼이 있으면 판례에 따름) 20 행정사 제8회

□□□

① 행정지도는 상대방의 협력을 전제로 법적 효과의 발생을 목적으로 하는 행정청의 의사표시이다.
② 행정지도의 상대방은 해당 행정지도의 방식·내용에 관하여 행정기관에 의견제출을 할 수 있다.
③ 행정기관은 상대방이 행정지도에 따르지 않았다는 이유로 불이익한 조치를 하여서는 아니 된다.
④ 행정지도를 하는 자는 상대방에게 행정지도의 취지 및 내용과 신분을 밝혀야 한다.
⑤ 행정지도는 국가배상법 제2조의 직무행위에 해당한다.

해설

[❶ ▸ ×] 행정지도는 상대방의 임의적 협력을 전제로 하는 비권력적 사실행위로 아무런 법적 효과를 발생시키지 아니한다. 따라서 행정지도는 항고소송의 대상인 행정처분에 해당하지 아니한다.

[❷ ▸ ○] 행정지도의 상대방은 해당 행정지도의 방식·내용 등에 관하여 행정기관에 의견제출을 할 수 있다(행정절차법 제50조).

[❸ ▸ ○] 행정기관은 행정지도의 상대방이 행정지도에 따르지 아니하였다는 것을 이유로 불이익한 조치를 하여서는 아니 된다(행정절차법 제48조 제2항).

[❹ ▸ ○] 행정지도를 하는 자는 그 상대방에게 그 행정지도의 취지 및 내용과 신분을 밝혀야 한다(행정절차법 제49조 제1항).

[❺ ▸ ○] 행정지도는 행정목적을 달성하기 위한 비권력적 사실행위이므로 행정지도는 비권력적 공행정작용이다. 통설과 판례는 국가나 지방자치단체의 '비권력적 작용'도 국가배상법이 정한 손해배상청구의 요건인 '공무원의 직무행위'에 포함된다고 본다(대판 2004.4.9. 2002다10691). 따라서 행정지도 역시 국가배상법 제2조의 '공무원의 직무행위'에 해당된다. 다만, 행정지도가 강제성을 띠지 않은 비권력적 작용으로서 행정지도의 한계를 일탈하지 아니하였다면, 그로 인하여 상대방에게 어떤 손해가 발생하였다 하더라도 행정기관은 그에 대한 손해배상책임이 없다(대판 2008.9.25. 2006다18228).

핵심정리

행정지도

① 행정지도의 법적 성질 ⟶ 임의적 협력을 전제로 하는 비권력적 사실행위로 법적 효과 ×
② 행정지도의 상대방의 의견제출 ⟶ 행정지도의 방식·내용에 관하여 행정기관에 의견제출 가능
③ 불이익한 조치의 금지
⟶ 행정기관은 상대방이 행정지도에 따르지 아니하였음을 이유로 불이익한 조치 ×
④ 행정지도의 방식 ⟶ 행정지도를 하는 자는 행정지도의 취지 및 내용과 신분을 밝혀야 함
⑤ 행정지도 ⟶ 국가배상법 제2조의 공무원의 직무행위에 해당 ○

답 ❶

PART 1 PART 2 PART 3

091 □□□ **세무서장 甲은 乙회사에 대한 세무조사를 하면서 乙회사의 주요 거래처인 丙회사에게 乙회사와의 거래를 일정 기간 중지하여 줄 것을 요청하였다(이하, '이 사건요청행위'라고 한다). 이로 인하여 乙회사는 경제적인 불이익을 입게 되었다. 이에 관한 설명으로 옳지 않은 것은?(다툼이 있으면 판례에 따름)**

17 행정사 제5회

① 이 사건 요청행위는 권고 내지 협조를 구하는 권고적 성격의 행위로서 丙의 법률상의 지위에 직접적인 변동을 가져오는 행정처분은 아니다.
② 이 사건 요청행위가 규제적·구속적 성격을 상당히 강하게 가지게 될 경우 헌법소원의 대상이 될 수 있다.
③ 이 사건 요청행위는 乙의 국가배상법상 손해배상청구 요건인 공무원의 직무에 해당하지 않는다.
④ 이 사건 요청행위를 할 때 甲은 그 목적 달성에 필요한 최소한도 내에서 하여야 한다.
⑤ 이 사건 요청행위를 할 때 甲은 丙에게 요청행위의 취지 및 내용과 신분을 밝혀야 한다.

해설

[❶ ▸ O] 세무당국이 소외 회사에 대하여 원고와의 주류거래를 일정 기간 중지하여 줄 것을 요청한 행위는 권고 내지 협조를 요청하는 권고적 성격의 행위로서 소외 회사나 원고의 법률상의 지위에 직접적인 법률상의 변동을 가져오는 행정처분이라고 볼 수 없는 것이므로 항고소송의 대상이 될 수 없다(대판 1980.10.27. 80누395).

[❷ ▸ O] 판례의 취지를 고려할 때 丙회사에 대한 거래중지요청행위(행정지도)가 규제적·구속적 성격을 상당히 강하게 가지게 될 경우 헌법소원의 대상이 될 수 있다.

> 교육인적자원부장관의 대학총장들에 대한 이 사건 학칙시정요구는 고등교육법 제6조 제2항, 동법 시행령 제4조 제3항에 따른 것으로서 그 법적 성격은 대학총장의 임의적인 협력을 통하여 사실상의 효과를 발생시키는 행정지도의 일종이지만, 그에 따르지 않을 경우 일정한 불이익조치를 예정하고 있어 사실상 상대방에게 그에 따를 의무를 부과하는 것과 다를 바 없으므로 단순한 행정지도로서의 한계를 넘어 규제적·구속적 성격을 상당히 강하게 갖는 것으로서 헌법소원의 대상이 되는 공권력의 행사라고 볼 수 있다(헌재 2003.6.26. 2002헌마33).

[❸ ▸ ×] 국가배상법이 정한 배상청구의 요건인 '공무원의 직무'에는 권력적 작용만이 아니라 행정지도와 같은 비권력적 작용도 포함되며 단지 행정주체가 사경제주체로서 하는 활동만 제외된다(대판 1998.7.10. 96다38971). 따라서 비권력적 사실행위인 이 사건 요청행위도 공무원의 직무에 해당한다고 보는 것이 타당하다.

[❹ ▸ O] 행정지도는 그 목적 달성에 필요한 최소한도에 그쳐야 하며, 행정지도의 상대방의 의사에 반하여 부당하게 강요하여서는 아니 된다(행정절차법 제48조 제1항).

[❺ ▸ O] 행정지도를 하는 자는 그 상대방에게 그 행정지도의 취지 및 내용과 신분을 밝혀야 한다(행정절차법 제49조 제1항).

핵심정리

행정지도
① 세무서장의 거래중지 요청 행위(행정지도) ⟶ 행정처분 ×
② 이 사건요청행위(행정지도)가 규제적·구속적 성격을 가지게 될 경우 ⟶ 헌법소원의 대상 ○
③ 이 사건 요청행위(행정지도) ⟶ 국가배상법 제2조의 공무원의 직무행위 해당 ○
④, ⑤ 이 사건 요청행위(행정지도)를 하는 경우
⟶ 목적 달성에 필요한 최소한도 내에서 하여야 함(비례의 원칙)
⟶ 상대방에게 요청행위의 취지 및 내용과 신분을 밝혀야 함

답 ❸

092 □□□ **행정조사에 관한 설명으로 옳지 않은 것은?(다툼이 있으면 판례에 따름)** 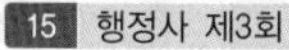 15 행정사 제3회

① 행정기관의 장은 법령등에서 규정하고 있는 조사사항을 조사대상자로 하여금 스스로 신고하도록 하는 제도를 운영할 수 있다.

② 행정조사는 법령등의 위반에 대한 처벌보다는 법령등을 준수하도록 유도하는 데 중점을 두어야 한다.

③ 행정기관은 유사하거나 동일한 사안에 대하여는 공동조사 등을 실시함으로써 행정조사가 중복되지 아니하도록 하여야 한다.

④ 조사대상자의 자발적인 협조를 얻어 행정조사를 실시하고자 하는 경우 조사대상자는 당해 행정조사를 거부할 수 있다.

⑤ 세무조사결정은 납세의무자의 권리·의무에 직접 영향을 미치는 공권력의 행사에 따른 행정작용이 아니므로 항고소송의 대상이 될 수 없다.

해설

[❶ ▸ O] 행정기관의 장은 법령등에서 규정하고 있는 조사사항을 조사대상자로 하여금 스스로 신고하도록 하는 제도를 운영할 수 있다(행정조사기본법 제25조 제1항).

[❷ ▸ O] 행정조사는 법령등의 위반에 대한 처벌보다는 법령등을 준수하도록 유도하는 데 중점을 두어야 한다(행정조사기본법 제4조 제4항).

[❸ ▸ O] 행정기관은 유사하거나 동일한 사안에 대하여는 공동조사 등을 실시함으로써 행정조사가 중복되지 아니하도록 하여야 한다(행정조사기본법 제4조 제3항).

[❹ ▸ O] 행정기관의 장이 조사대상자의 자발적인 협조를 얻어 행정조사를 실시하고자 하는 경우 조사대상자는 문서·전화·구두 등의 방법으로 당해 행정조사를 거부할 수 있다(행정조사기본법 제20조 제1항).

[❺ ▸ ×] 부과처분을 위한 과세관청의 질문조사권이 행해지는 세무조사결정이 있는 경우 납세의무자는 세무공무원의 과세자료 수집을 위한 질문에 대답하고 검사를 수인하여야 할 법적 의무를 부담하게 되는 점 등을 종합하면, 세무조사결정은 납세의무자의 권리·의무에 직접 영향을 미치는 공권력의 행사에 따른 행정작용으로서 항고소송의 대상이 된다(대판 2011.3.10. 2009두23617).

핵심정리

행정조사

① 자율신고제도 → 행정기관의 장은 조사사항을 조사대상자로 하여금 스스로 신고하도록 하는 제도 운영 가능

②, ③ 행정조사의 기본원칙
→ 처벌보다는 법령준수를 유도하는 데 중점을 두어야 함
→ 유사하거나 동일한 사안은 공동조사 등을 실시함으로써 행정조사가 중복되지 아니하도록 하여야 함

④ 자발적인 협조에 따라 실시하는 행정조사 → 조사대상자는 행정조사 거부 가능 O

⑤ 세무조사결정 → 항고소송의 대상 O

답 ❺

행정절차 및 행정정보공개 등

제1절 행정절차

093 □□□ **행정절차에 관한 설명으로 옳은 것은?(다툼이 있으면 판례에 따름)** 22 행정사 제10회

① 행정절차에 관하여 다른 법률에 특별한 규정이 있는 경우에도 행정절차법이 우선한다.
② 행정청은 청문이 필요하다고 인정하는 경우에도 법령등에서 청문을 하도록 규정한 경우가 아니면 청문을 할 수 없다.
③ 신청에 대한 거부처분은 사전통지대상이다.
④ 행정청은 신청 내용을 모두 그대로 인정하는 처분을 하는 경우 처분의 근거와 이유를 제시하지 않아도 된다.
⑤ 행정절차법에는 행정지도에 관한 규정을 두고 있지 않다.

해설

[❶ ▸ ×] 처분, 신고, 확약, 위반사실 등의 공표, 행정계획, 행정상 입법예고, 행정예고 및 행정지도의 절차에 관하여 다른 법률에 특별한 규정이 있는 경우를 제외하고는 이 법에서 정하는 바에 따른다(행정절차법 제3조 제1항). 따라서 행정절차에 관하여 다른 법률에 특별한 규정이 있는 경우에는 다른 법률이 우선한다.

[❷ ▸ ×] 다른 법령등에서 청문을 하도록 규정하고 있는 경우(제1호)뿐만 아니라 행정청이 필요하다고 인정하는 경우(제2호), 인허가 등의 취소, 신분·자격의 박탈, 법인이나 조합 등의 설립허가의 취소를 하는 경우(제3호)에는 행정청은 처분을 할 때 청문를 한다(행정절차법 제22조 제1항).

[❸ ▸ ×] 신청에 따른 처분이 이루어지지 아니한 경우에는 아직 당사자에게 권익이 부과되지 아니하였으므로 특별한 사정이 없는 한 신청에 대한 거부처분이라고 하더라도 직접 당사자의 권익을 제한하는 것은 아니어서 신청에 대한 거부처분을 여기에서 말하는 '당사자의 권익을 제한하는 처분'에 해당한다고 할 수 없는 것이어서 처분의 사전통지대상이 된다고 할 수 없다(대판 2003.11.28. 2003두674).

[❹ ▸ ○] 행정청이 당사자의 신청 내용을 모두 그대로 인정하는 경우에는 당사자에게 처분의 근거와 이유를 제시할 필요가 없다(행정절차법 제23조 제1항).

[❺ ▸ ×] 행정절차법은 제48조 이하에서 행정지도의 원칙(동법 제48조), 행정지도의 방식(동법 제49조), 의견제출(동법 제50조), 다수인을 대상으로 하는 행정지도(동법 제51조) 등을 규정하고 있다.

핵심정리

행정절차

① 행정절차법은 행정절차에 관한 일반법
→ 행정절차에 관하여 다른 법률에 특별한 규정이 있는 경우 : 다른 법률이 우선 적용 ○
② 행정청이 필요하다고 인정하는 경우에도 청문 실시 → 임의적 청문에 해당 ○
③ 신청에 대한 거부처분 → 사전통지대상 ×
④ 신청 내용을 그대로 인정하는 처분을 하는 경우 → 처분의 근거와 이유 제시 필요 ×
⑤ 행정절차법 → 행정지도에 관한 규정 ○

답 ❹

094 행정절차에 관한 설명으로 옳지 않은 것은? 14 행정사 제2회

□□□

① 지방의회의 승인을 받아 행하는 사항에 대해서는 행정절차법이 적용되지 않는다.
② 행정절차법은 행정계약절차를 규정하고 있지 않다.
③ 신청내용을 모두 그대로 인정하는 처분인 경우에는 행정절차법상 이유제시의무가 면제된다.
④ 법인은 행정절차법상 절차의 당사자가 될 수 있지만, 법인이 아닌 사단은 당사자가 될 수 없다.
⑤ 당사자가 의견진술의 기회를 포기한다는 뜻을 명백히 표시한 경우에는 행정절차법상 의견청취 절차를 거치지 아니할 수 있다.

해설

[❶ ▸ O] 국회 또는 지방의회의 의결을 거치거나 동의 또는 승인을 받아 행하는 사항에 대하여는 행정절차법을 적용하지 아니한다(행정절차법 제3조 제2항 제1호).
[❷ ▸ O] 행정절차법은 처분, 신고, 확약, 위반사실 등의 공표, 행정계획, 행정상 입법예고, 행정예고 및 행정지도의 절차에 관하여 규정하고 있으나, 행정계약(공법상 계약)에 대하여는 규정하고 있지 아니하다(행정절차법 제3조 제1항).
[❸ ▸ O] 행정절차법 제23조 참조

> **행정절차법 제23조(처분의 이유 제시)** ① 행정청은 처분을 할 때에는 다음 각 호의 어느 하나에 해당하는 경우를 제외하고는 당사자에게 그 근거와 이유를 제시하여야 한다.
> 1. 신청 내용을 모두 그대로 인정하는 처분인 경우
> 2. 단순·반복적인 처분 또는 경미한 처분으로서 당사자가 그 이유를 명백히 알 수 있는 경우
> 3. 긴급히 처분을 할 필요가 있는 경우

[❹ ▸ ×] 자연인, 법인, 법인이 아닌 사단 또는 재단, 그 밖에 다른 법령등에 따라 권리·의무의 주체가 될 수 있는 자는 행정절차에서 당사자등이 될 수 있다(행정절차법 제9조).
[❺ ▸ O] 당사자가 의견진술의 기회를 포기한다는 뜻을 명백히 표시한 경우에는 의견청취를 하지 아니할 수 있다(행정절차법 제22조 제4항).

핵심정리 **행정절차**

① 지방의회의 승인을 받아 행하는 사항 ⇢ 행정절차법 적용 ×
② 행정절차법 ⇢ 행정계약절차 규정 ×
③ 행정청이 신청 내용을 그대로 인정하는 처분을 하는 경우 ⇢ 이유제시 의무 면제 ○
④ 법인이 아닌 사단 ⇢ 행정절차법상 절차의 당사자 ○
⑤ 의견진술의 기회를 포기한다는 뜻을 명백히 표시한 경우 ⇢ 의견청취 절차 거칠 필요 ×

답 ❹

095 행정절차법이 정하고 있는 적용제외 대상이 아닌 것은? 21 행정사 제9회

□□□

① 국가안전보장 · 국방 · 외교 또는 통일에 관한 사항 중 행정절차를 거칠 경우 국가의 중대한 이익을 현저히 해칠 우려가 있는 사항

② 감사원이 감사위원회의의 결정을 거쳐 행하는 사항

③ 심사청구, 해양안전심판, 조세심판, 특허심판, 행정심판, 그 밖의 불복절차에 따른 사항

④ 국회 또는 지방의회의 의결을 거치거나 동의 또는 승인을 받아 행하는 사항

⑤ 처분의 전제가 되는 사실이 경찰의 수사에 의하여 객관적으로 증명된 사항

해설

[❺ ▸ ×] '처분의 전제가 되는 사실이 경찰의 수사에 의하여 객관적으로 증명된 사항'은 행정절차법 제3조 제2항에서 규정하고 있는 행정절차법 적용제외 대상이 아니다.

행정절차법 제3조(적용 범위) ① 처분, 신고, 확약, 위반사실 등의 공표, 행정계획, 행정상 입법예고, 행정예고 및 행정지도의 절차(이하 "행정절차")에 관하여 다른 법률에 특별한 규정이 있는 경우를 제외하고는 이 법에서 정하는 바에 따른다.

② 이 법은 다음 각 호의 어느 하나에 해당하는 사항에 대하여는 적용하지 아니한다.

1. 국회 또는 지방의회의 의결을 거치거나 동의 또는 승인을 받아 행하는 사항❹
2. 법원 또는 군사법원의 재판에 의하거나 그 집행으로 행하는 사항
3. 헌법재판소의 심판을 거쳐 행하는 사항
4. 각급 선거관리위원회의 의결을 거쳐 행하는 사항
5. 감사원이 감사위원회의의 결정을 거쳐 행하는 사항❷
6. 형사(刑事), 행형(行刑) 및 보안처분 관계 법령에 따라 행하는 사항
7. 국가안전보장 · 국방 · 외교 또는 통일에 관한 사항 중 행정절차를 거칠 경우 국가의 중대한 이익을 현저히 해칠 우려가 있는 사항❶
8. 심사청구, 해양안전심판, 조세심판, 특허심판, 행정심판, 그 밖의 불복절차에 따른 사항❸
9. 병역법에 따른 징집 · 소집, 외국인의 출입국 · 난민인정 · 귀화, 공무원 인사 관계 법령에 따른 징계와 그 밖의 처분, 이해 조정을 목적으로 하는 법령에 따른 알선 · 조정 · 중재(仲裁) · 재정(裁定) 또는 그 밖의 처분 등 해당 행정작용의 성질상 행정절차를 거치기 곤란하거나 거칠 필요가 없다고 인정되는 사항과 행정절차에 준하는 절차를 거친 사항으로서 대통령령으로 정하는 사항

답 ❺

096 우리나라의 행정절차법상 규정되어 있지 않은 것은? 15 행정사 제3회

□□□

① 행정상 입법예고 ② 신 고

③ 행정강제 ④ 행정예고

⑤ 행정지도

해설

[❸ ▸ ×] 현행 행정절차법에는 처분, **신고**, 확약, 위반사실 등의 공표, 행정계획, **행정상 입법예고**, **행정예고** 및 **행정지도의 절차**에 관하여 규정하고 있다(행정절차법 제3조 제1항). 이 중 확약, 위반사실 등의 공표, 행정계획은 2022.1.11. 개정법에서 추가되었다. 행정계약(공법상 계약)이나 행정강제에 대하여는 규정하고 있지 않다.

답 ❸

097 행정절차법에서 규정하고 있지 않은 것은? 21 행정사 제9회

□□□

① 신 고 ② 공법상 계약

③ 행정지도 ④ 행정예고

⑤ 행정상 입법예고

해설

[❷ ▸ ×] 현행 행정절차법에는 처분, 신고, 확약, 위반사실 등의 공표, 행정계획, **행정상 입법예고**, **행정예고** 및 **행정지도의 절차**에 관하여 규정하고 있다(행정절차법 제3조 제1항). 이 중 확약, 위반사실 등의 공표, 행정계획은 2022.1.11. 개정법에서 추가되었다. 행정계약(공법상 계약)에 대하여는 규정하고 있지 않다.

답 ❷

098 행정절차법이 규율대상으로 명시하고 있는 것은? 20 행정사 제8회

□□□

① 행정지도절차 ② 공법상 계약체결절차

③ 행정강제절차 ④ 행정조사절차

⑤ 행정행위의 재심사절차

해설

[❶ ▸ ○] 현행 행정절차법에는 처분, 신고, 확약, 위반사실 등의 공표, 행정계획, 행정상 입법예고, 행정예고 및 **행정지도의 절차**에 관하여 규정하고 있다(행정절차법 제3조 제1항). 그러나 ② 공법상 계약체결절차, ③ 행정강제절차, ④ 행정조사절차, ⑤ 행정행위의 재심사절차 등은 규정하고 있지 아니하다.

답 ❶

PART 1 PART 2 PART 3

099 행정절차법상 처분절차에 관한 설명으로 옳은 것은? 24 행정사 제12회

□□□

① 행정청은 처분을 할 때에는 단순·반복적인 처분으로서 당사자가 그 이유를 명백히 알 수 있는 경우에도 당사자에게 그 근거와 이유를 사전에 제시하여야 한다.

② 행정청은 처분에 오기(誤記)가 있어서 직권으로 이를 정정한 경우에는 그 사실을 당사자에게 통지할 필요는 없다.

③ 행정청은 행정청의 편의를 위하여 신청인이 다른 행정청에 처분을 구하는 신청을 접수하게 할 수 있다.

④ 행정청은 다수의 행정청이 관여하는 처분을 구하는 신청을 접수한 경우에는 관계 행정청과의 신속한 협조를 통하여 그 처분이 지연되지 아니하도록 하여야 한다.

⑤ 행정청은 필요한 처분기준을 정하여 공표하는 것이 해당 처분의 성질상 현저히 곤란한 경우라도 그 처분기준을 공표하여야 한다.

해설

[❶ ▸ ×] 단순·반복적인 처분으로서 당사자가 그 이유를 명백히 알 수 있는 경우에는 당사자에게 그 근거와 이유를 제시하지 않아도 된다(행정절차법 제23조 제1항 제2호).

> **행정절차법 제23조(처분의 이유 제시)** ① 행정청은 처분을 할 때에는 다음 각 호의 어느 하나에 해당하는 경우를 제외하고는 당사자에게 그 근거와 이유를 제시하여야 한다.
> 1. 신청 내용을 모두 그대로 인정하는 처분인 경우
> 2. 단순·반복적인 처분 또는 경미한 처분으로서 당사자가 그 이유를 명백히 알 수 있는 경우
> 3. 긴급히 처분을 할 필요가 있는 경우

[❷ ▸ ×] 행정청은 처분에 오기(誤記), 오산(誤算) 또는 그 밖에 이에 준하는 명백한 잘못이 있을 때에는 직권으로 또는 신청에 따라 지체 없이 정정하고 **그 사실을 당사자에게 통지하여야** 한다(행정절차법 제25조).

[❸ ▸ ×] 행정청은 신청인의 편의를 위하여 다른 행정청에 신청을 접수하게 할 수 있다. 이 경우 행정청은 다른 행정청에 접수할 수 있는 신청의 종류를 미리 정하여 공시하여야 한다(행정절차법 제17조 제7항).

[❹ ▸ ○] 행정청은 다수의 행정청이 관여하는 처분을 구하는 신청을 접수한 경우에는 관계 행정청과의 신속한 협조를 통하여 그 처분이 지연되지 아니하도록 하여야 한다(행정절차법 제18조).

[❺ ▸ ×] 필요한 처분기준을 정하여 공표하는 것이 해당 처분의 성질상 현저히 곤란한 경우에는 처분기준을 공표하지 아니할 수 있다(행정절차법 제20조 제3항).

> **행정절차법 제20조(처분기준의 설정·공표)** ① 행정청은 필요한 처분기준을 해당 처분의 성질에 비추어 되도록 구체적으로 정하여 공표하여야 한다. 처분기준을 변경하는 경우에도 또한 같다.
> ③ 제1항에 따른 처분기준을 공표하는 것이 해당 처분의 성질상 현저히 곤란하거나 공공의 안전 또는 복리를 현저히 해치는 것으로 인정될 만한 상당한 이유가 있는 경우에는 처분기준을 공표하지 아니할 수 있다.

답 ❹

100 행정절차법상 처분절차에 관한 설명으로 옳지 않은 것은?

□□□

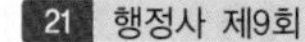
21 행정사 제9회

① 처분을 할 때 해당 처분의 영향이 광범위하여 널리 의견을 수렴할 필요가 있다고 행정청이 인정하는 경우에는 공청회를 개최한다.

② 행정청은 인허가 등의 취소 시 의견제출기한 내에 당사자등의 신청이 있는 경우에는 청문을 한다.

③ 청문・공청회 또는 의견제출을 거쳤을 때에는 신속히 처분하여 해당 처분이 지연되지 아니하도록 하여야 한다.

④ 행정청은 처분을 할 때에는 이해관계인에게 그 근거와 이유를 제시하여야 한다.

⑤ 행정청은 처분을 신속히 처리할 필요가 있거나 사안이 경미한 경우에는 말 또는 그 밖의 방법으로 할 수 있다.

해설

[❶ ▸ O] 행정청이 처분을 할 때, 다른 법령등에서 공청회를 개최하도록 규정하고 있는 경우(제1호), 해당 처분의 영향이 광범위하여 널리 의견을 수렴할 필요가 있다고 행정청이 인정하는 경우(제2호), 국민생활에 큰 영향을 미치는 처분으로서 대통령령으로 정하는 처분에 대하여 대통령령으로 정하는 수 이상의 당사자등이 공청회 개최를 요구하는 경우(제3호) 중 어느 하나에 해당하는 경우에는 공청회를 개최한다(행정절차법 제22조 제2항).

[❷ ▸ ×] **인허가 등의 취소**, 신분・자격의 박탈, 법인이나 조합 등의 설립허가의 취소의 처분을 하는 경우, 행정절차법 개정 전에는 의견제출기한 내에 당사자등의 신청이 있는 경우에 청문을 실시하도록 규정하고 있었으나(신청에 의한 청문의 대상), 2022.1.11. 개정법에서는 '**의무적 청문의 대상**'**으로 규정**함으로써 청문의 대상을 확대하였다(행정절차법 제22조 제3호). 따라서 행정청은 당사자등의 신청이 없어도 청문을 실시해야 한다. 출제 당시에는 옳은 지문이었으나, 개정 행정절차법에 따라 틀린 지문으로 처리한다.

[❸ ▸ O] 행정청은 청문・공청회 또는 의견제출을 거쳤을 때에는 신속히 처분하여 해당 처분이 지연되지 아니하도록 하여야 한다(행정절차법 제22조 제5항).

[❹ ▸ ×] 행정청은 처분을 할 때, (이해관계인이 아니라) **당사자에게** 처분의 이유와 근거를 제시하여야 한다(행정절차법 제23조 제1항). '당사자'란 행정청의 처분에 대하여 직접 그 상대가 되는 당사자를 말한다(행정절차법 제2조 제4호 가목).

[❺ ▸ O] 공공의 안전 또는 복리를 위하여 긴급히 처분을 할 필요가 있거나 사안이 경미한 경우에는 말, 전화, 휴대전화를 이용한 문자 전송, 팩스 또는 전자우편 등 문서가 아닌 방법으로 처분을 할 수 있다. 이 경우 당사자가 요청하면 지체 없이 처분에 관한 문서를 주어야 한다(행정절차법 제24조 제2항).

핵심정리

행정절차법상 처분절차

① 처분을 할 때 널리 의견을 수렴할 필요가 있다고 행정청이 인정하는 경우
→ 공청회 개최 O

② 인허가 등의 취소처분 → 의무적 청문의 대상 O (당사자등의 신청이 없어도 청문을 실시)

③ 청문・공청회 또는 의견제출을 거쳤을 경우 → 신속한 처분의무 O

④ 처분을 할 때 → 행정청은 당사자에게 처분의 근거와 이유 제시의무 O

⑤ 긴급히 처분을 할 필요가 있거나 사안이 경미한 경우
→ 문서가 아닌 방법(말, 전화 등)으로 처분 가능

답 ❷, ❹

PART 1 PART 2 PART 3

101 ☐☐☐ **행정절차법상 의견청취에 관한 설명으로 옳지 않은 것은?(다툼이 있으면 판례에 따름)**

18 행정사 제6회

① 고시의 방법으로 불특정 다수인을 상대로 권익을 제한하는 처분을 하는 경우, 행정청은 상대방에게 의견제출의 기회를 주어야 한다.

② 행정청은 법령상 다른 규정이 없는 한, 사인과의 협약을 통해 법령상 요구되는 청문을 생략할 수 없다.

③ 행정청은 법인 설립허가의 취소 시 의견제출기한 내에 당사자등의 신청이 있는 경우에는 청문을 실시하여야 한다.

④ 당사자등은 청문의 통지가 있는 날부터 청문이 끝날 때까지 행정청에 해당 사안의 조사결과에 관한 문서의 복사를 요청할 수 있다.

⑤ 청문 주재자는 당사자등이 주장하지 아니한 사실에 대하여도 증거조사를 할 수 있다.

해설

[❶ ▸ ×] '고시'의 방법으로 불특정 다수인을 상대로 의무를 부과하거나 권익을 제한하는 처분은 성질상 의견제출의 기회를 주어야 하는 상대방을 특정할 수 없으므로, 이와 같은 처분에 있어서까지 구 행정절차법 제22조 제3항에 의하여 그 상대방에게 의견제출의 기회를 주어야 한다고 해석할 것은 아니다(대판 2014.10.27. 2012두7745).

[❷ ▸ O] 행정청이 당사자와 사이에 도시계획사업의 시행과 관련한 협약을 체결하면서 관계 법령 및 행정절차법에 규정된 청문의 실시 등 의견청취절차를 배제하는 조항을 두었다고 하더라도, 위와 같은 협약의 체결로 청문의 실시에 관한 규정의 적용을 배제할 수 있다고 볼 만한 법령상의 규정이 없는 한, 이러한 협약이 체결되었다고 하여 청문의 실시에 관한 규정의 적용이 배제된다거나 청문을 실시하지 않아도 되는 예외적인 경우에 해당한다고 할 수 없다(대판 2004.7.8. 2002두8350).

[❸ ▸ ×] 인허가 등의 취소, 신분·자격의 박탈, **법인이나 조합 등의 설립허가의 취소의 처분**을 하는 경우, 행정절차법 개정 전에는 의견제출기한 내에 당사자등의 신청이 있는 경우에 청문을 실시하도록 규정하고 있었으나(신청에 의한 청문의 대상), 2022.1.11. 개정법에서는 **'의무적 청문의 대상'으로 규정**함으로써 청문의 대상을 확대하였다(행정절차법 제22조 제3호). 따라서 행정청은 법인 설립허가의 취소 시 당사자등의 신청이 없어도 청문을 실시해야 한다. 출제 당시에는 옳은 지문이었으나, 개정 행정절차법에 따라 틀린 지문으로 처리한다. 앞으로 이러한 형태의 지문이 출제되지는 않을 것이므로 개정법의 내용을 잘 아는 것이 중요하다.

> **행정절차법 제22조(의견청취)** ① 행정청이 처분을 할 때 다음 각 호의 어느 하나에 해당하는 경우에는 청문을 한다.
> 3. 다음 각 목의 처분을 하는 경우
> 가. 인허가 등의 취소
> 나. 신분·자격의 박탈
> 다. 법인이나 조합 등의 설립허가의 취소

[❹ ▸ O] 당사자등은 의견제출의 경우에는 처분의 사전 통지가 있는 날부터 의견제출기한까지, 청문의 경우에는 청문의 통지가 있는 날부터 청문이 끝날 때까지 행정청에 해당 사안의 조사결과에 관한 문서와 그 밖에 해당 처분과 관련되는 문서의 열람 또는 복사를 요청할 수 있다(행정절차법 제37조 제1항 전문).

[❺ ▸ O] 청문 주재자는 직권으로 또는 당사자의 신청에 따라 필요한 조사를 할 수 있으며, 당사자등이 주장하지 아니한 사실에 대하여도 조사할 수 있다(행정절차법 제33조 제1항).

핵심정리

행정절차법상 의견청취절차

① 불특정 다수인을 상대로 권익을 제한하는 처분을 하는 경우 ⇢ 의견제출 기회를 줄 필요 ×

② 청문의 실시 등 의견청취절차를 배제하는 협약 ⇢ 법령상 다른 규정이 없는 한 효력 ×

③ 법인 설립허가의 취소처분 → 의무적 청문의 대상 O
④ 문서의 열람·복사 → 당사자등은 청문의 통지가 있는 날부터 청문이 끝날 때까지 문서의 복사 요청 가능
⑤ 청문 주재자 → 당사자등이 주장하지 아니한 사실에 대하여도 증거조사 가능

답 ❶, ❸

102 □□□ **행정절차에 관한 설명으로 옳지 않은 것은?(다툼이 있으면 판례에 따름)** 16 행정사 제4회

① 행정청이 처분을 할 때에는 신청 내용을 모두 그대로 인정하는 경우에도 당사자에게 그 근거와 이유를 제시하여야 한다.

② 행정청은 해당 처분의 성질상 의견청취가 현저히 곤란하거나 명백히 불필요하다고 인정될 만한 상당한 이유가 있는 경우에는 처분의 사전통지를 하지 않을 수도 있다.

③ 국가공무원법상 직위해제처분의 경우에는 처분의 사전통지 및 의견청취 등에 관한 행정절차법의 규정이 별도로 적용되지 않는다.

④ 법령상 청문이 요구되는 경우에, 행정처분의 상대방이 청문일시에 불출석하였다는 이유로 청문을 실시하지 아니하고 한 침해적 행정처분은 위법하다.

⑤ 행정청이 처분을 할 때에는 원칙적으로 문서로 해야 하지만, 신속히 처리할 필요가 있거나 사안이 경미한 경우에는 말 또는 그 밖의 방법으로 하는 것도 가능하다.

해설

[❶ ▸ ×] 행정청이 당사자의 신청 내용을 모두 그대로 인정하는 경우에는 당사자에게 처분의 근거와 이유를 제시할 필요가 없다(행정절차법 제23조 제1항).

[❷ ▸ O] 처분의 성질상 의견청취가 현저히 곤란하거나 명백히 불필요하다고 인정될 만한 상당한 이유가 있는 경우에는 처분의 사전통지를 하지 아니할 수 있다(행정절차법 제21조 제4항).

[❸ ▸ O] 국가공무원법상 직위해제처분은 구 행정절차법 제3조 제2항 제9호, 구 행정절차법 시행령 제2조 제3호에 의하여 당해 행정작용의 성질상 행정절차를 거치기 곤란하거나 불필요하다고 인정되는 사항 또는 행정절차에 준하는 절차를 거친 사항에 해당하므로, 처분의 사전통지 및 의견청취 등에 관한 행정절차법의 규정이 별도로 적용되지 않는다(대판 2014.5.16. 2012두26180).

[❹ ▸ O] 행정처분의 상대방에 대한 청문통지서가 반송되었다거나, 행정처분의 상대방이 청문일시에 불출석하였다는 이유로 청문을 실시하지 아니하고 한 침해적 행정처분은 위법하다(대판 2001.4.13. 2000두3337).

[❺ ▸ O] 행정청이 처분을 할 때에는 다른 법령등에 특별한 규정이 있는 경우를 제외하고는 문서로 하여야 하며, 당사자등의 동의가 있는 경우나 당사자가 전자문서로 처분을 신청한 경우에는 전자문서로 할 수 있다. 다만, 공공의 안전 또는 복리를 위하여 긴급히 처분을 할 필요가 있거나 사안이 경미한 경우에는 말, 전화, 휴대전화를 이용한 문자 전송, 팩스 또는 전자우편 등 문서가 아닌 방법으로 처분을 할 수 있다(행정절차법 제24조).

핵심정리

행정절차 일반(처분의 이유제시, 처분의 사전통지, 처분의 방식 등)
① 처분의 근거와 이유 제시의무가 면제되는 경우(3가지 사유)
→ 신청 내용을 모두 그대로 인정하는 처분인 경우
→ 단순·반복적인 처분 또는 경미한 처분으로서 당사자가 그 이유를 명백히 알 수 있는 경우
→ 긴급히 처분을 할 필요가 있는 경우

② 처분의 사전통지의무가 면제되는 경우(3가지 사유)
  ⟶ 공공의 안전 또는 복리를 위하여 긴급히 처분을 할 필요가 있는 경우
  ⟶ 법령등에서 요구된 자격이 없거나 없어지게 되면 반드시 일정한 처분을 하여야 하는 경우에 그 자격이 없거나 없어지게 된 사실이 법원의 재판 등에 의하여 객관적으로 증명된 경우
  ⟶ 처분의 성질상 의견청취가 현저히 곤란하거나 명백히 불필요하다고 인정될 만한 상당한 이유가 있는 경우
③ 국가공무원법상 직위해제처분 ⟶ 행정절차법 규정 적용 ×
④ 행정처분의 상대방이 청문일시에 불출석한 경우
  ⟶ 청문 절차를 생략할 수 있는 예외사유에 해당 ×
  ⟶ 청문 없이 행한 침해적 행정처분은 위법 ○
⑤ 처분의 방식
  ⟶ 원칙 : 문서주의 (당사자등의 동의가 있거나 당사자가 전자문서로 처분을 신청한 경우 전자문서로 가능)
  ⟶ 예외 : 공공의 안전 또는 복리를 위하여 긴급히 처분을 할 필요가 있거나 사안이 경미한 경우에는 말, 전화, 휴대전화를 이용한 문자 전송, 팩스 또는 전자우편 등 문서가 아닌 방법으로 처분 가능

답 ❶

103 □□□ **행정절차에 관한 설명으로 옳은 것은?(다툼이 있으면 판례에 따름)** 20 행정사 제8회

① 행정청은 신청 내용을 모두 그대로 인정하는 처분을 하는 경우에도 당사자에게 이유제시를 하여야 한다.
② 행정청과 당사자가 청문절차를 배제하기로 협약을 체결하였다면 청문절차를 거치지 않아도 되는 예외적 경우에 해당한다.
③ 행정처분에 실체적 위법이 없는 한 절차적 하자만으로 독립된 취소사유가 되지 못한다.
④ 이유제시의 하자는 치유의 대상이 될 수 없다.
⑤ 행정절차법상 불복방법에 대한 고지절차에 관한 규정을 위반하였다고 하여 그러한 이유만으로 처분이 위법하게 되는 것은 아니다.

해설

[❶ ▸ ×] 행정청은 당사자의 신청 내용을 모두 그대로 인정하는 경우, 당사자에게 처분의 근거와 이유를 제시할 필요가 없다(행정절차법 제23조 제1항).

[❷ ▸ ×] 행정청이 당사자와 사이에 도시계획사업의 시행과 관련한 협약을 체결하면서 관계 법령 및 행정절차법에 규정된 청문의 실시 등 의견청취절차를 배제하는 조항을 두었다고 하더라도, 법령상의 규정이 없는 한, 이러한 협약이 체결되었다고 하여 청문의 실시에 관한 규정의 적용이 배제된다거나 청문을 실시하지 않아도 되는 예외적인 경우에 해당한다고 할 수 없다(대판 2004.7.8. 2002두8350).

[❸ ▸ ×] 행정처분에 실체적 하자가 없더라도 절차적 하자만으로 독자적 위법사유(취소사유)가 된다는 것이 학설과 판례의 일반적인 태도이다, 판례는 재량행위의 경우뿐만 아니라 기속행위에 있어서도 절차의 하자는 독자적 위법사유가 된다고 본다(대판 1991.7.9. 91누971; 대판 1983.7.26. 82누420).

[❹ ▸ ×] 행정청은 처분을 할 때에는 원칙적으로 당사자에게 그 근거와 이유를 제시하여야 하는데(행정절차법 제23조 제1항), 이유제시를 누락하거나 불충분하게 제시하는 등의 '이유제시의 하자'도 치유의 대상이라는 것이 판례의 태도이다(대판 1984.4.10. 83누393 참조).

> 세액산출근거가 누락된 납세고지서에 의한 과세처분의 하자의 치유를 허용하려면 늦어도 과세처분에 대한 불복여부의 결정 및 불복신청에 편의를 줄 수 있는 상당한 기간 내에 하여야 한다고 할 것이므로 위 과세처분에 대한 전심절차가 모두 끝나고 상고심의 계류 중에 세액산출근거의 통지가 있었다고 하여 이로써 위 과세처분의 하자가 치유되었다고는 볼 수 없다(대판 1984.4.10. 83누393).

[❺ ▸ ○] 고지절차에 관한 규정은 행정처분의 상대방이 그 처분에 대한 행정심판의 절차를 밟는 데 편의를 제공하려는 것이어서 처분청이 위 규정에 따른 고지의무를 이행하지 아니하였다고 하더라도 경우에 따라 행정심판의 제기기간이 연장될 수 있음에 그칠 뿐, 그 때문에 심판의 대상이 되는 행정처분이 위법하다고 할 수는 없다(대판 2018.2.8. 2017두66633).

핵심정리

행정절차 일반(처분의 이유제시, 청문절차, 절차상 하자의 독자적 위법성 등)

① 행정청이 신청 내용을 그대로 인정하는 처분을 하는 경우 → 이유제시 의무 면제 ○
② 청문절차 배제협약을 체결한 경우 → 청문절차를 거치지 않아도 되는 예외사유에 해당 ×
③ 행정처분에 절차적 하자가 있는 경우 → 독립된 취소사유 ○
④ 이유제시의 하자 → 하자 치유의 대상 ○
⑤ 불복방법에 대한 고지절차에 관한 규정을 위반한 경우 → 처분은 위법 ×

답 ❺

PART 1 PART 2 PART 3

104 행정절차법상 청문에 관한 설명으로 옳지 않은 것은?

24 행정사 제12회

① 행정청은 다수 국민의 이해가 상충되는 처분을 하려는 경우에는 청문 주재자를 2명 이상으로 선정할 수 있다.
② 청문은 당사자가 공개를 신청하더라도 제3자의 정당한 이익을 현저히 해칠 우려가 있는 경우에는 공개하여서는 아니 된다.
③ 청문 주재자는 직권으로 당사자등이 주장한 사실에 한하여 필요한 조사를 하여야 한다.
④ 청문 주재자는 필요하다고 인정할 때에는 관계 행정청에 필요한 문서의 제출을 요구할 수 있다.
⑤ 누구든지 청문을 통하여 알게 된 경영상의 비밀을 정당한 이유 없이 누설하여서는 아니 된다.

해설

[❶ ▸ ○] 행정절차법 제28조 제2항 제1호

> **행정절차법 제28조(청문 주재자)** ① 행정청은 소속 직원 또는 대통령령으로 정하는 자격을 가진 사람 중에서 청문 주재자를 공정하게 선정하여야 한다.
> ② 행정청은 다음 각 호의 어느 하나에 해당하는 처분을 하려는 경우에는 청문 주재자를 2명 이상으로 선정할 수 있다. 이 경우 선정된 청문 주재자 중 1명이 청문 주재자를 대표한다.
> 1. 다수 국민의 이해가 상충되는 처분
> 2. 다수 국민에게 불편이나 부담을 주는 처분
> 3. 그 밖에 전문적이고 공정한 청문을 위하여 행정청이 청문 주재자를 2명 이상으로 선정할 필요가 있다고 인정하는 처분

[❷ ▸ O] 청문은 당사자가 공개를 신청하거나 청문 주재자가 필요하다고 인정하는 경우 공개할 수 있다. 다만, 공익 또는 제3자의 정당한 이익을 현저히 해칠 우려가 있는 경우에는 공개하여서는 아니 된다(행정절차법 제30조).
[❸ ▸ ×] 청문 주재자는 직권으로 또는 당사자의 신청에 따라 필요한 조사를 할 수 있으며, 당사자등이 주장하지 아니한 사실에 대하여도 조사할 수 있다(행정절차법 제33조 제1항).
[❹ ▸ O] 청문 주재자는 필요하다고 인정할 때에는 관계 행정청에 필요한 문서의 제출 또는 의견의 진술을 요구할 수 있다. 이 경우 관계 행정청은 직무 수행에 특별한 지장이 없으면 그 요구에 따라야 한다(행정절차법 제33조 제3항).
[❺ ▸ O] 누구든지 의견제출 또는 청문을 통하여 알게 된 사생활이나 경영상 또는 거래상의 비밀을 정당한 이유 없이 누설하거나 다른 목적으로 사용하여서는 아니 된다(행정절차법 제37조 제6항).

답 ❸

105 행정절차법의 내용에 관한 설명으로 옳은 것은? 13 행정사 제1회

□□□

① 행정청은 공청회를 개최하려는 경우에는 공청회 개최 20일 전까지 일시 및 장소 등의 사항을 당사자등에게 통지하여야 한다.
② 판례에 의할 때 상대방의 신청에 대한 거부처분은 사전통지의 대상이다.
③ 행정절차법은 절차상 하자있는 행정처분의 법적 효력에 관한 명문의 규정을 두고 있다.
④ 지방의회의 의결을 거쳐 행하는 사항에 대하여도 행정절차법이 적용된다.
⑤ 행정청은 직권으로 또는 당사자의 신청에 따라 여러 개의 사안을 병합하거나 분리하여 청문을 할 수 있다.

해설

[❶ ▸ ×] 행정청은 공청회를 개최하려는 경우에는 공청회 개최 14일 전까지 일시 및 장소, 주요 내용 등의 사항을 당사자등에게 통지하고 관보, 공보, 인터넷 홈페이지 또는 일간신문 등에 공고하는 등의 방법으로 널리 알려야 한다(행정절차법 제38조).
[❷ ▸ ×] 신청에 대한 거부처분을 행정절차법 제21조 제1항에서 말하는 '당사자의 권익을 제한하는 처분'에 해당한다고 할 수 없는 것이어서 처분의 사전통지대상이 된다고 할 수 없다(대판 2003.11.28. 2003두674).
[❸ ▸ ×] 행정절차법은 절차상 하자있는 행정처분의 법적 효력에 관한 명문의 규정을 두고 있지 아니하여 이에 대하여는 학설, 판례에 맡겨져 있다. 판례는 절차상 하자있는 행정행위의 효력을 주로 취소사유로 판시하고 있다.
[❹ ▸ ×] 국회 또는 지방의회의 의결을 거치거나 동의 또는 승인을 받아 행하는 사항에 대하여는 행정절차법을 적용하지 아니한다(행정절차법 제3조 제2항 제1호).
[❺ ▸ O] 행정청은 직권으로 또는 당사자의 신청에 따라 여러 개의 사안을 병합하거나 분리하여 청문을 할 수 있다(행정절차법 제32조).

핵심정리

행정절차법의 내용(공청회, 처분의 사전통지, 적용 범위 등)

① 공청회를 개최하려는 경우
→ 행정청은 공청회 개최 14일 전까지 당사자등에게 일시 및 장소 등의 통지의무 ○
② 상대방의 신청에 대한 거부처분 → 사전통지의 대상 ×
③ 절차상 하자있는 행정처분의 법적 효력 → 행정절차법상 명문 규정 ×
④ 지방의회의 의결을 거쳐 행하는 사항 → 행정절차법 적용 ×
⑤ 청문의 병합·분리
→ 행정청은 직권으로 또는 신청에 따라 여러 사안을 병합하거나 분리하여 청문 가능

답 ❺

106 행정절차에 관한 설명으로 옳은 것은?(다툼이 있으면 판례에 따름) 18 행정사 제6회

□□□

① 신청에 대한 거부처분은 사전통지의 대상이 된다.
② 국가공무원법상 직위해제처분에는 의견청취에 관한 행정절차법의 규정이 적용된다.
③ 행정절차법상 의견제출을 할 수 있는 이해관계인은 행정청이 직권으로 행정절차에 참여하게 한 자에 한정된다.
④ 국가공무원법상 소청심사위원회가 소청사건을 심사하면서 소청인 또는 대리인에게 진술의 기회를 주지 아니하고 한 결정은 무효이다.
⑤ 무효사유인 절차상 하자는 판결시까지 치유할 수 있다.

해설

[❶ ▸ ×] 신청에 대한 거부처분을 행정절차법 제21조 제1항에서 말하는 '당사자의 권익을 제한하는 처분'에 해당한다고 할 수 없는 것이어서 처분의 사전통지대상이 된다고 할 수 없다(대판 2003.11.28. 2003두674).

[❷ ▸ ×] 국가공무원법상 직위해제처분은 구 행정절차법 제3조 제2항 제9호, 구 행정절차법 시행령 제2조 제3호에 의하여 당해 행정작용의 성질상 행정절차를 거치기 곤란하거나 불필요하다고 인정되는 사항 또는 행정절차에 준하는 절차를 거친 사항에 해당하므로, 처분의 사전통지 및 의견청취 등에 관한 행정절차법의 규정이 별도로 적용되지 않는다(대판 2014.5.16. 2012두26180).

[❸ ▸ ×] 행정절차법상 이해관계인은 행정청이 직권으로 또는 신청에 따라 행정절차에 참여하게 한 이해관계인(행정절차법 제2조 제4호 나목)을 의미한다. 따라서 신청에 따라 행정청이 참여하게 한 이해관계인도 포함된다.

[❹ ▸ ○] 국가공무원법 제13조 참조

> **국가공무원법 제13조(소청인의 진술권)** ① 소청심사위원회가 소청사건을 심사할 때에는 대통령령등으로 정하는 바에 따라 소청인 또는 제76조 제1항 후단에 따른 대리인에게 진술 기회를 주어야 한다.
> ② 제1항에 따른 진술 기회를 주지 아니한 결정은 무효로 한다.

[❺ ▸ ×] 하자있는 행정행위의 치유는 취소할 수 있는 행정행위에만 인정된다. 무효인 행정행위는 처음부터 법적 효력을 발생하지 아니하여 유효하게 존치시킬 행정행위가 존재하지 않는 것이므로 무효인 행정행위의 치유는 인정될 수 없다(대판 1997.5.28. 96누5308).

핵심정리

행정절차
① 신청에 대한 거부처분 ⟶ 사전통지의 대상 ×
② 국가공무원법상 직위해제처분 ⟶ 행정절차법 규정 적용 ×
③ 의견제출을 할 수 있는 이해관계인
⟶ 행정청이 직권으로 또는 신청에 따라 행정절차에 참여하게 한 자
④ 소청심사위원회가 소청인 또는 대리인에게 진술 기회를 주지 아니하고 한 결정 ⟶ 무효 ○
⑤ 무효사유인 절차상 하자 ⟶ 하자 치유의 대상 ×

답 ❹

107 행정절차법상 행정상 입법예고에 관한 내용으로 옳은 것을 모두 고른 것은? 15 행정사 제3회

□□□

ㄱ. 입법예고의 기준 · 절차 등에 관하여 필요한 사항은 대통령령으로 정한다.
ㄴ. 입법내용이 국민의 권리 · 의무 또는 일상생활과 관련이 없는 경우에도 예고를 하여야 한다.
ㄷ. 입법예고기간은 예고할 때 정하되, 특별한 사정이 없으면 40일(자치법규는 20일) 이상으로 한다.
ㄹ. 행정청은 예고된 입법안의 전문에 대한 열람 또는 복사를 요청받았을 때에는 특별한 사유가 없으면 그 요청에 따라야 한다.

① ㄱ, ㄴ
② ㄴ, ㄷ
③ ㄷ, ㄹ
④ ㄱ, ㄷ, ㄹ
⑤ ㄴ, ㄷ, ㄹ

해설

[ㄱ ▸ O] 입법예고의 기준 · 절차 등에 관하여 필요한 사항은 대통령령으로 정한다(행정절차법 제41조 제5항).

[ㄴ ▸ X] 행정청은 입법내용이 국민의 권리 · 의무 또는 일상생활과 관련이 없는 경우에는 입법안을 예고를 하지 아니할 수 있다(행정절차법 제41조 제1항).

행정절차법 제41조(행정상 입법예고) ① 법령등을 제정 · 개정 또는 폐지하려는 경우에는 해당 입법안을 마련한 행정청은 이를 예고하여야 한다. 다만, 다음 각 호의 어느 하나에 해당하는 경우에는 예고를 하지 아니할 수 있다.

1. 신속한 국민의 권리 보호 또는 예측 곤란한 특별한 사정의 발생 등으로 입법이 긴급을 요하는 경우
2. 상위 법령등의 단순한 집행을 위한 경우
3. 입법내용이 국민의 권리 · 의무 또는 일상생활과 관련이 없는 경우
4. 단순한 표현 · 자구를 변경하는 경우 등 입법내용의 성질상 예고의 필요가 없거나 곤란하다고 판단되는 경우
5. 예고함이 공공의 안전 또는 복리를 현저히 해칠 우려가 있는 경우

[ㄷ ▸ O] 입법예고기간은 예고할 때 정하되, 특별한 사정이 없으면 40일(자치법규는 20일) 이상으로 한다(행정절차법 제43조).

[ㄹ ▸ O] 행정청은 예고된 입법안의 전문에 대한 열람 또는 복사를 요청받았을 때에는 특별한 사유가 없으면 그 요청에 따라야 한다(행정절차법 제42조 제5항).

핵심정리

행정상 입법예고

ㄱ. 입법예고의 기준 · 절차 등에 관하여 필요한 사항 → 대통령령으로 규정
ㄴ. 입법내용이 국민의 권리 · 의무 또는 일상생활과 관련이 없는 경우 → 입법예고 필요 ×
ㄷ. 입법예고기간 → 특별한 사정이 없으면 40일(자치법규는 20일) 이상
ㄹ. 예고된 입법안의 전문에 대한 열람 또는 복사를 요청받았을 경우 → 특별한 사유가 없으면 요청에 따라야 함

답 ④

108 행정절차법의 내용으로 옳지 않은 것은? 17 행정사 제5회

□□□

① 행정청에 전자문서로 처분을 신청하는 경우에는 행정청의 컴퓨터 등에 입력한 이후, 입력내용을 문서로 제출한 때 신청한 것으로 본다.

② 상위 법령등의 단순한 집행을 위한 경우에는 입법예고를 하지 아니할 수 있다.

③ 행정상 입법예고기간은 예고할 때 정하되, 특별한 사정이 없으면 40일(자치법규는 20일) 이상으로 한다.

④ 예고된 입법안에 대하여 누구든지 의견을 제출할 수 있다.

⑤ 청문이란 행정청이 어떠한 처분을 하기 전에 당사자등의 의견을 직접 듣고 증거를 조사하는 절차를 말한다.

해설

[❶ ▸ ×] 처분을 신청할 때 전자문서로 하는 경우에는 행정청의 컴퓨터 등에 입력된 때에 신청한 것으로 본다(행정절차법 제17조 제2항).

[❷ ▸ ○] 법령등을 제정·개정 또는 폐지하려는 경우에는 해당 입법안을 마련한 행정청은 이를 예고하여야 하나, 상위 법령등의 단순한 집행을 위한 경우에는 예고를 하지 아니할 수 있다(행정절차법 제41조 제1항).

[❸ ▸ ○] 입법예고기간은 예고할 때 정하되, 특별한 사정이 없으면 40일(자치법규는 20일) 이상으로 한다(행정절차법 제43조).

[❹ ▸ ○] 누구든지 예고된 입법안에 대하여 의견을 제출할 수 있다(행정절차법 제44조 제1항).

[❺ ▸ ○] "청문"이란 행정청이 어떠한 처분을 하기 전에 당사자등의 의견을 직접 듣고 증거를 조사하는 절차를 말한다(행정절차법 제2조 제5호).

핵심정리

행정절차법의 내용

① 전자문서로 처분을 신청하는 경우 → 행정청의 컴퓨터 등에 입력된 때 신청한 것으로 간주
② 상위 법령등의 단순한 집행을 위한 경우 → 입법예고를 하지 않을 수 있음
③ 행정상 입법예고기간 → 특별한 사정이 없으면 40일(자치법규는 20일) 이상
④ 예고된 입법안에 대한 의견 제출 → 누구든지 의견 제출 가능
⑤ 청문의 개념 → 어떠한 처분을 하기 전에 당사자등의 의견을 듣고 증거를 조사하는 절차

답 ❶

109 행정절차법상 행정청의 관할 및 협조에 관한 설명으로 옳지 않은 것은? 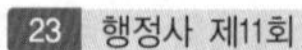

□□□

① 행정청이 그 관할에 속하지 아니하는 사안을 접수한 경우 지체 없이 이를 관할 행정청에 이송하여야 하고 그 사실을 신청인에게 통지하여야 한다.

② 행정응원에 드는 비용은 응원을 하는 행정청이 부담한다.

③ 행정청은 행정의 원활한 수행을 위하여 서로 협조하여야 한다.

④ 행정응원을 요청받은 행정청은 응원을 거부하는 경우 그 사유를 응원을 요청한 행정청에 통지하여야 한다.

⑤ 행정청의 관할이 분명하지 아니한 경우이지만 공통으로 감독하는 상급 행정청이 없는 경우에는 각 상급 행정청이 협의하여 그 관할을 결정한다.

해설

[❶ ▸ O] 행정청이 그 관할에 속하지 아니하는 사안을 접수하였거나 이송받은 경우에는 지체 없이 이를 관할 행정청에 이송하여야 하고 그 사실을 신청인에게 통지하여야 한다. 행정청이 접수하거나 이송받은 후 관할이 변경된 경우에도 또한 같다(행정절차법 제6조 제1항).

[❷ ▸ ×] 행정응원에 드는 비용은 **응원을 요청한 행정청이 부담**하며, 그 부담금액 및 부담방법은 응원을 요청한 행정청과 응원을 하는 행정청이 협의하여 결정한다(행정절차법 제8조 제6항).

[❸ ▸ O] 행정청은 행정의 원활한 수행을 위하여 서로 협조하여야 한다(행정절차법 제7조 제1항).

[❹ ▸ O] 행정응원을 요청받은 행정청은 응원을 거부하는 경우 그 사유를 응원을 요청한 행정청에 통지하여야 한다(행정절차법 제8조 제4항).

[❺ ▸ O] 행정청의 관할이 분명하지 아니한 경우에는 해당 행정청을 공통으로 감독하는 상급 행정청이 그 관할을 결정하며, 공통으로 감독하는 상급 행정청이 없는 경우에는 각 상급 행정청이 협의하여 그 관할을 결정한다(행정절차법 제6조 제2항).

핵심정리

행정절차법상 행정청의 관할 및 협조

① 행정청이 관할에 속하지 아니하는 사안을 접수한 경우
→ 관할 행정청에 이송 + 그 사실을 신청인에게 통지

② 행정응원에 드는 비용 → 응원을 요청한 행정청이 부담 O (응원을 하는 행정청이 부담 ×)

③ 행정청은 행정의 원활한 수행을 위하여 서로 협조하여야 함

④ 행정응원을 요청받은 행정청은 응원을 거부하는 경우
→ 거부사유를 응원을 요청한 행정청에 통지하여야 함

⑤ 행정청의 관할이 분명하지 아니하고 공통으로 감독하는 상급 행정청이 없는 경우
→ 각 상급 행정청이 협의하여 관할을 결정 O

답 ❷

110 행정절차법상 송달 및 기간·기한에 관한 설명으로 옳은 것은? 23 행정사 제11회

□□□

① 정보통신망을 이용한 송달은 송달받을 자의 동의 여부와 상관없이 언제든지 가능하다.
② 행정청은 송달하는 문서의 명칭과 송달받는 자의 성명을 확인할 수 있는 기록을 보존하지 않아도 된다.
③ 송달은 다른 법령등에 특별한 규정이 있는 경우를 제외하고는 해당 문서를 발신한 때 그 효력이 발생한다.
④ 천재지변으로 기한을 지킬 수 없는 경우에는 그 사유가 끝나는 날이 속하는 주말까지 기간의 진행이 정지된다.
⑤ 외국에 거주하거나 체류하는 자에 대한 기간 및 기한은 행정청이 그 우편이나 통신에 걸리는 일수를 고려하여 정하여야 한다.

해설

[❶ ▸ ×] 정보통신망을 이용한 송달은 송달받을 자가 동의하는 경우에만 한다. 이 경우 송달받을 자는 송달받을 전자우편주소 등을 지정하여야 한다(행정절차법 제14조 제3항).

[❷ ▸ ×] 행정청은 송달하는 문서의 명칭, 송달받는 자의 성명 또는 명칭, 발송방법 및 발송 연월일을 확인할 수 있는 기록을 보존하여야 한다(행정절차법 제14조 제6항).

[❸ ▸ ×] 송달은 다른 법령등에 특별한 규정이 있는 경우를 제외하고는 해당 문서가 송달받을 자에게 도달됨으로써 그 효력이 발생한다(행정절차법 제15조 제1항).

[❹ ▸ ×] 천재지변이나 그 밖에 당사자등에게 책임이 없는 사유로 기간 및 기한을 지킬 수 없는 경우에는 그 사유가 끝나는 날까지 기간의 진행이 정지된다(행정절차법 제16조 제1항).

[❺ ▸ ○] 외국에 거주하거나 체류하는 자에 대한 기간 및 기한은 행정청이 그 우편이나 통신에 걸리는 일수(日數)를 고려하여 정하여야 한다(행정절차법 제16조 제2항).

핵심정리

행정절차법상 송달 및 기간·기한의 특례

① 정보통신망을 이용한 송달 → 송달받을 자가 동의하는 경우에만 가능
② 행정청은 송달하는 문서의 명칭, 송달받는 자의 성명 또는 명칭, 발송방법 및 발송 연월일을 확인할 수 있는 기록을 보존하여야 함
③ 송달의 효력 발생 시기 → 도달주의 원칙 ○ (발신주의 ×)
④ 천재지변이나 그 밖에 당사자등에게 책임이 없는 사유로 기간 및 기한을 지킬 수 없는 경우 → 그 사유가 끝나는 날까지 기간의 진행이 정지 ○
⑤ 외국에 거주하거나 체류하는 자에 대한 기간 및 기한 → 행정청이 그 우편이나 통신에 걸리는 일수(日數)를 고려하여 결정

답 ❺

111 □□□ **甲은 건축물을 신축하기 위하여 허가청인 A에게 건축허가(주된 허가)를 신청하였다. 甲은 건축허가를 신청하면서 산지전용허가도 받고자 하는데, 건축법상 甲이 건축허가를 받으면 산지관리법에 따른 산지전용허가(관련 허가)를 받은 것으로 의제된다. 이에 관한 설명으로 옳지 않은 것은?(단, 관련 허가의 허가청은 B임)** 24 행정사 제12회

① 甲은 건축허가를 A에게 신청하면서 산지전용허가에 필요한 서류를 함께 제출하여야 한다.
② A는 건축허가를 하기 전에 산지전용허가에 관하여 미리 B와 협의하여야 한다.
③ B는 산지전용허가에 관한 법령을 위반하여 협의에 응해서는 아니 된다.
④ A와 B 사이에 협의가 되면 건축허가와 산지전용허가를 모두 받은 것으로 본다.
⑤ 산지전용허가가 의제된 경우 B는 산지전용허가를 직접 한 것으로 보아 관계 법령에 따른 관리·감독 등 필요한 조치를 하여야 한다.

해설

[❶ ▸ ○] 인허가의제를 받으려면 **주된 인허가를 신청할 때 관련 인허가에 필요한 서류를 함께 제출하도록 하는 것이 원칙**이다(행정기본법 제24조 제2항 본문). 다만, '불가피한 사유'로 관련 인허가에 필요한 서류를 함께 제출할 수 없는 경우에는 주된 인허가 행정청이 별도로 정하는 기한까지 이를 제출할 수 있다(행정기본법 제24조 제2항 단서). 따라서 원칙적으로 甲은 건축허가(= 주된 인허가)를 A에게 신청하면서 산지전용허가(= 관련 인허가)에 필요한 서류를 함께 제출하여야 한다.

[❷ ▸ ○] 주된 인허가 행정청은 주된 인허가를 하기 전에 관련 인허가에 관하여 **미리 관련 인허가 행정청과 협의하여야** 한다(행정기본법 제24조 제3항). 이 규정은 훈시규정이 아니라 필요적 규정이며 강제규정으로 주된 인허가를 하기 전에 관련 인허가 행정청과 협의를 하지 않으면 위법이 된다. 따라서 주된 인허가 행정청 A는 건축허가를 하기 전에 산지전용허가에 관하여 미리 관련 인허가 행정청인 B와 협의하여야 한다.

[❸ ▸ ○] 주된 인허가 행정청으로부터 협의 요청을 받은 관련 인허가 행정청은 해당 법령을 위반하여 협의에 응해서는 아니 된다(행정기본법 제24조 제5항 본문). 따라서 관련 인허가 행정청 B는 산지전용허가에 관한 법령을 위반하여 협의에 응해서는 아니 된다.

[❹ ▸ ×] 행정기본법 제24조 제3항·제4항에 따라 협의가 된 사항에 대해서는 주된 인허가를 받았을 때 관련 인허가를 받은 것으로 본다(행정기본법 제25조 제1항). 따라서 A와 B 사이에 협의가 되면 건축허가와 산지전용허가를 모두 받은 것으로 보는 것이 아니라, 건축허가(= 주된 인허가)를 받았을 때 산지전용허가(= 관련 인허가)를 받은 것으로 본다.

[❺ ▸ ○] 인허가의제의 경우 **관련 인허가 행정청은 관련 인허가를 직접 한 것으로 보아** 관계 법령에 따른 관리·감독 등 필요한 조치를 하여야 한다(행정기본법 제26조 제1항). 따라서 산지전용허가가 의제된 경우 관련 인허가 행정청 B는 산지전용허가를 직접 한 것으로 보아 관계 법령에 따른 관리·감독 등 필요한 조치를 하여야 한다.

답 ❹

제2절 정보공개제도와 개인정보 보호제도

112 □□□ **공공기관의 정보공개에 관한 법령상 정보공개에 관한 설명으로 옳지 않은 것은?(다툼이 있으면 판례에 따름)**

22 행정사 제10회

① 공개청구의 대상이 되는 정보는 공공기관이 보유·관리하고 있는 정보에 한정된다.

② 일정한 요건을 갖춘 외국인은 정보공개 청구를 할 수 있다.

③ 정보공개 청구권자의 권리구제 가능성이 없는 경우에는 비공개 대상 정보에 해당하지 않는 정보라도 공개하지 않을 수 있다.

④ 정보공개청구에 대한 공공기관의 비공개결정에 대한 불복절차로 이의신청, 행정심판, 행정소송이 있다.

⑤ 법인이 거래하는 금융기관의 계좌번호에 관한 정보는 법인의 영업상 비밀에 관한 사항으로서 비공개 대상 정보에 해당한다.

해설

[❶ ▸ O] 「공공기관의 정보공개에 관한 법률」상 공개청구의 대상이 되는 정보란 공공기관이 직무상 작성 또는 취득하여 현재 보유·관리하고 있는 문서에 한정되는 것이기는 하나, 그 문서가 반드시 원본일 필요는 없다(대판 2006.5.25. 2006두3049).

[❷ ▸ O] 모든 국민은 정보의 공개를 청구할 권리를 가진다(공공기관의 정보공개에 관한 법률 제5조 제1항). 일정한 요건을 갖춘 외국인도 정보공개청구권이 인정된다(공공기관의 정보공개에 관한 법률 제5조 제2항, 동법 시행령 제3조).

> **공공기관의 정보공개에 관한 법률 시행령 제3조(외국인의 정보공개 청구)** 법 제5조 제2항에 따라 정보공개를 청구할 수 있는 외국인은 다음 각 호의 어느 하나에 해당하는 자로 한다.
> 1. 국내에 일정한 주소를 두고 거주하거나 학술·연구를 위하여 일시적으로 체류하는 사람
> 2. 국내에 사무소를 두고 있는 법인 또는 단체

[❸ ▸ ×] 「공공기관의 정보공개에 관한 법률」은 비공개대상정보에 해당하지 않는 한 공공기관이 보유·관리하는 정보는 공개 대상이 된다고 규정하고 있을 뿐(동법 제9조 제1항) 정보공개 청구권자가 공개를 청구하는 정보와 어떤 관련성을 가질 것을 요구하거나 정보공개청구의 목적에 특별한 제한을 두고 있지 아니하므로 정보공개 청구권자의 권리구제 가능성 등은 정보의 공개 여부 결정에 아무런 영향을 미치지 못한다(대판 2017.9.7. 2017두44558).

[❹ ▸ O] 정보공개 청구인은 공공기관의 비공개결정에 대한 불복절차로 이의신청을 제기하거나(공공기관의 정보공개에 관한 법률 제18조 제1항), 이의신청절차를 거치지 않고 행정심판을 청구하거나(동법 제19조 제2항), 행정소송을 제기할 수 있고(동법 제20조 제1항), 이의신청절차를 거친 경우에도 행정심판 청구 및 행정소송의 제기가 가능하다.

[❺ ▸ O] 법인등이 거래하는 금융기관의 계좌번호에 관한 정보는 법인등의 영업상 비밀에 관한 사항으로서 공개될 경우 법인등의 정당한 이익을 현저히 해할 우려가 있다고 인정되는 정보에 해당한다(대판 2004.8.20. 2003두8302).

핵심정리 **정보공개제도 일반(공개대상정보, 외국인의 정보공개청구권 등)**

① 정보공개청구의 대상이 되는 정보 ⟶ 공공기관이 보유·관리하고 있는 정보에 한정

② 외국인의 정보공개청구권이 인정되는 경우
- ⟶ 국내에 일정한 주소를 두고 거주하는 사람
- ⟶ 국내에 학술·연구를 위하여 일시적으로 체류하는 사람
- ⟶ 국내에 사무소를 두고 있는 법인 또는 단체

③ 정보공개 청구권자의 권리구제 가능성이 없다는 사정 ⟶ 비공개 사유에 해당 ×

④ 공공기관의 비공개결정에 대한 불복절차 ⟶ 이의신청, 행정심판, 행정소송

⑤ 법인의 금융기관 계좌번호에 관한 정보 ⟶ 비공개 대상 정보(법인의 영업상 비밀에 관한 사항)에 해당 ○

답 ❸

113 공공기관의 정보공개에 관한 법령상 정보공개에 관한 설명으로 옳지 않은 것은?(다툼이 있으면 판례에 따름)

□□□ 16 행정사 제4회

① 사립대학교도 정보공개 의무기관인 공공기관에 해당된다.
② 모든 국민은 정보의 공개를 청구할 권리를 가진다.
③ 정보공개청구권자에 해당하는 국민에는 자연인은 물론 법인, 권리능력 없는 사단이나 재단도 포함된다.
④ 정보공개청구는 정보공개청구서를 제출하는 것 외에 말로써도 할 수 있다.
⑤ 정보공개청구자는 공개를 구하는 정보를 공공기관이 보유·관리하고 있을 가능성이 전혀 없지 않다는 점만 입증하면 족하고, 공공기관은 그 정보를 폐기하여 더 이상 보유·관리하고 있지 않다는 항변을 할 수 없다.

해설

[❶ ▸ O] 사립대학교도 정보공개 의무기관인 공공기관에 해당한다(대판 2006.8.24. 2004두2783).

> 구 공공기관의 정보공개에 관한 법률 제2조 제3호는 '공공기관'이라 함은 국가, 지방자치단체, 정부투자기관관리기본법 제2조의 규정에 의한 정부투자기관 기타 대통령령이 정하는 기관을 말한다고 규정하고 있고, 같은 법 시행령 제2조 제1호는 대통령령이 정하는 기관에 초·중등교육법 및 고등교육법 기타 다른 법률에 의하여 설치된 각급 학교를 포함시키고 있어, 사립대학교는 정보공개 의무기관인 공공기관에 해당하게 되었다(대판 2006.8.24. 2004두2783).

[❷ ▸ O] 모든 국민은 정보의 공개를 청구할 권리를 가진다(공공기관의 정보공개에 관한 법률 제5조 제1항).

[❸ ▸ O] 공공기관의 정보공개에 관한 법률 제6조 제1항은 "모든 국민은 정보의 공개를 청구할 권리를 가진다."고 규정하고 있는데, 여기에서 말하는 국민에는 자연인은 물론 법인, 권리능력 없는 사단·재단도 포함되고, 법인, 권리능력 없는 사단·재단 등의 경우에는 설립목적을 불문한다(대판 2003.12.12. 2003두8050).

[❹ ▸ O] 정보의 공개를 청구하는 자는 해당 정보를 보유하거나 관리하고 있는 공공기관에 다음 각 호의 사항을 적은 정보공개청구서를 제출하거나 말로써 정보의 공개를 청구할 수 있다(공공기관의 정보공개에 관한 법률 제10조 제1항).

[❺ ▸ X] 공개청구자는 그가 공개를 구하는 정보를 공공기관이 보유·관리하고 있을 상당한 **개연성**이 있다는 점에 대하여 **입증할 책임**이 있으나, 공개를 구하는 정보를 공공기관이 한때 보유·관리하였으나 후에 그 정보가 담긴 문서들이 폐기되어 존재하지 않게 된 것이라면 그 정보를 더 이상 보유·관리하고 있지 않다는 점에 대한 증명책임은 공공기관에 있다(대판 2013.1.24. 2010두18918).

핵심정리 **정보공개제도 일반(정보공개 의무기관인 공공기관, 정보공개청구권자, 증명책임 등)**

① 사립대학교 → 정보공개 의무기관인 공공기관 O
②, ③ 정보공개청구권자
 → 모든 국민
 → 모든 국민에는 자연인은 물론 법인, 권리능력 없는 사단이나 재단도 포함
 → 일정한 요건을 갖춘 외국인
④ 정보공개의 청구방법 → 정보공개청구서를 제출 or 말로써도 가능
⑤ 증명책임
 → 정보공개청구자 : 공개대상정보를 공공기관이 보유·관리하고 있을 상당한 개연성이 있다는 점
 → 공공기관 : 정보를 폐기하여 더 이상 보유·관리하고 있지 않다는 점(항변사항)

답 ❺

114 □□□ **공공기관의 정보공개에 관한 법령상 정보공개에 관한 설명으로 옳은 것은?(다툼이 있으면 판례에 따름)**

15 행정사 제3회

① 공개청구의 대상이 되는 정보는 그 문서가 반드시 원본이어야 한다.
② 권리능력 없는 사단은 정보공개청구권자에 해당하지 않는다.
③ 정보공개청구제도는 행정의 투명성과 적법성을 위한 것이므로 국민의 정보공개청구는 권리의 남용에 해당할 여지가 없다.
④ 외국인은 정보공개청구권이 인정되지 않는다.
⑤ 공공기관이 그 정보를 보유·관리하고 있지 아니한 경우에는 특별한 사정이 없는 한 정보공개거부처분의 취소를 구할 법률상의 이익이 없다.

해설

[❶ ▸ ×] 공개청구의 대상이 되는 정보란 공공기관이 직무상 작성 또는 취득하여 관리하고 있는 문서(전자문서를 포함한다) 및 전자매체를 비롯한 모든 형태의 매체 등에 기록된 사항을 말한다(제2조 제1호). 공개청구의 대상이 되는 문서가 반드시 원본일 필요는 없다(2006.5.25. 2006두3049).

[❷ ▸ ×] 공공기관의 정보공개에 관한 법률 제6조 제1항은 "모든 국민은 정보의 공개를 청구할 권리를 가진다."고 규정하고 있는데, 여기에서 말하는 국민에는 자연인은 물론 법인, 권리능력 없는 사단·재단도 포함된다(대판 2003.12.12. 2003두8050).

[❸ ▸ ×] 국민의 정보공개청구는 정보공개법 제9조에 정한 비공개 대상 정보에 해당하지 아니하는 한 원칙적으로 폭넓게 허용되어야 하지만, 실제로는 해당 정보를 취득 또는 활용할 의사가 전혀 없이 정보공개 제도를 이용하여 사회통념상 용인될 수 없는 부당한 이득을 얻으려 하거나, 오로지 공공기관의 담당공무원을 괴롭힐 목적으로 정보공개청구를 하는 경우처럼 권리의 남용에 해당하는 것이 명백한 경우에는 정보공개청구권의 행사를 허용하지 아니하는 것이 옳다(대판 2014.12.24. 2014두9349).

> 교도소에 복역 중인 甲이 지방검찰청 검사장에게 자신에 대한 불기소사건 수사기록 중 타인의 개인정보를 제외한 부분의 공개를 청구하였으나 甲은 위 정보에 접근하는 것을 목적으로 정보공개를 청구한 것이 아니라, 청구가 거부되면 거부처분의 취소를 구하는 소송에서 승소한 뒤 소송비용 확정절차를 통해 자신이 그 소송에서 실제 지출한 소송비용보다 다액을 소송비용으로 지급받아 금전적 이득을 취하거나, 수감 중 변론기일에 출정하여 강제노역을 회피하는 것 등을 목적으로 정보공개를 청구하였다고 볼 여지가 큰 점 등에 비추어 甲의 정보공개청구는 권리를 남용하는 행위로서 허용되지 않는다고 한 사례(대판 2014.12.24. 2014두9349).

[❹ ▸ ×] 일정한 요건을 갖춘 외국인도 정보공개청구권이 인정된다. 즉, 외국인 중 국내에 일정한 주소를 두고 거주하거나 학술·연구를 위하여 일시적으로 체류하는 사람(제1호), 국내에 사무소를 두고 있는 법인 또는 단체(제2호)는 정보공개를 청구할 수 있는 외국인에 해당한다(정보공개법 시행령 제3조).

[❺ ▸ O] 공개청구자가 특정한 바와 같은 정보를 공공기관이 보유·관리하고 있지 않은 경우라면 특별한 사정이 없는 한 해당 정보에 대한 공개거부처분에 대하여는 취소를 구할 법률상 이익이 없다(대판 2013.1.24. 2010두18918).

핵심정리

정보공개제도 일반(공개청구 대상정보, 정보공개청구권자, 권리남용금지의 원칙 등)

① 정보공개청구의 대상이 되는 정보 → 문서가 원본일 필요 × (사본도 가능)
②, ④ 정보공개청구권자
→ 권리능력 없는 사단도 포함 O
→ 일정한 요건을 갖춘 외국인도 포함 O
③ 정보공개청구제도 → 권리남용금지의 원칙 적용 O
⑤ 공공기관이 정보를 보유·관리하고 있지 아니한 경우
→ 정보공개거부처분의 취소를 구할 법률상의 이익 ×

답 ❺

PART 1 PART 2 PART 3

115 공공기관의 정보공개에 관한 법률상 공공기관에 해당하지 않는 것은?(다툼이 있으면 판례에 따름)

□□□

17 행정사 제5회

① 국 회
② 지방자치단체
③ 한국방송공사
④ 지방공기업법에 따른 지방공사
⑤ 한국증권업협회

해설

[❺ ▸ ×] 「공공기관의 정보공개에 관한 법률」에 의하면 ① 국회(동법 제2조 제3호 가목 1)), ② 지방자치단체(동법 제2조 제3호 나목), ③ 한국방송공사(동법 제2조 제3호 다목, 공공기관운영법 제4조 제2항 제3호), ④ 지방공기업법에 따른 지방공사(동법 제2조 제3호 라목) 등은 공공기관의 정보공개에 관한 법률상 공공기관에 해당하나, ⑤ **한국증권업협회**는 정보를 공개할 의무가 있는 공공기관 중 하나인 '특별법에 의하여 설립된 특수법인'에 해당하지 아니한다(대판 2010.4.29. 2008두5643).

답 ❺

116 공공기관의 정보공개에 관한 법률의 내용 중 ( )에 들어갈 숫자가 옳게 연결된 것은?

□□□

18 행정사 제6회

- 공개 대상 정보로서 자신과 관련된 정보에 대하여 공개 청구된 사실을 통지받은 제3자는 그 통지를 받은 날부터 (ㄱ)일 이내에 해당 공공기관에 대하여 자신과 관련된 정보를 공개하지 아니할 것을 요청할 수 있다.
- 공개 대상 정보로서 자신과 관련된 정보의 비공개 요청에도 불구하고 공공기관이 공개결정을 한 때에는 제3자는 공개 결정 이유와 공개 실시일의 통지를 받은 날부터 (ㄴ)일 이내에 해당 공공기관에 이의신청을 할 수 있다.

① ㄱ : 3, ㄴ : 7
② ㄱ : 3, ㄴ : 10
③ ㄱ : 7, ㄴ : 7
④ ㄱ : 7, ㄴ : 10
⑤ ㄱ : 7, ㄴ : 15

해설

[❶ ▸ ○] ㄱ : 3, ㄴ : 7

공공기관의 정보공개에 관한 법률 제21조(제3자의 비공개 요청 등) ① 제11조 제3항에 따라 공개 청구된 사실을 통지받은 제3자는 그 통지를 받은 날부터 3일 이내에 해당 공공기관에 대하여 자신과 관련된 정보를 공개하지 아니할 것을 요청할 수 있다.
② 제1항에 따른 비공개 요청에도 불구하고 공공기관이 공개 결정을 할 때에는 공개 결정 이유와 공개 실시일을 분명히 밝혀 지체 없이 문서로 통지하여야 하며, 제3자는 해당 공공기관에 문서로 이의신청을 하거나 행정심판 또는 행정소송을 제기할 수 있다. 이 경우 이의신청은 통지를 받은 날부터 7일 이내에 하여야 한다.

답 ❶

117 공공기관의 정보공개에 관한 법률에 관한 설명으로 옳지 않은 것은?(다툼이 있으면 판례에 따름)
□□□

19 행정사 제7회

① 정보공개청구의 대상이 되는 문서는 원본이어야 한다.
② 권리능력 없는 사단은 그 설립목적을 불문하고 이 법에 의한 정보공개청구권을 갖는다.
③ 이미 다른 사람에게 공개되어 널리 알려져 있는 정보도 공개청구의 대상이 될 수 있다.
④ 공공기관이 정보공개청구인이 신청한 공개방법 이외의 방법으로 정보를 공개하기로 결정하였다면, 그 결정에 대하여 항고소송으로 다툴 수 있다.
⑤ 고등교육법에 따른 대학은 정보공개의무를 지는 공공기관이다.

해설

[❶ ▸ ×] 공공기관의 정보공개에 관한 법률상 공개청구의 대상이 되는 정보란 공공기관이 직무상 작성 또는 취득하여 현재 보유·관리하고 있는 문서에 한정되는 것이기는 하나, 그 문서가 반드시 원본일 필요는 없다(대판 2006.5.25. 2006두3049).

[❷ ▸ O] 공공기관의 정보공개에 관한 법률 제6조 제1항은 "모든 국민은 정보의 공개를 청구할 권리를 가진다."고 규정하고 있는데, 여기에서 말하는 국민에는 자연인은 물론 법인, 권리능력 없는 사단·재단도 포함되고, 법인, 권리능력 없는 사단·재단 등의 경우에는 설립목적을 불문한다(대판 2003.12.12. 2003두8050).

[❸ ▸ O] 공개청구의 대상이 되는 정보가 이미 다른 사람에게 공개되어 널리 알려져 있다거나 인터넷 등을 통하여 공개되어 인터넷검색 등을 통하여 쉽게 알 수 있다는 사정만으로는 소의 이익이 없다거나 비공개결정이 정당화될 수 없다(대판 2010.12.23. 2008두13101).

[❹ ▸ O] 공공기관이 공개청구의 대상이 된 정보를 공개는 하되, 청구인이 신청한 공개방법 이외의 방법으로 공개하기로 하는 결정을 하였다면, 이는 정보공개청구 중 정보공개방법에 관한 부분에 대하여 일부 거부처분을 한 것이고, 청구인은 그에 대하여 항고소송으로 다툴 수 있다(대판 2016.11.10. 2016두44674).

[❺ ▸ O] 고등교육법에 따른 대학은 정보공개의무를 지는 공공기관에 해당한다(대판 2006.8.24. 2004두2783).

> **공공기관의 정보공개에 관한 법률 시행령 제2조(공공기관의 범위)** 「공공기관의 정보공개에 관한 법률」 제2조 제3호 마목에서 "대통령령으로 정하는 기관"이란 다음 각 호의 기관 또는 단체를 말한다.
> 1. 「유아교육법」, 「초·중등교육법」, 「고등교육법」에 따른 각급 학교 또는 그 밖의 다른 법률에 따라 설치된 학교

> 구 공공기관의 정보공개에 관한 법률 제2조 제3호는 '공공기관'이라 함은 국가, 지방자치단체, 정부투자기관관리기본법 제2조의 규정에 의한 정부투자기관 기타 대통령령이 정하는 기관을 말한다고 규정하고 있고, 같은 법 시행령 제2조 제1호는 대통령령이 정하는 기관에 초·중등교육법 및 고등교육법 기타 다른 법률에 의하여 설치된 각급 학교를 포함시키고 있어, 사립대학교는 정보공개 의무기관인 공공기관에 해당하게 되었다(대판 2006.8.24. 2004두2783).

핵심정리

정보공개제도 일반(공개청구 대상정보, 정보공개청구권자, 일부거부처분 등)
① 정보공개청구의 대상이 되는 문서 → 원본일 필요 × (사본도 가능)
② 권리능력 없는 사단 → 설립목적을 불문하고 정보공개청구권 인정 O
③ 이미 공개되어 널리 알려져 있는 정보 → 정보공개청구의 대상 O
④ 신청한 공개방법 이외의 방법으로 정보공개 결정을 한 경우
→ 일부 거부처분에 해당 O (항고소송으로 다툴 수 있음)
⑤ 고등교육법에 따른 대학(사립대학 포함) → 정보공개의무를 지는 공공기관 O

답 ❶

PART 1 PART 2 PART 3

118 □□□ **공공기관의 정보공개에 관한 법률에 의거하여, 甲은 A대학교에 대하여 재학 중인 체육특기생들의 일정 기간 동안의 출석 및 성적 관리에 관한 정보공개를 청구하였다. 이에 관한 설명으로 옳은 것은?(다툼이 있으면 판례에 따름)** 17 행정사 제5회

① 甲은 A대학교와 체육특기생들과는 아무런 이해관계가 없으므로 정보공개청구권을 가지지 아니한다.

② A대학교가 사립대학교라면 정보공개의무를 지는 공공기관에 해당하지 않는다.

③ 甲의 청구에 대하여 A대학교가 제3자의 권리침해를 이유로 하여 비공개 결정을 하였다면 이에 대한 甲의 불복절차는 없다.

④ A대학교 체육특기생 乙이 자신의 정보를 공개하지 아니할 것을 요청한 경우에도, A대학교는 乙에 대한 정보의 공개를 결정할 수 있다.

⑤ 甲의 A대학교에 대한 정보공개청구의 비용은 공익적 차원에서 A대학교가 부담한다.

해설

[❶ ▸ ×] 국민의 정보공개청구권은 법률상 보호되는 구체적인 권리이므로(공공기관의 정보공개에 관한 법률 제5조 제1항), 정보공개청구의 목적에는 특별한 제한이 없고, 공익을 위한 정보공개청구도 인정된다(대판 2003.12.12. 2003두8050 참조). 따라서 甲이 A대학교와 체육특기생들과는 아무런 이해관계가 없더라도 정보공개청구권이 인정된다.

[❷ ▸ ×] A대학교가 사립대학교라도 정보공개의무를 지는 공공기관에 해당한다.

> 구 공공기관의 정보공개에 관한 법률 제2조 제3호는 '공공기관'이라 함은 국가, 지방자치단체, 정부투자기관관리기본법 제2조의 규정에 의한 정부투자기관 기타 대통령령이 정하는 기관을 말한다고 규정하고 있고, 같은 법 시행령 제2조 제1호는 대통령령이 정하는 기관에 초・중등교육법 및 고등교육법 기타 다른 법률에 의하여 설치된 각급 학교를 포함시키고 있어, 사립대학교는 정보공개 의무기관인 공공기관에 해당하게 되었다(대판 2006.8.24. 2004두2783).

[❸ ▸ ×] A대학교의 비공개 결정에 대하여 甲은 이의신청(공공기관의 정보공개에 관한 법률 제18조), 행정심판(동법 제19조 참조), 행정소송(동법 제20조 참조)을 통해 권리구제를 받을 수 있다.

[❹ ▸ ○] 공공기관이 보유・관리하고 있는 정보가 제3자와 관련이 있는 경우, 제3자가 비공개를 요청하였다고 하여 정보공개법상 비공개사유에 해당하는 것은 아니다(대판 2008.9.25. 2008두8680). 따라서 A대학교 체육특기생 乙이 자신의 정보를 공개하지 아니할 것을 요청한 경우에도, A대학교는 乙에 대한 정보의 공개를 결정할 수 있다(공공기관의 정보공개에 관한 법률 제21조 제1항, 제2항).

[❺ ▸ ×] 甲의 A대학교에 대한 정보공개청구의 비용은 실비(實費)의 범위에서 정보공개청구권자인 甲이 부담한다(공공기관의 정보공개에 관한 법률 제17조 제1항).

핵심정리 **정보공개제도 일반**

① 정보공개청구권 ⟶ 개인적 이해관계가 없어도 인정 ○ (공익을 위한 정보공개청구 인정 ○)
② 사립대학교 ⟶ 정보공개의무를 지는 공공기관 ○
③ 공공기관(대학교)이 정보비공개 결정을 한 경우 불복방법
⟶ 이의신청, 행정심판, 행정소송으로 불복 가능 ○
④ 제3자의 비공개요청이 있는 경우에도 ⟶ 공공기관(대학교)은 정보공개결정 가능 ○
⑤ 정보공개청구의 비용 ⟶ 실비의 범위에서 정보공개청구권자가 부담

답 ❹

119 □□□ **공공기관의 정보공개에 관한 법률에 따른 정보공개제도에 관한 설명으로 옳지 않은 것은?(다툼이 있으면 판례에 따름)** 20 행정사 제8회

① 공개를 청구하는 정보는 사회일반의 관점에서 청구대상정보의 내용과 범위를 알 수 있을 정도로 특정되어야 한다.

② 공개청구한 정보를 공공기관이 보유·관리하고 있지 않은 경우에는 특별한 사정이 없는 한 해당 정보에 대한 공개거부처분의 취소를 구할 법률상의 이익이 없다.

③ 정보공개청구의 목적이 오로지 담당공무원을 괴롭힐 목적인 경우처럼 권리의 남용이 명백한 경우에는 정보공개청구권의 행사가 허용되지 않는다.

④ 비공개결정에 대해 이의신청을 거친 경우에는 행정심판을 제기할 수 없다.

⑤ 청구인이 신청한 공개방법이 이외의 방법으로 정보를 공개하기로 결정한 경우 청구인은 그에 대하여 항고소송으로 다툴 수 있다.

해설

[❶ ▸ O] 공개청구대상정보를 기재함에 있어서는 사회일반인의 관점에서 청구대상정보의 내용과 범위를 확정할 수 있을 정도로 특정함을 요한다(대판 2007.6.1. 2007두2555).

[❷ ▸ O] 공개청구자가 특정한 바와 같은 정보를 공공기관이 보유·관리하고 있지 않은 경우라면 특별한 사정이 없는 한 해당 정보에 대한 공개거부처분에 대하여는 취소를 구할 법률상 이익이 없다(대판 2013.1.24. 2010두18918).

[❸ ▸ O] 해당 정보를 취득 또는 활용할 의사가 전혀 없이 정보공개 제도를 이용하여 사회통념상 용인될 수 없는 부당한 이득을 얻으려 하거나, 오로지 공공기관의 담당공무원을 괴롭힐 목적으로 정보공개청구를 하는 경우처럼 권리의 남용에 해당하는 것이 명백한 경우에는 정보공개청구권의 행사를 허용하지 아니하는 것이 옳다(대판 2014.12.24. 2014두9349).

[❹ ▸ ×] 정보공개 청구인은 이의신청절차를 거치지 않고 행정심판을 청구할 수 있으며(공공기관의 정보공개에 관한 법률 제19조 제2항), 이의신청절차를 거친 경우에도 행정심판 청구 및 행정소송의 제기가 가능하다.

[❺ ▸ O] 공공기관이 공개청구의 대상이 된 정보를 공개는 하되, 청구인이 신청한 공개방법 이외의 방법으로 공개하기로 하는 결정을 하였다면, 이는 정보공개청구 중 정보공개방법에 관한 부분에 대하여 일부 거부처분을 한 것이고, 청구인은 그에 대하여 항고소송으로 다툴 수 있다(대판 2016.11.10. 2016두44674).

핵심정리

정보공개제도 일반

① 공개청구서의 기재방법 → 청구대상정보의 내용과 범위를 확정할 수 있을 정도로 특정 필요
② 공공기관이 정보를 보유·관리하고 있지 아니한 경우
→ 정보공개거부처분의 취소를 구할 법률상의 이익 ×
③ 정보공개청구가 권리의 남용임이 명백한 경우 → 정보공개청구권의 행사 허용 ×
④ 비공개결정에 대해 행정심판 제기
→ 이의신청을 거치지 않고도 행정심판 제기 가능 O
→ 이의신청을 거친 경우에도 행정심판 제기 가능 O
⑤ 신청한 공개방법 이외의 방법으로 정보공개 결정을 한 경우
→ 일부 거부처분에 해당 O
→ 항고소송으로 다툴 수 있음

답 ❹

120 판례에 의할 때 공공기관의 정보공개에 관한 법률에 관한 설명으로 옳은 것을 모두 고른 것은?

□□□

21 행정사 제9회

ㄱ. 학교폭력대책자치위원회의 회의록은 '공개될 경우 업무의 공정한 수행에 현저한 지장을 초래한다고 인정할 만한 상당한 이유가 있는 정보'에 해당한다.
ㄴ. 의사결정과정에 제공된 회의관련자료나 의사결정과정이 기록된 회의록은 의사가 결정되거나 의사가 집행된 경우에는 더 이상 의사결정과정에 있는 사항 그 자체라고는 할 수 없으나, 의사결정과정에 있는 사항에 준하는 사항으로서 비공개대상정보에 포함될 수 있다.
ㄷ. '진행 중인 재판에 관련된 정보'에 해당한다는 사유로 정보공개를 거부하기 위하여는 반드시 그 정보가 진행 중인 재판의 소송기록 자체에 포함되어야 한다.

① ㄱ
② ㄴ
③ ㄱ, ㄴ
④ ㄴ, ㄷ
⑤ ㄱ, ㄴ, ㄷ

해설

[ㄱ ▸ O] 학교폭력대책자치위원회의 회의록은 공공기관의 정보공개에 관한 법률 제9조 제1항 제5호의 '공개될 경우 업무의 공정한 수행에 현저한 지장을 초래한다고 인정할 만한 상당한 이유가 있는 정보'에 해당한다(대판 2010.6.10. 2010두2913).

학교폭력대책자치위원회의 회의록은 공공기관의 정보공개에 관한 법률 제9조 제1항 제1호의 '다른 법률 또는 법률이 위임한 명령에 의하여 비밀 또는 비공개 사항으로 규정된 정보'에도 해당한다(대판 2010.6.10. 2010두2913).

[ㄴ ▸ O] 의사결정과정에 제공된 회의관련자료나 의사결정과정이 기록된 회의록 등은 의사가 결정되거나 의사가 집행된 경우에는 더 이상 의사결정과정에 있는 사항 그 자체라고는 할 수 없으나, 의사결정과정에 있는 사항에 준하는 사항으로서 비공개대상정보에 포함될 수 있다(대판 2003.8.22. 2002두12946).

[ㄷ ▸ X] 법원 이외의 공공기관이 위 규정이 정한 '진행 중인 재판에 관련된 정보'에 해당한다는 사유로 정보공개를 거부하기 위하여는 반드시 그 정보가 진행 중인 재판의 소송기록 그 자체에 포함된 내용의 정보일 필요는 없으나, 재판에 관련된 일체의 정보가 그에 해당하는 것은 아니고 진행 중인 재판의 심리 또는 재판결과에 구체적으로 영향을 미칠 위험이 있는 정보에 한정된다고 할 것이다(대판 2012.4.12. 2010두24913).

핵심정리 **비공개대상정보**

ㄱ. 학교폭력대책자치위원회의 회의록
→ 공개될 경우 업무의 공정한 수행에 현저한 지장을 초래한다고 인정할 만한 상당한 이유가 있는 정보(제5호)에 해당 ○
ㄴ. 의사결정과정에 제공된 회의관련자료나 의사결정과정이 기록된 회의록
→ 의사결정과정에 있는 사항에 준하는 사항으로서 비공개대상정보에 포함 ○
ㄷ. 진행 중인 재판관련 정보로서 정보공개를 거부하기 위한 요건
→ 진행 중인 재판의 심리 또는 재판결과에 구체적으로 영향을 미칠 위험이 있는 정보에 한정 ○
→ 진행 중인 재판의 소송기록 그 자체에 포함된 내용의 정보일 필요 ×

답 ❸

121 □□□ **공공기관의 정보공개에 관한 법령상 정보공개제도에 관한 설명으로 옳은 것은?(다툼이 있는 경우에는 판례에 의함)** 14 행정사 제2회

① 정보공개청구권은 자연인에 대해서 인정되며, 법인에게는 인정되지 않는다.
② 자신과 이해관계가 없는 정보를 공익을 위해 공개청구하는 것은 허용되지 않는다.
③ 정보공개거부결정에 대해서는 행정심판을 거치지 아니하고 행정소송을 제기할 수 있다.
④ 정보공개청구의 대상이 되는 문서는 원본이어야 한다.
⑤ 공공기관이 정보공개청구를 받은 날부터 20일이 경과하도록 공개 여부를 결정하지 않은 때에는 정보공개결정이 있는 것으로 본다.

해설

[❶ ▸ ×] 공공기관의 정보공개에 관한 법률 제6조 제1항은 "모든 국민은 정보의 공개를 청구할 권리를 가진다."고 규정하고 있는데, 여기에서 말하는 국민에는 자연인은 물론 법인, 권리능력 없는 사단·재단도 포함된다(대판 2003.12.12. 2003두8050).

[❷ ▸ ×] 국민의 정보공개청구권은 법률상 보호되는 구체적인 권리이므로(공공기관의 정보공개에 관한 법률 제5조 제1항), 정보공개청구의 목적에는 특별한 제한이 없고, 공익을 위한 정보공개청구도 인정된다(대판 2003.12.12. 2003두8050 참조).

[❸ ▸ ○] 청구인이 정보공개와 관련한 공공기관의 결정에 대하여 불복이 있거나 정보공개청구 후 20일이 경과하도록 정보공개 결정이 없는 때에는 행정소송법에서 정하는 바에 따라 행정소송을 제기할 수 있다(공공기관의 정보공개에 관한 법률 제20조 제1항).

[❹ ▸ ×] 공공기관의 정보공개에 관한 법률상 공개청구의 대상이 되는 정보란 공공기관이 직무상 작성 또는 취득하여 현재 보유·관리하고 있는 문서에 한정되는 것이기는 하나, 그 문서가 반드시 원본일 필요는 없다(대판 2006.5.25. 2006두3049).

[❺ ▸ ×] 구 「공공기관의 정보공개에 관한 법률」 제11조 제5항은 '정보공개를 청구한 날부터 20일 이내에 공공기관이 공개 여부를 결정하지 아니한 때에는 비공개의 결정이 있는 것으로 본다'고 하여 간주거부규정을 두고 있었으나, 2013.8.6. 개정으로 삭제하였다. 그렇다고 하여 20일이 경과하도록 공개 여부를 결정하지 않은 때에 정보공개결정이 있는 것으로 보는 것도 아니다. 따라서 현행 「공공기관의 정보공개에 관한 법률」에 의하면 정보공개 청구 후 20일이 경과하도록 정보공개 결정이 없는 경우, 이는 '부작위'에 해당하므로 부작위위법확인소송의 대상이 된다.

핵심정리

정보공개제도 일반

① 정보공개청구권 ⟶ 자연인뿐만 아니라 법인에게도 인정 ○
② 자신과 이해관계가 없는 정보를 공익을 위해 공개청구하는 경우 ⟶ 허용 ○
③ 정보공개거부결정 ⟶ 행정심판을 거치지 아니하고 행정소송 제기 가능
④ 정보공개청구의 대상이 되는 문서 ⟶ 원본일 필요 × (사본도 가능)
⑤ 정보공개청구를 받은 날부터 20일이 경과하도록 공개 여부를 결정하지 않은 경우
⟶ 부작위에 해당 ○
⟶ 부작위위법확인소송의 대상 ○

답 ❸

122 공공기관의 정보공개에 관한 법률에 관한 설명으로 옳은 것은?(다툼이 있으면 판례에 따름)
□□□

21 행정사 제9회

① 국내에 학술·연구를 위하여 일시적으로 체류하는 외국인은 정보공개를 청구할 권리가 없다.
② 공개 청구한 정보가 비공개대상인 부분과 공개 가능한 부분이 혼합되어 있는 경우 부분공개는 할 수 없다.
③ 사립대학교는 정보공개의무를 지는 공공기관에 해당하지 않는다.
④ 정보공개를 요구받은 공공기관이 공개를 거부하는 경우에는 비공개사유에 해당하는지를 주장·입증하지 아니한 채 개괄적인 사유만을 들어 공개를 거부할 수 없다.
⑤ 청구인은 공공기관의 비공개 결정에 대하여 불복이 있는 경우 이의신청 절차를 거치지 아니하고는 행정심판을 청구할 수 없다.

해설

[❶ ▸ ×] 공공기관의 정보공개에 관한 법률 시행령 제3조 제1호 참조

> **공공기관의 정보공개에 관한 법률 시행령 제3조(외국인의 정보공개 청구)** 법 제5조 제2항에 따라 정보공개를 청구할 수 있는 외국인은 다음 각 호의 어느 하나에 해당하는 자로 한다.
> 1. 국내에 일정한 주소를 두고 거주하거나 학술·연구를 위하여 일시적으로 체류하는 사람
> 2. 국내에 사무소를 두고 있는 법인 또는 단체

[❷ ▸ ×] 공개 청구한 정보가 비공개대상정보인 부분과 공개 가능한 부분이 혼합되어 있는 경우로서 공개 청구의 취지에 어긋나지 아니하는 범위에서 두 부분을 분리할 수 있는 경우에는 비공개대상정보에 해당하는 부분을 제외하고 공개하여야 한다(공공기관의 정보공개에 관한 법률 제14조).

[❸ ▸ ×] 사립대학교도 정보공개 의무기관인 공공기관에 해당된다(대판 2006.8.24. 2004두2783).

[❹ ▸ ○] 공개대상이 된 정보의 내용을 구체적으로 확인·검토하여 어느 부분이 어떠한 법익 또는 기본권과 충돌되어 같은 법 제7조 제1항 몇 호에서 정하고 있는 비공개사유에 해당하는지를 주장·입증하여야만 할 것이며, 그에 이르지 아니한 채 개괄적인 사유만을 들어 공개를 거부하는 것은 허용되지 아니한다(대판 2003.12.11. 2001두8827).

[❺ ▸ ×] 청구인은 이의신청 절차를 거치지 아니하고 행정심판을 청구할 수 있다(공공기관의 정보공개에 관한 법률 제19조 제2항).

핵심정리

정보공개제도 일반

① 외국인의 정보공개청구권이 인정되는 경우
 ⇢ 국내에 일정한 주소를 두고 거주하는 사람
 ⇢ 국내에 학술·연구를 위하여 일시적으로 체류하는 사람
 ⇢ 국내에 사무소를 두고 있는 법인 또는 단체
② 비공개대상인 부분과 공개 가능한 부분이 혼합되어 있는 경우 ⇢ 부분공개 가능 ○
③ 사립대학교 ⇢ 정보공개 의무기관인 공공기관 ○
④ 공공기관은 비공개사유에 해당하는지를 주장·입증하지 아니한 채 개괄적인 사유만을 들어 공개 거부 ×
⑤ 비공개 결정에 대한 불복 방법 ⇢ 이의신청 절차를 거치지 않고도 행정심판 청구 가능 ○

답 ❹

123 □□□ **정보공개제도에 관한 판례의 입장이 아닌 것은?** 13 행정사 제1회

① 정보공개청구권자로서의 국민에는 자연인은 물론 법인, 권리능력 없는 사단·재단도 포함되고, 법인, 권리능력 없는 사단·재단 등의 경우에는 설립목적을 불문한다.

② 공개청구의 대상이 되는 정보가 이미 다른 사람에게 공개되어 널리 알려져 있다거나 인터넷 등을 통하여 공개되어 인터넷검색 등을 통하여 쉽게 알 수 있다는 사정만으로는 소의 이익이 없다거나 비공개결정이 정당화될 수 없다.

③ 진행 중인 재판에 관련된 정보로서 정보공개를 거부하기 위해서는 그 정보가 재판과 관련된 것으로서 반드시 진행 중인 재판의 소송기록 자체에 포함된 내용일 것을 요한다.

④ 정보공개청구권은 법률상 보호되는 구체적인 권리이므로 청구인이 공공기관에 대하여 정보공개를 청구하였다가 거부처분을 받은 것 자체가 법률상 이익의 침해에 해당한다.

⑤ 정보의 부분 공개가 허용되는 경우란 그 정보의 공개방법 및 절차에 비추어 당해 정보에서 비공개대상정보에 관련된 기술 등을 제외 혹은 삭제하고 나머지 정보만을 공개하는 것이 가능하고 나머지 부분의 정보만으로도 공개의 가치가 있는 경우를 의미한다.

해설

[❶ ▸ O] [❹ ▸ O] 공공기관의 정보공개에 관한 법률 제6조 제1항은 "모든 국민은 정보의 공개를 청구할 권리를 가진다."고 규정하고 있는데, 여기에서 말하는 국민에는 자연인은 물론 법인, 권리능력 없는 사단·재단도 포함되고, 법인, 권리능력 없는 사단·재단 등의 경우에는 설립목적을 불문하며,❶ 한편 정보공개청구권은 법률상 보호되는 구체적인 권리이므로 청구인이 공공기관에 대하여 정보공개를 청구하였다가 거부처분을 받은 것 자체가 법률상 이익의 침해에 해당한다❹ (대판 2003.12.12. 2003두8050).

[❷ ▸ O] 공개청구의 대상이 되는 정보가 이미 다른 사람에게 공개되어 널리 알려져 있다거나 인터넷 등을 통하여 공개되어 인터넷검색 등을 통하여 쉽게 알 수 있다는 사정만으로는 소의 이익이 없다거나 비공개결정이 정당화될 수 없다(대판 2010.12.23. 2008두13101).

[❸ ▸ X] 법원 이외의 공공기관(예 동작구청)이 위 규정이 정한 '진행 중인 재판에 관련된 정보'에 해당한다는 사유로 정보공개를 거부하기 위하여는 반드시 그 정보가 진행 중인 재판의 소송기록 그 자체에 포함된 내용의 정보일 필요는 없으나, 재판에 관련된 일체의 정보가 그에 해당하는 것은 아니고 진행 중인 재판의 심리 또는 재판결과에 구체적으로 영향을 미칠 위험이 있는 정보에 한정된다고 할 것이다(대판 2012.4.12. 2010두24913).

[❺ ▸ O] 정보의 부분 공개가 허용되는 경우란 그 정보의 공개방법 및 절차에 비추어 당해 정보에서 비공개대상정보에 관련된 기술 등을 제외 혹은 삭제하고 나머지 정보만을 공개하는 것이 가능하고 나머지 부분의 정보만으로도 공개의 가치가 있는 경우를 의미한다(대판 2009.12.10. 2009두12785).

핵심정리 **정보공개제도 일반**

① 정보공개청구권자로서의 국민
 → 자연인은 물론 법인, 권리능력 없는 사단·재단 포함 O
 → 법인, 권리능력 없는 사단·재단 등의 경우 설립목적을 불문함
② 이미 공개된 정보나 인터넷 검색 등을 통하여 쉽게 알 수 있는 정보
 → 정보공개거부처분 취소소송의 소의 이익이 없다거나 비공개결정이 정당화 X
③ 진행 중인 재판관련 정보로서 정보공개를 거부하기 위한 요건
 → 진행 중인 재판의 소송기록 그 자체에 포함된 내용의 정보일 필요 X
④ 정보공개를 청구하였다가 거부처분을 받은 경우 → 그 자체가 법률상 이익의 침해 O
⑤ 부분 공개가 허용되는 경우 → 비공개대상정보에 관련된 기술 등을 제외 혹은 삭제하고 나머지 정보만을 공개하는 것이 가능하고 공개의 가치가 있는 경우 허용 O

답 ❸

124 공공기관의 정보공개에 관한 법률의 내용으로 옳지 않은 것은? 24 행정사 제12회

□□□

① 공개될 경우 부동산 투기, 매점매석 등으로 특정인에게 이익 또는 불이익을 줄 우려가 있다고 인정되는 정보라도 공공기관이 보유·관리하는 정보라면 이를 공개하여야 한다.

② 공공기관은 부득이한 사유가 없다면 정보공개의 청구를 받은 날부터 10일 이내에 공개 여부를 결정하여야 한다.

③ 공공기관은 공개 청구된 공개 대상 정보의 일부가 제3자와 관련이 있다고 인정할 때에는 그 사실을 제3자에게 지체 없이 통지하여야 한다.

④ 공공기관은 정보의 공개를 결정한 경우 해당 청구인이 사본의 교부를 원하는 때에는 이를 교부하여야 한다.

⑤ 정보공개청구는 말로써 할 수 있다.

해설

[❶ ▸ ×] 공개될 경우 부동산 투기, 매점매석 등으로 특정인에게 이익 또는 불이익을 줄 우려가 있다고 인정되는 정보는 공개하지 아니할 수 있다(공공기관의 정보공개에 관한 법률 제9조 제8호).

> **공공기관의 정보공개에 관한 법률 제9조(비공개 대상 정보)** ① 공공기관이 보유·관리하는 정보는 공개 대상이 된다. 다만, 다음 각 호의 어느 하나에 해당하는 정보는 공개하지 아니할 수 있다.
> 8. 공개될 경우 부동산 투기, 매점매석 등으로 특정인에게 이익 또는 불이익을 줄 우려가 있다고 인정되는 정보

[❷ ▸ ○] 공공기관의 정보공개에 관한 법률 제11조 제1항

> **공공기관의 정보공개에 관한 법률 제11조(정보공개 여부의 결정)** ① 공공기관은 제10조에 따라 정보공개의 청구를 받으면 그 청구를 받은 날부터 10일 이내에 공개 여부를 결정하여야 한다.
> ② 공공기관은 부득이한 사유로 제1항에 따른 기간 이내에 공개 여부를 결정할 수 없을 때에는 그 기간이 끝나는 날의 다음 날부터 기산(起算)하여 10일의 범위에서 공개 여부 결정기간을 연장할 수 있다. 이 경우 공공기관은 연장된 사실과 연장 사유를 청구인에게 지체 없이 문서로 통지하여야 한다.

[❸ ▸ ○] 공공기관의 정보공개에 관한 법률 제11조 제3항

> **공공기관의 정보공개에 관한 법률 제11조(정보공개 여부의 결정)** ③ 공공기관은 공개 청구된 공개 대상 정보의 전부 또는 일부가 제3자와 관련이 있다고 인정할 때에는 그 사실을 제3자에게 지체 없이 통지하여야 하며, 필요한 경우에는 그의 의견을 들을 수 있다.

[❹ ▸ ○] 공공기관의 정보공개에 관한 법률 제13조 제2항

> **공공기관의 정보공개에 관한 법률 제13조(정보공개 여부 결정의 통지)** ① 공공기관은 제11조에 따라 정보의 공개를 결정한 경우에는 공개의 일시 및 장소 등을 분명히 밝혀 청구인에게 통지하여야 한다.
> ② 공공기관은 청구인이 사본 또는 복제물의 교부를 원하는 경우에는 이를 교부하여야 한다.
> ③ 공공기관은 공개 대상 정보의 양이 너무 많아 정상적인 업무수행에 현저한 지장을 초래할 우려가 있는 경우에는 해당 정보를 일정 기간별로 나누어 제공하거나 사본·복제물의 교부 또는 열람과 병행하여 제공할 수 있다.

[❺ ▸ O] 정보공개청구는 말로써 할 수 있다(공공기관의 정보공개에 관한 법률 제10조 제1항).

공공기관의 정보공개에 관한 법률 제10조(정보공개의 청구방법) ① 정보의 공개를 청구하는 자(이하 "청구인"이라 한다)는 해당 정보를 보유하거나 관리하고 있는 공공기관에 다음 각 호의 사항을 적은 정보공개 청구서를 제출하거나 말로써 정보의 공개를 청구할 수 있다.

1. 청구인의 성명·생년월일·주소 및 연락처(전화번호·전자우편주소 등을 말한다. 이하 이 조에서 같다). 다만, 청구인이 법인 또는 단체인 경우에는 그 명칭, 대표자의 성명, 사업자등록번호 또는 이에 준하는 번호, 주된 사무소의 소재지 및 연락처를 말한다.
2. 청구인의 주민등록번호(본인임을 확인하고 공개 여부를 결정할 필요가 있는 정보를 청구하는 경우로 한정한다)
3. 공개를 청구하는 정보의 내용 및 공개방법

② 제1항에 따라 청구인이 말로써 정보의 공개를 청구할 때에는 담당 공무원 또는 담당 임직원(이하 "담당공무원등"이라 한다)의 앞에서 진술하여야 하고, 담당공무원등은 정보공개 청구조서를 작성하여 이에 청구인과 함께 기명날인하거나 서명하여야 한다.

답 ❶

125 □□□ **개인정보 보호법상 정보주체가 자신의 개인정보 처리와 관련하여 가지는 권리가 아닌 것은?**

22 행정사 제10회

① 개인정보의 처리에 관한 정보를 제공받을 권리
② 개인정보의 처리 정지를 요구할 권리
③ 개인정보의 처리 여부를 확인하고 개인정보에 대하여 사본의 발급을 요구할 권리
④ 개인정보의 처리에 관한 동의 여부, 동의 범위 등을 결정할 권리
⑤ 개인정보처리자의 가명정보 처리에 동의할 권리

해설

[❶ ▸ O] [❷ ▸ O] [❸ ▸ O] [❹ ▸ O]

개인정보 보호법 제4조(정보주체의 권리) 정보주체는 자신의 개인정보 처리와 관련하여 다음 각 호의 권리를 가진다. 〈개정 2023.3.14.〉

1. 개인정보의 처리에 관한 정보를 제공받을 권리❶
2. 개인정보의 처리에 관한 동의 여부, 동의 범위 등을 선택하고 결정할 권리❹
3. 개인정보의 처리 여부를 확인하고 개인정보에 대한 열람(사본의 발급을 포함한다) 및 전송을 요구할 권리❸
4. 개인정보의 처리 정지, 정정·삭제 및 파기를 요구할 권리❷
5. 개인정보의 처리로 인하여 발생한 피해를 신속하고 공정한 절차에 따라 구제받을 권리
6. 완전히 자동화된 개인정보 처리에 따른 결정을 거부하거나 그에 대한 설명 등을 요구할 권리

[❺ ▸ X] 개인정보처리자는 통계작성, 과학적 연구, 공익적 기록보존 등을 위하여 정보주체의 동의 없이 가명정보를 처리할 수 있다(개인정보 보호법 제28조의2 제1항). 따라서 '개인정보처리자의 가명정보 처리에 동의할 권리'는 정보주체가 자신의 개인정보 처리와 관련하여 가지는 권리로 볼 수 없다.

답 ❺

126 개인정보 보호법에 관한 설명으로 옳은 것은?

□□□ 19 행정사 제7회

① 법인의 정보는 이 법의 보호대상이다.
② 사자(死者)의 정보는 이 법의 보호대상이다.
③ 정보처리자는 정보주체와의 계약의 체결을 위하여 불가피한 경우에는 정보주체의 동의 없이 개인정보를 제3자에게 제공할 수 있다.
④ 개인정보처리자가 이 법에 위반한 행위로 정보주체에게 손해를 입힌 경우, 개인정보처리자의 손해배상책임은 무과실책임이다.
⑤ 정보주체가 권리침해행위의 금지·중지를 구하는 단체소송을 제기하려면 법원의 허가를 받아야 한다.

해설

[❶ ▸ ×] [❷ ▸ ×] 개인정보 보호법은 **살아 있는 개인에 관한 정보**를 그 보호대상으로 하므로(개인정보 보호법 제2조 제1호), 법인(法人)이나 사자(死者)의 정보는 동법의 보호대상에 해당하지 아니한다.

[❸ ▸ ×] 개인정보처리자는 '정보주체와 체결한 계약을 이행하거나 계약을 체결하는 과정에서 정보주체의 요청에 따른 조치를 이행하기 위하여 필요한 경우'에는 정보주체의 동의 없이 개인정보를 수집할 수 있으며 그 수집 목적의 범위에서 이용할 수는 있으나, 정보주체의 개인정보를 제3자에게 제공(공유를 포함)할 수는 없다(개인정보 보호법 제15조 제1항 제4호, 제17조 제1항 제2호).

> 개인정보처리자는 정보주체의 동의를 받은 경우 정보주체의 개인정보를 제3자에게 제공(공유를 포함)할 수 있다. 정보주체의 동의를 받지 않은 경우에도 ㉠ 법률에 특별한 규정이 있거나 법령상 의무를 준수하기 위하여 불가피한 경우, ㉡ 공공기관이 법령 등에서 정하는 소관 업무의 수행을 위하여 불가피한 경우 및 명백히 정보주체 또는 제3자의 급박한 생명, 신체, 재산의 이익을 위하여 필요하다고 인정되는 경우, ㉢ 개인정보처리자의 정당한 이익을 달성하기 위하여 필요한 경우로서 명백하게 정보주체의 권리보다 우선하는 경우(이 경우 개인정보처리자의 정당한 이익과 상당한 관련이 있고 합리적인 범위를 초과하지 아니하는 경우에 한한다), ㉣ 공중위생 등 공공의 안전과 안녕을 위하여 긴급히 필요한 경우 중 어느 하나에 해당하는 경우 개인정보를 수집한 목적 범위에서 개인정보를 제3자에게 제공할 수 있다(개인정보 보호법 제17조 제1항 참조).

[❹ ▸ ×] 정보주체는 개인정보처리자가 이 법을 위반한 행위로 손해를 입으면 개인정보처리자에게 손해배상을 청구할 수 있다. 이 경우 그 개인정보처리자는 고의 또는 과실이 없음을 입증하지 아니하면 책임을 면할 수 없다(개인정보 보호법 제39조 제1항). 즉, 개인정보처리자의 손해배상책임은 과실책임이다.

[❺ ▸ ○] 개인정보처리자가 집단분쟁조정을 거부하거나 집단분쟁조정의 결과를 수락하지 아니한 경우에는 법원에 권리침해 행위의 금지·중지를 구하는 소송(단체소송)을 제기할 수 있다. 단체소송을 제기하는 단체는 법원의 허가를 받아야 한다(개인정보 보호법 제54조, 제55조).

핵심정리 **개인정보 보호법의 내용**

①, ② 개인정보 보호법의 보호대상
→ 살아 있는 개인에 관한 정보 : 보호대상 ○
→ 법인의 정보 : 보호대상 ×
→ 사자(死者)의 정보 : 보호대상 ×
③ 정보주체와의 계약 체결을 위하여 불가피한 경우 → 동의 없이 개인정보를 제3자에게 제공 ×
④ 개인정보처리자의 개인정보 보호법 위반으로 인한 손해배상책임 → 과실책임 ○
⑤ 권리침해행위의 금지·중지를 구하는 단체소송을 제기하는 경우 → 법원의 허가 필요

답 ❺

127 개인정보 보호법상 개인정보 보호 원칙에 관한 설명으로 옳지 않은 것은?

□□□ 23 행정사 제11회

① 개인정보처리자는 개인정보의 처리 목적에 필요한 범위에서 적합하게 개인정보를 처리하여야 한다.
② 개인정보처리자는 개인정보의 처리 목적에 필요한 범위에서 개인정보의 정확성, 완전성 및 최신성이 보장되도록 하여야 한다.
③ 개인정보처리자는 정보주체의 사생활 침해를 최소화하는 방법으로 개인정보를 처리하여야 한다.
④ 개인정보처리자는 개인정보 처리방침 등 개인정보의 처리에 관한 사항을 공개하여야 한다.
⑤ 개인정보처리자는 개인정보를 익명 또는 가명으로 처리하여서는 아니 된다.

해설

[❶ ▸ O] 개인정보처리자는 개인정보의 처리 목적을 명확하게 하여야 하고 그 목적에 필요한 범위에서 최소한의 개인정보만을 적법하고 정당하게 수집하여야 한다(개인정보 보호법 제3조 제1항).
[❷ ▸ O] 개인정보처리자는 개인정보의 처리 목적에 필요한 범위에서 개인정보의 정확성, 완전성 및 최신성이 보장되도록 하여야 한다(개인정보 보호법 제3조 제3항).
[❸ ▸ O] 개인정보처리자는 정보주체의 사생활 침해를 최소화하는 방법으로 개인정보를 처리하여야 한다(개인정보 보호법 제3조 제6항).
[❹ ▸ O] 개인정보처리자는 제30조에 따른 개인정보 처리방침 등 개인정보의 처리에 관한 사항을 공개하여야 하며, 열람청구권 등 정보주체의 권리를 보장하여야 한다(개인정보 보호법 제3조 제5항).
[❺ ▸ ×] 개인정보처리자는 개인정보를 익명 또는 가명으로 처리하여도 개인정보 수집목적을 달성할 수 있는 경우 익명처리가 가능한 경우에는 익명에 의하여, 익명처리로 목적을 달성할 수 없는 경우에는 가명에 의하여 처리될 수 있도록 하여야 한다(개인정보 보호법 제3조 제7항).

답 ❺

PART 1 PART 2 PART 3

128 행정규제기본법에서 규정하고 있는 내용이 아닌 것은?

□□□ 15 행정사 제3회

① 규제 옴부즈만 제도
② 규제법정주의
③ 규제영향분석
④ 규제의 등록
⑤ 규제심사제도

해설

[❶ ▸ ×] 행정규제기본법은 ② 규제법정주의(동법 제4조), 규제의 원칙(동법 제5조), 우선허용 · 사후규제 원칙(동법 제5조의2), ③ 규제영향분석 및 자체심사(동법 제7조), ④ 규제의 등록 및 공표(동법 제6조), ⑤ 규제심사제도(동법 제10조 이하)를 규정하고 있으나, ① 규제 옴부즈만 제도는 규정하고 있지 아니하다.

답 ❶

행정상의 의무이행확보수단

제1절 총 설

제2절 행정상 강제집행

129 행정기본법상 의무자가 행정상 의무를 이행하지 아니하는 경우 행정청이 의무자의 신체나 재산에 실력을 행사하여 그 행정상 의무의 이행이 있었던 것과 같은 상태를 실현하는 것은?

□□□

24 행정사 제12회

① 행정대집행
② 이행강제금의 부과
③ 직접강제
④ 강제징수
⑤ 즉시강제

해설

[❸ ▸ O] 직접강제란 의무자가 행정상 의무를 이행하지 아니하는 경우 행정청이 의무자의 신체나 재산에 실력을 행사하여 그 행정상 의무의 이행이 있었던 것과 같은 상태를 실현하는 강제집행수단을 말한다(행정기본법 제30조 제1항 제3호).

- 행정대집행 : 의무자가 행정상 의무(법령등에서 직접 부과하거나 행정청이 법령등에 따라 부과한 의무를 말한다)로서 타인이 대신하여 행할 수 있는 의무를 이행하지 아니하는 경우 법률로 정하는 다른 수단으로는 그 이행을 확보하기 곤란하고 그 불이행을 방치하면 공익을 크게 해칠 것으로 인정될 때에 행정청이 의무자가 하여야 할 행위를 스스로 하거나 제3자에게 하게 하고 그 비용을 의무자로부터 징수하는 강제집행수단을 말한다(행정기본법 제30조 제1항 제1호).
- 이행강제금의 부과 : 의무자가 행정상 의무를 이행하지 아니하는 경우 행정청이 적절한 이행기간을 부여하고, 그 기한까지 행정상 의무를 이행하지 아니하면 금전급부의무를 부과하는 강제집행수단을 말한다(행정기본법 제30조 제1항 제2호).
- 강제징수 : 의무자가 행정상 의무 중 금전급부의무를 이행하지 아니하는 경우 행정청이 의무자의 재산에 실력을 행사하여 그 행정상 의무가 실현된 것과 같은 상태를 실현하는 강제집행수단을 말한다(행정기본법 제30조 제1항 제4호).
- 즉시강제 : 현재의 급박한 행정상의 장해를 제거하기 위한 경우로서, ㉠ 행정청이 미리 행정상 의무 이행을 명할 시간적 여유가 없는 경우 또는 ㉡ 그 성질상 행정상 의무의 이행을 명하는 것만으로는 행정목적 달성이 곤란한 경우에 행정청이 곧바로 국민의 신체 또는 재산에 실력을 행사하여 행정목적을 달성하는 것을 말한다(행정기본법 제30조 제1항 제5호).

답 ❸

130 행정대집행에 관한 설명으로 옳은 것을 모두 고른 것은?(다툼이 있으면 판례에 따름)

□□□

22 행정사 제10회

ㄱ. 대집행영장에 의한 통지는 취소소송의 대상이 된다.
ㄴ. 행정대집행법에서는 대집행에 대해 행정심판을 제기할 수 있음을 규정하고 있다.
ㄷ. 계고처분의 후속절차인 대집행에 위법이 있다고 하더라도, 그와 같은 후속절차에 위법성이 있다는 점을 들어 선행절차인 계고처분이 부적법하다는 사유로 삼을 수는 없다.
ㄹ. 대집행은 대집행의 대상이 되는 의무를 명하는 처분청이 그 주체가 되며 타인에게 위탁할 수 없다.

① ㄱ
② ㄴ, ㄷ
③ ㄱ, ㄴ, ㄷ
④ ㄴ, ㄷ, ㄹ
⑤ ㄱ, ㄴ, ㄷ, ㄹ

해설

[ㄱ ▸ O] 대집행영장에 의한 통지는 준법률행위적 행정행위로 통지행위이며 독립적인 처분으로서 취소소송의 대상이 될 수 있다.

[ㄴ ▸ O] 대집행에 대하여는 행정심판을 제기할 수 있다(행정대집행법 제7조).

[ㄷ ▸ O] 계고처분의 후속절차인 대집행에 위법이 있다고 하더라도, 그와 같은 후속절차에 위법성이 있다는 점을 들어 선행절차인 계고처분이 부적법하다는 사유로 삼을 수는 없다(대판 1997.2.14. 96누15428).

[ㄹ ▸ X] 당해 행정청은 스스로 의무자가 하여야 할 행위를 하거나 또는 제3자로 하여금 이를 하게 하여 그 비용을 의무자로부터 징수할 수 있다(행정대집행법 제2조).

핵심정리

행정대집행

ㄱ. 대집행영장에 의한 통지 → 취소소송의 대상 O
ㄴ. 행정대집행법 → 대집행에 대해 행정심판을 제기할 수 있음을 규정 O
ㄷ. 후속절차인 대집행에 위법이 있는 경우 → 선행절차인 계고처분이 부적법하게 되는 것은 ×
ㄹ. 대집행 → 처분청이 주체가 되고 타인(제3자)에게 위탁 가능 O

답 ❸

131 행정대집행에 관한 설명으로 옳지 않은 것은?(다툼이 있으면 판례에 따름)

□□□

15 행정사 제3회

① 행정대집행에 있어서 1차 계고에 이어 2차 계고를 행한 경우, 2차 계고는 새로운 행정처분이다.

② 대집행영장에 의한 통지는 비상시 등 그 절차를 취할 여유가 없는 경우 당해 수속을 거치지 아니하고 대집행을 할 수 있다.

③ 대집행을 실시하기 위하여 지출한 비용은 국세징수법의 예에 의하여 징수할 수 있다.

④ 행정상 의무이행확보수단으로 행정대집행의 절차가 인정되는 경우에는 따로 민사소송의 방법으로 의무이행을 구할 수는 없다.

⑤ 비대체적 부작위의무를 대상으로 하는 행정대집행명령은 위법하다.

해설

[❶ ▸ ×] 행정대집행법상의 건물철거의무는 제1차 철거명령 및 계고처분으로서 발생하였고 제2차, 제3차의 계고처분은 새로운 철거의무를 부과한 것이 아니고 다만 대집행기한의 연기통지에 불과하므로 행정처분이 아니다(대판 1994.10.28. 94누5144).

[❷ ▸ ○] 비상시 또는 위험이 절박한 경우에 있어서 당해 행위의 급속한 실시를 요하여 전2항에 규정한 수속(대집행의 계고 및 대집행영장에 의한 통지)을 취할 여유가 없을 때에는 그 수속을 거치지 아니하고 대집행을 할 수 있다(행정대집행법 제3조 제3항).

[❸ ▸ ○] 대집행에 요한 비용은 국세징수법의 예에 의하여 징수할 수 있다(행정대집행법 제6조 제1항).

[❹ ▸ ○] 구 토지수용법 위반행위에 의하여 생긴 유형적 결과의 시정을 명하는 행정처분을 하여 이에 따르지 않는 경우에는 행정대집행의 방법으로 그 의무내용을 실현할 수 있는 것이고, 이러한 행정대집행의 절차가 인정되는 경우에는 따로 민사소송의 방법으로 공작물의 철거, 수거 등을 구할 수는 없다(대판 2000.5.12. 99다18909).

[❺ ▸ ○] 관계 법령에 위반하여 장례식장 영업을 하고 있는 자의 장례식장 사용 중지 의무는 비대체적 부작위의무에 해당하므로 행정대집행법 제2조의 규정에 의한 대집행의 대상이 되지 아니한다(대판 2005.9.28. 2005두7464).

핵심정리

행정대집행

① 행정대집행에서 1차 계고에 이어 2차 계고를 행한 경우
 ⟶ 2차 계고는 새로운 행정처분 ×
 ⟶ 2차 계고는 대집행기한의 연기통지에 불과

② 대집행영장에 의한 통지
 ⟶ 절차를 취할 여유가 없는 경우 당해 수속(통지)을 거치지 아니하고 대집행 가능

③ 대집행 실시비용 ⟶ 국세징수법의 예에 의하여 징수

④ 행정대집행의 절차가 인정되는 경우 ⟶ 민사소송의 방법으로 의무이행청구 ×

⑤ 비대체적 부작위의무 ⟶ 대집행의 대상 × (행정대집행명령은 위법 ○)

답 ❶

132 행정대집행에 관한 설명으로 옳은 것은?(다툼이 있는 경우에는 판례에 의함) 13 행정사 제1회

□□□

① 대집행에 있어서 계고는 반드시 문서에 의하여야 하는 것은 아니므로 구두에 의한 계고도 가능하다.

② 행정청이 토지나 건물의 인도의무를 부과한 경우 이는 대체적 작위의무로서 행정대집행법상 대집행의 대상이다.

③ 대집행영장에 의한 통지는 준법률행위적 행정행위로서 취소소송의 대상이 될 수 없다.

④ 행정대집행법은 대체적 작위의무의 부과처분에 불가쟁력이 발생할 것을 대집행의 요건으로 규정하고 있다.

⑤ 위법건축물에 대한 철거명령 및 계고처분에 불응하여 행한 제2차, 제3차의 계고처분은 대집행기한의 연기 통지에 불과하므로 행정처분이 아니다.

해설

[❶ ▸ ×] 전조의 규정에 의한 처분을 하려 함에 있어서는 상당한 이행기한을 정하여 그 기한까지 이행되지 아니할 때에는 대집행을 한다는 뜻을 미리 문서로써 계고하여야 한다(행정대집행법 제3조 제1항 전문).

[❷ ▸ ×] 토지·건물의 인도(명도)의무는 대체적 작위의무에 해당하지 아니하므로 직접강제의 대상이 될 수 있을 뿐 대집행의 대상이 될 수 없다는 것이 학설·판례(대판 1998.10.23. 97누157)의 일반적인 태도이다.

[❸ ▸ ×] 대집행영장에 의한 통지는 준법률행위적 행정행위로서 통지행위에 해당하고, 그 자체로 처분성이 인정되어 취소소송의 대상이 된다.

[❹ ▸ ×] 행정대집행법은 대체적 작위의무의 부과처분에 불가쟁력이 발생할 것을 대집행의 요건으로 규정하고 있지 않다.

> **행정대집행법 제2조(대집행과 그 비용징수)** 법률(법률의 위임에 의한 명령, 지방자치단체의 조례를 포함한다. 이하 같다)에 의하여 직접명령되었거나 또는 법률에 의거한 행정청의 명령에 의한 행위로서 타인이 대신하여 행할 수 있는 행위를 의무자가 이행하지 아니하는 경우 다른 수단으로써 그 이행을 확보하기 곤란하고 또한 그 불이행을 방치함이 심히 공익을 해할 것으로 인정될 때에는 당해 행정청은 스스로 의무자가 하여야 할 행위를 하거나 또는 제3자로 하여금 이를 하게 하여 그 비용을 의무자로부터 징수할 수 있다.

[❺ ▸ O] 행정대집행법상의 건물철거의무는 제1차 철거명령 및 계고처분으로서 발생하였고 제2차, 제3차의 계고처분은 새로운 철거의무를 부과한 것이 아니고 다만 대집행기한의 연기통지에 불과하므로 행정처분이 아니다(대판 1994.10.28. 94누5144).

핵심정리

행정대집행

① 대집행 계고의 방법 ⟶ 문서로써 계고 O / 구두(말)에 의한 계고 ×
② 토지나 건물의 인도의무 ⟶ 대집행의 대상 × (대체적 작위의무 ×)
③ 대집행영장에 의한 통지 ⟶ 준법률행위적 행정행위로서 취소소송의 대상 O
④ 대체적 작위의무의 부과처분에 불가쟁력이 발생할 것은 대집행의 요건 ×
⑤ 제2차, 제3차의 계고처분 ⟶ 행정처분 × (대집행 기한의 연기 통지에 불과)

답 ❺

133 행정대집행법의 내용에 관한 설명으로 옳은 것은? 23 행정사 제11회

□□□

① 의무자가 동의한 경우라도 행정청은 해가 뜨기 전에는 대집행을 착수할 수 없다.
② 해가 지기 전에 대집행을 착수한 경우라도 해가 진 후에는 행정청은 즉시 대집행을 중단해야 한다.
③ 대집행에 대하여는 행정심판을 제기할 수 없다.
④ 대집행에 요한 비용은 「민사집행법」의 예에 의하여 징수하여야 한다.
⑤ 대집행에 요한 비용에 대하여서는 행정청은 사무비의 소속에 따라 국세에 다음가는 순위의 선취득권을 가진다.

해설

[❶ ▸ ×] 의무자가 동의한 경우, 행정청은 해가 뜨기 전에 대집행을 착수할 수 있다(행정대집행법 제4조 제1항 제1호).
[❷ ▸ ×] 해가 지기 전에 대집행을 착수한 경우, 행정청은 해가 진 후에도 대집행을 할 수 있다(행정대집행법 제4조 제1항 제2호).

> **행정대집행법 제4조(대집행의 실행 등)** ① 행정청(제2조에 따라 대집행을 실행하는 제3자를 포함한다.)은 해가 뜨기 전이나 해가 진 후에는 대집행을 하여서는 아니 된다. 다만, 다음 각 호의 어느 하나에 해당하는 경우에는 그러하지 아니하다.
> 1. 의무자가 동의한 경우
> 2. 해가 지기 전에 대집행을 착수한 경우
> 3. 해가 뜬 후부터 해가 지기 전까지 대집행을 하는 경우에는 대집행의 목적 달성이 불가능한 경우
> 4. 그 밖에 비상시 또는 위험이 절박한 경우

[❸ ▸ ×] 대집행에 대하여는 행정심판을 제기할 수 있다(행정대집행법 제7조).
[❹ ▸ ×] 대집행에 요한 비용은 국세징수법의 예에 의하여 징수할 수 있다(행정대집행법 제6조 제1항).
[❺ ▸ ○] 대집행에 요한 비용에 대하여서는 행정청은 사무비의 소속에 따라 국세에 다음가는 순위의 선취득권을 가진다(행정대집행법 제6조 제2항).

핵심정리 **행정대집행법의 내용**

① 의무자가 동의한 경우 → 행정청은 해가 뜨기 전에 대집행 착수 가능
② 해가 지기 전에 대집행을 착수한 경우 → 행정청은 해가 진 후에도 대집행 가능
③ 대집행에 대하여 행정심판을 제기 가능 (행정대집행법에 규정 ○)
④ 대집행에 요한 비용 → 국세징수법의 예에 의하여 징수 ○
⑤ 대집행에 요한 비용 → 국세에 다음가는 순위의 선취득권 ○

답 ❺

134 행정대집행법상 대집행에 관한 설명으로 옳지 않은 것은?

□□□

17 행정사 제5회

① 비대체적 작위의무의 불이행에 대해서는 대집행이 가능하지 않다.
② 대집행은 대체적 작위의무의 불이행이 있다고 하여 언제든지 인정되는 것은 아니다.
③ 대집행을 실제 수행하는 자는 당해 행정청이어야 하는 것은 아니다.
④ 대집행을 한다는 뜻의 계고는 문서로 하여야 한다.
⑤ 대집행에 대하여는 행정심판을 제기할 수 없다.

해설

[❶ ▸ ○] 대집행의 대상이 될 수 있는 의무는 타인이 대신하여 행할 수 있는 대체적 작위의무(예 건물의 철거, 물건의 파기)에 한하므로, 비대체적 작위의무나 부작위의무는 대집행의 대상이 될 수 없다.

[❷ ▸ ○] 공법상 대체적 작위의무의 불이행이 있다고 하여 언제든지 대집행이 인정되는 것은 아니고, 다른 수단으로써 그 이행을 확보하기 곤란하고 또한 그 불이행을 방치함이 심히 공익을 해할 것으로 인정되어야 한다(행정대집행법 제2조).

[❸ ▸ ○] 대집행을 실제 수행하는 자는 반드시 당해 행정청이어야 하는 것은 아니고 제3자로 하여금 대집행을 수행하게 할 수 있다(행정대집행법 제2조).

[❹ ▸ ○] 전조의 규정에 의한 처분을 하려 함에 있어서는 상당한 이행기한을 정하여 그 기한까지 이행되지 아니할 때에는 대집행을 한다는 뜻을 미리 문서로써 계고하여야 한다(행정대집행법 제3조 제1항 전문).

[❺ ▸ ×] 대집행에 대하여는 행정심판을 제기할 수 있다(행정대집행법 제7조).

핵심정리 행정대집행법상 대집행

① 비대체적 작위의무 ⟶ 대집행의 대상 ×
② 행정대집행의 요건(모두 갖추어야 함)
⟶ 공법상 의무의 불이행이 있을 것 + 불이행된 의무가 대체적 작위의무일 것 + 다른 수단으로는 의무이행 확보가 곤란할 것 + 의무불이행의 방치가 심히 공익을 해하는 것일 것
③ 대집행의 실행 방법 ⟶ 당해 행정청이 스스로 하거나 제3자에게 대집행 위탁 가능
④ 대집행 계고의 방법 ⟶ 문서로써 계고 ○ / 구두(말)에 의한 계고 ×
⑤ 대집행에 대하여 행정심판 제기 가능 (행정대집행법에 규정 ○)

답 ❺

135 행정대집행법상 대집행의 요건이 아닌 것은?

□□□

20 행정사 제8회

① 공법상 의무의 불이행이 있을 것
② 불이행된 의무를 타인이 대신하여 행할 수 있을 것
③ 의무를 명하는 처분에 불가쟁력이 발생하였을 것
④ 다른 수단으로써 의무이행을 확보가 곤란할 것
⑤ 의무불이행을 방치하는 것이 심히 공익을 해할 것

해설

[❸ ▸ ×] 행정대집행법상 대집행이 인정되려면, ① 공법상 의무의 불이행이 있을 것 + ② 불이행된 의무가 타인이 대신하여 행할 수 있을 것(대체적 작위의무일 것) + ④ 다른 수단으로써 의무이행을 확보가 곤란할 것 + ⑤ 의무불이행을 방치하는 것이 심히 공익을 해할 것에 해당하여야 한다(행정대집행법 제2조). 그러나 ③ 대체적 작위의무를 명하는 처분에 불가쟁력이 발생할 것은 대집행의 요건이 아니다.

답 ❸

136 행정대집행법상의 대집행에 관한 설명으로 옳지 않은 것은?(다툼이 있으면 판례에 따름)

□□□

19 행정사 제7회

① 대집행을 할 수 있는 권한을 가진 행정청은 대집행권한을 타인에게 위탁할 수 있다.
② 대집행을 하려는 경우 상당한 이행기한을 정하여 그 기한까지 이행되지 아니할 때에는 대집행을 한다는 뜻을 미리 문서로써 계고하여야 한다.
③ 관계 법령에 위반하여 장례식장 영업을 하고 있는 자의 장례식장 사용중지의무는 대집행의 대상이 아니다.
④ 토지·건물의 명도의무는 대집행의 대상이 될 수 있다.
⑤ 대집행에 요한 비용은 국세징수법의 예에 의하여 징수할 수 있다.

해설

[❶ ▸ O] 대집행을 할 수 있는 권한이 있는 자는 대집행의 대상이 되는 의무를 명하는 처분을 한 행정청이다. 행정청은 스스로 대집행을 하는 것이 원칙이지만 필요한 경우에는 대집행에 관한 권한을 타인에게 위탁할 수도 있다(행정대집행법 제2조 참조). 대집행 권한을 타인에게 위탁할 필요가 있는 경우에는 반드시 법률에 그 근거를 두어야 할 것이고, 가장 강력한 행정권한 중 하나인 권한을 위탁하는 경우이므로 부득이한 경우로 한정한다.

> **행정대집행법 제2조(대집행과 그 비용징수)** 법률(법률의 위임에 의한 명령, 지방자치단체의 조례를 포함한다. 이하 같다)에 의하여 직접명령되었거나 또는 법률에 의거한 행정청의 명령에 의한 행위로서 타인이 대신하여 행할 수 있는 행위를 의무자가 이행하지 아니하는 경우 다른 수단으로써 그 이행을 확보하기 곤란하고 또한 그 불이행을 방치함이 심히 공익을 해할 것으로 인정될 때에는 당해 행정청은 스스로 의무자가 하여야 할 행위를 하거나 또는 제3자로 하여금 이를 하게 하여 그 비용을 의무자로부터 징수할 수 있다.

[❷ ▸ O] 행정대집행법 제2조의 규정에 의한 처분을 하려함에 있어서는 상당한 이행기한을 정하여 그 기한까지 이행되지 아니할 때에는 대집행을 한다는 뜻을 미리 문서로써 계고하여야 한다(행정대집행법 제3조 제1항 전문).
[❸ ▸ O] 관계 법령에 위반하여 장례식장 영업을 하고 있는 자의 장례식장 사용 중지 의무는 비대체적 부작위의무에 해당하므로 행정대집행법 제2조의 규정에 의한 대집행의 대상이 되지 아니한다(대판 2005.9.28. 2005두7464).
[❹ ▸ X] 토지·건물의 인도(명도)의무는 대체적 작위의무에 해당하지 아니하므로 직접강제의 대상이 될 수 있을 뿐 대집행의 대상이 될 수 없다는 것이 학설·판례(대판 1998.10.23. 97누157)의 일반적인 태도이다.
[❺ ▸ O] 대집행에 요한 비용은 국세징수법의 예에 의하여 징수할 수 있다(행정대집행법 제6조 제1항).

핵심정리

행정대집행법상 대집행

① 행정청은 대집행을 실행할 수 있는 권한을 타인(제3자)에게 위탁 가능
② 대집행의 절차 → 문서에 의한 계고의무 O
③, ④ 대집행의 대상 : 공법상 대체적 작위의무
→ 장례식장 사용중지 의무 : 비대체적 부작위의무로서 대집행의 대상 ×
→ 토지·건물의 명도의무 : 비대체적 작위의무로서 대집행의 대상 ×
⑤ 대집행 실시비용 → 국세징수법의 예에 의하여 징수

답 ❹

137 행정대집행법상 대집행에 관한 설명으로 옳은 것은?(다툼이 있으면 판례에 따름)

□□□

21 행정사 제9회

① 철거대집행 계고처분 후 행한 제2차 계고는 대집행기한의 연기통지가 아니라 새로운 철거의무를 부과한 것이다.

② 철거명령과 계고처분은 계고서라는 명칭의 1장의 문서로 이루어질 수 있다.

③ 대집행은 처분청 스스로 하여야 하며, 대집행 권한을 제3자에게 위임·위탁할 수 없다.

④ 후행처분인 대집행영장발부통보처분의 취소소송에서, 선행처분인 계고처분의 위법을 이유로 대집행영장발부통보처분이 위법하다는 주장을 할 수 없다.

⑤ 행정청이 대집행의 방법으로 건물철거의무의 이행을 실현할 수 있는 경우, 건물철거대집행 과정에서 부수적으로 건물의 점유자들에 대한 퇴거 조치를 할 수 없다.

해설

[❶ ▸ ×] 행정대집행법상의 건물철거의무는 제1차 철거명령 및 계고처분으로서 발생하였고 제2차, 제3차의 계고처분은 새로운 철거의무를 부과한 것이 아니고 다만 대집행기한의 연기통지에 불과하므로 행정처분이 아니다(대판 1994.10.28. 94누5144).

[❷ ▸ ○] 계고서라는 명칭의 1장의 문서로서 일정 기간 내에 위법건축물의 자진철거를 명함과 동시에 그 소정기한 내에 자진철거를 하지 아니할 때에는 대집행할 뜻을 미리 계고한 경우라도 건축법에 의한 철거명령과 행정대집행법에 의한 계고처분은 독립하여 있는 것으로서 각 그 요건이 충족되었다고 볼 것이다(대판 1992.6.12. 91누13564).

[❸ ▸ ×] 행정청은 스스로 대집행을 하는 것이 원칙이지만 필요한 경우에는 대집행에 관한 권한을 타인(제3자)에게 위탁할 수도 있다(행정대집행법 제2조 참조).

[❹ ▸ ×] 후행처분인 대집행영장발부통보처분의 취소청구소송에서 선행처분인 계고처분이 위법하다면 대집행영장발부통보처분도 위법한 것이라는 주장을 할 수 있다(대판 1996.2.9. 95누12507). ☞ 하자의 승계 인정 ○

[❺ ▸ ×] 행정청이 행정대집행의 방법으로 건물철거의무의 이행을 실현할 수 있는 경우에는 건물철거 대집행 과정에서 부수적으로 건물의 점유자들에 대한 퇴거 조치를 할 수 있고, 점유자들이 적법한 행정대집행을 위력을 행사하여 방해하는 경우 형법상 공무집행방해죄가 성립하므로, 필요한 경우에는 '경찰관 직무집행법'에 근거한 위험발생 방지조치 또는 형법상 공무집행방해죄의 범행방지 내지 현행범체포의 차원에서 경찰의 도움을 받을 수도 있다(대판 2017.4.28. 2016다213916).

> 관계 법령상 행정대집행의 절차가 인정되어 행정청이 행정대집행의 방법으로 건물의 철거 등 대체적 작위의무의 이행을 실현할 수 있는 경우에는 따로 민사소송의 방법으로 그 의무의 이행을 구할 수 없다. 한편 건물의 점유자가 철거의무자일 때에는 건물철거의무에 퇴거의무도 포함되어 있는 것이어서 별도로 퇴거를 명하는 집행권원이 필요하지 않다(대판 2017.4.28. 2016다213916).

핵심정리 **행정대집행법상 대집행**

① 반복된 제2차 계고 → 대집행기한의 연기통지에 불과 ○ (새로운 철거의무를 부과한 것 ×)

② 1장의 문서(계고서)로 철거명령과 계고처분을 같이 한 경우 → 판례는 적법하다고 인정

③ 처분청은 대집행을 실행할 수 있는 권한을 제3자에게 위탁 가능 ○

④ 계고처분과 대집행영장발부통보처분 사이 → 하자의 승계 인정 ○

⑤ 대집행으로 건물철거의무의 이행을 실현하는 경우
→ 건물철거대집행 과정에서 부수적으로 건물 점유자들에 대한 퇴거 조치 가능 ○

답 ❷

PART 1 PART 2 PART 3

138 행정의 실효성 확보수단에 관한 설명으로 옳은 것은?(다툼이 있으면 판례에 따름)

□□□

21 행정사 제9회

① 건축법상 이행강제금 부과처분은 항고소송으로 다툴 수는 없다.
② 이행강제금은 대체적 작위의무의 위반에 대하여 부과될 수 없다.
③ 건축법상 이행강제금의 납부의무는 상속인에게 승계될 수 없는 일신전속적인 성질의 것이다.
④ 대집행에 요한 비용은 국세징수법의 예에 의하여 징수할 수 없다.
⑤ 병무청장이 병역법에 따라 병역의무 기피자의 인적사항을 인터넷 홈페이지에 공개하는 결정은 항고소송의 대상이 되는 행정처분이 아니다.

해설

[❶ ▸ ×] 구 건축법상 이행강제금에 대하여 비송사건절차법에 의한 재판을 통해 구제받도록 한 준용규정이 2005.11.8. 법개정으로 삭제되었으므로, 현행 건축법상 이행강제금은 급부하명으로서 항고소송의 대상이 되는 행정처분이라는 것이 통설의 입장이다. 판례도 이행강제금의 처분성을 긍정하는 전제하에서 이행강제금 부과처분의 위법 여부를 본안에서 판단하고 있다(대판 2012.3.29. 2011두27919).

[❷ ▸ ×] 전통적으로 행정대집행은 대체적 작위의무에 대한 강제집행수단으로, 이행강제금은 부작위의무나 비대체적 작위의무에 대한 강제집행수단으로 이해되어 왔으나, 이는 이행강제금제도의 본질에서 오는 제약은 아니며, 이행강제금은 대체적 작위의무의 위반에 대하여도 부과될 수 있다(헌재 2004.2.26. 2001헌바80).

[❸ ▸ O] 이행강제금 납부의무는 상속인 기타의 사람에게 승계될 수 없는 일신전속적인 성질의 것이므로 이미 사망한 사람에게 이행강제금을 부과하는 내용의 처분이나 결정은 당연무효이다(대결 2006.12.8. 2006마470).

[❹ ▸ ×] 대집행에 요한 비용은 국세징수법의 예에 의하여 징수할 수 있다(행정대집행법 제6조 제1항).

[❺ ▸ ×] 병무청장이 병역법 제81조의2 제1항에 따라 병역의무 기피자의 인적사항 등을 인터넷 홈페이지에 게시하는 등의 방법으로 공개한 경우 병무청장의 공개결정을 항고소송의 대상이 되는 행정처분으로 보아야 한다(대판 2019.6.27. 2018두49130).

핵심정리

행정의 실효성 확보수단(이행강제금, 대집행, 위반사실의 공표)

① 건축법상 이행강제금 부과처분 ⋯→ 항고소송의 대상 O
② 이행강제금 ⋯→ 대체적 작위의무 위반에 대해 부과 가능
③ 건축법상 이행강제금 납부의무 ⋯→ 상속인에게 승계될 수 없는 일신전속적 의무 O
④ 대집행 실시비용 ⋯→ 국세징수법의 예에 의하여 징수
⑤ 병무청장이 병역의무 기피자의 인적사항을 인터넷 홈페이지에 공개하는 결정
⋯→ 항고소송의 대상이 되는 행정처분 O

답 ❸

139 행정상 강제징수에 관한 설명으로 옳지 않은 것은?(다툼이 있으면 판례에 따름)

□□□

18 행정사 제6회 수정

① 체납자는 공매처분취소소송에서 다른 권리자에 대한 공매통지의 하자를 이유로 공매처분의 취소를 구할 수 있다.

② 한국자산관리공사가 압류재산을 인터넷을 통하여 재공매하기로 한 결정은 항고소송의 대상이 될 수 없다.

③ 압류처분과 공매처분 간에는 하자가 승계된다.

④ 압류처분 후 과세처분의 근거법률이 위헌으로 결정된 경우에 체납자의 압류해제신청을 거부한 행정청의 행위는 위법하다.

⑤ 세무서장이 독촉을 하면 국세징수권의 소멸시효는 중단된다.

해설

[❶ ▸ ×] 체납자 등은 자신에 대한 공매통지의 하자만을 공매처분의 위법사유로 주장할 수 있을 뿐 다른 권리자에 대한 공매통지의 하자를 들어 공매처분의 위법사유로 주장하는 것은 허용되지 않는다(대판 2008.11.20. 2007두18154[전합]).

[❷ ▸ O] 한국자산공사가 당해 부동산을 인터넷을 통하여 재공매(입찰)하기로 한 결정 자체는 내부적인 의사결정에 불과하여 항고소송의 대상이 되는 행정처분이라고 볼 수 없다(대판 2007.7.27. 2006두8464).

[❸ ▸ O] 조세부과처분과 체납처분 절차(압류, 매각(공매), 청산) 사이에는 하자의 승계가 인정되지 않는다(대판 1987.9.22. 87누383). 반면, 독촉, 압류, 매각(공매), 충당이라는 각각의 처분은 조세채권의 강제적 실현이라는 동일 목적을 위하여 결합되거나 단계적으로 진행되는 일련의 절차로서 행해지는 경우에는 선행처분에 위법이 있으면 그 하자가 승계되어 후행처분도 위법하게 된다고 할 것이다(서울고법 2006.4.12. 2005누16323).

[❹ ▸ O] 구 택지소유 상한에 관한 법률에 대한 위헌결정으로 후속 체납처분 절차의 속행이 불가능해 짐으로써 이 사건 압류처분은 국세징수법 제53조 제1항 제1호 소정의 '기타의 사유로 압류의 필요가 없게 된 때'에 해당하게 되었다고 봄이 상당하므로 원고의 이 사건 압류처분의 해제신청을 거부한 피고의 이 사건 거부처분은 위법하다(대판 2002.7.12. 2002두3317).

[❺ ▸ O] 납부고지, 독촉, 교부청구, 압류에 의하여 국세징수권의 소멸시효는 중단된다(국세기본법 제28조 제1항). 2020.12.29. 국세징수법 개정으로 인하여, 국세기본법에서도 납세고지와 납부통지는 납부고지로, 독촉과 납부최고는 독촉으로 각각 용어를 통일하였다. 이에 따라 지문의 "독촉 또는 납부최고"를 "독촉"으로 수정하였다.

핵심정리

행정상 강제징수

① 공매처분취소소송에서 체납자는 다른 권리자에 대한 공매통지의 하자를 이유로 취소청구 ×

② 압류재산을 인터넷을 통하여 재공매하기로 한 결정 ⇢ 항고소송의 대상 ×

③ 압류처분과 공매처분 사이 ⇢ 하자의 승계 인정 O

④ 과세처분의 근거법률이 위헌으로 결정된 경우
⇢ 압류해제신청을 거부한 행정청의 행위는 위법 O

⑤ 세무서장이 독촉을 한 경우 ⇢ 국세징수권의 소멸시효는 중단 O

답 ❶

140 이행강제금에 관한 설명으로 옳은 것은?(다툼이 있으면 판례에 따름)

16 행정사 제4회

□□□

① 이행강제금은 그에 관한 법적 근거가 없더라도 부과할 수 있다.
② 이행강제금에 관한 일반법으로는 건축법이 있다.
③ 건축법상 이행강제금은 반복하여 부과할 수 없다.
④ 이행강제금과 행정벌의 병과는 허용된다.
⑤ 이행강제금은 대체적 작위의무 위반에 대해서는 부과될 수 없다.

해설

[❶ ▸ ×] 이행강제금의 부과는 행정청이 우월한 지위에서 일방적으로 국민에게 금전납부의무를 부과하는 권력적·침익적 강제수단(급부하명)으로서, 법률유보의 원칙상 당연히 법적 근거가 필요하다(헌법 제37조 제2항). 행정기본법은 법률유보의 원칙을 명시적으로 규정하고(제30조 제1항), 이행강제금 부과의 근거가 되는 법률에 대한 입법지침도 규정하고 있다(제31조 제1항). 그러나 행정기본법 제31조를 근거로 이행강제금을 직접 부과할 수 있는 것은 아니며, 이행강제금의 부과를 위해서는 별도의 개별법적 근거를 요한다. 이행강제금 부과의 근거가 되는 개별법으로는 건축법 제80조, 농지법 제63조, 도로법 제100조, 「부동산 실권리자명의 등기에 관한 법률」 제6조, 「독점규제 및 공정거래에 관한 법률」 제16조 등이 있다.

[❷ ▸ ×] 이행강제금에 관한 일반법으로는 행정기본법 제30조 제1항 및 제31조이 있다. 건축법은 이행강제금에 관한 일반법이 아니다.

[❸ ▸ ×] 허가권자는 최초의 시정명령이 있었던 날을 기준으로 하여 1년에 2회 이내의 범위에서 해당 지방자치단체의 조례로 정하는 횟수만큼 그 시정명령이 이행될 때까지 반복하여 이행강제금을 부과·징수할 수 있다(건축법 제80조 제5항).

[❹ ▸ ○] 개발제한구역 내의 건축물에 대하여 허가를 받지 않고 한 용도변경행위에 대한 형사처벌과 건축법 제83조 제1항에 의한 시정명령 위반에 대한 이행강제금의 부과는 그 처벌 내지 제재대상이 되는 기본적 사실관계로서의 행위를 달리하며, 또한 그 보호법익과 목적에서도 차이가 있으므로 이중처벌에 해당한다고 할 수 없다(대결 2005.8.19. 2005마30). ☞ 따라서 이행강제금과 행정벌의 병과는 허용된다.

[❺ ▸ ×] 전통적으로 행정대집행은 대체적 작위의무에 대한 강제집행수단으로, 이행강제금은 부작위의무나 비대체적 작위의무에 대한 강제집행수단으로 이해되어 왔으나, 이는 이행강제금제도의 본질에서 오는 제약은 아니며, 이행강제금은 대체적 작위의무의 위반에 대하여도 부과될 수 있다(헌재 2004.2.26. 2001헌바80).

핵심정리

이행강제금
① 이행강제금의 법적 근거 → 법률유보의 원칙상 개별법적 근거 필요 ○
② 이행강제금에 관한 일반법 → 행정기본법 제30조 제1항 및 제31조 (건축법 ×)
③ 건축법상 이행강제금 → 반복 부과 가능
④ 이행강제금과 행정벌의 병과 → 허용 ○ (이중처벌에 해당 ×)
⑤ 이행강제금의 부과 대상 → 대체적 작위의무 위반에 대해서도 부과 가능

답 ❹

제3절 행정상 즉시강제

제4절 행정벌

141 질서위반행위규제법상 과태료에 관한 설명으로 옳은 것은?(다툼이 있으면 판례에 따름)
□□□

16 행정사 제4회

① 과태료 부과에 대해서는 항고소송으로 다툴 수 있다.
② 과태료는 행정벌에 해당하므로 이에는 소멸시효가 인정되지 않는다.
③ 하나의 행위가 둘 이상의 질서위반행위에 해당하는 경우에는 각 질서위반행위에 대하여 정한 과태료를 모두 합산하여 부과한다.
④ 과태료의 부과대상인 질서위반행위에 대해 책임주의 원칙이 적용되고 있다.
⑤ 과태료의 부과·징수 등의 절차에 관해 질서위반행위규제법과 저촉되는 다른 법률의 규정이 있다면 질서위반행위규제법보다 그 법률의 규정이 우선 적용된다.

해설

[❶ ▸ ×] 판례는 과태료 재판이라는 별도의 불복절차가 규정되어 있는 과태료 부과처분은 행정청을 피고로 하는 행정소송의 대상이 되는 행정처분이라고 볼 수 없다고 한다(대판 2012.10.11. 2011두19369). 행정청의 과태료 부과에 불복하는 당사자의 이의제기가 있는 경우, 이의제기를 받은 행정청은 관할법원에 이를 통지하여야 하며 법원은 비송사건절차법에 따라 과태료재판을 한다(질서위반행위규제법 제20조, 제21조, 제28조).
[❷ ▸ ×] 과태료는 행정청의 과태료 부과처분이나 법원의 과태료 재판이 확정된 후 5년간 징수하지 아니하거나 집행하지 아니하면 시효로 인하여 소멸한다(질서위반행위규제법 제15조 제1항).
[❸ ▸ ×] 하나의 행위가 2 이상의 질서위반행위에 해당하는 경우에는 각 질서위반행위에 대하여 정한 과태료 중 **가장 중한 과태료를 부과**한다(질서위반행위규제법 제13조 제1항).
[❹ ▸ O] 질서위반행위규제법은 과태료의 부과 대상인 질서행위반행위에 대하여도 책임주의 원칙을 채택하여, 고의 또는 과실이 없는 질서위반행위는 과태료를 부과하지 아니한다고 규정하고 있다(질서위반행위규제법 제7조).
[❺ ▸ ×] 과태료의 부과·징수, 재판 및 집행 등의 절차에 관한 다른 법률의 규정 중 이 법의 규정에 저촉되는 것은 이 법으로 정하는 바에 따른다(질서위반행위규제법 제5조).

핵심정리 **질서위반행위규제법상 과태료**
① 과태료 부과처분 → 항고소송의 대상 × / 별도의 불복절차(과태료재판)가 존재 ○
② 과태료 → 5년의 소멸시효 인정 ○
③ 하나의 행위가 둘 이상의 질서위반행위에 해당하는 경우 → 가장 중한 과태료를 부과 ○
④ 질서위반행위 → 책임주의 원칙 적용 ○
⑤ 과태료의 부과·징수 등의 절차 → 질서위반행위규제법 우선 적용 ○

답 ❹

PART 1 PART 2 PART 3

142 질서위반행위규제법의 내용에 관한 설명으로 옳지 않은 것은?

□□□

23 행정사 제11회

① 다른 법률에 특별한 규정이 없는 한 14세가 되지 아니한 자의 질서위반행위에 대해서도 과태료를 부과한다.

② 고의 또는 과실이 없는 질서위반행위는 과태료를 부과하지 아니한다.

③ 법률에 따르지 아니하고는 어떤 행위도 질서위반행위로 과태료를 부과하지 아니한다.

④ 대한민국 영역 밖에 있는 대한민국의 선박 또는 항공기 안에서 질서위반행위를 한 외국인에게도 적용한다.

⑤ 대한민국 영역 밖에서 질서위반행위를 한 대한민국의 국민에게도 적용한다.

해설

[❶ ▸ ×] 14세가 되지 아니한 자의 질서위반행위는 과태료를 부과하지 아니한다. 다만, 다른 법률에 특별한 규정이 있는 경우에는 그러하지 아니하다(질서위반행위규제법 제9조).

[❷ ▸ ○] 고의 또는 과실이 없는 질서위반행위는 과태료를 부과하지 아니한다(질서위반행위규제법 제7조).

[❸ ▸ ○] 법률에 따르지 아니하고는 어떤 행위도 질서위반행위로 과태료를 부과하지 아니한다(질서위반행위규제법 제6조). ☞ 질서위반행위 법정주의

[❹ ▸ ○] [❺ ▸ ○]

질서위반행위 규제법 제4조(법 적용의 장소적 범위) ① 이 법은 대한민국 영역 안에서 질서위반행위를 한 자에게 적용한다.

② 이 법은 대한민국 영역 밖에서 질서위반행위를 한 대한민국의 국민에게 적용한다.❺

③ 이 법은 대한민국 영역 밖에 있는 대한민국의 선박 또는 항공기 안에서 질서위반행위를 한 외국인에게 적용한다.❹

핵심정리

질서위반행위규제법의 내용

① 책임연령 → 다른 법률에 특별한 규정 없는 한 14세가 되지 아니한 자의 질서위반행위는 과태료 부과 ×

② 고의 또는 과실이 없는 질서위반행위 → 과태료 부과 ×

③ 질서위반행위 법정주의 → 법률에 근거 없이 질서위반행위로 과태료 부과 ×

④, ⑤ 질서위반행위규제법의 장소적 적용범위

→ 속지주의 : 대한민국 영역 안에서 질서위반행위를 한 자(국민 + 외국인)에게 적용 ○

→ 속인주의 : 대한민국 영역 밖에서 질서위반행위를 한 대한민국의 국민에게 적용 ○

→ 속지주의의 연장(기국주의) : 대한민국 영역 밖에 있는 대한민국의 선박 또는 항공기 안에서 질서위반행위를 한 외국인에게 적용 ○

답 ❶

143 □□□ 행정의 실효성 확보수단에 관한 설명으로 옳은 것을 모두 고른 것은?(다툼이 있으면 판례에 따름)

18 행정사 제6회

> ㄱ. 이행강제금부과처분의 상대방이 사망하면 미납된 이행강제금의 납부의무는 상속인에게 승계된다.
> ㄴ. 권원 없이 국유재산에 설치된 시설물에 대하여 대집행을 실시할 수 있는 경우 행정청은 민사소송의 방법으로 그 시설물의 철거를 구할 수 없다.
> ㄷ. 건축법상 시정명령이 없으면 이행강제금을 부과할 수 없다.
> ㄹ. 질서위반행위규제법상 과태료는 고의 또는 과실이 없는 질서위반행위에 대해서도 부과될 수 있다.

① ㄱ, ㄴ
② ㄱ, ㄷ
③ ㄱ, ㄹ
④ ㄴ, ㄷ
⑤ ㄷ, ㄹ

해설

[ㄱ ▸ ×] 이행강제금 납부의무는 상속인 기타의 사람에게 승계될 수 없는 일신전속적인 성질의 것이므로 이미 사망한 사람에게 이행강제금을 부과하는 내용의 처분이나 결정은 당연무효이다(대결 2006.12.8. 2006마470).

[ㄴ ▸ ○] 국유재산법 제52조는 "정당한 사유 없이 국유재산을 점유하거나 이에 시설물을 설치한 때에는 행정대집행법을 준용하여 철거 기타 필요한 조치를 할 수 있다."고 규정하고 있으므로, 관리권자인 보령시장으로서는 행정대집행의 방법으로 이 사건 시설물을 철거할 수 있고, 이러한 행정대집행의 절차가 인정되는 경우에는 따로 민사소송의 방법으로 피고들에 대하여 이 사건 시설물의 철거를 구하는 것은 허용되지 않는다고 할 것이다(대판 2009.6.11. 2009다1122).

[ㄷ ▸ ○] 건축법 제79조 제1항 및 제80조 제1항에 의하면, 허가권자는 먼저 건축주 등에 대하여 상당한 기간을 정하여 시정명령을 하고, 건축주 등이 그 시정기간 내에 시정명령을 이행하지 아니하면, 다시 그 시정명령의 이행에 필요한 상당한 이행기한을 정하여 그 기한까지 시정명령을 이행할 수 있는 기회를 준 후가 아니면 이행강제금을 부과할 수 없다(대판 2010.6.24. 2010두3978).

[ㄹ ▸ ×] 질서위반행위규제법은 과태료의 부과 대상인 질서행위반행위에 대하여도 책임주의 원칙을 채택하여, 고의 또는 과실이 없는 질서위반행위는 과태료를 부과하지 아니한다고 규정하고 있다(질서위반행위규제법 제7조).

> **핵심정리** **행정의 실효성 확보수단(이행강제금, 대집행, 과태료)**
> ㄱ. 이행강제금 납부의무 → 상속인에게 승계될 수 없는 일신전속적 의무 ○
> ㄴ. 불법 시설물에 대해 행정대집행이 인정되는 경우 → 민사소송으로 시설물 철거청구 ×
> ㄷ. 건축법상 시정명령이 없는 경우 → 이행강제금 부과 ×
> ㄹ. 고의 또는 과실이 없는 질서위반행위 → 과태료 부과 ×

답 ④

PART 1 PART 2 PART 3

144 질서위반행위규제법의 내용으로 옳지 않은 것은?

□□□

24 행정사 제12회

① 과태료 재판은 검사의 명령으로써 집행한다.

② 신분에 의하여 성립하는 질서위반행위에 신분이 없는 자가 가담한 때에는 신분이 없는 자에 대하여는 질서위반행위가 성립하지 아니한다.

③ 질서위반행위 후 법률이 변경되어 그 행위가 질서위반행위에 해당하지 아니하게 된 때에는 법률에 특별한 규정이 없는 한 변경된 법률을 적용한다.

④ 「질서위반행위규제법」은 대한민국 영역 밖에서 질서위반행위를 한 대한민국의 국민에게 적용한다.

⑤ 하나의 행위가 2 이상의 질서위반행위에 해당하는 경우에는 각 질서위반행위에 대하여 정한 과태료 중 가장 중한 과태료를 부과한다.

해설

[❶ ▸ O] 과태료 재판은 검사의 명령으로써 집행한다. 이 경우 그 명령은 집행력 있는 집행권원과 동일한 효력이 있다(질서위반행위규제법 제42조 제1항).

[❷ ▸ ×] 질서위반행위규제법 제12조 제2항

> **질서위반행위규제법 제12조(다수인의 질서위반행위 가담)** ① 2인 이상이 질서위반행위에 가담한 때에는 각자가 질서위반행위를 한 것으로 본다.
> ② 신분에 의하여 성립하는 질서위반행위에 신분이 없는 자가 가담한 때에는 신분이 없는 자에 대하여도 질서위반행위가 성립한다.
> ③ 신분에 의하여 과태료를 감경 또는 가중하거나 과태료를 부과하지 아니하는 때에는 그 신분의 효과는 신분이 없는 자에게는 미치지 아니한다.

[❸ ▸ O] 질서위반행위규제법 제3조 제2항

> **질서위반행위규제법 제3조(법 적용의 시간적 범위)** ① 질서위반행위의 성립과 과태료 처분은 행위 시의 법률에 따른다.
> ② 질서위반행위 후 법률이 변경되어 그 행위가 질서위반행위에 해당하지 아니하게 되거나 과태료가 변경되기 전의 법률보다 가볍게 된 때에는 법률에 특별한 규정이 없는 한 변경된 법률을 적용한다.
> ③ 행정청의 과태료 처분이나 법원의 과태료 재판이 확정된 후 법률이 변경되어 그 행위가 질서위반행위에 해당하지 아니하게 된 때에는 변경된 법률에 특별한 규정이 없는 한 과태료의 징수 또는 집행을 면제한다.

[❹ ▸ O] 질서위반행위규제법 제4조 제2항

> **질서위반행위규제법 제4조(법 적용의 장소적 범위)** ① 이 법은 대한민국 영역 안에서 질서위반행위를 한 자에게 적용한다.
> ② 이 법은 대한민국 영역 밖에서 질서위반행위를 한 대한민국의 국민에게 적용한다.
> ③ 이 법은 대한민국 영역 밖에 있는 대한민국의 선박 또는 항공기 안에서 질서위반행위를 한 외국인에게 적용한다.

[❺ ▸ O] 질서위반행위규제법 제13조 제1항

> **질서위반행위규제법 제13조(수개의 질서위반행위의 처리)** ① 하나의 행위가 2 이상의 질서위반행위에 해당하는 경우에는 각 질서위반행위에 대하여 정한 과태료 중 가장 중한 과태료를 부과한다.
> ② 제1항의 경우를 제외하고 2 이상의 질서위반행위가 경합하는 경우에는 각 질서위반행위에 대하여 정한 과태료를 각각 부과한다. 다만, 다른 법령(지방자치단체의 조례를 포함한다. 이하 같다)에 특별한 규정이 있는 경우에는 그 법령으로 정하는 바에 따른다.

핵심정리

질서위반행위규제법

① 과태료 재판 ⇢ 검사의 명령으로써 집행 ○
② 신분에 의하여 성립하는 질서위반행위에 신분이 없는 자가 가담한 때
⇢ 신분이 없는 자에 대하여도 질서위반행위가 성립 ○
③ 질서위반행위 후 법률이 변경되어 그 행위가 질서위반행위에 해당하지 아니하게 된 때
⇢ 법률에 특별한 규정이 없는 한 변경된 법률 적용 ○ (∵ 위반자에게 유리하므로)
④ 질서위반행위규제법의 장소적 적용 범위
⇢ 속지주의 : 대한민국 영역 안에서 질서위반행위를 한 자에게 적용 ○
⇢ 속인주의 : 대한민국 영역 밖에서 질서위반행위를 한 대한민국의 국민에게 적용 ○
⇢ 기국주의 : 대한민국 영역 밖에 있는 대한민국의 선박 또는 항공기 안에서 질서위반행위를 한 외국인에게 적용 ○
⑤ 하나의 행위가 2 이상의 질서위반행위에 해당하는 경우(상상적 경합)
⇢ 각 질서위반행위에 대하여 정한 과태료 중 가장 중한 과태료를 부과 ○

답 ❷

145 □□□ **행정의 실효성확보수단에 관한 설명으로 옳은 것을 모두 고른 것은?(다툼이 있으면 판례에 따름)**

17 행정사 제5회

ㄱ. 이행강제금과 행정벌의 병과는 허용된다.
ㄴ. 직접강제는 일반적으로 목전에 급박한 행정상 장해를 제거할 필요가 있는 경우에 미리 의무를 명할 시간적 여유가 없는 경우에 사용하는 수단이다.
ㄷ. 질서위반행위규제법상 질서위반행위의 성립과 과태료 처분은 처분 시의 법률에 따른다.
ㄹ. 도로교통법상 경찰서장의 통고처분은 행정소송의 대상이 되는 처분이 아니다.

① ㄱ, ㄴ
② ㄱ, ㄹ
③ ㄴ, ㄷ
④ ㄴ, ㄹ
⑤ ㄷ, ㄹ

해설

[ㄱ ▸ ○] 개발제한구역 내의 건축물에 대하여 허가를 받지 않고 한 용도변경행위에 대한 형사처벌과 건축법 제83조 제1항에 의한 시정명령 위반에 대한 이행강제금의 부과는 그 처벌 내지 제재대상이 되는 기본적 사실관계로서의 행위를 달리하며, 또한 그 보호법익과 목적에서도 차이가 있으므로 이중처벌에 해당한다고 할 수 없다(대결 2005.8.19. 2005마30).

[ㄴ ▸ ×] 직접강제란 의무자가 행정상 의무를 이행하지 아니하는 경우 행정청이 의무자의 신체나 재산에 실력을 행사하여 그 행정상 의무의 이행이 있었던 것과 같은 상태를 실현하는 강제집행수단을 말한다.

행정기본법 제30조(행정상 강제) ① 행정청은 행정목적을 달성하기 위하여 필요한 경우에는 법률로 정하는 바에 따라 필요한 최소한의 범위에서 다음 각 호의 어느 하나에 해당하는 조치를 할 수 있다.
3. 직접강제 : 의무자가 행정상 의무를 이행하지 아니하는 경우 행정청이 의무자의 신체나 재산에 실력을 행사하여 그 행정상 의무의 이행이 있었던 것과 같은 상태를 실현하는 것
5. 즉시강제 : 현재의 급박한 행정상의 장해를 제거하기 위한 경우로서 다음 각 목의 어느 하나에 해당하는 경우에 행정청이 곧바로 국민의 신체 또는 재산에 실력을 행사하여 행정목적을 달성하는 것
가. 행정청이 미리 행정상 의무 이행을 명할 시간적 여유가 없는 경우
나. 그 성질상 행정상 의무의 이행을 명하는 것만으로는 행정목적 달성이 곤란한 경우

[ㄷ ▸ ×] 질서위반행위의 성립과 과태료 처분은 행위 시의 법률에 따른다(질서위반행위규제법 제3조 제1항).
[ㄹ ▸ O] 경찰서장의 통고처분은 행정소송의 대상이 되는 행정처분이 아니므로 그 처분의 취소를 구하는 소송은 부적법하고, 도로교통법상의 통고처분을 받은 자가 그 처분에 대하여 이의가 있는 경우에는 통고처분에 따른 범칙금의 납부를 이행하지 아니함으로써 경찰서장의 즉결심판청구에 의하여 법원의 심판을 받을 수 있게 될 뿐이다(대판 1995.6.29. 95누4674).

핵심정리	**행정의 실효성 확보수단(이행강제금, 직접강제, 과태료, 통고처분)** ㄱ. 이행강제금과 행정벌의 병과 ⇢ 허용 ○ (이중처벌에 해당 ×) ㄴ. 직접강제와 행정상 즉시강제의 구별 ⇢ 직접강제 : 행정법상 의무불이행을 전제 ○ ⇢ 행정상 즉시강제 : 행정법상 의무불이행을 전제 × ㄷ. 질서위반행위의 성립과 과태료 처분 ⇢ 행위 시의 법률이 기준 (행위시법주의) ㄹ. 경찰서장의 통고처분 ⇢ 행정소송의 대상이 되는 행정처분 ×

답 ❷

146 □□□ **행정법에 관한 설명으로 옳은 것은?(다툼이 있는 경우에는 판례에 의함)**

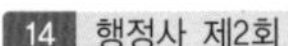
14 행정사 제2회

① 명문의 규정이 있는 경우뿐만 아니라 관련 행정형벌법규의 해석에 의하여 과실행위도 처벌한다는 뜻이 도출되는 경우에는 과실행위에 대해서 행정형벌을 부과할 수 있다.
② 양벌규정에 의한 영업주의 처벌은 금지위반행위자인 종업원의 처벌을 전제로 하는 것이므로 종업원이 무죄인 경우에는 영업주를 처벌할 수 없다.
③ 도로교통법상 경찰서장의 통고처분에 대해서는 행정소송을 통하여 불복할 수 있다.
④ 과태료는 행정벌의 일종이므로 그 과벌절차에는 형사소송법이 적용된다.
⑤ 과실에 의한 질서위반행위에 대해서는 과태료를 부과할 수 없다.

해설

[❶ ▸ O] 행정상의 단속을 주안으로 하는 법규라 하더라도 '**명문규정이 있거나 해석상 과실범도 벌할 뜻이 명확한 경우'를 제외**하고는 형법의 원칙에 따라 '고의'가 있어야 벌할 수 있다(대판 2010.2.11. 2009도9807). ☞ 형법 제14조는 "정상의 주의를 태만함으로 인하여 죄의 성립요소인 사실을 인식하지 못한 행위는 법률에 특별한 규정이 있는 경우에 한하여 처벌한다."고 규정하고 있다. 그런데 위 대법원판결은 '(명문규정이 없더라도) 해석상 과실범도 벌할 뜻이 명확한 경우'에는 과실범을 처벌할 수 있다는 입장을 간접적으로 표명하였다[다만, 이 판결에 대하여 형법 제14조의 문언(文言)에 반한다는 학계의 비판이 있다.]
[❷ ▸ ×] 양벌규정에 의한 영업주의 처벌은 금지위반행위자인 종업원의 처벌에 종속하는 것이 아니라 독립하여 그 자신의 종업원에 대한 선임감독상의 과실로 인하여 처벌되는 것이므로 종업원의 범죄성립이나 처벌이 영업주 처벌의 전제조건이 될 필요는 없다(대판 2006.2.24. 2005도7673).
[❸ ▸ ×] 도로교통법에서 규정하는 경찰서장의 통고처분은 행정소송의 대상이 되는 행정처분이 아니므로 그 처분의 취소를 구하는 소송은 부적법하고, 도로교통법상의 통고처분을 받은 자가 그 처분에 대하여 이의가 있는 경우에는 통고처분에 따른 범칙금의 납부를 이행하지 아니함으로써 경찰서장의 즉결심판청구에 의하여 법원의 심판을 받을 수 있게 될 뿐이다(대판 1995.6.29. 95누4674).
[❹ ▸ ×] 과태료는 행정질서벌이고 형벌이 아니므로 형사소송법이 아니라 질서위반행위규제법이 적용된다.
[❺ ▸ ×] 고의에 의한 경우뿐만 아니라 과실에 의한 질서위반행위에 대하여도 과태료를 부과할 수 있다(질서위반행위규제법 제7조).

핵심정리 **행정벌**

① 명문규정이 있거나 해석상 과실범도 벌할 뜻이 명확한 경우
→ 과실행위에 대해 행정형벌 부과 O

② 양벌규정에 의한 영업주의 처벌
→ 자신의 종업원에 대한 선임감독상의 과실로 인하여 처벌되는 것
→ 종업원의 범죄성립이나 처벌이 영업주 처벌의 전제조건이 될 필요 ×

③ 경찰서장의 통고처분 → 행정소송의 대상 ×

④ 과태료 → 행정질서벌 O / 질서위반행위규제법 적용 O

⑤ 과실에 의한 질서위반행위 → 과태료 부과 O

답 ❶

147 질서위반행위규제법의 내용으로 옳지 않은 것은? 20 행정사 제8회

① 행정청이 부과한 과태료는 부과처분이 확정된 후 5년간 징수하지 아니하면 시효로 인하여 소멸한다.

② 질서위반행위의 성립과 과태료 처분은 처분 시의 법률에 따른다.

③ 고의 또는 과실이 없는 질서위반행위는 과태료를 부과하지 않는다.

④ 2인 이상이 질서위반행위에 가담한 때에는 각자가 질서위반행위를 한 것으로 본다.

⑤ 행정청의 과태료 부과에 대해 당사자의 이의제기가 있는 경우에는 행정청의 과태료 부과처분은 효력을 상실한다.

해설

[❶ ▸ O] 과태료는 행정청의 과태료 부과처분이나 법원의 과태료 재판이 확정된 후 5년간 징수하지 아니하거나 집행하지 아니하면 시효로 인하여 소멸한다(질서위반행위규제법 제15조 제1항).

[❷ ▸ ×] 질서위반행위의 성립과 과태료 처분은 행위 시의 법률에 따른다(질서위반행위규제법 제3조 제1항).

[❸ ▸ O] 고의 또는 과실이 없는 질서위반행위는 과태료를 부과하지 아니한다(질서위반행위규제법 제7조).

[❹ ▸ O] 2인 이상이 질서위반행위에 가담한 때에는 각자가 질서위반행위를 한 것으로 본다(질서위반행위규제법 제12조 제1항).

[❺ ▸ O] 이의제기가 있는 경우에는 행정청의 과태료 부과처분은 그 효력을 상실한다(질서위반행위규제법 제20조 제2항).

핵심정리 **질서위반행위규제법의 내용**

① 과태료의 소멸시효 → 행정청의 과태료 부과처분이나 법원의 과태료 재판이 확정된 후 5년

② 질서위반행위의 성립과 과태료 처분 → 행위 시의 법률이 기준 (행위시법주의)

③ 고의 또는 과실이 없는 질서위반행위 → 과태료 부과 ×

④ 2인 이상이 질서위반행위에 가담한 경우 → 각자의 질서위반행위를 한 것으로 간주 O

⑤ 행정청의 과태료 부과에 대해 이의제기가 있는 경우 → 과태료 부과처분은 효력 상실 O

답 ❷

148 □□□ 질서위반행위규제법의 내용에 관한 설명으로 옳지 않은 것은? 13 행정사 제1회

① 신분에 의하여 성립하는 '질서위반행위'에 신분이 없는 자가 가담한 경우 신분이 없는 자에 대하여는 '질서위반행위'가 성립하지 아니한다.

② 과태료는 행정청의 과태료 부과처분이나 법원의 과태료 재판이 확정된 후 5년간 징수하지 아니하거나 집행하지 아니하면 시효로 인하여 소멸한다.

③ 고의 또는 과실이 없는 '질서위반행위'는 과태료를 부과하지 아니한다.

④ 질서위반행위규제법 시행령으로 정하는 법률에 따른 징계사유에 해당하여 과태료를 부과하는 행위는 '질서위반행위'에 해당하지 않는다.

⑤ 당사자와 검사는 과태료 재판에 대하여 즉시항고를 할 수 있으며, 이 경우 항고는 집행정지의 효력이 있다.

해설

[❶ ▸ ×] 신분에 의하여 성립하는 질서위반행위에 신분이 없는 자가 가담한 때에는 신분이 없는 자에 대하여도 질서위반행위가 성립한다(질서위반행위규제법 제12조 제2항).

[❷ ▸ ○] 과태료는 행정청의 과태료 부과처분이나 법원의 과태료 재판이 확정된 후 5년간 징수하지 아니하거나 집행하지 아니하면 시효로 인하여 소멸한다(질서위반행위규제법 제15조 제1항).

[❸ ▸ ○] 고의 또는 과실이 없는 질서위반행위는 과태료를 부과하지 아니한다(질서위반행위규제법 제7조).

[❹ ▸ ○] 질서위반행위규제법 시행령으로 정하는 법률에 따른 징계사유에 해당하여 과태료를 부과하는 행위는 질서위반행위에 해당하지 않는다(질서위반행위규제법 제2조 제1호 나목).

[❺ ▸ ○] 당사자와 검사는 과태료 재판에 대하여 즉시항고를 할 수 있다. 이 경우 항고는 집행정지의 효력이 있다(질서위반행위규제법 제38조 제1항).

핵심정리

질서위반행위규제법의 내용

① 신분에 의하여 성립하는 질서위반행위에 신분이 없는 자가 가담한 경우
→ 비신분자도 질서위반행위 성립 ○

② 과태료의 소멸시효 → 행정청의 과태료 부과처분이나 법원의 과태료 재판이 확정된 후 5년

③ 고의 또는 과실이 없는 질서위반행위 → 과태료 부과 ×

④ 징계사유에 해당하여 과태료를 부과하는 행위 → 질서위반행위에 해당 ×

⑤ 당사자와 검사는 과태료 재판에 대해 즉시항고 가능 → 집행정지의 효력 ○

답 ❶

149 행정질서벌에 관한 설명으로 옳지 않은 것은? 19 행정사 제7회

□□□

① 행정청이 질서위반행위에 대하여 과태료를 부과하고자 하는 때에는 당사자에게 사전통지하고, 의견을 제출할 기회를 주어야 한다.

② 질서위반행위의 성립과 과태료 처분은 행위 시의 법률에 따른다.

③ 고의 또는 과실이 없는 질서위반행위는 과태료를 부과하지 아니한다.

④ 행정청의 과태료부과행위는 행정소송법상 항고소송의 대상이 된다.

⑤ 법률에 따르지 아니하고는 어떤 행위도 질서위반행위로 과태료를 부과하지 아니한다.

해설

[❶ ▸ O] 행정청이 질서위반행위에 대하여 과태료를 부과하고자 하는 때에는 미리 당사자(제11조 제2항에 따른 고용주등을 포함한다)에게 대통령령으로 정하는 사항을 통지하고, 10일 이상의 기간을 정하여 의견을 제출할 기회를 주어야 한다. 이 경우 지정된 기일까지 의견 제출이 없는 경우에는 의견이 없는 것으로 본다(질서위반행위규제법 제16조 제1항).

[❷ ▸ O] 질서위반행위의 성립과 과태료 처분은 행위 시의 법률에 따른다(질서위반행위규제법 제3조 제1항).

[❸ ▸ O] 고의 또는 과실이 없는 질서위반행위는 과태료를 부과하지 아니한다(질서위반행위규제법 제7조).

[❹ ▸ ×] 판례는 과태료 재판이라는 별도의 불복절차가 규정되어 있는 과태료 부과처분은 행정청을 피고로 하는 행정소송의 대상이 되는 행정처분이라고 볼 수 없다고 한다(대판 2012.10.11. 2011두19369). 행정청의 과태료 부과에 불복하는 당사자의 이의제기가 있는 경우, 이의제기를 받은 행정청은 관할법원에 이를 통지하여야 하며 법원은 비송사건절차법에 따라 과태료재판을 한다(질서위반행위규제법 제20조, 제21조, 제28조).

[❺ ▸ O] 법률에 따르지 아니하고는 어떤 행위도 질서위반행위로 과태료를 부과하지 아니한다(질서위반행위규제법 제6조).

핵심정리

행정질서벌(과태료)

① 질서위반행위에 대한 과태료 부과 → 당사자에게 사전통지 및 의견제출 기회부여 의무 O

② 질서위반행위의 성립과 과태료 처분 → 행위 시의 법률이 기준

③ 고의 또는 과실이 없는 질서위반행위 → 과태료 부과 ×

④ 행정청의 과태료 부과행위 → 항고소송의 대상 × / 별도의 불복절차(과태료재판)가 존재 O

⑤ 질서위반행위 법정주의 → 법률에 따르지 아니하고는 어떤 행위도 질서위반행위로 과태료 부과 ×

답 ❹

제5절 새로운 의무이행확보수단

150 과징금에 관한 설명으로 옳지 않은 것은?(다툼이 있으면 판례에 따름) 22 행정사 제10회

□□□

① 행정법규 위반에 대해 벌금 이외에 과징금을 부과하는 것은 이중처벌금지의 원칙에 반하지 않는다.
② 제재적 행정처분으로서의 과징금은 현실적인 행위자가 아닌 법령상 책임자에게 부과할 수 있다.
③ 제재적 행정처분으로서의 과징금은 원칙적으로 위반자의 고의 또는 과실을 요한다.
④ 과징금은 국가의 형벌권을 실행하는 과벌이 아니다.
⑤ 법령으로 정한 '과징금을 부과하는 위반행위와 과징금의 금액'에 열거되지 않은 위반행위에 대해 사업정지처분을 갈음하여 과징금을 부과할 수 없다.

해설

[❶ ▸ O] [❹ ▸ O] 구 독점규제 및 공정거래에 관한 법률 제24조의2에 의한 부당내부거래에 대한 과징금을 두고 헌법 제13조 제1항에서 금지하는 국가형벌권 행사로서의 '처벌'에 해당한다고는 할 수 없으므로,❹ 공정거래법에서 형사처벌과 아울러 과징금의 병과를 예정하고 있더라도 이중처벌금지원칙에 위반된다고 볼 수 없으며,❶ 이 과징금 부과처분에 대하여 공정력과 집행력을 인정한다고 하여 이를 확정판결 전의 형벌집행과 같은 것으로 보아 무죄추정의 원칙에 위반된다고도 할 수 없다(헌재 2003.7.24. 2001헌가25).

[❷ ▸ O] [❸ ▸ ×] 구 여객자동차 운수사업법상의 과징금부과처분은 제재적 행정처분으로서 행정법규 위반이라는 객관적 사실에 착안하여 가하는 제재이므로 반드시 현실적인 행위자가 아니라도 법령상 책임자로 규정된 자에게 부과되고❷ 원칙적으로 위반자의 고의·과실을 요하지 아니하나,❸ 위반자의 의무 해태를 탓할 수 없는 정당한 사유가 있는 등의 특별한 사정이 있는 경우에는 이를 부과할 수 없다(대판 2014.10.15. 2013두5005).

[❺ ▸ O] 입법자는 화물자동차 운수사업법 시행령에 단순히 '과징금의 산정기준'을 구체화하는 임무만을 위임한 것이 아니라, 사업정지처분을 갈음하여 과징금을 부과할 수 있는 '위반행위의 종류'를 구체화하는 임무까지 위임한 것이라고 보아야 한다. 따라서 구 화물자동차 운수사업법 시행령 [별표 2] '과징금을 부과하는 위반행위의 종류와 과징금의 금액'에 열거되지 않은 위반행위의 종류에 대해서 사업정지처분을 갈음하여 과징금을 부과하는 것은 허용되지 않는다고 보아야 한다(대판 2020.5.28. 2017두73693).

핵심정리

과징금

① 행정법규 위반에 대해 벌금과 과징금을 병과하는 경우 ⇢ 이중처벌금지의 원칙 위반 ×
②, ③, ④ 제재적 행정처분으로서의 과징금
⇢ 현실적인 행위자가 아니라 법령상 책임자에게 부과 O
⇢ 위반자의 고의 또는 과실 불요
⇢ 국가의 형벌권을 실행하는 과벌(처벌) ×
⑤ 법령으로 정한 '과징금을 부과하는 위반행위와 과징금의 금액'에 열거되지 않은 위반행위
⇢ 과징금 부과 ×

답 ❸

151 행정의 실효성확보수단에 관한 설명으로 옳지 않은 것은?(다툼이 있는 경우에는 판례에 의함)

□□□

14 행정사 제2회

① 건축물 철거와 같은 대체적 작위의무의 위반이 있는 경우 행정청은 대집행과 이행강제금을 선택적으로 활용할 수 있다.

② 과징금은 행정상 의무위반에 대한 제재이므로 과징금부과처분에는 행정절차법이 적용되지 않는다.

③ 대집행에 있어 1차 계고처분 후에 동일한 내용으로 2차 계고처분을 한 경우, 2차 계고처분은 항고소송의 대상이 되는 행정처분이 아니다.

④ 위법건축물에 대하여 철거명령과 계고처분을 계고서라는 1장의 문서로써 동시에 행한 경우에도 건축법에 의한 철거명령과 행정대집행법에 의한 계고처분은 독립하여 존재하는 것으로 각 그 요건을 충족한다.

⑤ 도시공원시설인 매점에 대해 점유자의 점유를 배제하고 그 점유를 이전받는 것은 대집행의 대상이 아니다.

해설

[❶ ▸ O] 현행 건축법상 위법건축물에 대한 이행강제수단으로 대집행과 이행강제금(동법 제83조 제1항)이 인정되고 있는데, 양 제도는 각각의 장·단점이 있으므로 행정청은 개별사건에 있어서 위반내용, 위반자의 시정의지 등을 감안하여 대집행과 이행강제금을 선택적으로 활용할 수 있으며, 이처럼 그 합리적인 재량에 의해 선택하여 활용하는 이상 중첩적인 제재에 해당한다고 볼 수 없다(헌재 2004.2.26. 2001헌바80).

[❷ ▸ ×] 과징금은 급부하명으로서 불이익 처분에 해당하므로, 행정절차법상 처분절차가 적용된다.

[❸ ▸ O] 행정대집행법상의 건물철거의무는 제1차 철거명령 및 계고처분으로서 발생하였고 제2차, 제3차의 계고처분은 새로운 철거의무를 부과한 것이 아니고 다만 대집행기한의 연기통지에 불과하므로 행정처분이 아니다(대판 1994.10.28. 94누5144).

[❹ ▸ O] 계고서라는 명칭의 1장의 문서로서 일정 기간 내에 위법건축물의 자진철거를 명함과 동시에 그 소정기한 내에 자진철거를 하지 아니할 때에는 대집행할 뜻을 미리 계고한 경우라도 건축법에 의한 철거명령과 행정대집행법에 의한 계고처분은 독립하여 있는 것으로서 각 그 요건이 충족되었다고 볼 것이다(대판 1992.6.12. 91누13564).

[❺ ▸ O] 도시공원시설인 매점의 관리청이 그 공동점유자 중의 1인에 대하여 소정의 기간 내에 위 매점으로부터 퇴거하고 이에 부수하여 그 판매 시설물 및 상품을 반출하지 아니할 때에는 이를 대집행하겠다는 내용의 계고처분은 매점에 대한 점유자의 점유를 배제하고 그 점유이전을 받는 데 있다고 할 것인데, 이러한 의무는 대체적 작위의무에 해당하는 것은 아니어서 직접강제의 방법에 의하는 것은 별론으로 하고 행정대집행법에 의한 대집행의 대상이 되는 것은 아니다(대판 1998.10.23. 97누157).

핵심정리

행정의 실효성 확보수단(대집행, 이행강제금, 과징금 등)

① 건축법상 대체적 작위의무의 위반이 있는 경우 → 대집행과 이행강제금을 선택적 활용 O

② 과징금부과처분 → 행정절차법 적용 O

③ 1차 계고처분 후에 2차 계고처분을 한 경우 → 2차 계고처분은 항고소송의 대상 ×

④ 철거명령과 계고처분을 1장의 문서로써 행한 경우
→ 철거명령과 계고처분은 독립하여 존재하고 각각 요건 충족 O

⑤ 도시공원시설인 매점에 대해 점유자의 점유를 배제하고 점유를 이전받는 것
→ 대집행의 대상 × (대체적 작위의무 ×)

답 ❷

행정구제법

제1절 행정상 손해전보제도

152 국가배상책임에 관한 설명으로 옳지 않은 것은?(다툼이 있으면 판례에 따름) 24 행정사 제12회

□□□

① 「국가배상법」 제2조상의 직무행위에는 입법작용과 사법작용이 포함된다.
② 국가가 국가배상책임을 이행한 경우 공무원에게 경과실이 있으면 국가는 그 공무원에게 구상할 수 있다.
③ 「국가배상법」은 「민법」 제756조 제1항 단서상의 사용자 면책조항에 상응하는 규정을 두고 있지 않다.
④ 부작위에 의한 국가배상책임의 성립요건상 직무상 작위의무는 조리에 의해서도 성립할 수 있다.
⑤ 「국가배상법」 제5조상의 공공의 영조물에는 행정주체가 적법한 권한에 기하여 관리하고 있는 공물뿐만 아니라 사실상 관리하고 있는 공물도 포함된다.

해설

[❶ ▸ O] 「국가배상법」 제2조의 직무행위에는 입법・사법・행정의 모든 국가작용이 포함된다. 다만, 판례는 국회의원(국회)의 입법행위나 입법부작위의 경우 극히 예외적으로만 위법성이 인정된다고 한다(대판 1997.6.13. 96다56115).
[❷ ▸ X] 국가가 국가배상책임을 이행한 경우 공무원에게 고의 또는 중대한 과실이 있으면 국가는 그 공무원에게 구상할 수 있으나(국가배상법 제2조 제2항), 그에게 경과실만 있다면 국가는 그 공무원에게 구상할 수 없다.

> 국가배상법 제2조 제1항 본문 및 제2항의 입법 취지는 공무원의 직무상 위법행위로 타인에게 손해를 끼친 경우에는 변제자력이 충분한 국가 등에게 선임감독상 과실 여부에 불구하고 손해배상책임을 부담시켜 국민의 재산권을 보장하되, 공무원이 직무를 수행함에 있어 경과실로 타인에게 손해를 입힌 경우에는 그 직무수행상 통상 예기할 수 있는 흠이 있는 것에 불과하므로, 이러한 공무원의 행위는 여전히 국가 등의 기관의 행위로 보아 그로 인하여 발생한 손해에 대한 배상책임도 전적으로 국가 등에만 귀속시키고 공무원 개인에게는 그로 인한 책임을 부담시키지 아니하여 공무원의 공무집행의 안정성을 확보하고, 반면에 공무원의 위법행위가 고의・중과실에 기한 경우에는 비록 그 행위가 그의 직무와 관련된 것이라고 하더라도 그와 같은 행위는 그 본질에 있어서 기관행위로서의 품격을 상실하여 국가 등에게 그 책임을 귀속시킬 수 없으므로 공무원 개인에게 불법행위로 인한 손해배상책임을 부담시키되, 다만 이러한 경우에도 그 행위의 외관을 객관적으로 관찰하여 공무원의 직무집행으로 보여질 때에는 피해자인 국민을 두텁게 보호하기 위하여 국가 등이 공무원 개인과 중첩적으로 배상책임을 부담하되 국가 등이 배상책임을 지는 경우에는 공무원 개인에게 구상할 수 있도록 함으로써 궁극적으로 그 책임이 공무원 개인에게 귀속되도록 하려는 것이라고 봄이 합당하다(대판 1996.2.15. 95다38677[전합]).

[❸ ▸ O] 「국가배상법」 제2조의 공무원의 위법행위로 인한 손해배상책임에 대응하는 것이 「민법」 제756조의 사용자의 배상책임인데, 「민법」 제756조 제1항 단서는 "사용자가 피용자의 선임 및 그 사무감독에 상당한 주의를 한 때 또는 상당한 주의를 하여도 손해가 있을 경우"를 사용자의 면책사유로 규정하고 있다. 그러나 국가배상법 제2조는 이러한 면책사유를 규정하고 있지 않다.

[❹ ▸ ○] 부작위에 의한 국가배상책임의 성립요건 중 직무상 작위의무는 조리에 의해서도 성립할 수 있다.

공무원의 부작위로 인한 국가배상책임을 인정하기 위하여는 국가배상법 제2조 제1항의 요건이 충족되어야 할 것인바, 여기서 '법령에 위반하여'라고 하는 것은 엄격하게 형식적 의미의 법령에 명시적으로 공무원의 작위의무가 규정되어 있는데도 이를 위반하는 경우만을 의미하는 것은 아니고, 국민의 생명, 신체, 재산 등에 대하여 절박하고 중대한 위험상태가 발생하였거나 발생할 우려가 있어서 국민의 생명, 신체, 재산 등을 보호하는 것을 본래적 사명으로 하는 국가가 초법규적, 일차적으로 그 위험 배제에 나서지 아니하면 국민의 생명, 신체, 재산 등을 보호할 수 없는 경우에는 형식적 의미의 법령에 근거가 없더라도 국가나 관련 공무원에 대하여 그러한 위험을 배제할 작위의무를 인정할 수 있을 것이다(대판 2004.6.25. 2003다69652). ☞ 조리에 의한 작위의무 인정 ○

[❺ ▸ ○] 「국가배상법」 제5조의 공공의 영조물에는 행정주체가 적법한 권한에 기하여 관리하고 있는 공물뿐만 아니라 사실상 관리하고 있는 공물도 포함된다.

국가배상법 제5조 제1항 소정의 "공공의 영조물"이라 함은 국가 또는 지방자치단체에 의하여 특정 공공의 목적에 공여된 유체물 내지 물적 설비를 지칭하며, 특정 공공의 목적에 공여된 물이라 함은 일반공중의 자유로운 사용에 직접적으로 제공되는 공공용물에 한하지 아니하고, 행정주체 자신의 사용에 제공되는 공용물도 포함하며 국가 또는 지방자치단체가 소유권, 임차권 그 밖의 권한에 기하여 관리하고 있는 경우뿐만 아니라 사실상의 관리를 하고 있는 경우도 포함한다(대판 1995.1.24. 94다45302).

핵심정리

국가배상책임

① 국가배상법 제2조의 직무행위 → 입법 · 사법 · 행정의 모든 국가작용이 포함 ○
② 국가배상책임을 이행한 경우 국가의 공무원에 대한 구상권
→ ㉠ 공무원에게 고의 또는 중대한 과실이 있는 경우 : 구상권 행사 ○
→ ㉡ 공무원에게 경과실만 있는 경우 : 구상권 행사 ×
③ 공무원의 위법행위로 인한 국가배상책임과 민법상 사용자책임의 구별
→ 국가배상법에는 민법 제756조 제1항 단서의 사용자 면책조항에 상응하는 규정 ×
④ 부작위에 의한 국가배상책임의 성립요건상 직무상 작위의무
→ 조리에 의한 작위의무 인정 ○
⑤ 공공의 영조물 → 적법한 권원에 기한 공물뿐 아니라 사실상 관리하는 것도 포함 ○

답 ❷

153 □□□ **국가배상법 제2조에 관한 설명으로 옳지 않은 것은?(다툼이 있으면 판례에 따름)**

18 행정사 제6회

① 공무원의 직무행위에는 입법작용이 포함된다.
② 헌법재판소 재판관이 청구기간 내에 제기된 헌법소원심판청구 사건에서 청구기간을 오인하여 각하결정을 한 경우 국가배상책임이 성립한다.
③ 중과실에 의한 직무상 불법행위가 있는 경우 가해 공무원의 배상책임이 인정된다.
④ 부작위에 의한 국가배상책임의 성립요건인 직무상 작위의무는 조리에 의해서도 성립할 수 있다.
⑤ 국가공무원이 자신의 승용차를 운전하여 공무수행 중 사람을 치어 사망케 했다면 국가는 자동차손해배상 보장법상 운행자로서 배상책임을 진다.

해설

[❶ ▸ O] 국가배상법 제2조의 공무원의 직무행위에는 입법 · 사법 · 행정의 모든 국가작용이 포함된다. 다만, 판례는 국회의원(국회)의 입법행위나 입법부작위의 경우 극히 예외적으로만 위법성이 인정된다고 한다(대판 1997.6.13. 96다56115).

> 국회의원은 입법에 관하여 원칙적으로 국민 전체에 대한 관계에서 정치적 책임을 질 뿐 국민 개개인의 권리에 대응하여 법적 의무를 지는 것은 아니므로, 국회의원의 입법행위는 그 입법 내용이 헌법의 문언에 명백히 위배됨에도 불구하고 국회가 굳이 당해 입법을 한 것과 같은 특수한 경우가 아닌 한 국가배상법 제2조 제1항 소정의 위법행위에 해당한다고 볼 수 없다(대판 1997.6.13. 96다56115).

[❷ ▸ O] 헌법재판소 재판관이 청구기간 내에 제기된 헌법소원심판청구 사건에서 청구기간을 오인하여 각하결정을 한 경우, 이에 대한 불복절차 내지 시정절차가 없는 때에는 국가배상책임(위법성)을 인정할 수 있다(대판 2003.7.11. 99다24218).

[❸ ▸ O] 공무원이 직무수행 중 불법행위로 타인에게 손해를 입힌 경우에 국가 등이 국가배상책임을 부담하는 외에 공무원 개인도 **고의 또는 중과실**이 있는 경우에는 불법행위로 인한 손해배상책임을 부담하지만, 공무원에게 경과실뿐인 경우에는 공무원 개인은 손해배상책임을 부담하지 아니한다(대판 1996.2.15. 95다38677[전합]).

[❹ ▸ O] 공무원의 부작위로 인한 국가배상책임을 인정하기 위하여는 국가배상법 제2조 제1항의 요건이 충족되어야 할 것인바, 여기서 '법령에 위반하여'라고 하는 것은 엄격하게 형식적 의미의 법령에 명시적으로 공무원의 작위의무가 규정되어 있는데도 이를 위반하는 경우만을 의미하는 것은 아니고, 국민의 생명, 신체, 재산 등에 대하여 절박하고 중대한 위험상태가 발생하였거나 발생할 우려가 있어서 국민의 생명, 신체, 재산 등을 보호하는 것을 본래적 사명으로 하는 국가가 초법규적, 일차적으로 그 위험 배제에 나서지 아니하면 국민의 생명, 신체, 재산 등을 보호할 수 없는 경우에는 형식적 의미의 법령에 근거가 없더라도 국가나 관련 공무원에 대하여 그러한 위험을 배제할 작위의무를 인정할 수 있을 것이다(대판 2004.6.25. 2003다69652). ☞ 조리에 의한 작위의무 인정 O

[❺ ▸ ×] 공무원이 자기 소유의 자동차를 운전 중 타인을 사망하게 하거나 부상을 입힌 경우에는 공무원 자신의 운행이익과 운행지배가 인정된다. 따라서 국가나 지방자치단체가 「자동차손해배상 보장법」에 의하여 손해배상책임을 지는 일은 없다. 그러나 공무원이 '직무를 집행하기 위하여' 자기 소유의 자동차를 운전하다가 사고를 낸 경우, 국가배상법 제2조에 의하여 국가나 지방자치단체가 국가배상책임을 질 수 있다(대판 1998.11.19. 97다36873[전합]).

핵심정리

국가배상법 제2조(공무원의 위법행위로 인한 손해배상책임)

① 국회의 입법작용 ⋯→ 국가배상법 제2조의 공무원의 직무행위 O
② 헌법재판소 재판관이 헌법소원심판청구 사건의 청구기간을 오인하여 각하결정을 한 경우 ⋯→ 국가배상책임 성립 O
③ 공무원의 중과실에 의한 직무상 불법행위가 있는 경우 ⋯→ 가해 공무원 개인의 피해자에 대한 배상책임 인정 O
④ 부작위에 의한 국가배상책임의 성립요건인 직무상 작위의무 ⋯→ 조리에 의해서도 성립 O
⑤ 국가공무원이 자신의 승용차를 운전하여 공무수행 중 사람을 치어 사망케 한 경우
⋯→ 국가 : 자동차손해배상 보장법상 운행자로서 배상책임 × / 국가배상법 제2조에 의한 국가배상책임 O
⋯→ 공무원 개인 : 자동차손해배상 보장법상 운행자로서 손해배상책임 O

답 ❺

154 국가배상에 관한 설명으로 옳지 않은 것은?(다툼이 있으면 판례에 따름) 22 행정사 제10회

□□□

① 공무를 위탁받은 사인의 직무집행행위에 대해서도 국가배상책임이 성립할 수 있다.

② 가해행위인 처분에 대해 취소판결이 확정된 경우에는 기판력에 의해 국가배상소송에서도 국가배상책임이 인정된다.

③ 생명・신체의 침해로 인한 국가배상을 받을 권리는 압류하지 못한다.

④ 피해자나 그 법정대리인이 손해 및 가해자를 알지 못한 경우 국가배상청구권의 소멸시효기간은 5년이다.

⑤ 외국인이 피해자인 경우에는 해당 국가와 상호 보증이 있을 때에만 국가배상법이 적용된다.

해설

[❶ ▸ O] 국가배상법 제2조 소정의 '공무원'이라 함은 국가공무원법이나 지방공무원법에 의하여 공무원으로서의 신분을 가진 자에 국한하지 않고, 널리 공무를 위탁받아 실질적으로 공무에 종사하고 있는 일체의 자를 가리키는 것으로서, 공무의 위탁이 일시적이고 한정적인 사항에 관한 활동을 위한 것이어도 달리 볼 것은 아니므로(대판 2001.1.5. 98다39060), 공무를 위탁받은 사인(예 교통할아버지)의 직무집행행위에 대해서도 국가배상책임이 성립할 수 있다.

[❷ ▸ ×] 어떠한 행정처분이 후에 항고소송에서 취소되었다고 할지라도 그 기판력에 의하여 당해 행정처분이 곧바로 공무원의 고의 또는 과실로 인한 것으로서 불법행위를 구성한다고 단정할 수는 없는 것이고, 그 행정처분의 담당공무원이 보통 일반의 공무원을 표준으로 하여 볼 때 객관적 주의의무를 결하여 그 행정처분이 객관적 정당성을 상실하였다고 인정될 정도에 이른 경우에 국가배상법 제2조 소정의 국가배상책임의 요건을 충족하였다고 봄이 상당할 것이다(대판 2000.5.12. 99다70600).

[❸ ▸ O] 생명・신체의 침해로 인한 국가배상을 받을 권리는 양도하거나 압류하지 못한다(국가배상법 제4조). 그러나 재산권 침해로 인한 국가배상청구권은 양도할 수 있다.

[❹ ▸ O] 국가배상청구권은 피해자나 그 법정대리인이 손해 및 가해자를 안 날로부터 3년간(국가배상법 제8조, 민법 제766조 제1항) 이를 행사하지 아니하면 시효로 인하여 소멸한다. 그러나 손해 및 가해자를 모르는 경우에는 민법 제766조 제2항에 의할 것이 아니라 국가재정법 제96조 제1항, 제2항에 따라 불법행위의 종료일로부터 5년간 이를 행사하지 아니하면 시효로 인하여 소멸한다는 것이 판례의 태도이다(대판 2008.11.27. 2008다60223).

[❺ ▸ O] 이 법은 외국인이 피해자인 경우에는 해당 국가와 상호 보증이 있을 때에만 적용한다(국가배상법 제7조).

핵심정리

국가배상(행정상 손해배상)

① 공무를 위탁받은 사인의 직무집행행위 ⟶ 국가배상책임 성립 가능 O

② 가해행위인 처분에 대해 취소판결이 확정된 경우
⟶ 취소판결의 기판력에 의해 국가배상소송에서 국가배상책임이 당연히 인정되는 것은 아님

③ 생명・신체의 침해로 인한 국가배상을 받을 권리 ⟶ 양도・압류 ×

④ 국가배상청구권의 소멸시효기간
⟶ 피해자나 그 법정대리인이 손해 및 가해자를 아는 경우 : 안 날로부터 3년
⟶ 손해 및 가해자를 알지 못한 경우 : 불법행위의 종료일로부터 5년

⑤ 외국인이 피해자인 경우 ⟶ 해당 국가와 상호 보증이 있을 때에만 국가배상법 적용 O

답 ❷

155 국가배상법에 관한 설명으로 옳은 것은?(다툼이 있으면 판례에 따름) 19 행정사 제7회

□□□

① 국가배상법 제2조의 공무원이란 국가공무원법이나 지방공무원법에 의해 공무원으로서의 신분을 가진 자에 국한한다.

② 국가배상책임에 있어서 공무원에게 중과실이 있는 경우 국가나 지방자치단체는 그 공무원에게 구상할 수 없다.

③ 공공의 영조물의 설치·관리의 하자에는 물적 하자만이 아니라 기능적 하자 또는 이용상 하자도 포함된다.

④ 국가배상책임이 있는 경우에 공무원의 선임·감독을 맡은 자와 공무원의 봉급·급여를 부담하는 자가 동일하지 아니하면 선임·감독을 맡은 자만이 손해를 배상한다.

⑤ 생명·신체의 침해로 인한 국가배상을 받을 권리는 양도할 수 있지만, 압류할 수는 없다.

해설

[❶ ▸ ×] 국가배상법 제2조 소정의 '공무원'이라 함은 국가공무원법이나 지방공무원법에 의하여 공무원으로서의 신분을 가진 자에 국한하지 않고, 널리 공무를 위탁받아 실질적으로 공무에 종사하고 있는 일체의 자를 가리키는 것으로서, 공무의 위탁이 일시적이고 한정적인 사항에 관한 활동을 위한 것이어도 달리 볼 것은 아니다(대판 2001.1.5. 98다39060).

[❷ ▸ ×] 국가가 국가배상책임을 이행한 경우 공무원에게 고의 또는 중대한 과실이 있으면 국가는 그 공무원에게 구상할 수 있다(국가배상법 제2조 제2항).

[❸ ▸ ○] 국가배상법 제5조 제1항에 정하여진 '영조물의 설치 또는 관리의 하자'라 함은 당해 영조물을 구성하는 물적 시설 그 자체에 있는 물리적·외형적 흠결이나 불비로 인하여 그 이용자에게 위해를 끼칠 위험성이 있는 경우(= 물적 하자)뿐만 아니라, 그 영조물이 공공의 목적에 이용됨에 있어 그 이용상태 및 정도가 일정한 한도를 초과하여 제3자에게 사회통념상 수인할 것이 기대되는 한도를 넘는 피해를 입히는 경우(= 기능상 하자 또는 이용상 하자)까지 포함된다고 보아야 한다(대판 2005.1.27. 2003다49566).

[❹ ▸ ×] 국가나 지방자치단체가 손해를 배상할 책임이 있는 경우에 공무원의 선임·감독 또는 영조물의 설치·관리를 맡은 자와 공무원의 봉급·급여, 그 밖의 비용 또는 영조물의 설치·관리 비용을 부담하는 자가 동일하지 아니하면 그 비용을 부담하는 자도 손해를 배상하여야 한다(국가배상법 제6조 제1항).

[❺ ▸ ×] 생명·신체의 침해로 인한 국가배상을 받을 권리는 양도하거나 압류하지 못한다(국가배상법 제4조).

> **핵심정리**
>
> **국가배상법의 내용**
>
> ① 국가배상법 제2조의 공무원
> → 국가공무원법이나 지방공무원법에 의하여 공무원으로서의 신분을 가진 자 ○
> → 널리 공무를 위탁받아 실질적으로 공무에 종사하고 있는 자(공무수탁사인) 포함 ○
>
> ② 국가배상책임에 공무원에게 중과실이 있는 경우 → 국가는 공무원에게 구상권 행사 가능 ○
>
> ③ 공공의 영조물의 설치·관리의 하자 → 물적 하자 + 기능적 하자(또는 이용상 하자) 포함 ○
>
> ④ 국가배상책임에서 선임·감독을 맡은 자와 봉급·급여를 부담하는 자가 다른 경우
> → 비용부담자도 손해배상책임 ○
>
> ⑤ 생명·신체의 침해로 인한 국가배상청구권 → 양도 및 압류 ×

답 ❸

156 국가배상제도에 관한 설명으로 옳지 않은 것은?(다툼이 있는 경우에는 판례에 의함)

□□□

14 행정사 제2회

① 국가배상법상 공무원에는 신분상 공무원 외에 널리 공무를 위탁받아 실질적으로 공무에 종사하는 모든 자가 포함된다.

② 국회의 입법작용도 국가배상법상 직무행위에 포함된다.

③ 국가배상의 대상이 되는 손해는 적극적 손해인지 소극적 손해인지를 불문하나, 적어도 재산상의 손해이어야 하며 정신적 손해는 포함되지 않는다.

④ 국가배상법상 공공의 영조물에는 행정주체가 적법한 권원에 기하여 관리하고 있는 공물뿐 아니라 사실상 관리를 하고 있는 것도 포함된다.

⑤ 영조물의 설치·관리자와 비용부담자가 상이한 경우 비용부담자가 부담하는 책임은 국가배상법이 정한 자신의 고유한 배상책임이다.

해설

[❶ ▸ O] 국가배상법 제2조 소정의 '공무원'이라 함은 국가공무원법이나 지방공무원법에 의하여 공무원으로서의 신분을 가진 자에 국한하지 않고, 널리 공무를 위탁받아 실질적으로 공무에 종사하고 있는 일체의 자를 가리키는 것으로서, 공무의 위탁이 일시적이고 한정적인 사항에 관한 활동을 위한 것이어도 달리 볼 것은 아니다(대판 2001.1.5. 98다39060).

[❷ ▸ O] 국가배상법상 직무행위에는 입법·사법·행정의 모든 국가작용이 포함된다. 다만, 판례는 국회의원(국회)의 입법행위나 입법부작위의 경우 극히 예외적으로만 위법성이 인정된다고 한다(대판 1997.6.13. 96다56115).

[❸ ▸ X] 국가배상의 대상이 되는 손해는 민법상 불법행위책임에서의 손해와 동일하다. 따라서 재산적 손해(적극적 손해, 소극적 손해)뿐만 아니라 정신적 손해도 포함된다.

[❹ ▸ O] 국가배상법 제5조 제1항 소정의 "공공의 영조물"이라 함은 국가 또는 지방자치단체에 의하여 특정 공공의 목적에 공여된 유체물 내지 물적 설비를 지칭하며, 특정 공공의 목적에 공여된 물이라 함은 일반공중의 자유로운 사용에 직접적으로 제공되는 공공용물에 한하지 아니하고, 행정주체 자신의 사용에 제공되는 공용물도 포함하며 국가 또는 지방자치단체가 소유권, 임차권 그 밖의 권한에 기하여 관리하고 있는 경우뿐만 아니라 사실상의 관리를 하고 있는 경우도 포함한다(대판 1995.1.24. 94다45302).

[❺ ▸ O] 시(市)가 국도의 관리상 비용부담자로서 책임을 지는 것은 국가배상법이 정한 자신의 고유한 배상책임이므로 도로의 하자로 인한 손해에 대하여 시는 부진정연대채무자인 공동불법행위자와의 내부관계에서 배상책임을 분담하는 관계에 있으며 국가배상법 제6조 제2항의 규정은 도로의 관리주체인 국가와 그 비용을 부담하는 경제주체인 시 상호 간에 내부적으로 구상의 범위를 정하는 데 적용될 뿐 이를 들어 구상권자인 공동불법행위자에게 대항할 수 없다(대판 1993.1.26. 92다2684).

핵심정리

국가배상제도 일반

① 국가배상법 제2조의 공무원
→ 국가공무원법이나 지방공무원법에 의한 공무원 + 널리 공무를 위탁받아 실질적으로 공무에 종사하는 자도 포함 O

② 국회의 입법작용 → 국가배상법 제2조의 공무원의 직무행위 O

③ 국가배상의 대상이 되는 손해 → 재산상 손해(적극적 손해, 소극적 손해) + 정신적 손해

④ 국가배상법 제5조의 영조물의 설치·관리의 하자로 인한 손해배상책임
→ 공공의 영조물은 적법한 권원에 기한 공물뿐 아니라 사실상 관리하는 것도 포함

⑤ 영조물의 설치·관리자와 비용부담자가 상이한 경우
→ 비용부담자가 부담하는 책임은 국가배상법이 정한 고유한 배상책임 O

답 ❸

157 국가배상에 관한 설명으로 옳지 않은 것은?(다툼이 있으면 판례에 따름) 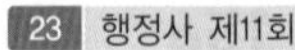

□□□

① 인사업무담당 공무원이 다른 공무원의 공무원증을 위조한 행위는 직무집행행위에 해당한다.

② 행정처분이 후에 항고소송에서 취소되면 그 기판력에 의하여 당해 행정처분은 공무원의 고의・과실 여부와 관계없이 곧바로 불법행위를 구성한다.

③ 생명・신체의 침해로 인한 국가배상을 받을 권리는 양도하지 못한다.

④ 경찰관이 범죄수사를 함에 있어 법규상 또는 조리상의 한계를 위반하였다면 이는 법령을 위반한 경우에 해당한다.

⑤ 영조물 설치・관리상의 하자는 공공의 목적에 공여된 영조물이 그 용도에 따라 통상 갖추어야 할 안전성을 갖추지 못한 상태에 있음을 말한다.

해설

[❶ ▸ O] 인사업무담당 공무원이 다른 공무원의 공무원증 등을 위조한 행위에 대하여 실질적으로는 직무행위에 속하지 아니한다 할지라도 외관상으로 국가배상법 제2조 제1항의 **직무집행 관련성을 인정**한 사례(대판 2005.1.14. 2004다26805).

[❷ ▸ ×] 어떠한 행정처분이 후에 항고소송에서 취소되었다고 할지라도 그 기판력에 의하여 당해 행정처분이 곧바로 공무원의 고의 또는 과실로 인한 것으로서 불법행위를 구성한다고 단정할 수는 없는 것이고, 그 행정처분의 담당공무원이 보통 일반의 공무원을 표준으로 하여 볼 때 객관적 주의의무를 결하여 그 행정처분이 객관적 정당성을 상실하였다고 인정될 정도에 이른 경우에 비로소 국가배상법 제2조 소정의 국가배상책임의 요건을 충족하였다고 봄이 상당할 것이다(대판 2003.11.27. 2001다33789).

[❸ ▸ O] **생명・신체의 침해**로 인한 국가배상을 받을 권리는 양도하거나 압류하지 못한다(국가배상법 제4조). 그러나 재산권 침해로 인한 국가배상을 받을 권리는 양도할 수 있다.

[❹ ▸ O] 국가배상책임에 있어 공무원의 가해행위는 법령을 위반한 것이어야 하고, 법령을 위반하였다 함은 엄격한 의미의 법령 위반뿐 아니라 인권존중, 권력남용금지, 신의성실과 같이 공무원으로서 마땅히 지켜야 할 준칙이나 규범을 지키지 아니하고 위반한 경우를 포함하여 널리 그 행위가 객관적인 정당성을 결여하고 있음을 뜻하는 것이므로, 경찰관이 범죄수사를 함에 있어 경찰관으로서 의당 지켜야 할 **법규상 또는 조리상의 한계를 위반**하였다면 이는 **법령을 위반한 경우에 해당**한다(대판 2008.6.12. 2007다64365).

[❺ ▸ O] 국가배상법 제5조 제1항에 정해진 '영조물의 설치 또는 관리의 하자'라 함은 영조물이 그 용도에 따라 통상 갖추어야 할 안전성을 갖추지 못한 상태에 있음을 말하는 것이다(대판 2007.10.26. 2005다51235).

핵심정리

국가배상

① 인사업무담당 공무원이 다른 공무원의 공무원증을 위조한 행위 → 국가배상법상 직무집행행위에 해당 O

② 행정처분이 후에 항고소송에서 취소된 경우 → 그 사실만으로 당해 행정처분이 곧바로 공무원의 고의 또는 과실로 인한 것으로서 불법행위를 구성한다고 단정할 수 없음

③ 생명・신체의 침해로 인한 국가배상을 받을 권리 → 양도・압류 ×

④ 경찰관이 범죄수사를 하면서 법규상 또는 조리상의 한계를 위반한 경우 → 법령 위반 O

⑤ 국가배상법 제5조 제1항에 정한 '영조물의 설치 또는 관리의 하자'의 의미
→ 공공의 영조물이 그 용도에 따라 통상 갖추어야 할 안전성을 갖추지 못한 상태

답 ❷

158 국가배상에 관한 설명으로 옳지 않은 것은?(다툼이 있는 경우에는 판례에 의함)

□□□

13 행정사 제1회

① 국가가 국가배상책임을 이행한 경우 공무원에게 고의 또는 중과실이 있으면 국가는 그 공무원에게 구상할 수 있다.

② 행정규칙상의 처분기준에 따른 영업허가취소처분이 행정심판에서 재량하자를 이유로 취소되었다면 영업허가취소처분을 한 공무원에게 국가배상법상의 과실이 인정된다.

③ 지방자치단체로부터 공무를 위탁받아 공무에 종사하는 사인(私人)은 국가배상법 제2조 소정의 공무원에 해당한다.

④ 국가배상법 제2조에 의한 공무원의 직무에는 국가나 지방자치단체의 권력적 작용뿐만 아니라 비권력적 작용도 포함되지만 단순한 사경제의 주체로서 하는 작용은 포함되지 않는다.

⑤ 공무원의 경과실에 의한 위법행위로 인하여 국가배상책임이 성립하는 경우 가해 공무원 개인은 그로 인한 손해배상책임을 부담하지 아니한다.

해설

[❶ ▸ O] 국가가 국가배상책임을 이행한 경우 공무원에게 고의 또는 중대한 과실이 있으면 국가는 그 공무원에게 구상할 수 있다(국가배상법 제2조 제2항).

[❷ ▸ ×] 영업허가취소처분이 나중에 행정심판에 의하여 재량권을 일탈한 위법한 처분임이 판명되어 취소되었다고 하더라도 그 처분이 당시 시행되던 공중위생법 시행규칙에 정하여진 행정처분의 기준에 따른 것인 이상 그 영업허가취소처분을 한 행정청 공무원에게 그와 같은 위법한 처분을 한 데 있어 어떤 직무집행상의 과실이 있다고 할 수는 없다(대판 1994.11.8. 94다26141).

[❸ ▸ O] 국가배상법 제2조 소정의 '공무원'이라 함은 국가공무원법이나 지방공무원법에 의하여 공무원으로서의 신분을 가진 자에 국한하지 않고, 널리 공무를 위탁받아 실질적으로 공무에 종사하고 있는 일체의 자를 가리키는 것으로서, 공무의 위탁이 일시적이고 한정적인 사항에 관한 활동을 위한 것이어도 달리 볼 것은 아니다(대판 2001.1.5. 98다39060).

[❹ ▸ O] 국가배상법이 정한 배상청구의 요건인 '공무원의 직무'에는 권력적 작용만이 아니라 행정지도와 같은 비권력적 작용도 포함되며 단지 행정주체가 사경제주체로서 하는 활동만 제외된다(대판 1998.7.10. 96다38971).

[❺ ▸ O] 공무원이 직무수행 중 불법행위로 타인에게 손해를 입힌 경우에 국가 등이 국가배상책임을 부담하는 외에 공무원 개인도 고의 또는 중과실이 있는 경우에는 불법행위로 인한 손해배상책임을 진다고 할 것이지만, 공무원에게 **경과실**뿐인 경우에는 공무원 개인은 손해배상책임을 부담하지 아니한다(대판 1996.2.15. 95다38677[전합]).

핵심정리

공무원의 위법행위로 인한 손해배상책임(국가배상법 제2조)

① 국가배상책임에 공무원에게 중과실이 있는 경우 → 국가는 공무원에게 구상권 행사 가능 O

② 행정규칙상의 처분기준에 따른 영업허가취소처분이 행정심판에서 재량하자로 취소된 경우
→ 국가배상책임에서 공무원의 과실 인정 ×

③ 지방자치단체로부터 공무를 위탁받아 공무에 종사하는 사인(私人)
→ 국가배상법 제2조의 공무원에 해당 O

④ 국가배상법 제2조에 의한 공무원의 직무
→ 권력적 작용 + 비권력적 작용 O
→ 단순한 사경제의 주체로서 하는 작용은 포함 ×

⑤ 공무원의 경과실에 의한 국가배상책임이 성립하는 경우
→ 가해 공무원 개인은 피해자에 대한 손해배상책임 부담 ×

답 ❷

159 국가배상에 관한 설명으로 옳지 않은 것은?(다툼이 있으면 판례에 따름) 20 행정사 제8회

□□□

① 국가가 국가배상책임을 이행한 경우 공무원에게 경과실이 있으면 국가는 그 공무원에게 구상할 수 없다.

② 국가배상법 제5조에는 점유자에게 과실이 없는 경우 점유자의 책임이 면책되는 규정이 없다.

③ 국가배상청구소송은 배상심의회에 배상신청을 하지 아니하고도 제기할 수 있다.

④ 부작위에 의한 국가배상책임은 조리상 작위의무를 위반한 경우에는 성립하지 않는다.

⑤ 공무원의 고의·중과실에 의한 불법행위로 국가배상책임이 성립하는 경우 가해 공무원 개인은 그로 인한 손해배상책임을 부담한다.

해설

[❶ ▸ O] 국가가 국가배상책임을 이행한 경우 공무원에게 고의 또는 중대한 과실이 있으면 국가는 그 공무원에게 구상할 수 있으나(국가배상법 제2조 제2항), 그에게 경과실이 있다면 국가는 그 공무원에게 구상할 수 없다.

[❷ ▸ O] 국가배상법 제5조의 영조물의 설치·관리상의 하자로 인한 책임은 무과실책임으로 이해되고 있고, 민법 제758조와 같은 면책규정이 없다는 것을 유의하여야 한다.

> 국가배상법 제5조 소정의 영조물의 설치·관리상의 하자로 인한 책임은 무과실책임이고 나아가 민법 제758조 소정의 공작물의 점유자의 책임과는 달리 면책사유도 규정되어 있지 않으므로, 국가 또는 지방자치단체는 영조물의 설치·관리상의 하자로 인하여 타인에게 손해를 가한 경우에 그 손해의 방지에 필요한 주의를 해태하지 아니하였다 하여 면책을 주장할 수 없다(대판 1994.11.22. 94다32924).

[❸ ▸ O] 2000.12.29. 국가배상법 제9조의 배상심의회에서의 결정절차가 임의적 전치주의로 개정되었다. 따라서 국가배상법에 따른 손해배상의 소송은 배상심의회에 배상신청을 하지 아니하고도 제기할 수 있다(국가배상법 제9조).

[❹ ▸ ×] 공무원의 부작위로 인한 국가배상책임을 인정하기 위하여는 국가배상법 제2조 제1항의 요건이 충족되어야 할 것인바, 여기서 '법령에 위반하여'라고 하는 것은 엄격하게 형식적 의미의 법령에 명시적으로 공무원의 작위의무가 규정되어 있는데도 이를 위반하는 경우만을 의미하는 것은 아니고, 국민의 생명, 신체, 재산 등에 대하여 절박하고 중대한 위험상태가 발생하였거나 발생할 우려가 있어서 국민의 생명, 신체, 재산 등을 보호하는 것을 본래적 사명으로 하는 국가가 초법규적, 일차적으로 그 위험 배제에 나서지 아니하면 국민의 생명, 신체, 재산 등을 보호할 수 없는 경우에는 형식적 의미의 법령에 근거가 없더라도 국가나 관련 공무원에 대하여 그러한 위험을 배제할 작위의무를 인정할 수 있을 것이다(대판 2004.6.25. 2003다69652). ☞ 부작위로 인한 국가배상책임에서 조리에 의한 작위의무 인정 O

[❺ ▸ O] 공무원이 직무수행 중 불법행위로 타인에게 손해를 입힌 경우에 국가 등이 국가배상책임을 부담하는 외에 공무원 개인도 **고의 또는 중과실**이 있는 경우에는 불법행위로 인한 손해배상책임을 진다고 할 것이지만, 공무원에게 경과실뿐인 경우에는 공무원 개인은 손해배상책임을 부담하지 아니한다(대판 1996.2.15. 95다38677[전합]).

핵심정리

국가배상제도 일반

① 국가가 국가배상책임을 이행한 경우 → 국가는 경과실 있는 공무원에게 구상권 행사 ×

② 국가배상법 제5조의 영조물책임
→ 영조물의 점유자에게 과실이 없는 경우에도 손해배상책임 O (무과실 책임)

③ 임의적 배상전치주의
→ 국가배상청구소송은 배상심의회에 배상신청을 하지 아니하고도 제기 가능 O

④ 부작위에 의한 국가배상책임 → 조리상 작위의무를 위반한 경우에도 성립 O

⑤ 공무원의 고의·중과실에 의한 국가배상책임이 성립하는 경우
→ 가해 공무원 개인의 피해자에 대한 손해배상책임 O

답 ❹

160 국가배상법 제2조 제1항 단서의 이중배상금지에 관한 설명으로 옳지 않은 것은?(다툼이 있으면 판례에 따름)

□□□ 21 행정사 제9회

① 피해자가 군인·군무원·경찰공무원 또는 예비군대원이어야 한다.

② 병역법상 공익근무요원은 군인에 해당하여 이중배상이 금지되는 자에 속한다.

③ 전투·훈련 또는 이에 준하는 직무집행뿐만 아니라 일반 직무집행에 관하여도 적용된다.

④ 전투훈련 중 민간인이 군인과 공동불법행위를 한 경우 민간인은 자신의 부담 부분만을 피해 군인에게 배상하면 된다는 것이 대법원판례의 입장이다.

⑤ 전투·훈련 등 직무집행과 관련하여 전사·순직하거나 공상을 입은 손해에 한한다.

해설

[❶ ▸ O] [❺ ▸ O] 군인·군무원·경찰공무원 또는 예비군대원이❶ 전투·훈련 등 직무 집행과 관련하여 전사·순직하거나 공상(公傷)을 입은 경우에❺ 본인이나 그 유족이 다른 법령에 따라 재해보상금·유족연금·상이연금 등의 보상을 지급받을 수 있을 때에는 이 법 및 민법에 따른 손해배상을 청구할 수 없다(국가배상법 제2조 제1항 단서).

[❷ ▸ X] 공익근무요원이 국가배상법 제2조 제1항 단서의 규정에 의하여 국가배상법상 손해배상청구가 제한되는 군인·군무원·경찰공무원 또는 향토예비군대원에 해당한다고 할 수 없다(대판 1997.3.28. 97다4036).

[❸ ▸ O] 국가배상법 제2조 제1항 단서는 전투·훈련 또는 이에 준하는 직무집행뿐만 아니라 '일반 직무집행'에 관하여도 국가나 지방자치단체의 배상책임을 제한하는 것이라고 보아야 한다(대판 2011.3.10. 2010다85942).

[❹ ▸ O] 민간인과 직무집행 중인 군인 등의 공동불법행위로 인하여 직무집행중인 다른 군인 등이 피해를 입은 경우에는 민간인은 피해 군인 등에 대하여 그 손해 중 국가 등이 민간인에 대한 구상의무를 부담한다면 그 내부적인 관계에서 부담하여야 할 부분을 제외한 나머지 자신의 부담부분에 한하여 손해배상의무를 부담하고, 한편 국가 등에 대하여는 그 귀책부분의 구상을 청구할 수 없다고 해석함이 상당하다(대판 2001.2.15. 96다42420[전합]).

핵심정리

이중배상금지의 적용요건

①, ② 피해자
→ 군인·군무원·경찰공무원 또는 예비군대원이어야 함
→ 공익근무요원은 군인에 해당 ×
③ 직무집행 → 전투 등의 직무집행뿐만 아니라 '일반 직무집행'도 포함 ○
④ 전투훈련 중 민간인이 군인과 공동불법행위를 한 경우
→ 민간인의 피해자에 대한 배상책임 : 자신의 부담 부분만 배상 ○
⑤ 손해 → 전투·훈련 등 직무집행과 관련하여 입은 전사·순직하거나 공상을 입은 손해에 한정

답 ❷

PART 1 PART 2 PART 3

161 □□□ 공익사업을 위한 토지 등의 취득 및 보상에 관한 법률에 관한 내용이다. (　　) 안에 들어 갈 것으로 옳은 것은? 13 행정사 제1회

> 토지수용위원회의 재결에서 정한 보상금에 대하여 사업시행자 또는 토지소유자가 그 증감을 다투는 행정소송을 제기하는 경우, 그 소송을 제기하는 자가 토지소유자일 때에는 (ㄱ)을/를, 사업시행자일 때에는 (ㄴ)을/를 피고로 한다.

① ㄱ : 토지수용위원회, ㄴ : 국토교통부장관
② ㄱ : 국토교통부장관, ㄴ : 토지수용위원회
③ ㄱ : 토지수용위원회, ㄴ : 토지소유자
④ ㄱ : 사업시행자, ㄴ : 토지소유자
⑤ ㄱ : 사업시행자, ㄴ : 토지수용위원회

해설

[❹ ▸ O] 제기하려는 행정소송이 보상금의 증감(增減)에 관한 소송인 경우 그 소송을 제기하는 자가 토지소유자 또는 관계인일 때에는 사업시행자를, 사업시행자일 때에는 토지소유자 또는 관계인을 각각 피고로 한다(토지보상법 제85조 제2항).

답 ❹

162 □□□ **공익사업을 위한 토지 등의 취득 및 보상에 관한 법령상 손실보상에 관한 설명으로 옳지 않은 것은?(다툼이 있으면 판례에 따름)** 22 행정사 제10회

① 토지수용재결시 대상토지의 평가는 재결에서 정한 수용시기가 아닌 수용재결일을 기준으로 한다.
② 관할 토지수용위원회에 잔여지수용청구를 하려는 토지소유자는 사업완료일까지 그 수용청구를 하여야 한다.
③ 이주대책대상자는 사업시행자가 이주대책에 대한 구체적인 계획을 수립하여 공고한 때에 수분양권을 취득한다.
④ 공익사업시행지구 밖의 영업손실에 대해서도 일정한 요건 하에 보상을 받을 수 있다.
⑤ 재결에서 정한 보상금액이 일부 보상항목은 과소하고 다른 보상항목은 과다할 경우 법원은 보상항목 상호 간의 유용을 허용하여 보상금을 결정할 수 있다.

해설

[❶ ▸ O] 수용대상토지를 평가함에 있어서는 수용재결에서 정한 수용시기가 아니라 **수용재결일**을 기준으로 하고 당해 수용사업의 계획 또는 시행으로 인한 개발이익은 이를 배제하고 평가하여야 한다(대판 1998.7.10. 98두6067).

[❷ ▸ O] 동일한 소유자에게 속하는 일단의 토지의 일부가 협의에 의하여 매수되거나 수용됨으로 인하여 잔여지를 종래의 목적에 사용하는 것이 현저히 곤란할 때에는 해당 토지소유자는 사업시행자에게 잔여지를 매수하여 줄 것을 청구할 수 있으며, 사업인정 이후에는 관할 토지수용위원회에 수용을 청구할 수 있다. 이 경우 수용의 청구는 매수에 관한 협의가 성립되지 아니한 경우에만 할 수 있으며, 사업완료일까지 하여야 한다(토지보상법 제74조 제1항).

[❸ ▸ X] 사업시행자가 이주대책에 관한 구체적인 계획을 수립하여 이를 해당자에게 통지 내지 공고한 후, 이주자가 수분양권을 취득하기를 희망하여 이주대책에 정한 절차에 따라 사업시행자에게 이주대책 대상자 선정신청을 하고 사업시행자가 이를 받아들여 **이주대책 대상자로 확인・결정**하여야만 비로소 구체적인 수분양권이 발생하게 된다(대판 1995.10.12. 94누11279).

[❹ ▸ O] 토지보상법 시행규칙 제64조 제1항 참조

> **토지보상법 시행규칙 제64조(공익사업시행지구밖의 영업손실에 대한 보상)** ① 공익사업시행지구밖에서 제45조에 따른 영업손실의 보상대상이 되는 영업을 하고 있는 자가 공익사업의 시행으로 인하여 다음 각 호의 어느 하나에 해당하는 경우에는 그 영업자의 청구에 의하여 당해 영업을 공익사업시행지구에 편입되는 것으로 보아 보상하여야 한다.
> 1. 배후지의 3분의 2 이상이 상실되어 그 장소에서 영업을 계속할 수 없는 경우
> 2. 진출입로의 단절, 그 밖의 부득이한 사유로 인하여 일정한 기간 동안 휴업하는 것이 불가피한 경우

[❺ ▸ O] 법원이 구체적인 불복신청이 있는 보상항목들에 관해서 감정을 실시하는 등 심리한 결과, 재결에서 정한 보상금액이 일부 보상항목의 경우 과소하고 다른 보상항목의 경우 과다한 것으로 판명되었다면, 법원은 보상항목 상호 간의 유용을 허용하여 항목별로 과다 부분과 과소 부분을 합산하여 보상금의 합계액을 정당한 보상금으로 결정할 수 있다(대판 2018.5.15. 2017두41221).

핵심정리

공익사업을 위한 토지 등의 취득 및 보상에 관한 법률(약칭 : 토지보상법)상 손실보상
① 토지수용재결시 대상토지 평가의 기준시점 ⟶ 수용재결일 ○ (재결에서 정한 수용시기 ×)
② 토지소유자의 잔여지 수용청구 ⟶ 사업완료일까지 수용청구를 하여야 함
③ 이주대책대상자의 수분양권 취득시점 ⟶ 사업시행자의 이주대책 대상자 확인・결정시
④ 공익사업시행지구 밖의 영업손실 ⟶ 일정한 요건 하에 보상 가능
⑤ 일부 보상항목은 과소하고 다른 보상항목은 과다할 경우
⟶ 법원은 보상항목의 유용을 허용하여 보상금 결정 가능

답 ❸

163 □□□ **공익사업을 위한 토지 등의 취득 및 보상에 관한 법률에 관한 설명으로 옳지 않은 것은?(다툼이 있으면 판례에 따름)** 21 행정사 제9회

① 사업인정처분이 당연무효이면 그것이 유효함을 전제로 이루어진 수용재결도 무효이다.
② 수용재결에 대한 이의신청은 행정소송을 하기 위한 필수적인 전심절차이다.
③ 수용재결에 대한 취소소송의 제기는 사업의 진행 및 토지의 수용 또는 사용을 정지시키지 아니한다.
④ 토지소유자가 보상금 증액청구소송을 제기할 경우 사업시행자를 피고로 하여야 한다.
⑤ 보상금증감청구소송의 제기기간은 이의신청을 거친 경우 이의신청에 대한 재결서를 받은 날부터 60일 이내이다.

해설

[❶ ▸ O] 사업인정처분이 당연무효이면 그것이 유효함을 전제로 이루어진 수용재결도 무효라고 보아야 한다(대판 2017.7.11. 2016두35144).

> 사업인정처분 자체의 위법은 사업인정단계에서 다투어야 하고 이미 그 쟁송기간이 도과한 수용재결단계에서는 사업인정처분이 당연무효라고 볼 만한 특단의 사정이 없는 한 그 위법을 이유로 재결의 취소를 구할 수는 없다(대판 1992.3.13. 91누4324).

[❷ ▸ ×] 수용재결에 대한 이의신청은 준사법적 절차로서 행정심판(특별행정심판)의 성질을 가지므로, 토지보상법의 이의신청에 관한 규정은 행정심판법에 대한 특별규정이다. 이러한 이의신청은 임의적 절차이므로 토지소유자·관계인 또는 사업시행자는 이의신청을 하지 않고 바로 행정소송을 제기할 수도 있다.
[❸ ▸ O] 이의의 신청이나 행정소송의 제기는 사업의 진행 및 토지의 수용 또는 사용을 정지시키지 아니한다(토지보상법 제88조). ☞ 집행부정지의 원칙 O
[❹ ▸ O] [❺ ▸ O] 토지보상법 제85조 참조

> **토지보상법 제85조(행정소송의 제기)** ① 사업시행자, 토지소유자 또는 관계인은 제34조에 따른 재결에 불복할 때에는 재결서를 받은 날부터 90일 이내에, 이의신청을 거쳤을 때에는 이의신청에 대한 재결서를 받은 날부터 60일 이내에 각각 행정소송을 제기할 수 있다. 이 경우 사업시행자는 행정소송을 제기하기 전에 제84조에 따라 늘어난 보상금을 공탁하여야 하며, 보상금을 받을 자는 공탁된 보상금을 소송이 종결될 때까지 수령할 수 없다.
> ② 제1항에 따라 제기하려는 행정소송이 보상금의 증감(增減)에 관한 소송인 경우 그 소송을 제기하는 자가 토지소유자 또는 관계인일 때에는 사업시행자를, 사업시행자일 때에는 토지소유자 또는 관계인을 각각 피고로 한다.

핵심정리

공익사업을 위한 토지 등의 취득 및 보상에 관한 법률(약칭 : 토지보상법)의 내용
① 사업인정처분이 당연무효인 경우 ⇢ 수용재결도 무효 O
② 수용재결에 대한 이의신청 ⇢ 임의적 전치절차
③ 집행부정지의 원칙
⇢ 수용재결에 대한 취소소송의 제기는 사업의 진행 및 토지의 수용 또는 사용을 정지 ×
④ 보상금 증액청구소송의 피고적격
⇢ 토지소유자 또는 관계인이 원고가 되어 소송을 제기하는 경우 : 사업시행자
⇢ 사업시행자가 원고가 되어 소송을 제기하는 경우 : 토지소유자 또는 관계인
⑤ 보상금 증감청구소송(증액 or 감액)의 제소기간
⇢ 이의신청을 거치지 않은 경우 : 수용재결서를 받은 날부터 90일 이내
⇢ 이의신청을 거친 경우 : 이의신청에 대한 재결서를 받은 날부터 60일 이내

답 ❷

164 공익사업을 위한 토지 등의 취득 및 보상에 관한 법률에 따른 손실보상에 관한 설명으로 옳지 않은 것은?

19 행정사 제7회

① 손실보상은 다른 법률에 특별한 규정이 있는 경우를 제외하고는 현금지급을 원칙으로 한다.
② 토지소유자가 토지수용위원회의 재결에 불복하여 제기하려는 행정소송이 보상금의 증감(增減)에 관한 소송인 경우 토지수용위원회를 피고로 한다.
③ 공익사업에 필요한 토지등의 취득으로 인하여 토지소유자가 입은 손실은 사업시행자가 보상하여야 한다.
④ 지방토지수용위원회의 재결에 이의가 있는 자는 해당 지방토지수용위원회를 거쳐 중앙토지수용위원회에 이의를 신청할 수 있다.
⑤ 보상액의 산정은 협의에 의한 경우에는 협의 성립 당시의 가격을, 재결에 의한 경우에는 수용 또는 사용의 재결 당시의 가격을 기준으로 한다.

해설

[❶ ▸ O] 손실보상은 다른 법률에 특별한 규정이 있는 경우를 제외하고는 현금으로 지급하여야 한다(토지보상법 제63조 제1항 본문).

[❷ ▸ ×] 토지소유자가 토지수용위원회의 재결에 불복하여 제기하려는 행정소송이 보상금의 증감(增減)에 관한 소송인 경우 그 소송을 제기하는 자가 토지소유자 또는 관계인일 때에는 사업시행자를, 사업시행자일 때에는 토지소유자 또는 관계인을 각각 피고로 한다(토지보상법 제85조 제2항).

[❸ ▸ O] 공익사업에 필요한 토지등의 취득 또는 사용으로 인하여 토지소유자나 관계인이 입은 손실은 사업시행자가 보상하여야 한다(토지보상법 제61조).

[❹ ▸ O] 지방토지수용위원회의 재결에 이의가 있는 자는 해당 지방토지수용위원회를 거쳐 중앙토지수용위원회에 이의를 신청할 수 있다(토지보상법 제83조 제2항).

[❺ ▸ O] 보상액의 산정은 협의에 의한 경우에는 협의 성립 당시의 가격을, 재결에 의한 경우에는 수용 또는 사용의 재결 당시의 가격을 기준으로 한다(토지보상법 제67조 제1항).

핵심정리

공익사업을 위한 토지 등의 취득 및 보상에 관한 법률(약칭 : 토지보상법)상 손실보상

① 현금보상의 원칙
→ 손실보상은 다른 법률에 특별한 규정이 있는 경우를 제외하고는 현금지급을 원칙
② 보상금 증감청구소송의 피고적격
→ 토지소유자 또는 관계인이 원고가 되어 소송을 제기하는 경우 : 사업시행자
→ 사업시행자가 원고가 되어 소송을 제기하는 경우 : 토지소유자 또는 관계인
③ 사업시행자보상의 원칙
→ 공익사업에 필요한 토지등의 취득으로 인해 입은 손실은 사업시행자가 보상
④ 지방토지수용위원회의 (수용)재결에 이의가 있는 자 → 중앙토지수용위원회에 이의신청
⑤ 보상액의 산정기준
→ 협의에 의한 경우 : 협의 성립 당시의 가격
→ 재결에 의한 경우 : 수용 또는 사용의 재결 당시의 가격

답 ❷

165 공익사업을 위한 토지 등의 취득 및 보상에 관한 법률의 내용에 관한 설명으로 옳은 것은?(다툼이 있으면 판례에 따름)

□□□ 20 행정사 제8회

① 수용재결 신청 전 협의에 의한 취득은 사법상의 법률행위에 해당한다.
② 사업인정은 고시된 날부터 7일이 경과한 날에 효력을 발생한다.
③ 수용재결은 행정심판 재결의 일종으로서 행정심판법상 재결의 기속력 규정이 준용된다.
④ 수용재결에 대해 이의재결을 거쳐 취소소송을 제기하는 경우 이의재결을 소송의 대상으로 하여야 한다.
⑤ 보상금액에 불복하여 사업시행자가 제기하는 보상금감액청구소송은 민사소송에 해당하므로 토지소유자 또는 관계인을 피고로 한다.

해설

[❶ ▸ O] 공용수용절차 개시(사업인정) 이전의 협의에 의한 취득은 사법상 계약으로 보는 것이 통설과 판례의 입장이다(대판 2012.2.23. 2010다91206).

[❷ ▸ ×] 사업인정은 고시한 날부터 그 효력이 발생한다(토지보상법 제22조 제3항).

[❸ ▸ ×] 수용재결은 원처분에 해당하고, 이의신청에 대한 재결이 행정심판의 재결에 해당하여 행정심판법상 재결의 기속력 규정(동법 제49조)이 준용된다.

[❹ ▸ ×] 수용재결에 불복하여 취소소송을 제기하는 때에는 이의신청을 거친 경우에도 수용재결을 한 중앙토지수용위원회 또는 지방토지수용위원회를 피고로 하여 수용재결의 취소를 구하여야 하고, 다만 이의신청에 대한 재결 자체에 고유한 위법이 있음을 이유로 하는 경우에는 그 이의재결을 한 중앙토지수용위원회를 피고로 하여 이의재결의 취소를 구할 수 있다고 보아야 한다(대판 2010.1.28. 2008두1504).

[❺ ▸ ×] 보상금액에 불복하여 사업시행자가 제기하는 보상금감액청구소송은 **형식적 당사자소송(행정소송)**으로서 토지소유자 또는 관계인을 피고로 하여야 한다(토지보상법 제85조 제2항).

핵심정리

공익사업을 위한 토지 등의 취득 및 보상에 관한 법률(약칭 : 토지보상법)의 내용

① 수용재결 신청 전 협의에 의한 취득 → 사법상의 법률행위 O
② 사업인정 → 고시한 날부터 효력 발생 O
③ 수용재결 → 원처분에 해당 O (행정심판의 재결 ×)
④ 수용재결에 대하여 이의재결을 거쳐 취소소송을 제기하는 경우
→ 원칙 : 수용재결이 소송의 대상 O
→ 예외 : 재결 자체에 고유한 위법이 있음을 이유로 하는 경우, 이의재결이 소송의 대상 O
⑤ 사업시행자가 제기하는 보상금감액청구소송 → 형식적 당사자소송(행정소송) O

답 ❶

166 □□□ **공익사업을 위한 토지 등의 취득 및 보상에 관한 법률상 손실보상의 원칙에 관한 설명으로 옳지 않은 것은?** 14 행정사 제2회

① 공익사업에 필요한 토지등의 취득 또는 사용으로 인하여 토지소유자나 관계인이 입은 손실은 사업시행자가 보상하여야 한다.

② 손실보상은 개인별로 보상액을 산정할 수 있는 경우에는 토지소유자나 관계인에게 개인별로 하여야 한다.

③ 사업시행자는 동일한 사업지역에 보상시기를 달리하는 동일인 소유의 토지등이 여러 개 있는 경우 토지소유자나 관계인이 요구할 때에는 한꺼번에 보상금을 지급하도록 하여야 한다.

④ 보상액의 산정은 협의에 의한 경우에는 협의 성립 당시의 가격을, 재결에 의한 경우에는 수용 또는 사용의 재결 당시의 가격을 기준으로 한다.

⑤ 보상액을 산정할 경우에 해당 공익사업으로 인하여 토지등의 가격이 변동되었을 때에는 이를 고려한다.

해설

[❶ ▸ O] 공익사업에 필요한 토지등의 취득 또는 사용으로 인하여 토지소유자나 관계인이 입은 손실은 사업시행자가 보상하여야 한다(토지보상법 제61조).

[❷ ▸ O] 손실보상은 토지소유자나 관계인에게 개인별로 하여야 한다. 다만, 개인별로 보상액을 산정할 수 없을 때에는 그러하지 아니하다(토지보상법 제64조).

[❸ ▸ O] 사업시행자는 동일한 사업지역에 보상시기를 달리하는 동일인 소유의 토지등이 여러 개 있는 경우 토지소유자나 관계인이 요구할 때에는 한꺼번에 보상금을 지급하도록 하여야 한다(토지보상법 제65조).

[❹ ▸ O] 보상액의 산정은 협의에 의한 경우에는 협의 성립 당시의 가격을, 재결에 의한 경우에는 수용 또는 사용의 재결 당시의 가격을 기준으로 한다(토지보상법 제67조 제1항).

[❺ ▸ ×] 보상액을 산정할 경우에 해당 공익사업으로 인하여 토지등의 가격이 변동되었을 때에는 이를 고려하지 아니한다(토지보상법 제67조 제2항).

핵심정리

공익사업을 위한 토지 등의 취득 및 보상에 관한 법률(약칭 : 토지보상법)상 손실보상의 원칙

① 사업시행자보상의 원칙 → 공익사업에 필요한 토지등의 취득으로 인해 입은 손실은 사업시행자가 보상

② 개인별 보상의 원칙 → 개인별로 손실보상액을 산정할 수 있는 경우 토지소유자나 관계인에게 개인별로 보상

③ 일괄보상의 원칙 → 보상시기를 달리하는 동일인 소유의 토지등이 여러 개 있는 경우, 토지소유자나 관계인이 요구할 때에는 한꺼번에 보상금을 지급

④ 보상액의 산정기준
→ 협의에 의한 경우 : 협의 성립 당시의 가격
→ 재결에 의한 경우 : 수용 또는 사용의 재결 당시의 가격

⑤ 개발이익의 배제 → 해당 공익사업으로 인하여 토지등의 가격이 변동되었을 경우, 보상액을 산정시 고려 ×

답 ❺

제2절 행정심판

167 행정심판에 관한 설명으로 옳은 것은?(다툼이 있으면 판례에 따름) 22 행정사 제10회

□□□

① 의무이행심판에서 청구가 이유 있으면 신청에 따른 처분을 하거나 처분을 할 것을 피청구인에게 명하는 재결을 한다.

② 심판청구기간을 법상 규정된 기간보다 긴 기간으로 잘못 고지한 경우에도 규정된 행정심판기간 내에 심판청구를 하여야 한다.

③ 시·도지사의 처분에 대한 심판청구는 시·도지사 소속으로 두는 행정심판위원회에서 심리·재결한다.

④ 심리는 구술심리나 서면심리로 하고, 당사자가 구술심리를 신청한 경우에는 서면심리는 할 수 없다.

⑤ 항고소송에서의 처분사유의 추가·변경의 법리는 행정심판에 적용되지 않는다.

해설

[❶ ▸ O] 위원회는 의무이행심판의 청구가 이유가 있다고 인정하면 지체 없이 신청에 따른 처분을 하거나 처분을 할 것을 피청구인에게 명한다(행정심판법 제43조 제5항). 신청에 따른 처분은 처분재결에 해당하고 신청에 따른 처분을 할 것을 피청구인에게 명하는 것은 처분명령재결에 해당한다.

[❷ ▸ X] 행정심판은 처분이 있음을 알게 된 날부터 90일 이내에 청구하여야 한다(행정심판법 제27조 제1항). 행정청이 심판청구 기간을 처분이 있음을 알게 된 날부터 90일보다 긴 기간으로 잘못 알린 경우 그 잘못 알린 기간에 심판청구가 있으면 그 행정심판은 제1항에 규정된 기간에 청구된 것으로 본다(행정심판법 제27조 제5항).

[❸ ▸ X] 시·도지사의 처분에 대한 심판청구는 중앙행정심판위원회에서 심리·재결한다(행정심판법 제6조 제2항).

[❹ ▸ X] 행정심판의 심리는 구술심리나 서면심리로 한다. 다만, 당사자가 구술심리를 신청한 경우에는 서면심리만으로 결정할 수 있다고 인정되는 경우 외에는 구술심리를 하여야 한다(행정심판법 제40조 제1항).

[❺ ▸ X] 행정처분의 취소를 구하는 항고소송에서 처분청은 당초 처분의 근거로 삼은 사유와 기본적 사실관계가 동일성이 있다고 인정되는 한도 내에서만 다른 사유를 추가 또는 변경할 수 있고, 이러한 기본적 사실관계의 동일성 유무는 처분사유를 법률적으로 평가하기 이전의 구체적 사실에 착안하여 그 기초인 사회적 사실관계가 기본적인 점에서 동일한지에 따라 결정되므로, 추가 또는 변경된 사유가 처분 당시에 이미 존재하고 있었다거나 당사자가 그 사실을 알고 있었다고 하여 당초의 처분사유와 동일성이 있다고 할 수 없다. 그리고 이러한 법리는 행정심판 단계에서도 그대로 적용된다(대판 2014.5.16, 2013두26118).

핵심정리 **행정심판 일반**

① 의무이행심판에서 청구가 이유 있는 경우 → 처분재결 또는 처분명령재결
② 심판청구기간을 90일보다 긴 기간으로 잘못 고지한 경우
→ 그 잘못 알린 기간 내 심판청구가 있으면 적법 O
③ 시·도지사의 처분에 대한 심판청구 → 중앙행정심판위원회에서 심리·재결
④ 당사자가 구술심리를 신청한 경우
→ 서면심리만으로 결정할 수 있다고 인정되는 경우에는 서면심리 가능
⑤ 항고소송에서의 처분사유의 추가·변경의 법리
→ 당초 처분의 근거로 삼은 사유와 기본적 사실관계가 동일성이 있는 경우에만 인정 O
→ 행정심판에서의 처분사유의 추가·변경의 경우에도 동일한 법리가 적용 O

답 ❶

168 행정심판법의 내용에 관한 설명으로 옳지 않은 것은?

□□□

23 행정사 제11회

① 부작위란 행정청이 당사자의 신청에 대하여 상당한 기간 내에 일정한 처분을 하여야 할 법률상 의무가 있는데도 처분을 하지 아니하는 것을 말한다.
② 행정심판은 처분이 있음을 알게 된 날부터 180일 이내에 청구하여야 한다.
③ 청구인이 경제적 능력으로 인해 대리인을 선임할 수 없는 경우에는 행정심판위원회에 국선대리인을 선임하여 줄 것을 신청할 수 있다.
④ 여러 명의 청구인이 공동으로 심판청구를 할 때에는 청구인들 중에서 3명 이하의 선정대표자를 선정할 수 있다.
⑤ 의무이행심판은 처분을 신청한 자로서 행정청의 거부처분 또는 부작위에 대하여 일정한 처분을 구할 법률상 이익이 있는 자가 청구할 수 있다.

해설

[❶ ▸ O] "부작위"란 행정청이 당사자의 신청에 대하여 상당한 기간 내에 일정한 처분을 하여야 할 법률상 의무가 있는데도 처분을 하지 아니하는 것을 말한다(행정심판법 제2조 제2호).
[❷ ▸ ×] 행정심판은 처분이 있음을 알게 된 날부터 **90일** 이내에 청구하여야 한다(행정심판법 제27조 제1항).

> **행정심판법 제27조(심판청구의 기간)** ① 행정심판은 처분이 있음을 알게 된 날부터 90일 이내에 청구하여야 한다.
> ③ 행정심판은 처분이 있었던 날부터 180일이 지나면 청구하지 못한다. 다만, 정당한 사유가 있는 경우에는 그러하지 아니하다.

[❸ ▸ O] 청구인이 경제적 능력으로 인해 대리인을 선임할 수 없는 경우에는 행정심판위원회에 국선대리인을 선임하여 줄 것을 신청할 수 있다(행정심판법 제18조의2 제1항).
[❹ ▸ O] 여러 명의 청구인이 공동으로 심판청구를 할 때에는 청구인들 중에서 3명 이하의 선정대표자를 선정할 수 있다(행정심판법 제15조 제1항).
[❺ ▸ O] 의무이행심판은 처분을 신청한 자로서 행정청의 거부처분 또는 부작위에 대하여 일정한 처분을 구할 법률상 이익이 있는 자가 청구할 수 있다(행정심판법 제13조 제3항).

핵심정리

행정심판법의 내용
① 부작위의 개념
→ 행정청이 당사자의 신청에 대하여 상당한 기간 내에 일정한 처분을 하여야 할 법률상 의무가 있는데도 처분을 하지 아니하는 것
② 행정심판의 청구기간
→ 처분이 있음을 알게 된 날부터 90일 이내
→ 처분이 있었던 날부터 180일 이내
③ 청구인이 경제적 능력으로 인해 대리인을 선임할 수 없는 경우
→ 행정심판위원회에 국선대리인 선임 신청 O
④ 여러 명의 청구인이 공동으로 심판청구를 할 때
→ 청구인들 중에서 3명 이하의 선정대표자를 선정 가능
⑤ 의무이행심판의 청구인적격
→ 처분을 신청한 자로서 행정청의 거부처분 또는 부작위에 대하여 일정한 처분을 구할 법률상 이익이 있는 자

답 ❷

169 행정심판으로 적법하게 청구된 것을 모두 고른 것은? 22 행정사 제10회

□□□

> ㄱ. 국세부과처분에 대해 국세청장에 심사청구
> ㄴ. 국가공무원 면직처분에 대해 징계위원회에 재심사청구
> ㄷ. 지방토지수용위원회의 수용재결에 대해 중앙토지수용위원회에 이의신청
> ㄹ. 지방노동위원회의 구제명령 불이행에 대한 이행강제금부과처분에 대해 중앙노동위원회에 재심신청

① ㄱ, ㄴ
② ㄱ, ㄷ
③ ㄴ, ㄷ
④ ㄴ, ㄹ
⑤ ㄷ, ㄹ

해설

[ㄱ ▸ O] 국세의 부과·징수에 대한 행정심판은 **국세청장에 대한 심사청구**와 조세심판원장에 대한 심판청구의 두 종류의 절차가 있으며, 이 중 어느 하나의 절차를 거치면 행정소송을 제기할 수 있다(국세기본법 제55조 제1항, 제56조 제2항). 다만, 당사자가 원하는 경우에는 심사청구나 심판청구 전에 이의신청을 할 수 있도록 규정하고 있다(동법 제55조 제3항).

[ㄴ ▸ X] 면직처분을 받은 국가공무원은 처분사유 설명서를 받은 날로부터 30일 이내에 **소청심사위원회**에 이에 대한 심사를 청구할 수 있다(국가공무원법 제76조 제1항). 소청을 제기한 공무원이 소청심사위원회의 결정이 위법하다고 생각하여 불복하는 경우에는 행정소송을 제기하여야 한다(국가공무원법 제16조).

[ㄷ ▸ O] 지방토지수용위원회의 재결에 이의가 있는 자는 해당 지방토지수용위원회를 거쳐 **중앙토지수용위원회에 이의를 신청**할 수 있다(토지보상법 제83조 제2항). 현행 토지보상법은 구법과는 달리 임의적 전치주의를 채택하여 이의신청을 거쳐 행정소송을 제기할 수도 있고, 이의신청을 거치지 않고 바로 행정소송을 제기할 수도 있도록 규정하고 있다(토지보상법 제85조).

[ㄹ ▸ X] 지방노동위원회의 구제명령에 불복하는 사용자는 중앙노동위원회에 재심신청을 할 수 있지만, 지방노동위원회의 **구제명령 불이행에 따른 이행강제금부과처분**에 대하여는 **재심신청을 할 수 없다**(근로기준법 제31조 제1항). 다만, 이행강제금 부과처분도 행정처분이므로 이행강제금 부과처분 자체의 취소를 구하는 행정심판(행정심판법 제5조 제1호)이나 행정소송(행정소송법 제3조 제1호)을 제기하는 것을 생각할 수 있다(근로기준법 주해 2, 682면).

답 ❷

170 행정심판에 관한 설명으로 옳지 않은 것은?(다툼이 있으면 판례에 따름) 16 행정사 제4회

□□□

① 행정심판에서는 사정재결이 인정되고 있지 않다.

② 행정소송법에는 의무이행소송이 규정되어 있지 않은 반면, 행정심판법에는 의무이행심판이 규정되어 있다.

③ 서울특별시장과 서울특별시의회의 처분 또는 부작위에 대한 심판청구는 중앙행정심판위원회에서 심리·재결한다.

④ '새로운 처분의 처분사유'와 '종전 처분에 관하여 위법한 것으로 재결에서 판단된 사유'가 기본적 사실관계에 있어 동일성이 없다면 새로운 처분은 종전 처분에 대한 재결의 기속력에 저촉되지 않는다.

⑤ 심판청구에 대한 재결이 있으면 그 재결 및 같은 처분 또는 부작위에 대하여 다시 행정심판을 청구할 수 없다.

해설

[❶ ▸ ×] 행정소송에서 사정판결이 인정되는 것과 마찬가지로 행정심판에서도 사정재결이 인정되고 있음을 유의하여야 한다(행정심판법 제44조).

> **행정심판법 제44조(사정재결)** ① 위원회는 심판청구가 이유가 있다고 인정하는 경우에도 이를 인용(認容)하는 것이 공공복리에 크게 위배된다고 인정하면 그 심판청구를 기각하는 재결을 할 수 있다. 이 경우 위원회는 재결의 주문(主文)에서 그 처분 또는 부작위가 위법하거나 부당하다는 것을 구체적으로 밝혀야 한다.
> ② 위원회는 제1항에 따른 재결을 할 때에는 청구인에 대하여 상당한 구제방법을 취하거나 상당한 구제방법을 취할 것을 피청구인에게 명할 수 있다.
> ③ 제1항과 제2항은 무효등확인심판에는 적용하지 아니한다.

[❷ ▸ ○] 행정소송법에서는 의무이행소송에 대한 명문의 규정이 없어 인정 여부에 대해 견해가 대립하고 있으나(판례는 의무이행소송을 부정), 행정심판법은 명문으로 의무이행심판을 인정하고 있다(행정심판법 제5조 제3호).

[❸ ▸ ○] 서울특별시장과 서울특별시의회의 처분 또는 부작위에 대한 심판청구는 중앙행정심판위원회에서 심리·재결한다(행정심판법 제6조 제2항).

[❹ ▸ ○] 새로운 처분의 처분사유와 종전 처분에 관하여 위법한 것으로 재결에서 판단된 사유가 기본적 사실관계에 있어 동일성이 없는 경우, 새로운 처분이 종전 처분에 대한 재결의 기속력에 저촉되지 않는다(대판 2005.12.9. 2003두7705).

[❺ ▸ ○] 심판청구에 대한 재결이 있으면 그 재결 및 같은 처분 또는 부작위에 대하여 다시 행정심판을 청구할 수 없다(행정심판법 제51조). 따라서 시·도행정심판위원회의 재결에 불복하여 중앙행정심판위원회에 다시 행정심판을 청구할 수 없다.

핵심정리

행정심판 일반

① 행정심판 → 사정재결 인정 ○ / 행정소송(취소소송) → 사정판결 인정 ○

② 행정심판법 → 의무이행심판 인정 ○ / 행정소송 → 의무이행소송 인정 ×

③ 서울특별시장과 시의회의 처분 또는 부작위에 대한 심판청구
→ 중앙행정심판위원회에서 심리·재결

④ 새로운 처분사유와 종전 처분사유가 기본적 사실관계의 동일성이 없는 경우
→ 재결의 기속력에 저촉 ×

⑤ 심판청구에 대한 재결이 있는 경우 : 재심판청구의 금지
→ 그 재결 및 같은 처분 또는 부작위에 대하여 다시 행정심판을 청구 ×

답 ❶

171 ☐☐☐ **행정심판에 관한 설명으로 옳지 않은 것은?(다툼이 있으면 판례에 따름)** 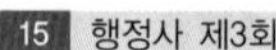

① 처분의 취소를 구하는 취지의 처분청에 대한 진정서 제출은 행정심판법 소정의 행정심판청구가 될 수 있다.

② 고시 또는 공고에 의하여 행정처분을 하는 경우, 행정심판 청구기간의 기산일은 고시 또는 공고의 효력발생일이다.

③ 행정심판에 있어서 행정심판위원회는 재결 당시까지 제출된 모든 자료를 종합하여 행정처분의 위법·부당 여부를 판단할 수 있다.

④ 형성적 재결이 있는 경우에는 그 대상이 된 행정처분은 재결 자체에 의하여 당연히 취소되어 소멸된다.

⑤ 행정심판법상 재결의 기속력은 당해 처분에 관하여 재결주문 및 그 전제가 된 요건사실의 인정과 판단뿐만 아니라 이와 직접 관계가 없는 다른 처분에 대하여도 미친다.

해설

[❶ ▸ O] 비록 제목이 '진정서'로 되어 있고, 재결청의 표시, 심판청구의 취지 및 이유, 처분을 한 행정청의 고지의 유무 및 그 내용 등 행정심판법 제19조 제2항 소정의 사항들을 구분하여 기재하고 있지 아니하여 행정심판청구서로서의 형식을 다 갖추고 있다고 볼 수는 없으나, 피청구인인 처분청과 청구인의 이름과 주소가 기재되어 있고, 청구인의 기명이 되어 있으며, 문서의 기재 내용에 의하여 심판청구의 대상이 되는 행정처분의 내용과 심판청구의 취지 및 이유, 처분이 있은 것을 안 날을 알 수 있는 경우, 위 문서에 기재되어 있지 않은 재결청, 처분을 한 행정청의 고지의 유무 등의 내용과 날인 등의 불비한 점은 보정이 가능하므로 위 문서를 행정처분에 대한 행정심판청구로 보는 것이 옳다(대판 2000.6.9. 98두2621).

[❷ ▸ O] 행정심판은 처분이 있음을 알게 된 날부터 90일 이내에 청구하여야 하는데(행정심판법 제27조 제1항), 고시 또는 공고에 의하여 행정처분을 하는 경우에는 그 처분의 상대방이 불특정 다수인이고, 그 처분의 효력이 불특정 다수인에게 일률적으로 적용되는 것이므로, 그에 대한 행정심판 청구기간도 그 행정처분에 이해관계를 갖는 자가 고시 또는 공고가 있었다는 사실을 현실적으로 알았는지 여부에 관계없이 **고시가 효력을 발생하는 날**인 고시 또는 공고가 있은 후 5일이 경과한 날에 **행정처분이 있음을 알았다고 보아야** 한다(대판 2000.9.8. 99두11257).

[❸ ▸ O] 행정심판에 있어서 행정처분의 위법·부당 여부는 원칙적으로 처분시를 기준으로 판단하여야 할 것이나, 재결청은 처분 당시 존재하였거나 행정청에 제출되었던 자료뿐만 아니라, 재결 당시까지 제출된 모든 자료를 종합하여 처분 당시 존재하였던 객관적 사실을 확정하고 그 사실에 기초하여 처분의 위법·부당 여부를 판단할 수 있다(대판 2001.7.27. 99두5092).

[❹ ▸ O] 형성적 재결(예 취소재결)이 있은 경우에는 그 대상이 된 행정처분은 재결 자체에 의하여 당연히 취소되어 소멸된다(대판 1999.12.16. 98두18619[전합]).

[❺ ▸ ×] 행정심판법 제37조에서 정하고 있는 행정심판청구에 대한 재결이 행정청과 그 밖의 관계 행정청을 기속하는 효력은 당해 처분에 관하여 **재결주문 및 그 전제가 된 요건사실의 인정과 판단에만 미치고** 이와 직접 관계가 없는 다른 처분에 대하여는 미치지 아니한다(대판 1998.2.27. 96누13972).

핵심정리

행정심판 일반

① 처분의 취소를 구하는 취지의 진정서를 제출한 경우 → 행정심판청구로 볼 수 있음

② 고시 또는 공고에 의한 행정처분에 대한 행정심판 청구기간의 기산일 → 고시 또는 공고의 효력발생일 O

③ 행정심판위원회 → 재결 당시까지 제출된 모든 자료를 종합하여 위법·부당 여부 판단

④ 형성적 재결(예 취소재결)이 있는 경우 → 행정처분은 재결 자체에 의하여 취소되어 소멸 O

⑤ 재결의 기속력이 미치는 객관적 범위
→ 재결주문 및 전제가 된 요건사실의 인정과 판단 : O
→ 이와 직접 관계가 없는 다른 처분 : ×

답 ❺

172 □□□ **甲은 수형자로서 A교도소 내에서의 난동을 이유로 교도소장으로부터 10일 간의 금치처분을 받았다. 甲은 교도소장을 상대로 난동 당시 담당 교도관의 근무보고서의 공개를 청구하였으나, 교도소장은 공공기관의 정보공개에 관한 법률 제9조 제1항 제4호에 근거하여 근무보고서의 공개가 교정업무의 수행을 현저히 곤란하게 할 우려가 있다는 사유로 공개를 거부하였다. 이에 관한 설명으로 옳지 않은 것은?(다툼이 있으면 판례에 따름)** 18 행정사 제6회

① 甲은 취소심판뿐만 아니라 의무이행심판을 선택적으로 청구할 수 있다.
② 취소심판의 피청구인은 A교도소장이 된다.
③ 甲은 행정심판을 청구하지 않고 곧바로 취소소송을 제기할 수 있다.
④ 甲이 취소심판을 제기하여 인용재결을 받았음에도 교도소장이 재처분의무를 이행하지 않으면 행정심판위원회는 甲의 신청에 따라 간접강제 또는 직접처분을 할 수 있다.
⑤ 행정심판의 심리과정에서 교도소장은 당초의 처분사유를 사생활의 비밀을 침해할 우려가 있는 정보가 포함되어 있다는 사유로 변경할 수 없다.

해설

[❶ ▸ O] 교도소장의 정보공개거부는 거부처분의 성질을 가지고 있으므로 이에 대하여 甲은 거부처분 취소심판뿐만 아니라 거부처분에 대한 의무이행심판을 선택적으로 청구할 수 있다.
[❷ ▸ O] 정보공개 거부처분에 대한 취소심판의 피청구인은 정보공개청구를 받은 행정청인 A교도소장이 된다(행정심판법 제17조 제1항 참조).
[❸ ▸ O] 정보공개법 제20조 제1항 및 행정소송법 제18조 제1항의 규정에 의하면, 정보공개거부처분에 대한 행정심판은 임의적 전치절차이므로 甲은 행정심판을 청구하지 않고 곧바로 취소소송을 제기할 수 있다.
[❹ ▸ X] 위원회(행정심판위원회)의 직접 처분이 인정되려면, 그 처분의 성질이나 그 밖의 불가피한 사유로 위원회가 직접 처분을 할 수 없는 경우에 해당하지 않아야 한다(행정심판법 제50조 단서). 정보공개를 명하는 재결이 있는 경우 정보공개는 정보를 보유하는 공공기관만 할 수 있으며 **처분의 성질상 정보를 보유하고 있지 않는 위원회는 직접 정보공개 처분을 할 수 없다**. 따라서 당사자의 신청에 따라 간접강제결정만 가능하다(행정심판법 제50조의2).
[❺ ▸ O] 항고소송에서의 처분사유의 추가·변경의 법리는 행정심판 단계에서도 적용되므로, 처분청은 행정심판에서 당초 처분의 근거로 삼은 사유와 기본적 사실관계가 동일성이 있다고 인정되는 한도 내에서만 다른 사유를 추가 또는 변경할 수 있다(대판 2014.5.16. 2013두26118). 그런데 근무보고서의 공개가 '교정업무의 수행을 현저히 곤란하게 할 우려가 있다는 사유'와 '사생활의 비밀을 침해할 우려가 있다는 사유'는 기본적 사실관계의 동일성이 인정되지 아니하므로 교도소장은 처분사유를 변경할 수 없다.

핵심정리

정보공개거부처분에 대한 행정심판
① 행정청(A교도소장)이 정보공개를 거부한 경우
→ 취소심판 or 의무이행심판을 선택적 청구 가능
② 정보공개 거부처분 취소심판의 피청구인적격
→ 청구인의 정보공개청구를 받은 행정청(A교도소장)
③ 행정심판은 임의적 전치절차 → 행정심판을 청구하지 않고 취소소송 제기 가능 O
④ 정보공개거부처분 취소심판에서 인용재결을 받았음에도 재처분의무를 이행하지 않는 경우
→ 정보를 보유하고 있지 않는 행정심판위원회는 직접처분 ×
→ 행정심판위원회는 당사자의 신청에 따라 간접강제결정 O
⑤ 근무보고서의 공개가 교정업무의 수행을 현저히 곤란하게 할 우려가 있다는 사유와 사생활의 비밀을 침해할 우려가 있다는 사유는 기본적 사실관계의 동일성 × → 처분사유의 변경 ×

답 ❹

173 □□□ **행정심판법상 (　　) 안에 들어갈 용어로 옳은 것은?** 17 행정사 제5회

> 행정심판위원회는 처분 또는 부작위가 위법·부당하다고 상당히 의심되는 경우로서 처분 또는 부작위 때문에 당사자가 받을 우려가 있는 중대한 불이익이나 당사자에게 생길 급박한 위험을 막기 위하여 임시지위를 정하여야 할 필요가 있는 경우에는 직권으로 또는 당사자의 신청에 의하여 (　　)를(을) 결정할 수 있다.

① 집행정지
② 직접강제
③ 간접강제
④ 임시처분
⑤ 의무이행청구

해설

[❹ ▸ O] 행정심판위원회는 처분 또는 부작위가 위법·부당하다고 상당히 의심되는 경우로서 처분 또는 부작위 때문에 당사자가 받을 우려가 있는 중대한 불이익이나 당사자에게 생길 급박한 위험을 막기 위하여 임시지위를 정하여야 할 필요가 있는 경우에는 직권으로 또는 당사자의 신청에 의하여 **임시처분**을 결정할 수 있다(행정심판법 제31조 제1항).

답 ❹

174 **행정심판법상 직접 처분과 간접강제에 관한 설명으로 옳은 것은?** 24 행정사 제12회

① 거부처분 취소심판의 경우 행정심판위원회는 직접 처분을 할 수 있다.
② 의무이행심판의 인용재결이 처분명령재결인 경우 행정심판위원회는 직접 처분을 할 수 없다.
③ 행정심판위원회는 사정의 변경이 있어 당사자가 신청하는 경우에도 간접강제 결정의 내용을 변경할 수 없다.
④ 행정심판의 청구인은 간접강제 결정에 불복하는 경우 그 결정에 대하여 행정소송을 제기할 수 있다.
⑤ 간접강제 결정에 기초한 강제집행에 관하여 「행정심판법」에 특별한 규정이 없는 사항에 대하여는 「행정기본법」의 규정을 준용한다.

해설

[❶ ▸ ×] 행정심판위원회는 취소심판의 청구가 이유가 있다고 인정하면 처분을 취소 또는 다른 처분으로 변경하거나 처분을 다른 처분으로 변경할 것을 피청구인에게 명한다(행정심판법 제43조 제3항). 즉 취소심판에서는 처분취소재결, 처분변경재결, 처분변경명령재결만 할 수 있다. 의무이행심판에서 처분명령재결(의무이행재결)이 있음에도 불구하고 처분청이 처분의무를 이행하지 않는 경우, 의무이행재결의 기속력 확보수단으로서의 '직접 처분'(행정심판법 제50조)이 인정된다. 그러나 이러한 직접 처분은 거부처분 취소심판에서는 인정되지 않는다.

[❷ ▸ ×] 의무이행심판에서 행정심판위원회가 처분명령재결을 한 경우 재결의 기속력에 따라 처분청은 지체 없이 그 재결의 취지에 따라 다시 이전의 신청에 대한 처분을 해야 한다(행정심판법 제49조 제3항). 그런데 처분청이 이러한 처분의무를 이행하지 아니하는 경우에 당사자의 신청에 따라 행정심판위원회가 직접 해당 처분을 할 수 있는데(행정심판법 제50조 제1항), 이를 '직접 처분'이라 한다.

[❸ ▸ ×] 행정심판위원회는 사정의 변경이 있어 당사자가 신청하는 경우, 간접강제 결정의 내용을 변경할 수 있다(행정심판법 제50조의2 제2항).
[❹ ▸ ○] 행정심판의 청구인은 간접강제 결정에 불복하는 경우 그 결정에 대하여 행정소송을 제기할 수 있다(행정심판법 제50조의2 제4항).

행정심판법 제50조의2(위원회의 간접강제) ① 위원회는 피청구인이 제49조 제2항(제49조 제4항에서 준용하는 경우를 포함한다) 또는 제3항에 따른 처분을 하지 아니하면 청구인의 신청에 의하여 결정으로 상당한 기간을 정하고 피청구인이 그 기간 내에 이행하지 아니하는 경우에는 그 지연기간에 따라 일정한 배상을 하도록 명하거나 즉시 배상을 할 것을 명할 수 있다.
② 위원회는 사정의 변경이 있는 경우에는 당사자의 신청에 의하여 제1항에 따른 결정의 내용을 변경할 수 있다.❸
③ 위원회는 제1항 또는 제2항에 따른 결정을 하기 전에 신청 상대방의 의견을 들어야 한다.
④ 청구인은 제1항 또는 제2항에 따른 결정에 불복하는 경우 그 결정에 대하여 행정소송을 제기할 수 있다.❹

[❺ ▸ ×] 간접강제 결정에 기초한 강제집행에 관하여 이 법에 특별한 규정이 없는 사항에 대하여는 「**민사집행법**」의 **규정을 준용**한다. 다만, 「민사집행법」 제33조(집행문부여의 소), 제34조(집행문부여 등에 관한 이의신청), 제44조(청구에 관한 이의의 소) 및 제45조(집행문부여에 대한 이의의 소)에서 관할 법원은 피청구인의 소재지를 관할하는 행정법원으로 한다(행정심판법 제50조의2 제6항).

핵심정리 **행정심판법상 직접 처분과 간접강제**

① 거부처분 취소심판의 경우
→ 행정심판위원회의 직접 처분 인정 ×
② 의무이행심판의 경우
→ 처분명령재결이 있음에도 행정청이 처분의무를 이행하지 않는 경우 : 당사자의 신청에 따라 행정심판위원회의 직접 처분 인정 ○
③ 간접강제결정 후 사정의 변경이 있어 당사자가 신청하는 경우
→ 행정심판위원회는 간접강제 결정의 내용 변경 가능
④ 행정심판의 청구인이 간접강제 결정에 불복하는 경우
→ 간접강제 결정에 대하여 행정소송을 제기 가능
⑤ 간접강제 결정에 기초한 강제집행에 관하여 행정심판법에 특별한 규정이 없는 사항
→ 민사집행법의 규정 준용 ○ (행정기본법의 규정 준용 ×)

답 ❹

175 □□□ 행정심판에 관한 설명으로 옳은 것은? 17 행정사 제5회

① 청구인적격이 없는 자가 제기한 행정심판이라고 하더라도 본안심리를 거쳐서 기각하여야 한다.
② 행정심판의 대상은 행정청의 위법·부당한 처분에 한정되며, 부작위는 대상이 될 수 없다.
③ 대통령의 처분에 대하여는 다른 법률에서 행정심판을 청구할 수 있도록 정한 경우 외에는 행정심판을 청구할 수 없다.
④ 취소심판의 청구기간은 무효등확인심판청구에도 적용한다.
⑤ 법인이 아닌 사단은 대표자나 관리인이 정하여져 있는 경우에도 그 사단의 이름으로 심판청구를 할 수 없다.

해설

[❶ ▸ ×] 청구인적격이 없는 자가 제기한 행정심판은 당사자적격의 흠결로 부적법하므로, 각하재결을 해야 한다.
[❷ ▸ ×] 부작위도 행정심판(의무이행심판)의 대상이 된다(행정심판법 제3조 제1항, 제5조 제3호).
[❸ ▸ O] 대통령의 처분 또는 부작위에 대하여는 다른 법률에서 행정심판을 청구할 수 있도록 정한 경우 외에는 행정심판을 청구할 수 없다(행정심판법 제3조 제2항).
[❹ ▸ ×] 취소심판의 청구기간은 **무효등확인심판청구**에는 적용하지 아니한다(행정심판법 제27조 제7항).
[❺ ▸ ×] 법인이 아닌 사단 또는 재단으로서 대표자나 관리인이 정하여져 있는 경우에는 그 사단이나 재단의 이름으로 심판청구를 할 수 있다(행정심판법 제14조).

핵심정리

행정심판 일반
① 청구인적격이 없는 자가 제기한 행정심판 → 각하재결 ○ (기각재결 ×)
② 행정청의 위법·부당한 처분 또는 부작위 → 행정심판의 대상 ○
③ 대통령의 처분 → 원칙적으로 행정심판의 대상 ×
④ 취소심판의 청구기간 → 무효등확인심판청구에 적용 ×
⑤ 법인이 아닌 사단의 대표자 등이 정하여져 있는 경우 → 사단의 이름으로 심판청구 ○

답 ❸

176 행정심판법에 관한 설명으로 옳은 것은?

□□□

21 행정사 제9회

① 행정심판위원회는 당사자의 동의가 없더라도 심판청구의 신속하고 공정한 해결을 위하여 조정을 할 수 있다.

② 행정심판위원회는 사정재결시 그 재결의 주문에서 그 처분 또는 부작위가 위법하거나 부당하다는 것을 구체적으로 밝혀야 한다.

③ 집행정지로 목적을 달성할 수 있는 경우에도 임시처분이 허용된다.

④ 처분청이 심판청구기간을 법정기간보다 긴 기간으로 잘못 고지한 경우, 심판청구기간은 당해 처분이 있은 날부터 180일이 된다.

⑤ 행정심판위원회는 심판청구의 대상이 되는 처분보다 청구인에게 불리한 재결을 할 수 있다.

해설

[❶ ▸ ×] 행정심판위원회는 당사자의 권리 및 권한의 범위에서 **당사자의 동의를 받아** 심판청구의 신속하고 공정한 해결을 위하여 조정을 할 수 있다. 다만, 그 조정이 공공복리에 적합하지 아니하거나 해당 처분의 성질에 반하는 경우에는 그러하지 아니하다(행정심판법 제43조의2 제1항). 2017.10.31. 개정된 행정심판법에서는 양 당사자 간의 합의가 가능한 사건의 경우 행정심판위원회가 개입·조정하는 절차를 통해 갈등을 조기에 해결할 수 있도록 행정심판에 조정제도를 도입하였다.

[❷ ▸ O] 행정심판위원회는 심판청구가 이유가 있다고 인정하는 경우에도 이를 인용(認容)하는 것이 공공복리에 크게 위배된다고 인정하면 그 심판청구를 기각하는 재결(= 사정재결)을 할 수 있다. 이 경우 행정심판위원회는 재결의 주문(主文)에서 그 처분 또는 부작위가 위법하거나 부당하다는 것을 구체적으로 밝혀야 한다(행정심판법 제44조 제1항).

[❸ ▸ ×] 임시처분은 집행정지로 목적을 달성할 수 있는 경우에는 허용되지 아니한다(행정심판법 제31조 제3항).

[❹ ▸ ×] 행정심판은 처분이 있음을 알게 된 날부터 90일 이내에 청구하여야 한다(행정심판법 제27조 제1항). 행정청이 심판청구 기간을 처분이 있음을 알게 된 날부터 90일보다 긴 기간으로 잘못 알린 경우 그 잘못 알린 기간에 심판청구가 있으면 그 행정심판은 제1항에 규정된 기간에 청구된 것으로 본다(행정심판법 제27조 제5항).

[❺ ▸ ×] 위원회는 심판청구의 대상이 되는 처분보다 청구인에게 불리한 재결을 하지 못하는데(행정심판법 제47조 제2항), 이를 불이익변경금지의 원칙이라 한다.

핵심정리

행정심판 일반

① 행정심판법상 조정제도 ⟶ 당사자의 동의 필요 O

② 행정심판위원회가 사정재결을 하는 경우
⟶ 재결의 주문에서 처분 또는 부작위의 위법 또는 부당하다는 것을 구체적으로 밝혀야 함

③ 임시처분의 보충성
⟶ 집행정지로 목적을 달성할 수 있는 경우에는 임시처분 허용 ×

④ 행정청이 심판청구기간을 90일보다 긴 기간으로 잘못 고지한 경우
⟶ 잘못 알린 기간 내 심판청구가 있으면 적법 O
⟶ 심판청구기간이 당해 처분이 있은 날부터 180일이 되는 것이 아님

⑤ 불이익변경금지의 원칙
⟶ 행정심판위원회는 심판청구의 대상이 되는 처분보다 청구인에게 불리한 재결 ×

답 ❷

PART 1 PART 2 PART 3

177 행정심판법상 재결에 해당하지 않는 것은? 19 행정사 제7회

□□□

① 취소심판에서의 처분취소명령재결
② 취소심판에서의 처분변경명령재결
③ 의무이행심판에서의 처분재결
④ 의무이행심판에서의 처분명령재결
⑤ 무효등확인심판에서의 무효등확인재결

해설

[❶ ▸ ×] 재결(裁決)이란 행정심판의 청구에 대하여 행정심판위원회가 행하는 판단을 말한다(행정심판법 제2조 제3호). 취소심판에서 인용재결은 처분취소재결, 처분변경재결, 처분변경명령재결 등이 있다. 종래 인용재결의 내용으로 규정되어 있던 처분취소명령재결은 2010.1.25. 행정심판법 제43조 제3항의 개정으로 삭제되었으므로, 현행법상 인정되지 않는다.

➲ 행정심판법상 재결의 종류

구분	내용
각하재결	• 부적법한 심판청구에 대하여 본안에 대한 심리를 거절하는 재결 • 각하재결의 사유 : 청구인적격 흠결, 청구기간 미준수 등
기각재결	• 본안심리의 결과 심판청구가 이유 없다고 인정하여 원처분을 지지하는 재결
사정재결	• 심판청구가 이유 있다고 인정되는 경우에도 이를 인용하는 것이 공공복리에 크게 위배된다고 인정하는 때에 그 심판청구를 기각하는 재결 (기각재결의 일종) • 재결의 주문(主文)에서 그 처분 또는 부작위가 위법하거나 부당하다는 것을 구체적으로 밝혀야 • 무효등확인심판의 경우 사정재결 인정 ×
인용재결	• 본안심리의 결과 심판청구가 이유가 있다고 인정하여 청구인의 청구취지를 받아들이는 재결 • 취소심판의 인용재결 : 처분취소재결, 처분변경재결, 처분변경명령재결 (처분취소명령재결 ×) • 의무이행심판의 인용재결 : 처분재결, 처분명령재결 • 무효등확인심판의 인용재결 : 무효등확인재결 (처분무효확인재결, 처분유효확인재결, 처분존재확인재결, 처분부존재확인재결, 처분실효확인재결)

 ❶

178 행정심판법의 내용에 관한 설명으로 옳은 것은?

□□□

13 행정사 제1회

① 감사원의 처분에 대한 행정심판의 청구는 중앙행정심판위원회에서 심리・재결한다.
② 처분 등을 원인으로 하는 법률관계에 관한 다툼이 있는 경우 당사자는 당사자심판을 제기할 수 있다.
③ 무효확인심판에도 사정재결이 허용된다.
④ 행정심판위원회는 필요하면 당사자가 주장하지 아니한 사실에 대하여도 심리할 수 있다.
⑤ 시・도행정심판위원회의 재결에 불복하는 청구인은 중앙행정심판위원회에 행정심판을 재청구할 수 있다.

해설

[❶ ▸ ×] 감사원의 처분에 대한 행정심판의 청구는 감사원 소속으로 두는 행정심판위원회에서 심리・재결한다(행정심판법 제6조 제1항).

[❷ ▸ ×] 행정심판법은 행정심판의 종류로 취소심판, 무효등확인심판, 의무이행심판만 규정하고 있고, 당사자심판이나 부작위위법확인심판은 규정하고 있지 않다(동법 제5조). 따라서 처분 등을 원인으로 하는 법률관계에 관한 다툼이 있는 경우라도 당사자심판을 제기할 수 없다.

> **행정심판법 제5조(행정심판의 종류)** 행정심판의 종류는 다음 각 호와 같다.
> 1. 취소심판 : 행정청의 위법 또는 부당한 처분을 취소하거나 변경하는 행정심판
> 2. 무효등확인심판 : 행정청의 처분의 효력 유무 또는 존재 여부를 확인하는 행정심판
> 3. 의무이행심판 : 당사자의 신청에 대한 행정청의 위법 또는 부당한 거부처분이나 부작위에 대하여 일정한 처분을 하도록 하는 행정심판

[❸ ▸ ×] 행정심판법상 사정재결은 취소심판과 의무이행심판에서만 인정되고, 무효등확인심판의 경우에는 사정재결이 인정되지 않는다(행정심판법 제44조 제3항).

[❹ ▸ ○] 행정심판에서는 직권심리주의가 적용된다. 따라서 행정심판위원회는 필요하면 당사자가 주장하지 아니한 사실에 대하여도 심리할 수 있다(행정심판법 제39조).

[❺ ▸ ×] 심판청구에 대한 재결이 있으면 그 재결 및 같은 처분 또는 부작위에 대하여 다시 행정심판을 청구할 수 없다(행정심판법 제51조, 재심판청구의 금지). 따라서 시・도행정심판위원회의 재결에 불복하여 중앙행정심판위원회에 다시 행정심판을 청구할 수 없다.

핵심정리

행정심판법의 내용

① 감사원의 처분에 대한 행정심판 → 감사원 소속의 행정심판위원회에서 심리・재결
② 행정심판법상 행정심판의 종류
→ 취소심판, 무효등확인심판, 의무이행심판
→ 당사자심판은 인정 ×
③ 무효확인심판 → 사정재결 허용 ×
④ 행정심판에서의 직권심리주의
→ 행정심판위원회는 당사자가 주장하지 아니한 사실에 대하여도 심리 가능
⑤ 재심판청구의 금지
→ 심판청구에 대한 재결이 있으면 그 재결 및 같은 처분 또는 부작위에 대하여 다시 행정심판을 청구 ×
→ 시・도행정심판위원회의 재결에 불복하여 중앙행정심판위원회에 다시 행정심판 청구 ×

답 ❹

179 행정심판에 관한 설명으로 옳은 것은?(다툼이 있으면 판례에 따름) 20 행정사 제8회

□□□

① 행정심판 재결에는 특별한 사유가 없는 한 불가변력이 발생하지 않는다.

② 취소심판에는 처분사유의 추가 · 변경이 허용되지 않는다.

③ 행정심판법은 무효등확인심판에서는 사정재결을 할 수 없음을 명문으로 규정하고 있다.

④ 청구인은 행정심판청구서를 피청구인인 행정청에 제출할 수 없다.

⑤ 행정심판법상 처분의 부존재확인심판은 허용되지 않는다.

해설

[❶ ▸ ×] 행정심판의 재결은 행정심판위원회가 공법상 분쟁을 당사자와 관계인의 참여 아래 엄격한 절차를 거쳐 내려지는 준사법적 행위이므로, 불가변력이 인정된다. 따라서 일단 재결이 행해지면 비록 위법 · 부당하게 생각되는 경우라도 행정심판위원회가 스스로 이를 취소 · 변경할 수 없다.

[❷ ▸ ×] 항고소송에서 처분사유의 추가 · 변경의 법리는 행정심판(취소심판)에서 그대로 적용된다. 따라서 취소심판에서도 기본적 사실관계가 동일성이 있다고 인정되는 한도 내에서 처분사유의 추가 또는 변경이 허용된다(대판 2014.5.16. 2013두26118).

> 행정처분의 취소를 구하는 항고소송에서 처분청은 당초 처분의 근거로 삼은 사유와 기본적 사실관계가 동일성이 있다고 인정되는 한도 내에서만 다른 사유를 추가 또는 변경할 수 있고, 이러한 기본적 사실관계의 동일성 유무는 처분사유를 법률적으로 평가하기 이전의 구체적 사실에 착안하여 그 기초인 사회적 사실관계가 기본적인 점에서 동일한지에 따라 결정되므로, 추가 또는 변경된 사유가 처분 당시에 이미 존재하고 있었다거나 당사자가 그 사실을 알고 있었다고 하여 당초의 처분사유와 동일성이 있다고 할 수 없다. 그리고 이러한 법리는 행정심판 단계에서도 그대로 적용된다(대판 2014.5.16. 2013두26118).

[❸ ▸ ○] 사정재결은 무효등확인심판에는 적용되지 아니한다(행정심판법 제44조 제3항). ☞ 행정심판법은 무효등확인심판에서는 사정재결을 할 수 없음을 명문으로 규정하고 있다.

[❹ ▸ ×] 행정심판을 청구하려는 자는 심판청구서를 작성하여 피청구인이나 위원회에 제출하여야 한다(행정심판법 제23조 제1항 전문). ☞ 청구인은 본인의 선택에 따라 피청구인을 경유하여 행정심판을 제기하거나 직접 행정심판위원회에 제기할 수 있다(심판청구서 제출의 선택주의).

[❺ ▸ ×] **무효등확인심판**이란 행정청의 처분의 효력 유무 또는 존재 여부를 확인하는 행정심판을 말한다(행정심판법 제5조 제2호). 따라서 행정심판법상 처분의 존재확인심판뿐만 아니라 처분의 부존재확인심판도 허용된다.

핵심정리

행정심판 일반

① 행정심판의 재결 → 불가변력 발생 ○

② 취소심판 → 처분사유의 추가 · 변경 허용 ○

③ 무효등확인심판 → 사정재결 인정 × (행정심판법상 명문 규정 ○)

④ 심판청구서 제출의 선택주의

→ 청구인은 선택에 따라 피청구인(처분 행정청)이나 행정심판위원회에 제출 가능

⑤ 무효등확인 심판의 종류

→ 처분무효확인심판, 처분유효확인심판, 처분존재확인심판, 처분부존재확인심판, 처분실효확인심판

→ 처분의 존재확인심판뿐만 아니라 부존재확인심판도 허용 ○

답 ❸

180 행정심판법상 재결에 관한 설명으로 옳지 않은 것은? 23 행정사 제11회

□□□

① 재결은 서면으로 한다.

② 행정심판위원회는 사정재결을 할 수 없다.

③ 재결은 청구인에게 재결서의 정본이 송달되었을 때에 그 효력이 생긴다.

④ 행정심판위원회는 심판청구의 대상이 되는 처분보다 청구인에게 불리한 재결을 하지 못한다.

⑤ 행정심판위원회는 심판청구가 적법하지 아니하면 그 심판청구를 각하한다.

해설

[❶ ▸ O] 재결은 서면으로 한다. 재결서에는 사건번호와 사건명, 당사자·대표자 또는 대리인의 이름과 주소, 주문, 청구의 취지, 이유, 재결한 날짜가 포함되어야 한다(행정심판법 제46조 제1항 및 제2항).

[❷ ▸ ×] 행정심판위원회는 사정재결을 할 수 있다(행정심판법 제44조).

> **행정심판법 제44조(사정재결)** ① 위원회는 심판청구가 이유가 있다고 인정하는 경우에도 이를 인용(認容)하는 것이 공공복리에 크게 위배된다고 인정하면 그 심판청구를 기각하는 재결을 할 수 있다. 이 경우 위원회는 재결의 주문(主文)에서 그 처분 또는 부작위가 위법하거나 부당하다는 것을 구체적으로 밝혀야 한다.
> ② 위원회는 제1항에 따른 재결을 할 때에는 청구인에 대하여 상당한 구제방법을 취하거나 상당한 구제방법을 취할 것을 피청구인에게 명할 수 있다.
> ③ 제1항과 제2항은 무효등확인심판에는 적용하지 아니한다.

[❸ ▸ O] 재결은 청구인에게 재결서의 정본이 송달되었을 때에 그 효력이 생긴다(행정심판법 제48조 제2항).

[❹ ▸ O] 행정심판위원회는 심판청구의 대상이 되는 처분 또는 부작위 외의 사항에 대하여는 재결하지 못하고, 심판청구의 대상이 되는 처분보다 청구인에게 불리한 재결을 하지 못한다(행정심판법 제47조).

[❺ ▸ O] 행정심판위원회는 심판청구가 적법하지 아니하면 그 심판청구를 각하한다(행정심판법 제43조 제1항).

> **행정심판법 제43조(재결의 구분)** ① 위원회는 심판청구가 적법하지 아니하면 그 심판청구를 각하(却下)한다.
> ② 위원회는 심판청구가 이유가 없다고 인정하면 그 심판청구를 기각(棄却)한다.

핵심정리

행정심판의 재결

① 재결의 방식 → 서면 O

② 사정재결 → 행정심판위원회는 심판청구가 이유가 있다고 인정하는 경우에도 이를 인용하는 것이 공공복리에 크게 위배된다고 인정하면 그 심판청구를 기각하는 재결(사정재결)을 할 수 있음

③ 재결의 효력 발생 시기 : 청구인에게 재결서의 정본이 송달되었을 때

④ 재결의 범위

→ 처분권주의 : 심판청구의 대상이 되는 처분 또는 부작위 외의 사항에 대하여는 재결 ×

→ 불이익변경금지의 원칙 : 심판청구의 대상이 되는 처분보다 청구인에게 불리한 재결 ×

⑤ 심판청구가 적법하지 않은 경우 → 심판청구를 각하(각하재결)

답 ❷

제3절 행정소송

181 행정구제제도에 관한 설명으로 옳지 않은 것은?(다툼이 있으면 판례에 따름) 16 행정사 제4회

□□□

① 행정심판을 권리구제를 위한 필요적 전심절차로 규정하면서도 그 절차에 사법절차를 준용하지 않는 것은 헌법에 위반된다.

② 행정처분에 대해 행정소송으로는 위법성 통제만 가능한 데 반하여, 행정심판으로는 위법성뿐만 아니라 부당성 통제도 가능하다.

③ 처분의 효과가 기간의 경과로 인하여 소멸된 뒤에도 그 처분의 취소로 인하여 회복되는 법률상 이익이 있는 자의 경우에는 취소소송을 제기할 수 있다.

④ 행정소송법상의 당사자소송에는 민사집행법상의 가처분에 관한 규정이 준용된다.

⑤ 행정소송법은 행정소송에 대한 각급 판결에 의하여 명령·규칙이 헌법 또는 법률에 위반된다는 것이 확정된 경우에는 각급 법원은 지체 없이 그 사유를 행정안전부장관에게 통보하도록 규정하고 있다.

해설

[❶ ▸ O] 헌법 제107조 제3항은 "재판의 전심절차로서 행정심판을 할 수 있다. 행정심판의 절차는 법률로 정하되, 사법절차가 준용되어야 한다"고 규정하고 있으므로, 입법자가 행정심판을 전심절차가 아니라 종심절차로 규정함으로써 정식재판의 기회를 배제하거나, 어떤 행정심판을 필요적 전심절차로 규정하면서도 그 절차에 사법절차가 준용되지 않는다면 이는 위 헌법조항, 나아가 재판청구권을 보장하고 있는 헌법 제27조에도 위반된다(헌재 2001.6.28. 2000헌바30).

[❷ ▸ O] 행정소송은 행정소송절차를 통하여 행정청의 위법한 처분 그 밖에 공권력의 행사·불행사등으로 인한 국민의 권리 또는 이익의 침해를 구제하고, 공법상의 권리관계 또는 법적용에 관한 다툼을 적정하게 해결함을 목적으로 함에 반하여(행정소송법 제1조), 행정심판은 행정심판 절차를 통하여 행정청의 위법 또는 부당한 처분이나 부작위로 침해된 국민의 권리 또는 이익을 구제하고, 아울러 행정의 적정한 운영을 꾀함을 목적으로 한다(행정심판법 제1조). 따라서 행정처분에 대해 행정소송으로는 위법성 통제만 가능한 데 반하여, 행정심판으로는 위법성뿐만 아니라 부당성 통제도 가능하다.

[❸ ▸ O] 처분등의 효과가 기간의 경과, 처분등의 집행 그 밖의 사유로 인하여 소멸된 뒤에도 그 처분등의 취소로 인하여 회복되는 법률상 이익이 있는 자의 경우에는 취소소송을 제기할 수 있다(행정소송법 제12조 후문).

[❹ ▸ O] 당사자소송에 대하여는 행정소송법 제23조 제2항의 집행정지에 관한 규정이 준용되지 아니하므로(행정소송법 제44조 제1항 참조), 당사자소송을 본안으로 하는 가처분에 대하여는 행정소송법 제8조 제2항에 따라 민사집행법상 가처분에 관한 규정이 준용되어야 한다(대결 2015.8.21. 2015무26).

[❺ ▸ ×] 행정소송에 대한 **대법원판결**에 의하여 명령·규칙이 헌법 또는 법률에 위반된다는 것이 확정된 경우에는 **대법원**은 지체없이 그 사유를 **행정안전부장관**에게 통보하여야 한다(행정소송법 제6조 제1항).

핵심정리

행정구제제도 일반(행정심판, 당사자소송 등)

① 필요적 전심절차로 규정하면서 사법절차를 준용하지 않는 경우 ⟶ 위헌 O
② 행정심판 ⟶ 위법성뿐만 아니라 부당성 통제도 가능
③ 처분의 효과의 소멸 후에도 회복되는 법률상 이익(= 협의의 소의 이익)이 있는 경우 ⟶ 취소소송 제기 가능
④ 당사자소송 ⟶ 민사집행법상의 가처분규정 준용 O
⑤ 대법원판결에 의하여 명령·규칙의 위헌·위법이 확정된 경우 ⟶ 대법원은 행정안전부장관에게 통보 (cf. 각급법원 ⟶ 재판서 정본을 대법원에 송부)

답 ❺

182 □□□ 행정소송법상 취소소송에 관한 설명으로 옳은 것은?(다툼이 있으면 판례에 따름)

22 행정사 제10회

① 무효인 처분에 대하여는 무효확인청구소송을 제기하여야 하고 취소소송을 제기할 수는 없다.
② 신청에 대한 거부행위는 취소소송의 대상이 될 수 없다.
③ 처분등을 할 정당한 권한을 가진 행정청만이 피고적격을 갖는다.
④ 처분이 위법한 것으로 인정되는 경우에도 공공복리를 위하여 원고의 청구가 기각될 수 있다.
⑤ 과세처분취소소송에서 적법하게 부과될 정당한 세액이 산출되더라도 법원은 정당한 세액을 초과하는 부분만 취소할 수는 없고 전부를 취소하여야 한다.

해설

[❶ ▸ ×] 무효인 처분에 대하여는 무효확인소송뿐만 아니라 취소소송을 제기할 수도 있는데, 이러한 경우의 취소소송을 '무효를 선언하는 의미의 취소소송'이라고 하는데, 형식적으로는 취소소송이므로 제소기간 등 취소소송으로서의 소송요건을 갖추어야 소송이 적법하게 된다(대판 1984.5.29. 84누175).

[❷ ▸ ×] 신청에 대한 거부행위도 거부처분의 성립요건을 갖추면 취소소송의 대상이 되는 행정처분에 해당한다.

> 국민의 적극적 신청행위에 대하여 행정청이 그 신청에 따른 행위를 하지 않겠다고 거부한 행위가 항고소송의 대상이 되는 행정처분에 해당하기 위해서는, ㉠ 신청한 행위가 공권력의 행사 또는 이에 준하는 행정작용이어야 하고, ㉡ 거부행위가 신청인의 법률관계에 어떤 변동을 일으키는 것이어야 하며, ㉢ 국민에게 행위발동을 요구할 법규상 또는 조리상의 신청권이 있어야 한다(2009.9.10. 2007두20638; 2017.6.15. 2013두2945).

[❸ ▸ ×] 취소소송은 다른 법률에 특별한 규정이 없는 한 그 '처분 등을 행한 행정청'을 피고로 한다(행정소송법 제13조). 여기에서 '처분 등을 행한 행정청'이라 함은 처분 등을 외부적으로 그의 명의로 행한 행정청을 말하고, **정당한 권한을 가진 행정기관인지 여부는 불문**한다. 정당한 처분권한이 있는지 여부는 본안의 문제이고, 피고적격을 판단함에 있어 고려할 사항은 아니다(대판 1994.6.14. 94누1197 참조).

[❹ ▸ ○] 원고의 청구가 이유있다고 인정하는 경우에도 처분등을 취소하는 것이 현저히 공공복리에 적합하지 아니하다고 인정하는 때에는 법원은 원고의 청구를 기각할 수 있다(=사정판결). 이 경우 법원은 그 판결의 주문에서 그 처분등이 위법함을 명시하여야 한다(행정소송법 제28조 제1항).

[❺ ▸ ×] 과세처분취소소송의 처분의 적법 여부는 과세액이 정당한 세액을 초과하느냐의 여부에 따라 판단되는 것으로서 당사자는 사실심 변론종결시까지 객관적인 조세채무액을 뒷받침하는 주장과 자료를 제출할 수 있고 이러한 자료에 의하여 적법하게 부과될 정당한 세액이 산출되는 때에는 그 정당한 세액을 초과하는 부분만 취소하여야 할 것이고 전부를 취소할 것이 아니다(대판 2000.6.13. 98두5811). ☞ 과세처분취소소송에서 일부취소 인정 ○

핵심정리

행정소송법상 취소소송

① 무효인 처분 → 무효확인소송뿐만 아니라 '무효를 선언하는 의미의 취소소송'도 제기 가능
② 신청에 대한 거부행위 → 거부처분의 요건을 갖춘 경우 취소소송의 대상 ○
③ 취소소송의 피고적격
  → 처분 등을 외부적으로 그의 명의로 행한 행정청 ○
  → 처분 등을 할 정당한 권한을 가진 행정청(행정기관)인지 여부는 불문 (본안에서 판단할 문제임)
④ 취소소송에서 사정판결 → 처분이 위법한 것으로 인정되는 경우에도 공공복리를 위하여 기각판결 가능 ○
⑤ 과세처분취소소송에서 적법하게 부과될 세액이 산출되는 경우
  → 과세처분은 기속행위 + 적법하게 부과될 세액 산출 : 일부취소 인정 ○

답 ❹

183 ☐☐☐ **행정소송제도에 관한 설명 중 옳은 것은?(다툼이 있으면 판례에 따름)** 15 행정사 제3회

① 판례는 예방적 부작위청구소송(예방적 금지소송)을 인정한다.
② 주민소송은 주관적 소송에 해당한다.
③ 현행 행정소송법은 취소소송중심주의를 취하고 있다.
④ 행정처분에 대한 무효확인청구와 취소청구는 선택적 청구로서의 병합은 허용된다.
⑤ 당사자소송의 인정에 있어서는 개별법의 근거가 필요하다.

해설

[❶ ▸ ×] 판례는 예방적 부작위청구소송(예방적 금지소송)을 인정하지 않는다(대판 1987.3.24. 86누182).

> 건축건물의 준공처분을 하여서는 아니 된다는 내용의 부작위를 구하는 청구는 행정소송에서 허용되지 아니하는 것이므로 부적법하다(대판 1987.3.24. 86누182).

[❷ ▸ ×] 지방자치법상 주민소송은 **객관적 소송**의 일종인 민중소송에 해당하므로 개인의 구체적인 권리의 침해가 없더라도 제기할 수 있다.
[❸ ▸ O] 현행 행정소송법은 취소소송을 중심으로 규정되어 있고 나머지 소송은 주로 취소소송에 대한 준용규정으로 구성되어 있다.
[❹ ▸ ×] 행정처분에 대한 무효확인과 취소청구는 서로 양립할 수 없는 청구로서 **주위적 · 예비적 청구로서만 병합이 가능**하고 선택적 청구로서의 병합이나 단순 병합은 허용되지 아니한다(대판 1999.8.20. 97누6889).
[❺ ▸ ×] 당사자소송은 행정소송법 제3조 제2호가 일반적으로 인정하고 있으므로 개별법의 근거는 필요 없다고 보는 것이 타당하다.

핵심정리 **행정소송제도(예방적 금지소송, 주민소송, 청구의 병합, 당사자소송 등)**

① 예방적 부작위청구소송(예방적 금지소송) ⟶ 판례는 인정 × (행정소송법에 규정 ×)
② 주민소송 ⟶ 민중소송으로 객관소송에 해당 O
③ 행정소송법 ⟶ 취소소송중심주의
④ 무효확인청구와 취소청구 (양립할 수 없는 청구에 해당)
⟶ 주위적 · 예비적 청구의 병합만 가능 O
⟶ 단순병합이나 선택적 청구로서의 병합은 허용 ×
⑤ 당사자소송 ⟶ 개별법의 근거 필요 × (행정소송법 제3조 제2호가 일반적으로 인정 O)

답 ❸

184 □□□ **행정소송법에서 규정하고 있는 행정소송의 종류에 해당하지 않는 것은?** 19 행정사 제7회

① 당사자소송
② 기관소송
③ 민중소송
④ 부작위위법확인소송
⑤ 예방적 금지소송

해설

[❺ ▸ ×] ① 당사자소송, ② 기관소송, ③ 민중소송, ④ 부작위위법확인소송(항고소송에 포함)은 행정소송의 유형에 해당하나, 예방적 금지소송은 행정소송법에서 행정소송의 종류로 규정하고 있지 않다(행정소송법 제3조 및 제4조).

행정소송법 제3조(행정소송의 종류) 행정소송은 다음의 네 가지로 구분한다.
1. 항고소송 : 행정청의 처분등이나 부작위에 대하여 제기하는 소송
2. 당사자소송 : 행정청의 처분등을 원인으로 하는 법률관계에 관한 소송 그 밖에 공법상의 법률관계에 관한 소송으로서 그 법률관계의 한쪽 당사자를 피고로 하는 소송
3. 민중소송 : 국가 또는 공공단체의 기관이 법률에 위반되는 행위를 한 때에 직접 자기의 법률상 이익과 관계없이 그 시정을 구하기 위하여 제기하는 소송
4. 기관소송 : 국가 또는 공공단체의 기관상호 간에 있어서의 권한의 존부 또는 그 행사에 관한 다툼이 있을 때에 이에 대하여 제기하는 소송. 다만, 헌법재판소법 제2조의 규정에 의하여 헌법재판소의 관장사항으로 되는 소송은 제외한다.

행정소송법 제4조(항고소송) 항고소송은 다음과 같이 구분한다.
1. 취소소송 : 행정청의 위법한 처분등을 취소 또는 변경하는 소송
2. 무효등 확인소송 : 행정청의 처분등의 효력 유무 또는 존재여부를 확인하는 소송
3. 부작위위법확인소송 : 행정청의 부작위가 위법하다는 것을 확인하는 소송

답 ❺

185 □□□ **판례에 의할 때 항고소송의 대상이 아닌 것은?** 18 행정사 제6회

① 국세환급금결정
② 세무조사결정
③ 건축신고 반려행위
④ 지방의회의원 징계의결
⑤ 폐기물처리사업계획 부적합통보

해설

[❶ ▸ ×] ② 세무조사결정(대판 2011.3.10. 2009두23617), ③ 건축신고 반려행위(대판 2007.10.11. 2007두1316), ④ 지방의회의원 징계의결(대판 1993.11.26. 93누7341), ⑤ 폐기물처리사업계획 부적합통보(대판 1998.4.28. 97누21086)는 항고소송의 대상이 되는 처분에 해당하나, ① 국세환급금결정은 항고소송의 대상이 되는 처분이라고 할 수 없다(대판 2009.11.26. 2007두4018).

답 ❶

186 행정소송법상 항고소송의 대상에 해당하지 않는 것을 모두 고른 것은?(다툼이 있으면 판례에 따름)

□□□

17 행정사 제5회

ㄱ. 도지사의 혁신도시 최종입지 선정 행위
ㄴ. 지방의회의장에 대한 불신임의결
ㄷ. 국가공무원법상의 당연퇴직인사발령
ㄹ. 병역법상 군의관의 신체등위 판정
ㅁ. 한국마사회의 기수 면허 취소

① ㄴ, ㄷ
② ㄱ, ㄹ, ㅁ
③ ㄴ, ㄹ, ㅁ
④ ㄱ, ㄷ, ㄹ, ㅁ
⑤ ㄱ, ㄴ, ㄷ, ㄹ, ㅁ

해설

[ㄱ ▸ X] [ㄷ ▸ X] [ㄹ ▸ X] [ㅁ ▸ X] ㄱ. 도지사의 혁신도시 최종입지 선정 행위(대판 2007.11.15. 2007두10198), ㄷ. 국가공무원법상의 당연퇴직인사발령(대판 1995.11.14. 95누2036), ㄹ. 병역법상 군의관의 신체등위 판정(대판 1993.8.27. 93누3356), ㅁ. 한국마사회의 기수 면허 취소(대판 2008.1.31. 2005두8269)는 항고소송의 대상이 되는 처분에 해당하지 아니한다.

[ㄴ ▸ O] 지방의회의장에 대한 불신임의결은 항고소송의 대상이 되는 처분에 해당한다(대결 1994.10.11. 94두23).

답 ❹

187 판례에 의할 때 항고소송의 대상인 것을 모두 고른 것은?

□□□

21 행정사 제9회

ㄱ. 어업권 면허에 선행하는 우선순위결정
ㄴ. 농지법상 이행강제금 부과처분
ㄷ. 구 청소년보호법상 청소년유해매체물 결정 및 고시처분
ㄹ. 두밀분교를 폐교하는 경기도의 조례

① ㄱ, ㄴ
② ㄱ, ㄷ
③ ㄴ, ㄷ
④ ㄴ, ㄹ
⑤ ㄷ, ㄹ

해설

[ㄱ ▸ X] [ㄴ ▸ X] ㄱ. 어업권 면허에 선행하는 우선순위결정(대판 1995.1.20. 94누6529), ㄴ. 농지법상 이행강제금 부과처분(대판 2019.4.11. 2018두42955)은 항고소송의 대상이 되는 처분에 해당하지 않는다.

[ㄷ ▸ O] [ㄹ ▸ O] ㄷ. 구 청소년보호법상 청소년유해매체물 결정 및 고시처분(대판 2007.6.14. 2004두619), ㄹ. 두밀분교를 폐교하는 경기도의 조례(대판 1996.9.20. 95누8003)는 항고소송의 대상이 되는 처분에 해당한다.

답 ❺

188 □□□ **판례에 의할 때 항고소송의 대상이 되는 처분에 해당하지 않는 것은?** 14 행정사 제2회

① 과세관청의 부가가치세법상 사업자등록의 직권말소행위

② 거부처분 이후에 동일한 내용의 신청에 대해 다시 반복된 거부처분

③ 폐기물관리법령상 폐기물처리업허가 전의 사업계획에 대한 부적정통보

④ 국가인권위원회의 성희롱결정 및 시정조치권고

⑤ 건축주 명의변경신고 수리거부행위

해설

[❶ ▸ ×] ② 거부처분 이후에 동일한 내용의 신청에 대해 다시 반복된 거부처분(대판 2002.3.29. 2000두6084), ③ 폐기물관리법령상 폐기물처리업허가 전의 사업계획에 대한 부적정통보(대판 1998.4.28. 97누21086), ④ 국가인권위원회의 성희롱결정 및 시정조치권고(대판 2005.7.8. 2005두487), ⑤ 건축주 명의변경신고 수리거부행위(대판 1992.3.31. 91누4911)는 항고소송의 대상이 되는 처분에 해당하나, ① 과세관청의 부가가치세법상 사업자등록의 직권말소행위는 항고소송의 대상이 되는 처분에 해당하지 않는다(대판 2000.12.22. 99두6903).

답 ❶

189 □□□ **판례에 의할 때 항고소송의 대상이 아닌 것은?** 13 행정사 제1회

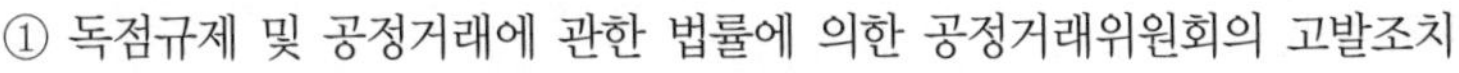

① 독점규제 및 공정거래에 관한 법률에 의한 공정거래위원회의 고발조치

② 국유재산의 무단점유자에 대한 변상금부과처분

③ 지적공부 소관청의 지목변경신청 반려행위

④ 건축물대장 소관청의 건축물 용도변경신청 거부행위

⑤ 지방의회의장에 대한 지방의회의 불신임의결

해설

[❶ ▸ ×] ② 국유재산의 무단점유자에 대한 변상금부과처분(대판 1988.2.23. 87누1046), ③ 지적공부 소관청의 지목변경신청 반려행위(대판 2004.4.22. 2003두9015[전합]), ④ 건축물대장 소관청의 건축물 용도변경신청 거부행위(대판 2009.1.30. 2007두7277), ⑤ 지방의회의장에 대한 지방의회의 불신임의결(대결 1994.10.11. 94두23)은 항고소송의 대상이 되는 처분에 해당하나, ① 독점규제 및 공정거래에 관한 법률에 의한 공정거래위원회의 고발조치는 항고소송의 대상이 되는 처분에 해당하지 아니한다(대판 1995.5.12. 94누13794).

답 ❶

190 판례에 의할 때 항고소송의 대상이 되는 행정처분에 해당하는 것을 모두 고른 것은?
□□□

23 행정사 제11회

ㄱ. 지목변경신청 반려행위
ㄴ. 건축물 용도변경신청 거부행위
ㄷ. 건축물대장 작성신청 반려행위
ㄹ. 토지대장 직권말소행위
ㅁ. 토지대장상의 소유자명의변경신청 거부행위

① ㄱ
② ㄴ, ㅁ
③ ㄷ, ㄹ, ㅁ
④ ㄱ, ㄴ, ㄷ, ㄹ
⑤ ㄱ, ㄴ, ㄷ, ㄹ, ㅁ

해설

[ㄱ ▸ O] [ㄴ ▸ O] [ㄷ ▸ O] [ㄹ ▸ O] 대법원 판례는 ㄱ. 지목변경신청 반려행위(대판 2004.4.22. 2003두9015[전합]), ㄴ. 건축물 용도변경신청 거부행위(대판 2009.1.30. 2007두7277), ㄷ. 건축물대장 작성신청 반려행위(대판 2009.2.12. 2007두17359), ㄹ. 토지대장 직권말소행위(대판 2013.10.24. 2011두13286)는 항고소송의 대상이 되는 행정처분에 해당한다고 보았다.

[ㅁ ▸ X] 대법원 판례는 토지대장상의 소유자명의변경신청 거부행위는 항고소송의 대상이 되는 행정처분이 아니라고 보았다(대판 2012.1.12. 2010두12354).

> 토지대장에 기재된 일정한 사항을 변경하는 행위는, 그것이 지목의 변경이나 정정 등과 같이 토지소유권 행사의 전제요건으로서 토지소유자의 실체적 권리관계에 영향을 미치는 사항에 관한 것이 아닌 한 행정사무집행의 편의와 사실증명의 자료로 삼기 위한 것일 뿐이어서, 그 소유자 명의가 변경된다고 하여도 이로 인하여 당해 토지에 대한 실체상의 권리관계에 변동을 가져올 수 없고 토지 소유권이 지적공부의 기재만에 의하여 증명되는 것도 아니다. 따라서 소관청이 토지대장상의 소유자명의변경신청을 거부한 행위는 이를 항고소송의 대상이 되는 행정처분이라고 할 수 없다(대판 2012.1.12. 2010두12354).

➲ 토지대장 등 공적 장부 기재 · 정정 · 삭제 관련 행정처분에 해당 여부

처분성 인정	처분성 부정
• 지목변경신청 반려행위ㄱ • 토지대장 직권말소행위ㄹ • 토지분할신청의 거부행위 • 고속도로 건설공사에 편입되는 토지면적등록 정정신청 반려행위	• 토지대장상의 소유자명의변경신청 거부행위ㅁ
• 건축물대장 작성신청 반려행위ㄷ • 건축물대장 용도변경신청 거부행위ㄴ • 건축물대장 직권말소행위	• 무허가건물관리대장의 등재 또는 삭제행위 • 가옥대장에 일정한 사항을 등재한 행위
	• 법무법인의 공정증서 작성행위 • 자동차운전면허대장상 일정한 사항의 등재행위 • 과세관청의 사업자등록 직권말소행위 • 인감증명행위

답 ❹

191 신청에 대한 거부처분에 관한 설명으로 옳은 것은?(다툼이 있으면 판례에 따름)
□□□

21 행정사 제9회

① 거부처분은 당사자의 권익을 제한하는 처분에 해당하므로 원칙적으로 행정절차법상 사전통지의 대상이 된다.
② 거부처분에 대하여는 행정소송법상 집행정지를 구할 이익이 있어 집행정지가 허용된다.
③ 거부처분의 취소판결의 취지에 따라 행정청이 처분을 하지 않는 경우, 당사자는 수소법원에 직접강제를 신청할 수 있다.
④ 거부처분이 성립되려면 신청인에게 그 행위발동을 요구할 법규상 또는 조리상 신청권이 있어야 한다.
⑤ 거부처분에 대하여는 행정소송법상 명문의 규정으로 의무이행소송이 허용된다.

해설

[❶ ▸ ×] 신청에 대한 거부처분은 '당사자의 권익을 제한하는 처분'에 해당한다고 할 수 없는 것이어서 처분의 사전통지대상이 된다고 할 수 없다(대판 2003.11.28. 2003두674).
[❷ ▸ ×] 거부처분의 효력정지는 그 거부처분으로 인하여 신청인에게 생길 손해를 방지하는 데에 아무런 소용이 없어 그 효력정지를 구할 이익이 없다(대결 1992.2.13. 91두47).
[❸ ▸ ×] **행정심판**에서는 이행재결의 기속력의 확보를 위하여 **위원회의 직접처분**(제50조)과 **간접강제제도**(제50조의2) 2가지 수단이 인정되는 반면, **행정소송**에서는 거부처분 취소판결의 기속력의 확보를 위한 수단으로 **간접강제제도**만 인정된다(행정소송법 제34조).
[❹ ▸ ○] 국민의 적극적 신청행위에 대하여 행정청이 그 신청에 따른 행위를 하지 않겠다고 거부한 행위가 항고소송의 대상이 되는 행정처분에 해당하는 것이라고 하려면, 그 신청한 행위가 공권력의 행사 또는 이에 준하는 행정작용이어야 하고, 그 거부행위가 신청인의 법률관계에 어떤 변동을 일으키는 것이어야 하며, 그 국민에게 그 행위발동을 요구할 법규상 또는 조리상의 신청권이 있어야 한다(대판 2009.9.10. 2007두20638).
[❺ ▸ ×] 행정소송법에는 의무이행소송을 인정하는 명문규정이 존재하지 아니한다. 해석상 의무이행소송을 허용할 것인지에 대하여 견해가 대립하지만, 다수설과 판례는 현행 행정소송법상 의무이행소송은 허용되지 않는다는 입장이다. (cf. 행정심판법에는 의무이행심판을 인정하는 명문의 규정 ○)

핵심정리

신청에 대한 거부처분 일반(거부처분의 성립요건, 집행정지, 사전통지, 의무이행소송)
① 거부처분 → 행정절차법상 사전통지의 대상 ×
② 거부처분 → 집행정지 허용 ×
③ 거부처분 취소판결의 취지에 따라 행정청이 처분을 하지 않는 경우
→ 수소법원에 간접강제 신청 가능 ○
④ 거부처분의 성립요건
→ ㉠ 신청한 행위가 공권력의 행사 또는 이에 준하는 행정작용일 것
→ ㉡ 거부행위가 신청인의 법률관계에 어떤 변동을 일으키는 것
→ ㉢ 신청인에게 법규상 또는 조리상 신청권이 존재할 것
⑤ 거부처분 → 의무이행소송 허용 × (행정소송법에 의무이행소송 규정 ×)

답 ❹

192 甲의 도로점용허가 신청에 대하여 처분청 X는 거부처분을 하였다. 이에 관한 설명으로 옳은 것을 모두 고른 것은?(다툼이 있으면 판례에 따름) 20 행정사 제8회

ㄱ. 甲은 거부처분취소심판이나 의무이행심판을 제기할 수 있다.
ㄴ. 만약, X가 거부처분에 앞서 사전통지를 하지 않았다면 그 거부처분에는 절차상 하자가 있다.
ㄷ. 甲이 거부처분취소소송을 제기하여 인용판결이 확정되었다면 X는 도로점용허가를 발령하여야 한다.
ㄹ. 甲이 거부처분취소소송을 제기하여 인용판결이 상고심에서 확정되었음에도 X가 아무런 조치를 취하지 아니하면 상고심 법원은 甲의 신청에 의해 간접강제 결정을 할 수 있다.

① ㄱ
② ㄱ, ㄷ
③ ㄱ, ㄹ
④ ㄴ, ㄷ
⑤ ㄴ, ㄹ

해설

[ㄱ ▸ O] 甲은 처분청 X의 거부처분에 대하여 취소심판이나 의무이행심판을 제기할 수 있다.

[ㄴ ▸ X] 신청에 대한 거부처분은 '당사자의 권익을 제한하는 처분'에 해당한다고 할 수 없는 것이어서 처분의 사전통지대상이 된다고 할 수 없다(대판 2003.11.28. 2003두674). 따라서 거부처분에 앞서 사전통지를 하지 않았더라도 그 거부처분에는 절차상 하자가 있다고 할 수 없다.

[ㄷ ▸ X] 甲이 거부처분취소소송을 제기하여 인용판결이 확정되었다면 처분청 X는 판결의 취지에 따라 이전의 신청에 대하여 재처분의무를 부담한다(행정소송법 제30조 제2항). 이때 행정청의 재처분의 내용은 판결의 취지를 존중하는 것이면 되고, 반드시 甲이 신청한 내용대로 도로점용허가를 발령하여야 하는 것은 아니다(대판 1998.1.7. 97두22 참조). 예를 들면, 절차의 하자를 이유로 인용판결(취소판결)이 확정된 경우라면, 처분청 X는 적법한 절차를 거쳐 다시 거부처분을 할 수도 있다.

[ㄹ ▸ X] 간접강제 결정은 상고심 법원(대법원)이 아니라 **제1심수소법원**이 당사자의 신청에 따라 할 수 있다(행정소송법 제34조 제1항).

핵심정리 **거부처분 관련 중요 쟁점**

ㄱ. 처분청이 거부처분을 한 경우 → 거부처분취소심판이나 의무이행심판 제기 가능 O
ㄴ. 신청에 대한 거부처분 → 행정절차법상 사전통지의 대상 ×
ㄷ., ㄹ. 거부처분취소소송에서 인용판결(취소판결)이 확정된 경우
→ 처분청은 이전의 신청에 대하여 재처분의무를 부담할 뿐, 신청한 내용대로 도로점용허가를 발령해야 하는 것은 아님
→ 처분청이 아무 조치도 취하지 아니하는 경우, 제1심수소법원은 당사자의 신청에 의해 간접강제 결정 가능

답 ❶

193 □□□ 관할 시장 A는 2024.2.5. 甲에 대하여 1,000만원의 과징금부과처분을 하였고, 甲은 2024.2.6. 처분서를 수령하였다. 甲은 과징금부과처분 취소심판을 제기하였는데, 관할 행정심판위원회는 2024.4.23. 1,000만원의 과징금부과처분을 700만원으로 감액하는 일부취소재결을 하여, 해당 재결서의 정본이 2024.4.24. 甲에게 송달되었다. 이때 甲이 일부취소재결에도 아직 취소되지 않고 남아있는 부분이 위법하다고 보아 취소소송을 제기하는 경우 소의 대상과 제소기간의 기산일은? (일부취소재결 고유의 하자는 없으며, 다툼이 있으면 판례에 따름) 24 행정사 제12회

	소의 대상	제소기간 기산일
①	700만원으로 감액된 2024.2.5. 자 과징금부과처분	2024.4.24.
②	700만원으로 감액된 2024.2.5. 자 과징금부과처분	2024.2.6.
③	700만원으로 감액한 2024.4.23. 자 일부취소재결	2024.4.24.
④	700만원으로 감액한 2024.4.23. 자 일부취소재결	2024.2.6.
⑤	2024.2.5. 자 1,000만원의 과징금부과처분	2024.2.6.

해설

[❶ ▸ O] 행정심판에서 당초의 1,000만원의 과징금부과처분을 700만원으로 감액하는 변경재결(일부취소재결)이 있는 경우, **취소소송의 대상은 '700만원으로 변경된 내용의 2024.2.5. 자 당초처분'**이고, 취소소송의 제소기간의 준수 여부도 '변경된 내용의 당초 처분'을 기준으로 판단하여야 한다(대판 2007.4.27. 2004두9302 참조). 다만, 행정심판의 재결을 거친 경우이므로 취소소송은 행정심판의 재결서 정본을 송달받은 날(2024.4.24.)로부터 90일 이내에 제기되어야 한다(행정소송법 제20조 제1항 단서).

> 행정청이 식품위생법령에 따라 영업자에게 행정제재처분을 한 후 그 처분을 영업자에게 유리하게 변경하는 처분을 한 경우, 변경처분에 의하여 당초 처분은 소멸하는 것이 아니고 당초부터 유리하게 변경된 내용의 처분으로 존재하는 것이므로, 변경처분에 의하여 유리하게 변경된 내용의 행정제재가 위법하다 하여 그 취소를 구하는 경우 그 취소소송의 대상은 변경된 내용의 당초 처분이지 변경처분은 아니고, 제소기간의 준수 여부도 변경처분이 아닌 변경된 내용의 당초 처분을 기준으로 판단하여야 한다(대판 2007.4.27. 2004두9302). ☞ [판결이유] 일부인용의 이행재결에 따른 후속 변경처분에 의하여 변경된 내용의 당초처분의 취소를 구하는 이 사건 소 또한 행정심판재결서 정본을 송달받은 날로부터 90일 이내 제기되어야 한다.

답 ❶

194 행정소송법상 항고소송에 관한 설명으로 옳은 것은? 19 행정사 제7회

□□□

① 취소소송은 처분등의 취소를 구할 정당한 이익이 있는 자가 제기할 수 있다.

② 취소소송은 다른 법률에 특별한 규정이 없는 한 국가·공공단체 그 밖의 권리주체를 피고로 한다.

③ 행정소송법상 항고소송의 종류로는 취소소송, 무효등확인소송, 의무이행소송이 있다.

④ 처분등을 취소하는 확정판결은 당사자 간에 효력이 있고, 제3자에 대하여는 효력이 미치지 아니한다.

⑤ 법원은 필요하다고 인정할 때에는 직권으로 증거조사를 할 수 있고, 당사자가 주장하지 아니한 사실에 대하여도 판단할 수 있다.

해설

[❶ ▸ ×] 취소소송은 처분등의 취소를 구할 **법률상 이익이 있는 자**가 제기할 수 있다(행정소송법 제12조 전문).

[❷ ▸ ×] 취소소송은 다른 법률에 특별한 규정이 없는 한 그 **처분등을 행한 행정청**을 피고로 한다(행정소송법 제13조 제1항 본문).

> 행정청은 국가나 지방자치단체 등의 기관에 불과하므로 취소소송의 피고적격은 처분이나 재결의 효과가 귀속되는 행정주체(국가나 지방자치단체 등)가 갖는 것이 원칙이지만, 행정소송법은 소송수행의 편의를 위해서 '처분 등을 행한 행정청'에게 피고적격을 인정하고 있는 것이다.

[❸ ▸ ×] 행정소송법상 항고소송은 취소소송, 무효등확인소송, 부작위위법확인소송이 있다(행정소송법 제4조).

[❹ ▸ ×] 처분등을 취소하는 확정판결은 제3자에 대하여도 효력이 있다(행정소송법 제29조 제1항). 이를 취소판결의 대세효(제3자효)라 한다. 취소판결의 효력이 제3자에도 미침으로 인하여 제3자가 불측의 손해를 입을 수 있으므로, 행정소송법은 제3자의 권리를 보호하기 위하여 제3자의 소송참가제도(행정소송법 제16조)와 제3자의 재심청구제도(행정소송법 제31조)를 인정하고 있다.

[❺ ▸ ○] 법원은 필요하다고 인정할 때에는 직권으로 증거조사를 할 수 있고, 당사자가 주장하지 아니한 사실에 대하여도 판단할 수 있다(행정소송법 제26조). 직권심리주의란 소송자료(사실과 증거)의 수집을 법원이 직권으로 할 수 있는 소송심리의 원칙을 말한다. 행정소송법 제26조는 직권심리주의를 규정하고 있다. 그런데 판례는 행정소송에서 직권탐지를 극히 예외적으로만 인정하고 있다(대판 1994.10.11. 94누4820).

핵심정리

행정소송법상 항고소송

①, ② 취소소송의 당사자적격
- → 원고적격 : 처분의 취소를 구할 '법률상 이익'이 있는 자 ○ ('정당한 이익'이 있는 자 ×)
- → 피고적격 : 처분등을 행한 행정청 ○ (국가·공공단체 그 밖의 권리주체 ×)

③ 항고소송의 종류
- → 취소소송, 무효등확인소송, 부작위위법확인소송
- → 의무이행소송 ×, 예방적 금지소송(예방적 부작위청구소송) ×

④ 확정된 취소판결의 효력 → 대세효(제3자효) ○

⑤ 행정소송법상 직권심리주의(제26조)
- → 법원의 직권으로 증거조사 + 당사자가 주장하지 아니한 사실에 대한 판단 가능

답 ❺

195 취소소송에 관한 설명으로 옳은 것은?(다툼이 있으면 판례에 따름)

23 행정사 제11회

□□□

① 제약회사는 보건복지부 고시인 '약제급여 · 비급여 목록 및 급여 상한금액표' 중 그 제약회사가 제조 · 공급하는 약제의 상한금액 인하 부분의 취소를 구할 원고적격이 있다.

② 처분의 효과가 소멸된 뒤에는 그 처분의 취소로 인하여 회복되는 법률상 이익이 있어도 그 처분에 대한 취소소송을 제기할 수 없다.

③ 지방법무사회가 법무사의 사무원 채용승인 신청을 거부한 경우 채용승인을 신청한 법무사가 아닌 자는 취소소송을 제기하지 못한다.

④ 기존의 시외버스운송사업자인 甲회사는 동일노선을 운행하는 乙회사에 대한 시외버스운송사업계획변경인가 처분으로 인하여 甲회사의 수익감소가 예상되는 경우라도 그 처분의 취소를 구할 법률상의 이익이 없다.

⑤ 「주택법」상 입주자는 건축물의 하자를 이유로 그 건축물에 대한 사용검사처분의 취소를 구할 법률상 이익이 있다.

해설

[❶ ▸ O] 제약회사가 자신이 공급하는 약제에 관하여 국민건강보험법, 같은 법 시행령, 국민건강보험 요양급여의 기준에 관한 규칙(2001.12.31. 보건복지부령 제207호) 등 약제상한금액고시의 근거 법령에 의하여 보호되는 직접적이고 구체적인 이익을 향유하는데, 보건복지부 고시인 약제급여 · 비급여목록 및 급여상한금액표(보건복지부 고시 제2002-46호로 개정된 것)로 인하여 자신이 제조 · 공급하는 약제의 상한금액이 인하됨에 따라 위와 같이 보호되는 법률상 이익이 침해당할 경우, **제약회사는 위 고시의 취소를 구할 원고적격이 있다**고 한 사례(대판 2006.9.22. 2005두2506).

[❷ ▸ ×] 취소소송은 처분등의 취소를 구할 법률상 이익이 있는 자가 제기할 수 있다. 처분등의 효과가 기간의 경과, 처분등의 집행 그 밖의 사유로 인하여 소멸된 뒤에도 그 처분등의 취소로 인하여 회복되는 법률상 이익이 있는 자의 경우에는 또한 같다(행정소송법 제12조).

[❸ ▸ ×] 지방법무사회의 사무원 채용승인 거부처분 또는 채용승인 취소처분에 대해서는 **처분 상대방인 법무사**뿐만 아니라 그 때문에 **사무원이 될 수 없게 된 사람**도 이를 다툴 **원고적격이 인정**되어야 한다(대판 2020.4.9. 2015다34444).

[❹ ▸ ×] 甲회사의 시외버스운송사업과 乙회사의 시외버스운송사업이 다 같이 운행계통을 정하여 여객을 운송하는 노선여객자동차 운송사업에 속하고, 乙회사에 대한 시외버스운송사업계획변경인가 처분으로 기존의 시외버스운송사업자인 甲회사의 노선 및 운행계통과 甲회사의 노선 및 운행계통이 일부 같고, 기점 혹은 종점이 같거나 인근에 위치한 甲회사의 수익감소가 예상되므로, 기존의 시외버스운송사업자인 甲회사에 위 처분의 취소를 구할 법률상의 이익이 있다고 한 사례(대판 2010.6.10. 2009두10512).

[❺ ▸ ×] 구 주택법(2012.1.26. 법률 제11243호로 개정되기 전의 것)상 입주자나 입주예정자는 사용검사처분의 무효확인 또는 취소를 구할 법률상 이익이 없다(대판 2015.1.29. 2013두24976).

핵심정리 **취소소송의 원고적격 등**

① 보건복지부 고시인 '약제급여 · 비급여 목록 및 급여 상한금액표' 중 제약회사가 제조 · 공급하는 약제의 상한금액 인하 부분에 대한 취소소송 ⇢ 제약회사의 원고적격 ○

② 취소소송에서 협의의 소의 이익 ⇢ 처분의 효과가 소멸된 뒤에도 그 처분의 취소로 인하여 회복되는 법률상 이익이 있으면 그 처분에 대한 취소소송을 제기 가능 ○

③ 지방법무사회가 법무사의 사무원 채용승인 신청을 거부한 경우, 거부처분취소소송의 원고적격
⇢ 채용승인을 신청한 법무사의 원고적격 ○
⇢ 채용승인 거부로 인하여 사무원이 될 수 없게 된 사람의 원고적격 ○

④ 乙회사에 대한 시외버스운송사업계획변경인가 처분으로 인하여 동일노선의 기존의 시외버스운송사업자인 甲회사의 수익감소가 예상되는 경우 ⇢ 甲회사는 乙회사에 대한 시외버스운송사업계획변경인가 처분의 취소를 구할 법률상의 이익(원고적격) ○

⑤ 「주택법」상 입주자 ⇢ 건축물에 대한 사용검사처분의 취소를 구할 법률상 이익(원고적격) ×

답 ❶

196 항고소송의 피고에 관한 설명으로 옳지 않은 것은?(다툼이 있으면 판례에 따름)

□□□

20 행정사 제8회

① 처분이 있은 뒤에 그 처분에 관계되는 권한이 다른 행정청에 승계된 때에는 이를 승계한 행정청을 피고로 한다.

② 공정거래위원회의 처분에 대한 항고소송의 피고는 공정거래위원회가 된다.

③ 조례에 대한 무효확인소송의 경우 해당 지방의회의 의장이 피고가 된다.

④ 원고가 피고를 잘못 지정한 때에는 법원은 원고의 신청에 의하여 결정으로써 피고의 경정을 허가할 수 있다.

⑤ 소의 종류의 변경 시에도 피고의 경정이 인정된다.

해설

[❶ ▸ O] 취소소송은 다른 법률에 특별한 규정이 없는 한 그 처분등을 행한 행정청을 피고로 한다. 다만, 처분등이 있은 뒤에 그 처분등에 관계되는 권한이 다른 행정청에 승계된 때에는 이를 승계한 행정청을 피고로 한다(행정소송법 제13조 제1항).

[❷ ▸ O] 합의제 행정기관(예 감사원, 공정거래위원회, 토지수용위원회)도 행정에 관한 의사를 결정하고 자신의 이름으로 대외적으로 그 의사를 표시할 수 있는 권한을 가지고 있으면, 합의제 행정청에 해당한다. 합의제 행정청이 처분청인 경우에는 합의제행정청이 피고가 되므로, 공정거래위원회의 처분에 대한 항고소송의 피고는 공정거래위원회가 된다.

[❸ ▸ ×] 조례에 대한 무효확인소송을 제기함에 있어서 피고적격이 있는 처분 등을 행한 행정청은, 지방자치단체의 집행기관으로서 조례로서의 효력을 발생시키는 공포권이 있는 지방자치단체의 장이다(대판 1996.9.20. 95누8003).

[❹ ▸ O] 원고가 피고를 잘못 지정한 때에는 법원은 원고의 신청에 의하여 결정으로써 피고의 경정을 허가할 수 있다(행정소송법 제14조 제1항).

[❺ ▸ O] 소의 (종류)변경을 허가하는 결정이 확정되면, 법원은 결정의 정본을 새로운 피고에게 송달하여야 하고, 새로운 피고에 대한 소송은 처음에 소를 제기한 때에 제기된 것으로 보며, 종전의 피고에 대한 소송은 취하된 것으로 본다(행정소송법 제21조 제4항, 제14조 제2항 · 제4항 · 제5항). 즉, 소의 (종류)변경 시에도 피고의 경정이 인정된다.

핵심정리 **항고소송에서의 피고(피고적격, 피고의 경정)**

①, ②, ③ 항고소송의 피고적격

→ 처분이 있은 후 권한이 다른 행정청에 승계된 경우 : 승계한 행정청이 피고적격 ○

→ 공정거래위원회의 처분에 대한 항고소송의 경우 : 공정거래위원회가 피고적격 ○

→ 조례에 대한 무효확인소송의 경우 : 지방자치단체의 장이 피고적격 ○ (지방의회 의장 ×)

④, ⑤ 피고의 경정

→ 원고가 피고를 잘못 지정한 경우 : 원고의 신청 + 법원의 허가에 의해 피고 경정 인정 ○

→ 소의 종류의 변경이 있는 경우 : 피고의 경정 인정 ○

답 ❸

197 행정소송법상 집행정지에 관한 설명으로 옳은 것은? 15 행정사 제3회

□□□

① 집행정지의 결정 또는 기각의 결정에 대하여는 즉시항고할 수 없다.

② 집행정지는 공공복리에 중대한 영향을 미칠 우려가 있을 때에도 허용된다.

③ 취소소송의 제기는 처분등의 효력이나 그 집행 또는 절차의 속행에 영향을 준다.

④ 처분의 효력정지는 처분등의 집행 또는 절차의 속행을 정지함으로써 목적을 달성할 수 있는 경우에는 허용되지 않는다.

⑤ 긴급한 필요가 있다고 인정할 때에는 본안이 계속되고 있는 법원은 직권에 의하여 처분등의 효력의 전부 또는 일부의 정지를 결정할 수 없다.

해설

[❶ ▸ ×] 집행정지의 결정 또는 기각의 결정에 대하여는 **즉시항고**할 수 있다(행정소송법 제23조 제5항).

[❷ ▸ ×] 집행정지는 공공복리에 중대한 영향을 미칠 우려가 있을 때에는 허용되지 아니한다(행정소송법 제23조 제3항).

[❸ ▸ ×] 취소소송의 제기는 처분등의 효력이나 그 집행 또는 절차의 속행에 영향을 주지 아니한다(행정소송법 제23조 제1항). ☞ 집행부정지의 원칙에 대한 설명이다.

[❹ ▸ ○] [❺ ▸ ×] 취소소송이 제기된 경우에 처분등이나 그 집행 또는 절차의 속행으로 인하여 생길 회복하기 어려운 손해를 예방하기 위하여 긴급한 필요가 있다고 인정할 때에는 **본안이 계속되고 있는 법원**은 당사자의 신청 또는 **직권**에 의하여 처분등의 **효력**이나 그 **집행** 또는 **절차의 속행의 전부 또는 일부의 정지**를 결정할 수 있다.❺ 다만, 처분의 **효력정지**는 처분등의 집행 또는 절차의 속행을 정지함으로써 목적을 달성할 수 있는 경우에는 허용되지 아니한다(행정소송법 제23조 제2항).❹

핵심정리 **행정소송법상 집행정지**

① 집행정지의 결정 또는 기각의 결정 → 즉시항고 ○

② 공공복리에 중대한 영향을 미칠 우려가 있을 경우 → 집행정지 허용 ×

③ 집행부정지의 원칙 → 취소소송의 제기는 처분등의 효력이나 집행 또는 절차의 속행에 영향 ×

④ 처분의 효력정지 → 처분등의 집행 또는 절차의 속행 정지로 목적을 달성할 수 있으면 허용 ×

⑤ 본안이 계속되고 있는 법원은 긴급한 필요가 있다고 인정할 경우
→ 직권에 의하여 처분등의 효력의 전부 또는 일부의 정지 결정 가능

답 ❹

198 □□□ 행정소송상 집행정지에 관한 설명으로 옳은 것을 모두 고른 것은?

24 행정사 제12회

> ㄱ. 「행정소송법」상 집행정지는 부작위위법확인소송에는 인정되지 않는다.
> ㄴ. 처분이 가분적이더라도 처분의 일부에 대한 집행정지는 허용되지 않는다.
> ㄷ. 처분의 효력정지는 처분등의 집행을 정지함으로써 목적을 달성할 수 있는 경우에는 허용되지 않는다.
> ㄹ. 집행정지의 결정에 대한 즉시항고에는 결정의 집행을 정지하는 효력이 인정된다.

① ㄱ, ㄴ
② ㄱ, ㄷ
③ ㄴ, ㄹ
④ ㄱ, ㄷ, ㄹ
⑤ ㄴ, ㄷ, ㄹ

해설

[ㄱ ▸ O] 집행정지가 허용될 수 있는 본안소송은 취소소송과 무효등 확인소송이며(행정소송법 제23조 제2항, 제38조 제1항), **부작위위법확인소송**과 **당사자소송**은 **집행정지가 인정되지 않는다**(행정소송법 제38조 제2항, 제44조 제1항).

[ㄴ ▸ X] 처분의 내용이 가분적인 경우에는 **처분의 일부**에 대하여서만 정지하는 것도 가능하다(행정소송법 제23조 제2항 본문).

[ㄷ ▸ O] **처분의 효력정지**는 처분등의 집행을 정지함으로써 목적을 달성할 수 있는 경우에는 허용되지 않는다(행정소송법 제23조 제2항 단서).

[ㄹ ▸ X] 집행정지의 결정에 대한 즉시항고에는 결정의 집행을 정지하는 효력이 없다(행정소송법 제23조 제5항 단서).

> **행정소송법 제23조(집행정지)** ② 취소소송이 제기된 경우에 처분등이나 그 집행 또는 절차의 속행으로 인하여 생길 회복하기 어려운 손해를 예방하기 위하여 긴급한 필요가 있다고 인정할 때에는 본안이 계속되고 있는 법원은 당사자의 신청 또는 직권에 의하여 처분등의 효력이나 그 집행 또는 절차의 속행의 전부 또는 일부의 정지(이하 "집행정지"라 한다)를 결정할 수 있다.ㄴ 다만, 처분의 효력정지는 처분등의 집행 또는 절차의 속행을 정지함으로써 목적을 달성할 수 있는 경우에는 허용되지 아니한다.ㄷ
> ⑤ 제2항의 규정에 의한 집행정지의 결정 또는 기각의 결정에 대하여는 즉시항고할 수 있다. 이 경우 집행정지의 결정에 대한 즉시항고에는 결정의 집행을 정지하는 효력이 없다.ㄹ

핵심정리 **행정소송상 집행정지**

ㄱ. 행정소송법상 집행정지 → 부작위위법확인소송에 인정 ×
ㄴ. 처분의 내용이 가분적인 경우 → 처분의 일부에 대한 집행정지 인정 ○
ㄷ. 처분의 효력정지
→ 처분등의 집행 정지 또는 절차의 속행 정지로 목적을 달성할 수 있는 경우에는 허용 ×
ㄹ. 집행정지의 결정에 대한 즉시항고 → 집행정지 결정의 집행을 정지하는 효력 ×

답 ❷

199 행정소송법상 가구제에 관한 설명으로 옳지 않은 것은?

□□□

19 행정사 제7회

① 행정심판법에서 인정되는 임시처분제도가 행정소송법에는 없다.

② 집행정지는 공공복리에 중대한 영향을 미칠 우려가 있을 때에는 허용되지 아니한다.

③ 집행정지신청이 인용되려면 취소소송이 제기된 경우에 처분등이나 그 집행 또는 절차의 속행으로 인하여 생길 중대한 손해를 예방하기 위한 경우이어야 한다.

④ 집행정지의 결정을 신청함에 있어서는 그 이유에 대한 소명이 있어야 한다.

⑤ 처분의 효력정지는 처분등의 집행 또는 절차의 속행을 정지함으로써 목적을 달성할 수 있는 경우에는 허용되지 아니한다.

해설

[❶ ▸ ○] 행정심판법과는 달리 행정소송법은 임시처분에 해당하는 가처분을 규정하고 있지 아니하고 있으며 항고소송에 대한 가처분의 인정 여부에 대해 학설은 대립하나 판례는 부정적인 태도를 취하고 있다(대판 1959.11.20. 4292행항2).

[❷ ▸ ○] 집행정지는 공공복리에 중대한 영향을 미칠 우려가 있을 때에는 허용되지 아니한다(행정소송법 제23조 제3항).

[❸ ▸ ×] **행정심판**에서 **중대한 손해**가 생기는 것을 예방하기 위한 것으로 규정한 것(행정심판법 제30조 제2항)과 달리, **행정소송**에서는 **회복하기 어려운 손해**를 예방하기 위한 것으로 규정(행정소송법 제23조 제2항)하고 있음을 유의하여야 한다.

[❹ ▸ ○] 집행정지의 결정을 신청함에 있어서는 그 이유에 대한 **소명**이 있어야 한다(행정소송법 제23조 제4항).

> 증명(證明)이란 법관이 요증사실의 존재에 대하여 고도의 개연성에 의한 확신을 얻은 상태를 의미하거나 그와 같은 상태에 이르도록 증거를 제출하는 당사자의 노력을 말한다. 반면, 소명(疎明)이란 증명에 비하여 한 단계 낮은 개연성(저도의 개연성), 즉 법관이 일응 확실할 것이라는 추측을 얻은 상태를 의미하거나 그와 같은 상태에 이르도록 증거를 제출하는 당사자의 노력을 말한다.

[❺ ▸ ○] 처분의 **효력정지**는 처분등의 집행 또는 절차의 속행을 정지함으로써 목적을 달성할 수 있는 경우에는 허용되지 아니한다(행정소송법 제23조 제2항 단서).

핵심정리

행정소송법상 가구제(집행정지, 가처분)

① 행정소송법 ⇢ 임시처분제도 규정 ×

② 공공복리에 중대한 영향을 미칠 우려가 있을 경우 ⇢ 집행정지 허용 ×

③ 처분등이나 그 집행 또는 절차의 속행으로 인하여 생길 회복하기 어려운 손해를 예방하기 위하여 긴급한 필요가 있다고 인정할 경우 ⇢ 집행정지신청의 인용요건(적극적 요건) ○

④ 집행정지의 결정 신청 ⇢ 집행정지의 이유에 대한 '소명' 필요 ○ (증명 ×)

⑤ 처분의 효력정지 ⇢ 처분등의 집행 또는 절차의 속행 정지로 목적을 달성할 수 있으면 허용 ×

답 ❸

200 행정쟁송에 있어서 가구제에 관한 설명으로 옳지 않은 것은?(다툼이 있으면 판례에 따름)

□□□

20 행정사 제8회

① 행정심판법상 임시처분은 집행정지로 목적을 달성할 수 없는 경우에 허용된다.
② 행정심판법상 임시처분은 당사자의 신청이 있는 경우에만 할 수 있다.
③ 취소소송에서는 민사집행법상의 가처분이 인정되지 않는다.
④ 취소소송상 집행정지의 신청은 적법한 본안소송이 계속 중일 것을 요한다.
⑤ 당사자소송에서는 행정소송법상의 집행정지가 인정되지 않는다.

해설

[❶ ▸ O] 임시처분은 집행정지로 목적을 달성할 수 있는 경우에는 허용되지 아니한다(행정심판법 제31조 제3항).
[❷ ▸ ×] 위원회는 직권으로 또는 당사자의 신청에 의하여 임시처분을 결정할 수 있다(행정심판법 제31조 제1항).
[❸ ▸ O] 취소소송에서 민사집행법상의 가처분이 인정되는지 여부에 대한 견해가 대립하고 있으나 판례는 부정적인 태도를 취하고 있다(대결 1992.7.6. 92마54).
[❹ ▸ O] 집행정지결정을 하려면 이에 대한 본안소송이 법원에 제기되어 계속 중임을 요건으로 하는 것이므로 집행정지결정을 한 후에라도 본안소송이 취하되어 소송이 계속하지 아니한 것으로 되면 집행정지결정은 당연히 그 효력이 소멸되는 것이고 별도의 취소조치를 필요로 하는 것이 아니다(대결 2007.6.28. 2005무75).
[❺ ▸ O] 당사자소송에 대하여는 행정소송법 제23조 제2항의 집행정지에 관한 규정이 준용되지 아니하므로(행정소송법 제44조 제1항 참조), 이를 본안으로 하는 가처분에 대하여는 행정소송법 제8조 제2항에 따라 민사집행법상 가처분에 관한 규정이 준용되어야 한다(대결 2015.8.21. 2015무26).

핵심정리 **행정쟁송에서의 가구제(행정심판법상 임시처분, 취소소송에서의 가처분, 집행정지)**

①, ② 행정심판법상 임시처분
→ 집행정지로 목적을 달성할 수 없는 경우에만 허용 O
→ 직권으로 또는 당사자의 신청에 의하여 임시처분 결정
③ 취소소송 → 민사집행법상 가처분 인정 ×
④ 집행정지의 신청 → 적법한 본안소송이 계속 중일 것 필요
⑤ 당사자소송 → 집행정지 규정 준용 × (민사집행법상 가처분 규정 준용 O)

답 ❷

201 행정소송법상 사정판결에 관한 설명으로 옳지 않은 것은?

□□□

17 행정사 제5회

① 무효확인소송에서는 사정판결을 할 수 없다.
② 사정판결 시 법원은 그 판결의 주문에서 그 처분등이 위법함을 명시하여야 한다.
③ 당사자의 주장이 없더라도 법원은 직권으로 사정판결을 할 수 있다.
④ 사정판결이 있으면 취소소송의 대상인 처분은 당해 처분이 위법함에도 그 효력이 유지된다.
⑤ 사정판결은 기각판결이므로 소송비용은 원고가 부담한다.

해설

[❶ ▸ O] 사정판결은 취소소송에서만 인정되고 무효등확인소송과 부작위위법확인소송에서는 인정되지 아니하고 있다(행정소송법 제38조).
[❷ ▸ O] 사정판결을 할 경우 법원은 그 판결의 주문에서 그 처분등이 위법함을 명시하여야 한다(행정소송법 제28조 제1항 후문).

[❸ ▸ O] 법원은 이러한 사정판결을 할 필요가 있다고 인정하는 때에는 당사자의 명백한 주장이 없는 경우에도 일건 기록에 나타난 사실을 기초로 하여 직권으로 사정판결을 할 수 있다(대판 1995.7.28. 95누4629).
[❹ ▸ O] 사정판결은 처분의 취소청구를 기각하는 기각판결의 일종이므로, 사정판결이 있으면 취소소송의 대상인 처분은 위법함에도 불구하고 그 효력을 유지한다.
[❺ ▸ ×] 취소청구가 사정판결 규정에 의하여 기각되거나 행정청이 처분등을 취소 또는 변경함으로 인하여 청구가 각하 또는 기각된 경우에는 소송비용은 피고의 부담으로 한다(행정소송법 제32조).

핵심정리

행정소송법상 사정판결

① 무효확인소송 → 사정판결 인정 ×
②, ③, ④, ⑤ 법원이 사정판결을 하는 경우
→ 판결 주문에서 처분등이 위법함을 명시하여야 함
→ 법원의 직권에 의한 사정판결 가능
→ 취소소송의 대상인 처분은 위법함에도 효력 유지 (사정판결은 기각판결의 일종이므로)
→ 사정판결은 기각판결이지만 소송비용은 피고가 부담 (처분의 위법성은 인정되므로)

답 ❺

PART 1 PART 2 PART 3

202 행정소송법상 허용되지 않는 것은?(다툼이 있으면 판례에 따름) 18 행정사 제6회

□□□

① 무효확인소송의 제기와 함께 행하는 집행정지신청
② 무효인 파면처분에 대하여 제기하는 공무원지위확인소송
③ 집행정지 기각결정에 대한 신청인의 즉시항고
④ 적법한 행정심판청구를 각하한 재결을 대상으로 한 취소소송
⑤ 소송참가를 하였지만 패소한 제3자가 제기하는 행정소송법 제31조에 따른 재심청구

해설

[❶ ▸ O] 무효등확인소송에도 집행정지에 관한 규정이 준용된다(행정소송법 제38조 제1항, 제23조 제2항). 따라서 무효확인소송의 제기와 함께 행하는 집행정지신청은 허용된다.
[❷ ▸ O] 행정소송법상 인정되는 당사자소송은 '행정청의 처분등을 원인으로 하는 법률관계에 관한 소송 그 밖에 공법상의 법률관계에 관한 소송으로서 그 법률관계의 한쪽 당사자를 피고로 하는 소송'을 말하는데(행정소송법 제3조 제2호), 판례는 공법상 신분 또는 지위등의 확인소송을 당사자소송으로 이해하고 있다(대판 1998.10.23. 98두12932). 따라서 무효인 파면처분에 대하여 제기하는 공무원지위확인소송은 당사자소송으로서 행정소송법상 허용된다.
[❸ ▸ O] 집행정지의 결정 또는 기각의 결정에 대하여는 즉시항고할 수 있다. 이 경우 집행정지의 결정에 대한 즉시항고에는 결정의 집행을 정지하는 효력이 없다(행정소송법 제23조 제5항).
[❹ ▸ O] 적법한 행정심판청구를 각하한 재결은 심판청구인의 실체심리를 받을 권리를 박탈한 것으로서 원처분에 없는 재결 자체에 고유한 위법이 있는 경우에 해당하고 따라서 각하재결이 취소소송의 대상이 된다(대판 2001.7.27. 99두2970).
[❺ ▸ ×] 처분등을 취소하는 판결에 의하여 권리 또는 이익의 침해를 받은 제3자는 자기에게 책임없는 사유로 소송에 참가하지 못함으로써 판결의 결과에 영향을 미칠 공격 또는 방어방법을 제출하지 못한 때에는 이를 이유로 확정된 종국판결에 대하여 재심의 청구를 할 수 있다(행정소송법 제31조 제1항). 따라서 제3자가 소송에 참가한 이상 패소하였더라도 재심청구를 할 수 없다.

답 ❺

203 행정소송의 심리에 관한 설명으로 옳은 것은?(다툼이 있으면 판례에 따름) 18 행정사 제6회

□□□

① 행정심판기록의 제출명령에 관한 규정은 당사자소송에는 준용되지 않는다.

② 행정소송의 심리에 있어서 직권탐지주의가 원칙이고, 당사자주의・변론주의는 보충적으로 적용된다.

③ 행정소송법 제16조에 따른 소송참가가 허용되지 않는 제3자라 하더라도 민사소송법에 따라 공동소송적 보조참가를 할 수 있다.

④ 관련청구소송을 취소소송에 병합한 경우, 법원은 취소소송이 부적법하더라도 관련청구소송에 대하여 본안판결을 내릴 수 있다.

⑤ 무효확인소송에서 처분의 무효사유에 대한 주장・입증책임은 피고인 행정청이 부담한다.

해설

[❶ ▸ ×] 행정심판기록의 제출명령에 관한 규정은 당사자소송에 준용된다(행정소송법 제44조 제1항, 제25조).

[❷ ▸ ×] 행정소송의 심리에 있어서는 당사자주의・변론주의가 원칙이고 직권탐지주의는 보충적 적용된다.

> 행정소송법 제26조가 법원은 필요하다고 인정할 때에는 직권으로 증거조사를 할 수 있고, 당사자가 주장하지 아니한 사실에 대하여도 판단할 수 있다고 규정하고 있지만, 이는 행정소송의 특수성에 연유하는 당사자주의, 변론주의에 대한 일부 예외 규정일 뿐 법원이 아무런 제한 없이 당사자가 주장하지 아니한 사실을 판단할 수 있는 것은 아니고, 일건 기록에 현출되어 있는 사항에 관하여서만 직권으로 증거조사를 하고 이를 기초로 하여 판단할 수 있을 따름이고, 그것도 법원이 필요하다고 인정할 때에 한하여 청구의 범위내에서 증거조사를 하고 판단할 수 있을 뿐이다(대판 1994.10.11. 94누4820).

[❸ ▸ O] 행정소송 사건에서 참가인이 한 보조참가는 행정소송법 제16조가 규정한 제3자의 소송참가에 해당하지 아니하더라도, 민사소송법상 보조참가의 요건을 갖춘 경우 허용되고 그 성격은 공동소송적 보조참가라고 할 것이다(대결 2013.7.12. 2012무84).

[❹ ▸ ×] 관련청구소송의 병합은 본체인 취소소송이 그 자체로 소송요건을 구비할 것을 전제로 하므로, 취소소송이 부적법하다면 관련청구소송도 부적합한 것으로 각하되어야 하고 본안판결을 내릴 수 없다.

> 행정소송법 제38조, 제10조에 의한 관련청구소송의 병합은 본래의 항고소송이 적법할 것을 요건으로 하는 것이어서 본래의 항고소송이 부적법하여 각하되면 그에 병합된 관련청구도 소송요건을 흠결한 부적합한 것으로 각하되어야 한다(대판 2001.11.27. 2000두697).

[❺ ▸ ×] 행정처분의 당연무효를 구하는 소송에 있어서 그 무효를 구하는 사람에게 그 행정처분에 존재하는 하자가 중대하고 명백하다는 것을 주장・입증할 책임이 있다(대판 1984.2.28. 82누154).

핵심정리

행정소송의 심리

① 행정심판기록의 제출명령 → 당사자소송에 준용 ○

② 행정소송의 심리 → 당사자주의・변론주의가 원칙이고 직권탐지주의는 보충적 적용

③ 소송참가가 허용되지 않는 제3자 → 공동소송적 보조참가 가능

④ 부적법한 취소소송에 관련청구소송을 병합한 경우 → 관련청구소송에 대한 본안판결 ×

⑤ 무효확인소송에서 무효사유에 대한 주장・입증책임 → 원고가 부담

답 ❸

204 행정소송법의 내용에 관한 설명으로 옳지 않은 것은? 23 행정사 제11회

□□□

① 처분등을 취소하는 확정판결은 당사자에 대해서만 효력이 있다.

② 처분등이라 함은 행정청이 행하는 구체적 사실에 관한 법집행으로서의 공권력의 행사 또는 그 거부와 그 밖에 이에 준하는 행정작용 및 행정심판에 대한 재결을 말한다.

③ 행정소송의 종류로는 항고소송, 당사자소송, 민중소송, 기관소송이 규정되어 있다.

④ 무효등 확인소송은 처분등의 효력 유무 또는 존재 여부의 확인을 구할 법률상 이익이 있는 자가 제기할 수 있다.

⑤ 행정청의 재량에 속하는 처분이라도 재량권의 한계를 넘거나 그 남용이 있는 때에는 법원은 이를 취소할 수 있다.

해설

[❶ ▸ ×] 처분등을 취소하는 확정판결은 제3자에 대하여도 효력이 있다(행정소송법 제29조 제1항).

[❷ ▸ ○] "처분등"이라 함은 행정청이 행하는 구체적 사실에 관한 법집행으로서의 공권력의 행사 또는 그 거부와 그 밖에 이에 준하는 행정작용(이하 "처분"이라 한다) 및 행정심판에 대한 재결을 말한다(행정소송법 제2조 제1항 제1호).

[❸ ▸ ○] 행정소송은 항고소송, 당사자소송, 민중소송, 기관소송 네 가지로 구분한다(행정소송법 제3조).

행정소송법 제3조(행정소송의 종류) 행정소송은 다음의 네가지로 구분한다.

1. 항고소송 : 행정청의 처분등이나 부작위에 대하여 제기하는 소송
2. 당사자소송 : 행정청의 처분등을 원인으로 하는 법률관계에 관한 소송 그 밖에 공법상의 법률관계에 관한 소송으로서 그 법률관계의 한쪽 당사자를 피고로 하는 소송
3. 민중소송 : 국가 또는 공공단체의 기관이 법률에 위반되는 행위를 한 때에 직접 자기의 법률상 이익과 관계없이 그 시정을 구하기 위하여 제기하는 소송
4. 기관소송 : 국가 또는 공공단체의 기관상호 간에 있어서의 권한의 존부 또는 그 행사에 관한 다툼이 있을 때에 이에 대하여 제기하는 소송. 다만, 헌법재판소법 제2조의 규정에 의하여 헌법재판소의 관장사항으로 되는 소송은 제외한다.

[❹ ▸ ○] 무효등 확인소송은 처분등의 효력 유무 또는 존재 여부의 확인을 구할 법률상 이익이 있는 자가 제기할 수 있다(행정소송법 제35조).

[❺ ▸ ○] 행정청의 재량에 속하는 처분이라도 재량권의 한계를 넘거나 그 남용이 있는 때에는 법원은 이를 취소할 수 있다(행정소송법 제27조).

핵심정리 **행정소송법의 내용**

① 취소판결의 대세효(제3자효) ⟶ 처분등을 취소하는 확정판결은 제3자에 대하여도 효력 ○

② 취소소송의 대상으로서의 "처분등"의 의미 ⟶ 처분 + 행정심판에 대한 재결

③ 행정소송의 종류 ⟶ 항고소송, 당사자소송, 민중소송, 기관소송

④ 무효등 확인소송의 원고적격
⟶ 처분등의 효력 유무 또는 존재 여부의 확인을 구할 법률상 이익이 있는 자

⑤ 법원의 재량처분의 취소
⟶ 재량권의 한계를 넘거나 그 남용이 있는 때(= 재량권의 일탈·남용이 있는 때)

답 ❶

205 □□□ **甲의 건축허가 신청에 대하여 관할 군수 乙은 거부처분을 하였으나, 해당 거부처분에 무효사유에 해당하는 하자가 있어 甲이 행정쟁송으로 다투고자 한다. 이에 관한 설명으로 옳지 않은 것은?(다툼이 있으면 판례에 따름)** 24 행정사 제12회

① 甲은 거부처분 무효확인심판을 제기할 수 있다.

② 甲은 의무이행심판을 제기할 수 있다.

③ 甲이 거부처분 무효확인소송을 제기한 경우 무효인 사유를 주장·증명할 책임은 甲에게 있다.

④ 甲이 거부처분 무효확인소송을 제기한 경우 「행정소송법」상 취소소송의 사정판결 규정은 준용되지 않는다.

⑤ 甲이 무효의 선언을 구하는 의미의 취소소송을 제기한 경우 제소기간의 제한이 없다.

해설

[❶ ▸ O] 무효등확인심판이란 행정청의 처분의 효력 유무 또는 존재 여부를 확인하는 행정심판을 말한다(행정심판법 제5조 제2호). 그리고 "처분"이란 행정청이 행하는 구체적 사실에 관한 법집행으로서의 공권력의 행사 또는 그 거부, 그 밖에 이에 준하는 행정작용을 말한다(행정심판법 제2조 제1호). 따라서 거부처분에 무효사유에 해당하는 하자가 있는 경우 무효등확인심판을 제기할 수 있다.

[❷ ▸ O] 의무이행심판은 행정청의 위법 또는 부당한 거부처분이나 부작위에 대하여 일정한 처분을 하도록 하는 심판을 말한다(행정심판법 제5조 제3호). 의무이행심판은 행정청의 '부작위'뿐만 아니라 '거부처분'에 대하여도 적극적인 처분을 구하는 행정심판이다. 따라서 '거부처분'에 대하여는 '취소심판'뿐만 아니라 '의무이행심판'도 선택적으로 청구할 수 있다.

[❸ ▸ O] 행정처분의 당연무효를 주장하여 그 무효확인을 구하는 행정소송에 있어서는 원고(= 무효를 주장하는 사람)에게 그 행정처분이 무효인 사유를 주장·입증(= 증명)할 책임이 있다(대판 2010.5.13. 2009두3460).

[❹ ▸ O] **사정판결**은 취소소송에서 인정되고(행정소송법 제28조), **무효등확인소송과 부작위위법확인소송에는 준용되지 않는다**(행정소송법 제38조 제1항·제2항). 판례도 "당연무효의 행정처분을 소송목적물로 하는 행정소송에서는 사정판결을 할 수 없다"고 판시하고 있다(대판 1985.2.26. 84누380).

[❺ ▸ ×] **처분의 당연무효를 선언하는 의미에서 그 취소를 구하는 행정소송**은 형식상 취소소송에 속하므로 제소기간의 준수 등 **취소소송의 제소요건을 갖추어야** 한다(대판 1993.3.12. 92누11039).

> **핵심정리**
>
> **거부처분에 대한 행정쟁송(행정심판과 항고소송)**
>
> ①, ② 거부처분에 무효사유에 해당하는 하자가 있는 경우
> → 거부처분 무효확인소송 제기 가능
> → 의무이행소송 제기 가능
>
> ③ 거부처분 무효확인소송에서 무효사유의 주장·입증책임 → 원고(무효를 주장하는 사람)
>
> ④ 거부처분 무효확인소송 → 사정판결에 관한 규정 준용 ×
>
> ⑤ 무효의 선언을 구하는 의미의 취소소송 → 취소소송의 제소기간의 제한 O

답 ❺

206 행정소송법상 취소소송에 관한 규정 중 무효등확인소송에 준용되지 않는 것은?

□□□

18 행정사 제6회

① 사정판결

② 피고경정

③ 공동소송

④ 행정청의 소송참가

⑤ 처분변경으로 인한 소의 변경

해설

[❶ ▸ ×] ② 피고경정, ③ 공동소송, ④ 행정청의 소송참가, ⑤ 처분변경으로 인한 소의 변경 등과는 달리 ① 사정판결은 무효등확인소송에 준용되지 아니한다(행정소송법 제38조 제1항).

➲ 취소소송에 관한 규정의 무효등확인소송에의 준용 여부

준용되는 것	준용되지 않는 것
• 재판관할(제9조) • 관련청구소송의 이송 및 병합(제10조) • 피고적격(제13조) 및 피고의 경정(제14조)❷ • 공동소송(제15조)❸ • 제3자의 소송참가(제16조) • 행정청의 소송참가(제17조)❹ • 취소소송의 대상(제19조) • 소의 (종류)변경(제21조) • 처분변경으로 인한 소의 변경(제22조)❺ • 집행정지(제23조) 및 집행정지의 취소(제24조) • 행정심판기록의 제출명령(제25조) • 직권심리(제26조) • 취소판결등의 효력(제3자효)(제29조) • 취소판결등의 기속력(제30조) • 제3자에 의한 재심청구(제31조) • 소송비용에 관한 재판의 효력(제33조)	• 선결문제(제11조) • 원고적격(제12조) → 별도 규정 존재(제35조) • 행정심판전치주의(제18조) • 제소기간(제20조) • 재량처분의 취소(제27조) • 사정판결(제28조)❶ • 소송비용의 부담(제32조) • 간접강제(제34조)

답 ❶

207 취소소송에 적용되는 행정소송법 규정 중 무효확인소송에 준용되지 않는 것은?
□□□

20 행정사 제8회

① 행정심판기록의 제출명령
② 관련청구소송의 병합
③ 집행정지
④ 처분변경으로 인한 소의 변경
⑤ 간접강제

해설

[❺ ▸ ×] ① 행정심판기록의 제출명령, ② 관련청구소송의 병합, ③ 집행정지, ④ 처분변경으로 인한 소의 변경 등은 무효확인소송에 준용되나, ⑤ 간접강제에 대한 준용규정은 없다(행정소송법 제38조 제1항).

➲ 취소소송에 적용되는 행정소송법 규정의 무효등확인소송에 준용 여부

준용되는 것	준용되지 않는 것
• 재판관할(제9조) • 관련청구소송의 이송 및 병합(제10조)❷ • 피고적격(제13조) 및 피고의 경정(제14조) • 공동소송(제15조) • 제3자의 소송참가(제16조) • 행정청의 소송참가(제17조) • 취소소송의 대상(제19조) • 소의 (종류)변경(제21조) • 처분변경으로 인한 소의 변경(제22조)❹ • 집행정지(제23조)❸ 및 집행정지의 취소(제24조) • 행정심판기록의 제출명령(제25조)❶ • 직권심리(제26조) • 취소판결등의 효력(제3자효)(제29조) • 취소판결등의 기속력(제30조) • 제3자에 의한 재심청구(제31조) • 소송비용에 관한 재판의 효력(제33조)	• 선결문제(제11조) • 원고적격(제12조) → 별도 규정 존재(제35조) • 행정심판전치주의(제18조) • 제소기간(제20조) • 재량처분의 취소(제27조) • 사정판결(제28조) • 소송비용의 부담(제32조) • 간접강제(제34조)❺

답 ❺

208 □□□ 당사자소송에 관한 설명으로 옳은 것은?(다툼이 있는 경우에는 판례에 의함) 14 행정사 제2회

① 당사자소송에는 행정청의 소송참가가 허용되지 않는다.

② 당사자소송의 피고는 원칙적으로 처분을 행한 행정청이 된다.

③ 지방소방공무원이 소속 지방자치단체를 상대로 초과근무수당의 지급을 구하는 소송은 당사자소송 절차에 따라야 한다.

④ 지방전문직공무원 채용계약의 해지에 대한 불복은 당사자소송이 아니라 항고소송으로 하여야 한다.

⑤ 당사자소송의 제소기간에 대해서는 취소소송의 제소기간에 관한 규정이 준용된다.

해설

[❶ ▸ ×] 당사자소송에서도 제3자의 소송참가 및 행정청의 소송참가가 허용된다(행정소송법 제44조 제1항, 제16조 및 제17조).

[❷ ▸ ×] 당사자소송은 국가 · 공공단체 그 밖의 권리주체를 피고로 한다(행정소송법 제39조).

[❸ ▸ ○] 지방소방공무원의 초과근무수당 지급청구권은 법령의 규정에 의하여 직접 그 존부나 범위가 정하여지고 법령에 규정된 수당의 지급요건에 해당하는 경우에는 곧바로 발생한다고 할 것이므로, 지방소방공무원이 자신이 소속된 지방자치단체를 상대로 초과근무수당의 지급을 구하는 청구에 관한 소송은 행정소송법 제3조 제2호에 규정된 당사자소송의 절차에 따라야 한다(대판 2013.3.28. 2012다102629).

[❹ ▸ ×] 지방전문직공무원 채용계약 해지의 의사표시에 대하여는 대등한 당사자 간의 소송형식인 공법상 당사자소송으로 그 의사표시의 무효확인을 청구할 수 있다(대판 1993.9.14. 92누4611).

[❺ ▸ ×] 취소소송의 제소기간의 제한에 관한 규정(제20조)은 당사자소송에는 준용되지 않는다(행정소송법 제44조 제1항). 당사자소송에서 제소기간은 해당 당사자소송을 규정하고 있는 개별 법령에서 정하는 바에 따른다. 당사자소송에 관하여 법령에 제소기간이 정하여져 있는 때에는 그 기간은 불변기간으로 한다(행정소송법 제41조).

핵심정리

당사자소송

① 행정청의 소송참가 ⟶ 당사자소송에서도 허용 ○

② 당사자소송의 피고 ⟶ 국가 · 공공단체 그 밖의 권리주체

③, ④ 당사자소송의 대상에 해당 여부

⟶ 소속 지방자치단체를 상대로 한 초과근무수당의 지급청구소송 : 당사자소송의 대상 ○

⟶ 지방전문직공무원 채용계약의 해지를 다투는 소송 : 당사자소송의 대상 ○

⑤ 당사자소송의 제소기간 ⟶ 취소소송의 제소기간 규정 준용 ×

답 ❸

209 판례에 의할 때 당사자소송으로 다툴 수 없는 것은? 16 행정사 제4회

□□□

① 국가에 대한 납세의무자의 부가가치세 환급세액 지급청구소송

② 도시 및 주거환경정비법상 관리처분계획에 대한 행정청의 인가·고시 후 관리처분계획안에 대한 조합총회결의의 효력을 다투는 소송

③ 지방자치단체가 보조금 지급결정을 하면서 일정 기한 내에 보조금을 반환하도록 하는 교부조건을 부가한 경우에 그 지방자치단체가 제기하는 보조금반환청구소송

④ 공익사업을 위한 토지 등의 취득 및 보상에 관한 법률상의 보상금증액청구소송과 보상금감액청구소송

⑤ 공익사업을 위한 토지 등의 취득 및 보상에 관한 법률상 세입자의 주거이전비 보상청구소송

해설

[❶ ▸ O] [❸ ▸ O] [❹ ▸ O] [❺ ▸ O] 판례에 의하면 ① 국가에 대한 납세의무자의 부가가치세 환급세액 지급청구소송(대판 2013.3.21. 2011다95564[전합]), ③ 지방자치단체가 보조금 지급결정을 하면서 일정 기한 내에 보조금을 반환하도록 하는 교부조건을 부가한 경우에 그 지방자치단체가 제기하는 보조금반환청구소송(대판 2011.6.9. 2011다2951), ④ 공익사업을 위한 토지 등의 취득 및 보상에 관한 법률상의 보상금증액청구소송과 보상금감액청구소송(대판 1991.11.26. 91누285), ⑤ 공익사업을 위한 토지 등의 취득 및 보상에 관한 법률상 세입자의 주거이전비 보상청구소송(대판 2008.5.29. 2007다8129) 등은 당사자소송의 방법으로 다투게 된다.

[❷ ▸ X] 도시 및 주거환경정비법상 **관리처분계획에 대한 행정청의 인가·고시 후** 관리처분계획안에 대한 조합총회결의의 효력을 다투는 소송은 **항고소송의 방법**으로 다투게 된다(대판 2009.9.17. 2007다2428[전합]).

답 ❷

행정조직법

제1절 행정조직법의 의의

210 행정기관 중 합의제 행정기관 혹은 위원회에 관한 설명으로 옳지 않은 것은? 19 행정사 제7회

□□□

① 중앙행정기관인 위원회의 설치와 직무범위는 법률로 정한다.
② 지방자치단체는 그 소관사무의 범위에서 조례로 위원회 등의 자문기관을 설치·운영할 수 있다.
③ 심의기관의 결정에는 특별한 규정이 없는 한 법적 구속력이 없다.
④ 헌법에 따라 설치되는 위원회에 대하여는 행정기관 소속 위원회의 설치·운영에 관한 법률을 적용한다.
⑤ 의결권만을 갖는 의결기관인 위원회는 결정된 의사의 대외적 표시권한을 갖지 못한다.

해설

[❶ ▸ O] 중앙행정기관의 설치와 직무범위는 법률로 정한다(정부조직법 제2조 제1항). 따라서 방송통신위원회, 공정거래위원회, 국민권익위원회, 금융위원회와 같은 중앙행정기관인 위원회의 설치와 직무범위도 법률로 정한다.

[❷ ▸ O] 지방자치단체는 소관사무의 범위에서 법령이나 그 지방자치단체의 조례로 정하는 바에 따라 자문기관(소관사무에 대한 자문에 응하거나 협의, 심의 등을 목적으로 하는 심의회, 위원회 등)을 설치·운영할 수 있다(지방자치법 제130조 제1항).

[❸ ▸ O] 심의기관은 일정한 안건을 반드시 심의에 부쳐야 하지만, 행정청의 의사가 심의 결과에 반드시 구속될 필요는 없는 경우의 기관을 의미한다. 심의기관은 심의를 반드시 거쳐야 된다는 점에서 자문기관과 구별되나, 법적 구속력이 없다는 점에서 의결기관과 구별된다. 대표적인 심의기관으로는 국무회의가 있으며, 지방행정기관으로서 학교운영위원회도 이러한 심의기관에 해당한다.

[❹ ▸ X] 헌법에 따라 설치되는 위원회 및 정부조직법 제2조 제2항에 따라 다른 법률에 의하여 중앙행정기관으로 설치되는 위원회에 대하여는 「행정기관 소속 위원회의 설치·운영에 관한 법률」(행정기관위원회법)을 적용하지 아니한다(행정기관위원회법 제3조 제2항).

[❺ ▸ O] 의결기관은 행정주체(국가나 지방자치단체)의 의사를 결정할 권한을 가지고 있으나 이를 대외적으로 표시할 수 있는 권한을 갖지 못한 합의제 행정기관을 말한다. 의결기관의 설치는 법률에 근거가 있어야 하며, 각종 징계위원회나 지방의회 등이 이에 해당한다. 의결기관인 위원회는 행정주체의 의사를 외부에 표시할 권한이 없다는 점에서 그러한 권한이 있는 합의제행정청과 구별된다.

핵심정리

합의제 행정기관 또는 위원회
① 중앙행정기관인 위원회의 설치와 직무범위 → 법률로 규정
② 지방자치단체의 자문기관 → 소관사무의 범위에서 법령이나 조례로 자문기관 설치·운영 가능
③ 심의기관의 결정 → 법적 구속력 ×
④ 헌법에 따라 설치되는 위원회 → 「행정기관 소속 위원회의 설치·운영에 관한 법률」 적용 ×
⑤ 의결기관인 위원회 → 결정된 의사의 대외적 표시권한 ×

답 ❹

211 행정조직에 관한 설명으로 옳지 않은 것은? 22 행정사 제10회

□□□

① 훈령이란 상급관청이 하급관청의 권한행사를 지휘하기 위해 발하는 명령이다.

② 공무원이 대외적 구속력이 없는 훈령에 위반한 경우에도 위법은 아니며 징계책임이 부과될 수 있을 뿐이다.

③ 상급관청은 직권에 의해 하급관청의 위법·부당한 행위의 취소를 명할 수 있다.

④ 징계위원회 같은 의결기관으로서의 위원회는 의결권은 물론이고 정해진 의사를 대외적으로 표시할 권한을 갖는다.

⑤ 주관쟁의결정권이란 하급관청 사이에 권한의 분쟁이 있는 경우, 상급관청이 그 분생을 해결하고 결정하는 권한을 말한다.

해설

[❶ ▸ O] 상급행정청이 하급행정청 또는 보조기관의 권한행사를 지휘하기 위하여 발하는 명령을 훈령이라고 한다.

[❷ ▸ O] 훈령은 원칙적으로 대외적 구속력은 없다. 따라서 행정청의 행정작용이 훈령에 위반하였다는 사실만으로 위법하게 되지는 않는다. 한편, 훈령은 대내적 구속력이 있다. 훈령은 하급기관에 대한 지시 내지 명령의 성질을 가지며 하급기관은 훈령에 구속된다. 훈령 위반은 명령복종의무 위반이 되므로 훈령 위반자는 징계의 대상이 된다.

[❸ ▸ O] 상급행정청은 법적 근거가 없는 경우에도 지휘감독권에 근거하여 하급행정청의 위법 또는 부당한 행위를 취소 또는 정지할 수 있는가에 관하여 견해가 대립하고 있다. 감독청에 의한 취소는 하급 행정청의 위법한 행정행위를 시정하는 행정의 자율적 통제수단이므로(취소권은 감독권에 당연히 포함), 감독청은 별도의 법적 근거 없이도 (직권에 의한) 취소권을 가진다는 견해(긍정설)가 다수설이다. 한편, 정부조직법에서는 대통령과 국무총리의 일반적인 취소·정지권을 인정하고 있다(제11조 제2항, 제18조 제2항).

[❹ ▸ ×] 징계위원회와 같은 의결기관으로서의 위원회는 의사를 결정할 권한을 가지고 있으나, 이를 대외적으로 표시할 권한은 가지고 있지 아니하다. 따라서 징계위원회는 합의제행정청에 해당하지 아니한다.

[❺ ▸ O] 주관쟁의결정권이란 상급행정청이 하급행정청 상호 간에 권한에 관하여 다툼이 있는 경우에 이를 결정하는 권한을 말한다. 행정청 사이의 권한쟁의는 행정조직 내부의 문제이므로 원칙적으로 소송의 대상이 되지 않는다. 행정청의 관할이 분명하지 아니한 경우에는 해당 행정청을 공통으로 감독하는 상급 행정청이 그 관할을 결정하며, 공통으로 감독하는 상급 행정청이 없는 경우에는 각 상급 행정청이 협의하여 그 관할을 결정한다(행정절차법 제6조). 공통의 상급관청 사이에 협의가 이루어지지 않을 때에는 최종적으로는 행정 각부 간의 주관쟁의가 되어 국무회의의 심의를 거쳐 대통령이 결정한다(헌법 제89조 제10항).

핵심정리

행정조직

① 훈령 ⟶ 상급관청이 하급관청의 권한행사를 지휘하기 위해 발하는 명령

② 공무원이 대외적 구속력이 없는 훈령에 위반한 경우
 ⟶ 위법성 인정 ×
 ⟶ 징계책임 인정 O

③ 하급행정청의 위법·부당한 행위가 있는 경우 ⟶ 상급행정청의 취소·정지권 인정 O

④ 징계위원회 같은 의결기관으로서의 위원회 ⟶ 의사를 대외적으로 표시할 권한 ×

⑤ 주관쟁의결정권 ⟶ 하급관청 사이에 권한의 분쟁이 있는 경우, 상급관청이 그 분쟁을 해결하고 결정하는 권한

답 ❹

212 권한의 대리와 위임에 관한 설명으로 옳은 것을 모두 고른 것은?(다툼이 있으면 판례에 따름)

□□□

22 행정사 제10회

> ㄱ. 지방자치단체의 장이 수임한 기관위임사무의 일부를 재위임하고자 하는 경우 위임자의 승인을 얻어 규칙으로 재위임할 수 있다.
> ㄴ. 내부위임의 경우 수임관청이 자신의 명의로 행정처분을 하였더라도 항고소송에서의 피고는 위임관청이 된다.
> ㄷ. 권한의 위임은 반드시 법적 근거를 요하는 것은 아니다.
> ㄹ. 지정대리란 법정사실이 발생하면 법상 당연히 특정한 자에게 대리권이 부여되어 대리관계가 성립하는 것을 말한다.

① ㄱ
② ㄴ, ㄷ
③ ㄱ, ㄴ, ㄷ
④ ㄴ, ㄷ, ㄹ
⑤ ㄱ, ㄴ, ㄷ, ㄹ

해설

[ㄱ ▸ O] 관리처분계획의 인가 등에 관한 사무는 국가사무로서 지방자치단체의 장에게 위임된 이른바 기관위임사무에 해당하므로, 시・도지사가 지방자치단체의 조례에 의하여 이를 구청장 등에게 재위임할 수는 없고, 행정권한의 위임 및 위탁에 관한 규정 제4조에 의하여 위임기관의 장의 승인을 얻은 후 지방자치단체의 장이 제정한 규칙이 정하는 바에 따라 재위임하는 것만이 가능하다(대판 1995.8.22. 94누5694[전합]).

> **행정권한의 위임 및 위탁에 관한 규정 제4조(재위임)** 특별시장・광역시장・특별자치시장・도지사 또는 특별자치도지사(특별시・광역시・특별자치시・도 또는 특별자치도의 교육감을 포함한다)나 시장・군수 또는 구청장(자치구의 구청장을 말한다)은 행정의 능률향상과 주민의 편의를 위하여 필요하다고 인정될 때에는 수임사무의 일부를 그 위임기관의 장의 승인을 받아 규칙으로 정하는 바에 따라 시장・군수・구청장(교육장을 포함한다) 또는 읍・면・동장, 그 밖의 소속기관의 장에게 다시 위임할 수 있다.

[ㄴ ▸ X] 행정처분을 행할 적법한 권한 있는 상급행정청으로부터 내부위임을 받은 데 불과한 하급행정청이 권한 없이 행정처분을 한 경우에도 실제로 그 처분을 행한 하급행정청을 피고로 하여야 할 것이지 그 처분을 행할 적법한 권한 있는 상급행정청을 피고로 할 것은 아니라 할 것이다(대판 1994.8.12. 94누2763).

[ㄷ ▸ X] 행정청의 권한의 위임은 법률에 의하여 정하여진 권한분배를 대외적으로 변경하는 것이므로 법률의 명시적 근거를 필요로 한다.

[ㄹ ▸ X] **지정대리**란 사고 등 법정사실이 발생하였을 때에 일정한 자가 대리자를 지정함으로써 비로소 대리관계가 발생하는 경우를 말하고, **(협의의) 법정대리**는 법정사실이 발생하면 법상 당연히 특정한 자에게 대리권이 부여되어 대리관계가 성립하는 것을 말한다.

핵심정리

권한의 위임과 대리

ㄱ. 기관위임사무를 재위임하고자 하는 경우 → 위임기관의 장의 승인+규칙으로 재위임 O
ㄴ. 내부위임을 받은 수임관청이 자신의 명의로 행정처분을 한 경우
→ 항고소송의 피고 : 수임관청 O
→ 본안 판단 : 무권한의 하자에 해당하여 행정처분은 위법 O
ㄷ. 권한의 위임 → 법적 근거 필요 O

ㄹ. 법정대리 중 '지정대리'와 '협의의 법정대리'의 구별
→ 지정대리 : 일정한 법정사실이 발생한 경우 일정한 자가 대리자를 지정함으로써 대리관계가 성립하는 것
→ 협의의 법정대리 : 일정한 법정사실이 발생하면 법률상 당연히 대리관계가 성립하는 것

답 ❶

213 □□□ **권한의 대리와 위임에 관한 설명으로 옳은 것은?(다툼이 있으면 판례에 의함)** 24 행정사 제12회

① 권한의 위임은 권한 자체를 수임자에게 이전하지 않는 점에서 권한 자체가 이전되는 권한의 대리와 구별된다.
② 국가사무가 도지사에게 기관위임된 경우 도지사가 이를 군수에게 재위임하기 위해서는 도 조례에 의하여야 한다.
③ 「정부조직법」에 따르면 권한의 위임은 위임기관의 권한의 일부에 한하여 인정된다.
④ 내부위임에 따라 수임관청이 자신의 이름으로 처분을 한 경우 그 처분에 대한 무효확인소송의 피고는 위임관청이 된다.
⑤ 「행정권한의 위임 및 위탁에 관한 규정」에 따르면 수임사무의 처리에 관하여 위임기관은 수임기관에 대하여 사전승인을 받을 것을 요구할 수 있다.

해설

[❶ ▸ ×] **권한의 위임**은 위임청의 권한이 수임 행정기관에 이전되는 것임에 반하여 **권한의 대리**는 행정청이 권한을 일시적으로 대리기관으로 하여금 대신하여 행사하게 하는 것에 지나지 않으며 권한 자체가 이전되는 것은 아니라는 점에서 구별된다.
[❷ ▸ ×] 관리처분계획의 인가 등에 관한 사무는 국가사무로서 지방자치단체의 장에게 위임된 이른바 기관위임사무에 해당하므로, 시・도지사가 지방자치단체의 조례에 의하여 이를 구청장 등에게 재위임할 수는 없고, 행정권한의 위임 및 위탁에 관한 규정 제4조에 의하여 위임기관의 장의 승인을 얻은 후 **지방자치단체의 장이 제정한 규칙**이 정하는 바에 따라 재위임하는 것만이 가능하다(대판 1995.8.22. 94누5694[전합]).

행정권한의 위임 및 위탁에 관한 규정 제4조(재위임) 특별시장・광역시장・특별자치시장・도지사 또는 특별자치도지사(특별시・광역시・특별자치시・도 또는 특별자치도의 교육감을 포함한다)나 시장・군수 또는 구청장(자치구의 구청장을 말한다)은 행정의 능률향상과 주민의 편의를 위하여 필요하다고 인정될 때에는 수임사무의 일부를 그 위임기관의 장의 승인을 받아 규칙으로 정하는 바에 따라 시장・군수・구청장(교육장을 포함한다) 또는 읍・면・동장, 그 밖의 소속기관의 장에게 다시 위임할 수 있다.

[❸ ▸ ○] 위임 또는 위탁을 받은 기관은 특히 필요한 경우에는 법령으로 정하는 바에 따라 위임 또는 위탁을 받은 사무의 **일부**를 보조기관 또는 하급행정기관에 **재위임**할 수 있다(정부조직법 제6조 제1항 후문). 따라서 행정기관은 위임을 받은 사무의 전부를 재위임할 수는 없으나 일부를 재위임할 수는 있다.
[❹ ▸ ×] 행정처분을 행할 적법한 권한 있는 상급행정청으로부터 **내부위임**을 받은 데 불과한 하급행정청이 권한 없이 행정처분을 한 경우에도 **실제로 그 처분을 행한 하급행정청을 피고**로 하여야 할 것이지 그 처분을 행할 적법한 권한 있는 상급행정청을 피고로 할 것은 아니라 할 것이다(대판 1994.8.12. 94누2763).
[❺ ▸ ×] 수임 및 수탁사무의 처리에 관하여 위임 및 위탁기관은 수임 및 수탁기관에 대하여 사전승인을 받거나 협의를 할 것을 요구할 수 없다(행정권한의 위임 및 위탁에 관한 규정 제7조).

> **핵심정리** **권한의 위임과 대리**
> ① 위임과 대리의 구별
> → 권한의 위임 : 권한 자체가 수임자에게 이전 ○
> → 권한의 대리 : 권한 자체가 대리기관에게 이전 ×
> ② 국가사무가 도지사에게 기관위임된 경우 도지사가 이를 군수에게 재위임하는 경우
> → 지방자치단체의 장이 제정한 규칙에 따라 재위임하는 것만 가능
> ③ 권한의 위임 → 위임기관의 권한의 일부에 한하여 인정 ○
> ④ 내부위임을 받은 수임관청이 자신의 이름으로 처분을 한 경우
> → 처분에 대한 무효확인소송의 피고적격 : 수임관청 ○
> ⑤ 위임사무(수임사무)의 처리에 관하여
> → 위임기관은 수임기관에 대하여 사전승인을 받을 것을 요구 ×

답 ❸

214 **행정권한의 위임 등에 관한 설명으로 옳지 않은 것은?(다툼이 있으면 판례에 따름)**
□□□

21 행정사 제9회

① 행정권한의 위임은 법률에 규정된 행정기관의 장의 권한 중 일부를 그 보조기관 또는 하급행정기관의 장이나 지방자치단체의 장에게 맡겨 그의 권한과 책임 아래 행사하도록 하는 것이다.

② 행정권한의 내부위임은 법률이 위임을 허용하고 있지 아니한 경우에도 행정관청의 내부적인 사무처리의 편의를 도모하기 위하여 그의 보조기관 또는 하급행정관청으로 하여금 그의 권한을 사실상 행사하게 하는 것이다.

③ 위임기관은 수임기관의 수임사무 처리에 대하여 지휘·감독하고, 그 처리가 위법하거나 부당하다고 인정될 때에는 이를 취소하거나 정지시킬 수 있다.

④ 수임사무의 처리에 관하여 위임기관은 수임기관에 대하여 사전승인을 받거나 협의를 할 것을 요구할 수 없다.

⑤ 행정기관은 위임을 받은 사무의 전부 또는 일부를 보조기관 또는 하급행정기관에 재위임할 수 없다.

해설

[❶ ▸ ○] "위임"이란 법률에 규정된 행정기관의 장의 권한 중 일부를 그 보조기관 또는 하급행정기관의 장이나 지방자치단체의 장에게 맡겨 그의 권한과 책임 아래 행사하도록 하는 것을 말한다(행정권한의 위임 및 위탁에 관한 규정 제2조 제1호).

[❷ ▸ ○] 행정권한의 위임은 행정관청이 법률에 따라 특정한 권한을 다른 행정관청에 이전하여 수임관청의 권한으로 행사하도록 하는 것이어서 권한의 법적인 귀속을 변경하는 것이므로 법률이 위임을 허용하고 있는 경우에 한하여 인정된다 할 것이고, 이에 반하여 **행정권한의 내부위임은 법률이 위임을 허용하고 있지 아니한 경우에도** 행정관청의 내부적인 사무처리의 편의를 도모하기 위하여 그의 보조기관 또는 하급행정관청으로 하여금 그의 권한을 사실상 행사하게 하는 것이므로, 권한위임의 경우에는 수임관청이 자기의 이름으로 그 권한행사를 할 수 있지만 내부위임의 경우에는 수임관청은 위임관청의 이름으로만 그 권한을 행사할 수 있을 뿐 자기의 이름으로는 그 권한을 행사할 수 없다(대판 1995.11.28. 94누6475).

[❸ ▸ O] 위임 및 위탁기관은 수임 및 수탁기관의 수임 및 수탁사무 처리에 대하여 지휘·감독하고, 그 처리가 위법하거나 부당하다고 인정될 때에는 이를 취소하거나 정지시킬 수 있다(행정권한의 위임 및 위탁에 관한 규정 제6조).
[❹ ▸ O] 수임 및 수탁사무의 처리에 관하여 위임 및 위탁기관은 수임 및 수탁기관에 대하여 사전승인을 받거나 협의를 할 것을 요구할 수 없다(행정권한의 위임 및 위탁에 관한 규정 제7조).
[❺ ▸ ×] 위임 또는 위탁을 받은 기관은 특히 필요한 경우에는 법령으로 정하는 바에 따라 위임 또는 위탁을 받은 사무의 일부를 보조기관 또는 하급행정기관에 재위임할 수 있다(정부조직법 제6조 제1항 후문). 따라서 행정기관은 위임을 받은 사무의 전부를 재위임할 수는 없으나 일부를 보조기관 또는 하급행정기관에 재위임할 수는 있다.

핵심정리

권한의 위임과 재위임

① 행정권한의 위임 ⋯→ 권한 중 일부를 보조기관 등에게 맡겨 그의 권한과 책임 아래 행사하도록 하는 것
② 행정권한의 내부위임
⋯→ 법률의 근거 필요 × (법률이 위임을 허용하고 있지 아니한 경우에도 인정)
⋯→ 내부적인 사무처리의 편의를 위하여 보조기관 또는 하급행정관청이 권한을 사실상 행사하게 하는 것
③ 위임기관의 지휘·감독 ⋯→ 수임기관의 수임사무 처리에 대하여 지휘·감독하고, 그 처리가 위법하거나 부당하다고 인정될 때에는 이를 취소하거나 정지 가능
④ 사전승인의 제한 ⋯→ 수임사무 처리에 관하여 위임기관은 수임기관에 대하여 사전승인을 받을 것을 요구 불가
⑤ 위임받은 사무의 재위임
⋯→ 위임받은 사무의 전부 재위임 ×
⋯→ 위임받은 사무의 일부 재위임 O

답 ❺

215 □□□ 정부조직법상 국무총리 소속 행정기관에 해당하는 것은? 23 행정사 제11회

① 법제처 ② 특허청
③ 국세청 ④ 통계청
⑤ 대통령경호처

해설

[❶ ▸ O] 국무회의에 상정될 법령안·조약안과 총리령안 및 부령안의 심사와 그 밖에 법제에 관한 사무를 전문적으로 관장하기 위하여 국무총리 소속으로 법제처를 둔다(정부조직법 제23조 제1항).
[❷ ▸ ×] 특허·실용신안·디자인 및 상표에 관한 사무와 이에 대한 심사·심판사무를 관장하기 위하여 산업통상자원부장관 소속으로 특허청을 둔다(정부조직법 제38조 제4항).
[❸ ▸ ×] 내국세의 부과·감면 및 징수에 관한 사무를 관장하기 위하여 기획재정부장관 소속으로 국세청을 둔다(정부조직법 제27조 제3항).
[❹ ▸ ×] 통계의 기준설정과 인구조사 및 각종 통계에 관한 사무를 관장하기 위하여 기획재정부장관 소속으로 통계청을 둔다(정부조직법 제27조 제9항).
[❺ ▸ ×] 대통령 등의 경호를 담당하기 위하여 대통령경호처를 둔다(정부조직법 제16조 제1항). 대통령경호처는 대통령 소속이다.

답 ❶

216 행정권한의 대리와 위임에 관한 설명으로 옳지 않은 것은?(다툼이 있으면 판례에 따름)

□□□

20 행정사 제8회

① 임의대리에서 대리관청이 대리관계를 밝히고 처분을 한 경우 피대리관청이 처분청으로서 항고소송의 피고가 된다.

② 법정대리는 특별한 규정이 없는 한 피대리관청의 권한 전부에 미친다.

③ 권한을 내부위임 받은 수임행정청은 위임행정청의 이름으로 권한을 행사하여야 한다.

④ 권한의 내부위임은 법률의 근거가 없어도 가능하다.

⑤ 권한의 일부에 대한 위임뿐만 아니라 권한 전부의 위임도 가능하다.

해설

[❶ ▸ O] 항고소송은 다른 법률에 특별한 규정이 없는 한 원칙적으로 소송의 대상인 행정처분을 외부적으로 행한 행정청을 피고로 하여야 하고(행정소송법 제13조 제1항 본문), 다만 대리기관이 대리관계를 표시하고 피대리 행정청을 대리하여 행정처분을 한 때에는 **피대리 행정청이 피고**로 되어야 한다(대판 2018.10.25. 2018두43095). 반면, 대리권을 수여받은 행정기관(대리기관)이 대리관계를 밝힘이 없이 자신의 명의로 행정처분을 한 경우, 처분명의자인 해당 행정기관(대리기관)이 항고소송의 피고가 되어야 하는 것이 원칙이다(대판 2006.2.23. 2005부4).

[❷ ▸ O] 법정대리의 대리권의 범위는 특별한 규정이 없는 한 피대리관청의 권한의 전부에 미친다.

[❸ ▸ O] 내부위임의 경우에는 수임행정청은 위임행정청의 이름으로만 그 권한을 행사할 수 있을 뿐 자기의 이름으로는 그 권한을 행사할 수 없다(대판 1989.9.12. 89누671). 내부위임을 받은 수임행정청이 자신의 이름으로 처분을 하였다면 그 처분은 위법하게 된다. 이 경우의 하자가 무효사유인지 아니면 취소사유에 불과한 것인지에 관하여 견해가 대립하나, 판례는 무권한의 하자로 보아 처분은 무효가 된다고 한다(대판 1993.5.27. 93누6621).

[❹ ▸ O] 권한의 위임은 법률의 근거를 요하나, 권한의 내부위임은 법률의 근거가 없어도 가능하다.

> 행정권한의 위임은 행정관청이 법률에 따라 특정한 권한을 다른 행정관청에 이전하여 수임관청의 권한으로 행사하도록 하는 것이어서 권한의 법적인 귀속을 변경하는 것임에 대하여, 행정권한의 내부위임은 행정관청의 내부적인 사무처리의 편의를 도모하기 위하여 그의 보조기관 또는 하급행정관청으로 하여금 그의 권한을 사실상 행하도록 하는데 그치는 것이므로(대판 1989.9.12. 89누671), 권한의 내부위임은 법률의 근거 없이도 가능하나 권한의 위임은 법률의 근거를 요한다(대판 1995.11.28. 94누6475).

[❺ ▸ ×] 권한 전부의 위임은 위임청의 권한 자체를 폐지하는 것과 동일하므로 권한의 위임은 위임관청의 권한의 일부에 한하여 인정된다.

핵심정리

권한의 위임과 대리

① 임의대리에서 대리관청이 대리관계를 밝히고 처분을 한 경우 항고소송의 피고적격
  → 피대리관청 O

② 법정대리의 대리권의 범위 → 피대리관청의 권한 전부

③ 내부위임 받은 수임행정청 → 위임행정청의 이름으로 권한을 행사해야 함

④ 권한의 위임과 내부위임의 구별
  → 권한의 위임 : 법률의 근거 필요 O
  → 권한의 내부위임 : 법률의 근거 필요 ×

⑤ 권한의 일부 위임만 가능하고, 권한의 전부의 위임은 불가

답 ❺

217 권한의 위임과 내부위임에 관한 설명으로 옳은 것은?(다툼이 있으면 판례에 따름)

□□□

18 행정사 제6회

① 내부위임에는 법적 근거가 필요하다.
② 권한이 위임된 경우 수임기관이 위임기관의 명의로 권한을 행사한다.
③ 내부위임의 경우 수임기관이 자신의 명의로 처분을 하였다면, 위임기관이 항고소송의 피고가 된다.
④ 내부위임의 경우 수임기관이 자신의 명의로 처분을 하였다면, 그 처분의 하자는 원칙적으로 취소사유에 해당한다.
⑤ 행정권한의 위임 및 위탁에 관한 규정에 따르면 수임사무의 처리에 관하여 위임기관은 수임기관에 대하여 사전승인을 받을 것을 요구할 수 없다.

해설

[❶ ▸ ×] **권한의 내부위임**은 법률의 근거 없이도 가능하나 권한의 위임은 법률의 근거를 요한다(대판 1995.11.28. 94누6475).

[❷ ▸ ×] **권한위임**의 경우에는 수임관청이 **자기의 이름으로** 그 권한행사를 할 수 있지만 내부위임의 경우에는 수임관청은 위임관청의 이름으로만 그 권한을 행사할 수 있을 뿐 자기의 이름으로는 그 권한을 행사할 수 없다(대판 1995.11.28. 94누6475).

[❸ ▸ ×] 행정처분을 행할 적법한 권한 있는 상급행정청으로부터 내부위임을 받은 데 불과한 하급행정청이 권한 없이 행정처분을 한 경우에도 실제로 그 처분을 행한 **하급행정청을 피고**로 하여야 할 것이지 그 처분을 행할 적법한 권한 있는 상급행정청을 피고로 할 것은 아니라 할 것이다(대판 1994.8.12. 94누2763).

[❹ ▸ ×] 내부위임의 경우에는 수임관청은 위임관청의 이름으로만 그 권한을 행사할 수 있을 뿐 자기의 이름으로는 그 권한을 행사할 수 없는 것이므로, 수임관청이 자기의 이름으로 처분을 행한 경우 그 처분은 권한 없는 자에 의하여 행하여진 **위법무효의 처분**이라고 보아야 한다(대판 1995.11.28. 94누6475).

[❺ ▸ ○] 수임 및 수탁사무의 처리에 관하여 위임 및 위탁기관은 수임 및 수탁기관에 대하여 사전승인을 받거나 협의를 할 것을 요구할 수 없다(행정권한의 위임 및 위탁에 관한 규정 제7조).

핵심정리

권한의 위임과 내부위임

① 내부위임 → 법적 근거 필요 ×
② 권한이 위임된 경우 → 수임기관은 '자신의 명의로' 위임받은 권한 행사 ○
③, ④ 내부위임에서 수임기관이 자신의 명의로 처분을 한 경우
→ 항고소송의 피고 : 수임기관 ○
→ 본안 판단 : 무권한의 하자에 해당하여 행정처분은 원칙적으로 무효 ○
⑤ 사전승인의 제한 → 수임사무 처리에 관하여 위임기관은 수임기관에 대하여 사전승인을 받을 것을 요구 불가

답 ❺

218 행정조직과 권한의 위임 등에 관한 설명으로 옳지 않은 것은?(다툼이 있으면 판례에 따름)

□□□

23 행정사 제11회

① 행정기관은 법령으로 정하는 바에 따라 그 소관사무의 일부를 하급행정기관에 위임할 수 있다.

② 행정기관 또는 소속기관을 설치하거나 공무원의 정원을 증원할 때에는 반드시 예산상의 조치가 병행되어야 한다.

③ 행정권한의 위임은 권한의 법적인 귀속을 변경하는 것이므로 법률이 위임을 허용하고 있는 경우에 한하여 인정된다.

④ 행정권한의 내부위임은 법률이 위임을 허용하고 있는 경우에 한하여 인정된다.

⑤ 헌법은 행정각부의 설치·조직과 직무범위는 법률로 정한다고 규정하고 있다.

해설

[❶ ▸ O] 행정기관은 법령으로 정하는 바에 따라 그 소관사무의 일부를 보조기관 또는 하급행정기관에 위임하거나 다른 행정기관·지방자치단체 또는 그 기관에 위탁 또는 위임할 수 있다. 이 경우 위임 또는 위탁을 받은 기관은 특히 필요한 경우에는 법령으로 정하는 바에 따라 위임 또는 위탁을 받은 사무의 일부를 보조기관 또는 하급행정기관에 재위임할 수 있다(정부조직법 제6조 제1항).

[❷ ▸ O] 행정기관 또는 소속기관을 설치하거나 공무원의 정원을 증원할 때에는 반드시 예산상의 조치가 병행되어야 한다(정부조직법 제9조).

[❸ ▸ O] **행정권한의 위임**은 행정관청이 법률에 따라 특정한 권한을 다른 행정관청에 이전하여 수임관청의 권한으로 행사하도록 하는 것이어서 권한의 법적인 귀속을 변경하는 것이므로 **법률이 위임을 허용하고 있는 경우에 한하여 인정**된다 할 것이다(대판 1995.11.28. 94누6475).

[❹ ▸ ×] **행정권한의 내부위임**은 **법률이 위임을 허용하고 있지 아니한 경우에도** 행정관청의 내부적인 사무처리의 편의를 도모하기 위하여 그의 보조기관 또는 하급행정관청으로 하여금 그의 권한을 사실상 행사하게 하는 것이므로, 권한위임의 경우에는 수임관청이 자기의 이름으로 그 권한행사를 할 수 있지만 내부위임의 경우에는 수임관청은 위임관청의 이름으로만 그 권한을 행사할 수 있을 뿐 자기의 이름으로는 그 권한을 행사할 수 없다(대판 1995.11.28. 94누6475).

[❺ ▸ O] 헌법 제96조는 "행정각부의 설치·조직과 직무범위는 법률로 정한다"고 규정하여, 행정조직법정주의를 채택하고 있다.

핵심정리

행정조직과 권한의 위임 등

① 행정권한의 위임
→ 행정기관은 법령으로 정하는 바에 따라 그 소관사무의 일부를 하급행정기관에 위임 가능

② 행정기관 또는 소속기관을 설치하거나 공무원의 정원을 증원할 때
→ 반드시 예산상의 조치가 병행되어야 함

③, ④ 행정권한의 위임과 내부위임
→ 행정권한의 위임 : 법률이 위임을 허용하고 있는 경우에 한하여 인정 O
→ 행정권한의 내부위임 : 법률이 위임을 허용하고 있지 아니한 경우에도 인정 O

⑤ 행정조직법정주의
→ 헌법은 행정각부의 설치·조직과 직무범위는 법률로 정한다고 규정

답 ❹

219 권한의 위임에 관한 설명으로 옳지 않은 것은?(다툼이 있으면 판례에 따름) 17 행정사 제5회

□□□

① 권한의 위임은 법적 근거를 요하지 않는다.

② 권한의 위임은 위임청의 권한의 일부에 한하여 인정된다.

③ 권한의 위임이 기간의 도래에 의해 종료되면 위임된 권한은 다시 위임기관에 회복된다.

④ 보조기관에게 권한을 위임하는 경우 권한의 위임기관은 그 보조기관의 권한행사를 지휘·감독할 수 있다.

⑤ 권한을 위임받은 기관은 특히 필요한 경우에는 법령으로 정하는 바에 따라 위임받은 사무의 일부를 하급행정기관에게 재위임할 수 있다.

해설

[❶ ▸ ×] **행정권한의 위임**은 행정관청이 법률에 따라 특정한 권한을 다른 행정관청에 이전하여 수임관청의 권한으로 행사하도록 하는 것이어서 권한의 법적인 귀속을 변경하는 것이므로 **법률이 위임을 허용하고 있는 경우에 한하여 인정**된다(대판 1992.4.24. 91누5792).

[❷ ▸ ○] 권한 전부의 위임은 위임청의 권한 자체를 폐지하는 것과 동일하므로 권한의 위임은 위임청의 권한의 일부에 한하여 인정된다.

[❸ ▸ ○] 권한의 위임이 위임의 해제, 해제조건의 성취, 종기의 도래 등으로 종료되면 위임되었던 권한은 다시 위임기관에 회복된다.

[❹ ▸ ○] "위임"이란 법률에 규정된 행정기관의 장의 권한 중 일부를 그 보조기관 또는 하급행정기관의 장이나 지방자치단체의 장에게 맡겨 그의 권한과 책임 아래 행사하도록 하는 것을 말한다(행정권한의 위임 및 위탁에 관한 규정 제2조 제1호). 위임기관은 수임기관의 수임사무 처리에 대하여 지휘·감독하고, 그 처리가 위법하거나 부당하다고 인정될 때에는 이를 취소하거나 정지시킬 수 있다(행정권한의 위임 및 위탁에 관한 규정 제6조 참조).

[❺ ▸ ○] 위임 또는 위탁을 받은 기관은 특히 필요한 경우에는 법령으로 정하는 바에 따라 위임 또는 위탁을 받은 사무의 일부를 보조기관 또는 하급행정기관에 재위임할 수 있다(정부조직법 제6조 제1항 후문).

권한의 위임

① 권한의 위임 ⋯→ 법적 근거 필요 ○

② 권한의 위임 ⋯→ 위임청의 권한의 일부에 한하여 인정

③ 권한의 위임이 종료된 경우 ⋯→ 위임된 권한은 다시 위임기관에 회복

④ 보조기관에게 권한을 위임하는 경우 ⋯→ 위임기관은 보조기관의 권한행사를 지휘·감독 가능

⑤ 권한의 재위임 ⋯→ 특히 필요한 경우 법령으로 정하는 바에 따라 재위임 가능

답 ❶

220 행정권한의 위임에 관한 설명으로 옳지 않은 것은?(다툼이 있는 경우에는 판례에 의함)

□□□

13 행정사 제1회

① 권한의 위임은 권한 자체가 수임자에게 이전된다는 점에서 권한 자체를 이전하지 않는 권한의 대리와 구별된다.

② 내부위임의 경우 수임관청은 위임관청의 이름으로만 그 권한을 행사할 수 있다는 점에서 권한의 위임과 구별된다.

③ 권한의 위임이 있는 경우에는 처분의 명의자가 수임기관으로 되어 있다 하더라도 그 처분에 대한 취소소송의 피고는 위임기관이 된다.

④ 소속 하급행정청에 대한 위임은 위임청의 일방적 위임행위에 의하여 성립하고, 수임기관의 동의를 요하지 않는다.

⑤ 도지사는 조례에 의해서도 그 권한에 속하는 자치사무의 일부를 소속 행정기관에 위임할 수 있다.

해설

[❶ ▸ O] 권한의 위임은 위임청의 권한이 수임 행정기관에 이전되는 것임에 반하여 권한의 대리는 행정청이 권한을 일시적으로 대리기관으로 하여금 대신하여 행사하게 하는 것에 지나지 않으며 권한 자체가 이전되는 것은 아니라는 점에서 구별된다.

[❷ ▸ O] 권한위임의 경우에는 수임관청이 자기의 이름으로 그 권한을 행사할 수 있지만, 내부위임의 경우에는 수임관청은 위임관청의 이름으로만 그 권한을 행사할 수 있을 뿐 자기의 이름으로는 그 권한을 행사할 수 없다(대판 1989.9.12. 89누671).

[❸ ▸ ×] 권한이 위임되면 위임기관은 그 사무를 처리할 권한을 잃고 그 권한은 수임기관의 권한이 된다(대판 1992.9.22. 91누11292). 수임기관은 자기의 이름과 책임 아래 그 권한을 행사한다(행정권한의 위임 및 위탁에 관한 규정 제8조 참조). 따라서 처분은 수임기관의 명의로 하여야 하고, 수임기관은 처분 행정청으로서 항고소송의 피고가 된다.

[❹ ▸ O] 권한의 위임은 위임청의 권한이 수임 행정기관에 이전되는 것이므로 소속 하급행정청에 대한 위임은 위임청의 일방적 위임행위에 의하여 성립하고, 수임기관의 동의를 요하지 않는다.

[❺ ▸ O] 지방자치단체의 장은 조례나 규칙으로 정하는 바에 따라 그 권한에 속하는 사무의 일부를 보조기관, 소속 행정기관 또는 하부행정기관에 위임할 수 있다(지방자치법 제117조 제1항). ☞ 자치사무는 조례로 위임 가능하고(지방자치법 제117조 제1항), 기관위임사무는 (위임기관의 장의 승인을 받아) 규칙으로 재위임 가능하다(행정권한의 위임 및 위탁에 관한 규정 제4조).

핵심정리

권한의 위임과 내부위임, 권한의 대리

① 위임과 대리의 구별
→ 권한의 위임 : 권한 자체가 수임자에게 이전 O
→ 권한의 대리 : 권한 자체가 대리기관에게 이전 ×

② 위임과 내부위임의 구별
→ 권한의 위임 : 수임관청은 자기의 이름과 책임으로 권한 행사 가능
→ 권한의 내부위임 : 수임관청은 위임관청의 이름으로만 권한을 행사 가능 (자기의 이름으로 권한 행사 ×)

③ 수임기관은 자기의 이름으로 행정처분 → 취소소송의 피고는 수임기관 O

④ 소속 하급행정청에 대한 위임 → 수임기관의 동의 필요 ×

⑤ 도지사는 그 권한에 속하는 자치사무의 일부를 소속 행정기관에 위임 가능
→ 자치사무 : 조례에 의하여 위임 가능
→ 기관위임사무 : (위임기관의 장의 승인을 받아) 규칙으로 재위임 가능

답 ❸

PART 1 PART 2 PART 3

221 행정조직에 관한 설명으로 옳지 않은 것은?(다툼이 있으면 판례에 따름) 17 행정사 제5회

□□□

① 기관위임사무는 법령에 별도의 위임이 없는 한 조례의 규율대상이 되지 않는다.

② 법령상 규칙으로 행정권한을 위임해야 함에도 조례에 의한 위임에 따라 행해진 수임기관의 처분은 당연무효이다.

③ 행정권한의 내부위임임에도 불구하고 수임기관이 자기의 이름으로 처분을 한 경우 항고소송의 피고는 실제로 처분을 한 수임기관이 된다.

④ 행정권한을 위탁 받은 공공단체 또는 그 기관이나 사인은 행정절차법상의 행정청에 해당한다.

⑤ 공법인의 경우도 사경제 주체로서 활동하는 경우에는 기본권의 주체가 될 수 있다.

해설

[❶ ▸ O] 기관위임사무는 지방자치단체의 사무가 아니라 국가등의 사무이므로 명문의 규정이 없는 한 **조례제정의 대상이 되지 않는다**(대판 2014.2.27. 2012추145). 다만 상위법령의 위임이 있는 경우에는 기관위임사무에 대하여도 조례를 제정할 수 있다(위임조례). 이러한 위임조례는 자치입법이 아니라 행정입법의 성질을 가지므로 그 위임은 구체적 위임이어야 한다.

[❷ ▸ ×] 법령상 '**규칙**'으로 행정권한을 위임해야 함에도 '**조례**'에 의한 위임에 따라 행해진 수임기관의 처분은 적법한 위임 없이 권한 없는 자에 의하여 행하여진 것과 마찬가지가 되어 그 하자가 중대하나, 처분의 위임과정의 하자가 객관적으로 명백한 것이라고 할 수 없으므로 결국 **당연무효 사유는 아니라고 봄이 상당**하다(대판 1995.8.22. 94누5694 [전합]).

[❸ ▸ O] 처분을 함에 있어 실제로 처분청으로 표시된 자가 행정소송법상 항고소송의 피고가 된다. 따라서 내부위임의 경우 ㉠ 수임기관이 자기의 이름으로 처분을 한 경우 항고소송의 피고는 실제로 처분을 한 기관인 수임기관이 되고(대판 1991.10.8. 91누520), ㉡ 수임기관이 위임기관의 이름으로 처분을 한 경우에는 위임기관이 항고소송의 피고가 된다.

> 행정처분을 행할 적법한 권한 있는 상급행정청으로부터 내부위임을 받은 데 불과한 하급행정청이 권한 없이 행정처분을 한 경우에도 실제로 그 처분을 행한 하급행정청을 피고로 하여야 할 것이지 그 처분을 행할 적법한 권한 있는 상급행정청을 피고로 할 것은 아니다(대판 1994.8.12. 94누2763).

[❹ ▸ O] "행정청"이란 행정에 관한 의사를 결정하여 표시하는 국가 또는 지방자치단체의 기관이나 그 밖에 법령 또는 자치법규에 따라 행정권한을 가지고 있거나 위임 또는 위탁받은 공공단체 또는 그 기관이나 사인(私人)을 말한다(행정절차법 제2조 제1호).

[❺ ▸ O] 공법인이나 이에 준하는 지위를 가진 자라 하더라도 공무를 수행하거나 고권적 행위를 하는 경우가 아닌 사경제 주체로서 활동하는 경우나 조직법상 국가로부터 독립한 고유 업무를 수행하는 경우, 그리고 다른 공권력 주체와의 관계에서 지배복종관계가 성립되어 일반 사인처럼 그 지배하에 있는 경우 등에는 기본권 주체가 될 수 있다(헌재 2013.9.26. 2012헌마271).

핵심정리

행정조직

① 기관위임사무
 → 원칙 : 조례제정의 대상 ×
 → 예외 : 상위법령의 위임이 있는 경우, 위임조례 제정 가능 O

② 위임방식을 위반한 위법한 조례에 근거한 처분의 효력 → 위법하나, 당연무효는 ×

③ 내부위임의 경우 항고소송의 피고적격
 → 수임기관이 자기의 이름으로 처분을 한 경우 : 수임기관이 피고
 → 수임기관이 위임기관의 이름으로 처분을 한 경우 : 위임기관이 피고

④ 행정 권한을 위탁 받은 공공단체 또는 그 기관이나 사인 → 행정절차법상 행정청에 해당 O

⑤ 공법인이 사경제 주체로서 활동하는 경우 → 기본권의 주체 O

답 ❷

222 합의제행정기관에 관한 설명으로 옳은 것을 모두 고른 것은? 18 행정사 제6회

□□□

> ㄱ. 행정기관에는 그 소관사무의 일부를 독립하여 수행할 필요가 있는 때에는 법률로 정하는 바에 따라 행정위원회 등 합의제행정기관을 둘 수 있다.
> ㄴ. 지방자치단체는 그 소관사무의 일부를 독립하여 수행할 필요가 있으면 법령이나 그 지방자치단체의 조례로 정하는 바에 따라 합의제행정기관을 설치할 수 있다.
> ㄷ. 소청심사위원회는 심사·결정권과 함께 대외적 표시권한을 갖는 행정청이다.
> ㄹ. 중앙노동위원회의 처분에 대한 항고소송의 피고는 중앙노동위원회가 된다.

① ㄱ, ㄴ ② ㄱ, ㄹ
③ ㄴ, ㄷ ④ ㄱ, ㄴ, ㄷ
⑤ ㄴ, ㄷ, ㄹ

해설

[ㄱ ▸ O] 행정기관에는 그 소관사무의 일부를 독립하여 수행할 필요가 있는 때에는 법률로 정하는 바에 따라 행정위원회 등 합의제행정기관을 둘 수 있다(정부조직법 제5조).

[ㄴ ▸ O] 지방자치단체는 소관사무의 일부를 독립하여 수행할 필요가 있으면 법령이나 그 지방자치단체의 조례로 정하는 바에 따라 합의제행정기관을 설치할 수 있다(지방자치법 제129조 제1항).

[ㄷ ▸ O] 소청심사위원회 결정은 그 자체로서 처분의 성격을 가지므로 소청심사위원회는 심사결정권과 함께 대외적 표시권한을 갖는 행정청이다(대판 2018.7.12. 2017두65821).

[ㄹ ▸ X] 중앙노동위원회의 처분에 대한 소송은 **중앙노동위원회 위원장을 피고로 하여** 처분의 송달을 받은 날부터 15일 이내에 제기하여야 한다(노동위원회법 제27조 제1항).

> 합의제 행정청이 처분청인 경우에는 다른 법률에 특별한 규정이 없는 한, 합의제 행정청이 피고가 된다. 다만, 노동위원회법은 중앙노동위원회의 처분에 대한 소송을 '중앙노동위원회 위원장'을 피고로 하여 제기하도록 특별한 규정을 두고 있다(노동위원회법 제27조 제1항).

핵심정리

합의제행정기관

ㄱ., ㄴ. 합의제 행정기관의 설치
→ 정부조직법상 행정기관 내에 설치 : 법률로 정하는 바에 따라 설치 가능
→ 지방자치단체에 설치 : 법령이나 지방자치단체의 조례로 정하는 바에 따라 설치 가능
ㄷ. 소청심사위원회 → 심사·결정권과 함께 대외적 표시권한을 갖는 행정청에 해당 O
ㄹ. 중앙노동위원회의 처분에 대한 항고소송의 피고 → 중앙노동위원회 위원장

답 ❹

223 행정기관에 관한 설명으로 옳지 않은 것은?(다툼이 있으면 판례에 따름) 21 행정사 제9회

□□□

① 법령에 따라 행정권한을 위탁받은 사인은 행정청이 될 수 없다.

② 행정에 관한 의사를 결정하여 표시하는 국가 또는 지방자치단체의 기관은 행정청이다.

③ 지방자치단체는 그 소관사무의 일부를 독립하여 수행할 필요가 있으면 법령이나 그 지방자치단체의 조례로 정하는 바에 따라 합의제행정기관을 설치할 수 있다.

④ 행정기관의 장은 소관사무를 통할하고 소속공무원을 지휘·감독한다.

⑤ 정부조직법은 합의제행정기관의 설치에 관한 법적 근거를 두고 있다.

해설

[❶ ▸ ×] [❷ ▸ ○] "행정청"이란 행정에 관한 의사를 결정하여 표시하는 국가 또는 지방자치단체의 기관이나❷ 그 밖에 법령 또는 자치법규에 따라 행정권한을 가지고 있거나 위임 또는 위탁받은 공공단체 또는 그 기관이나 사인(私人)을 말한다❶(행정기본법 제2조 제2호).

[❸ ▸ ○] 지방자치단체는 소관사무의 일부를 독립하여 수행할 필요가 있으면 법령이나 그 지방자치단체의 조례로 정하는 바에 따라 합의제행정기관을 설치할 수 있다(지방자치법 제129조 제1항).

[❹ ▸ ○] 각 행정기관의 장은 소관사무를 통할하고 소속공무원을 지휘·감독한다(정부조직법 제7조 제1항).

[❺ ▸ ○] 행정기관에는 그 소관사무의 일부를 독립하여 수행할 필요가 있는 때에는 법률로 정하는 바에 따라 행정위원회 등 합의제행정기관을 둘 수 있다(정부조직법 제5조).

핵심정리

행정기관(행정청의 범위, 합의제행정기관 등)

①, ② 행정청의 범위
→ 행정에 관한 의사를 결정하여 표시하는 국가 또는 지방자치단체의 기관 : 행정청 ○
→ 법령에 따라 행정권한을 위탁받은 사인도 행정청에 포함 ○

③ 지방자치단체의 합의제행정기관 설치 → 소관사무의 일부를 독립하여 수행할 필요가 있는 때 법령이나 그 지방자치단체의 조례로 정하는 바에 따라 설치 가능

④ 행정기관의 장의 직무권한 → 소관사무를 통할하고 소속공무원을 지휘·감독 ○

⑤ 정부조직법에 합의제행정기관의 설치에 관한 법적 근거 규정 ○

답 ❶

224 행정관청 간의 관계에 관한 설명으로 옳은 것은?(다툼이 있으면 판례에 따름) 19 행정사 제7회

□□□

① 상급관청의 훈령권에는 법령상 근거가 요구된다.

② 대외적 구속력이 없는 훈령을 위반한 조치는 위법하다.

③ 하급행정관청의 권한행사에 대한 상급행정관청의 내부적인 승인·인가는 행정처분이 아니다.

④ '동의'를 의미하는 관계기관의 '협의'의견은 주무관청을 구속하지 않는다.

⑤ 상급관청의 하급관청에 대한 감시권에는 개별적인 법령상 근거를 요한다.

해설

[❶▸×] 훈령권은 상급관청의 감독권에 당연히 포함된 것으로 별도의 법적 근거를 요하지 아니한다.

[❷▸×] 훈령은 원칙적으로 대외적 구속력은 없다. 따라서 행정청의 행정작용이 훈령에 위반하였다는 사실만으로 위법하게 되지는 않는다. 한편, 훈령은 대내적 구속력이 있다. 훈령은 하급기관에 대한 지시 내지 명령의 성질을 가지며 하급기관은 훈령에 구속된다. 훈령 위반은 명령복종의무 위반이 되므로 훈령 위반자는 징계의 대상이 된다.

[❸▸O] 상급행정기관의 하급행정기관에 대한 승인·동의·지시 등은 행정기관 상호 간의 내부행위로서 국민의 권리 의무에 직접 영향을 미치는 것이 아니므로 항고소송의 대상이 되는 행정처분에 해당한다고 볼 수 없다(대판 1997.9.26. 97누8540).

[❹▸×] 처분청은 동의기관의 동의 의견 또는 부동의 의견에 구속된다. 반면, 관계행정청의 협의의견은 원칙적으로 주무행정청을 구속하지 않는다. 다만, 법령상 '협의'로 규정되어 있다 하더라도 해석상 '동의'라고 보아야 하는 경우에 그 '협의'의견은 실질적으로 '동의'의견으로서 법적 구속력을 갖는다(대판 1995.3.10. 94누12739).

[❺▸×] 상급관청의 하급관청에 대한 감시권은 감독권에 포함된 것으로 별도의 법적 근거를 요하지 아니한다.

핵심정리

행정청 간의 관계

① 상급관청의 훈령권 ⟶ 법령상 근거 필요 ×

② 대외적 구속력이 없는 훈령을 위반한 경우 ⟶ 위법 ×

③ 상급행정관청의 내부적인 승인·인가 ⟶ 행정처분 ×

④ 관계행정청의 협의의견

⟶ 원칙 : 주무관청에 대한 구속력 ×

⟶ 예외 : '동의'를 의미하는 관계행정청의 '협의'의견은 주무관청에 대한 구속력 ○

⑤ 상급관청의 감시권 ⟶ 개별적인 법령상 근거 필요 ×

답 ❸

225 정부조직법상 행정청의 조직과 권한에 관한 설명으로 옳지 않은 것은? 16 행정사 제4회

□□□

① 행정기관은 법령으로 정하는 바에 따라 그 소관사무의 일부를 보조기관 또는 하급행정기관에 위임할 수 있다.

② 상급행정기관으로부터 사무를 위임받은 하급행정기관은 특히 필요한 경우 법령으로 정하는 바에 따라 위임받은 사무의 일부를 보조기관에 재위임할 수 있다.

③ 행정기관은 법령으로 정하는 바에 따라 그 소관사무 중 조사·검사·검정·관리 업무 등 국민의 권리·의무와 직접 관계되지 아니하는 사무를 지방자치단체가 아닌 단체 또는 개인에게 위탁할 수 있다.

④ 부·처의 장은 그 소관사무의 효율적 추진을 위하여 필요한 경우에는 국무총리에게 소관사무와 관련되는 다른 행정기관의 사무에 대한 조정을 요청할 수 있다.

⑤ 행정기관 또는 소속기관을 설치하거나 공무원의 정원을 증원할 때에는 반드시 예산상의 조치가 병행될 필요는 없다.

해설

[❶ ▸ O] [❷ ▸ O] 행정기관은 법령으로 정하는 바에 따라 그 소관사무의 일부를 보조기관 또는 하급행정기관에 위임하거나❶ 다른 행정기관·지방자치단체 또는 그 기관에 위탁 또는 위임할 수 있다. 이 경우 위임 또는 위탁을 받은 기관은 특히 필요한 경우에는 법령으로 정하는 바에 따라 위임 또는 위탁을 받은 사무의 일부를 보조기관 또는 하급행정기관에 재위임할 수 있다❷(정부조직법 제6조 제1항).

[❸ ▸ O] 행정기관은 법령으로 정하는 바에 따라 그 소관사무 중 조사·검사·검정·관리 업무 등 국민의 권리·의무와 직접 관계되지 아니하는 사무를 지방자치단체가 아닌 법인·단체 또는 그 기관이나 개인에게 위탁할 수 있다(정부조직법 제6조 제3항).

[❹ ▸ O] 부·처의 장은 그 소관사무의 효율적 추진을 위하여 필요한 경우에는 **국무총리에게** 소관사무와 관련되는 다른 행정기관의 사무에 대한 조정을 요청할 수 있다(정부조직법 제7조 제5항).

[❺ ▸ ×] 행정기관 또는 소속기관을 설치하거나 공무원의 정원을 증원할 때에는 반드시 예산상의 조치가 병행되어야 한다(정부조직법 제9조).

핵심정리

행정청의 조직과 권한(행정권한의 위임 및 위탁, 권한의 재위임 등)

①, ③ 행정권한의 위임 및 위탁

→ 행정권한의 위임 : 법령에 따라 소관사무의 일부를 보조기관 또는 하급행정기관에 위임 가능

→ 행정권한의 민간위탁 : 법령에 따라 소관사무 중 국민의 권리·의무와 직접 관계되지 아니하는 사무를 지방자치단체가 아닌 단체 또는 개인에게 위탁 가능

② 정부조직법상 위임받은 권한의 재위임

→ 특히 필요한 경우 법령에 따라 위임받은 사무의 일부를 재위임 가능

④ 부·처의 장이 소관사무의 효율적 추진을 위해 필요한 경우

→ 국무총리에게 사무조정 요청 가능

⑤ 행정기관 또는 소속기관을 설치하거나 공무원의 정원을 증원할 경우

→ 반드시 예산상의 조치 병행 O

답 ❺

226 행정조직에 관한 설명으로 옳지 않은 것은? 13 행정사 제1회

□□□

① 현행 헌법은 행정조직법정주의를 채택하고 있다.

② 행정 각부의 장관과 지방자치단체의 장은 행정청에 해당한다.

③ 보조기관도 행정청으로부터 위임된 권한을 행사하는 경우에는 그 한도에서 행정청의 지위를 가진다.

④ 행정기관에는 그 소관사무의 일부를 독립하여 수행할 필요가 있는 때에는 법률로 정하는 바에 따라 행정위원회 등 합의제행정기관을 둘 수 있다.

⑤ 각종 징계위원회나 지방의회와 같은 부속기관의 설치에는 법령의 근거를 요하지 않는다.

해설

[❶ ▸ O] 헌법 제96조는 행정조직법정주의를 선언하고 있고 이에 따라 정부조직법이 제정되어 있다.

[❷ ▸ O] 행정청은 행정주체의 행정에 관한 의사 또는 판단을 결정하고 이를 외부에 표시할 수 있는 권한을 가진 행정기관을 말한다. 따라서 이러한 권한이 있는 행정 각부의 장관과 지방자치단체의 장은 행정청에 해당한다.

[❸ ▸ O] 보조기관은 위임받은 사항에 대하여는 그 범위에서 행정기관으로서 그 사무를 수행하므로(정부조직법 제6조 제2항), 그 한도에서 행정청의 지위를 가진다고 할 수 있다.

[❹ ▸ O] 행정기관에는 그 소관사무의 일부를 독립하여 수행할 필요가 있는 때에는 법률로 정하는 바에 따라 행정위원회 등 합의제행정기관을 둘 수 있다(정부조직법 제5조).

[❺ ▸ ×] 각종 징계위원회나 지방의회와 같은 부속기관의 설치에는 법령의 근거를 필요로 한다(정부조직법 제4조, 제5조).

핵심정리

행정조직(행정조직법정주의, 행정청, 보조기관, 부속기관의 설치 등)

① 현행 헌법 → 행정조직법정주의 채택 O

② 행정 각부의 장관과 지방자치단체의 장 → 행정청에 해당 O

③ 보조기관이 행정청으로부터 위임된 권한을 행사하는 경우 → 그 한도에서 행정청에 해당 O

④ 정부조직법상 행정기관 내에 합의제 행정기관의 설치 → 행정기관이 소관사무의 일부를 독립하여 수행할 필요가 있는 때 법률로 정하는 바에 따라 설치 가능

⑤ 각종 징계위원회나 지방의회와 같은 부속기관의 설치 → 법령의 근거 필요

답 ❺

제2절 지방자치법

227 지방의회에 관한 설명으로 옳지 않은 것은?(다툼이 있으면 판례에 따름) 15 행정사 제3회

① 지방의회는 지방자치단체의 구성부분으로 헌법이 인정하는 기관이다.

② 지방의회의 사무직원은 지방자치단체장의 추천에 의하여 의장이 임명한다.

③ 지방의회의 회의는 공개가 원칙이지만 의원 3명 이상의 발의로 출석의원 3분의 2 이상이 찬성한 경우에는 공개하지 않을 수 있다.

④ 체포 또는 구금된 지방의회의원이 있으면 관계 수사기관의 장은 지체 없이 해당 의장에게 영장의 사본을 첨부하여 그 사실을 알려야 한다.

⑤ 지방의회는 그 지방자치단체의 사무에 대하여 행정사무감사권 및 조사권을 갖는다.

해설

[❶ ▸ O] 헌법은 "지방자치단체에 의회를 둔다"고 규정하고 있다(헌법 제118조 제1항). 따라서 지방의회는 지방자치단체의 구성부분으로 헌법상 기관이다.

[❷ ▸ ×] 지방의회의 의장은 지방의회 사무직원을 지휘·감독하고 법령과 조례·의회규칙으로 정하는 바에 따라 그 임면·교육·훈련·복무·징계 등에 관한 사항을 처리한다(지방자치법 제103조 제2항). [2022.1.12. 지방자치법 개정 전에는 "사무직원은 지방의회의 의장의 추천에 따라 그 지방자치단체의 장이 임명한다"고 규정하고 있었고(동법 제91조 제2항), 2015년 시험 시행 당시에는 이러한 규정에 따라 틀린 지문이었다. 그리고 개정 지방자치법에 의하더라도 지방의회 사무직원의 임면에 관한 사항은 지방의회 의장이 처리하므로 틀린 지문이 된다.]

[❸ ▸ O] 지방의회의 회의는 공개한다. 다만, 지방의회의원 3명 이상이 발의하고 출석의원 3분의 2 이상이 찬성한 경우 또는 지방의회의 의장이 사회의 안녕질서 유지를 위하여 필요하다고 인정하는 경우에는 공개하지 아니할 수 있다(지방자치법 제75조 제1항).

[❹ ▸ O] 수사기관의 장은 체포되거나 구금된 지방의회의원이 있으면 지체 없이 해당 지방의회의 의장에게 영장의 사본을 첨부하여 그 사실을 알려야 한다. 각급 법원장은 지방의회의원이 형사사건으로 공소(公訴)가 제기되어 판결이 확정되면 지체 없이 해당 지방의회의 의장에게 그 사실을 알려야 한다(지방자치법 제45조).

[❺ ▸ O] 지방의회는 매년 1회 그 지방자치단체의 사무에 대하여 시·도에서는 14일의 범위에서, 시·군 및 자치구에서는 9일의 범위에서 감사를 실시하고, 지방자치단체의 사무 중 특정 사안에 관하여 본회의 의결로 본회의나 위원회에서 조사하게 할 수 있다(지방자치법 제49조 제1항). ☞ 지방의회에 지방자치단체의 사무에 대한 행정사무감사권 및 조사권이 인정된다.

핵심정리

지방의회

① 지방의회 → 헌법상 기관 O

② 지방의회의 사무직원의 임명 → 지방자치단체장의 추천 필요 ×

③ 지방의회의 회의
→ 원칙 : 공개
→ 예외 : 비공개 (의원 3명 이상의 발의로 출석의원 3분의 2 이상이 찬성한 경우 or 지방의회의 의장이 사회의 안녕질서 유지를 위하여 필요하다고 인정하는 경우)

④ 체포 또는 구금된 지방의회의원이 있는 경우
→ 수사기관의 장은 의장에게 영장사본을 첨부하여 통지

⑤ 지방의회의 지방자치단체의 사무에 대한 행정사무감사권 및 조사권 인정 O

답 ❷

228 지방자치법상 지방의회의 권한에 해당하지 않는 것은?

□□□

24 행정사 제12회

① 청원의 수리와 처리에 관한 의결권
② 결산과 관련한 검사위원 선임권
③ 주민투표 회부권
④ 지방의회의원의 자격상실에 대한 의결권
⑤ 기금의 설치·운용에 관한 의결권

해설

[❶ ▸ O] [❺ ▸ O] 청원의 수리와 처리에 관한 의결권, 기금의 설치·운용에 관한 의결권은 지방의회의 권한에 속한다(지방자치법 제47조 제5호, 제9호).

> **지방자치법 제47조(지방의회의 의결사항)** ① 지방의회는 다음 각 호의 사항을 의결한다.
> 1. 조례의 제정·개정 및 폐지
> 2. 예산의 심의·확정
> 3. 결산의 승인
> 4. 법령에 규정된 것을 제외한 사용료·수수료·분담금·지방세 또는 가입금의 부과와 징수
> 5. 기금의 설치·운용❺
> 6. 대통령령으로 정하는 중요 재산의 취득·처분
> 7. 대통령령으로 정하는 공공시설의 설치·처분
> 8. 법령과 조례에 규정된 것을 제외한 예산 외의 의무부담이나 권리의 포기
> 9. 청원의 수리와 처리❶
> 10. 외국 지방자치단체와의 교류·협력
> 11. 그 밖에 법령에 따라 그 권한에 속하는 사항

[❷ ▸ O] 결산과 관련한 검사위원 선임권은 지방의회의 권한에 속한다(지방자치법 제150조 제1항). 지방자치법 제150조 제1항 전단에 따라 지방의회가 선임하는 검사위원의 수는 시·도의 경우 7명 이상 20명 이내, 시·군 및 자치구의 경우 3명 이상 10명 이내로 하며, 그 수·선임방법·운영과 실비보상에 필요한 사항은 해당 지방자치단체의 조례로 정한다(지방자치법 시행령 제83조 제1항).

[❸ ▸ X] 주민투표 회부권은 **지방자치단체의 장의 권한**에 속한다. 지방자치단체의 장은 주민에게 과도한 부담을 주거나 중대한 영향을 미치는 지방자치단체의 주요 결정사항 등에 대하여 주민투표에 부칠 수 있다(지방자치법 제18조 제1항).

[❹ ▸ O] 지방의회의원의 자격상실에 대한 의결권은 지방의회의 권한에 속한다. 지방의회의원에 대한 자격상실 의결은 재적의원 3분의 2 이상의 찬성이 있어야 한다(지방자치법 제92조).

답 ❸

229 지방자치법령의 내용으로 옳은 것은? 17 행정사 제5회

□□□

① 조례의 제정청구권은 지방자치단체의 주민의 권리에 해당하지 않는다.
② 비례대표 지방의회의원은 주민소환의 대상자가 된다.
③ 주민소환에 관한 법률은 주민소환사유를 제한하고 있지 않다.
④ 감사청구를 하지 않은 주민도 주민소송의 원고가 될 수 있다.
⑤ 주민소송과 관련한 세부사항은 주민소송법에서 별도로 정하고 있다.

해설

[❶ ▸ ×] 지방자치단체의 18세 이상의 주민(선거권 없는 사람은 제외)은 해당 지방자치단체의 의회에 조례를 제정하거나 개정하거나 폐지할 것을 청구(이하 '주민조례청구'라 한다)할 수 있는데(지방자치법 제19조 제1항, 주민조례발안에 관한 법률 제2조). 이를 주민조례청구권이라 한다. 주민조례청구는 주민발안의 일종이다. 주민조례청구권(조례제정・개폐청구권)은 법률에 의하여 보장되는 권리에 해당하고, 헌법상 보장되는 기본권이라거나 헌법 제37조 제1항의 '헌법에 열거되지 아니한 권리'로 보기 어렵다(헌재 2014.4.24. 2012헌마287).

[❷ ▸ ×] 주민은 그 지방자치단체의 장 및 지방의회의원(비례대표 지방의회의원은 제외)을 소환할 권리를 가진다(지방자치법 제25조 제1항).

[❸ ▸ ○] 주민소환의 청구사유에 제한을 두지 않은 것은 주민소환제를 기본적으로 정치적인 절차로 설계함으로써 위법행위를 한 공직자뿐만 아니라 정책적으로 실패하거나 무능하고 부패한 공직자까지도 그 대상으로 삼아 공직에서의 해임이 가능하도록 하여 책임정치 혹은 책임행정의 실현을 기하려는 데 그 입법목적이 있다(헌재 2009.3.26. 2007헌마843).

[❹ ▸ ×] 감사청구한 주민의 경우에만 주민소송의 원고가 될 수 있다(지방자치법 제22조 제1항). 주민감사청구와 달리 일정 수 이상의 주민의 연대서명을 요하는 것은 아니며, 주민감사를 청구한 주민이라면 1인에 의한 주민소송 제기도 가능하다.

[❺ ▸ ×] 주민소송에 대하여는 주민소송법이 제정되어 있지 아니하고 지방자치법에 직접 규정되어 있으며, 지방자치법에 규정된 것 이외의 경우에는 행정소송법에 따르게 된다(지방자치법 제22조 제18항).

핵심정리

지방자치법상 주민의 권리

① 조례의 제정청구권(주민조례청구권) ⋯▸ 주민의 권리 ○
② 비례대표 지방의회의원 ⋯▸ 주민소환의 대상 ×
③ 주민소환에 관한 법률 ⋯▸ 주민소환사유 제한 ×
④ 감사청구를 하지 않은 주민 ⋯▸ 주민소송의 원고적격 ×
⑤ 주민소송과 관련한 세부사항
⋯▸ 별도의 주민소송법 제정 ×
⋯▸ 지방자치법 및 행정소송법에 의하여 규율 ○

답 ❸

230 □□□ 지방자치단체의 관할 구역 경계변경에 관한 지방자치법 조문의 일부이다. (　　)에 들어갈 내용으로 옳은 것은? 23 행정사 제11회

> 지방자치단체의 장은 관할 구역과 생활권과의 불일치 등으로 인하여 주민생활에 불편이 큰 경우 등 대통령령으로 정하는 사유가 있는 경우에는 행정안전부장관에게 경계변경이 필요한 지역 등을 명시하여 경계변경에 대한 조정을 신청할 수 있다. 이 경우 지방자치단체의 장은 지방의회 재적의원 (ㄱ)의 출석과 출석의원 (ㄴ) 이상의 동의를 받아야 한다.

① ㄱ : 3분의 1 이상, ㄴ : 2분의 1
② ㄱ : 과반수, ㄴ : 2분의 1
③ ㄱ : 과반수, ㄴ : 3분의 2
④ ㄱ : 3분의 2 이상, ㄴ : 2분의 1
⑤ ㄱ : 3분의 2 이상, ㄴ : 3분의 2

해설

[❸ ▸ O] ㄱ : 과반수, ㄴ : 3분의 2

> **지방자치법 제6조(지방자치단체의 관할 구역 경계변경 등)** ① 지방자치단체의 장은 관할 구역과 생활권과의 불일치 등으로 인하여 주민생활에 불편이 큰 경우 등 대통령령으로 정하는 사유가 있는 경우에는 행정안전부장관에게 경계변경이 필요한 지역 등을 명시하여 경계변경에 대한 조정을 신청할 수 있다. 이 경우 지방자치단체의 장은 지방의회 재적의원 과반수의 출석과 출석의원 3분의 2 이상의 동의를 받아야 한다.

답 ❸

231 □□□ 지방자치제도에 관한 설명으로 옳지 않은 것은?(다툼이 있으면 판례에 따름) 20 행정사 제8회

① 제주특별자치도와 세종특별자치시는 지방자치법상 특별지방자치단체에 해당한다.
② 외국인도 지방자치단체의 주민의 지위를 가질 수 있다.
③ 지방자치법상 주민소송은 객관적 소송으로서 민중소송에 해당한다.
④ 비례대표 지방의회의원에 대해서는 주민소환을 할 수 없다.
⑤ 이행강제금의 부과・징수를 게을리한 행위는 주민소송의 대상이 되는 공금의 부과・징수를 게을리한 행위에 해당한다.

해설

[❶ ▸ ×] 지방자치단체에는 보통지방자치단체와 특별지방자치단체가 있다. 보통지방자치단체에는 광역지방자치단체(특별시・광역시・특별자치시・도・특별자치도), 기초지방자치단체(시・군・자치구)의 두 종류가 있다. 특별지방자치단체는 2개 이상의 지방자치단체가 공동으로 특정한 목적을 위하여 광역적으로 사무를 처리할 필요가 있을 때에 설치할 수 있다(지방자치법 제199조 제1항). 지방자치법 제176조 이하에서 규정되고 있는 지방자치단체조합도 일종의 특별지방자치단체로 볼 수 있다. 제주특별자치도와 세종특별자치시는 보통지방자치단체(광역지방자치단체)에 해당한다.

[❷ ▸ O] 지방자치단체의 구역 안에 주소를 가진 자는 그 지방자치단체의 주민이 된다(지방자치법 제16조). 지방자치단체의 관할구역 내에 주민등록지를 갖고 있는 자연인 및 그 주된 사무소 또는 본점의 소재지가 있는 법인은 지방자치단체의 주민이 된다. 외국인도 지방자치단체의 주민이 된다. 다만, 외국인에게는 참정권 등의 권리가 제한되기도 한다.
[❸ ▸ O] 주민소송은 "지방자치단체의 기관이 법률에 위반되는 행위를 한 때에 직접 자기의 법률상 이익과 관계없이 그 시정을 구하기 위하여 제기하는 소송"으로서 행정소송법상 민중소송에 해당한다(행정소송법 제3조 제3호 참조). 이러한 주민소송은 행정의 적법성 통제를 목적으로 하는 소송으로서 구체적인 권익의 침해 없이도 제기할 수 있다는 점에서 객관소송의 성격을 갖는다.
[❹ ▸ O] 주민은 그 지방자치단체의 장 및 지방의회의원(비례대표 지방의회의원은 제외)을 소환할 권리를 가진다(지방자치법 제25조 제1항). 즉, 지방자치법 및 주민소환에 관한 법률은 선출직 지방공직자(선거에 의해 선출되는 모든 지방자치단체의 장과 지역구 지방의회의원)만을 주민소환의 대상으로 하고, 비례대표선거구 시·도의회의원 및 비례대표선거구 자치구·시·군의회의원은 제외하고 있다(주민소환에 관한 법률 제7조 제1항).
[❺ ▸ O] 이행강제금의 부과·징수를 게을리한 행위는 주민소송의 대상이 되는 공금의 부과·징수를 게을리한 사항에 해당한다(대판 2015.9.10. 2013두16746).

핵심정리

지방자치제도

① 제주특별자치도와 세종특별자치시 → 보통지방자치단체(광역지방자치단체) O
② 외국인 → 일정한 요건 아래 지방자치단체 주민의 지위가 인정될 수 있음
③ 주민소송 → 객관소송으로서 민중소송에 해당 O
④ 비례대표 지방의회의원 → 주민소환의 대상 ×
⑤ 이행강제금의 부과·징수를 게을리한 경우
→ 주민소송의 대상인 공금의 부과·징수를 게을리한 행위 O

답 ❶

232 □□□ 지방자치법상 지방자치단체에 해당하지 않는 것은? 13 행정사 제1회

① 광역시
② 특별자치시
③ 특별자치도
④ 군(郡)
⑤ 읍(邑)

해설

[❺ ▸ ×] 지방자치단체에는 보통지방자치단체와 특별지방자치단체가 있다. 보통지방자치단체에는 광역지방자치단체(특별시·광역시·특별자치시·도·특별자치도)와 기초지방자치단체(시·군·자치구)의 두 종류가 있다(지방자치법 제2조 제1항). 읍·면·동·리는 행정구역에 불과하고 지방자치단체에 속하지는 아니한다.

지방자치법 제2조(지방자치단체의 종류) ① 지방자치단체는 다음의 두 가지 종류로 구분한다.
1. 특별시, 광역시, 특별자치시, 도, 특별자치도
2. 시, 군, 구

지방자치법 제3조(지방자치단체의 법인격과 관할) ③ 특별시·광역시 또는 특별자치시가 아닌 인구 50만 이상의 시에는 자치구가 아닌 구를 둘 수 있고, 군에는 읍·면을 두며, 시와 구(자치구를 포함한다)에는 동을, 읍·면에는 리를 둔다.
④ 제10조 제2항에 따라 설치된 시에는 도시의 형태를 갖춘 지역에는 동을, 그 밖의 지역에는 읍·면을 두되, 자치구가 아닌 구를 둘 경우에는 그 구에 읍·면·동을 둘 수 있다.

답 ❺

233 □□□ **A장관을 주무부장관으로 하는 국가사무인 X사무가 법령에 의해 B지방자치단체의 장에게 위임되었다. X사무의 처리에 관한 설명으로 옳은 것은?(다툼이 있으면 판례에 따름)** 20 행정사 제8회

① 법령이 X사무에 대해 조례에 위임하는 경우 포괄적 위임도 가능하다.
② A장관은 X사무의 처리가 위법한 경우에 한하여 B지방자치단체의 장을 감독할 수 있다.
③ A장관이 X사무의 처리에 관하여 시정명령을 발한 경우 B지방자치단체의 장은 이에 대해 대법원에 제소할 수 있다.
④ B지방자치단체의 장이 X사무를 처리하면서 불법행위를 하여 국가배상책임이 성립하는 경우 B지방자치단체도 배상책임이 있다.
⑤ A장관이 X사무의 해태를 이유로 직무이행명령을 발한 경우 B지방자치단체의 장은 이에 대해 대법원에 제소할 수 없다.

해설

[❶ ▸ ×] **기관위임사무**에 있어서도 그에 관한 개별법령에서 일정한 사항을 조례로 정하도록 위임하고 있는 경우에는 위임받은 사항에 관하여 개별법령의 취지에 부합하는 범위 내에서 이른바 **위임조례를 정할 수 있다**(대판 2000.5.30. 99추85). 조례의 경우 일정 한도의 포괄적 위임은 허용되지만(대판 2017.12.5. 2016추5162), 기관위임사무에 관한 위임조례의 경우에는 위임(입법)의 일반적인 원칙에 따라 **구체적 위임이 있어야** 한다(2000.11.24. 2000추29 참조). 따라서 법령이 국가사무(기관위임사무)인 X사무에 대해 조례에 위임하는 경우 포괄적 위임은 허용되지 아니한다.
[❷ ▸ ×] 기관위임사무에 대한 국가기관의 감독은 합법성, 합목적성에도 미친다. 따라서 A장관은 국가사무(기관위임사무)인 X사무의 처리가 위법한 경우뿐만 아니라 부당한 경우에도 B지방자치단체의 장을 감독할 수 있다.
[❸ ▸ ×] 지방자치단체의 사무(자치사무와 단체위임사무)가 지방자치법 제188조(명령・처분의 시정명령 및 취소・정지권)에 의한 통제의 대상이 되고, **기관위임사무는 통제의 대상에 포함되지 않는다**(대판 2014.2.27. 2012추183). [그리고 지방자치법 제188조 제6항은 '자치사무'에 관한 '취소 또는 정지처분'에 한하여 소송을 제기할 수 있는 것으로 규정하고 있다. 따라서 ㉠ '단체위임사무'에 관한 취소 또는 정지처분이나 ㉡ 자치사무나 단체위임사무에 관한 '시정명령'에 대해서는 소송을 제기할 수 없다(대판 2014.2.27. 2012추183; 대판 2017.10.12. 2016추5148).] 따라서 A장관이 '국가사무(기관위임사무)인 X사무의 처리에 관하여 시정명령을 발한 경우 B지방자치단체의 장은 대법원에 제소할 수 없다.
[❹ ▸ ○] 자치사무의 경우 사무의 관리주체와 비용부담주체 모두 지방자치단체이므로 지방자치단체가 국가배상책임을 진다. 반면, 국가의 기관위임사무에 있어서는 위임자인 국가가 사무의 귀속주체로서 국가배상법 제2조에 따라 피해자에 대하여 국가배상책임을 지고, 지방자치단체는 형식적 비용부담자이므로 국가배상법 제6조 제1항에 따라 피해자에 대하여 배상책임을 진다(대판 1994.12.9. 94다38137 참조). 따라서 B지방자치단체의 장이 국가사무(기관위임사무)인 X사무를 처리하면서 국가배상책임을 부담하는 경우, B지방자치단체도 형식적 비용부담자로서 국가배상법 제6조 제1항에 따라 피해자에 대하여 배상책임을 진다.
[❺ ▸ ×] B지방자치단체의 장은 A장관의 직무이행명령에 이의가 있으면 이행명령서를 접수한 날부터 15일 이내에 대법원에 소를 제기할 수 있다(지방자치법 제189조 제6항).

핵심정리 **기관위임사무에 대한 통제 등**
① 기관위임사무에 관한 위임조례를 제정하는 경우 → 포괄적 위임 허용 ×
② 기관위임사무에 대한 감독(통제) → 위법(합법성)뿐만 아니라 부당(타당성)도 감독(통제) ○
③ 시정명령 및 취소・정지처분에 대한 불복
→ 시정명령 및 취소・정지처분의 대상 : 자치사무와 단체위임사무 ○ (기관위임사무 ×)
→ 시정명령 : 대법원에 제소 ×
→ 자치사무에 대한 취소・정지처분 : 대법원에 제소 ○ (단체위임사무 : 대법원에 제소 ×)
④ 지방자치단체의 장이 국가의 기관위임사무를 처리하면서 국가배상책임이 성립하는 경우
→ 국가 : 국가배상법 제2조에 따라 국가배상책임 ○
→ 지방자치단체 : 국가배상법 제6조 제1항에 따라 비용부담자로서 배상책임 ○
⑤ 직무이행명령에 대한 이의소송 → 지방자치단체의 장은 대법원에 제소 가능 ○

답 ❹

234 지방자치단체의 주민에 관한 설명으로 옳지 않은 것은?(다툼이 있으면 판례에 따름)

□□□

18 행정사 제6회

① 감사청구한 주민이라면 1인이라도 지방자치법상 주민소송을 제기할 수 있다.
② 주민소환제는 지방자치의 본질적인 내용이라 할 수 없다.
③ 주민투표권은 헌법이 보장하는 참정권이라 할 수 없다.
④ 주민이라 하더라도 공공시설의 설치를 반대하는 사항에 대해서는 조례제정을 청구할 수 없다.
⑤ 주민이 지방의회 본회의의 안건 심의 중 방청인으로서 안건에 관하여 발언하는 것은 선거제도를 통한 대표제 원리에 위반되지 않는다.

해설

[❶ ▸ O] 감사청구한 주민의 경우에만 주민소송의 원고가 될 수 있다(지방자치법 제22조 제1항). 주민감사청구와 달리 일정 수 이상의 주민의 연대서명을 요하는 것은 아니며, 주민감사를 청구한 주민이라면 1인에 의한 주민소송 제기도 가능하다.

[❷ ▸ O] 주민소환제 자체는 지방자치의 본질적인 내용이라고 할 수 없으므로 이를 보장하지 않는 것이 위헌이라거나 어떤 특정한 내용의 주민소환제를 반드시 보장해야 한다는 헌법적인 요구가 있다고 볼 수는 없다(헌재 2011.12.29. 2010헌바368).

[❸ ▸ O] 주민은 주민에게 과도한 부담을 주거나 중대한 영향을 미치는 지방자치단체의 주요 결정사항 등에 대하여 주민투표권을 가진다(지방자치법 제18조 제1항). 이러한 주민투표권은 헌법에 근거한 것이 아니라 지방자치법과 주민투표법에 근거한 것으로서, 헌법상 기본권이 아니라 법률상 권리에 불과하다(헌재 2001.6.28. 2000헌마735).

[❹ ▸ O] 공공시설의 설치를 반대하는 사항은 주민조례청구 대상에서 제외한다(주민조례발안에 관한 법률 제4조 제4호).

[❺ ▸ X] 의원과는 달리 정치적, 법적으로 아무런 책임을 지지 아니하는 주민이 본회의 또는 위원회의 안건 심의 중 안건에 관하여 발언한다는 것은 선거제도를 통한 대표제 원리에 정면으로 위반되는 것으로서 허용될 수 없다(대판 1993.2.26. 92추109).

핵심정리

주민의 권리

① 주민소송의 원고적격 → 감사청구한 주민 (1인에 의한 주민소송 제기도 가능 O)
② 주민소환제 → 지방자치의 본질적인 내용 ×
③ 주민투표권 → 헌법이 보장하는 참정권 × (법률이 보장하는 권리 O)
④ 공공시설의 설치를 반대하는 사항 → 조례제정 청구의 대상 ×
⑤ 주민이 지방의회 본회의의 안건심의 중 안건에 관하여 발언하는 것 → 대표제 원리에 위반

답 ❺

235 지방자치단체의 사무에 관한 설명으로 옳지 않은 것은?(다툼이 있으면 판례에 따름)

□□□

19 행정사 제7회

① 자치사무에 대한 국가의 감독은 적법성 통제에 그친다.
② 조례안으로 지방자치단체 사무의 민간위탁에 관하여 지방의회의 사전 동의를 받도록 하는 것은 위법하지 않다.
③ 자치사무에 있어서 시·도와 시·군·자치구의 사무가 경합하는 경우 시·군·자치구가 먼저 처리한다.
④ 호적사무는 사법적(司法的) 성격이 강한 국가의 사무이다.
⑤ 개별법령에서 조례로 정하도록 위임한 경우 기관위임사무에 대해서도 조례를 정할 수 있다.

해설

[❶ ▸ O] 지방자치단체에 대한 국가의 감독(행정적 통제)은 합법성에 대한 통제와 합목적성에 대한 통제가 있다. 합목적성에 대한 통제의 가능 여부 및 정도는 지방자치단체의 사무의 종류에 따라 다르다. 즉, 지방자치단체의 고유사무인 **자치사무**에 대해서는 **합법성(적법성) 통제만 가능**하고, 위임사무(기관위임사무 및 단체위임사무)에 대해서는 합법성 통제뿐만 아니라 합목적성(타당성) 통제도 가능하다.

[❷ ▸ O] '서울특별시 중구 사무의 민간위탁에 관한 조례안' 제4조 제3항 등이 지방자치단체 사무의 민간위탁에 관하여 지방의회의 사전 동의를 받도록 한 것과 지방자치단체장이 동일 수탁자에게 위탁사무를 재위탁하거나 기간연장 등 기존 위탁계약의 중요한 사항을 변경하고자 할 때 지방의회의 동의를 받도록 한 것은, 지방자치단체장의 집행권한을 본질적으로 침해하는 것으로 볼 수 없다(대판 2011.2.10. 2010추11). 따라서 위법하지 않다.

[❸ ▸ O] 시·도와 시·군 및 자치구는 사무를 처리할 때 서로 겹치지 아니하도록 하여야 하며, 사무가 서로 겹치면 시·군 및 자치구에서 먼저 처리한다(지방자치법 제14조 제3항).

[❹ ▸ X] 호적사무는 국가의 사무로서 국가의 기관위임에 의하여 수행되는 사무가 아니고 지방자치법 제9조(현행 제13조)가 정하는 지방자치단체의 사무라 할 것이다(대판 1995.3.28. 94다45654). 한편, 호적법은 헌법재판소에 의하여 헌법불합치결정(헌재 2005.2.3. 2001헌가9)을 받게 되어 잠정적용되었으나, 2007.5.17.부터는 새로운 호적체계인 가족관계의 등록 등에 관한 법률이 제정·시행되고 있다.

[❺ ▸ O] 지방자치단체가 자치조례를 제정할 수 있는 사항은 지방자치단체의 고유사무인 자치사무와 개별법령에 의하여 지방자치단체에 위임된 단체위임사무에 한하는 것이고, 국가사무가 지방자치단체의 장에게 위임된 기관위임사무는 원칙적으로 자치조례의 제정범위에 속하지 않는다 할 것이고, 다만, 기관위임사무에 있어서도 그에 관한 **개별법령에서 일정한 사항을 조례로 정하도록 위임하고 있는 경우**에는 위임받은 사항에 관하여 개별법령의 취지에 부합하는 범위 내에서 이른바 **위임조례를 정할 수 있다**(대판 2000.5.30. 99추85).

핵심정리 지방자치단체의 사무

① 자치사무에 대한 국가의 감독 ⇢ 적법성 통제 O
② 지방자치단체 사무의 민간위탁에 관하여 지방의회의 사전 동의를 받도록 하는 조례안 ⇢ 적법
③ 시·도와 시·군·자치구의 사무가 경합하는 경우 ⇢ 시·군·자치구가 먼저 처리
④ 호적사무 ⇢ 국가사무 × (지방자치단체의 사무 O)
⑤ 조례제정의 대상사무
 ⇢ 자치사무 + 단체위임사무 O
 ⇢ 기관위임사무
  • 원칙 : 조례제정의 대상 ×
  • 예외 : 개별법령에서 조례로 정하도록 위임한 경우(위임조례 제정 가능) O

답 ❹

236 □□□ 지방자치단체의 주민의 권리에 관한 설명으로 옳은 것을 모두 고른 것은?(다툼이 있으면 판례에 따름)

16 행정사 제4회

> ㄱ. 주민투표권은 헌법이 보장하는 기본권 또는 헌법상 제도적으로 보장되는 주관적 공권이다.
> ㄴ. 주민소환에 관한 법률에 따르면 전체 주민소환투표자의 수가 주민소환투표권자 총수의 3분의 1에 미달하는 때에는 개표를 하지 않는다.
> ㄷ. 부담금의 부과·징수 또는 감면에 관한 사항은 조례의 개폐 청구의 대상이 아니다.
> ㄹ. 주민의 감사청구와는 달리 주민소송은 지방자치법상 인정되고 있지 않다.

① ㄱ, ㄴ ② ㄱ, ㄷ
③ ㄱ, ㄹ ④ ㄴ, ㄷ
⑤ ㄴ, ㄹ

해설

[ㄱ ▸ ×] 주민투표권은 헌법에 근거한 것이 아니라 지방자치법과 주민투표법에 근거한 것으로서, 헌법상 기본권이 아니라 법률상 권리에 불과하다(헌재 2001.6.28. 2000헌마735).

[ㄴ ▸ ○] 주민소환은 제3조의 규정에 의한 주민소환투표권자 총수의 3분의 1이상의 투표와 유효투표 총수 과반수의 찬성으로 확정된다. 전체 주민소환투표자의 수가 주민소환투표권자 총수의 3분의 1에 미달하는 때에는 개표를 하지 아니한다(주민소환에 관한 법률 제22조 제1항·제2항).

[ㄷ ▸ ○] 지방세·사용료·수수료·부담금을 부과·징수 또는 감면하는 사항은 주민조례청구 대상에서 제외한다(주민조례발안에 관한 법률 제4조 제2호).

[ㄹ ▸ ×] 현행 지방자치법은 주민의 감사청구(지방자치법 제21조)뿐만 아니라 주민소송(지방자치법 제22조)도 인정하고 있다.

핵심정리

주민의 권리

ㄱ. 주민투표권 → 헌법이 보장하는 기본권(참정권) × (법률이 보장하는 권리 ○)
ㄴ. 전체 주민소환투표자의 수가 주민소환투표권자 총수의 3분의 1에 미달하는 경우 → 개표 ×
ㄷ. 부담금의 부과·징수 또는 감면에 관한 사항 → 조례의 개폐 청구의 대상 ×
ㄹ. 주민감사청구 및 주민소송 → 지방자치법상 둘 다 인정 ○

답 ❹

237 지방자치단체의 사무에 관한 설명으로 옳은 것을 모두 고른 것은?(다툼이 있으면 판례에 따름)

□□□

15 행정사 제3회

ㄱ. 지방의회는 집행기관의 고유권한에 속하는 사항의 행사에 관하여 견제의 범위 내에서 소극적 · 사후적으로 개입할 수 있을 뿐만 아니라 사전에 적극적으로 개입할 수 있다.
ㄴ. 지방의회는 자치사무에 관하여 법률에 특별한 규정이 없는 한 조례로써 위와 같은 지방자치단체장의 고유권한을 침해하지 않는 범위 내에서 조례를 제정할 수 있다.
ㄷ. 지방의회는 지방자치단체 및 그 장이 위임받아 처리하는 국가사무와 시 · 도의 사무에 대하여 국회와 시 · 도 의회가 직접 감사하기로 한 사무도 감사할 수 있다.
ㄹ. 국가사무가 지방자치단체의 장에게 위임된 기관위임사무는 원칙적으로 자치조례의 제정범위에 속하지 않는다.

① ㄱ, ㄷ
② ㄱ, ㄹ
③ ㄴ, ㄷ
④ ㄴ, ㄹ
⑤ ㄷ, ㄹ

해설

[ㄱ ▸ ×] 지방의회가 집행기관의 인사권에 관하여 견제의 범위 내에서 소극적 · 사후적으로 개입하는 것은 허용되나, 집행기관의 인사권을 독자적으로 행사하거나 동등한 지위에서 합의하여 행사할 수는 없고, 그에 관하여 사전에 적극적으로 개입하는 것도 원칙적으로 허용되지 아니한다(대판 2009.9.24. 2009추53).

[ㄴ ▸ O] 지방의회는 자치사무에 관하여 법률에 특별한 규정이 없는 한 조례로써 지방자치단체장의 고유권한을 침해하지 않는 범위 내에서 조례를 제정할 수 있다고 할 것이다(대판 2013.4.11. 2012추22).

[ㄷ ▸ ×] 지방자치단체 및 그 장이 위임받아 처리하는 국가사무와 시 · 도의 사무에 대하여 국회와 시 · 도의회가 직접 감사하기로 한 사무 외에는 그 감사를 각각 해당 시 · 도의회와 시 · 군 및 자치구의회가 할 수 있다(지방자치법 제49조 제3항 전문).

[ㄹ ▸ O] 국가사무가 지방자치단체의 장에게 위임된 기관위임사무와 같이 지방자치단체의 장이 국가기관의 지위에서 수행하는 사무일 뿐 지방자치단체 자체의 사무라고 할 수 없는 것은 원칙적으로 자치조례의 제정범위에 속하지 않는다(대판 1999.9.17. 99추30).

핵심정리

지방자치단체의 사무(자치사무와 기관위임사무)

ㄱ., ㄴ. 지방의회의 권한
→ 지방의회는 집행기관의 고유권한의 행사에 관하여 사전에 적극적 개입 ×
→ 지방의회는 자치사무에 관하여 지방자치단체장의 고유권한을 침해하지 않는 범위 내에서 조례 제정 가능

ㄷ. 국회와 시 · 도 의회가 직접 감사하기로 한 국가사무와 시 · 도의 사무
→ 지방의회는 직접 감사 ×

ㄹ. 국가사무가 지방자치단체의 장에게 위임된 기관위임사무
→ 원칙적으로 자치조례의 제정범위 ×

답 ④

PART 1 PART 2 PART 3

238 지방자치단체의 조례에 관한 설명으로 옳지 않은 것은?(다툼이 있는 경우에는 판례에 의함)

□□□

13 행정사 제1회

① 주민의 권리 제한 또는 의무 부과에 관한 사항이나 벌칙을 조례로 정할 때에는 법률의 위임이 있어야 한다.

② 지방자치단체의 장은 조례안에 대하여 이의가 있는 경우 조례안의 일부에 대하여 또는 조례안을 수정하여 지방의회에 재의를 요구할 수 있다.

③ 조례가 집행행위의 개입 없이도 그 자체로서 직접 국민의 구체적인 권리의무나 법적 이익에 영향을 미치는 등의 법률상 효과를 발생하는 경우 그 조례는 항고소송의 대상이 되는 행정처분에 해당한다.

④ 기관위임사무는 원칙적으로 조례의 제정범위에 속하지 않지만, 그에 관한 개별법령에서 일정한 사항을 조례로 정하도록 위임하고 있는 경우에는 위임받은 사항에 관하여 개별법령의 취지에 부합하는 범위 내에서 위임조례를 정할 수 있다.

⑤ 조례는 특별한 규정이 없으면 공포한 날부터 20일이 지나면 효력을 발생한다.

해설

[❶ ▸ O] 지방자치단체는 법령의 범위에서 그 사무에 관하여 조례를 제정할 수 있다. 다만, 주민의 권리 제한 또는 의무 부과에 관한 사항이나 벌칙을 정할 때에는 법률의 위임이 있어야 한다(지방자치법 제28조 제1항).

[❷ ▸ X] 지방자치단체의 장은 조례안의 일부에 대하여 또는 조례안을 수정하여 재의를 요구할 수 없다(지방자치법 제32조 제3항 후문).

[❸ ▸ O] 조례가 집행행위의 개입 없이도 그 자체로서 직접 국민의 구체적인 권리의무나 법적 이익에 영향을 미치는 등의 법률상 효과를 발생하는 경우 그 조례는 항고소송의 대상이 되는 행정처분에 해당한다(대판 1996.9.20. 95누8003).

[❹ ▸ O] 지방자치단체가 자치조례를 제정할 수 있는 사항은 지방자치단체의 고유사무인 자치사무와 개별법령에 의하여 지방자치단체에 위임된 단체위임사무에 한하는 것이고, 국가사무가 지방자치단체의 장에게 위임된 기관위임사무는 원칙적으로 자치조례의 제정범위에 속하지 않는다 할 것이고, 다만, 기관위임사무에 있어서도 그에 관한 **개별법령에서 일정한 사항을 조례로 정하도록 위임하고 있는 경우**에는 위임받은 사항에 관하여 개별법령의 취지에 부합하는 범위 내에서 이른바 **위임조례를 정할 수 있다**(대판 2000.5.30. 99추85).

[❺ ▸ O] 조례와 규칙은 특별한 규정이 없으면 공포한 날부터 20일이 지나면 효력을 발생한다(지방자치법 제32조 제8항).

핵심정리

지방자치단체의 조례

① 주민의 권리 제한 또는 의무 부과에 관한 사항이나 벌칙을 조례로 정할 경우
 → 법률의 위임 필요 O

② 지방자치단체장의 조례안 재의요구권
 → 조례안의 일부에 대하여 or 조례안을 수정하여 재의 요구 ×

③ 조례가 집행행위의 개입 없이도 그 자체로서 직접 국민의 구체적인 권리의무나 법적 이익에 영향을 미치는 등의 법률상 효과를 발생하는 경우 → 항고소송의 대상이 되는 행정처분 O
(예 두밀분교폐지조례)

④ 기관위임사무
 → 원칙 : 조례제정의 대상 ×
 → 예외 : 개별법령에서 조례로 정하도록 위임한 경우(위임조례 제정 가능) O

⑤ 조례의 효력발생시기 → 공포한 날부터 20일이 지나면 효력 발생 O

답 ❷

239 지방자치법상 주민소송에 관한 설명으로 옳지 않은 것은? 22 행정사 제10회

□□□

① 주민소송은 민중소송이며 객관소송이다.

② 해당 행위를 계속하면 회복하기 곤란한 손해가 발생할 우려가 있는 경우에 그 행위의 전부나 일부를 중지할 것을 요구하는 소송을 주민소송으로 제기할 수 있다.

③ 주민소송을 제기하기 위해서는 그에 앞서 당해 사안에 대해 주민감사청구를 하여야 한다.

④ 소송의 계속(繫屬) 중에 소송을 제기한 주민이 사망하면 소송절차는 중단된다.

⑤ 주민소송이 진행 중이라도 다른 주민은 같은 사항에 대하여 별도의 소송을 제기할 수 있다.

해설

[❶ ▸ O] 주민소송은 "지방자치단체의 기관이 법률에 위반되는 행위를 한 때에 직접 자기의 법률상 이익과 관계없이 그 시정을 구하기 위하여 제기하는 소송"으로서 행정소송법상 민중소송에 해당한다(행정소송법 제3조 제3호 참조). 이러한 주민소송은 행정의 적법성 통제를 목적으로 하는 소송으로서 구체적인 권익의 침해 없이도 제기할 수 있다는 점에서 객관소송의 성격을 갖는다.

[❷ ▸ O] 지방자치법상 일정한 요건을 구비한 주민은 해당 행위를 계속하면 회복하기 어려운 손해를 발생시킬 우려가 있는 경우에는 그 행위의 전부나 일부를 중지할 것을 요구하는 소송(= 중지청구소송, 제1호 소송)을 제기할 수 있다(지방자치법 제22조 제2항 제1호). 다만, 중지청구소송은 해당 행위를 중지할 경우 생명이나 신체에 중대한 위해가 생길 우려가 있거나 그 밖에 공공복리를 현저하게 저해할 우려가 있으면 제기할 수 없다(지방자치법 제22조 제3항).

[❸ ▸ O] 주민소송을 제기하기 위하여는 반드시 주민감사청구를 하였어야 하고, 주민감사청구를 한 주민만 주민소송을 제기할 수 있다(지방자치법 제22조 제1항). 주민감사청구전치주의는 주민소송의 소송요건이다. 따라서 감사청구를 하지 않고 주민소송을 제기한 경우 또는 감사청구된 사항과 무관한 사항에 대하여 주민소송을 제기한 경우에는 각하판결을 하여야 한다.

[❹ ▸ O] 소송의 계속(繫屬) 중에 소송을 제기한 주민이 사망하거나 주민의 자격을 잃으면 소송절차는 중단된다. 소송대리인이 있는 경우에도 또한 같다(지방자치법 제22조 제6항).

[❺ ▸ ×] 주민소송이 진행 중이면 다른 주민은 같은 사항에 대하여 별도의 소송을 제기할 수 없다(지방자치법 제22조 제5항).

핵심정리

주민소송

① 주민소송의 법적성질 ⋯→ 민중소송이며 객관소송에 해당 O

② 해당 행위를 계속하면 회복하기 곤란한 손해가 발생할 우려가 있는 경우에 그 행위의 전부나 일부를 중지할 것을 요구하는 소송 ⋯→ 주민소송의 유형 중 중지청구소송(제1호 소송) O

③ 주민소송의 소송요건으로 주민감사청구전치주의 O

④ 주민소송의 계속 중에 원고가 사망한 경우 ⋯→ 소송절차 중단 O

⑤ 주민소송 진행 중 다른 주민은 같은 사항에 대하여 별도의 소송 제기 ×

답 ❺

240 □□□ **지방자치법상 주민소송에 관한 설명으로 옳지 않은 것은?(다툼이 있으면 판례에 따름)**

21 행정사 제9회

① 주민소송을 제기하기 전에 주민감사청구를 거쳐야 한다.
② 지방의회의원에게 손해배상청구를 할 것을 요구하는 주민소송은 인정되지 않는다.
③ 공금의 부과·징수 업무를 게을리한 사실의 위법 확인을 요구하는 주민소송은 인정된다.
④ 행정처분인 해당 행위의 취소를 요구하는 주민소송은 인정된다.
⑤ 주민소송의 대상이 되는 위법한 행위나 해태사실은 감사청구한 사항과 동일할 필요는 없고 관련성이 있으면 된다.

해설

[❶ ▸ ○] 주민소송을 제기하기 위하여는 반드시 주민감사청구를 하였어야 하고, 주민감사청구를 한 주민만 주민소송을 제기할 수 있다(지방자치법 제22조 제1항). 주민감사청구전치주의는 주민소송의 소송요건이다. 따라서 감사청구를 하지 않고 주민소송을 제기한 경우 또는 감사청구된 사항과 무관한 사항에 대하여 주민소송을 제기한 경우에는 각하판결을 하여야 한다.

[❷ ▸ ×] [❸ ▸ ○] [❹ ▸ ○]

지방자치법 제22조(주민소송) ② 제1항에 따라 주민이 제기할 수 있는 소송은 다음 각 호와 같다.
1. 해당 행위를 계속하면 회복하기 어려운 손해를 발생시킬 우려가 있는 경우에는 그 행위의 전부나 일부를 중지할 것을 요구하는 소송
2. 행정처분인 해당 행위의 취소 또는 변경을 요구하거나 그 행위의 효력 유무 또는 존재 여부의 확인을 요구하는 소송❹
3. 게을리한 사실의 위법 확인을 요구하는 소송❸
4. 해당 지방자치단체의 장 및 직원, 지방의회의원, 해당 행위와 관련이 있는 상대방에게 손해배상청구 또는 부당이득반환청구를 할 것을 요구하는 소송.❷ 다만, 그 지방자치단체의 직원이 회계관계직원 등의 책임에 관한 법률 제4조에 따른 변상책임을 져야 하는 경우에는 변상명령을 할 것을 요구하는 소송을 말한다.

[❺ ▸ ○] 주민소송의 대상은 주민감사를 청구한 사항과 관련이 있는 것으로 충분하고, 주민감사를 청구한 사항과 반드시 동일할 필요는 없다(대판 2020.7.29. 2017두63467).

핵심정리

주민소송
① 주민소송 ⇢ 주민감사청구전치주의 ○
②, ③, ④ 주민소송 인정 여부
⇢ 지방의회의원에게 손해배상청구를 할 것을 요구하는 주민소송 : ○
⇢ 공금의 부과·징수 업무를 게을리한 사실의 위법 확인을 요구하는 주민소송 : ○
⇢ 행정처분인 해당 행위의 취소를 요구하는 주민소송 : ○
⑤ 주민소송의 대상이 되는 위법한 행위나 해태사실
⇢ 감사청구한 사항과 동일할 필요 × (관련성은 필요 ○)

답 ❷

241 지방자치법상 주민소송에 관한 설명으로 옳지 않은 것은?

□□□

14 행정사 제2회

① 감사청구 전치주의를 취하고 있다.
② 행정소송법상 민중소송에 해당한다.
③ 법인 등 단체는 주민소송을 제기할 당사자적격이 없다.
④ 피고는 비위를 저지른 공무원이다.
⑤ 원고는 감사청구를 한 주민이면 1명이라도 가능하다.

해설

[❶ ▸ ○] 주민소송을 제기하기 위하여는 반드시 주민감사청구를 하였어야 하고, 주민감사청구를 한 주민만 주민소송을 제기할 수 있다(지방자치법 제22조 제1항). 주민감사청구전치주의는 주민소송의 소송요건이다.

[❷ ▸ ○] 주민소송은 행정소송법상 민중소송에 해당한다(행정소송법 제3조 제3호 참조). 이러한 주민소송은 행정의 적법성 통제를 목적으로 하는 소송으로서 구체적인 권익의 침해 없이도 제기할 수 있다는 점에서 객관소송의 성격을 갖는다.

[❸ ▸ ○] 주민소송의 원고는 감사를 청구한 주민이어야 하고 감사청구권은 18세 이상의 주민에 대해 인정되므로 법인 등 단체는 주민소송을 제기할 당사자적격이 없다(지방자치법 제21조, 제22조).

[❹ ▸ ×] 주민소송의 피고는 비위를 저지른 공무원이 아니라 해당 지방자치단체의 장이 된다(지방자치법 제22조 제1항).

[❺ ▸ ○] 감사청구한 주민의 경우에만 주민소송의 원고가 될 수 있다(지방자치법 제22조 제1항). 주민감사청구와 달리 일정 수 이상의 주민의 연대서명을 요하는 것은 아니며, 주민감사를 청구한 주민이라면 1인에 의한 주민소송 제기도 가능하다.

핵심정리

주민소송
① 주민소송 ⇢ (주민)감사청구 전치주의 ○
② 주민소송 ⇢ 객관소송 중 민중소송 ○
③, ④, ⑤ 주민소송의 당사자적격
⇢ 원고적격 : 18세 이상의 감사청구한 주민
• 법인 등 단체는 당사자적격 ×
• 감사청구한 주민이면 1명이라도 가능
⇢ 피고적격 : 해당 지방자치단체의 장 ○ (비위를 저지른 공무원 ×)

답 ❹

제3절 공무원법

242 공무원관계에 관한 판례의 태도로 옳은 것은? 22 행정사 제10회

□□□

① 공무원임용 결격사유가 있는지의 여부는 임용 당시가 아닌 채용후보자 명부에 등록한 때에 시행되던 법률을 기준으로 하여 판단하여야 한다.

② 임용 당시 공무원임용 결격사유가 있었다면 비록 국가의 과실에 의하여 임용 결격자임을 밝혀내지 못하였다 하더라도 그 임용행위는 당연무효이다.

③ 국가가 공무원임용 결격사유가 있는 자에 대해 결격사유가 있음을 알지 못하고 임용하였다가 사후에 결격사유가 있는 자임을 발견하고 임용행위를 취소하는 경우, 그 취소권은 시효의 제한을 받는다.

④ 시험승진후보자명부에서의 삭제행위는 행정처분이다.

⑤ 직위해제는 징계처분에 해당한다.

해설

[❶ ▸ ×] 공무원관계는 국가의 임용이 있는 때에 설정되는 것이므로 공무원임용 결격사유가 있는지의 여부는 채용후보자 명부에 등록한 때가 아닌 임용 당시에 시행되던 법률을 기준으로 하여 판단하여야 한다(대판 1987.4.14. 86누459).

[❷ ▸ ○] 공무원연금법에 의한 퇴직급여 등은 적법한 공무원으로서의 신분을 취득하여 근무하다가 퇴직하는 경우에 지급되는 것이고, 임용 당시 공무원임용 결격사유가 있었다면 비록 **국가의 과실에 의하여** 임용 결격자임을 밝혀내지 못하였다고 하더라도 그 임용행위는 **당연무효**로 보아야 한다(대판 1998.1.23. 97누16985).

[❸ ▸ ×] 국가가 공무원임용 결격사유가 있는 자에 대하여 결격사유가 있는 것을 알지 못하고 공무원으로 임용하였다가 사후에 결격사유가 있는 자임을 발견하고 공무원 임용행위를 취소하는 것은 당사자에게 원래의 임용행위가 당초부터 당연무효이었음을 통지하여 확인시켜 주는 행위에 지나지 아니하는 것이므로, 그러한 의미에서 당초의 임용처분을 취소함에 있어서는 신의칙 내지 신뢰의 원칙을 적용할 수 없고 또 그러한 의미의 취소권은 시효로 소멸하는 것도 아니다(대판 1987.4.14. 86누459).

[❹ ▸ ×] 시험승진후보자명부에 등재되어 있던 자가 그 명부에서 삭제됨으로써 승진임용의 대상에서 제외되었다 하더라도, 그와 같은 시험승진후보자명부에서의 삭제행위는 결국 그 명부에 등재된 자에 대한 승진 여부를 결정하기 위한 행정청 내부의 준비과정에 불과하고, 그 자체가 어떠한 권리나 의무를 설정하거나 법률상 이익에 직접적인 변동을 초래하는 별도의 행정처분이 된다고 할 수 없다(대판 1997.11.14. 97누7325).

[❺ ▸ ×] 직위해제처분은 징벌적 제재인 징계처분과는 그 성질을 달리하는 별개의 처분이다(대판 2014.10.30. 2012두25552).

핵심정리 **공무원관계의 발생 및 소멸 등**

① 공무원임용 결격사유 여부의 판단 ⟶ 임용 당시에 시행되던 법률 기준
② 국가의 과실로 공무원임용 결격사유가 있었던 자를 임용한 행위 ⟶ 당연무효 ○
③ 공무원임용 결격사유가 있는 자를 임용 후 임용행위를 취소하는 경우
⟶ 취소권은 시효의 제한 ×
④ 시험승진후보자명부에서의 삭제행위 ⟶ 행정처분 ×
⑤ 공무원의 직위해제 ⟶ 징계처분 ×

답 ❷

243 □□□ **국가공무원법상 소청에 관한 설명으로 옳은 것은?** 20 행정사 제8회

① 소청을 통해 위법한 거부처분에 대하여 의무이행을 구하는 심사청구를 할 수 없다.
② 징계처분에 대해 소청심사위원회의 심사·결정을 거치지 아니하면 행정소송을 제기할 수 없다.
③ 소청심사위원회가 소청인에게 진술 기회를 주지 아니하고 내린 결정은 취소사유의 하자가 있다.
④ 징계처분에 대한 소청에 대하여는 불이익변경금지원칙이 적용되지 아니한다.
⑤ 행정기관 소속 공무원의 소청을 심사하는 소청심사위원회는 법제처에 둔다.

해설

[❶ ▸ ×] 위법 또는 부당한 거부처분이나 부작위에 대하여 의무 이행을 구하는 심사 청구가 이유 있다고 인정되면 지체 없이 청구에 따른 처분을 하거나 이를 할 것을 명한다(국가공무원법 제14조 제6항 제5호). 따라서 소청을 통해 위법한 거부처분에 대하여 의무이행을 구하는 심사청구를 할 수 있다.

[❷ ▸ ○] 공무원에 대한 징계처분, 강임·휴직·직위해제 또는 면직처분, 그 밖에 본인의 의사에 반한 불리한 처분이나 부작위에 관한 행정소송은 소청심사위원회의 심사·결정을 거치지 아니하면 제기할 수 없다(국가공무원법 제16조 제1항). ☞ 소청(심사)전치주의 채택 ○

[❸ ▸ ×] 소청심사위원회가 소청사건을 심사할 때에는 소청인 또는 대리인에게 진술 기회를 주어야 하며, 의견진술 기회를 주지 아니한 결정은 무효로 한다(국가공무원법 제13조).

[❹ ▸ ×] 소청심사위원회가 징계처분 또는 징계부가금 부과처분을 받은 자의 청구에 따라 소청을 심사할 경우에는 원징계처분보다 무거운 징계 또는 원징계부가금 부과처분보다 무거운 징계부가금을 부과하는 결정을 하지 못한다(국가공무원법 제14조 제8항). ☞ 불이익변경금지의 원칙이 적용된다.

[❺ ▸ ×] 행정기관 소속 공무원의 징계처분, 그 밖에 그 의사에 반하는 불리한 처분이나 부작위에 대한 소청을 심사·결정하게 하기 위하여 인사혁신처에 소청심사위원회를 둔다(국가공무원법 제9조 제1항).

핵심정리

국가공무원법상 소청
① 위법한 거부처분에 대하여 의무이행을 구하는 소청심사청구 → 가능 ○
② 공무원의 징계처분에 대한 행정소송 → 소청(심사)전치주의 ○
③ 소청인에게 의견진술 기회를 주지 아니한 소청심사위원회의 결정 → 무효 ○
④ 징계처분에 대한 소청 → 불이익변경금지의 원칙 적용 ○
⑤ 행정기관 소속 공무원의 소청을 심사하는 소청심사위원회 → 인사혁신처에 설치

답 ❷

244 국가공무원법상 징계처분과 소청 등에 관한 설명으로 옳지 않은 것은?(다툼이 있으면 판례에 따름)

□□□

21 행정사 제9회

① 공무원에 대한 직위해제처분은 징계처분이다.

② 직위해제처분과 그 후속 직권면직처분은 별개 독립의 처분으로 일사부재리원칙에 위배되지 않는다.

③ 소청심사위원회가 소청사건을 심사할 때 소청인에게 진술 기회를 주지 아니한 결정은 무효이다.

④ 소청심사위원회의 결정은 처분 행정청을 기속한다.

⑤ 소청심사위원회의 결정은 그 이유를 구체적으로 밝힌 결정서로 하여야 한다.

해설

[❶ ▸ ×] 직위해제처분은 징벌적 제재인 징계처분과는 그 성질을 달리하는 별개의 처분이다(대판 2014.10.30. 2012두25552).

[❷ ▸ ○] 직권면직처분과 이보다 앞서 행하여진 직위해제처분은 그 목적을 달리한 각 별개의 독립된 처분이라 할 것이므로 본건 직권면직처분이 직위해제처분을 사유로 하였다 하더라도 일사부재리원칙에 위배되지 않는다(대판 1983.10.25. 83누340).

[❸ ▸ ○] 소청심사위원회가 소청사건을 심사할 때에는 소청인 또는 대리인에게 진술 기회를 주어야 하며, 의견진술 기회를 주지 아니한 결정은 무효로 한다(국가공무원법 제13조).

[❹ ▸ ○] 소청심사위원회의 결정은 처분 행정청을 기속한다(국가공무원법 제15조).

[❺ ▸ ○] 소청심사위원회의 결정은 그 이유를 구체적으로 밝힌 결정서로 하여야 한다(국가공무원법 제14조 제9항).

핵심정리 **국가공무원법상 징계처분과 소청 등**

① 공무원에 대한 직위해제처분 → 징계처분 ×

② 직위해제처분과 그 후속 직권면직처분 → 일사부재리의 원칙 위반 ×

③ 의견진술 기회를 주지 아니하고 내린 소청심사위원회의 결정 → 무효 ○

④, ⑤ 소청심사위원회의 결정

→ 기속력 : 처분 행정청 기속 ○

→ 결정 방식 : 이유를 구체적으로 밝힌 결정서로 하여야 함

답 ❶

245 □□□ 공무원관계에 관한 내용으로 옳지 않은 것은?(다툼이 있는 경우에는 판례에 의함)

14 행정사 제2회

① 임용 당시 공무원임용 결격사유가 있었다면 비록 국가의 과실에 의하여 임용 결격자임을 밝혀내지 못하였다 하더라도 그 임용행위는 당연무효이다.
② 직위해제는 국가공무원법상 징계에 해당한다.
③ 공무원은 소속 상관이 종교중립에 위배되는 직무상 명령을 한 경우에는 따르지 아니할 수 있다.
④ 공무원이 한 사직의 의사표시는 의원면직처분이 있고 난 이후에는 철회나 취소를 할 수 없다.
⑤ 임용 결격자가 공무원으로 임용되어 사실상 근무하였다 하더라도 공무원연금법이나 근로기준법 소정의 퇴직금청구를 할 수 없다.

해설

[❶ ▸ O] 공무원연금법에 의한 퇴직급여 등은 적법한 공무원으로서의 신분을 취득하여 근무하다가 퇴직하는 경우에 지급되는 것이고, **임용 당시 공무원임용 결격사유**가 있었다면 비록 **국가의 과실**에 의하여 임용 결격자임을 밝혀내지 못하였다고 하더라도 그 임용행위는 **당연무효**로 보아야 한다(대판 1998.1.23. 97누16985).

[❷ ▸ ×] 직위해제처분은 징벌적 제재인 징계처분과는 그 성질을 달리하는 별개의 처분이다(대판 2014.10.30. 2012두25552).

[❸ ▸ O] 공무원은 종교에 따른 차별 없이 직무를 수행하여야 하며, 공무원은 소속 상관이 이에 위배되는 직무상 명령을 한 경우에는 따르지 아니할 수 있다(국가공무원법 제59조의2, 지방공무원법 제51조의2).

[❹ ▸ O] 공무원이 한 사직 의사표시의 철회나 취소는 그에 터잡은 의원면직처분이 있을 때까지 할 수 있는 것이고, 일단 면직처분이 있고 난 이후에는 철회나 취소할 여지가 없다(대판 2001.8.24. 99두9971).

[❺ ▸ O] 공무원연금법이나 근로기준법에 의한 퇴직금은 적법한 공무원으로서의 신분취득 또는 근로고용관계가 성립되어 근무하다가 퇴직하는 경우에 지급되는 것이고, 당연무효인 임용 결격자에 대한 임용행위에 의하여서는 공무원의 신분을 취득하거나 근로고용관계가 성립될 수 없는 것이므로 임용 결격자가 공무원으로 임용되어 사실상 근무하여 왔다고 하더라도 그러한 피임용자는 위 법률 소정의 퇴직금청구를 할 수 없다(대판 1987.4.14. 86누459).

> 판례는 임용이 당연 무효인 임용결격 공무원의 「공무원연금법」상 '퇴직급여(퇴직연금)청구권'이나 「근로자퇴직급여 보장법」상 '퇴직급여청구권'은 부인하였다. 그러나 임용결격공무원이 손해를 입은 범위 내에서, 국가 및 지방자치단체의 '부당이득 반환의무'는 인정하였다(대판 2017.5.11. 2012다200486). 즉, 국가 또는 지방자치단체는 ① 퇴직급여 가운데 임용결격공무원 등이 스스로 적립한 기여금 관련 금액 + ② 근로자퇴직급여 보장법상 퇴직금 상당액의 합계액은 '부당이득'으로 임용결격공무원 등에게 반환하여야 한다고 하였다(다만, ①+② 합계액이 '공무원연금법상 퇴직급여 상당액'을 넘는 경우, '공무원연금법상 퇴직급여 상당액'으로 제한된다).

핵심정리

공무원관계
① 국가의 과실로 공무원임용 결격사유가 있었던 자를 임용한 행위 → 당연무효 O
② 국가공무법상 직위해제처분 → 징계처분 ×
③ 소속 상관이 종교중립에 위배되는 직무상 명령을 한 경우 → 복종의무 ×
④ 공무원의 사직의 의사표시 후 의원면직처분이 있는 경우 → 사직의 의사표시의 철회나 취소 ×
⑤ 임용 결격자가 공무원으로 임용되어 사실상 근무한 경우 → 퇴직급여청구권 인정 ×

답 ❷

PART 1 PART 2 PART 3

246 국가공무원법령상 공무원의 징계와 관련된 설명으로 옳은 것은? 17 행정사 제5회

□□□

① 형벌과 징계벌 사이에는 일사부재리의 원칙이 적용된다.

② 징계 중 파면, 해임, 강등을 중징계라 하고, 정직, 감봉, 견책을 경징계라 한다.

③ 금전의 수수행위에 대한 징계의결 등의 요구는 징계 등의 사유가 발생한 날부터 3년이 지나면 하지 못한다.

④ 징계처분에 대한 행정소송은 소청심사위원회의 심사·결정을 거치지 아니하고도 제기할 수 있다.

⑤ 수사기관에서 수사 중인 사건에 대하여는 수사개시의 통보를 받은 날로부터 징계절차를 진행하지 아니할 수 있다.

해설

[❶ ▸ ×] 징계벌과 형벌은 그 권력적 기초 및 행사목적이 다르므로 형벌과 징계벌을 병과할 수 있다. 즉, 형벌과 징계벌 사이에는 일사부재리의 원칙이 적용되지 않는다.

[❷ ▸ ×] 징계는 파면·해임·강등·정직·감봉·견책 6가지로 구분한다(국가공무원법 제79조). 징계 중 파면, 해임, 강등, 정직을 중징계라 하고 감봉, 견책을 경징계라 한다(공무원징계령 제1조의3). 한편, 강임은 징계처분이 아니라 수직적 인사이동이다.

[❸ ▸ ×] 징계의결 등의 요구는 징계 등 사유가 금전 등의 수수행위에 해당하는 경우에는 5년이 지나면 하지 못한다(국가공무원법 제83조의2 제1항 제2호).

> **국가공무원법 제83조의2(징계 및 징계부가금 부과 사유의 시효)** ① 징계의결등의 요구는 징계 등 사유가 발생한 날부터 다음 각 호의 구분에 따른 기간이 지나면 하지 못한다.
> 1. 징계 등 사유가 다음 각 목의 어느 하나에 해당하는 경우 : 10년
>   가. 「성매매알선 등 행위의 처벌에 관한 법률」 제4조에 따른 금지행위
>   나. 「성폭력범죄의 처벌 등에 관한 특례법」 제2조에 따른 성폭력범죄
>   다. 「아동·청소년의 성보호에 관한 법률」 제2조 제2호에 따른 아동·청소년대상 성범죄
>   라. 「양성평등기본법」 제3조 제2호에 따른 성희롱
> 2. 징계 등 사유가 제78조의2 제1항 각 호(금전, 물품, 부동산, 향응 또는 그 밖에 대통령령으로 정하는 재산상 이익을 취득하거나 제공한 경우, 예산 및 기금 등에 해당하는 것을 횡령, 배임, 절도, 사기 또는 유용한 경우)의 어느 하나에 해당하는 경우 : 5년
> 3. 그 밖의 징계 등 사유에 해당하는 경우 : 3년

[❹ ▸ ×] 공무원에 대한 징계처분, 강임·휴직·직위해제 또는 면직처분, 그 밖에 본인의 의사에 반한 불리한 처분이나 부작위에 관한 행정소송은 소청심사위원회의 심사·결정을 거치지 아니하면 제기할 수 없다(국가공무원법 제16조 제1항). ☞ 소청(심사)전치주의 ○

[❺ ▸ ○] 검찰·경찰, 그 밖의 수사기관에서 수사 중인 사건에 대하여는 수사개시 통보를 받은 날부터 징계 의결의 요구나 그 밖의 징계절차를 진행하지 아니할 수 있다(국가공무원법 제83조 제2항).

핵심정리

국가공무원법상 공무원의 징계

① 형벌과 징계벌 사이 ⇢ 일사부재리의 원칙 적용 ×

② 징계의 종류 6가지

⇢ 중징계(4) : 파면, 해임, 강등, 정직 (cf. 강임은 징계처분 ×)

⇢ 경징계(2) : 감봉, 견책

③ 금전의 수수행위에 대한 징계의결 등의 요구 ⇢ 사유가 발생한 날부터 5년의 징계시효

④ 징계처분에 대한 행정소송 ⇢ 소청(심사)전치주의 ○

⑤ 수사기관에서 수사 중인 사건 ⇢ 수사개시의 통보를 받은 날로부터 징계절차 정지 가능

답 ❺

247 공무원의 신분관계에 관한 설명으로 옳은 것은?(다툼이 있으면 판례에 따름) 16 행정사 제4회

□□□

① 국가공무원법상 임용 결격사유는 모두 당연퇴직사유에 해당된다.

② 지방공무원법상 정규공무원 임용행위와 시보임용행위는 별도의 임용행위이므로 그 요건과 효력은 개별적으로 판단해야 한다.

③ 직위해제처분이 있은 후 동일한 사유에 대해 다시 해임처분이 있다면 일사부재리의 법리에 어긋난다.

④ 징계의 종류로서 파면과 해임은 둘 다 공무원 신분을 박탈시키며 공직취임 제한기간이 동일하다는 점에 있어서는 차이가 없다.

⑤ 공무원임용 결격사유가 있는지의 여부는 임용 당시가 아니라 채용후보자 명부에 등록한 때의 법률을 기준으로 판단해야 한다.

해설

[❶ ▸ ×] 국가공무원법상 임용 결격사유(제33조의 각 호)에 해당하더라도 당연퇴직사유에 해당하지 아니하는 경우가 있다(국가공무원법 제69조).

[❷ ▸ ○] 지방공무원법상 정규공무원 임용행위는 시보임용행위와는 별도의 임용행위이므로 그 요건과 효력은 개별적으로 판단하여야 할 것이다(대판 2005.7.28. 2003두469).

[❸ ▸ ×] 직위해제처분은 공무원에 대하여 불이익한 처분이긴 하나 징계처분과 같은 성질의 처분이라고는 볼 수 없으므로 동일한 사유에 대한 직위해제처분이 있은 후 다시 해임처분이 있었다 하여 일사부재리의 법리에 어긋난다고 할 수 없다(대판 1984.2.28. 83누489).

[❹ ▸ ×] 파면과 해임은 둘 다 공무원 신분을 박탈시킨다는 점에서는 동일하나, 공직취임 제한기간은 파면은 5년, 해임은 3년이라는 점에서 구별된다. 즉 징계로 **해임처분**을 받은 때부터 **3년**이 지나지 아니한 자나 징계로 **파면처분**을 받은 때부터 **5년**이 지나지 아니한 자는 공무원으로 임용될 수 없다(국가공무원법 제33조 제7호, 제8호).

[❺ ▸ ×] 공무원관계는 국가의 임용이 있는 때에 설정되는 것이므로 공무원임용 결격사유가 있는지의 여부는 채용후보자 명부에 등록한 때가 아닌 임용 당시에 시행되던 법률을 기준으로 하여 판단하여야 한다(대판 1987.4.14. 86누459).

핵심정리

공무원의 신분관계

① 국가공무원법상 임용 결격사유 → 모두 당연퇴직사유에 해당하는 것은 아님

② 지방공무원법상 정규공무원 임용행위와 시보임용행위
→ 별도의 임용행위로서 요건과 효력을 개별적 판단 ○

③ 동일한 사유에 대한 직위해제처분과 해임처분 → 일사부재리의 원칙 위반 ×

④ 공직취임 제한기간
→ 파면처분 : 5년간 공무원 임용 ×
→ 해임처분 : 3년간 공무원 임용 ×

⑤ 공무원임용 결격사유 여부의 판단 → 임용 당시에 시행되던 법률 기준

답 ❷

248 판례에 의할 때 공무원의 신분관계에 관한 설명으로 옳은 것은? 24 행정사 제12회

① 임용 당시 공무원임용 결격사유가 있었다면 비록 국가의 과실에 의하여 임용결격자임을 밝혀내지 못하였다 하더라도 그 임용행위는 당연 무효이다.

② 공무원에 대한 직위해제처분이 있은 후 동일한 사유로 다시 해임처분을 하는 것은 일사부재리의 법리에 어긋난다.

③ 「국가공무원법」상 당연퇴직의 인사발령은 항고소송의 대상이 되는 처분에 해당한다.

④ 「국가공무원법」상의 직위해제처분에는 의견청취에 관한 「행정절차법」 규정이 적용된다.

⑤ 임용행위의 하자로 임용행위가 취소되어 소급적으로 공무원의 지위를 상실한 자도 「공무원연금법」에서 정한 퇴직급여를 청구할 수 있다.

해설

[❶ ▸ O] 공무원연금법에 의한 퇴직급여 등은 적법한 공무원으로서의 신분을 취득하여 근무하다가 퇴직하는 경우에 지급되는 것이고, **임용 당시 공무원임용 결격사유**가 있었다면 비록 **국가의 과실**에 의하여 임용 결격자임을 밝혀내지 못하였다고 하더라도 그 임용행위는 **당연무효**로 보아야 한다(대판 1998.1.23. 97누16985).

[❷ ▸ ×] 직위해제처분은 공무원에 대하여 불이익한 처분이긴 하나 징계처분과 같은 성질의 처분이라고는 볼 수 없으므로 동일한 사유에 대한 **직위해제처분**이 있은 후 다시 **해임처분**이 있었다 하여 일사부재리의 법리에 어긋난다고 할 수 없다(대판 1984.2.28. 83누489).

[❸ ▸ ×] 당연퇴직의 인사발령은 법률상 당연히 발생하는 퇴직사유를 공적으로 확인하여 알려주는 이른바 관념의 통지에 불과하고 공무원의 신분을 상실시키는 새로운 형성적 행위가 아니므로 행정소송의 대상이 되는 독립한 행정처분이라고 할 수 없다(대판 1995.11.14. 95누2036).

[❹ ▸ ×] **국가공무원법상 직위해제처분은** 당해 행정작용의 성질상 행정절차를 거치기 곤란하거나 불필요하다고 인정되는 사항 또는 행정절차에 준하는 절차를 거친 사항에 해당하므로, **처분의 사전통지 및 의견청취 등에 관한 행정절차법의 규정이 별도로 적용되지 않는다**(대판 2014.5.16. 2012두26180).

[❺ ▸ ×] 공무원연금법이나 근로자퇴직급여 보장법에서 정한 퇴직급여는 적법한 공무원으로서의 신분을 취득하거나 근로고용관계가 성립하여 근무하다가 퇴직하는 경우에 지급되는 것이다. 임용 당시 공무원 임용결격사유가 있었다면, 비록 국가의 과실에 의하여 임용결격자임을 밝혀내지 못하였다 하더라도 임용행위는 당연무효로 보아야 하고, 당연무효인 임용행위에 의하여 공무원의 신분을 취득한다거나 근로고용관계가 성립할 수는 없다. 따라서 임용결격자가 공무원으로 임용되어 사실상 근무하여 왔다 하더라도 적법한 공무원으로서의 신분을 취득하지 못한 자로서는 **공무원연금법이나 근로자퇴직급여 보장법에서 정한 퇴직급여를 청구할 수 없다**. 나아가 이와 같은 법리는 임용결격사유로 인하여 임용행위가 당연무효인 경우뿐만 아니라 **임용행위의 하자로 임용행위가 취소되어 소급적으로 지위를 상실한 경우에도 마찬가지로 적용**된다(대판 2017.5.11. 2012다200486).

판례는 임용이 당연 무효인 임용결격 공무원의 「공무원연금법」상 '퇴직급여(퇴직연금)청구권'이나 「근로자퇴직급여 보장법」상 '퇴직급여청구권'은 부인하였다. 그러나 임용결격공무원이 손해를 입은 범위 내에서, 국가 및 지방자치단체의 '부당이득 반환의무'는 인정하였다(대판 2017.5.11. 2012다200486). 즉, 국가 또는 지방자치단체는 ① 퇴직급여 가운데 임용결격공무원 등이 스스로 적립한 기여금 관련 금액+② 근로자퇴직급여 보장법상 퇴직금 상당액의 합계액은 '부당이득'으로 임용결격공무원 등에게 반환하여야 한다고 하였다(다만, ①+② 합계액이 '공무원연금법상 퇴직급여 상당액'을 넘는 경우, '공무원연금법상 퇴직급여 상당액'으로 제한된다).

핵심정리

공무원의 신분관계

① 국가의 과실로 공무원임용 결격사유가 있었던 자를 임용한 행위 ⋯▸ 당연무효 O

② 동일한 사유에 대한 직위해제처분과 해임처분 ⋯▸ 일사부재리의 원칙 위반 ×

③ 당연퇴직의 인사발령 ⋯▸ 항고소송의 대상이 되는 행정처분 ×

④ 국가공무원법상 직위해제처분 ⇢ 의견청취에 관한 행정절차법 적용 ×
⑤ 임용행위가 취소되어 소급적으로 공무원의 지위를 상실한 자
⇢ 공무원연금법상 퇴직급여청구권 인정 ×

답 ❶

249 국가공무원의 법률관계에 관한 설명으로 옳지 않은 것은?(다툼이 있으면 판례에 따름)

□□□

20 행정사 제8회

① 공무원임용에 결격사유가 있는지의 여부는 임용 당시에 시행되던 법률을 기준으로 판단하여야 한다.
② 공무원은 임용장이나 임용통지서에 적힌 날짜에 임용된 것으로 본다.
③ 공무원임용 결격사유가 있는 자를 공무원에 임명하는 행위는 당연무효이다.
④ 국가공무원법상의 직위해제처분에는 사전통지에 관한 행정절차법 규정이 적용된다.
⑤ 당연퇴직의 사실을 알리는 통지행위는 행정소송법상 처분에 해당하지 않는다.

해설

[❶ ▸ O] 공무원관계는 국가의 임용이 있는 때에 설정되는 것이므로 공무원임용 결격사유가 있는지의 여부는 채용후보자 명부에 등록한 때가 아닌 임용 당시에 시행되던 법률을 기준으로 하여 판단하여야 한다(대판 1987.4.14. 86누459).
[❷ ▸ O] 공무원은 임용장이나 임용통지서에 적힌 날짜에 임용된 것으로 보며, 임용일자를 소급해서는 아니 된다(공무원임용령 제6조 제1항).
[❸ ▸ O] 경찰공무원법에 규정되어 있는 경찰관임용 결격사유는 경찰관으로 임용되기 위한 절대적인 소극적 요건으로서 임용 당시 경찰관임용 결격사유가 있었다면 비록 임용권자의 과실에 의하여 임용 결격자임을 밝혀내지 못하였다 하더라도 그 임용행위는 당연무효로 보아야 한다(대판 2005.7.28. 2003두469).
[❹ ▸ ×] 국가공무원법상 직위해제처분은 당해 행정작용의 성질상 행정절차를 거치기 곤란하거나 불필요하다고 인정되는 사항 또는 행정절차에 준하는 절차를 거친 사항에 해당하므로, 처분의 사전통지 및 의견청취 등에 관한 행정절차법의 규정이 별도로 적용되지 않는다(대판 2014.5.16. 2012두26180).
[❺ ▸ O] 당연퇴직의 인사발령은 법률상 당연히 발생하는 퇴직사유를 공적으로 확인하여 알려주는 이른바 관념의 통지에 불과하고 공무원의 신분을 상실시키는 새로운 형성적 행위가 아니므로 행정소송의 대상이 되는 독립한 행정처분이라고 할 수 없다(대판 1995.11.14. 95누2036).

핵심정리

국가공무원의 법률관계
① 공무원임용 결격사유 여부의 판단 ⇢ 임용 당시에 시행되던 법률 기준
② 임용 시기 ⇢ 임용장이나 임용통지서에 적힌 날짜에 임용된 것으로 간주 O
③ 공무원임용 결격사유가 있었던 자를 임용한 행위 ⇢ 당연무효 O
④ 국가공무원법상 직위해제처분 ⇢ 처분의 사전통지에 관한 행정절차법 적용 ×
⑤ 당연퇴직의 사실을 알리는 통지행위 ⇢ 행정처분 ×

답 ❹

250 국가공무원에 관한 설명으로 옳지 않은 것은?(다툼이 있으면 판례에 따름) 23 행정사 제11회

□□□

① 공무원의 신분과 지위의 특수성상 공무원에 대해서는 일반 국민에 비해 보다 넓고 강한 기본권 제한이 가능하다.

② 공무원이 그 직무를 수행함에 있어 소속 상관의 명백한 위법 내지 불법한 명령에 따라야 할 의무는 없다.

③ 법관, 검사, 외무공무원은 일반직공무원에 해당한다.

④ 모든 공무원은 법령을 준수하며 성실히 직무를 수행하여야 한다.

⑤ 국가기관의 장은 소속 공무원을 임용할 때 합리적인 이유 없이 사회적 신분을 이유로 차별해서는 아니 된다.

해설

[❶ ▸ O] 공무원은 공직자인 동시에 국민의 한 사람이기도 하므로 국민전체에 대한 봉사자로서의 지위와 기본권을 향유하는 기본권주체로서의 지위라는 이중적 지위를 가지는바, 공무원이라고 하여 기본권이 무시되거나 경시되어서는 안 되지만, 공무원의 신분과 지위의 특수성상 공무원에 대해서는 일반 국민에 비해 보다 넓고 강한 기본권 제한이 가능하게 된다(헌재 2012.3.29. 2010헌마97).

[❷ ▸ O] 공무원인 하관은 소속 상관의 적법한 명령에 복종할 의무는 있으나 명백히 위법 내지 불법한 명령인 때에는 이는 벌써 직무상의 지시명령이라 할 수 없으므로 이에 따라야 할 의무가 없다(대판 1999.4.23. 99도636).

[❸ ▸ ×] 법관, 검사, 외무공무원은 경력직 공무원 중 "특정직공무원"에 해당한다(국가공무원법 제2조 제2항 제2호).

[❹ ▸ O] 모든 공무원은 법령을 준수하며 성실히 직무를 수행하여야 한다(국가공무원법 제56조).

[❺ ▸ O] 국가기관의 장은 소속 공무원을 임용할 때 합리적인 이유 없이 성별, 종교 또는 사회적 신분 등을 이유로 차별해서는 아니 된다(국가공무원법 제26조의6).

➲ 국가공무원법상 공무원의 구분

경력직 공무원	일반직공무원	기술 · 연구 또는 행정 일반에 대한 업무를 담당하는 공무원
	특정직공무원	법관, 검사, 외무공무원, 경찰공무원, 소방공무원, 교육공무원, 군인, 군무원, 헌법재판소 헌법연구관, 국가정보원의 직원, 경호공무원과 특수 분야의 업무를 담당하는 공무원으로서 다른 법률에서 특정직공무원으로 지정하는 공무원
특수경력직 공무원	정무직공무원	선거로 취임하거나 임명할 때 국회의 동의가 필요한 공무원
		고도의 정책결정 업무를 담당하거나 이러한 업무를 보조하는 공무원으로서 법률이나 대통령령(대통령비서실 및 국가안보실의 조직에 관한 대통령령만 해당한다)에서 정무직으로 지정하는 공무원
	별정직공무원	비서관 · 비서 등 보좌업무 등을 수행하거나 특정한 업무 수행을 위하여 법령에서 별정직으로 지정하는 공무원

핵심정리

국가공무원

① 공무원의 기본권 제한 ⟶ 일반 국민에 비해 보다 넓고 강한 기본권 제한이 가능 ○

② 공무원의 복종의무 ⟶ 소속 상관의 명백한 위법 내지 불법한 명령에 대한 복종의무 ×

③ 법관, 검사, 외무공무원 ⟶ 경력직 공무원 중 특정직공무원에 해당 ○ (일반직공무원 ×)

④ 공무원의 성실의무 ⟶ 모든 공무원은 법령을 준수하며 성실히 직무를 수행하여야 함

⑤ 공무원 임용 시 차별 금지 ⟶ 합리적인 이유 없이 성별, 종교 또는 사회적 신분 등을 이유로 차별 금지

답 ❸

251 공무원의 권리와 의무에 관한 설명으로 옳지 않은 것은?(다툼이 있으면 판례에 따름)

□□□

19 행정사 제7회

① 지방공무원법에 따라 공무원은 직무수행 시 소속 상사의 직무상 명령에 복종하여야 하지만, 이에 대한 의견을 진술할 수 있다.

② 공무원이 보수에 해당하는 금원지급을 구할 경우 해당 보수항목이 국가예산에 계상되어 있어야만 하는 것은 아니다.

③ 지방공무원법에 따른 고충심사의 결정은 행정처분이 아니다.

④ 지급결정된 연금의 지급청구소송은 공법상 당사자소송으로 제기되어야 한다.

⑤ 공무원연금법상 연금수급권은 사회보장수급권과 재산권의 성격을 함께 가진다.

해설

[❶ ▸ O] 국가공무원법은 "공무원은 직무를 수행할 때 소속 상관의 직무상 명령에 복종하여야 한다"고만 규정하고 있다(국가공무원법 제57조). 반면, 지방공무원법은 "공무원은 직무를 수행할 때 소속 상사의 직무상 명령에 복종하여야 한다. 다만, 이에 대한 의견을 진술할 수 있다"고 규정하여(지방공무원법 제49조), 공무원의 의견진술권도 규정하고 있다.

[❷ ▸ ×] 공무원이 국가를 상대로 실질이 보수에 해당하는 금원의 지급을 구하려면 공무원의 '근무조건 법정주의'에 따라 국가공무원법령 등 공무원의 보수에 관한 법률에 그 지급근거가 되는 명시적 규정이 존재하여야 하고, 나아가 해당 보수 항목이 국가예산에도 계상되어 있어야만 한다(대판 2018.2.28. 2017두64606).

[❸ ▸ O] 고충심사결정 자체에 의하여는 어떠한 법률관계의 변동이나 이익의 침해가 직접적으로 생기는 것은 아니므로 고충심사의 결정은 행정상 쟁송의 대상이 되는 행정처분이라고 할 수 없다(대판 1987.12.8. 87누657).

[❹ ▸ O] 구 공무원연금법령상 급여를 받으려고 하는 자는 우선 관계 법령에 따라 공단에 급여지급을 신청하여 공무원연금관리공단이 이를 거부하거나 일부 금액만 인정하는 급여지급결정을 하는 경우 그 결정을 대상으로 항고소송을 제기하는 등으로 구체적 권리를 인정받은 다음 비로소 당사자소송으로 그 급여의 지급을 구하여야 하고, 구체적인 권리가 발생하지 않은 상태에서 곧바로 공무원연금관리공단 등을 상대로 한 당사자소송으로 급여의 지급을 소구하는 것은 허용되지 않는다(대판 2010.5.27. 2008두5636).

[❺ ▸ O] 공무원연금법상 연금수급권은 사회적 기본권의 하나인 사회보장수급권의 성격과 재산권의 성격을 아울러 지니고 있다(헌재 2016.3.31. 2015헌바18).

핵심정리

공무원의 권리와 의무

① 지방공무원법상 공무원의 복종의무
→ 공무원은 직무수행시 소속 상사의 직무상 명령에 복종하여야 함
→ 공무원의 의견진술권도 규정 O (cf. 국가공무원법은 공무원의 의견진술권 규정 ×)

② 공무원이 보수에 해당하는 금원지급을 구할 경우
→ 그 지급근거가 되는 명시적 법률 규정 + 해당 보수항목이 국가예산 계상되어 있어야 함

③ 고충심사의 결정 → 행정처분 ×

④ 지급결정된 연금의 지급청구소송 → 공법상 당사자소송 O

⑤ 연금수급권 → 사회보장수급권의 성격 + 재산권의 성격

답 ❷

PART 1 PART 2 PART 3

특별행정작용법

제1절 경찰행정법

252 □□□ 경찰권발동의 조리상의 한계에 해당하지 않는 것은? 15 행정사 제3회

① 사주소불가침의 원칙
② 경찰비례의 원칙
③ 경찰공공의 원칙
④ 경찰평등의 원칙
⑤ 경찰적극목적의 원칙

해설

[❺ ▸ ×] ① 사주소불가침의 원칙, ② 경찰비례의 원칙, ③ 경찰공공의 원칙, ④ 경찰평등의 원칙은 경찰권발동의 조리상의 한계에 해당하고, ⑤ 경찰적극목적의 원칙이 아니라 **경찰소극목적의 원칙**이 경찰권발동의 조리상의 한계에 해당한다.

➲ 경찰권발동의 조리상의 한계

경찰비례의 원칙	경찰권의 행사는 달성하고자 하는 공익과 그로 인하여 제한·침해되는 개인의 자유·권리(사익) 사이에는 합리적인 비례관계가 유지되어야 한다는 원칙	
경찰평등의 원칙	경찰권을 행사할 때 행정청은 합리적 이유 없이 국민을 차별해서는 아니 된다는 원칙	
경찰공공의 원칙	경찰권은 사회공공의 안녕과 질서를 유지하기 위해서만 발동될 수 있고, 그와 직접 관계가 없는 사생활·사주소 및 민사상의 법률관계에는 원칙적으로 개입할 수 없다는 원칙	
	사생활 불가침의 원칙	경찰기관은 사회공공의 안녕 및 질서와 관계없는 개인의 생활이나 행동에 간섭하여서는 안 된다는 원칙
	사주소 불가침의 원칙	경찰기관은 사회공공의 안녕 및 질서와 관계없이 개인의 사주소를 침해하면 안 된다는 원칙
	민사관계 불간섭의 원칙	경찰기관은 사회공공의 안녕 및 질서와 관계없이 민사관계에 개입해서는 안 된다는 원칙
경찰소극(목적)의 원칙	경찰권은 사회공공의 안녕·질서의 위험 방지 및 제거라는 소극적 목적을 위해서만 발동될 수 있고, 공공복리의 증진이라는 적극적 목적을 위해서는 발동될 수 없다는 원칙	

답 ❺

253 경찰관 직무집행법의 내용으로 옳지 않은 것은? 16 행정사 제4회

□□□

① 경찰장구란 경찰관이 휴대하여 범인 검거와 범죄 진압 등의 직무 수행에 사용하는 수갑, 포승, 경찰봉, 방패 등을 말한다.

② 경찰관이 보호조치를 하는 경우에 구호대상자가 휴대하고 있는 무기 등 위험을 일으킬 수 있는 물건을 경찰관서에 임시로 영치하여 놓을 수 있다.

③ 경찰관이 불심검문 과정에서 경찰서에 동행할 것을 요구한 경우, 동행을 요구받은 사람은 이를 거절할 수 없다.

④ 경찰관은 불심검문과 관련하여 동행요구에 응해 경찰서로 동행한 사람을 6시간을 초과하여 경찰관서에 머물게 할 수 없다.

⑤ 경찰관의 적법한 직무집행으로 인하여 손실을 입은 경우에 대한 보상은 경찰관 직무집행법에 명문화되어 있다.

해설

[❶ ▸ O] 경찰장구란 경찰관이 휴대하여 범인 검거와 범죄 진압 등의 직무 수행에 사용하는 수갑, 포승(捕繩), 경찰봉, 방패 등을 말한다(경찰관 직무집행법 제10조의2 제2항).

[❷ ▸ O] 경찰관은 보호조치를 하는 경우에 구호대상자가 휴대하고 있는 무기·흉기 등 위험을 일으킬 수 있는 것으로 인정되는 물건을 경찰관서에 임시로 영치(領置)하여 놓을 수 있다(경찰관 직무집행법 제4조 제3항).

[❸ ▸ X] 경찰관은 거동불심자를 정지시킨 장소에서 질문을 하는 것이 그 사람에게 불리하거나 교통에 방해가 된다고 인정될 때에는 질문을 하기 위하여 가까운 경찰서·지구대·파출소 또는 출장소로 동행할 것을 요구할 수 있다. 이 경우 동행을 요구받은 사람은 그 요구를 거절할 수 있다(경찰관 직무집행법 제3조 제2항).

[❹ ▸ O] 경찰관은 동행한 사람을 6시간을 초과하여 경찰관서에 머물게 할 수 없다(경찰관 직무집행법 제3조 제6항).

[❺ ▸ O] 경찰관 직무집행법은 국가는 경찰관의 적법한 직무집행으로 인하여 일정한 손실을 입은 자에 대하여 정당한 보상을 할 것을 규정하고 있다(경찰관 직무집행법 제11조의2).

핵심정리

경찰관 직무집행법

① 경찰장구 → 경찰관이 휴대하여 범인 검거와 범죄 진압 등의 직무 수행에 사용하는 수갑, 포승, 경찰봉, 방패 등

② 경찰관이 보호조치를 하는 경우 → 구호대상자가 휴대하고 있는 무기 등 위험을 일으킬 수 있는 물건을 경찰관서에 임시로 영치 가능

③ 불심검문 과정에서의 동행요구 → 동행을 요구받은 사람은 거절 가능

④ 동행요구의 시간적 한계 → 6시간을 초과하여 경찰관서에 머물게 할 수 없음

⑤ 경찰관의 적법한 직무집행으로 인한 손실보상 → 경찰관 직무집행법에 명문 규정 O

답 ❸

254 □□□ **경찰관 직무집행법상 사실의 확인을 위하여 경찰관이 출석 요구서를 보내 경찰관서에 출석할 것을 요구할 수 있는 직무수행으로 명시되어 있지 않은 것은?** 23 행정사 제11회

① 미아를 인수할 보호자 확인
② 유실물을 인수할 권리자 확인
③ 사고로 인한 사상자 확인
④ 긴급구호를 요청받은 보건의료기관에 대한 요청사실의 확인
⑤ 행정처분을 위한 교통사고 조사에 필요한 사실 확인

해설

[❹ ▸ ×] '긴급구호를 요청받은 보건의료기관에 대한 요청사실의 확인'은 경찰관 직무집행법상 사실의 확인을 위하여 경찰관이 출석 요구서를 보내 경찰관서에 출석할 것을 요구할 수 있는 직무수행으로 명시되어 있지 않다(경찰관 직무집행법 제8조 제2항).

> **경찰관 직무집행법 제8조(사실의 확인 등)** ② 경찰관은 다음 각 호의 직무를 수행하기 위하여 필요하면 관계인에게 출석하여야 하는 사유・일시 및 장소를 명확히 적은 출석 요구서를 보내 경찰관서에 출석할 것을 요구할 수 있다.
> 1. 미아를 인수할 보호자 확인
> 2. 유실물을 인수할 권리자 확인
> 3. 사고로 인한 사상자(死傷者) 확인
> 4. 행정처분을 위한 교통사고 조사에 필요한 사실 확인

답 ❹

255 □□□ **경찰책임에 관한 설명으로 옳은 것은?** 19 행정사 제7회

① 경찰위험에 책임이 없는 제3자에게 경찰권을 발동하려면 경찰긴급상태의 요건을 갖추어야 한다.
② 물건으로 인한 위험이나 장해로부터 발생하는 경찰책임을 행위책임이라고 한다.
③ 행위책임은 공법적 책임이므로 고의나 과실을 요한다.
④ 사법상 법인은 경찰책임을 부담하지 아니한다.
⑤ 외국인은 경찰책임을 부담하지 아니한다.

해설

[❶ ▸ ○] 경찰상 위해나 장애에 직접 책임이 없는 제3자에 대하여 경찰권이 발동될 수 있는지 문제된다. 생각건대, 경찰목적의 달성과 제3자인 국민의 권익의 보호를 모두 고려하여야 하므로, 경찰상 긴급성이 있고, 법률의 근거 있는 경우에 한하여, 비례의 원칙에 따라 제3자의 경찰책임을 인정할 수 있을 것이다. 이때 법률의 근거는 원칙적으로 개별법에 근거가 있어야 하지만, 예외적으로 일반조항에 근거하여서도 인정될 수 있을 것이다. 그리고 경찰권 발동으로 제3자에게 특별한 손실이 발생한 경우에는 손실보상을 해 주어야 한다.
[❷ ▸ ×] 공공의 안녕과 질서에 대한 위해가 물건으로 인한 위험이나 장해로부터 발생하는 경찰책임을 상태책임이라고 한다.
[❸ ▸ ×] 행위책임이란 자기의 행위 또는 자기의 보호・감독하에 있는 사람의 행위로 인하여 질서위반의 상태가 발생한 경우에 지는 경찰책임을 말한다. 경찰책임(행위책임)은 경찰책임자의 고의 또는 과실을 요하지 않으므로 행위능력이나 불법행위능력이 없는 자연인도 경찰책임자가 될 수 있다.

[❹ ▸ ×] [❺ ▸ ×] 특정한 자연인이나 법인의 행위에 의하여 공공의 안녕과 질서에 대한 위해가 야기되는 경우에 인정되는 것이 행위책임이므로 사법(私法)상 법인(法人)도 경찰책임을 부담할 수 있다.❹ 자연인은 성년·미성년을 불문하고 내국인·외국인을 가리지 아니한다.❺

> **핵심정리**
> **경찰책임**
> ① 경찰위험에 책임이 없는 제3자에 대한 경찰권 발동 → 경찰긴급상태의 요건 필요
> ② 상태책임 → 공공의 안녕과 질서에 대한 위해가 물건의 상태로부터 발생하는 경찰책임
> ③ 행위책임 → 경찰책임자의 고의 or 과실 불요
> ④ 사법상 법인 → 경찰책임 부담 O
> ⑤ 외국인 → 경찰책임 부담 O

답 ❶

256 ( )에 들어갈 수 있는 것으로 옳은 것을 모두 고른 것은? 18 행정사 제6회

□□□

> 경찰관 직무집행법에 따르면, 경찰관은 주위 사정을 합리적으로 판단해 볼 때 ( )에 해당하는 것이 명백하고 응급구호가 필요하다고 믿을 만한 상당한 이유가 있는 사람을 발견하였을 때에는 보건의료기관에 긴급구호를 요청하거나 경찰관서에 보호하는 등 적절한 조치를 할 수 있다.

> ㄱ. 자살을 시도하는 사람
> ㄴ. 정신착란을 일으켜 타인의 신체에 위해를 끼칠 우려가 있는 사람
> ㄷ. 술에 취하여 자신의 재산에 위해를 끼칠 우려가 있는 사람
> ㄹ. 부상자로서 적당한 보호자가 없음에도 구호를 거절하는 사람

① ㄱ, ㄴ ② ㄷ, ㄹ
③ ㄱ, ㄴ, ㄷ ④ ㄴ, ㄷ, ㄹ
⑤ ㄱ, ㄴ, ㄷ, ㄹ

해설

[ㄱ ▸ O] [ㄴ ▸ O] [ㄷ ▸ O] [ㄹ ▸ ×] 부상자로서 적당한 보호자가 없더라도 본인이 구호를 거절하는 경우에는 경찰관 직무집행법 제4조 제1항의 보호조치를 할 수 없다.

> **경찰관 직무집행법 제4조(보호조치 등)** ① 경찰관은 수상한 행동이나 그 밖의 주위 사정을 합리적으로 판단해 볼 때 다음 각 호의 어느 하나에 해당하는 것이 명백하고 응급구호가 필요하다고 믿을 만한 상당한 이유가 있는 사람(이하 "구호대상자")을 발견하였을 때에는 보건의료기관이나 공공구호기관에 긴급구호를 요청하거나 경찰관서에 보호하는 등 적절한 조치를 할 수 있다.
> 1. 정신착란을 일으키거나 술에 취하여 자신 또는 다른 사람의 생명·신체·재산에 위해를 끼칠 우려가 있는 사람ㄴ ㄷ
> 2. 자살을 시도하는 사람ㄱ
> 3. 미아, 병자, 부상자 등으로서 적당한 보호자가 없으며 응급구호가 필요하다고 인정되는 사람. 다만, 본인이 구호를 거절하는 경우는 제외한다.ㄹ

답 ❸

257 경찰관 직무집행법의 내용으로 옳지 않은 것은?

□□□

17 행정사 제5회

① 경찰관은 어떠한 죄를 범하려 하고 있다고 의심할 만한 상당한 이유가 있는 사람에 대하여 정지시켜 질문할 수 있다.

② 경찰관이 불심검문 장소에서 질문하는 것이 교통에 방해가 된다고 인정하여 가까운 경찰서로 동행을 요구한 경우, 동행을 요구받은 사람은 이를 거절할 수 없다.

③ 외국 정부기관 및 국제기구와의 국제협력은 경찰관의 직무에 해당한다.

④ 경찰관은 대테러 작전 등 국가안전에 관련되는 작전을 수행할 때에는 개인화기 외에 공용화기를 사용할 수 있다.

⑤ 경찰장구란 경찰관이 휴대하여 범인 검거와 범죄 진압 등의 직무수행에 사용하는 수갑, 포승 등을 말한다.

해설

[❶ ▸ O] 경찰관은 수상한 행동이나 그 밖의 주위 사정을 합리적으로 판단하여 볼 때 어떠한 죄를 범하였거나 범하려 하고 있다고 의심할 만한 상당한 이유가 있는 사람을 정지시켜 질문할 수 있다(경찰관 직무집행법 제3조 제1항).

[❷ ▸ ×] 경찰관은 거동불심자를 정지시킨 장소에서 질문을 하는 것이 그 사람에게 불리하거나 교통에 방해가 된다고 인정될 때에는 질문을 하기 위하여 가까운 경찰서・지구대・파출소 또는 출장소로 동행할 것을 요구할 수 있다. 이 경우 동행을 요구받은 사람은 그 요구를 거절할 수 있다(경찰관 직무집행법 제3조 제2항).

[❸ ▸ O] 외국 정부기관 및 국제기구와의 국제협력은 경찰관의 직무범위에 속한다(경찰관 직무집행법 제2조 제6호).

[❹ ▸ O] 대간첩・대테러 작전 등 국가안전에 관련되는 작전을 수행할 때에는 개인화기 외에 공용화기를 사용할 수 있다(경찰관 직무집행법 제10조의4 제3항).

[❺ ▸ O] 경찰장구란 경찰관이 휴대하여 범인 검거와 범죄 진압 등의 직무 수행에 사용하는 수갑, 포승(捕繩), 경찰봉, 방패 등을 말한다(경찰관 직무집행법 제10조의2 제2항).

핵심정리

경찰관 직무집행법

①, ② 불심검문

→ 불심검문의 대상

- 수상한 행동이나 그 밖의 주위 사정을 합리적으로 판단하여 볼 때 어떠한 죄를 범하였거나 범하려 하고 있다고 의심할 만한 상당한 이유가 있는 사람
- 이미 행하여진 범죄나 행하여지려고 하는 범죄행위에 관한 사실을 안다고 인정되는 사람

→ 불심검문의 방법

- 질문
- 동행요구(임의동행) → 동행을 요구받은 사람은 거절 가능
- 흉기소지 여부 조사

③ 외국 정부기관 및 국제기구와의 국제협력 → 경찰관의 직무 O

④ 대테러 작전 등 국가안전에 관련되는 작전을 수행할 경우 → 개인화기 외에 공용화기 사용 가능

⑤ 경찰장구 → 경찰관이 휴대하여 범인 검거와 범죄 진압 등의 직무 수행에 사용하는 수갑, 포승, 경찰봉, 방패 등

답 ❷

258 경찰책임에 관한 설명으로 옳지 않은 것은? 22 행정사 제10회

□□□

① 행위능력이 없는 자도 경찰책임자가 될 수 있다.

② 경찰책임자에 대한 경찰권의 발동이 어려운 경우에는 예외적으로 경찰책임이 없는 자에게도 경찰권이 발동될 수 있다.

③ 물건에 대한 권원의 유무와 관계없이 물건을 현실적으로 지배하고 있는 자에게도 상태책임이 인정된다.

④ 행위책임의 행위에는 부작위를 포함한다.

⑤ 타인을 감독하는 자가 타인의 행위에 대하여 지는 경찰책임은 자기책임이 아니라 타인의 책임을 대신하여 지는 것이다.

해설

[❶ ▸ O] 경찰책임은 경찰책임자의 고의 또는 과실을 요하지 않으므로 행위능력이나 불법행위능력이 없는 자연인도 경찰책임자가 될 수 있다. 다만, 행위능력이 없는 경찰책임자에 대한 경찰권의 발동으로 인한 의무부과처분은 법정대리인에게 송달되어야 한다.

[❷ ▸ O] 급박하게 발생되는 위험을 경찰책임자에 대한 경찰권발동이나 경찰 스스로의 자력에 의하여 제거할 수 없는 경우가 빈번하게 발생하게 되는데, 이러한 경우에 엄격한 요건 하에 경찰비책임자(제3자)에 대하여 경찰권발동이 가능하다고 이해되고 있다.

[❸ ▸ O] 상태책임이란 물건의 소유자 및 물건을 사실상 지배하는 자가 그의 지배범위 안에서 그 물건으로부터 경찰 위반의 상태가 발생한 경우에 지게 되는 책임을 말한다. 점유자뿐만 아니라 물건에 대한 권원의 유무와 관계없이 물건을 현실적으로 지배하고 있는 자에게도 상태책임이 인정된다. 물건의 소유권자는 통상적으로 2차적인 책임자가 된다.

[❹ ▸ O] 행위책임이란 자기의 행위 또는 자기의 보호·감독하에 있는 사람의 행위로 인하여 질서위반의 상태가 발생한 경우에 지는 경찰책임을 말한다. 경찰상 위해의 상태를 발생시킨 행위는 작위뿐만 아니라 부작위도 포함한다. 부작위란 질서위반 상태의 발생을 방지할 법적 의무가 있는 자가 그 의무를 이행하지 않고 있는 것을 말한다.

[❺ ▸ X] 타인을 보호 또는 감독하는 자는 그 권한의 범위 안에서 피보호자 또는 피감독자의 행위로 인하여 생긴 질서위반의 상태에 대하여 경찰책임을 진다. 예를 들면, 자녀의 행위에 대하여 보호자가, 그리고 사용인(피용자)의 행위에 대하여 사업주가 책임을 지도록 규정된 경우가 있다. 타인의 행위에 대한 경찰책임은 타인의 책임을 대신하여 지는 것은 아니며 자신의 생활범위 안에서 질서위반의 상태를 발생시킨 것 자체에 의해 인정되는 자기책임이다. 타인의 행위에 대하여 경찰책임이 인정되는 경우에도 행위자의 경찰책임이 면제되는 것은 아니다. 즉, 실제의 행위자와 감독자가 동시에 경찰책임을 진다.

핵심정리	**경찰책임** ① 행위능력이 없는 자 → 경찰책임자가 될 수 있음 ② 경찰책임자에 대한 경찰권의 발동이 어려운 경우 → 예외적으로 경찰비책임자에게 경찰권 발동 가능 ③ 권원의 유무와 관계없이 물건을 현실적으로 지배하고 있는 자 → 상태책임 O ④ 행위책임의 행위 → 부작위 포함 O ⑤ 타인을 감독하는 자가 타인의 행위에 대하여 지는 경찰책임 → 자기책임 O

답 ❺

PART 1 PART 2 PART 3

259 경찰관 직무집행법의 내용으로 옳지 않은 것은? 24 행정사 제12회

□□□

① 불심검문과정에서 경찰관으로부터 가까운 경찰서로 동행할 것을 요구받은 사람은 그 요구를 거절할 수 있다.

② 불심검문과정에서 경찰관은 그 대상이 되는 사람에게 질문을 할 때에 흉기를 가지고 있는지를 조사할 수 있다.

③ 불심검문과정에서 경찰관으로부터 질문을 받은 사람은 그 의사에 반하여 답변을 강요당하지 아니한다.

④ 경찰관은 재산에 중대한 손해를 끼칠 우려가 있는 인공구조물의 파손이 있을 때에는 그 장소에 있는 사람에게 위해를 방지하기 위하여 필요하다고 인정되는 조치를 하게 할 수 있다.

⑤ 경찰관의 적법한 직무집행으로 인하여 손실을 입은 자는 그 손실발생의 원인에 대하여 책임이 있는 경우라도 그 손실 전부에 대하여 보상을 받을 수 있다.

해설

[❶ ▸ O] [❷ ▸ O] [❸ ▸ O] 경찰관 직무집행법 제3조 제2항, 제3항, 제7항

경찰관 직무집행법 제3조(불심검문) ① 경찰관은 다음 각 호의 어느 하나에 해당하는 사람을 정지시켜 질문할 수 있다.

1. 수상한 행동이나 그 밖의 주위 사정을 합리적으로 판단하여 볼 때 어떠한 죄를 범하였거나 범하려 하고 있다고 의심할 만한 상당한 이유가 있는 사람
2. 이미 행하여진 범죄나 행하여지려고 하는 범죄행위에 관한 사실을 안다고 인정되는 사람

② 경찰관은 제1항에 따라 같은 항 각 호의 사람을 정지시킨 장소에서 질문을 하는 것이 그 사람에게 불리하거나 교통에 방해가 된다고 인정될 때에는 질문을 하기 위하여 가까운 경찰서・지구대・파출소 또는 출장소(지방해양경찰관서를 포함하며, 이하 "경찰관서"라 한다)로 동행할 것을 요구할 수 있다. 이 경우 동행을 요구받은 사람은 그 요구를 거절할 수 있다.❶

③ 경찰관은 제1항 각 호의 어느 하나에 해당하는 사람에게 질문을 할 때에 그 사람이 흉기를 가지고 있는지를 조사할 수 있다.❷

⑦ 제1항부터 제3항까지의 규정에 따라 질문을 받거나 동행을 요구받은 사람은 형사소송에 관한 법률에 따르지 아니하고는 신체를 구속당하지 아니하며, 그 의사에 반하여 답변을 강요당하지 아니한다.❸

[❹ ▸ O] 경찰관 직무집행법 제5조 제1항 제3호

경찰관 직무집행법 제5조(위험 발생의 방지 등) ① 경찰관은 사람의 생명 또는 신체에 위해를 끼치거나 재산에 중대한 손해를 끼칠 우려가 있는 천재(天災), 사변(事變), 인공구조물의 파손이나 붕괴, 교통사고, 위험물의 폭발, 위험한 동물 등의 출현, 극도의 혼잡, 그 밖의 위험한 사태가 있을 때에는 다음 각 호의 조치를 할 수 있다.

1. 그 장소에 모인 사람, 사물(事物)의 관리자, 그 밖의 관계인에게 필요한 경고를 하는 것
2. 매우 긴급한 경우에는 위해를 입을 우려가 있는 사람을 필요한 한도에서 억류하거나 피난시키는 것
3. 그 장소에 있는 사람, 사물의 관리자, 그 밖의 관계인에게 위해를 방지하기 위하여 필요하다고 인정되는 조치를 하게 하거나 직접 그 조치를 하는 것

[❺ ▸ ×] 경찰관의 적법한 직무집행으로 인하여 손실을 입은 자가 손실발생의 원인에 대하여 책임이 있는 경우, 손실 전부가 아니라 자신의 책임에 상응하는 정도를 초과하는 과하는 생명·신체 또는 재산상의 손실에 대하여만 보상을 받을 수 있다(경찰관 직무집행법 제11조의2 제1항 제2호).

경찰관 직무집행법 제11조의2(손실보상) ① 국가는 경찰관의 적법한 직무집행으로 인하여 다음 각 호의 어느 하나에 해당하는 손실을 입은 자에 대하여 정당한 보상을 하여야 한다.

1. 손실발생의 원인에 대하여 책임이 없는 자가 생명·신체 또는 재산상의 손실을 입은 경우(손실발생의 원인에 대하여 책임이 없는 자가 경찰관의 직무집행에 자발적으로 협조하거나 물건을 제공하여 생명·신체 또는 재산상의 손실을 입은 경우를 포함한다)
2. 손실발생의 원인에 대하여 책임이 있는 자가 자신의 책임에 상응하는 정도를 초과하는 생명·신체 또는 재산상의 손실을 입은 경우

② 제1항에 따른 보상을 청구할 수 있는 권리는 손실이 있음을 안 날부터 3년, 손실이 발생한 날부터 5년간 행사하지 아니하면 시효의 완성으로 소멸한다.

답 ❺

PART 1 PART 2 PART 3

제2절 공물법

260 공물에 관한 설명으로 옳은 것은?(다툼이 있으면 판례에 따름) 15 행정사 제3회

□□□

① 지방자치단체가 법령상의 의무에 위반하여 국가가 관리하는 자연공물인 바닷가를 매립함과 동시에 준공인가신청 및 준공인가를 하여 지방자치단체에 귀속시키더라도 불법이 아니다.

② 도로점용의 허가는 특정인에게 일정한 내용의 공물사용권을 설정하는 설권행위에 해당하지 않는다.

③ 공유수면의 일부가 사실상 매립되어 대지화되었다 하더라도 공용폐지를 하지 아니하였다면 법률상으로는 여전히 공유수면으로서의 성질을 보유하고 있다고 볼 수 있다.

④ 행정재산은 사법상 거래의 대상이 되지 아니하는 불융통물이지만 관재 당국이 이를 모르고 매각하였다면 그 매매는 유효하다.

⑤ 하천의 점용허가권은 특허에 의한 공물사용권의 일종으로 일정한 특별사용을 청구할 수 있는 대세적 효력이 있는 물권이다.

해설

[❶ ▸ ×] 지방자치단체가 법령상의 의무에 위반하여 국가가 관리하는 자연공물인 바닷가를 매립하고도 구 공유수면매립법 등에 의하여 집합구획하여 위치와 지목 등을 특정하고 국가에 소유권을 귀속시켜야 하는 바닷가 매립지에 관한 내용을 누락한 채 매립된 공유수면 전부를 자신 앞으로 소유권을 귀속시키는 내용의 위법한 준공인가신청을 하여 그와 같은 내용의 준공인가가 나게 함으로써 국가로 하여금 자연공물인 바닷가의 관리권을 상실하게 하고 집합구획한 바닷가 매립지에 관한 소유권을 취득하지 못하게 하는 한편, 자신은 위 준공인가일에 바닷가 매립지에 관한 소유권을 원시취득한 것은 자연공물인 바닷가의 관리권자이자 매립공사의 준공인가에 의하여 바닷가 매립지에 대한 소유권을 취득할 지위에 있는 국가에 대한 불법행위가 될 수 있다(대판 2014.5.29. 2011다35258).

[❷ ▸ ×] 도로점용의 허가는 특정인에게 일정한 내용의 공물사용권을 설정하는 설권행위로서, 공물관리자가 신청인의 적격성, 사용목적 및 공익상의 영향 등을 참작하여 허가를 할 것인지의 여부를 결정하는 재량행위이다(대판 2002.10.25. 2002두5795).

[❸ ▸ ○] 공유수면은 소위 자연공물로서 그 자체가 직접 공공의 사용에 제공되는 것이므로 공유수면의 일부가 사실상 매립되어 대지화되었다고 하더라도 국가가 공유수면으로서의 공용폐지를 하지 아니하는 이상 법률상으로는 여전히 공유수면으로서의 성질을 보유하고 있다(대판 2013.6.13. 2012두2764).

[❹ ▸ ×] **행정재산**은 사법상 거래의 대상이 되지 아니하는 **불융통물**이므로 비록 관재 당국이 이를 모르고 매각하였다 하더라도 그 **매매는 당연무효**라 아니할 수 없으며, 사인 간의 매매계약 역시 불융통물에 대한 매매로서 무효임을 면할 수 없다(대판 1995.11.14. 94다50922).

[❺ ▸ ×] 하천의 점용허가권은 특허에 의한 공물사용권의 일종으로서 하천의 관리주체에 대하여 일정한 특별사용을 청구할 수 있는 채권에 지나지 아니하고 대세적 효력이 있는 물권이라 할 수 없다(대판 2015.1.29. 2012두27404).

> **핵심정리**
>
> **공 물**
>
> ① 지방자치단체가 법령상의 의무에 위반하여 국가가 관리하는 자연공물인 바닷가를 매립함과 동시에 준공인가신청 및 준공인가를 하여 지방자치단체에 귀속시키는 것 → 국가에 대한 불법행위에 해당 ○
>
> ③ 공유수면의 일부가 매립되어 대지화되었으나 공용폐지를 하지 아니한 경우 → 공유수면(자연공물)의 성질 유지
>
> ④ 행정재산
>
> → 사법상거래의 대상이 되지 않는 불융통물 ○
>
> → 관재 당국이 이를 모르고 매각하였다 해도 매매는 무효 ○
>
> ⑤ 하천의 점용허가권 → 특별사용을 청구할 수 있는 채권 ○ (대세적 효력 있는 물권 ×)

답 ❸

261 공물과 관련한 설명으로 옳지 않은 것은?(다툼이 있으면 판례에 따름) 17 행정사 제5회

□□□

① 도로의 지하는 도로법상의 도로점용의 대상이 아니다.
② 공용폐지의 의사표시는 묵시적으로 할 수 있으나 적법한 의사표시이어야 한다.
③ 국유재산법상 행정재산은 시효취득에 관한 민법의 규정에도 불구하고 시효취득의 대상이 되지 않는다.
④ 원래의 행정재산이 공용폐지되어 시효취득의 대상이 된다는 입증책임은 시효취득을 주장하는 자에게 있다.
⑤ 국가배상법상 공공의 영조물은 국가 또는 지방자치단체에 의하여 특정 공공목적에 공여된 유체물 내지 물적 설비를 의미한다.

해설

[❶ ▸ ×] 도로법 제40조에 규정된 도로의 점용이라 함은 일반공중의 교통에 공용되는 도로에 대하여 이러한 일반사용과는 별도로 도로의 지표뿐만 아니라 **그 지하나 지상 공간**의 특정 부분을 유형적, 고정적으로 특정한 목적을 위하여 사용하는 이른바 특별사용을 뜻하는 것이다(대판 1998.9.22. 96누7342).

[❷ ▸ O] [❹ ▸ O] 공용폐지의 의사표시는 명시적이든 묵시적이든 상관없으나 적법한 의사표시가 있어야 하며, 행정재산이 사실상 본래의 용도에 사용되고 있지 않다는 사실만으로 공용폐지의 의사표시가 있었다고 볼 수 없고,❷ 원래의 행정재산이 공용폐지되어 **취득시효의 대상이 된다는 입증책임**은 **시효취득을 주장하는 자**에게 있다❹ (대판 1997.8.22. 96다10737).

[❸ ▸ O] 행정재산은 민법 제245조에도 불구하고 시효취득의 대상이 되지 아니한다(국유재산법 제7조 제2항).

[❺ ▸ O] 국가배상법 제5조 제1항 소정의 "공공의 영조물"이라 함은 국가 또는 지방자치단체에 의하여 특정 공공의 목적에 공여된 유체물 내지 물적 설비를 지칭한다(대판 1995.1.24. 94다45302). 따라서 '강학상 공물'을 의미한다. 이와 달리 '강학상 영조물'은 행정주체가 행정목적을 달성하기 위하여 제공한 인적·물적 종합시설(예 국립도서관)을 말한다.

핵심정리

공 물

① 도로의 지하 ⇢ 도로점용의 대상 ○
② 공용폐지의 의사표시
⇢ 명시적 or 묵시적 의사표시로 가능
⇢ 단, 적법한 의사표시가 있어야 함
③ 행정재산 ⇢ 시효취득의 대상 ×
④ 시효취득의 대상이라는 입증책임 ⇢ 시효취득을 주장하는 자
⑤ 국가배상법상 공공의 영조물 ⇢ 행정주체(국가 또는 지방자치단체)에 의하여 특정 공공목적에 공여된 유체물 내지 물적 설비를 의미

답 ❶

262 공물에 관한 설명으로 옳은 것은? 22 행정사 제10회

□□□

① 공공용물은 직접 행정주체 자신의 사용에 제공된 공물을 말한다.

② 국가 또는 지방자치단체가 소유권자인 공물을 국유공물이라 한다.

③ 공물의 관리주체와 공물의 귀속주체가 다른 공물을 자유공물(自有公物)이라고 한다.

④ 경찰견은 동산공물에 해당한다.

⑤ 도로, 공원 등은 자연공물에 해당한다.

해설

[❶ ▸ ×] **공공용물**은 직접 일반공중의 사용에 제공된 물건을 말하고, **공용물**은 직접적으로 행정주체 자신의 사용에 제공된 물건을 말한다.

[❷ ▸ ×] 물건의 소유권이 국가에 있는 공물을 **국유공물**이라 하고, 물건의 소유권이 지방자치단체에 있는 공물을 **공유공물**이라고 한다.

[❸ ▸ ×] 공물의 관리주체와 공물의 귀속주체가 다른 공물을 **타유공물**이라 하고, 공물의 관리주체와 공물의 귀속주체가 일치하는 공물을 **자유공물**이라고 한다.

[❹ ▸ ○] 공물은 물건의 성격에 따라 동산공물과 부동산공물로 구분할 수 있는데, **경찰견**은 토지 및 그 정착물이 아니므로 **동산공물에 해당**한다.

[❺ ▸ ×] 도로, 공원 등은 **인공공물**에 해당하고 하천・호소(湖沼) 등이 자연공물에 해당한다.

답 ❹

263 국유재산법에 관한 설명으로 옳지 않은 것은?(다툼이 있으면 판례에 따름) 21 행정사 제9회

□□□

① 행정재산의 사용허가기간은 원칙상 5년 이내로 한다.

② 일반재산은 민법상 시효취득의 대상이 되지 아니한다.

③ 행정재산에는 사권을 설정하지 못한다.

④ 보존용재산은 법령이나 그 밖의 필요에 따라 국가가 보존하는 재산이다.

⑤ 중앙관서의 장은 사용허가한 행정재산을 국가가 직접 공용으로 사용하기 위하여 필요하게 된 경우에는 사용허가를 철회할 수 있다.

해설

[❶ ▸ ○] 행정재산의 사용허가기간은 5년 이내로 한다(국유재산법 제35조 제1항 본문).

[❷ ▸ ×] 행정재산은 시효취득의 대상이 아니지만, 일반재산은 시효취득의 대상이 된다(국유재산법 제7조 제2항).

[❸ ▸ ○] 국유재산은 그 용도에 따라 행정재산과 일반재산으로 구분한다(국유재산법 제6조 제1항). 국유재산에는 사권을 설정하지 못한다. 다만, 일반재산에 대하여 대통령령으로 정하는 경우에는 그러하지 아니하다(국유재산법 제11조 제2항).

[❹ ▸ ○] 보존용재산은 법령이나 그 밖의 필요에 따라 국가가 보존하는 재산을 의미한다(국유재산법 제6조 제2항 제4호).

[❺ ▸ ○] 중앙관서의 장은 사용허가한 행정재산을 국가나 지방자치단체가 직접 공용이나 공공용으로 사용하기 위하여 필요하게 된 경우에는 그 허가를 철회할 수 있다(국유재산법 제36조 제2항).

> **핵심정리**
> **국유재산법**
> ① 행정재산의 사용허가기간 ⟶ 원칙상 5년 이내
> ② 일반재산 ⟶ 민법상 시효취득의 대상 ○
> ③ 행정재산 ⟶ 사권 설정 ×
> ④ 보존용재산 ⟶ 법령이나 그 밖의 필요에 따라 국가가 보존하는 재산
> ⑤ 행정재산을 국가가 직접 공용으로 사용하기 위한 경우 ⟶ 행정재산의 사용허가 철회 가능

답 ❷

264 공물에 관한 설명으로 옳은 것은?(다툼이 있으면 판례에 따름) 19 행정사 제7회

① 행정재산은 시효취득의 대상이 된다.
② 국유재산법상 행정재산의 사용허가는 사법상 계약의 성질을 가진다.
③ 국유공물은 민사집행법에 의한 강제집행의 대상이 될 수 있다.
④ 국유재산의 무단점유에 대한 변상금의 징수는 재량행위이다.
⑤ 도로부지에는 저당권을 설정할 수 있다.

해설

[❶ ▸ ×] 행정재산은 민법 제245조에도 불구하고 시효취득의 대상이 되지 아니한다(국유재산법 제7조 제2항).

[❷ ▸ ×] 공유재산의 관리청이 행정재산의 사용 · 수익에 대한 허가는 순전히 사경제주체로서 행하는 사법상의 행위가 아니라 관리청이 공권력을 가진 우월적 지위에서 행하는 행정처분으로서 특정인에게 행정재산을 사용할 수 있는 권리를 설정하여 주는 강학상 특허에 해당한다(대판 1998.2.27. 97누1105).

[❸ ▸ ×] 사유공물에 대하여는 강제집행이 가능하나, 국유공물에 대하여는 강제집행은 불가능하다.

> 민사집행법이 "국가에 대한 강제집행은 국고금을 압류함으로써 한다"라고 규정하고 있으므로(제192조), '국유'의 도로 및 하천의 경우에는 강제집행이 인정되지 않는다고 해석된다(다수설). 또한 국유재산법 제27조 및 공유재산 및 물품 관리법 제19조에 의하면 국 · 공유의 공물(행정재산)에 대하여는 원칙적으로 사권설정이 인정되지 않으므로 국 · 공유의 공물은 강제집행의 대상이 될 수 없고, 사유공물만이 강제집행의 대상이 된다.

[❹ ▸ ×] 국유재산의 무단점유 등에 대한 변상금징수의 요건은 국유재산법 제51조 제1항에 명백히 규정되어 있으므로 변상금을 징수할 것인가는 처분청의 재량을 허용하지 않는 기속행위이다(대판 2000.1.28. 97누4098).

[❺ ▸ ○] 도로를 구성하는 부지, 옹벽, 그 밖의 시설물에 대해서는 사권(私權)을 행사할 수 없다. 다만, 소유권을 이전하거나 저당권을 설정하는 경우에는 사권을 행사할 수 있다(도로법 제4조).

> **핵심정리**
> **공 물**
> ① 행정재산 ⟶ 시효취득의 대상 ×
> ② 행정재산의 사용허가 ⟶ 행정처분으로서 강학상 특허 ○
> ③ 국유공물 ⟶ 민사집행법에 의한 강제집행의 대상 ×
> ④ 국유재산의 무단점유에 대한 변상금의 징수 ⟶ 기속행위 ○
> ⑤ 도로부지 ⟶ 저당권 설정 가능

답 ❺

265 공물의 사용관계에 관한 내용으로 옳지 않은 것은?(다툼이 있는 경우에는 판례에 의함)

□□□

14 행정사 제2회

① 공공용물에 관하여 적법한 개발행위가 이루어짐으로써 일정 범위의 사람들의 일반사용이 종전에 비하여 제한받게 되었다면 그로 인한 불이익은 일반적으로 손실보상의 대상이 되는 특별한 손실에 해당한다.

② 구체적으로 공물을 사용하지 않고 있는 이상 그 공물의 인접주민이라는 사정만으로는 공물에 대한 고양된 일반사용권이 인정될 수 없다.

③ 하천부지에 대한 점용허가 여부는 관리청의 자유재량에 속하므로 이에 대해서 부관을 붙여 허가할 수 있다.

④ 하천부지의 점용허가를 받은 사람은 그 하천부지를 권원 없이 점유·사용하는 자에 대하여 직접 부당이득의 반환을 구할 수 있다.

⑤ 국유재산의 관리청이 행정재산의 사용·수익 허가를 받은 자에 대하여 하는 사용료 부과는 행정처분이다.

해설

[❶ ▸ ×] 공공용물에 관하여 적법한 개발행위 등이 이루어짐으로 말미암아 이에 대한 일정 범위의 사람들의 일반사용이 종전에 비하여 제한받게 되었다 하더라도 특별한 사정이 없는 한 그로 인한 불이익은 손실보상의 대상이 되는 특별한 손실에 해당한다고 할 수 없다(대판 2002.2.26. 99다35300).

[❷ ▸ ○] 특정인에게 어느 범위에서 이른바 고양된 일반사용권으로서의 권리가 인정될 수 있는지의 여부는 당해 공물의 목적과 효용, 일반사용관계, 고양된 일반사용권을 주장하는 사람의 법률상의 지위와 당해 공물의 사용관계의 인접성, 특수성 등을 종합적으로 고려하여 판단하여야 한다. 따라서 구체적으로 공물을 사용하지 않고 있는 이상 그 공물의 인접주민이라는 사정만으로는 공물에 대한 고양된 일반사용권이 인정될 수 없다(대판 2006.12.22. 2004다68311).

[❸ ▸ ○] 하천부지 점용허가 여부는 관리청의 재량에 속하고 재량행위에 있어서는 법령상의 근거가 없어도 부관을 붙일 것인가의 여부는 당해 행정청의 재량에 속하며, 또한 구 하천법 제33조 단서가 하천의 점용허가에는 하천의 오염으로 인한 공해 기타 보건위생상 위해를 방지함에 필요한 부관을 붙이도록 규정하고 있으므로, 하천부지 점용허가의 성질의 면으로 보나 법 규정으로 보나 부관을 붙일 수 있음은 명백하다(대판 2008.7.24. 2007두25930).

[❹ ▸ ○] 하천부지의 점용허가를 받은 사람은 그 하천부지를 권원 없이 점유·사용하는 자에 대하여 직접 부당이득의 반환 등을 구할 수 있다(대판 1994.9.9. 94다4592).

[❺ ▸ ○] 국유재산의 관리청이 행정재산의 사용·수익을 허가한 다음 그 사용·수익하는 자에 대하여 하는 사용료 부과는 순전히 사경제주체로서 행하는 사법상의 이행청구라 할 수 없고, 이는 관리청이 공권력을 가진 우월적 지위에서 행한 것으로서 항고소송의 대상이 되는 행정처분이라 할 것이다(대판 1996.2.13. 95누11023).

핵심정리

공물의 사용관계

① 공공용물에 대한 개발행위로 일반사용이 제한받게 된 경우 → 특별한 손실 ×

② 공물을 사용하지 않은 공물의 인접주민 → 고양된 일반사용권 인정 ×

③ 하천부지에 대한 점용허가(강학상 특허에 해당)
- → 재량행위 ○
- → 부관을 붙여 점용허가 ○

④ 하천부지의 점용허가를 받은 사람은 권원 없이 점유·사용하는 자에게 부당이득반환청구 ○

⑤ 행정재산의 사용·수익 허가를 받은 자에 대한 사용료 부과 → 행정처분 ○

답 ❶

266 □□□ 공물에 관한 설명으로 옳은 것은?(다툼이 있으면 판례에 따름) 24 행정사 제12회

① 공공용물의 일반사용의 경우에는 사용료를 납부하여야 한다.
② 공물의 인접주민에게는 구체적으로 공물을 사용하지 않고 있더라도 공물에 대한 고양된 일반사용권이 인정된다.
③ 행정재산이 공용폐지되어 시효취득의 대상이 된다는 증명책임은 시효취득을 주장하는 자에게 있다.
④ 「하천법」상 하천의 점용허가권은 대세적 효력이 있는 물권이다.
⑤ 중앙관서의 장은 특별한 제한 없이 행정재산의 사용허가를 할 수 있다.

해설

[❶ ▸ ×] **공공용물의 일반사용(= 자유사용)**이란 특별한 요건을 충족할 필요 없이 공공용물을 자유로이 그 본래의 용법에 따라 사용하는 것을 말한다. 도로에서의 통행, 공원에서의 산책, 하천에서의 수영 등이 공공용물의 일반사용의 예이다. 공공용물(공용물, 공공용물, 보존공물)의 특허사용(행정재산의 사용허가에 의한 사용)은 사용료 징수(납부)의 대상이 되지만(국유재산법 제32조 제1항), **공공용물의 일반사용은 사용료 징수(납부)의 대상이 아니다**.

> **[참고] 공물의 특허사용**
> 행정재산을 사용허가한 때에는 대통령령으로 정하는 요율(料率)과 산출방법에 따라 매년 사용료를 징수한다. 다만, 연간 사용료가 대통령령으로 정하는 금액 이하인 경우에는 사용허가기간의 사용료를 일시에 통합 징수할 수 있다(국유재산법 제32조 제1항). 행정재산의 사용·수익에 대한 허가는 특정인에게 행정재산을 사용할 수 있는 권리를 설정하여 주는 강학상 특허에 해당한다(대판 1998.2.27. 97누1105).

[❷ ▸ ×] 공물의 인접주민은 다른 일반인보다 인접공물의 일반사용에 있어 특별한 이해관계를 가지는 경우가 있고, 그러한 의미에서 다른 사람에게 인정되지 아니하는 이른바 고양된 일반사용권이 보장될 수 있으며, 이러한 고양된 일반사용권이 침해된 경우 다른 개인과의 관계에서 민법상으로도 보호될 수 있으나, 그 권리도 공물의 일반사용의 범위 안에서 인정되는 것이므로, 특정인에게 어느 범위에서 이른바 고양된 일반사용권으로서의 권리가 인정될 수 있는지의 여부는 당해 공물의 목적과 효용, 일반사용관계, 고양된 일반사용권을 주장하는 사람의 법률상의 지위와 당해 공물의 사용관계의 인접성, 특수성 등을 종합적으로 고려하여 판단하여야 한다. 따라서 **구체적으로 공물을 사용하지 않고 있는 이상** 그 공물의 인접주민이라는 사정만으로는 공물에 대한 고양된 일반사용권이 인정될 수 없다(대판 2006.12.22. 2004다68311).

[❸ ▸ ○] 공용폐지의 의사표시는 명시적이든 묵시적이든 상관없으나 적법한 의사표시가 있어야 하며, 행정재산이 사실상 본래의 용도에 사용되고 있지 않다는 사실만으로 공용폐지의 의사표시가 있었다고 볼 수 없고, 원래의 행정재산이 공용폐지되어 **취득시효의 대상이 된다는 입증책임**은 **시효취득을 주장하는 자**에게 있다(대판 1997.8.22. 96다10737).

[❹ ▸ ×] **하천의 점용허가권**은 특허에 의한 공물사용권의 일종으로서 하천의 관리주체에 대하여 일정한 특별사용을 청구할 수 있는 채권에 지나지 아니하고 **대세적 효력이 있는 물권이라 할 수 없다**(대판 2015.1.29. 2012두27404).

[❺ ▸ ×] 행정재산의 사용허가는 제한된 범위 내에서만 인정된다(국유재산법 제30조 제1항).

> **국유재산법 제30조(사용허가)** ① 중앙관서의 장은 다음 각 호의 범위에서만 행정재산의 사용허가를 할 수 있다.
> 1. 공용·공공용·기업용 재산 : 그 용도나 목적에 장애가 되지 아니하는 범위
> 2. 보존용재산 : 보존목적의 수행에 필요한 범위

핵심정리

강학상 공물
① 공공용물의 일반사용 → 사용료를 납부의 대상 ×
② 인접주민의 공물에 대한 고양된 일반사용권
→ 구체적으로 공물을 사용하지 않고 있는 이상, 고양된 일반사용권 인정 ×

③ 행정재산이 공용폐지되어 시효취득의 대상이 된다는 점에 대한 증명책임
→ 시효취득을 주장하는 자
④ 「하천법」상 하천의 점용허가권
→ 특허에 의한 공물사용권의 일종
→ 특별사용을 청구할 수 있는 채권 ○ (대세적 효력 있는 물권 ×)
⑤ 행정재산의 사용허가에 대한 제한
→ 공용 · 공공용 · 기업용 재산 : 그 용도나 목적에 장애가 되지 아니하는 범위
→ 보존용재산 : 보존목적의 수행에 필요한 범위

답 ❸

267 공물에 관한 설명으로 옳지 않은 것은?(다툼이 있는 경우에는 판례에 의함) 13 행정사 제1회

□□□

① 국유재산법상 행정재산은 민법의 규정에 의한 시효취득의 대상이 된다.
② 공용물은 직접 행정주체 자신의 사용에 제공된 공물을 말한다.
③ 국가배상법 제5조에 의한 공공의 영조물은 강학상 공물을 의미한다.
④ 국유 하천부지는 명시적 · 묵시적 공용폐지가 없는 한 공물로서의 성질을 유지한다.
⑤ 행정재산의 목적외 사용 · 수익에 대한 허가는 강학상 특허에 해당한다.

해설

[❶ ▸ ×] 행정재산은 민법 제245조에도 불구하고 시효취득의 대상이 되지 아니한다(국유재산법 제7조 제2항).

[❷ ▸ ○] 공용물은 행정주체가 직접 자신의 사용에 제공하고 있는 공물을 말한다. 관공서의 청사, 국영철도시설 등이 그 예이다.

[❸ ▸ ○] 국가배상법 제5조 제1항 소정의 "공공의 영조물"이라 함은 국가 또는 지방자치단체에 의하여 특정 공공의 목적에 공여된 유체물 내지 물적 설비를 지칭하므로(대판 1995.1.24. 94다45302), 국가배상법 제5조 제1항의 공공의 영조물은 '강학상 영조물'이 아니라 '**강학상의 공물**'을 의미한다. '강학상 영조물'은 행정주체가 행정목적을 달성하기 위하여 제공한 인적 · 물적 종합시설(예 국립도서관)을 말한다.

[❹ ▸ ○] **국유 하천부지**는 자연의 상태 그대로 공공용에 제공될 수 있는 실체를 갖추고 있는 이른바 **자연공물**로서 별도의 공용개시행위가 없더라도 행정재산이 되고 그 후 본래의 용도에 공여되지 않는 상태에 놓여 있더라도 국유재산법령에 의한 **용도폐지를 하지 않은 이상** 당연히 잡종재산(= 일반재산)으로 된다고는 할 수 없다(대판 2007.6.1. 2005도7523).

[❺ ▸ ○] 공유재산의 관리청이 행정재산의 사용 · 수익에 대한 허가는 순전히 사경제주체로서 행하는 사법상의 행위가 아니라 관리청이 공권력을 가진 우월적 지위에서 행하는 행정처분으로서 특정인에게 행정재산을 사용할 수 있는 권리를 설정하여 주는 강학상 특허에 해당한다(대판 1998.2.27. 97누1105).

공 물
① 행정재산 → 시효취득의 대상 ×
② 공용물 → 직접 행정주체 자신의 사용에 제공된 공물
③ 국가배상법 제5조의 공공의 영조물 → 강학상 공물을 의미
④ 국유 하천부지 → 공용폐지가 없는 한 공물(자연공물)로서의 성질 유지
⑤ 행정재산의 목적외 사용 · 수익에 대한 허가 → 강학상 특허

답 ❶

268 공물에 대한 설명으로 옳은 것은?(다툼이 있으면 판례에 따름) 20 행정사 제8회

□□□

① 어떤 토지의 지목이 도로이고 국유재산대장에 등재되어 있다면 그 토지는 도로로서 행정재산에 해당한다고 보아야 한다.

② 공용폐지의 의사표시는 묵시적인 방법으로도 가능하므로 행정재산이 본래의 용도에 제공되지 않는 상태에 있다면 묵시적인 공용폐지가 있다고 보아야 한다.

③ 행정재산은 사법상 거래의 대상이 되지 아니하는 불융통물이므로 관재 당국이 이를 모르고 매각하였더라도 그 매매는 당연무효이다.

④ 적법한 개발행위로 인하여 공공용물의 일반사용이 종전에 비하여 제한을 받게 되었다면 특별한 사정이 없는 한 그로 인한 불이익은 손실보상의 대상이 된다.

⑤ 특허에 의한 공물사용권은 공물의 관리주체에 대해 특별사용을 청구할 수 있는 채권에 그치는 것이 아니라 대세적 효력이 있는 물권이다.

해설

[❶ ▸ ×] 도로는 도로로서의 형태를 갖추고 도로법에 따른 노선의 지정 또는 인정의 공고 및 도로구역 결정·고시를 한 때 또는 도시계획법 또는 도시재개발법에서 정한 절차를 거쳐 도로를 설치하였을 때에 공공용물로서 공용개시행위가 있으므로, 토지의 지목이 도로이고 국유재산대장에 등재되어 있다는 사정만으로 바로 토지가 도로로서 행정재산에 해당한다고 할 수는 없다. 이는 국유재산대장에 행정재산으로 등재되어 있다가 용도폐지된 바가 있더라도 마찬가지이다(대판 2016.5.12. 2015다255524).

[❷ ▸ ×] 공용폐지의 의사표시는 명시적 의사표시뿐 아니라 묵시적 의사표시이어도 무방하나 적법한 의사표시이어야 하고, 행정재산이 본래의 용도에 제공되지 않는 상태에 놓여 있다는 사실만으로 관리청의 이에 대한 공용폐지의 의사표시가 있었다고 볼 수 없으며, 행정재산에 관하여 체결된 것이기 때문에 무효인 매매계약을 가지고 적법한 공용폐지의 의사표시가 있었다고 볼 수도 없다(대판 1996.5.28. 95다52383).

[❸ ▸ ○] 행정재산은 사법상 거래의 대상이 되지 아니하는 불융통물이므로 비록 관재 당국이 이를 모르고 매각하였다 하더라도 그 매매는 당연무효라 아니할 수 없으며, 사인 간의 매매계약 역시 불융통물에 대한 매매로서 무효임을 면할 수 없다(대판 1995.11.14. 94다50922).

[❹ ▸ ×] 공공용물에 관하여 적법한 개발행위 등이 이루어짐으로 말미암아 이에 대한 일정 범위의 사람들의 일반사용이 종전에 비하여 제한받게 되었다 하더라도 특별한 사정이 없는 한 그로 인한 불이익은 손실보상의 대상이 되는 특별한 손실에 해당한다고 할 수 없다(대판 2002.2.26. 99다35300).

[❺ ▸ ×] 하천의 점용허가권은 특허에 의한 공물사용권의 일종으로서 하천의 관리주체에 대하여 일정한 특별사용을 청구할 수 있는 채권에 지나지 아니하고 대세적 효력이 있는 물권이라 할 수 없다(대판 2015.1.29. 2012두27404).

핵심정리

공 물

① 어떤 토지의 지목이 도로이고 국유재산대장에 등재되어 있는 경우
 → 그러한 사정만으로 행정재산으로 볼 수 없음

② 행정재산이 본래의 용도에 제공되지 않는 상태에 있는 사실만으로 묵시적 공용폐지 인정 ×

③ 행정재산
 → 사법상거래의 대상이 되지 않는 불융통물 ○
 → 관재 당국이 이를 모르고 매각하였다 해도 매매는 무효 ○

④ 공공용물에 대한 개발행위로 일반사용이 제한받게 된 경우 → 손실보상의 대상 ×

⑤ 특허에 의한 공물사용권 → 특별사용을 청구할 수 있는 채권 ○ (대세적 효력 있는 물권 ×)

답 ❸

269 국유재산법에서 사용하는 용어의 설명으로 옳은 것은? 18 행정사 제6회

□□□

① "총괄청"이란 국무총리를 말한다.
② "일반재산"이란 행정재산 외의 모든 국유재산을 말한다.
③ "사용허가"란 행정재산을 국가 외의 자가 일정 기간 유상(무상인 경우는 제외한다)으로 사용·수익할 수 있도록 허용하는 것을 말한다.
④ "대부계약"이란 행정재산을 국가 외의 자가 일정 기간 유상이나 무상으로 사용·수익할 수 있도록 체결하는 계약을 말한다.
⑤ "과징금"이란 사용허가나 대부계약 없이 국유재산을 사용·수익하거나 점유한 자에게 부과하는 금액을 말한다.

해설

[❶ ▸ ×] 국유재산법상 총괄청은 기획재정부장관을 말한다(국유재산법 제2조 제10호).
[❷ ▸ ○] 일반재산이란 행정재산 외의 모든 국유재산을 말한다(국유재산법 제6조 제3항).
[❸ ▸ ×] 사용허가란 **행정재산**을 국가 외의 자가 일정 기간 **유상이나 무상으로** 사용·수익할 수 있도록 허용하는 것을 말한다(국유재산법 제2조 제7호).
[❹ ▸ ×] 대부계약이란 **일반재산**을 국가 외의 자가 일정 기간 유상이나 무상으로 사용·수익할 수 있도록 체결하는 계약을 말한다(국유재산법 제2조 제8호).
[❺ ▸ ×] **과징금**이란 행정법상의 의무를 위반한 자에 대하여 당해 위반행위로 얻게 된 경제적 이익을 박탈하기 위한 목적으로 부과하는 금전상 제재를 말한다(본래적 의미의 과징금). **변상금**이란 사용허가나 대부계약 없이 국유재산을 사용·수익하거나 점유한 자(사용허가나 대부계약 기간이 끝난 후 다시 사용허가나 대부계약 없이 국유재산을 계속 사용·수익하거나 점유한 자를 포함)에게 부과하는 금액을 말한다(국유재산법 제2조 제9호).

핵심정리

국유재산법상 용어
① 총괄청 → 기획재정부장관
② 일반재산 → 행정재산 외의 모든 국유재산
③ 사용허가 → 행정재산을 국가 외의 자가 일정 기간 유상 or 무상으로 사용·수익할 수 있도록 허용하는 것
④ 대부계약 → 일반재산을 국가 외의 자가 일정 기간 유상 or 무상으로 사용·수익할 수 있도록 체결하는 계약
⑤ 과징금 → 일정한 행정법상 의무를 위반하거나 이행하지 않을 때에 행정청이 부과 징수하는 금전적 제재

270 국유재산 중 시효취득의 대상이 되는 것은? 16 행정사 제4회

□□□

① 공용재산 ② 일반재산
③ 기업용재산 ④ 보존용재산
⑤ 공공용재산

해설

[❷ ▸ O] 국유재산법상 국유재산은 행정재산과 일반재산으로 구분되며 행정재산에는 공용재산, 공공용재산, 기업용재산, 보존용재산이 포함된다. 행정재산 외의 국유재산을 일반재산이라고 하며 시효취득의 대상이 된다(국유재산법 제6조, 제7조).

답 ❷

271 국유재산법상 행정재산의 종류 중 법령이나 그 밖의 필요에 따라 국가가 보존하는 재산은? 23 행정사 제11회

□□□

① 공용재산 ② 공공용재산
③ 기업용재산 ④ 보존용재산
⑤ 일반재산

해설

[❹ ▸ O] **보존용재산**이란 행정재산의 종류 중 법령이나 그 밖의 필요에 따라 국가가 보존하는 재산을 말한다(국유재산법 제6조 제2항 제4호).

국유재산법 제6조(국유재산의 구분과 종류) ① 국유재산은 그 용도에 따라 행정재산과 일반재산으로 구분한다.
② 행정재산의 종류는 다음 각 호와 같다.
1. 공용재산 : 국가가 직접 사무용·사업용 또는 공무원의 주거용(직무 수행을 위하여 필요한 경우로서 대통령령으로 정하는 경우로 한정한다)으로 사용하거나 대통령령으로 정하는 기한까지 사용하기로 결정한 재산
2. 공공용재산 : 국가가 직접 공공용으로 사용하거나 대통령령으로 정하는 기한까지 사용하기로 결정한 재산
3. 기업용재산 : 정부기업이 직접 사무용·사업용 또는 그 기업에 종사하는 직원의 주거용(직무 수행을 위하여 필요한 경우로서 대통령령으로 정하는 경우로 한정한다)으로 사용하거나 대통령령으로 정하는 기한까지 사용하기로 결정한 재산
4. 보존용재산 : 법령이나 그 밖의 필요에 따라 국가가 보존하는 재산
③ "일반재산"이란 행정재산 외의 모든 국유재산을 말한다.

➲ 강학상 공물의 목적에 의한 분류

구분	내용
공공용물	• 일반 공중의 사용에 제공된 공물을 말한다. 도로·하천·공원·해안 등이 그 예이다. • 국유재산법상 '공공용재산'은 공공용물이다.
공용물	• 직접 행정주체 자신의 사용에 제공된 공물을 말한다. 관공서의 청사, 국영철도시설 등이 그 예이다. • 국유재산법상 '공용재산'은 공용물이다.
공적 보존물 (보존공물)	• 공공목적을 위하여 그 물건의 보존이 강제되는 공물을 말한다. 문화재보호법상 문화재, 산림법상의 보안림이 그 예이다. • 국유재산법상 보존용재산은 공적 보존물이다.

답 ❹

272 □□□ **국유재산법상 행정재산에 해당하지 않는 것은?** 14 행정사 제2회

① 공용재산 ② 일반재산
③ 공공용재산 ④ 기업용재산
⑤ 보존용재산

해설

[❷ ▸ ×] 국유재산법상 국유재산은 행정재산과 일반재산으로 구분되며 행정재산에는 공용재산, 공공용재산, 기업용재산, 보존용재산이 포함된다(국유재산법 제6조).

답 ❷

273 □□□ **국유재산법상 국유재산의 구분과 종류에 관한 다음 설명에서 (　　) 안에 들어갈 용어가 옳게 연결된 것은?** 17 행정사 제5회

> 국유재산 중 국가가 직접 사무용으로 사용하는 관공서의 청사는 (ㄱ)에 해당하고, 행정주체에 의해 일반 공중의 사용에 제공된 도로는 (ㄴ)에 해당한다.

① ㄱ : 공용재산, ㄴ : 공공용재산
② ㄱ : 공용재산, ㄴ : 일반재산
③ ㄱ : 공공용재산, ㄴ : 공용재산
④ ㄱ : 공공용재산, ㄴ : 일반재산
⑤ ㄱ : 일반재산, ㄴ : 공공용재산

해설

[❶ ▸ ○] ㄱ : 공용재산, ㄴ : 공공용재산

공용재산은 국가가 직접 사무용·사업용 또는 공무원의 주거용으로 사용하거나 대통령령으로 정하는 기한까지 사용하기로 결정한 재산으로서 관공서의 청사, 학교, 병원 등이 이에 해당한다. 공공용재산은 국가가 직접 공공용으로 사용하거나 대통령령으로 정하는 기한까지 사용하기로 결정한 재산으로 도로나 하천, 공원 등이 이에 해당한다(국유재산법 제6조 제2항 참조).

답 ❶

274 국유재산법상 (　　)에 들어갈 용어는? 24 행정사 제12회

□□□

> (　　)(이)란 사용허가나 대부계약 없이 국유재산을 사용・수익하거나 점유한 자(사용허가나 대부계약 기간이 끝난 후 다시 사용허가나 대부계약 없이 국유재산을 계속 사용・수익하거나 점유한 자를 포함한다)에게 부과하는 금액을 말한다.

① 과징금　② 이행강제금

③ 과태료　④ 부담금

⑤ 변상금

해설

[❶ ▸ ×] **과징금**이란 행정법상의 의무를 위반한 자에 대하여 당해 위반행위로 얻게 된 경제적 이익을 박탈하기 위한 목적으로 부과하는 금전상 제재를 말한다(본래적 의미의 과징금).

[❷ ▸ ×] **이행강제금**이란 행정법상의 부작위의무 또는 비대체적 작위의무의 불이행이 있는 경우에 일정한 기한까지 의무이행이 없을 때에는 일정한 금전적 부담을 과할 뜻을 미리 계고하고 그 기한까지 의무이행이 없는 경우에는 금전납부의무를 부과함으로써(행정기본법 제30조 제1항 제2호 참조), 의무자에게 심리적 압박을 주어 장래를 향하여 의무이행을 확보하려는 간접적인 행정상 강제집행 수단이다.

[❸ ▸ ×] **과태료**란 직접적으로 행정목적이나 사회공익을 침해하는 데까지는 이르지 않고 다만 간접적으로 행정상의 질서에 장해를 줄 위험성이 있는 정도의 단순한 의무태만에 대한 제재로서 과하여지는 행정질서벌을 말한다(대결 1969.7.29. 69마400 참조). 과태료는 벌금이나 과료와 달리 형벌의 성질을 가지지 않는 금전벌이다.

[❹ ▸ ×] **부담금**이란 특정한 공익사업으로부터 특별한 혜택을 받은 자 또는 이해관계자에 대해 그 사업에 소요되는 경비의 전부 또는 일부를 부담시키기 위해 과하는 공법상의 금전급부 의무를 말한다.

> [참고] 부담금
>
> 부담금은 조세에 대한 관계에서 어디까지나 예외적으로만 인정되어야 하며, 어떤 공적 과제에 관한 재정조달을 조세로 할 것인지 아니면 부담금으로 할 것인지에 관하여 입법자의 자유로운 선택권을 허용하여서는 안 된다. 부담금 납부의무자는 재정조달 대상인 공적 과제에 대하여 일반국민에 비해 '특별히 밀접한 관련성'을 가져야 하며, 부담금이 장기적으로 유지되는 경우에 있어서는 그 징수의 타당성이나 적정성이 입법자에 의해 지속적으로 심사될 것이 요구된다. 다만, 부담금이 재정조달목적뿐 아니라 정책실현목적도 함께 가지는 경우에는 위 요건들 중 일부가 완화된다(헌재 1998.12.24. 98헌가1).

[❺ ▸ ○] **변상금**이란 사용허가나 대부계약 없이 국유재산을 사용・수익하거나 점유한 자(사용허가나 대부계약 기간이 끝난 후 다시 사용허가나 대부계약 없이 국유재산을 계속 사용・수익하거나 점유한 자를 포함한다. 이하 "무단점유자"라 한다)에게 부과하는 금액을 말한다(국유재산법 제2조 제9호).

답 ❺

제3절 공용부담법

275 공익사업을 위한 토지 등의 취득 및 보상에 관한 법률에 따른 토지수용에 대한 이의신청 및 행정소송에 관한 설명으로 옳지 않은 것은?(다툼이 있는 경우에는 판례에 의함) 14 행정사 제2회

① 이의신청은 행정심판으로서의 성질을 가지며, 이에 관한 규정은 행정심판법에 대한 특별규정이다.
② 수용재결에 불복하여 취소소송을 제기하는 때에는 이의신청을 거친 경우에도 수용재결의 취소를 구하여야 한다.
③ 보상금증감청구소송은 공법상 당사자소송에 해당한다.
④ 보상금증감청구소송을 제기하는 자가 토지소유자일 때에는 사업시행자를 피고로 한다.
⑤ 수용재결에 대한 행정소송이 제기되면 사업의 진행 및 토지의 수용 또는 사용은 정지된다.

해설

[❶ ▸ O] 토지수용위원회의 수용재결에 대한 이의절차는 실질적으로 행정심판의 성질을 갖는 것이므로 토지수용법(현행 토지보상법)에 특별한 규정이 있는 것을 제외하고는 행정심판법의 규정이 적용된다고 할 것이다(대판 1992.6.9. 92누565).
[❷ ▸ O] 수용재결에 불복하여 취소소송을 제기하는 때에는 이의신청을 거친 경우에도 수용재결을 한 중앙토지수용위원회 또는 지방토지수용위원회를 피고로 하여 수용재결의 취소를 구하여야 하고, 다만 이의신청에 대한 재결 자체에 고유한 위법이 있음을 이유로 하는 경우에는 그 이의재결을 한 중앙토지수용위원회를 피고로 하여 이의재결의 취소를 구할 수 있다고 보아야 한다(대판 2010.1.28. 2008두1504).
[❸ ▸ O] 토지수용법 제75조의2 제2항의 규정은 그 제1항에 의하여 이의재결에 대하여 불복하는 행정소송을 제기하는 경우, 이것이 보상금의 증감에 관한 소송인 때에는 이의재결에서 정한 보상금이 증액 변경될 것을 전제로 하여 기업자를 상대로 보상금의 지급을 구하는 공법상의 당사자소송을 규정한 것으로 볼 것이다(대판 1991.11.26. 91누285).
[❹ ▸ O] 제기하려는 행정소송이 보상금의 증감에 관한 소송인 경우 그 소송을 제기하는 자가 토지소유자 또는 관계인일 때에는 사업시행자를, 사업시행자일 때에는 토지소유자 또는 관계인을 각각 피고로 한다(토지보상법 제85조 제2항).
[❺ ▸ ×] 이의의 신청이나 행정소송의 제기는 사업의 진행 및 토지의 수용 또는 사용을 정지시키지 아니한다(토지보상법 제88조).

핵심정리 **토지보상법상 토지수용에 대한 불복방법(이의신청 및 행정소송)**

① 토지보상법상 토지수용에 대한 이의신청
→ 법적 성질 : 실질적으로 행정심판의 성질(특별행정심판)
→ 이의신청에 관한 규정은 행정심판법에 대한 특별규정
② 수용재결에 불복하여 이의신청을 거친 후에 취소소송을 제기하는 경우
→ 원칙 : 수용재결이 취소소송의 대상 O
→ 예외 : 이의재결 자체에 고유한 위법이 있는 경우, 이의재결이 취소소송의 대상 O
③, ④ 보상금증감청구소송
→ 소송의 성질 : 공법상 당사자소송 O
→ 토지소유자(or 관계인)가 원고가 되어 소를 제기하는 경우 : 사업시행자가 피고적격 O
→ 사업시행자가 원고가 되어 소를 제기하는 경우 : 토지소유자(or 관계인)가 피고적격 O
⑤ 집행부정지의 원칙
→ 수용재결에 대한 행정소송이 제기되어도 사업의 진행 및 토지의 수용 또는 사용 정지 ×

답 ❺

276 공용부담 및 공용수용에 관한 설명으로 옳지 않은 것은?(다툼이 있으면 판례에 따름)

□□□

15 행정사 제3회

① 공용수용은 당사자와의 협력을 기반으로 하기 때문에 최소침해의 원칙이 적용되지 않는다.

② 공용부담이라 함은 일정한 공공복리를 적극적으로 증진하기 위하여 개인에게 부과되는 공법상의 경제적 부담을 말한다.

③ 판례는 공익사업을 위한 토지 등의 취득 및 보상에 관한 법령에 의한 협의취득을 사법상의 법률행위로 본다.

④ 공용수용에 있어서 사업인정고시가 된 후 권리의 변동이 있을 때에는 그 권리를 승계한 자가 보상금 또는 공탁금을 받는다.

⑤ 헌법재판소는 환매권을 헌법상의 재산권 보장으로부터 도출되는 것으로 보고 있다.

해설

[❶ ▸ ×] 공용수용은 공익사업을 위하여 타인의 특정한 재산권을 법률의 힘에 의하여 강제적으로 취득하는 것이므로 수용할 목적물의 범위는 원칙적으로 사업을 위하여 필요한 최소한도에 그쳐야 한다(대판 2005.11.10. 2003두7507).

[❷ ▸ O] 공용부담이란 공공복리를 적극적으로 증진하기 위하여 개인에게 부과되는 공법상의 경제적 부담을 말하며, 이는 강제적인 부담이기 때문에 그의 부과는 반드시 법률의 근거가 있어야 한다.

[❸ ▸ O] 공익사업을 위한 토지 등의 취득 및 보상에 관한 법령에 의한 협의취득은 사법상의 법률행위이므로 당사자 사이의 자유로운 의사에 따라 채무불이행책임이나 매매대금 과부족금에 대한 지급의무를 약정할 수 있다(대판 2012.2.23. 2010다91206).

[❹ ▸ O] 사업인정고시가 된 후 권리의 변동이 있을 때에는 그 권리를 승계한 자가 보상금 또는 공탁금을 받는다(토지보상법 제40조 제3항).

[❺ ▸ O] 공용수용된 토지 등에 대한 환매권은 헌법상의 재산권 보장으로부터 도출되는 것으로서 헌법이 보장하는 재산권의 내용에 포함되는 권리이다(헌재 1995.10.26. 95헌바22).

핵심정리

공용부담 및 공용수용

① 공용수용 ⇢ 최소침해의 원칙 적용 O

② 공용부담 ⇢ 공공복리를 적극적으로 증진하기 위해 부과되는 공법상의 경제적 부담

③ 토지보상법상 협의취득 ⇢ 사법상의 법률행위 O

④ 사업인정고시가 된 후 권리의 변동이 있을 경우
⇢ 권리를 승계한 자가 보상금 또는 공탁금 수령 O

⑤ 환매권 ⇢ 헌법상의 재산권 보장으로부터 도출 (헌법재판소 판례)

답 ❶

277 공익사업을 위한 토지 등의 취득 및 보상에 관한 법률상 사업인정에 관한 설명으로 옳은 것은?(다툼이 있으면 판례에 따름)

□□□ 18 행정사 제6회

① 사업인정은 해당 사업이 토지를 수용할 수 있는 공익사업임을 확인하는 행위일 뿐 형성행위로 볼 수는 없다.

② 사업인정에 대한 쟁송기간이 도과한 경우, 사업인정이 당연무효가 아닌 한 그 위법을 이유로 수용재결의 취소를 구할 수 없다.

③ 사업시행자에게 해당 공익사업을 수행할 의사와 능력이 있는지 여부는 사업인정의 요건이 아니다.

④ 사업인정은 고시한 다음 날부터 효력이 발생한다.

⑤ 사업인정고시가 있은 후에는 다수의 이해관계인이 발생하므로 사업인정이 실효될 수 없다.

해설

[❶ ▸ ×] [❸ ▸ ×] 사업인정이란 공익사업을 토지 등을 수용 또는 사용할 사업으로 결정하는 것으로서 공익사업의 시행자에게 그 후 일정한 절차를 거칠 것을 조건으로 일정한 내용의 수용권을 설정하여 주는 형성행위이다.❶ 한편 해당 공익사업을 수행하여 공익을 실현할 의사나 능력이 없는 자에게 타인의 재산권을 공권력적·강제적으로 박탈할 수 있는 수용권을 설정하여 줄 수는 없으므로, 사업시행자에게 해당 공익사업을 수행할 의사와 능력이 있어야 한다는 것도 사업인정의 한 요건이라고 보아야 한다❸(대판 2011.1.27. 2009두1051).

[❷ ▸ O] 사업인정처분 자체의 위법은 사업인정단계에서 다투어야 하고 이미 그 쟁송기간이 도과한 수용재결단계에서는 사업인정처분이 당연무효라고 볼 만한 특단의 사정이 없는 한 그 위법을 이유로 재결의 취소를 구할 수는 없다(대판 1992.3.13. 91누4324).

[❹ ▸ ×] 사업인정은 고시한 날부터 그 효력이 발생한다(토지보상법 제22조 제3항).

[❺ ▸ ×] 사업시행자가 사업인정의 고시가 된 날부터 1년 이내에 재결신청을 하지 아니하거나, 사업인정고시가 된 후 사업의 전부 또는 일부를 폐지하거나 변경함으로 인하여 토지수용이 필요 없게 된 경우에는 사업인정이 실효된다(토지보상법 제23조, 제24조).

핵심정리 **사업인정**

① 사업인정 ⋯▸ 일정한 절차를 거칠 것을 조건으로 수용권을 설정하여 주는 형성행위 ○
② 사업인정에 대한 쟁송기간이 도과한 경우
⋯▸ 당연무효가 아닌 한 그 위법을 이유로 수용재결의 취소청구 × (하자의 승계 ×)
③ 사업시행자에게 공익사업을 수행할 의사와 능력이 있는지 여부 ⋯▸ 사업인정의 요건에 포함 ○
④ 사업인정 ⋯▸ 고시한 날부터 효력 발생 ○
⑤ 사업인정이 실효되는 경우
⋯▸ 사업인정의 고시가 된 날부터 1년 이내에 재결신청을 하지 아니한 경우
⋯▸ 사업인정고시가 된 후 사업의 전부 또는 일부를 폐지하거나 변경함으로 인하여 토지수용이 필요 없게 된 경우

답 ❷

278 □□□ **공익사업을 위한 토지 등의 취득 및 보상에 관한 법률상 사업인정과 수용재결에 관한 설명으로 옳지 않은 것은?(다툼이 있으면 판례에 따름)** 24 행정사 제12회

① 사업인정은 항고소송의 대상이 되는 처분에 해당한다.
② 사업인정에 불가쟁력이 발생한 경우 당연무효가 아닌 한 사업인정의 하자를 이유로 수용재결의 취소를 구할 수 없다.
③ 사업인정은 사업인정이 고시된 날부터 효력을 발생한다.
④ 수용재결은 행정심판의 재결의 성질을 갖는다.
⑤ 수용재결의 효과로서 수용에 의한 사업시행자의 토지소유권 취득은 법률의 규정에 의한 원시취득이다.

해설

[❶ ▸ O] 사업인정은 그 후 일정한 절차를 거칠 것을 조건으로 하여 사업시행자에게 일정한 내용의 수용권을 설정해 주는 행정처분으로서(대판 1994.11.11. 93누19375), 이에 따라 수용할 목적물의 범위가 확정되고, 수용권자가 목적물에 대한 현재 및 장래의 권리자에게 대항할 수 있는 공법상 권한이 생긴다(대판 2019.12.12. 2019두47629).
[❷ ▸ O] 사업인정처분 자체의 위법은 사업인정단계에서 다투어야 하고 이미 그 쟁송기간이 도과한 수용재결단계에서는 사업인정처분이 당연무효라고 볼 만한 특단의 사정이 없는 한 그 위법을 이유로 재결의 취소를 구할 수는 없다(대판 1992.3.13. 91누4324).
[❸ ▸ O] 사업인정은 고시한 날부터 그 효력이 발생한다(토지보상법 제22조 제3항).
[❹ ▸ X] 수용재결은 (행정심판의 재결이 아니라) 원처분에 해당하고, 수용재결에 대한 이의신청이 준사법적 절차로서 행정심판(특별행정심판)의 성질을 가진다(대판 1992.6.9. 92누565). 토지보상법의 이의신청에 관한 규정은 행정심판법에 대한 특별규정이다.
[❺ ▸ O] 사업시행자는 '재결시'가 아니라 '수용의 개시일'에 토지나 물건의 소유권을 취득하며, 그 토지나 물건에 관한 다른 권리는 이와 동시에 소멸한다(토지보상법 제45조 제1항). 여기에서 '수용의 개시일'이란 토지수용위원회가 재결로 정한 수용의 효과가 발생하는 날을 말한다. 수용에 의한 사업시행자의 권리취득은 토지소유자와 사업시행자 사이의 법률행위에 의한 승계취득이 아니라, 법률의 규정에 의한 원시취득이다.

핵심정리

「공익사업을 위한 토지 등의 취득 및 보상에 관한 법률」(토지보상법)상 사업인정과 수용재결
① 사업인정 → 항고소송의 대상이 되는 처분 O
② 사업인정에 대한 쟁송기간이 도과한 경우 → 당연무효가 아닌 한 그 위법을 이유로 수용재결의 취소청구 ×
③ 사업인정 → 고시한 날부터 그 효력이 발생 O
④ 수용재결 → 원처분에 해당O (수용재결에 대한 이의신청이 특별행정심판에 해당 O)
⑤ 수용에 의한 사업시행자의 토지소유권 취득 → 법률의 규정에 의한 원시취득 O

답 ❹

제4절 기타 특별행정작용법

279 □□□ **부동산 가격공시에 관한 법률상 공시지가에 관한 설명으로 옳지 않은 것은?(다툼이 있으면 판례에 따름)**

16 행정사 제4회 수정

① 개별공시지가는 국세·지방세 등 각종 세금의 부과, 그 밖의 다른 법령에서 정하는 목적을 위한 지가산정에 사용한다.

② 개별공시지가에 이의가 있는 자는 개별공시지가의 결정·공시일부터 30일 이내에 서면으로 시장·군수 또는 지방자치단체인 구의 구청장에게 이의를 신청할 수 있다.

③ 표준지공시지가는 토지수용에 대한 보상금 산정의 기준이 된다.

④ 표준지공시지가의 결정은 항고소송의 대상인 처분으로 볼 수 없다.

⑤ 표준지공시지가에 이의가 있는 자는 표준지공시지가의 공시일부터 30일 이내에 서면으로 국토교통부장관에게 이의를 신청할 수 있다.

해설

[❶ ▸ O] 시장·군수 또는 구청장은 국세·지방세 등 각종 세금의 부과, 그 밖의 다른 법령에서 정하는 목적을 위한 지가산정에 사용되도록 하기 위하여 시·군·구부동산가격공시위원회의 심의를 거쳐 매년 공시지가의 공시기준일 현재 관할 구역 안의 개별토지의 단위면적당 가격을 결정·공시하고, 이를 관계 행정기관 등에 제공하여야 한다(부동산공시법 제10조 제1항). 「부동산 가격공시 및 감정평가에 관한 법률」이 「부동산 가격공시에 관한 법률(부동산공시법)」로 명칭이 바뀌고, 법 내용도 개정되어 개정법에 맞게 문제를 일부 수정하였다.

[❷ ▸ O] 개별공시지가에 이의가 있는 자는 그 결정·공시일부터 30일 이내에 서면으로 시장·군수 또는 구청장에게 이의를 신청할 수 있다(부동산공시법 제11조 제1항).

[❸ ▸ O] 표준지공시지가는 토지수용에 대한 보상금 산정의 기준이 된다(부동산공시법 제9조 참조).

[❹ ▸ X] 표준지공시지가결정이 위법한 경우에는 그 자체를 행정소송의 대상이 되는 행정처분으로 보아 그 위법 여부를 다툴 수 있음은 물론, 수용보상금의 증액을 구하는 소송에서도 선행처분으로서 그 수용대상 토지 가격 산정의 기초가 된 비교표준지공시지가결정의 위법을 독립한 사유로 주장할 수 있다(대판 2008.8.21. 2007두13845).

[❺ ▸ O] 표준지공시지가에 이의가 있는 자는 그 공시일부터 30일 이내에 서면(전자문서를 포함)으로 국토교통부장관에게 이의를 신청할 수 있다(부동산공시법 제7조 제1항).

핵심정리

공시지가

① 개별공시지가 → 국세·지방세 등 각종 세금의 부과, 다른 법령에서 정하는 목적을 위한 지가산정에 사용

② 개별공시지가에 이의가 있는 경우 → 개별공시지가의 결정·공시일부터 30일 이내에 서면으로 이의 신청

③ 표준지공시지가 → 토지수용에 대한 보상금 산정의 기준

④ 표준지공시지가 결정 → 행정처분 O

⑤ 표준지공시지가에 이의가 있는 경우 → 표준지공시지가의 공시일부터 30일 이내에 서면으로 이의 신청

답 ❹

280 국가재정법의 내용에 관한 설명으로 옳지 않은 것은?

23 행정사 제11회

① 정부는 재정건전성의 확보를 위하여 최선을 다하여야 한다.
② 정부는 「성별영향평가법」에 따른 성별영향평가의 결과를 포함하여 예산이 여성과 남성에게 미치는 효과를 평가하고, 그 결과를 정부의 예산편성에 반영하기 위하여 노력하여야 한다.
③ 한 회계연도의 모든 수입을 세입으로 하고, 모든 지출을 세출로 한다.
④ 예산은 예산총칙・세입세출예산・계속비・명시이월비 및 국고채무부담행위를 총칭한다.
⑤ 정부는 예측할 수 없는 예산 외의 지출에 충당하기 위하여 일반회계 예산총액의 100분의 10 이내의 금액을 예비비로 세입세출예산에 계상하여야 한다.

해설

[❶ ▸ O] [❷ ▸ O] 국가재정법 제16조 제1호, 제5호

국가재정법 제16조(예산의 원칙) 정부는 예산을 편성하거나 집행할 때 다음 각 호의 원칙을 준수하여야 한다.
1. 정부는 재정건전성의 확보를 위하여 최선을 다하여야 한다.❶
2. 정부는 국민부담의 최소화를 위하여 최선을 다하여야 한다.
3. 정부는 재정을 운용할 때 재정지출 및 「조세특례제한법」 제142조의2 제1항에 따른 조세지출의 성과를 제고하여야 한다.
4. 정부는 예산과정의 투명성과 예산과정에의 국민참여를 제고하기 위하여 노력하여야 한다.
5. 정부는 「성별영향평가법」 제2조 제1호에 따른 성별영향평가의 결과를 포함하여 예산이 여성과 남성에게 미치는 효과를 평가하고, 그 결과를 정부의 예산편성에 반영하기 위하여 노력하여야 한다.❷
6. 정부는 예산이 「기후위기 대응을 위한 탄소중립・녹색성장 기본법」 제2조 제5호에 따른 온실가스 감축에 미치는 효과를 평가하고, 그 결과를 정부의 예산편성에 반영하기 위하여 노력하여야 한다.

[❸ ▸ O] 한 회계연도의 모든 수입을 세입으로 하고, 모든 지출을 세출로 한다(국가재정법 제17조 제1항).
[❹ ▸ O] 예산은 예산총칙・세입세출예산・계속비・명시이월비 및 국고채무부담행위를 총칭한다(국가재정법 제19조).
[❺ ▸ X] 정부는 예측할 수 없는 예산 외의 지출 또는 예산초과지출에 충당하기 위하여 일반회계 예산총액의 **100분의 1 이내의 금액**을 **예비비**로 세입세출예산에 계상할 수 있다. 다만, 예산총칙 등에 따라 미리 사용목적을 지정해 놓은 예비비는 본문에도 불구하고 별도로 세입세출예산에 계상할 수 있다(국가재정법 제22조 제1항).

핵심정리

국가재정법의 내용
①, ② 예산의 원칙
→ 정부는 재정건전성의 확보를 위하여 최선을 다하여야 함
→ 정부는 「성별영향평가법」에 따른 성별영향평가의 결과를 포함하여 예산이 여성과 남성에게 미치는 효과를 평가하고, 그 결과를 정부의 예산편성에 반영하기 위하여 노력하여야 함
③ 예산총계주의 → 한 회계연도의 모든 수입을 세입으로 하고, 모든 지출을 세출로 함
④ 예산의 구성 → 예산총칙・세입세출예산・계속비・명시이월비 및 국고채무부담행위
⑤ 예비비 → 일반회계 예산총액의 100분의 1(=1%) 이내의 금액을 예비비로 세입세출예산에 계상

답 ❺

자신의 능력을 믿어야 한다.

그리고 끝까지 굳게 밀고 나가라.

- 로잘린 카터 -

PART 3

행정학개론

행정학의 기초이론

제1절 행정의 본질

001 행정개념에 관한 설명으로 옳지 않은 것? 20 행정사 제8회

□□□

① 행정의 실체와 역할은 정부를 둘러싼 정치적・사회적・문화적 환경 등의 다양한 환경 속에서 규정된다.

② 행정의 영역과 범위는 명확하게 설정되고 있지 않으며 그 한계도 분명하지 않아서 고도로 체계화된 개념화는 어렵다.

③ 행정에 대한 연구대상의 선택이나 연구방법의 변화에 따라 다르게 이해되어 왔다.

④ 행정개념이 기능개념이기 때문에 기능변화와 다양화에 따라 여러 시각으로 설명될 수는 없다.

⑤ 오늘날에는 행정에 대한 개념해석이 계속 확대되고 있다.

해설

[❶ ▸ O] 행정은 정부를 둘러싼 정치적・사회적・문화적 환경 등의 다양한 환경과 밀접한 관계를 가지기 때문에 이들과의 연관 속에서 규정된다.

[❷ ▸ O] 행정개념은 시(時), 공(空)에 따라 유동적이어서 한마디로 정의하거나 단일의 개념을 도출하기 어려운 문제가 있다.

[❸ ▸ O] 행정개념은 행정에 대한 연구대상의 선택이나 연구방법의 변화에 따라 다르게 이해되어 왔으며, 대표적으로 행정의 관리기술성을 강조하는 행정관리론, 행정과 정치의 연계를 강조하는 통치기능론, 협동적 집단행동 및 행정학의 과학적 연구에 중점을 두는 행정행태론, 행정의 국가발전 유도기능을 강조하는 발전행정론, 공공부문의 시장화를 강조하는 신공공관리론, 참여와 서비스연계망의 관리를 강조하는 (뉴)거버넌스와 봉사와 서비스를 강조하는 신공공서비스론 등이 있다.

[❹ ▸ ×] 정부가 하는 일은 시대에 따라 달라질 수 있는 까닭에 행정을 기능개념으로 접근할 경우 기능의 변화와 더불어 다양한 관점에서 행정을 정의할 수 있다.

[❺ ▸ O] 오늘날에는 행정에 대한 개념 해석이 계속 확대되고 있다.

핵심정리

행정개념

① 행정의 실체와 역할 ⋯▸ 정부를 둘러싼 다양한 환경 속에서 규정
② 행정의 영역과 범위 ⋯▸ 고도로 체계화된 개념화는 곤란
③ 행정개념 ⋯▸ 연구대상의 선택이나 연구방법의 변화에 따라 다르게 이해
④ 기능개념으로서의 행정개념 ⋯▸ 기능변화와 다양화에 따라 여러 시각으로 설명 O
⑤ 오늘날의 행정개념 ⋯▸ 행정에 대한 개념해석이 계속 확대

답 ❹

002 공공행정에 관한 설명으로 옳지 않은 것은? 14 행정사 제2회

□□□

① 행정은 사회환경과 밀접한 관계를 갖고 있다.
② 행정국가는 정치행정일원론의 입장에서 설명할 수 있다.
③ 행정은 경영보다 엄격한 법적 규제를 받는다.
④ 행정에 있어서 의사결정은 가치체계와 밀접한 관계를 갖고 있다.
⑤ 국민의 권리를 제한하고 의무를 부과하는 것은 행정의 본질과 거리가 멀다.

해설

[❶ ▸ O] 행정은 개방체제 속에서 활동하기 때문에 사회환경과 밀접한 관계를 갖고 있다.

[❷ ▸ O] 행정국가는 국가권력 중 입법, 사법에 비하여 행정의 역할이 확대되고 주도하는 국가를 말한다. 이러한 **행정국가**는 행정과 정치는 불가분의 관계에 있다고 보고, 행정의 정치적 기능으로서의 '정책형성기능'을 중시하며, 행정의 적극적 기능과 행정입법의 확대를 지지하는 **정치행정일원론**의 입장에서 설명할 수 있다.

[❸ ▸ O] 행정은 공공성 때문에 그 행위와 책임이 법률에 상세하게 규정되어 있어 엄격한 법적 책임과 규제의 대상이 되며 타율성과 기속성이 강하나, 경영은 운영상의 재량과 자율성이 행정보다 상대적으로 높다.

[❹ ▸ O] 행정에 있어서 의사결정은 공익 실현을 목적으로 한다. 그런데 공익이란 매우 다양한 사회적 가치를 포함하는 개념이기 때문에 행정의 의사결정은 해당 사회의 가치체계와 밀접한 관계를 갖고 있다.

[❺ ▸ X] 국민의 권리를 제한하고 의무를 부과하는 규제활동은 행정의 본질에 속한다.

핵심정리

공공행정
① 행정 → 사회환경과 밀접한 관계
② 행정국가 → 정치행정일원론의 입장에서 설명 가능
③ 행정 → 경영보다 엄격한 법적 규제 O
④ 행정에 있어서 의사결정 → 가치체계와 밀접한 관계
⑤ 국민의 권리를 제한하고 의무를 부과하는 규제활동 → 행정의 본질에 속함

답 ❺

PART 1 PART 2 PART 3

003 행정과 경영의 비교에 관한 설명으로 옳지 않은 것은? 19 행정사 제7회

□□□

① 행정의 목적은 공익 추구이고, 경영의 목적은 이윤 극대화이다.
② 행정은 경영보다 상대적으로 엄격한 법적 규제를 받는다.
③ 행정은 모든 국민에 대한 평등성이 강조되지만 경영은 이윤 추구 과정에서 고객 간 차별대우가 용인된다.
④ 행정과 경영은 능률성을 추구하는 과정에서 유사한 관리기법을 많이 활용한다.
⑤ 상대적으로 행정은 관리적 측면이 강하게 나타나고 경영은 권력적 측면이 강하게 나타난다.

해설

[❶ ▸ O] 행정은 공익을 최고가치로 삼고 질서유지·공공봉사 등 추상적·무형적·다원적 목적을 추구하는 데 반하여 경영은 이윤의 극대화라는 유형적·구체적·일원적인 목적을 추구한다.
[❷ ▸ O] 행정은 공공성 때문에 그 행위와 책임이 법률에 상세하게 규정되어 있어 엄격한 법적 책임과 규제의 대상이 되며 타율성과 기속성이 강하나, 경영은 운영상의 재량과 자율성이 행정보다 상대적으로 높다.
[❸ ▸ O] 행정(예 공공재 공급)은 누구에게나 평등하게 서비스가 제공되므로 비배제성 및 무임승차성이 인정된다. 그러나 경영은 이윤 추구 과정에서 고객 간 차별대우가 용인된다.
[❹ ▸ O] 행정과 경영은 인적·물적 자원을 효율적으로 활용하기 위한 기획, 조직, 예산, 권한의 위임·통제 등에 있어서 유사한 관리기법을 많이 활용한다.
[❺ ▸ ×] 행정은 특정행위의 이행을 확보하기 위한 권력적 강제수단을 구비하고 있는 반면, 경영은 공리적·경제적 수단이 주된 통제수단이 됨에 그친다. 따라서 상대적으로 행정은 권력적 측면이 강하게 나타나고, 경영은 관리적 측면이 강하게 나타난다.

답 ❺

004 행정(학)에 관한 설명으로 옳지 않은 것은? 13 행정사 제1회

□□□

① 행정은 민주성, 능률성, 합법성, 효과성, 형평성 등을 추구한다.
② 행정학은 행정현상의 과학화를 목적으로 하기 때문에 이론과 실제를 분리하여 연구하는 학문이다.
③ 행정학은 시민사회, 정치집단, 시장과의 상호작용 속에서 공공가치의 달성을 위해 정부가 수행하는 정책이나 관리활동에 대한 지식과 이론을 연구대상으로 한다.
④ 좁은 의미의 행정은 행정부의 구조와 공무원을 포함한 정부 관료제를 중심으로 이뤄지는 활동을 의미한다.
⑤ 행정학은 정치학, 경제학, 경영학, 사회학, 법학, 심리학 등의 이론과 지식을 접목하여 사용하고 있다.

해설

[❶ ▸ O] 행정이 추구하는 이념은 시대와 상황에 따라 강조점을 달리해 왔으나 대체로 민주성, 능률성, 합법성, 효과성, 형평성 등이 주장되었다.
[❷ ▸ ×] 행정학은 사실에 기초한 과학성과 가치에 기초한 규범성을 동시에 고려하여야 하므로 이론과 실제의 통합을 지향하게 된다.

[❸ ▸ O] 행정학은 공공가치의 달성을 위해 정부가 수행하는 정책이나 관리활동에 대한 지식과 이론을 구축하는 것(과학성)과 이러한 지식과 이론을 바탕으로 적실성 있는 처방과 실천으로 공공가치를 실제로 구현해 나가는 것(기술성)을 모두 연구한다.
[❹ ▸ O] '좁은 의미의 행정'은 공적 목표달성을 위해 정부 관료제(행정부 조직)를 중심으로 이뤄지는 활동을 의미한다. 반면 '넓은 의미의 행정'은 정부의 공행정(좁은 의미의 행정)과 기업의 사행정이 모두 포함되는 보편적 개념이다.
[❺ ▸ O] 행정학은 정치학, 경제학, 경영학, 사회학, 법학, 심리학 등의 다양한 학문의 개념이나 이론을 받아들여 종합학문으로서의 학문체계를 구성한다[간학문적 성격, 학제 간(interdisciplinary) 성격].

핵심정리

행정(학)
① 행정 ⟶ 민주성, 능률성, 합법성, 효과성, 형평성 등을 추구
② 행정학 ⟶ 이론과 실제의 통합 지향
③ 행정학 ⟶ 공공가치의 달성을 위해 정부가 수행하는 정책이나 관리활동에 대한 지식과 이론을 연구대상
④ 좁은 의미의 행정 ⟶ 공적 목표달성을 위해 정부 관료제(행정부 조직)를 중심으로 이뤄지는 활동 (cf. 넓은 의미의 행정 ⟶ 정부의 공행정 + 기업의 사행정)
⑤ 행정학 ⟶ 종합학문적 성격 또는 간학문적 성격

답 ❷

005 행정에 관한 설명으로 옳지 않은 것은?

□□□

20 행정사 제8회

① 공익을 지향하며 공공문제의 해결이라는 공공 목적을 달성한다.
② 공공서비스를 생산하고 공급하며 배분하는 모든 활동을 의미한다.
③ 오늘날에는 정부가 공공서비스의 생산 및 공급을 독점한다.
④ 참여와 협력이라는 거버넌스 개념을 지향해가고 있다.
⑤ 공공서비스의 생산·분배 과정에서 국민의 의견을 존중하고 국민에 대해 책임을 다해야 한다.

해설

[❶ ▸ O] [❷ ▸ O] 이윤을 추구하는 경영과 달리 행정은 공익을 지향한다. 행정은 공공문제의 해결이라는 공공목적을 달성하기 위한 작용 또는 공공서비스의 생산·분배와 관련된 정부의 제반 활동과 상호작용 및 정치권력을 바탕으로 한 공공정책의 형성 및 구체화를 의미한다.
[❸ ▸ X] [❹ ▸ O] 오늘날 행정은 정부가 공공서비스의 생산 및 공급을 독점하는 것이 아닌 시민사회, 시장 등 민간 부문의 참여와 협력이라는 거버넌스(Governance) 개념을 지향해가고 있다.
[❺ ▸ O] 행정은 공공서비스의 생산·분배 과정에서 국민의 의견을 존중하고 국민에 대해 책임을 다해야 한다.

핵심정리

행 정
① 공익을 지향하며 공공문제의 해결이라는 공공 목적 달성
② 공공서비스를 생산하고 공급하며 배분하는 모든 활동을 의미
③, ④ 오늘날의 행정
⟶ 정부가 공공서비스의 생산 및 공급을 독점 ×
⟶ 시민사회, 시장 등 민간 부문의 참여와 협력이라는 거버넌스(Governance)의 개념 지향
⑤ 공공서비스의 생산·분배 과정에서 국민의 의견을 존중하고 책임을 다해야 함

답 ❸

006 행정과 경영의 차이점에 관한 설명으로 옳지 않은 것은? 13 행정사 제1회

□□□

① 행정은 공익추구를 핵심가치로 하지만, 경영은 이윤추구를 핵심가치로 한다.
② 행정은 경영보다 의회, 정당, 이익단체로부터 더 강한 비판과 통제를 받는다.
③ 행정은 공익을 추구하기 때문에 경영보다 법적 규제를 적게 받는다.
④ 행정은 경영보다 더 강한 권력수단을 갖는다.
⑤ 행정은 모든 국민에게 법 앞에 평등원칙이 지배하지만 경영은 고객에 따라 대우를 달리할 수 있다.

해설

[❶ ▸ O] 행정은 공익을 최고가치로 삼고 질서유지 · 공공봉사 등 추상적 · 무형적 · 다원적 목적을 추구하는 데 반하여 경영은 이윤의 극대화라는 유형적 · 구체적 · 일원적인 목적을 추구한다.
[❷ ▸ O] 행정은 정책결정과정에서 정당 · 이익단체 · 의회 · 국민 등의 통제와 감독 · 비판을 직접적으로 받는 등 정치적 성격을 강하게 내포하는 반면, 경영은 그와 같은 성격이 행정보다 강하지 아니하다.
[❸ ▸ ×] 행정은 공공성 때문에 그 행위와 책임이 법률에 상세하게 규정되어 있어 엄격한 법적 책임과 규제의 대상이 되며 타율성과 기속성이 강하나, 경영은 운영상의 재량과 자율성이 행정보다 상대적으로 높다.
[❹ ▸ O] 행정은 특정행위의 이행을 확보하기 위한 권력적 강제수단을 구비하고 있는 반면, 경영은 공리적 · 경제적 수단이 주된 통제수단이 됨에 그친다.
[❺ ▸ O] 행정(예 공공재 공급)은 누구에게나 평등하게 서비스가 제공되므로 비배제성 및 무임승차성이 인정된다. 그러나 경영은 이윤 추구 과정에서 고객 간 차별대우가 용인된다.

➲ 행정과 경영의 구별

구 분	행 정	경 영
주 체	정 부	기 업
목 적	공익 추구	사익 추구
정치성	강 함	약 함
권력성	강제적 권력	공리적 권력
서비스의 질	낮 음	높 음
법적 규제	강 함	약 함
평등성	적 용	배 제
기술의 변화	둔 감	민 감
능률의 척도	사회적 능률	기계적 능률
독점성	강 함	약 함
공개성	강 함	약 함

답 ❸

007 정치행정일원론에 관한 설명으로 옳지 않은 것은? 15 행정사 제3회

□□□

① 경제대공황(Great Depression), 뉴딜정책 이후 정부의 적극적 역할이 강조된 시기에 발달되었다.
② 행정에 있어서 정책수립이라는 정치적·가치배분적 기능이 중요시 된다.
③ 정치와 행정은 불가분의 관계에 있으므로 둘은 상호배타적이라기보다 서로 협조적 관계에 있다.
④ 디목(M. E. Dimock), 애플비(P. H. Appleby) 등에 의해 주장되었다.
⑤ 행정에 있어서 절약과 능률을 최고 가치로 추구한다.

해설

[❶▸O] [❷▸O] [❸▸O] [❹▸O] 디목(M. E. Dimock), 애플비(P. H. Appleby) 등에 의해 주장된 정치행정일원론은❹ 1930년대 경제대공황과 뉴딜(New Deal)정책에 따른 행정기능의 확대·강화로 행정국가가 등장하면서 정부의 적극적 역할이 강조된 시기에 주장되었다.❶ 정치행정일원론은 정치와 행정을 불가분의 관계로 인식하고, 이 둘은 상호배타적이라기보다는 서로 협조적 관계에 있다고 보았으며,❸ 행정에 있어서 정책수립(정책형성)이라는 정치적·가치배분적 기능을 중요시하였다.❷

[❺▸×] 정치행정이원론은 행정의 이념으로 합법성, 능률성(= 기계적 능률성)을 주장한 반면, 정치행정일원론은 민주성(= 사회적 능률성), 대응성, 책임성을 주장하였다. 즉, 행정에 있어서 절약과 능률을 최고 가치로 추구하는 것은 정치행정이원론이다.

➲ 정치행정이원론과 정치행정일원론의 비교

구 분	정치행정이원론	정치행정일원론
의 미	행정은 정책의 집행 또는 관리	행정은 정책형성 및 정책집행
성립시기	19세기 근대입법국가	20세기 현대행정국가
정치와의 관계	행정의 정치적 성격 부정	행정의 정치적 성격 인정
배 경	엽관제 극복을 위한 정치와 행정의 분리	경제대공황 등 시장실패에의 대응
가치와 사실	가치를 배제하고 사실에 한정	가치와 사실의 혼합
행정학의 성격	과학성 강조	기술성 강조
이 념	합법성, 능률설(= 기계적 능률성)	민주성(= 사회적 능률성), 대응성, 책임성
관련행정이론	과학적 관리론, 실적주의, 관료제	기능적 행정학, 신행정론
책임과 통제	외재적 책임과 외부적 통제 중시	내재적 책임과 내부적 통제 중시

답 ❺

008 정치행정일원론과 정치행정이원론에 관한 설명으로 옳은 것은? 16 행정사 제4회

□□□

① 정치행정이원론은 행정의 정치적 기능을 강조한다.

② 과학적 관리론은 정치행정일원론의 발전에 기여하였다.

③ 정치행정일원론은 정치와 행정을 엄격히 구분한다.

④ 정치행정이원론은 엽관주의의 폐해를 극복하기 위하여 대두되었다.

⑤ 윌슨(Wilson)은 정치행정일원론의 입장을 견지하였다.

해설

[❶ ▸ ×] **정치행정이원론**은 정치와 행정을 엄격히 분리하고, 행정에 있어서 정치적 기능(가치판단 및 정책결정기능)을 배제한다. 반면, 정치행정일원론은 행정을 정치와 불가분의 관계에 있다고 보고, 행정의 정치적 기능으로서의 정책형성기능(가치판단 및 정책결정 기능)을 중시한다.

[❷ ▸ ×] 과학적 관리론의 공공부문에 도입은 행정의 전문성 및 능률성(기계적 능률성)을 확보함으로써 정치행정이원론의 발전에 기여하였다.

[❸ ▸ ×] 정치와 행정을 엄격히 구분하는 것은 정치행정이원론이고, 정치행정일원론은 행정을 정치와 불가분의 관계에 있다고 본다.

[❹ ▸ ○] 미국의 경우 19세기 말 정치권력이 행정에 지나치게 개입해 공무원을 정치적으로 임명하는 문제(엽관주의의 폐해)가 심각해져 이를 극복하고 행정의 능률성을 확보하고자 윌슨(W. Wilson)을 비롯한 초기 행정학자들에 의해 정치행정이원론이 대두되었다.

[❺ ▸ ×] 윌슨(W. Wilson)은 정치행정이원론의 입장을 견지하였다.

답 ❹

제2절 행정의 지향과 가치

009 공익의 실체설과 과정설에 관한 설명으로 옳은 것을 모두 고른 것은? 23 행정사 제11회

□□□

> ㄱ. 사익과 차별화되는 공익의 존재를 인정하는 실체설은 공익이 행정의 구체적인 지침이 될 수 있다고 본다.
> ㄴ. 실체설은 개인이나 집단 사이의 이해를 조정하는 행정의 조정자 역할을 강조한다.
> ㄷ. 과정설은 이해당사자 사이의 협상과 타협을 통해 규범적 절대가치에 도달할 수 있다고 본다.
> ㄹ. 「지방재정법」에 규정된 주민참여예산제도의 준수를 통해 지방자치단체의 예산을 배분하는 것은 과정설에 해당된다.

① ㄱ, ㄴ
② ㄱ, ㄹ
③ ㄴ, ㄷ
④ ㄱ, ㄷ, ㄹ
⑤ ㄴ, ㄷ, ㄹ

해설

[ㄱ ▸ O] **실체설**은 공익을 사익을 초월한 실체적 · 규범적 · 도덕적 개념으로 파악하는 견해로서 공익의 실체성을 인정하는 입장이다. 실체설은 공익이 행정의 구체적인 지침이 될 수 있다고 본다.

[ㄴ ▸ X] **실체설**에 의하면 국가는 우월적 지위에서 목민적 역할을 수행하므로, 엘리트와 관료의 적극적 역할을 강조한다. 개인이나 집단 사이의 이해를 조정하는 행정의 조정자 역할을 강조하는 것은 과정설이다.

[ㄷ ▸ X] **과정설**은 민주적 조정 과정에 의한 공익의 도출을 중시하지만, **사익을 초월한 별도의 공익 개념의 존재를 부정**한다(공익 = 사익의 총합). 공익은 선험적인 개념(절대가치)이 아닌 사회집단 간 대립 · 투쟁 · 협상 · 타협의 과정에서 도출되는 산물에 불과하다는 입장이다.

[ㄹ ▸ O] 「지방재정법」에 규정된 주민참여예산제도의 준수를 통해 지방자치단체의 예산을 배분하는 것은 **과정설**의 입장에 의해 설명할 수 있다.

핵심정리 **공익에 대한 실체설과 과정설**

ㄱ., ㄴ. 실체설
- → 사익과 차별화되는 공익의 존재를 인정
- → 공익이 행정의 구체적인 지침이 될 수 있음
- → 엘리트와 관료의 적극적 역할을 강조 (국가는 우월적 지위에서 목민적 역할을 수행)

ㄷ., ㄹ. 과정설
- → 사익을 초월한 별도의 공익 개념의 존재 부정 (공익 = 사익의 총합)
- → 개인이나 집단 사이의 이해를 조정하는 행정의 조정자 역할을 강조
- → 공익은 사회집단 간 타협 등의 과정에서 도출되는 산물에 불과 [공익은 선험적인 개념(절대가치) ×]
- → 주민참여예산제도의 준수를 통해 지방자치단체의 예산 배분

답 ❷

010 실체설의 관점에서 본 공익의 개념에 관한 설명으로 옳은 것은? 18 행정사 제6회

□□□

① 개인의 사익을 초월한 공익이 존재한다.
② 개인의 사익 추구가 결과적으로 공동체의 선을 최대한 증대시킨다.
③ 공익은 사익의 총합이거나 사익 간의 타협 및 조정과정을 통해 얻어진다.
④ 공익은 민주적 정치체제 내의 개인과 집단 간 정치활동의 결과물이다.
⑤ 여러 사회집단의 대립과 협상과정에서 결과적으로 다수 이익에 일치되는 것이 공익으로 도출된다.

해설

[❶ ▸ O] **실체설**에 의하면 공익은 사익이나 특수이익의 단순한 집합을 초월한 도덕적 · 규범적인 것으로 사회구성원이 보편적으로 공유하는 절대적 가치로서의 실체가 존재하므로 사익과는 구별된다고 주장한다.

[❷ ▸ ×] [❸ ▸ ×] [❹ ▸ ×] [❺ ▸ ×] 한편 **과정설**은 공익의 실체를 부정하여 공익이란 사익의 총합이거나 수많은 사익 간의 갈등의 조정 · 타협의 소산물❸ 또는 민주적 정치체제 내의 개인과 집단 간 정치활동의 결과물이라는 견해이다.❹ 과정설에 의하면 공익과 사익은 본질적인 차이가 있는 것이 아니라 상대적 · 양적 차이가 있는 것에 불과하므로 개인의 사익 추구가 결과적으로 공동체의 선을 최대한 증대시키는 결과가 되고,❷ 여러 사회집단의 대립과 협상과정에서 결과적으로 다수 이익에 일치되는 것이 공익으로 도출된다.❺

답 ❶

011 행정가치에 관한 설명으로 옳지 않은 것은? 14 행정사 제2회

□□□

① 합법성은 시민권의 신장과 자유권의 옹호가 중요했던 입법국가 시대의 주요 가치이다.
② 신공공관리론에서는 정치적 책임성과 법적 책임성 외에도 시장 책임성을 강조한다.
③ 효과성은 1960년대 발전행정의 사고가 지배적일 때 주된 가치판단 기준이었다.
④ 사회적 능률성은 민주성의 개념으로 이해되는데 신행정론에서 처음 주창된 가치이다.
⑤ 민원처리 과정을 온라인으로 공개함으로써 과정의 투명성을 확보할 수 있다.

해설

[❶ ▸ O] 합법성은 행정학 성립 이전인 법치행정의 원리가 지배하였던 19세기 법치국가(입법국가)에서 의회가 제정한 법에 의하여 행정권의 자의적인 발동이나 재량권을 억제함으로써 국민의 자유와 권리를 최대한 보장하기 위하여 강조된 가치이다.

[❷ ▸ O] 신공공관리론은 책임성의 측면에서 다음과 같은 특성을 갖는다. 첫째, 경쟁과 시장주의의 도입은 정치적 책임성의 강조와 연결된다. 경쟁과 시장주의의 도입으로 외부 이해관계자와 고객에 대한 반응성이 조직이나 개인의 성과를 결정하는 가장 중요한 기준이 된다. 다만 신행정학의 경우, 정치적 책임성을 묻는 주체가 정치과정에 참여할 권리를 보유한 일반적 시민(citizen)인 반면, 신공공관리론에서는 공공서비스를 구매하는 고객(client) 또는 이해관계자로 본다는 점에서 차이가 있다. 둘째, 신공공관리론은 계약관계에 기반하는 법적 책임성을 강조한다. 고전적 행정이론이 상정하는 권위와 상명하복에 기반한 관료제와는 달리, 신공공관리론에서는 조직 구성원 및 기관 간의 관계가 이해관계에 따른 교환 관계로 변화된다. 대리인은 계약에 따라 본인에 대해 성과계약 조건의 달성이라는 법적 의무를 지게 되며, 성과 계약 조건의 달성 여부에 대한 외부 감사 등을 받게 된다. 고전적 행정이론은 '입법자 – 집행자' 간의 관계라는 맥락에서 법적 책임성을 강조하는 반면, 신공공관리론은 '본인 – 대리인' 간의 계약관계라는 맥락에서의 법적 책임성을 강조하고 있다. 셋째, 신공공관리론은 '시장주의'를 통해 정부역할의 감소와 공공서비스 공급에서의 경쟁구조, 고객지향의 행정을 추구함으로써 시장 책임성을 강조한다.

[❸ ▸ O] 효과성(effectiveness)은 1960년대 이후 발전 행정적 사고가 지배적일 때 행정의 발전 목표를 사전적 · 계획적 · 의도적으로 계획하여 이러한 목표를 달성하려는 데 최대 관심을 두면서 강조된 행정 가치이다.

[❹ ▸ X] 사회적 능률성은 민주성의 개념으로 이해되며, 1930년대 통치기능론에서 중시된 이념이다. 1970년대 **신행정론**에서 처음 주창된 가치는 **형평성**이다. 형평성 이념은 다수결이나 공리주의적 계산에서 배제되고 사회적으로 최소의 혜택을 받는 사람들에게 차별적 이익을 제공할 수 있는 규범적 가치이다.

[❺ ▸ O] 투명성이란 정부의 의사결정과 집행과정 등 다양한 공적 활동이 정부 외부로 명확하게 공개되는 것을 의미한다. 민원의 중간 처리과정은 물론 관련 법규정과 최종 처리결과까지 일목요연하게 온라인으로 공개함으로써 과정의 투명성을 확보할 수 있다.

답 ❹

012 행정이 추구하는 가치 중 본질적 가치에 해당하는 것은? 16 행정사 제4회

□□□

① 능률성 ② 형평성

③ 합법성 ④ 합리성

⑤ 효과성

해설

[❷ ▸ O] 행정의 **본질적 가치**는 행정을 통해 이루고자 하는 궁극적 가치로 **공익성, 자유, 정의, 형평성** 등이 이에 해당한다. 한편 **수단적 가치**는 본질적 가치를 달성하기 위한 수단이 되는 가치로 민주성, 합법성, 합리성, 능률성(효율성), 효과성, 생선성, 투명성, 가외성, 신뢰성 등이 이에 해당한다. 수단적 가치 중 '가외성'은 행정에 있어서 중첩이나 여분·초과분 등을 의미하는데, 행정학에서의 본격적인 논의는 란다우(M. Landau)가 불확실성의 시대에 실패에 대비하기 위한 신뢰성 확보 차원에서 강조하면서 대두된 행정개념이다. 가외성이 적용된 사례로 권력분립, 부통령제, 양원제, 재판의 3심제, 대통령의 거부권, 연방주의, 위원회제, 계선과 막료 등을 들 수 있다.

답 ❷

013 투입에 대한 산출의 비율로서 과학적 관리론에서 추구하는 행정가치는? 19 행정사 제7회

□□□

① 형평성 ② 민주성

③ 가외성 ④ 능률성

⑤ 합법성

해설

[❹ ▸ O] **능률성(효율성, efficiency)**은 투입에 대한 산출의 비율을 의미하는 것으로, 능률성이 높은 행정이란 최소의 투입으로 최대의 산출을 내는 행정을 의미한다. 능률성은 19세기말 행정학의 성립시기에 엽관주의의 폐해인 행정의 비능률과 예산낭비를 극복하기 위한 행정개혁운동으로 공공부문에 과학적 관리법이 도입되면서 중시되었다. 한편, **효과성(effectiveness)**은 목표 대비 산출의 비율, 즉 목표달성도를 의미하는 개념으로 효과성이 높은 행정은 목표를 성취하는 능력이 큰 행정을 의미한다.

답 ❹

014 행정이 추구하는 가치에 관한 설명으로 옳은 것은? 18 행정사 제6회

□□□

① 효율성은 효과성의 필요충분조건이다.

② 형평성은 '최대 다수의 최대 행복'을 강조한다.

③ 윌슨(W. Wilson)의 정치행정이원론은 행정의 정책결정권한 및 적극성을 강조한다.

④ 롤스(J. Rawls)의 정의론은 사회적으로 최소의 혜택을 받는 사람들에게 차별적 이익을 제공하는 이론적 근거를 제공한다.

⑤ 현대 행정에서 적극적(실질적) 의미의 민주성은 의회의 결정에 대한 철저한 순응과 법치행정을 강조한다.

해설

[❶ ▸ ×] **효율성(능률성, efficiency)**은 투입에 대한 산출의 비율을 의미하고, **효과성**(effectiveness)은 목표 대비 산출의 비율, 즉 목표달성도를 의미한다. 효율성이 높아도 효과성은 낮을 수 있으며, 효과성이 높더라도 능률성이 낮을 수 있다. 따라서 효율성은 효과성의 필요충분조건이 아니다.

[❷ ▸ ×] 형평성이란 '동일한 것을 동일하게 취급하고, 다른 것은 다르게 취급하는 것'을 의미한다. 일반적으로 공정성, 사회적 정의와 거의 같은 의미로 쓰인다. **형평성 이념**은 다수결이나 공리주의적 계산에서 배제되고 사회적으로 최소의 혜택을 받는 사람들에게 차별적 이익을 제공할 수 있는 규범적 가치이다. '최대 다수의 최대 행복'을 강조하는 것은 공리주의의 주장으로 효율성과 관련이 있다.

[❸ ▸ ×] 윌슨(W. Wilson)의 정치행정이원론은 정치와 행정을 엄격히 분리하고, 행정에 있어서 정치적 기능(가치판단 및 정책결정기능)을 배제한다. 반면, 정치행정일원론은 행정을 정치와 불가분의 관계에 있다고 보고, 행정의 정치적 기능으로서의 정책형성기능(가치판단 및 정책결정 기능)을 중시한다.

[❹ ▸ ○] 롤스(J. Rawls)는 정의의 두 가지 원리를 주장하였다. 정의의 제1원리는 기본적 자유의 평등(동등)원리로서 인간은 다른 사람의 동일한 자유와 상충되지 않는 범위 내에서 최대한 기본적 자유에 대한 평등한 권리를 가진다는 것이고, 정의의 제2원리는 기회균등의 원리와 차등의 원리로 구성되며 그중 **차등의 원리**는 사회적(권력) · 경제적(부) 평등은 사회에서 가장 혜택을 받지 못한 사람에게 최대한의 혜택이 돌아가도록 해야 한다는 것을 말한다. 이러한 차등의 원리가 형평성의 이념의 이론적 근거가 된 것이다.

[❺ ▸ ×] 현대 복지국가의 행정에서 적극적(실질적) 의미의 민주성은 국민을 위한 정부활동의 내용을 강조하여 정책의 내용이 국민을 위한 것인지 여부 또는 행정체계가 국민의 복지와 사회정의의 실현을 위한 행정을 수행할 수 있는 능력이 있는지 여부와 관련되며 정책내용의 민주성이나 행정기관의 능동적 · 적극적 · 쇄신적 역할을 강조한다. 의회의 결정에 대한 철저한 순응과 법치행정을 강조하는 것은 근대 입헌국가의 소극적 의미의 민주성이다.

핵심정리

행정이 추구하는 가치

① 효율성 ⟶ 효과성의 필요충분조건 ×

② 형평성 ⟶ '최대 다수의 최대 행복'을 강조 ×

③ 윌슨(W. Wilson)의 정치행정이원론 ⟶ 행정에 있어서 정치적 기능(가치판단 및 정책결정기능)을 배제

④ 롤스(J. Rawls)의 정의론 ⟶ 최소의 혜택을 받는 사람들에게 차별적 이익을 제공하는 이론적 근거 제공

⑤ 적극적(실질적) 의미의 민주성 ⟶ 정책내용의 민주성이나 행정기관의 능동적 · 적극적 · 쇄신적 역할 강조

답 ❹

015 행정의 능률성(Efficiency)과 효과성(Eeffectiveness)에 관한 설명으로 옳은 것은?

□□□

23 행정사 제11회

① 효과성은 목표와 무관하게 자원을 낭비 없이 사용하는 것을 의미한다.
② 능률성은 사회문제의 해결정도를 의미한다.
③ 어떤 해결대안이 효과적이면 그 대안은 항상 능률적이다.
④ 비용효과(Cost-Effectiveness) 분석은 효과를 화폐가치로 측정하기 어려운 상황에서 적용된다.
⑤ 효과성은 행정의 수단적 가치인 반면, 능률성은 민주성과 마찬가지로 본질적 가치이다.

해설

[❶ ▸ ×] **능률성**(Efficiency, 효율성)은 투입 대비 산출의 비율을 의미하는 것으로서, 목표와 무관하게 자원을 낭비 없이 사용하는 것을 의미한다.

[❷ ▸ ×] **효과성**(Effectiveness)은 목표 대비 산출의 비율을 말하고, 목표달성도(= 사회문제의 해결 정도)를 의미한다.

[❸ ▸ ×] 어떤 해결대안이 효과적이라고 하여 그 대안이 항상 능률적인 것은 아니다. 능률성이 높아도 효과성은 낮을 수 있으며, 효과성이 높더라도 능률성은 낮을 수 있다.

[❹ ▸ ○] **비용편익분석**(Cost-Benefit Analysis)은 정책대안들의 비용과 편익을 모두 화폐적(금전적) 가치로 환산하여 비교·평가하는 정책분석기법이다. 반면 **비용효과분석**(Cost-Effectiveness Analysis)은 **효과**를 화폐가치로 측정하기 어려운 상황에서 적용된다(**비용**은 화폐가치로 산정).

[❺ ▸ ×] 효과성, 능률성, 민주성은 모두 행정의 수단적 가치에 해당한다. 행정의 본질적 가치에는 공익성, 평등, 자유, 정의, 형평성, 복지 등이 있다.

핵심정리

행정의 능률성(Efficiency)과 효과성(Effectiveness)

① 행정의 능률성(효율성) ⟶ 목표와 무관하게 자원을 낭비 없이 사용하는 것을 의미
② 행정의 효과성 ⟶ 사회문제의 해결정도(= 목표달성도)를 의미
③ 어떤 해결대안이 효과적이라고 하여 그 대안이 항상 능률적인 것은 아님
④ 비용효과분석(Cost-Effectiveness Analysis)
⟶ 효과를 화폐가치로 측정하기 어려운 상황에서 적용 ○
⟶ 비용은 화폐가치로 측정 ○
⑤ 효과성, 능률성, 민주성 ⟶ 모두 행정의 수단적 가치 ○
(cf. 행정의 본질적 가치 ⟶ 공익성, 평등, 자유, 정의, 형평성, 복지)

답 ❹

016 □□□ **발전목표의 설정과 달성을 통해 국가발전을 추진하던 1960년대 발전행정적 사고가 지배적일 때 부각되어 중요시되었던 행정가치는?** 17 행정사 제5회

① 능률성
② 효과성
③ 합법성
④ 사회적 효율성
⑤ 법적 책임성

해설

[❷ ▸ O] 발전기능설은 1960~1970년대 개발도상국의 정부주도적 고도성장을 뒷받침하기 위함 발전행정론의 입장으로 행정의 국가발전 유도기능을 강조하였다. 발전기능설은 절대적 빈곤문제를 해결하기 위하여 목표를 설정하고 그 달성을 강조하기 때문에 목표달성도, 즉 효과성(effectiveness)을 중시한다.

답 ❷

017 □□□ **행정에 있어서 가외성(Redundancy)에 관한 설명으로 옳지 않은 것은?** 14 행정사 제2회

① 중첩성이라고도 한다.
② 작고 효율적인 행정개혁을 저해할 수도 있다.
③ 조직의 실패 확률을 감소시켜 안정성을 높여준다.
④ 환경의 불확실성이 커질수록 가외성의 필요성은 감소한다.
⑤ 환경에 대한 조직의 적응성을 높여준다.

해설

[❶ ▸ O] 가외성은 행정에 있어서 중첩이나 여분·초과분을 의미한다. 가외성의 특성 '중첩성'은 동일한 기능을 여러 기관들이 독자적인 상태에서 수행하는 것을 뜻한다.
[❷ ▸ O] 가외성은 비용 및 규모의 증가로 인한 능률성, 경제성, 효율성과의 충돌의 우려가 있어, 작고 효율적인 행정개혁을 저해할 수 있다.
[❸ ▸ O] [❹ ▸ X] [❺ ▸ O] 가외성은 안정된 상황보다는 위기상황이나 불확실한 상황하에서 실패의 확률을 감소시켜 행정의 적응성, 신뢰성, 안정성, 창조성을 증진시키려는 전략적 가치로서의 효용이 있다. 따라서 환경의 불확실성이 커질수록 가외성의 필요성은 증가한다.

답 ❹

018 행정이론과 추구하는 행정이념의 연결이 옳지 않은 것은? 24 행정사 제12회

□□□

① 인간관계론 – 사회적 능률성
② 행정행태론 – 효과성
③ 신공공관리론 – 효율성
④ 과학적 관리론 – 기계적 능률성
⑤ 신행정론 – 사회적 형평성

해설

[❶ ▸ O] 1930년대 **인간관계론**에서 추구하는 행정이념은 **사회적 능률성**(민주성)이다. 사회적 능률성은 산출의 가치를 고려하는 장기적, 인간적, 민주적, 상대적 효율성으로 1930년대 디목(M. E. Dimock)이 도입한 개념으로서 행정에 의한 사회문제의 해결, 다양한 가치의 조화 등을 중시한 사실상 민주성에 가까운 개념이다(통치기능론, 정치행정일원론).
[❷ ▸ ×] 1940년대 **행정행태론**에서 추구하는 행정이념은 **합리성**(목표에 대한 수단의 적합성)이다. **효과성**은 1960년대 **발전행정론**에서 추구하는 행정이념이다. 효과성(Effectiveness)은 목표 대비 산출의 비율을 말하고, 목표달성도(=사회문제의 해결 정도)를 의미한다.
[❸ ▸ O] 1980년대 **신공공관리론**에서 추구하는 행정이념은 **효율성**(=능률성+효과성, 생산성)이다.

[참고] 효율성(생산성)=능률성+효과성
전통적 개념으로 효율성은 능률성과 동의어로 사용되었으나, 오늘날 공공행정 부문의 생산성(효율성)은 최소의 비용과 노력으로 최대의 산출을 얻으면서도 산출물이 당초의 목표를 어느 정도 달성했는가를 나타내는 능률성과 효과성을 합한 개념으로 이해한다. 능률성과 효과성은 항상 일치하는 것은 아니므로 이를 조화시키고자 하는 이념이 생산성이며 국내학자들은 이를 효율성으로 본다.

[❹ ▸ O] 1880년대 **과학적 관리론**에서 추구하는 행정이념은 **기계적 능률성**이다. 기계적 능률성(Efficiency)은 투입 대비 산출의 비율을 의미하는 것으로서, 목표와 무관하게 자원을 낭비 없이 사용하는 것을 의미한다.
[❺ ▸ O] 1970년대 **신행정론**에서 추구하는 행정이념은 **사회적 형평성**(서비스의 공평한 배분정도, 소외계층 위주의 행정)이다.

➲ 행정이념의 종류와 변천

이 념	개 념	시기 및 행정이론	시대적 배경
합법성	법률 적합성	19세기 관료제이론	입법국가
절약과 능률성 (기계적 능률성)	산출 / 투입 (투입 대비 산출의 비율)	1900년대 행정관리론 (과학적 관리론)	행정학 성립기
민주성 (사회적 능률성)	국민을 위한 행정(대응성)	1930년대 통치기능론 (인간관계론)	행정국가
합리성	목표에 대한 수단의 적합성	1940년대 행정행태론	
효과성	목표달성도	1960년대 발전행정론	
사회적 형평성	서비스의 공평한 배분정도 (소외계층 위주의 행정)	1970년대 신행정론	
생산성(효율성)	능률성+효과성	1980년대 신공공관리론	신행정국가
신뢰성	정부에 대한 국민의 믿음	2000년대 뉴거버넌스	
공익성	국민에 대한 봉사	2000년대 신공공서비스	

답 ❷

019 사회적 자본(Social Capital)에 관한 설명으로 옳은 것은? 15 행정사 제3회

□□□

① 귤릭(L. Gulick), 어윅(L. Urwick), 페이욜(H. Fayol) 등이 주장하였다.

② 가치중립적이며 과학적인 탐구를 강조한다.

③ 경제대공황(Great Depression)을 극복하기 위한 방법론을 제시하였다.

④ 사회구성원들 간의 신뢰와 협력을 중시한다.

⑤ 신행정학의 이론 형성에 영향을 끼쳤다.

해설

[❶ ▸ ×] 귤릭(L. Gulick), 어윅(L. Urwick), 페이욜(H. Fayol) 등이 주장한 것은 전통적 행정이론 중 정치행정이원론(행정관리론)이다. 사회적 자본(Social Capital)은 사회문제를 해결하기 위한 구성원들의 신뢰와 협력현상을 말하는 것으로 1990년대 거버넌스와 함께 발달하였다. 따라서 전통적인 행정이론과는 관련이 없다. 사회적 자본에 대해 정의를 한 학자로는 퍼트남(R. D. Putnam), 후쿠야마(F. Fukuyama), 부르디외(P. Bourdieu) 등이 있다.

[❷ ▸ ×] 가치중립적이며 과학적인 탐구를 강조하는 것은 사이몬(H. A. Simon)에 의하여 체계화된 행정행태론이다.

[❸ ▸ ×] 경제대공황(Great Depression)을 극복하기 위한 방법론을 제시한 것은 디목(M. E. Dimock), 애플비(P. H. Appleby) 등에 의해 주장된 정치행정일원론이다.

[❹ ▸ ○] 사회적 자본(Social Capital)은 인적·물적 자본과는 구분되는 사회적 관계 속에 존재하는 자본으로 '사회구성원들이 공동의 문제를 해결하는 데 적극적으로 참여하는 사회의 조건 또는 특성'을 의미한다. 여기서 '사회적 조건 또는 특성'이란 '상호 신뢰', '호혜주의', '친사회적 규범', '협력적 네트워크', 그리고 '적극적 참여' 등을 의미하며, 이러한 특성이 사회적 자본의 핵심 구성요소가 된다.

[❺ ▸ ×] 신행정학의 이론 형성에 영향을 끼친 것은 1960년대 '적실성의 신조'와 '실천'을 강조하는 후기 행정행태론이다.

답 ❹

제3절 행정학의 특징과 체계

020 행정(학)의 성격에 관한 설명으로 옳지 않은 것은? 18 행정사 제6회

□□□

① 행정에서 '가치의 권위적 배분'을 강조하는 것은 행정의 정치적 특성을 나타낸다.

② POSDCORB는 행정의 관리적 측면을 강조하는 것이다.

③ 행정학은 실증학문일 뿐만 아니라 가치지향적인 규범학문의 성격도 지닌다.

④ 행정 관료의 정책형성에 대한 영향력 증가는 대의민주제의 정치적 책무성(political accountability)을 강화한다.

⑤ 행정학은 학제 간(interdisciplinary) 성격을 갖는다.

해설

[❶ ▸ O] 행정에서 '가치의 권위적 배분'을 강조하는 것은 **행정의 정치적 특성**을 나타낸다. 이스턴(D. Easton)은 정치를 사회적 가치의 권위적 배분이라고 하면서 행정의 정치적 특성을 강조하였다.

[❷ ▸ O] POSDCORB는 1937년에 귤릭(L. Gulick)과 어윅(L. Urwick)이 공저한 행정과학논문집에 수록된 11편의 논문에서 귤릭이 최고관리자의 7대기능(능률적인 관리방법)으로 제시한 용어를 말한다. 이에 의하면 POSDCORB는 행정의 관리적 측면을 강조하는 것이다. POSDCORB은 Planning(기획), Organizing(조직), Staffing(인사), Directing(지휘), Coordinating(조정), Reporting(보고), Budgeting(예산)이 바로 그것이다.

[❸ ▸ O] 행정학은 사실중심의 경험적 접근을 의미하는 과학성과 가치중심의 규범적 접근을 의미하는 기술성의 성격을 모두 가지고 있는데, 행정학의 학문적 발전과 사회문제에 대한 처방을 위하여는 과학성과 기술성의 조화로운 추구가 요구된다.

[❹ ▸ ×] 행정 관료의 정책형성에 대한 영향력 증가는 국민이 선출한 입법부에 의한 행정부 통제와 견제 기능에 한계를 초래하여 결국 대의민주제의 정치적 책무성(political accountability)을 약화시키는 문제를 가져온다.

[❺ ▸ O] 행정학은 정치학, 경제학, 경영학, 사회학, 법학, 심리학 등의 다양한 학문의 개념이나 이론을 받아들여 종합학문으로서의 학문체계를 구성한다[간학문적 성격, 학제 간(interdisciplinary) 성격].

> **핵심정리**
>
> **행정(학)의 성격**
>
> ① 행정의 정치적 특성 ⇢ 행정에서 가치의 권위적 배분 강조
>
> ② POSDCORB ⇢ 행정의 관리적 측면 강조
>
> ③ 행정학 ⇢ 실증학문일 뿐만 아니라 규범학문의 성격
>
> ④ 행정 관료의 정책형성에 대한 영향력 증가 ⇢ 대의민주제의 정치적 책무성 약화
>
> ⑤ 행정학 ⇢ 종합학문적인 성격 또는 학제 간(interdisciplinary) 성격

답 ❹

021 행정학의 학문적 성격에 관한 설명으로 옳은 것은? 19 행정사 제7회

□□□

① 행정학의 과학성을 강조하는 사람들은 행정현상의 보편적인 원칙을 인정하지 않는다.
② 행정학에서 기술성은 행태주의에 의해 중요하게 제기되었다.
③ 상대적으로 사이몬(H. A. Simon)은 기술성을, 왈도(D. Waldo)는 과학성을 더 강조하였다.
④ 행정학은 다른 학문으로부터 많은 이론과 지식을 받아들여 종합학문적인 성격을 지니고 있다.
⑤ 1950년대에 공공선택론, 신행정론 등의 영향으로 행정학의 정체성 위기가 처음 등장했다.

해설

[❶ ▸ ×] 행정학의 과학성을 강조하는 사람들도 행정현상의 보편적인 원칙을 인정한다. 행정학의 과학성을 강조하는 대표적인 입장으로 사이몬(H. A. Simon)에 의하여 체계화된 행정행태론이 있다. 행정행태론은 행정학 연구에 자연과학적 연구방법(논리실증주의)을 도입하여 행정연구의 과학화를 주장하였다. 행정행태론은 검증된 이론의 일반법칙성(보편성)을 추구한다. 일반법칙성이란 연구대상이었던 개인이나 집단에게만 이론이 적용되는 것이 아니라 대상 이외의 개인이나 집단에게 보편적으로 타당함을 의미한다.

[❷ ▸ ×] '기술성(art)'이 아니라 '**과학성(science)**'이 행태주의에 의해 중요하게 제기되었다. 행정학에서 기술성(art)이란 행정학의 역할을 사회문제의 해결을 위한 실천적 처방과 치료방안을 제공하는 것으로 보는 것을 말한다. 행정학에서 기술성(art)을 중요하게 생각하는 것은 행태주의가 아니라 윌슨(W. Wilson)의 행정(공공)관리론, 이스턴(D. Easton)의 후기행태주의, 왈도(D. Waldo)의 신행정학 등이다.

[❸ ▸ ×] 행정학의 학문적 발전과 사회문제에 대한 처방을 위해서는 과학성과 기술성의 조화가 요구되며, 사이몬(H. A. Simon)은 과학성을 강조한 반면, 왈도(D. Waldo)는 기술성을 강조하였다는 차이점이 있다.

[❹ ▸ ○] 행정학은 종합학문적 성격을 가진다. 행정학은 행정학 고유의 접근방법과 지식으로만 이루어진 것이 아니며, 정치학, 경제학, 경영학, 사회학, 법학, 심리학 등의 다양한 학문의 개념이나 이론을 받아들여 종합학문으로서의 학문체계를 구성한다[간학문적 성격, 학제간(interdisciplinary) 성격].

[❺ ▸ ×] 통치기능설의 영향으로 행정학의 정체성 위기가 처음 등장하였다. 신행정론, 공공선택론은 행정학의 정체성의 위기를 극복하려고 시도하였다.

핵심정리	**행정학의 학문적 성격** ①, ② 행정행태론 → 행정현상의 보편적인 원칙 인정 → 행정학에서 과학성은 행태주의(행정행태론)에 의해 중요하게 제기 ③ 사이몬(H. A. Simon)은 과학성 강조 / 왈도(D. Waldo)는 기술성 강조 ④ 행정학 → 종합학문적인 성격 ⑤ 행정학의 정체성의 위기 → 통치기능설의 영향으로 처음 등장

답 ❹

PART 1 PART 2 PART 3

022 □□□ 미국 행정학의 형성과 발달과정에 관한 설명으로 옳지 않은 것은? 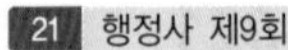

① 1883년 제정된 펜들턴법(Pendleton Act)에 의해 엽관제 인사제도가 도입되었다.
② 1887년 윌슨(W. Wilson)은 "행정의 연구(The Study of Administration)"에서 행정의 본질을 관리로 파악하였다.
③ 1920년대에서 1930년대에 걸쳐 능률에 기초한 관리를 주장하는 정통 행정학의 모습을 갖추게 되었다.
④ 1930년대 이후 등장한 정치행정일원론은 행정의 정책형성 기능을 중시하였다.
⑤ 1940년대 이후 행태주의는 행정학의 과학화를 위하여 사실판단적인 것만을 연구대상으로 삼았다.

해설

[❶ ▸ ×] 1883년 제정된 펜들턴법(Pendleton Act)은 **엽관주의 폐단을 막고** 실적주의 확립을 위하여 공개경쟁시험제도를 도입하고 공무원의 정치활동금지 및 중앙인사기구의 설치 등을 규정하였다.

[❷ ▸ O] 1887년 윌슨(W. Wilson)이 펜들턴법을 이론적으로 뒷받침하기 위하여 행정의 연구를 출간하면서 행정은 정치가 아니라 관리의 영역이라고 주장하였다(행정관리론, 정치행정이원론).

[❸ ▸ O] 윌슨(W. Wilson), 화이트(L. D. White), 귤릭(L. Gulick), 어윅(L. Urwick), 페이욜(H. Fayol) 등에 의하여 주장된 미국의 고전기 행정학은 1920년대에서 1930년대에 걸쳐 능률(= 기계적 효율성)에 기초한 관리를 주장하는 정통 행정학의 모습을 갖추게 되었다(행정관리론).

[❹ ▸ O] 1930년대 이후 등장한 정치행정일원론(통치기능설)은 행정을 정치와 불가분의 관계에 있다고 보고, 행정의 정치적 기능으로서의 정책형성기능(가치판단 및 정책결정 기능)을 중시하였다.

[❺ ▸ O] 1950년대 이후의 행정행태론(행태주의)은 행정학 연구에 있어 자연과학적 연구방법(논리실증주의)의 도입하여 행정연구의 과학화를 주장하였다. 행태주의는 기본적으로 행정을 존재(sein)의 영역으로 보고, 최대한 가치(value)의 영역을 배제하고 사실(facts)을 바탕으로 연구하려는 입장이다.

핵심정리

미국 행정학의 형성과 발달과정

① 1883년 펜들턴법(Pendleton Act)의 제정
  → 공개경쟁시험제도 도입, 공무원의 정치활동금지 및 중앙인사기구의 설치
  → 엽관주의의 폐해를 막기 위해 제정된 법
② 1987년 윌슨(W. Wilson)의 "행정의 연구" → 행정의 본질을 관리로 파악 (행정관리론, 정치행정이원론)
③ 1920년대에서 1930년대 → 능률에 기초한 관리 주장하는 정통 행정학 성립
④ 1930년대 정치행정일원론 → 행정의 정책형성 기능 중시
⑤ 1940년대 행태주의 → 행정학의 과학화를 위하여 사실판단적인 것만 연구대상 O (가치판단 배제 O)

답 ❶

023 ☐☐☐ **경합성과 배제성을 기준으로 분류한 재화의 유형에 관한 설명으로 옳지 않은 것은?**

18 행정사 제6회

① 공유재는 경합성과 비배제성을 지니고 있다.
② 유료재(toll goods)는 고속도로나 공원 같이 배제원칙의 적용이 가능한 공공재를 포함한다.
③ 순수공공재의 공급은 정부가 담당하지만 그 비용은 수익자가 자신의 편익에 정비례하여 직접 부담한다.
④ 순수민간재는 경합성과 배제성을 동시에 지니고 있다.
⑤ 공공재의 존재는 시장실패를 초래할 수 있다.

해설

[❶ ▸ O] 공유재는 소비는 경쟁적이지만(경합성), 배제가 불가능한 재화(비배제성)로서 구성원 모두가 공유하는 공동재를 말한다. 천연자원, 국립공원, 하천이나 정부예산이 이에 해당한다.
[❷ ▸ O] 유료재(toll goods)는 고속도로나 공원 같이 배제원칙의 적용이 가능한 공공재를 포함한다. 즉, 공공재 중에서도 요금제를 만들어 요금을 지불하지 않는 소비자를 배제할 수 있는 공공재는 유료재에 포함된다.
[❸ ▸ ×] 순수공공재는 '비경합성'과 '비배제성'을 특징으로 하는 전형적인 공공서비스로 국방, 치안, 외교 등이 이에 해당한다. 순수공공재의 공급은 정부가 담당하지만, 그에 필요한 비용은 일반재원(조세)으로 충당한다.
[❹ ▸ O] 순수민간재는 '경합성'과 '배제성'을 모두 가지고 있다. 시장의 수요와 공급의 법칙이나 개인의 선호에 따라 공급 또는 이용할 수 있는 사적 재화, 예를 들면 빵, 구두 등이 이에 해당한다.
[❺ ▸ O] 공공재의 '비경합성' 및 '비배제성'의 특징으로 인하여 '무임승차'의 문제가 발생하므로 적정 수준의 시장이 형성되기 어려워 공공재의 존재는 시장실패의 원인이 된다. 결국 정부는 일반재원(조세)을 통해 직접 공급하게 된다.

➲ 재화와 서비스의 유형

구 분	비경합성	경합성(경쟁성)
비배제성	공공재 예 국방, 외교, 치안, 등대 등	공유재 예 천연자원, 국립공원, 하천 등
배제성	유료재(요금재) 예 고속도로, 전기, 가스, 상하수도 등	민간재(시장재) 예 택시, 음식점, 호텔 등

※ 경합성이란 한 사람의 소비가 다른 사람의 소비량을 줄이는 효과가 있는 재화나 서비스의 특성을 말하고, 배제성이란 정당한 대가(요금)를 지불하지 않는 소비자를 소비에서 배제할 수 있는 재화나 서비스의 특성을 말한다.

핵심정리

재화의 유형(경합성과 배제성을 기준으로 분류)
① 공유재 ⇢ 경합성 + 비배제성
② 유료재(toll goods) ⇢ 배제원칙의 적용이 가능한 공공재 포함(비경합성 + 배제성)
③ 순수공공재
⇢ 공급은 정부가 담당 ○
⇢ 비용은 일반재원(조세)으로 충당 ○ (비용을 수익자가 자신의 편익에 정비례하여 직접 부담 ×)
④ 순수민간재 ⇢ 경합성 + 배제성
⑤ 공공재의 존재 ⇢ 시장실패의 원인 ○

답 ❸

024 공급의 담당주체와 수단의 결합방식으로 공공서비스를 아래와 같이 나타낼 때 ( )에 들어갈 내용으로 옳은 것은?

24 행정사 제12회

정부 역할		공급 주체	
		공공부문	민간부문
공급 수단	권 력	(ㄱ)	(ㄴ)
	시 장	(ㄷ)	(ㄹ)

	ㄱ	ㄴ	ㄷ	ㄹ
①	일반행정	책임경영	민간위탁	민간기업
②	책임경영	일반행정	민간기업	민간위탁
③	민간기업	민간위탁	책임경영	일반행정
④	일반행정	민간위탁	책임경영	민간기업
⑤	책임경영	민간위탁	일반행정	민간기업

해설

[❹ ▸ O] 공공서비스를 공급하는 방식은 그 주체가 누구이며, 공급 수단이 권력에 의한 것인지 시장에 근거한 것인지에 따라 네 가지 유형으로 나뉜다. 공공서비스의 주체는 일반적으로 공공부문과 민간부문으로 나뉘고, 서비스를 제공하는 수단은 권력과 시장으로 볼 수 있다.

➲ 공공서비스의 공급 방식 : 주체와 수단에 따른 분류

정부 역할		공급 주체	
		공공부문	민간부문
공급 수단	권 력	일반행정	민간위탁
	시 장	책임경영	민간기업(민영화)

- (ㄱ : 일반행정) – 공공 서비스의 공급 주체가 공공부문(정부)이고 공급 수단이 권력에 기반하는 형태는 **일반행정**에 해당한다. 일반행정의 대상이 되는 공공서비스는 정부의 기본적 업무로서 공익성이 우선되어 민간의 참여가 배제되는 공공서비스이다.
- (ㄴ : 민간위탁) – 공공서비스의 공급 주체가 민간부문이지만, 서비스를 제공하는 수단이 권력에 근거한 형태는 **민간위탁**이다. 민간위탁은 서비스 공급을 민간부문에 맡기되, 서비스의 안정적 공급을 위해 공급 업체를 선정할 때 정부가 정한 기준을 충족하는 업체와의 계약을 통해 독점의 지위를 부여하는 것으로 수단 자체는 정부 권력에 근거했다고 볼 수 있다. 민간위탁의 대상이 되는 공공서비스는 서비스의 소비에 배제성이 있고, 공공성의 기준이 상대적으로 완화될 수 있는 공공서비스이다.
- (ㄷ : 책임경영) – 공공서비스의 공급 주체는 공공 부문(정부)이나, 서비스를 제공하는 수단이 시장에 근거하는 형태는 **책임경영**에 해당한다. 오늘날 책임운영기관의 형태로 운영되는 운전면허시험장, 국립의료원 서비스가 이에 해당한다.
- (ㄹ : 민간기업) – 공공서비스를 공급하는 주체도 민간부문이고, 공급 수단도 시장에 근거하는 형태는 **민간기업**(민영화)에 해당한다.

답 ❹

025 다음은 무엇에 관한 설명인가? 16 행정사 제4회

□□□

> 정부가 민간부문과 계약을 통해 공공서비스를 제공하는 방법이다. 이 경우 정부는 공공서비스의 공급결정자가 되고, 민간부문은 그 서비스의 생산·공급자가 된다.

① 성과관리
② 품질관리
③ 민간위탁
④ 책임경영
⑤ 자조활동

해설

[❶ ▸ ×] **성과관리**는 정부기관의 임무와 비전, 중·장기 목표, 연도별 목표 및 성과지표를 미리 제시하고, 집행과정 및 결과를 경제성·능률성·효과성 등의 관점에서 관리하는 일련의 활동을 의미한다.

[❷ ▸ ×] **품질관리**는 정부가 정책실패 및 부실정책을 방지하기 위하여 정책의 품질을 체계적으로 관리·개선하려고 행하는 총체적인 노력과 활동을 말한다.

[❸ ▸ O] 보기는 **민간위탁**에 관한 설명이다.

[❹ ▸ ×] **책임경영**이란 정부가 공공서비스의 공급주체이지만 시장방식을 도입하여 효율성을 추구하는 운영방식으로 공공부문 내 또는 독립조직(공기업 등)을 설치하여 단일서비스만 수행하는 방식을 말한다.

[❺ ▸ ×] **자조활동**이란 공공서비스의 수혜자와 제공자가 같은 집단에 소속되어 서로 돕는 봉사활동을 말한다.

026 다음은 무엇에 관한 설명인가? **14** 행정사 제2회

□□□

> 이것은 정부가 시행하는 규제정책의 실효성을 확보하기 위한 수단으로서 시장지배적 사업자가 남용행위를 한 경우, 또는 불공정거래행위가 있는 경우에 당해사업자에 대해서 경제적 이익을 박탈하는 제도이다.

① 과징금
② 부담금
③ 범칙금
④ 과태료
⑤ 수익성 행정행위(면허)의 정지 또는 철회

해설

[❶ ▸ O] **과징금**이란 행정법상의 의무를 위반한 자에 대하여 당해 위반행위로 얻게 된 경제적 이익을 박탈하기 위한 목적으로 부과하는 금전상 제재를 말한다. 제시된 글은 과징금에 대한 설명이다.

[❷ ▸ X] **부담금**이란 중앙행정기관의 장, 지방자치단체의 장, 행정권한을 위탁받은 공공단체 또는 법인의 장 등 법률에 따라 금전적 부담의 부과권한을 부여받은 자가 분담금, 부과금, 기여금, 그 밖의 명칭에도 불구하고 재화 또는 용역의 제공과 관계없이 특정 공익사업과 관련하여 법률에서 정하는 바에 따라 부과하는 조세 외의 금전지급의무를 말한다.

[❸ ▸ X] 형벌을 과하여야 하는 행정법규 위반행위에 대하여 범칙금을 과하는 경우가 있는데, 범칙금은 행정형벌과 행정질서벌의 중간적 성격의 행정벌이다. 즉 **범칙금**이란 도로교통법, 경범죄처벌법 위반 등 일상생활에서 흔히 일어나는 경미한 범죄행위(경범죄)에 대하여 부과하는 행정벌을 말한다.

[❹ ▸ X] 행정벌은 그 성질에 따라 행정형벌과 행정질서벌로 구분된다. 행정형벌은 형법에 규정되어 있는 형벌이 과하여지는 행정벌이고, 행정질서벌은 과태료가 과하여지는 행정벌이다. **과태료**는 행정상의 질서유지를 위한 행정질서벌에 해당할 뿐 형벌이라고 할 수 없어 죄형법정주의의 규율대상에 해당하지 아니하는 등 형법총칙이 적용되지 않는다(헌재 1998.5.28. 96헌바83).

[❺ ▸ X] 철회는 하자 없는 행정행위의 효력을 그 성립 후에 발생된 사정에 의하여 장래에 향하여 그 행정행위의 효력의 전부 또는 일부를 소멸시키는 독립한 행정행위를 말한다. **수익적 행정행위(면허)를 정지 또는 철회**하는 것도 행정의 실효성 확보수단 중 하나로 볼 수 있다.

 ❶

제4절 시장실패와 정부실패

027 시장실패의 이유에 관한 내용으로 옳은 것을 모두 고른 것은? 22 행정사 제10회

ㄱ. 정부의 공공지출에 대한 순편익 극대화 보장의 어려움
ㄴ. 공공서비스 성과평가의 객관적 기준설정의 어려움
ㄷ. 국방 및 치안서비스 활동과 같은 공공재의 독점적 성격
ㄹ. 환경오염으로 인한 외부불경제 효과

① ㄱ, ㄴ
② ㄱ, ㄹ
③ ㄴ, ㄷ
④ ㄴ, ㄹ
⑤ ㄷ, ㄹ

해설

[ㄱ ▸ X] 정부의 공공지출에 대한 순편익 극대화 보장의 어려움은 **정부실패의 원인**이다. 니스카넨(Niskanen)의 예산극대화 가설과 관련된 설명이다. 이 가설에서는 정치가와 관료는 목적함수가 서로 다름을 가정하고, 정치가는 순편익의 극대화를 추구하는 반면, 관료는 비용이 예산에 의해 충당되어야 한다는 점에만 관심을 갖고 예산극대화를 추구하게 된다고 본다. 이러한 관료들의 예산극대화의 추구 성향으로 인해 공공재는 과잉생산되고 자원배분의 비효율성이 발생하여 정부실패의 원인이 된다는 이론이다.

[ㄴ ▸ X] 공공서비스 성과평가의 객관적 기준설정의 어려움은 정부실패의 원인이다.

[ㄷ ▸ O] 국방 및 치안서비스 활동과 같은 **공공재의 존재**는 '비경합성' 및 '비배제성'의 특징으로 인하여 '무임승차'의 문제가 발생하므로 적정 수준의 시장이 형성되기 어려워 **시장실패의 원인**이 된다. 결국 정부는 일반재원(조세)을 통해 직접 공급하게 된다. ☞ '공공재의 독점적 성격'보다는 '공공재의 존재'가 시장 실패원인으로 보다 정확한 표현이다.

[ㄹ ▸ O] 외부효과가 발생시 경제주체의 활동에 대한 정당한 대가가 지불되지 않으므로 과다공급 또는 과소공급을 초래한다. 따라서 외부효과(외부경제, 외부불경제)는 **시장실패의 원인**이 된다. 환경오염물의 배출과 같은 부정적 외부효과를 외부불경제라고 하는데, 정부의 개입이 없다면 과다 공급되는 문제가 있다. 이에 정부는 과다공급을 막기 위해 공적 규제(벌금이나 과태료 등)를 통하여 대응하게 된다.

핵심정리

시장실패의 원인과 정부실패의 원인

ㄱ. 정부의 공공지출에 대한 순편익 극대화 보장의 어려움 → 정부실패의 원인 O
ㄴ. 공공서비스 성과평가의 객관적 기준설정의 어려움 → 정부실패의 원인 O
ㄷ. 국방 및 치안서비스 활동과 같은 공공재의 존재 → 시장실패의 원인 O
ㄹ. 환경오염으로 인한 외부불경제 효과 → 시장실패의 원인 O

답 ❺

028 시장실패의 원인으로 옳지 않은 것은? 19 행정사 제7회

□□□

① 공공재
② 외부효과
③ 파생적 외부성
④ 정보의 비대칭성
⑤ 불완전한 경쟁

해설

[❸ ▸ ×] ① 공공재, ② 외부효과, ④ 정보의 비대칭성, ⑤ 독점 및 불완전한 경쟁 등이 시장실패의 원인에 해당하나, ③ 파생적 외부성은 정부실패의 원인에 해당한다. 파생적 외부성(Derived Externalities)이란 정부의 개입으로 발생하는 잠재적·비의도적 파급효과나 부작용을 말한다(예 경기회복정책이 경기과잉을 초래, 주택안정화정책이 부동산 투기 조장 등).

답 ❸

029 시장실패에 관한 설명으로 옳은 것은? 18 행정사 제6회

□□□

① 시장에서의 정보 비대칭성은 자원배분의 효율성과는 무관하다.
② 전기·수도와 같은 공공서비스 공급에 정부가 개입하는 이유는 해당 서비스가 비경합성과 비배제성을 지니고 있기 때문이다.
③ 긍정적 외부효과가 존재하는 시장의 경우 과소공급에 따른 비효율성이 초래된다.
④ 코우즈 정리(Coase Theorem)에서는 부정적 외부효과의 해결을 위한 정부의 규제정책을 강조한다.
⑤ 자연독점산업의 경우 경쟁의 촉진이 산업 전체의 생산비용 절감 측면에서 유리하다.

해설

[❶ ▸ ×] 시장에서의 정보 비대칭성이 있는 경우 소비자는 공급자보다 늘 정보 면에서 불리하며 공급자는 소비자의 무지를 이용하여 이윤을 창출하려는 의도를 가지고 행동하게 된다. 이는 결국 시장에서 자원배분의 비효율성을 초래하여 시장실패의 원인이 된다.

[❷ ▸ ×] 전기·수도는 **요금재**에 해당하는 것으로 **비경합성**과 **배제성**을 그 특징으로 한다. 한편 국방·외교·치안과 같은 공공재는 비경합성 및 비배제성이라는 특성으로 인해 '무임승차'가 발생하므로 시장에서 공급되기 어려운 문제가 있으므로 정부가 일반재원(조세)을 통하여 직접 공공재를 공급하게 된다.

경합성과 배제성

- 경합성 : 한 사람의 소비가 다른 사람의 소비량을 줄이는 효과가 있는 재화나 서비스의 특성을 '경합성'이라 하고, 한 사람의 소비가 다른 사람의 소비에 영향을 미치지 않는 경우 그러한 재화나 서비스의 특성을 '비경합성'이라 한다.
- 배제성 : 정당한 대가(요금)를 지불하지 않는 소비자를 소비에서 배제할 수 있는 재화나 서비스의 특성을 '배제성'이라 하고, 정당한 대가를 지불하지 않더라도 소비자를 소비에서 배제할 수 없는 재화나 서비스의 특성을 '비배제성'이라 한다.

[❸ ▸ O] 긍정적 외부효과는 외부에서 이익을 주는 효과로서 외부경제라고도 하며 외부에 이익을 주고도 정당한 대가를 지급받지 못하는 경우를 말한다. 긍정적 외부효과가 존재하는 시장의 경우 과소공급으로 인한 비효율성을 초래하고 시장실패의 원인이 된다.

[❹ ▸ ×] **코우즈 정리**(Coase Theorem)는 시장에서 부정적인 외부효과가 발생하는 경우 국가에 의한 규제가 아니라 공유재산의 사유화를 통해 문제를 해결할 수 있다는 이론을 말한다. 즉, 거래비용이 적고 각 개인의 소유권이 명확하게 제도상으로 설정되어 있는 경우 등 일정한 조건 아래서는 시장에서의 효율적인 자원배분이 가능하며, 정부의 인위적 개입이 불필요하다는 것을 증명한 이론이다.

[❺ ▸ ×] 항공기와 철도 같은 자연독점산업의 경우에는 경쟁을 촉진하는 것이 자원배분의 효율성 측면에서 바람직하나, 규모의 경제가 있는 경우 비용절감의 장점이 있을 수 있으므로 생산비용절감의 측면에서는 독점이 유리할 수 있다.

> **핵심정리**
>
> **시장실패**
>
> ① 정보 비대칭성이 있는 경우 → 자원배분의 비효율성으로 인해 시장실패 초래
> ② 전기·수도와 같은 요금재의 특징 → 비경합성과 배제성
> ③ 긍정적 외부효과가 존재하는 시장 → 과소공급에 따른 비효율성 초래
> ④ 코우즈 정리(Coase Theorem) → 부정적 외부효과는 공유재산의 사유화를 통해 해결 가능
> ⑤ 자연독점산업의 경우 → 생산비용절감의 측면에서는 독점이 유리

답 ❸

030 정부실패이론의 설명으로 옳지 않은 것은? 23 행정사 제11회

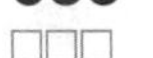

① 정부예산의 공유재적 성격 때문에 자원배분의 비효율성이 발생한다.
② 정부의 X-비효율성은 정부서비스의 공급측면보다는 사회적·정치적 수요 측면 때문에 발생한다.
③ 선거에 민감한 정치인들의 정치적 보상기제로 인해 사회문제가 과장되거나 단기적 해결책에 그치는 경우가 발생한다.
④ 사회문제 해결의 목표보다는 내부적인 절차와 규칙에 집착하는 정부조직 목표의 대치(displacement) 현상이 발생한다.
⑤ 정부 개입에 의한 인위적 지대(rent)를 획득하는 과정에서 불필요한 자원 낭비가 발생한다.

해설

[❶ ▸ O] **공유재의 비극** : 정부예산의 공유재적 성격 때문에 사람들이 경쟁적으로 더 먼저 또 더 많은 재원을 확보하기 위해 노력한다. 사유재와 달리 정부가 공급하는 예산은 정치적 타협으로 결정되어 이 과정에서 개인이나 조직의 이기주의가 작용하게 되고, 결과적으로 수요보다 공급이 많은 자원배분의 비효율성이 발생한다(예 Niskanen의 관료예산극대화가설).

> 정부예산도 공유재적 특징을 지니고 있기 때문에 예산배분 과정에도 공유재의 비극(공유지의 비극)이 나타날 수 있다. 첫째, 예산은 무한대로 늘릴 수 없기 때문에 총량이 제한되어 있으며(제한된 자원), 둘째, 예산을 확보하기 위해 노력하는 많은 정부부처들이 존재하고(많은 사용자), 셋째, 모든 정부부처들이 예산 확보를 위해 노력하게 되면 예산이 상한선을 넘어서게 되고 정부는 재정적자에 의존할 수밖에 없다(과다사용에 의한 고갈). 예산과정에서 공유재의 비극 문제가 발생하게 되면 각 부처들이 예산극대화를 위해 노력하게 되어 전체적인 차원에서는 예산의 지속적인 증가 현상이 발생하게 된다(총량적 재정규율의 문제). 또한 각 부처들이 지속적으로 예산을 확보하는 것이 가능하다고 믿게 되면, 우선순위나 사업의 효과성에 따라 예산을 배분하는 것이 매우 어려워지며, 이렇게 되면 자원배분의 효율성이 낮아질 수밖에 없다.

[❷ ▸ ×] X-비효율성이란 경제주체가 독점적 지위를 가지는 경우 관리상의 효율성을 극대화하려는 유인이 부족해 생산의 평균비용이 증가하는 현상을 말한다. 정부의 독점적 지위나 특정 민간기업에 정부가 독점적 지위를 허용함으로써 정부의 X-비효율성이 발생한다. 따라서 **정부의 X-비효율성**은 정부서비스의 **공급 측면**에서 **정부가 독점적 지위**를 가짐으로써 발생한다.

[❸ ▸ ○] 선거에 민감한 정치인들의 정치적 보상기제로 인해 사회문제가 과장되거나 단기적 해결책에 그치는 경우가 발생한다는 것(정치인들의 왜곡된 보상체계, 정치인들의 단기적 이익 중시)은 정부실패의 원인을 수요 측면과 공급 측면의 원인에 따라 분류할 때 수요측면의 정부실패 원인에 해당한다(C. Wolf).

[❹ ▸ ○] **사회목표와 내부조직목표의 괴리**로 인하여 사회문제 해결의 목표보다는 내부적인 절차와 규칙에 집착하는 정부조직 목표의 대치(displacement) 현상이 발생한다.

[❺ ▸ ○] 정부 개입에 의한 인위적 지대(rent)를 획득하는 과정에서 불필요한 자원 낭비가 발생한다는 것은 정부실패의 원인 중 **파생적 외부효과**를 말한다.

핵심정리

정부실패이론

① 정부예산의 공유재적 성격 ⟶ 자원배분의 비효율성이 발생 ○
② 정부의 X-비효율성 ⟶ 정부서비스의 공급 측면에서 정부가 독점적 지위를 가짐으로써 발생 ○
③ 정치인들의 왜곡된 보상체계, 정치인들의 단기적 이익 중시
⟶ 사회문제가 과장되거나 단기적 해결책에 그치는 경우가 발생 ○
⟶ 수요측면의 정부실패 원인에 해당 ○
④ 사회목표와 내부조직목표의 괴리 ⟶ 사회문제 해결의 목표보다는 내부적인 절차와 규칙에 집착하는 정부조직 목표의 대치 현상 발생 ○
⑤ 파생적 외부효과 ⟶ 정부 개입에 의한 인위적 지대(rent)를 획득하는 과정에서 불필요한 자원 낭비가 발생 ○

답 ❷

031 외부효과에 관한 설명으로 옳지 않은 것은? 24 행정사 제12회

□□□

① 긍정적 외부효과는 사회적 적정수준보다 과잉생산의 결과를 가져온다.
② 불법주차, 환경오염 등은 부정적 외부효과를 야기시키는 행위이다.
③ 외부효과란 시장을 거치지 않고 제3자에게 이익을 주거나 비용을 부담시키는 행위이다.
④ 부정적 외부효과를 해결하기 위해 조세를 부과할 수도 있다.
⑤ 긍정적 외부효과의 대표적인 예는 교육, 교통정리 등이 있다.

해설

[❶ ▸ ×] 긍정적 외부효과는 (시장, 가격기구) 외부에서 직·간접적으로 타인의 경제활동에 이익을 주고도 정당한 대가를 지급받지 못하는 경우를 말하며, 외부경제라고도 한다. **긍정적 외부효과가 존재하는 경우** 사회적 적정수준보다 **과소공급(과소생산)**의 결과를 가져와 시장실패의 원인이 된다.

[❷ ▸ ○] 부정적 외부효과는 (시장, 가격기구) 외부에서 직·간접적으로 타인의 경제활동에 불이익을 주고도 정당한 비용을 지급하지 않는 경우를 말하며, 외부불경제라고도 한다. **부정적 외부효과가 존재하는 경우** 사회적 적정수준보다 **과다공급(과잉생산)**의 결과를 가져와 시장실패의 원인이 된다. 불법주차, 환경오염 등은 부정적 외부효과를 야기시키는 행위이다.

[❸ ▸ O] 외부효과란 시장을 거치지 않고 제3자에게 이익을 주거나 비용을 부담시키는 행위이다.
[❹ ▸ O] 정부는 부정적 외부효과를 해결하기 위해 조세(피구세)나 벌금을 부과할 수 있다.
[❺ ▸ O] 긍정적 외부효과의 대표적인 예는 교육, 교통정리 등이 있다.

핵심정리

외부효과

① 외부효과의 종류
  → ㉠ 긍정적 외부효과 : 사회적 적정수준보다 과소공급의 결과 초래
  → ㉡ 부정적 외부효과 : 사회적 적정수준보다 과잉공급의 결과 초래
② 부정적 외부효과의 예 → 불법주차, 환경오염 등
③ 외부효과의 개념 → 시장을 거치지 않고 제3자에게 이익을 주거나 비용을 부담시키는 행위
④ 부정적 외부효과에 대한 정부의 대응 → 정부규제(조세나 벌금 부과)
⑤ 긍정적 외부효과의 예 → 교육, 교통정리 등

답 ❶

PART 1 PART 2 PART 3

032 시장실패의 요인으로 옳지 않은 것은? 17 행정사 제5회

□□□

① 비용과 편익의 괴리
② 외부효과의 발생
③ 공공재의 존재
④ 소득의 불공정한 분배
⑤ 독과점의 출현

해설

[❶ ▸ ×] 비용과 편익의 괴리는 정부실패의 원인에 해당한다. 비용과 편익의 괴리라 함은 정부서비스는 소요자원을 제공하는 측과 그 결과를 공급받는 측면이 직접 연결되지 아니하여 정부는 생산 자체의 총량을 늘리는 것에만 관심을 가지게 되고 공무원은 원가 개념이 없어 과잉생산하게 되며 국민(소비자)은 비용에 대한 인식이 없어 과잉소비하게 되는 현상을 말한다.

[❷ ▸ O] [❸ ▸ O] [❹ ▸ O] [❺ ▸ O] 외부효과의 발생, 공공재의 존재, 소득의 불공정한 분배, 독과점의 출현 등은 시장실패의 원인에 해당한다.

답 ❶

033 시장실패의 요인으로 옳은 것을 모두 고른 것은? 20 행정사 제8회

□□□

ㄱ. 불완전한 경쟁
ㄴ. 비용과 수입의 절연
ㄷ. 정보의 불충분성
ㄹ. 내부조직목표와 사회적 목표의 괴리
ㅁ. 파생적 외부효과
ㅂ. 외부효과

① ㄱ, ㄷ, ㅂ ② ㄱ, ㄹ, ㅁ
③ ㄱ, ㄹ, ㅂ ④ ㄴ, ㄷ, ㅁ
⑤ ㄴ, ㄹ, ㅁ

해설

➲ 시장실패와 정부실패의 원인

시장실패의 원인	정부실패의 원인
• 공공재의 존재 • 외부효과(외부경제 or 외부불경제)ㅂ • 자연독점(독과점의 출현) • 불완전 경쟁ㄱ • 불완전한 정보(정보의 비대칭성)ㄷ • 소득의 불공정한 분배	• 내부성(내부조직목표와 사회적 목표의 괴리)ㄹ • X-비효율성 · 비용체증 • 파생적 외부효과ㅁ • 권력의 편재(권력의 특혜나 남용) • 비용과 수익의 분리(절연)(= 비용과 편익의 괴리)ㄴ

답 ❶

034 과학적 관리론과 인간관계론에 관한 설명으로 옳지 않은 것은? 16 행정사 제4회

□□□

① 과학적 관리론은 비공식적 집단의 역할을 강조하지만, 인간관계론은 공식적 조직의 역할을 중시한다.

② 메이요(Mayo)의 호손(Hawthorne) 실험은 인간관계론의 형성에 영향을 주었다.

③ 인간관계론은 작업환경이나 물리적 조건보다 조직구성원들의 사회심리적 요인을 중시한다.

④ 과학적 관리론과 인간관계론은 생산성 향상을 추구한다는 점에서 유사하다.

⑤ 과학적 관리론은 과업목표의 달성을 위해 체계적인 관리와 통제를 중시하는 관료제 조직에 적합하다.

해설

[❶ ▸ ×] **과학적 관리론**은 공식구조(공식적 조직)에 대한 과학적 분석을 중시한 반면, **인간관계론**은 비공식적 구조(비공식적 집단)의 역할을 중시하였다.

[❷ ▸ ○] **메이요(E. Mayo)의 호손 공장 연구**(1927~1932년)에 의해 **인간관계론의 이론적 기반**이 마련되었다. 처음에는 과학적 관리론의 바탕 위에서 작업장의 조명, 휴식 시간 등 물리적·육체적 작업조건과 물질적 보상방법의 변화가 근로자의 동기 유발과 노동생산성에 미치는 영향을 분석하려고 설계되었으나, 연구의 결과 생산성은 누구와 같이 일하고, 사람의 대접을 받고 있으며, 자기의 능력을 인정받고 있는가의 인간적이고 사회심리적 요소에 의해서 결정된다는 사실을 발견하게 된 것이다.

[❸ ▸ ○] 인간관계론은 인간을 작업환경, 물리적·경제적·육체적 조건보다는 인간관계의 사회심리적인 요인에 의해 영향을 받는 사회심리적 존재로 인식하였다.

[❹ ▸ ○] 인간관계론과 과학적 관리론의 공통점은 외부 환경적 요인을 고려하지 않은 폐쇄적 행정이론이라는 점과 생산성 향상을 위한 관리기술이라는 점이다.

[❺ ▸ ○] **과학적 관리론**은 최소의 비용과 노력으로 최대의 산출을 확보하는 능률성을 가장 중요한 가치로 삼고, 공식구조 중심의 과학적 관리기술을 연구한 이론으로서 과업목표의 달성을 위해 체계적인 관리와 통제를 중시하는 관료제 조직에 적합하다.

➲ 과학적 관리론과 인간관계론의 비교

구 분	과학적 관리론	인간관계론
인간관	합리적·경제적 인간관(X론적 인간관)	사회적 인간관(Y론적 인간관)
초 점	• 공식구조의 설계 중시 • 기계적 능률성 중시	• 비공식적 구조에 대한 관심 • 사회적 능률성 중시
관리 방식	명확한 목표와 반복적 훈련 강조	인간중심의 유연한 관리 강조
동기 부여	경제적 보상	사회적 욕구 충족 등 비경제적 보상
학문적 기여	고전적 행정학(행정관리론, 정치행정이원론)의 성립에 기틀을 마련	신고전적 행정학(행태주의)의 이론적 발전에 기초를 제공

※ 공통점 : 폐쇄적 행정이론, 생산성 향상을 위한 관리기술

답 ❶

035 다음 지문에서 설명하는 행정 이론은? 13 행정사 제1회

□□□

> 인간행위를 연구대상으로 정립했으며 행정연구에 과학주의를 도입하여 가치중립적인 객관적 분석을 가능하게 하였다. 그러나 이 이론은 과학적·계량적 연구방법론의 강조로 연구대상과 범위의 제한을 가져왔다는 비판을 받고 있다.

① 과학적 관리론
② 인간관계론
③ 행정체제이론
④ 신공공서비스론
⑤ 행정행태론

해설

[❶ ▸ ×] **과학적 관리론**은 최소의 비용과 노력으로 최대의 산출을 확보하는 능률성을 가장 중요한 가치기준으로 삼고, 공식구조 중심의 과학적 관리기술을 연구한 고전적 관리이론을 말한다.

[❷ ▸ ×] **인간관계론**은 과학적 관리론과 달리 인간을 사회적 유인에 따라 움직이는 존재로 파악하고 조직 내에서 사회적 능율을 향상시킬 수 있는 관리방법을 탐구한 접근방법으로, 1960년대 신고전적 행정학을 형성하였다.

[❸ ▸ ×] **행정체제이론**은 행정체제는 '투입 – 전환 – 산출 – 환류'의 단계를 거치며 환경과 상호작용을 통하여 균형을 유지해 나간다는 것을 전제하여 다른 환경적 요소와의 관련성 속에서 행정현상을 연구하려는 개방체제적 접근법을 말한다.

[❹ ▸ ×] **신공공서비스론**은 공익을 추구하려는 시민의 적극적 역할과 의욕을 존중하며 시민에게 힘을 실어주고 시민에게 봉사하는 정부의 역할을 강조하는 이론을 말한다. 신공공서비스론은 거버넌스에 관한 시민중심적·사회공동체중심적·서비스중심적 접근방법이다.

[❺ ▸ ○] 지문은 **행정행태론(행태주의)**에 대한 설명이다. 행정행태론은 행정연구의 과학화에 기여하였다는 평가를 받는다. 그러나 공행정의 특수성이나 행정의 공공성을 무시하고, 사회문제 해결의 적실성·실천성이 결여되었으며, 방법론에 치중하여 가치와 사실을 구분하고 가치의 문제를 행정학의 연구대상에서 배제함으로써 연구대상과 범위의 제한을 가져왔다는 비판을 받고 있다.

답 ❺

036 인간관계론에 관한 설명으로 옳지 않은 것은? 21 행정사 제9회

① 비공식적 집단의 역할을 강조한다.
② 메이요(E. Mayo)의 호손(Hawthorne) 실험은 인간관계론의 형성에 영향을 주었다.
③ 인간을 생존에 대한 기본적인 욕구에 의해 동기부여되는 것으로 본다.
④ 과학적 관리론과 마찬가지로 생산성 향상을 추구한다.
⑤ 작업환경이나 물리적 조건보다 조직구성원의 사회심리적 요인을 중시한다.

해설

[❶ ▸ O] **과학적 관리론**은 공식구조(공식적 조직)에 대한 과학적 분석을 중시한 반면, **인간관계론**은 비공식적 구조(비공식적 집단)의 역할을 중시하였다.

[❷ ▸ O] **메이요(E. Mayo)의 호손 공장 연구**(1927~1932년)에 의해 **인간관계론의 이론적 기반**이 마련되었다. 처음에는 과학적 관리론의 바탕 위에서 작업장의 조명, 휴식 시간 등 물리적·육체적 작업조건과 물질적 보상방법의 변화가 근로자의 동기 유발과 노동생산성에 미치는 영향을 분석하려고 설계되었으나, 연구의 결과 생산성은 누구와 같이 일하고, 사람의 대접을 받고 있으며, 자기의 능력을 인정받고 있는가의 인간적이고 사회심리적 요소에 의해서 결정된다는 사실을 발견하게 된 것이다.

[❸ ▸ X] [❺ ▸ O] 인간관계론에서는 인간을 작업환경이나 물리적 조건보다는 조직구성원의 사회심리적 요인에 의해 영향을 받는 사회심리적 존재로 인식하기 때문에,❺ 생존에 대한 기본적인 욕구에 의해 동기부여되는 것으로 이해하지 않는다.❸ 인간이 생존에 대한 기본적인 욕구에 의해 동기부여되는 것으로 보는 것은 매슬로우(A. Maslow)의 욕구계층이론이다.

[❹ ▸ O] 인간관계론도 과학적 관리론과 마찬가지로 생산성 향상이 궁극적 목표임을 인정한다.

답 ❸

037 행정학의 행태론적 접근방법의 특징으로 옳지 않은 것은?

□□□

23 행정사 제11회

① 종합학문적 접근방법
② 일반 법칙성 추구
③ 환경과의 상호작용을 통한 진화과정 강조
④ 조직구조보다는 인간 중심의 접근
⑤ 가치중립적 접근의 강조

해설

[❶ ▸ O] 행태론적 접근방법은 **종합학문적 접근방법**이다. 행태론적 접근방법은 심리학, 사회학, 인류학, 경제학, 정치학 등에서 개인의 심리적·사회적·문화적·소비적·정치적 행태를 연구하는 데 다양하게 적용되고 있다. 따라서 이들 학문과 행정학이 공통적으로 관심을 갖는 행태 분야에서는 종합학문으로서 상호 유용한 지식을 공유하게 된다.

[❷ ▸ O] [❺ ▸ O] 사회과학에서 과학적 방법을 가장 충실히 따르는 대표적인 접근방법이 행태론적 접근방법이다. 행태론적 접근방법은 '인간행태의 규칙성'을 가정하고, 이러한 행태의 규칙성을 '경험적으로 관찰'함으로써 가설을 검증한다. 경험적 관찰은 연구자의 주관적 가치가 개입되지 않은 **가치중립적 입장에서 현상을 객관적으로 관찰할 것이 요구**된다. 객관적 관찰은 연구대상인 행태에서도 가치가 배제될 것이 요구된다. 그리고 변수 간의 정확한 '인과관계'를 규명하고자 하며, 검증된 이론의 **일반 법칙성을 추구**한다. 일반 법칙성이란 연구대상이었던 개인이나 집단에게만 이론이 적용되는 것이 아니라 대상 이외의 개인이나 집단에게도 보편적으로 타당함을 의미한다.

[❸ ▸ X] 환경과의 상호작용을 통한 진화과정 강조는 **체제론적 접근방법의 특징**에 해당한다. 체제론적 접근방법은 연구 대상인 현상을 '체제(system)'의 관점에서 분석하고 설명하고자 한다. 어떠한 행정 현상이나 문제를 독립적인 것이 아니라 여러 관련 요소가 서로 연결되어 있고 특히 **외부 환경과의 유기적인 상호작용 관계**로 본다.

[❹ ▸ O] 행태론적 접근방법의 연구대상은 인간의 행태이다. 행태론적 접근방법은 조직의 구조나 경제적 유인에 기계적으로 반응할 것으로 본 과학적관리론의 가정을 부정하고 인간 개인의 사회적·심리적 측면을 연구의 대상으로 삼았다는 것이 중요한 특색이다. 행정과 관련한 법, 제도, 구조 등의 측면에서 행정현상을 이해하기보다는 행정에 참여하고 행정에 영향을 미치는 **사람들의 동기, 역할, 행동을 중심으로 행정현상을 이해**하려는 입장이다.

답 ❸

038 행정학의 주요 이론에 관한 내용으로 옳지 않은 것은?

22 행정사 제10회

□□□

① 신제도주의론은 공식적 제도나 구조는 물론 비공식적 제도와 규범도 중요하게 강조한다.
② 행태주의 행정연구는 가치와 사실문제를 엄격하게 구분하고 자유와 평등의 가치를 연구대상에서 제외한다.
③ 체제이론은 행정현상을 여러 변수 중에서 환경을 포함해 거시적으로 접근한다.
④ 인간관계론은 조직목표 달성을 위해 생산성과 능률성에 기반을 둔 금전적 보상과 경제적 인간관을 강조한다.
⑤ 신행정학 이론은 참여와 형평의 가치를 중심으로 현실문제의 처방적 연구를 중시한다.

해설

[❶ ▸ O] 신제도주의는 제도가 인간의 행동에 미치는 영향을 연구하는 분야로서, 합리적 선택의 신제도주의, 역사적 신제도주의, 그리고 사회학적 신제도주의로 구분될 수 있으며 특히 사회학적 신제도주의는 제도의 공식적 측면보다는 규범, 문화, 상징체계, 의미 등 비공식적 측면을 강조하였다.
[❷ ▸ O] 사이몬(H. A. Simon)에 의하여 체계화된 행정행태론(행태주의)은 행정학 연구에 있어 자연과학적 연구방법(논리실증주의)을 도입하여 행정연구의 과학화를 주장하였다. 행태주의는 기본적으로 행정을 존재(sein)의 영역으로 보고, 최대한 가치(value)의 영역을 배제하고 사실(facts)을 바탕으로 연구하려는 입장이다. 따라서 행태주의에 의하면 자유와 평등의 가치는 연구대상에서 제외되게 된다.
[❸ ▸ O] 체제론적 접근방법은 행정현상을 하나의 유기체로 보아 행정을 둘러싸고 있는 다른 환경적 요소와의 관련성 속에서 거시적으로 행정상태를 연구하려는 개방체제적 접근법이다.

폐쇄체제와 개방체제
- 폐쇄체제는 환경의 영향을 받지 않고 그 자체 내에 필요한 자원과 에너지를 가지고 있어 스스로 기능을 수행하는 체제를 말한다. 폐쇄체제는 정태적 균형을 추구한다.
- 개방체제는 환경의 다양한 요구에 대응할 수 있도록 분화되고 분화된 부분들의 질서 있는 기능을 통해 체제를 유지해 나가는 것을 말한다. 개방체제는 부[負, (−)]의 엔트로피(해체·소멸)를 추구하며 선형적 인과관계(부분이 모여 전체가 된다는 비례적·규칙적 인과관계, 방법론적 개체주의)를 반대하고, 동태적 균형을 중시한다.

[❹ ▸ ×] **인간관계론**에서는 대인관계나 인간의 심리적 만족감 등 사회적 규범이나 사회적·비경제적 보상을 중시하였고 인간을 작업환경이나 물리적 조건보다는 조직구성원의 사회심리적 요인에 의해 영향을 받는 사회심리적 존재(사회적 인간)로 인식하였으나, **과학적 관리론**에서는 조직목표 달성을 위해 생산성과 능률성에 기반을 둔 금전적 보상과 경제적 인간관을 강조하였다.
[❺ ▸ O] 신행정학 이론은 행태주의와 실증주의에 대한 반발로 등장하였으며, 현실적합성을 확보하기 위하여 새로운 가치로서의 사회적 형평, 능동적 행정의 중시, 정책 및 문제지향성의 강조, 사회적 적절성·기술성, 참여와 형평의 가치를 중심으로 한 현실문제의 처방적 연구를 중시하였다.

핵심정리

행정학의 주요이론
① 신제도주의 ⇢ 공식적 제도나 구조는 물론 비공식적 제도와 규범도 강조
② 행태론 ⇢ 가치와 사실문제를 엄격하게 구분 / 자유와 평등의 가치를 연구대상에서 제외
③ 체제론적 접근방법 ⇢ 행정현상을 환경을 포함해 거시적으로 접근
④ 인간관계론 ⇢ 사회적·비경제적 보상과 사회적 인간관(Y론적 인간관) 강조
⑤ 신행정학 이론 ⇢ 현실문제의 처방적 연구 중시

답 ❹

039 □□□ **행정이 국가발전이라는 목표를 달성하기 위해 정치를 비롯하여 경제 · 사회의 변동을 주도해 나가야 한다는 행정학설은?** 21 행정사 제9회

① 행정관리설
② 행정목적실현설
③ 행정행태설
④ 발전기능설
⑤ 법함수설

해설

[❶ ▸ ×] **행정관리설**은 정치와 행정은 분명히 구별된다는 정치 · 행정이원론의 입장에 입각해, 행정을 정책집행을 위한 전문적 관리기술로 이해했다. 즉, 행정을 관리라는 사회기술의 과정 또는 기술 체제로 보는 관점으로 윌슨(W. Wilson)과 화이트(L. D. White), 귤릭(L. Gulick) 등이 대표적 학자이다.

[❷ ▸ ×] [❺ ▸ ×] 행정목적실현설과 법함수설은 '실질적 의미의 행정'에 관한 행정법학에서의 학설이다. **행정목적실현설**은 오토 마이어(O. Mayer) 등이 주장한 학설로 행정은 이미 제정된 법질서 아래에서 국가목적인 공익을 적극적이고 구체적으로 실현하기 위한 일체의 작용으로 보는 견해이다.❷ **법함수설**은 켈젠(Kelsen) 등이 주장한 학설로 입법, 사법, 행정의 구별을 부인하고 법이 만들어 놓은 규범이나 정책을 단순히 구체화, 개별화시키는 법적 작용을 행정이라고 파악하는 견해이다.❺

[❸ ▸ ×] 1940년대 사이먼(H. A. Simom)에 의하여 도입된 **행정행태설**(행정행태론, 행태주의)은 행정학 연구에 있어 자연과학적 연구방법(논리실증주의)을 도입하여 행정연구의 과학화를 주장하였다. 행정행태설은 가치와 사실을 분리하여 연구대상에서 가치를 배제하기 때문에 인간의 자유와 존엄과 같은 인본주의 가치를 소홀히 한다는 비판을 받았다.

[❹ ▸ O] **발전기능설**은 행정을 정책수립과 그 집행의 기능뿐만이 아니라 국가나 사회를 발전시키는 기능으로 파악하는 견해이다. 에스만(M. J. Esman), 와이드너(E. W. Weidner) 등에 의하여 제창되었으며, 이 학설에 입각하여 체계이론적으로 전개한 이론이 발전행정론이다. 이 학설의 핵심은 행정이 정치에 대한 우위적인 위치에서 스스로 정치 · 경제 · 사회의 발전 목표의 설정에 적극적으로 참여하여 행정이 국가 발전을 주도하는 역할을 담당해야 한다는 것이다. 1960~70년대 개발도상국의 정부주도 고도성장을 지원하기 위한 행정에서 강조되었기 때문에 '개발기능설'이라고도 한다.

답 ❹

PART 1 PART 2 PART 3

040 □□□ **신행정학(New Public Administration)이 중요시하여 추구하였던 것은?** 17 행정사 제5회

① 행정의 탈정치화
② 가치와 사실의 분리
③ 논리실증주의
④ 절약과 능률
⑤ 현실적합성

해설

[❶ ▸ ×] [❷ ▸ ×] [❸ ▸ ×] [❹ ▸ ×] 행정의 탈정치화는 신공공관리론(NPM)에서 추구하였던 것이고,❶ 절약과 능률❹ 은 고전적 행정학(행정관리론, 정치행정이원론)의 핵심적 특징이며, 가치와 사실의 분리,❷ 논리실증주의❸는 행정행태론(행태주의)의 특징이라고 할 수 있다.

[❺ ▸ O] 신행정학(New Public Administration)은 현실문제에 대한 해결책을 제시하지 못하였던 행태주의와 실증주의에 대한 반발로 등장하였으며, **현실적합성**을 확보하기 위하여 새로운 가치로서의 **사회적 형평성을 중시**하고, 고객중심의 행정(민주성), 능동적 행정, 문제 및 정책지향적 행정 등을 강조하였다.

답 ❺

041 리그스(F. W. Riggs)의 프리즘적 모형(Prismatic Model)에 관한 설명으로 옳지 않은 것은?

□□□

20 행정사 제8회

① 개발도상국의 행정체제를 설명하기 위한 이론적 모형이다.

② 프리즘적 사회는 농업사회에서 산업사회로 넘어가는 과도기적 사회를 말한다.

③ 프리즘적 사회의 특징은 형식주의, 정실주의, 이질혼합성을 들 수 있다.

④ 생태론적 접근방법에 의해 설명된다.

⑤ 농업사회에서 지배적인 행정 모형을 사랑방모형(Sala Model)이라 한다.

해설

[❶ ▸ O] [❷ ▸ O] 리그스(F. W. Riggs)는 개발도상국의 행정체제를 설명하기 위하여 농업사회를 융합된 사회, 산업사회를 분화된 사회로 파악하고 그 중간에 농업사회에서 산업사회로 이행되어 가는 개발도상국 모델로 과도기 사회인 프리즘적 사회(모형)를 제시하였다.

[❸ ▸ O] 프리즘적 사회의 특징은 형식주의(외형과 내실이 괴리되는 문화적 특성, 형식·명분 중시), 정실주의(공직 임명 시 실적 외의 요인, 즉 정치적 요인이나 혈연·지연·학연 등을 기준으로 하는 것), 이질혼합성(전통적 요소와 현대적 요소의 혼재)을 들 수 있다.

[❹ ▸ O] **프리즘 모형**은 환경의 중요성을 강조하는 **생태론적 접근방법**에 의해 설명된다. 생태론적 접근방법은 선진국의 행정체제를 개발도상국에 도입할 때 왜 제대로 작동하지 않는지를 설명한 이론이다.

생태론적 접근방법은 행정을 유기체로 파악하고 행정현상을 자연·사회·문화적 환경과 관련시켜 이해하려는 접근법이다. 생태론자들은 서구의 행정제도가 후진국에 잘 작동되지 않는 이유는 사회문화적 환경이 다르기 때문으로 분석하였다.

[❺ ▸ X] 농업사회(융합된 사회)의 관료제 모형은 안방모델(Chamber Model, 공사의 미구분)이라고 하고, 과도기 사회(프리즘적 사회)의 관료제 모형을 사랑방모델(Sala Model, 공사 구분과 미구분의 혼재)이라고 한다.

➲ 리그스의 프리즘적 모형

구 분	융합된 사회	프리즘적 사회	분화된 사회
사회구조	농업사회	과도기 사회	산업사회
관료제 모형	• 안방모델(Chamber Model) • 공·사의 미구분	• 사랑방모델(Sala Model) • 공·사의 구분과 미구분의 혼재	• 사무실모델(Office Model) • 공·사의 구분

답 ❺

042 행정현상에 대한 접근방법의 설명으로 옳은 것은?

□□□

18 행정사 제6회

① 행태론적 접근방법은 행정현상에 관한 이론의 맥락성과 상대성을 강조한다.
② 체제론적 접근방법은 현상의 전체성보다는 구성부분 사이의 일방적·선형적 인과관계를 강조한다.
③ 사회학적 신제도주의는 제도가 국가나 조직의 경계를 넘어 유사한 형태로 수렴된다고 본다.
④ 전통적인 법적·제도적 접근방법은 제도가 일단 형성되면 일정한 경로를 유지하기 때문에 환경변화에 적응하지 못하는 점을 강조한다.
⑤ 합리적 선택 신제도주의에서는 제도를 개인의 합리적 선택의 일방적 결정요인으로 간주한다.

해설

[❶ ▸ ×] 행정현상에 관한 이론의 맥락성과 상대성을 강조한 이론은 **포스트모더니즘이론**이다. **행태론적 접근방법(행태주의)**은 행정학 연구에 있어 자연과학적 연구방법(논리실증주의)을 도입하여 행정연구의 과학화를 주장하였다. 행태주의는 기본적으로 행정을 존재(sein)의 영역으로 보고, 최대한 가치(value)의 영역을 배제하고 사실(facts)을 바탕으로 연구하려는 입장이다.

[❷ ▸ ×] 체제론적 접근방법에서는 부분들 간의 상호연관성(interdependence)을 강조한다. 체제는 부분들 간의 유기적 관계로 형성되기 때문에 **체제론적 접근방법**에서는 이들 부분들의 관계를 거시적·전체적 관점에서 순환적이며 상호작용적으로 파악한다. 이러한 점에서 전체를 부분으로 환원시켜 부분들 간의 일방적·선형적 인과관계를 밝히려던 엄격한 과학적 태도와는 시각을 달리하는 것이다.

[❸ ▸ ○] **사회학적 신제도주의**는 규칙이나 절차뿐만 아니라 전통, 관습, 규범, 문화 등을 포함하여 사람의 표준화된 행동을 낳는 것이면 제도로 이해하므로 제도의 범위를 가장 넓게 해석하는 입장으로, 제도의 비공식적 측면을 중시하고 사회적 정당성을 얻기 위하여 조직의 구조와 형태가 수렴되고 같아지는 동형화가 발생한다고 주장하였다. 따라서 사회학적 제도주의는 서로 다른 국가들 사이의 제도가 유사해지는 현상을 설명하는데 유리하다.

[❹ ▸ ×] 전통적인 법적·제도적 접근방법이 아니라, **역사적 신제도주의**에서 제도가 일단 형성되면 일정한 경로를 유지하기 때문에 환경변화에 적응하지 못하는 점을 강조한다(불합리한 제도가 지속되는 이유 설명).

[❺ ▸ ×] **합리적 선택 신제도주의**는 개인을 합리적 행위자로 전제하고, 제도는 개인들 간의 전략적 상호작용의 결과로 형성된 균형으로 인식한다. **제도는 개인의 선택을 결정하지는 않지만**, 개별 행위자의 행동에 영향을 주며, 거래의 불확실성과 거래비용을 감소시켜 거래의 인정성과 교환의 효율성을 높이는 역할을 수행한다.

핵심정리

행정현상에 대한 접근방법

① 행태론적 접근방법 ⇢ 행정연구의 과학화 주장, 가치의 영역을 배제하고 사실을 바탕으로 연구
② 체제론적 접근방법
  ⇢ 부분들의 관계를 거시적·전체적 관점에서 순환적이며 상호작용적으로 파악 ○
  ⇢ 구성부분 사이의 일방적·선형적 인과관계를 강조 ×
③ 사회학적 신제도주의 ⇢ 제도가 국가나 조직의 경계를 넘어 유사한 형태로 수렴된다고 봄
④ 역사적 신제도주의 ⇢ 일단 형성된 제도는 지속성과 경로의존성이 있음
⑤ 합리적 선택 신제도주의 ⇢ 제도는 개인 선택의 일방적 결정요인 ×

답 ❸

043 행정학의 주요이론과 접근방법에 관한 설명으로 옳은 것은? 16 행정사 제4회

□□□

① 생태론적 접근방법은 행정의 가치지향성과 기술성을 중시하며, 시장원리에 입각한 공공관리에 초점을 둔다.

② 행태론적 접근방법은 행정현상을 자연・사회・문화적 환경과 관련시켜 설명한다.

③ 신행정론은 고객 중심의 행정, 사회적 형평성 등을 강조한다.

④ 체제론적 접근방법은 행정과 환경의 상호작용을 중시하고, 선진국보다 개발도상국의 행정현상을 설명하는 데 유용하다.

⑤ 신공공관리론은 상호 신뢰에 기반한 조정과 협조를 강조하지만, 뉴거버넌스론(New Governance)은 상호 경쟁의 원리를 중시한다.

해설

[❶ ▸ ×] 행정의 가치지향성과 기술성을 중시한 이론은 **신행정론**이고 시장원리에 입각한 공공관리에 초점을 둔 이론은 **신공공관리론**이다. 생태론적 접근방법은 행정현상을 자연・사회・문화적 환경과 관련시켜 이해하려는 거시적 접근방법을 말한다.

[❷ ▸ ×] 행정현상을 자연・사회・문화적 환경과 관련시켜 설명한 이론은 **생태론적 접근방법**이다. 행태론적 접근방법(행태주의)은 행정학 연구에 있어 자연과학적 연구방법(논리실증주의)을 도입하여 행정연구의 과학화를 주장하였다. 행태주의는 기본적으로 행정을 존재(sein)의 영역으로 보고, 최대한 가치(value)의 영역을 배제하고 사실(facts)을 바탕으로 연구하려는 입장이다.

[❸ ▸ ○] **신행정론**은 현실문제에 대한 해결책을 제시하지 못하였던 행태주의와 실증주의에 대한 반발로 등장하였으며, 현실적합성을 확보하기 위하여 새로운 가치로서의 사회적 형평성을 중시하고, 고객 중심의 행정(민주성), 능동적 행정, 문제 및 정책지향적 행정 등을 강조하였다.

[❹ ▸ ×] **체제론적 접근방법**은 행정현상을 하나의 유기체로 보아 행정을 둘러싸고 있는 다른 환경적 요소와의 관련성 속에서 행정 현상를 연구하려는 개방체제적 접근방법으로, 변동의 소용돌이 속에 있는 개발도상국보다는 투입기능이 활성화되고 안정적인 선진국의 행정 현상을 설명하는 데 적합한 연구방법이다. 개발도상국의 행정현상을 설명하는 데 유용한 이론은 생태론적 접근방법(비교행정연구, 리그스의 프리즘적 모형)이다.

[❺ ▸ ×] **신공공관리론**은 상호 경쟁의 원리를 중시하지만, **뉴거버넌스론**(New Governance)은 상호 신뢰에 기반한 조정과 협조를 강조하였다.

핵심정리 **행정학의 주요이론과 접근방법**

① 생태론적 접근방법 ⟶ 행정현상을 자연・사회・문화적 환경과 관련시켜 이해
② 행태론적 접근방법 ⟶ 행정연구의 과학화 주장, 가치의 영역을 배제하고 사실을 바탕으로 연구
③ 신행정론 ⟶ 고객 중심의 행정, 사회적 형평성 강조
④ 체제론적 접근방법 ⟶ 개발도상국보다 선진국의 행정현상을 설명하는 데 적합
⑤ 신공공관리론과 뉴거버넌스론
⟶ 신공공관리론 : 상호 경쟁의 원리 중시
⟶ 뉴거버넌스론 : 상호 신뢰에 기반한 조정과 협조 강조

답 ❸

044 행정학의 접근방법 중 포스트모더니즘의 특성이 아닌 것은? 17 행정사 제5회

□□□

① 상상(imagination)

② 탈영역화(deterritorialization)

③ 은유(metaphor)

④ 과학주의(scientism)

⑤ 해체(deconstruction)

해설

[❶ ▸ O] **상상**(imagination)은 소극적으로는 과거의 관행과 규칙에 얽매이지 않는 행정의 운영을, 적극적으로는 문제의 특수성과 다양성을 인정하는 것을 말한다.

[❷ ▸ O] **탈영역화**(deterritorialization)는 모든 지식의 성격과 조직에서 갖고 있는 '고유'영역이 해체(탈영역화)된다는 의미이다. 행정학 고유영역이라고 믿는 지식의 성격이 변화하고, 행정조직의 계층성이 약화되는 탈관료제의 모습이 등장한다.

[❸ ▸ O] **은유**(metaphor)는 일반적으로 유사성을 근거로 하나의 사물을 다른 사물에 비교하여 의미를 더하는 수사학적 기법을 말하는데, 이는 언어의 절대성과 보편성을 중시하는 모더니즘에 대한 반발로 등장한 포스트모더니즘의 직관적·비유적 표현방식을 가리키기도 한다.

[❹ ▸ ×] **과학주의**(scientism)는 **모더니즘(현대주의)의 특징**으로 모더니즘(현대주의)은 행정과학 및 응용과학을 수립하고자 하였으며 사회과학방법론을 절충적으로 사용할 것을 촉구하였다.

[❺ ▸ O] **해체**(deconstruction)는 외면적인 텍스트(언어, 몸짓, 이야기, 설화 등)의 근거를 파헤쳐 보는 것을 말한다. 한편, 나 아닌 다른 사람을 인식적 객체가 아닌 도덕적 타자로 인정하는 것을 의미하는 **타자성**(alterity)도 포스트모더니즘의 특성에 해당한다.

답 ❹

PART 1 PART 2 PART 3

045 공공선택이론에 관하여 설명한 것은?

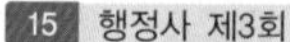

□□□

① 행정현상을 자연 · 사회 · 문화적 환경과 관련시켜 이해하며 집합적 행위나 제도를 거시적 수준에서 분석한다.

② 공공서비스의 효율적 공급을 위해 공공부문의 시장경제화를 추구하며 정치 및 행정현상에 경제학적 분석도구를 적용하여 설명한다.

③ 인간의 주관적 관념, 의식 및 동기의 의미를 이해하는 데에 초점을 맞추어 조직문제에 대한 폭넓은 사고방식과 준거의 틀을 정립한다.

④ 정책결정자가 대안들의 표면화된 가치를 비교할 수 없어 선택이 어려운 상황에서 행하는 의사결정 방법과 전략을 탐구한다.

⑤ 공공서비스 전달 및 공공문제 해결과정에서 정부와 민간부문 간의 협력적 네트워크를 적극 활용한다.

해설

[❶ ▸ ×] 행정현상을 자연 · 사회 · 문화적 환경과 관련시켜 이해하며 집합적 행위나 제도를 거시적 수준에서 분석하는 이론은 **생태론적 접근방법**이다.

[❷ ▸ ○] 공공선택이론은 공공부문에 경제학적 관점을 도입하려는 접근법으로 행정을 공공재의 공급과 소비관계로 파악하고 정부는 공공재의 공급자, 국민은 소비자로 규정하여 시장에서처럼 시민이 자신의 선호에 따라 공공재를 선택할 수 있다는 이론을 말한다. **공공선택이론**은 공공재 및 공공서비스의 공급과 생산은 공공부문의 시장경제화를 통하여 달성할 수 있다고 하며, 정치 및 행정현상에 경제학적 분석도구를 적용하여 설명한다.

[❸ ▸ ×] 인간의 주관적 관념, 의식 및 동기의 의미를 이해하는 데에 초점을 맞추어 조직문제에 대한 폭넓은 사고방식과 준거의 틀을 정립하는 이론을 **현상학**이라고 한다.

[❹ ▸ ×] 정책결정자가 대안들의 표면화된 가치를 비교할 수 없어 선택이 어려운 상황에서 행하는 의사결정 방법과 전략을 탐구하는 모형을 **정책딜레마모형**이라고 한다.

[❺ ▸ ×] 공공서비스 전달 및 공공문제 해결과정에서 정부와 민간부문 간의 협력적 네트워크를 적극 활용하는 이론을 **신공공서비스론**이라고 한다.

핵심정리

공공선택이론

① 생태론적 접근 → 행정현상을 자연 · 사회 · 문화적 환경과 관련시켜 이해

② 공공선택이론 → 공공부문의 시장경제화를 추구, 정치 및 행정현상에 경제학적 분석도구를 적용하여 설명

③ 현상학 → 인간의 주관적 관념, 의식 및 동기의 의미를 이해하는 데에 초점

④ 정책딜레마모형 → 정책결정자가 대안들의 표면화된 가치를 비교할 수 없어 선택이 어려운 상황에서 행하는 의사결정 방법과 전략을 탐구하는 모형

⑤ 신공공서비스론 → 공공서비스 전달 및 공공문제 해결과정에서 정부와 민간부문 간의 협력적 네트워크를 활용

046 다음 내용과 밀접한 관련이 있는 이론은?

□□□

20 행정사 제8회

- 관료의 사익추구
- 예산극대화
- 지대추구행위
- 정치 · 행정 현상의 경제학적 분석

① 체제이론

② 거버넌스이론

③ 신행정학이론

④ 공공선택이론

⑤ 포스트모더니즘이론

해설

[❶ ▸ ×] **체제론적 접근방법**(체제이론)은 행정현상을 하나의 유기체로 보아 행정을 둘러싸고 있는 다른 환경적 요소와의 관련성 속에서 거시적으로 행정상태를 연구하려는 개방체제적 접근법이다.

[❷ ▸ ×] **거버넌스이론**은 정부에 의한 독점적인 공급 · 생산이 아니라 시장 또는 정부와 민간, 비영리부문 등 다양한 세력과 조직의 참여와 상호작용에 의한 동태적인 연계망이나 네트워크에 의하여 이루어지는 양상을 강조하는 이론을 말한다.

[❸ ▸ ×] **신행정학이론**은 현실문제에 대한 해결책을 제시하지 못하였던 행태주의와 실증주의에 대한 반발로 등장하였으며, 현실적합성을 확보하기 위하여 새로운 가치로서의 사회적 형평성을 중시하고, 고객중심의 행정(민주성), 능동적 행정, 문제 및 정책지향적 행정 등을 강조하였다.

[❹ ▸ ○] **공공선택이론**은 공공부문에 경제학적 관점을 도입하려는 접근법으로 행정을 공공재의 공급과 소비관계로 파악하고 정부는 공공재의 공급자, 국민은 소비자로 규정하여 시장에서처럼 시민이 자신의 선호에 따라 공공재를 선택할 수 있다는 이론을 말한다. 관료의 사익추구, 예산극대화, 지대추구행위, 정치 · 행정 현상의 경제학적 분석, 시민개개인의 합리적 선호와 선택의 중시, 방법론적 개인주의는 공공선택이론과 관련된 내용이다.

[❺ ▸ ×] **포스트모더니즘이론**은 모더니즘의 핵심 가정인 '인간 이성'과 '합리성'에 대한 신뢰, 그리고 객관주의 · 경험주의적 접근방법을 거부하고 해체하려는 새로운 철학적 관점을 말한다. 구성주의, 상대주의, 다원주의, 해방주의를 토대로 하며 진리의 기준은 맥락 의존적(context dependent)이라고 보고 있으며, 거시이론, 거대한 설화, 거시 정치 등을 부인한다.

답 ❹

047 다음 가정을 기본전제로 하는 이론은? 18 행정사 제6회

□□□

> • 한 국가는 수많은 지방정부들로 구성되어 있다.
> • 각 지방정부는 주민들의 의사에 따라 지출과 조세에 대한 의사결정을 할 수 있다.
> • 개인들은 비용을 들이지 않고 자유롭게 지역 간 이주가 가능하다.

① 발에 의한 투표(voting with feet)
② 딜론의 원칙(Dillon's rule)
③ 보충성의 원칙(subsidiary principle)
④ 쿨리 독트린(Cooley doctrine)
⑤ 파킨슨 법칙(Parkinson's law)

해설

[❶ ▸ O] **티부가설**(Tiebout Hypothesis), 즉 **발로 하는 투표가설**이란 주민의 자유로운 지방 간 이동과 다수의 지방정부가 전제되는 경우 '발로 하는 투표'에 의해 지방공공재 공급의 적정규모가 결정될 수 있다는 이론이다. 공공재는 정치적 과정을 통해 중앙정부에 의해서만 공급될 수 있다는 사무엘슨의 공공재이론에 대한 반론으로 제시되었다.

[❷ ▸ ×] **딜론의 원칙**(Dillon's rule)이란 미국에서 주(state) 정부와 지방 정부(local government)와의 관계를 설정하는 데 적용되는 고전적 이론으로서, 지방 정부는 오직 주 헌법이나 법에 명기되어 있거나 명기된 권한의 행사에 필요한 최소한의 범위 내에서만 활동할 수 있다는 것을 말한다.

[❸ ▸ ×] **보충성의 원칙**(subsidiary principle)은 지방자치단체의 사무분배 시 기초자치단체가 우선 처리하도록 하되 자체적인 처리가 곤란한 경우 광역자치단체, 국가 순으로 담당하게 하는 등, 중층의 국가공동체 조직에서 하급단체에서 잘 처리할 수 있는 업무를 상급단체에서 직접 처리하여서는 안 된다는 원칙을 말한다.

[❹ ▸ ×] **쿨리 독트린**(Cooley doctrine)은 미시간 주의 대법관이었던 쿨리가 지방정부의 자치권은 절대적인 것이며 주는 이를 빼앗아갈 수 없다는 원리를 제시하여 지방자치단체의 자치권을 본래 부여된 고유한 것으로 파악한 원칙을 말한다.

[❺ ▸ ×] **파킨슨의 법칙**(Parkinson's law)이란 공무원의 규모는 업무량에 상관없이 증가한다는 주장을 말한다. 그 이유 중 하나로 공무원들은 동료보다는 부하를 원하고 경쟁보다는 감독·통제하기를 원한다는 것이다.

답 ❶

048 □□□ **신제도주의에 관한 설명으로 옳지 않은 것은?** 19 행정사 제7회

① 사람의 행태에 대한 연구에서 제도를 중요시한다.
② 사회학적 제도주의는 제도의 범위에 관습과 문화도 포함한다.
③ 공공선택론은 합리적 선택 제도주의의 대표적 이론 중 하나이다.
④ 역사적 제도주의는 각국 정책의 상이성과 효과를 역사적으로 형성된 각국의 제도에서 찾는다.
⑤ 정책 또는 행정환경은 내생변수가 아닌 외생변수로 다룬다.

해설

[❶ ▸ O] 신제도주의는 사람의 행태에 대한 연구에서 제도를 중요시하며 특히 질서유지를 위한 규칙을 강조하였다.

[❷ ▸ O] **사회학적 신제도주의**는 규칙이나 절차뿐만 아니라 전통, 관습, 규범, 문화 등을 포함하여 사람의 표준화된 행동을 낳는 것이면 제도로 이해하므로 제도의 범위를 가장 넓게 해석하는 입장으로, 제도의 비공식적 측면을 중시하고 사회적 정당성을 얻기 위하여 조직의 구조와 형태가 수렴되고 같아지는 동형화가 발생한다고 주장하였다.

[❸ ▸ O] **합리적 선택 신제도주의**는 신제도론의 주류에서는 약간 벗어나 합리적 선택이론과 신제도주의의 조화를 시도한 이론이다. 제도의 형성과 변화과정에서 개인의 합리적·전략적 선택을 중시하고, 개인의 합리성이 조직 합리성으로 전달될 수 있는 유인구조 설계에 관심을 가지는데, 대표적으로 공공선택론, 거래비용경제학, 코즈의 정리 등이 이에 속한다.

[❹ ▸ O] **역사적 신제도주의**는 역사적 맥락으로서의 제도의 중요성을 강조하여 동일한 정책이라도 국가별 역사적 특수성에 따라 그 형태나 결과가 달리 나타날 수 있다고 이해하였다.

[❺ ▸ ×] **신제도주의**에서는 제도가 환경과의 교호작용으로 형성되므로 **정책 또는 행정환경**은 외생변수가 아닌 **내생변수**로 이해하였다.

➲ 신제도론(신제도주의)의 비교

구 분	역사적 (신)제도주의	사회학적 (신)제도주의	합리적 선택 (신)제도주의
학문적 기초	정치학, 역사학	사회학	경제학
제도의 개념	장기간 역사적 과정(맥락)에서 형성	사회적 정당성을 획득한 상징, 도덕적 기초, 문화	개인의 합리적(전략적) 선택의 결과로 형성된 균형
중 점	제도의 지속성과 제도형성의 과정 중시	제도의 형성과 변화과정에서의 사회적 동형화 중시	개인들 간의 전략적 선택 중시
초 점	국가중심(국가의 자율성), 제도의 상이성 설명	사회중심(문화의 중심), 제도의 유사성 설명	개인중심(개인의 자율성)
제도의 형성·변화의 원인	외부적 충격, 결정된 균형, 우연 → 역사적 경로성	인지, 상징흡수, 동형화 → 사회적 정당성	비용편익분석, 전략적 선택 → 경제적 효율성
제도의 범위	• 넓음 : 집합(전체)주의 • 거시적 : 국가, 정치체제	• 넓음 : 집합(전체)주의 • 거시적 : 사회문화	좁음 : 개체주의
개인의 선호	내생적 → 집단의 선호를 결정하는 정치체제가 개인선호를 형성하고 제약함	• 내생적 → 사회문화 및 상징이 개인선호를 형성하고 제약함 • 선호는 개인 간 상호작용의 산물	외생적 → 개인의 선호는 선험적으로 결정됨
접근법	• 귀납적 접근(사례연구, 비교연구) • 방법론적 전체주의	• 귀납적(경험적, 실증적, 형이상학적 신비주의, 해석학, 민속학, 현상학적 연구) • 방법론적 전체주의	• 연역적(일반이론 추구) • 방법론적 개체주의

답 ❺

049 신제도주의에 관한 설명으로 옳은 것은? 23 행정사 제11회

□□□

① 합리적 선택 제도주의는 개인의 표준화된 행동코드로서 제도의 준수를 통한 소속감을 강조한다.

② 역사적 제도주의는 서로 다른 국가들 사이의 제도가 유사해지는 현상을 설명하는데 유리하다.

③ 사회학적 제도주의는 동일한 상황에서 국가 간의 상이한 제도로 인해 서로 다른 정책이 채택되고 효과도 다르게 나타나는 현상을 강조한다.

④ 사회학적 제도주의는 개인에 대한 가정에 기초한 미시적·연역적 방법에 주로 의존한다.

⑤ 합리적 선택 제도주의의 연장선상에서 오스트롬(E. Ostrom)은 '공유재의 비극'의 해결방안으로 공동체 중심의 자치제도를 제시한다.

해설

[❶ ▸ ×] 합리적 선택 제도주의가 아니라, **사회학적 제도주의**가 개인의 표준화된 행동코드로서 제도의 준수를 통한 소속감을 강조한다. 사회학적 제도주의는 규칙이나 절차뿐만 아니라 전통, 관습, 규범, 문화 등을 포함하여 사람의 표준화된 행동을 낳는 것이면 제도로 이해하므로 제도의 범위를 가장 넓게 해석하는 입장이다. 제도 자체에 인간의 표준화된 행동코드가 내재되어 있어(embedded) 그 틀을 벗어나기 힘들며 개인은 인지적으로 현상을 보고 해석하는 고정된 생각의 틀을 가지고 있는데 그것은 많은 사람들이 공유하는 믿음의 체계인 문화나 법적·정치적 장치를 벗어날 수 없다는 것이다. 이렇듯 개인은 정치적·사회적으로 안정된 제도 속에 종속되고 그런 제도나 문화를 따름으로써 그 사회에 대한 소속감이나 일체감을 갖게 된다.

[❷ ▸ ×] 역사적 제도주의가 아니라, **사회학적 제도주의**가 서로 다른 국가들 사이의 제도가 유사해지는 현상(동형화)을 설명하는데 유리하다.

[❸ ▸ ×] 사회학적 제도주의가 아니라, **역사적 제도주의**가 동일한 상황에서 국가 간의 상이한 제도로 인해 서로 다른 정책이 채택되고 효과도 다르게 나타나는 현상을 강조한다.

[❹ ▸ ×] 사회학적 제도주의는 방법론적 전체주의에 의한 거시적·귀납적 방법에 주로 의존한다. 개인에 대한 가정에 기초한 미시적·연역적 방법에 주로 의존하는 것은 **합리적 선택 제도주의**이다.

[❺ ▸ ○] 합리적 선택 제도주의의 연장선상에서 오스트롬(E. Ostrom)은 '공유재의 비극'의 해결방안으로 **공동체 중심의 자치제도**를 제시한다(공공선택론).

핵심정리

신제도주의

①, ③ 사회학적 제도주의
- → 개인의 표준화된 행동코드로서 제도의 준수를 통한 소속감을 강조
- → 서로 다른 국가들 사이의 제도가 유사해지는 현상을 설명하는데 유리
- → 방법론적 전체주의에 의한 거시적·귀납적 방법에 주로 의존

② 역사적 제도주의 → 동일한 상황에서 국가 간의 상이한 제도로 인해 서로 다른 정책이 채택되고 효과도 다르게 나타나는 현상을 강조

④ 합리적 선택 제도주의
- → 개인에 대한 가정에 기초한 미시적·연역적 방법에 주로 의존
- → 오스트롬(E. Ostrom)은 '공유재의 비극'의 해결방안으로 공동체 중심의 자치제도를 제시(공공선택론)

답 ❺

050 신공공관리(New Public Management)에 관한 설명으로 옳지 않은 것은? 20 행정사 제8회

□□□

① 정부는 시민을 위하여 정부서비스의 품질을 향상시켜야 한다.
② 자원배분의 투명성을 높이고 거래비용을 최소화하여야 한다.
③ 정부의 기능을 민간화하고 지출을 팽창시켜야 한다.
④ 공공관리와 시민에 대한 공공서비스 공급의 효율화를 위해 시장기제를 도입해야 한다.
⑤ 정부서비스 공급의 관리는 산출·성과지향적이어야 한다.

해설

[❶ ▸ O] 신공공관리론(NPM)은 정부에 대한 주인이며 동시에 고객인 국민에게 최적의 방법으로 높은 질의 행정서비스를 제공함으로써 국민을 최대한 만족시켜 주는 정부 역할을 강조하였다. 전통적으로 정부가 제공하는 행정서비스는 공급자 중심이고 권위주의적인 특성을 갖고 있었으나, 신공공관리론은 고객의 선호와 수요에 의해 서비스의 질과 양이 결정되는 시장의 원리를 적용하여 행정에도 '고객'의 개념을 도입하였다.
[❷ ▸ O] 신공공관리론은 자원배분의 투명성을 높이고, 시장성 테스트를 통하여 거래비용을 최소화 하고자 한다.
[❸ ▸ X] 정부의 비대화와 비효율에 대한 대응으로서 정부조직과 기능 및 인력을 민영화하고 비용지출을 최소화하여야 한다.
[❹ ▸ O] 신공공관리론의 가장 중요한 특성은 **시장원리**와 **민간부문의 경영기법을 도입**해서 보다 효율적(efficiency + effectiveness)이고 국민의 요구에 더 잘 대응할 수 있도록 기존의 정부관료제 관리방식을 개혁하는 것이라 할 수 있다. 신공공관리론은 관료제 중심의 전통적 관리방식에 비해 특히, 경쟁, 성과, 고객을 강조하는 면이 두드러진다.
[❺ ▸ O] 신공공관리론은 성과중심의 관리를 강조한다. 투입 요소를 엄격히 규제하거나 업무수행에서 엄격히 절차를 따르도록 하는 통제중심의 관리를 탈피하여 얼마나 일의 성과(산출)를 거두었는가를 강조한다. 따라서 성과를 달성하는 과정에 대하여는 재량을 부여하되 결과에 대하여는 분명한 책임을 묻는 관리방식이다.

답 ❸

051 오스본(D. Osborne)과 플래스트릭(P. Plastrik)의 '기업가 정부'를 만들기 위한 다섯 가지 전략에 관한 설명으로 옳지 않은 것은? 19 행정사 제7회

□□□

① 핵심전략 : 공공조직의 목표를 대상으로 하고 목표, 역할, 정책방향의 명료화 추구
② 성과전략 : 업무유인의 개선을 위해 경쟁을 도입하고 성과관리 추진
③ 고객전략 : 정부조직의 책임을 대상으로 고객에 대한 정부의 책임확보 및 고객에 의한 선택의 확대 추구
④ 통제전략 : 권력을 대상으로 하고 집권화를 추구
⑤ 문화전략 : 조직문화를 대상으로 구성원의 가치, 규범, 태도 그리고 기대를 바꾸려는 것

해설

[❶ ▸ O] [❷ ▸ O] [❸ ▸ O] [❺ ▸ O] 오스본(D. Osborne)과 플래스트릭(P. Plastrik)의 '기업가 정부'를 만들기 위한 다섯 가지 전략에 관한 설명으로 타당한 내용이다.
[❹ ▸ X] 통제전략(Control Strategy)은 업무수행에 있어 기존의 관리자에 의한 내부규제를 줄이고 재량권을 부여하되 결과에 대하여 책임지도록 하는 전략을 말한다. 실무자, 일선기관, 지역사회에 권한위임을 강조한다.

답 ❹

052 □□□ 오스본(D. Osborne)과 게블러(T. Gaebler)의 전통적 행정과 신공공관리에 관한 비교설명으로 옳지 않은 것은? 24 행정사 제12회

	기 준	전통적 행정	신공공관리
ㄱ :	정부 역할	노젓기	방향잡기
ㄴ :	서비스 공급	독점적 공급	경쟁 도입
ㄷ :	행정가치	관료 중심	고객 중심
ㄹ :	행정주체	집권적 계층제	참여와 팀워크
ㅁ :	관리방식	업무 중심	규칙 중심

① ㄱ
② ㄴ
③ ㄷ
④ ㄹ
⑤ ㅁ

해설

[ㄱ ▸ O] 전통적 행정에서는 정부(관료)의 역할을 **'노젓기'**(정치적으로 정의된 단일 목표에 초점을 둔 정책설계와 집행)로 본 반면, 신공공관리에서는 정부(관료)의 역할을 **'방향잡기'**(시장의 힘을 활용한 촉매자의 역할)로 보았다.

[ㄴ ▸ O] 전통적 행정이 행정서비스를 독점적으로 공급하는 반면, 신공공관리는 정부기능·조직·인력을 정부기능의 폐지 또는 민영화, 민간위탁 등을 통해 감축하고, 성과중심의 행정체제로의 전환을 추구하고 **시장적 기제의 도입에 따른 경쟁 도입** 및 고객 위주의 서비스 지향을 강조하였다.

[ㄷ ▸ O] 전통적 행정은 관료 중심의 행정인 반면, 신공공관리는 고객 중심의 행정을 지향한다.

[ㄹ ▸ O] 전통적 행정의 경우 행정주체는 **집권적 계층제 조직**인 반면, 신공공관리의 행정주체는 권한 분산과 하부위임을 통한 **참여와 팀워크 중심의 분권적 정부**이다.

[ㅁ ▸ X] 전통적 행정의 관리방식은 **규칙 중심**인 반면, 신공공관리의 관리방식은 **임무(업무, mission) 중심**이다. 여기서 임무(mission)란 기관의 존재이유를 말한다. 신공공관리(NPM)는 전통적 행정(관료제)에 비하면 임무(업무) 중심이지만, 뉴거버넌스에 비하면 상대적으로 임무(업무)보다는 고객 중심적이다.

➲ 오스본과 게블러의 전통적 행정과 신공공관리 비교

기 준	전통적 행정	신공공관리
정부 역할	노젓기	방향잡기
서비스 공급	독점적 공급	경쟁 도입
행정가치	관료 중심	고객 중심
행정주체	집권적 계층제 (명령과 통제)	참여와 팀워크 (분권적 정부)
관리방식	규칙 중심	업무 중심

답 ❺

053 신공공관리론과 뉴거버넌스론의 특징이 옳게 연결된 것을 모두 고른 것은? 14 행정사 제2회

□□□

	구 분	신공공관리론	뉴거버넌스론
ㄱ :	인식론적 기초	신자유주의	공동체주의
ㄴ :	관리가치	신 뢰	결 과
ㄷ :	작동원리	경 쟁	협 력
ㄹ :	관료역할	조정자	공공기업가
ㅁ :	서비스	민영화, 민간위탁	시민 및 기업의 참여를 통한 공동공급

① ㄱ, ㄴ, ㄷ

② ㄱ, ㄴ, ㄹ

③ ㄱ, ㄷ, ㅁ

④ ㄴ, ㄹ, ㅁ

⑤ ㄷ, ㄹ, ㅁ

해설

➲ 신공공관리론과 뉴거버넌스론의 비교

구 분	신공공관리론	뉴거버넌스론
인식론적 기초㉠	신자유주의	공동체주의, 참여주의
관리가치㉡	결과(효율성, 생산성)	과정(민주성, 대응성, 정치성, 신뢰)
작동원리㉢	갈등과 경쟁체제(시장메커니즘)	신뢰와 협력체제(참여메커니즘)
관료역할㉣	공공기업가	조정자(네트워크 촉매자)
서비스㉤	민영화, 민간위탁	공동생산(시민 · 기업의 참여)
관리기구(공급주체)	시장주의	서비스연계망(공동체에 의한 공동생산)
관리방식	고객지향	임무중심
참여의 형태	공리주의, 자원봉사주의	시민주의
정치성	탈정치화(정치행정이원론)	재정치화(정치행정일원론)
이데올로기	우 파	좌 파
혁신의 초점	정부재창조(미국)	시민재창조(영국)
분석수준	조직 내	조직 간

답 ❸

PART 1 PART 2 PART 3

054 다음에서 설명하는 피터스(Peters)의 거버넌스 정부개혁모형은? 17 행정사 제5회

□□□

> 정부관료제가 공공봉사 의지를 지닌 대규모의 헌신적인 구성원으로 구성되어 있다는 것을 전제하여, 정부의 내부규제가 제거되거나 축소되면 정부관료제가 훨씬 역동적이고 효율적으로 기능할 것이라고 가정한다.

① 시장 모형(market model)

② 참여 모형(participatory model)

③ 유연 모형(flexible model)

④ 저통제 모형(deregulation model)

⑤ 기업가적 모형(entrepreneurial model)

해설

[❶ ▸ ×] [❷ ▸ ×] [❸ ▸ ×] [❹ ▸ ○] 제시된 글은 피터스(G. Peters)의 거버넌스 정부개혁모형 중 **저통제 모형**(deregulation model)에 관한 설명이다.

[❺ ▸ ×] 기업가적 모형(entrepreneurial model)은 로즈(Rhodes)의 뉴거버넌스 모형(1996년)의 내용으로 기업의 관리철학을 공공부문에 도입하여 내부시장화, 상업적인 경영형태 등을 강조하는 모형을 말한다.

➲ 피터스(G. Peters)의 모형 비교

구 분	전통적 정부모형	시장적 정부모형	참여적 정부모형	신축적 정부모형	탈내부규제 정부모형 (저통제 모형)
문제의식	전근대적 권위	독점	계층제	영속성	내부규제
조직개혁	계층제	분권화	평면조직	가상조직	특정 내용 없음
관리개혁	직업공무원제, 절차적 통제	성과급, 민간부문의 기법	총체적 품질관리, 팀제	가변적 인사관리, 임시조직	관리재량권 확대
정책결정 개혁방안	정치·행정의 구분	내부시장, 시장적 유인	협의, 협상	실 험	기업가적 정부
조정방안	상의하달식, 명령통일	보이지 않는 손	하의상달	조직개편	관리자의 자기이익
공무원제 개혁방안	실적제	시장기제로 대체	계층제 축소	임시고용	내부규제 철폐
공익기준	안정성, 평등	저비용	참여, 협의	저비용, 조정	창의성, 공봉사의사를 지닌 활동주의

답 ❹

055 행정학의 주요 접근방법과 그 내용을 연결한 것으로 옳지 않은 것은? 13 행정사 제1회

□□□

① 뉴거버넌스론 – 로즈(R. A. W. Rhodes) – 민관협력 네트워크

② 생태론 – 리그스(F. W. Riggs) – 행정체제의 개방성

③ 공공선택론 – 오스트롬(V. Ostrom) – 정치경제학적 연구

④ 후기행태주의 – 이스턴(D. Easton) – 가치중립적·과학적 연구 강조

⑤ 신공공관리론 – 오스본(D. Osborne)과 게블러(T. Gaebler) – 기업가적 정부

해설

[❶ ▸ O] 뉴거버넌스론은 전통적인 행정국가의 정부실패와 시장실패를 극복하기 위하여 정부가 민간의 힘을 동원하여 공동체 구성원의 참여(협치)에 의한 공적 문제의 해결을 중시한 이론으로 로즈(R. A. W. Rhodes)는 민관협력 네트워크를 강조하였다.

[❷ ▸ O] 생태론적 접근방법은 행정현상을 자연적·사회적 환경과 관련시켜 이해하려는 거시적 접근법을 말하며, 리그스(F. W. Riggs)는 개발도상국의 행정체제를 설명하기 위하여 행정체제의 개방성을 전제하여 과도기적 사회인 프리즘적 사회(모형)를 주장하였다.

[❸ ▸ O] 공공선택론은 공공부문에 경제학적 관점을 도입하려는 접근법으로 행정을 공공재의 공급과 소비관계로 파악하고 정부는 공공재의 공급자, 국민은 소비자로 규정하여 시장에서처럼 시민이 자신의 선호에 따라 공공재를 선택할 수 있다는 이론을 말하며, 오스트롬(V. Ostrom), 뷰캐넌(Buchanan), 털럭(Tullock) 등에 의하여 주장되었다. 공공선택론은 대외적으로는 환경으로부터 정당성의 확보, 대내적으로는 목표의 능률성 달성을 중시한다는 점에서 정치·경제학적 접근의 일종이며 비시장경제학이라고도 불린다.

[❹ ▸ ×] 후기행태주의는 정치체계론자인 이스턴(D. Easton)에 의하여 행정학에 도입되었다. 후기행태주의는 적실성 있는 연구를 강조하고 연구결과의 실천성을 강조하였으며, 가치중립적인 과학적·실증적 연구보다 가치평가적인 정책연구를 지향하고, 정책학 발전의 견인차 역할을 하였다.

[❺ ▸ O] 신공공관리론은 내부적으로는 '신관리주의'를 통해 성과중심의 행정을 구현하고, 외부적으로는 '시장주의'를 통해 정부역할의 감소와 공공서비스 공급에서의 경쟁구조, 고객지향의 행정을 추구하는 정부 운영 및 개혁에 관한 이론이다. 오스본(D. Osborne)과 게블러(T. Gaebler)의 「정부재창조론(1992)」에서 제시한 '기업가적 정부운영의 10대 원리'는 신공공관리론의 특징과 신공공관리론적 정부개혁의 방향을 잘 나타내고 있다. '기업가적 정부운영의 10대 원리'란 ㉠ 촉진적 정부(노젓기보다 방향 잡아주기), ㉡ 지역사회가 주도하는 정부(서비스 제공보다 권한 부여), ㉢ 경쟁적 정부(서비스 제공에 경쟁 도입), ㉣ 사명 지향적 정부(규칙 중심 조직의 개혁), ㉤ 성과 지향적 정부(투입이 아닌 성과와 연계한 예산배분), ㉥ 고객 지향적 정부(관료제가 아닌 고객 요구 충족), ㉦ 기업가적 정부(지출보다는 수익 창출), ㉧ 미래에 대비하는 정부(사고 수습보다는 사고 예방), ㉨ 분권적 정부(위계조직에서 참여와 팀워크로) ㉩ 시장 지향적 정부(시장기구를 통한 변화 촉진)를 말한다.

답 ❹

056 행정이론에 관한 설명으로 옳지 않은 것은? 21 행정사 제9회

□□□

① 신행정론은 관료들이 정책결정을 해야만 한다는 적극적 정치행정일원론을 주장한다.

② 공공선택이론은 집권적 관료제가 공공서비스를 제공하는 데 있어서 유일한 최선의 방안은 아니라고 한다.

③ 포스트모더니즘 행정이론은 사회적 맥락에 대한 고려 없이 보편적 이론을 발견하고자 하는 실증주의를 배격한다.

④ 신공공관리론은 고객의 개인적 이익이 아닌 시민 전체로서의 공익에 대한 책임성과 대응성을 강조한다.

⑤ 신제도주의이론은 제도가 개인행위를 제약하지만, 개인 간 상호작용의 결과로 제도가 변화될 수도 있다고 본다.

해설

[❶ ▸ O] **신행정론**은 행태론적 접근방법과 실증주의에 대한 반대명제로서 1970년대 후기 산업사회와 함께 등장한 가치중심의 행정이론으로 새로운 가치로서의 사회적 형평 등 가치문제를 중시하였고, 정책지향성이나 문제지향성을 강조하여 관료들이 정책결정을 해야만 한다는 **적극적 정치행정일원론**을 주장하였으며 고객지향적 행정과 민주적 행정모형을 강조하였다.

[❷ ▸ O] 공공선택이론은 공공부문에 경제학적 관점을 도입하려는 접근법으로 행정을 공공재의 공급과 소비관계로 파악하고 정부는 공공재의 공급자로, 국민은 소비자로 규정하여 시장에서처럼 시민이 자신의 선호에 따라 공공재를 선택할 수 있다는 이론을 말한다. 공공선택이론은 공공재와 공공서비스를 독점적으로 공급하는 전통적인 정부관료제는 시민의 요구에 민감하게 대응할 수 없어 바람직한 제도적 장치가 되지 못한다고 보고, 대안적 조치로서 중첩적인 관할구역과 분권적·중복적인 조직장치가 필요하다고 주장하였다.

[❸ ▸ O] **포스트모더니즘이론**에서는 보편적 진리를 추구하는 것에 의심을 품고, 진리의 기준은 상대적이고 맥락의존적(context dependent)이라고 보기 때문에, 사회적 맥락에 대한 고려 없이 보편적 이론을 발견하고자 하는 실증주의를 배격한다.

[❹ ▸ ×] 시민 전체로서의 공익에 대한 책임성과 대응성을 강조하는 것은 **신공공서비스론**이고, **신공공관리론**(NPM)은 시민을 자율적인 소비자 또는 고객으로 간주하는 이론이다. 전통적으로 정부가 제공하는 행정서비스는 공급자 중심이고 권위주의적인 특성을 갖고 있었으나, 신공공관리론은 고객의 선호와 수요에 의해 서비스의 질과 양이 결정되는 시장의 원리를 적용하여 행정에도 고객의 개념을 도입하였다.

[❺ ▸ O] 신제도주의이론에서는 제도가 개인 간 상호작용을 통해서 만들어지고(종속변수), 그러한 제도가 개인행위를 제약(독립변수)하기도 한다고 이해하였다.

> **핵심정리**
>
> **행정이론**
>
> ① 신행정론 → 적극적 정치행정일원론 주장
>
> ② 공공선택이론 → 집권적 관료제가 공공서비스를 제공하는 데 있어서 유일한 최선의 방안은 아니라고 주장
>
> ③ 포스트모더니즘 행정이론 → 보편적 이론을 발견하고자 하는 실증주의 배격
>
> ④ 신공공관리론 → 시민을 자율적인 소비자 또는 고객으로 간주
>
> ⑤ 신제도주의이론 → 제도와 인간 간의 관계에서 제도의 종속변수성과 독립변수성 모두 인정

답 ❹

057 행정학의 패러다임에 관한 설명으로 옳은 것은?

□□□

23 행정사 제11회

① 뉴거버넌스는 정부 내부의 관리보다는 외부 주체와의 관계를 강조한다.
② 신공공관리는 부서 간 또는 기관 간 경쟁보다 협력을 강조한다.
③ 신행정학은 행정의 능률성과 중립성을 강조한다.
④ 전통적 관료제 중심의 행정은 환경변화에 대한 유연한 적응에 유리하다.
⑤ 신공공관리의 고객은 사회적 책임의식을 갖춘 적극적 시민성을 특징으로 한다.

해설

[❶ ▸ O] **뉴거버넌스론**은 정부 내부의 관리보다는 외부 주체(시장, 시민사회 등)와의 신뢰와 협력에 기초한 관계(네트워크)를 강조한다.

[❷ ▸ ×] **신공공관리론**은 정부 내에 시장 요소(경쟁적 요소)를 적극적 도입함으로써 부서 간 또는 기관 간 경쟁을 강조한다.

[❸ ▸ ×] **신행정학**은 기존의 가치중립적 관리론에 대해 비판하고, 능률과 절약에 앞서 사회적 형평성의 가치를 중시하고, 고객 중심의 행정(민주성)을 주장하였다.

[❹ ▸ ×] **전통적 관료제** 중심의 행정은 그 경직성으로 인하여 환경변화에 대한 유연한 적응이 어렵다.

[❺ ▸ ×] **신공공관리론**은 국민을 공리주의에 입각한 고객으로 보지만, **뉴거버넌스론**은 국민을 사회적 책임의식을 갖춘 적극적 시민으로 본다.

핵심정리

행정학의 패러다임

① 뉴거버넌스론 → 정부 내부의 관리보다는 외부 주체(시장, 시민사회 등)와의 관계를 강조
②, ⑤ 신공공관리론
→ 부서 간 또는 기관 간 경쟁을 강조
→ 국민은 공리주의에 입각한 고객 O (사회적 책임의식을 갖춘 적극적 시민 ×)
③ 신행정학 → 사회적 형평성의 가치를 중시, 고객 중심의 행정(민주성)을 주장
④ 전통적 관료제 중심의 행정 → 환경변화에 대한 유연한 적응에 불리

답 ❶

058 신공공서비스 행정이론에 관한 설명으로 옳은 것을 모두 고른 것은? 22 행정사 제10회

ㄱ. 시민을 자율적인 소비자 또는 고객으로 간주한다.
ㄴ. 민주적 시민의식론과 조직적 인본주의를 이념으로 한다.
ㄷ. 공공행정의 다양한 가치와 책임성 문제에 관심을 둔다.
ㄹ. 공공서비스의 공급에 있어 합리적 선택과 방법론적 개인주의를 강조한다.

① ㄱ, ㄴ
② ㄱ, ㄷ
③ ㄴ, ㄷ
④ ㄴ, ㄹ
⑤ ㄷ, ㄹ

해설

[ㄱ ▸ ×] 시민을 자율적인 소비자 또는 고객으로 간주하는 이론은 **신공공관리론(NPM)**이다. **신공공서비스론**의 시민은 사회적 책임의식을 갖춘 적극적 시민성(citizenship)을 특징으로 한다.

[ㄴ ▸ ○] 신공공서비스론은 민주시민의 적극적 역할을 강조하는 민주적 시민의식론(citizenship)과 자기실현적 인간관에 입각하여 인간중심주의적 조직관리를 처방하는 조직적 인본주의, 사회공동체의 통합기능을 긍정하고 정부의 역할은 사회공동체의 발전을 돕고 이를 지지해야 한다는 사회공동체이론 등을 그 이론적 기초로 하고 있다.

[ㄷ ▸ ○] 신공공서비스론은 다양한 가치와 복잡하고 다원적인 행정책임(시민에 대한 대응성, 헌법과 법률의 준수, 사회공동체의 이익 존중 등) 문제에 관심을 둔다.

[ㄹ ▸ ×] 공공서비스의 공급에 있어 합리적 선택과 방법론적 개인주의를 강조하는 것은 **공공선택론**이다. 공공선택론은 공공재의 공급에서 시민의 선택을 중시하는 접근방법으로 뷰캐넌을 비롯한 경제학자들과 수학자들에 의해 창시되었다.

답 ❸

059 신공공서비스론에 관한 설명으로 옳은 것은? 19 행정사 제7회

① 정부의 역할을 '노젓기'보다는 '방향잡기'로 규정한다.
② 관료는 사회문제를 해결하는 과정에서 협상과 중재 기능을 담당한다.
③ 공익을 행정활동으로 생성되는 부산물로 간주한다.
④ 정부관료제에 경쟁 원리를 도입하여 개혁할 것을 강조한다.
⑤ 기업가적 목표달성을 위하여 폭넓은 행정재량을 허용한다.

해설

[❶ ▸ ×] 정부의 역할을 '노젓기'(정치적으로 정의된 단일 목표에 초점을 둔 정책설계와 집행)로 보는 것은 전통적 행정이론이고, 정부의 역할을 '방향잡기'(시장의 힘을 활용한 촉매자)로 규정하는 것은 신공공관리론이다. **신공공서비스론**에서는 정부의 역할을 '노젓기'도 아니고 '방향잡기'도 아닌 '**봉사**'(공유가치 창출을 위한 집단이익의 협상과 중재)로 보고 있다.

[❷ ▸ ○] **신공공서비스론**에서는 관료는 협상·중재자로서 시민에 대한 봉사자 역할을 하는 것으로 인식하였다. 반면, 신공공관리론에서는 관료는 방향잡기의 기능, 즉 시장의 힘을 활용한 촉매자의 역할을 한다고 보았다.

[❸ ▸ ×] 공익을 행정활동으로 생성되는 부산물로 간주한 것은 **신공공관리론**이다. **신공공서비스론**에서는 공익은 부산물이 아니라 목표로 보고, 공익을 공유가치에 대한 담론의 결과물로 이해하였다.

[❹ ▸ ×] 정부관료제에 경쟁 원리를 도입하여 개혁할 것을 강조한 것은 신공공관리론이다.

[❺ ▸ ×] 기업가적 목표달성을 위해 폭넓은 행정재량을 인정하는 것은 **신공공관리론**이다. **신공공서비스론**에서는 행정재량이 필요성은 인정하지만, 행정재량에 대한 제약과 책임이 수반된다고 보았다.

답 ❷

060 신공공서비스론에 관한 설명으로 옳은 것은? 21 행정사 제9회

□□□

① 행정의 민주성보다는 시장논리에 따라 생산성이나 효율성을 강조한다.
② 관료는 사회문제를 해결하는 과정에서 협상과 중재 기능을 담당한다.
③ 공익을 행정활동으로 생성되는 부산물로 간주한다.
④ 기업가적 목표달성을 위한 광범위한 행정재량을 인정한다.
⑤ 상명하복하는 관료적 조직구조와 고객에 대한 규제와 통제를 선호한다.

해설

[❶ ▸ ×] 행정의 민주성보다 시장논리에 따라 생산성이나 효율성을 강조한 것은 **신공공관리론**이다. **신공공서비스론**에서는 행정의 민주성을 중시한다. 즉, 신공공서비스론은 주권자인 시민의 지위를 중시하고, 공공가치나 정부역할에 대한 결정의 주체는 시민이어야 한다고 본다. 따라서 정부가 하는 일에 대한 정치적 정당성과 시민의 지지를 중요시한다.

[❷ ▸ ○] 신공공서비스론에서는 관료는 협상·중재자로서 시민에 대한 봉사자 역할을 하는 것으로 인식하였다. 반면, 신공공관리론에서는 관료는 방향잡기의 기능, 즉 시장의 힘을 활용한 촉매자의 역할을 한다고 보았다.

[❸ ▸ ×] 공익을 행정활동으로 생성되는 부산물로 간주한 것은 **신공공관리론**이다. **신공공서비스론**에서는 공익은 부산물이 아니라 목표로 보고, 공익을 공유가치에 대한 담론의 결과물로 이해하였다.

[❹ ▸ ×] 기업가적 목표달성을 위한 광범위한 행정재량을 인정하는 것은 **신공공관리론**이다. **신공공서비스론**에서는 행정재량이 필요성은 인정하지만, 행정재량에 대한 제약과 책임이 수반된다고 보았다.

[❺ ▸ ×] 상명하복하는 관료적 조직구조와 고객에 대한 규제와 통제를 선호하는 것은 **전통적 행정이론**의 입장이다. **신공공서비스론**에서는 관료적 조직구조를 비판하면서 협동적인 조직구조를 선호하였다. 또한 규제와 통제보다는 신뢰와 협동관계 구축에 관심을 두었다.

061 행정개혁(행정혁신)의 관점에 관한 설명으로 옳은 것은? 18 행정사 제6회

□□□

① 신공공관리론은 사회적 자본에 기초한 시민의 집단적 역량과 참여를 강조한다.

② 뉴거버넌스 참여주체인 시민사회는 상호의존적 종속관계에 기초한 자율적 교환을 특징으로 한다.

③ 신공공서비스론은 고객으로서의 주민보다는 공론의 장에 참여하는 시민으로서의 주민을 강조한다.

④ 신공공관리론은 현대사회의 난제(wicked problems) 해결을 위해 행정부서들 또는 기관들 사이의 협력을 강조한다.

⑤ 뉴거버넌스 이론은 정부실패가 아닌 시장실패를 바로잡기 위한 처방으로 간주된다.

해설

[❶ ▸ ×] **신공공관리론**은 정부기능·조직·인력을 정부기능의 폐지 또는 민영화, 민간위탁 등을 통해 감축하고, 성과중심의 행정체제로의 전환을 추구하고 시장적 기제의 도입에 따른 경쟁도입 및 고객 위주의 서비스 지향을 강조하였다. 사회적 자본에 기초한 시민의 집단적 역량과 참여를 강조한 것은 **뉴거버넌스론**이다.

[❷ ▸ ×] **뉴거버넌스론**은 참여주체인 시민사회를 구성하는 사회구성원 간의 평등한 협력과 신뢰를 중시한다.

[❸ ▸ ○] **신공공서비스론**은 '정부 – 시민'의 관계는 '기업 – 고객'의 관계와 다르다고 하여, 고객으로서의 주민보다는 공론의 장에 참여하는 적극적 시민성(citizenship)을 갖춘 주민을 강조한다.

[❹ ▸ ×] **신공공관리론**은 정부 조직 안에서도 시장원리를 도입하여 행정기관들 사이에 경쟁을 강조하였으나, 뉴거버넌스론은 행정부서들 또는 기관들 사이의 협력을 강조하였다.

[❺ ▸ ×] 신공공관리론과 뉴거버넌스론은 모두 정부실패에 대한 대안으로 제시된 것이다.

➲ 전통적 행정이론, 신공공관리론(NPM), 신공공서비스론(NPS)의 비교

구 분	전통적 행정이론	신공공관리론(NPM)	신공공서비스론(NPS)
이론적 기초	초기의 사회과학	신고전학파 경제이론, 성과관리론	민주주의이론, 실증주의를 포함한 다양한 이론
공 익	법률로 표현된 정치적 결정	개인들의 총 이익의 합	공유가치에 대한 담론의 결과
합리성 모형	개괄적 합리성	기술적·경제적 합리성	전략적 합리성
정부의 역할	노젓기	방향잡기	봉사(Service) (시민과 지역공동체 내의 이익을 협상하고 중재하거나 공유가치를 창출하는 역할)
정책목표의 달성수단	정부기구를 통한 프로그램	개인 및 비영리기구의 이용	공공기관, 비영리기관, 개인들의 연합체의 구축
책임에 대한 접근 양식	계층제적(행정인은 민주적으로 선출된 정치지도자에게 반응)	시장지향적	다면적, 복합적
행정관료의 동기유발	• 임금과 편익 • 공무원으로서의 신분보호	• 기업가정신 • 정부규모를 축소하려는 이데올로기적 욕구	• 공공서비스, 사회에 기여하려는 욕구 • 시민정신에의 부응
행정관료의 재량	제한된 재량	기업적 목표를 달성하기 위한 넓은 재량인정	재량이 인정되지만 책임의 수반

답 ❸

CHAPTER 02

정책론

제1절 정책과 정책과학의 본질

062 □□□ **정부의 정책문제는 해결해야 할 문제를 어떤 관점에서 보는가에 따라 정책목표의 구체적인 내용과 정책수단도 달라진다. 다음 중 정책문제의 속성에 관한 설명으로 옳지 않은 것은?**

13 행정사 제1회

① 정책문제는 공공성이 강하다.
② 정책문제는 주관적이며, 정치적 성격이 강하다.
③ 정책문제는 복잡·다양하며, 상호의존적이다.
④ 정책문제는 역사적 산물인 경우가 많다.
⑤ 정책문제는 정태적 성격이 강하다.

해설

[❶ ▸ O] 정책문제는 공적 문제이며, 정책문제의 해결은 공익을 목적으로 한다는 점에서 공공성이 강하다.
[❷ ▸ O] 정책문제는 정책문제를 정의하는 집단이나 사람의 이해관계, 가치관, 능력, 심리상태 등에 따라 인위적으로 영향을 받는 주관적 성격을 가지고 있으며, 정책결정은 정부가 결정의 주도적 역할을 한다는 점에서 개인이나 기업 차원의 결정과 다르게 정치적이고 권력적인 특성을 가진다.
[❸ ▸ O] [❺ ▸ X] 정책문제는 복잡하고 다양하며, 하나의 정책문제는 체제 내의 다른 문제들로부터 영향을 주고받는 상호작용 속에서 그 성격과 해결책이 변화하게 된다는 점에서 동태적 성격, 상호의존적 성격을 가지고 있다.
[❹ ▸ O] 현재의 정책문제는 오랜 기간 동안 형성된 것으로 눈에 보이는 현실만 고려해서는 그 원인을 제대로 밝혀낼 수 없는 역사성을 띠고 있다. 따라서 정책문제는 역사적 산물인 경우가 많다(예 친일청산문제).

답 ❺

063 공공서비스 생산방식 중 이용권(voucher)에 관한 설명으로 옳지 않은 것은? 24 행정사 제12회

□□□

① 공공서비스의 생산을 민간에 위탁하는 방법 중의 하나이다.

② 시민들은 정부가 지정하는 하나의 서비스 제공 기관에서 이용권을 사용하여야 한다.

③ 보건복지부는 각종 돌봄서비스에서 전자 이용권을 제공하고 있다.

④ 소비자 중심의 맞춤형 사회서비스가 강조되면서 서비스가 확대되고 있다.

⑤ 노인, 장애인, 보육 정책 등에서 서비스가 확대되고 있다.

해설

[❶ ▸ O] 이용권(바우처, voucher)이란 공공서비스의 생산을 민간부문에 위탁하면서 시민들의 서비스 구입부담을 완화시키기 위해 소비자에게 금전적 가치가 있는 증서를 제공하는 방식을 의미한다.

[❷ ▸ X] 이용권(바우처, voucher) 제도란 정부가 수요자에게 쿠폰을 지급하여 원하는 공급자를 선택토록 하고, 공급자가 수요자로부터 받은 쿠폰을 제시하면 정부가 재정을 지원하는 방식을 말하므로, 시민들이 정부가 지정하는 하나의 서비스 제공 기관에서 이용권을 사용하여야 하는 것은 아니다.

[❸ ▸ O] 보건복지부는 각종 돌봄서비스에서 전자 이용권을 제공하고 있다.

[❹ ▸ O] 이용권(바우처, voucher)은 소비자가 재화의 선택권을 갖는다는 장점이 있어 소비자 중심의 맞춤형 사회서비스가 강조되면서 서비스가 확대되고 있다.

[❺ ▸ O] 사회복지 분야에서 노인, 장애인, 산모, 아동 등 사회서비스를 필요로 하는 사람들에게 이용권을 발급하여 서비스를 받을 수 있도록 하는 사회서비스 바우처가 많이 활용되고 있다.

답 ❷

064 로위(T. Lowi)의 정책유형에 해당하는 것을 모두 고른 것은? 20 행정사 제8회

□□□

ㄱ. 분배정책	ㄴ. 규제정책
ㄷ. 보호적 규제정책	ㄹ. 자율규제정책
ㅁ. 재분배정책	ㅂ. 구성정책

① ㄱ, ㄴ, ㄷ, ㄹ

② ㄱ, ㄴ, ㅁ, ㅂ

③ ㄱ, ㄹ, ㅁ, ㅂ

④ ㄴ, ㄷ, ㄹ, ㅁ

⑤ ㄷ, ㄹ, ㅁ, ㅂ

해설

[ㄱ ▸ O] [ㄴ ▸ O] [ㅁ ▸ O] [ㅂ ▸ O] 로위(T. Lowi)는 정책의 유형을 강제력의 행사방법과 적용대상에 따라 ㄱ. **분배정책**(국방, 고속도로, 항만과 같이 정부가 조달한 재정자원을 다수의 국민에게 재화와 서비스를 제공하기 위해 배분하는 가장 일반적인 정책유형), ㄴ. **규제정책**(허위과장광고 규제나 오염물질 배출 규제와 같이 공익 차원에서 개인이나 기업의 특정한 권리행사를 제약하는 것에 관한 정책), ㅁ. **재분배정책**(실업자나 저소득층의 소득안정 정책이나 빈곤층을 위한 사회보장 정책과 같이 비용의 부담 주체는 고소득층이고 수혜 대상은 저소득층인 정책), ㅂ. **구성정책**(정부기구 신설이나 개편, 선거구 획정 등과 같이 정부 내지 국가 자체의 운영규칙에 관련한 정책)으로 분류하였다.

[ㄷ ▸ X] **보호적 규제정책**은 리플리와 프랭클린(Ripley & Franklin)이 분류한 정책유형으로, 최저임금보장, 공공서비스요금 규제와 같이 다수의 국민의 이익을 보호하기 위하여 기업활동의 내용을 규제하는 정책을 말한다.

[ㄹ ▸ X] **자율규제정책**은 설리스베리(R. H. Salisbury)가 분류한 정책유형으로, 의사, 변호사, 약사, 미용사 등과 같이 영업 활동에 대한 규제 내용을 업종에 종사하는 회원의 단체가 스스로 정하고 감시하는 정책유형을 말한다.

➲ 정책학자들의 정책분류

학 자	정책유형
로위(T. Lowi)	분배정책, 규제정책, 재분배정책, 구성정책
알몬드와 파우얼(Almond & Powell)	분배정책, 규제정책, 상징정책, 추출정책
리플리와 프랭클린(Ripley & Franklin)	분배정책, 경쟁적 규제정책, 보호적 규제정책, 재분배정책
설리스베리(Salisbury)	분배정책, 규제정책, 재분배정책, 자율규제정책

답 ❷

065 □□□ 정책의 기능과 유형에 관한 설명으로 옳지 않은 것은? 20 행정사 제8회

① 정책은 정치적·행정적 과정으로서 단순하고 정태적 과정을 거친다.

② 정책 자체가 하나의 행동노선을 담고 있기 때문에 그에 관한 개인들의 행동을 위한 지침역할을 한다.

③ 정책은 변동과 안정을 야기하기도 하며 사회의 이익을 조정·통합하기도 한다.

④ 리플리와 프랭클린(R. Ripley & Franklin)의 경쟁적 규제정책은 배분정책과 규제정책의 성격을 동시에 지니고 있다.

⑤ 국경일 제정, 국기 게양 등은 국민적 통합을 위하여 정치적인 목적으로 사용하는 상징정책의 예이다.

해설

[❶ ▸ ×] [❷ ▸ ○] 드로어(Y. Dror)는 정책의 개념에 대하여 매우 불확실하고 복잡한 동태적인 상황 속에서 국가 및 공공단체가 공익의 구현을 위해 만든 미래지향적 행동지침으로 보아,❷ 공익지향성, 미래지향성, 하위결정에 대한 지침성, 복잡·동태성을 그 특성으로 한다고 주장하였다.❶ 정책은 적어도 장기적으로 다수의 사람들에게 공통으로 적용되는 일련의 행동기준(= 행동지침)이나 원칙을 담고 있다(유민봉, 한국행정학).

[❸ ▸ ○] 정책은 사회의 변동과 안정을 야기하기도 하고 사회의 이익을 조정·통합하는 기능을 수행하기도 한다.

[❹ ▸ ○] 리플리와 프랭클린(R. Ripley & G. Franklin)의 **경쟁적 규제정책**은 항공노선 배정이나 이동통신 주파수 배정과 같이 이권이 개입된 특정 서비스 제공의 권리를 다수의 경쟁자 중에서 특정 개인이나 집단에만 제한적으로 부여하고 이들의 영업활동 등을 특별히 규제하는 정책을 말한다. 경쟁적 규제정책은 이권을 부여하는 분배정책(배분정책)과 이들을 적절하게 통제하려는 보호적 규제정책이라는 양면성을 가지고 있다.

[❺ ▸ ○] 알몬드와 파우얼(G. Almond & B. Powell)의 **상징정책**은 국기 게양, 국경일 행사, 올림픽이나 월드컵과 같은 국제행사 개최 등 국가에 대한 애국심과 자긍심 고취 그리고 국민 통합의 상징적 의미를 가진 정책을 말한다.

핵심정리

정책의 기능과 유형

①, ② 정책
→ 복잡하고 동태적 과정을 거침 ○ (단순하고 정태적 과정 ×)
→ 개인들의 행동을 위한 지침역할 ○

③ 정책의 기능 → 사회의 변동과 안정을 야기하기도 하며 사회의 이익을 조정·통합

④ 리플리와 프랭클린의 경쟁적 규제정책 → 배분정책의 성격 + 규제정책의 성격

⑤ 국경일 제정, 국기 게양 → 상징정책의 예

답 ❶

066 □□□ **리플리와 프랭클린(R. B. Ripley & G. A. Franklin)은 정책유형이 달라짐에 따라 정책형성과정과 정책집행과정도 달라진다고 주장한다. 다음은 그들이 제시한 정책유형 중 어떤 정책에 관한 설명인가?**

13 행정사 제1회

> 정부는 특정 전문지식과 자격을 갖춘 몇몇 개인이나 기업(집단)에게 특정한 기간 동안 사업을 할 수 있도록 허용하되 일정한 기간 후에는 자격조건을 재심사하도록 함으로써 경쟁력을 높이고, 공익을 위해서 서비스 제공에 대한 규정을 지키도록 하는 것이다.

① 경쟁적 규제정책
② 보호적 규제정책
③ 상징정책
④ 분배정책
⑤ 재분배정책

해설

[❶ ▸ O] 제시된 글은 **경쟁적 규제정책**에 대한 설명이다. 항공노선 배정이나 이동통신 주파수 배정과 같이 이권이 개입된 특정 서비스 제공의 권리를 다수의 경쟁자 중에서 특정 개인이나 집단에만 제한적으로 부여하고 이들의 영업활동 등을 특별히 규제하는 정책을 말한다.

[❷ ▸ ×] **보호적 규제정책**은 최저임금보장, 공공서비스요금 규제와 같이 다수의 국민의 이익을 보호하기 위하여 기업활동의 내용을 규제하는 정책을 말한다.

[❸ ▸ ×] 알몬드와 파우얼(G. Almond & B. Powell)의 **상징정책**은 국기 게양, 국경일 행사, 올림픽이나 월드컵과 같은 국제행사 개최 등 국가에 대한 애국심과 자긍심 고취 그리고 국민 통합의 상징적 의미를 가진 정책을 말한다.

[❹ ▸ ×] **분배정책**은 정부가 조달한 재정자원을 다수의 국민에게 재화와 서비스를 제공하기 위해 배분하는 가장 일반적인 정책유형으로서 국·공립학교 서비스, 공항·항만 등 사회간접자본의 건설 등이 이에 해당한다.

[❺ ▸ ×] **재분배정책**은 실업자나 저소득층의 소득안정 정책이나 빈곤층을 위한 사회보장 정책과 같이 비용의 부담 주체는 고소득층이고 수혜 대상은 저소득층인 정책을 말한다.

067 정책 유형에 관한 설명으로 옳은 것은? 18 행정사 제6회

□□□

① 리플리와 프랭클린(R. Ripley & G. Franklin)의 경쟁적 규제정책은 배분정책과 규제정책의 성격을 동시에 지니고 있다.

② 리플리와 프랭클린(R. Ripley & G. Franklin)의 보호적 규제정책은 소수를 보호하기 위해 다수를 규제하는 정책이다.

③ 로위(T. Lowi)가 주장하는 배분정책의 가장 큰 특징은 계급 대립의 성격을 지닌다는 것이다.

④ 로위(T. Lowi)의 재분배정책은 수혜자와 비용부담자 간의 갈등이 없다는 점이 특징이다.

⑤ 알몬드와 파우얼(G. Almond & B. Powell)은 정책을 배분, 규제, 재분배, 구성 정책으로 분류하였다.

해설

[❶ ▸ O] 리플리와 프랭클린(R. Ripley & G. Franklin)의 **경쟁적 규제정책**은 항공노선 배정이나 이동통신 주파수 배정과 같이 이권이 개입된 특정 서비스 제공의 권리를 다수의 경쟁자 중에서 특정 개인이나 집단에만 제한적으로 부여하고 이들의 영업활동 등을 특별히 규제하는 정책을 말한다. 경쟁적 규제정책은 이권을 부여하는 분배정책(배분정책)과 이들을 적절하게 통제하려는 보호적 규제정책이라는 양면성을 가지고 있다.

[❷ ▸ ×] **보호적 규제정책**은 최저임금보장, 공공서비스요금 규제와 같이 다수의 국민의 이익을 보호하기 위하여 기업활동의 내용을 규제하는 정책을 말한다.

[❸ ▸ ×] [❹ ▸ ×] 로위(T. Lowi)의 분배정책(배분정책)은 다수에게 이익이 분산되는 개별화된 정책으로 계급 간 갈등은 상정하기 어려우나, 재분배정책은 수혜자와 비용부담자 간의 투쟁으로 집행이 곤란하게 될 우려가 있다.

[❺ ▸ ×] 알몬드와 파우얼(G. Almond & B. Powell)은 정책을 상징정책, 추출정책, 분배정책, 규제정책으로 분류하였다. 배분정책, 규제정책, 재분배정책, 구성정책은 로위(T. Lowi)의 분류이다.

핵심정리

정책 유형

①, ② 리플리와 프랭클린(R. Ripley & G. Franklin)의 정책유형
- → 경쟁적 규제정책 : 배분정책의 성격 + 규제정책의 성격
- → 보호적 규제정책 : 다수의 일반공중을 보호하려는 정책

③, ④ 로위(T. Lowi)의 정책유형
- → 배분정책 : 계급 대립의 성격 ×
- → 재분배정책 : 수혜자와 비용부담자 간의 갈등 O

⑤ 알몬드와 파우얼(G. Almond & B. Powell)의 정책유형
- → 상징정책, 추출정책, 분배정책, 규제정책

답 ❶

PART 1 PART 2 PART 3

068 정책유형 중 상징정책에 해당하는 것을 모두 고른 것은? 16 행정사 제4회

□□□

ㄱ. 선거구의 통폐합
ㄴ. 올림픽 등 국제행사의 유치 및 개최
ㄷ. 국경일의 제정 및 준수
ㄹ. 국공립학교를 통한 교육서비스 제공
ㅁ. 조세 부과 및 징병

① ㄴ, ㄷ
② ㄷ, ㄹ
③ ㄱ, ㄴ, ㄹ
④ ㄱ, ㄷ, ㄹ
⑤ ㄴ, ㄷ, ㅁ

해설

[ㄴ ▸ O] [ㄷ ▸ O] 알몬드와 파우얼(G. Almond & B. Powell)의 **상징정책**은 국가에 대한 애국심과 자긍심 고취 그리고 국민 통합의 상징적 의미를 가진 정책을 말한다. ㄴ. 올림픽 등 국제행사의 유치 및 개최, ㄷ. 국경일의 제정 및 준수가 상징정책에 해당한다.

[ㄱ ▸ X] [ㄹ ▸ X] [ㅁ ▸ X] ㄱ. 선거구의 통폐합은 구성정책, ㄹ. 국공립학교를 통한 교육서비스 제공은 분배정책, ㅁ. 조세 부과 및 징병은 추출정책에 해당한다.

➲ 정책유형에 따른 예시

추출정책	조세의 부과, 징병, 성금 모금, 준조세, 부담금, 토지수용
규제정책	허위·과장광고 규제, 오염물질 배출 규제
분배정책	국공립학교를 통한 교육서비스 제공, 도로·공원·공항·항만 등 사회간접자본의 건설
상징정책	국기 게양, 국경일의 제정 및 준수, 올림픽이나 월드컵과 같은 국제행사의 유치 및 개최
구성정책	정부기구 신설이나 개편, 선거구 획정
재분배정책	누진과세, 저소득층의 소득안정 정책, 빈곤층을 위한 사회보장 정책, 공공근로사업
경쟁적 규제정책	항공노선의 배정, TV·라디오 방송권의 부여, 이동통신 사업자의 선정
보호적 규제정책	독과점 규제, 원산지 표시정책, 그린벨트 보호, 최저임금제 및 근로기준, 오염기준 설정, 안전규제 등

답 ❶

제2절 정책의제와 정책목표

069 정책의제 설정에 영향을 미치는 요인이 아닌 것은? 22 행정사 제10회

□□□

① 사회 이슈와 관련된 행위자가 많고, 문제해결을 위한 다수의 정책 대상 집단에게 영향을 미치는 경우 보다 쉽게 정책의제화될 수 있다.

② 사회문제로 인한 피해자 숫자가 많거나 피해의 사회적 의미가 중대할수록 정책의제로 채택될 가능성이 높다.

③ 정책의제설정은 정책이해관계자, 이슈가 되는 정책문제, 문제를 논의하는 제도적 환경 등 복합적인 관계의 영향을 받지 않는다.

④ 국민적 관심과 집결도가 높거나 특정 사회 이슈에 대해 정치인의 관심도가 클수록 정책의제화될 가능성이 높다.

⑤ 정책의제화를 요구하는 집단의 규모와 영향력이 클수록 정책의제화될 가능성이 높다.

해설

[❶ ▸ O] [❷ ▸ O] [❹ ▸ O] [❺ ▸ O] 정책의제 설정에 영향을 미치는 요인은 정책문제 자체의 관련요인, 주도집단과 참여자 관련요인, 정치적 요인으로 구분된다. 정책문제 자체의 관련요인의 관점에서 사회 이슈와 관련된 행위자가 많고, 문제해결을 위한 다수의 정책 대상 집단에게 영향을 미치는 경우,❶ 사회문제로 인한 피해자 숫자가 많거나 피해의 사회적 의미가 중대한 경우,❷ 정책의제화될 가능성이 높다. 주도집단과 참여자 관련요인의 관점에서 정책의제화를 요구하는 집단의 규모와 영향력이 클수록 정책의제화될 가능성이 높다.❺ 정치적 요인의 관점에서 보면 국민적 관심과 집결도가 높거나 특정 사회 이슈에 대해 정치인의 관심도가 클수록 정책의제화될 가능성이 높다.❹

[❸ ▸ X] 정책문제는 여러 문제와 얽혀 있고 한 곳에 머물러 있지 않으며 환경변화에 따라 그 성격과 해결책이 달라지게 되므로 정책의제설정은 정책 이해관계자, 이슈가 되는 정책문제, 문제를 논의하는 제도적 환경 등 복합적인 관계의 영향을 받게 된다.

답 ❸

070 정책의제설정에 관한 설명으로 옳지 않은 것은? 21 행정사 제9회

□□□

① 공중의제는 사회문제 혹은 사회적 쟁점이 한 단계 더 나아가 일반 공중의 주목을 받게 된 의제를 말한다.

② 외부주도형은 공중의제화를 억제하기 때문에 일종의 음모형에 해당한다.

③ 동원형은 사회문제가 정부의제로 먼저 채택되고, 정부의 의도적인 노력에 의해서 공중의제로 확산되는 경우를 말한다.

④ 내부접근형은 선진국의 경우, 특수 이익집단이 비밀리에 정부의 혜택을 보려는 외교·국방정책 등에서 주로 나타난다.

⑤ 위기나 재난 등 극적 사건은 사회문제를 정부의제화시키는 점화장치에 해당된다.

해설

[❶ ▸ O] 사회문제(공공문제)는 그 심각성에 대한 일반 국민의 인식이 확산되고 서로 다른 다양한 의견이 개진되면서 사회적 쟁점으로 부각된다. 이들 중 일부는 사회적 쟁점 수준을 넘어 점차 일반 공중의 주목을 받아 정부에 문제해결을 촉구하는 **공중의제**가 된다. 공중의제 중에서 또다시 일부는 정부의 공식적인 문제해결 의지를 담은 정부의제(= 정책의제, 공식의제, 제도적 의제)가 된다.

[❷ ▸ ×] 공중의제화를 억제하기 때문에 **일종의 음모형**에 해당하는 것은 **내부접근형**이다. 내부접근형(= 내부주도형)은 정부기관 내의 관료집단이나 정책결정자에게 쉽게 접근할 수 있는 외부집단이 최고정책결정자에게 접근하여 정부의제로 설정하는 방식을 말한다(㉠ 사회문제 → ㉡ 정부의제). **외부주도형**은 외부 집단에서 먼저 사회문제에 대한 인식이 이루어지고 이것을 공중의제로 확산시키고 나아가 정부의제로 발전시키는 경우를 말한다(㉠ 사회문제 → ㉡ 사회적 쟁점 → ㉢ 공중의제 → ㉣ 정부의제).

[❸ ▸ O] **동원형**은 정부가 먼저 사회문제의 심각성을 인식하고 정부의제로 채택한 다음, 이어 대국민 홍보를 통해 공중의제로 전환하고 국민의 지지를 확보해가는 의제설정방식을 말한다(㉠ 사회문제 → ㉡ 정부의제 → ㉢ 공중의제).

[❹ ▸ O] **내부접근형**은 부나 사회적 지위가 편중된 불평등사회, 즉 후진국에서 주로 나타난다. 선진국의 경우, 특수 이익집단이 비밀리에 정부의 혜택을 보려는 외교·국방정책 등에서 주로 나타날 수 있다.

[❺ ▸ O] 콥과 엘더(Cobb & Elder)의 의제설정과정 모형에서 사회문제는 사회적 이슈(사회적 쟁점) – 공중의제(체제의제) – 정부의제(제도의제)의 순으로 발전하게 되는데, 위기나 재난 등 극적 사건은 사회문제를 정부의제화시키는 점화장치(촉발장치)에 해당한다고 볼 수 있다.

핵심정리

정책의제 설정 유형(Cobb & Ross의 주도집단에 따른 분류)

① 공중의제 → 사회문제 혹은 사회적 쟁점이 더 나아가 일반 공중의 주목을 받게 된 의제

② 외부주도형 → 외부 집단이 사회문제를 공중의제로 확산시키고 나아가 정부의제로 발전시키는 유형

③ 동원형 → 사회문제가 정부의제로 먼저 채택되고 정부의 홍보에 의해 공중의제로 확산되는 유형

④ 내부접근형
- → 일종의 음모형에 해당 O
- → 불평등사회(후진국)에서 주로 나타남
- → 선진국의 경우, 특수 이익집단이 비밀리에 정부의 혜택을 보려는 외교·국방정책 등에서 주로 나타남

⑤ 위기나 재난 등 극적 사건 → 사회문제를 정부의제화시키는 점화장치 O

답 ❷

071 콥과 로스(Cobb & Ross)가 제시한 정책의제설정 모형에 관한 내용으로 옳지 않은 것은?

□□□

17 행정사 제5회

① 외부주도형은 다원화되고 민주화된 선진국 정치체제에서 많이 나타나는 유형이다.

② 내부접근형은 고위의사결정자 등에 의해 정부의제가 먼저 설정되고 정책순응을 확보하기 위해 다각적인 홍보 등을 거쳐 최종적으로 정책의제로 채택되는 유형이다.

③ 외부주도형은 정부 바깥에 있는 집단이 사회문제를 정부가 해결해 줄 것을 요구하며 정부의제로 채택하도록 하는 유형이다.

④ 내부접근형은 국방, 외교 등 비밀 유지가 필요한 분야의 정책, 또는 강한 반대가 예상됨에도 불구하고 반드시 추진하려는 정책 등에서 찾아볼 수 있다.

⑤ 동원형은 정부의 힘이 강하고 민간부문이 취약한 후진국에서 많이 나타나는 유형이나, 선진국에서도 정치지도자가 특정한 사회문제해결을 주도하는 경우에 나타난다.

해설

[❶ ▸ O] **외부주도형**은 이익집단이 발달하고 정부가 외부의 요구에 민감하게 반응하는 정치체제, 즉 다원화된 선진국에서 일반적으로 발생한다.

[❷ ▸ ×] 고위의사결정자 등에 의해 정부의제가 먼저 설정되고 정책순응을 확보하기 위해 다각적인 홍보 등을 거쳐 최종적으로 정책의제로 채택되는 유형은 **동원형**이다(㉠ 사회문제 → ㉡ 정부의제 → ㉢ 공중의제). **내부접근형**(= 내부주도형, 음모형)은 정부기관 내의 관료집단이나 정책결정자에게 쉽게 접근할 수 있는 외부집단이 최고정책결정자에게 접근하여 정부의제로 설정하는 방식을 말한다(㉠ 사회문제 → ㉡ 정부의제).

[❸ ▸ O] **외부주도형**은 외부 집단에서 먼저 사회문제에 대한 인식이 이루어지고 이것을 공중의제로 확산시키고 나아가 정부의제로 발전시키는 경우를 말한다(㉠ 사회문제 → ㉡ 사회적 쟁점 → ㉢ 공중의제 → ㉣ 정부의제).

[❹ ▸ O] **내부접근형**(= 내부주도형, 음모형)은 국방, 외교 등 비밀 유지가 필요한 분야의 정책, 또는 대중적 지지가 불필요하거나 반대세력이나 국민이 알면 곤란한 경우에 나타날 수 있다.

[❺ ▸ O] **동원형**은 민간부문이 취약한 계층사회나 권위주의사회를 가진 후진국에서 볼 수 있는 유형이나, 선진국에서도 정치지도자가 특정한 사회문제해결을 주도하는 경우에 나타난다.

핵심정리

콥과 로스(Cobb & Ross)가 제시한 정책의제설정 모형

① 외부주도형 ⋯→ 다원화되고 민주화된 선진국 정치체제에서 많이 나타나는 유형

②, ④ 내부접근형
- ⋯→ 정부기관 내의 관료집단이나 정책결정자에게 쉽게 접근할 수 있는 외부집단이 최고정책결정자에게 접근하여 정부의제로 설정
- ⋯→ 국방, 외교 등 비밀 유지가 필요한 분야의 정책, 또는 강한 반대가 예상됨에도 불구하고 반드시 추진하려는 정책 등에서 나타남

③ 외부주도형 ⋯→ 외부 집단이 사회문제를 공중의제로 확산시키고 나아가 정부의제로 발전시키는 유형

⑤ 동원형
- ⋯→ 정부의 힘이 강하고 민간부문이 취약한 후진국에서 많이 나타나는 유형
- ⋯→ 선진국에서도 정치지도자가 특정한 사회문제해결을 주도하는 경우에 나타나는 유형

답 ❷

PART 1 PART 2 PART 3

제3절 정책과정의 참여자와 참여자 간 관계

072 정책과정의 참여자 중 공식적인 참여자에 해당하는 것은? 22 행정사 제10회

□□□

① 이익집단
② 입법부
③ 정 당
④ 시민단체
⑤ 민간전문가

해설

[❷ ▸ O] 정책결정의 참여자는 공식적 절차와 기구, 합법적 권위의 존재 여부에 따라 공식적 참여자와 비공식적 참여자로 구분된다. **공식적 참여자**에는 입법부, 대통령과 행정수반, 행정부처, 사법부, 지방정부가 포함되고, **비공식적 참여자**에는 정당, 이익집단, NGO(비정부집단), 시민, 전문가집단, 언론 등이 포함된다.

답 ❷

073 중앙정부의 정책과정 참여자 중 비공식적 참여자로만 묶은 것은? 13 행정사 제1회

□□□

ㄱ. 정 당	ㄴ. 국무총리
ㄷ. 대통령	ㄹ. 이익집단
ㅁ. 전문가집단	ㅂ. 시민단체
ㅅ. 언 론	ㅇ. 부처장관

① ㄱ, ㄴ, ㄷ, ㅁ, ㅂ
② ㄱ, ㄷ, ㄹ, ㅂ, ㅇ
③ ㄱ, ㄹ, ㅁ, ㅂ, ㅅ
④ ㄴ, ㄷ, ㄹ, ㅁ, ㅇ
⑤ ㄴ, ㄷ, ㄹ, ㅅ, ㅇ

해설

정책결정의 참여자는 공식적 절차와 기구, 합법적 권위의 존재 여부에 따라 공식적 참여자와 비공식적 참여자로 구분된다. ㄱ. 정당, ㄹ. 이익집단, ㅁ. 전문가집단, ㅂ. 시민단체, ㅅ. 언론 등이 비공식적 참여자에 해당하나, ㄴ. 국무총리, ㄷ. 대통령, ㅇ. 부처장관 등은 공식적 참여자에 해당한다.

답 ❸

074 □□□ **철의 삼각(iron triangle) 모형에서 동맹을 형성하는 집단들을 모두 고른 것은?**

15 행정사 제3회

ㄱ. 언론매체	ㄴ. 이익집단
ㄷ. 정 당	ㄹ. 행정기관
ㅁ. 의회 소관 위원회	

① ㄱ, ㄴ, ㄷ　　② ㄱ, ㄴ, ㅁ
③ ㄴ, ㄷ, ㄹ　　④ ㄴ, ㄹ, ㅁ
⑤ ㄷ, ㄹ, ㅁ

해설

철의 삼각(iron triangle) 또는 하위정부모형은 비공식 참여자로 분류되는 **이익집단**과 공식적 참여자인 **행정기관(고위관료)**과 **의회의 소관 위원회** 간의 3자 연합이 각 정책영역별로 정책의 결정과 집행에 주도적인 영향을 미친다고 이해한다.

답 ❹

075 □□□ **바흐라흐와 바라츠(P. Bachrach & M. Baratz)의 무의사결정론에 관한 설명으로 옳은 것을 모두 고른 것은?**

23 행정사 제11회

ㄱ. 무의사결정은 의사결정자의 가치나 이익에 대한 잠재적이거나 현재적인 도전을 억압하거나 방해하는 결과를 초래하는 결정을 의미한다.
ㄴ. 무의사결정은 정책의제 채택과정에서 일어날 뿐 정책결정과 집행과정에서는 일어나지 않는다.
ㄷ. 무의사결정을 추진하기 위하여 폭력이 동원되기도 한다.
ㄹ. 엘리트론을 비판하면서 다원론을 계승 발전시킨 신다원론적 이론이다.

① ㄱ, ㄴ　　② ㄱ, ㄷ
③ ㄱ, ㄹ　　④ ㄴ, ㄹ
⑤ ㄷ, ㄹ

해설

[ㄱ ▸ O]　바흐라흐와 바라츠(P. Bachrach & M. Baratz)는 「권력의 두 얼굴, 1963」에서, 권력은 '정책을 결정하는 권력(의사결정권력)'과 '정책의제가 채택되지 않도록 하는 권력(무의사결정권력)'의 두 가지 차원으로 행사됨을 설명하면서, Dahl의 다원론(다원적 권력이론)은 무의사결정권력에 대해서는 관심을 가지지 않았음을 비판하였는데, 이를 신엘리트이론이라 한다. **무의사결정**은 의사결정자(엘리트)의 가치나 이익에 대한 잠재적이거나 현재적인 도전을 억압하거나 방해하는 결과를 초래하는 결정을 의미한다.

[ㄴ ▸ X]　초기 논의의 초점은 정책의제 채택과정에서의 현상(정책문제화의 봉쇄)을 의미하였으나, 이후 **정책결정과 집행과정까지 확대**되었다. **넓은 의미의 무의사결정**은 **정책의 전 과정**에서 일어난다.

[ㄷ ▸ O]　무의사결정을 추진하기 위한 수단으로는 ㉠ 폭력을 이용하는 방법, ㉡ 변화 주도자에 대해 부여된 혜택을 박탈하거나 새로운 이익으로 매수하는 방법(적응적 흡수), ㉢ 새로운 주장을 비애국적 · 비윤리적 또는 지배적 정치이념에 위배되는 것으로 낙인찍는 방법(지배적인 가치 · 신념 · 편견의 동원), ㉣ 현존 규칙 · 절차를 재편성하는 방법 등이 있다.

[ㄹ ▸ X]　무의사결정론은 고전적 다원론을 비판하면서 등장한 신엘리트이론이다.

핵심정리

무의사결정론(신엘리트이론)

ㄱ. 무의사결정의 개념 ⋯→ 의사결정자의 가치나 이익에 대한 잠재적이거나 현재적인 도전을 억압하거나 방해하는 결과를 초래하는 결정을 의미

ㄴ. 무의사결정의 모습 ⋯→ 정책의제 채택과정뿐만 아니라 정책결정과 집행과정에서도 일어남

ㄷ. 무의사결정을 추진하기 위한 수단

⋯→ 폭력을 이용하는 방법 ○

⋯→ 변화 주도자에 대해 부여된 혜택을 박탈하거나 새로운 이익으로 매수하는 방법(적응적 흡수) ○

⋯→ 지배적인 가치·신념·편견의 동원 ○

⋯→ 현존 규칙·절차를 재편성하는 방법 ○

ㄹ. 무의사결정론 ⋯→ 고선적 다원론을 비판하면서 등장한 신엘리트이론 ○ (신다원론적 이론 ×)

답 ❷

076 정책이론에 관한 설명으로 옳지 않은 것은? 24 행정사 제12회

□□□

① 마르크스주의 – 현대국가는 모든 자본가 계층의 공통된 이해관계를 대변하기 위한 위원회와 같다.

② 엘리트주의 – 지배계층은 모든 정책과정을 장악하고 영향력을 행사하며 정책의 혜택을 누린다.

③ 무의사결정 – 정치적 행위자는 자신의 효용과 만족감을 최대화하기 위하여 합리적으로 행동한다.

④ 제도주의 – 정책분석의 초점은 정부제도의 공식적·법적 기구에 맞추는 것이다.

⑤ 다원주의 – 정부의 역할은 단지 집단 간의 이익대결과 갈등을 조정하는 중립적인 제3자에 불과하다.

해설

[❶ ▸ ○] 마르크스주의(Marxism)는 현대국가를 모든 자본가 계층의 공통된 이해관계를 대변하기 위한 위원회와 같다고 본다. 마르크스주의에 의하면, 사회는 지배계급과 피지배계급으로 나뉘는데 경제적 부를 소유한 지배계급(자본가 계층)이 정치 엘리트로 변하게 되므로 결국 정부 또는 정책의 기능은 지배계급((자본가 계층)을 위한 봉사수단이 된다고 본다.

[❷ ▸ ○] 엘리트주의는 대중에게 영향력을 행사할 수 있는 소수의 지배계층에 의해서 정책결정이 지배된다고 본다. 엘리트주의 시각에서 이들은 사회의 다원화된 이익을 대변하는 것이 아니라 자신들의 이익을 추구한다. 즉 엘리트주의는 정책을 다수의 합의가 아니라 소수 엘리트의 이익이 지배적으로 반영된 것으로 이해한다.

[❸ ▸ ×] 무의사결정은 의사결정자(엘리트)의 가치나 이익에 대한 잠재적이거나 현재적인 도전을 억압하거나 방해하는 결과를 초래하는 결정을 의미한다. 무의사결정을 추진하기 위한 수단으로는 ㉠ 폭력을 이용하는 방법, ㉡ 변화 주도자에 대해 부여된 혜택을 박탈하거나 새로운 이익으로 매수하는 방법(적응적 흡수), ㉢ 새로운 주장을 비애국적·비윤리적 또는 지배적 정치이념에 위배되는 것으로 낙인찍는 방법(지배적인 가치·신념·편견의 동원), ㉣ 현존 규칙·절차를 재편성하는 방법 등이 있다. 정치적 행위자가 자신의 효용과 만족감을 최대화하기 위하여 합리적으로 행동하는 것은 **합리적 선택이론**의 내용이다.

[❹ ▸ ○] **(구)제도주의**는 정부제도의 공식적·법적 기구에 정책분석의 초점을 맞춘다. 반면 신제도주의는 제도의 범주를 확장하여 공식화된 정치체계는 물론, 일련의 행위 규범이나 관행, 규칙들도 제도에 포함시킨다.

[❺ ▸ ○] 다원주의(pluralism)는 소수의 개인이나 집단이 아니라 다수의 집단이 정책결정의 장을 주도하고 이들이 정치적으로 조정과 타협을 거쳐 도달한 합의가 정책이 된다고 본다. **다원주의** 시각에서 정부는 다양한 집단들 간에 공정한 타협이 이루어지도록 조정자 역할에 머물거나 게임의 법칙을 집행하는 심판자(중립적인 제3자) 역할을 할 것으로 기대한다.

답 ❸

077 정책네트워크모형에 관한 설명으로 옳지 않은 것은?

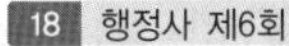

□□□

① 자원의존성을 토대로 한 행위자들 간의 교환관계를 중시한다.
② 정책공동체는 이슈네트워크에 비해 개방적이고 유동적인 네트워크로서의 특징을 지닌다.
③ 단순하고 분명하게 정의된 하위정부의 경계와는 달리 이슈네트워크의 경계는 모호하다.
④ 하위정부 모형에서는 소수의 엘리트 행위자들이 특정 정책영역에서 정책결정을 지배하고 있다고 설명한다.
⑤ 이슈네트워크에서는 행위자들 간의 권력배분이 불평등하다.

해설

[❶ ▸ O] 정책네트워크모형은 정치적 지지, 예산, 인력, 전문성 등을 의미하는 자원에 대한 의존성을 토대로 한 참여자들 간의 교환관계를 중시한다.

[❷ ▸ ×] **이슈네트워크**는 정부부처의 관료, 의원, 기업가, 학자, 언론인 등을 포함하는 특정영역에 이해관계나 관심 있는 사람들은 누구나 참여할 수 있는 의사소통 네트워크로서, 참여 범위가 개방적이고 유동적이다. 반면 정책공동체는 특정 정책문제에 대한 전문성을 가진 사람들(행정관료, 정치인 이익집단, 연구기관의 전문가 등에 한정)이 상호 이해를 공유하고 나아가 생산적이고 협력적인 파트너 관계를 유도하는 장으로서의 공동체를 말한다. **정책공동체** 참여자의 범위는 '하위정부 모형'보다는 넓고, 이슈네트워크보다는 제한적이다.

[❸ ▸ O] 단순하고 분명하게 정의된 하위정부의 경계와는 달리 **이슈네트워크**는 특정영역에 이해관계나 관심 있는 사람들은 누구나 참여할 수 있어 그 경계가 모호하다.

[❹ ▸ O] **하위정부 모형**은 행정기관의 관료, 이익집단, 의회 소관 위원회(상임위원회) 등 소수 엘리트들이 연대를 형성하여 특정 영역의 정책결정을 배타적으로 지배하는 3자 간 동맹이 형성되고 있는 형태를 말한다. 3자 간 동맹을 **철의 삼각**(iron triangle)으로 표현하기도 한다.

[❺ ▸ O] **이슈네트워크**의 경우, 참여자 중 일부만 교환할 자원을 가지고 있어 참여자들 사이의 권력배분이 불평등하다.

➲ 이슈네트워크와 정책공동체의 비교

구 분	이슈네트워크	정책공동체
배 경	미국식 다원주의	유럽식 사회조합주의
참여자의 범위	• 광범위한 다수의 참여 • 개방적 · 모호한 경계	• 제한된 전문성을 가진 사람들 참여 • 생산적이고 협력적인 파트너 관계
교환 관계	일부 참여자만 자원을 소유	참여자 간 동등한 자원을 소유
권력 관계	권력 불평등	권력의 균형
연계작용	경쟁적, 갈등적	의존적, 협력적, 신뢰
이익의 종류	관련된 모든 이익	경제적 · 전문직업적 직업이익
접촉빈도	유동적	높 음
예측가능성	정책산출 예측(문제해결)곤란	의도한 정책산출예측(문제해결) 가능
권력게임	영합게임(zero-sum game)	정합게임(positive-sum game)

답 ❷

078 □□□ **조직 목표의 변동에 관한 설명으로 옳지 않은 것은?** 20 행정사 제8회

① 원래의 목표가 다른 목표로 전환되는 것이 목표의 대치 또는 전환이다.
② 목표가 달성되었거나 달성이 불가능한 경우 본래의 목표를 새로운 목표로 교체하는 것이 목표의 승계이다.
③ 동종목표의 수 또는 이종목표가 늘어나는 것이 목표의 추가이다.
④ 동종 또는 이종 목표의 수나 범위가 줄어드는 것이 목표의 축소이다.
⑤ 미헬스(R. Michels)의 과두제 철칙(iron law of oligarchy)은 목표의 추가 현상을 설명한 것이다.

해설

[❶ ▸ O] 원래의 목표가 사익추구 등 다른 목표로 전환되는 것을 목표의 대치 또는 전환이라고 한다.
[❷ ▸ O] 목표가 달성되었거나 달성이 불가능한 경우 새로운 목표를 설정하여 본래의 목표를 교체하는 것을 목표의 승계라고 한다.
[❸ ▸ O] [❹ ▸ O] 동종목표의 수 또는 이종목표가 증감되는 경우가 있는데 증가되는 경우를 목표의 추가라고 하고, 감소하는 경우를 목표의 축소라고 한다.
[❺ ▸ X] 미헬스(R. Michels)의 **과두제의 철칙**(iron law of oligarchy)이란 조직의 최고관리자나 소수의 간부가 일단 권력을 장악한 후에는 조직의 본래 목표를 추구하기보다 자기의 권력을 유지·강화시키는 데 더 관심을 갖는다는 것을 말한다. 과두제 철칙(iron law of oligarchy)은 목표의 대치와 관련된다. 목표의 대치는 원래 설정한 1차적 목표(종국적 가치)를 고려하지 않고, 2차적 목표(수단적 가치)에 집착하는 것을 말한다.

> **핵심정리**
>
> **조직 목표의 변동**
> ① 목표의 대치 또는 전환 → 원래의 목표가 다른 목표로 전환되는 것
> ② 목표의 승계 → 목표가 달성되었거나 달성이 불가능한 경우 본래의 목표를 새로운 목표로 교체하는 것
> ③ 목표의 추가 → 동종목표의 수 또는 이종목표가 늘어나는 것
> ④ 목표의 축소 → 동종 또는 이종 목표의 수나 범위가 줄어드는 것
> ⑤ 과두제 철칙 → 목표의 대치 현상을 설명한 것

답 ❺

079 □□□ **관리과학에 관한 설명으로 옳은 것은?** 24 행정사 제12회

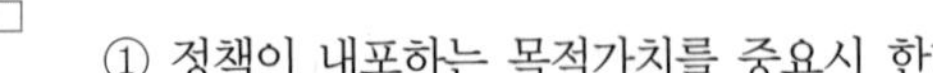
① 정책이 내포하는 목적가치를 중요시 한다.
② 자원과 비용의 사회적 배분을 고려한다.
③ 질적 분석을 중요시 한다.
④ 정치적 요인을 고려한다.
⑤ 계량적 분석에 입각하여 처방을 제시한다.

해설

[❶ ▸ ×] 정책이 내포하는 목적가치를 중요시하는 것은 관리과학이 아니라 **정책분석**이다.
[❷ ▸ ×] 자원과 비용의 사회적 배분 측면을 고려하는 것은 **정책분석**이다.
[❸ ▸ ×] [❹ ▸ ×] 질적 분석기법을 이용하고, 정치적 합리성(정치적 요인)을 고려하는 것은 **정책분석**이다.
[❺ ▸ O] **관리과학**(OR, Operation Research)은 계량적 분석에 입각하여 처방을 제시한다. 관리과학은 정확한 계산에 의하여 최선의 답을 모색하는 알고리즘 방식에 의한 새로운 대안의 탐색을 중시한다.

답 ❺

080 다음 내용과 밀접한 관련이 있는 정책대안의 미래예측 기법은? 21 행정사 제9회

- 선택적 익명
- 식견 있는 다수의 참여
- 양극화된 통계처리
- 구조화된 갈등유도

① 시계열분석기법
② 시뮬레이션
③ 정책델파이
④ 교차영향분석
⑤ 실현가능성분석

해설

[❶ ▸ ×] **시계열분석기법**은 과거의 변동추이를 모아둔 시계열 데이터에 대한 분석 결과를 토대로 이를 연장하여 미래를 예측하는 통계적 미래예측기법을 말한다.
[❷ ▸ ×] **시뮬레이션(= 모의실험)**은 실제의 사회현상과 유사한 가상적인 모형을 만들어 놓고 그 모형에 조작을 가하여 얻은 실험 결과를 통해 실제 현상의 특성을 규명하고 미래를 예측하는 기법을 말한다.
[❸ ▸ O] **정책델파이**는 전통적 델파이의 한계를 극복하여 정책문제의 복잡성에 맞는 새로운 절차를 만들어 내려는 시도로서 창안된 주관적 미래예측기법을 말한다. 정책델파이는 참가자들을 '전문성' 자체보다는 이해관계와 식견에 바탕(식견 있는 다수의 참여)을 두고, 선택적 익명성(초기단계에서만 익명성 요구), 의견 차이를 부각시키는 양극화된 통계처리, 구조화된 갈등(유도된 의견대립) 활용 등을 그 특징으로 한다.
[❹ ▸ ×] **교차영향분석**은 관련된 사건의 발생 여부에 기초하여 미래 특정사건의 발생 가능성에 대한 식견 있는 판단을 이끌어내는 주관적·질적 분석기법으로서, 어떠한 사건에 영향을 미치는 선행사건을 규명함으로써 현재의 상황을 기반으로 미래를 예측하는 기법을 말한다.
[❺ ▸ ×] **실현가능성분석**은 정치적 갈등이 심하고 권력이나 자원배분이 동등하지 않은 조건하에서 정책대안을 합법화시키려는 시도의 예상되는 결과를 가늠하는 문제에 대한 기법을 말한다.

➲ 전통적 델파이와 정책델파이의 차이점

구 분	전통적 델파이	정책델파이
적 용	일반문제에 대한 예측	정책문제에 대한 예측
응답자	동일 영역의 일반전문가	전문가 이외의 이해관계자 등 식견 있는 다수의 참여
익명성	완전한 익명성	선택적 익명성(초기단계에서만 익명성 요구)
통계처리	일반적인 통계처리 (의견의 대푯값·평균치 or 중위수 중시)	의견 차이를 부각시키는 양극화된 통계처리
합 의	합의도출(의견 일치를 유도)	구조화된 갈등(유도된 의견대립)
토 론	토론 없음	컴퓨터를 통한 회의 or 대면토론

답 ❸

081 실제 체제를 모방한 모형을 활용하는 정책대안의 미래예측 기법은? 23 행정사 제11회

□□□

① 브레인스토밍 ② 정책델파이
③ 정책학습 ④ 시뮬레이션
⑤ 교차영향분석

해설

[❹ ▸ O] 실제 체제를 모방한 모형을 활용하는 정책대안의 미래예측 기법은 **시뮬레이션(= 모의실험)**이다. 한편, 정책학습이란 정책과정에서 올바른 결론을 유도할 수 있는 지식의 축적과 응용 과정을 말하는데, 정책 실패나 시행착오를 통해 장기적으로 정책의 성공을 유도할 수 있다.

➲ 정책대안의 미래예측 기법

전통적 델파이기법	관련 분야의 전문지식을 가진 전문가들에게 토론 없이 서면으로 자문을 의뢰(완전한 익명성)하고 이를 반복·종합하여 예측결과를 도출하는 기법으로서, 전문가의 직관에 의존하는 주관적·질적 미래예측기법
정책델파이기법	• 전통적 델파이의 한계를 극복하여 정책문제의 복잡성에 맞는 새로운 절차를 만들어 내려는 시도로서 창안된 주관적 미래예측기법 • 참가자들을 '전문성' 자체보다는 이해관계와 식견에 바탕을 둠. 선택적 익명성(초기단계에서만 익명성 요구), 의견 차이를 부각시키는 양극화된 통계처리, 구조화된 갈등(유도된 의견대립) 활용 등을 그 특징으로 한다.
브레인스토밍 (집단토의)	오스본(A. F. Osborn)에 의하여 창안된 집단토의 기법으로서, 직접적·대면적 접촉을 유지하되, 즉흥적이고 자유로운 분위기에서 조직구성원 및 전문가의 창의적 의견이나 기발한 아이디어를 집단적 토의를 통하여 창안하는 주관적·질적 분석기법
교차영향분석	관련된 사건의 발생 여부에 기초하여 미래 특정사건의 발생 가능성에 대한 식견 있는 판단을 이끌어내는 주관적·질적 분석기법. 어떠한 사건에 영향을 미치는 선행사건을 규명함으로써 현재의 상황을 기반으로 미래를 예측하는 기법
시뮬레이션 (모의실험)	실제의 사회현상과 유사한 가상적인 모형을 만들어 놓고 그 모형에 조작을 가하여 얻은 실험결과를 통해 실제 현상의 특성을 규명하고 미래를 예측하는 기법

답 ❹

제5절 정책결정

082 정책결정모형에 관한 설명으로 옳지 않은 것은? 14 행정사 제2회

□□□

① 합리모형에서는 의사결정자가 정책결정에 있어서 주관적이고 감정적인 요소를 배제하고 합리성에 근거하여 정책을 결정한다.

② 점증모형은 현재 정책에 대한 약간의 변화만을 고려해 정책을 결정하고 시간이 흐름에 따라 환류되는 정보를 분석하여 지속적으로 수정하는 것이다.

③ 쓰레기통 모형은 쿠바 미사일 위기에 따른 미국 정부의 정책결정 과정을 설명하기 위해서 고안되었다.

④ 공공선택 모형에서는 정부를 공공재의 생산자로, 시민들을 공공재의 소비자로 규정한다.

⑤ 앨리슨 모형은 정책결정 과정을 합리모형, 조직과정모형 및 관료정치모형 등으로 분류하고 있다.

해설

[❶ ▸ O] **합리모형(= 합리포괄모형)**은 정책결정자가 정책결정에 있어서 주관적이고 감정적인 요소를 배제하고 이성과 고도의 합리성에 따라 행동하고 결정한다는 가정 하에 목표달성의 극대화를 위한 합리적 대안의 탐색·선택을 추구하는 이상적·규범적 모형을 말한다.

[❷ ▸ O] **점증모형**은 기존 정책을 토대로 그보다 약간 수정된 내용의 정책을 추구하는 방식의 의사결정모형으로, 시간이 흐름에 따라 환류되는 정보를 분석하고 지속적으로 수정하여 당면 문제를 부분적·순차적·점진적으로 변화시키고자 한 연속적·점진적·개량주의적 이론이다.

[❸ ▸ ×] 쿠바 미사일 위기에 따른 미국 정부의 정책결정 과정을 설명하기 위해서 고안된 것은 **앨리슨(Allison) 모형**이다. **쓰레기통 모형**은 코헨(M. Cohen), 마치(J. March), 올슨(J. Olsen) 등이 고안한 모형으로 극도로 불확실하고 혼란스러운 상황, 즉 조직화된 혼란상태(무정부상태)에서 조직이 어떠한 결정형태를 나타내는가를 연구의 초점으로 한 비합리모형을 말한다.

[❹ ▸ O] 공공선택이론(모형)은 공공부문에 경제학적 관점을 도입하려는 접근법으로 행정을 공공재의 공급과 소비관계로 파악하고 정부는 공공재의 공급자, 국민은 소비자로 규정하여 시장에서처럼 시민이 자신의 선호에 따라 공공재를 선택할 수 있다는 이론을 말한다.

[❺ ▸ O] 앨리슨(Allison)은 집단의 특성에 따라 의사결정모형이 달라져야 한다고 주장하면서 의사결정모형을 세 가지 상호배타적인 **합리모형(= 합리적 행위자모형), 조직과정모형** 및 **관료정치모형**으로 구분하였다(**앨리슨모형**). 실제 정책결정과정에서는 어느 한 모형이 아니라 세 가지 모형이 모두 적용될 수도 있다. 앨리슨은 1960년대 초 쿠바가 소련의 미사일을 도입하려고 했을 때 미사일이 운반되지 못하도록 미국이 해상봉쇄라는 대안을 채택한 사건 당시 의사결정과정을 세 가지 모형을 통해 설명하였다.

핵심정리

정책결정모형

① 합리모형 → 주관적이고 감정적인 요소를 배제하고 합리성에 근거하여 정책 결정

② 점증모형 → 약간의 변화만을 고려해 정책을 결정하고 환류되는 정보를 분석하여 지속적으로 수정

③ 쓰레기통 모형 → 조직화된 무정부상태에서 조직이 어떠한 결정형태를 나타내는가를 연구의 초점으로 한 비합리모형

④ 공공선택 모형 → 정부를 공공재의 생산자로, 시민들을 공공재의 소비자로 규정

⑤ 앨리슨 모형 → 정책결정 과정을 합리모형, 조직과정모형 및 관료정치모형으로 분류

답 ❸

083 □□□ 정책결정의 이론모형에 관한 설명으로 옳지 않은 것은? 24 행정사 제12회

① 만족모형은 인간의 능력에 한계가 있으므로 최적의 대안이 아닌 만족하는 정도의 대안을 결정한다.
② 최적모형은 비정형적인 정책결정 시 창의성이나 통찰력 같은 초합리성을 중요시 한다.
③ 쓰레기통모형은 고도로 불확실한 조직상황하에서의 정책결정양태를 설명한다.
④ 관료정치모형은 의견이 동일한 관리자들이 연합하여 최종해결안을 선택하고, 토론과 협상을 매우 중요시 한다.
⑤ 점증모형은 정책결정과정을 약간의 향상을 위해 그럭저럭 헤쳐 나가는 과정으로 본다.

해설

[❶ ▸ O] 사이먼(H. Simon)과 마치(March)의 행태론에서 주장된 **만족모형**은 정책결정자는 인지능력의 한계, 상황의 불확실성 및 시간의 제약 때문에 제한된 합리성을 가진 존재라는 점과 심리적 인지과정에 주목하여 제시한 주관적・심리적 의사결정모형이다. 사이먼(H. Simon)은 합리모형의 의사결정자를 '경제인'으로, 만족모형의 의사결정자를 '행정인'으로 제시하는데, 경제인은 목표달성의 극대화를(최선의 대안), **행정인은 만족하는 선에서 그친다**(만족스러운 대안).
[❷ ▸ O] 드로어(Y. Dror)가 제시한 **최적모형**은 정책결정자의 직관이나 판단력, 창의력 등 초합리적인 요소를 중시하는 규범적・처방적 모형이다. 최적모형은 정책결정자의 합리성뿐 아니라 **직관・판단・통찰 등과 같은 초합리성을 아울러 고려**한다. 즉, 최적모형은 계량적 분석뿐만 아니라 정책결정자의 직관적 판단에 의한 결정의 중요성을 강조한다.
[❸ ▸ O] 코헨(M. Cohen), 마치(J. March), 올슨(J. Olsen) 등이 고안한 **쓰레기통모형**은 극도로 불확실하고 혼란스러운 상황, 즉 **조직화된 무정부 상태(혼란 상태)**에서 조직이 어떠한 결정형태를 나타내는가를 연구의 초점으로 한 비합리모형을 말한다.
[❹ ▸ X] 앨리슨(Allison) 모형 중 **관료정치모형(모형Ⅲ)**에서 정책결정의 행위주체는 독자성이 강한 다수 행위자들의 집합이다. 따라서 정책결정에 참여하는 구성원들 간의 목표 공유 정도와 정책결정의 일관성이 모두 매우 낮다. 관료정치모형은 정책결정 결과가 참여자들 간 타협, 협상 등에 의해 정치적으로 좌우된다고 본다.
[❺ ▸ O] 린드블롬(Lindblom), 윌다브스키(Wildavsky) 등에 의하여 주장된 **점증모형**은 기존 정책을 토대로 그보다 약간 수정된 내용의 정책을 추구하는 방식의 의사결정모형으로, 시간이 흐름에 따라 환류되는 정보를 분석하고 지속적으로 수정하여 당면 문제를 부분적・순차적・점진적으로 변화시키고자 한 연속적・점진적・개량주의적 이론이다.

답 ❹

084 □□□ 정책결정모형에 관한 설명으로 옳지 않은 것은? 17 행정사 제5회

① 에치오니(Etzioni)는 규범적이지만 비현실적인 합리모형과 현실적이지만 보수적인 점증모형을 절충한 모형을 제시하였다.
② 사이몬(Simon)은 결정자의 인지능력의 한계, 상황의 불확실성 및 시간의 제약 때문에 제한적 합리성하에서 결정이 이루어진다고 주장한다.
③ 합리모형에서 말하는 합리성은 정치적 합리성이다.
④ 쓰레기통 모형에서 가정하는 상황은 불확실성과 혼란이 심한 상태이다.
⑤ 점증모형은 실제의 결정상황에 기초한 현실적이고 기술적인 모형이다.

해설

[❶ ▸ O] **에치오니**(Etzioni)는 규범적・이상적이지만 비현실적인 합리모형과 현실적・실증적이지만 보수적인 점증모형을 전략적으로 절충한 통합모형인 **혼합주사모형**을 주장하였다. 혼합주사모형은 근본적인 결정과 세부적인 결정으로 나누어 '근본적 결정'의 경우 합리모형을, 세부결정의 경우 점증모형을 선별적으로 적용하는 모형이다.

[❷ ▸ O] **사이몬**(Simon)과 마치(March)의 행태론에서 주장된 **만족모형**은, 정책결정자는 인지능력의 한계, 상황의 불확실성 및 시간의 제약 때문에 **제한된 합리성**을 가진 존재라는 점과 심리적 인지과정에 주목하여 제시한 주관적·심리적 의사결정모형이다. 현실 속의 정책담당자들은 '완전한 합리성' 하의 '최적대안'을 추구하는 것이 아니라 '제한된 합리성'하의 '만족대안'에서 결정함을 설명하는 실증적·귀납적 접근법이다.
[❸ ▸ ×] **합리모형(합리포괄모형)**에서 말하는 합리성은 **완전한 합리성**을 의미한다. 정치적 합리성을 중시하는 것은 점증모형이다.
[❹ ▸ O] **쓰레기통 모형**은 코헨(M. Cohen), 마치(J. March), 올슨(J. Olsen) 등이 고안한 모형으로 극도로 불확실하고 혼란스러운 상황, 즉 조직화된 혼란상태(무정부상태)에서 조직이 어떠한 결정형태를 나타내는가를 연구의 초점으로 한 비합리모형을 말한다.
[❺ ▸ O] **점증모형**은 기존 정책을 토대로 그보다 약간 수정된 내용의 정책을 추구하는 방식의 의사결정모형으로, 실제의 결정상황에 기초한 실증적·현실적·기술적 모형이다.

핵심정리

정책결정모형

① 에치오니(Etzioni) → 합리모형과 점증모형을 절충한 모형인 혼합주사모형 제시
② 사이몬(Simon) → 제한적 합리성을 인정하는 만족모형 주장
③ 합리모형의 합리성 → 완전한 합리성
④ 쓰레기통 모형의 가정상황 → 불확실성과 혼란이 심한 상태
⑤ 점증모형 → 실제의 결정상황에 기초한 현실적이고 기술적인 모형

답 ❸

PART 1 PART 2 PART 3

085 □□□ 점증주의 정책결정모형에 관한 설명으로 옳지 않은 것은? 16 행정사 제4회

① 정치적 다원주의 입장에서 이해관계자들의 타협과 조정을 통해 정책결정이 이루어진다.
② 경제적 합리성보다 정치적 합리성을 중요시한다.
③ 계속적·점진적인 방식으로 당면한 정책문제를 해결하고자 한다.
④ 정책의 정치적 실현가능성을 높여주는 장점이 있다.
⑤ 정책결정자의 직관이나 판단력, 창의력 등 초합리적인 요소를 중시하는 규범적·처방적 모형이다.

해설

[❶ ▸ O] [❷ ▸ O] 린드블룸(Lindblom), 윌다브스크(Wildavsky) 등에 의하여 주장된 **점증모형(점증주의 정책결정모형)**은 정치적 다원주의 입장에서(R. Dahl의 다원론에 기초함) 다양한 이해관계인들을 둘러싼 갈등을 타협과 조정을 통해 정책결정을 이루어 나간다는 점에서 정치적 합리성을 추구한다.
[❸ ▸ O] **점증모형(점증주의 정책결정모형)**은 기존 정책을 토대로 그보다 약간 수정된 내용의 정책을 추구하는 방식의 의사결정모형으로, 시간이 흐름에 따라 환류되는 정보를 분석하고 지속적으로 수정하여 당면 문제를 부분적·순차적·점진적으로 변화시키고자 한 연속적·점진적·개량주의적 이론이다.
[❹ ▸ O] **점증모형(점증주의 정책결정모형)**은 합리모형의 비현실성이나 분석의 복잡성을 덜어줄 수 있고, 급격한 정책의 시행으로 인한 부작용을 최소화할 수 있으며, 정치적 실현가능성 등을 고려할 때 현실적으로 가장 합리적인 모형으로 사회가 안정되고 다원화되어 있는 선진사회에 적용이 용이하다.
[❺ ▸ ×] 정책결정자의 직관이나 판단력, 창의력 등 초합리적인 요소를 중시하는 규범적·처방적 모형은 드로어(Y. Dror)가 제시한 **최적모형**이다.

답 ❺

086 정책결정모형의 하나인 쓰레기통 모형(garbage can model)에 관한 설명으로 옳지 않은 것은?

□□□

15 행정사 제3회

① 조직화된 무정부상태(organized anarchy)에서 이루어지는 의사결정을 설명한다.
② 코헨(M. Cohen), 마치(J. March), 올슨(J. Olsen)이 정립한 모형이다.
③ 의사결정의 네 가지 요소인 정책문제, 해결방안, 참여자, 선택기회가 초기부터 서로 강한 상호작용을 통하여 나타나는 의사결정이다.
④ 고도로 불확실한 조직상황에서 이루어지는 의사결정과정을 기술하고 설명하는 모형이다.
⑤ 상하위 계층적 관계를 지니지 않은 참여자들에 의하여 의사결정이 이루어지는 경우에도 적용할 수 있다.

해설

[❶ ▸ O] [❷ ▸ O] [❹ ▸ O] **쓰레기통 모형**은 코헨(M. Cohen), 마치(J. March), 올슨(J. Olsen) 등이 고안한 모형으로 극도로 불확실하고 혼란스러운 상황, 즉 조직화된 무정부상태에서 조직이 어떠한 결정형태를 나타내는가를 연구의 초점으로 한 비합리모형을 말한다.

[❸ ▸ X] **쓰레기통 모형**은 의사결정에 필요한 네 가지 요소(쓰레기)인 정책문제, 해결방안, 참여자, 선택기회가 서로 연관성 없이 독자적으로 (쓰레기통 안에서) 여기저기 표류하다가 어느 시점에 우연히 의사결정이 이루어지는(한 쓰레기통에 담겨지는) 모형을 말한다. 따라서 의사결정에 필요한 4가지 요소가 서로 상호작용하지 않는다.

[❺ ▸ O] **쓰레기통 모형**은 부처 간, 정부 간(중앙 – 지방), 부서 간에 뚜렷한 문제해결의 주체가 등장하지 않은 채 혼란스러운 갈등관계가 지속되는 경우에 적용될 수 있다. 또한 상하위 계층적 관계를 지니지 않은 참여자들에 의하여 의사결정이 이루어지는 경우에도 적용할 수 있다.

답 ❸

087 정책결정에 있어서 사이버네틱스 모형에 관한 설명으로 옳지 않은 것은?

19 행정사 제7회

□□□

① 정책결정과정에서 변수의 단순화를 통해서 불확실성을 통제한다.
② 사전에 설정된 표준운영절차(SOP)의 중요성이 강조된다.
③ 주요 변수의 유지를 위한 적응에 초점을 둔다.
④ 사전에 설정된 고차원 목표의 극대화를 추구한다.
⑤ 의사결정자는 처리할 수 없는 문제에 직면할 경우 표준운영절차(SOP)를 수정・변경・추가하면서 문제를 해결한다.

해설

[❶ ▸ O] 사이버네틱스 모형은 한정된 범위의 변수들에만 주의를 집중하고, 나머지 정보는 무시함으로써 변수의 단순화를 통해 불확실성을 통제한다.

[❷ ▸ O] 사이버네틱스 모형은 광범위하고 복잡한 정보탐색을 거치지 않고, 주요 변수에 관한 정보만을 미리 정해진 표준운영절차(SOP) 또는 규칙에 따라 처리하고 미리 개발해 둔 해법의 레퍼토리 가운데서 하나를 선택하여 환경에 적응하고자 하는 적응적・관습적 의사결정모형이다. 따라서 사이버네틱스 모형은 습관적 의사결정을 설명하는 데 유용하다.

[❸ ▸ O] 사이버네틱스 모형은 주요 변수의 유지를 위한 적응에 초점을 둔다.

[❹ ▸ X] **사이버네틱스 모형**은 고차원의 목표가 반드시 사전에 존재하는 것으로 전제하지 않으며 주요 변수의 유지를 위한 적응에 초점을 둔다. 사전에 설정된 고차원 목표의 극대화를 추구하는 것은 **합리모형(합리포괄모형)**이다.

[❺ ▸ O] 의사결정자는 대안의 결과가 허용범위 내에 있으면 기존의 표준운영절차(SOP)에 의한 의사결정을 계속하며, 허용범위를 벗어난 경우 표준운영절차(SOP)를 수정・변경・추가하면서 문제를 해결한다.

답 ❹

제6절 정책집행

088 □□□ **정책집행에서 상향적 접근방법에 관한 설명으로 옳지 않은 것은?** 15 행정사 제3회

① 정책목표보다는 집행문제의 해결에 초점을 맞춘다.
② 의도하지 않았던 정책의 효과를 분석할 수 있다.
③ 정책집행과정에 대해 정확하게 이해하기 위해서 일선집행관료와 대상집단의 행태를 고찰한다.
④ 선거직 공무원에 의한 정책결정과 책임이라는 민주주의의 기본가치를 충실하게 반영한다.
⑤ 일선집행관료들이 쉽게 느끼지 못하는 사회적, 경제적, 법적 요인들이 경시되기 쉽다.

해설

[❶ ▸ ○] **상향적 접근방법**은 분명하고 일관된 정책목표의 존재가능성을 부인하고, 정책 목표 대신 집행문제의 해결에 초점을 둔다.

[❷ ▸ ○] **상향적 접근방법**은 실제 집행과정을 상세하게 기술하여 집행과정의 인과관계를 설명할 수 있고, 집행현장을 있는 그대로 파악하기 때문에 의도하지 않았던 정책의 효과도 분석할 수 있으며, 지역 간 집행상의 차이를 파악하는 데 유리하다는 장점이 있다.

[❸ ▸ ○] **상향식 접근방법**은 정책집행을 다수의 참여자들 사이에서 발생하는 상호작용으로 인식하고, 일선관료와 대상집단의 입장에서 정책집행이 현장에서 실제 어떻게 이루어지는가를 기술(description)하고 설명하는데 중점을 둔다. 따라서 정책집행과정에 대해 정확하게 이해하기 위해서 일선관료와 대상집단의 행태를 고찰한다.

[❹ ▸ ×] **상향적 접근방법**은 일선현장에 종사하는 집행공무원이 정책집행에 큰 영향을 미치는 행위자임을 강조하지만, 정책결정과 정책집행의 구분이 불필요하다는 관점은 선거직 공무원에 의한 정책결정과 책임이라는 민주주의의 기본가치를 충실하게 반영하지는 못한다는 비판이 있다.

[❺ ▸ ○] **상향식 접근방법**은 일선집행관료는 쉽게 느끼지 못하는 사회적 · 경제적 · 법적 요인들을 무시하기 쉽다는 비판이 있다.

핵심정리

정책집행연구에서 상향적 접근방법

①, ③ 상향적 접근방법
→ 정책목표보다는 집행문제의 해결에 초점
→ 일선집행관료와 대상집단의 행태 고찰

② 상향적 접근방법의 장점
→ 의도하지 않았던 정책의 효과 분석

④, ⑤ 상향적 접근방법의 단점
→ 선거직 공무원에 의한 정책결정과 책임이라는 민주주의의 기본가치를 충실하게 반영 ×
→ 일선집행관료들이 쉽게 느끼지 못하는 사회적, 경제적, 법적 요인들 경시될 위험 ○

답 ❹

089 정책집행에서 하향적 접근방법에 관한 설명으로 옳지 않은 것은? 22 행정사 제10회

□□□

① 정책이 추구하는 목표를 분명히 하고, 정책결정자의 의도를 정확히 이해할수록 정책은 보다 효과적으로 집행될 수 있다.
② 정책결정의 결과물인 정책목표를 달성해 가는 과정을 정책집행으로 이해한다.
③ 정책집행 현장에서 집행조직과 정책사업 사이의 상호적응이 강조된다.
④ 정책이 결과물을 창출하는 과정에서 정책결정자가 어떤 역할을 했는지에 관심이 있다.
⑤ 정책결정단계에서 주된 역할을 하는 참여자와 정책내용에 초점을 맞춘다.

해설

[❶ ▸ O] [❷ ▸ O] **하향적 접근방법**은 사바티어와 마즈매니언(Sabatier & Mazmanian) 등에 의하여 주장되었으며, 정책집행을 정책결정과 엄격하게 분리하여 정책집행을 결정된 정책목표를 충실히 달성하는 과정으로 이해하는 접근방법이다. 따라서 정책이 추구하는 목표를 분명히 하고, 정책결정자의 의도를 정확히 이해할수록 정책은 보다 효과적으로 집행될 수 있다.
[❸ ▸ X] 정책집행 현장에서 집행조직과 정책사업 사이의 상호적응이 강조되는 것은 **상향적 접근방법**이다. **하향적 접근방법**은 정책결정자나 정책지지자들의 입장에서만 연구하므로 정책집행자나 반대자의 입장이나 전략적 행동을 파악할 수 없다는 단점이 있다.
[❹ ▸ O] **하향적 접근방법**은 정책결정자의 의도가 충실하게 구현되는 것을 중시하여 정책결정권자의 리더십을 성공적 집행의 핵심조건으로 보므로 결과물을 창출하는 과정에서 정책결정자가 어떤 역할을 했는지에 관심이 집중된다.
[❺ ▸ O] **하향적 접근방법**은 정책결정단계에서 주된 역할을 하는 참여자(정책결정자와 지지자)와 정책내용에 초점을 맞춘다.

핵심정리

정책집행연구에서 하향적 접근방법
① 정책목표를 분명히 하고 정책결정자의 의도를 정확히 이해할수록 정책은 효과적으로 집행 가능
② 정책집행 → 정책목표를 달성해 가는 과정으로 이해
③ 단점 → 정책집행자나 반대자의 입장이나 전략적 행동을 파악할 수 없음
④ 정책결정자의 리더십 → 성공적 집행의 핵심 조건
⑤ 정책결정단계에서 주된 역할을 하는 참여자(정책결정자와 지지자)와 정책내용에 초점

답 ❸

090 정책집행연구 중 하향적 접근방법에 관한 설명으로 옳지 않은 것은? 21 행정사 제9회

□□□

① 집행에 영향을 주는 집행관료와 이해관계집단 등 다양한 행위자들의 생각과 상호작용을 현장감 있게 분석할 수 있다.

② 정책집행을 정책결정과정에서 채택된 정책목표를 달성하는 과정으로 본다.

③ 바람직한 정책집행이 일어날 수 있는 규범적 처방을 정책결정자에게 제시해주는 데 관심을 갖는다.

④ 유능하고 헌신적인 관료가 집행을 담당하여야 효과적인 정책집행이 가능하다고 한다.

⑤ 효과적인 정책집행을 위하여 조직화된 이익집단, 강력한 리더십 등이 있어야 한다고 한다.

해설

[❶ ▸ ×] 집행에 영향을 주는 집행관료와 이해관계집단 등 다양한 행위자들의 생각과 상호작용을 현장감 있게 분석할 수 있는 것은 **상향적 접근방법**이다. **하향적 접근방법**은 정책결정자나 정책지지자들의 입장에서만 연구하므로 집행현장에서의 정책집행자나 반대자의 입장이나 전략적 행동을 파악할 수 없다는 단점이 있다.

[❷ ▸ ○] **하향적 접근방법**은 사바티어와 마즈매니언(Sabatier & Mazmanian) 등에 의하여 주장되었으며, 정책집행을 정책결정과 엄격하게 분리하여 정책집행을 결정된 정책목표를 충실히 달성하는 과정으로 이해하는 접근방법이다.

[❸ ▸ ○] **하향적 접근방법**은 집행과정에 대한 기술(description)이나 인과론적 설명보다는, 정책집행의 영향요인의 발견과 성공적 집행조건과 전략을 규명하여 집행이론을 구축하고 바람직한 집행을 위한 규범적 처방을 정책집행자에게 제시하는 데 관심이 있다.

[❹ ▸ ○] [❺ ▸ ○] **하향적 접근방법**은 정책결정권자의 리더십을 성공적 집행의 핵심조건으로 전제한다. 사바티어와 마즈매니언(Sabatier & Mazmanian)은 효과적인 정책집행을 위한 이상적인 조건으로 타당한 인과이론의 존재, 법령이 정확한 정책 지침, 유능하고 헌신적인 집행관료, 조직화된 이익집단, 행정부와 입법부를 포함한 다수의 이해관계집단으로부터의 지속적인 지지, 정책목표가 집행 과정 동안 우선순위가 변하지 않고 안정적일 것 등이 필요하다고 주장하였다.

핵심정리

정책집행연구에서 하향식 접근방법

① 하향적 접근방법의 단점

→ 정책집행자나 반대자의 입장이나 전략적 행동 파악 ×

②, ③, ④, ⑤ 하향적 접근방법의 특징

→ 정책집행 : 채택된 정책목표를 달성하는 과정으로 이해

→ 규범적 처방을 정책결정자에게 제시해주는 데 관심

→ 효과적인 집행의 요건 : 유능하고 헌신적인 관료, 조직화된 이익집단, 강력한 리더십 등을 강조

답 ❶

091 정책집행에서 대상집단의 불응을 야기하는 원인이 아닌 것은? 16 행정사 제4회

□□□

① 불명확한 의사전달
② 자원의 부족
③ 정책에 대한 불신
④ 정부의 권위 및 정통성에 대한 부정
⑤ 형사처벌 등 제재의 사용

해설

[❶ ▸ ○] [❷ ▸ ○] [❸ ▸ ○] [❹ ▸ ○] 정책에 대한 불응은 집행자나 대상집단이 정책결정자의 지시나 요구를 들어주지 않고 저항하는 행위를 말한다. 불명확한 의사전달,❶ 자원의 부족,❷ 정책에 대한 불신,❸ 정부의 권위 및 정통성에 대한 부정❹ 등이 불응의 원인에 해당한다.
[❺ ▸ ×] 형사처벌 등 제재의 사용은 정책순응의 원인이다.

답 ❺

092 다음에서 설명하고 있는 정책집행의 유형은? 22 행정사 제10회

□□□

> 정책결정자가 세부적인 정책내용까지 결정하며, 정책집행자들은 상세한 부분에 대해 아주 제한된 부분의 재량권만 인정받고 정책목표 달성을 위해 노력한다.

① 고전적 기술관료형
② 지시적 위임형
③ 협상형
④ 재량적 실험가형
⑤ 관료적 기업가형

해설

[❶ ▸ ○] 나카무라와 스몰우드(R. Nakamura & F. Smallwood)는 정책결정자와 집행자의 역할관계를 5가지로 유형화하고 그 유형별 특징과 집행의 실패요인을 분석하였다. 정책결정자가 구체적인 정책목표와 세부 정책내용까지 결정하고, 하위 정책집행자들의 활동을 엄격히 통제하며, 정책집행자는 정책결정자가 결정한 정책내용을 충실히 집행하는 유형은 **고전적 기술관료형**에 해당한다.
[❷ ▸ ×] **지시적 위임가형**은 정책결정자는 정책목표를 수립하고 대체적인 방침만 정하고 정책집행자에게 집행에 필요한 기술적·행정적 권한을 위임하고, 정책집행자는 목표와 방침에 합의한 상태에서 집행을 위한 '충분한 재량권'을 부여받는 유형을 말한다.
[❸ ▸ ×] **협상(자)형**은 정책결정자가 목표를 설정하고, 정책집행자는 정책목표와 수단에 대해 결정자와 협상을 벌여 정책이 결정되고 집행되는 유형을 말한다.
[❹ ▸ ×] **재량적 실험가형**은 정책결정자는 구체적인 정책의 목표를 설정하지 못하고 추상적 목표에 머물게 되고, 정책의 대부분을 정책집행자들에게 위임하며, 정책결정자가 정책집행자에게 '광범위한 재량권'을 부여하는 유형을 말한다.
[❺ ▸ ×] **관료적 기업가형**은 정책집행자가 정책결정자의 결정권을 장악하고 정책과정 전반을 완전히 통제하는 유형을 말한다.

답 ❶

093 ☐☐☐ 나카무라와 스몰우드(R. Nakamura & F. Smallwood)가 제시한 정책집행자의 유형 중 정책집행자가 정책결정자의 결정권을 장악하고 정책과정 전반을 지배하는 유형은? 23 행정사 제11회

① 고전적 기술관료형
② 관료적 기업가형
③ 재량적 실험가형
④ 지시적 위임자형
⑤ 협상자형

해설

[❷ ▸ O] 나카무라와 스몰우드(R. Nakamura & F. Smallwood)가 제시한 정책집행자의 유형 중 **정책집행자**가 정책결정자의 결정권을 장악하고 정책과정 전반을 지배하는 유형은 '**관료적 기업가형**'이다.

➲ 나카무라(R. Nakamura)와 스몰우드(F. Smallwood)가 제시한 정책집행자의 유형

고전적 기술관료형	정책결정자가 구체적인 정책목표와 세부 정책내용까지 결정하고, 하위 정책집행자들의 활동을 엄격히 통제하며, 정책집행자는 정책결정자가 결정한 정책내용을 충실히 집행하는 유형
지시적 위임자형	정책결정자는 정책목표를 수립하고 대체적인 방침만 정하고 정책집행자에게 집행에 필요한 기술적·행정적 권한을 위임하고, 정책집행자는 목표와 방침에 합의한 상태에서 집행을 위한 '충분한 재량권'을 부여받는 유형
협상자형	정책결정자가 목표를 설정하고, 정책집행자는 정책목표와 수단에 대해 결정자와 협상을 벌여 정책이 결정되고 집행되는 유형
재량적 실험가형	정책결정자는 구체적인 정책의 목표를 설정하지 못하고 추상적 목표에 머물게 되고, 정책의 대부분을 정책집행자들에게 위임. 정책결정자가 정책집행자에게 '광범위한 재량권'을 부여하는 유형
관료적 기업가형	정책집행자가 정책결정자의 결정권을 장악하고 정책과정 전반을 완전히 통제하는 유형

답 ❷

제7절 정책평가와 환류

094 정책평가의 목적에 관한 설명으로 옳지 않은 것은? 14 행정사 제2회

□□□

① 목표가 얼마나 잘 충족되었는지 파악할 수 있다.

② 정책 성공과 실패의 원인을 구체적으로 제시할 수 있다.

③ 정책 성공을 위한 원칙 발견과 향상된 연구를 위한 토대를 마련할 수 있다.

④ 목표달성을 위해 사용된 수단과 하위 목표들을 재확인할 수 있다.

⑤ 정책문제의 구조화와 정책담당자의 자율성을 확보하는 데 있다.

해설

[❶ ▸ O] [❷ ▸ O] [❸ ▸ O] [❹ ▸ O] 정책평가의 필요성(목적)으로 목표가 얼마나 잘 충족되었는지 파악하기 위해,❶ 정책 성공과 실패의 원인을 구체적으로 제시하기 위해,❷ 정책의 성공을 위한 원칙을 발견하기 위해,❸ 여러 기법을 사용하는 실험과정으로 유도하여 효과성 증진시키기 위해, 목표달성을 위하여 사용된 수단과 하위목표의 재규정하기 위해, 대안적 기법으로 상대적인 성공을 위한 목적에 더 향상된 연구를 위한 기초를 마련하기 위해❹ 등이 제시되고 있다.

[❺ ▸ X] 정책문제의 구조화와 정책담당자의 자율성을 확보는 정책평가의 목적으로 볼 수 없다. 정책문제의 구조화는 정책평가가 아니라 정책결정단계에서 고려하는 사항이다.

답 ❺

095 정책평가의 절차 중 마지막 단계에서 이루어지는 것은? 17 행정사 제5회

□□□

① 자료의 수집 및 분석

② 인과모형의 설정

③ 대상 및 기준의 설정

④ 평가결과의 환류

⑤ 정책목표의 확인

해설

[❹ ▸ O] 정책평가는 일반적으로 ㉠ 정책목표의 확인 → ㉡ 평가 대상 및 기준의 설정 → ㉢ 인과모형의 설정 → ㉣ 평가연구설계 → ㉤ 자료의 수집 및 분석 → ㉥ **평가결과의 환류 및 활용** 등의 절차를 거치게 된다.

답 ❹

096 정책평가에 관한 설명으로 옳지 않은 것은? 21 행정사 제9회

☐☐☐

① 총괄평가는 정책집행이 이루어지는 과정을 평가하는 활동으로 형성평가라고도 한다.

② 정책평가의 외적 타당성은 정책평가 결과의 일반화 가능성을 의미한다.

③ 정책평가의 내적 타당성은 정책이 집행된 이후에 나타나는 변화가 정책에 기인한 것인지, 다른 요인 때문인지를 밝히는 것과 관련된다.

④ 정책평가의 신뢰도는 동일한 측정도구를 반복해서 사용했을 때 동일한 결과를 얻을 확률을 의미한다.

⑤ 정책평가의 내적 타당성을 저해하는 요인으로 선정요인, 성숙요인, 역사요인 등을 들 수 있다.

해설

[❶ ▸ ×] 총괄평가와 형성평가는 평가시기에 따른 구분이다. **총괄평가**는 '정책의 집행이 완료된 후에' 그 성과나 효과를 평가하는 것을 말하고, **형성평가**는 '정책이 집행되는 도중에' 정책집행이 이루어지는 과정을 평가하는 것을 말한다.

[❷ ▸ ○] **정책평가의 외적 타당성**은 특정한 상황에서 얻은 정책평가가 다른 상황에도 그대로 적용될 수 있는 정도, 즉 평가결과를 일반화할 수 있는 정도를 말한다.

[❸ ▸ ○] **정책평가의 내적 타당성**은 정책의 효과가 다른 경쟁적 원인들보다 당해 정책에만 기인하는 것이라고 판단할 수 있는 정도, 즉 인과적 추론의 정확성을 의미한다.

[❹ ▸ ○] **정책평가의 신뢰도**는 동일한 측정도구를 반복해서 사용했을 때 동일한 결과를 얻을 확률을 의미한다.

[❺ ▸ ○] 정책평가의 내적 타당성(원인과 결과에 대한 인과적 추론의 정확성)을 저해하는 요인으로 **선정요인(선발요소)**은 정책의 대상이 되는 실험집단과 비교집단이 동등하게 선발(선정)되지 못하여 발생하는 현상을 말하고, **성숙요인(성숙효과)**은 시간 경과에 따라 실험집단 특성이 자연스럽게 성장·발전하는 현상을 말하며, **역사요인(사건효과)**은 실험기간 동안에 외부에서 일어난 비의도적인 사건발생이 실험에 영향을 미치는 현상을 말한다.

핵심정리

정책평가(정책평가의 유형, 타당성 및 신뢰도)

① 총괄평가와 형성평가
- → 총괄평가 : '정책의 집행이 완료된 후에' 그 성과나 효과를 평가하는 것
- → 형성평가 : '정책이 집행되는 도중에' 정책집행이 이루어지는 과정을 평가하는 것

② 정책평가의 외적 타당성 → 정책평가 결과의 일반화 가능성을 의미

③, ⑤ 정책평가의 내적 타당성
- → 개념 : 특정 연구 내에서 인과적 추론의 정확성을 의미
- → 저해요인 : 선정요인, 성숙요인, 역사요인 등

④ 정책평가의 신뢰도 → 동일한 측정도구를 반복해서 사용했을 때 동일한 결과를 얻을 확률

답 ❶

097 정책평가 연구설계의 타당성에 관한 설명으로 옳은 것은?

18 행정사 제6회

□□□

① 내적 타당성은 정책변수의 효과에 대한 결론을 일반화시킬 수 있는 범위를 의미한다.
② 외적 타당성은 정책 수단과 결과의 인과관계에 관한 추론의 정확성을 의미한다.
③ 통계적 결론의 타당성은 연구에 사용된 측정도구가 이론적 구성개념과 일치하는 정도를 의미한다.
④ 성숙요인은 내적 타당성을 저해할 수 있다.
⑤ 준실험이 진실험보다 내적 타당성과 외적 타당성이 더 높다.

해설

[❶ ▸ ×] **정책평가의 내적 타당성**은 정책의 효과가 다른 경쟁적 원인들보다 당해 정책에만 기인하는 것이라고 판단할 수 있는 정도, 즉 인과적 추론의 정확성을 의미한다.

[❷ ▸ ×] **정책평가의 외적 타당성**은 특정한 상황에서 얻은 정책평가가 다른 상황에도 그대로 적용될 수 있는 정도, 즉 평가결과를 일반화할 수 있는 정도를 말한다.

[❸ ▸ ×] 연구에 사용된 측정도구가 이론적 구성개념과 일치하는 정도는 **구성적 타당성**을 말한다. **통계적 결론의 타당성**은 정책효과를 찾아낼 만큼 충분히 정밀하고 강력한 연구설계가 이루어진 정도를 말한다.

[❹ ▸ ○] **성숙요인(성숙효과)**은 시간 경과에 따라 실험집단 특성이 자연스럽게 성장 · 발전하는 현상을 말하는데, 이러한 성숙요인은 정책평가의 내적 타당성(원인과 결과에 대한 인과적 추론의 정확성)을 저해하는 요인이 된다.

[❺ ▸ ×] **진실험적 방법**은 실험집단과 통제집단(비교집단)의 **동질성을 확보**해 행하는 실험적 평가방법이다. 진실험적 방법은 실험집단과 통제집단의 동질성을 확보하여 진행하는 실험이므로 역사적 효과(역사요인), 성숙효과(성숙요인), 선발효과(선정요인)의 영향이 줄어들어 내적 타당성이 확보된다(내적 타당성이 가장 높은 방법). 그러나 엄격하게 통제된 인위적 환경 하에서 진행되므로, 실험의 실현 가능성이나 외적 타당성이 가장 낮은 방법이다.
준실험적 방법은 실험집단과 통제집단(비교집단)의 **동질성을 확보하지 못한** 상태에서 행하는 실험적 평가방법이다. 준실험적 방법은 집단의 비동질성으로 인해 성숙효과(성숙요인), 역사적 효과(역사요인), 선발효과(선정요인) 등으로 인하여 내적 타당성이 저해된다. 다만 진실험에 비해 인위적 요소가 많지 않아 실험의 실현가능성과 외적 타당성은 높다.

핵심정리

정책평가 연구설계의 타당성

①, ④ 내적 타당성
- → 개념 : 특정 연구 내에서 인과적 추론의 정확성을 의미
- → 저해요인 : 성숙요인, 선정요인, 역사요인, 상실요인, 측정요인, 도구요인, 회귀요인, 오염효과 등

② 외적 타당성 → 정책평가 결과의 일반화 가능성을 의미

③ 통계적 결론의 타당성 → 정책효과를 찾아낼 만큼 충분히 정밀하고 강력한 연구설계가 이루어진 정도

⑤ 진실험과 준실험
- → 진실험 : 실험집단과 통제집단(비교집단)의 동질성을 확보 ○ / 내적 타당성 높음 / 외적 타당성 낮음
- → 준실험 : 실험집단과 통제집단(비교집단)의 동질성을 확보 × / 내적 타당성 낮음 / 외적 타당성 높음

답 ❹

098 정책평가에 관한 설명으로 옳지 않은 것은? 19 행정사 제7회

□□□

① 준실험설계는 실험집단과 통제집단의 동질성을 확보하여야 한다.

② 내적 타당성은 정책 집행 이후 변화가 오직 해당 정책에 기인한 것인지 아닌지를 밝히는 것과 관련된다.

③ 외적 타당성은 정책평가 결과의 일반화 가능성을 의미한다.

④ 평가성 검토(evaluability assessment)는 본격적인 평가를 시작하기 전에 실시하는 것으로 일종의 예비평가라고 볼 수 있다.

⑤ 허위변수는 두 변수 간에 전혀 관계가 없는데도 인과관계가 있는 것처럼 보이게 하는 제3의 변수이다.

해설

[❶ ▸ ×] **준실험적 방법(준실험설계)**은 실험집단과 통제집단(비교집단)의 **동질성을 확보하지 못한** 상태에서 행하는 실험적 평가방법이다.

[❷ ▸ ○] **정책평가의 내적 타당성**은 정책의 효과가 다른 경쟁적 원인들보다 당해 정책에만 기인하는 것이라고 판단할 수 있는 정도, 즉 인과적 추론의 정확성을 의미한다.

[❸ ▸ ○] **정책평가의 외적 타당성**은 특정한 상황에서 얻은 정책평가가 다른 상황에도 그대로 적용될 수 있는 정도, 즉 평가결과를 일반화할 수 있는 정도를 말한다.

[❹ ▸ ○] **평가성 검토(평가성 사정**, evaluability assessment)는 정책평가를 본격적으로 시작하기 직전 조망적 차원에서 하는 것으로, 평가로부터 얻을 수 있는 정보수요 및 평가의 실행가능성을 사정하고, 평가정보의 활용방안에 대해 합의하며, 실행 가능하고 효율적인 평가 설계를 선택하도록 돕는 예비적인 평가기획 활동을 의미한다.

[❺ ▸ ○] **허위변수**는 독립변수와 종속변수가 서로 상관관계가 없는데도 인과관계가 있는 것처럼 보이게 하는 제3의 변수를 말한다.

핵심정리

정책평가(준실험, 타당성, 평가성 검토, 허위변수)

① 준실험설계 → 실험집단과 통제집단(비교집단)의 동질성을 확보 ×

② 내적 타당성 → 특정 연구 내에서 인과적 추론의 정확성을 의미

③ 외적 타당성 → 정책평가 결과의 일반화 가능성을 의미

④ 평가성 검토 → 본격적인 평가를 시작하기 전에 실시하는 것으로 일종의 예비평가

⑤ 허위변수 → 독립변수와 종속변수가 인과관계가 있는 것처럼 보이게 하는 제3의 변수

답 ❶

PART 1 PART 2 PART 3

099 다음 설명에 해당하는 정책변동모형은? 19 행정사 제7회

□□□

> 신념체계에서 규범적 핵심이나 정책 핵심의 변화가 쉽게 나타나지 않기 때문에 정책 목표와 수단에 급격한 변화를 가져오는 근본적 정책변동은 용이하지 않다.

① 정책지지연합모형

② 정책흐름모형

③ 정책패러다임변동모형

④ 단절균형보형

⑤ 이익집단 위상변동모형

해설

[❶ ▸ O] 사바티어(Sabatier) 등이 제시한 **정책지지연합모형**에서는 신념체계에서 규범적 핵심이나 정책 핵심의 변화가 쉽게 나타나지 않기 때문에 근본적인 정책변동은 잘 이루어지지 않는다고 본다. 10년 이상의 장기간에 걸쳐 신념체계에 기초한 지지연합의 상호작용과 정책학습, 정치체제의 변화와 사회경제적 환경의 변화로 인해 정책이 변동한다는 모형이다.

[❷ ▸ X] 킹던(Kingdon)의 **정책흐름모형**에서는 서로 무관하게 자신의 규칙에 따라 흘러 다니는 정책문제의 흐름, 정치의 흐름, 정책대안의 흐름 세 가지의 흐름이 결합하여 정책변동이 이루어진다고 한다.

[❸ ▸ X] 홀(P. Hall) 제시한 **정책패러다임 변동모형**은 정책이 한 사회의 패러다임의 변화에 의해 일어난다는 것으로, 정책목표와 정책수단에 있어서 급격한 변화를 가져오는 정책변동을 패러다임 변동으로 개념화하였다.

[❹ ▸ X] **단절균형모형**은 역사적 신제도주의의 제도변화이론 중 하나이다. 역사적 신제도주의는 제도의 협착(제도의 정체상태)을 강조하며, 정책 변동(제도 변화)은 사회경제적 위기나 군사적 갈등과 같은 외부적 충격에 의해 단절적으로 급격하게 발생하고, 단절(변동)이 있은 후에 다시 균형을 이룬다고 보고 있다.

[❺ ▸ X] 무치아로니(Mucciaroni)가 제시한 **이익집단 위상변동모형**은 정책결정은 특정 이익집단의 사적 이익과 사회전체의 공적 이익 간의 선택의 문제로 나타나며, 정책의 내용은 사적 이익을 추구하는 이익집단의 위상이 정책과정에서 어떠한 위치를 차지하고 있느냐에 따라 달라질 수 있다고 본다. 무치아로니(Mucciaroni)는 이익집단의 위상변동을 이슈맥락과 제도맥락이라는 두 가지 개념을 사용하여 설명한다.

 ❶

CHAPTER 03 조직론

제1절 조직과 조직이론

100 현대조직이론의 특징으로 옳지 않은 것?

□□□ 24 행정사 제12회

① 인간행태의 발전과 쇄신적 가치관을 중시하며 인간을 자아실현인·복잡인으로 파악한다.
② 가치의 다원화 및 행정현상의 다양성을 인정한다.
③ 효과성·생산성·민주성·대응성·사회적 적실성과 종합적인 행정개혁을 중시한다.
④ 조직을 환경과 상호작용하는 동태적·유기체적 개방체제로 파악한다.
⑤ 조직발전을 위해 조직의 변동과 갈등을 전적으로 억제한다.

해설

[❶ ▸ O] 현대적 조직이론은 인간행태의 발전과 쇄신적 가치관을 중시하며 인간을 자아실현인·복잡인으로 파악한다.
[❷ ▸ O] 현대적 조직이론은 가치의 다원화 및 행정현상의 다양성을 인정한다.
[❸ ▸ O] 현대적 조직이론은 효과성·생산성·민주성·대응성·사회적 적실성과 종합적인 행정개혁을 중시한다.
[❹ ▸ O] 현대적 조직이론은 조직을 환경과 상호작용하는 동태적·유기체적 개방체제로 파악한다.
[❺ ▸ X] 현대적 조직이론은 조직에서 변동과 갈등의 순기능을 인정하고 조직발전(OD)을 중시한다.

➲ **조직이론의 비교(D. Waldo)**

구 분	고전적 조직이론 (19세기 말~1930년대)	신고전적 조직이론 (1930년대~1950년대)	현대적 조직이론 (1950년대 후반~)
인간관	합리적·경제적 인간	사회적 인간	자아실현인·복잡인
연구 초점	조직의 공식구조(계층제, 절차 등) 설계에 초점	인간의 사회적 욕구와 동기유발 요인에 초점	인간 행태나 발전·쇄신적 가치관 중시
추구하는 행정 이념(가치)	기계적 능률성	사회적 능률성	효과성·생산성·민주성·대응성·사회적 적실성 등 다양한 가치 중시
환경관	폐쇄적 환경관	폐쇄적 환경관	개방적 환경관
연구방법	원리적 접근 (형식적 과학성)	경험적 접근 (경험적 과학성)	복합적 연구방법 (종합 과학적 성격)
해당 이론	고전적 관료제론(Weber), 과학적 관리론(Tayler), 행정관리론(Wilson, Fayol, Gulick, Urwick)	인간관계론(E. Mayo) 후기 인간관계론	체제이론, 상황이론, 조직경제학(대리인이론, 거래비용이론), 조직군생태론 등

답 ❺

제2절 조직구조론

101 기계적(mechanistic) 구조와 대비되는 유기적(organic) 구조의 조직 특성에 해당하는 것은?
□□□

23 행정사 제11회

① 모호한 책임관계
② 표준운영절차
③ 좁은 직무범위
④ 계층제
⑤ 공식적 / 몰인간적 대면관계

해설

[❶ ▸ O] 유기적(organic) 구조의 조직 특성에 해당하는 것은 ① 모호한 책임관계이다. ② 표준운영절차, ③ 좁은 직무범위, ④ 계층제, ⑤ 공식적 / 몰인간적 대면관계는 기계적(mechanistic) 구조의 조직 특성에 해당한다.

➲ 조직구조모형 – 기계적 구조와 유기적 구조

분 류	기계적 구조	유기적 구조
장 점	예측가능성	적응성
조직 특성	• 계층제❹ • 좁은 직무범위❸ • 표준운영절차(SOP)❷ • 분명한 책임관계 • 공식적 / 몰인간적 대면관계❺	• 채널의 분화 • 넓은 직무범위 • 적은 규칙 / 절차 • 모호한 책임관계❶ • 비공식적 / 인간적 대면관계
상황 조건	• 명확한 조직목표와 과제 • 분업적 과제 • 단순한 과제 • 성과 측정이 가능 • 금전적 동기부여 • 권위의 정당성 확보	• 모호한 조직목표와 과제 • 분업이 어려운 과제 • 복합적 과제 • 성과 측정이 어려움 • 복합적 동기부여 • 도전 받는 권위

답 ❶

102 조직구조에 관한 설명으로 옳지 않은 것은? 17 행정사 제5회

□□□

① 수평구조는 수직적 계층과 부서 간 경계를 실질적으로 제거하고 의사소통을 원활하게 만든 유기적 구조이다.

② 네트워크조직은 높은 독자성을 지닌 조직 단위나 조직들 간에 협력적 연계장치로 구성된 조직으로 조직행위자 간 상호의존성과 관계성이 중요시된다.

③ 사업구조는 특정 산출물별로 운영되므로 고객만족도 제고 및 성과관리에 유리하다.

④ 기계적 구조는 조직의 외부환경이 안정적일 때 채택되며, 의사결정 집권화, 규칙과 절차 준수, 명확한 업무구분이 특징이다.

⑤ 학습조직은 시행착오나 실패를 두려워하여 철저한 사전 준비를 통해 시행착오나 실패의 제로(zero)를 추구한다.

해설

[❶ ▸ O] **수평구조(팀 구조)**는 수직적 계층과 부서 간 경계를 실질적으로 제거하여 개인을 팀 단위로 모아 의사소통과 조정을 용이하게 하고 고객에게 가치와 서비스를 신속히 제공하는 유기적 구조를 말한다.

[❷ ▸ O] **네트워크구조**는 조직의 자체기능은 핵심역량 위주로만 합리화하고 여타 부수적인 기능은 외부기관들과 위탁계약(아웃소싱)을 통해 연계·수행하는 간소화된 유기적 구조로 조직행위자 간 상호의존성과 관계성이 중요시된다.

[❸ ▸ O] **사업구조**는 산출물(제품)별로 자율적으로 운영되는 고객중심의 조직으로 고객만족도 제고 및 성과관리에 유리하다.

[❹ ▸ O] **기계적 구조**는 고전적이고 전형적인 관료제조직에서 찾아볼 수 있고 조직의 외부환경이 안정적일 때 채택되며, 의사결정 집권화, 규칙과 절차 준수, 명확한 업무구분과 같은 특징이 있다.

[❺ ▸ X] **학습조직**은 지식의 창출·공유와 활용이 뛰어난 조직이며, 문제의 해결능력을 향상시켜 나가는 조직으로 지속적인 학습과 시행착오를 허용한다.

핵심정리

조직구조

① 수평구조 ⟶ 계층과 경계를 제거하고 의사소통을 원활하게 만든 유기적 구조
② 네트워크조직 ⟶ 독자성을 지니거나 협력적 연계장치로 구성된 조직으로 상호의존성과 관계성 중시
③ 사업구조 ⟶ 특정 산출물별로 운영되므로 고객만족도 제고 및 성과관리 유리
④ 기계적 구조 ⟶ 의사결정 집권화, 규칙과 절차 준수, 명확한 업무구분이 특징
⑤ 학습조직 ⟶ 지속적인 학습과 시행착오를 허용하는 조직

답 ❺

103 조직구조의 기본변수 중 공식화(formalization)에 관한 설명으로 옳지 않은 것은?

□□□

16 행정사 제4회

① 공식화는 조직 내에 규칙, 절차, 지시 및 의사전달이 명문화된 정도를 의미한다.
② 공식화 수준이 높은 경우, 조직구성원들의 행동이 정형화되어 그들에 대한 통제가 어려워진다.
③ 공식화를 통해 업무처리상 혼란을 방지할 수 있다.
④ 조직환경이 안정적이고 조직규모가 클수록 공식화 수준이 높다.
⑤ 공식화 수준이 너무 높으면, 업무처리에 있어서 조직구성원의 자율성과 창의성이 저해되기도 한다.

해설

[❶ ▸ O] 공식화(formalization)란 조직 내의 직무가 정형화, 표준화, 법규화된 정도를 말하는 것으로 규칙・절차・지시 및 의사전달이 명문화된 정도를 의미한다.

[❷ ▸ ×] [❸ ▸ O] 공식화 정도가 높을수록 조직구성원들의 행동이 정형화되어 통제가 용이하고,❷ 업무처리상의 혼란을 방지하며 효율적이고 정확・신속한 과업수행이 가능하게 된다.❸

[❹ ▸ O] 조직환경이 안정적이고 조직규모가 클수록 공식화 수준이 높아진다.

[❺ ▸ O] 공식화 수준이 너무 높으면, 유동적인 상황에서는 조직구성원의 자율성과 창의성이 저해될 수 있다.

핵심정리

조직구조의 기본변수 중 공식화

① 공식화(formalization) → 조직 내에 규칙, 절차, 지시 및 의사전달의 명문화된 정도를 의미
②, ③ 공식화의 장점
→ 공식화 수준이 높은 경우, 조직구성원들의 행동이 정형화되어 통제 용이
→ 업무처리상 혼란 방지
④ 공식화의 특징
→ 조직환경이 안정적이고 조직규모가 클수록 공식화 수준이 높음
⑤ 공식화의 단점
→ 공식화 수준이 높으면, 조직구성원의 자율성과 창의성 저해의 가능성

답 ❷

104 조직구조의 기본변수에 관한 설명으로 옳지 않은 것은?

18 행정사 제6회

□□□

① 복잡성은 조직을 구성하는 기구의 분화정도를 의미한다.
② 수평적 복잡성은 조직 내 수직적 계층의 수를 의미한다.
③ 업무수행의 규칙과 절차가 표준화될수록 조직구조의 공식성은 높아진다.
④ 공식화 정도가 높을수록 업무의 예측가능성이 높아진다.
⑤ 의사결정의 권한이 상위층에 집중된 경우 집권화된 조직이라고 한다.

해설

[❶ ▸ O] **복잡성**은 조직을 구성하는 기구의 분화정도를 의미하며, 단위 부서 사이의 횡적 분화의 정도를 나타내는 수평적 분화와 조직의 계층화 정도를 나타내는 수직적 분화로 구분할 수 있다.

[❷ ▸ ×] **수평적 분화(복잡성)**는 조직이 수행하는 업무의 세분화를 의미하며, 전문성에 따라 그 분화의 정도가 달라진다. **수직적 분화(복잡성)**는 조직의 종적인 분화로서 책임과 권한의 계층적 분화의 정도, 즉 조직 내 계층의 수를 의미한다.

[❸ ▸ O] 공식화란 조직 내의 직무가 정형화, 표준화, 법규화된 정도를 말하는 것으로 규칙 · 절차 · 지시 및 의사전달이 명문화된 정도를 의미한다. 일반적으로 업무수행의 규칙과 절차가 표준화될수록 조직구조의 공식성은 높아진다.
[❹ ▸ O] 공식화 정도가 높을수록 불확실성을 감소시켜 업무의 예측가능성이 높아진다.
[❺ ▸ O] 의사결정권이 상위계층에 집중된 정도를 **집권성**이라고 하며, 의사결정의 권한이 상위층에 집중된 경우 집권화된 조직이라고 한다.

핵심정리

조직구조의 기본변수(복잡성, 공식성, 집권성)
① 복잡성 → 조직을 구성하는 기구의 분화정도
② 수평적 분화(복잡성)와 수직적 분화(복잡성)
→ 수평적 분화 : 조직이 수행하는 업무의 세분화를 의미
→ 수직적 분화 : 조직 내 수직적 계층의 수를 의미
③, ④ 공식성
→ 업무수행의 규칙과 절차가 표준화될수록 조직구조의 공식성은 높아짐
→ 공식화 정도가 높을수록 업무의 예측가능성이 높아짐
⑤ 집권화된 조직 → 의사결정의 권한이 상위층에 집중된 조직

답 ❷

105 조직구조 설계 시 고려해야 할 기본 요소에 관한 설명으로 옳지 않은 것은? 23 행정사 제11회

□□□

① 누구에게 보고하는 지를 정하는 명령 체계
② 상관에게 보고하는 부하의 수를 의미하는 통솔 범위
③ 의사결정이 이루어지는 계층이 위치한 수준을 의미하는 집권과 분권
④ 문서화된 정도를 의미하는 공식화
⑤ 조직의 일차적 목표와 관련된 사업을 수행하는 참모와 이를 지원하는 계선

해설

[❺ ▸ ×] '조직의 일차적 목표와 관련된 사업을 수행하는 참모와 이를 지원하는 계선'은 조직구조 설계 시 고려해야 할 기본 요소에 해당하지 않는다.

➲ 조직구조 설계 시 고려해야 할 기본 요소

구분	내용
복잡성	• 조직의 분화된 정도를 의미 • 단위 부서 사이의 횡적 분화의 정도를 나타내는 수평적 분화와 조직의 계층화 정도를 나타내는 수직적 분화로 구분할 수 있음
공식화	조직 내 직무가 표준화되어 있는 정도, 문서화된 정도를 의미
집권성 (집권과 분권)	• 조직계층 상하 간의 권한 분배의 정도를 의미 • 집권은 의사결정 권한이 중앙이나 상위기관에 유보되어 있는 것을 의미하고, 분권은 지방 또는 하급기관에 위임되어 있는 것을 의미함 • 의사결정이 이루어지는 계층이 위치한 수준을 의미
명령 체계	• 조직의 가장 높은 지위로부터 가장 낮은 위치까지 연결하는 선 • '나는 누구에게 보고할 책임이 있는가?'라는 의문을 가질 때 해답을 제시
통솔 범위	• 한 상관이 효율적이고 효과적으로 관리할 수 있는 부하의 범위 • 상관에게 보고하는 부하의 수를 의미

답 ❺

106 조직구조의 분권화가 요구되는 상황으로 옳지 않은 것은? 22 행정사 제10회

□□□

① 규칙과 절차의 합리성·효율성에 대해 신뢰하고 있다.
② 조직이 속한 사회의 민주화가 촉진되고 있다.
③ 기술과 환경이 격동적으로 변화하고 있다.
④ 고객에게 신속하고 대응적인 서비스 요구가 증가하고 있다.
⑤ 조직구성원들의 참여 확대와 창의성 발현이 요구되고 있다.

해설

[❶ ▸ ×] 규칙과 절차의 합리성·효율성에 대한 신뢰의 증가는 공식화와 관련되며, 정형적 규칙과 절차에 따라 구성원의 행동이 이루어지도록 하므로 집권화를 초래하게 된다.

➲ 집권화와 분권화의 촉진요인

집권화의 촉진요인	분권화의 촉진요인
• 교통 및 정보통신의 발달은 신속한 전달을 가능하게 하여 권한위임의 필요를 감소시켜 집권화를 촉진 • 재정자원의 규모가 팽창하여 집권화를 촉진 • 규칙과 절차의 합리성과 효과성에 대한 신뢰는 집권화를 촉진❶ • 전략적 결정 등 중요도가 높은 결정사항으로 인해 집권화를 촉진 • 위기가 발생하거나 소규모의 신설조직으로 인해 집권화를 촉진 • 권위주의적 사회문화, 사회구조와 계서적 원리 등도 집권화를 촉진 • 특정 기능에 대한 조직 내외의 관심이 확대되면 그에 대한 의사결정이 집권화를 촉진 • 조직활동의 통일성·일관성에 대한 요청은 집권화를 촉진 • 일의 전문화나 기능분립적 구조설계 등은 집권화를 촉진 • 전문화(분업) 등으로 인한 하위조직단위 간 횡적 조정이 필요하거나 최고관리층의 권력욕은 집권화를 촉진	• 환경변화의 격동성과 복잡성은 조직의 적응성 제고를 요구하므로 분권화를 촉진❸ • 조직이 속해 있는 사회의 민주화가 촉진되면 조직 내의 분권화를 촉진❷ • 조직구성원의 참여와 자율구제를 강조하는 동기유발 전략은 분권화를 촉진 • 고객에게 신속한 상황적응적인 서비스를 제공하여야 한다는 요청은 분권화를 촉진❹ • 구성원의 인적 전문화 및 능력 향상은 분권화를 촉진 • 구성원에게 힘을 실어주려는 것도 분권화를 촉진 • 개인적 창의성 발휘가 중요해질수록 분권화를 촉진❺ • 조직의 규모확대는 분권화를 촉진

답 ❶

107 공공조직에서 막스 베버(M. Weber)가 제시한 관료제의 주요 특징에 해당되지 않는 것은?

□□□

14 행정사 제2회

① 업무의 분업구조 속에서 직무에 대한 권한과 관할범위의 규정
② 조직형태에 있어서 명확한 계서제적 구조
③ 권한 및 업무에 있어서 자의성과 개인적 선호가 배제된 문서화된 법규
④ 비개인성(Impersonality)을 배제한 업무수행
⑤ 업무에 있어서 조직구성원의 전문화와 전임화

해설

[❹ ▸ ×] ① 업무의 분업구조 속에서 직무에 대한 권한과 관할범위의 규정, ② 조직형태에 있어서 명확한 계서제적 구조, ③ 권한 및 업무에 있어서 자의성과 개인적 선호가 배제된 문서화된 법규, ⑤ 업무에 있어서 조직구성원의 전문화와 전임화는 모두 관료제의 특징에 해당한다. 그러나 관료제는 비개인화(Impersonalism), 몰인간성 · 비정의성 · 합리성 및 공평성를 추구한다는 점에서 ④ '비개인성(Impersonality)을 배제한 업무수행'이 아니라 **개인성(personality, 정의성)을 배제한 업무수행'이 관료제의 특징에 해당**한다.

답 ❹

108 관료제의 특징으로 옳지 않은 것은?

21 행정사 제9회

□□□

① 분업구조
② 계층구조
③ 문서화된 법규
④ 실적주의
⑤ 정의적(personal) 업무 처리

해설

[❺ ▸ ×] ① 분업구조, ② 계층구조, ③ 문서화된 법규, ④ 실적주의(기술적 전문화를 통한 실적관료제 또는 기술관료제)는 관료제의 특징에 해당한다. ⑤ 정의적(personal) 업무 처리가 아니라 **비정의적(Impersonal) 업무 처리**가 관료제의 특징에 해당한다. 즉 관료제 하에서 이상적인 관료는 언제 어디서나 자신의 감정을 절제하고 절차에 따라 기계적으로 일하는 사람, 동정심이나 호의(好意) 같은 인간의 온정을 버리고 전문직업인으로서 맡은 일을 냉정하게 처리하는 사람이다.

답 ❺

109 □□□ **막스 베버(M. Weber)가 제시한 관료제에 관한 설명으로 옳지 않은 것은?** 18 행정사 제6회

① 계층제의 원리를 근간으로 한다.
② 업무수행에 필요한 전문성을 강조한다.
③ 합법적 권위로부터 관료제의 정당성을 찾는다.
④ 개인성(personality)을 고려한 업무처리를 강조한다.
⑤ 규칙과 절차의 강조로 형식주의(red tape)와 같은 역기능이 초래된다.

해설

[❶ ▸ O] 베버(M. Weber)가 제시한 관료제는 상명하복의 질서정연한 계층제의 원리(피라미드 모양의 계층구조)를 근간으로 한다.

[❷ ▸ O] 관료제 내의 구성원들에게는 제한된 범위의 공식적인 임무가 부여된다(분업 구조). 각자는 자신에게 주어진 전문화된 업무에 대해서만 책임을 진다. 관료의 채용의 기준은 전문적 능력(실적)이며, 관료로서 직업은 전임직원이 된다.

[❸ ▸ O] 베버(M. Weber)는 권위를 전통적 권위, 카리스마적 권위, 합법적 권위(법적 · 합리적 권위)로 구분한다. 이 중 합법적 권위는 의회를 통과한 법에서 나오는 권위로 모든 사람에게 평등하고 비정의적으로 적용되며 현대사회의 사회관계를 이루는 근간이 된다. **베버의 관료제**는 바로 **합법적 권위(법적 · 합리적 권위)**를 바탕으로 한 것이다.

[❹ ▸ ×] 베버(M. Weber)의 관료제는 개인성(personality)을 고려한 업무처리가 아니라 **비개인적(Impersonal, 비정의적) 업무 처리를 강조**한다. 즉 관료제 하에서 구성원들은 인간으로서의 감정이나 충동적인 화를 멀리 하고 객관적이고 공정하게 행동할 것이 기대된다. 이상형의 관료는 언제 어디서나 자신의 감정을 절제하고 절차에 따라 기계적으로 일하는 사람, 동정심이나 호의 같은 인간의 온정을 버리고 전문직업인으로서 맡은 일을 냉정하게 처리하는 사람이다.

[❺ ▸ O] 관료제의 병리현상으로 목표가 아닌 수단으로서의 규칙과 절차에 지나치게 집착하는 **형식주의(red tape, 번문욕례)**가 나타난다. 17세기 영국에서는 공식적인 정부문서를 묶을 때 빨간 끈(red tape)을 사용했는데 관료제에서의 번거롭고 까다로운 규칙, 규제, 절차를 일컬어 red tape, 형식주의 또는 번문욕례(번거롭게 형식만 까다롭게 만든 예문)라 부른다.

답 ❹

110 □□□ **베버(M. Weber)가 제시한 관료제의 특징으로 옳지 않은 것은?** 20 행정사 제8회

① 합법적으로 제정한 법규에 근거를 두고 운영된다.
② 권한과 책임이 명백한 계층구조로 이루어진다.
③ 관료는 임무수행을 구두가 아니라 문서로 한다.
④ 임무수행에 필요한 전문적 훈련을 받은 사람들이 관료로 채용된다.
⑤ 임무수행은 인격성(personality)이 중시된다.

해설

[❺ ▸ ×] 막스 베버(M. Weber)가 제시한 관료제는 권한과 책임이 명백한 계층구조(계서제적 구조),❷ 합법적으로 제정한 법규에 근거를 둔 운영(법규에 의한 지배),❶ 문서에 의한 임무수행(문서화의 원리),❸ 전문적 능력(실적)에 의한 관료의 채용(관료의 전문화와 전임화)❹ 등을 그 특징으로 한다. 그러나 임무수행에 있어 인격성(personality, 개인성, 정의성)이 중시되는 것이 아니라 **비정의적(Impersonal, 비개인적) 임무 수행을 강조**한다.❺

답 ❺

111 공무원의 수가 업무량에 관계없이 일정 비율로 증가하는 현상을 무엇이라고 하는가?

□□□

15 행정사 제3회

① 피터의 원리(Peter principle)
② 과두제의 철칙(iron law of oligarchy)
③ 딜론의 원칙(Dillon's rule)
④ 파킨슨의 법칙(Parkinson's law)
⑤ 세이어의 법칙(Sayre's law)

해설

[❶ ▸ ×] **피터의 원리**(Peter principle)란 정부와 같이 계층구조와 연공서열이 작동하는 조직에서 사람은 자신의 업무를 수행하기 힘든 무능력의 수준에 도달할 때까지 승진하려는 경향이 있으므로 상위 직급은 무능한 인물로 채워질 수밖에 없다는 것으로, 관료제의 역기능(=병리현상)을 지적한 이론이다.

[❷ ▸ ×] **과두제의 철칙**(iron law of oligarchy)이란 아무리 민주적인 조직이라도 조직운영의 전략적, 기술적 필요상 소수의 엘리트에 의한 과두 지배가 필연적인 철칙으로 나타난다는 주장으로, 엘리트 이론 중 하나이다. '과두제'란 소수의 지도자들에 의한 지배체제를 말하고, '철칙'이란 조직을 지배하고 있는 현 지위를 유지하기 위해서는 수단 방법을 가리지 않는다는 뜻이다.

[❸ ▸ ×] **딜론의 원칙**(Dillon's rule)이란 미국에서 주(state) 정부와 지방 정부(local government)와의 관계를 설정하는 데 적용되는 고전적 이론으로서, 지방 정부는 오직 주 헌법이나 법에 명기되어 있거나 명기된 권한의 행사에 필요한 최소한의 범위 내에서만 활동할 수 있다는 것을 말한다.

[❹ ▸ ○] **파킨슨의 법칙**(Parkinson's law)이란 공무원의 규모는 업무량에 상관없이 증가한다는 주장을 말한다. 그 이유 중 하나로 공무원들은 동료보다는 부하를 원하고 경쟁보다는 감독·통제하기를 원한다는 것이다. 관료제 역기능(=병리현상)을 지적한 이론이다.

[❺ ▸ ×] **세이어의 법칙**(Sayre's law)은 공·사행정은 중요하지 않은 점에서는 근본적으로 같다고 하여 공·사행정의 중요한 점에서는 서로 다름을 역설적으로 주장한 견해로 공사행정이원론, 정치행정일원론의 입장을 대변한다.

답 ❹

PART 1 PART 2 PART 3

112 기계적 조직과 학습조직의 특성에 관한 내용으로 옳지 않은 것은? 22 행정사 제10회

□□□

① 기계적 조직은 위계적 · 경직적 조직문화를 갖는 데 비해 학습조직은 적응적 조직문화를 갖는다.

② 기계적 조직은 조직원의 재량과 책임을 중시하나 학습조직은 조직원 과업을 상세히 규정한 표준화 · 분업화에 의해 수행한다.

③ 기계적 조직은 경쟁을 중시하나 학습조직은 협력을 중시한다.

④ 기계적 조직은 수직적 구조이나 학습조직은 수평적 구조를 지향한다.

⑤ 기계적 조직은 정보가 최고관리층에 집중되는 반면에 학습조직은 조직원들에게 공유된다.

해설

[❷ ▸ ×] 기계적 조직은 조직원 과업을 상세히 규정한 표준화 · 분업화에 의해 수행하나 학습조직은 조직원의 재량과 책임을 중시한다.

➲ 기계적 조직과 학습조직의 구별

구 분	기계적 조직	학습조직
조직구조❹	수직적 계층구조(기능 중심)	수평적 구조(업무프로세스 중심)
조직설계❷	표준화 · 분업화의 원리에 의해 설계	• 목표달성을 위한 재량권과 책임 인정 • 구성원의 권한 강화
주요가치❸	경쟁 중시	협력 중시 (직원 간, 부서 간, 외부경쟁사 간의 협력 포함)
정 보❺	부하를 통제하기 위해 최고관리층에 독점적으로 집중	협력을 촉진하기 위하여 조직원들에게 정보가 공유됨
조직문화❶	위계적 · 경직적 조직문화	• 적응적 조직문화 • 성장을 위한 개방성, 평등, 지속적 개선과 변화의 강조 • 구성원 간의 협력과 상호작용의 중시
통제 및 관리	• 상위계층의 통제관리 • 일선 직원의 의사결정권한은 인정되지 않음	• 의사소통과 수평적 협력 • 일상적 과업수행의 권한이 위임됨

※ 학습조직은 모든 조직구성원이 문제 인지와 해결에 관여하면서 조직능력을 제고하기 위해 시행착오를 거치면서 지속적으로 실험할 수 있는 조직을 말한다. 기계적 조직은 조직을 기계와 같이 구조화한 조직으로, 엄격한 계층구조를 가지고 있어 책임과 역할이 명확하게 나누어져 있으며, 보고체계 또한 명령통일의 원리가 적용된다.

답 ❷

113 □□□ 학습조직에 관한 설명으로 옳지 않은 것은? 23 행정사 제11회

① 리더의 사려 깊은 리더십이 요구된다.
② 구성원의 권한강화를 강조한다.
③ 수평적 구조의 팀으로 구성된다.
④ 전체보다 부분을 중시한다.
⑤ 조직구성원은 조직의 공식자료에 접근할 수 있어야 한다.

해설

[❹ ▸ ×] 학습조직이란 **모든 조직구성원**이 문제 인지와 해결에 관여하면서 **조직능력을 제고하기 위해** 시행착오를 거치면서 지속적으로 실험할 수 있는 조직을 말한다. 효율성이라는 관료제의 궁극적 가치와는 달리 학습조직에서는 '문제해결'이 필수적 가치가 된다. 부서 간 경계를 최소화하는 조직문화가 중요하며, 구성원 상호 간의 협력을 강조한다. **부분보다 전체를 중시**하고 의사소통을 원활하게 하는 공동체 문화를 강조한다.

➲ 학습조직의 특징

구분	내용
사려 깊은 리더십 요구❶	• 통치이념(조직의 목표, 사명, 핵심 가치 등)의 설계 • 구성원이 공유하는 미래비전 창조 • 리더는 조직 제일의 봉사자로서 조직의 임무와 조직구성원들을 지원하는 데 헌신
구성원의 권한 강화 강조❷	• 조직의 문제를 인지하고 해결하는 학습조직의 기본단위는 통합기능팀 • 조직구성원은 탐구심과 학습의 즐거움을 가진다고 가정하고, 구성원에게 충분한 학습기회를 제공할 수 있는 훈련을 강조
전략수립의 다방향성	• 전략은 중앙집권적으로 수립되는 것이 아니라 여러 방향에서 등장 • 전략수립에 있어 고객 및 공급자와 직접 접촉하고 있는 일선 구성원의 역할이 강화되고, 공급자 또는 경쟁자와 협력적 네트워크를 통한정보 공유로 전략수립에 도움을 얻게 됨
강한 조직일체감	• 부분보다 전체를 중시하고 의사소통을 원활하게 하는 공동체 문화의 강조❹ • 부서 간 경계를 최소화하는 조직문화가 중요하며, 부서 간 협력을 통한 문제해결능력의 향상을 강조(개인 학습보다는 팀 학습이나 집단학습을 중시)
정보 공유	문제해결을 위해 조직 구성원은 조직의 공식자료에 항상 접근 가능해야 하며,❺ 조직 구성원 간의 광범위한 의사소통을 장려
수평적 조직구조 강조❸	불확실한 환경에 필요한 신축성을 제고하기 위해 네트워크 조직과 가상조직을 활용
조직 전체를 강조하는 보상체계	개인별 보상이 아닌 팀워크와 조직 전체를 강조하는 집단적 보상체계를 도입

답 ❹

114 지식정보화 시대에 필요한 학습조직의 특징을 설명한 것으로 옳지 않은 것은? 13 행정사 제1회

□□□

① 학습조직은 자신과 다른 사람의 경험 및 시행착오를 통한 학습활동을 높게 평가한다.

② 학습조직은 불확실한 환경에서 조직 스스로 문제해결을 할 수 있도록 조직구성원에게 권한 강화와 학습기회를 제공한다.

③ 학습조직은 결정과 기획 등 핵심기능만 남기고 기타 집행사업기능을 각각 전문 업체에 위탁경영하여 일을 수행하는 조직이다.

④ 학습조직은 변화를 위한 학습역량 함양을 통해 미래 행동의 기반을 구축한다.

⑤ 학습조직은 관계지향성과 집합적 행동을 상려한다.

해설

[❶ ▸ O] [❷ ▸ O] 학습조직은 구성원 모두가 학습주체라는 인식으로 지식을 창출하고 활용하고 전달·공유하는 데 능숙하며 새로운 지식과 통찰력을 업무에 반영하기 위해 기존의 행동양식을 바꾸는 데 능숙한 조직을 말한다. 따라서 다른 사람의 경험 및 시행착오를 통한 학습활동을 높게 평가하게 되고,❶ 그 전제로 조직 스스로 문제해결을 할 수 있도록 조직구성원에게 권한 강화와 학습기회를 제공하게 된다.❷

[❸ ▸ ×] 결정과 기획 등 핵심기능만 남기고 기타 집행사업기능을 각각 전문 업체에 위탁경영하여 일을 수행하는 조직은 **네트워크조직**이다.

[❹ ▸ O] [❺ ▸ O] 학습조직은 안정보다는 변화를 위한 학습역량 함양을 통해 미래 행동의 기반을 구축하고❹ 관계지향성과 집합적 행동을 장려한다.❺

핵심정리

학습조직

①, ②, ④, ⑤ 학습조직의 특징
- ⋯▸ 경험 및 시행착오를 통한 학습활동 높게 평가
- ⋯▸ 조직구성원에게 권한 강화와 학습기회 제공
- ⋯▸ 변화를 위한 학습역량 함양을 통해 미래 행동의 기반 구축
- ⋯▸ 관계지향성과 집합적 행동 장려

③ 네트워크조직
- ⋯▸ 결정과 기획 등 핵심기능만 남기고 기타 집행사업기능을 각각 전문 업체에 위탁경영하여 일을 수행하는 조직

답 ❸

115 매트릭스 조직에 관한 설명으로 옳은 것은? 17 행정사 제5회

□□□

① 단일한 명령 및 보고체제를 갖고 있다.
② 하위조직 간 정보 흐름이 활성화된다.
③ 하위조직 간 할거주의가 발생할 경우 조정이 용이하다.
④ 불안정한 환경에 적절하게 대응하지 못한다.
⑤ 복잡한 의사결정을 하지 못한다.

해설

[❶ ▸ ×] [❷ ▸ ○] 매트릭스 조직은 기능별 조직과 전문적 사업부제 조직을 화학적으로 혼합한 이중구조적 조직으로 이중적 명령체계를 가지며❶ 잦은 대면접촉과 회의로 의사소통이 원활하고 하위조직 간 정보흐름이 활성화되므로❷ 예상하지 못한 문제발견과 새로운 해결책을 강구하는 데 유익하다.

[❸ ▸ ×] 이질적인 조직구성원들로 인하여 하위조직 간 할거주의가 발생할 경우 조정이 어렵게 된다.

[❹ ▸ ×] [❺ ▸ ×] 환경의 불확실성과 조직의 복잡성에 탄력적으로 대응하기 용이한 유기적 구조로❹ 다양한 경험을 가진 내부 전문가들로 구성된 조직이므로 복잡한 의사결정을 하는 데 유용하다.❺

답 ❷

PART 1 PART 2 PART 3

116 매트릭스 조직에 관한 설명으로 옳지 않은 것은? 15 행정사 제3회

□□□

① 인력 활용의 측면에서 비용 부담이 크다.
② 신축성과 적응성이 요구되는 불안정하고 급변하는 조직 환경에 효과적인 조직이다.
③ 각 분야의 전문가들 간 수평적 의사소통을 통해 다양한 아이디어가 제시된다.
④ 매트릭스 조직의 사례로 대규모 기업의 사업부제 시스템 등을 들 수 있다.
⑤ 기능구조와 사업구조의 결합을 시도하는 조직이며, 행렬조직이라고도 한다.

해설

[❶ ▸ ×] [❹ ▸ ○] [❺ ▸ ○] 매트릭스 조직은 기능별 조직과 전문적 사업부제 조직을 결합한 조직이므로 행렬조직이라고도 하며,❺ 양 부문에 걸쳐 인적·물적 자원을 효율적으로 활용할 수 있어서 인력활용 측면에서 비용부담이 적다.❶ 매트릭스 조직의 사례로 대규모 기업의 사업부제 시스템 등을 들 수 있다.❹

[❷ ▸ ○] [❸ ▸ ○] 신축성과 적응성이 요구되는 불안정하고 급변하는 조직 환경에 효과적인 조직으로,❷ 각 분야의 전문가들 간 수평적 의사소통을 통해 양 부문(기능별 조직과 사업부제조직)의 다양한 경험과 관리기술을 습득할 기회를 제공하여 넓은 안목과 창의적인 아이디어의 원천이 된다.❸

답 ❶

117 우리나라 공공조직의 팀제(Team System)에 관한 설명으로 옳지 않은 것은? 14 행정사 제2회

□□□

① 조직의 인력을 신축적으로 운영하고, 실무 차원에서 팀장 및 팀원의 권한을 향상시킨다.
② 조직구성원들의 신속한 의사결정을 저해시킨다.
③ 팀제를 통해 조직구성원의 참여를 제고시키고 개인적 의견반영이 용이하다.
④ 조직의 경직성을 탈피하고 팀 내 전문능력 및 기술을 활용하게 한다.
⑤ 종전 수직적 조직을 수평적 조직으로 전환해 전략적 업무를 수행하는 조직에 적합하다.

해설

[❶ ▸ O] [❷ ▸ ×] 팀조직(팀제)은 조직의 인력을 신축적으로 운영하여 공동의 목표를 달성하기 위해 책임을 공유하고 문제해결을 위해 공동의 접근방법을 사용하는 조직단위로 정의될 수 있다. 팀장에 대한 대폭적인 권한 위임으로 팀장 및 팀원의 권한이 향상되고,❶ 팀의 자율성이 보장되어 조직구성원들의 신속한 의사결정이 가능하게 되고,❷ 개인의 창의력과 효율성이 제고될 수 있다.

[❸ ▸ O] 고위관료의 권한을 축소하고 팀장에 대한 대폭적인 권한의 위임으로 팀의 자율성이 보장되어 팀조직은 조직구성원의 참여를 제고시키고 개인적 의견반영이 용이하다.

[❹ ▸ O] 팀조직은 기능이 통합된 조직이고 분업보다는 협업을 통한 문제의 협력적 해결을 중시하므로 조직의 경직성을 탈피하고 팀 내 전문능력 및 기술을 활용하게 한다.

[❺ ▸ O] 팀조직은 전통적 조직에 비하여 수직적인 계층제 형태를 띠지 않고 팀에 대한 권한 부여와 자율적 업무처리를 위한 수평적인 자율운영조직의 성격을 가지고 있어 전략적 업무를 수행에 적합하다.

핵심정리

팀제(Team System)의 장점

① 조직의 인력을 신축적으로 운영하고, 팀장 및 팀원의 권한 향상
② 신속한 의사결정 가능
③ 조직구성원의 참여 제고 및 개인적 의견반영 용이
④ 조직의 경직성을 탈피하고 팀 내 전문능력 및 기술을 활용
⑤ 수평적 조직으로 전략적 업무 수행에 적합

답 ❷

118 우리나라 책임운영기관에 관한 설명으로 옳은 것은? 20 행정사 제8회

□□□

① 2009년 이명박 정부에서 처음으로 도입되었다.
② 조직, 예산 등의 운영상 자율성이 책임운영기관장이 아닌 주무부처 장관에게 부여되어 있다.
③ 중앙책임운영기관으로 특허청이 있다.
④ 소속책임운영기관에 대한 종합평가는 기획재정부가 주관한다.
⑤ 소속책임운영기관과 소속중앙행정기관 간 공무원의 인사교류는 불가능하다.

해설

[❶ ▸ ×] 우리나라의 책임운영기관은 김대중 정부 시절인 1999년 제정된 책임운영기관의 설치 · 운영에 관한 법률(약칭 : 책임운영기관법)에 의해 처음으로 도입되었다.

[❷ ▸ ×] 책임운영기관은 정부가 수행하는 사무 중 공공성을 유지하면서도 경쟁 원리에 따라 운영하는 것이 바람직하거나 전문성이 있어 성과관리를 강화할 필요가 있는 사무에 대하여 책임운영기관의 장에게 행정 및 재정상의 자율성을 부여하고 그 운영 성과에 대하여 책임을 지도록 하는 행정기관을 말한다(책임운영기관법 제2조). 따라서 조직, 예산 등의 운영상 자율성은 책임운영기관장에게 부여되어 있다.

[❸ ▸ ○] 중앙책임운영기관으로 **특허청**이 유일하다(책임운영기관법 제2조, 동법 시행령 제2조).

[❹ ▸ ×] **행정안전부장관** 소속으로 설치한 책임운영기관운영위원회가 책임운영기관제도의 운영과 개선, 기관의 존속 여부 판단 등을 위하여 책임운영기관에 대한 종합평가를 한다(책임운영기관법 제49조, 제51조).

[❺ ▸ ×] 소속책임운영기관과 소속중앙행정기관 및 그 소속기관 간 공무원의 전보(轉補)가 필요하다고 인정되는 경우에는 소속중앙행정기관의 장이 기관장과 협의하여 실시할 수 있다(책임운영기관법 제20조).

답 ❸

119 정부가 도입한 책임운영기관에 관한 설명으로 옳지 않은 것은?

□□□

19 행정사 제7회

① 기관의 지위에 따라 소속책임운영기관과 중앙책임운영기관으로 구분된다.
② 우리나라는 책임운영기관의 설치 · 운영에 관한 법률 등에 의해 운영되고 있다.
③ 정부가 사업적 · 집행적 성격이 강한 기관을 분리시켜 유연한 경영방식을 도입한 것이다.
④ 기관장에게 재량권을 부여하여 자율적인 경영과 그 성과에 대한 책임을 지게 한다.
⑤ 예산편성 및 집행상의 자율권을 확보하기 위하여 특별위원회를 두며, 예산의 전용 · 이월 등이 허용되지 않는다.

해설

[❶ ▸ ○] 책임운영기관은 기관의 지위에 따라 중앙행정기관의 소속기관으로서 대통령령으로 설치된 기관인 **소속책임운영기관**(예 문화체육관광부 소속 국립중앙극장)과 중앙행정기관인 청(廳) 중에서 대통령령으로 설치된 기관인 **중앙책임운영기관**(예 특허청이 유일함)으로 구분된다.

[❷ ▸ ○] 우리나라에서는 1999년 제정된 책임운영기관의 설치 · 운영에 관한 법률(약칭 : 책임운영기관법)을 제정하여 현재 48개 기관이 지정되어 운영되고 있다(예 특허청, 국립재활원, 경찰병원, 국립현대미술관 등).

[❸ ▸ ○] [❹ ▸ ○] 책임운영기관은 정부가 수행하는 집행적 사무 중 공공성을 유지하면서도 경쟁원리에 따라 운영하는 것이 바람직하거나 전문성이 있어 성과관리를 강화할 필요가 있는 사무에 대해 기관장에게 기관 운영의 자율성을 보장하고 기관운영 성과에 대해 책임을 지도록 설치된 행정기관을 말한다.❹ 즉, 책임운영기관은 정부가 사업적 · 집행적 성격이 강한 기관을 분리시켜 유연한 경영방식을 도입한 것이다.❸

[❺ ▸ ×] 예산편성 및 집행상의 자율권을 확보하기 위한 특별위원회는 별도로 두지 아니하며, 예산의 전용 · 이월 등이 허용된다(책임운영기관법 제36조, 제37조).

핵심정리

책임운영기관

① 기관의 지위에 따른 책임운영기관의 유형 → 소속책임운영기관과 중앙책임운영기관
② 책임운영기관의 설치 · 운영에 관한 법률 등에 의해 운영
③ 사업적 · 집행적 성격이 강한 기관을 분리시켜 유연한 경영방식 도입
④ 기관장에게 재량권을 부여하여 자율적인 경영과 성과에 대한 책임을 지도록 함
⑤ 예산편성 및 집행상의 자율권을 확보를 위한 특별위원회 설치 × / 예산의 전용 · 이월 등 허용

답 ❺

120 우리나라 책임운영기관에 관한 설명으로 옳지 않은 것은? 17 행정사 제5회

□□□

① 경영의 자율성이 부여되는 대신 성과에 대한 책임이 요구된다.

② 우리나라 책임운영기관에는 국립중앙극장, 국립현대미술관, 경찰병원 등이 있다.

③ 책임운영기관의 회계는 특별회계로 하여 예산 운영상의 자율성을 보장하여야 한다.

④ 책임운영기관의 장은 공모를 통해 임기제공무원으로 임용된다.

⑤ 사업적·집행적 성격의 행정서비스 비율이 높은 사무에 적합하다.

해설

[❶ ▸ O] 책임운영기관은 정부가 수행하는 집행적 사무 중 공공성을 유지하면서도 경쟁원리에 따라 운영하는 것이 바람직하거나 전문성이 있어 성과관리를 강화할 필요가 있는 사무에 대해 기관장에게 기관 운영의 자율성을 보장하고 기관운영 성과에 대해 책임을 지도록 설치된 행정기관을 말한다.

[❷ ▸ O] 우리나라 책임운영기관은 특허청(유일한 중앙책임운영기관), 국립재활병원, 국립중앙극장, 국립현대미술관, 경찰병원 등 48개 기관이 선정·운영되고 있다.

[❸ ▸ X] 재정수입의 전부 또는 일부를 자체적으로 확보할 수 있는 사무를 주로 하는 책임운영기관(대통령령으로 규정)은 **책임운영기관특별회계로 운영**하고, 책임운영기관특별회계기관을 제외한 소속책임운영기관은 **일반회계로 운영**하되, 예외적으로 개별법에 의한 특별회계의 적용이 가능하다(책임운영기관법 제27조).

[❹ ▸ X] 중앙책임운영기관인 특허청장은 정무직공무원으로 임용한다(정부조직법 제37조). 책임운영기관은 소속책임운영기관과 중앙책임운영기관으로 구분되며 기관장을 공모를 통해 임기제공무원으로 임용하는 것은 소속책임운영기관이다(책임운영기관법 제7조). 최종정답은 ③이나, ④도 틀린 지문이므로 오답으로 처리한다.

[❺ ▸ O] 책임운영기관의 사무는 공공성이 강하거나 사업적·집행적 성격의 행정서비스 비율이 높고 성과관리가 용이한 사무가 적합하다.

핵심정리 **우리나라의 책임운영기관**

① 책임운영기관의 특징 → 기관장에게 기관 운영의 자율성을 보장하고 성과에 대해 책임을 지도록 함

② 책임운영기관의 예시 → 국립중앙극장, 국립현대미술관, 경찰병원 등

③ 책임운영기관의 회계 → 특별회계와 일반회계로 운영

④ 책임운영기관장의 임용
→ 중앙책임운영기관 : 정무직공무원으로 임용(특허청장)
→ 소속책임운영기관 : 공모를 통해 임기제공무원으로 임용

⑤ 책임운영기관의 적용대상 사무 → 사업적·집행적 성격의 행정서비스 비율이 높은 사무에 적합

답 ❸, ❹

121 □□□ 정부조직 중 국무총리 소속기관이 아닌 것은? 19 행정사 제7회

① 국민권익위원회
② 국가과학기술자문회의
③ 공정거래위원회
④ 원자력안전위원회
⑤ 금융위원회

해설

[❶ ▸ O] [❸ ▸ O] [❹ ▸ O] [❺ ▸ O] 국무총리 소속으로는 3처(인사혁신처, 법제처, 식품의약품안전처), 5위원회(공정거래위원회, 금융위원회, 국민권익위원회, 원자력안전위원회, 개인정보 보호위원회), 2실(국무조정실, 국무총리비서실)이 있다. 한편, 국가정보원, 감사원, 방송통신위원회, 특별감찰관, 대통령경호처, 대통령비서실, 국가안보실은 대통령 직속기관이다.

- 2023.6.5. 시행되는 개정 정부조직법에서는 효율적인 보훈 정책을 추진하기 위해 국무총리 소속이었던 국가보훈처를 국가보훈부로 개편하고, 재외동포 정책의 체계적이고 종합적인 수립·시행을 위해 외교부장관 소속으로 재외동포청을 신설하였다.
- 2023.11.17. 시행되는 개정 「공공기관의 정보공개에 관한 법률」 및 「공공기록물 관리에 관한 법률」 행정기관 소속 위원회를 효율적으로 운영하기 위하여 정보공개위원회 및 국가기록관리위원회를 국무총리 소속에서 행정안전부장관 소속으로 변경하였다.

[❷ ▸ ×] 국가과학기술자문회의는 대통령의 자문기관이다(헌법 제127조 제3항, 국가과학기술자문회의법).

답 ❷

122 다음 중앙행정조직위원회 중 소속을 달리하는 위원회는? 24 행정사 제12회

① 공정거래위원회
② 국민권익위원회
③ 금융위원회
④ 방송통신위원회
⑤ 원자력안전위원회

해설

[❶ ▸ O] [❷ ▸ O] [❸ ▸ O] [❺ ▸ O] 국무총리 소속으로는 3처(인사혁신처, 법제처, 식품의약품안전처), 5위원회(공정거래위원회, 금융위원회, 국민권익위원회, 원자력안전위원회, 개인정보 보호위원회), 2실(국무조정실, 국무총리비서실)이 있다.

[❹ ▸ ×] 대통령 소속으로는 국가정보원, 감사원, **방송통신위원회**, 특별감찰관, 대통령경호처, 대통령비서실, 국가안보실이 있다.

방송통신위원회의 설치 및 운영에 관한 법률 제3조(위원회의 설치) ① 방송과 통신에 관한 규제와 이용자 보호 등의 업무를 수행하기 위하여 대통령 소속으로 방송통신위원회(이하 "위원회"라 한다)를 둔다.

답 ❹

123 정부조직체계에서 청 단위기관과 소속부처의 연결로 옳은 것을 모두 고른 것은?

□□□

22 행정사 제10회

ㄱ. 기상청 – 환경부
ㄴ. 방위사업청 – 산업통상자원부
ㄷ. 소방청 – 행정안전부
ㄹ. 특허청 – 기획재정부
ㅁ. 해양경찰청 – 국방부

① ㄱ, ㄷ
② ㄱ, ㄹ
③ ㄴ, ㄹ
④ ㄴ, ㅁ
⑤ ㄷ, ㅁ

해설

ㄱ. 기상청 – 환경부, ㄷ. 소방청 – 행정안전부의 연결은 옳다. ㄴ. 방위사업청 – 국방부, ㄹ. 특허청 – 산업통상자원부, ㅁ. 해양경찰청 – 해양수산부로 보는 것이 타당하다.

➲ 정부조직체계에서 청 단위기관과 소속부처(2024.5.17. 시행 정부조직법 기준)

구 분(19부)	소속 청 단위 기관
기획재정부	국세청, 관세청, 조달청, 통계청
외교부	재외동포청(2023.6.5. 신설)
법무부	검찰청
국방부	병무청, 방위사업청ㄴ
행정안전부	경찰청, 소방청ㄷ
문화체육관광부	국가유산청(2024.2.13. 개정, 2024.5.17. 시행, 문화재청 → 국가유산청)
농림축산식품부	농촌진흥청, 산림청
산업통상자원부	특허청ㄹ
보건복지부	질병관리청
환경부	기상청ㄱ
국토교통부	행정중심복합도시건설청, 새만금개발청
해양수산부	해양경찰청ㅁ
과학기술정보통신부	우주항공청(2024.1.26. 개정, 2024.5.17. 시행)

※ 교육부, 통일부, 국가보훈부(2023.3.4. 신설, 2023.6.5. 시행), 고용노동부, 여성가족부, 중소기업벤처부 6개의 부에는 소속 청이 없다.

※ 다만, 2024. 7월 현재 국회에 저출생 및 인구의 고령화에 대비하는 기획 부처로서 인구전략기획부를 중앙행정기관으로 설치하고(20부로 개편), 국가 아젠다로서 교육, 노동, 복지 등을 아우르는 정책을 수립하기 위해 인구전략기획부장관이 사회부총리를 겸임하도록 하며, 민생 및 주요 개혁과제와 관련된 이해관계 갈등을 조정하고, 국회와 정부 간 원활한 소통을 지원하는 등 정무 기능을 수행하는 정무장관을 신설하는 내용의 정부조직법 일부개정법률안이 계류 중이다.

답 ❶

124 현재 우리나라 정부조직에 해당하지 않는 것은?

□□□

24 행정사 제12회

① 고위공직자범죄수사처
② 국가보훈처
③ 여성가족부
④ 재외동포청
⑤ 질병관리청

해설

[❶ ▸ O] 「고위공직자범죄수사처 설치 및 운영에 관한 법률」 제3조 제1항

고위공직자범죄수사처 설치 및 운영에 관한 법률 제3조(고위공직자범죄수사처의 설치와 독립성) ① 고위공직자범죄등에 관하여 다음 각 호에 필요한 직무를 수행하기 위하여 고위공직자범죄수사처(이하 "수사처"라 한다)를 둔다.
1. 고위공직자범죄등에 관한 수사
2. 제2조 제1호 다목, 카목, 파목, 하목에 해당하는 고위공직자로 재직 중에 본인 또는 본인의 가족이 범한 고위공직자범죄 및 관련범죄의 공소제기와 그 유지

② 수사처는 그 권한에 속하는 직무를 독립하여 수행한다.
③ 대통령, 대통령비서실의 공무원은 수사처의 사무에 관하여 업무보고나 자료제출 요구, 지시, 의견제시, 협의, 그 밖에 직무수행에 관여하는 일체의 행위를 하여서는 아니 된다.

[❷ ▸ X] [❹ ▸ O] 2023.3.4. 개정(2023.6.5. 시행)된 정부조직법에서는 효율적인 보훈 정책을 추진하기 위해 국무총리 소속이었던 국가보훈처를 **국가보훈부**로 개편하고, 재외동포 정책의 체계적이고 종합적인 수립・시행을 위해 외교부장관 소속으로 **재외동포청**을 신설하였다.

정부조직법 제30조(외교부) ① 외교부장관은 외교, 경제외교 및 국제경제협력외교, 국제관계 업무에 관한 조정, 조약 기타 국제협정, 재외국민의 보호・지원, 국제정세의 조사・분석에 관한 사무를 관장한다.
③ 재외동포에 관한 사무를 관장하기 위하여 외교부장관 소속으로 재외동포청을 둔다.

[❸ ▸ O] 정부조직법상 행정각부는 기획재정부, 교육부, 과학기술정보통신부, 외교부, 통일부, 법무부, 국방부, 행정안전부, **국가보훈부**, 문화체육관광부, 농림축산식품부, 산업통상자원부, 보건복지부, 환경부, 고용노동부, **여성가족부**, 국토교통부, 해양수산부, 중소벤처기업부 총 19부로 구성된다(정부조직법 제26조 제1항).

정부조직법 제42조(여성가족부) 여성가족부장관은 여성정책의 기획・종합, 여성의 권익증진 등 지위향상, 청소년 및 가족(다문화가족과 건강가정사업을 위한 아동업무를 포함한다)에 관한 사무를 관장한다.

[❺ ▸ O] 정부조직법 제39조 제2항

정부조직법 제39조(보건복지부) ① 보건복지부장관은 생활보호・자활지원・사회보장・아동(영・유아 보육을 포함한다)・노인・장애인・보건위생・의정(醫政) 및 약정(藥政)에 관한 사무를 관장한다.
② 방역・검역 등 감염병에 관한 사무 및 각종 질병에 관한 조사・시험・연구에 관한 사무를 관장하기 위하여 보건복지부장관 소속으로 질병관리청을 둔다.

답 ❷

125 행정조직에 관한 설명으로 옳은 것은? 21 행정사 제9회

□□□

① 위원회 조직은 결정권한의 최종 책임이 기관장 한 사람에게 집중되어 있는 조직이다.

② 방송통신위원회, 공정거래위원회와 같은 행정위원회는 결정권한을 갖고 있으며 집행까지 책임을 진다.

③ 책임운영기관은 중앙통제 중심의 관료제적 성격을 갖는 조직으로 실제 일을 맡아 집행하는 사람들에게 재량권을 부여하지 않는다.

④ 책임운영기관은 수익성보다는 정부기능이 갖고 있는 공익성만을 강조하며, 효율성보다는 사회적 형평성을 관리의 주요 가치로 삼는다.

⑤ 애드호크라시는 현대의 복잡하고 불확실한 환경에서 발생하는 문제에 신속하게 대응하지 못한다.

해설

[❶ ▸ ×] 결정권한의 최종 책임이 기관장 한 사람에게 집중되어 있는 조직은 독임제(독임형) 조직이다. **위원회**는 독임제 조직과 달리 복수의 의사결정권자로 구성되는 **합의제 행정기관**을 말한다.

[❷ ▸ O] 방송통신위원회, 공정거래위원회와 같은 행정위원회는 어느 정도의 독립성과 중립성을 부여 받고, 부여된 권한 범위 내에서 독립적인 결정권한을 갖고 있으며 집행까지 책임을 진다(행정관청의 지위).

[❸ ▸ ×] 책임운영기관은 정부가 수행하는 집행적 사무 중 공공성을 유지하면서도 경쟁원리에 따라 운영하는 것이 바람직하거나 전문성이 있어 성과관리를 강화할 필요가 있는 사무에 대해 기관장에게 기관 운영의 자율성을 보장하고 기관운영 성과에 대해 책임을 지도록 설치된 행정기관을 말한다.

[❹ ▸ ×] 책임운영기관은 수익성과 효율성도 관리의 중요가치로 이해한다.

[❺ ▸ ×] 전통적인 관료제 조직의 한계가 지적되면서 관료제 조직과는 대조를 이루는 조직형태로서 주장된 반관료제 또는 후기관료제모형인 애드호크라시(adhocracy)는 불확실한 환경에 적합한 조직으로 표준운영절차(SOP)를 거부하며 창의적이고 상황적응적인 관리를 중요시하였다.

핵심정리

행정조직

① 위원회 → 복수의 구성원으로 구성되는 합의제 행정기관

② 방송통신위원회, 공정거래위원회와 같은 행정위원회 → 결정권한 + 집행권한 ○ (행정관청의 지위 ○)

③, ④ 책임운영기관의 의의

→ 기관장에게 기관 운영의 자율성을 보장하고 기관운영 성과에 대해 책임을 지도록 함

→ 수익성과 효율성도 관리의 중요가치로 이해

⑤ 애드호크라시

→ 불확실한 환경에 적합한 조직 ○

→ 표준운영절차(SOP)를 거부하며 창의적이고 상황적응적인 관리를 중요시 ○

답 ❷

126 □□□ **우리나라는 정권이 교체될 때마다 일부 중앙부처가 변경되어 왔다. 현 정부(윤석열정부)의 중앙부처명칭으로 옳지 않은 것은?** 13 행정사 제1회

① 기획재정부
② 과학기술정보통신부
③ 안전행정부
④ 교육부
⑤ 해양수산부

해설

[❸ ▸ ×] 안전행정부는 노무현정부에서는 행정자치부로, 이명박정부에서는 행정안전부, 박근혜정부에서는 안전행정부, 행정자치부로 변경되어 왔다. 문재인정부에서는 행정자치부와 국민안전처를 통합하여 행정안전부로 개편하였고, 윤석열 정부는 행정안전부로 두고 있다. 윤석열 정부의 중앙행정기관은 19부(국가보훈부 추가) 3처(인사혁신처, 법제처, 식품의약품안전처), 20청(재외동포청, 우주항공청 추가), 2원(감사원, 국가정보원), 6위원회(방송통신위원회는 대통령 소속, 공정거래위원회, 금융위원회, 국민권익위원회, 개인정보보호위원회, 원자력안전위원회는 국무총리 소속) 등으로 구성되어 있다.

- 2023.6.5. 시행되는 개정 정부조직법에서는 효율적인 보훈 정책을 추진하기 위해 국무총리 소속이었던 국가보훈처를 국가보훈부로 개편하고, 재외동포 정책의 체계적이고 종합적인 수립 · 시행을 위해 외교부장관 소속으로 재외동포청을 신설하였다.
- 2024.5.15. 시행되는 개정 정부조직법에서는 과학기술정보통신부 소속으로 우주항공청을 신설하였다.
- 다만, 2024. 7월 현재 국회에 저출생 및 인구의 고령화에 대비하는 기획 부처로서 인구전략기획부를 중앙행정기관으로 설치하고(20부로 개편), 국가 아젠다로서 교육, 노동, 복지 등을 아우르는 정책을 수립하기 위해 인구전략기획부장관이 사회부총리를 겸임하도록 하며, 민생 및 주요 개혁과제와 관련된 이해관계 갈등을 조정하고, 국회와 정부 간 원활한 소통을 지원하는 등 정무 기능을 수행하는 정무장관을 신설하는 내용의 정부조직법 일부개정법률안이 계류 중이다.

답 ❸

PART 1 PART 2 PART 3

127 우리나라 인사혁신처에 관한 설명으로 옳지 않은 것은? 22 행정사 제10회

□□□

① 법률의 범위 내에서 인사규칙을 제정한다.

② 인사행정의 공정성을 제고하기 위한 독립합의형 대통령 직속기관이다.

③ 인사 법령에 따라 인사행정에 관한 구체적인 사무를 수행한다.

④ 행정기관 소속 공무원의 징계처분 등에 대한 소청을 심사·결정하기 위하여 소청심사위원회를 둔다.

⑤ 인사행정을 수행하는 중앙정부의 인사행정기관이다.

해설

[❶ ▸ O] 인사규칙은 인사에 관한 행정규칙으로 인사혁신처의 직권에 의하여 발하는 명령이기 때문에 법규명령과는 달리 법률의 근거를 요하지 아니한다. 그러나 법률우위의 원칙은 행정규칙에도 적용되므로 인사혁신처는 법률의 범위 내에서 인사규칙을 제정할 수 있다.

[❷ ▸ ×] [❺ ▸ O] **인사혁신처**는 인사행정을 수행하는 중앙정부의 인사행정기관이며 비독립 단독형 기관으로서 **국무총리 소속의 기관**이다(정부조직법 제22조).

[❸ ▸ O] 인사혁신처는 공무원의 인사·윤리·복무 및 연금에 관한 사무를 관장하고 있으므로(정부조직법 제22조 제1항), 인사 법령에 따라 인사행정에 관한 구체적인 사무를 수행할 수 있다.

> **정부조직법 제22조(인사혁신처)** ① 공무원의 인사·윤리·복무 및 연금에 관한 사무를 관장하기 위하여 국무총리 소속으로 인사혁신처를 둔다.
> ② 인사혁신처에 처장 1명과 차장 1명을 두되, 처장은 정무직으로 하고, 차장은 고위공무원단에 속하는 일반직공무원으로 보한다.

[❹ ▸ O] 행정기관 소속 공무원의 징계처분, 그 밖에 그 의사에 반하는 불리한 처분이나 부작위에 대한 소청을 심사·결정하게 하기 위하여 인사혁신처에 소청심사위원회를 둔다(국가공무원법 제9조 제1항).

128 중앙인사기관에 관한 설명으로 옳지 않은 것은? 24 행정사 제12회

□□□

① 중앙인사기관은 각 행정기관의 합리적 인사운영, 인력의 효율적 활용, 공무원의 공직규범 기준 등 제공 기능을 담당한다.

② 중앙인사기관은 행정수반으로부터의 독립성과 다수 위원들의 협의에 의한 의사결정을 하는 합의성 등을 기준으로 유형화할 수 있다.

③ 1948년 정부수립 이후 우리나라 중앙인사기관은 비독립단독제 형태를 유지하여 오고 있다.

④ 우리나라에서 인사관리기능을 수행하기 위해 각 부처의 인사기관과 각 지방자치단체의 인사기관이 있다.

⑤ 현재 우리나라의 중앙인사기관은 국무총리 소속의 인사혁신처이다.

해설

[❶ ▸ O] 중앙인사기관은 각 행정기관의 합리적 인사운영, 인력의 효율적 활용, 공무원의 공직규범 기준 등 제공 기능을 담당한다.

[❷ ▸ O] 중앙인사기관은 행정수반으로부터의 독립성과 다수 위원들의 협의에 의한 의사결정을 하는 합의성 등을 기준으로 유형화할 수 있다.

[❸ ▸ X] 1999년부터 2008년까지 존속했던 우리나라의 '**중앙인사위원회**'는 **비독립합의형 인사기관**이었다. 반면 과거 우리나라의 **총무처** 또는 **행정자치부(행정안전부, 안전행정부)**, 현재의 **인사혁신처**는 **비독립단독형 인사기관**이다.

➲ 우리나라 중앙인사기관의 변천 과정

시 기	중앙인사기관	형 태	기 능
김대중 정부 이전 (1948~1999)	총무처	비독립단독형 (국무총리 소속)	인사행정 전반
김대중 정부 (1999~2003)	행정자치부(인사국)	비독립단독형	인사집행, 조직·정원관리, 연금, 노조 등
	중앙인사위원회	비독립합의형 (대통령 소속)	인사정책, 인사기획, 선발, 감사, 위공무원단제도 등
노무현 정부 (2003~2008)	중앙인사위원회	비독립합의형 (대통령 소속)	인사행정 전반
이명박 정부 (2008~2013)	행정안전부(인사실)	비독립단독형	인사행정 전반
박근혜 정부 (2013)	안전행정부(인사실)	비독립단독형	인사행정 전반 (인사, 보수, 연금, 윤리, 복무)
박근혜 정부(2014) ~윤석열 정부	인사혁신처	비독립단독형 (국무총리 소속)	인사행정 전반 (인사, 보수, 연금, 윤리, 복무)

[❹ ▸ O] 우리나라에서 인사관리기능을 수행하기 위한 기관으로 중앙인사기관(인사혁신처), 각 부처의 인사기관 및 각 지방자치단체의 인사기관이 있다.

[❺ ▸ O] 현재 우리나라의 **중앙인사기관**은 국무총리 소속의 **인사혁신처**이다. 인사혁신처는 **비독립단독형 인사기관**으로서 행정부의 인사업무를 총괄한다. 2014년 세월호 침몰사고를 계기로 안전행정부의 인사기능을 분리하여 인사혁신처가 신설되었다. 입법부·사법부는 국가공무원법상 별도의 인사관장기관을 가지고 있으며, 해당 기관 사무처에서 인사업무를 총괄한다.

정부조직법 제22조의3(인사혁신처) ① 공무원의 인사·윤리·복무 및 연금에 관한 사무를 관장하기 위하여 국무총리 소속으로 인사혁신처를 둔다.

② 인사혁신처에 처장 1명과 차장 1명을 두되, 처장은 정무직으로 하고, 차장은 고위공무원단에 속하는 일반직공무원으로 보한다.

답 ❸

제3절 조직환경론

129 주인 – 대리인 이론(principal – agent theory)에 관한 설명으로 옳은 것을 모두 고른 것은?

18 행정사 제6회

ㄱ. 주인과 대리인 간 정보의 대칭성을 가정한다.
ㄴ. 주인과 대리인의 관계에 관한 경제학적 모형에 근거한 이론이다.
ㄷ. 대리인의 도덕적 해이(moral hazard) 현상을 설명하는 데 유용하다.
ㄹ. 주인과 대리인의 상충적 이해관계로 대리손실(agency loss)이 발생한다.

① ㄱ, ㄴ
② ㄷ, ㄹ
③ ㄱ, ㄴ, ㄷ
④ ㄱ, ㄷ, ㄹ
⑤ ㄴ, ㄷ, ㄹ

해설

[ㄱ ▸ X] [ㄴ ▸ O] [ㄹ ▸ O] **주인 – 대리인 이론**(principal – agent theory)은 주인과 대리인의 관계에 관한 경제학적 모형에 근거한 이론이다.ㄴ 이 이론은 주인과 대리인은 모두 자신의 이익을 극대화하려는 합리적 이기주의자로 가정하고, 주인과 대리인 간에는 정보격차(정보의 비대칭 또는 불균형)와ㄱ 근본적 이해관계의 상충으로 대리손실이 발생한다고 주장하였다.ㄹ

[ㄷ ▸ O] **주인 – 대리인 이론**은 대리손실의 형태에는 역선택과 도덕적 해이가 있다고 한다. **역선택**은 계약 전 대리인에 대한 정보부족으로 부적격자를 대리인으로 선임함으로서 발생하는 사전손실을 말하며, **도덕적 해이**는 계약 이후 대리인이 권력 남용으로 주인의 이익이 아닌 자신의 이익을 추구함으로써 발생하는 사후손실을 말한다. 이처럼 주인 – 대리인 이론은 대리인의 도덕적 해이(moral hazard) 현상을 설명하는 데 유용하다.

답 ⑤

130 동기부여 이론에 관한 설명으로 옳은 것은? 23 행정사 제11회

□□□

① 머슬로(A. Maslow)의 욕구계층이론은 과정이론에 해당한다.

② 매클리랜드(D. McClelland)의 성취동기이론은 모든 사람이 비슷한 욕구의 계층을 갖고 있다고 보는 점에서 머슬로(A. Maslow)의 이론을 계승하고 있다.

③ 동기부여 이론은 일반적으로 내용이론과 형식이론으로 분류된다.

④ 앨더퍼(C. Alderfer)의 ERG이론은 인간의 욕구를 계층화한 점에서는 머슬로(A. Maslow)와 공통된 견해를 지니고 있다.

⑤ 허즈버그(F. Herzberg)의 욕구충족요인이원론은 인간에게 만족을 주는 요인과 불만족을 방지하는 요인은 서로 같은 차원이라고 본다.

해설

[❶ ▸ ×] 머슬로(A. Maslow)의 욕구계층이론은 내용이론에 해당한다.

[❷ ▸ ×] 매클리랜드(D. McClelland)의 성취동기이론은 모든 사람이 비슷한 욕구의 계층을 갖고 있다고 보는 머슬로(A. Maslow)의 욕구계층이론을 비판한다. 매클리랜드(D. McClelland)는 개인의 행동을 동기화시키는 잠재력을 지닌 욕구는 학습되는 것이므로 개인마다 욕구의 계층에 차이가 있다고 주장한다.

[❸ ▸ ×] 동기부여 이론은 일반적으로 **내용이론**과 **과정이론**으로 분류된다. **내용이론**은 인간의 동기를 유발하는 내용을 설명하는 이론으로 인간의 욕구와 욕구에서 비롯되는 충동, 욕구의 배열, 유인 또는 달성하려는 목표 등을 분석한다. 머슬로(A. Maslow)의 욕구계층이론, 앨더퍼(C. Alderfer)의 ERG이론, 허즈버그(F. Herzberg)의 욕구충족요인이원론, 매클리랜드(D. McClelland)의 성취동기이론 등이 이러한 내용이론에 해당한다. **과정이론**은 인간의 행동이 어떤 과정을 통해 동기유발이 되는가를 설명하는 이론으로, 사람들이 어떠한 방법을 통해 욕구를 충족시키고, 욕구충족을 위한 여러 가지 행동대안 중 어떠한 방법으로 행동선택을 하는가에 중점을 둔다. 브룸(V. H. Vroom)의 V.I.E 기대이론, 애덤스(J. S. Adams)의 형평성이론(공정성이론), 로크(Edwin. A. Locke)의 목표설정이론 등이 이러한 과정이론에 해당한다.

[❹ ▸ O] 앨더퍼(C. Alderfer)의 ERG이론은 인간의 욕구를 계층화한 점에서는 머슬로(A. Maslow)의 욕구계층이론과 공통적이지만, 욕구계층이론이 가지고 있는 한계점을 극복하고자 하였다(욕구의 중복현상을 설명하고, 욕구좌절에 따른 후진적·하향적 퇴행을 제시함).

[❺ ▸ ×] 허즈버그(F. Herzberg)의 욕구충족요인이원론은 인간에게 만족을 주는 요인과 불만족을 방지하는 요인은 **상호 독립**되어 있다고 본다. 만족의 반대는 불만족이 아니라 '만족이 없는 상태'이며, 불만족의 반대는 만족이 아니라 '불만족이 없는 상태'라고 본다. 즉, 인간의 기본적 욕구는 불쾌한 것을 피하려는 욕구(위생욕구)와 개인적 성장을 추구하는 욕구(동기욕구)가 차원을 달리하여 이원화되어 있다.

핵심정리

동기부여 이론

① 머슬로의 욕구계층이론 → 내용이론 ○ (과정이론 ×)

② 매클리랜드의 성취동기이론
- → 모든 사람이 비슷한 욕구의 계층을 갖고 있다고 보는 머슬로의 이론을 비판
- → 욕구는 학습되는 것이므로 개인마다 욕구의 계층에 차이가 있다고 주장

③ 동기부여 이론 → 일반적으로 내용이론과 과정이론으로 분류

④ 앨더퍼의 ERG이론과 머슬로의 욕구계층이론의 공통점 → 인간의 욕구를 계층화 ○

⑤ 허즈버그의 욕구충족요인이원론 → 만족을 주는 요인과 불만족을 방지하는 요인은 같은 차원 ×

답 ❹

131 허즈버그(F. Herzberg)가 제시한 위생요인이 아닌 것은? 20 행정사 제8회

□□□

① 인정감 ② 봉 급
③ 대인관계 ④ 근무조건
⑤ 조직정책

해설

[❶ ▸ ×] 허즈버그(Herzberg)의 동기 · 위생 2요인이론(욕구충족이원론)은 조직구성원에게 불만을 주는 요인(위생요인)과 만족을 주는 요인(동기요인)은 상호 독립되어 있다는 것을 제시하였다. 즉, 인간의 기본적 욕구는 불유쾌한 것을 피하려는 욕구(위생욕구)와 개인적 성장을 추구하는 욕구(동기욕구)가 두 개의 평행성과 같이 이원화되어 있다고 본다. ② 봉급, ③ 대인관계, ④ 근무조건, ⑤ 조직정책은 위생요인(불만요인)에 해당하나, ① 인정감은 동기요인(만족요인)에 해당한다.

답 ❶

132 허즈버그(Herzberg)가 제시한 동기요인이 아닌 것은? 16 행정사 제4회

□□□

① 성취감 ② 책임감
③ 보 수 ④ 안정감
⑤ 승 진

해설

[❸ ▸ ×] 허즈버그(Herzberg)의 동기 · 위생 2요인이론(욕구충족이원론)은 조직구성원에게 불만을 주는 요인(위생요인)과 만족을 주는 요인(동기요인)은 상호 독립되어 있다는 것을 제시하였다. 즉, 인간의 기본적 욕구는 불유쾌한 것을 피하려는 욕구(위생욕구)와 개인적 성장을 추구하는 욕구(동기욕구)가 두 개의 평행성과 같이 이원화되어 있다고 본다. ① 성취감, ② 책임감, ④ 안정감, ⑤ 승진 등이 동기요인(만족요인)에 해당하고, ③ 보수는 위생요인(불만요인)에 해당한다.

➲ **위생요인과 동기요인의 구별**

요 인	위생요인(불만요인)	동기요인(만족요인)
성 격	직무 외적 또는 근무환경적 요인	직무 자체와 관련되어 있고 개인에게 성장감을 줄 수 있는 요인
구체적인 예	조직의 정책과 관리(방침과 관행), 신분보장, 보수(임금), 감독, 작업조건(근무조건), 대인관계(상하관계, 동료관계) 등	직무상의 성취감(승진), 직무에 대한 타인의 인정(인정감), 직무 그 자체에 대한 보람, 성장 및 발전(자아계발), 직무상의 책임감, 안정감 등
매슬로우의 욕구계층이론과의 관계	생리적 요구, 안전에 대한 욕구, 사회적 욕구	존경에 대한 욕구, 자아실현의 욕구

답 ❸

133 □□□ **허즈버그(F. Herzberg)의 동기 · 위생 2요인이론에 관한 설명으로 옳은 것은?** 21 행정사 제9회

① 인간의 욕구를 계층적 구조로 나누어 설명한다.

② 하위계층의 욕구가 충족되어야 상위계층의 욕구가 나타나기 시작한다.

③ 모든 욕구는 충족되면 동기부여로 이어진다.

④ 동기요인에는 보수, 신분보장, 작업조건, 대인관계 등이 포함된다.

⑤ 위생요인은 주로 생리적 욕구, 안전욕구 등을 만족시키는 요인들이다.

해설

[❶ ▸ ×] [❷ ▸ ×] 인간의 욕구를 계층적 구조로 나누어 설명하고,❶ 하위계층의 욕구가 충족되어야 상위계층의 욕구가 나타나기 시작한다고 한 것은 **매슬로우(Maslow)의 욕구계층이론**이다.❷

[❸ ▸ ×] 허즈버그(Herzberg)의 **동기 · 위생 2요인이론**(욕구충족이원론)은 조직구성원에게 불만을 주는 요인(위생요인)과 만족을 주는 요인(동기요인)은 상호 독립되어 있다는 것을 제시하였다. 즉, 인간의 기본적 욕구는 불만을 피하려는 욕구(불만요인, 위생요인)와 개인적 성장을 추구하는 욕구(만족요인, 동기요인)가 두 개의 평행성과 같이 이원화되어 있다고 본다. 따라서 위생요인(불만요인)이 충족된다고 하더라도 동기부여로 이어지는 것은 아니고 단지 불만을 제거해 주는 데 그치게 된다.

[❹ ▸ ×] 보수, 신분보장, 작업조건, 대인관계 등은 동기요인(만족요인)이 아니라 위생요인(불만요인)에 해당한다.

[❺ ▸ ○] 위생요인(불만요인)은 주로 생리적 욕구, 안전욕구 등을 만족시키는 요인들이다. 매슬로우(Maslow)의 욕구계층이론에서의 생리적 요구, 안전에 대한 욕구, 사회적 욕구(소속의 욕구)를 충족시켜주는 요인이 위생요인(불만요인)에 해당한다.

134 □□□ **변혁적 리더십(Transformational Leadership)에 관한 설명으로 옳지 않은 것은?** 15 행정사 제3회

① 변화를 지향하고 체제 개방적이다.

② 영감과 비전 제시, 공유에 의한 동기유발을 중시한다.

③ 지도자와 부하들 간의 합리적 · 타산적 교환관계를 중시한다.

④ 기계적 관료제 구조보다는 임시체제에 더 적합하다.

⑤ 리더의 카리스마, 구성원에 대한 지적 자극, 인간적인 관계 등이 어우러져 나타난다.

해설

[❶ ▸ ○] [❺ ▸ ○] 번스(Burns)와 바스(Bass) 등이 주장한 **변혁적 리더십**은 안정보다는 변화에 능동적으로 적응하거나 변화를 지향하는 최고관리층의 **변화추구적 · 개혁적 · 체제 개방적 리더십**을 말한다.❶ 변혁적 리더십은 카리스마적 리더십, 영감적 리더십, 촉매적 리더십(지적 자극), 섬김의 리더십(인간관계를 중시하는 개별적 배려)이 어우러져 나타난다.❺

[❷ ▸ ○] 변혁적 리더십의 특성으로는 영감과 비전 제시, 공유에 의한 동기유발, 지적 자극, 개별적 배려 등이 있다.

[❸ ▸ ×] 지도자와 부하들 간의 합리적 · 타산적 교환관계를 중시하는 것은 **거래적 리더십**이다.

[❹ ▸ ○] 거래적 리더십은 기계적 관료제, 합리적 구조에 더 적합하나, 변혁적 리더십은 임시조직 등 탈관료적 · 유기적 구조에 더 적합하다는 특징이 있다.

답 ❸

135 동기부여 과정이론은?

□□□

① 브룸(V. Vroom)의 기대이론
② 매슬로우(A. Maslow)의 욕구 5단계론
③ 허즈버그(F. Herzberg)의 2요인 이론
④ 맥그리거(D. McGregor)의 XY이론
⑤ 맥클랜드(D. McClelland)의 성취동기이론

해설

[❶ ▸ O] ① 브룸(V. Vroom)의 기대이론이 과정이론에 해당하고, ② 매슬로우(A. Maslow)의 욕구 5단계론(욕구계층이론), ③ 허즈버그(F. Herzberg)의 동기 · 위생 2요인이론(욕구충족이원론), ④ 맥그리거(D. McGregor)의 XY이론, ⑤ 맥클랜드(D. McClelland)의 성취동기이론은 내용이론에 해당한다.

➲ 동기부여이론의 체계

내용이론	합리적 · 경제적 인간모형	X이론, 과학적 관리론
	사회적 인간모형	Y이론, 인간관계론
	성장이론	인간의 성장을 중시(X → Y), 행태론 • 매슬로우(A. Maslow)의 욕구 5단계론(욕구계층이론) • 엘더퍼(C. Alderfer)의 ERG이론 • 맥그리거(D. McGregor)의 X · Y이론 • 허즈버그(F. Herzberg)의 동기 · 위생 2요인이론(욕구충족이원론) • 맥클랜드(D. McClelland)의 성취동기이론 • 아지리스(Argyris)의 성숙 · 미성숙이론 • 리커트(Likert)의 4대 관리체제론 • 머레이(Murray)의 명시적 욕구이론
	복잡인모형	욕구의 복합성과 개인차를 고려하는 Z이론, 상황적응론 • 샤인(E. Schein)의 복잡인모형 • 해크만과 올드햄(Hackman & Oldham)의 직무특성이론 • 오우치(Ouchi)의 Z이론
과정이론	기대이론	• 브룸(V. Vroom)의 기대이론 • 포터와 롤러(Porter & Lawler)의 업무 · 만족이론 • 버너(E. Berner)의 의사거래분석 • 조고폴로스(Georgopoulos)의 통로 · 목표이론 • 앳킨슨(J. Atkinson)의 기대모형
	형평성이론	애덤스(J. Adams)의 공정성이론
	목표설정이론	로크(E. A. Locke)의 목표설정이론
	학습이론	고전학습이론 – 조건화이론 : 스키너(Skinner)의 강화이론
		현대학습이론 – 자율학습이론 : 인지학습이론

※ 동기부여이론은 욕구의 충족과 동기부여 간에 직접적인 인과관계를 인정하고 동기를 유발하는 욕구의 내용 규명에 중점을 두는 내용이론과 욕구의 충족과 동기부여 사이에 직접적인 인과관계를 인정하지 아니하는 과정이론으로 구분할 수 있다.

답 ❶

136 리더십 행동이론에 관한 설명으로 옳은 것은? 18 행정사 제6회

□□□

① 상황에 따라 리더십의 효과성이 달라진다는 시각에서 리더의 행동을 파악한다.
② 업무 특성과 리더십 스타일 사이의 관계에 초점을 둔다.
③ 리더로 적합한 사람을 선택하는 방법을 연구한다.
④ 리더의 자질을 가진 사람은 어떤 상황에서든 지도자가 될 수 있다고 주장한다.
⑤ 훈련에 의해 효과적인 리더를 양성할 수 있다고 주장한다.

해설

[❶ ▸ ×] 상황에 따라 리더십의 효과성이 달라진다는 시각에서 리더의 행동을 파악하는 것은 리더십 연구의 **상황론(상황론적 접근방법)**이다. 리더십 연구의 행동이론(행태론적 접근방법)은 리더의 자질이 아닌 리더의 행태적 특성이 조직성과에 직접적인 영향을 미친다고 가정한다.

[❷ ▸ ×] 리더십 연구의 행동이론(행태론적 접근방법)은 효과적인 리더의 행동은 상황에 따라 다르다는 사실을 간과하고 있다. 즉 상황변수를 고려하지 않는 접근법이라는 비판을 받는다. 상황변수인 업무 특성과 리더십 스타일 사이의 관계에 초점을 두는 것은 **상황론(상황론적 접근방법)**이다.

[❸ ▸ ×] [❹ ▸ ×] 리더의 자질을 가진 사람은 어떤 상황에서든 지도자가 될 수 있다고 주장하며,❹ 리더로 적합한 사람을 선택하는 방법을 연구하는 것은❸ 리더십 연구에 관한 **특성론(특성론적 접근방법)**이다. 특성론은 위인들에 관한 연구에서 출발하여 성공적인 리더는 그들만의 공통적인 특성이나 자질을 가지고 있다는 전제 하에서 신체적 특성, 사회적 특성, 지적 능력, 사회적 특성, 과업과 관련된 지식 등에 연구의 초점을 둔다.

[❺ ▸ ○] **행동이론(형태론적 접근방법)**은 행태론적 연구결과로서 조직의 효과성을 좌우하는 것은 지도자의 자질보다는 행동(행위)유형이라고 이해하여 리더 행동의 다양성과 상대적 차별성, 리더의 행태와 추종자들의 업무 성취 및 효과성·만족 사이의 관계를 실증적으로 규명하는 데 초점을 둔 이론으로 훈련에 의해 효과적인 리더를 양성할 수 있다고 주장한다.

답 ❺

137 다음 대화에서 요구되는 과장의 리더십은? 17 행정사 제5회

□□□

> 국회 국정감사가 종료된 후 ○○부 ○○과의 국정감사 수감 결산 간담회가 열렸다.
> A과장이 다른 업무로 불참한 상황에서 직속 상급자인 A과장의 리더십에 대해 과원들의 의견이 표출되었다.
> B과원 : “과장님이 부하직원들을 좀 더 존중하고 배려하여 주시면 좋겠습니다. 일전에 제가 심한 몸살로 고생하며 근무했는데도 과장님이 한마디 위로도 안하셔서 서운했습니다.”
> C과원 : “일방적으로 지시만 하지 마시고 우리들이 창의성을 발휘하도록 지적인 자극을 주시면 좋을 텐데...”
> D과원 : “무엇보다도 과장님이 우리 과의 새로운 비전을 제시하고 우리가 그것을 공유하여 성취하도록 지도하시어 더욱 발전하였으면 합니다.”

① 번스(Burns)와 바스(Bass)의 변혁적 리더십
② 블레이크(Blake)와 머튼(Mouton)의 관리망 이론 리더십
③ 피들러(Fiedler)의 상황적응적 리더십
④ 허쉬(Hersey)와 블랜차드(Blanchard)의 삼차원적 리더십
⑤ 유클(Yukl)의 다중연결모형 리더십

해설

[❶ ▸ O] 번스(Burns)와 바스(Bass)의 변혁적 리더십은 거래적 리더십에 대응하는 이론으로 안정보다는 변화에 능동적으로 적응하거나 변화를 유도하는 최고관리층의 리더십을 말하며, 이에는 카리스마적 리더십, 영감적 리더십, 촉매적 리더십, 섬김의 리더십이 포함된다. 이 이론을 기초로 제시된 내용을 살피건대 A과장에게는 B과원에 대하여는 섬김의 리더십, C과원에 대하여는 촉매적 리더십, D과원에 대하여는 영감적 리더십이 각각 요구된다고 보인다.

[❷ ▸ ×] 블레이크(Blake)와 머튼(Mouton)은 관리망 이론 리더십에서 생산에 대한 관심과 인간에 대한 관심이라는 두 가지 변수에 따라 관리그리드를 제시하고 친목형, 단합형, 타협형, 무관심형, 과업형이라는 5가지의 리더십 유형을 도출하여 이 중 단합형이 가장 이상적인 유형이라고 주장하였다.

[❸ ▸ ×] 피들러(Fiedler)는 상황적응적 리더십에서 리더십의 효율성은 상황변수에 따라 결정된다고 주장하고 가장 좋아하지 않는 동료라는 척도(LPC ; Least Preferred Coworker)에 의하여 관계지향적 리더와 과업지향적 리더로 나누어 비교 · 연구를 진행하였다.

[❹ ▸ ×] 허쉬(Hersey)와 블랜차드(Blanchard)는 삼차원적 리더십에서 리더십의 효용성은 상황에 의존한다고 전제하면서도 리더의 행동을 인간중심적인 관계행동과 과업중심적인 과업행동으로 나누고 여기에 효율성이라는 차원을 추가하여 설명하려고 하였다.

[❺ ▸ ×] 유클(Yukl)은 다중연결모형 리더십에서 리더의 행동을 원인변수로 보면서 여기에 몇 가지의 매개변수와 상황변수를 이용하여 부서의 효과성(결과변수)을 설명하고자 하였다.

제5절 조직의 혁신

138 □□□ **공공부문에서 성과관리 도구로서 균형성과표(BSC, Balanced Scored Card)에 관한 설명으로 옳지 않은 것은?** 14 행정사 제2회

① 거시적・장기적 측면의 조직문화 형성보다는 순익과 같은 미시적・단기적 목표와 계획 및 전략에 초점을 둔다.
② 성과평가에 구성원의 역량이나 고객의 신뢰를 포함시킬 것을 강조한다.
③ 과정과 결과 및 조직 내・외부적 관점 중 어느 하나보다는 통합적 균형을 추구한다.
④ 성과관리를 위해 조직을 유기적 시스템으로 간주하여 상・하 또는 수평적 연계성을 강조하는 조직 전체적 시각에 관심을 둔다.
⑤ 기존의 성과관리와 마찬가지로 성과지표와 전략과의 연계를 그대로 받아들인다.

해설

[❶ ▸ ×] 균형성과표(균형성과관리, BSC)는 순익과 같은 미시적・단기적 목표뿐만 아니라 거시적・장기적 측면의 목표나 전략, 조직문화 형성까지도 고려하는 포괄적・통합적 성과관리시스템이다.
[❷ ▸ ○] 균형성과표(균형성과관리, BSC)는 조직관리에 있어 전통적 '재무적 관점'뿐만 아니라 '고객의 관점'(예 고객의 신뢰), '내부 프로세스 관점', '학습 및 성장의 관점'(예 구성원의 역량)을 균형 있게 관리하여 조직의 과거, 현재 및 미래를 동시에 관리해 나가고자 하는 포괄적・통합적 성과관리시스템이다.
[❸ ▸ ○] [❹ ▸ ○] 균형성과표(균형성과관리, BSC)는 과정과 결과 및 조직 내・외부적 관점의 통합적 균형을 추구하고,❸ 상・하 또는 수평적 연계성을 강조하는 조직 전체적 시각에 관심을 둔다.❹
[❺ ▸ ○] 균형성과표(균형성과관리, BSC)는 기존의 성과관리와 마찬가지로 성과지표와 전략과의 연계를 그대로 받아들인다. 즉 비전(추상적), 전략, 성과지표(구체적)로 이어지는 목표 – 수단 또는 원인 – 결과의 위계적・하향적 논리구조를 유지하여 비전과 전략이 모든 성과평가의 해석지침이 됨은 물론 구성원 간의 의사소통의 도구가 되도록 하였다.

핵심정리

균형성과표(BSC, Balanced Scored Card)
① 미시적・단기적 목표뿐만 아니라 거시적・장기적 측면의 목표까지 고려
② 성과평가에 구성원의 역량이나 고객의 신뢰를 포함시킬 것 강조
③ 과정과 결과 및 조직 내・외부적 관점의 통합적 균형 추구
④ 상・하 또는 수평적 연계성을 강조하는 조직 전체적 시각에 관심
⑤ 기존의 성과관리와 마찬가지로 성과지표와 전략과의 연계를 수용

답 ❶

PART 1 PART 2 PART 3

139 성과평가(성과관리)에 관한 설명으로 옳지 않은 것은? 18 행정사 제6회

□□□

① 전략목표는 성과목표의 상위목표로 기능한다.
② 효과성은 산출(output)보다는 결과(outcome)에 초점을 둔다.
③ 성과평가 논리모형에서 영향(impact)은 프로그램이 의도한 재화와 서비스의 생산량을 의미한다.
④ 교육프로그램의 경우 산출의 질적 성과를 측정하기 위해 만족도와 같은 성과지표를 활용한다.
⑤ 미션과 비전은 구체적이고 경험적인 검증보다는 추상적이고 규범적인 평가차원에서 다루어진다.

해설

[❶ ▸ O] 성과목표는 전략목표를 성공적으로 수행하기 위하여 반드시 달성해야 하는 가장 중요하고 근본적인 요소의 의미를 가지고 있으므로 전략목표는 성과목표의 상위목표로 기능한다.
[❷ ▸ O] 효과성은 생산과정과 활동에서 창출된 직접적 산출물인 산출(output)보다는 산출물이 가져다 준 환경상의 변화인 결과(outcome)에 중점을 둔다.
[❸ ▸ X] 성과평가 논리모형에서 영향(impact)은 그 산출이 가져오는 결과 이후에 발생하는 장기적 효과를 의미한다. 프로그램이 의도한 재화와 서비스의 생산량을 의미하는 것은 산출(output)이다.
[❹ ▸ O] 결과지표는 고객에게 제공된 서비스의 질적 측면을 반영하는 지표로 적시성, 접근용이성, 만족도, 친절성, 정확성, 형평성 등을 들 수 있다. 교육프로그램의 경우 산출의 질적 성과를 측정하기 위해 피교육자의 만족도와 같은 결과지표가 활용된다.
[❺ ▸ O] 성과관리의 체계는 미션 → 비전 → 전략 → 전략목표 → 성과목표 → 성과지표 순으로 연결되며 추상성·규범성이 높은 미션·비전에서 구체적이고 경험적인 검증이 가능한 성과지표로 이어지는 위계적인 체계이다.

핵심정리

성과평가(성과관리)
① 전략목표 → 성과목표의 상위목표로 기능
② 효과성 → 산출(output)보다는 결과(outcome)에 초점
③ 성과평가 논리모형
→ 산출(output) : 프로그램이 의도한 재화와 서비스의 생산량
→ 영향(impact) : 결과 이후에 발생하는 장기적 효과를 의미
④ 교육프로그램 → 산출의 질적 성과를 측정하기 위해 만족도와 같은 성과지표를 활용
⑤ 미션과 비전 → 구체적이고 경험적인 검증보다는 추상적이고 규범적인 평가차원에서 다루어짐

답 ❸

140 □□□ **공공조직 업무개선을 위해 정보통신기술을 활용한 리엔지니어링(Reengineering)에 관한 설명으로 옳지 않은 것은?** 14 행정사 제2회

① 조직 내 부서별 고도 분업화에 따른 폐단을 극복하기 위한 방안으로 등장하였다.
② 리엔지니어링의 궁극적인 목적은 성과향상과 고객만족의 극대화에 있다.
③ 리엔지니어링에는 조직 및 인력감축이 필수적이다.
④ 리엔지니어링은 프로세스의 변화뿐만 아니라 조직구조나 문화 등 다양한 측면에서의 변화가 요구된다.
⑤ 공공서비스의 비분할성 및 비경합성 등과 같은 특징으로 인해 리엔지니어링 추진이 쉽지 않다.

해설

[❶ ▸ O] [❷ ▸ O] [❹ ▸ O] 리엔지니어링(Reengineering)은 조직업무의 전반적인 과정과 절차를 축소·재정비하여 가장 합리적인 방법으로 업무를 수행하려는 성과중심 내지는 고객만족도 극대화를 위한 실천적 전략으로,❷ 부서별 고도의 분업화로 인한 폐단을 극복하고❶ 비용, 품질, 서비스, 속도와 같은 핵심적 성과에서 극적인 향상을 도모하기 위해 업무프로세스를 기본 단위로 하여 업무, 조직, 기업문화까지 다양한 측면에서 변화가 요구 된다.❹
[❸ ▸ X] [❺ ▸ O] 리엔지니어링(Reengineering)은 조직업무의 절차를 축소·재설계하여 고객에게 신속하게 서비스를 제공하는 원스톱서비스를 구현하고자 하는 것으로 조직 및 인력 감축이 필수적인 것은 아니다.❸ 공공서비스의 경우 서비스의 비분할성 및 비경합성 등과 같은 특징으로 인해 리엔지니어링 추진이 쉽지 않다는 문제가 있다.❺

핵심정리

리엔지니어링(Reengineering)
① 부서별 고도 분업화에 따른 폐단의 극복방안으로 등장
② 목적은 성과향상과 고객만족의 극대화
③ 절차를 축소·재설계하여 고객에게 신속하게 서비스 제공
→ 조직 및 인력감축이 필수적인 것은 아님
④ 프로세스의 변화, 조직구조나 문화 등 다양한 측면에서 변화 요구
⑤ 공공서비스 분야에서의 추진의 곤란

답 ③

CHAPTER 04

인사행정론

제1절 인사행정의 기초이론

141 □□□ **대표관료제(representative bureaucracy)에 관한 설명으로 옳은 것은?** 17 행정사 제5회

① 대표관료제는 행정의 전문성과 생산성을 강화한다.
② 대표관료제의 발전은 행정의 형평성과 능률성을 제고한다.
③ 대표관료제는 공직사회 내부 구성원 상호 간 견제를 통하여 내적 통제를 강화한다.
④ 대표관료제의 관료들은 정책과정에서 자신이 속한 배경집단의 이익보다는 공익을 추구한다.
⑤ 집단보다는 개인에 역점을 두는 대표관료제는 자유주의와 부합한다.

해설

[❶ ▸ ×] [❷ ▸ ×] 대표관료제는 실적주의(또는 직업공무원제)의 한계를 극복하고 사회적 약자를 보호하기 위해 등장하였다. 따라서 대표관료제는 실질적 기회균등 보장과 사회적 형평성(수직적 형평성)을 제고하는 장점이 있지만, 공직의 전문성과 생산성 및 능률성을 저해하고, 공직의 임용기준을 개인의 능력이 아니라 그가 속한 할당제를 강요함에 따라 수평적 형평성을 저해하고 역차별의 우려가 있다는 단점이 있다.

[❸ ▸ O] 대표관료제는 각 사회집단의 대표성을 지닌 관료집단 간의 견제와 균형을 통해 사회집단 간 이익을 균형 있게 대변한다는 점에서 대표관료제는 내부적 통제·비제도적 통제에 해당한다.

[❹ ▸ ×] 대표관료제의 관료들은 자기 출신계층의 이익을 대변하므로 정책과정에서 공익보다는 자신이 속한 배경집단의 이익을 추구할 가능성이 있다.

[❺ ▸ ×] 대표관료제는 개인의 선택에 대한 인위적 간섭을 초래한다는 점에서 자유주의에 반한다.

핵심정리

대표관료제

①, ②, ④, ⑤ 대표관료제의 단점(한계)
- → 행정의 전문성과 생산성을 저해
- → 행정의 형평성(수평적 형평성)과 능률성 저해
- → 자유주의의 원리에 反
- → 정책과정에서 공익보다는 자신이 속한 배경집단의 이익을 추구할 가능성

③ 대표관료제의 장점
- → 관료제의 국민대표성 강화(관료제 내에 민주적 가치를 도입)
- → 실질적 기회균등 보장과 사회적 형평성(수직적 형평성) 제고
- → 관료제의 대응성과 책임성 제고
- → 각 사회집단의 대표성을 지닌 관료집단 간의 견제와 균형을 통해 내부통제의 강화

답 ❸

142 엽관주의에 관한 설명으로 옳지 않은 것은? 18 행정사 제6회

□□□

① 당파성이나 정치적 요인을 기준으로 공직임용이 이루어진다.

② 개인의 능력, 자격, 업적 등 실적 외의 요인에 의해 공직임용이 이루어진다는 점에서 정실주의와 유사하다.

③ 행정의 일관성, 계속성, 안정성을 저해할 수 있다.

④ 공직의 대규모 경질을 통해 공직에의 참여기회를 확대한다.

⑤ 우리나라는 엽관주의적 성격의 공직임용을 허용하지 않고 있다.

해설

[❶ ▸ O] [❷ ▸ O] **엽관주의**란 당파성 · 정치적 요인(정당에의 충성도와 공헌도)을 공무원의 임용기준으로 삼는 인사행정제도를 말한다.❶ 개인의 실적(능력 · 자격 · 업적) 외의 요인에 의해 공직임용이 이루어진다는 점에서 정실주의와 유사하다.❷

[❸ ▸ O] [❹ ▸ O] 엽관주의는 공직의 대규모 경질을 통해 공직에의 참여기회가 확대되므로 임용기회의 형평성을 높일 수 있으나,❹ 정책의 일관성, 계속성, 안정성을 저해할 우려가 있다.❸

[❺ ▸ X] 1952년 자유당 시절부터 시작되어 1956년 선거 후에 부분적으로 성행하였으며, 현재도 정책을 담당하는 정무직이나 별정직 공무원, 공공기관의 장 등의 인사에 엽관주의적 요소가 부분적으로 존재한다고 볼 수 있다. 그러나 엽관주의를 공식적인 인사정책으로 채택한 적은 없다는 점에 유의하여야 한다.

답 ❺

143 실적주의 인사행정에 관한 설명으로 옳은 것은? 19 행정사 제7회

① 공무원의 정치적 중립을 어렵게 한다.

② 행정의 전문성을 저해한다.

③ 개인의 능력이나 실적을 기준으로 임용한다.

④ 빈번한 교체임용을 통해서 관료의 특권화를 막는다.

⑤ 직업공무원제 수립을 저해한다.

해설

[❶ ▸ X] 실적주의는 공직에의 기회균등, 실적에 의한 임용, 정치적 중립, 정치적 해고로부터의 신분보장을 주요 구성요소로 한다. 따라서 실적주의는 공무원의 정치적 중립성에 기여한다.

[❷ ▸ X] 공무원의 직무수행능력 · 자격 및 성적에 따른 인사관리로 과학적이고 합리적인 인사행정이 가능하며 이를 통해 행정의 능률화와 전문화를 추구할 수 있다.

[❸ ▸ O] 실적주의란 당파성이나 정실 · 혈연 · 지연이 아니라 개인의 직무수행능력 · 자격 및 성적을 기준으로 공무원을 임용하는 제도를 말한다.

[❹ ▸ X] 실적주의는 공무원에 대한 강력한 신분보장으로 인해 행정의 민주적 통제의 어려움, 관료의 특권화와 보수화를 초래할 수 있다. 빈번한 교체임용을 통해서 관료의 특권화를 막는 것은 엽관제(교체임용주의, doctrine of rotation)이다.

[❺ ▸ X] 실적주의는 직업공무원제의 확립에 기여한다. 현대적 의미의 직업공무원제는 대체로 실적주의의 확립을 필요조건으로 한다.

답 ❸

144 □□□ 직업공무원제도에 관한 설명으로 옳지 않은 것은? 22 행정사 제10회

① 젊고 유능한 인재들이 공직을 평생 직업으로 선택하여 근무하게 하는 제도이다.
② 행정의 계속성과 안정성을 확보하게 한다.
③ 폐쇄적 임용으로 인해 공직분위기의 침체가 우려된다.
④ 일반행정가보다는 전문행정가 양성을 목표로 한다.
⑤ 신분보장으로 인해 무사안일과 관료의 병리현상이 초래될 위험이 있다.

해설

[❶ ▸ O] 직업공무원제도는 젊고 유능한 인재들을 공직에 유치해 그 업적과 능력에 따라 승진할 수 있는 기회를 부여함으로써 공직을 평생 직업으로 선택하여 근무하게 하는 제도이다.

[❷ ▸ O] 직업공무원제도는 정치적 중립성과 공무원의 신분을 보장함으로써 행정의 계속성과 안정성을 확보할 수 있다는 장점이 있다.

[❸ ▸ O] [❺ ▸ O] 직업공무원제도의 단점으로는 폐쇄적 임용으로 인해 외부로부터 전문인력의 충원이 어려워 공직분위기의 침체가 우려되고,❸ 계급제라는 공직분류체계상 전문행정가의 육성이 어려워 행정의 기술화 · 전문화를 저해하며(일반행정가주의), 신분보장으로 인해 무사안일과 관료의 병리현상이 초래될 위험이 있다는 점 등이 거론되고 있다.❺

[❹ ▸ ×] 직업공무원제도는 전문행정가보다는 일반행정가 양성을 목표로 한다(일반행정가주의).

답 ❹

145 □□□ 직위분류제에 관한 설명으로 옳지 않은 것은? 23 행정사 제11회

① 조직 내의 직위들을 각 직위에 배당된 직무의 속성에 따라 분류 · 관리하는 제도를 말한다.
② 직위(職位)란 1명의 공무원에게 부여할 수 있는 직무와 책임을 말한다.
③ 직군(職群)이란 직무의 종류 · 곤란성과 책임도가 상당히 유사한 직위의 군을 말한다.
④ 직렬(職列)이란 직무의 종류가 유사하고 그 책임과 곤란성의 정도가 서로 다른 직급의 군을 말한다.
⑤ 직류(職類)란 같은 직렬 내에서 담당 분야가 같은 직무의 군을 말한다.

해설

[❶ ▸ O] 직위분류제란 조직 내의 직위들을 각 직위에 배당된 직무의 속성에 따라 분류 · 관리하는 제도를 말한다.

[❸ ▸ ×] 직군(職群)이란 직무의 성질이 유사한 직렬의 군을 말한다. 직무의 종류 · 곤란성과 책임도가 상당히 유사한 직위의 군은 "직급(職級)"이다.

> **국가공무원법 제5조(정의)** 이 법에서 사용하는 용어의 뜻은 다음과 같다.
> 1. "직위(職位)"란 1명의 공무원에게 부여할 수 있는 직무와 책임을 말한다.❷
> 2. "직급(職級)"이란 직무의 종류 · 곤란성과 책임도가 상당히 유사한 직위의 군을 말한다.
> 7. "직군(職群)"이란 직무의 성질이 유사한 직렬의 군을 말한다.❸
> 8. "직렬(職列)"이란 직무의 종류가 유사하고 그 책임과 곤란성의 정도가 서로 다른 직급의 군을 말한다.❹
> 9. "직류(職類)"란 같은 직렬 내에서 담당 분야가 같은 직무의 군을 말한다.❺
> 10. "직무등급"이란 직무의 곤란성과 책임도가 상당히 유사한 직위의 군을 말한다.

답 ❸

146 인사행정제도에 관한 설명으로 옳지 않은 것은? 21 행정사 제9회

□□□

① 실적제는 개인의 객관적인 능력·자격·성적을 기준으로 공무원을 임용하는 제도이다.
② 직업공무원제도는 계급제, 일반능력자 중심의 임용, 신분보장 등을 토대로 한다.
③ 계급제는 직무를 기준으로 직무의 난이도와 책임도에 따라 직위를 분류하는 제도이다.
④ 엽관제는 정당에 대한 공헌도와 충성심에 입각하여 공무원을 임용하는 제도이다.
⑤ 대표관료제는 국민에 대한 대응성과 공직 임용의 사회적 형평성을 제고시키려는 목적을 지닌 제도이다.

해설

[❶ ▸ O] 실적주의(실적제)란 당파성이나 정실·혈연·지연이 아니라 개인의 직무수행능력·자격 및 성적을 기준으로 공무원을 임용하는 제도를 말한다.
[❷ ▸ O] 직업공무원제도는 젊고 유능한 인재들을 공직에 유치해 그 업적과 능력에 따라 승진할 수 있는 기회를 부여함으로써 공직을 평생 직업으로 선택하여 근무하게 하는 제도를 말하며, 계급제, 일반능력자 중심의 임용(일반행정가주의), 신분보장 등을 그 내용으로 한다.
[❸ ▸ ×] **계급제**는 직무담당자인 공무원의 자격·학력·능력을 기준으로 계급을 분류하는 제도를 말하며, **직위분류제**는 직무를 기준으로 직무의 난이도와 책임도에 따라 직위를 분류하는 제도를 말한다. 계급제가 사람의 자격과 능력을 기준으로 한 계급구조라면 직위분류제는 사람이 맡아서 수행하는 직무와 그 직무수행에 수반되는 책임을 기준으로 분류한 직위구조이다.
[❹ ▸ O] **엽관제**란 당파성·정치적 요인(정당에의 충성도와 공헌도)를 공무원의 임용기준으로 삼는 인사행정제도를 말한다. 개인의 실적(능력·자격·업적) 외의 요인에 의해 공직임용이 이루어진다는 점에서 정실주의와 유사하다.
[❺ ▸ O] **대표관료제**는 한 국가 내에서 다양한 사회집단들의 구성비율에 따라 관료를 충원하는 원리가 적용되는 관료제(실적주의의 수정)를 말한다. 개방형의 성격을 갖는 대표관료제는 국민에 대한 관료의 대응성과 책임성을 제고할 수 있고, 실질적 기회균등의 보장과 사회적 형평성을 제고할 수 있다.

핵심정리

인사행정제도

① 실적제(실적주의) ⇢ 개인의 능력·자격·성적을 기준으로 공무원을 임용하는 제도
② 직업공무원제도의 내용 ⇢ 계급제, 일반능력자 중심의 임용, 신분보장
③ 계급제와 직위분류제
⇢ 계급제 : 공무원의 자격·학력·능력을 기준으로 계급을 분류하는 제도
⇢ 직위분류제 : 직무를 기준으로 직무의 난이도와 책임도에 따라 직위를 분류하는 제도
④ 엽관제 ⇢ 정당에 대한 공헌도와 충성심에 입각하여 공무원을 임용하는 제도
⑤ 대표관료제 ⇢ 국민에 대한 대응성과 공직 임용의 사회적 형평성을 제고시키려는 목적을 지닌 제도

답 ❸

147 다음에 해당하는 인사관리의 유형은? 14 행정사 제2회

최근 우리나라 공공부문에 도입된 제도로서 다양한 계층의 공직진출을 확대하기 위한 방안으로 양성평등채용목표제, 장애인의무고용제, 지역인재추천채용제 등을 실시하고 있다.

① 실적주의제
② 대표관료제
③ 직업공무원제
④ 엽관주의제
⑤ 개방형 임용제

해설

[❶ ▸ ×] **실적주의**란 당파성이나 정실·혈연·지연이 아니라 개인의 직무수행능력·자격 및 성적을 기준으로 공무원을 임용하는 제도를 말한다.
[❷ ▸ ○] **대표관료제**는 한 국가 내에서 다양한 사회집단들의 구성비율에 따라 관료를 충원하는 원리가 적용되는 관료제(실적주의의 수정)를 말한다. 우리나라도 실적주의 원칙 하에 대표관료제적 요소를 일부 도입하고 있는데, 양성평등채용목표제, 장애인의무고용제, 지역인재추천채용제 등이 이에 해당한다.
[❸ ▸ ×] **직업공무원제도**는 젊고 유능한 인재들을 공직에 유치해 그 업적과 능력에 따라 승진할 수 있는 기회를 부여함으로써 공직을 평생 직업으로 선택하여 근무하게 하는 제도를 말한다.
[❹ ▸ ×] **엽관주의**란 당파성·정치적 요인(정당에의 충성도와 공헌도)를 공무원의 임용기준으로 삼는 인사행정제도를 말한다. 개인의 실적(능력·자격·업적) 외의 요인에 의해 공직임용이 이루어진다는 점에서 정실주의와 유사하다.
[❺ ▸ ×] **개방형 임용제**는 신규채용이 공직의 모든 계급이나 직위를 불문하고 공직 내·외 모두에 허용되는 인사제도를 말한다. 반면 **폐쇄형 임용제**는 신규채용이 최하위 계층에서만 허용되며 내부승진을 통해 그들이 상위 계층까지 올라갈 수 있는 인사제도를 말한다. 우리나라 인사제도는 폐쇄성이 강했으나, 전문성이 특히 요구되거나 효율적인 정책 수립을 위하여 필요하다고 판단되어 공직 내·외부에서 적격자를 임용할 필요가 있는 직위에 대하여는 개방형 직위로 지정하여 운영할 수 있도록 개방형 직위제도를 도입하여(국가공무원법 제28조의4), 혼합형의 인사체제를 운영하고 있다.

답 ❷

제2절 공직(공무원)의 구분

148 우리나라 공직 혹은 공무원의 분류 · 관리에 관한 설명으로 옳은 것을 모두 고른 것은?
□□□

16 행정사 제4회

> ㄱ. 직위분류제를 근간으로 하면서 계급제적 요소를 부분적으로 도입하고 있다.
> ㄴ. 계급제는 사람의 특성에 따라, 직위분류제는 직무의 특성에 따라 공직을 분류한다.
> ㄷ. 계급제는 공무원의 신분보장과 직업공무원제 확립에 유리하며, 직위분류제는 인력활용의 융통성을 높여 준다.
> ㄹ. 고위공무원단에 소속된 공무원은 계급이 없는 대신 담당직무의 등급에 따라 그 지위가 결정된다.
> ㅁ. 전문경력관은 일반직공무원이지만, 계급 구분과 직군 · 직렬 분류가 적용되지 않는다.

① ㄱ, ㄴ, ㄷ
② ㄴ, ㄷ, ㄹ
③ ㄴ, ㄷ, ㅁ
④ ㄴ, ㄹ, ㅁ
⑤ ㄷ, ㄹ, ㅁ

해설

[ㄱ ▸ X] 계급제와 직위분류제는 상호대립되는 것처럼 보이지만 사실은 상호보완적으로 활용된다. 우리나라는 **계급제를 기본**으로 하면서 **직위분류제적 요소를 가미**하여 운영하고 있다.

[ㄴ ▸ O] **계급제**가 사람의 특성(자격과 능력)을 기준으로 한 계급구조라면 **직위분류제**는 직무의 특성(직무와 그 직무수행에 수반되는 책임)을 기준으로 분류한 직위구조이다.

[ㄷ ▸ X] **계급제**는 폐쇄체계로 운영되므로 장기간 근무하게 되고 내부 승진을 통해 장기근속이 보장되므로 공무원의 신분보장과 직업공무원제도의 확립에 유리하고, 인력활용의 융통성과 효율성을 높여 탄력적 인사관리가 가능하며, 일반행정가 양성에 유리하다. 반면 **직위분류제**는 전문행정가의 중시로 인한 전직이나 전보 범위가 제한되어 인적자원의 효율적 활용(인사관리의 탄력성과 신축성 확보)에 제약을 가져올 수 있다.

[ㄹ ▸ O] 고위공무원단제도는 중앙행정기관의 실 · 국장급(1~3급) 고위공무원의 직위를 폐지하고 이들을 하위직과 분리하여 성과와 능력 중심으로 통합 · 관리하는 범국가적 인력풀제도를 말하며, 고위공무원단에 소속된 공무원은 직무 중심으로 인사관리가 이루어짐에 따라 담당직무의 등급에 따라 그 직위가 결정되게 된다.

[ㅁ ▸ O] 소속 장관은 해당 기관의 **일반직공무원 직위 중** 순환보직이 곤란하거나 장기 재직 등이 필요한 특수 업무 분야의 직위를 **전문경력관직위로 지정**할 수 있다(전문경력관 규정 제3조 제1항). 전문경력관 직위의 군은 직무의 특성 · 난이도 및 직무에 요구되는 숙련도 등에 따라 **가군, 나군 및 다군으로 구분**한다(전문경력관 규정 제4조 제1항). 즉, 일반직 공무원과 달리 전문경력관은 계급 구분과 직군 · 직렬의 분류가 적용되지 않는다.

핵심정리

우리나라의 공직(공무원)의 분류 · 관리

ㄱ. 우리나라의 공직제도 ⟶ 계급제를 기본으로 직위분류제적 요소 가미
ㄴ., ㄷ. 공직분류의 기준과 장단점
- ⟶ 계급제
  - 사람의 특성(자격 · 학력 · 능력)을 기준으로 한 계급구조
  - 장점 : 공무원의 신분보장과 직업공무원제 확립에 유리
- ⟶ 직위분류제
  - 직무의 특성(직무와 그 직무수행에 수반되는 책임)을 기준으로 한 직위구조
  - 단점 : 인적자원의 효율적 활용에 제약

ㄹ. 고위공무원단 소속공무원 ⟶ 계급이 없는 대신 담당직무의 등급에 따라 지위 결정
ㅁ. 전문경력관 ⟶ 일반직 공무원이지만, 계급 구분과 직군 · 직렬 분류가 적용 ×

답 ④

149 □□□ 우리나라 공무원 분류 중 특수경력직 공무원에 해당하지 않는 것은? 20 행정사 제8회

① 국회의원
② 헌법재판소 헌법연구관
③ 대통령 비서실장
④ 국민권익위원회 위원장
⑤ 감사원 사무차장

해설

[❷ ▸ ×] [❺ ▸ ×] ① 국회의원, ③ 대통령 비서실장, ④ 국민권익위원회 위원장은 정무직 공무원으로서 특수경력직 공무원에 해당하나, ② 헌법재판소 헌법연구관은 특정직 공무원으로서 경력직 공무원에 해당하고, ⑤ 감사원 사무차장은 일반직 공무원으로서 경력직 공무원에 해당한다(감사원법 제19조 제1항). 최종 정답 발표 시 복수정답이 인정되었다.

답 ❷, ❺

150 □□□ 직위분류제에 관한 설명으로 옳지 않은 것은? 17 행정사 제5회

① 동일한 직무에 대한 동일한 보수 지급의 원칙에 부합한다.
② 직무의 내용, 특성, 자격 등 객관적인 기준에 따라 합리적인 인사가 이루어질 수 있다.
③ 조직 내에서 부서 간 협조와 교류를 원활하게 하지 못하는 단점이 있다.
④ 장기적인 발전 가능성이나 잠재력을 중시하는 직업공무원제의 수립에 유용하다.
⑤ 동일 직렬에 장기간 근무를 원칙으로 하기 때문에 행정의 전문화에 기여한다.

해설

[❶ ▸ O] 직위분류제는 직무의 종류와 수준, 업무량 등이 명확하게 나타나므로 동일 직무에 대한 동일 보수의 원칙에 입각한 직무급 수립이 용이하다는 장점이 있다(높은 보수형평성).

[❷ ▸ O] 직위분류제를 수립하기 위한 직무분석과 직무평가는 인력계획, 임용, 배치에 공정한 기준을 제공하여 직무의 내용, 특성, 자격 등 객관적인 기준에 따라 합리적인 인사가 이루어질 수 있다.

[❸ ▸ O] 직위분류제는 지나친 직무의 세분화·전문화로 인해 서로 다른 직무로의 이동이 곤란하고 부서 간 횡적 의사소통이나 협조·조정이 곤란하다는 단점이 있다.

[❹ ▸ ×] 장기적인 발전 가능성이나 잠재력을 중시하는 직업공무원제의 수립에 유용한 것은 **계급제**이다. **직위분류제는 직업공무원제 확립을 저해**한다.

[❺ ▸ O] 직위분류제는 동일 직렬에 장기간 근무를 원칙으로 하기 때문에 전문행정가의 양성이 가능하게 된다.

핵심정리

직위분류제

①, ②, ⑤ 직위분류제의 장점
- → 동일한 직무에 대한 동일한 보수 지급의 원칙에 부합
- → 객관적인 기준에 따른 합리적인 인사 가능
- → 행정의 전문화(전문행정가 양성)에 기여

③, ④ 직위분류제의 단점
- → 부서 간 횡적 의사소통이나 협조·조정이 곤란
- → 직업공무원제 확립을 저해

답 ❹

151 우리나라 경력직 공무원에 해당하는 사람을 모두 고른 것은? 17 행정사 제5회

□□□

> ㄱ. 담당업무가 특수하여 자격·신분보장·복무 등에 있어서 개별 특별법이 우선적용되는 공무원
> ㄴ. 비서관·비서 등 보좌업무 등을 수행하는 공무원
> ㄷ. 기술, 연구 또는 행정 일반에 대한 업무에 종사하는 공무원
> ㄹ. 선거로 취임하는 공무원
> ㅁ. 국회의 동의를 거쳐 임명하는 등 주로 정치적 판단이나 정책결정을 필요로 하는 업무를 담당하는 공무원
> ㅂ. 실적과 자격에 따라 임용되고 그 신분이 보장되며 평생 동안(근무기간을 정하여 임용하는 공무원의 경우에는 그 기간 동안을 말한다) 공무원으로 근무할 것이 예정되는 공무원

① ㄱ, ㄴ, ㄹ
② ㄱ, ㄷ, ㅂ
③ ㄴ, ㄷ, ㅁ
④ ㄴ, ㄹ, ㅁ
⑤ ㄷ, ㅁ, ㅂ

해설

[ㄱ▸O] [ㄷ▸O] [ㅂ▸O] 국가공무원법은 공무원을 경력직과 특수경력직으로 구분하는데, 실적과 자격에 따라 임용되고 그 신분이 보장되며 평생 동안(근무기간을 정하여 임용하는 공무원의 경우에는 그 기간 동안) 공무원으로 근무할 것이 예정되는 공무원인 **경력직 공무원**❸에는 **일반직 공무원, 특정직 공무원**이 있고, 경력직공무원 외의 공무원인 특수경력직 공무원에는 정무직, 별정직 공무원이 있다(국가공무원법 제2조). 보기 중 ㄱ. 특정직 공무원, ㄷ. 일반직 공무원은 경력직 공무원에 해당하고, ㅂ.은 경력직 공무원 그 자체를 가리킨다.

[ㄴ▸X] [ㄹ▸X] [ㅁ▸X] ㄴ. 별정직 공무원, ㄹ. 선거로 취임하는 공무원(정무직 공무원), ㅁ. 정무직 공무원은 특수경력직 공무원에 해당한다.

➲ 국가공무원법상 공무원의 구분

<table>
<tr><td rowspan="2">경력직 공무원</td><td>일반직공무원</td><td>기술·연구 또는 행정 일반에 대한 업무를 담당하는 공무원❻</td></tr>
<tr><td>특정직공무원</td><td>법관, 검사, 외무공무원, 경찰공무원, 소방공무원, 교육공무원, 군인, 군무원, 헌법재판소 헌법연구관, 국가정보원의 직원, 경호공무원과 특수 분야의 업무를 담당하는 공무원으로서 다른 법률에서 특정직공무원으로 지정하는 공무원❼</td></tr>
<tr><td rowspan="3">특수경력직 공무원</td><td rowspan="2">정무직공무원</td><td>선거로 취임하거나❷ 임명할 때 국회의 동의❺가 필요한 공무원</td></tr>
<tr><td>고도의 정책결정 업무를 담당하거나 이러한 업무를 보조하는 공무원❺으로서 법률이나 대통령령(대통령비서실 및 국가안보실의 조직에 관한 대통령령만 해당한다)에서 정무직으로 지정하는 공무원</td></tr>
<tr><td>별정직공무원</td><td>비서관·비서 등 보좌업무 등을 수행하거나❶ 특정한 업무 수행을 위하여 법령에서 별정직으로 지정하는 공무원</td></tr>
</table>

답 ❷

152 경력직 공무원에 관한 설명으로 옳은 것은? 24 행정사 제12회

□□□

① 직업공무원제의 적용을 받지 않는다.
② 선거에 의해 취임하는 공무원은 경력직 공무원이다.
③ 특수한 임무를 수행하기 위해 임용되는 별정직 공무원이 대표적인 경력직 공무원이다.
④ 실적과 자격에 의해 임용되며 신분이 보장된다.
⑤ 기술직과 연구직에 종사하는 공무원은 경력직 공무원에 해당하지 않는다.

해설

[❶ ▸ ×] 경력직 공무원은 **실적주의**와 **직업공무원제**의 적용을 받는다. 반면, 특수경력직 공무원(정무직 공무원과 별정직 공무원)은 실적주의와 직업공무원제의 획일적 적용을 받지 않는다.

[❷ ▸ ×] 국가공무원법은 임용방식과 업무특성에 따라 공무원을 경력직 공무원과 특수경력직 공무원으로 구분한다. 특수경력직 공무원에는 정무직 공무원과 별정직 공무원이 있다(국가공무원법 제2조). **선거로 취임**하거나 임명할 때 국회의 동의가 필요한 공무원은 **별정직 공무원에 해당**한다.

[❸ ▸ ×] 비서관·비서 등 보좌업무 등을 수행하거나 특정한 업무 수행을 위하여 법령에서 별정직으로 지정하는 별정직 공무원은 경력직 공무원이 아니라 **특수경력직 공무원에 해당**한다.

[❹ ▸ ○] **경력직 공무원**은 실적과 자격에 따라 임용되고 그 신분이 보장되며 평생 동안(근무기간을 정하여 임용하는 공무원의 경우에는 그 기간 동안) 공무원으로 근무할 것이 예정되는 공무원을 말한다.

[❺ ▸ ×] 기술직·연구직 또는 행정 일반에 대한 업무를 담당하는 공무원은 **일반직 공무원**으로서 **경력직 공무원에 해당**한다.

➲ **경력직 공무원과 특수경력직 공무원**

경력직 공무원	일반직 공무원	기술·연구 또는 행정 일반에 대한 업무를 담당하는 공무원
	특정직 공무원	법관, 검사, 외무공무원, 경찰공무원, 소방공무원, 교육공무원, 군인, 군무원, 헌법재판소 헌법연구관, 국가정보원의 직원, 경호공무원과 특수 분야의 업무를 담당하는 공무원으로서 다른 법률에서 특정직공무원으로 지정하는 공무원
특수경력직 공무원	정무직 공무원	선거로 취임하거나 임명할 때 국회의 동의가 필요한 공무원
		고도의 정책결정 업무를 담당하거나 이러한 업무를 보조하는 공무원으로서 법률이나 대통령령(대통령비서실 및 국가안보실의 조직에 관한 대통령령만 해당한다)에서 정무직으로 지정하는 공무원
	별정직 공무원	비서관·비서 등 보좌업무 등을 수행하거나 특정한 업무 수행을 위하여 법령에서 별정직으로 지정하는 공무원

답 ❹

153 우리나라 고위공무원단제도에 관한 설명으로 옳지 않은 것은? 22 행정사 제10회

□□□

① 고위공무원단을 구성하는 공무원은 전원 중앙행정기관 소속이다.
② 각 부처 장관은 소속에 관계없이 전체 고위공무원단 중에서 적임자를 인선한다.
③ 계급과 연공서열보다는 직무와 성과 중심의 인사관리를 추구한다.
④ 행정부처에 배치된 고위공무원의 인사와 복무는 소속 장관이 관리한다.
⑤ 고위직의 개방을 확대하고 경쟁을 촉진하기 위한 제도이다.

해설

[❶ ▸ ×] 고위공무원단을 구성하는 공무원은 전원 중앙행정기관 소속은 아니다. 예를 들면, 특별시·광역시 및 특별자치시의 부시장, 도와 특별자치도의 부지사, 부교육감 등 지방자치단체에 국가공무원으로 보하는 일부 고위직도 고위공무원단에 포함된다(국가공무원법 제2조의2 제2항 제3호 참조).

[❷ ▸ O] 각 부처 장관이 소속에 관계없이 전체 고위공무원단 중에서 적임자를 인선한다. 다만, 고위공무원단에 속하는 모든 일반직공무원의 신규채용, 임용권은 대통령의 권한이므로 대통령이 채용·임용한다.

[❸ ▸ O] 고위공무원단제도는 구성 공무원에게 직무성과계약을 체결하고 성과중심의 근무성적평정을 하게 되며 종래 계급에 기반한 단순 연봉제에서 직무성과급적 연봉제를 채택하여 직무와 성과중심의 인사관리를 추구한다.

[❹ ▸ O] 고위공무원단에 속하는 공무원은 범부처적으로 인사혁신처가 관리·운영하되, 부처에 배치된 고위공무원의 인사와 복무는 소속 장관이 관리를 하게 된다.

[❺ ▸ O] 고위공무원단제도는 고위공무원의 개방을 확대하고 경쟁을 촉진하여 성과책임을 강화함으로써 역량있는 정부를 구현하기 위하여 2006.7. 노무현 정부에서 도입하였다.

답 ❶

제3절 공무원의 임용

154 우리나라 공무원 시보임용제도에 관한 설명으로 옳지 않은 것은? 20 행정사 제8회

□□□

① 공무원시험에 합격한 사람들의 공직 적격성을 심사하고 공무원 실무능력 배양을 위해 존재한다.
② 국가공무원법에 의하면 공무원의 시보기간은 3개월이다.
③ 시보기간 중 근무성적이 좋으면 정규직 공무원으로 임용된다.
④ 시보기간 중 교육훈련 성적이 나쁘거나 공무원으로서의 자질이 부족하다고 판단되는 경우 면직될 수 있다.
⑤ 시보기간 중 휴직한 기간, 직위해제 기간 및 징계에 따른 정직이나 감봉 처분을 받은 기간은 시보임용기간에 산입되지 않는다.

해설

[❶ ▸ O] 시보임용은 시험제도의 연장으로 선발과정의 일부이고 직무수행의 적격성을 사후 판정하는 것이며 실무수습기회를 제공하고 초임자의 적응훈련으로서의 성격도 있다.

[❷ ▸ X] [❸ ▸ O] 5급 공무원을 신규 채용하는 경우에는 **1년**, 6급 이하의 공무원을 신규 채용하는 경우에는 **6개월**간 각각 시보(試補)로 임용하고,❷ 그 기간의 근무성적 · 교육훈련성적과 공무원으로서의 자질을 고려하여 정규 공무원으로 임용한다❸(국가공무원법 제29조 제1항).

[❹ ▸ O] 시보 임용 기간 중에 있는 공무원이 근무성적 · 교육훈련성적이 나쁘거나 공무원으로서의 자질이 부족하다고 판단되는 경우에는 면직시키거나 면직을 제청할 수 있다(국가공무원법 제29조 제3항).

[❺ ▸ O] 휴직한 기간, 직위해제 기간 및 징계에 따른 정직이나 감봉 처분을 받은 기간은 시보 임용 기간에 넣어 계산하지 아니한다(국가공무원법 제29조 제2항).

핵심정리

우리나라의 공무원 시보임용제도

① 시보임용의 필요성 ⋯→ 공직 적격성 심사 및 공무원 실무능력 배양
② 공무원의 시보기간
⋯→ 5급 공무원 : 1년
⋯→ 6급 이하의 공무원 : 6개월
③ 시보기간 중 근무성적이 좋은 경우 ⋯→ 정규(직) 공무원으로 임용 O
④ 시보임용공무원이 근무성적이 나쁘거나 자질이 부족한 경우 ⋯→ 면직이나 면직 제청 O
⑤ 시보기간 중 휴직한 기간 등 ⋯→ 시보 임용기간 산입 ×

답 ❷

155 □□□ **우리나라 공무원의 시보임용에 관한 설명으로 옳지 않은 것은?** 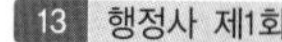

① 임용권자는 시보임용 기간 중에 있는 공무원의 근무상황을 항상 지도·감독하여야 한다.
② 시보기간 중 근무성적이 좋으면 정규 공무원으로 임용한다.
③ 시보기간은 시보공무원에게 행정실무의 습득기회를 제공하는 것이다.
④ 시보임용은 공무원으로서 적격성 여부를 판단하는 선발과정의 일부이다.
⑤ 시보공무원은 일종의 교육훈련 과정으로 교육에만 전념할 수 있도록 정규 공무원과 동일하게 공무원 신분을 보장한다.

해설

[❶ ▸ O] 임용권자는 시보임용 기간 중에 있는 공무원의 근무상황을 항상 지도·감독하여야 한다(공무원 임용령 제23조 제1항).

[❷ ▸ O] 공무원을 신규 채용하는 경우에는 일정 기간 시보(試補)로 임용하고 그 기간의 근무성적·교육훈련성적과 공무원으로서의 자질을 고려하여 정규 공무원으로 임용한다(국가공무원법 제29조 제1항).

[❸ ▸ O] [❹ ▸ O] 시보임용은 시험제도의 연장으로 선발과정의 일부이고 직무수행의 적격성을 사후 판정하는 것이며❹ 실무수습기회를 제공하고 초임자의 적응훈련으로서의 성격도 있다.❸

[❺ ▸ ×] 시보기간 동안에는 신분보장이 제한적이어서 근무성적 및 교육훈련성적이 나쁘거나 자질이 부족한 경우에는 면직이 가능하고 면직되어도 소청을 제기할 수 없다.

핵심정리 **우리나라의 공무원 시보임용제도**

① 임용권자 → 시보임용 기간 중에 있는 공무원의 근무상황에 대한 지도·감독의무
② 시보기간 중 근무성적이 좋은 경우 → 정규 공무원으로 임용 ○
③, ④ 시보임용의 필요성
→ 시보공무원에게 행정실무의 습득기회 제공
→ 공무원으로서 적격성 여부를 판단하는 선발과정의 일부
⑤ 시보공무원 → 정규 공무원과 동일한 신분 보장 ×

답 ❺

156 우리나라 국가공무원법상 임용에 관한 설명으로 옳은 것은?

□□□ 18 행정사 제6회

① 강임은 징계처분에 의한 수직적 인사이동이다.
② 전직이란 직렬을 달리하는 임명을 말한다.
③ 실무 수습 중인 채용후보자는 형법에 따른 벌칙을 적용할 때 공무원으로 보지 않는다.
④ 개방형 직위는 해당 기관 내·외부의 공무원 중에서 직무수행 적격자를 선발·임용하는 제도이다.
⑤ 공모 직위는 특정 직위에 결원이 발생하면 공직 내외를 불문하고 공개모집에 의해 적격자를 선발·임용하는 제도이다.

해설

[❶ ▸ ×] 강등과 달리 **강임**은 징계처분이 아니라 **수직적 인사이동**이다. 징계는 파면·해임·강등·정직·감봉·견책 6가지이다(국가공무원법 제79조).

> "강임(降任)"이란 같은 직렬 내에서 하위 직급에 임명하거나 하위 직급이 없어 다른 직렬의 하위 직급으로 임명하거나 고위공무원단에 속하는 일반직공무원을 고위공무원단 직위가 아닌 하위 직위에 임명하는 것을 말한다(국가공무원법 제5조 제4호).

[❷ ▸ ○] 전직이란 직렬을 달리하는 임명을 말한다(국가공무원법 제5조 제5호).
[❸ ▸ ×] 임용권자는 채용후보자에 대하여 임용 전에 실무 수습을 실시할 수 있다. 이 경우 실무 수습 중인 채용후보자는 그 직무상 행위를 하거나 형법 또는 그 밖의 법률에 따른 벌칙을 적용할 때에는 **공무원으로 본다**(국가공무원법 제39조 제4항).
[❹ ▸ ×] [❺ ▸ ×] **개방형 직위**는 특정 직위에 결원이 발생하면 **공직 내외를 불문**하고 공개모집에 의해 적격자를 선발·임용하는 제도이고,❹ **공모 직위**는 해당 기관 내·외부의 **공무원 중에서** 직무수행 적격자를 선발·임용하는 제도이다.❺

핵심정리

국가공무원법상 공무원 임용
① 강임 ⇢ 강임은 징계처분 × (수직적 인사이동 ○)
② 전직 ⇢ 직렬을 달리하는 임명
③ 실무 수습 중인 채용후보자 ⇢ 형법에 따른 벌칙을 적용할 때 공무원 의제
④ 개방형 직위 ⇢ 공직 내외를 불문하고 적격자를 선발·임용하는 제도
⑤ 공모 직위 ⇢ 해당 기관 내·외부의 공무원 중에서 적격자를 선발·임용하는 제도

답 ❷

157 「국가공무원법」상 국회, 법원, 헌법재판소, 선거관리위원회 및 행정부 상호 간에 소속을 달리하는 인사이동 임용방법은? 24 행정사 제12회

① 파 견　② 전 보
③ 전 입　④ 전 직
⑤ 겸 임

해설

[❶ ▸ ×] **파견**(派遣)이란 공무원의 소속을 바꾸지 않고 일시적으로 다른 기관이나 국가기관 이외의 기관 및 단체에서 근무하는 것을 의미한다.

[❷ ▸ ×] **전보**(轉補)란 같은 직급 내에서의 보직 변경 또는 고위공무원단 직위 간의 보직 변경(제4조 제2항에 따라 같은 조 제1항의 계급 구분을 적용하지 아니하는 공무원은 고위공무원단 직위와 대통령령으로 정하는 직위 간의 보직 변경을 포함한다)을 말한다(국가공무원법 제5조 제6호). 전보는 동일한 직렬과 직급 내에서 직위만 바꾸는 것을 의미한다.

[❸ ▸ ○] 국가공무원법 상 국회, 법원, 헌법재판소, 선거관리위원회 및 행정부 상호 간에 소속을 달리하는 인사이동 임용방법은 **전입**(轉入)이다. 전입 · 전출은 인사 관할을 달리하는 국회, 법원, 헌법재판소, 선거관리위원회 및 행정부 상호 간에 다른 공무원을 받아들이거나 내보내는 것을 의미한다.

> **국가공무원법 제28조의2(전입)** 국회, 법원, 헌법재판소, 선거관리위원회 및 행정부 상호 간에 다른 기관 소속 공무원을 전입하려는 때에는 시험을 거쳐 임용하여야 한다. 이 경우 임용 자격 요건 또는 승진소요최저연수 · 시험과목이 같을 때에는 대통령령등으로 정하는 바에 따라 그 시험의 일부나 전부를 면제할 수 있다.

[❹ ▸ ×] **전직**(轉職)이란 직렬을 달리하는 임명을 말한다(국가공무원법 제5조 제5호). 직렬(職列)이란 직무의 종류가 유사하고 그 책임과 곤란성의 정도가 서로 다른 직급의 군을 말한다(국가공무원법 제5조 제8호). 전직은 인사 관할을 달리하는 기관 사이의 수평적 인사이동에 해당한다.

[❺ ▸ ×] **겸임**이란 직위와 직무 내용이 유사하고 담당 직무 수행에 지장이 없다고 인정하면 한 공무원에게 둘 이상의 직위를 부여하는 것을 말한다.

답 ❸

제4절 공무원의 능력발전

158 다음에서 설명하는 근무성적평정방법은? 21 행정사 제9회

□□□

- 주요과업 분야별로 바람직한 행태의 유형 및 등급을 구분·제시한 뒤, 평정대상자의 행태를 관찰하여 해당사항에 표시하게 하는 방법이다.
- 척도의 설계과정에 평정대상자를 공동으로 참여하게 함으로써 평정에 대한 신뢰와 적극적인 관심을 기대할 수 있다.
- 직무가 다르면 별개의 평정양식이 있어야 하는 등 개발에 많은 시간과 비용이 요구된다.

① 중요사건 기록법
② 행태기준 평정척도법
③ 서열법
④ 목표관리제 평정법
⑤ 도표식 평정척도법

해설

[❶ ▸ ×] **중요사건 기록법**은 평정기간 동안 평정대상자의 근무실적에 큰 영향을 주는 중요사건들을 평정자로 하여금 기술하게 하여 누적된 사건기록을 중심으로 평정하는 방법을 말한다. 막바지효과(최근의 사건을 중심으로 평가) 등 시간적 오류를 방지할 수 있으며, 평정대상자와 상담을 촉진하는 데 용이하고, 사실에 초점을 두고 있다는 장점이 있다. 그러나 이례적인 행동을 지나치게 강조하여 평균적인 행동이나 전형적인 행동을 무시할 수 있다는 단점이 있다.

[❷ ▸ ○] 보기는 **행태기준 평정척도법**에 대한 설명이다. 행태기준 평정척도법은 도표식 평정척도법과 중요사건 기록법을 결합한 방식으로, 선정된 중요 과업 분야에 대해서 가장 이상적인 과업 수행 행태에서부터 가장 바람직하지 못한 과업수행 행태까지를 몇 개의 등급으로 구분하고, 등급마다 중요 행태를 명확하게 기술하고 점수를 할당하는 방법이다.

[❸ ▸ ×] **서열법**은 상대평가방법의 일종으로 평정대상자 간 근무성적을 서열로 표시하는 방법이다. 집단의 규모가 작을 때 적합한 방법이고, 다른 집단과 비교할 수 있는 객관적 자료는 제시하지 못하는 단점이 있다. 평정대상자를 두 사람씩 짝을 지어 비교를 되풀이해 평정하는 쌍쌍비교법, 평정대상자들 중 표준 인물을 선택해 그를 기준으로 다른 평정대상자들을 비교 평가하는 대인비교법이 있다.

[❹ ▸ ×] **목표관리제 평정법**은 근무과정이나 태도보다는 결과중심의 평정방법으로 구성원이 참여를 통하여 단기 업무목표를 명확하게 설정하고 그 활동결과를 공동으로 평가·환류시키는 목표관리방식을 근무성적평정에 활용한 방법을 말한다. 평정 시 개인 간 비교가 용이하지 않고, 평가에 많은 비용과 시간이 소요되며, 성과목표가 모호한 공공부문에는 적용에 한계가 있다는 단점이 있다.

[❺ ▸ ×] **도표식 평정척도법**은 가장 많이 활용되는 근무평정방법으로 직무수행실적·직무수행능력·직무형태 등에 관한 평정요소를 나열하고 각각에 대한 우열의 등급을 표시하는 평정척도(매우 우수·우수·보통·미흡·매우 미흡)를 그린 평정표를 통한 평정방법을 말한다. 평정서 작성이 간단하고, 평정이 용이하며, 평정 결과의 계량화와 통계적 조정이 가능하다는 장점이 있으나 평가요소에 대한 등급의 비교기준이 불명확하여 평정이 임의적일 수 있고 연쇄화·집중화·관대화의 오류가 발생 가능하다는 단점이 있다. 우리나라에서 5급 이하 공무원의 평정에 이용한다.

답 ❷

159 □□□ 성적분포 비율을 미리 정하여 순위를 매기거나 배분함으로써 평정자의 편견이나 집중화 등의 오류를 방지할 수 있는 근무성적평정 방법은? 23 행정사 제11회

① 강제배분법
② 쌍대비교법
③ 가감점수법
④ 목표관리법
⑤ 직접서열법

해설

[❶ ▸ O] 성적분포 비율을 미리 정하여 순위를 매기거나 배분함으로써 평정자의 편견이나 집중화 등의 오류를 방지할 수 있는 근무성적평정 방법은 "강제배분법"이다.

➲ 근무성적평정의 방법(방법을 기준으로 한 평정유형)

구분	내용
도표식평정척도법	• 직무수행실적 · 직무수행능력 · 직무형태 등에 관한 평정요소를 나열하고 각각에 대한 우열의 등급을 표시하는 평정척도를 그린 평정표를 통한 평정방법 • 우리나라에서 5급 이하의 공무원의 평정에 이용 • 장점 : 평정서 작성이 간단하고, 평정이 용이함. 평정결과의 계량화와 통계적 조정 가능. 상벌 목적으로 이용하는 데 효과적 • 단점 : 평정요소의 합리적 선정이 곤란, 평가요소에 대한 등급의 비교기준이 불명확하여 평정이 임의적일 수 있음. 연쇄화 · 집중화 · 관대화의 오류 발생 가능
강제배분법	• 도표식평정척도법에 따른 평가 시 평정대상자의 성적분포가 과도하게 집중되거나 관대화되는 것을 막기 위해 성적분포 비율을 미리 정하여 순위를 매기거나 배분하는 방법 • 장점 : 평정자의 편견이나 집중화 등의 오류를 방지할 수 있음
사실기록법	• 공무원의 근무 성적을 객관적인 사실에 기초를 두고 평가하는 방법. 산출기록법, 주기적 검사법, 근태기록법, 가감점수법 등이 있음 • 가감점수법 : 공무원의 근무상황에 나타난 긍정적 요소와 부정적 요소를 점수로 환산하여 가점 혹은 감점을 주는 방법
(직접)서열법	• 평정대상자 간의 근무성적을 서열로 표시하는 방법. 서열을 정하기 위한 비교방법으로 쌍쌍비교법, 대인비교법이 있다. 집단의 규모가 작을 때 적합하나, 다른 집단과 비교할 수 있는 객관적 자료는 제시하지 못함 • 쌍쌍비교법 : 평정대상자를 두 사람씩 짝을 지어 비교를 되풀이해 평정하는 방법. 평정자의 주관적 조작을 방지할 수 있고, 평정 그 자체가 용이하나 평정대상자의 수가 많을 경우 활용이 곤란함 • 대인비교법 : 평정요소(지도력, 전문지식 등)를 산정해 각 요소별로 평정 등급을 정한 후 각 평정 등급별로 평정대상자들 중 표준 인물을 선택해 그를 기준으로 다른 평정대상자들을 비교 평가하는 방법
목표관리제 평정법(MBO)	• 평가요소 가운데 '결과'를 중시하는 방법. 상하급자 간의 협의를 통해 목표를 정하고, 집행상의 자율을 부여한 목표달성도에 따라 평가하고 환류하는 방식 • 단점 : 평정 시 개인 간 비교가 용이하지 않고, 평가에 많은 비용과 시간이 소요되며, 성과목표가 모호한 공공부문에는 적용에 한계가 있음
체크리스트법	평가하는 데 적절하다고 판단되는 표준행동 목록(list)을 미리 작성해 두고, 이 목록에 가부를 표시하게 하는 방법
중요사건기록법	평정기간 중 평정대상자의 근무실적에 큰 영향을 주는 중요 사건들을 평정자로 하여금 기술하게 하여 누적된 사건기록을 중심으로 평정하는 방법

답 ❶

160 우리나라 근무성적평가의 대상이 되는 공무원은? 22 행정사 제10회

□□□

① 정무직 공무원
② 고위공무원단 소속 공무원
③ 3급 이상 별정직 공무원
④ 4급 이상 공무원
⑤ 5급 이하 공무원

해설

[❺ ▸ O] ⑤ **5급 이하 공무원**은 공무원 성과평가 등에 관한 규정에 따른 **근무성적평가의 대상**이 되나, ① 정무직 공무원은 일반적으로 근무성적평가의 대상이 되지 아니하고, ② 고위공무원단 소속 공무원, ④ 4급 이상 공무원 등은 성과계약등 평가의 대상이 된다. ③ 3급 이상 별정직 공무원은 「별정직 공무원 인사규정」에 따라 일반직에 준하여 평가한다(별정직 공무원 인사규정 제7조의2).

답 ❺

161 공무원에 대한 다면평가 방식의 장점과 유용성에 관한 설명으로 옳지 않은 것은? 14 행정사 제2회

□□□

① 조직구성원 간 원활한 커뮤니케이션을 통해 상호 이해의 폭을 넓힐 수 있다.
② 다면평가를 통해 능력과 성과중심의 인사관리가 이뤄질 경우, 개인의 행태변화에 긍정적인 영향을 미친다.
③ 개인평가에 있어서 다면평가를 통해 인사고과에 대한 객관성과 공정성을 높일 수 있다.
④ 평가결과는 구성원에 대한 보상과 개인별 역량개발 및 교육훈련 등에 활용될 수 있다.
⑤ 다면평가는 조직 내 구성원 간의 갈등 해소 및 신뢰성을 제고하고, 그 평가결과는 승진이나 전보, 성과급 지급 등에 활용해야 한다.

해설

[❶ ▸ O] 다면평정(다면평가 방식)은 감독자만이 평정하는 일면평정과는 달리 감독자뿐만 아니라 부하·동료·민원인까지 평정주체로 참여시키는 방법으로 원만한 대인관계를 증진시키려는 강한 동기를 부여함으로써 조직 내 원활한 커뮤니케이션 및 업무의 효율성을 증진시키고 상호 이해의 폭을 넓힐 수 있다.

[❷ ▸ O] 다면평가를 통해 능력과 성과중심의 인사관리가 이뤄질 경우, 자기역량개발을 위한 동기유발 효과로 인해 개인의 행태변화에 긍정적인 영향을 미친다.

[❸ ▸ O] 여러 사람이 평정에 참여하여 소수의 주관과 편견, 개인편차를 줄임으로써 인사고과에 대한 객관성과 공정성을 높일 수 있다.

[❹ ▸ O] 평가결과를 공개하고 구성원의 장단점에 대한 다양한 의견을 수렴·환류하여 구성원에 대한 보상과 개인별 역량개발 및 교육훈련 등에 활용할 수 있다.

[❺ ▸ X] **다면평가 방식**은 인간관계 중심의 인기투표로 변질될 가능성이 존재하고, 상급자가 업무 추진보다 부하 눈치를 의식하는 행정이 이루어질 가능성이 있으며, 관리자가 부하들의 평가를 받는 데 대한 저항감과 불쾌감으로 상사와 부하 간 갈등 야기로 조직 내 화합을 저해할 수 있고, 담합 또는 모략성 응답에 의한 평가결과의 왜곡 가능성도 존재한다는 단점이 있다.

핵심정리 **공무원에 대한 다면평가 방식의 장점과 유용성**

①, ②, ③, ④ 다면평가 방식의 장점
→ 커뮤니케이션을 통한 상호 이해의 폭 증대
→ 성과중심의 인사관리로 개인의 행태변화에 긍정적인 영향
→ 인사고과에 대한 객관성과 공정성 향상
→ 평가결과의 보상과 역량개발 및 교육훈련 등에의 활용

⑤ 다면평가 방식의 단점
→ 인간관계 중심의 인기투표로 변질될 가능성 존재
→ 상사와 부하 간 갈등 야기로 조직 내 화합을 저해
→ 담합 또는 모략성 응답에 의한 평가결과의 왜곡 가능성 존재(신뢰성 저해)

답 ❺

162 □□□ **근무성적 평정시 평정자의 평정기준이 일정치 않아 관대화 및 엄격화 경향이 불규칙하게 나타나는 오류는?**

15 행정사 제3회

① 체계적 오류(systematic error)
② 연쇄효과로 인한 오류(halo effect error)
③ 선입견에 의한 오류(personal bias error)
④ 집중화 오류(central tendency error)
⑤ 총계적 오류(total error)

해설

[❶ ▸ ×] **체계적 오류**(systematic error)는 어떤 평정자가 다른 평정자들보다 언제나 좋은 점수 또는 나쁜 점수를 주게 됨으로써 나타나는 현상을 말한다. 평정자가 항상 관대화나 엄격화 경향을 보이는 것으로 평정기준이 높거나 낮은 데서 오는 것으로 규칙적 오류, 일관적 착오라고도 한다.

[❷ ▸ ×] **연쇄효과로 인한 오류**(halo effect error)는 어느 하나의 평정요소에 대한 평정자의 판단이 연쇄적으로 다른 요소의 평정에도 영향을 미치는 현상을 말한다(현혹효과, 후광효과).

[❸ ▸ ×] **선입견에 의한 오류**(personal bias error)는 평정 요소와 실제적인 관련이 없는 성별 · 출신 학교 · 출신 지역 · 종교 등에 대해 평정자가 갖고 있는 편견(personal bias)이 평정에 영향을 미침으로써 발생하는 오류를 말한다.

[❹ ▸ ×] **집중화 오류**(central tendency error)는 평정자(평가자)가 모든 평정대상자들에게 대부분 중간 수준의 점수를 주는 심리적 경향을 말한다. 평정상 의문이 있거나 평정대상자에 대해 잘 모르는 경우, 모험을 피하려는 방편으로 나타난다.

[❺ ▸ ○] **총계적 오류**(total error)는 근무성적 평정시 평정자의 평정기준이 일정치 않아 관대화 및 엄격화 경향이 불규칙하게 나타나는 오류를 의미한다. 체계적 오류와 달리 총계적 오류 발생시 점수의 사후적 조정이 불가능하다.

답 ❺

제5절 공무원의 복지와 사기

163 공무원 A는 주 5일 대중교통으로 출퇴근 한다. 코로나19 사태로 인해 재택근무를 하고 싶으나 그가 맡은 업무는 정형적이면서도 보안을 유지해야 하는 특성이 있어 집에서 일할 수 없고 반드시 주 5일 출근을 해야만 한다. 대중교통 이용 시 사람들과의 접촉을 최소화하기 위하여 A가 택할 수 있는 가장 적합한 탄력근무 방식으로 묶인 것은? 20 행정사 제8회

ㄱ. 시간선택제 전환근무
ㄴ. 시차출퇴근제
ㄷ. 원격근무제
ㄹ. 재량근무제
ㅁ. 근무시간선택제

① ㄱ, ㄴ
② ㄱ, ㄹ
③ ㄴ, ㅁ
④ ㄷ, ㄹ
⑤ ㄷ, ㅁ

해설

[ㄴ ▸ O] [ㅁ ▸ O] 공무원 A는 업무의 특성상 반드시 주 5일을 출근하여 업무를 수행하여야 하므로 ㄷ. 원격근무제, ㄹ. 재량근무제는 제외된다. 또한 ㄱ. 시간선택제 전환근무제는 통상적인 근무시간(주 40시간)보다 짧게 근무하는(주당 15~35시간 근무) 형태이다. 공무원 A는 주 5일 출근하고 맡은 업무도 정형적이라는 점을 고려할 때, 주 40시간은 근무를 해야 한다고 판단되므로 시간선택제 전환근무제는 채택하기 어렵다고 할 것이다. 따라서 ㄴ. 시차출퇴근제, ㅁ. 근무시간선택제가 A가 택할 수 있는 가장 적합한 탄력근무 방식으로 볼 수 있다.

➲ 유연근무제의 유형

유 형		내 용	
근무형태	시간선택제 전환근무제 (part-time work)	통상적인 근무시간(주 40시간, 1일 8시간)을 근무하던 경력직 공무원이 본인의 필요에 따라 통상적인 근무시간 보다 짧게 근무(1일 3시간 이상, 주당 15~35시간 근무)	
근무시간	탄력근무제	개념 : 주 40시간 근무하되, 출・퇴근시간・근무시간・근무일 자율 조정 가능	
		시차출퇴근형	1일 8시간 근무하면서 출・퇴근시간을 자율조정(주 40시간 근무)
		근무시간선택형	1일 8시간 근무에 구애받지 않고, 1일 4시간~12시간을 근무하면서 주 5일 근무 유지(주 40시간 근무)
		집약(압축)근무형	1일 8시간 근무에 구애받지 않고, 1일 4시간~12시간 근무를 통하여 주 3.5~4일 근무(주 40시간 근무)
		재량근무형	출・퇴근의무 없이 프로젝트 수행으로 주 40시간 인정
근무장소	원격근무제	재택근무형	사무실이 아닌 자택에서 근무
		스마트워크근무형	사무실이나 집이 아닌 자택 인근 스마트워크센터 등 별도 사무실에서 근무

답 ③

164 □□□ **국가공무원법상 우수 공무원으로 특별승진임용하거나 일반 승진시험에 우선 응시하게 할 수 있는 경우에 해당하지 않는 것은?** 21 행정사 제9회

① 청렴하고 투철한 봉사 정신으로 직무에 모든 힘을 다하여 공무 집행의 공정성을 유지하고 깨끗한 공직 사회를 구현하는 데에 다른 공무원의 귀감이 되는 자
② 공무원으로 10년 이상 근속하고, 정년 전에 스스로 퇴직할 때
③ 직무수행 능력이 탁월하여 행정 발전에 큰 공헌을 한 자
④ 제안제도의 운영에 있어서 제안의 채택·시행으로 국가 예산을 절감하는 등 행정운영발전에 뚜렷한 실적이 있는 자
⑤ 재직 중 공적이 특히 뚜렷한 자가 공무로 사망한 때

해설

[❷ ▸ ×] 재직 중 공적이 특히 뚜렷한 자로서 공무원으로 20년 이상 근속한 자가 정년 전에 스스로 퇴직(명예퇴직)한 경우이어야 특별승진의 대상이 된다(국가공무원법 제40조의4 제4호).

국가공무원법 제40조의4(우수 공무원 등의 특별승진) ① 공무원이 다음 각 호의 어느 하나에 해당하면 제40조 및 제40조의2에도 불구하고 특별승진임용하거나 일반 승진시험에 우선 응시하게 할 수 있다.
1. 청렴하고 투철한 봉사 정신으로 직무에 모든 힘을 다하여 공무 집행의 공정성을 유지하고 깨끗한 공직 사회를 구현하는 데에 다른 공무원의 귀감(龜鑑)이 되는 자❶
2. 직무수행 능력이 탁월하여 행정 발전에 큰 공헌을 한 자❸
3. 제53조에 따른 제안의 채택·시행으로 국가 예산을 절감하는 등 행정 운영 발전에 뚜렷한 실적이 있는 자❹
4. 재직 중 공적이 특히 뚜렷한 자가 제74조의2[공무원으로 20년 이상 근속한 자가 정년 전에 스스로 퇴직(註)]에 따라 명예퇴직할 때❷
5. 재직 중 공적이 특히 뚜렷한 자가 공무로 사망한 때❺

답 ❷

165 □□□ **직무가 지니는 상대적 가치를 평가하여 임금을 결정하는 보수체계는?** 19 행정사 제7회

① 직무급
② 근속급
③ 직능급
④ 생활급
⑤ 성과급

해설

[❶ ▸ ○] **직무급**은 직무의 상대적 가치를 평가하여, 직무의 난이도와 책임에 따라 보수를 결정하는 방식을 말한다. 직무급은 동일 직무에 대한 동일 보수의 원칙에 근거한다.
[❷ ▸ ×] **근속급**은 근속연수[연공(seniority)]와 같은 인적 요소를 기준으로 보수를 결정하는 방식을 말한다.
[❸ ▸ ×] **직능급**은 직무수행능력(노동력의 가치)에 따라 보수를 결정하는 방식을 말한다.
[❹ ▸ ×] **생활급**은 공무원과 그 가족의 생계비에 역점을 두고 보수를 결정하는 방식을 말한다.
[❺ ▸ ×] **성과급**은 직무수행의 성과를 측정하여 그 결과에 따라 보수를 차등적으로 지급하는 방식을 말한다.

답 ❶

제6절 공직윤리와 부패

166 이해충돌방지법에 관한 내용으로 옳지 않은 것은? 22 행정사 제10회

□□□

① 공직자는 직무관련자가 사적이해관계자임을 안 날부터 30일 이내에 소속기관장에게 그 사실을 신고하면 회피신청이 면제된다.

② 공직자는 직무수행 중 알게 된 비밀 또는 소속 공공기관의 미공개정보를 사적 이익을 위하여 이용하거나 제3자로 하여금 이용하게 하여서는 아니 된다.

③ 공직자는 직무관련자에게 사적으로 노무 또는 조언·자문 등을 제공하고 대가를 받는 행위를 하여서는 아니 된다.

④ 공직자는 공공기관이 소유하거나 임차한 물품·차량·선박·항공기·건물·토지·시설 등을 사적인 용도로 사용·수익하거나 제3자로 하여금 사용·수익하게 하여서는 아니 된다.

⑤ 공직자는 직무관련자인 소속기관의 퇴직자(공직자가 아니게 된 날부터 2년 이내인 자)와 사적 접촉(골프, 여행, 사행성 오락을 같이 하는 행위)을 하는 경우 소속기관장에게 신고하여야 한다.

해설

[❶ ▸ ×] 다음 각 호의 어느 하나에 해당하는 직무를 수행하는 공직자는 직무관련자(직무관련자의 대리인을 포함)가 사적이해관계자임을 안 경우 안 날부터 **14일 이내**에 소속기관장에게 그 사실을 서면(전자문서를 포함)으로 **신고하고 회피를 신청하여야** 한다(이해충돌방지법 제5조 제1항). 즉, 사적이해관계자임을 신고한다고 하여 회피신청이 면제되는 것은 아니다.

[❷ ▸ O] 공직자는 직무수행 중 알게 된 비밀 또는 소속 공공기관의 미공개정보를 사적 이익을 위하여 이용하거나 제3자로 하여금 이용하게 하여서는 아니 된다(이해충돌방지법 제14조 제3항).

[❸ ▸ O] 공직자는 직무관련자에게 사적으로 노무 또는 조언·자문 등을 제공하고 대가를 받는 행위를 하여서는 아니 된다. 다만, 국가공무원법 등 다른 법령·기준에 따라 허용되는 경우는 그러하지 아니하다(이해충돌방지법 제10조 제1호).

[❹ ▸ O] 공직자는 공공기관이 소유하거나 임차한 물품·차량·선박·항공기·건물·토지·시설 등을 사적인 용도로 사용·수익하거나 제3자로 하여금 사용·수익하게 하여서는 아니 된다. 다만, 다른 법령·기준 또는 사회상규에 따라 허용되는 경우에는 그러하지 아니하다(이해충돌방지법 제13조).

[❺ ▸ O] 공직자는 직무관련자인 소속기관의 퇴직자(공직자가 아니게 된 날부터 2년이 지나지 아니한 사람만 해당)와 사적 접촉(골프, 여행, 사행성 오락을 같이 하는 행위)을 하는 경우 소속기관장에게 신고하여야 한다. 다만, 사회상규에 따라 허용되는 경우에는 그러하지 아니하다(이해충돌방지법 제15조 제1항).

핵심정리

공직자의 이해충돌 방지법의 내용

① 사적이해관계자의 신고 및 회피 신청
  → 공직자는 직무관련자가 사적이해관계자임을 안 날부터 14일 이내에 신고 및 회피 신청
  → 사적이해관계자의 신고를 한다고 하여 회피 신청이 면제되는 것 ×

② 직무수행 중 알게 된 비밀 또는 소속 공공기관의 미공개정보 등의 이용 금지

③ 직무관련자에게 노무 등을 제공하고 대가를 받는 행위 제한

④ 공공기관이 소유하거나 임차한 물품 등을 사적 사용·수익 금지

⑤ 직무관련자인 소속기관의 퇴직자와 사적 접촉을 하는 경우 소속기관장에게 신고

답 ❶

167 내부고발에 관한 설명으로 옳지 않은 것은? 21 행정사 제9회

□□□

① 내부고발의 대상은 일반적으로 조직 내에서 행해진 비윤리적 행위이다.
② 내부고발의 대상이 되는 문제를 조직 내에서 해결할 장치가 없거나 제대로 작동되지 않을 때 주로 일어난다.
③ 내부고발은 조직 내부의 비리를 대외적으로 폭로하는 외부적 행위이다.
④ 내부고발제 실시로 조직 내에서 부패에 대한 경각심 확대와 부패 억제 효과가 기대된다.
⑤ 현재 우리나라에는 내부고발자를 보호하는 관련 법률이 없다.

해설

[❶ ▸ O] [❷ ▸ O] [❸ ▸ O] 내부고발은 조직구성원이 불법・부당・부도덕하다고 판단되는 조직 내의 비리(비윤리적 행위)를 **대외적으로 폭로하는 외부적 행위**를 말하며,❶❸ 내부고발의 대상이 되는 문제를 조직 내에서 해결할 장치가 없거나 제대로 작동되지 않을 때 주로 일어난다.❷
[❹ ▸ O] 제도화된 부패처럼 공직 내부의 만연된 비리를 척결하려면 내부고발을 유도하는 것도 방법이며, 내부고발제를 실시함으로써 조직 내에서 부패에 대한 경각심 확대와 부패 억제 효과를 기대할 수 있다.
[❺ ▸ X] 현재 우리나라는 내부고발자를 보호하기 위한 법률로 「부패방지 및 국민권익위원회 설치와 운영에 관한 법률」과 「공익신고자보호법」이 시행되고 있으며, 최근 국가공무원법에도 공익신고자 및 부패행위 신고자 등에 대한 보호 근거를 명확히 하였다(국가공무원법 제17조의3).

답 ❺

168 공직자윤리법에서 행정윤리 확보를 위해 시행하고 있는 내용이 아닌 것은? 24 행정사 제12회

□□□

① 주식백지신탁
② 이해충돌 방지 의무
③ 공직자 재산등록과 공개
④ 퇴직공직자 취업제한
⑤ 내부고발

해설

[❶ ▸ O] [❷ ▸ O] [❸ ▸ O] [❹ ▸ O] 공직자윤리법에서 행정윤리 확보를 위해 시행하고 있는 것으로는 주식백지신탁의무(공직자윤리법 제14조의4),❶ 이해충돌방지 의무(공직자윤리법 제2조의2),❷ 공직자의 재산등록 및 공개의무(공직자윤리법 제3조 및 제10조),❸ 퇴직공직자의 '취업제한' 의무(공직자윤리법 제17조),❹ 선물수수의 신고・등록의무(공직자윤리법 제15조) 등이 있다.
[❺ ▸ X] **내부고발**은 「공직자윤리법」이 아니라 「**부패방지 및 국민권익위원회의 설치와 운영에 관한 법률」에 규정**되어 있다(부패방지권익위법 제56조). 내부고발자 보호제도는 「부패방지 및 국민권익위원회의 설치 및 운영에 관한 법률」과 「공익신고자보호법」과 「국가공무원법」 제17조의3에도 규정되어 있다.

답 ❺

169 다음에서 설명하는 부패의 종류는? 17 행정사 제5회

□□□

> • 부패행위로 규정될 수 있으나 사회구성원의 다수가 어느 정도 용인하는 관례화된 부패로서 사회체제에 심각한 파괴적 영향을 미치지 않는다.
> • 금융위기가 심각함에도 불구하고 국민들의 동요나 기업활동의 위축을 방지하기 위해 금융위기가 전혀 없다고 관련 공무원이 거짓말을 하는 것과 같이 공무원이 사적인 이익을 취하기 위해서가 아니라, 경제안정 등과 같이 공익을 위한 목적으로 행한다.

① 백색 부패
② 일탈형 부패
③ 흑색 부패
④ 제도화된 부패
⑤ 회색 부패

해설

[❶ ▸ O] 보기는 백색 부패에 대한 옳은 설명이다. **백색 부패**는 사회에 심각한 해가 없거나 사익 추구가 없는 선의의 부패로 구성원들이 어느 정도 용인할 수 있는 부패를 말한다.

[❷ ▸ ×] **일탈형 부패**(우발적 부패)는 구조화되지 않은 일시적인 부패로 공금 횡령 등 주로 개인의 윤리적 일탈로 인한 개인의 부패를 말한다.

[❸ ▸ ×] **흑색 부패**는 사회체제에 명백하고 심각한 해를 끼치는 부패로 구성원 모두가 인정하고 처벌을 원하는 부패를 말한다.

[❹ ▸ ×] **제도화된 부패**(제도적 부패)는 부패가 일상화되고 제도화되어 행정체제 내에서 부패가 실질적인 규범이 되고 바람직한 행동규범은 예외적인 것으로 전락하는 경우를 말한다. 이러한 상황 하에서는 부패를 저지르는 사람들은 조직의 보호를 받고, 공식적 행동규범을 고수하려는 사람들은 오히려 제재를 받게 된다.

[❺ ▸ ×] **회색 부패**는 사회체제에 파괴적인 영향을 미칠 수 있는 잠재성을 가진 부패로 사회구성원 가운데 일부집단은 처벌을 원하지만 다른 일부집단은 처벌을 원하지 않는 부패를 말한다.

답 ❶

170 공직부패에 관한 설명으로 옳은 것은? 19 행정사 제7회

□□□

① 사회문화적 접근법은 공직부패의 원인에 대하여 문화적 특성, 제도상 결함, 구조상 모순 등 다양한 요인으로 설명한다.
② 체제론적 접근법은 부패의 원인을 주로 개인들의 윤리의식과 자질에서 찾는다.
③ 제도적 접근법에서 행정통제 장치의 미비는 공무원 부패의 주요 원인이다.
④ 백색 부패는 부당하게 사익을 추구하는 부패의 유형이다.
⑤ 부패의 제도화 정도에 따라 거래형 부패와 사기형 부패로 나눌 수 있다.

해설

[❶ ▸ ×] **사회문화적 접근법**은 특정한 지배적 관습이나 경험적 습성과 같은 것이 부패를 조장한다고 보는 접근방법이다. 부패는 하나의 변수에 의하여 발생하는 것이 아니라, 그 나라의 문화적 특성 · 제도상 결함 · 구조상 모순 · 공무원의 부정적 행태 등 복합적인 요인에 의하여 발생한다고 보는 접근방법은 **체제론적 접근법**이다.

[❷ ▸ ×] 부패의 원인을 주로 개인들의 윤리의식과 자질에서 찾는 것은 **도덕적 접근법**이다.

[❸ ▸ O] **제도적 접근법**은 사회의 법과 제도의 결함이나 이러한 것들에 대한 관리기구와 운영상의 문제들(예 대표적으로 행정통제 장치의 미비)이 부패의 원인으로 작용한다고 보는 접근방법이다.
[❹ ▸ ×] **백색 부패**는 사회에 심각한 해가 없거나 사익 추구가 없는 선의의 부패로 구성원들이 어느 정도 용인할 수 있는 부패를 말한다.
[❺ ▸ ×] 부패의 제도화 정도에 따라 제도화된 부패(제도적 부패)와 일탈형 부패(우발적 부패)로 구분할 수 있다.

핵심정리

공직부패
① 사회문화적 접근법 ⋯→ 특정한 지배적 관습이나 경험적 습성과 같은 것이 부패를 조장
② 체제론적 접근법 ⋯→ 문화적 특성 · 제도상 결함 · 구조상 모순 등 복합적인 요인에 의하여 부패 발생
③ 제도적 접근법 ⋯→ 행정통제 장치의 미비가 공무원 부패의 주요 원인
④ 백색 부패 ⋯→ 사회에 심각한 해가 없거나 사익 추구가 없는 선의의 부패
⑤ 부패의 제도화 정도에 따른 분류 ⋯→ 제도적 부패(제도화된 부패)와 일탈형 부패(우발적 부패)

답 ❸

171 공무원의 강등과 강임에 관한 설명으로 옳은 것은?

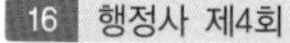
16 행정사 제4회

① 강등은 직위가 폐직되거나 하위의 직위로 변경되어 과원이 된 경우에 이루어진다.
② 강임은 결원을 보충하는 방법의 하나이다.
③ 강등된 공무원은 상위 직급에 결원이 생기면 우선승진의 대상이 된다.
④ 공무원 본인이 동의하지 않으면 강등할 수 없다.
⑤ 징계의 수단으로 강임이 제도적으로 인정되고 있다.

해설

[❶ ▸ ×] 직위가 폐직되거나 하위의 직위로 변경되어 과원이 된 경우에 이루어지는 것은 수직적 인사이동인 **강임**이다(국가공무원법 제73조의4 제1항). **강등**은 **징계처분**의 하나이다(국가공무원법 제79조, 제80조 제1항).
[❷ ▸ O] **강임**이란 같은 직렬 내에서 하위 직급에 임명하거나 하위 직급이 없어 다른 직렬의 하위 직급으로 임명하거나 고위공무원단에 속하는 일반직 공무원을 고위공무원단 직위가 아닌 하위 직위에 임명하는 것으로서(국가공무원법 제5조 제4호), 결원을 보충하는 방법의 하나이다.
[❸ ▸ ×] **강임**된 공무원은 상위 직급 또는 고위공무원단 직위에 결원이 생기면 우선 임용된다. 다만, 본인이 동의하여 강임된 공무원은 본인의 경력과 해당 기관의 인력 사정 등을 고려하여 우선 임용될 수 있다(국가공무원법 제73조의4 제2항).
[❹ ▸ ×] **강임**은 본인이 동의한 경우에 할 수 있으나(국가공무원법 제73조의4 제1항), 공무원에 대한 징계처분은 법령 위반, 직무상 의무 위반 등을 이유로 한 징계권자의 일방적인 행정처분이다. 따라서 징계권자는 공무원 본인의 동의가 없더라도 징계처분의 하나인 **강등**을 할 수 있다.
[❺ ▸ ×] 강등과 달리 **강임**은 징계처분이 아니라 **수직적 인사이동**이다. 징계는 파면 · 해임 · 강등 · 정직 · 감봉 · 견책 6가지이다(국가공무원법 제79조).

답 ❷

172 □□□ 국가공무원법상 공무원의 징계에 관한 설명으로 옳지 않은 것은? 19 행정사 제7회

① 징계는 파면・해임・강등・정직・감봉・견책으로 구분한다.
② 정직은 1개월 이상 3개월 이하의 기간으로 하고, 그 기간 중 보수는 3분의 2를 감한다.
③ 감봉은 1개월 이상 3개월 이하의 기간 동안 보수의 3분의 1을 감한다.
④ 견책은 전과에 대하여 훈계하고 회개하게 한다.
⑤ 징계로 해임처분을 받은 때부터 3년이 지나지 아니한 자는 공무원으로 임용될 수 없다.

해설

[❶ ▸ O] 징계는 파면・해임・강등・정직・감봉・견책으로 구분한다(국가공무원법 제79조).
[❷ ▸ X] **정직**은 1개월 이상 3개월 이하의 기간으로 하고, 정직 처분을 받은 자는 그 기간 중 공무원의 신분은 보유하나 직무에 종사하지 못하며 보수는 **전액**을 감한다(국가공무원법 제80조 제3항).
[❸ ▸ O] 감봉은 1개월 이상 3개월 이하의 기간 동안 보수의 3분의 1을 감한다(국가공무원법 제80조 제4항).
[❹ ▸ O] 견책은 전과에 대하여 훈계하고 회개하게 한다(국가공무원법 제80조 제5항).
[❺ ▸ O] 징계로 해임처분을 받은 때부터 3년이 지나지 아니한 자는 공무원으로 임용될 수 없다(국가공무원법 제33조 제8호).

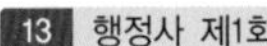
답 ❷

173 □□□ 현행 국가공무원법에 규정된 징계처분에 관한 설명으로 옳지 않은 것은? 13 행정사 제1회

① 징계의 종류는 파면・해임・강등・정직・직위해제・감봉・견책으로 구분한다.
② 파면과 해임은 징계위원회의 의결을 거쳐 각 임용권자 또는 임용권을 위임한 상급감독기관의 장이 한다.
③ 강등은 공무원 신분은 보유하나 3개월간 직무에 종사하지 못하고 그 기간 중 보수의 3분의 2를 감한다.
④ 정직은 1개월 이상 3개월 이하이며, 정직 기간 동안 공무원의 신분은 유지하되, 직무에 종사하지 못하고 보수의 3분의 2를 감한다.
⑤ 징계의결 등의 요구는 징계 등의 사유가 발생한 날부터 3년(금품 및 향응 수수, 공금의 횡령・유용의 경우에는 5년)이 지나면 하지 못한다.

해설

[❶ ▸ X] 징계는 파면・해임・강등・정직・감봉・견책으로 구분한다(국가공무원법 제79조). 직위해제는 징계처분이 아니다(대판 1983.10.25. 83누184).

> 직위해제는 일반적으로 공무원이 직무수행능력이 부족하거나 근무성적이 극히 불량한 경우, 공무원에 대한 징계절차가 진행 중인 경우 등에 있어서 일시적으로 당해 공무원에게 직위를 부여하지 아니함으로써 직무에 종사하지 못하도록 하는 잠정적인 조치로서의 보직의 해제를 의미한다(대판 2003.10.10. 2003두5945).

[❷ ▸ O] 파면과 해임은 징계위원회의 의결을 거쳐 각 임용권자 또는 임용권을 위임한 상급감독기관의 장이 한다(국가공무원법 제82조 제1항 단서).

[❸ ▸ ×] 강등은 1계급 아래로 직급을 내리고 공무원 신분은 보유하나 3개월간 직무에 종사하지 못하며 그 기간 중 보수는 **전액**을 감한다(국가공무원법 제80조 제1항 본문).

[❹ ▸ ×] 정직은 1개월 이상 3개월 이하의 기간으로 하고, 정직 처분을 받은 자는 그 기간 중 공무원의 신분은 보유하나 직무에 종사하지 못하며 보수는 **전액**을 감한다(국가공무원법 제80조 제3항).

[❺ ▸ O] 국가공무원법 제83조의2, 제78조의2 참조

국가공무원법 제83조의2(징계 및 징계부가금 부과 사유의 시효) ① 징계의결등의 요구는 징계 등 사유가 발생한 날부터 다음 각 호의 구분에 따른 기간이 지나면 하지 못한다.

2. 징계 등 사유가 제78조의2 제1항 각 호의 어느 하나에 해당하는 경우 : 5년
3. 그 밖의 징계 등 사유에 해당하는 경우 : 3년

국가공무원법 제78조의2(징계부가금) ① 제78조에 따라 공무원의 징계의결을 요구하는 경우 그 징계 사유가 다음 각 호의 어느 하나에 해당하는 경우에는 해당 징계 외에 다음 각 호의 행위로 취득하거나 제공한 금전 또는 재산상 이득(금전이 아닌 재산상 이득의 경우에는 금전으로 환산한 금액)의 5배 내의 징계부가금 부과 의결을 징계위원회에 요구하여야 한다.

1. 금전, 물품, 부동산, 향응 또는 그 밖에 대통령령으로 정하는 재산상 이익을 취득하거나 제공한 경우

핵심정리

국가공무원법상 징계처분

① 징계의 종류 ⟶ 파면・해임・강등・정직・감봉・견책 6가지
② 파면과 해임 ⟶ 징계위원회의 의결 + 임용권자 또는 상급감독기관의 장의 징계처분
③ 강등 ⟶ 신분은 보유하나 3개월간 직무에 종사하지 못하며 보수는 전액 삭감
④ 정직 ⟶ 1개월 이상 3개월 이하의 기간 동안 신분은 보유하나 직무에 종사하지 못하며 보수는 전액 삭감
⑤ 징계 및 징계부가금 부과사유의 시효
⟶ 징계 등의 사유에 해당하는 경우 : 3년
⟶ 금품 및 향응 수수, 공금의 횡령・유용의 경우 : 5년
⟶ 성폭력범죄, 아동・청소년대상 성범죄, 성희롱, 성매매 등 : 10년

답 ❶, ❸, ❹

174 국가공무원법상에 규정된 직위해제 사유에 해당되지 않는 자는? 15 행정사 제3회

□□□

① 직무수행 능력이 부족한 자

② 휴직 사유가 소멸된 후에도 직무에 복귀하지 않은 자

③ 근무성적이 극히 나쁜 자

④ 파면·해임에 해당하는 징계의결이 요구 중인 자

⑤ 정직에 해당하는 징계의결이 요구 중인 자

해설

[❷ ▸ ×] ② 휴직 사유가 소멸된 후에도 직무에 복귀하지 않은 자는 직권 면직 사유에 해당한다(국가공무원법 제70조 제1항 제4호). ① 직무수행 능력이 부족한 자, ③ 근무성적이 극히 나쁜 자, ④ 파면·해임에 해당하는 징계의결이 요구 중인 자, ⑤ 정직에 해당하는 징계의결이 요구 중인 자가 직위해제사유에 해당한다(국가공무원법 제73조의3 제1항).

국가공무원법 제73조의3(직위해제) ① 임용권자는 다음 각 호의 어느 하나에 해당하는 자에게는 직위를 부여하지 아니할 수 있다.

1. 〈삭 제〉
2. 직무수행 능력이 부족하거나❶ 근무성적이 극히 나쁜 자❸
3. 파면·해임·강등 또는 정직에 해당하는 징계 의결이 요구 중인 자❹❺
4. 형사 사건으로 기소된 자(약식명령이 청구된 자는 제외)
5. 고위공무원단에 속하는 일반직공무원으로서 제70조의2 제1항 제2호부터 제5호까지의 사유로 적격심사를 요구받은 자
6. 금품비위, 성범죄 등 대통령령으로 정하는 비위행위로 인하여 감사원 및 검찰·경찰 등 수사기관에서 조사나 수사 중인 자로서 비위의 정도가 중대하고 이로 인하여 정상적인 업무수행을 기대하기 현저히 어려운 자

국가공무원법 제70조(직권 면직) ① 임용권자는 공무원이 다음 각 호의 어느 하나에 해당하면 직권으로 면직시킬 수 있다.

1. 〈삭 제〉
2. 〈삭 제〉
3. 직제와 정원의 개폐 또는 예산의 감소 등에 따라 폐직(廢職) 또는 과원(過員)이 되었을 때
4. 휴직 기간이 끝나거나 휴직 사유가 소멸된 후에도 직무에 복귀하지 아니하거나 직무를 감당할 수 없을 때
5. 제73조의3 제3항에 따라 대기 명령을 받은 자가 그 기간에 능력 또는 근무성적의 향상을 기대하기 어렵다고 인정된 때
6. 전직시험에서 세 번 이상 불합격한 자로서 직무수행 능력이 부족하다고 인정된 때
7. 병역판정검사·입영 또는 소집의 명령을 받고 정당한 사유 없이 이를 기피하거나 군복무를 위하여 휴직 중에 있는 자가 군복무 중 군무를 이탈하였을 때
8. 해당 직급·직위에서 직무를 수행하는데 필요한 자격증의 효력이 없어지거나 면허가 취소되어 담당 직무를 수행할 수 없게 된 때
9. 고위공무원단에 속하는 공무원이 제70조의2에 따른 적격심사 결과 부적격 결정을 받은 때

답 ❷

175 국가공무원법상 징계에 관한 설명으로 옳은 것은? 23 행정사 제11회

□□□

① 징계는 파면 · 해임 · 강등 · 강임 · 정직 · 감봉 · 견책으로 구분한다.
② 징계로 해임처분을 받은 때부터 5년이 지나지 아니한 자는 공무원으로 임용될 수 없다.
③ 강등은 1계급 아래로 직급을 내리고 공무원신분은 보유하나 6개월간 직무에 종사하지 못하며 그 기간 중 보수는 2분의 1을 감한다.
④ 정직은 1개월 이상 3개월 이하의 기간으로 하고, 정직 처분을 받은 자는 그 기간 중 공무원의 신분은 보유하나 직무에 종사하지 못하며 보수는 전액을 감한다.
⑤ 감봉은 1개월 이상 3개월 이하의 기간 동안 보수의 2분의 1을 감한다.

해설

[❶ ▸ ×] 징계는 파면 · 해임 · 강등 · 정직 · 감봉 · 견책 6가지로 구분한다(국가공무원법 제79조). **강임**은 징계처분이 아니라 **수직적 인사이동**이다.

> "강임(降任)"이란 같은 직렬 내에서 하위 직급에 임명하거나 하위 직급이 없어 다른 직렬의 하위 직급으로 임명하거나 고위공무원단에 속하는 일반직공무원을 고위공무원단 직위가 아닌 하위 직위에 임명하는 것을 말한다(국가공무원법 제5조 제4호).

[❷ ▸ ×] 징계로 **해임처분**을 받은 때부터 **3년**이 지나지 아니한 자나 징계로 파면처분을 받은 때부터 5년이 지나지 아니한 자는 공무원으로 임용될 수 없다(국가공무원법 제33조 제7호, 제8호).
[❸ ▸ ×] **강등**은 1계급 아래로 직급을 내리고 공무원신분은 보유하나 **3개월간** 직무에 종사하지 못하며 그 기간 중 보수는 **전액**을 감한다(국가공무원법 제80조 제1항).
[❹ ▸ ○] **정직**은 1개월 이상 3개월 이하의 기간으로 하고, 정직 처분을 받은 자는 그 기간 중 공무원의 신분은 보유하나 직무에 종사하지 못하며 보수는 **전액**을 감한다(국가공무원법 제80조 제3항).
[❺ ▸ ×] **감봉**은 1개월 이상 3개월 이하의 기간 동안 보수의 **3분의** 1을 감한다(국가공무원법 제80조 제4항).

핵심정리

국가공무원법상 징계
① 징계의 종류 → 파면 · 해임 · 강등 · 정직 · 감봉 · 견책 6가지 (강임은 징계처분 ×)
② 해임처분 → 3년간 공무원 임용 × (파면처분 → 5년간 공무원 임용 ×)
③ 강등 → 3개월간 직무에 종사 × / 보수는 전액 감액 ○
④ 정직 → 1개월 이상 3개월 이하의 기간 직무에 종사 × / 보수는 전액 감액 ○
⑤ 감봉 → 1개월 이상 3개월 이하의 기간 동안 보수의 3분의 1 감액 ○

답 ❹

CHAPTER 05 재무행정론

제1절 예산의 개념과 본질

176 □□□ 행정부 우위의 현대적 예산원칙에 해당되는 것을 모두 고른 것은? 14 행정사 제2회

ㄱ. 사전승인의 원칙	ㄴ. 예산관리수단 확보의 원칙
ㄷ. 보고의 원칙	ㄹ. 엄밀성의 원칙
ㅁ. 사업계획의 원칙	ㅂ. 한정성의 원칙
ㅅ. 시기신축성의 원칙	ㅇ. 책임의 원칙
ㅈ. 명료성의 원칙	

① ㄱ, ㄴ, ㄹ, ㅇ, ㅈ
② ㄱ, ㄷ, ㄹ, ㅁ, ㅇ
③ ㄴ, ㄷ, ㅁ, ㅅ, ㅇ
④ ㄴ, ㄷ, ㅁ, ㅂ, ㅈ
⑤ ㄷ, ㄹ, ㅁ, ㅂ, ㅅ

해설

➲ 고전적 예산원칙과 현대적 예산원칙의 구별

고전적 예산원칙	현대적 예산원칙
• 완전성의 원칙	• 보고의 원칙ㄷ
• 단일성의 원칙	• 행정부 계획의 원칙ㅁ
• 한정성의 원칙ㅂ	• 행정부 책임의 원칙ㅇ
• 통일성의 원칙	• 상호교류적 예산기구의 원칙
• 공개성의 원칙	• 예산관리수단 확보의 원칙ㄴ
• 명료성의 원칙ㅈ	• 다원적 절차의 원칙
• 사전의결(승인)의 원칙ㄱ	• 행정부 재량의 원칙
• 엄밀성(정확성)의 원칙ㄹ	• 시기신축성의 원칙ㅅ

답 ③

177 □□□ **우리나라 제도에 관한 다음 설명 중 옳은 것을 모두 고른 것은?** 16 행정사 제4회

> ㄱ. 법률안은 국회의원과 정부가 제출할 수 있지만, 예산안은 정부만 제출할 수 있다.
> ㄴ. 대통령은 국회가 의결한 예산에 대해 재의를 요구할 수 없다.
> ㄷ. 법률안과 예산안은 국회에서 의결된 후 공포 절차를 거쳐야 효력이 발생한다.
> ㄹ. 국회는 정부예산안에 대한 심의거부권을 가지고 있다.

① ㄱ, ㄴ
② ㄱ, ㄷ
③ ㄴ, ㄷ
④ ㄴ, ㄹ
⑤ ㄷ, ㄹ

해설

[ㄱ ▸ O] 법률안은 국회의원과 정부가 제출할 수 있지만(헌법 제52조), 예산안은 정부만 제출할 수 있다(제54조 제2항).

[ㄴ ▸ O] 대통령은 국회가 의결한 법률안에 이의가 있을 때 재의를 요구할 수 있지만(헌법 제53조 제2항). 국회가 의결한 예산에 대해 재의를 요구할 수 없다.

[ㄷ ▸ X] 법률안은 대통령의 공포절차를 거쳐야 효력이 발생하지만(헌법 제53조 제7항), 예산안은 국회의 의결로 효력이 발생한다.

[ㄹ ▸ X] 예산안은 국회의 소관 상임위원회의 예비심사와 예산결산특별위원회 심사를 거쳐 국회 본회의 의결을 거쳐 확정되고, 국회의 정부예산안에 대한 심의거부권은 인정되지 아니한다(국회법 제84조 제1항 및 제2항).

답 ❶

178  **예산의 일반 원칙과 예외 사항이 옳게 묶인 것은?** 19 행정사 제7회

① 사전의결의 원칙 – 목적세
② 공개성의 원칙 – 수입대체경비
③ 통일성의 원칙 – 추가경정예산
④ 한정성의 원칙 – 준예산
⑤ 완전성의 원칙 – 전대차관

해설

[❶ ▸ X] **사전의결의 원칙**이란 예산은 집행되기 전에 미리 국회의 의결을 거쳐야 한다는 원칙을 말한다. 사전의결의 원칙의 예외에는 준예산, 예비비의 지출, 사고이월, 전용, 재정상의 긴급명령, 선결처분 등이 있다. 여기서 '사고이월'이란 예산의 성립 후 불가피한 사유로 지출하지 못한 경부에 대한 이월제도를 말한다.

[❷ ▸ X] **공개성의 원칙**이란 예산운영의 전반적인 내용이 국민에게 공개되어야 한다는 원칙을 말한다. 공개성의 원칙의 예외로는 안보를 이유로 한 비공개하는 국방부의 일부 경비와 국가정보원 예산(정보비) 등이 있다.

[❸ ▸ X] **통일성의 원칙**이란 특정 세입과 특정 세출을 직접 연계시켜서는 안 된다는 원칙을 말한다. 이 원칙은 모든 정부 수입은 일단 국고에 편입된 이후에 이 곳에서 모든 지출로 이어져야 한다는 것을 의미한다. 통일성의 원칙의 예외에는 목적세, 수입대체경비, 특별회계, 기금 등이 있다. 여기서 '수입대체경비'란 일정 사업에서 수입이 예산을 초과하면 그 초과수입을 직접 관련된 경비에 비용으로 지출할 수 있도록 한 것을 말한다.

[❹ ▸ ×] **한정성(한계성)의 원칙**이란 예산집행 과정에 통제기능을 가장 잘 반영한 원칙으로 예산의 목적 외 사용금지 원칙, 초과지출금지의 원칙, 회계연도 독립의 원칙 3가지 내용을 포함한다. 한정성의 원칙의 예외에는 이용과 전용(예산의 목적 외 사용금지 원칙의 예외), 예비비와 추가경정예산(초과지출금지의 원칙의 예외), 계속비와 이월(회계연도 독립의 원칙의 예외) 등이 있다.
[❺ ▸ O] **완전성의 원칙(예산총계주의)**이란 모든 세입과 세출은 예산에 명시적으로 나열되어 있어야 한다는 원칙을 말한다. 완전성의 원칙의 예외에는 순계예산(징세비를 공제하고 순세입만 계상한 예산), 기금, 현물출자, 전대차관, 수입대체경비의 초과 수입 등이 있다. 여기서 '전대차관'이란 외국 차관을 정부 이름으로 대신 빌려서 실제 그 돈을 사용할 차관사업 수행자에게 그대로 넘겨주는 것을 말한다.

답 ❺

179 다음 예산의 원칙과 예외의 연결이 옳지 않은 것은? 24 행정사 제12회
□□□

① 사전의결의 원칙 – 준예산
② 한정성의 원칙 – 사고이월
③ 통일의 원칙 – 교육세
④ 단일의 원칙 – 특별회계
⑤ 예산총계주의 원칙 – 기금

해설

[❶ ▸ O] **사전의결의 원칙**이란 예산은 집행되기 전에 미리 국회의 의결을 거쳐야 한다는 원칙을 말한다. 사전의결의 원칙의 예외로는 준예산, 예비비의 지출, 사고이월 등이 있다.

[참고] 준예산, 예비비의 지출, 사고이월
- 준예산 : 새로운 회계연도가 개시될 때까지 예산안이 의결되지 못한 때에는 정부가 국회에서 예산안이 의결될 때까지 일정한 범위의 경비를 전년도 예산에 준하여 집행할 수 있는 예산제도
- 예비비의 지출 : 예비비의 지출은 차기국회의 승인을 얻어야 하므로 사전의결의 원칙의 예외에 해당
- 사고이월 : 예산의 성립 후 불가피한 사유로 지출하지 못한 경비에 대한 이월제도

[❷ ▸ O] **한정성의 원칙**이란 예산은 주어진 목적, 규모 그리고 시간에 따라 집행되어야 한다는 원칙을 말한다. 예산집행 과정에 통제기능을 가장 잘 반영한 원칙으로 예산의 목적 외 사용금지 원칙, 초과지출금지의 원칙, 회계연도 독립의 원칙 3가지 내용을 포함한다. 한정성의 원칙의 예외로는 이용과 전용(예산의 목적 외 사용금지 원칙의 예외), 예비비와 추가경정예산(초과지출금지의 원칙의 예외), 계속비와 이월(명시이월과 사고이월)(회계연도 독립의 원칙의 예외) 등이 있다.
[❸ ▸ O] **통일의 원칙**이란 특정 세입과 특정 세출을 직접 연계시켜서는 안 된다는 원칙을 말한다. 이 원칙은 모든 정부 수입은 일단 국고에 편입된 이후에 이 곳에서 모든 지출로 이어져야 한다는 것을 의미한다. 통일의 원칙의 예외로는 목적세(용도가 지정된 조세로서 교육세, 교통세, 농어촌 특별세 등), 수입대체경비, 특별회계, 기금 등이 있다.

[참고] 목적세, 수입대체경비, 특별회계, 기금
- 목적세 : 용도가 지정된 조세로서 교육세, 교통세, 농어촌 특별세 등을 말함
- 수입대체경비 : 일정 사업에서 수입이 예산을 초과하면 그 초과수입을 직접 관련된 경비에 비용으로 지출할 수 있도록 한 것
- 특별회계 : 특정한 세입(조세 외의 수입)으로 특정한 세출에 충당하기 위하여 일반회계와 별도로 구분·경리하는 예산
- 기금 : 국가가 특정한 목적을 위하여 특정한 자금을 신축적으로 유지할 필요가 있을 때 법률로써 설치하여 운영하는 자금

[❹ ▸ O] **단일의 원칙**(단일성의 원칙)이란 가능한 모든 재정활동을 포괄하는 단일의 예산 내에서 정리되어야 한다는 원칙. 단일의 원칙에 의하면 예산은 본예산의 일반회계 예산으로만 구성되어야 한다. 단일의 원칙의 예외로는 추가경정예산, 특별회계, 기금 등이 있다.

[❺ ▸ O] **예산총계주의 원칙**(완전성의 원칙)이란 모든 세입과 세출은 예산에 명시적으로 나열되어 있어야 한다는 원칙을 말한다. 예산총계주의 원칙의 예외로는 수입대체경비(의 초과 수입), 현물출자, 전대차관(轉貸借款) 등이 있다. 일반적으로 기금도 예산총계주의 원칙의 예외로 들고 있다. 지방재정법 제34조도 기금을 예산총계주의 원칙의 예외로 규정하고 있다(다만, **국가재정법 제53조**는 예산총계주의의 원칙의 예외를 규정하면서 **기금은 명시하고 있지 않다**).

[참고] 현물출자, 전대차관
- 현물출자 : 금전 이외의 재산(동산, 부동산, 채권, 유가증권, 특허권 등)에 의한 출자형태
- 전대차관 : 외국 차관을 정부 이름으로 대신 빌려서 실제 그 돈을 사용할 차관사업 수행자에게 그대로 넘겨주는 것

답 전항 정답

180 □□□ 다음에서 설명하는 예산원칙은? 17 행정사 제5회

> **국가재정법 제17조** ① 한 회계연도의 모든 수입을 세입으로 하고, 모든 지출을 세출로 한다.
> ② 제53조에 규정된 사항을 제외하고는 세입과 세출은 모두 예산에 계상하여야 한다.

① 예산총계주의 원칙
② 예산사전의결의 원칙
③ 예산통일의 원칙
④ 예산한정성의 원칙
⑤ 예산공개의 원칙

해설

[❶ ▸ O] **예산총계주의 원칙(완전성의 원칙)**은 세입과 세출은 모두 예산에 계상되어야 한다는 원칙을 말하며, 국가재정법 제17조는 이를 규정하고 있다.

[❷ ▸ X] **(예산)사전의결의 원칙**이란 예산은 집행되기 전에 미리 국회의 의결을 거쳐야 한다는 원칙을 말한다.

[❸ ▸ X] **예산통일의 원칙(통일성의 원칙)**이란 특정 세입과 특정 세출을 직접 연계시켜서는 안 된다는 원칙을 말한다. 이 원칙은 모든 정부 수입은 일단 국고에 편입된 이후에 이 곳에서 모든 지출로 이어져야 한다는 것을 의미한다.

[❹ ▸ X] **(예산)한정성의 원칙**이란 예산집행 과정에 통제기능을 가장 잘 반영한 원칙으로 예산의 목적 외 사용금지 원칙, 초과지출금지의 원칙, 회계연도 독립의 원칙 3가지 내용을 포함한다.

[❺ ▸ X] **(예산)공개성의 원칙**이란 예산운영의 전반적인 내용이 국민에게 공개되어야 한다는 원칙을 말한다.

답 ❶

181 ☐☐☐ 전통적 예산원칙과 대비되는 현대적 예산원칙으로 옳은 것을 모두 고른 것은? 23 행정사 제11회

ㄱ. 사업계획과 예산편성은 유기적으로 이루어져야 하고 계획된 예산은 경제적으로 집행해야 한다.
ㄴ. 국민에게 필요 이상의 돈을 거두어서는 안 되며 계획대로 정확히 지출해야 한다.
ㄷ. 예산의 편성, 심의, 집행은 공식적인 보고에 기초를 두어야 한다.
ㄹ. 예산구조나 과목은 국민들이 이해하기 쉽게 단순해야 한다.

① ㄱ, ㄴ
② ㄱ, ㄷ
③ ㄴ, ㄷ
④ ㄴ, ㄹ
⑤ ㄷ, ㄹ

해설

[ㄱ ▸ O] '사업계획과 예산편성은 유기적으로 이루어져야 하고 계획된 예산은 경제적으로 집행해야 한다'는 것은 현대적 예산의 원칙 중 **계획과 책임의 원칙**에 대한 설명이다.
[ㄴ ▸ X] '국민에게 필요 이상의 돈을 거두어서는 안 되며 계획대로 정확히 지출해야 한다'는 것은 전통적 예산의 원칙 중 **정확성(엄밀성)의 원칙**에 대한 설명이다.
[ㄷ ▸ O] '예산의 편성, 심의, 집행은 공식적인 보고에 기초를 두어야 한다'는 것은 현대적 예산의 원칙 중 **보고의 원칙**에 대한 설명이다.
[ㄹ ▸ X] '예산구조나 과목은 국민들이 이해하기 쉽게 단순해야 한다'는 것은 전통적 예산의 원칙 중 **명확성(명료성)의 원칙**에 대한 설명이다.

➲ 현대적 예산의 원칙(행정부 우위의 예산원칙)

원칙	내용
행정부 계획과 책임의 원칙	예산편성은 행정부의 사업계획과 유기적으로 이루어져야 하며(행정부 계획의 원칙), 행정부는 계획된 예산을 경제적으로 집행할 책임을 진다(행정부 책임의 원칙).
보고의 원칙	예산의 편성, 심의, 집행은 행정부의 공식적인 보고에 기초를 두어야 한다.
예산관리수단 확보의 원칙	행정부는 예산관리책임의 효율적 이행을 위한 예산제도와 조직을 구비하여야 한다.
다원적 절차의 원칙	재정운영의 탄력성을 위하여 다양한 행정활동의 유형별로 적합한 예산절차상의 조치를 취해야 한다.
행정부 재량의 원칙	예산집행의 효율화를 위해 행정부 재량의 범위를 넓혀야 한다.
시기 신축성의 원칙	여건 변화에 따라 예산집행의 시기를 행정부가 신축적으로 조정할 수 있어야 한다.
상호교류적 예산기구의 원칙	중앙예산기관과 각 부처 예산기관 상호 간 의사전달 협력체계가 구축되어야 한다.

핵심정리

전통적 예산원칙과 현대적 예산원칙
ㄱ., ㄷ. 현대적 예산원칙
→ (행정부)계획과 책임의 원칙
→ 보고의 원칙
ㄴ., ㄹ. 전통적 예산원칙
→ 정확성(엄밀성)의 원칙
→ 명확성(명료성) 원칙

답 ❷

182 국가재정법상 기금에 관한 설명으로 옳지 않은 것은? 15 행정사 제3회

□□□

① 기금관리주체는 지출계획의 주요항목 지출금액의 범위 안에서 대통령령이 정하는 바에 따라 세부항목 지출금액을 변경할 수 있다.

② 정부는 주요항목 단위로 마련된 기금운용계획안을 회계연도 개시 90일 전까지 국회에 제출하여야 한다.

③ 국회는 정부가 제출한 기금운용계획안의 주요항목 지출금액을 증액하거나 새로운 과목을 설치하고자 하는 때에는 미리 정부의 동의를 얻어야 한다.

④ 정부는 기금이 여성과 남성에 미칠 영향을 미리 분석한 보고서를 작성하여야 한다.

⑤ 국가가 특정한 목적을 위하여 특정한 자금을 신축적으로 운용할 필요가 있을 때에 한하여 법률로써 설치한다.

해설

[❶ ▸ O] 기금관리주체는 지출계획의 주요항목 지출금액의 범위 안에서 대통령령으로 정하는 바에 따라 세부항목 지출금액을 변경할 수 있다(국가재정법 제70조 제1항).

[❷ ▸ ×] 정부는 주요항목 단위로 마련된 기금운용계획안을 회계연도 개시 **120일** 전까지 국회에 제출하여야 한다(국가재정법 제68조 제1항).

[❸ ▸ O] 국회는 정부가 제출한 기금운용계획안의 주요항목 지출금액을 증액하거나 새로운 과목을 설치하고자 하는 때에는 미리 정부의 동의를 얻어야 한다(국가재정법 제69조).

[❹ ▸ O] 정부는 예산이 여성과 남성에게 미칠 영향을 미리 분석한 보고서를 작성하여야 한다(국가재정법 제26조 제1항).

[❺ ▸ O] **기금**은 국가가 **특정한 목적**을 위하여 **특정한 자금을 신축적으로 운용**할 필요가 있을 때에 한정하여 **법률**로써 설치하되, 정부의 출연금 또는 법률에 따른 민간부담금을 재원으로 하는 기금은 기금설치 근거법률에 의하지 아니하고는 이를 설치할 수 없다. 제1항의 규정에 따른 기금은 세입세출예산에 의하지 아니하고 운용할 수 있다(국가재정법 제5조).

핵심정리

국가재정법상 기금

① 기금관리주체 → 주요항목 지출금액의 범위 안에서 세부항목 지출금액 변경 가능

② 정부 → 기금운용계획안을 회계연도 개시 120일 전까지 국회 제출

③ 국회 → 기금운용계획안의 주요항목 지출금액을 증액하거나 새로운 과목을 설치할 때 미리 정부의 동의 필요

④ 정부 → 기금이 여성과 남성에 미칠 영향에 대한 분석보고서 작성

⑤ 기금의 설치 → 특정한 목적을 위하여 특정한 자금을 신축적으로 운용할 필요가 있을 때에 법률로써 설치

답 ❷

183 특별회계제도에 관한 설명으로 옳은 것은? 17 행정사 제5회

□□□

① 예산집행부서의 재량을 억제하여 책임성을 제고시킨다.
② 예산단일의 원칙을 준수하는 데 유리하다.
③ 특별회계는 행정각부의 명령으로 설치할 수 있다.
④ 예산통일의 원칙의 예외에 해당하는 제도이다.
⑤ 예산제도가 단순해지므로 국가 재정의 통합적 관리에 유리하다.

해설

[❶ ▸ ×] 특별회계는 특정한 세입(조세 외의 수입)으로 특정한 세출에 충당하기 위하여 일반회계와 별도로 구분·경리하는 예산을 말하며, 행정기능의 전문다양화에 부응하여 재정운영주체와 목적 면에서 행정부의 재량권을 인정함으로써 경영의 합리화를 추구할 수 있는 장점이 있다.

[❷ ▸ ×] [❹ ▸ O] **특별회계**는 예산은 모든 재정활동을 포괄하여 하나의 단일예산으로 편성되어야 한다는 **예산단일성의 원칙의 예외**가 되고, 특정 세입과 특정 세출을 직접 연계시켜서는 안 되고, 모든 정부수입은 일단 국고에 편입된 이후 이 곳에서 모든 지출로 이어져야 한다는 **예산통일의 원칙에 대한 예외**가 된다.

[❸ ▸ ×] **특별회계**는 국가에서 특정한 사업을 운영하고자 할 때, 특정한 자금을 보유하여 운용하고자 할 때, 특정한 세입으로 특정한 세출에 충당함으로써 일반회계와 구분하여 회계처리할 필요가 있을 때에 **법률로써 설치**하되, [별표 1]에 규정된 법률에 의하지 아니하고는 이를 설치할 수 없다(국가재정법 제4조 제3항).

[❺ ▸ ×] 특별회계는 정부수지의 명확화, 재정운영의 자율성 확보라는 장점이 있으나, 예산구조와 체계의 복잡화, 재정운영의 경직성 초래, 재정통제의 악화, 재정팽창의 수단으로의 악용 가능성 등이 단점으로 지적되고 있다. 따라서 예산구조와 체계가 복잡하게 되어 국가재정의 통합적 관리에 불리하다고 할 수 있다.

답 ❹

184 특별회계제도에 관한 설명으로 옳은 것은? 21 행정사 제9회

□□□

① 예산집행부서의 재량을 억제하여 책임성을 제고시킨다.
② 예산단일의 원칙을 준수하는 데 유리하다.
③ 대통령령으로 설치된다.
④ 예산통일의 원칙이 적용되는 제도이다.
⑤ 예산제도가 복잡해지므로 국가재정의 통합적 관리를 어렵게 한다.

해설

[❶ ▸ ×] 특별회계는 특정한 세입(조세 외의 수입)으로 특정한 세출에 충당하기 위하여 일반회계와 별도로 구분·경리하는 예산을 말하며, 행정기능의 전문다양화에 부응하여 재정운영주체와 목적 면에서 행정부의 재량권을 인정함으로써 경영의 합리화를 추구할 수 있는 장점이 있다.

[❷ ▸ ×] [❹ ▸ ×] **특별회계**는 예산은 모든 재정활동을 포괄하여 하나의 단일예산으로 편성되어야 한다는 **예산단일성의 원칙의 예외**가 되고, 특정 세입과 특정 세출을 직접 연계시켜서는 안 되고, 모든 정부수입은 일단 국고에 편입된 이후 이 곳에서 모든 지출로 이어져야 한다는 **예산통일의 원칙에 대한 예외**가 된다.

[❸ ▸ ×] **특별회계**는 국가에서 특정한 사업을 운영하고자 할 때, 특정한 자금을 보유하여 운용하고자 할 때, 특정한 세입으로 특정한 세출에 충당함으로써 일반회계와 구분하여 회계처리할 필요가 있을 때에 **법률로써 설치**하되, [별표 1]에 규정된 법률에 의하지 아니하고는 이를 설치할 수 없다(국가재정법 제4조 제3항).

[❺ ▸ O] 특별회계는 정부수지의 명확화, 재정운영의 자율성 확보라는 장점이 있으나, 예산구조와 체계의 복잡화, 재정운영의 경직성 초래, 재정통제의 악화, 재정팽창의 수단으로의 악용 가능성 등이 단점으로 지적되고 있다. 따라서 예산구조와 체계가 복잡하게 되어 국가재정의 통합적 관리에 불리하다고 할 수 있다.

답 ❺

185 예산절차상의 특징에 따른 예산의 유형에 관한 설명으로 옳은 것은?

13 행정사 제1회

□□□

① 본예산은 정기국회의 심의를 거쳐 확정된 최초의 예산으로 당초예산이라고도 한다.
② 수정예산은 예산이 국회를 통과한 이후 예산집행과정에서 다시 제출되는 예산이다.
③ 추가경정예산은 예산안이 제출된 이후 국회의결 이전에 기존안의 일부를 수정해 제출한 예산이다.
④ 준예산은 새로운 회계연도가 시작되는 날로부터 최초 수개월분의 일정한 금액의 예산을 정부가 집행할 수 있게 허가하는 제도이다.
⑤ 잠정예산은 회계연도개시 전에 예산이 의결되지 못하는 경우를 대비해 의회가 미리 1개월분 예산만 의결해 정부로 하여금 집행할 수 있도록 하는 예산이다.

해설

[❶ ▸ O] **본예산**은 매 회계연도 개시 전에 국회의 심의 · 의결을 거쳐 성립되는 예산을 말한다. 즉, 새로운 회계연도를 위해 최초로 성립한 예산이다.

[❷ ▸ ×] **수정예산**은 정부가 국회에 예산안을 제출한 이후 **국회의결 이전에** 기존 예산안의 내용 중 일부를 수정하여 다시 편성하는 예산이다.

[❸ ▸ ×] **추가경정예산**은 예산이 **국회에서 의결을 거쳐 성립된 후** 추가 또는 변경을 가하는 예산을 말한다. 추가경정예산은 본예산을 집행하는 과정에 예산 변경의 사유가 발생했을 때 편성한다는 점과 반드시 국회의 심의 · 의결을 받아야 한다.

[❹ ▸ ×] **준예산**은 본예산이 회계연도 개시일 전까지 성립하지 못하는 경우, 예산안이 국회의 의결을 거칠 때까지 국회의 승인(의결) 없이도 특정 경비에 한해서 전년도의 예산에 준하여 지출할 수 있도록 하는 제도를 말한다. 새로운 회계연도가 시작되는 날로부터 최초 수개월분의 일정한 금액의 예산을 정부가 집행할 수 있게 허가하는 제도는 **잠정예산**이다.

[❺ ▸ ×] 회계연도개시 전에 예산이 의결되지 못하는 경우를 대비해 **의회가 미리 1개월분 예산만 의결**해 정부로 하여금 집행할 수 있도록 하는 예산은 **가예산**이다.

핵심정리

예산절차상의 특징에 따른 예산의 유형

① 본예산 ⇢ 새로운 회계연도를 위해 최초로 성립된 예산
② 수정예산 ⇢ 국회의결 이전에 기존안의 일부를 수정해 제출한 예산
③ 추가경정예산 ⇢ 예산이 국회의 의결을 거쳐 성립된 후 예산집행과정에서 다시 제출되는 예산
④ 준예산 ⇢ 새로운 회계연도가 개시될 때까지 예산이 성립되지 못할 경우 국회의 승인(의결) 없이도 특정 경비를 전년도의 예산에 준하여 지출할 수 있도록 하는 제도
⑤ 잠정예산 ⇢ 새로운 회계연도가 시작되는 날로부터 최초 수개월분의 일정한 금액의 예산을 정부가 집행할 수 있게 허가하는 제도

답 ❶

186 정부가 공공사업을 위해 조달하는 재원에 관한 설명으로 옳은 것을 모두 고른 것은?

□□□

19 행정사 제7회

ㄱ. 조세는 국가가 재정권에 기초해 동원하는 공공재원으로 벌금과 과태료를 포함한다.
ㄴ. 수익자부담금은 형평성차원에서 부담과 편익의 공평한 배분을 보장한다.
ㄷ. 국·공채는 세대 간 공평성을 갖는다.
ㄹ. 민간자본은 주로 산업기반시설 건설에 유치되고 복지시설 건설에는 유치할 수 없다.

① ㄱ, ㄴ
② ㄱ, ㄷ
③ ㄴ, ㄷ
④ ㄴ, ㄹ
⑤ ㄷ, ㄹ

해설

[ㄱ ▸ ×] 조세는 국가가 재정권(징세권)에 기초해 동원하는 공공재원으로서, 형벌권에 근거하여 처벌을 목적으로 부과하는 벌금이나 과태료는 포함하지 않는다.

[ㄴ ▸ O] 수익자부담금은 공공서비스의 직접적 혜택이나 이용의 대가로 징수하는 재원으로서, 시장기구와 유사한 메커니즘을 통해 자원 배분의 효율성을 제고할 수 있고, 부담과 편익의 공평한 배분을 보장할 수 있다.

[ㄷ ▸ O] 국·공채는 국가나 지방자치단체가 공공지출 경비의 재원을 조달하기 위해 부담하는 채무이다. 국·공채를 발행하여 환경보전사업이나 사회간접자본건설을 하는 것은 그 부담을 미래세대에게 전가하게 되지만(미래의 일정시점에 정부가 국·공채를 미래세대에 대한 세금으로 매입하기 때문) 사업의 결과로 인한 편익도 미래세대가 누리게 되므로 세대 간 공평성을 갖는다고 볼 수 있다.

[ㄹ ▸ ×] 민간자본이란 공공부문에서 공공재의 공급을 위해 유치한 민간부문의 자본을 말한다. 민간자본은 산업기반시설 건설뿐만 아니라 공공임대주택, 노인요양시설 등 복지시설 건설에도 유치되고 있다.

답 ❸

187 우리나라 정부예산에 관한 설명으로 옳은 것은?

□□□

18 행정사 제6회

① 정부는 예산이 여성과 남성에게 미치는 효과를 평가하고, 그 결과를 정부의 예산편성에 반영하기 위하여 노력하여야 한다.
② 예산은 재원 조달 및 배분이라는 관점에서 예산총계와 예산순계로 구분된다.
③ 기능별 분류방식은 세출예산보다는 세입예산의 분류에 적합하다.
④ 예산은 회계 간 중복 거래 금액의 포함 여부에 따라 세입예산과 세출예산으로 구분된다.
⑤ 사업별 분류방식이 조직별 분류방식보다 독립된 행정부서의 예산 상황을 이해하는 데 더 유용하다.

해설

[❶ ▸ O] 정부는 성별영향평가법 제2조 제1호에 따른 성별영향평가의 결과를 포함하여 예산이 여성과 남성에게 미치는 효과를 평가하고, 그 결과를 정부의 예산편성에 반영하기 위하여 노력하여야 한다(국가재정법 제16조 제5호).

[❷ ▸ ×] [❹ ▸ ×] 예산은 재원 조달 및 배분이라는 관점에서 **세입예산**과 **세출예산**으로 구분된다.❷ 세입예산은 1회계연도 동안 정부가 거두어들일 수입계획을 말하고(재원 조달), 세출예산은 1회계연도 동안 정부의 지출계획을 말한다(재원 배분). 예산은 회계 간 중복거래 금액의 포함 여부에 따라 **예산총계**와 **예산순계**로 구분된다.❹ 예산총계는 일반회계와 특별회계 간 중복계산 분을 차감하지 않고 그대로 파악한 것(회계 간 단순 합계)을 말하고, 예산순계는 예산총계에서 회계 간 중복분을 모두 차감한 규모로 파악한 것(회계 간 중복분을 제외한 합계)을 말한다.

[❸ ▸ ×] **기능별 분류방식**은 정부가 수행하는 기능(활동영역)별로 예산 내용을 분류하는 것(정부가 무슨 일을 하는데 얼마를 쓰느냐)으로 세출예산에만 적용된다.
[❺ ▸ ×] **조직별 분류방식**은 예산 내용을 그 편성과 집행책임을 담당하는 정부의 조직단위별(예 우리나라에서는 중앙관서별로 분류)로 분류하는 방법이다. 조직별 분류방식은 사업별 분류방식보다 독립된 행정부서의 예산 상황을 이해하는 데 더 유용하다.

핵심정리

우리나라 정부예산

① 성인지예산 ⋯▸ 정부는 예산이 여성과 남성에게 미치는 효과를 평가하고, 예산편성에 반영 노력해야 함
②, ④ 예산의 구분
⋯▸ 재원 조달 및 배분이라는 관점에 따른 구분 : 세입예산과 세출예산
⋯▸ 회계 간 중복거래 금액의 포함 여부에 따른 구분 : 예산총계와 예산순계
③ 기능별 분류방식 ⋯▸ 세출예산에만 적용
⑤ 조직별 분류방식 ⋯▸ 사업별 분류방식보다 독립된 행정부서의 예산 상황을 이해하는 데 더 유용

답 ❶

188 예산이 성립하지 않을 때 중앙정부가 사용하는 예산제도에 관한 설명으로 옳지 않은 것은?

□□□

17 행정사 제5회

① 우리나라는 1960년도 이후부터 준예산제도를 채택하고 있다.
② 우리나라는 회계연도 개시 30일 전까지 국회에서 예산안이 의결되지 못하는 경우 준예산을 사용할 수 있다.
③ 우리나라의 제1공화국 때는 가예산제도를 사용했다.
④ 영국, 캐나다, 일본 등은 잠정예산제도를 사용하고 있다.
⑤ 우리나라는 준예산제도를 실제 사용해 본 경험이 없다.

해설

[❶ ▸ O] [❺ ▸ O] 새로운 회계연도 개시 전에 예산이 의결되지 못하는 경우를 대비해 1960년 3차 개정헌법에서 준예산제도를 도입하여 현재까지 채택하고 있으나,❶ 우리나라는 중앙정부에서 준예산제도를 실제로 사용해 본 경험이 없다.❺
[❷ ▸ ×] 정부는 국회에서 부득이한 사유로 **회계연도 개시 전까지** 예산안이 의결되지 못한 때에는 헌법 제54조 제3항의 규정[준예산(註)]에 따라 예산을 집행하여야 한다(국가재정법 제55조 제1항).
[❸ ▸ O] 우리나라의 제1공화국 때는 가예산제도를 사용했다.

> 국회는 회계연도가 개시되기까지에 예산을 의결하여야 한다. 부득이한 사유로 인하여 예산이 의결되지 못한 때에는 국회는 1개월 이내에 가예산을 의결하고 그 기간 내에 예산을 의결하여야 한다(제헌헌법 제94조).

[❹ ▸ O] 잠정예산은 새로운 회계연도가 시작되는 날로부터 최초 수개월분의 일정한 금액의 예산을 정부가 집행할 수 있게 허가하는 제도로, 영국, 미국, 캐나다, 일본 등에서 채택하고 있다.

답 ❷

189 성인지예산제도에 관한 설명으로 옳지 않은 것은? 20 행정사 제8회

□□□

① 2010회계연도부터 우리나라 정부예산에 실제 시행되었다.

② 예산이 남성이 아니라 여성에게 미치는 효과를 분석하여 양성평등을 위한 예산집행을 추구한다.

③ 성인지 예산서에는 성평등 기대효과, 성과목표, 성별 수혜분석 등을 포함하여야 한다.

④ 양성평등을 위한 정책의 결과(성인지 예산서 작성)와 과정(예산의 성별영향 분석과정)을 동시에 추구한다.

⑤ 예산과정에 대한 성 주류화의 적용으로 양성평등을 위한 실질적인 예산배분의 변화를 추구한다.

해설

[❶ ▸ O] 2010년 우리나라는 국가재정법에 성인지예산제도를 도입함으로써 2010회계연도부터 우리나라 정부예산에 실제 시행되었다.

[❷ ▸ X] 정부는 예산이 **여성과 남성에게 미칠 영향**을 미리 분석한 보고서를 작성하여야 한다(국가재정법 제26조 제1항).

[❸ ▸ O] 성인지 예산서에는 성평등 기대효과, 성과목표, 성별 수혜분석 등을 포함하여야 한다(국가재정법 제26조 제2항).

[❹ ▸ O] 성인지예산제도는 양성평등을 위한 정책의 결과(성인지 예산서 작성)와 과정(예산의 성별영향 분석과정)을 동시에 추구한다.

[❺ ▸ O] 성인지예산은 성 주류화를 반영한 것으로 양성평등을 위한 실질적인 예산배분의 변화를 추구한다. 성 주류화(gender mainstreaming)란 여성이 사회의 모든 분야에서 동등하게 참여하고 의사결정권을 갖는 형태로 사회시스템 운영 전반이 전환되는 것을 말한다.

핵심정리

성인지예산제도

① 2010회계연도부터 우리나라 정부예산에 실제 시행

② 정부는 예산이 여성과 남성에게 미칠 영향을 미리 분석한 보고서 작성 의무 O

③ 성인지 예산서에는 성평등 기대효과, 성과목표, 성별 수혜분석 등 포함해야 함

④ 성인지예산제도는 성인지 예산서 작성과 예산의 성별영향 분석과정을 동시에 추구

⑤ 예산과정에 대한 성 주류화의 적용으로 실질적인 예산배분의 변화 추구

190 현행 우리나라의 예산제도에 관한 설명으로 옳지 않은 것은?

□□□

13 행정사 제1회

① 정부는 국회에서 추가경정예산안이 확정되기 전에 이를 미리 배정하거나 집행할 수 없다.
② 조세지출예산은 조세감면의 구체적인 내역을 예산구조로써 밝히는 것이다.
③ 우리나라는 준예산 제도를 채택하고 있다.
④ 국회는 정부가 제출한 기금운용계획안의 주요항목 지출금액을 증액하고자 할 때에는 정부의 동의를 얻을 필요가 없다.
⑤ 예산총계주의 원칙의 예외로 전대차관(轉貸借款) 등을 인정하고 있다.

해설

[❶ ▸ O] 정부는 국회에서 추가경정예산안이 확정되기 전에 이를 미리 배정하거나 집행할 수 없다(국가재정법 제89조 제2항).

[❷ ▸ O] **조세지출예산**은 조세감면의 구체적인 내역과 규모를 예산구조에 밝히고 국회의 심의의결을 받도록 하는 제도로 조세감면의 집행을 국회차원에서 통제하고자 한 것이다.

[❸ ▸ O] 새로운 회계연도개시 전에 예산이 의결되지 못하는 경우를 대비해 1960년 3차 개정헌법부터 준예산제도를 채택하고 있다. 즉, 정부는 국회에서 부득이한 사유로 **회계연도 개시 전까지** 예산안이 의결되지 못한 때에는 헌법 제54조 제3항의 규정[**준예산**(註)]에 따라 예산을 집행하여야 한다(국가재정법 제55조 제1항).

[❹ ▸ X] 국회는 정부가 제출한 기금운용계획안의 주요항목 지출금액을 증액하거나 새로운 과목을 설치하고자 하는 때에는 미리 정부의 동의를 얻어야 한다(국가재정법 제69조).

[❺ ▸ O] **예산총계주의의 원칙(완전성의 원칙)**이란 모든 세입과 세출은 예산에 명시적으로 나열되어 있어야 한다는 원칙을 말한다. 완전성의 원칙의 예외에는 순계예산(징세비를 공제하고 순세입만 계상한 예산), 기금, 현물출자, **전대차관**, 수입대체경비의 초과 수입 등이 있다. 여기서 '전대차관'이란 외국 차관을 정부 이름으로 대신 빌려서 실제 그 돈을 사용할 차관사업 수행자에게 그대로 넘겨주는 것을 말한다.

핵심정리

우리나라의 예산제도

① 정부 ⇢ 추가경정예산안의 확정 전 미리 배정하거나 집행 ×
② 조세지출예산 ⇢ 조세감면의 구체적인 내역을 예산구조로써 밝히는 제도
③ 준예산 제도 ⇢ 1960년 3차 개정헌법부터 준예산제도를 채택
④ 국회 ⇢ 기금운용계획안의 주요항목 지출금액을 증액하거나 새로운 과목을 설치할 때 미리 정부의 동의 필요
⑤ 전대차관(轉貸借款) ⇢ 예산총계주의 원칙의 예외

답 ❹

PART 1 PART 2 PART 3

제3절 예산제도

191 □□□ **예산제도의 등장 순으로 옳게 나열한 것은?** 20 행정사 제8회

ㄱ. 영기준예산
ㄴ. 계획예산(PPBS)
ㄷ. 품목별예산
ㄹ. 성과주의예산
ㅁ. 결과지향예산

① ㄱ - ㄷ - ㄴ - ㄹ - ㅁ
② ㄷ - ㄱ - ㄹ - ㄴ - ㅁ
③ ㄷ - ㄹ - ㄴ - ㄱ - ㅁ
④ ㄹ - ㄱ - ㅁ - ㄷ - ㄴ
⑤ ㄹ - ㄷ - ㄱ - ㄴ - ㅁ

해설

예산제도는 ㄷ. 품목별예산(1920~1930년대), ㄹ. 성과주의예산(1950년), ㄴ. 계획예산(PPBS)(1965년), ㄱ. 영기준예산(1979년), ㅁ. 결과지향예산(신성과주의예산)(1990년대) 등의 순으로 등장하였다.

답 ❸

192 □□□ **품목별예산제도에 관한 설명으로 옳지 않은 것은?** 15 행정사 제3회

① 예산의 유용이나 남용을 방지하는 데 도움이 된다.
② 투입지향적 예산제도이다.
③ 정부사업의 우선순위 파악이 용이하다.
④ 기획지향적이라기보다는 통제지향적이다.
⑤ 의회의 예산심의가 용이하다.

해설

[❶ ▸ O] [❺ ▸ O] 지출예산별 금액이 자세히 표시되어 있기 때문에 의회의 예산 심의 · 통제가 용이하여 행정부에 대한 의회의 권한을 강화할 수 있으며,❺ 합법성 위주의 회계검사가 용이하여 공무원의 재량권 남용방지가 가능하므로 예산의 유용이나 남용을 방지하는 데 도움이 된다.❶

[❷ ▸ O] [❹ ▸ O] **품목별예산제도**는 지출의 대상(품목)별로 분류해 편성하는 예산제도로서, 성과보다는 비용에 초점을 두고 지출대상별로 예산액을 명확히 배정함으로써 관료의 권한과 재량을 제한하는 **투입지향적 · 통제지향적 예산제도**이다.❷❹

[❸ ▸ X] 품목별예산은 산출이 아닌 투입에 치중하므로 투입과 산출이 연계되지 않아 누구를 위하여, 무엇 때문에 지출하는지, 즉 지출의 목적이나 사업의 내용 · 성과나 효율성을 잘 알 수가 없어 정부사업의 우선순위 파악이 쉽지 않다.

답 ❸

193 □□□ 예산 내용의 일반적인 분류방법에 해당하지 않는 것은? 23 행정사 제11회

① 품목별 분류 ② 조직별 분류
③ 기능별 분류 ④ 경제 성질별 분류
⑤ 정치적 분류

해설

[❺ ▸ ×] 예산 내용의 일반적 분류방법으로는 기능별, 조직별, 품목별, 그리고 경제 성질별 분류 4가지 유형이 주로 활용된다. '정치적 분류'는 예산 내용의 일반적인 분류방법에 해당하지 않는다.

➲ 예산 내용의 일반적인 분류방법

기능별 분류	• 정부가 무슨 일을 하는 데 얼마를 쓰느냐에 초점 • 정부가 수행하는 기능(활동영역)별로 예산 내용을 분류, 세출예산에만 적용 • 정부활동의 일반적이며 총체적인 내용을 보여 주어 일반 납세자가 정부의 예산내용을 쉽게 이해할 수 있도록 설계된 예산의 분류방법 • 국방, 교육, 문화 및 관광, 환경보호 등으로 분류
조직별 분류	• 어떤 기관이 얼마나 쓰느냐에 초점 • 예산 내용을 그 편성과 집행책임을 담당하는 정부의 조직단위별로 분류 • 우리나라는 중앙관서별로 분류하되, 입법부와 사법부를 포함 • 국회 상임위가 거의 중앙관서별로 구성되어 있어 국회의 예산심의에 적합함
품목별 분류	• 정부가 무엇을 구입하는 데 얼마를 쓰느냐에 초점 • 예산으로 구입하고자 하는 재화와 용역의 종류를 기준으로 예산 내용을 분류 • 인건비, 물건비, 경상이전, 자본지출 등과 같이 지출대상별로 분류 • 관료의 권한과 재량을 제한하고 회계책임을 명확히 할 수 있는 통제지향적 분류방법, 가장 전통적인 예산분류방법으로 다른 분류방법과 병행하여 사용됨
경제 성질별 분류	• 국민 경제에 미치는 총제적인 효과가 어떠한가에 초점 • 예산이 국민경제활동의 구성과 수준에 미치게 되는 영향을 파악할 수 있게 하여 정책을 결정하는 데 필요한 자료를 얻기 위한 분류, 고위 정책결정자들에게 유용한 정보 제공 • 국민경제예산, 완전고용예산, 재정충격지표, 통합예산 등

답 ❺

194 □□□ 입법기관이 따로 조치를 취하지 않는 한 정부의 사업 또는 조직이 미리 정한 기간이 지나면 자동적으로 폐지 또는 폐기되도록 하는 제도는? 17 행정사 제5회

① 감축관리제 ② 일출제
③ 목표관리제 ④ 영기준예산제
⑤ 일몰제

해설

[❶ ▸ ×] 감축관리제는 과다 · 중복 · 불필요하거나 비능률적 · 역기능적인 기구 · 기능 · 인원 · 절차를 정비하고 정책 · 사업계획을 종결 · 축소하여 작은 정부에 의한 효율적인 행정관리를 수행하는 것을 말한다.

[❷ ▸ ×] [❺ ▸ ○] 일출제는 행정조직과 사업의 신설 요구가 있을 경우 입법기관이 엄격하게 심사하도록 규정한 제도를 말한다.❷ 반면, 일몰제는 입법기관이 따로 존속의 결정을 하지 않는 한 정부의 기존 조직 및 사업이 일정 기간 경과 후 자동적으로 폐지되도록 하는 제도를 말한다.❺

[❸ ▸ ×] **목표관리제**는 상하 조직구성원의 참여를 통해서 부서의 목표를 명확하게 설정하고 구성원들의 개개 목표 내지 책임을 합의하에 부과한 다음 수행결과를 공동으로 평가하고 환류시켜 궁극적으로 효과성 향상에 기여하고자 하는 동태적·민주적인 성과관리체계를 말한다.
[❹ ▸ ×] **영기준예산제**는 모든 지출제안서에 대해 매년 '0(zero)'의 기준 상태에서 근본적인 재평가를 바탕으로 우선순위에 의해 예산을 편성하는 총체적·상향적 예산결정방식이다. 기존 프로그램의 계속적인 재평가에 관심을 갖고 계속사업과 신규사업을 함께 재평가하여 사업효과가 높은 순서로 예산을 배정하는 방식이다.

답 ❺

195 □□□ **시민이나 의원이 집행결과를 쉽게 이해할 수 있으며 정부의 예산 투입과 산출을 연계시키는 예산제도는?**

24 행정사 제12회

① 일몰 예산제도
② 성과주의 예산제도
③ 영기준 예산제도
④ 계획 예산제도
⑤ 자본 예산제도

해설

[❶ ▸ ×] **일몰 예산제도**(일몰법, sunset law)는 영기준 예산제도와 같은 원리를 받아들이는 입법으로, 입법기관이 따로 존속의 결정을 하지 않는 한 정부의 기존 조직 및 사업이 일정 기간 경과 후 자동적으로 폐지되도록 하는 제도를 말한다. 영기준 예산제도는 행정부의 예산편성과정에서 주로 행해지나, 일몰 예산제도(일몰법)에 의한 심사는 입법부에서 행하며, 일몰 예산제도에 의한 심사는 법률에 의한 것으로 예산의 유효기간을 의미하는 회계연도와는 별도로 진행한다.
[❷ ▸ ○] **성과주의 예산제도**(PBS)는 예산을 사업별·활동별로 분류해 편성하고, 업무량과 단위당 원가를 곱하여 예산액을 산정하는 예산제도이다(예산액 = 업무량 × 단위당 원가). 성과주의 예산제도(PBS)는 사업별·활동별로 예산이 편성되므로 정부가 무슨 사업을 추진하는지 국민들이 쉽게 이해할 수 있고, 예산집행에 신축성·능률성이 향상된다. 또한 예산 배정과정에서 필요 사업량이 제시되므로 예산과 사업을 연계시킬 수 있으며, 성과 평가를 통하여 행정통제를 합리화할 수 있다는 장점이 있다.
[❸ ▸ ×] **영기준 예산제도**(Zero Base Budgeting ; ZBB)는 모든 지출제안서에 대해 매년 '0(zero)'의 기준 상태에서 근본적인 재평가를 바탕으로 우선순위에 의해 예산을 편성하는 총체적·상향적 예산결정방식이다. 기존 프로그램의 계속적인 재평가에 관심을 갖고 계속사업과 신규사업을 함께 재평가하여 사업효과가 높은 순서로 예산을 배정하는 방식이다.
[❹ ▸ ×] **계획 예산제도**(PPBS)는 장기적인 계획(Planning)과 단기적인 예산편성(Budgeting)을 프로그램(Programming)을 통해 유기적으로 연결시킴으로써 합리적인 자원배분을 하려는 예산제도이다. 계획 예산제도는 기획·사업분석·예산기능을 단일의 의사결정으로 통합하고, 부서별로 예산을 배정하는 것이 아니라 정책별로 예산을 배분한다. 계획 예산제도에서는 체제분석·운영분석 등 계량적·경제학적 기법을 도입하고, 하향식 예산과정을 통한 재원배분 권한의 집권화, 예산기관의 정책결정 역할을 강조한다.
[❺ ▸ ×] **자본 예산제도**(CBS)는 세입·세출을 경상적인 것과 자본적인 것으로 구분하는 예산제도이다. 경상적인 지출은 경상적인 수입(조세)으로 충당하고, 자본적 지출은 대부분 공채발행 등 차입으로 충당하는 복식예산제도이다. 자본 예산제도는 경제적 불황기 내지 공황기에 적자예산을 편성하여 유효수요와 고용을 증대시킴으로써 불황을 극복하는 유용한 수단이 될 수 있다.

답 ❷

제4절 예산과정

196 정부가 회계연도 개시 120일 전까지 국회에 제출하는 예산안의 구성요소가 아닌 것은?

□□□

22 행정사 제10회

① 예산총칙
② 세입세출예산
③ 계속비
④ 명시이월비
⑤ 국가결산보고서

해설

[❶ ▸ O] [❷ ▸ O] [❸ ▸ O] [❹ ▸ O] 국가재정법 제19조, 제61조 참조

> **국가재정법 제19조(예산의 구성)** 예산은 예산총칙 · 세입세출예산 · 계속비 · 명시이월비 및 국고채무부담행위를 총칭한다.
>
> **국가재정법 제61조(국가결산보고서의 국회제출)** 정부는 제60조에 따라 감사원의 검사를 거친 국가결산보고서를 다음 연도 5월 31일까지 국회에 제출하여야 한다.

[❺ ▸ X] 국가결산보고서는 국가재정법 제19조에서 정한 예산의 구성요소에 해당하지 아니한다.

답 ❺

PART 1 PART 2 PART 3

197 재정사업자율평가제도에 관한 설명으로 옳은 것은?

□□□

23 행정사 제11회

① 일정 규모 이상인 신규 사업의 경제적 타당성을 검토하여 사업의 추진 여부를 결정하는 제도
② 다년도 사업에 대해 사업규모, 총사업비, 사업기간 등을 정해 미리 기획재정부장관과 협의하는 제도
③ 부족한 재원을 고려하여 민간자본을 공공의 SOC 투자에 동원하는 제도
④ 예산지출을 줄이거나 수입을 늘리는 데 기여한 자에게 성과금을 지급하는 제도
⑤ 각 중앙관서의 장과 기금관리주체가 기획재정부장관이 정하는 바에 따라 주요 재정사업을 스스로 평가하는 제도

해설

[❶ ▸ X] **예비타당성조사(제도)**란 일정 규모 이상인 신규 사업의 경제적 타당성을 검토하여 사업의 추진 여부를 결정하는 제도를 말한다(국가재정법 제38조 참조).
[❷ ▸ X] **총사업비 관리제도**란 다년도 사업에 대해 사업규모, 총사업비, 사업기간 등을 정해 미리 기획재정부장관과 협의하는 제도를 말한다(국가재정법 제50조 참조).
[❸ ▸ X] **SOC 민간투자제도**란 부족한 재원을 고려하여 민간자본을 공공의 사회간접자본(SOC) 투자에 동원하는 제도를 말한다.
[❹ ▸ X] **예산성과금제도**란 예산의 집행방법 또는 제도의 개선 등으로 예산지출을 줄이거나 수입을 늘리는 데 기여한 자에게 성과금을 지급하는 제도를 말한다(국가재정법 제49조 참조).
[❺ ▸ O] **재정사업자율평가제도**란 각 중앙관서의 장과 기금관리주체가 기획재정부장관이 정하는 바에 따라 주요 재정사업을 스스로 평가하는 제도를 말한다(국가재정법 시행령 제39조의3 참조).

답 ❺

198 □□□ **예산 집행의 신축성을 유지하기 위한 제도에 관한 설명으로 옳은 것은?** 24 행정사 제12회

① 이용(移用)이란 세항·목 등 행정과목 간의 예산을 상호 융통하는 것이다.

② 전용(轉用)이란 장·관·항 등 입법과목 간의 예산을 상호 융통하는 것이다.

③ 이체(移替)란 폐지되거나 기능이 이관된 기관의 예산을 신설된 기관의 예산으로 재분배하는 것이다.

④ 명시이월(明示移越)이란 연도 내에 지출원인행위를 하고 불가피한 사유로 인하여 연도 내에 지출하지 못한 경비를 다음 연도로 이월하여 사용하는 것이다.

⑤ 사고이월(事故移越)이란 연도 내에 그 지출을 미치지 못할 것이 예측될 때 미리 국회의 승인을 얻어 다음 연도로 이월하여 사용하는 것이다.

해설

[❶ ▸ ×] **이용**(移用)이란 장·관·항 등 입법과목 간의 예산을 상호 융통하는 것을 말한다. 이용 시에는 국회의결을 필요로 한다.

[❷ ▸ ×] **전용**(轉用)이란 세항·목 등 행정과목 간의 예산을 상호 융통하는 것을 말한다. 전용 시에는 국회의 의결은 불필요하다.

[❸ ▸ ○] **이체**(移替)란 정부기구·직제 또는 정원에 관한 법령이나 조례의 제정·개정·폐지로 인하여 그 직무와 권한의 변동이 있을 때 그 변동내용에 따라 예산을 이동하여 집행하는 것(예산의 재분배)을 말한다.

[❹ ▸ ×] **명시이월**(明示移越)이란 세출을 연도 내에 지출을 할 수 없을 것으로 예견되는 예산을 다음연도에 이월하여 사용하겠다는 취지를 명백히 하여 미리 국회의 의결을 거쳐 다음연도에 이월하는 제도를 말한다.

[❺ ▸ ×] **사고이월**(事故移越)이란 지출원인행위를 하였으나 불가피한 사유로 회계연도 종료 시까지 지출하지 못한 경비와 지출원인행위를 하지 아니한 부대경비를 다음 회계연도에 넘겨서 사용하는 것을 말한다. 한번 사고이월한 경비는 다시 다음 연도에 재차 이월할 수 없다(사고이월은 1회에 한정).

[참고] 이월

이월(移越)이란 회계연도 단년도주의의 단점을 극복하기 위하여 미집행예산을 다음 회계연도에 넘겨서 사용할 수 있도록 허용하는 것을 말한다. 예산의 이월은 원칙적으로 금지되고 예외적으로 허용된다. 이월에는 명시이월(明示移越)과 사고이월(事故移越)이 있다.

199 예산집행의 신축성을 유지하기 위한 제도적 장치가 아닌 것은? 16 행정사 제4회

□□□

① 총액계상제도
② 예산의 이용과 이체
③ 예산의 전용
④ 예비비
⑤ 예산의 정기배정

해설

[❺ ▸ ×] 예산집행의 신축성을 확보(유지)하기 위한 방안으로는 예산의 이용・이체・전용・이월, 예비비, 계속비, 국고채무 부담행위, 수입대체경비, 추가경정예산, 총액계상예산제도, 신축적 예산배정제도(긴급배정, 당겨배정, 조기배정, 수시배정, 감액배정, 배정유보) 등이 있다. ① 총액계상제도, ② 예산의 이용과 이체, ③ 예산의 전용, ④ 예비비는 예산집행의 신축성을 확보(유지)하기 위한 방안에 해당한다. 그러나 ⑤ 예산의 정기배정이나 재배정은 예산집행의 신축성을 확보(유지)하기 위한 방안이 아니라 예산통제의 확보방안에 해당한다.

답 ❺

200 우리나라가 시행 중인 재정관리혁신 조치의 하나인 예비타당성 조사에 관한 설명으로 옳지 않은 것은? 20 행정사 제8회

□□□

① 대규모 공공투자사업의 타당성을 분석하고 그 결과에 따라 재정사업의 신규투자 여부를 결정한다.
② 2000회계연도 예산을 편성할 때부터 적용되었다.
③ 한국개발연구원, 한국조세재정연구원 등 법령으로 정하는 지정기준을 갖춘 전문기관이 수행할 수 있다.
④ 정책성 분석을 배제하고 경제성 분석에 집중한다.
⑤ 이 제도 도입 이전인 1994년부터 무분별한 사업비 증가를 방지하려는 총사업비관리제도가 운영되고 있다.

해설

[❶ ▸ ○] [❷ ▸ ○] [❹ ▸ ×] [❺ ▸ ○] 예비타당성 조사는 대규모개발사업의 신중한 착수와 재정투자의 효율성을 높이기 위하여❶ 사전에 **경제적 타당성** 측면뿐만 아니라 당해 사업과 국가재정 전반에 걸쳐 투자우선순위, 재원조달방법, 사업추진의 의지 등 **정책적 타당성**을 기획재정부가 미리 조사하는 제도로,❹ 1994년부터 시행된 총사업비관리제도의 보완책으로❺ 1999년에 도입되어 2000회계연도 예산을 편성할 때부터 적용되었다.❷

[❸ ▸ ○] 기획재정부장관은 예비타당성조사 등을 적정하게 수행하기 위하여 한국개발연구원 및 한국조세재정연구원과 전문 인력 및 조사・연구 능력 등 대통령령으로 정하는 지정기준을 갖춘 기관을 전문기관으로 지정하여 전문적인 조사・연구업무 중 전부 또는 일부를 수행하게 할 수 있다(국가재정법 제8조의2 제1항).

핵심정리

예비타당성 조사

① 대규모 공공투자사업의 타당성을 분석하고 재정사업의 신규투자 여부 결정
② 2000회계연도 예산편성부터 적용
③ 한국개발연구원, 한국조세재정연구원 등 법령상 지정기준을 갖춘 전문기관이 전부 또는 일부 수행 가능
④ 사전에 경제적 타당성과 정책적 타당성을 미리 조사하는 제도
⑤ 1994년부터 총사업비관리제도 운영

답 ❹

PART 1 PART 2 PART 3

201 우리나라 국가재정법에서 총괄적으로 규정하고 있는 예산총칙의 사항을 모두 고른 것은?

□□□

18 행정사 제6회

ㄱ. 계속비	ㄴ. 세입세출예산
ㄷ. 명시이월비	ㄹ. 국고채무부담행위

① ㄱ, ㄴ
② ㄱ, ㄹ
③ ㄴ, ㄷ
④ ㄴ, ㄷ, ㄹ
⑤ ㄱ, ㄴ, ㄷ, ㄹ

해설

[ㄱ ▸ O] [ㄴ ▸ O] [ㄷ ▸ O] [ㄹ ▸ O] 국가재정법 제20조 참조

국가재정법 제20조(예산총칙) ① 예산총칙에는 세입세출예산·계속비·명시이월비 및 국고채무부담행위에 관한 총괄적 규정을 두는 외에 다음 각 호의 사항을 규정하여야 한다.
1. 제18조 단서의 규정에 따른 국채와 차입금의 한도액(중앙관서의 장이 관리하는 기금의 기금운용계획안에 계상된 국채발행 및 차입금의 한도액을 포함한다)
2. 국고금관리법 제32조의 규정에 따른 재정증권의 발행과 일시차입금의 최고액
3. 그 밖에 예산집행에 관하여 필요한 사항

답 ⑤

202 우리나라 예산심의에 관한 설명으로 옳지 않은 것은?

□□□

16 행정사 제4회

① 국회는 국가의 예산안을 심의·확정한다.
② 국회는 정부예산에 대한 통제권을 가지므로 정부의 동의 없이 지출예산 각 항의 금액을 증가할 수 있다.
③ 국회는 회계연도 개시 30일 전까지 예산안을 의결하여야 한다.
④ 국회는 정부의 동의 없이 새로운 비목을 설치할 수 없다.
⑤ 국회에 제출된 예산안은 소관 상임위원회의 예비심사를 거친다.

해설

[❶ ▸ O] 국회는 국가의 예산안을 심의·확정한다(헌법 제54조 제1항).
[❷ ▸ X] [❹ ▸ O] 국회는 **정부의 동의 없이** 정부가 제출한 지출예산 각 항의 금액을 증가하거나❷ 새 비목을 설치할 수 없다❹(헌법 제57조).
[❸ ▸ O] 정부는 회계연도마다 예산안을 편성하여 회계연도 개시 90일 전까지 국회에 제출하고, 국회는 회계연도 개시 30일 전까지 이를 의결하여야 한다(헌법 제54조 제2항).
[❺ ▸ O] 예산안과 결산은 소관 상임위원회에 회부하고, 소관 상임위원회는 예비심사를 하여 그 결과를 의장에게 보고한다(국회법 제84조 제1항 전문).

답 ❷

203 우리나라 예산과정에 관한 설명으로 옳은 것을 모두 고른 것은? 21 행정사 제9회

□□□

> ㄱ. 예산편성은 기획재정부가 예산안편성지침을 작성하고 각 중앙행정기관의 장에게 시달하여 중기사업계획서를 제출받으면서 시작한다.
> ㄴ. 정부예산안은 국무회의의 심의와 대통령의 재가로 확정되고 회계연도 개시 120일 전까지 국회에 제출하여야 한다.
> ㄷ. 국회 예산결산특별위원회가 11월 30일까지 예산안 심사를 마치지 않으면 원칙적으로 그 다음 날에 위원회에서 심사를 마치고 바로 본회의에 부의된 것으로 본다.
> ㄹ. 국회에서 예산안이 통과되는 즉시 각 중앙행정기관장은 원칙적으로 기관의 전체 예산을 배정받아 관련 집행 부서에서 바로 집행할 수 있다.

① ㄱ, ㄴ　② ㄱ, ㄷ

③ ㄴ, ㄷ　④ ㄴ, ㄹ

⑤ ㄷ, ㄹ

해설

[ㄱ ▸ ×] 국가재정법에 의하면 예산편성절차는 각 중앙관서의 장의 중기사업계획서의 제출, 기획재정부장관의 예산편성지침의 통보, 각 중앙관서의 장의 예산요구서의 제출 순으로 진행된다(국가재정법 제28조 내지 제31조).

[ㄴ ▸ O] 기획재정부장관은 예산요구서에 따라 예산안을 편성하여 국무회의의 심의를 거친 후 대통령의 승인을 얻어야 한다. 정부는 대통령의 승인을 얻은 예산안을 회계연도 개시 120일 전까지 국회에 제출하여야 한다(국가재정법 제32조, 제33조).

[ㄷ ▸ O] 위원회가 예산안등과 세입예산안 부수 법률안에 대하여 매년 11월 30일까지 심사를 마치지 아니하였을 때에는 그 다음 날에 위원회에서 심사를 마치고 바로 본회의에 부의된 것으로 본다(국회법 제85조의3 제2항 본문).

[ㄹ ▸ ×] 각 중앙관서의 장은 예산이 확정된 후 사업운영계획 및 이에 따른 세입세출예산・계속비와 국고채무부담행위를 포함한 예산배정요구서를 기획재정부장관에게 제출하여야 한다. 기획재정부장관은 예산배정요구서에 따라 분기별 예산배정계획을 작성하여 국무회의의 심의를 거친 후 대통령의 승인을 얻어야 한다. 기획재정부장관은 각 중앙관서의 장에게 예산을 배정한 때에는 감사원에 통지하여야 한다(국가재정법 제42조, 제43조 제1항, 제2항).

핵심정리

우리나라의 예산과정

ㄱ. 예산의 편성 → 각 중앙관서의 장의 중기사업계획서의 제출, 기획재정부장관의 예산편성지침의 통보, 각 중앙관서의 장의 예산요구서의 제출의 순서

ㄴ. 정부예산안 → 회계연도 개시 120일 전까지 국회 제출

ㄷ. 예산결산특별위원회가 11월 30일까지 심사를 마치지 않은 경우 → 원칙적으로 그 다음 날에 위원회에서 심사를 마치고 바로 본회의에 부의된 것으로 간주

ㄹ. 예산의 배정 → 각 중앙관서의 장의 예산배정요구서 제출, 분기별 예산배정계획에 대한 대통령의 승인, 각 중앙관서의 장에게 예산 배정의 순서를 거침

답 ❸

204 □□□ **국회의 예산결산에 관한 설명으로 옳지 않은 것은?** 22 행정사 제10회

① 결산 심의를 한 결과 문제가 있는 특정사안에 대하여 감사원에 감사를 요구할 수 있다.
② 결산은 회계연도에서 국가의 수입과 지출 실적을 확정적 계수로 표시하는 행위이다.
③ 예산의 범위 내에서 재정활동을 했는지 확인하고 그 결과를 재정운용에 반영하는 과정이다.
④ 부당한 지출이 발견된 경우 그 책임을 요구하고 무효화할 수 있다.
⑤ 재정운용의 비능률이 발견된 경우 시정을 요구할 수 있고 차년도 예산과정에서 쟁점화될 수 있다.

해설

[❶ ▸ O] 국회는 의결로 감사원에 대하여 감사원법에 따른 감사원의 직무 범위에 속하는 사항 중 사안을 특정하여 감사를 요구할 수 있다. 이 경우 감사원은 감사 요구를 받은 날부터 3개월 이내에 감사 결과를 국회에 보고하여야 한다(국회법 제127조의2 제1항).

[❷ ▸ O] **결산**은 예산과정의 마지막 단계로서 한 회계연도 동안의 국가의 수입·지출의 실적을 확정적 계수로 표시하여 검증하는 행위를 말한다.

[❸ ▸ O] **결산**은 국회의 심의과정에서 정부가 예산 범위 내에서 재정활동을 하였는지 사후 확인하고 그 결과를 차기 예산편성과 운용에 반영하여 재정·정책자료로 환류하는 재정통제와 환류기능이 있다.

[❹ ▸ ×] [❺ ▸ O] 결산심사 결과 부당한 지출이 발견된 경우에도 **집행을 취소 또는 무효화할 수는 없고**, 국회는 정부에 정치적·도의적 책임을 추궁하게 된다는 점에서 결산은 정치적 성격을 가지는 데 그친다.❹ 즉, 재정운용의 비능률이 발견된 경우 국회는 정부에 시정을 요구할 수 있고 차년도 예산과정에서 이러한 점들이 쟁점화될 수 있다.❺

핵심정리

예산결산

① 결산 심의를 한 결과 문제 있는 특정사안 → 감사원에 감사 요구 가능
② 결산은 한 회계연도의 수입과 지출 실적을 확정적 계수로 표시하는 행위
③ 결산은 예산의 범위 내에서 재정활동을 했는지 확인하고 그 결과를 재정운용에 반영하는 과정
④ 결산은 역사적·정치적 과정 → 부당한 지출이 발견된 경우 집행을 취소 또는 무효화할 수 없음
⑤ 재정운용의 비능률이 발견된 경우 → 시정을 요구할 수 있고 차년도 예산과정에서 쟁점화

답 ❹

205 현행 감사원법상 회계검사기관인 감사원에 관한 설명으로 옳지 않은 것은? 13 행정사 제1회

□□□

① 감사원은 국가의 세입·세출의 결산과 공무원직무에 관한 감찰을 위해 대통령 소속하에 설치된 기관이다.

② 감사원은 직무에 관해 독립된 지위를 유지하며 그 직무수행상 정치적 압력이나 간섭을 받지 않는 특징이 있다.

③ 감사원장은 국회의 동의를 얻어 대통령이 임명하며, 감사위원의 경우는 감사원장의 제청으로 역시 대통령이 임명한다.

④ 감사원장의 임기는 4년이며, 원장을 포함해 9인의 감사위원으로 구성한다.

⑤ 감사원은 감사절차 및 내부 규율과 감사사무 처리에 관한 규칙을 제정할 수 있다.

해설

[❶ ▸ O] 국가의 세입·세출의 결산, 국가 및 법률이 정한 단체의 회계검사와 행정기관 및 공무원의 직무에 관한 감찰을 하기 위하여 대통령 소속하에 감사원을 둔다(헌법 제97조).

[❷ ▸ O] 감사원은 대통령 소속하의 독립기관으로 감사원은 직무에 관해 독립된 지위를 유지하며 그 직무수행상 정치적 압력이나 간섭을 받지 않는다.

[❸ ▸ O] 감사원장은 국회의 동의를 받아 대통령이 임명한다. 감사위원은 원장의 제청으로 대통령이 임명한다(감사원법 제4조 제1항, 제5조 제1항).

[❹ ▸ X] 감사위원의 임기는 4년으로 한다. 감사원은 감사원장을 포함한 **7명**의 감사위원으로 구성한다(감사원법 제6조 제1항, 제3조).

[❺ ▸ O] 감사원은 감사에 관한 절차, 감사원의 내부 규율과 감사사무 처리에 관한 규칙을 제정할 수 있다(감사원법 제52조).

핵심정리

감사원

①, ② 감사원의 지위
- → 대통령 소속하에 설치된 헌법기관
- → 국가의 세입·세출의 결산 확인 + 공무원직무에 관한 감찰 + 회계검사
- → 직무에 관하여 독립된 지위를 유지하며, 직무수행상 정치적 압력이나 간섭을 받지 않음

③ 감사원장과 감사위원의 임명
- → 감사원장 : 국회의 동의 + 대통령이 임명
- → 감사위원 : 감사원장의 제청 + 대통령이 임명

④ 구성과 임기
- → 감사원은 감사원장을 포함한 7명의 감사위원으로 구성
- → 감사원장과 감사위원의 임기 : 4년 / 1차에 한하여 중임 가능

⑤ 감사원의 규칙제정권 : 감사절차 및 내부 규율과 감사사무 처리에 관한 규칙 제정

답 ❹

206 우리나라 정부회계의 장부 기장 방식 중 현금주의와 발생주의에 관한 설명으로 옳지 않은 것은?

14 행정사 제2회

① 전통적으로 지방정부의 일반회계는 현금주의를, 중앙정부 기업특별회계는 발생주의 회계방식을 적용하였다.

② 현금주의 회계방식은 경영성과 파악이 용이하며, 발생주의 회계방식은 절차와 운용이 간편하다.

③ 현금주의 회계방식은 이해와 통제가 용이하며, 발생주의 회계방식은 재정 건전성 확보가 용이하다.

④ 현금주의 회계방식은 일반행정 부분에 적용가능하며, 발생주의 회계방식은 사업적 성격이 강한 회계 부분에 적용이 가능하다.

⑤ 현금주의 회계방식은 손해배상 비용이나 부채성 충당금 등에 대한 인식이 어렵지만, 발생주의 회계방식은 미지급비용과 미수수익을 각각 부채와 자산으로 인식한다.

해설

[❶ ▸ O] 현재는 중앙정부와 지방정부의 회계가 발생주의를 따르고 있지만(국가회계법 제11조, 지방회계법 제12조), 종래 지방정부의 일반회계는 현금주의를, 중앙정부는 기업특별회계에서 발생주의를 적용하고 있었다.

지방정부는 2007년부터 모든 자치단체가 복식부기 · 발생주의에 기초한 재무보고서를 작성하도록 의무화하였고, 중앙정부는 2009년부터 국가회계법의 시행으로 중앙정부의 기업특별회계 뿐만 아니라 일반회계도 복식부기 · 발생주의의 방식으로 전면적으로 전환되었다.

[❷ ▸ X] [❸ ▸ O] 현금주의는 현금변동시점(현금을 수취하거나 지급한 시점)에 거래를 인식하는 방식을 말하고, 발생주의는 현금의 유입과 유출과는 관계없이 수익과 비용이 발생된 시점에 거래를 인식하는 방식을 말한다. **현금주의는** 절차와 운용이 간편하고 이해와 통제가 용이하다는 장점이 있고, **발생주의**는 재정 건전성 확보 및 경영성과 파악이 용이하고 정보의 적시성을 확보한다는 장점이 있다.

[❹ ▸ O] 현금주의는 일반행정 부분에 적용가능하며, 발생주의는 사업적 성격이 강한 회계 부분에 적용이 가능하여 기업특별회계에 적용되었다. 그러나 현재 우리나라는 지방정부와 중앙정부의 일반회계에도 발생주의를 적용되고 있다.

[❺ ▸ O] 현금주의는 현금이 수납 · 지출될 때 인식하므로 손해배상 비용이나 부채성 충당금 등에 대한 인식이 어렵지만, **발생주의**는 수익과 비용이 발생된 시점에 거래를 인식하므로 미지급비용과 미수수익을 각각 부채와 자산으로 인식한다.

207 정부회계에 관한 설명으로 옳지 않은 것은?

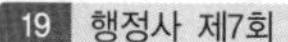

① 복식부기는 거래의 이중성에 따라 장부의 차변과 대변에 각각 계상하고 차변의 합계와 대변의 합계의 일치 여부로 자기 검증 기능을 갖는다.

② 미지급비용은 현금주의에서는 인식되지 않으나 발생주의에서는 부채로 인식된다.

③ 현행 정부회계는 발생주의·복식부기 방식을 채택하여 재무제표를 작성한다.

④ 국가회계법상 중앙정부의 대표적 재무제표는 재정상태보고서, 재정운영보고서, 현금흐름보고서, 순자산변동보고서로 구성된다.

⑤ 발생주의·복식부기의 정부회계는 성과중심의 정부개혁에 유용한 정보를 제공한다.

해설

[❶ ▸ O] 복식부기는 하나의 거래를 대차평균의 원리에 따라 차변과 대변에 이중기록하는 방식으로, 차변의 합계와 대변의 합계의 일치 여부로 자기 검증 기능을 갖는다.

[❷ ▸ O] 현금주의 회계방식은 현금이 수납·지출될 때 인식하므로 미지급비용에 대한 인식이 어렵지만, **발생주의는** 수익과 비용이 발생된 시점에 거래를 인식하므로 미지급비용과 미수수익을 각각 부채와 자산으로 인식한다.

[❸ ▸ O] 현행 정부회계는 발생주의·복식부기 방식을 채택하여 재무제표를 작성한다(국가회계법 제11조 제1항, 제15조 제3항).

[❹ ▸ ×] 국가회계법상 중앙정부의 대표적 재무제표는 재정상태표, 재정운영표, 순자산변동표로 구성된다(국가회계법 제14조 제3호). 참고로 2008.12.31. 국가회계법 개정 전에는 중앙정부의 재무제표가 재정상태보고서, 재정운영보고서, 순자산변동보고서, 그 밖에 대통령령으로 정하는 서류로 구성되어 있었다.

[❺ ▸ O] 발생주의·복식부기의 정부회계는 경영성과 파악이 용이하여 성과중심의 정부개혁에 유용한 정보를 제공한다.

핵심정리

정부회계

① 복식부기 → 차변의 합계와 대변의 합계의 일치 여부로 자기 검증 기능
② 미지급비용 → 현금주의에서는 부채로 인식 × / 발생주의에서는 부채로 인식 ○
③ 현행 정부회계 → 발생주의·복식부기 방식으로 재무제표 작성
④ 중앙정부의 대표적 재무제표 → 재정상태표, 재정운영표, 순자산변동표
⑤ 발생주의·복식부기의 정부회계 → 성과중심의 정부개혁에 유용한 정보 제공

답 ❹

행정환류론

제1절 행정책임과 통제

208 행정통제 유형 중 외부통제에 해당하는 것은? 22 행정사 제10회

□□□

① 대통령에 의한 통제
② 중앙행정부처에 의한 통제
③ 감사원에 의한 통제
④ 사법부에 의한 통제
⑤ 국무조정실에 의한 통제

해설

[❹ ▸ O] ④ 사법부에 의한 통제는 외부통제에 해당한다. ① 대통령에 의한 통제, ② 중앙행정부처에 의한 통제, ③ 감사원에 의한 통제, ⑤ 국무조정실에 의한 통제는 내부통제에 해당한다.

> 길버트(Gilbert)는 행정통제의 유형을 통제자가 행정조직 내부에 위치하는지의 여부에 따라 '내부통제'와 '외부통제'로 구분하고, 통제방법이 법률 등으로 제도화되었는지 여부에 따라 '공식적 통제'와 '비공식적 통제'로 구분하였다.

답 ❹

209 행정통제의 유형 중 내부통제로 옳은 것은? 20 행정사 제8회

□□□

① 국민에 의한 통제
② 이익집단에 의한 통제
③ 사법부에 의한 통제
④ 감사원에 의한 통제
⑤ 입법부에 의한 통제

해설

[❹ ▸ O] ④ 감사원에 의한 통제가 내부통제에 해당한다. ① 국민에 의한 통제, ② 이익집단에 의한 통제, ③ 사법부에 의한 통제, ⑤ 입법부에 의한 통제는 외부통제에 해당한다.

답 ❹

210 □□□ **행정통제를 크게 외부통제와 내부통제로 분류할 때 다음 중 그 분류가 다른 것은?**

13 행정사 제1회

① 사법부에 의한 통제
② 시민단체에 의한 통제
③ 감사원에 의한 통제
④ 선거권의 행사에 의한 통제
⑤ 주민참여제도에 의한 통제

해설

[❸ ▸ O] ③ 감사원에 의한 통제는 내부통제에 해당한다. ① 사법부에 의한 통제, ② 시민단체에 의한 통제, ④ 선거권의 행사에 의한 통제, ⑤ 주민참여제도에 의한 통제는 외부통제에 해당한다.

답 ❸

211 □□□ **옴부즈만(Ombudsman) 제도에 관한 설명으로 옳지 않은 것은?**

15 행정사 제3회

① 문제해결을 위한 처리과정에 시간이 많이 걸린다.
② 행정권의 남용이나 부당행위로 국민의 권리가 침해되었을 때 구제하는 것을 목적으로 한다.
③ 일반적으로 시민의 고발에 의하여 활동을 개시하지만 자기직권으로 조사활동을 하기도 한다.
④ 우리나라의 국민권익위원회는 옴부즈만 제도와 유사하다고 볼 수 있다.
⑤ 스웨덴에서 처음 시행된 이후 현재 유럽을 비롯한 많은 나라에서 활용되고 있는 행정통제 수단이다.

해설

[❶ ▸ X] 옴부즈만 제도는 사법부에 의한 판결보다 비용이 적게 들고, 간편·신속한 문제해결이 가능하다는 특징이 있다.
[❷ ▸ O] 옴부즈만은 행정권의 위법·부당한 행위로 말미암아 권리의 침해를 입은 시민이 제기하는 민원 등을 조사하여 관계기관이 시정을 권고함으로써 국민의 권리를 구제하는 행정감찰기관을 말한다.
[❸ ▸ O] 옴부즈만은 시민의 요구·신청·고발에 의하여 활동을 개시하는 것이 일반적이나 직권으로 조사활동을 하는 경우도 있다.
[❹ ▸ O] 「부패방지 및 국민권익위원회의 설치와 운영에 관한 법률」에 의하여 국무총리 소속으로 설치된 국민권익위원회는 옴부즈만 제도와 유사하다고 볼 수 있다. 옴부즈만은 의회(입법부) 소속인 경우가 일반적이지만, 우리나라의 국민권익위원회처럼 행정부 소속인 경우도 존재한다.
[❺ ▸ O] 옴부즈만 제도는 1809년 스웨덴에서 처음 채택되었고(옴부즈만은 스웨덴어로 대리자를 의미), 이후 핀란드, 노르웨이, 덴마크 등을 거쳐 영국, 미국 등 많은 국가에서 채택·실시하고 있다.

핵심정리

옴부즈만(Ombudsman) 제도
① 사법부에 의한 판결보다 비용이 적게 들고, 간편·신속한 문제해결 가능
② 행정권의 남용이나 부당행위로 권리가 침해되었을 때 구제하는 것을 목적
③ 시민의 고발에 의하여 활동을 개시하지만 직권으로 조사활동 가능
④ 국민권익위원회는 옴부즈만 제도와 유사
⑤ 옴부즈만 제도는 1809년 스웨덴에서 처음 채택

답 ❶

212 행정통제의 유형 중 외부통제에 해당하지 않는 것은? 21 행정사 제9회

□□□

① 입법부에 의한 통제
② 사법부에 의한 통제
③ 시민참여에 의한 통제
④ 이익집단에 의한 통제
⑤ 계층제 및 인사관리제도를 통한 통제

해설

[❺ ▸ ×] ① 입법부에 의한 통제, ② 사법부에 의한 통제, ③ 시민참여에 의한 통제, ④ 이익집단에 의한 통제는 외부통제에 해당하나, ⑤ 계층제 및 인사관리제도를 통한 통제는 내부통제에 해당한다.

답 ❺

213 옴부즈만(Ombudsman) 제도에 관한 설명으로 옳지 않은 것은? 20 행정사 제8회

□□□

① 국민의 이익을 보호하려는 취지에서 1809년 스웨덴에서 시작된 행정감찰관제도이다.
② 필요한 사항을 조사해 결과를 알려주고 언론을 통해 공표하기도 한다.
③ 옴부즈만은 기능적으로 자율적이고 입법부와 행정부로부터 독립되어 있다.
④ 독립적인 지위를 가진 사람이 조사를 하여 시정을 촉구하거나 건의함으로써 국민의 권리를 구제한다.
⑤ 옴부즈만과 유사한 국민권익위원회는 법원이 내린 결정 처분에 대해 시정조치, 권고, 취소를 결정한다.

해설

[❶ ▸ O] 옴부즈만제도는 국민의 이익을 보호하려는 취지에서 1809년 스웨덴에서 시작된 행정감찰관제도이다.

[❷ ▸ O] 옴부즈만은 비공식적 절차를 이용하는 경우가 많지만, 조사는 대면적·직접적·공개적으로 이루어지고 필요한 사항을 조사해 결과를 알려주고 언론을 통해 공표하기도 한다.

[❸ ▸ O] 옴부즈만은 일반적으로 의회(입법부) 소속이나, 의회(입법부)나 행정부로부터 정치적으로나 직무상으로 독립된 기관이다.

[❹ ▸ O] 옴부즈만은 행정권의 위법·부당한 행위로 말미암아 권리의 침해를 입은 시민이 제기하는 민원 등을 독립적 지위에서 조사하여 관계기관이 시정을 권고함으로써 국민의 권리를 구제한다.

[❺ ▸ ×] 국민권익위원회는 관계 행정기관등의 장에게 적절한 시정을 권고하거나, 관계 행정기관등의 장에게 의견을 표명할 수 있을 뿐, 법원이 내린 결정 처분에 대해 시정조치, 권고, 취소결정을 할 수는 없다.

핵심정리

옴부즈만(Ombudsman) 제도

① 1809년 스웨덴에서 시작된 행정감찰관제도
② 조사 결과를 언론을 통해 공표하기도 함
③ 기능적으로 자율적이고 입법부와 행정부로부터 독립
④ 독립적인 지위를 가진 사람이 조사하여 시정촉구나 건의로 국민의 권리 구제
⑤ 국민권익위원회는 법원의 결정 처분에 대해 시정조치, 권고, 취소결정 ×

답 ❺

214 공식적 수단에 의한 행정통제가 아닌 것은? 16 행정사 제4회

□□□

① 계층제에 의한 통제
② 입법부에 의한 통제
③ 공익가치에 의한 통제
④ 사법부에 의한 통제
⑤ 국무조정실에 의한 통제

해설

[❸ ▸ ×] 행정통제는 통제방법이 법률 등으로 제도화되었는지 여부에 따라 '공식적 통제'에 의한 통제와 '비공식적 통제'로 구분된다. ① 계층제에 의한 통제, ② 입법부에 의한 통제, ④ 사법부에 의한 통제, ⑤ 국무조정실에 의한 통제는 '공식적 통제(= 공식적 수단에 의한 통제)'에 해당하나, ③ 공익가치에 의한 통제는 '비공식적 통제'에 해당한다.

➲ 행정통제의 네 가지 유형(Gilbert)

구 분	내부통제	외부통제
공식적 통제	• 대통령실(청와대)과 국무조정실(정부업무평가)에 의한 통제 • 계층제(명령 체계) 및 인사관리제도에 의한 통제 • 중앙행정부처에 의한 통제 • 감사원(독립통제기관)에 의한 통제	입법부에 의한 통제 • 법률의 제정 · 개폐, 조약의 체결 · 비준 동의 • 예산 심의 · 의결, 결산승인, 기채(국채발행)동의 • 국정감사, 국정조사 • 해임건의, 탄핵소추 사법부에 의한 통제 • 법원의 행정소송과 명령 · 규칙 위헌심사 헌법재판소에 의한 통제 • 헌법재판소의 헌법심판(위헌법률심판, 탄핵심판, 탄핵심판, 권한쟁의심판 등) 옴부즈만(행정감찰관)에 의한 통제
비공식적 통제	• 공무원으로서의 직업윤리 • 동료집단의 평가와 비판 • 행정적 의사결정지침으로서의 공익	• 국민(시민)에 의한 통제 • 이익집단에 의한 통제 • 시민단체에 의한 통제 • 정당에 의한 통제 • 시민참여 · 주민참여, 선거 · 투표 등 • 언론, 여론, 매스컴, 인터넷에 의한 통제

답 ❸

215 공식적 수단에 의한 행정통제를 모두 고른 것은? 24 행정사 제12회

ㄱ. 계층제를 통한 통제
ㄴ. 감사원을 통한 통제
ㄷ. 시민과 언론을 통한 통제
ㄹ. 공익가치를 통한 통제
ㅁ. 국무총리실을 통한 통제

① ㄱ, ㄴ
② ㄷ, ㄹ
③ ㄱ, ㄴ, ㅁ
④ ㄴ, ㄹ, ㅁ
⑤ ㄷ, ㄹ, ㅁ

해설

[ㄱ ▸ O] [ㄴ ▸ O] [ㅁ ▸ O] 행정통제는 통제방법이 법률 등으로 제도화되었는지 여부에 따라 '공식적 통제'와 '비공식적 통제'로 구분된다. 계층제에 의한 통제, 감사원을 통한 통제, 국무총리실에 의한 통제는 '공식적 통제(= 공식적 수단에 의한 통제)'에 해당한다.

[ㄷ ▸ X] [ㄹ ▸ X] 시민과 언론을 통한 통제, 공익가치를 통한 통제는 '비공식적 통제(= 비공식적 수단에 의한 통제)'에 해당한다.

➲ 행정통제의 네 가지 유형(Gilbert)

구 분	내부통제	외부통제
공식적 통제	• 대통령실(청와대)과 국무조정실(국무총리실)에 의한 통제ⓜ • 계층제(명령 체계) 및 인사관리제도에 의한 통제ⓖ • 중앙행정부처에 의한 통제 • 감사원(독립통제기관)에 의한 통제ⓛ	입법부에 의한 통제 • 법률의 제정 · 개폐, 조약의 체결 · 비준 동의 • 예산 심의 · 의결, 결산승인, 기채(국채발행)동의 • 국정감사, 국정조사 • 해임건의, 탄핵소추 사법부에 의한 통제 • 법원의 행정소송과 명령 · 규칙 위헌심사 헌법재판소에 의한 통제 • 헌법재판소의 헌법심판(위헌법률심판, 탄핵심판, 탄핵심판, 권한쟁의심판 등) 옴부즈만(행정감찰관)에 의한 통제
비공식적 통제	• 공무원으로서의 직업윤리 • 동료집단의 평가와 비판 • 행정적 의사결정지침으로서의 공익가치를 통한 통제ⓡ	• 국민(시민)에 의한 통제ⓓ • 이익집단에 의한 통제 • 시민단체에 의한 통제 • 정당에 의한 통제 • 시민참여 · 주민참여, 선거 · 투표 등 • 언론, 여론, 매스컴, 인터넷에 의한 통제ⓓ

답 ❸

216 내부적 행정통제에 해당하지 않는 것은?

□□□

14 행정사 제2회

① 의회 옴부즈만에 의한 통제
② 계층제 및 인사관리제도를 통한 통제
③ 감사원에 의한 통제
④ 청와대 및 국무총리실에 의한 통제
⑤ 중앙행정부처에 의한 통제

해설

[❶ ▸ ×] ② 계층제 및 인사관리제도를 통한 통제, ③ 감사원에 의한 통제, ④ 청와대 및 국무총리실에 의한 통제, ⑤ 중앙행정부처에 의한 통제는 내부적 통제에 해당하나, ① **의회 옴부즈만**에 의한 통제는 외부적 통제에 해당한다.

답 ❶

217 우리나라의 국민권익위원회에 관한 설명으로 옳지 않은 것은?

□□□

18 행정사 제6회

① 국무총리 소속으로 설치되어 있으며, 옴부즈만의 일종으로 간주되기도 한다.
② 권고, 의견 표명, 감사 의뢰 등을 할 수 있다.
③ 고충민원의 처리와 그에 관련된 불합리한 행정제도의 개선을 목적으로 한다.
④ 국민권익위원회는 소관 업무의 원활한 수행을 위하여 직속기관으로 시민고충처리위원회를 둔다.
⑤ 국민권익위원회는 중앙행정심판위원회의 운영에 관한 업무를 수행한다.

해설

[❶ ▸ ○] 국민권익위원회는 국무총리 소속으로 설치되어 있으며, 옴부즈만 제도의 일종으로 볼 수도 있다.
[❷ ▸ ○] 국민권익위원회는 시정의 권고, 의견 표명, 감사 의뢰 등을 할 수 있다(부패방지권익위법 제46조, 제51조).
[❸ ▸ ○] 이 법은 국민권익위원회를 설치하여 고충민원의 처리와 이에 관련된 불합리한 행정제도를 개선하고, 부패의 발생을 예방하며 부패행위를 효율적으로 규제함으로써 국민의 기본적 권익을 보호하고 행정의 적정성을 확보하며 청렴한 공직 및 사회풍토의 확립에 이바지함을 그 목적으로 한다(부패방지권익위법 제1조).
[❹ ▸ ×] 지방자치단체 및 그 소속기관에 관한 고충민원의 처리와 행정제도의 개선 등을 위하여 각 지방자치단체에 시민고충처리위원회를 둘 수 있다(부패방지권익위법 제32조 제1항). 즉, 시민고충처리위원회는 국민권익위원회의 직속기관이 아니라 각 지방자치단체의 소속기관이다.
[❺ ▸ ○] 국민권익위원회는 행정심판법에 따른 중앙행정심판위원회의 운영과 관련된 업무를 수행한다(부패방지권익위법 제12조 제19호).

핵심정리

국민권익위원회
① 국무총리 소속으로 설치된 국민권익위원회는 옴부즈만의 일종으로 간주
② 권고, 의견 표명, 감사 의뢰의 권한
③ 고충민원의 처리와 불합리한 행정제도의 개선 목적
④ 각 지방자치단체에 시민고충처리위원회 설치 가능
⑤ 국민권익위원회는 중앙행정심판위원회의 운영에 관한 업무 수행

답 ❹

218 국민권익위원회에 관한 설명으로 옳지 않은 것은? 13 행정사 제1회

□□□

① 국무총리 소속기관이다.

② 국민권익위원회 위원의 임기는 3년이며, 연임할 수 없다.

③ 국민권익위원회 위원은 재직 중 지방의회의원직을 겸직할 수 없다.

④ 고충민원의 조사와 처리 및 이와 관련된 시정권고 업무를 수행한다.

⑤ 정당의 당원은 국민권익위원회 위원이 될 수 없다.

해설

[❶ ▸ O] 고충민원의 처리와 이에 관련된 불합리한 행정제도를 개선하고, 부패의 발생을 예방하며 부패행위를 효율적으로 규제하도록 하기 위하여 **국무총리 소속**으로 국민권익위원회를 둔다(부패방지권익위법 제11조 제1항).

[❷ ▸ X] 국민권익위원회의 위원장과 위원의 임기는 각각 3년으로 하되 1차에 한하여 연임할 수 있다(부패방지권익위법 제16조 제2항).

[❸ ▸ O] 위원은 재직 중 지방의회의원직을 겸할 수 없다(부패방지권익위법 제17조 제1호).

[❹ ▸ O] 국민권익위원회는 고충민원의 조사와 처리 및 이와 관련된 시정권고 또는 의견표명에 관한 업무를 수행한다(부패방지권익위법 제12조 제2호).

[❺ ▸ O] 정당의 당원은 국민권익위원회 위원이 될 수 없다(부패방지권익위법 제15조 제1항 제3호).

답 ❷

제2절 행정개혁

219 행정개혁의 접근방법 중 조직의 상징체계, 신화, 의례를 바꾸고 그에 따라 조직구성원의 행동양식과 관행 그리고 신념을 혁신하고자 하는 것은? 21 행정사 제9회

① 구조적 접근방법
② 과정적 접근방법
③ 기술적 접근방법
④ 조직문화 접근방법
⑤ 행태적 접근방법

해설

[❹ ▸ O] 조직문화적 접근방법은 조직의 상징체계, 의례를 변경하여 조직구성원의 행동양식 · 관행 · 신념이 개선됨에 따른 바람직한 문화변동을 추구한다.

답 ❹

220 행정개혁의 구조적 접근방법에 관한 설명으로 옳지 않은 것은? 22 행정사 제10회

① 행정체계의 구조적 설계를 개선함으로써 행정개혁의 목표를 달성하려는 접근방법이다.
② 분권화 수준의 개선, 권한배분의 개편, 명령계통의 수정, 작업집단의 설계 등을 추진한다.
③ 주된 목표는 기능중복의 제거 및 표준적 절차의 간소화 등이다.
④ 조직의 분권화를 통해 조직계층의 단순화, 명령과 책임 등을 명확히 할 수 있다.
⑤ 공무원의 의식개혁, 업무자세 및 태도 개선 등에 초점을 맞춘다.

해설

[❶ ▸ O] 구조적 접근방법은 공식적 · 합리적 조직관에 바탕을 두고 행정체계의 구조적 설계를 개선함으로써 행정개혁의 목표를 달성하려는 접근방법이다.

[❷ ▸ O] [❸ ▸ O] [❹ ▸ O] 구조적 접근방법은 원리전략과 분권화전략을 활용한다. 이 중 원리전략은 기능중복의 제거, 권한과 책임의 재규정, 조정 및 통제 · 명령절차의 개선, 표준적 절차의 간소화, 의사소통체계 및 통솔범위의 수정, 작업집단의 설계 등을 활용한다.❷❸ 분권화전략은 구조의 집권화 또는 분권화에 의해 조직구조의 개선을 추구하게 되는데, 조직이 분권화되면 조직의 계층이 단순화되고 명령과 책임의 계통이 명확해지며 막료서비스가 확립될 수 있다는 전략이다.❹

[❺ ▸ X] 공무원의 의식개혁, 업무자세 및 태도 개선 등에 초점을 맞추는 것은 행태적(인간관계론적) 접근방법이다.

핵심정리

행정개혁의 구조적 접근방법

① 구조적 설계를 개선함으로써 행정개혁의 목표를 달성하려는 접근방법
② 분권화 수준의 개선, 권한배분의 개편, 명령계통의 수정, 작업집단의 설계 등을 추진
③ 주된 목표는 기능중복의 제거 및 표준적 절차의 간소화
④ 조직의 분권화를 통해 조직계층의 단순화, 명령과 책임 명확화
⑤ 공무원의 의식개혁, 업무자세 및 태도 개선 등에 초점 ×

답 ❺

221 행정개혁의 접근방법에 관한 설명으로 옳은 것은? 20 행정사 제8회

□□□

① 구조적 접근방법은 행태과학의 지식과 기법을 활용한다.
② 과정적 접근방법이 관심을 갖는 개혁대상은 분권화의 수준개선과 조직의 기능이다.
③ 과정적 접근방법은 바람직한 문화변동을 추진한다.
④ 구조적 접근방법이 갖는 관심은 통솔범위의 조정, 권한배분의 개편 등을 대상으로 한다.
⑤ 통합적 접근방법은 폐쇄체제에 입각하여 개혁대상을 포괄적으로 관찰하는 것이다.

해설

[❶ ▸ ×] [❹ ▸ ○] 행태과학의 지식과 기법을 활용하는 것은 **행태적(인간관계론적) 접근방법**이다.❶ 구조적 접근방법은 고전적 조직이론에 입각하여 행정개혁의 목적을 달성하려면 무엇보다 그 조직이 갖는 구조가 가장 좋게 설계되어 있어야 한다는데 초점을 둔 것이다. 따라서 **구조적 접근방법**에서는 조직의 명령계통, 통솔의 범위, 기능의 합리적 배분(중복여부), 권한과 책임의 한계 등이 행정개혁의 주요 대상이 된다.❹

[❷ ▸ ×] 분권화의 수준개선과 조직의 기능을 개혁대상으로 하는 것은 **구조적 접근방법**이다. **과정적(기술적) 접근방법**은 행정체제의 운영과정(의사결정 · 의사전달 · 통제 등)이나 일의 흐름 및 이에 결부된 기술(장비 및 수단)을 개선하려는 접근방법이다.

[❸ ▸ ×] 바람직한 문화변동을 추진하는 것은 **조직문화적 접근방법**이다.

[❺ ▸ ×] **통합적 접근방법**은 개방체제 관념에 입각하여 개혁대상의 구성요소들을 포괄적으로 관찰하고, 분화된 접근방법들을 통합하여 개혁을 달성하려는 접근방법이다.

답 ❹

222 감수성 훈련 등을 통해 관료의 가치관, 신념, 태도의 변화를 유도하는 행정개혁의 접근방법은? 23 행정사 제11회

□□□

① 과정적 접근방법
② 구조적 접근방법
③ 행태적 접근방법
④ 통합적 접근방법
⑤ 사업중심적 접근방법

해설

[❶ ▸ ×] **과정적 접근방법**은 행정과정에서 사용하는 장비 및 수단 및 분석기법의 개선 등을 통하여 행정체제의 과정 또는 일의 흐름을 개선하려는 접근방법이다.

[❷ ▸ ×] **구조적 접근방법**은 분권화 수준의 개선, 권한배분의 개편, 명령계통의 수정 등을 통하여 행정체계의 구조적 설계를 개선함으로써 행정개혁의 목표를 달성하려는 접근방법이다.

[❸ ▸ ○] 감수성 훈련 등을 통해 관료의 가치관, 신념, 태도의 변화를 유도하는 행정개혁의 접근방법은 **행태적 접근방법**이다.

[❹ ▸ ×] **통합적 접근방법**은 개방체제 관념에 입각하여 개혁대상의 구성요소들을 포괄적으로 관찰하고, 분화된 접근방법들을 통합하여 개혁을 달성하려는 접근방법이다.

[❺ ▸ ×] **사업중심적 접근방법**은 정책분석과 평가, 생산성 측정 등을 통하여 행정산출의 정책목표와 내용, 소요자원에 초점을 두어 행정의 목표를 개선하고, 서비스의 양과 질을 개선하려는 접근방법이다.

답 ❸

223 □□□ **고전적 조직이론에 입각하여 조직의 명령계통, 통솔의 범위, 기능배분, 권한과 책임의 한계 등을 주요 대상으로 하는 행정개혁의 접근방법은?** 14 행정사 제2회

① 구조적 접근방법
② 과정적 · 기술적 접근방법
③ 종합적 접근방법
④ 인간관계론적 접근방법
⑤ 행태적 접근방법

해설

[❶ ▸ O] 구조적 접근방법에 대한 설명이다.

➲ 행정개혁의 접근방법

구분	내용
구조적 접근방법	• 고전적 조직이론에 입각하여 행정체계의 구조적 설계를 개선함으로써 행정개혁의 목표를 달성하려는 접근방법 • 분권화 수준, 조직의 명령계통, 통솔의 범위, 기능의 합리적 배분(중복여부), 권한과 책임의 한계 등이 행정개혁의 주요 대상 • 주된 목표는 기능중복의 제거 및 표준적 절차의 간소화 등 • 조직의 분권화를 통해 조직계층의 단순화, 명령과 책임 등을 명확화
기술적(과정적) 접근방법	• 행정체제의 운영과정(의사결정 · 의사전달 · 통제 등)이나 일의 흐름 및 이에 결부된 기술(장비 및 수단)을 개선하려는 접근방법 • 과학적 관리론에 근거하여 행정에의 갖가지 수단, 즉 관리과학 · OR(오퍼레이션리서치) · 컴퓨터 등의 계량화 기법을 활용하여 행정성과를 향상 도모 • 문서의 양식과 처리절차, 행정사무의 전산화, 보수의 책정, 정원 관리 등이 행정개혁의 주요 대상
행태적(인간관계론적) 접근방법	• 인간관계론에 근거하여 개혁의 초점을 인간에 둠 • 공무원의 태도와 가치관을 변화시키고, 공무원의 능력개발을 통해 행정개혁 • 감수성 훈련, 집단토론, 조직적 전략 등 조직발전(OD) • 자발성에 의한 민주적 · 분권적 · 상향적 · 참여적 접근방법
통합적(종합적) 접근방법	• 개방체제 관념에 입각하여 개혁대상의 구성요소들을 포괄적으로 관찰하고, 분화된 접근방법들을 통합하여 개혁을 달성하려는 접근방법 • 구조 · 인간 · 환경 및 조직 간의 상호관련성 고려 • 성공조건 : 정치적 지지로 행정인의 이해 · 참여를 촉진하여 구조개혁 추진
조직문화적 접근방법	조직의 상징체계, 의례를 변경하여 조직구성원의 행동양식 · 관행 · 신념 개선

답 ❶

224 행정개혁의 저항을 극복하기 위한 규범적 · 사회적 전략으로 옳은 것을 모두 고른 것은?

□□□

22 행정사 제10회

> ㄱ. 의사전달과 참여의 확대
> ㄴ. 개혁의 공공성에 대한 홍보
> ㄷ. 사명감 고취와 역할 인식 강화
> ㄹ. 권력구조 개편과 긴장 조성
> ㅁ. 신분보장과 경제적 보상
> ㅂ. 가치갈등 해소

① ㄱ, ㄴ, ㄹ
② ㄱ, ㄷ, ㅂ
③ ㄴ, ㄷ, ㅁ
④ ㄴ, ㄹ, ㅁ
⑤ ㄷ, ㅁ, ㅂ

해설

[ㄱ▸O] [ㄷ▸O] [ㅂ▸O] ㄱ. 의사전달과 참여의 확대, ㄷ. 사명감 고취와 역할 인식 강화, ㅂ. 가치갈등 해소는 규범적 · 사회적 전략에 해당한다.

[ㄴ▸X] [ㄹ▸X] [ㅁ▸X] ㄴ. 개혁의 공공성에 대한 홍보, ㅁ. 신분보장과 경제적 보상은 기술적 · 공리적 전략에 해당하며, ㄹ. 권력구조 개편과 긴장 조성 등은 강제적 · 물리적 전략에 해당한다.

답 ❷

225 넥스트 스텝(Next Steps)을 통해 책임운영기관 제도를 도입하고, 공공서비스의 질 향상을 위해 시민헌장제, 의무경쟁입찰제, 시장성테스트 등의 개혁 조치를 추진한 국가는?

□□□

23 행정사 제11회

① 영 국
② 일 본
③ 뉴질랜드
④ 미 국
⑤ 독 일

해설

[❶▸O] **영국**에서 대처 행정부는 넥스트 스텝(Next Steps) 프로그램을 통해 책임운영기관(Executive Agency) 제도를 도입하였고, 지방정부를 대상으로 공공서비스 공급의 경쟁화와 정부기능 재조정을 위해 의무경쟁 입찰제도(CCT)를 도입하였다. 이후 의무경쟁입찰제도는 2000년 최고가치제도(B.V)로 전환되었다. 공공서비스를 단순히 저렴한 비용으로 제공하는 것만이 능사가 아니라 품질 면에서도 최고의 가치를 지향해야 한다는 것이다. 한편, 시민헌장제도는 1991년 영국 메이저(Major) 행정부에서 가장 먼저 시행하였으며, 미국 등 대부분의 OECD 국가에서도 이와 유사한 제도를 운영하고 있다.

답 ❶

226 행정개혁 저항에 대한 사회적 · 규범적 극복방안으로 옳은 것을 모두 고른 것은?

□□□

19 행정사 제7회

ㄱ. 교육훈련
ㄴ. 임용상 불이익 방지
ㄷ. 경제적 보상
ㄹ. 긴장조성
ㅁ. 의사소통과 참여 촉진

① ㄱ, ㄹ
② ㄱ, ㅁ
③ ㄴ, ㄷ
④ ㄴ, ㄹ
⑤ ㄷ, ㅁ

해설

[ㄱ ▸ O] [ㅁ ▸ O] ㄱ. 교육훈련, ㅁ. 의사소통과 참여 촉진이 사회적 · 규범적 극복방안에 해당한다.

➲ 행정개혁에 대한 저항의 원인과 대책

저항의 원인		• 기득권의 침해 • 개혁내용의 불명확성 • 개혁대상자의 능력부족 • 관료제의 경직성과 보수적 경향 • 참여의 부족이나 비공개적 추진
극복방안	사회적 · 규범적 방법	• 의사전달과 참여의 확대 • 의사소통과 참여 촉진ㅁ • 가치갈등의 해소 • 집단토론과 사전교육훈련ㄱ • 충분한 시간의 부여 • 사명감 고취와 역할 인식 강화
	기술적 · 공리적 방법	• 개혁의 점진적 추진 • 적절한 시기와 범위의 선택 • 개혁안의 공공성에 대한 홍보 • 개혁방법 · 기술의 수정 : 추진전략에 융통성의 부여 • 적절한 인사배치 • 호혜적 전략 : 조건부 지원이나 유인 제공 등 • 손실보상의 최소화와 보상방안의 명확화 • 신분보장과 경제적 보상(임용상 불이익 방지)ㄴ ㄷ
	강제적 · 물리적 방법	• 직위에 부여된 공식적 권한으로 명령 • 신분상 불이익 • 긴장 조성ㄹ • 물리적 제재 • 권력구조 개편에 의한 저항세력 약화

답 ❷

PART 1 PART 2 PART 3

227 미국의 행정개혁과 관련하여 (　　) 안에 들어갈 것으로 알맞은 것은? **15** 행정사 제3회

□□□

> (　　)에서 제안한 정부재창조의 기본원칙은 관료적 문서주의(red tape) 제거, 고객우선주의, 성과산출을 위한 권한 위임, 기본 원칙으로의 복귀 등이다.

① 시장성 테스트(Market Testing)
② 넥스트 스텝(Next Steps)
③ 국정성과팀(National Performance Review)
④ 클리블랜드위원회(Cleveland Committee)
⑤ 브라운로위원회(Brownlow Commission)

해설

[❶ ▸ ×] 1991년 영국에서 시행된 **시장성 테스트**(Market Testing)는 정부기능을 원점에서 재검토하여 정부책임하의 공공업무공급자를 민간과의 경쟁입찰을 통해 보다 효율적으로 결정하고자 한 제도를 말한다.
[❷ ▸ ×] 1988년 영국에서 시행된 **넥스트 스텝**(Next Steps Program)은 중앙부처의 집행 및 서비스 기능을 분리하여 책임집행기관을 설치하는 등 일련의 행정개혁 프로그램을 말한다.
[❸ ▸ O] 클린턴 행정부 시절 엘 고어(E. Gore)부통령을 위원장으로 하는 **국정성과팀**(National Performance Review)에 대한 설명이다.
[❹ ▸ ×] **클리블랜드위원회**(Cleveland Committee)는 1910년에 설치되어 2년간 연방정부의 예산, 조직과 활동, 인사, 재정보고 및 행정의 수속과 절차 등에 걸쳐 조사・분석하여 필요한 개혁안을 대통령에게 직접 건의한 대통령직속 특별위원회로, 조직 및 관리면에서 여러 가지 개혁을 건의하였다. 위원회의 가장 큰 공헌은 예산제도의 필요성을 강조하였다는 점이라고 할 수 있으며 예산과정에서의 부정의 지출, 낭비의 지출 및 목적외의 지출을 막기 위한 예산제도의 채택과 개혁을 주장하여 1921년의 예산회계법을 법제화하는 데 영향을 미쳤다.
[❺ ▸ ×] **브라운로위원회**(Brownlow Commission)는 1937년 미국에서 조직된 행정관리에 관한 대통령위원회로, 1936년 루즈벨트대통령은 과거의 행정개혁이 실패한 이유는 한정된 범위 내에서 정부기관을 통합하고 기능상의 중복을 제거하는 데만 한정되었기 때문이라고 전제하고, 가장 근본적인 문제는 행정관리이며 이의 개선을 위해서는 대통령이 갖는 행정관리 권한이 대폭 강화되어야 한다고 주장하고 행정관리에 관한 대통령위원회를 조직하였다.

228 우리나라의 행정개혁에 관한 설명으로 옳지 않은 것은? 21 행정사 제9회

□□□

① 제2공화국에서는 경찰중립화를 위해 공안위원회와 감찰위원회가 구성·운영되었다.
② 제3공화국의 행정개혁은 행정개혁조사위원회에 의해 추진되었다.
③ 제4공화국의 행정개혁은 서정쇄신운동의 일환으로 전개되었다.
④ 김영삼정부에서는 행정절차법과 공공기관의 정보공개에 관한 법률을 제정해 행정의 투명성을 제고하고자 하였다.
⑤ 김대중정부에서는 행정개혁을 위해 정부혁신추진위원회를 설치하였다.

해설

[❶ ▸ ×] 제2공화국에서는 감찰위원회는 구성·운영되었지만, 경찰중립화를 위한 공안위원회는 구성되지 못하였다.
[❷ ▸ O] 제3공화국의 행정개혁은 대통령 직속으로 설치된 행정개혁조사위원회에 의해 추진되었다.
[❸ ▸ O] 제4공화국의 행정개혁은 서정쇄신운동의 일환으로 전개되었으나, 이 운동은 정치적 동기에서 출발하여 정권을 보전하기 위한 수단으로서의 성격을 가지고 있었다.
[❹ ▸ O] 김영삼정부에서는 행정절차법과 공공기관의 정보공개에 관한 법률(양 법률 모두 1996년 제정, 1998년 시행)을 제정해 행정의 투명성을 제고하고자 하였다.
[❺ ▸ O] 김대중정부에서는 대통령령으로 정부혁신추진위원회규정(2000.7. 제정)을 제정하여 이를 근거로 정부혁신추진위원회를 설치하였다.

답 ❶

제3절 정보화와 행정

229 지식행정에 관한 설명으로 옳은 것은? 23 행정사 제11회

□□□

① 행정지식은 구조적이고 단기간에 창출되기 때문에 관리에 많은 시간과 자원이 소요되지 않는다.

② 지식은 정보와 동일하므로 지식행정은 정보행정과 동일한 수준의 활동이다.

③ 지식행정은 행정활동의 프로세스 개선과 무관하다.

④ 지식행정은 지식사회를 설계하고 지식관리를 통해 가치를 창출하고 극대화하는 것을 의미한다.

⑤ 지식행정은 문제 해결 및 사회변화 예견을 위해 정보관리기술에 의존하지 않는다.

해설

[❶ ▸ ×] 행정지식은 기존 데이터나 정보에 비해 높은 전략적 가치를 내포하지만, 비구조적이고 사람에게서 오랜 시간을 거쳐 창출되기에 다른 유형의 자산과 달리 효과적으로 관리하고 공유하는 데 많은 시간과 자원이 요구된다. 이러한 특성을 지닌 지식의 창출 및 활용과정을 조직차원에서 관리해 조직경쟁력을 제고시키려는 것이 지식관리이다. 여기서 요구되는 지식은 학문적 지식의 범위를 넘어 현장에서 쓰일 수 있는 실천적 지식으로서 현장 지식으로 불려진다. 그 개념은 자신의 일을 개선, 개발, 혁신해서 끊임없이 부가가치를 창출할 수 있는 능력으로 정의되기도 한다.

[❷ ▸ ×] 정보의 상위 개념으로서 지식이 정보를 대체하기 시작했다는 의미로서 이미 21세기를 지식사회로 규정하려는 주장이 확산되고 있다(Drucker). 정보는 조직화 또는 구조화된, 그리고 의미를 부여받은 데이터로서, 정보 시스템상의 현재 또는 과거 상태를 말한다. 반면, 지식은 예측 가능성 및 인과관계를 설정하며, 나아가 무엇을 할 것인지에 대한 진단적 의사결정을 가능하게 해 주므로 정보 이상의 의미를 갖는다. 따라서 지식행정은 정보행정보다 높은 수준의 활동이다.

[❸ ▸ ×] [❹ ▸ O] 지식행정은 지식사회을 설계하고, 지식 창출 형식화 전파 활용 등 지식관리를 통해 가치를 창출하고 극대화하는 행정이다. 또한 예측할 수 없을 정도로 급변하는 환경에서 경쟁력을 갖춘 지능적 행정으로서 그 외연적 모습은 지식정부로 나타난다. 지식행정은 장래의 기회와 위협 요소에 대응하기 위해 행정활동의 프로세스를 끊임없이 개선하는 학습과정으로서 조직 프로세스를 급격히 변화시키는 리엔지니어링과 구분된다. 이에 따라 행정조직은 창조력을 지닌 유기체로 기능하도록 스스로 인도하는 자기 지시적(self-guiding)능력을 발휘한다.

[❺ ▸ ×] 정보기술 발달로 조직 내 외부에 인트라넷이나 인터넷 등 가상공간이 확대되면서 이를 이용해 필요한 정보와 지식을 획득할 수 있게 되었다. 아울러 정보처리 체계적 분류 축적 공유 등이 가능한 정보 시스템을 구축하면서 지식경영 및 지식행정의 토대가 마련될 수 있었다. 즉, 지식행정은 문제 해결 및 사회변화 예견을 위해 정보관리기술에 의존하고 있다.

핵심정리

지식행정

① 행정지식 ⋯▸ 비구조적이고 장기간에 창출되기 때문에 관리에 많은 시간과 자원이 소요됨

② 지식은 정보의 상위 개념 ⋯▸ 지식행정은 정보행정보다 높은 수준의 활동

③, ④, ⑤ 지식행정

⋯▸ 지식사회를 설계하고 지식관리를 통해 가치를 창출하고 극대화하는 것을 의미

⋯▸ 행정활동의 프로세스를 끊임없이 개선하는 학습과정

⋯▸ 문제 해결 및 사회변화 예견을 위해 정보관리기술에 의존

답 ❹

230 □□□

전자정부와 행정의 변화에 관한 설명으로 옳은 것은? 20 행정사 제8회

① 정보행정은 정보기술을 활용하여 수요자중심으로 행정서비스를 개선한다.
② 전자정부는 단순히 정보기술을 의하여 업무처리 방식만을 변화시킨다.
③ 정보정책은 행정업무를 전자화하는 것으로 행정업무처리 재설계와는 관계가 없다.
④ 전자정부는 정보기술을 활용하여 업무처리 전반을 혁신시켜야 하기 때문에 실무보다는 이론이 강조되는 분야이다.
⑤ 전자정부는 행정업무에 정보기술의 도입 및 활용에 초점을 두기보다 정보기술 그 자체를 연구의 대상으로 한다.

해설

[❶ ▸ O] 정보행정은 정보기술을 활용하여 공급자(정부)보다 수요자(국민)중심으로 행정서비스를 개선한다.
[❷ ▸ ×] 전자정부는 단순히 정부기술에 의하여 정부내부의 업무처리 방식의 변화뿐만 아니라 고객(국민) 중심적인 변화와 시민의 참여를 촉진하기 위한 변화를 추구한다.
[❸ ▸ ×] 전자정부는 단순한 정부기술의 도입이 아닌 행정업무의 처리절차(프로세스)를 재설계하여 정부혁신을 유도하는 정보정책을 취한다.
[❹ ▸ ×] 전자정부는 정보기술을 활용하여 업무처리 전반을 혁신시켜야 하기 때문에 이론보다는 실무적 분야를 강조한다.
[❺ ▸ ×] 전자정부는 행정부문의 필요에 따라 정보기술 그 자체보다 정보기술의 도입 및 활용을 연구의 대상으로 한다.

답 ❶

231

전자정부의 주요 특징에 관한 설명으로 옳지 않은 것은? 18 행정사 제6회

① 시민이나 민간조직 등과의 네트워크를 통해 폭넓은 거버넌스를 구축한다.
② 수요자 중심보다는 공급자 중심의 행정서비스를 강조하는 열린 정부이다.
③ 정부의 정책과정에 대한 국민의 참여와 보편적 접근을 제고한다.
④ 행정업무 절차의 전산화가 항상 행정의 생산성을 보장해주는 것은 아니다.
⑤ 시민 개개인의 프라이버시를 존중하고 보호하기 위해 노력한다.

해설

[❶ ▸ O] 행정업무에 정보기술을 활용하여 대내적으로는 신속·정확한 대국민서비스를 제공하고, 대외적으로는 참여를 통한 시민이나 민간조직 등과의 네트워크를 통해 폭넓은 거버넌스를 구축한다.
[❷ ▸ ×] 전자정부는 정보기술을 활용하여 공급자(정부)보다 수요자(국민) 중심의 행정서비스를 강조하는 열린 정부이다.
[❸ ▸ O] 전자정부는 전통적인 관료제를 탈피하여 정부의 정책과정에 대한 국민의 참여와 보편적 접근을 제고한다.
[❹ ▸ O] 행정업무 절차의 전산화가 항상 행정의 생산성을 보장해주는 것은 아니라는 것을 유의하여야 한다.
[❺ ▸ O] 전자정부시대의 도래가 오히려 국민 개개인의 인적·물적 정보에 대한 침해의 우려를 증가시키고 있어 전자정부는 시민 개개인의 프라이버시를 존중하고 보호하기 위해 노력한다.

답 ❷

232 우리나라 전자정부에 관한 설명으로 옳지 않은 것은?

□□□

19 행정사 제7회

① 수요자 중심보다는 공급자 중심의 행정서비스를 강조한다.

② 정부의 정책과정과 업무절차에 대한 투명성과 접근성을 높인다.

③ 국민과의 소통과 협력을 확대하고, 24시간 행정서비스를 제공한다.

④ 스마트워크센터를 통해 시·공간 제약없이 유연한 근무를 가능하게 한다.

⑤ 인터넷이나 DB기술 활용을 통해 부서 간 효율적인 정보교류가 가능하다.

해설

[❶ ▸ ×] 전자정부는 정보기술을 활용하여 공급자(정부)보다 수요자(국민) 중심의 행정서비스를 강조한다.

[❷ ▸ ○] [❺ ▸ ○] 전자정부는 행정정보의 공동이용 및 공개를 통해 정부의 정책과정과 업무절차에 대한 투명성과 접근성을 높이고,❷ 인터넷이나 DB기술을 활용하여 부서 간 효율적인 정보교류가 가능하게 한다.❺

[❸ ▸ ○] 전자정부는 협업·소통지원을 위한 정부운영 시스템의 개선을 통해 국민과의 소통과 협력을 확대하고, 24시간 행정서비스를 제공한다.

[❹ ▸ ○] 전자정부는 원격지에서 업무가 가능하도록 원격업무시스템을 갖춘 스마트워크센터를 이용하여 시·공간 제약없이 유연한 근무를 가능하게 한다.

답 ❶

233 전자정부와 공공행정의 변화에 관한 설명으로 옳지 않은 것은?

□□□

22 행정사 제10회

① 전자정부 발전으로 인한 정보화의 역기능은 사회적 질서와 안전을 위협하는 디지털위험으로 진행될 수 있다.

② 일반적으로 정보는 공공재 성격이 강하기 때문에 행정정보의 비대칭성 문제는 해소 내지 완화되어야 하는 것이 바람직하다.

③ 정부의 맞춤형 전자서비스와 빅데이터 산업 고도화 차원에서 개인정보의 행정기관 간 공동 활용은 중요하다.

④ 전자정부 서비스는 이용자들의 거래비용과 기회비용 및 민원업무 감소에 기여한다.

⑤ 전자정부의 발달에 의한 공공데이터 개방은 행정정보의 독점적 소유를 촉진시키고 있다.

해설

[❶ ▸ ○] 전자정부 발전으로 인한 정보화의 역기능은 개인정보·사생활 침해 가능성으로 인해 사회적 질서와 안전을 위협하는 디지털위험으로 진행될 수 있다.

[❷ ▸ ○] 일반적으로 정보는 공공재 성격이 강하기 때문에 정보화의 역기능으로 디지털 디바이드(정보의 부익부·빈익빈 현상) 해소를 위해 행정정보의 비대칭성 문제는 해소 내지 완화되어야 하는 것이 바람직하다.

[❸ ▸ ○] 정부의 맞춤형 전자서비스와 빅데이터 산업 고도화 차원에서 정부와 국민, 정부와 기업, 정부부처 간의 정보 공동이용을 통해 거래비용을 줄여 행정의 효율성을 제고하고 궁극적으로 국민의 요구에 대한 대응성을 제고할 수 있게 된다.

[❹ ▸ ○] 전자정부서비스는 이용자들에게 필요한 정보를 제공하고 서류제출·방문접수 등 절차를 줄여 거래비용을 줄이고 일을 처리하는 데 드는 시간과 비용을 줄여 기회비용을 절감시킨다. 또한, 정보통신망을 활용한 민원업무처리는 현장방문 등을 통한 민원처리업무를 감소시킨다.

[❺ ▸ ×] 전자정부의 발달에 의한 공공데이터 개방은 종전에 공공기관이 독점적으로 소유·관리하던 공공데이터(행정정보)를 국민에게 개방하여 국민의 공공데이터(행정정보)에 대한 이용권을 보장하고 새로운 비즈니스 및 신성장동력을 창출할 수 있게 한다.

답 ❺

234 □□□ **전자정부에 관한 설명으로 옳지 않은 것은?** 13 행정사 제1회

① 전자정부의 기반기술 패러다임은 유비쿼터스 컴퓨팅과 네트워크 기술에서 모바일기술로, 다시 모바일 기술에서 인터넷의 발전으로 진화하고 있다.

② 국민을 위해 언제 어디서나 한 번에 서비스가 제공되고 24시간 처리가 가능한 ONESTOP 전자민원 서비스를 제공한다.

③ 전자정부는 정부 내 공문서나 자료가 전자적으로 처리되어 종이 없는 행정을 구현한다.

④ 행정정보가 풍부한 정보네트워크를 통해 국민과의 소통이 원활하게 되어 국민과 하나가 되는 정부를 구현하는 데 기여한다.

⑤ 전자정부는 정보공개를 촉진하며, 인터넷, 키오스크 등 다양한 매체를 활용하여 정부가 보유한 정보에 쉽게 접근할 수 있도록 하여 국민의 알 권리를 충족시키는 데 기여한다.

해설

[❶ ▸ ×] 전자정부의 기반기술 패러다임은 ㉠ 인터넷 기반 전자정부에서 ㉡ 모바일 기술기반 전자정부로, 다시 모바일 기술에서 ㉢ 유비쿼터스 컴퓨팅과 네트워크 기술기반 전자정부로 발전·진화해 왔다.

[❷ ▸ O] 전자정부는 국민을 위해 언제 어디서나 한 번에 서비스가 제공되고 24시간 처리가 가능한 ONESTOP 전자민원서비스를 제공한다. 대표적으로 정부의 서비스, 민원, 정책·정보를 제공하는 정부포털 정부24가 있다.

[❸ ▸ O] 행정기관등의 문서는 전자문서를 기본으로 하여 작성, 발송, 접수, 보관, 보존 및 활용되어야 하므로 전자정부는 정부 내 공문서나 자료가 전자적으로 처리되어 종이 없는 행정을 구현한다(전자정부법 제25조 제1항).

[❹ ▸ O] 전자정부는 국민과의 소통지원을 위한 정보네트워크의 개선을 통해 국민과의 소통이 원활하게 되어 국민과 하나가 되는 정부를 구현하는 데 기여한다.

[❺ ▸ O] 전자정부는 공공정보의 적극적인 공개를 촉진하며, 다양한 매체를 활용하여 정부가 보유한 정보에 쉽게 접근할 수 있도록 하여 국민의 알 권리를 충족시키는 데 기여한다.

핵심정리 **전자정부**

① 전자정부의 기반기술 패러다임의 발전·진화 : 인터넷 기반 전자정부 → 모바일 기술 기반 전자정부 → 유비쿼터스 컴퓨팅과 네트워크 기술기반 전자정부
② ONESTOP 전자민원서비스 제공
③ 종이 없는 행정의 구현
④ 정보네트워크를 통해 국민과 하나가 되는 정부의 구현 기여
⑤ 정보공개를 촉진하며, 국민의 알 권리를 충족시키는 데 기여

 답 ❶

235 전자정부에 관한 설명으로 옳은 것을 모두 고른 것은? 17 행정사 제5회

□□□

ㄱ. 전자정부는 정보통신기술을 활용하여 효율적인 행정, 질 높은 대민서비스, 투명하고 민주적인 정부를 구현하는 실천적인 수단이다.
ㄴ. 우리나라 전자정부시스템에는 '정부민원포털(민원24)', '국가종합전자조달시스템(나라장터)', '전자통관시스템(UNI-PASS)' 등이 있다.
ㄷ. 스마트워크센터는 출장지 등 원격지에서 업무가 가능하도록 정보통신기술기반의 원격업무시스템을 갖춘 사무공간을 말한다.
ㄹ. 행정기관등의 장은 원격지 간 업무수행을 할 때에는 온라인 영상회의를 우선적으로 활용하도록 노력하여야 한다.

① ㄱ, ㄴ
② ㄷ, ㄹ
③ ㄱ, ㄴ, ㄷ
④ ㄴ, ㄷ, ㄹ
⑤ ㄱ, ㄴ, ㄷ, ㄹ

해설

[ㄱ ▸ O] 전자정부란 정보기술을 활용하여 행정기관 및 공공기관의 업무를 전자화하여 행정기관등의 상호 간의 행정업무 및 국민에 대한 행정업무를 효율적으로 수행하는 정부를 말한다(전자정부법 제2조 제1호). 전자정부는 정보통신기술을 활용하여 효율적인 행정, 질 높은 대민서비스(국민중심의 정부, 인터넷에 의한 대민봉사), 투명하고 민주적인 정부(열린 정부)를 구현하는 실천적인 수단이다.

[ㄴ ▸ O] 우리나라 전자정부시스템에는 정부민원포털(민원24), 국민신문고, 국가종합전자조달시스템(나라장터), 전자통관시스템(UNI-PASS), 홈택스 서비스(Home Tax), 디지털예산회계시스템(BAIS) 등이 있다.

[ㄷ ▸ O] 스마트워크센터는 원격지에서 업무가 가능하도록 원격업무시스템을 갖춘 사무공간을 말한다.

[ㄹ ▸ O] 행정기관등의 장은 행정업무를 수행할 때 정보통신망을 이용한 온라인 영상회의 방식을 활용할 수 있다. 이 경우 행정기관등의 장은 원격지 간 업무수행을 할 때에는 온라인 영상회의를 우선적으로 활용하도록 노력하여야 한다(전자정부법 제32조 제1항).

답 ❺

236 전자정부법상 (ㄱ)과 (ㄴ)에 들어갈 용어로 옳은 것은? 21 행정사 제9회

□□□

> • (ㄱ)(이)란 행정기관등이 보유하고 있는 행정정보, 전자적 수단에 의하여 행정정보의 수집 · 가공 · 검색을 하기 쉽게 구축한 정보시스템, 정보시스템의 구축에 적용되는 정보기술, 정보화예산 및 정보화인력 등을 말한다.
> • (ㄴ)(이)란 전기통신기본법 제2조 제2호에 따른 전기통신설비를 활용하거나 전기통신설비와 컴퓨터 및 컴퓨터 이용기술을 활용하여 정보를 수집 · 가공 · 저장 · 검색 · 송신 또는 수신하는 정보통신체제를 말한다.
> ※ 전기통신기본법 제2조 제2호에 따른 전기통신설비라 함은 전기통신을 하기 위한 기계 · 기구 · 선로 기타 전기통신에 필요한 설비를 말한다.

① ㄱ : 정보자원, ㄴ : 정보통신망
② ㄱ : 정보자원, ㄴ : 정보기술아키텍처
③ ㄱ : 정보시스템감리, ㄴ : 정보통신망
④ ㄱ : 정보시스템감리, ㄴ : 정보기술아키텍처
⑤ ㄱ : 정보기술아키텍처, ㄴ : 정보통신망

해설

[❶ ▸ O] ㄱ : 정보자원, ㄴ : 정보통신망

전자정부법 제2조(정의) 이 법에서 사용하는 용어의 뜻은 다음과 같다.

10. 정보통신망이란 전기통신기본법 제2조 제2호에 따른 전기통신설비를 활용하거나 전기통신설비와 컴퓨터 및 컴퓨터 이용기술을 활용하여 정보를 수집 · 가공 · 저장 · 검색 · 송신 또는 수신하는 정보통신체제를 말한다.
11. 정보자원이란 행정기관등이 보유하고 있는 행정정보, 전자적 수단에 의하여 행정정보의 수집 · 가공 · 검색을 하기 쉽게 구축한 정보시스템, 정보시스템의 구축에 적용되는 정보기술, 정보화예산 및 정보화인력 등을 말한다.
12. 정보기술아키텍처란 일정한 기준과 절차에 따라 업무, 응용, 데이터, 기술, 보안 등 조직 전체의 구성요소들을 통합적으로 분석한 뒤 이들 간의 관계를 구조적으로 정리한 체제 및 이를 바탕으로 정보화 등을 통하여 구성요소들을 최적화하기 위한 방법을 말한다.
14. 정보시스템 감리란 감리발주자 및 피감리인의 이해관계로부터 독립된 자가 정보시스템의 효율성을 향상시키고 안전성을 확보하기 위하여 제3자의 관점에서 정보시스템의 구축 및 운영 등에 관한 사항을 종합적으로 점검하고 문제점을 개선하도록 하는 것을 말한다.

답 ❶

237 □□□ 전자정부법에 규정된 전자정부의 원칙으로 행정기관등이 전자정부의 구현 · 운영 및 발전을 추진할 때 우선적으로 고려해야 할 사항으로 옳은 것은 모두 몇 개인가? 15 행정사 제3회

- 대민서비스의 전자화 및 국민편익의 증진
- 행정업무의 혁신 및 생산성 · 효율성의 향상
- 정보시스템의 안전성 · 신뢰성의 확보
- 개인정보 및 사생활의 보호
- 행정정보의 공개 및 공동이용의 확대

① 1개
② 2개
③ 3개
④ 4개
⑤ 5개

해설

[❺ ▸ O] 전자정부법에 규정된 전자정부의 원칙으로 모두 옳은 내용이다(전자정부법 제4조 참조).

전자정부법 제4조(전자정부의 원칙) ① 행정기관등은 전자정부의 구현 · 운영 및 발전을 추진할 때 다음 각 호의 사항을 우선적으로 고려하고 이에 필요한 대책을 마련하여야 한다.
1. 대민서비스의 전자화 및 국민편익의 증진
2. 행정업무의 혁신 및 생산성 · 효율성의 향상
3. 정보시스템의 안전성 · 신뢰성의 확보
4. 개인정보 및 사생활의 보호
5. 행정정보의 공개 및 공동이용의 확대
6. 중복투자의 방지 및 상호운용성 증진

답 ❺

238 □□□ 정부 3.0에 관한 설명으로 옳지 않은 것은? 16 행정사 제4회

① 2010년 이명박 정부에서 처음 실시되었다.
② 정부와 국민 간의 양방향 소통을 중시하며, 국민에게 맞춤형 서비스 제공을 목적으로 한다.
③ 인터넷, 스마트기기, 빅데이터 등 정보통신기술을 적극 활용한다.
④ 투명한 정부, 유능한 정부, 서비스 정부를 목표로 한다.
⑤ 개방, 공유, 소통, 협력을 핵심가치로 한다.

해설

[❶ ▸ X] [❹ ▸ O] [❺ ▸ O] 정부 3.0은 공공정보를 적극 개방 · 공유하고 부처 간 칸막이를 없애 소통 · 협력함으로써 국정과제에 대한 추진동력을 확보하고 국민 맞춤형서비스를 제공함과 동시에 일자리 창출과 창조경제를 지원하겠다는 박근혜정부에서 처음 실시된 새로운 국민 중심의 유능하고 투명한 정부운영의 패러다임으로,❶ 투명한 정부, 유능한 정부, 서비스 정부를 목표로 하고 개방, 공유, 소통, 협력을 핵심가치로 한다.❹❺

[❷ ▸ O] [❸ ▸ O] 정부 3.0의 추진기본계획

정부 3.0의 추진기본계획
- 공공정보 적극 공개로 국민의 알권리 충족
- 공공데이터의 민간활용 활성화 : 새로운 비즈니스 및 신성장동력의 창출
- 민간협치의 강화 : 민간의 능동적인 참여를 유도하는 국민 중심의 정부
- 정부 내 칸막이 해소
- 협업·소통지원을 위한 정부운영 시스템의 개선
- 빅데이터를 활용한 과학적 행정 구현
- 수요자 맞춤형 서비스의 통합제공
- 창업 및 기업활동 원스톱 지원 강화
- 정보취약계층의 서비스 접근성 제고
- 새로운 정보기술을 활용한 맞춤형 서비스의 창출

답 ❶

239 □□□ **우리나라 스마트 전자정부의 비전에 관한 설명으로 옳지 않은 것은?** 24 행정사 제12회

① 국민이 직접 증명하는 공급자 중심의 획일적인 서비스를 극대화하는 정부이다.
② 부처 간 장벽이 없는 네트워크를 통해 서비스 연계·통합이 가능한 정부이다.
③ 모바일 기기 등으로 어디서나 편리한 서비스를 제공하는 정부이다.
④ 국민의 수요에 실시간으로 반응하는 서비스를 제공하는 정부이다.
⑤ 참여·소통으로 수요자가 원하는 서비스와 정보를 제공하는 정부이다.

해설

[❶ ▸ X] 스마트 전자정부(Smart-Gov)란 진화된 IT기술과 정부 서비스간 융·복합으로 언제 어디서나 매체에 관계 없이 국민이 자유롭게 정부서비스를 이용하고, 참여·소통할 수 있는 선진화된 정부를 의미를 의미한다. 스마트 전자정부(Smart-Gov)는 공급자 중심의 획일적인 서비스를 극대화하는 정부가 아니라 **국민 중심의 통합·맞춤형 서비스를 제공하는 정부**이다.

➲ 스마트 전자정부가 구현된 모습

Seamless	부처별 서비스 연계·통합,❷ 국민 중심의 통합·맞춤형 서비스❶
Mobile	모바일 전자정부, 어디서나 편리한 서비스❸
Any time	국민이 원하는 시간에 언제나 이용 가능한 서비스
Real time	국민수요에 실시간으로 반응하는 서비스 대응체계❹
Together	기업 상생, 소외계층 배려, 국민 참여·소통으로 서비스 선진화❺

답 ❶

240 (　　)에 들어갈 B사무관의 근무 유형은? 19 행정사 제7회

□□□

> △△과 A사무관 : ○○과죠? 업무협의 때문에 전화 드렸습니다. B사무관님과 통화하고 싶은데요?
> ○○과 C주무관 : 네. B사무관님은 이번 달부터 10시에 출근하고 19시에 퇴근하십니다. 조금 후 10시 이후에 다시 전화바랍니다.
> △△과 A사무관 : 아, 알겠습니다. B사무관님께서 (　　)를 신청하셨군요.

① 재택근무제　　② 집약근무제
③ 시차출퇴근세　　④ 재량근무제
⑤ 원격근무제

해설

[❶ ▸ ×] 재택근무제는 직장이 나오지 않고 가정에서 인터넷망을 통해 사무처리나 결재를 할 수 있도록 하는 근무제도를 말한다.

[❷ ▸ ×] 집약근무제는 1일 근무시간을 조정하여, 주 3.5~4일을 근무하도록 하는 제도를 말한다.

[❸ ▸ ○] **시차출퇴근제**는 1일 8시간을 근무하면서 출퇴근시간을 자유롭게 조정할 수 있는 제도(주 40시간 근무)를 말한다.

[❹ ▸ ×] 재량근무제는 출퇴근의무 없이 프로젝트 수행으로 주 40시간 근로를 인정하는 제도를 말한다.

[❺ ▸ ×] 원격근무제는 주거지와 가까운 원격근무용 사무실에 출근하여 근무하거나 모바일 기기를 이용하여 사무실이 아닌 장소에서 근무하는 제도를 말한다.

답 ❸

CHAPTER 07
지방자치론

제1절 지방자치의 기초이론

241 지방자치단체의 자치권에 관한 설명으로 옳지 않은 것은? 19 행정사 제7회

□□□

① 고유권설(지방권설)에서 자치권은 국가와 관계없이 인간이 태어나면서부터 천부의 인권을 갖는 것과 마찬가지로 지방자치단체의 고유한 권리로 본다.

② 전래권설(국권설)에서 자치권은 주권적 통일국가의 통치구조 일환으로 형성된다는 의미에서 국법으로 부여된 권리로 본다.

③ 제도적 보장설은 자치권이 국가의 통치권에서 나오는 것이라고 하면서도, 헌법에 지방자치의 규정을 둠으로써 지방자치제도가 보장된다고 본다.

④ 고유권설(지방권설)은 주로 헤겔(Hegel)의 영향을 받은 독일의 공법학자들에 의하여 주장되었다.

⑤ 제도적 보장설에서의 보장은 지방자치제도의 일반적인 보장이지, 개별적인 지방자치단체의 존립을 계속 보장하는 것은 아니다.

해설

[❶ ▸ O] 고유권설(지방권설)은 지방자치권이 지방자치단체의 고유한 권리라는 견해이다. 지방자치권이 지방자치단체의 자연권에 속한다는 것을 근거로 하거나 국가 이전부터 생성된 단체라는 것을 근거로 한다.

[❷ ▸ O] 전래권설(국권설)은 지방자치권은 국가가 수여한 전래적 권력이라고 이해한다. 전래권설(국권설)은 국가권력의 단일성에 근거한다. 즉, 국가영역 내에서 국가로부터 나오지 아니하는 고권은 있을 수 없다는 논리에 근거한다. 전래권설은 지방자치단체를 국가의 법률에 의한 창조물로 본다.

[❸ ▸ O] [❺ ▸ O] 제도적 보장설은 지방자치제도의 본질적 내용보장에 중점을 두어 지방자치제도를 헌법에서 규정함으로써 입법자에 의한 침해로부터 그 본질적 내용을 보장하려는 것으로,❸ 제도적 보장설에서의 보장은 지방자치제도의 일반적인 보장이지, 개별적인 지방자치단체의 존립을 계속 보장하는 것은 아니다.❺

[❹ ▸ X] 주로 헤겔(Hegel)의 영향을 받은 독일의 공법학자들에 의하여 주장된 것은 전래권설(국권설)이다. 고유권설은 프랑스의 지방권 사상에서 비롯되었다.

핵심정리

지방자치단체의 자치권

① 고유권설(지방권설) ⋯→ 자치권은 지방자치단체의 고유한 권리

②, ④ 전래권설(국권설)
- ⋯→ 자치권은 국법으로 부여된 권리
- ⋯→ 독일 공법학자들에 의해 주장

③, ⑤ 제도적 보장설
- ⋯→ 헌법에 지방자치의 규정을 둠으로써 지방자치제도가 보장
- ⋯→ 지방자치제도의 일반적인 보장을 의미 (개별적인 지방자치단체의 존립을 계속 보장 ×)

답 ❹

242 지방자치의 원리로서 주민자치에 관한 설명으로 옳은 것은? 23 행정사 제11회

□□□

① 국가에 대한 지방자치단체의 법률상의 상대적 독립성을 강조한다.
② 주민자치의 전통은 주로 유럽 대륙권 국가에서 찾아볼 수 있다.
③ 대의민주제를 포함한 지방자치단체의 주민대표성과 민주성을 강조한다.
④ 자치권이 국가로부터 파생 내지 위임된 것으로 보는 전래설 또는 수탁설에 기초한다.
⑤ 민족국가 출현과 함께 수립된 헌정체제에 기초한 중앙정부와 지방자치단체의 관계를 강조한다.

해설

[❶ ▸ ×] 국가에 대한 지방자치단체의 법률상의 상대적 독립성을 강조하는 것은 **단체자치**이다. 주민자치는 지역의 문제를 지역 주민이 자신의 책임 아래 스스로 처리한다는 측면에서 '정치적 의미'가 강하다.
[❷ ▸ ×] 주민자치의 전통은 주로 **영국과 미국**에서, 단체자치의 전통은 주로 유럽 대륙권 국가(프랑스, 독일)에서 찾아볼 수 있다.
[❸ ▸ ○] 주민자치는 대의민주제를 포함한 지방자치단체의 주민대표성과 민주성을 강조한다(민주주의).
[❹ ▸ ×] 자치권이 국가로부터 파생 내지 위임된 것으로 보는 전래설 또는 수탁설에 기초하는 것은 **단체자치**이다. 주민자치는 자치권을 지방의 고유한 권리로 보는 고유권설에 기초한다.
[❺ ▸ ×] 민족국가 출현과 함께 수립된 헌정체제에 기초한 중앙정부와 지방자치단체의 관계(분권주의)를 강조하는 것은 **단체자치**이다.

핵심정리

주민자치와 단체자치의 구별

①, ②, ④, ⑤ 단체자치
→ 국가에 대한 지방자치단체의 법률상의 상대적 독립성을 강조(법률적 의미)
→ 독일, 프랑스 등 유럽대륙을 중심으로 발달
→ 자치권이 국가로부터 파생 내지 위임된 것으로 보는 전래설 또는 수탁설에 기초
→ 중앙정부로부터의 독립, 중앙정부와 지방자치단체의 관계를 강조(분권주의)

③ 주민자치
→ 대의민주제를 포함한 지방자치단체의 주민대표성과 민주성을 강조(정치적 의미, 민주주의)
→ 영국, 미국 중심으로 발달
→ 자치권을 지방의 고유한 권리로 보는 고유권설에 기초

답 ❸

243 지방자치에 관한 설명으로 옳지 않은 것은? 22 행정사 제10회

□□□

① 지방자치의 본질적 의미는 지역주민이 그 지역의 제반 문제를 스스로 결정하고 처리하는 것이다.
② 지방자치는 정치적 활동과는 무관하며 공공행정의 가치를 중시한다.
③ 지방자치는 지방분권을 전제로 하며, 주민참여는 '풀뿌리 민주주의' 원리를 구현한다.
④ 지방자치단체라는 공법인을 통해 주민에게 필요한 주요 정책의 실험장 역할을 한다.
⑤ 지역특성에 맞는 행정과 정책을 통해 행정의 능률성과 책임성을 확립한다.

해설

[❶ ▸ O] 지방자치란 일정한 지역을 단위로 하여 그 지역의 사무를 국가의 간섭 없이 주민 스스로 자신의 책임하에 직접 처리하는 것을 말한다. 따라서 지방자치에서 단체자치는 지방자치의 형식(외형)을, 주민자치는 지방자치의 실질(본질)을 의미하는 것으로 이해할 수 있다.

[❷ ▸ X] 지방자치와 민주주의 상관관계를 인정하는 영미계의 주민자치에서는 지방자치의 정치적 필요성을 중시하고, 유럽 대륙(독일, 프랑스)계의 단체자치에서는 공공행정의 가치를 중시한다. 우리나라의 지방자치의 관념에는 주민자치와 단체자치가 혼합되어 있다.

[❸ ▸ O] 지방자치는 지방분권을 전제로 하며 주민참여는 풀뿌리 민주주의의 실현수단의 원리를 구현하여 민주주의의 보호수단으로서의 역할을 한다.

[❹ ▸ O] [❺ ▸ O] 지방자치는 지방자치단체라는 공법인을 통해 혁신의 제안 등 다양한 정책의 지역적 실험이 용이하게 하여 정책실행의 실험장 역할을 할 수 있다.❹ 또한 지방의 특성이나 실정에 맞는 행정과 정책을 시행하고 중앙과 지방 간의 업무분담을 조정하여 지방행정의 능률성과 책임성을 확립할 수 있게 한다.❺

답 ❷

244 우리나라 지방자치단체의 자치입법권에 관한 설명으로 옳지 않은 것은? 17 행정사 제5회

□□□

① 지방자치단체는 법령의 범위 안에서 자치에 관한 규정을 제정할 수 있다.

② 지방자치단체는 지방자치단체의 장에게 위임하여 행하는 국가사무에 관하여 조례를 제정할 수 없다.

③ 지방자치단체는 법률의 구체적인 위임이 없더라도 조례를 위반한 행위에 대하여 벌금을 부과하는 조례를 제정할 수 있다.

④ 특별시·광역시·도·특별자치도는 해당 지역의 환경적 특수성을 고려하여 필요하다고 인정할 때에는 해당 시·도의 조례로 대통령령으로 정하는 환경기준보다 확대·강화된 별도의 환경기준을 설정할 수 있다.

⑤ 교육감은 법령 또는 조례의 범위 안에서 그 권한에 속하는 사무에 관하여 교육규칙을 제정할 수 있다.

해설

[❶ ▸ O] 지방자치단체는 주민의 복리에 관한 사무를 처리하고 재산을 관리하며, 법령의 범위안에서 자치에 관한 규정을 제정할 수 있다(헌법 제117조 제1항).

[❷ ▸ O] 지방자치단체가 조례를 제정할 수 있는 사항은 지방자치단체의 고유사무인 자치사무와 개별 법령에 의하여 자치단체에 위임된 이른바 단체위임사무에 한하고, 국가사무로서 지방자치단체의 장에 위임된 이른바 기관위임사무에 관한 사항은 조례제정의 범위 밖이라고 할 것이다(대판 1992.7.28. 92추31).

[❸ ▸ ×] 지방자치단체는 법령의 범위에서 그 사무에 관하여 조례를 제정할 수 있다. 다만, 주민의 권리 제한 또는 의무 부과에 관한 사항이나 벌칙을 정할 때에는 법률의 위임이 있어야 한다(지방자치법 제28조 제1항).

[❹ ▸ O] 환경정책기본법에서 이러한 조례 제정을 인정하고 있다.

> **환경정책기본법 제12조(환경기준의 설정)** ① 국가는 생태계 또는 인간의 건강에 미치는 영향 등을 고려하여 환경기준을 설정하여야 하며, 환경 여건의 변화에 따라 그 적정성이 유지되도록 하여야 한다.
> ② 환경기준은 대통령령으로 정한다.
> ③ 특별시·광역시·특별자치시·도·특별자치도는 해당 지역의 환경적 특수성을 고려하여 필요하다고 인정할 때에는 해당 시·도의 조례로 제1항에 따른 환경기준보다 확대·강화된 별도의 환경기준을 설정 또는 변경할 수 있다.

[❺ ▸ O] 교육감은 법령 또는 조례의 범위 안에서 그 권한에 속하는 사무에 관하여 교육규칙을 제정할 수 있다(교육자치법 제25조 제1항).

핵심정리 **지방자치단체의 자치입법권**

① 지방자치단체는 법령의 범위 안에서 자치에 관한 규정(조례·규칙) 제정 가능
② 기관위임사무(국가사무)는 원칙적으로 조례제정의 대상 × / 예외 : 위임조례 O
③ 지방자치단체의 조례제정권
 → 원칙 : 법률의 위임 필요 ×
 → 예외 : 주민의 권리 제한 또는 의무 부과에 관한 사항이나 벌칙을 정할 때 법률의 위임 필요 O
④ 시·도는 조례로 대통령령으로 정하는 기준보다 확대·강화된 환경기준 설정 가능
 → 환경정책기본법에 별도의 규정 O
⑤ 교육감의 교육규칙제정권 → 법령 또는 조례의 범위 안에서 그 권한에 속하는 사무에 관하여 교육규칙을 제정

답 ❸

245 우리나라의 지방자치에 관한 설명으로 옳은 것은? 13 행정사 제1회

□□□

① 교육위원회는 시도의회와는 별도로 교육위원으로 구성되며, 교육위원 선거구 단위로 지방의원 선거와는 다르게 선출하여 구성한다.

② 기관위임사무는 국가가 사업비 일부를 보조하며, 지방의회의 통제를 받고 지방자치단체와 국가가 공동으로 책임진다.

③ 선결처분권은 지방자치단체장을 견제할 수 있는 지방의회의 강력한 권한이다.

④ 지방교부세는 지역 간 재정불균형을 시정하기 위해 지방자치단체에 국세 일부를 이전하는 것으로 일정한 조건과 용도를 지정한다.

⑤ 우리나라 특별자치도에는 지방자치단체인 시와 군을 둘 수 없으며, 행정시장을 도지사가 임명한다.

해설

[❶ ▸ ×] 교육위원회의 구성, 교육의원의 선거구 단위에 대한 구 교육자치법 규정(동법 제5조, 제53조)은 법률 제10046호(2010.2.26.) 부칙 제2조 제1항의 규정에 의하여 2014년 6월 30일까지만 유효하여 그 후 효력을 상실하였고 2016.12.13. 교육자치법 개정으로 삭제되었다.

[❷ ▸ ×] 기관위임사무는 **위임기관(국가)이 전액 경비를 부담**하는 것이 원칙이다. 즉, 국가가 스스로 하여야 할 사무를 지방자치단체나 그 기관에 위임하여 수행하는 경우 그 경비는 국가가 전부를 그 지방자치단체에 교부하여야 한다(지방재정법 제21조 제2항). 그리고 위임기관(국가)이 전면적인 직무감독을 행하여 합법성뿐만 아니라 합목적성, 사후 교정적, 사전 예방적 감독도 가능하다. 기관위임사무는 국가가 지방자치단체에 위임한 사무이므로 원칙적으로 국가가 책임을 진다. 다만, 지방자치단체는 국가배상법이 정하는 바에 따라 비용부담자로서 국가배상책임을 부담하기도 한다(국가배상법 제6조 제1항).

[❸ ▸ ×] 선결처분권(지방자치법 제122조)은 지방자치단체의 장의 임무수행에 지방의회의 의결이 요구되는 사안에서 그것이 기대되기 어려운 경우에 지방자치단체의 장이 갖는 일종의 긴급권으로 지방자치단체장의 지방의회에 대한 권한으로서의 의미를 가진다.

[❹ ▸ ×] 지방교부세는 지역 간 재정불균형을 시정하기 위해 지방자치단체에 국세 일부를 이전하는 것으로 조건과 용도가 붙지 않는 일반재원이다. 일정한 조건과 용도를 지정하는 재원은 특별재원이며 국고보조금이 이에 해당한다.

[❺ ▸ ×] 시험 시행 당시 우리나라 특별자치도는 제특별자치도밖에 없었고, 제주특별자치도는 그 관할구역에 지방자치단체인 시와 군을 두지 아니하고, 이때 행정시의 시장은 일반직 지방공무원으로 보하되, 도지사가 임명하도록 규정하고 있었으므로(제주특별자치도 설치 및 국제자유도시 조성을 위한 특별법 제10조 제1항, 제11조 제2항), 옳은 지문이었다. 그러나 2023.6.11. 시행되는 「강원특별자치도 설치 등에 관한 특별법」에 의하여 설치되는 **강원특별자치도**와 2024.1.18. 시행되는 「전북특별자치도 설치 등에 관한 특별법」에 의하여 설치되는 **전북특별자치도**의 경우에는 제주특별자치도와 달리 **지방자치단체인 시와 군을 두고 있으므로**(시·군 개편에 대한 규정이 없음), 현행법에 따라 틀린 지문으로 처리한다.

> **핵심정리**
>
> **우리나라의 지방자치**
>
> ① 교육위원회의 구성, 교육의원의 선거구 단위에 대한 규정 → 삭제
> ② 기관위임사무 → 국가가 전액 비용부담·감독·책임이 원칙
> ③ 선결처분권 → 지방자치단체장의 지방의회에 대한 권한
> ④ 지방교부세 → 조건과 용도가 붙지 않는 일반재원
> ⑤ 특별자치도
> → 제주특별자치도 : 시와 군을 둘 수 없고, 행정시장은 도지사가 임명
> → 강원특별자치도, 전북특별자치도 : 시와 군 유지 O

답 없음

246 지방자치제도에서 법인격이 없는 행정계층에 해당하는 것은? 24 행정사 제12회

□□□

① 세종특별자치시
② 경상북도 고령군
③ 제주특별자치도 제주시
④ 부산광역시 기장군
⑤ 전라남도 순천시

해설

[❶ ▸ O] 지방자치단체는 법인으로 한다(지방자치법 제3조). 지방자치단체는 광역자치단체(특별시, 광역시, 특별자치시, 도, 특별자치도)와 기초자치단체(시, 군, 자치구)의 두 가지 종류로 구분한다(지방자치법 제2조 제1항). 세종특별자치시는 광역지방자치단체로서 법인격이 인정된다.

[❷ ▸ O] [❹ ▸ O] [❺ ▸ O] 경상북도 고령군, 부산광역시 기장군, 전라남도 순천시는 **기초자치단체로서 법인격이 인정**된다.

[❸ ▸ X] 제주특별자치도는 그 관할구역에 지방자치단체인 시와 군을 두지 아니하고, 제주특별자치도의 관할구역에는 지방자치단체가 아닌 시(이하 "행정시"라 한다)를 둔다. 이때 행정시의 시장은 일반직 지방공무원으로 보하되, 도지사가 임명하도록 규정하고 있다(제주특별자치도 설치 및 국제자유도시 조성을 위한 특별법 제10조 제1항, 제11조 제2항). 제주특별자치도의 **제주시**나 **서귀포시**는 **지방자치단체가 아닌 행정시**로서 **법인격이 인정되지 않는다**.

핵심정리	**지방자치단체의 종류와 지방자치단체의 법인격** ①, ②, ④, ⑤ 지방자치단체 → 법인격 인정 O → ㉠ 광역자치단체 : 특별시, 광역시, 특별자치시, 도, 특별자치도 → ㉡ 기초자치단체 : 시, 군, 자치구 ③ 지방자치단체 아닌 행정시(예 제주특별자치도 제주시) → 법인격 인정 ×

답 ❸

247 지방자치단체의 자치권에 관한 설명으로 옳은 것은? 21 행정사 제9회

□□□

① 자치권은 원칙적으로 해당 자치단체의 관할구역 안에 있는 재화·물자를 제외한 모든 사람에 포괄적으로 미친다.

② 국권설은 프랑스의 지방권 사상을 기초로 확립되었다.

③ 고유권설은 자치권을 인간의 자연권과 마찬가지로 본래적이고 침해할 수 없는 고유한 권리라고 본다.

④ 중앙정부의 전제적 군주정치가 대의제 민주정치로 대체됨에 따라 제도적 보장설의 논거가 매우 취약하게 되었다.

⑤ 제도적 보장설에서 보장이란 헌법으로 지방자치제도를 보장한다는 것이 아니라, 개별적인 지방정부의 존립을 보장한다는 것이다.

해설

[❶ ▸ ×] 자치권은 국가주권 아래의 권한으로서 국법으로부터 벗어날 수 없다는 예속성, 국가로부터 어느 정도의 독립성을 지니는 자주성, 관할구역 안에 있는 재화·물자를 포함한 모든 사람에 포괄적으로 미친다는 포괄성을 그 특징으로 한다.

[❷ ▸ ×] 프랑스의 지방권 사상을 기초로 확립된 것은 고유권설(지방권설)이다. Thouret(투레)는 지방단체의 지방권은 개인의 기본권과 동가치적인 것으로 간주되고, 이는 마치 국가통치권이 개인의 기본권을 침해할 수 없듯이 지방자치단체의 지방권 역시 국가통치권이 침해할 수 없다는 지방권설을 주장하여 프랑스의 혁명정부에 영향을 주었다. 전래권설은 독일 공법학자들을 중심으로 주장되었으며 지금까지 학계의 통설의 위치를 차지하고 있다.

[❸ ▸ ○] 고유권설(지방권설)은 지방자치권이 지방자치단체의 고유한 권리라는 견해이다. 자연권 사상에 입각하여 인간이 태어나면서부터 천부의 인권을 갖는 것과 마찬가지로 지방자치권이 지방자치단체의 자연권에 속한다는 것을 근거로 하거나 국가 이전부터 생성된 단체라는 것을 근거로 한다.

[❹ ▸ ×] 중앙정부의 전제적 군주정치가 대의제 민주정치로 대체됨에 따라 오늘날 고유권설(지방권설)의 논거가 매우 취약하게 되었다.

[❺ ▸ ×] 제도적 보장설은 지방자치제도의 본질적 내용보장에 중점을 두어 역사적·전통적으로 형성된 지방자치제도를 헌법에서 규정함으로써 입법자에 의한 침해로부터 그 본질적 내용을 보장하려는 것으로, 제도적 보장설에서의 보장은 지방자치제도의 일반적인 보장이지, 개별적인 지방자치단체의 존립을 계속 보장하는 것은 아니다.

핵심정리

지방자치단체의 자치권

① 자치권의 특징 → 예속성, 자주성, 포괄성

② 국권설 → 헌법으로부터 지방자치권이 유래되었다는 독일의 학설로 확립

③ 고유권설 → 자치권은 자연권과 마찬가지로 본래적이고 침해할 수 없는 고유한 권리

④ 대의민주주의의 정착 → 고유권설의 논거가 취약하게 됨

⑤ 제도적 보장설 → 지방자치제도를 헌법에서 규정함으로써 그 본질적 내용 보장

답 ❸

248 지방자치에 관한 설명으로 옳은 것은? 24 행정사 제12회

□□□

① 일정기간 지역에 거주하지 않았더라도 주민등록만 되어 있다면 지방자치법상 주민으로서의 권리와 의무의 주체가 된다.

② 국가로부터 일정한 부분 자치권한을 이양 받은 자치권을 고유권이라고 한다.

③ 특례시에는 자치구가 설치되어 있다.

④ 자치권이란 자연적으로 발생한 주민의 권리이므로 전래권이다.

⑤ 지방자치단체는 주민의 복리와 재산을 보호하고 외교·국방과 같은 문제를 다룬다.

해설

[❶ ▸ O] 지방자치법은 여러 조항에서 권리·의무의 주체이자 법적 규율의 상대방으로서 '주민'이라는 용어를 사용하고 있다. 지방자치법은 "지방자치단체의 구역에 주소를 가진 자는 그 지방자치단체의 주민이 된다"라고 규정하여(지방자치법 제16조), '주민의 자격'을 '지방자치단체의 구역 안에 주소를 가진 자'로 정하고 있다. 따라서 일정기간 지역에 거주하지 않았더라도 주민등록만 되어 있다면 지방자치법상 주민으로서의 권리와 의무의 주체가 된다고 볼 수 있다.

[❷ ▸ ×] 국가로부터 일정한 부분 자치권한을 이양 받은 자치권을 **전래권**이라고 한다.

[❸ ▸ ×] 특례시란 서울특별시·광역시 및 특별자치시를 제외한 인구 100만 이상의 대도시를 말한다(지방자치법 제198조 제2항 제1호). **특례시에는 자치구가 아닌 구를 둘 수 있다**(지방자치법 제3조 제3항). 현재 경기도 고양시, 수원시, 용인시와 경상남도 창원시가 특례시에 해당한다. 예를 들면, 경기도 고양시에는 덕양구, 일산동구, 일산서구의 3개의 구가 있으나 이는 자치구 아닌 구(일반구, 행정구)에 불과하다.

[❹ ▸ ×] 자치권이 자연적으로 발생한 주민의 권리라고 보는 견해는 자치권을 **고유권**으로 본다(고유권설).

[❺ ▸ ×] 지방자치단체는 주민의 복리에 관한 사무를 처리하고 재산을 관리하며, 법령의 범위 안에서 자치에 관한 규정을 제정할 수 있다(헌법 제117조 제1항). 그러나 외교·국방, 사법, 국세 등 국가의 존립에 필요한 사무는 **국가사무**로서 법률에 다른 규정이 있는 경우를 제외하고는 **지방자치단체가 처리할 수 없다**(지방자치법 제15조 제1호).

답 ❶

제2절 지방자치단체와 국가의 관계

249 우리나라 지방자치제의 특징이나 내용에 관한 설명으로 옳은 것은? 16 행정사 제4회

□□□

① 시·군 및 자치구의 장이 법령의 규정에 따라 그 의무에 속하는 국가위임사무의 관리와 집행을 명백히 게을리하고 있다고 인정되면 주무부장관은 그 이행을 직접 명령할 수 있다.

② 시·군 및 자치구의 사무에 관한 그 장의 명령이나 처분이 법령에 위반되거나 현저히 부당하여 공익을 해친다고 인정되면 주무부장관은 그 시정을 직접 명할 수 있다.

③ 시·군 및 자치구에 대하여 지방의회의 의결이 법령에 위반되거나 공익을 현저히 해친다고 판단되면 주무부장관은 직접 재의를 요구할 수 있다.

④ 지방자치단체의 기관구성은 기본적으로 기관대립형을 채택하고 있다.

⑤ 기관위임사무는 주로 전국적 이해관계보다 지방적 이해관계가 큰 사무들이 그 대상이 된다.

해설

[❶ ▸ ×] 지방자치단체의 장이 법령에 따라 그 의무에 속하는 국가위임사무나 시·도위임사무의 관리와 집행을 명백히 게을리하고 있다고 인정되면 시·도에 대해서는 주무부장관이, 시·군 및 자치구에 대해서는 시·도지사가 기간을 정하여 서면으로 이행할 사항을 명령할 수 있다(지방자치법 제189조 제1항).

[❷ ▸ ×] 지방자치단체의 사무에 관한 지방자치단체의 장의 명령이나 처분이 법령에 위반되거나 현저히 부당하여 공익을 해친다고 인정되면 시·도에 대해서는 주무부장관이, 시·군 및 자치구에 대해서는 시·도지사가 기간을 정하여 서면으로 시정할 것을 명하고, 그 기간에 이행하지 아니하면 이를 취소하거나 정지할 수 있다(지방자치법 제188조 제1항).

[❸ ▸ ×] 지방의회의 의결이 법령에 위반되거나 공익을 현저히 해친다고 판단되면 시·도에 대해서는 주무부장관이, 시·군 및 자치구에 대해서는 시·도지사가 해당 지방자치단체의 장에게 재의를 요구하게 할 수 있고, 재의 요구 지시를 받은 지방자치단체의 장은 의결사항을 이송받은 날부터 20일 이내에 지방의회에 이유를 붙여 재의를 요구하여야 한다(지방자치법 제192조 제1항). 다만, 시·군 및 자치구의회의 의결이 법령에 위반된다고 판단됨에도 불구하고 시·도지사가 재의를 요구하게 하지 아니한 경우 주무부장관이 직접 시장·군수 및 자치구의 구청장에게 재의를 요구하게 할 수 있다(지방자치법 제192조 제2항).

[❹ ▸ O] 우리나라 지방자치단체의 기관구성은 기본적으로 기관대립형을 채택하고 있다. 한편 개정 지방자치법은 주민투표를 거쳐 지방자치단체의 기관구성 형태를 달리 할 수 있다고 규정하고 있다(지방자치법 제4조).

[❺ ▸ ×] 기관위임사무는 법령에 의하여 중앙정부 또는 상급자치단체로부터 자치단체의 장에게 위임된 사무를 말하며, 주로 전국적 이해관계가 큰 사무들이 그 대상이 된다.

핵심정리

우리나라 지방자치단체의 특징과 내용

① 시·군 및 자치구의 장이 법령의 규정에 따라 국가위임사무의 관리와 집행을 명백히 게을리하고 있다고 인정되는 경우 ⇢ 시·도지사는 직무이행명령 가능 O

② 시·군 및 자치구의 사무에 관한 그 장의 명령이나 처분이 법령에 위반되거나 현저히 부당하여 공익을 해친다고 인정되는 경우 ⇢ 시·도지사는 시정명령, 취소·정지처분 가능 O

③ 시·군 및 자치구에 대하여 지방의회의 의결이 법령에 위반되거나 공익을 현저히 해친다고 판단되는 경우 ⇢ 시·도지사는 해당 지방자치단체의 장에게 재의요구 지시 가능 O

④ 지방자치단체의 기관구성 ⇢ 기본적으로 기관대립형 채택

⑤ 기관위임사무 ⇢ 주로 전국적 이해관계가 큰 사무들이 대상

답 ❹

PART 1 PART 2 PART 3

250 다음에서 설명하는 중앙 · 지방정부 간 사무배분의 원칙으로 옳은 것은? 21 행정사 제9회

□□□

- 기초지방정부가 할 수 있는 일을 상급정부가 관여해서는 안 된다는 기초지방정부 우선의 원칙이다.
- 중앙정부의 역할은 지방정부의 기능을 보완하는 측면에 국한해야 한다.

① 포괄성의 원칙
② 가외성의 원칙
③ 효율성의 원칙
④ 보충성의 원칙
⑤ 충분재정의 원칙

해설

[❹ ▸ O] ④ 보충성의 원칙에 대한 설명이다. 한편, ③ 효율성의 원칙은 지방세의 주민부담 측면에서 인정되는 원칙으로, 지방세는 자원배분의 효율화에 기여해야 한다는 원칙을 말한다. ⑤ 충분재정의 원칙은 지방세의 재정수입 측면에서 인정되는 원칙으로 지방세는 지방자치를 위하여 충분한 금액이어야 한다는 원칙을 말한다.

답 ❹

251 우리나라 지방자치단체들 간의 공동사무를 협력 · 처리하는 방식이 아닌 것은? 18 행정사 제6회

□□□

① 광역도시계획 수립
② 행정협의회 구성
③ 지방자치단체조합 설립
④ 지방자치단체장 협의체 설립
⑤ 행정구(자치구가 아닌 구) 설치

해설

[❶ ▸ O] 광역도시계획은 둘 이상의 특별시 · 광역시 · 특별자치시 · 특별자치도 · 시 또는 군의 공간구조 및 기능을 상호 연계시키고 환경을 보전하며 광역시설을 체계적으로 정비하기 위하여 필요한 경우에 국토교통부장관 또는 도지사에 의해 지정된 광역계획권의 장기발전방향을 제시하는 계획으로, 광역계획권이 둘 이상의 시 · 도의 관할 구역에 걸쳐 있는 경우에는 관할 시 · 도지사가 공동으로 수립하게 된다(국토계획법 제11조 제1항 제2호).

[❷ ▸ O] 지방자치단체는 2개 이상의 지방자치단체에 관련된 사무의 일부를 공동으로 처리하기 위하여 관계 지방자치단체 간의 행정협의회를 구성할 수 있다(지방자치법 제169조 제1항 전문).

[❸ ▸ O] 2개 이상의 지방자치단체가 하나 또는 둘 이상의 사무를 공동으로 처리할 필요가 있을 때에는 규약을 정하여 지방의회의 의결을 거쳐 시 · 도는 행정안전부장관의 승인, 시 · 군 및 자치구는 시 · 도지사의 승인을 받아 지방자치단체조합을 설립할 수 있다(지방자치법 제176조 제1항 본문).

[❹ ▸ O] 지방자치단체의 장이나 지방의회의 의장은 상호 간의 교류와 협력을 증진하고, 공동의 문제를 협의하기 위하여 전국적 협의체를 설립할 수 있다(지방자치법 제182조 제1항).

[❺ ▸ X] 행정구(자치구가 아닌 구)의 설치는 하나의 자치단체 내에서 행정의 효율성을 위한 것이므로 지방자치단체들 간의 공동사무를 협력 · 처리하는 방식으로 볼 수 없다.

답 ❺

252 □□□ '기초자치단체가 처리하기 어려운 사무는 광역자치단체가 맡고 지방자치단체에서 처리하기 어려운 사무는 중앙정부의 사무로 처리해야 한다'와 관련된 사무배분 원칙은? 17 행정사 제5회

① 포괄성의 원칙
② 종합성의 원칙
③ 지역성의 원칙
④ 가외성의 원칙
⑤ 보충성의 원칙

해설

[❶ ▸ ×] 포괄성의 원칙(완전성의 원칙, 예산총계주의)이란 모든 세입과 세출은 예산에 명시적으로 나열되어 있어야 한다는 원칙을 말한다.
[❷ ▸ ×] 종합성의 원칙은 특별한 사무만을 처리하는 일선기관보다는 지방의 행정이 종합적으로 이루어지는 지방자치단체에 가급적 사무를 배분하여야 한다는 것을 말한다.
[❸ ▸ ×] 지역성의 원칙은 지방세의 징세행정 측면에서 인정되는 원칙으로 과세객체를 관할구역 내에 국한시켜 조세부담 회피를 위한 지역 간의 이동을 막아야 한다는 원칙을 말한다.
[❹ ▸ ×] 가외성은 행정에 있어서 중첩이나 여분 · 초과분 등을 의미하는데, 행정학에서의 본격적인 논의는 란다우(M. Landau)가 불확실성의 시대에 실패에 대비하기 위한 신뢰성 확보 차원에서 강조하면서 대두된 행정개념이다. 따라서 환경의 불확실성이 커질수록 가외성의 필요성은 증가한다. 가외성이 적용된 사례로 권력분립, 부통령제, 양원제, 재판의 3심제, 대통령의 거부권, 연방주의, 위원회제, 계선과 막료 등을 들 수 있다.
[❺ ▸ ○] 보충성의 원칙에 대한 설명이다. 지방자치법 제11조 제2항은 **보충성의 원칙**을 규정하고 있다.

> **지방자치법 제11조(사무배분의 기본원칙)** ② 국가는 사무를 배분하는 경우 지역주민생활과 밀접한 관련이 있는 사무는 원칙적으로 시 · 군 및 자치구의 사무로, 시 · 군 및 자치구가 처리하기 어려운 사무는 시 · 도의 사무로, 시 · 도가 처리하기 어려운 사무는 국가의 사무로 각각 배분하여야 한다.

답 ❺

253 □□□ 지방자치법상 지방자치단체의 사무 배분 및 처리의 기본원칙에 관한 설명으로 옳지 않은 것은? 23 행정사 제11회

① 국가는 국가와 지방자치단체 간의 사무를 주민의 편익증진 등을 고려하여 서로 중복되지 아니하도록 배분하여야 한다.
② 국가가 지방자치단체에 사무를 배분할 때에는 관련 사무를 포괄적으로 배분하여야 한다.
③ 도와 시 · 군이 사무를 처리할 때 사무가 서로 겹치면 도에서 먼저 처리한다.
④ 지방자치단체는 조직과 운영을 합리적으로 하고 규모를 적절하게 유지하여야 한다.
⑤ 시 · 군 및 자치구는 해당 구역을 관할하는 시 · 도의 조례를 위반하여 사무를 처리할 수 없다.

해설

[❶ ▸ ○] 국가는 지방자치단체가 사무를 종합적 · 자율적으로 수행할 수 있도록 국가와 지방자치단체 간 또는 지방자치단체 상호 간의 사무를 주민의 편익증진, 집행의 효과 등을 고려하여 서로 중복되지 아니하도록 배분하여야 한다(지방자치법 제11조 제1항).
[❷ ▸ ○] 국가가 지방자치단체에 사무를 배분하거나 지방자치단체가 사무를 다른 지방자치단체에 재배분할 때에는 사무를 배분받거나 재배분받는 지방자치단체가 그 사무를 자기의 책임하에 종합적으로 처리할 수 있도록 관련 사무를 포괄적으로 배분하여야 한다(지방자치법 제11조 제3항).

[❸ ▸ ×] 국가는 제1항에 따라 사무를 배분하는 경우 지역주민생활과 밀접한 관련이 있는 사무는 원칙적으로 시·군 및 자치구의 사무로, 시·군 및 자치구가 처리하기 어려운 사무는 시·도의 사무로, 시·도가 처리하기 어려운 사무는 국가의 사무로 각각 배분하여야 한다(지방자치법 제11조 제2항).
[❹ ▸ O] 지방자치단체는 사무를 처리할 때 주민의 편의와 복리증진을 위하여 노력하여야 한다. 지방자치단체는 조직과 운영을 합리적으로 하고 규모를 적절하게 유지하여야 한다(지방자치법 제12조 제1항 및 제2항).
[❺ ▸ O] 지방자치단체는 법령을 위반하여 사무를 처리할 수 없으며, 시·군 및 자치구는 해당 구역을 관할하는 시·도의 조례를 위반하여 사무를 처리할 수 없다(지방자치법 제12조 제3항).

핵심정리

지방자치단체의 사무 배분 및 처리의 기본원칙
①, ②, ③ 사무 배분의 기본원칙
→ 국가와 지방자치단체 간의 사무를 서로 중복되지 아니하도록 배분
→ 관련 사무를 포괄적으로 배분
→ 지역주민생활과 밀접한 관련이 있는 사무는 원칙적으로 시·군 및 자치구의 사무로, 시·군 및 자치구가 처리하기 어려운 사무는 시·도의 사무로 배분
④, ⑤ 사무 처리의 기본원칙
→ 지방자치단체는 조직과 운영을 합리적으로 하고 규모를 적절하게 유지
→ 시·군 및 자치구는 해당 구역을 관할하는 시·도의 조례를 위반하여 사무 처리 ×

답 ❸

254 □□□ 중층의 국가공동체 조직에서 하급단위가 잘 처리할 수 있는 업무를 상급단위에서 직접 처리하면 안 된다는 원칙은? 20 행정사 제8회

① 딜론(Dillon)의 원칙
② 법률유보의 원칙
③ 충분재정의 원칙
④ 보충성의 원칙
⑤ 포괄성의 원칙

해설

[❶ ▸ ×] **딜론의 원칙**(Dillon's rule)이란 미국에서 주(state) 정부와 지방 정부(local government)와의 관계를 설정하는 데 적용되는 고전적 이론으로서, 지방 정부는 오직 주 헌법이나 법에 명기되어 있거나 명기된 권한의 행사에 필요한 최소한의 범위 내에서만 활동할 수 있다는 것을 말한다.
[❷ ▸ ×] **법률유보의 원칙**은 일정한 행정권의 발동에는 법률에 근거가 있어야 하며, 법률에 근거가 없는 경우에는 행정개입의 필요가 있더라도 행정권이 발동될 수 없다는 원칙을 말한다.
[❸ ▸ ×] **충분재정의 원칙**은 지방세의 재정수입 측면에서 인정되는 원칙으로 지방세는 지방자치를 위하여 충분한 금액이어야 한다는 원칙을 말한다.
[❹ ▸ O] 보충성의 원칙에 대한 설명이다. 지방자치법 제11조 제2항은 **보충성의 원칙**을 규정하고 있다.

> **지방자치법 제11조(사무배분의 기본원칙)** ② 국가는 사무를 배분하는 경우 지역주민생활과 밀접한 관련이 있는 사무는 원칙적으로 시·군 및 자치구의 사무로, 시·군 및 자치구가 처리하기 어려운 사무는 시·도의 사무로, 시·도가 처리하기 어려운 사무는 국가의 사무로 각각 배분하여야 한다.

[❺ ▸ ×] **포괄성의 원칙**(완전성의 원칙, 예산총계주의)이란 모든 세입과 세출은 예산에 명시적으로 나열되어 있어야 한다는 원칙을 말한다.

답 ❹

255 지방자치단체와는 별도로 특별지방행정기관을 설치하는 경우 나타나는 장점으로 옳은 것은?
□□□

13 행정사 제1회

① 주민들의 직접참여와 통제가 용이하여 책임행정 확보가 가능하다.
② 광역적인 국가 업무를 효율적으로 처리할 수 있다.
③ 유사중복기능의 수행 인력과 조직으로 행정의 중복성을 통하여 효율성을 강화할 수 있다.
④ 관할범위가 넓어 현지성이 확보됨으로써 지역주민을 위한 행정이 가능하다.
⑤ 특별지방행정기관 증가로 이원적 업무수행이 가능하여 주민들의 행정만족도가 높아지고 혼란을 방지할 수 있다.

해설

[❶ ▸ ×] 특별지방행정기관(예 지방 세무서, 지방 경찰서, 지방 세관 등)은 주민에 의한 직접 참여 및 통제와 책임확보가 곤란하므로 자치행정과 책임행정을 저해하여 지방자치의 위협요인으로 작용할 수 있다.
[❷ ▸ O] 특별지방행정기관은 국가의 특정 중앙행정기관에 소속되어 당해 관할구역 내에서 시행되는 소속 중앙행정기관의 행정사무를 관장하는 지방행정기관을 말한다. 특별지방행정기관은 행정의 전문성·통일성의 확보가 가능하고 중앙정부와 인접지역과의 협력과 광역행정이 용이함으로 광역적인 국가 업무를 효율적으로 처리할 수 있다.
[❸ ▸ ×] 특별지방행정기관과 지방자치단체 간의 기능이 중복되어 인력과 예산낭비 등 지방행정의 비효율성이 초래될 수 있다.
[❹ ▸ ×] [❺ ▸ ×] 특별지방행정기관의 관할범위가 지방자치단체보다 넓어 광역행정에는 도움이 되지만 현지성을 의미하는 주민접근성이 낮고,❹ 특별지방행정기관과 지방자치단체 간의 이원적 업무수행으로 주민불편을 초래할 가능성이 있다.❺

핵심정리

특별지방행정기관의 설치
① 자치행정과 책임행정을 저해하여 지방자치의 위협요인으로 작용
② 광역적인 국가 업무를 효율적으로 처리 가능
③ 기능이 중복되어 인력과 예산낭비 등 지방행정의 비효율성 초래
④ 광역행정에는 도움이 되지만 현지성을 의미하는 주민접근성의 저하
⑤ 이원적 업무수행으로 주민불편의 초래 가능성

답 ❷

제3절 지방자치단체의 조직

256 우리나라 지방자치단체의 유형과 특징에 관한 설명으로 옳지 않은 것은? 22 행정사 제10회

□□□

① 지방자치단체에는 특별시, 광역시, 도, 특별자치도, 특별자치시와 시・군・구(자치구)가 포함된다.

② 두 개 이상의 지방자치단체가 특정한 목적을 위하여 법인으로서의 특별지방자치단체를 설치할 수 있다.

③ 특별시, 광역시 및 특별자치시가 아닌 인구 100만 이상의 시는 특례시 명칭을 부여받고 자치구를 둔다.

④ 모든 지방자치단체는 법령의 범위를 벗어나 사무 처리와 조례 제정을 할 수 없다.

⑤ 특별시・광역시 또는 특별자치시가 아닌 인구 50만 이상의 시는 자치구가 아닌 구를 둘 수 있다.

해설

[❶ ▸ O] 지방자치단체는 ㉠ 특별시, 광역시, 특별자치시, 도, 특별자치도, ㉡ 시, 군, 구 등의 두 가지 종류로 구분한다(지방자치법 제2조 제1항).

[❷ ▸ O] 2개 이상의 지방자치단체가 공동으로 특정한 목적을 위하여 광역적으로 사무를 처리할 필요가 있을 때에는 특별지방자치단체를 설치할 수 있다. 이 경우 특별지방자치단체를 구성하는 지방자치단체(이하 "구성 지방자치단체")는 상호 협의에 따른 규약을 정하여 구성 지방자치단체의 지방의회 의결을 거쳐 행정안전부장관의 승인을 받아야 한다(지방자치법 제199조 제1항). 예 부산울산경남특별연합(부산 울산, 경상남도를 구성 지방자치단체로 하는 특별지방자치단체로 2022.4.19. 공식 출범)

[❸ ▸ X] 특별시, 광역시 및 특별자치시가 아닌 인구 100만 이상의 시는 관계법률이 정하는 바에 따라 특례시가 될 수 있으나, 자치구는 둘 수 없다. 자치구는 특별시와 광역시의 관할 구역 안에 둔다(지방자치법 제198조, 제3조 제2항).

[❹ ▸ O] 지방자치법 제12조 제3항, 제28조 제1항 참조

> **지방자치법 제12조(사무처리의 기본원칙)** ③ 지방자치단체는 법령을 위반하여 사무를 처리할 수 없으며, 시・군 및 자치구는 해당 구역을 관할하는 시・도의 조례를 위반하여 사무를 처리할 수 없다.
>
> **지방자치법 제28조(조례)** ① 지방자치단체는 법령의 범위에서 그 사무에 관하여 조례를 제정할 수 있다. 다만, 주민의 권리 제한 또는 의무 부과에 관한 사항이나 벌칙을 정할 때에는 법률의 위임이 있어야 한다.

[❺ ▸ O] 특별시・광역시 또는 특별자치시가 아닌 인구 50만 이상의 시에는 자치구가 아닌 구를 둘 수 있고(예 성남시 분당구), 군에는 읍・면을 두며, 시와 구(자치구를 포함한다)에는 동을, 읍・면에는 리를 둔다(지방자치법 제3조 제3항).

핵심정리

우리나라 지방자치단체의 유형과 특징

① 지방자치단체의 종류 : 특별시, 광역시, 도, 특별자치도, 특별자치시와 시・군・구(자치구)

② 2개 이상의 지방자치단체가 공동으로 사무를 처리할 필요가 있는 경우 → 특별지방자치단체 설치 가능

③ 특별시, 광역시 및 특별자치시가 아닌 인구 100만 이상의 시 → 특례시가 될 수 있으나 자치구 설치 ×

④ 법률우위의 원칙 → 모든 지방자치단체는 법령의 범위를 벗어나 사무 처리와 조례 제정 ×

⑤ 특별시・광역시 또는 특별자치시가 아닌 인구 50만 이상의 시 → 자치구가 아닌 구 설치 가능

답 ❸

257 지방자치법에 규정된 특별지방자치단체에 관한 내용으로 옳지 않은 것은? 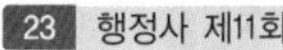

□□□

① 특별지방자치단체는 법인으로 한다.
② 구성 지방자치단체의 장은 특별지방자치단체의 장을 겸할 수 있다.
③ 특별지방자치단체의 의회는 규약으로 정하는 바에 따라 구성 지방자치단체의 의회 의원으로 구성한다.
④ 특별지방자치단체의 구역은 특별한 사정이 있을 때에는 해당 지방자치단체 구역의 일부만을 구역으로 할 수 있다.
⑤ 2개 이상의 지방자치단체가 특별지방자치단체를 설치하는 경우 구성하는 지방자치단체의 지방의회 의결을 거쳐 국무총리의 승인을 받아야 한다.

해설

[❶ ▸ O] 특별지방자치단체는 법인으로 한다(지방자치법 제199조 제3항).

[❷ ▸ O] 특별지방자치단체의 장은 규약으로 정하는 바에 따라 특별지방자치단체의 의회에서 선출한다. 구성 지방자치단체의 장은 지방자치법 제109조에도 불구하고 특별지방자치단체의 장을 겸할 수 있다(지방자치법 제205조 제1항 및 제2항).

[❸ ▸ O] 특별지방자치단체의 의회는 규약으로 정하는 바에 따라 구성 지방자치단체의 의회 의원으로 구성한다. 구성 지방자치단체의 지방의회의원은 지방자치법 제43조 제1항에도 불구하고 특별지방자치단체의 의회 의원을 겸할 수 있다(지방자치법 제204조 제1항 및 제2항).

[❹ ▸ O] 특별지방자치단체의 구역은 구성 지방자치단체의 구역을 합한 것으로 한다. 다만, 특별지방자치단체의 사무가 구성 지방자치단체 구역의 일부에만 관계되는 등 특별한 사정이 있을 때에는 해당 지방자치단체 구역의 일부만을 구역으로 할 수 있다(지방자치법 제201조).

[❺ ▸ ×] 2개 이상의 지방자치단체가 공동으로 특정한 목적을 위하여 광역적으로 사무를 처리할 필요가 있을 때에는 특별지방자치단체를 설치할 수 있다. 이 경우 특별지방자치단체를 구성하는 지방자치단체는 상호 협의에 따른 규약을 정하여 구성 지방자치단체의 지방의회 의결을 거쳐 **행정안전부장관의 승인**을 받아야 한다(지방자치법 제199조 제1항).

핵심정리

지방자치법상 특별지방자치단체
① 특별지방자치단체 → 법인으로 함
② 구성 지방자치단체의 장 → 특별지방자치단체의 장 겸직 가능
③ 특별지방자치단체의 의회 → 규약으로 정하는 바에 따라 구성 지방자치단체의 의회 의원으로 구성
④ 특별지방자치단체의 구역 → 특별한 사정이 있을 때에는 해당 지방자치단체 구역의 일부만을 구역으로 가능
⑤ 2개 이상의 지방자치단체가 특별지방자치단체를 설치하는 경우 → 상호 협의에 따른 규약을 정하여 구성 지방자치단체의 지방의회 의결을 거쳐 행정안전부장관의 승인을 받아야 함

답 ❺

PART 1 PART 2 PART 3

258 현행 우리나라 지방자치법상 지방의회의 권한에 관한 내용으로 옳지 않은 것은?

□□□

15 행정사 제3회

① 지방의회는 재적의원 3분의 2 이상의 출석과 출석의원 3분의 2 이상의 찬성으로 그 자치단체장을 불신임할 수 있다.

② 지방의회는 조례의 제정・개정 및 폐지, 기금의 설치・운용, 청원의 수리와 처리 등에 관한 사항을 의결한다.

③ 지방의회는 매년 1회 그 지방자치단체의 사무에 대하여 시・도에서는 14일의 범위에서, 시・군 및 자치구에서는 9일의 범위에서 감사를 실시한다.

④ 본회의나 위원회는 그 의결로 안건의 심의와 직접 관련된 서류의 제출을 해당 지방자치단체의 장에게 요구할 수 있다.

⑤ 지방자치단체의 장이나 관계 공무원은 지방의회나 그 위원회가 행정사무처리상황의 보고를 요구하면 출석・답변하여야 한다. 다만, 특별한 이유가 있으면 지방자치단체의 장은 관계공무원에게 출석・답변하게 할 수 있다.

해설

[❶ ▸ ×] 우리나라 지방자치단체의 기관구성은 기본적으로 기관대립형(기관분리형)을 채택하고 있다. 기관대립형의 경우 지방의회의 지방자치단체에 대한 불신임결의권은 인정되지 아니한다.

[❷ ▸ O] 지방의회는 조례의 제정・개정 및 폐지, 기금의 설치・운용, 청원의 수리와 처리 등에 관한 사항을 의결한다(지방자치법 제47조 제1항 제1호, 제5호, 제9호).

[❸ ▸ O] 지방의회는 매년 1회 그 지방자치단체의 사무에 대하여 시・도에서는 14일의 범위에서, 시・군 및 자치구에서는 9일의 범위에서 감사를 실시하고, 지방자치단체의 사무 중 특정 사안에 관하여 본회의 의결로 본회의나 위원회에서 조사하게 할 수 있다(지방자치법 제49조 제1항).

[❹ ▸ O] 본회의나 위원회는 그 의결로 안건의 심의와 직접 관련된 서류의 제출을 해당 지방자치단체의 장에게 요구할 수 있다(지방자치법 제48조 제1항).

[❺ ▸ O] 지방자치단체의 장이나 관계 공무원은 지방의회나 그 위원회가 요구하면 출석・답변하여야 한다. 다만, 특별한 이유가 있으면 지방자치단체의 장은 관계 공무원에게 출석・답변하게 할 수 있다(지방자치법 제51조 제2항).

핵심정리

지방자치법상 지방의회의 권한

① 지방의회의 지방자치단체에 대한 불신임결의권 ×
② 의결권 : 조례의 제정・개정 및 폐지, 기금의 설치・운용, 청원의 수리와 처리 등의 의결권
③ 행정사무 감사권 및 행정사무 조사권 O
④ 서류제출요구권 : 지방의회의 본회의나 위원회는 의결로 해당 지방자치단체의 장에게 서류제출 요구 O
⑤ 행정사무처리상황 보고와 질문・응답권 O

답 ❶

259 □□□ 2018년 전국동시지방선거 개표 후 한 팀원들이 티타임에 나눈 대화이다. 다음 2018년 전국동시지방선거 당시 대화자들의 주민등록지를 고려할 때 대화내용이 우리나라 자방자치의 실제와 맞지 않는 사람은? 20 행정사 제8회

- 세종특별자치시 : A, D
- 서울특별시 관악구 : B
- 성남시 분당구 : C
- 대전광역시 유성구 : E

① A : "제가 투표한 후보가 시장으로 당선되었는데 서울특별시장과 동급 자치계층 시장이라고 우쭐대더군요."

② B : "제 고향 제주시에 사시는 부모님은 원하시는 후보들이 제주시의원과 제주도의원으로 당선되었다네요. 제가 보기에도 역량 있는 지역일꾼들로 고향 발전이 기대됩니다."

③ C : "분당구는 웬만한 시 규모 이상의 인구가 사는데 구의원 선거투표하려니 투표대상이 아니라고 해서 당황했어요. 제정신 차려서 성남시의원과 경기도의원 후보들 중 제대로 된 인물에 투표했습니다."

④ D : "제 고향은 기장군입니다. 그곳 친구들 말을 들어보니 기장군의원과 부산시의원이 잘 선출되어 제 고향 발전도 기대됩니다."

⑤ E : "저는 대전광역시 유성구에 사는데 시의원은 내가 투표한 분이, 구의원은 내가 투표하지 않은 분이 당선되었어요."

해설

[❶ ▸ O] 세종특별자치시장과 서울특별시장은 광역자치단체의 장이다.
[❷ ▸ X] 제주도(제주특별자치도)는 단층제이므로 제주도의원은 존재하나, 제주시는 자치시가 아니라 행정시에 불과하여 제주시의원은 존재하지 아니한다.
[❸ ▸ O] 경기도와 성남시는 지방자치단체이지만, 분당구는 자치단체(자치구)가 아닌 행정구에 불과하므로, C는 성남시의원이나 경기도의원 후보들 중에 투표를 하여야 한다.
[❹ ▸ O] 부산광역시 기장군에 사는 D의 친구들은 부산시의원(광역의회 의원)과 기장군의원(기초의회 의원)에 대한 선거권이 있다.
[❺ ▸ O] 대전광역시 유성구에 사는 E는 대전광역시의원(광역의회 의원)과 유성구의원(기초의회 의원)에 대한 선거권이 있다.

답 ❷

제4절 지방자치단체의 기능과 사무

260 우리나라에서 자치경찰단을 두어 자치경찰제를 실시하고 있는 지방자치단체는?
□□□

15 행정사 제3회

① 인천광역시
② 서울특별시
③ 세종특별자치시
④ 경상북도 울릉군
⑤ 제주특별자치도

해설

[❺ ▸ O] 국가경찰과 자치경찰의 조직 및 운영에 관한 법률(약칭 : 경찰법)이 시행(2021.1.1.)되기 이전에는 제주특별자치도설치 및 국제자유도시 조성을 위한 특별법(약칭 : 제주특별법)에 의해 제주특별자치도에만 자치경찰공무원으로 구성된 자치경찰단이 운영되어 자치경찰제가 국가경찰제와 병행실시되고 있었으나, 2021.1.1. 이후에는 제주특별자치도 이외의 지역에서도 자치경찰위원회 설치 등 자치경찰제가 병행실시되고 있음을 유의하여야 한다. 따라서 2021.1.1. 이후에는 자치경찰제는 전국적으로 시행되고 있으나, 자치경찰단은 제주특별자치도에서만 운영되고 있다고 정리할 수 있을 것이다.

제주특별법 제88조(자치경찰기구의 설치) ① 제90조에 따른 자치경찰사무를 처리하기 위하여 「국가경찰과 자치경찰의 조직 및 운영에 관한 법률」 제18조에 따라 설치되는 제주특별자치도자치경찰위원회(이하 "자치경찰위원회"라 한다) 소속으로 자치경찰단을 둔다.
② 자치경찰단의 조직과 자치경찰공무원의 정원 등에 관한 사항은 도조례로 정한다.

답 ❺

261 자치경찰제에 관한 설명으로 옳지 않은 것은?
□□□

24 행정사 제12회

① 2006년 제주특별자치도 자치경찰제 시범 도입에 이어 2021년부터 본격적으로 자치경찰제가 시행되었다.
② 자치경찰사무로 지역 내 주민의 생활안전 활동과 교통활동에 관한 사무가 있다.
③ 광역자치단체장 소속으로 시·도자치경찰위원회가 자치경찰사무를 관장한다.
④ 시·도 자치경찰위원회는 시·도지사의 지휘감독을 받아 자치경찰사무를 수행한다.
⑤ 국가경찰사무는 국민의 생명·신체 및 재산의 보호, 범죄의 예방·진압 및 수사 등이다.

해설

[❶ ▸ O] 2006년 7월 1일 제주특별자치도에서 자치경찰제도를 도입하여 약 15년 동안 시범적으로 운영하여 오다가 2021년 7월 1일 「국가경찰과 자치경찰의 조직 및 운영에 관한 법률」의 시행으로 전국적으로 자치경찰제가 확대・시행되었다.

[❷ ▸ O] 「국가경찰과 자치경찰의 조직 및 운영에 관한 법률」 제4조 제1항 제2호 가목, 나목

> **국가경찰과 자치경찰의 조직 및 운영에 관한 법률 제4조(경찰의 사무)** ① 경찰의 사무는 다음 각 호와 같이 구분한다.
> 1. 국가경찰사무 : 제3조에서 정한 경찰의 임무를 수행하기 위한 사무. 다만, 제2호의 자치경찰사무는 제외한다.
> 2. 자치경찰사무 : 제3조에서 정한 경찰의 임무 범위에서 관할 지역의 생활안전・교통・경비・수사 등에 관한 다음 각 목의 사무
>   가. 지역 내 주민의 생활안전 활동에 관한 사무
>   나. 지역 내 교통활동에 관한 사무
>   다. 지역 내 다중운집 행사 관련 혼잡 교통 및 안전 관리
>   라. 다음의 어느 하나에 해당하는 수사사무

[❸ ▸ O] 자치경찰사무를 관장하게 하기 위하여 특별시장・광역시장・특별자치시장・도지사・특별자치도지사(이하 "시・도지사"라 한다) 소속으로 시・도자치경찰위원회를 둔다(국가경찰과 자치경찰의 조직 및 운영에 관한 법률 제18조 제1항).

[❹ ▸ ×] **시・도자치경찰위원회**는 합의제 행정기관으로서 그 권한에 속하는 업무를 **독립적으로 수행**한다(국가경찰과 자치경찰의 조직 및 운영에 관한 법률 제18조 제2항).

> [참고] 시・도 경찰청장
> 시・도 경찰청장은 ㉠ 국가경찰사무에 대해서는 경찰청장의 지휘・감독을, ㉡ 자치경찰사무에 대해서는 시・도자치경찰위원회의 지휘・감독을 받는다. 다만, ㉢ 수사에 관한 사무에 대해서 국가수사본부장의 지휘・감독을 받는다(국가경찰과 자치경찰의 조직 및 운영에 관한 법률 제28조 제3항).

[❺ ▸ O] 국가경찰과 자치경찰의 조직 및 운영에 관한 법률 제4조 제1항 제1호, 제3조 제1호・제2호 등

> **국가경찰과 자치경찰의 조직 및 운영에 관한 법률 제4조(경찰의 사무)** ① 경찰의 사무는 다음 각 호와 같이 구분한다.
> 1. 국가경찰사무 : 제3조에서 정한 경찰의 임무를 수행하기 위한 사무. 다만, 제2호의 자치경찰사무는 제외한다.
>
> **국가경찰과 자치경찰의 조직 및 운영에 관한 법률 제3조(경찰의 임무)** 경찰의 임무는 다음 각 호와 같다.
> 1. 국민의 생명・신체 및 재산의 보호
> 2. 범죄의 예방・진압 및 수사
> 3. 범죄피해자 보호
> 4. 경비・요인경호 및 대간첩・대테러 작전 수행
> 5. 공공안녕에 대한 위험의 예방과 대응을 위한 정보의 수집・작성 및 배포
> 6. 교통의 단속과 위해의 방지
> 7. 외국 정부기관 및 국제기구와의 국제협력
> 8. 그 밖에 공공의 안녕과 질서유지

답 ❹

제5절 지방자치단체의 재정

262 중앙정부에 의한 지방재정조정제도의 형태가 아닌 것은? 22 행정사 제10회

□□□

① 국고보조금
② 지방교부세
③ 국가균형발전특별회계
④ 조정교부금
⑤ 국고부담금

해설

[❹ ▸ ×] 지방재정조정제도는 지방자치단체의 최소한의 행정수준을 제공하고 자치단체 간의 재정격차를 해소하기 위한 제도로 중앙정부에 의한 지방재정조정제도와 광역자치단체의 지방재정조정제도로 구분된다. 전자에는 ① 국고보조금, ② 지방교부세, ③ 국가균형발전특별회계, ⑤ 국고부담금 등이 포함되고, 후자에는 ④ 조정교부금이 포함된다.

답 ❹

263 현재 우리나라의 지방재원에 관한 설명으로 옳은 것은? 21 행정사 제9회

□□□

① 지방교부세는 과세용도에 따라 보통세와 목적세로 나눈다.
② 세외수입은 재원의 성격상 의존재원이다.
③ 국고보조금은 재원의 성격상 자체재원이다.
④ 특정재원과 달리 일반재원은 지방자치단체가 어떠한 경비로도 자유롭게 지출할 수 있는 재원이다.
⑤ 지방세 수입에는 사용료, 수수료, 재산임대수입 등이 있다.

해설

[❶ ▸ ×] 지방교부세는 과세용도에 따라 보통교부세, 특별교부세, 소방안전교부세, 부동산교부세로 구분된다. 보통세와 목적세로 구분되는 것은 지방세이다.

[❷ ▸ ×] 세외수입은 지방자치단체 자체수입 가운데 지방세 이외의 수입을 총칭하는 개념으로 재원의 성격상 자주재원에 해당한다.

[❸ ▸ ×] 국고보조금과 지방교부세는 국가로부터 지원받는 의존재원이다. 지방세와 세외수입은 지방자치단체의 자체수입으로 자주재원(자체재원)에 해당한다.

[❹ ▸ ○] 일반재원은 어떠한 경비에도 자유롭게 지출할 수 있는 재원을 말하고, 특정재원은 지출할 수 있는 용도가 한정되어 있는 재원(예 국고보조금)을 말한다.

[❺ ▸ ×] 지방세는 과세용도에 따라 보통세와 목적세로 구분할 수 있고 보통세는 전체세입으로 전체세출에 충당하는 일반 용도의 조세로 등록면허세, 취득세, 지방소비세 등이 이에 속하고, 목적세는 특정세입으로 특정세출에 충당하는 특정용도의 조세로 지역자원시설세, 지방교육세 등이 속한다. 사용료, 수수료, 재산임대수입 등은 지방세가 아니라 세외수입(경상세외수입)에 해당한다.

답 ❹

264 우리나라의 지방재정조정제도에 관한 설명으로 옳은 것은? 18 행정사 제6회

□□□

① 대부분의 지방교부세는 '끈이 달린 돈(money with strings)'의 성격을 띤다.

② 많은 경우에 있어 지방교부세는 지방자치단체의 지방비 부담을 요구한다.

③ 조정교부금은 일단 교부되면 해당 지방자치단체의 일반재원처럼 활용된다.

④ 국고보조금은 지방자치단체의 자율성을 강화하기 위해 활용된다.

⑤ 2018년 현재 지방이양사업의 원활한 추진을 위해 운영되는 제도로는 분권교부세가 있다.

해설

[❶ ▸ ×] 대부분의 지방교부세는 의존재원으로 일단 교부되면 특별교부세를 제외하고는 자유롭게 사용할 수 있는 일반재원이지만, 국고보조금은 그 사용 용도가 제한되어 있다는 점에서 '끈이 달린 돈(money with strings)'의 성격을 가진다고 이해되고 있다.

[❷ ▸ ×] 지방교부세는 현금보조의 성격을 가지고 있어 지방비의 부담이 없지만, 국고보조금은 지방자치단체의 지방비 부담을 요구한다(지방재정법 제22조 참조).

[❸ ▸ O] 광역자치단체의 기초자치단체에 대한 재정조정제도에는 징수교부금, 시·군 조정교부금, 자치구 조정교부금 등이 있는데, 이들 재원(특별조정교부금은 제외)은 모두 일반재원으로 사용된다(지방재정법 제29조, 제29조의2 참조).

[❹ ▸ ×] 국고보조금은 용도를 지정하여 교부하는 것이므로 국가의 지방자치단체에 대한 재정상 통제와 감독으로 지방행정·재정의 자주성을 침해할 우려가 있다.

[❺ ▸ ×] 분권교부세는 기존의 국고보조금 사업이 지방으로 이양되면서 지방자치단체가 수행하게 될 이들 사업을 위해 마련된 재원으로 국고보조사업을 이양 받은 지방자치단체에 교부하였으나, 2015년에 보통교부세에 통합·운영됨으로써 폐지되었다.

핵심정리

우리나라의 지방재정조정제도

①, ② 지방교부세
- → 특별교부세를 제외하고는 자유롭게 사용할 수 있는 일반재원
- → 현금보조의 성격을 가지고 있어 지방비 부담 ×

③ 조정교부금 → 일단 교부되면 해당 지방자치단체의 일반재원으로 활용

④ 국고보조금 → 재정상 통제와 감독으로 지방행정·재정의 자주성을 침해할 우려

⑤ 분권교부세 → 2015년에 보통교부세에 통합·운영됨으로써 폐지

답 ❸

265 □□□ **국고보조금에 관한 설명으로 옳지 않은 것은?** 15 행정사 제3회

① 지방자치단체의 자율성을 약화시킨다.
② 용도가 정해져 있지 않은 일반재원이다.
③ 중앙정부와 지방정부 간의 수직적 재정 조정제도이다.
④ 중앙정부가 재정여건, 정책목표 등을 고려하여 지원 여부를 결정한다.
⑤ 국가 시책을 장려하기 위하여 지원하는 경우도 있다.

해설

[❷ ▸ ×] 국고보조금은 국가가 시책 장려상 또는 자치단체의 재정 사정상 필요시 예산의 범위 내에서 자치단체의 행정수행에 소요되는 경비의 일부 또는 전부를 충당하기 위하여 용도를 지정하여 교부하는 자금으로,❷❺ 중앙정부가 재정여건, 정책목표 등을 고려하여 지원 여부를 결정하는 수직적 재정 조정제도의 일환이다.❸❹ 국고보조금제도는 사회간접자본 등의 계획적 확충 정비 및 국가적 사업을 장려하는 효용이 있으나, 국가가 지방자치단체를 재정상 통제·감독하여 지방행정·재정의 자주성을 저해할 우려가 있다.❶

답 ❷

266 □□□ **우리나라 지방재정조정제도에 관한 설명으로 옳지 않은 것은?** 16 행정사 제4회

① 지역 간 재정적 불균형을 시정하는 기능을 한다.
② 거주지역에 관계없이 국민에게 보장해야 하는 최소한의 공공서비스를 제공하기 위한 재원을 확충하는 데 도움을 준다.
③ 국가적으로 추진하는 사업을 장려하거나 촉진하는 기능을 수행한다.
④ 긍정적 외부효과가 큰 지방공공재의 공급을 지원하는 기능이 있다.
⑤ 지방행정 수행에 필요한 재정수요를 충족시켜 지방재정자립도 향상에 기여한다.

해설

[❺ ▸ ×] 지방재정조정제도는 국가 또는 상급자치단체가 자치단체 또는 하급자치단체에 재정을 지원하여 재정운영의 효율성과 형평성을 실현하고자 하는 제도로, 국고보조금, 지방교부세, 조정교부금제도가 이에 해당한다. 지방재정조정제도는 지역 간 재정적 불균형 및 격차를 시정하는 기능,❶ 최소한의 공공서비스를 제공하기 위한 재원을 확충하는 기능,❷ 국가차원에서 추진하는 사업을 장려하거나 촉진하는 기능,❸ 외부효과가 큰 지방공공재의 공급을 지원하는 기능❹ 등을 할 수 있는 반면, 지방재정분권 및 자주성을 취약하게 하거나 지방자치단체의 다양성과 지방분권을 저해할 가능성이 있다.❺

핵심정리

우리나라의 지방재정조정제도
① 지역 간 재정적 불균형 시정 기능
② 최소한의 공공서비스를 제공하기 위한 재원을 확충하는 데 도움
③ 국가적으로 추진하는 사업을 장려하거나 촉진하는 기능
④ 긍정적 외부효과가 큰 지방공공재의 공급을 지원하는 기능
⑤ 지방재정자립도를 저해할 가능성

답 ❺

267 국세 또는 지방세가 서로 옳지 않게 연결된 것은? 13 행정사 제1회

□□□

① 국세 – 개별소비세, 농어촌특별세
② 서울특별시 강남구세 – 등록면허세, 재산세
③ 부산광역시 기장군세 – 지방소득세, 지방교육세
④ 제주특별자치도세 – 취득세, 지역자원시설세
⑤ 경상남도 창원시세 – 재산세, 자동차세

해설

[❸ ▸ ×] 지방교육세는 광역자치단체의 세목(특별시 · 광역시 또는 도세의 세목)이므로 부산광역시 기장군에는 지방교육세의 세목이 인정되지 아니한다.

➲ 과세주체에 따른 세목체계

<table>
<tr><th colspan="2">구 분</th><th>특별시 · 광역시세</th><th>도 세</th><th>시 · 군세</th><th>자치구세</th></tr>
<tr><td rowspan="3">지방세</td><td>보통세</td><td>• 취득세
• 주민세
• 자동차세
• 레저세
• 담배소비세
• 지방소비세
• 지방소득세</td><td>• 취득세
• 등록면허세
• 레저세
• 지방소비세</td><td>• 주민세
• 재산세
• 자동차세
• 담배소비세
• 지방소득세</td><td>• 등록면허세
• 재산세</td></tr>
<tr><td>목적세</td><td>• 지역자원시설세
• 지방교육세</td><td>• 지역자원시설세
• 지방교육세</td><td></td><td></td></tr>
<tr><td colspan="5">※ 특별자치시(세종시)와 제주특별자치도의 세목 : 취득세, 등록면허세, 레저세, 담배소비세, 지방소비세, 주민세, 지방소득세, 재산세, 자동차세, 지역자원시설세, 지방교육세</td></tr>
<tr><td rowspan="4">국 세</td><td rowspan="2">내국세
(보통세)</td><td>직접세</td><td colspan="3">• 소득세
• 법인세
• 상속증여세
• 종합부동산세</td></tr>
<tr><td>간접세</td><td colspan="3">• 부가가치세
• 개별소비세
• 주 세
• 인지세
• 증권거래세</td></tr>
<tr><td>목적세</td><td colspan="4">• 교통 · 에너지 · 환경세(다만, 2025.1.1. 폐지됨)
• 교육세
• 농어촌특별세</td></tr>
<tr><td>관 세</td><td colspan="4"></td></tr>
</table>

답 ❸

PART 1 PART 2 PART 3

268 우리나라의 지방세가 아닌 것은? 20 행정사 제8회

□□□

① 종합부동산세 ② 담배소비세
③ 재산세 ④ 취득세
⑤ 레저세

해설

[❶ ▸ ×] ② 담배소비세, ③ 재산세, ④ 취득세, ⑤ 레저세 등은 지방세이나, ① 종합부동산세는 국세에 해당한다.

답 ❶

269 우리나라 지방교부세에 관한 설명으로 옳지 않은 것은? 14 행정사 제2회

□□□

① 지방교부세는 본질적으로 지방자치단체의 공유적 독립재원에 속한다.
② 보통교부세는 사용용도가 정해져 있지 않은 일반재원이다.
③ 지방자치단체 간 재정불균형을 조정할 수 있을 뿐만 아니라 중앙정부와 지방자치단체 간 수직적 재정균형을 조정하는 기능도 가지고 있다.
④ 지방자치단체들은 재정자립도 향상 차원에서 지방교부세의 증액을 위해 노력하고 있다.
⑤ 현행 제도상 보통교부세를 교부받지 않는 지방자치단체도 존재하고 있다.

해설

[❶ ▸ O] 지방교부세는 국가가 재정적 결함이 있는 지방자치단체에 교부하는 금전으로, 국가가 자의적으로 교부할 수 없고 내국세 총액의 일정비율과 종합부동산세, 개별소비세, 전년도 결산정산액을 지방교부세의 재원으로 하고 있으므로 모든 지방자치단체가 공유하는 독립재원에 해당한다.

[❷ ▸ O] 보통교부세는 지방교부세 중 용도를 제한하지 않고 교부하는 무조건적인 교부금으로, 일반재원에 속한다.

[❸ ▸ O] 지방교부세는 **국가와 지방자치단체**, 지방자치단체 상호 간의 재정불균형을 시정하기 위한 **수직적** · 수평적 재정조정제도에 해당한다.

[❹ ▸ ×] 지방자치단체들이 재정자립도 향상을 원한다면 지방교부세나 국고보조금 같은 의존재원이 아니라 지방세와 세외수입과 같은 자주재원 확보를 위해 노력할 것이다.

[❺ ▸ O] 보통교부세는 해마다 기준재정수입액이 기준재정수요액에 못 미치는 지방자치단체에 그 미달액을 기초로 교부하므로(지방교부세법 제6조 제1항 본문), 현재 재정도가 높은 서울, 경기, 수원, 용인 등 일부 지방자치단체의 경우에는 보통교부세를 교부받지 아니하고 있다.

핵심정리

지방교부세
① 지방교부세 ⋯→ 본질적으로 지방자치단체의 공유적 독립재원
② 보통교부세 ⋯→ 사용용도가 정해져 있지 않은 일반재원
③ 수직적 · 수평적 재정조정제도 ⋯→ 중앙정부와 지방자치단체 간 수직적 재정균형을 조정하는 기능 O
④ 재정자립도 향상 방법 ⋯→ 지방세나 세외수입 같은 자주재원 확보
⑤ 보통교부세를 교부받지 않는 일부 지방자치단체도 존재

답 ❹

270 예산 관련 제도 중 현재 우리나라에서 채택하고 있지 않은 것은? 15 행정사 제3회

□□□

① 지방양여금
② 예산성과금
③ 지방교부세
④ 준예산
⑤ 주민참여예산

해설

[❶ ▸ ×] ② 예산성과금(국가재정법 제49조), ③ 지방교부세(지방교부세법 제3조), ④ 준예산(헌법 제54조 제3항), ⑤ 주민참여예산(지방재정법 제39조) 등은 우리나라에서 현재 채택・시행하고 있으나, 지방세로 이양해야 할 대상인 특정 내국세(주세 등) 중 일정 비율을 재원으로 지역개발사업 수행을 위해 각 지방에 균형있게 배분해 주던 지방양여금은 2005.1.1. 지방양여금법이 폐지됨으로써 폐지되었다.

답 ❶

271 지방공기업법상 지방직영기업에 관한 설명으로 옳은 것은? 17 행정사 제5회

□□□

① 지방자치단체는 지방직영기업을 설치・경영하려는 경우에는 그 설치・운영의 기본사항을 조례로 정하여야 한다.
② 지방자치단체가 새로운 법인을 설립하여 운영하는 간접경영방식이다.
③ 일반회계와는 별도로 예산의 심의・확정에 지방의회의 의결이 필요 없는 특별회계로 운영된다.
④ 지방공기업법의 적용을 받기 때문에 지방자치법의 적용을 받지 않는다.
⑤ 지방자치단체로부터 독립해 있기 때문에 지방자치단체장의 통제를 받지 않는다.

PART 1 PART 2 PART 3

해설

[❶ ▸ O] 지방자치단체는 지방직영기업을 설치・경영하려는 경우에는 그 설치・운영의 기본사항을 조례로 정하여야 한다(지방공기업법 제5조).
[❷ ▸ ×] 지방직영기업은 지방자치단체가 자신의 조직과 직원으로 직접 경영하는 기업을 말하며, 지방공사, 지방공단, 지방공사・공단 외의 출자・출연법인 등이 자치단체가 조례로 법인을 설립하여 간접 경영하는 기업에 속한다.
[❸ ▸ ×] 지방직영기업이 경영하는 사업은 특별회계로 운영되고, 지방자치단체의 장은 사업연도가 시작되기 전에 예산안을 의회에 제출하여 의결을 받아야 한다(지방공기업법 제13조, 제26조 제1항).
[❹ ▸ ×] 지방직영기업에 대하여는 지방공기업법에서 규정한 사항을 제외하고는 지방자치법, 지방재정법, 그 밖의 관계 법령을 적용한다(지방공기업법 제6조).
[❺ ▸ ×] 지방직영기업은 지방자치단체가 자신의 조직과 직원으로 직접 경영하는 기업으로 당연히 지방자치단체의 감독과 통제를 받는다.

핵심정리

지방직영기업
① 지방직영기업을 설치・경영하려는 경우, 설치・운영의 기본사항을 조례로 정해야 함
② 지방자치단체가 자신의 조직과 직원으로 직접 경영하는 기업
③ 특별회계로 운영되고, 예산안을 의회에 제출하여 의결을 받아야 함
④ 지방공기업법 규정 사항을 제외하고는 지방자치법, 지방재정법, 관계법령 적용
⑤ 지방자치단체의 감독과 통제를 받음

답 ❶

272 지방공기업에 관한 설명으로 옳은 것은? 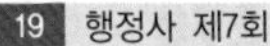

□□□

① 일반회계와는 별도로 지방의회의 예산 심의 및 의결이 필요 없는 특별회계로 운영된다.
② 지방공기업법의 적용을 받기 때문에 지방자치법의 적용대상은 아니다.
③ 지방자치단체가 지역주민의 복리증진 등을 목적으로 직접 설치·경영하거나 법인을 설립하여 경영하는 기업이다.
④ 지방자치단체로부터 독립해 있기 때문에 지방자치단체의 통제를 받지 않는다.
⑤ 지방공사 및 지방공단에 소속된 직원은 신분이 지방공무원이다.

해설

[❶ ▸ ×] 지방공기업 중 지방직영기업의 예산은 특별회계로 운영되며 지방자치단체의 장이 사업연도가 시작되기 전에 예산안을 의회에 제출하여 의결을 받아야 한다(지방공기업법 제13조 본문, 제26조 제1항). 지방공기업 중 지방공사·공단의 예산은 이사회의 의결로 확정된다(동법 제65조, 제76조 제2항).
[❷ ▸ ×] 지방공기업 중 지방직영기업에 대하여는 지방공기업법에서 규정한 사항을 제외하고는 지방자치법, 지방재정법, 그 밖의 관계 법령을 적용한다(지방공기업법 제6조). 지방공기업 중 지방공사에 대하여는 지방공기업법에서 규정한 사항을 제외하고는 그 성질에 반하지 아니하는 범위에서 상법 중 주식회사에 관한 규정 준용한다(지방공기업법 제75조).
[❸ ▸ ○] 지방공기업에는 지방자치단체가 자신의 조직과 직원으로 직접 경영하는 지방직영기업과 자치단체가 조례로 법인을 설립하여 간접 경영하는 지방공사, 지방공단, 지방공사·공단 외의 출자·출연법인 등이 포함된다.
[❹ ▸ ×] 지방자치단체의 장은 지방공기업의 설립·운영 등 지방공기업의 운영을 관리·감독한다.
[❺ ▸ ×] 지방공사 및 지방공단에 소속된 직원은 공무원으로 볼 수 없으나, 지방직영기업에 속한 직원들은 공무원에 해당한다.

핵심정리

지방공기업

① 예산
→ 지방직영기업 : 정부예산(특별회계)로 운영되고, 예산안을 의회에 제출하여 의결을 받아야 함
→ 지방공사·공단 : 정부예산이 아닌 독립채산제로 운영되고, 이사회의 의결로 확정

② 적용 법령
→ 지방직영기업 : 지방공기업법 규정 사항을 제외하고는 지방자치법, 지방재정법, 관계법령 적용
→ 지방공사 : 지방공기업법 규정 사항을 제외하고는 그 성질에 반하지 아니하는 범위에서 상법 중 주식회사에 관한 규정 준용

③ 지방직영기업과 지방공사, 지방공단, 지방공사·공단 외의 출자·출연법인 등이 포함

④ 지방자치단체의 감독과 통제를 받음

⑤ 소속직원의 공무원 해당 여부
→ 지방직영기업에 속한 직원 : 공무원 ○
→ 지방공사 및 지방공단에 소속된 직원 : 공무원 ×

답 ❸

제6절 지방자치와 주민

273 □□□ **주민투표에 관한 설명으로 옳은 것은?** 19 행정사 제7회

① 주민투표는 주민의 중요한 권리이기 때문에 의무화하여 위반자에게 벌금 등 제재를 가하는 국가는 없다.

② 항의적 주민투표(protest referendum)는 지방의회에서 의결한 사항에 대하여 그 효력 여부를 결정하는 투표이다.

③ 주민투표는 조례의 제정 또는 개·폐 등에 관하여 주민이 직접 의안을 발의하는 제도이다.

④ 우리나라는 주민투표 결과의 확정을 위해서는 전체 유효투표권자 중 1/3 이상이 투표를 해야 한다.

⑤ 주민투표의 본질은 대의제를 보완하려는 것이 아니라 대체하려는 것이다.

해설

[❶ ▸ ×] 주민투표는 주민의 중요한 권리이자 의무로 인식하여 위반자에게 벌금을 부과하거나(예 호주), 벌금 이외의 제재를 가하는 국가(예 그리스, 브라질 등)도 존재한다.

[❷ ▸ ○] 주민의 주민투표청구에 의한 주민투표에는 적극적 주민투표와 항의적 주민투표로 구분할 수 있다. 적극적 주민투표는 일정한 사안에 관하여 주민이 스스로 결정하고자 하는 적극적 참정욕구에 의하여 실시되는 투표이고, 항의적 주민투표(protest referendum)는 지방의회에서 의결한 사항에 대하여 그 효력 여부를 결정하는 투표를 말한다.

[❸ ▸ ×] 주민투표는 지방자치단체의 중요한 사안에 대하여 주민으로 하여금 결정권을 행사하도록 하는 제도로서 주민의 직접참여제도의 하나이다. 조례의 제정 또는 개·폐 등에 관하여 주민이 직접 의안을 발의하는 제도는 **주민조례청구제도**(주민조례 제정 및 개·폐청구제도)이다.

[❹ ▸ ×] 주민투표에 부쳐진 사항은 **주민투표권자 총수의 4분의 1 이상의 투표**와 **유효투표수 과반수의 득표**로 **확정**된다(주민투표법 제24조 제1항 본문).

[❺ ▸ ×] 주민투표는 대의제를 보완하여 대의제 민주주의가 가질 수 있는 주민의 의사왜곡을 방지하고 주민의 의사가 반영된 정책을 구현하기 위한 제도로 이해하는 것이 타당하다.

핵심정리

주민투표

① 주민투표의무 위반자에게 벌금 등 제재를 가하는 국가도 존재
② 항의적 주민투표 → 지방의회에서 의결한 사항에 대하여 효력 여부를 결정하는 투표
③ 주민투표는 지방자치단체의 중요한 사안에 대하여 주민에게 결정권을 행사하도록 하는 제도
④ 주민투표의 확정 → 주민투표권자 총수의 4분의 1 이상의 투표와 유효투표수 과반수의 득표로 확정
⑤ 주민투표는 대의제를 보완하는 제도

답 ❷

274 주민소송제에 관한 설명으로 옳은 것은? 24 행정사 제12회

□□□

① 주민들이 공직자를 재직 중에 불신임해 그만두게 하는 제도로서 가장 적극적이고 강력한 참여의 형태이다.

② 지역의 주요 안건을 해결하는 제도로서 지방자치단체의 중요한 사항에 대하여 결정권을 행사하는 제도이다.

③ 선출직 공직자를 임기 중에 소환해 파면시키는 제도이다.

④ 주민이 감사청구한 일정한 재무회계 사항과 관련이 있는 지방자치단체의 장 등의 위법한 행위 등에 대하여 손해를 배상하게 하는 제도이다.

⑤ 주민이 능동적이고 적극적으로 지방자치단체의 장이나 의회의원 권한의 일부를 제약하거나 행사한다.

해설

[❶ ▸ ×] [❸ ▸ ×] 선출직 공직자를 임기 중에 소환해 파면시키는 제도로서 주민들이 공직자를 재직 중에 불신임해 그만두게 하는 제도는 **주민소환제도**이다.

[❷ ▸ ×] [❺ ▸ ×] 지역의 주요 안건을 해결하는 제도로서 지방자치단체의 중요한 사항에 대하여 결정권을 행사하는 제도는 **주민투표제도**이다. 주민투표는 주민이 능동적이고 적극적으로 지방자치단체의 장이나 의회의원 권한의 일부를 제약하거나 행사하는 제도이다.

[❹ ▸ ○] 주민이 감사청구한 일정한 재무회계 사항과 관련이 있는 지방자치단체의 장 등의 위법한 행위 등에 대하여 손해를 배상하게 하는 제도는 **주민소송제도**이다.

➲ 우리나라의 주민참여제도

주민조례청구제도	주민발안제도의 일종으로 주민이 지방의회에 조례를 제정하거나 개정하거나 폐지할 것을 청구할 수 있는 제도
주민투표제도	지역의 주요 안건을 해결하는 제도로서 주민에게 과도한 부담을 주거나 중대한 영향을 미치는 지방자치단체의 중요한 사항에 대하여 결정권을 행사하는 제도
주민감사청구제도	지방자치단체와 그 장의 권한에 속하는 사무의 처리가 법령에 위반되거나 공익을 현저히 해친다고 인정되면 주민이 상급자치단체의 장이나 중앙행정기관의 장에게 감사를 청구할 수 있는 제도
주민소송제도	주민이 감사청구한 일정한 재무회계 사항과 관련이 있는 지방자치단체의 장 등의 위법한 행위 등에 대하여 손해를 배상하게 하는 제도
주민소환제도	선출직 공직자(지방자치단체의 장, 교육감, 지역구 지방의회 의원)를 임기 중에 소환해 파면시키는 제도

답 ❹

275 지방자치법상 명시된 주민직접참여제도로 바르게 묶인 것은? 17 행정사 제5회

□□□

① 주민투표, 주민감사, 주민발안
② 주민발안, 주민총회, 주민감사청구
③ 주민투표, 주민감사청구, 주민소환
④ 주민소송, 주민소환, 주민총회
⑤ 주민감사, 주민소송, 주민총회

해설

[❸ ▸ O] 지방자치법상 명시된 주민직접참여제도는 **주민투표**(지방자치법 제18조), **주민감사청구**(동법 제21조), **주민소송**(동법 제22조), **주민소환**(동법 제25조), **주민발안제도**의 일종으로 거론되는 조례의 제정과 개정 · 폐지 청구(동법 제19조)가 있다. 지방자치법상 **주민총회**는 도입되지 아니하였고, 주민이 상급자치단체의 장이나 중앙행정기관의 장에게 감사를 청구할 수 있는 '주민감사청구'가 인정되는 것이지 '**주민감사**'가 인정되는 것은 아니다.

주민총회란 스위스의 직접민주제에 의한 최고의결기구인 란트슈게마인데에서 비롯된 단어로 지역현안에 대하여 해당 읍 · 면 · 동 주민이면 누구나 참여하여 주민자치 활동과 계획 등 자치활동을 논의하고 결정하는 주민 공론의 장을 말한다.

답 ❸

276 우리나라 지방자치제도에 있어서 주민의 권리에 관한 내용으로 옳지 않은 것은?

□□□ 22 행정사 제10회

① 주민 A씨(30세)는 자신이 살고 있는 지역의 지방자치단체 발전과 운영에 기여할 수 있다.
② ○○시 주민 B씨(20세)는 청년일자리 창출에 관한 조례의 필요성에 따라 요건을 갖추어 ○○시 조례의 제정을 청구하였다.
③ 지방자치단체 외국인등록대장에 등록된 베트남국적 C씨(45세)는 국내에 영주할 수 있는 체류자격 취득일 후 현재 3년이 지났지만, 외국인이기 때문에 지방자치단체의 위법행위에 대한 감사를 청구할 수 없다.
④ ○○시 비례대표 시의원의 심각한 불법행위 문제를 알고 있는 ○○시 주민 D씨(55세)는 주민소환투표 청구를 위한 요건을 갖추더라도 주민소환권을 행사할 수 없다.
⑤ ○○시 주민 E씨(57세)는 시의 공금 지출에 관한 사항의 위법에 대해 감사청구한 자로서, 그 감사 결과에 불복하고 법적 요건을 갖추어 시장을 상대로 주민소송을 제기하였다.

해설

[❶ ▸ ○] 주민 A씨(30세)는 지방자치법상 명시된 주민투표(지방자치법 제18조), 주민감사청구(동법 제21조), 주민소송(동법 제22조), 주민소환(동법 제25조) 등이나, 조례의 제정과 개정・폐지 청구(동법 제19조)를 통해 자신이 살고 있는 지역의 지방자치단체 발전과 운영에 기여할 수 있다.

[❷ ▸ ○] 18세 이상의 주민으로서 ㉠ 해당 지방자치단체의 관할 구역에 주민등록이 되어 있는 사람이나, ㉡ 출입국관리법에 따른 영주(永住)할 수 있는 체류자격 취득일 후 3년이 지난 외국인으로서 같은 법에 따라 해당 지방자치단체의 외국인등록대장에 올라 있는 사람은 해당 지방자치단체의 의회에 조례를 제정하거나 개정 또는 폐지할 것을 청구할 수 있다(주민조례발안에 관한 법률 제2조). 따라서 주민 B씨(20세)는 주민조례청구에 대한 나머지 요건을 구비하여 청년일자리 창출에 관한 조례의 제정을 청구할 수 있다.

[❸ ▸ ×] 지방자치단체 외국인등록대장에 등록된 외국인인 베트남국적 C씨(45세)가 국내에 영주할 수 있는 체류자격 취득일 후 현재 3년이 지났다면 지방자치단체의 위법행위에 대한 감사를 청구할 수 있다.

지방자치법 제21조(주민의 감사 청구) ① 지방자치단체의 18세 이상의 주민으로서 다음 각 호의 어느 하나에 해당하는 사람(공직선거법 제18조에 따른 선거권이 없는 사람은 제외. 이하 이 조에서 "18세 이상의 주민")은 시・도는 300명, 제198조에 따른 인구 50만 이상 대도시는 200명, 그 밖의 시・군 및 자치구는 150명 이내에서 그 지방자치단체의 조례로 정하는 수 이상의 18세 이상의 주민이 연대 서명하여 그 지방자치단체와 그 장의 권한에 속하는 사무의 처리가 법령에 위반되거나 공익을 현저히 해친다고 인정되면 시・도의 경우에는 주무부장관에게, 시・군 및 자치구의 경우에는 시・도지사에게 감사를 청구할 수 있다.

1. 해당 지방자치단체의 관할 구역에 주민등록이 되어 있는 사람
2. 출입국관리법 제10조에 따른 영주(永住)할 수 있는 체류자격 취득일 후 3년이 경과한 외국인으로서 같은 법 제34조에 따라 해당 지방자치단체의 외국인등록대장에 올라 있는 사람

[❹ ▸ ○] 비례대표 지방의회 의원은 주민소환투표의 대상이 아니므로(지방자치법 제25조 제1항), 주민 D씨(55세)는 비례대표 시의원의 심각한 불법행위 문제를 알고 있더라도 주민소환 투표 청구를 위한 요건을 갖추어 주민소환권을 행사할 수 없다.

[❺ ▸ ○] 주민 E씨(57세)가 시의 공금 지출에 관한 사항의 위법에 대해 감사청구하였다면 감사 결과에 불복하는 경우 주민소송에 대한 나머지 요건을 구비하여 시장을 상대로 주민소송을 제기할 수 있다.

지방자치법 제22조(주민소송) ① 제21조 제1항에 따라 공금의 지출에 관한 사항, 재산의 취득・관리・처분에 관한 사항, 해당 지방자치단체를 당사자로 하는 매매・임차・도급 계약이나 그 밖의 계약의 체결・이행에 관한 사항 또는 지방세・사용료・수수료・과태료 등 공금의 부과・징수를 게을리한 사항을 감사 청구한 주민은 다음 각 호의 어느 하나에 해당하는 경우에 그 감사 청구한 사항과 관련이 있는 위법한 행위나 업무를 게을리한 사실에 대하여 해당 지방자치단체의 장(해당 사항의 사무처리에 관한 권한을 소속기관의 장에게 위임한 경우에는 그 소속기관의 장)을 상대방으로 하여 소송을 제기할 수 있다.

2. 제21조 제9항 및 제10항에 따른 감사 결과 또는 같은 조 제12항에 따른 조치 요구에 불복하는 경우

핵심정리

주민의 권리

① 주민 A씨(30세)는 지방자치단체 발전과 운영에 기여 가능
② 주민 B씨(20세)는 요건을 갖추어 조례의 제정 청구 가능
③ 베트남국적 C씨(45세)는 지방자치단체의 위법행위에 대한 감사 청구 가능
④ 주민 D씨(55세)는 비례대표 시의원의 불법행위에 대한 주민소환권 행사 ×
⑤ 주민 E씨(57세)는 감사 결과에 불복하고 법적 요건을 갖추어 주민소송 제기 가능

답 ❸

277 우리나라 주민소환제에 관한 설명으로 옳은 것은?

□□□

16 행정사 제4회

① 주민이 지방정부의 정책결정이나 행정과정에 직접 참여하여 지역의 주요 현안을 함께 협의·결정하는 제도이다.
② 주민소환투표결과의 확정은 주민소환투표권자 총수의 과반수 투표와 유효투표 총수 과반수의 찬성을 요한다.
③ 비례대표선거구 의원을 포함한 지방의회의원과 지방자치단체의 장이 그 대상이 된다.
④ 위법·부당행위, 정치적 무능력, 직무유기, 독단적인 행정운영 등 지방자치제의 폐단을 방지하는 데 목적이 있다.
⑤ 주민에게 손해를 입힌 경우, 관련 감사기관에 감사를 청구하여 그 시정을 요구하는 제도이다.

해설

[❶ ▸ ×] 주민이 지방정부의 정책결정이나 행정과정에 직접 참여하여 지역의 주요 현안을 함께 협의·결정하는 제도로 볼 수 있는 것은 주민투표제이다(지방자치법 제18조, 주민투표법 제1조).

[❷ ▸ ×] 주민소환은 **주민소환투표권자 총수의 3분의 1이상의 투표**와 **유효투표 총수 과반수의 찬성**으로 **확정**된다(주민소환에 관한 법률 제22조 제1항).

[❸ ▸ ×] 주민은 그 지방자치단체의 장 및 지방의회의원(**비례대표 지방의회의원은 제외**한다)을 소환할 권리를 가진다(지방자치법 제25조 제1항). 즉, 주민소환은 선출직 지방공직자인 해당 지방자치단체의 장 및 (지역구) 지방의회의원이 그 대상이 되며, 비례대표 지방의회 의원(비례대표선거구시·도의회의원 및 비례대표선거구자치구·시·군의회의원)은 제외된다(주민소환에 관한 법률 제7조 제1항).

[❹ ▸ ○] 주민소환제는 위법·부당행위, 정치적 무능력, 직무유기, 독단적인 행정운영 등 지방자치제의 폐단을 방지하는 데 목적이 있다.

[❺ ▸ ×] **주민소환제**는 선출직 공직자를 임기 중에 주민이 소환하여 퇴출시키는 제도로, 주민에게 손해를 입힌 경우 관련 감사기관에 감사를 청구하여 그 시정을 요구하는 **주민감사청구제도**와 구별하여야 한다.

핵심정리

우리나라의 주민소환제
① 선거에 의하여 취임한 공직자의 파면을 요구하고 주민들이 그 여부를 결정하는 제도
② 주민소환투표권자 총수의 3분의 1이상의 투표와 유효투표 총수 과반수의 찬성으로 확정
③ 비례대표 지방의회 의원 → 주민소환의 대상 ×
④ 위법·부당행위, 정치적 무능력 등 지방자치제의 폐단을 방지하는 데 목적
⑤ 선출직 공직자를 임기 중에 소환하여 퇴출시키는 제도

답 ❹

278 우리나라 지방자치제도에 관한 설명으로 옳은 것은? 14 행정사 제2회

□□□

① 시·도를 달리하는 시·군·구 간의 자치단체 조합의 설치는 지방의회 의결을 거쳐 시·도지사의 승인을 받아야 한다.

② 자치구가 아닌 행정구 읍·면·동의 명칭과 폐치·분할은 해당 지방의회의 의결로 결정한다.

③ 지방자치단체의 사무 중 단체위임사무는 지방자치단체의 장에게 위임하여 처리하는 사무이다.

④ 중앙행정기관장과 지방자치단체의 장이 의견을 달리하는 사무처리의 조정을 위해 안전행정부 소속 하에 협의조정기구를 둘 수 있다.

⑤ 주민발안제에 있어 사용료의 부과, 행정기구 변경 및 공공시설 설치 반대 등의 사항은 주민에 의한 청구대상이 되지 않는다.

해설

[❶ ▸ ×] 2개 이상의 지방자치단체가 하나 또는 둘 이상의 사무를 공동으로 처리할 필요가 있을 때에는 규약을 정하여 지방의회의 의결을 거쳐 시·도는 행정안전부장관의 승인, 시·군 및 자치구는 시·도지사의 승인을 받아 지방자치단체조합을 설립할 수 있다. 다만, 지방자치단체조합의 구성원인 시·군 및 자치구가 2개 이상의 시·도에 걸쳐 있는 지방자치단체조합은 행정안전부장관의 승인을 받아야 한다(지방자치법 제176조 제1항).

[❷ ▸ ×] 자치구가 아닌 구와 읍·면·동의 명칭과 구역은 종전과 같이 하고, 자치구가 아닌 구와 읍·면·동을 폐지하거나 설치하거나 나누거나 합칠 때에는 행정안전부장관의 승인을 받아 그 지방자치단체의 조례로 정한다(지방자치법 제7조 제1항 본문).

[❸ ▸ ×] 지방자치단체의 사무 중 **단체위임사무**는 법령에 따라 지방자치단체에 속하는 사무를 말한다. 법령에 의하여 국가(또는 다른 지방자치단체)로 자치단체의 장에게 위임하여 처리하는 사무는 **기관위임사무**이다.

[❹ ▸ ×] 중앙행정기관의 장과 지방자치단체의 장이 사무를 처리할 때 의견을 달리하는 경우 이를 협의·조정하기 위하여 **국무총리 소속**으로 행정협의조정위원회를 **둔다**(지방자치법 제187조 제1항).

[❺ ▸ O] 지방자치법 제19조, 주민조례발안에 관한 법률 제4조 참조

지방자치법 제19조(조례의 제정과 개정·폐지 청구) ① 주민은 지방자치단체의 조례를 제정하거나 개정하거나 폐지할 것을 청구할 수 있다.

② 조례의 제정·개정 또는 폐지 청구의 청구권자·청구대상·청구요건 및 절차 등에 관한 사항은 따로 법률로 정한다.

주민조례발안에 관한 법률 제4조(주민조례청구 제외 대상) 다음 각 호의 사항은 주민조례청구 대상에서 제외한다.

1. 법령을 위반하는 사항
2. 지방세·사용료·수수료·부담금을 부과·징수 또는 감면하는 사항
3. 행정기구를 설치하거나 변경하는 사항
4. 공공시설의 설치를 반대하는 사항

핵심정리

우리나라의 지방자치제도

① 시·도를 달리하는 시·군·구 간의 자치단체 조합의 설치 ⇢ 지방의회의 의결 + 행정안전부장관의 승인

② 행정구 읍·면·동의 명칭과 폐치·분할 ⇢ 행정안전부장관의 승인을 받아 조례로 규정

③ 단체위임사무 ⇢ 법령에 따라 지방자치단체에 속하는 사무

④ 중앙행정기관장과 지방자치단체의 장이 의견을 달리하는 사무처리의 협의·조정 ⇢ 국무총리 소속의 행정협의조정위원회 설치(의무)

⑤ 사용료의 부과, 행정기구 변경 및 공공시설 설치 반대 등의 사항 ⇢ 주민조례청구 대상 ×

답 ❺

279 □□□ **우리나라 지방행정에 있어서 주민참여의 실태에 관한 설명으로 옳지 않은 것은?**

14 행정사 제2회

① 지방자치단체의 예산편성 과정에서 주민참여의 제도화
② 지방행정 통제수단으로서 주민 옴부즈만에 대한 높은 자율성 보장
③ 주민의 이익이 잘 반영되는 직접적인 주민참여의 확대
④ 지방자치단체의 외국인등록대장에 올라 있는 외국인의 조례 개폐청구 참여 허용
⑤ 간접적인 주민참여제도로서 행정부 내 도시계획위원회 활동

해설

[❶ ▸ O] 지방자치단체의 장은 대통령령으로 정하는 바에 따라 지방예산 편성 등 예산과정에 주민이 참여할 수 있는 제도를 마련하여 시행하여야 한다(지방재정법 제39조 제1항).
[❷ ▸ X] 주민 옴부즈만은 부패방지권익위법 제32조의 시민고충처리위원회를 의미하나 지방자치단체에 속해 있고, 그 설치가 임의적이라는 점에서 지방행정 통제수단으로서 자율성이 높다고 할 수 없다.
[❸ ▸ O] 지방자치법에 주민투표(지방자치법 제18조), 주민감사청구(동법 제21조), 주민소송(동법 제22조), 주민소환(동법 제25조) 등이 규정되어 직접적인 주민참여가 확대되는 계기가 되었다.
[❹ ▸ O] **18세 이상의 주민**으로서 출입국관리법에 따른 **영주할 수 있는 체류자격 취득일 후 3년이 지난 외국인**으로서 해당 지방자치단체의 **외국인등록대장에 올라 있는 사람**은 해당 지방자치단체의 의회에 조례를 제정하거나 개정 또는 폐지할 것을 청구할 수 있다(주민조례발안에 관한 법률 제2조).
[❺ ▸ O] 주민이 시·도도시계획위원회나 시·군·구도시계획위원회(국토계획법 제113조, 동법 시행령 제111조 및 제112조)의 구성원으로 참여하여 활동함으로써 간접적인 주민참여제도로서의 의의를 가질 수 있다.

답 ❷

PART 1 PART 2 PART 3

280 □□□ **우리나라는 도·농 통합이나 행정구역개편을 통하여 지속적으로 통합을 전개해왔는데, 가장 최근에 통합한 도시는?**

24 행정사 제12회

① 청주시 + 청원군 = 청주시
② 창원시 + 마산시 + 진해시 = 창원시
③ 여수시 + 여천시 + 여천군 = 여수시
④ 춘천시 + 춘천군 = 춘천시
⑤ 천안시 + 천안군 = 천안시

해설

[❶ ▸ O] 청주시 + 청원군 = 청주시 : 2013년에 통합하였다(충청북도 청주시 설치 및 지원특례에 관한 법률).
[❷ ▸ X] 창원시 + 마산시 + 진해시 = 창원시 : 2010년에 통합하였다(경상남도 창원시 설치 및 지원특례에 관한 법률).
[❸ ▸ X] 여수시 + 여천시 + 여천군 = 여수시 : 1998년에 통합하였다(전라남도 여수시 도농복합형태의 시 설치 등에 관한 법률).
[❹ ▸ X] 춘천시 + 춘천군 = 춘천시 : 1995년에 통합하였다(경기도 남양주 등 33개 도농복합형태의 시 설치 등에 관한 법률).
[❺ ▸ X] 천안시 + 천안군 = 천안시 : 1995년에 통합하였다(경기도 평택시 등 5개 도농복합형태의 시 설치 등에 관한 법률).

답 ❶

모든 일에 있어서, 시간이 부족하지 않을까를 걱정하지 말고,

다만 내가 마음을 바쳐 최선을 다할 수 있을지, 그것을 걱정하라.

– 정조 –

2025 시대에듀 행정사 1차 기출문제해설 한권으로 끝내기

개정2판 1쇄 발행	2024년 10월 10일(인쇄 2024년 08월 29일)
초 판 발 행	2023년 01월 05일(인쇄 2022년 09월 22일)
발 행 인	박영일
책 임 편 집	이해욱
편 저	박종화 · 시대법학연구소
편 집 진 행	박종필 · 이재성
표지디자인	박수영
편집디자인	표미영 · 남수영
발 행 처	(주)시대고시기획
출 판 등 록	제10-1521호
주 소	서울시 마포구 큰우물로 75 [도화동 538 성지 B/D] 9F
전 화	1600-3600
팩 스	02-701-8823
홈 페 이 지	www.sdedu.co.kr
I S B N	979-11-383-7611-2 (13360)
정 가	36,000원